Histoire, géographie et géopolitique du monde contemporain

Nouveau programme
Prépas ECS 1re année
Modules 1 et 2

3e édition mise à jour

Ouvrage collectif coordonné par
Alain Nonjon et Hugo Billard

ellipses

ISBN 9782340-027138

32, rue Bargue 75740 Paris cedex 15

www.editions-ellipses.fr

Sommaire

Les auteurs ... 5

Avant-propos ... 7

Module 1
Les grandes mutations du monde au XXe siècle de 1913 au début des années 1990

Chapitre 1 **Tableau géopolitique du monde en 1913** ... 15

Chapitre 2 **Tableau géopolitique du monde en 1939** ... 57

Chapitre 3 **Tableau géopolitique du monde en 1945** ... 83

Chapitre 4 **Géopolitique de la guerre froide et de la décolonisation** ... 109

Chapitre 5 **La construction européenne et ses enjeux** ... 143

Chapitre 6 **Croissance et types de croissance de 1945 au début des années 1970** ... 165

Chapitre 7 **Crises et ruptures des années 1970 au début des années 1990** ... 219

Chapitre 8 **De l'internationalisation à la mondialisation des productions et des échanges** ... 241

Chapitre 9 **Les dynamiques économiques et sociales en France** ... 265

Chapitre 10 **Les transformations des territoires en France** ... 293

Chapitre 11 **La France dans le monde** ... 319

Module 2
La mondialisation contemporaine : rapports de force et enjeux

Chapitre 12 **Les acteurs : hommes, entreprises, États, organisations régionales, organisations internationales, organisations non gouvernementales 349**

Chapitre 13 **Les systèmes productifs et les flux 397**

Chapitre 14 **Territoires, espaces maritimes, terrestres, immatériels et frontières dans la mondialisation 421**

Chapitre 15 **De la *Pax americana* à un monde multipolaire 453**

Chapitre 16 **Tableau géopolitique du monde actuel 487**

Chapitre 17 **La France à l'heure de la mondialisation 517**

Chapitre 18 **Les défis du développement durable : démographie, inégalités, santé, alimentation, eau 545**

Chapitre 19 **L'énergie et les matières premières : entre abondance et rareté 579**

Chapitre 20 **La mondialisation en débats 611**

Lexique 635

Table des matières 655

Les auteurs

Alexandre Bande. Agrégé et docteur en Histoire. Professeur en classes préparatoires littéraires au lycée Janson de Sailly à Paris.

Hugo Billard. Professeur d'histoire, géographie et géopolitique en classes préparatoires économiques et commerciales au lycée Saint-Michel-de-Picpus (Paris).

Jérôme Calauzènes. Agrégé d'Histoire, diplômé de l'IEP de Bordeaux, professeur en classes préparatoires (Sciences Po, Écoles de commerce), maître de conférences à l'IEP de Saint-Germain-en-Laye.

Suzanne Dionet-Grivet. Agrégée de géographie, a enseigné l'histoire, la géographie et la géopolitique en classes préparatoires économiques et commerciales à Clermont-Ferrand (lycée Blaise Pascal). Auteur de *Géopolitique de l'eau* (Ellipses, 2011).

Hélène Lafaye. Agrégée de géographie, professeur d'histoire, géographie et géopolitique en classes préparatoires économiques et commerciales au lycée Gay-Lussac à Limoges.

Alain Michalec. Professeur d'histoire, géographie et géopolitique en classes préparatoires économiques et commerciales au lycée Claude Fauriel à Saint-Étienne. Contributeur à *Géopolitique des continents* (Ellipses, 2016), au *Dictionnaire de géopolitique et de géoéconomie* (PUF, 2011) et à la revue *Conflits*, coauteur de *Les Amériques* (Bréal, 2014) et codirecteur de *100 livres d'histoire, géographie et de géopolitique pour réussir sa prépa HEC* (Ellipses, 2013).

Lila Mongallon. Agrégée de géographie. Professeur à la Maison d'Éducation de la Légion d'Honneur.

Yves Montarsolo. Agrégé, docteur en Histoire, professeur en classes préparatoires économiques et commerciales au lycée St Exupéry (Marseille), chargé de cours à l'IEP d'Aix-en-Provence.

Catherine Mortreux, agrégée de géographie, professeure de classes préparatoires en Hypokhâgne et Khâgne B/L et BCPST2 au lycée Châtelet de Douai.

Michel Nazet. Enseignant en classes préparatoires au lycée Saint-Michel-de-Picpus.

Alain Nonjon. Agrégé d'histoire. Professeur honoraire en classes préparatoires économiques et commerciales au lycée Michelet à Vanves.

Frank Paris. Agrégé de Géographie, professeur en classes préparatoires au lycée Thiers (Marseille), chargé de cours à l'Université d'Aix-Marseille.

Fabien Perrier. Professeur d'histoire-géographie à la Maison d'éducation de la Légion d'honneur (Saint-Denis).

Daniel Pierre-Elien. Agrégé de géographie, professeur en classes préparatoires littéraires, économiques et commerciales au lycée Janson de Sailly à Paris, chargé de cours à Sciences Po Paris.

Cédric Tellenne. Agrégé d'histoire. Professeur en classes préparatoires économiques et commerciales au lycée Stanislas à Paris.

Avant-propos

L'ouvrage présenté ici est, conformément aux nouveaux programmes des classes préparatoires commerciales (voie scientifique), divisé en deux grandes parties :

- les grandes mutations du monde au XXe siècle ;
- la mondialisation contemporaine, rapports de force et enjeux.

Vaste champ d'analyse, qui donnera au candidat la mesure d'un siècle des excès, d'un siècle des extrêmes, d'un siècle de contradictions.

Cinq grandes transformations émergent de ces décennies de chaos (deux guerres mondiales), de crises (deux crises majeures : 1929 et 1973), de turbulences (conflits de substitution à l'affrontement direct de grandes puissances, effet de traîne des guerres coloniales) mais aussi de dynamiques porteuses (décolonisation et indépendances, mondialisation et gouvernance et grappes de progrès technologiques décisifs).

1. La « déseuropéanisation » du monde ?

Lorsque R. Salais, dans *Le viol de l'Europe : enquête sur la disparition d'une idée* (Puf, 2013), brosse à grands traits l'évolution d'un « projet instrumentalisé et trahi », c'est l'aboutissement d'un itinéraire capital au XXe siècle qu'il décrit : la déseuropéansiation du monde est d'abord celle par laquelle l'Europe est congédiée de l'Histoire après la guerre de 1914-1918 et perd ce statut qui lui donnait au XIXe « l'arrogance de la technique de la morale et de la civilisation » (C. Lévi-Strauss). L'utopie européenne cependant n'est pas morte dans l'entre-deux-guerres où elle est pour beaucoup d'intellectuels une manière de défier les vieux démons du totalitarisme et de la marche à la guerre (Goebbels : « l'Europe c'est la guerre »). C'est cette résistance de l'idée européenne, de justice, d'équité, de solidarité et de dignité, arc-boutée sur les valeurs judéo-chrétiennes qui permettront au lendemain de la Seconde Guerre un sursaut fondateur, et des innovations quasi uniques : un marché unique, des politiques structurelles communes transversales, dans un ensemble qui part à la reconquête de son histoire et de sa géographie (élargissements successifs jusqu'à une Europe à 15 à 25 et désormais à 28…). Mais par manque de créativité, d'anticipation dans les grands débats capables de lui donner un sens, par la faute d'une superposition d'égoïsmes sacrés, d'hésitations coupables (l'Europe sociale se décrète-t-elle ?), l'Union européenne va rapidement se contenter de proposer des normes à l'échelle monde. On est loin, si loin du projet d'« États-Unis d'Europe », et d'un statut de grande puissance quand l'Europe est plus « subdéléguée qu'actrice » (H. Védrine).

2. La grande illusion du siècle ?

Réponses aux décombres de la guerre et aux blocages d'un autoritarisme dépassé dans une Russie convertie aux bonds en avant de la révolution industrielle, le communisme après la Révolution de 1917 va proposer une alternative viable. Son expansion internationale a été rapide, même si des voies diverses (socialisme autogestionnaire yougoslave ou communisme chinois) vont être suivies jusqu'à dénaturer les idéaux initiaux comme avec le stalinisme. Le communisme sera pleinement associé à l'émergence de la superpuissance soviétique (acier, espace et complexe militaro-industriel) ou à l'essor de la Chine après les spasmes de la révolution culturelle.

Mais le regard porté en 1993 sur le communisme est tout autre : c'est plutôt celui d'une grande désillusion, quand ce n'est pas une somme de dossiers noirs (répressions aveugles, cultes de la personnalité, consommation oubliée, réformes bégayantes et peu efficaces) autant de dysfonctionnements (pour ne pas dire de reniements) qui font le lit des évolutions des années 1980, créent la crise du CAEM (dès 1984), le choc de la disparition du mur de Berlin (novembre 1989) et de la décomposition de l'URSS (Communauté des États indépendants en 1991). La transition vers le marché, ou les mutations vers un « communisme de marché » semblent donner quelque peu raison à la formule caricaturale de J.-F. Revel : « la meilleure façon de réformer le communisme c'est de s'en débarrasser ! »

3. L'accélération et l'irréversibilité de la mondialisation

Au XIXe siècle, la grande transformation décrite par Karl Polyani avait déjà débouché sur une première mondialisation à bien des égards plus ample que les processus ultérieurs de décloisonnement du monde (migrations, internationalisation des investissements). Malgré la parenthèse protectionniste frileuse de l'entre-deux-guerres et le repli national comme thérapie anti-crise, l'après-Seconde Guerre mondiale a vu « le mouvement d'extension progressive du système capitaliste mondial » (L. Carroué) s'accélérer surtout pendant la 3e mondialisation depuis 1974. Le couple commerce/croissance a été vénéré, des instruments de désarmement douanier ont vu le jour (Gatt dès 1947, OMC depuis 1994) les transports se sont mis à l'heure d'un « monde de plus en plus plat » et sans frontières apparentes (révolution de l'information, des transports maritimes et aériens, mise en réseau des entreprises…). La mondialisation a été encensée comme la martingale du recul des inégalités ou du moins de la pauvreté… mais dans les années 1970 son caractère ultralibéral a provoqué un changement non pas de rythme (dérégulation, désétatisation) mais de nature : multinationales et marchés financiers sont devenus de nouveaux maîtres du monde, la flexibilité des travailleurs et leur mobilité sont devenus les nouveaux crédos et la fin des bassins d'emplois traditionnels a accompagné des mutations socialement douloureuses. Autant de changements qui vont bien sûr susciter des craintes et des interrogations nées des contestations comme l'altermondialisme dont une des inspirations fondatrices est la révolte zapatiste mexicaine mais qui s'exprime aussi par la création de Attac. Certes le débat sur la démondialisation, avec son jugement sévère sur les impasses du libre-échange, ses appels à une réhabilitation des États-nations et de leurs prérogatives sera ultérieur à notre programme, tout comme l'indignation sans frontière de la Puerta del Sol à Madrid et à Wall Street occupée… Qu'on se le dise : la mondialisation campe sur des positions solides au début des années 1990 mais n'est pas le point Omega des évolutions ni l'ancrage de « la fin de l'Histoire » (F. Fukuyama).

4. La redistribution permanente des rapports de force ?

Plusieurs paramètres contribuent à complexifier les rapports de force au cours des décennies 1913-1993 :

- Les mutations de la puissance, car même si la puissance militaire reste un facteur de hiérarchisation on voit apparaitre des registres moins fongibles, moins matériels : la puissance se diversifie (vitesse, finance, culture), elle sert à « convaincre autant qu'à vaincre » (*soft power* décrit par J. Nye) et se partage plus (frontières technologiques plus captées par un seul ou deux pays mais par un très grand nombre).
- Les mutations économiques, qui installent la revanche d'un Tiers-Monde qui, dès les années 1970, participe à une nouvelle DIT, remonte des filières industrielles jadis monopolisées par les pays développés (électronique, sidérurgie, automobile), a des prétentions dans un nouvel ordre mondial, a accès à de nouvelles consommations (les pays émergents consommeront 20 % des médias… en 2013). On ne parle pas encore de BRICS (Jim O'Neill) mais le « Tiers-Monde sort de l'impasse » (P. Bairoch).
- Les mutations des types de conflits qui sont légions… cyber-attaques de Arpanet à Internet, armes interstitielles (chimiques), prolifération du nucléaire (Afrique du Sud, Israël et potentiellement Inde, Pakistan brisent à la fin du XXe siècle, la doxa du Traité de non-prolifération nucléaire), terrorisme qui est au départ souvent associé à des revendications identitaires (diaspora palestinienne, Asala arménienne) et utilise plus un vocabulaire religieux (au service d'une djihad contre les « croisés »).
- Sur tout le XXe siècle donc, où on passe d'un ordre déchiré par les conflits à un ordre mondial bipolaire avec le face à face des deux Grands, puis à un ordre unipolaire lorsque les États-Unis engrangent avec le complexe du vainqueur les dividendes de la chute de l'URSS, mais tout est prêt, sur les décombres dune stratégie d'impuissance de l'hyperpuissance américaine (déclin dès 1965, enlisement en Afghanistan), pour installer un monde multipolaire (le « sprint des géants asiatiques » décrit par P. Buhler et la « renaissance d'une Afrique plus repartie que mal partie désormais » pour contredire René Dumont), sinon apolaire (B. Badie) avec une ligne d'horizon : la fin du monopole de l'histoire par l'Occident.

5. Finalement le XXe siècle est plus que tout celui des contradictions ?

Siècle du progrès technique : libérateur mais aussi au service de la barbarie (armes chimiques, menaces de terrorisme nucléaire).

Siècle de l'hyperpuissance américaine mais aussi, selon l'économiste Fred Bergsten, de « bigémonie(s) » (États-Unis/Japon pendant le boom Heisei des années 1980, États-Unis/Communauté européenne qui ont écrit une grande part de l'histoire du XXe siècle avant une chimérique Chine/Amérique).

Siècle du tout État, avec le triomphe des révolutions communistes, du plus d'État (avec un keynésianisme comme horizon des politiques économiques de l'après 1945)… et siècle du libéralisme matrice de la prospérité des années 1920, dont la crise de 1929 sera une sorte de fossoyeur, mais dont la crise de 1973 sera le terreau de la résurrection.

Siècle des croissances fortes, atypiques, exceptionnelles (les « Trente Glorieuses ») mais aussi des crises systémiques (années 1930 et années 1970), croissance du gotha des pays industrialisés et en même temps retard et dépendances des pays du Sud, suivie d'une émergence des pays du Sud et de l'affaiblissement des rythmes de croissance du Nord.

Siècle de mise en place d'une gouvernance mondiale timide et en échec avec la SDN, instrumentalisée après 1945 (mise place des gendarmes du monde comme le FMI, la Bird, le Gatt…), et déployée après les années 1970 pour s'adapter à tous les nouveaux problèmes qui ne peuvent être gérés à l'échelle des États nations (terrorisme, mouvements fébriles des capitaux, sphère de l'illicite, réchauffement climatique) et parfois impasses et impuissance continues (conflits qui perdurent comme le conflit israélo-arabe).

Pour donner de l'épaisseur à ce nouveau programme ambitieux mais exaltant, nous avons donc décidé de nous donner des moyens proportionnés à ces ambitions :
- Un seul volume pour éviter le défaitisme de candidats découragés par l'hypertrophie de la pagination de leurs ouvrages de référence et de khôlles.
- Une équipe de rédacteurs étoffée, hexagonale, rodée au terrain de la préparation et prête à croiser les approches du temps long pour le rendre plus accessible et intelligible.
- Une maquette simple mais pas simpliste, axée sur ce qu'il faut retenir (résumés des chapitres), ce dont il faut débattre (problématiques en introduction), ce qu'il faut hiérarchiser dans le temps (des chronologies épurées), ce qui doit bien s'énoncer (lexique).
- Un souci constant de déboucher sur une réflexion originale éloignée des clichés, avec un rappel en fin de chapitres des idées reçues débattues.
- Des bibliographies commentées et ciblées.
- Une préparation explicite aux quatre types d'exercices demandés aux candidats : des cartes de synthèse sous forme de croquis conformes aux exigences des concours, des cartes commentées, des dissertations et des questions d'oral… rédigées et structurées.

Nous espérons que les candidats y trouveront donc de quoi épauler, densifier mais aussi reformuler des cours indispensables, bases même d'une année d'enrichissement personnel, et qu'ils pourront donc partir à la découverte d'un siècle et aller plus loin, aux deux extrêmes de ce siècle que Franz Kafka dans son journal annonçait ainsi : « 2 août 1914 : l'Allemagne a déclaré la guerre à la Russie Après midi : piscine ». Ou que Federico Fellini quelque temps avant sa mort (1993), à qui on demandait : « Que pensez-vous de la crise actuelle ? » répondait : « Quelle crise ? Nous sommes en crise depuis la fin de l'Empire romain ».

Alain Nonjon

Conseils pour aborder le programme et organiser son travail en prépa

1. Aller à l'essentiel : privilégier l'idée générale sur le détail ce qui n'interdit pas d'associer à chaque idée générale un exemple précis. Vous aurez à maîtriser et utiliser des concepts, et non des chiffres seuls.
2. Avoir toujours un sens de la relativisation des événements et des chiffres. L'approche dogmatique n'est pas de mise. Penser constamment à inscrire vos positions ou vos postures dans un « même si… » salvateur.
3. Inscrire toujours son travail dans une dimension historique et se souvenir de Jules Michelet : « *la personnalité du peuple… je l'ai comprise. Pourquoi ? Parce que je pouvais la suivre dans ses origines historiques, la voir venir du fond des temps. Celui qui veut s'en tenir au présent, à l'actuel, ne comprendra pas l'actuel* » (J. Michelet, *Le Peuple*, 1846).
4. Ne jamais négliger les localisations de tous les événements : c'est une gymnastique utile pour l'exercice proposé de cartographie et ainsi vous respecterez un des fondements de la géopolitique, les rapports entre « espace et pouvoir ».
5. S'exercer à reformuler des connaissances au travers de sujets différents pour apprendre à bien cibler le sujet et toujours en saisir l'originalité : « les États-Unis chance pour le Japon depuis 1945 » n'est pas un sujet sur les relations États-Unis/Japon. « Les États-Unis et l'exercice de la puissance », n'est pas l'évolution de la puissance américaine.
6. Ne pas hésiter à apprendre en profondeur un cours. Il vaut mieux avoir à sélectionner des connaissances que de faire dire n'importe quoi à des bribes de savoir.
7. Ne pas hésiter à lire des ouvrages spécialisés mais par séquence et en évitant le catalogue des références bibliographiques dans les copies ou les oraux. Associer un concept et son auteur, et un auteur dans son contexte. Par exemple, Joseph Nye invente le « *soft power* » en 1990, dans une réflexion sur les formes de la puissance des États-Unis à la fin de la guerre froide.
8. Décloisonner au maximum les espaces de réflexion par la comparaison, même audacieuse, l'utilisation des dimensions régionales, nationales, internationales (les fameuses échelles).
9. Piocher, repiocher dans les lexiques : la géopolitique a son propre langage, croise des disciplines de plus en plus diverses (sciences politiques, histoire, géographie, économie) et son champ lexical s'enrichit chaque jour : une guerre préventive n'est pas une guerre préemptive, mais une intervention militaire, l'une devant la possibilité d'une agression future, l'autre devant la crainte de l'imminence d'une agression).
10. Gérer votre temps d'apprentissage au prorata de coefficients qui sont en rupture totale avec la classe de Terminale (5 ou 6 sur 30 !), avec des certitudes de s'investir dans une matière rémunératrice (moyenne nationale des épreuves supérieure à 10) et un écart-type généralement supérieur à 3 dans les consignes de correction.

Désormais vous voilà prévenus ! On ne pourra plus dire comme le géologue américain King Hubbert, que « *votre ignorance n'est pas aussi vaste que votre incapacité à utiliser ce que vous savez* ».

Module 1

Les grandes mutations du monde au XXe siècle de 1913 au début des années 1990

Chapitre 1
Tableau géopolitique du monde en 1913

La première mondialisation *: Poussée par le besoin de débouchés toujours nouveaux la bourgeoisie envahit le globe entier. Il lui faut s'implanter partout, exploiter partout, établir partout des relations. Par l'exploitation du marché mondial, la bourgeoisie donne un caractère cosmopolite à la production de tous les pays… À la place des anciens besoins satisfaits par les produits nationaux naissent des besoins nouveaux réclamant pour leur satisfaction les produits des contrées et des climats les plus lointains. À la place de l'ancien isolement des provinces et des nations se suffisant à elles mêmes se développent des relations universelles une interdépendance universelle des nations.*

Karl Marx manifeste du parti communiste (1848), cité par A Minc les prophètes du bonheur.

La défaite de la raison et l'horreur *: Les lumières s'éteignent sur l'Europe*

Sir Edward Grey ministre des Affaires étrangères britanniques, septembre 1914.

◆ Dates clés

	France	G.-Bretagne	Allemagne	Autriche-Hongrie	Russie	Balkans	Asie / Afrique	États-Unis	Événements
1908	*A. Fallières* Agitation sociale	*Edouard VII* Législation totale	*Guillaume II*	*François-Joseph 1er*	*Nicolas II*	Juillet : révol. Jeune turque 5 oct. : l'Autriche annexe la Bosnie-Herz.	Union sud-africaine	*Roosevelt*	
1909		« budget du peuple » de Lloyd George						*Taft* Impôt sur le revenu	Blériot tranverse la Manche en avion
1910	Grève des cheminots	*George V*			Stolypine assassiné		Le Japon annexe la Corée		
1911		Parliament Act	Constitution d'Alsace-Lorraine		Succès de l'opposition aux élections	Sept : guerre italo-turque	Mai : les Français à Fez Juill.-nov : 2e crise marocaine Révolution chinoise. Rép. de Sun-Yat-Sen		
1912		Vote du Home Rule Grèves				Oct : 1re guerre balkanique	30 mars : protectorat français sur le Maroc dictature de Uan-Che-Kaï en Chine		Claudel, *L'annonce faite à Marie* Stravinsky, *Le Sacre du Printemps*

1913	*R. Poincaré* Loi de 3 ans					Juin-août : 2e guerre balkanique		*Wilson*	Barrès, *La colline inspirée*
1914	Mai : succès de la gauche aux élections 3 août : entrée en guerre	Crise à propos du Home rule 4 août : entrée en guerre	1er août : guerre à la Russie 3 août : guerre à la France	28 juin : l'archiduc François-Ferdinand assassiné à Sarajevo 28 juillet : guerre à la Serbie	1er août : entrée en guerre				Canal de Panama

◆ Carte de synthèse

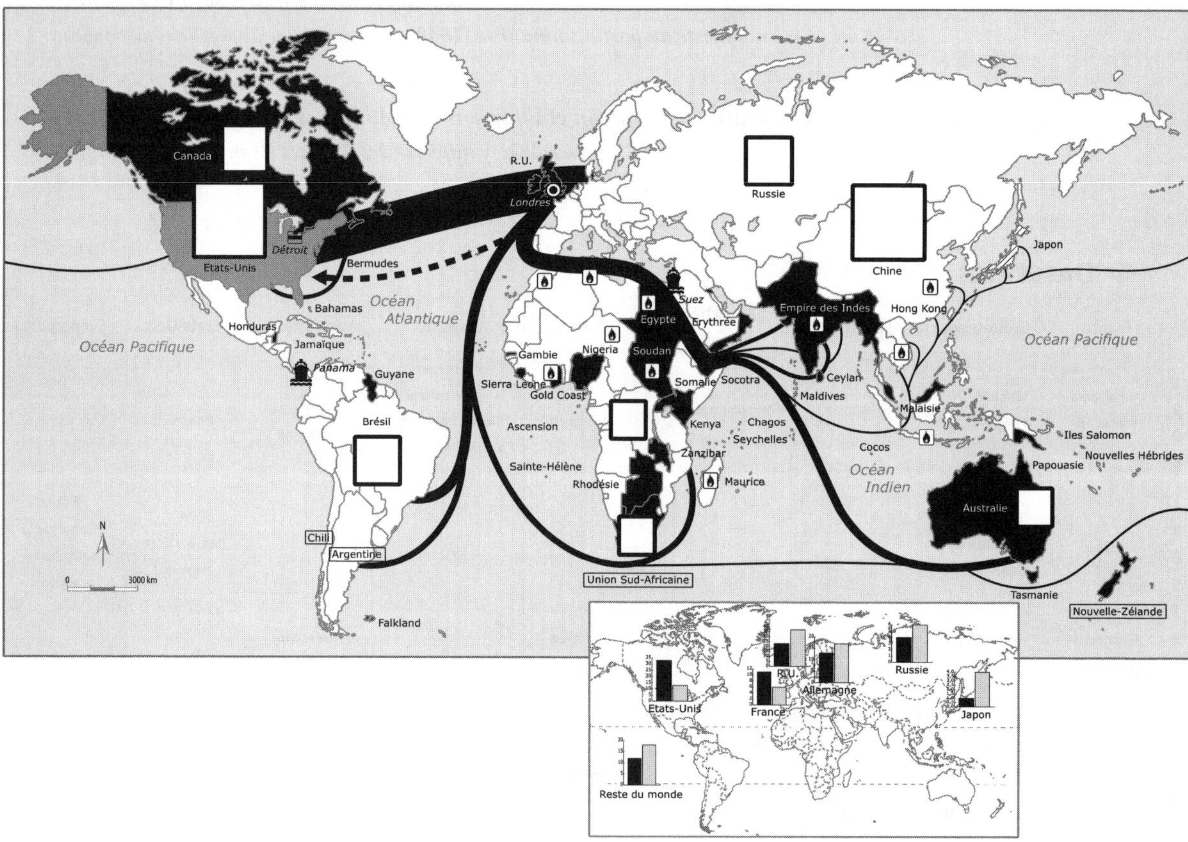

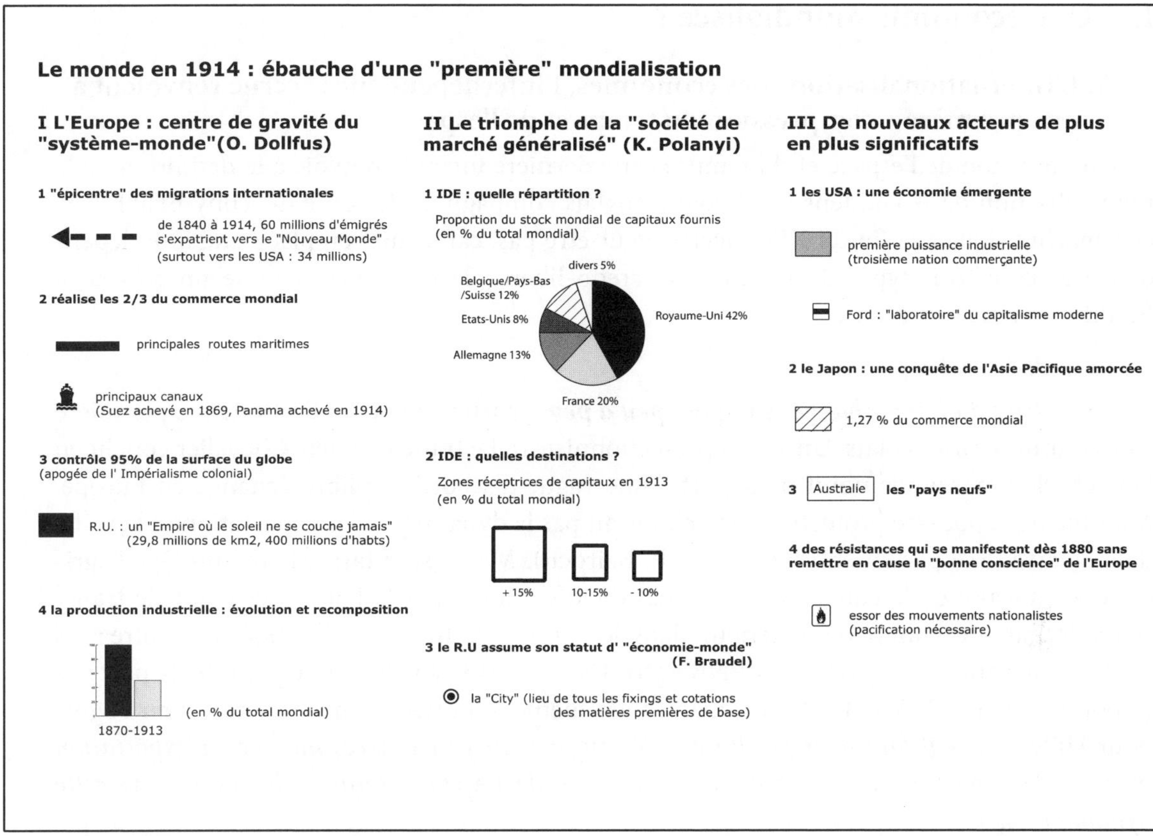

Source : P. Dallenne et F. Buchy, La mondialisation : nouvelles dynamiques géopolitiques et géoéconomiques, Ellipses, 2013

Introduction

La période 1880-1914 serait la « seconde vague », après celle des XVᵉ siècle-XVIᵉ siècle d'un mouvement historique d'extension du système capitaliste dans un espace géographique mondial conçu comme l'interconnexion complexe de territoires diversifiés. Elle annoncerait et anticiperait la troisième vague de multinationalisation des années 1950 voire la quatrième d'émergence d'une économie globalisée dans les années 1980-2016.

◆ Problématiques

S'il est aisé de cerner le changement quantitatif de cette première mondialisation décrite par S. Berger, il est délicat de la caractériser :

- ***Émergence d'une économie mondialisée plus que globalisée et mondiale ?***
- ***Émergence d'une économie-monde*... européenne et d'une convergence plus atlantique que mondiale ?***
- ***Rupture incontestable sur fond de tensions et d'une course aux armements qui ne trouveront d'exutoire que dans la guerre ?***

I. Une économie mondialisée ?

A. L'Internationalisation* des économies, l'interdépendance accrue renvoient à une première « compression du temps et de l'espace »

Compression de l'espace et du temps : cette dernière formule renvoie à la définition de la mondialisation de A Giddens (sociologue anglais compagnon de route de Tony Blair). Est-elle anachronique à la fin du XIXe siècle ? Peut-être pas, car se met en place une interdépendance grâce à trois types de facteurs : le credo libéral, la confiance dans le progrès et la fluidification de l'économie.

Le credo libéral et positiviste

*La matrice du libre-échange** ***s'impose peu à peu*** à partir de la Grande-Bretagne pionnière à des rythmes variés (États-Unis plus protectionnistes). Le traité Cobden-Chevalier conclu en janvier 1860 marque le point de départ d'une vague d'accords de libre-échange en Europe. Mais même la poussée protectionniste n'interdit pas la dynamique des exportations à la veille de la guerre (5 % par an en valeur pour P. Bairoch). Même si le tarif Méline protège l'agriculture française de la concurrence des pays neufs induite par la baisse des coûts de transports, la part du commerce extérieur dans le commerce français n'a cessé de croître : les exportations atteignent 17,1 % du PNB entre 1907 et 1913 ; sur la même période, la part des importations du PNB à 20,3 %. Et quand bien même le protectionnisme serait il en vogue, pour Hilferding « *il faut aller produire à l'étranger pour pénétrer ces marchés. L'exportation massive de capital et la course à la colonisation de l'Afrique seraient le résultat de cette dynamique...* ».

Le calendrier du libre-échange et le retour implicite au protectionnisme

1846 : abolition de la loi sur les grains R. Peel

1860 : traité Cobden-Chevalier entre France et Angleterre ; la France supprime toutes les prohibitions et leur substitue un droit de douane de 30 %

1861 : Morril Act : relèvement des droits de douane aux États-Unis

1879 : relèvement des droits de douane en Allemagne

1890 : les États-Unis portent leurs droits à 50 % *ad valorem* en moyenne

1891 : tarif de Mendeleyer en Russie le plus élevé d'Europe

1892 : Loi Méline retour au protectionnisme

1894 : les États-Unis abaissent leurs droits à 40 % porté à 57 % en 1897

Le positivisme est le terreau de la foi dans un progrès technique capable de balayer toutes les contraintes de distance, de mobilité. Le journal *Le Globe,* tribune du saint simonisme célèbre le rôle du rail et la technocratie au service du bien-être de l'humanité. De la paix universelle de E. Kant aux États-Unis d'Europe de V. Hugo souffle le vent d'un universalisme conquérant. La pensée néoclassique triomphe dans les années 1880 : L. Walras (1834-1910) puis V. Pareto (1848-1923) donnent un statut scientifique au libéralisme et à la division internationale du travail.

Un impérialisme planétaire dénoncé par Lénine, comme « stade suprême du capitalisme » structure les lignes de force d'une économie mondiale de plus en plus interdépendante.

La foi dans le progrès et les innovations techniques

Les transports donnent le tempo des mutations : clippers plus rapides, avant la relève des steamers, ces navires à vapeur de capacité plus importante avec coque en acier, canaux intercontinentaux comme le canal de Panama ou Suez, qui réduit d'un tiers la distance entre Europe et les Indes.

La baisse du temps des transports : il fallait 42 jours à Benjamin Franklin pour se rendre en France à la fin du XVIIIe siècle ; en 1912, il aurait pu faire le voyage en 5 jours et demi. La baisse des coûts du fret maritime (le coût de transport d'un quintal de blé entre New York et Le Havre passe de 180 F en 1850 à 22 F en 1913, 40 % de baisse de 1870 à 1913) optimise les performances. Le réseau télégraphique international achevé en 1876 et le téléphone relient les principales places mondiales (comme l'Internet aujourd'hui alors qu'avant l'installation du câble transatlantique, les informations mettaient trois semaines pour parvenir en Europe) et limitent les risques dans les transactions commerciales.

L'achèvement de réseaux de chemin de fer en Europe, des transcontinentaux en Amérique du Nord (*coast to coast* à partir de 1869), des lignes en Russie, Sibérie, Amérique latine, Inde (1er train en 1851 et 14 500 km de réseau dès 1880). Le rôle du wagon frigorifique (viande) et de procédés de conservation de produits régularise les échanges agricoles (1882 : première usine de congélation en Argentine).

L'économiste Edmond Théry note en 1901 que « *la vitesse de circulation des marchandises assure à leur livraison une régularité presque mathématique et réduit leurs frais de transport dans des proportions telles que leur prix de revient n'en est presque plus affecté* »... vision d'une étonnante modernité.

Une fluidification multiforme de l'économie...

Vouloir inventorier tous les facteurs qui convergent vers la croissance c'est :

- Mobiliser l'impact brut de la démographie et des migrations européennes vers les pays neufs qui ont des habitudes qui se rapprochent des consommateurs européens et créent donc des ***besoins accrus***.
- Évoquer la ***hausse des revenus des classes moyennes*** qui diversifient leur consommation notamment dans des produits tropicaux.
- Ne pas oublier ***le rôle de l'étalon-or*** agissant comme une sorte d'assurance contre le risque de change et qui permit, notamment en France de maintenir de faibles taux d'intérêt. 90 % de la population mondiale vit en régime de monnaie convertible ce qui en passant est loin d'être le cas... à la fin du XXe siècle.
- Analyser ***la diffusion des technologies*** avec la levée de l'interdiction de l'émigration d'artisans et de celles de l'exportation des équipements dès le milieu du siècle avec deux

conséquences : la diffusion plus rapide des grappes d'innovation et leur rôle fertilisant optimisé.

- Convoquer ***une multitude de facteurs*** difficiles à circonscrire : ex la généralisation de la quinine qui joue un rôle dans l'accroissement des échanges avec le Sud.

B. L'organisation d'un marché global au travers de la première mondialisation

Le triomphe du « marché global » (G. Noiriel)

Cette première mondialisation qui s'impose dans le long continuum de 3000 ans de mondialisation revêt trois formes :

- des migrations de populations : la diaspora* planétaire des Européens est un des traits les plus saisissants de l'expansion de l'économie monde. Pour J. Bouvier 46 millions de personnes ont quitté l'Europe entre 1815 et 1915 dont 38 après 1865. Irlande et Suède perdirent ainsi jusqu'à 10 % de leur population. On estime à 10 % de la population mondiale formée d'immigrés en 1913, chiffre trois fois moindre qu'au seuil du XXIe siècle.
- le développement des investissements directs à l'étranger* : entre 1887 et 1913, le volume des investissements français à l'étranger représente environ 3,5 % de son revenu national. Vers 1913 la valeur du capital à l'étranger représentait 110 % du PNB des pays exportateurs de capitaux (12 % en 1960-1970 !). Chiffres impressionnants si on y songe avec pour la France un quart de l'épargne exportée et la moitié en Grande-Bretagne.
- le développement des exportations (malgré le développement des barrières protectionnistes) et du commerce international : en valeur 60 milliards de francs or en 1870 ; 1913 200 milliards de francs or. La valeur des exportations européennes entre 1830 et 1914 est multipliée par 16 avec accélération après l'abandon des corn laws en 1846. Le taux d'exportation des articles manufacturés atteint même 33 % pour l'Europe à la veille de la guerre.

On parlera donc d'une dilatation de l'espace commercial mondial avec les exportations européennes qui croissent de 1900 à 1910 de 5 à 6 % par an. Vers 1910 3 % du PIB européen sont absorbés par le monde creux, le futur Tiers-Monde contre 1 % en 1830. L'empire colonial anglais absorbe 1/3 des exportations anglaises et fournit 1/4 des importations dès 1900.

Une intégration accrue mondiale

L'intégration des marchés s'accélère avec plusieurs convergences :

- K.H. O'Rourke et J.G. Williamson (Globalization and History, MIT, 1999) observent ***la convergence des salaires*** réels entre le Nouveau Monde et l'Europe occidentale : 70 % de cette convergence serait due aux migrations de population qui ont contribué à augmenter les salaires en Europe (bassin émetteur) et à baisser les salaires dans le nouveau monde (bassin récepteur).
- ***Les prix ont aussi fortement convergé.*** En 1870, le blé était vendu 57,6 % plus cher à Liverpool qu'à Chicago. En 1913, l'écart n'était plus que de 15,6 %.

- Va-t-on jusqu'à une ***intégration des marchés financiers*** ? Pour Martin Feldstein et Horioka (1980), il faut insister sur la corrélation entre l'épargne mondiale et les crises de 1929 le début d'un processus de désintégration financière. Pris dans leur dimension financière, les marchés étaient plus intégrés vers 1880 que vers 1980. La crise de 1929 va désintégrer ce marché financier.
- ***la satisfaction de tous les goûts*** participe aussi de ce mouvement d'unification du monde. Keynes admiratif, notait « *quel extraordinaire épisode dans les progrès de l'humanité que celui qui s'est interrompu en 1914 L'habitant de Londres peut commander par téléphone, tout en buvant son thé le matin, toute la variété des produits du monde* », in *Les conséquences économiques de la paix*.

Avec la colonisation, des flux migratoires transatlantiques, des investissements financiers comme productifs, le désenclavement de régions (Sibérie, Irak, Amérique latine) la globalisation du marché des matières premières (CBOT, bourse de Winnipeg de Hambourg) la synchronisation des crises et des conjonctures s'instaure au tournant du XIXe et du XXe siècle une division internationale du travail où émerge le modèle de la firme multinationale.

*L'enfance des FMN**

Si on définit comme ***FMN une*** **firme ayant une ou plusieurs entreprises filiales à l'étranger**, avant 1914 ce sont 350 filiales d'entreprises qui sont installées dans un pays étranger et elles contribuent déjà 3 à 6 % du commerce.

Certains ***grands axes des stratégies*** des FMN actuelles sont identifiables. S'approvisionner en matières premières (Dunlop en hévéa malaisien). Contourner les barrières douanières : Singer qui crée des usines de montage au Canada et en Écosse ; Ford en Autriche-Hongrie après 1911. Faciliter les commandes émanant des pouvoirs publics : entreprises allemandes et américaines du secteur de l'électricité (en Grande-Bretagne et en France). Accéder à un marché de capitaux plus performant que dans leur pays d'origine. Compenser l'étroitesse du marché intérieur en se spécialisant dans des créneaux étroits nécessitant une internationalisation (Suisse, Suède, Solvay, Nobel). Garder une certaine maîtrise technologique de procédés de fabrication (chimie allemande en Grande-Bretagne) contournement des tarifs douaniers et main-d'œuvre pas chère (cinq industriels français du textile employaient, en 1910, 10 000 salariés dans leurs filiales russes et polonaises). Autour de cette dynamique se structurent de grands ports : Londres, Hambourg, Brême.

Banques universelles, foreign banks anglaises sont au plus près des besoins et la haute finance (Rothschild) qui incarnait l'internationalisme, la fidélité à une firme et ses filiales plus qu'à un gouvernement en vient à gérer plus directement les finances publiques de zones périphériques et à jouer un rôle de modérateur planétaire, les contrats signés à Bombay et à Londres ont la même valeur : l'intégration juridique à la mondialisation est donc en route. Des expositions universelles — de Crystal Palace à l'Exposition universelle de Paris en 1889 — sont la mémoire d'une économie monde installée.

C. Une internationalisation plus qu'une mondialisation proprement dite ?

Une réelle rupture : la première mondialisation (S. Berger)

Dans un ouvrage paru en 2003 S. Berger identifie 3 ruptures par rapport aux périodes précédentes qui sont les marqueurs d'une première mondialisation :

- Jusqu'à la fin du XIXe siècle, une grande partie de la production, de l'épargne et de la consommation échappait aux contraintes du marché (autoconsommation agricole), ce ne sera plus le cas avec la ***dynamique d'internationalisation***.
- Dès l'époque médiévale (Henri Pirenne), l'action des États se conjuguait à ce faible développement de l'économie marchande pour limiter les effets des flux commerciaux sur l'économie domestique. C'est en partie seulement une période révolue.
- Jusqu'au milieu des années 1850, les échanges internationaux étaient concentrés dans les mains d'un nombre restreint de familles (les maisons de haute banque comme les Rothschild, les Baring ou les Hope). Tout change au milieu du XIXe avec la prise en mains du marché des capitaux par des banques de dépôt…

La rupture c'est donc le triomphe de ce que K. Polanyi appelle « ***la société de marché généralisée*** ».

De grandes peurs prémonitoires

Les peurs sont proportionnelles aux changements :

- J. Méline dénonçait l'« **l'anarchie des millionnaires** », le libre-échange et la concurrence des pays neufs : il fustigeait « ces peuples du nouveau monde dotés par la nature et par leur régime politique d'avantages exceptionnels d'un sol riche qui produit presque sans travail et sans engrais, qui n'ont que peu ou pas d'impôts, chez lesquels le taux de salaire est souvent dérisoire ».
- **La montée des pays neufs** et de nouveaux concurrents (montée du Japon, investissements en Chine, raccourcissement des distances entre l'Asie et l'Europe) nourrit les mêmes peurs de la mondialisation qu'aujourd'hui face à la menace chinoise. C'est Edmond Théry qui écrivait, de manière prémonitoire en 1901 : « le péril jaune qui menace l'Europe peut donc se définir de la manière suivante : rupture violente de l'équilibre international sur lequel le régime social des grandes nations industrielles de l'Europe est actuellement établi, rupture provoquée par la brusque concurrence, anormale et illimitée d'un immense pays nouveau ». Il pensait que les États-Unis résisteraient mieux que l'Europe grâce au « zollverein américain ».
- **Les conflits mondiaux** sont craints. Rares sont ceux qui, comme le journaliste Norman Angell dans *The Great Illusion* en 1910, pensent que la guerre serait devenue impossible dans un monde économiquement intégré car elle se révélerait dévastatrice, y compris pour le vainqueur. Le pacifisme à l'instar de Kautsky ou de Jaurès, n'est pas majoritaire. Lénine dans *L'impérialisme*, stade suprême du capitalisme (1916), démontre au contraire que seule la guerre peut remédier « à la disproportion entre, d'une part le développement

des forces productives et l'accumulation des capitaux, et, d'autre part le partage des colonies et des « zones d'influence » pour le capital financier ».

Une économie mondialisée, plus que mondiale, une économie monde… européenne, voire anglaise

Multiplicité de placements extérieurs ne veut pas dire encore marché financier intégré. L'exportation de capital ne crée que des débouchés limités dans le court terme. L'internationalisation est plus soucieuse de valoriser rapidement le capital que de construire patiemment de nouveaux espaces destinés à la vente des marchandises fabriquées. Si l'essor des flux de capitaux a lieu, J. Bouvier insiste sur la non concordance entre réseaux et directions géographiques des échanges commerciaux et des flux d'investissements au dehors (ex. : Russie Empire Ottoman drainent un quart des placements français alors qu'ils ne tiennent qu'une part limitée dans les échanges de marchandises).

On ne peut parler encore de FMN tentaculaires, tant les logiques sont plus commerciales que financières.

Les économies de prélèvements, dans les colonies, offrent des marchés limités : en France la valeur des échanges avec l'empire en 1913 est de 1,7 milliard de francs c'est-à-dire… autant que le commerce avec Luxembourg et Belgique réunis ! Dans l'Empire britannique les 3/4 des investissements provenant de la métropole sont destinés aux colonies de peuplement — Canada, Australie, Nouvelle-Zélande, Afrique du Sud — là où les habitudes de consommation et les niveaux de revenus se rapprochent le plus de l'Angleterre ; l'Inde et Ceylan infiniment plus peuplés en recueillent que le 1/5 de ces placements.

La *domination européenne éclipse les autres pôles* : 90 % des IDE sont européens et la Grande-Bretagne à elle seule en réalise la moitié, avec 44 milliards de dollars en 1913 contre 9 en 1870. L'unique pôle d'accumulation autonome qui ne soit pas européen, ou de peuplement européen, est alors le modeste Japon.

Les échanges portent surtout sur les produits bruts (voir commentaire de carte) 2/3 du commerce international contre 25 % à la fin du XXe. Grâce à des corridors d'exportation l'économie de prélèvement fonctionne à plein régime (économie de traite, de reflet).

On est bien dans la ***première phase de la DIT**** avec des importations quasi exclusives en provenance du monde plein de produits bruts, l'exportation de biens manufacturés des pays industrialisés vers… des pays industrialisés la 2e DIT : exportation de biens manufacturés des PD vers PED qui leur exporte des matières première sera plus tardive et la nouvelle DIT (rééquilibrage partiel et insertion des pays en développement comme exportateur de produits industriels fut ce vers les pays industriels sera postérieure à 1960). Statut spécial pour les pays neufs (Canada, Australie, Nouvelle-Zélande, Afrique du Sud, Argentine, Chili) intégrés au commerce de matières premières mais absorbant 16 % des exportations industrielles mondiales (alors qu'ils ne représentent que 2 % de la population mondiale). Les pays émergents (de demain) sont potentiellement là.

Le moteur de l'économie globalisée qui sera ***la société de consommation de masse n'en est qu'à ses balbutiements*** Nationalismes et protectionnismes sont encore des cadres contraignants. Avec la Grande dépression à partir de 1873, industriels et agriculteurs réclament des protections : la coalition du « fer et du seigle » aboutit en Allemagne à l'application en 1879 du tarif Bismarck, et, en France, le tarif Méline (janvier 1892) marque la fin du libre-échange à la française.

On est loin d'une gouvernance mondiale : pas d'OMC, de FMI, d'accords internationaux par produits et l'échec de la ligue des nations. Il n'existe pas, à l'époque, de véritable régulation interétatique (l'étalon-or est *de facto* un étalon sterling). Une organisation juridique internationale ne fait que s'esquisser pour le désarmement et l'interdiction de la guerre à la conférence de la Haye en 1899 et 1907.

Ainsi cette première mondialisation est ambiguë : pour Michel Beaud, le « *typhon planétaire* » (de la mondialisation) serait déjà bel et bien en place… mais retardé par la Première Guerre mondiale et ses conséquences, puis par la période de capitalisme régulé des années 1950-1970.

Pour J.-C. Asselain dans son *Histoire économique. De la révolution industrielle à la Première Guerre mondiale*, « l'emprise du capitalisme par le biais de l'« économie monde » européenne sur la planète est quasi-totale ». Par son réseau d'échanges devenu mondial, par son pouvoir financier, par ses possessions coloniales, par son peuplement de continents nouveaux, l'Occident semble détenir le destin de la planète.

La prudence de P. Noiriel est l'approche la plus convaincante : si on désigne dans une approche sommaire et européocentrique la mondialisation comme « *l'extension à la planète entière à partir de l'Europe de l'espace des échanges marchands (biens et capitaux) et des mouvements de population* » alors le dernier tiers du XIXe apparaît comme décisif.

« *Si on recherche une stratégie planétaire des firmes, une globalisation financière, et un affaiblissement marqué voire une décomposition des régulations étatiques, on parlera plutôt d'une internationalisation des économies : le principe national reste encore la base de la structuration de l'économie monde* » (P. Noiriel, *L'invention du marché*, Seuil, 2014).

II. Une européanisation du monde en 1913 ?

A. L'exception européenne

L'Europe des superlatifs

Les données brutes de la puissance : elles parlent d'elles mêmes : un quart de la population mondiale (460 millions d'habitants sur 10 millions de km^2), une démographie qui continue à augmenter 0,7 % en 1860 et 1,1 % en 1910. L'Europe représente 36 % du PNB mondial en 1914 et 60 % de la production mondiale d'acier ou de la consommation de l'énergie en 1910. Un PNB européen aurait selon P. Bairoch doublé en 40 ans en valeur constante de 1870 à 1910 comme de 1830 à 1870. Même si le taux de croissance est modeste (2 % pour le PNB par an et 1 % pour le PNB par tête), des puissances prennent le relais de la Grande-Bretagne après 1850 : émergence de l'Allemagne ou de la Russie. Si les pays méditerranéens sont de plus en plus distancés, d'autres rattrapent leur retard (pays scandinaves) et progressent à un rythme comparable à celui de l'Europe (Autriche-Hongrie, Russie). Alors que l'écart entre pays européens se stabilise, il s'accroît entre Europe et pays du Tiers-Monde de 1/2 vers 1860 à 1/9 en 1910. La Grande-Bretagne cesse d'accentuer son avance mais reste une économie monde.

Les moyens de l'exercice de la puissance

Les réseaux de chemins de fer (310 000 km de voies contre 143 256 km en 1875) maillent le continent, et le trafic passager explose (17 fois plus important en 1900 qu'en 1870). La ligne Paris-Berlin-Saint-Petersburg est la plus fréquentée et l'hôtel de luxe roulant — l'Orient Express — traverse l'Europe en 80 heures jusqu'à Constantinople.

Depuis le milieu du XIXe on pose des câbles dans le sol européen (2 millions de km en 1914). La planète compte 300 000 km de câbles sous-marins, souvent à l'initiative d'opérateurs européens. Le téléphone s'installe dans le quotidien (Paris : 2,7 lignes pour 100 habitants ; Copenhague 7 ; Berlin 5,3). Déjà en 1912 la Compagnie française des télégraphes et téléphones intègre la téléphonie sans fil. Les agences Havas (1835) et Reuter (1851) rivalisent avec les américaines. Même Icare est européen avec le dirigeable (Renard et Zeppelin) ou lorsque Rolland Garros traverse la Méditerranée en 1912. Sur mer, la réussite de l'Europe est spectaculaire avec en 1914, 91 % de steamers ; le *Bismarck* atteint 56 000 tonneaux en 1913 et le *Prinz* de la compagnie Hambourg Amerika traverse l'Atlantique à la vitesse de 20 nœuds !

L'Europe devient un espace de circulation des marchandises qui réalise en 1914 la moitié des exportations mondiales et 75 % des exportations (la Grande-Bretagne à elle seule truste 18 % du commerce mondial). Fi donc des barrières douanières quand les facilités de transport sont si grandes : un marché unique qui a sa monnaie (l'étalon or), qui sécurise les taux de change et les transactions. Le rebond migratoire de 1870-1914 consacre l'émigration de masse européenne avec 40 millions de migrants (auxquels il faut ajouter les 5 millions de Russes d'Europe qui colonisent, au-delà de l'Oural, la Sibérie et l'Asie centrale). La nouvelle émigration italienne (10 millions de 1880 à 1914) et de l'Europe centrale et orientale déferle sur le continent nord-américain et l'Amérique latine (2 millions d'Européens en Argentine en un siècle et 4 millions au Brésil).

En 1860 la primauté de l'Europe dans l'armement naval est écrasante avec 85 % de la flotte mondiale dont 40 % pour le seul Royaume-Uni.

La Grande-Bretagne fixe-t-elle le cap de la mondialisation en 1914 ?

1. Les attributs d'un passé glorieux légitime son rôle actif

Durant des décennies, l'Angleterre « a exercé une action irréversible ou difficilement réversible » (F. Perroux) sur les autres économies :

– un Empire : by jingo, l'empire ! : l'« Union jack » flotte sur 450 millions de citoyens et sur 33 millions de km^2

– une devise clé : la Livre sterling, monnaie à parité fixe ancienne (1816) ; une banque centrale précoce (1694, la City) spécialisée dans les investissements financiers ferroviaires.

– le statut d'usine du monde, socle industriel : le rayonnement en 1851 de la 1re exposition de Crystal Palace ; en 1870 un tiers des articles manufacturés dans le monde

– le credo du libre-échange (1846) et la fidélité à cet engagement malgré la poussée d'un fair trade.

L'Angleterre est une économie – monde qui a succédé à la ville – monde de Londres et dont l'apogée est à la bifurcation de la 2e moitié du XIXe siècle.

2. Les symptômes d'une puissance dépassée bride l'exercice de sa puissance

– la stagnation : après 1880 la production industrielle est de 1,6 % de croît annuel moyen ; le PNB augmente de 1,2 % par an après 1900 et les salaires réels baissent même selon Rostow de 0,5 % par an de 1900 à 1912.

– le vieillissement de l'appareil de production : maturité voire essoufflement ; la Grande-Bretagne a sacrifié son économie à sa monnaie (elle a préféré les manipulations des taux d'escompte à de véritables réformes en profondeur…)

– la perte de la suprématie technique. La 2e révolution industrielle a plus pour racines l'Europe continentale (l'Allemagne) et les États-Unis. L'Angleterre dépose 24 % des brevets et l'Allemagne 32 %. L'enseignement paraît plus fautif (retard du technique) mais plus simplement il faut peut-être évoquer le transfert de l'investissement en capital dans les biens de consommation et les services.

– la Grande-Bretagne n'est plus la puissance pulsatrice des crises ; elles naissent désormais dans des pays autres : Allemagne (1900), États-Unis (1873/1884/1907), mais finalement n'est-ce pas le continent qui émerge autant que la Grande-Bretagne qui s'enfonce ?

3. La fin de l'hégémonie sans partage, le passage à une domination partagée : une dynamique non pas d'éclipse mais de recentrage

– La puissance financière reste importante : livre, City, entreprises géantes (pétrole, chimie, flotte qui à elle seule équivaut à celle des 2e et 3e puissances marines mondiales), la Grande-Bretagne contrôle la moitié du stock des investissements internationaux.

– La puissance commerciale reste forte avec 14 % des parts de marché en 1913 talonnée par l'Allemagne au second rang (plus de 12 %) et les États-Unis (plus de 10 %). La Grande-Bretagne reste capable de créer de nouveaux partenariats avec les pays neufs (1/3 des échanges britanniques étaient réalisés avec eux) et domine encore le commerce du charbon (la moitié des flux mondiaux en 1913) mais s'installe dans le déficit.

– Le redéploiement vers une puissance tertiaire. La Grande-Bretagne reste au cœur des flux financiers (effets de structures) ; Londres en plaque tournante du marché de l'or mais au-delà elle connaît un fulgurant essor des services : entre 1880 et 1914 on assiste à la croissance de la distribution, des services financiers et plus anecdotiquement des professions libérales. La City est l'épicentre de cette tertiairisation ; des banques comme Midland ou Lloyd's commencent à se doter de réseaux nationaux. Que dire d'un pays qui en 1914 a la moitié des emplois (46 %) dans le secteur des services (tourisme, presse, distribution) et où le tertiaire contribue autant que l'industrie au revenu national (40 % environ).

– De toutes façons, le déclin de la Grande-Bretagne est dans la logique du déclin des empires : D. Landes (*L'Europe technicienne*) : *« il y avait une meneuse de train, l'Angleterre et toutes les autres économies étaient poursuivantes. Depuis lors, c'est une autre qui a pris de l'avance, mais la poursuite continue Il s'agit à présent d'une lutte sans poteau d'arrivée ».*

C'est moins le déclin britannique qui est en cause que l'essor des autres puissances… C'est le passage d'un quasi monopole à une domination partagée ou d'une domination sans partage à une hégémonie partagée.

L'Europe de la différence

La singularité européenne à la vieille de la « grande guerre civile » de 1914 repose sur de nombreux facteurs. C. Grataloup dans *La géohistoire de la mondialisation*, évoque le développement plus hâtif de l'Europe, sa transition démographique pionnière, la capture de mondes indépendants dont le pillage a procuré une mise de fonds essentielle, la quête de produits tropicaux… mais la suprématie européenne a d'autres fondements :

- **La croissance devient cumulative** grâce à un processus d'innovation auto-entretenu se propageant désormais par contagions à travers les stades de production ; les secteurs de l'économie et les frontières nationales ; les innovations s'enchaînent et se diffusent.
- **Le triple primat de la puissance de la connaissance et de la moralité** permet à l'Europe de mettre le monde à son école et ce d'autant plus que l'Europe croit avoir la mission de rassembler l'Humanité sous la bannière du progrès et hâter la marche de tous vers l'instruction et le bien-être. À l'Europe industrieuse la colonisation est apparue comme un moyen non d'assujettir les peuples lointains mais de les aider à combler leur retard.
- **La politique coloniale** fille de la politique industrielle fut aussi, la « fille des lumières » poursuivant sa lutte contre la barbarie l'oppression et l'obscurantisme, privilège que s'arrogent les « races supérieures ».
- C'est aussi le produit d'un **cadre pacifique** : entre 1815 et 1914 une « paix de cent ans » s'installe et la France, l'Autriche, l'Italie, la Russie ne se font la guerre que 18 mois au total. L'équilibre des forces a mis la guerre provisoirement hors jeu et offre donc une opportunité de domination pour l'Europe.

Dans *La grande divergence* Kenneth Pomeranz ose d'autres explications en comparant les régions du bas Yanzi et l'Angleterre littorale aux niveaux de vie de technicité, d'artisanat de revenus comparables à la fin du XVIIIe siècle. Si l'Europe a pris un ascendant au XIXe siècle selon lui, c'est pour des facteurs contingents, une combinaison de hasards parmi lesquels la proximité des gisements de charbon et des réserves de Terre du Nouveau Monde qui ont permis à l'Angleterre puis l'Europe de faire sauter les verrous écologiques de la croissance « *Parce qu'on y cultivait du coton, un substitut avantageux de la laine ou du lin, les plantations du Nouveau Monde économisaient des centaines de milliers, voire des millions d'hectares consacrés à l'habillement de la population insulaire* ». Sans cet approvisionnement aisé en fibres textiles faciles à travailler et en charbon, il est probable que le modèle industriel britannique, fondé sur le remplacement du travail par le capital (entre autre grâce aux « machines à vapeur ») et l'industrie textile, n'aurait pas été une option économiquement viable. C'est la raison du choix de l'Occident d'un mode de développement fortement consommateur en capital et en ressources naturelles. On pourrait réfléchir à une Chine plus rétive au progrès technique non consensuel, à une mécanisation non indispensable au regard du coût de la main d'œuvre abondante et soumise, à l'utilisation encore tardive du cuivre dans les échanges monétaires, à un siphonnage des richesses par des élites déconnectées… toutes thèses qui ne font qu'entériner le fossé qui, après le siècle de l'humiliation, sépare la Chine et l'Europe.

Des héritages culturels au service d'une domination européenne

Pour P. Legendre la marque occidentale est à comparer à *une police de caractère* un mode d'écriture sociale du lien humain. **C'est la mondia-latinisation** du monde dont parle J Derrida (1930-2004).

Les considérations culturelles sont au rendez vous de l'européanisation du monde. Le rattrapage s'inscrit d'abord dans la créativité des siècles précédents, de l'Europe médiévale qui loin d'être obscurantiste fut une des sociétés les plus inventives de l'histoire Au contraire, L'Amérique du Sud est encalminée faute d'innovations. Inde, Chine sont crispées sur leurs traditions le taoïsme exige consensus et longue expérimentation. L'Égypte de Mehemet Ali se heurte au conservatisme de la société égyptienne et à l'absence d'entrepreneurs locaux. L'Europe a ses prophètes de Smith à Ricardo ou Marx, ses capitaines d'industrie.

La philosophie critique, héritage grec permet de s'émanciper des traditions, de mettre en doute les mythes fondateurs de laisser la place à l'expérimentation, de rompre avec l'immobilité de prédisposer au déracinement.

L'aculture, l'éthique **judéo-chrétienne** a eu une fonction fécondante avec sa représentation linéaire du temps, son approche évolutive de l'Histoire s'enracinent lointainement dans le prophétisme juif puis l'espérance chrétienne. De la même façon la démythification du réel par le monothéisme juif qui rejette Dieu hors du monde permet d'ouvrir celui-ci à l'expérimentation scientifique. Une désacralisation de l'univers plus radicale à partir de la Réforme protestante porte ses fruits au travers d'une synthèse foi science.

Une **approche rationnelle et mathématique de la nature** qui gagna la vie sociale et donna à l'Occident la prétention à l'universel.

Dès le XVIe siècle les principes de la géométrie d'Euclide traduits par Xu Guangxi sous la dictée du jésuite Mattéo Ricci (1552-1610) la pensée d'Aristote est enseignée ainsi que toute la scholastique chrétienne médiévale et les Chinois admirent les technologies occidentales (blindage, électricité, optique, acoustique) ; en 1920 Liang Shuming (1898 1988) reconnaît attristé que l'occidentalisation a pénétré à peu près toute la vie intellectuelle sociale et matérielle chinoise.

L'européanisation du monde ?

La domination est telle qu'un ***modèle de civilisation européen se diffuse*** avec deux capitales inspiratrices, Paris et Vienne. L'Europe porte un modèle politique (la démocratie libérale qui peut influencer jusqu'aux réformes du Japon), des valeurs morales, au cœur d'une véritable croisade de l'Europe, un modèle sanitaire.

Ce modèle est à sens unique car si une timide attention est portée aux arts d'Extrême-Orient, on est loin d'un éventuel métissage de la culture européenne. L'Europe a « créé le monde », elle a été le lieu « où un basculement vers le monde a été possible ». Ce n'est pas le moindre des paradoxes si on songe à une Europe qui dans sa construction n'en est qu'au stade de l'utopie (les « États-Unis d'Europe » de V. Hugo — 1849), et qu'elle n'est pour le chancelier Bismarck « qu'un mot employé par les puissances qui exigent des autres ce qu'elles n'osent pas réclamer en leur nom ». Le ressenti de l'européanisation d'ailleurs est décalé par rapport à une influence qui s'arrête au seuil des cases et des huttes car l'Europe dans la colonisation n'a guère d'influence sur les cultes traditionnels, sur les organisations tribales des populations : *« le cercle européen surplombe les autres mais ne les fait pas disparaître en Inde ou en Indochine ou à Djakarta ou en Afrique »* (J. Portes, *Introduction à l'histoire du XXe*).

B. De la supériorité à l'arrogance ?

L'aventure coloniale : une mission ?

La colonisation n'a pas fondamentalement évolué en 1913, exceptées les prétentions nouvelles et réaffirmées dans le partage, de l'Allemagne et de l'Italie.

L'« immense *steeple chase* sur la route de l'inconnu » pour J. Ferry se poursuit logiquement. En 1913 Rosa Luxembourg dans « l'accumulation du capital » montre *« la nécessité du capitalisme monopolistique de se saisir d'espaces non capitalistes pour se survivre à lui-même »*. Le tableau des causes de la colonisation a déjà été évoqué ; le texte de J. Ferry les résume avec cynisme, naïveté et emphase tout à la fois.

Discours de Jules Ferry

« La colonisation est fille de la politique industrielle. Est-ce que vous pouvez nier, est-ce que quelqu'un peut nier qu'il y a plus de justice, plus d'ordre matériel et moral, plus d'équité, plus de vertu sociale en Afrique du Nord depuis que la France a fait sa conquête ? Quand nous sommes allés à Alger pour détruire la piraterie et assurer la liberté du commerce dans la Méditerranée, est-ce que nous faisions œuvre de forbans, de conquérants, de dévastateurs ? Est-il possible de nier que dans l'Inde et malgré les épisodes douloureux qui se rencontrent dans l'histoire de cette colonie, il y a infiniment plus de justice, plus de lumières, d'ordre, de vertus publiques et privées depuis la conquête anglaise qu'auparavant ? Est-ce qu'il est possible de nier que ce soit une bonne fortune pour ces malheureuses populations d'Afrique équatoriale de tomber sous le protectorat de la nation française ou anglaise ? Est-ce que notre premier devoir n'est pas de combattre la traite des nègres, l'esclavage cette infamie ? ».

Une colonisation positive ?

Pressé de faire l'évaluation de la colonisation par les autorités politiques, en 2005 des historiens comme Gérard Noiriel font un constat accablant : *« s'il y a des faits incontestablement positifs c'est à l'intérieur d'un ensemble absolument condamnable »*. M. Ferro dresse lui aussi un constat sans appel : *« elle a été négative pour les populations colonisées… »* Certes quelques crédits peuvent être portés aux pays colonisateurs :

- ***L'ordre public***, qui permet parfois de mettre fin à des guerres tribales, aux razzias, à des pratiques comme le cannibalisme, le sati — suicide des veuves indiennes sur le bûcher de leur mari… mais l'infanticide des filles en Inde ou l'excision n'ont pas été abandonnés.
- ***Les infrastructures de base nécessaires***, il est vrai liées à l'exploitation du territoire, d'où leur caractère incomplet, les corridors d'exportation. Souvent leurs réalisations étaient le fruit de travaux forcés. Les progrès dans la santé publique sont globalement réels mais que de diversité régionale !
- ***L'instruction*** préoccupation parfois maladroite (nos ancêtres les Gaulois pour les Sénégalais ou les Algériens) et la formation des futurs cadres des révolutions, Fehrat Abas ou Ho chi Minh ou en métropole Senghor à Paris, Nehru à Harrow.
- ***Les pratiques constitutionnelles*** inspirées des formules européennes mais elles ont très vite montré leur caractère plaqué et inopérant : le parti unique avec un leader charismatique a plus de succès que la démocratie plurielle.

- Enfin ces colonisateurs ont contribué par repoussoir à **créer une conscience nationale** soit par la renaissance d'une conscience antérieure (Maroc, Vietnam) soit par la naissance d'une nation, comme en Algérie ou en Inde.

Un ordre européen contesté ?

… « *Et la voix prononce que l'Europe nous a pendant des siècles gavés de mensonges et de pestilences* » (A. Césaire).

À la veille de la guerre on ne peut oublier l'apparition de **mouvements de contestation** qui dénoncent l'ambiguïté de la colonisation… clochardisation décrite par G. Tillon, massacres et dépossessions foncières, citoyens au mieux de deuxième zone, craintes du « Monsieur casqué » qui inspirait la peur pour Amadou Hampâté Bâ.

Le partage colonial est triplement **remis en cause** en 1913 :

- Par les puissances industrielles qui estiment être mal servies : l'Allemagne qui n'a pas d'empire à sa mesure avec des colonies dispersées — quelques 3 millions de km^2 avec 13 millions d'habitants seulement — et un pays comme l'Italie, venue tard, est amer.
- Par les opinions publiques outrées des exactions de la guerre des Boers du Congo. Un anticolonialisme d'extrême gauche se dessine avec Rosa Luxembourg, Lénine, ou même Jaurès. Ce dernier est inquiet de l'opposition entre un idéal socialiste et l'existence de « nations esclaves » et d'une remise en cause de la paix par la fièvre colonisatrice. On est loin des seules critiques liées à la peur de la concurrence de la main-d'œuvre d'outre-mer… Les plaintes de Déroulède sont sur le registre du nationalisme revanchard qui refuse l'aventure face aux exigences de la perte de l'Alsace-Lorraine : « *j'ai perdu deux sœurs, vous m'offrez vingt domestiques* » (P. Déroulède).
- Par les colonisés eux-mêmes : on sent une volonté de préserver l'ordre ancien et des valeurs traditionnelles fondatrices. Ces mouvements seront réprimés régulièrement, depuis les révoltes cipayes en Inde ou des Boxers en Chine.

Mais la contestation est aussi celle de l'ordre européen, au nom même des valeurs qu'il prétend défendre : le parti du Congrès indien à la veille de la guerre réclame l'application du statut de dominion, le self governement ou swaraj déjà concédé aux colonies blanches. Non écouté, Gandhi revenu en Inde en 1914 lancera la résistance par la non-violence ; le nationalisme au Vietnam mêle assez curieusement patriotisme, fidélité à la dynastie impériale et brigandage, et l'agitation est relayée par le mouvement des lettrés inspirés des œuvres des Lumières avant que Ho Chi Minh, celui par qui « vient la lumière » en relaie les idéaux d'indépendance. Partout la colonisation est le creuset de la constitution de nouvelles élites — enseignants, religieux, avocats, professions libérales et « petty bourgeoisie », petits commerçants, artisans — qui en rupture avec leur milieu traditionnel vont piloter ou animer les mouvements anticolonialistes.

Et en Chine la révolution de 1911 pose les bases d'un renouveau autour des trois principes du peuple et d'une République qui associe les trois pouvoirs classiques de Montesquieu et le pouvoir d'examen et le pouvoir de censure.

Plus généralement, l'universalisme de l'Europe n'a pas que des laudateurs et certains ne sont pas dupes des conflits pichrocolins européens.

Les petitesses de l'Europe

Henry James déjà en 1882 dans son roman épistolaire *Le Point de vue* où il croise toutes les opinions possibles sur les relations entre les deux Occidents, il fait dire à Marcellus Cockerell son personnage américain le plus imbu des mérites de sa nation :

« Je suis simplement arrivé à une conviction : j'ai ôté l'Europe de mes épaules. L'ampleur et la fraîcheur du monde américain, notre développement à grands pas et à grande échelle, le bon sens et la bonne nature de la population me consolent de l'absence de cathédrales et de Titiens… Leurs grosses et pompeuses armées défilant en rangs stupides, leurs brandebourgs dorés, leurs salamalecs, leur hiérarchie semblent un passe-temps pour les enfants ; ici le sens de l'humour et de la réalité nous fait rire à leur nez. Oui nous sommes plus proches de la réalité nous sommes plus proches de ce qu'ils n'atteindront jamais et le spectacle d'une rangée de potentats hautains qui considèrent leur peuple comme leur propriété personnelle en paradant avec des plumes et des sabres pour s'impressionner mutuellement nous paraît un mélange grotesque et d'abominable. C'est leur affaire et on devrait les enfermer dans le noir pour les laisser s'expliquer entre eux une fois qu'on a compris que les grandes questions d'avenir sont les questions sociales qu'une puissante armée entraîne le monde vers la démocratie et que notre pays est la plus grande scène où puisse jouer ce drame, les sujets européens à la mode paraissent mesquins et paroissiaux. »

C. Une vision simplificatrice mais qui s'explique

La relève de prétendants sous évalués ?

Parler d'européanisation du monde en 1913 c'est sous estimer les concurrences nouvelles et l'amorce d'une nouvelle hiérarchie mondiale.

Si 10 pays en 1913 assurent 90 % de la ***production mondiale industrielle l'Europe n'y participe plus qu'à hauteur de 50 %.*** Le monopole industriel de l'Europe appartient au passé puisque les États-Unis sont la première puissance industrielle (36 % de la production mondiale). Certes le domaine des transports est encore celui d'une suprématie européenne mais le Pittsburgh plus est le prix de référence de la sidérurgie mondiale comme le sera le Gulf plus dans le domaine du pétrole. La convergence des salaires réels voit les revenus américains égaler ceux de l'Europe atteste de l'ampleur des changements. La croissance économique a été multipliée par 2,2, le revenu moyen mondial entre 1820 et 1910 a bénéficié aux Européens de l'Ouest, bien sûr les pays d'Europe, occidentale mais aussi les pays peuplés par l'émigration européenne c'est-à-dire Canada, États-Unis, Argentine, Chili, Australie et Nouvelle-Zélande.

L'analyse des migrations est sans appel : entre 1880 et 1914 ce sont plus de 20 millions d'Européens qui quittent le vieux continent ces migrants ne sont pas que des ruraux déracinés (*The migrant* de C. Chaplin, 1912) mais aussi des propriétaires des entrepreneurs des artisans qui feront la croissance du nouveau monde. Les crises ont pour pulsateurs des espaces économiques non européens, américains, argentins et la reprise dépend pour beaucoup de facteurs extra-européens : l'or d'Alaska et d'Afrique du Sud.

Les États-Unis, pays neuf, émergent comme puissance prétendante face à leur partenaire tutélaire. Leur modèle est attractif (immigration massive avec entre 1885 et 1913 : 18 millions d'immigrants).

L'organisation scientifique du travail fait des émules (Renault l'adopte en 1912) et H. Fayol, précurseur du management commence à écrire sa théorie des ressources humaines largement inspirée du modèle outre-Atlantique. Une révolution technique précoce est favorisée par la pénurie de main-d'œuvre. Le marché nord-américain est protégé (protectionnisme éducateur et réflexe isolationniste depuis les tarifs des abominations de 1828) leurs ressources sont abondantes et « l'esprit de frontière » prévaut c'est-à-dire ce front pionnier qui par l'individualisme et le brassage social qu'il a favorisé est la matrice de la démocratie et du capitalisme américain (F.J. Turner, *The significance of the Frontier in American History*, 1893). L'isolationnisme de la diplomatie du méridien consacre une active diplomatie du dollar en Amérique latine arrière cour vitale déjà pour l'économie américaine.

Le Japon et la Russie ne sont que des puissances en devenir ne contestant que très peu l'hégémonie européenne.

Le Japon pénalisé par l'exiguïté du territoire, le caractère tardif de sa révolution industrielle, le poids de l'agriculture (un tiers du budget de l'État) est cependant en pleine mutation sous l'égide d'un État modernisateur (ère Meiji). Les trusts (Zaibatsu) commencent à exporter des cotonnades ; leurs prix sont compétitifs (main-d'œuvre disciplinée et peu chère) et le frein aux migrations imposé par des pays tiers (États-Unis et Australie) imposent au Japon de s'assurer des marchés par tous les moyens. Le Japon se dote donc d'une puissante armée nationale — recrutée par service militaire obligatoire — de 12 000 hommes en 1913, une flotte de guerre construite d'ailleurs avec l'aide d'officiers anglais et de l'ingénieur français Émile Bertin. Le Japon a su donc se moderniser en copiant l'Occident mais en préservant son originalité : technique occidentale et passé japonais se conjuguent mais pas encore pour défier l'Europe.

En 1914, la Russie a accompli des progrès économiques, a mis en valeur son domaine asiatique, tient une place brillante dans les lettres et les arts. Elle a fait sa rentrée dans la politique balkanique après ses échecs en Extrême-Orient face au Japon (1905). Mais le régime politique est discrédité par l'absence de réformes pendant les trois premières Douma (échec de Stolypine dans la création d'une classe de paysans propriétaires) et les organisations révolutionnaires en profondeur commençaient à s'implanter. Le régime croit à une solution extérieure à ces maux : « *nous avons besoin d'une petite guerre victorieuse pour arrêter la marée révolutionnaire* » (Pleve, ministre de l'Intérieur de Nicolas II, assassiné en 1904). La guerre sera en réalité le tombeau de l'autocratie tsariste.

L'européanisation du monde au XIXe : rétroactivement, une façon d'exorciser les drames de l'après Première Guerre mondiale

C'est parce que l'Europe a été congédiée de l'histoire en 1918, ou du moins a cru l'être, que l'on amplifie la domination univoque et sans ambiguïté de l'Europe en 1913.

1918 : l'Europe un continent congédié de l'Histoire ?

Prendre le pouls de l'Europe après cette guerre de 1914-1918 qui a été pour Jean Giraudoux « un incendie une électrocution une inondation de l'Europe » mais aussi savoir si l'Europe pourra se relever de ce mouvement de fond de « brutalisation et de déshumanisation » (J.-F. Schaub, historien) consécutifs à la Grande Guerre et peut sortir ou congédiée de l'Histoire « *les lumières de l'Europe s'éteignent et il est possible qu'elles ne se rallument plus de notre vivant* ». Edward Grey ministre britannique des affaires étrangères L'antienne du déclin de l'Europe depuis la fin du premier conflit mondial nourrit depuis longtemps l'europessimisme : « *l'Europe deviendra-t-elle ce qu'elle est en réalité c'est-à-dire un petit cap du continent asiatique* » prophétisait déjà P. Valéry. Peut-on pourtant parler d'une Europe congédiée de l'Histoire en 1918 ?

I. L'Européanisation du monde au XIXe rend encore plus sensible l'Europe à son destin tragique pendant la première guerre mondiale : « *L'européen du XIXe s'est proclamé supérieur au reste du monde à cause de la machine à vapeur et de quelques prouesse techniques dont il pouvait se targuer* »

A. La triple hégémonie européenne

B. L'asservissement du monde : au travers de la colonisation cet « immense steeple chase sur la route de l'inconnu » comme la qualifiait J. Ferry donnait à l'Europe son rayonnement et sa foi dans l'avenir.

C. D'improbables rivaux ; nation américaine fille de l'Europe, Japon à l'orée d'une mondialisation mais plutôt dans le panasiatisme. Arrogances et certitudes européennes malgré ses contradictions.

Cet unilatéralisme avant l'heure rend plus brutal le télescopage avec les réalités de la fin de la guerre…

II. 1918 consacre apparemment la fin d'un monde européen, et rebat les cartes de la géopolitique mondiale : « *Le suicide de l'Europe civilisée* » (Benoît XV)

A. L'ampleur du choc d'une guerre totale. Le trauma démographique mais au delà, le choc culturel avec l'effondrement des élites, et la perception d'un déclin de l'Occident (O. Spengler)

B. L'ampleur des pertes de repères : la chute de 4 empires, l'avènement d'un nouveau système économique et idéologique qui bouscule la matrice du capitalisme marchand et industriel de la première mondialisation européenne (révolution russe).

C. La perspective d'une américanisation du monde : La puissance de la multinationalisation des États-Unis (U. Sinclair : « le monde s'uniformise, il s'américanise »).

III. En 1918 l'Europe est elle appelée à jouer les seconds rôles, irrémédiablement au ban de l'Histoire ? : « *Nous assistons au déplacement du centre de gravité du monde hors d'Europe nous voyons sa fortune passer aux mains des peuples de l'Amérique et de l'Asie* » (A. Demangeon).

A. Certes la pax americana marginalise l'Europe : les 14 points de Wilson, le messianisme de Wilson qui télescope des principes européens (droit des peuples à disposer d'eux-mêmes face à la colonisation, libre circulation maritime) ; « sea power » américain face à « *britain rules the sea* face à la puissance maritime européenne.

B. Certes, basculement du monde qui s'impose à l'Europe

Début des revendications unilatérales coloniales « l'Europe nous a gavé pendant des siècles de ses mensonges et de pestilences » (Aimé Césaire) ; contestations de l'ordre Sykes-Picot 1916 au Moyen-Orient où l'Europe a été associée à des mandats ; début du péril jaune pour certains observateurs.

Et surtout balkanisation de l'Europe (« *on miniaturise les haines nationales* » pour l'historien F. Furet).

C. Mais peut-on raisonnablement emprunter cette formule de H. Védrine de « congé donné à l'Europe » ?

Le paneuropéanisme n'est pas mort : de Hugo à Briand et Coudenhove Kalergi, il est le terreau de la construction des « États-Unis d'Europe » de demain.

En 1924 R. de Coudenhove Kalergi répète cette vérité simple : *« une Europe divisée conduit à la guerre à l'oppression, à la misère, une Europe unie à la paix à la prospérité ! Sauvez l'Europe et vos enfants »*.

Concomitamment Briand fait sont discours à la SDN : *« je pense qu'entre des peuples qui sont géographiquement groupés comme les peuples d'Europe il doit exister une sorte de lien fédéral »*...

Conclusion

Difficile de congédier une Europe qui a été pulsatrice des grands tournants de l'évolution de l'humanité des grandes découvertes à la première mondialisation, qui reste puissance thaumaturge et de compromis.

Difficile de ne pas souscrire à la prémonition de Husserl en 1930 il est vrai *« la crise de l'existence européenne a deux issues : « le déclin dans la haine de la pensée et la barbarie ou bien la renaissance de l'Europe qui en vienne à un dépassement du naturalisme dans un héroïsme de la raison.. »*

L'européanisation du monde : une façon d'oublier la montée des périls

La situation du monde en 1913 est celle d'un monde perclus de tensions :

- **Le Jeu des alliances fratricides** avec une bipolarité de systèmes d'alliances frontalement opposé : la Triple Alliance constituée en1882, et sédimentant l'alliance défensive entre l'Allemagne, l'Autriche-Hongrie et l'Italie (inquiète du protectorat français sur la Tunisie) et en face la Triple Entente née de l'alliance franco-russe de 1892 (Russie aux aguets face au recul de la domination ottomane et opposée à l'Autriche-Hongrie dans les Balkans) et le Royaume-Uni partenaire en 1904, en rupture avec son splendide isolement. Des deux côtés des failles existent : l'Italie alliée peu sûre, cette « p… qui fait le trottoir de l'Europe » pour Bismarck, et de l'autre la blanche Albion avare d'engagements militaires précis.

L'Europe à la veille de la guerre

- **La course aux armements.** En pourcentage du budget la revue *Saturday Review* dès 1898 dresse un sombre constat : le budget de l'armement va de 17 % du budget aux États-Unis à 55 % au Japon (39 % en Grande-Bretagne).

La surmilitarisation

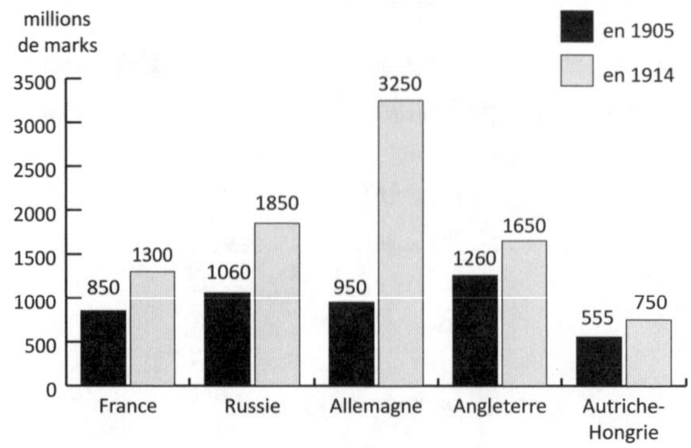

Après la crise balkanique de 1912, la course aux armements est terrestre et navale.

L'Allemagne prend l'initiative d'un plan adopté en 1905. Fondé sur la nécessité pour l'Allemagne de combattre sur deux fronts, il fait le pari que la mobilisation russe sera longue et que l'armée allemande pourra exploiter ce délai et lancer à l'Ouest, en violant la neutralité belge, une attaque rapide d'encerclement et d'écrasement des armées françaises en 6 semaines. Ce plan explique le projet déposé devant le Reichstag le 14 janvier 913 et voté le 3 juillet de faire passer les effectifs en temps de paix de 623 000 hommes à 761 000. Côté français, le plan XVII ne croit pas à une violation de la neutralité belge, compte que la Russie se lancera immédiatement dans la bataille sans attendre que sa mobilisation soit achevée, et prévoit de jeter l'essentiel des troupes françaises dans une offensive à l'Est destinée à reconquérir l'Alsace-Lorraine. En riposte à la hausse des effectifs allemands le général Joffre chef d'État-major français obtient du gouvernement le dépôt d'un projet de loi portant les effectifs à 750 000 hommes. Pour y parvenir au regard de l'infériorité démographique française on porterait la durée du service militaire de 2 à 3 ans loi promulguée le 7 août 1914 loi non abrogé malgré la victoire des opposants aux élections de mai 1914. La Russie disposait en temps de paix de 1 300 000 hommes, la Hongrie de 350 000, l'Italie pauvre de 275 000 et la Grande-Bretagne pouvait aligner 170 000 hommes du corps expéditionnaire et 1 100 000 coloniaux.

Sur le plan naval les deux concurrents furent la Grande-Bretagne et l'Allemagne devenue en 1909 sous l'impulsion de l'amiral Von Tirpitz la 2e puissance navale du monde après la Grande-Bretagne. Elle disposait en 1914 de 40 cuirassés, 4 croiseurs de bataille, 50 petits croiseurs contre 64, 10 et 108 pour la Grande-Bretagne. La tentative du ministre britannique de la guerre Lord Haldane d'obtenir un accord sur la limitation réciproque des armements échoua car le prix exigé par l'Allemagne était la neutralité anglaise façon de rompre l'alliance franco-anglaise.

- **Le multiplicateur nationaliste.** Le bilan statistique déjà impressionnant de la course aux armements doit être majoré par l'exaltation de la guerre par des courants nationalistes qui tel le mouvement futuriste italien voit dans la guerre une hygiène du monde, et le jingoisme nationalisme belliqueux anglais vecteur d'expansionnisme impérialiste dérivé d'une chanson populaire de 1878, chant favorable à l'idée de Disraeli d'intervenir en Orient (Afghanistan) entonnant ce refrain de victoire : « *we don't want to fight /But by jingo ! If we do / we've got the men / we've got the ships / we've got the money too!* », « *By Jingo* » expression qui signifie « hey presto! ». Les mouvements pacifistes dans une telle hystérie collective ont peu de place et leurs efforts à la conférence de La Haye de 1907 pour mettre la guerre hors la loi sont vite déçus (Jaurès est assassiné le 31 juillet 1914).

Dans l'atmosphère de méfiance mutuelle, de compétition des intérêts matériels, de « désirs de puissance », la guerre allait trouver un chemin aussi rapide que brutal. L'issue de 1913, année où chacun s'accommode de la perspective d'une guerre espérant en tirer un profit stratégique sans grand risque est donc la grande guerre dont l'horreur a longtemps paru insurpassable (10 millions de morts, des hordes blessés dans les pays engagés ; « *L'Europe se suicide* » pour Stefan Zweig ; « *l'Europe connaît un incendie, une électrocution, une inondation* » pour J. Giraudoux). Les traumatismes seront durables : « *le désastre européen de la guerre pèse sur les représentations que nous nous faisons de l'Europe. Brutalisation et déshumanisation sont les mouvements de fond depuis la grande guerre* » (J.-F. Schaub).

1913 annonce donc le pire : « *la catastrophe abominable du XX*e *siècle* » (G. Kennan).

III. 1913 : un monde belligène

A. Les guerres coloniales incubateurs des guerres de demain

Du « scramble for Africa » à l'affrontement

Les différents pays européens ont mis en place en Afrique des systèmes de domination, l'Afrique étant de loin le continent du « grand steeple chase de la colonisation » (J. Ferry). À la base de cette aventure coloniale d'abord le prélèvement de matières premières, de métaux précieux et la création de nouveaux débouchés C'est J. Ferry, dit « Ferry Tonkin » qui reconnaissait que « *la politique coloniale est la fille de la politique industrielle* ». Les colonies pour J. Méline n'avait qu'une seule obligation « *s'adresser exclusivement à la métropole pour leurs achats de produits manufacturés et à remplir de gré ou de force leur office naturel de débouchés réservés... par privilège à l'industrie européenne* ».

La **pression démographique** peut être incitative. Sur seulement 10 Millions de km^2 ce qui en fait le continent le plus étroit de la planète l'Europe compte en 1914 460 millions d'habitants soit 27 % de la population mondiale à égalité avec la Chine et donc 40 % sans l'empire du milieu. Pour Gambetta : « les peuples étouffent sur le vieux continent. » Le besoin d'investir des capitaux excédentaires crée les conditions d'un « *impérialisme stade suprême du capitalisme* » pour Lénine. Les causes intellectuelles morales et intellectuelles souvent purs prétextes sont aussi des leviers de la colonisation. La « curiosité » géographique sert souvent de paravent, et sollicitée par des récits d'explorateurs comme l'Anglais Livingstone sur le Zambèze, l'Américain Stanley sur le lac Albert, Henri Duveyrier au Sahara ou Savorgnan de Brazza au Congo, Francis Garnier au Tonkin. Enfin, le devoir de l'homme blanc d'assurer le lourd fardeau de la civilisation en apportant la culture à l'homme de couleur est un leitmotiv pour R. Kipling et ses contemporains comme le docteur Livingstone qui civilise par le commerce et la christianisation.

La « course au clocher » a d'autres ambitions moins avouables : laver des affronts passés (perte des « deux sœurs Alsace-Lorraine » que rien pas même des domestiques ne peuvent remplacer pour P. Déroulède) et « *détourner le peuple de ses préoccupations quotidiennes surtout s'il s'agit de chômage et de pénuries* » pour Cecil Rhodes. L'entreprise est « *une bonne affaire* » surtout quand l'historien J. Marseille dresse le bilan de la colonisation française.

Les colonies une bonne affaire

« sur le coût des conquêtes elles mêmes on peut dire que la France a acquis son empire pour une bouchée de pain. On parvient au total à près de 1 milliard de francs soit le cinquième des dépenses ordinaires de l'État pour la seule année 1913. Une fois conquis l'empire devait être pacifié et occupé Entre 1850 et 1913 les dépenses militaires ont atteint plus de 8 milliards de francs courants soit un peu moins de deux années de dépenses ordinaires de l'État français « Au regard de cette dépense les dépenses d'investissement sont bien faibles un peu plus de 4 milliards de francs de 1914 pour l'ensemble de 1850-1930. Pour expliquer cette modestie faut-il se rappeler que la loi du 13 avril 1900 stipulait que les colonies ne devaient rien coûter à la métropole et devaient s'autofinancer (J. Marseille).

De fait avoir des points d'ancrage de la puissance stratégiques, vouloir comme Francesco Crispi président du conseil italien (1887) « *ne pas laisser les puissances occuper seules les parties inexplorées de ce monde* » ne pouvait que déboucher sur des conflits.

Les empires coloniaux en 1914

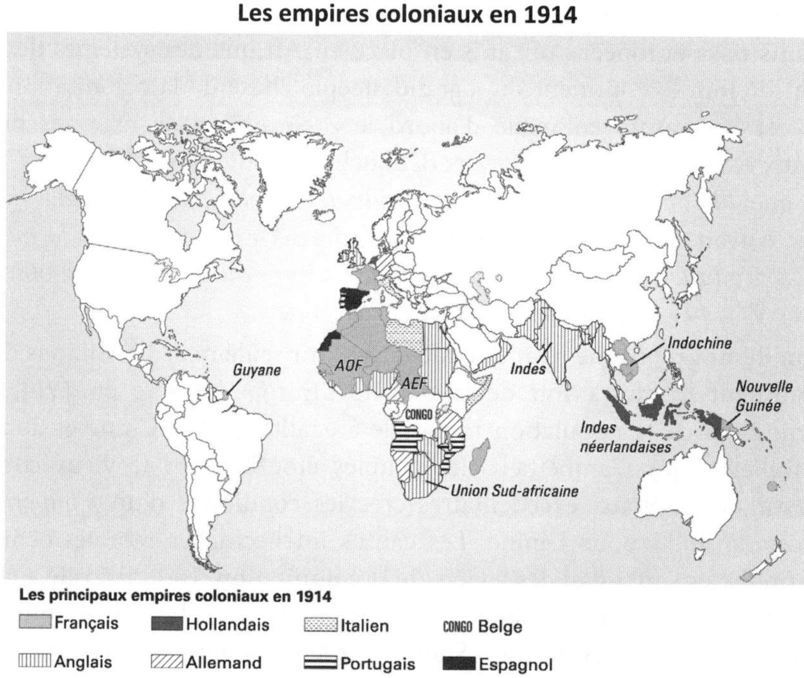

Les crises prémonitoires africaines jouxtant l'année 1913

La volonté des grandes puissances de réécrire l'histoire de l'Afrique a été scellée à la conférence de Berlin en novembre 1884 février 1885, traité par lequel les 3/4 des frontières actuelles de l'Afrique sont dessinées : si le partage franco-anglais débouche sur un modus vivendi (Afrique blanche riveraine de la Méditerranée à l'ouest française, à l'Est anglaise, au-delà de la barrière saharienne, l'Ouest français et Londres sur l'axe le Cap le Caire après les crispations de Fachoda en 1898) il n'en est pas de même pour les puissances révisionnistes allemandes et italiennes qui souhaitent aller plus loin que les « frontières de papier » de Berlin. Le Maroc est par deux fois la caisse de résonnance d'intérêts conflictuels franco-allemands en 1905 et 1911. Après le désastre de Adoua en Éthiopie en 1896 l'Italie n'a de cesse de prendre pied en Cyrénaïque en 1911.

Quant à la guerre des Boers en Afrique australe, elle oppose dans une guerre sans pitié, les Anglais et les républiques d'Orange et du Transvaal mues par la volonté d'émancipation de minorités blanches encouragées par le déclin relatif anglais. Le statut de dominion obtenu par l'Union sud africaine en 1910 masque mal l'âpreté des rivalités. La colonisation débouche sur des conflits intra-européens, dont beaucoup vont devenir le terreau de la guerre de 1914-1918.

Les guerres coloniales laboratoires, de la prochaine « guerre totale »

Les tensions coloniales sont doublement le terreau de la première guerre mondiale, par les systèmes d'alliances qui sont mis en place mais également par les méthodes de guerre qu'on envisage d'expérimenter à grande échelle.

Qui veut expliquer ce que Erich Ludendorff (1865-1937) bras droit de Hindenburg appellera après la première guerre mondiale « la guerre totale » (guerre qui mobilise la totalité de la société pour la victoire,) doit évaluer la violence des guerres coloniales. Les Anglais ont déporté 120 000 personnes en Afrique du Sud pendant la guerre des Boers Le terme de purification ethnique apparait quand 80 % des Hereros et 60 % des Namas sont massacrés par les troupes du général Von Trotha dans le Sud-Ouest africain entre 1904 et 1907 C'est ce que E. Traverso évoque « dans le rapatriement des civils dans un champ qui leur était jusque là étranger, la sphère militaire ».

Les guerres coloniales sont à l'origine de système d'alliances qui menèrent à la guerre notamment ce système diplomatique antinomique qui divise l'Europe en 2 camps. Elles expriment la volonté de Guillaume II de passer en force dans la mise en place d'une Weltpolitik, elles confortent le rapprochement franco anglais qui pour T. Delcassé est le seul moyen de reprendre aux Allemands l'Alsace-Lorraine. De là ses ordre donnés à Marchand de se retirer de Fachoda au point de rencontre de deux logiques impériales celle de la France qui vise à sécuriser une diagonale française de Dakar à Djibouti et anglaise du Caire au Cap. Le rapprochement franco-espagnol prélude à un protectorat français sur le Maroc est le *casus belli* attendu par l'Allemagne pour des opérations en 1911 à Agadir. Des tractations diplomatiques permettront à l'Allemagne d'obtenir en gage le Cameroun et la préservation de ses intérêts dans le protectorat ; un accord trop fragile pour ne pas être à l'arrière plan des rancœurs de 1914.

Même si l'historien R. Rémond explique que la colonisation ne procède pas d'une volonté systématique des États force est de constater que sans plan préconçu. On marche malgré tout vers la guerre et la liquidation des passifs.

La conversion de l'Allemagne à la colonisation

Bismarck était au début de son mandat, en 1862, contre la colonisation : fallait-il comme « le coq gaulois gratter son ergot sur des terres hostiles » ? L'aventure coloniale bouscule :

– sa vision très protectionniste de l'Allemagne qui permettait à son pays d'avoir une unité, une cohérence ;

– sa vision comptable de la conquête de jugée très coûteuse, charge pour l'économie allemande plus qu'une chance.

Mais Bismarck a été obligé d'évoluer l'Allemagne a eu besoin de débouchés, de marchés vastes pour écouler ses produits : les cartels ont fait pression. La flotte allemande a fortement progressé et sollicité des bases d'appui. Le pangermanisme a fourni les garanties idéologiques : « nous sommes sans conteste les meilleurs guerriers du monde Nous sommes le peuple le plus capable dans tous les domaines du savoir et des beaux arts Nous sommes les meilleurs colons les meilleurs marins et même les meilleurs négociants. Les pangermanistes en craignaient ni l'aventure coloniale ni la guerre dans laquelle ils voyaient le jugement équitable »

Sortant du cadre européen et rentrant dans la Weltpolitik (politique mondiale Guillaume II (IIe Reich) assume des choix expansionnistes « notre avenir est désormais sur l'eau ». Le consul anglais de Alep dès 1898 souligne de façon humoristique le cap franchi par l'Allemagne. « Je suis de moins en moins anglais, mes chaussures sont françaises, mes habits allemands les chaises de mon bureau sont de fabrication allemande ; il en est de même de mon tapis de mon papier de mes plumes La bière que je bois est allemande. Il ne restera bientôt plus d'anglais dans ma maison que ma chair et mes os et les sentiments immuables qui m'animent... » (cité par G. Blondel).

B. Les crises de 1912-1913, le vide créé par l'effacement du vieil homme malade, accélérateurs de l'histoire

L'enjeu balkanique

Le seul vocabulaire utilisé pour décrire les Balkans c'est-à-dire » ***le volcan, la poudrière balkanique*** », et plus tard « la balkanisation » des territoires synonyme de fragmentation et d'implosion, sont des indicateurs de la conflictualité de la région.

En 1913 l'Empire ottoman ne peut plus faire face aux ambitions de réforme et de modernisation de jeunes officiers réunis dans le comité union et Progrès les instigateurs de la création de la république turque et les bâtisseurs d'une turcité nationaliste moderne, le kémalisme.

En Europe, ***les forces nationalistes sont aussi au rendez-vous*** pour redécouper les territoires et déboucher sur des indépendances. Les grandes puissances s'arrogent le droit d'intervenir dans la région et de tester leurs ambitions. Ainsi les Britanniques acceptent le partage de l'empire en zones d'influence pour mieux préserver leurs positions en Mésopotamie et leur préemption des richesses pétrolières

Les Allemands « dans une volonté de penser le monde » et en utilisant le levier d'une nouvelle discipline — la géopolitique — font de l'Alsace-Lorraine, de l'Europe danubienne, du Moyen-Orient, de la Méditerranée de nouveaux points de fixation… et de frictions. Les rencontres de Guillaume II de Constantinople en 1889, ses voyages au Proche-Orient en 1898 sont l'expression de ce désir de puissance La ligne Byzance-Berlin-Bagdad n'en est que le tracé ferroviaire. Les Russes humiliés après les défaites de 1905 contre le Japon retrouvent leur vocation à la défense des chrétiens orthodoxes et les prétentions de l'Autriche-Hongrie qui a annexé la Bosnie-Herzégovine en 1908 suscite non seulement les oppositions de la Serbie mais aussi la fin du statu quo.

Des guerres répétitions générales de la Première Guerre mondiale

L'affrontement des pays balkaniques (Bulgarie, Grèce, Serbie) contre la Turquie — 18 octobre à décembre 1912 — fait perdre à l'Empire ottoman toutes ses possessions européennes. Le gouvernement officiel turc déposé, Enver Pacha poursuit les combats. Le 23 janvier 1913. La ligue balkanique emporte des victoires aussi précieuses que clivantes entre Bulgares et ses partenaires chacun revendiquant les conquêtes territoriales C'est donc une coalition gréco-serbe qui défie la Bulgarie en juin-juillet 1913, non sans avoir ralliée à elle la Roumanie. Le traité de paix signé à Bucarest après la reprise par les Turcs de la ville de Andrinople, crée de nouvelles frontières, qui sont loin de régler toutes les ambitions territoriales. La Bulgarie a des prétentions sur la Macédoine, la Thrace et Dobroudja annexée par la Roumanie. Les Grecs et les Serbes sont pour le gel des positions. Les puissances européennes au balcon des conflits se satisfont du déclin de l'empire ottoman mais se préparent à un conflit inexorable tant les antagonismes sont figés.

Vocabulaire des conflits

Balkanisation : douloureuse expérience de résolution des problèmes des nationalités. Cette méthode a été utilisée par les négociateurs des traités de Versailles Trianon Sèvres et Neuilly en 1918 1919 conduisant au démantèlement de l'Empire ottoman et austro hongrois. Plus généralement le terme décrit un processus de fragmentation de zones multiethniques entre nationalités.

Génocide : extermination intentionnelle, par un État ou une institution étatique, d'un groupe humain national ethnique racial ou religieux en totalité ou en partie. du 1er avril 1909 à 1915 la moitié de la population arménienne a été victime de la répression turque, mais la Turquie n'assume pas encore cet héritage douloureux, frein à son rapprochement avec l'Europe.

Illyrisme : les guerres napoléoniennes sont au point de départ de l'illyrisme. Napoléon crée les provinces illyriennes, qui s'étendent de la Haute Carinthie à Raguse et qui vont subsister jusqu'en 1813. Elles ont pour capitale Ljubljana et sont placées sous l'autorité du maréchal Barmont puis du général Bertrand. Faisant référence à l'Illyrie antique, ces provinces regroupent des populations italiennes, slaves, croates et allemandes. L'administration française importe les lois et le code Napoléon, l'enseignement se fait en slovène. Cette présence française va provoquer des résistances des populations (en particulier contre l'enrôlement des jeunes dans la Grande Armée). Cette expérience va pourtant servir d'exemple : Ljudevit Gaj en 1830 fonde le mouvement culturel illyrien qui s'appuie sur l'idée que les Slaves du Sud ont une culture et un destin communs.

Megale idea thématique des nationalistes grecs soucieux de maintenir dans le giron la Crète rattaché e en 1908 et la Macédoine convoitée par la Bulgarie

Panslavisme Mouvement nationaliste russe issu des conceptions politiques de Pierre le grand qui visait à unifier tous les peuples slaves en une même entité politique sous la protection naturelle de la Russie Il traduit dans la question d'orient les visées de la Russie sur les Balkans.

Panturquisme par opposition au panslavisme, vise à fédérer les peuples turcs azéris tatars et n'est qu'un prolongement du pantouranisme qui vise à unifier les populations turcophones des empires ottoman et perse sur la vaste terre immortelle Touran.

Turcité : programme de renaissance de la nation turque lancé par Mustafa Kemal.

C. La marche à pas forcés vers la guerre

La puissance pour quoi faire ?

« La place au soleil » réclamée par l'Allemagne, cette » quête de puissance mondiale » décrite par Franz Fischer en 1961 dans les buts de guerre de l'Allemagne impériale s'accompagnent d'efforts d'armements sans équivalent justifiés par une industrie allemande de plus en plus soucieuse de préserver ses approvisionnements. Partout les rivalités économiques et financières débouchent sur une militarisation excessive des économies. La France en août 1913 décide de passer à 3 ans de service militaire garantie de 720 000 hommes, la Russie mobilise, et renforce son artillerie. Le scénario du pire se prépare donc dans des campagnes exaltées comme le jour de la première de la pièce *Alsace la Revanche* — car il s'agit bien dans cette pièce d'exalter le caractère français de la province perdue en 1871 et son âme inconciliable avec l'esprit tudesque.

Les plans militaires s'étoffent comme le plan Von Schlieffen qui programme une guerre courte après une attaque rapide sur la France pour se redéployer sur le front russe dans le même temps. Les Russes imaginent une invasion rapide de l'Autriche-Hongrie garantie de la stabilisation des Balkans. Ces plans sont même considérés au même titre que des martingales informatiques dans le déclenchement d'une crise boursière, comme des enchainements fatals… Des groupes de pressions constitués par les marchands de canons sont des va-t'en guerre Schneider, Skoda, Krupp, etc. Ces groupes utilisent des petits États comme entremetteurs pour leur vente (ex : Schneider et la Bulgarie)

Les rivalités impériales coloniales cristallisent des tensions dont l'issue paraît devoir être militaire (ex : crise marocaine). De plus en plus la mer devient un terrain d'affrontement et si il y a une course aux armements c'est dans les armements maritimes qu'elle est la plus accomplie (ex : à partir de 1894 les lois navales allemandes auxquelles répondent les Two Power Standard britanniques : les Anglais s'engagent à produire plus de bateaux et en moins de temps que les Allemands. À la mise en place par les Anglais d'un nouveau type de cuirassés — les *dreadnoughts* (intrépides) — répond la création allemande de cuirassés de croiseurs).

L'année 1913 creuset de la crise de juillet 1914

La crise de juillet 1914 avec les enchainements nés de l'archiduc héritier du trône austro-hongrois à Sarajevo constitue en elle-même l'« événement » déclencheur par son « irréversibilité, son accidentalité et sa cohérence » ; il ne peut résumer le conflit : Marc Nouschi dans sa description du premier conflit du XXe siècle a toute raison d'évoquer la guerre de 1914-1918 comme la solution aux contradictions internes de 1913.

La question des débouchés et du nouveau partage planétaire pour l'empire wilhelmien, l'équilibre entre les nationalités dans la zone sensible des Balkans pour les Habsbourg, le retour des provinces perdues pour la France et le lorrain Poincaré, les détroits et l'accès à la méditerranée et la protection des slaves pour la camarilla nationaliste qui s'agite dans l'entourage du tsar Nicolas II et Londres conservatrice, flou, qui va justifier l'application par Berlin du plan Schlieffen de 1905 de contournement du système défensif français après violation de la neutralité belge.

Comment l'Europe a marché vers la guerre ?

Dans *Les Somnambules. Été 14 : comment l'Europe a marché vers la guetrre* (2013), l'historien Christopher Clark tente d'aller au-delà de la responsabilité allemande mise en avant par l'article 231 du traité de Versailles. Il redonne leur place à des épisodes comme l'intervention italienne en Cyrénaïque ottomane en 1911 ; il remet en avant le profil d'une Serbie marqué par le fanatisme nationaliste et la culture de l'assassinat politique (l'adn de l'étudiant bosniaque Gavrilo Princip, assassin de François-Ferdinand à Sarajevo), il ne néglige pas les responsabilités russo-françaises qui ont choisi d'épauler la Serbie et ont placé un détonateur géopolitique le long de la frontière austro hongroise. Les hommes d'État auraient ils été autant qu'il le souligne des « somnambules prisonniers de perceptions faussées de leurs adversaires, acteurs involontaires d'une « tragédie débouchant sur une catastrophe » (G. Kennan)... On peut en débattre en décrivant les rivalités de l'année 1913.

Comme le montre C. Charles le culte des sociétés impériales France Angleterre Allemagne se pense comme des modèles à exporter inconciliables. Les élites veulent la guerre comme l'aristocratie allemande qui cherche une légitimité par les combats, les élites françaises, elles, sont crispées dans le rejet du voisin.

La question de la responsabilité

Serbie	Services secrets au courant ou auraient du être au courant de l'attentat de Sarajevo
Allemagne	Carte blanche à l'Autriche pour régler la question serbe Rôle des militaires qui prennent le pas sur des diplomates
Autriche	Volonté d'en finir avec le cancer balkanique qui risque de disloquer la monarchie bicéphale Ultimatum trop exigeant et irrecevable
Russie	Nationalisme d'expansion et de compensation de plus en plus virulent dans les Balkans et les Détroits, diplomatie soucieuse de conduire la France à la guerre aux côtés des Serbes
France	N'avoir pas modéré les prétentions des Russes, esprit de revanche le rêve de mettre la main sur des territoires de la Sarre à Constantinople et les détroits (cf. Napoléon III)
Royaume-Uni	Ne pas avoir endossé et assumé la neutralité belge plus tôt

La guerre était-elle évitable ?

Il est difficile d'accréditer l'idée très friedmannienne (Thomas Friedman la terre est plate, et le commerce adoucit les mœurs…) d'une internationalisation des capitaux facteur de progrès et de paix générale « *tampon aux froissements d'amour propre si prompts à déchainer la guerre* » comme l'écrivait l'économiste E. Becqué dès 1912)… sur les traces de J. Jaurès. La city n'a jamais été favorable à la guerre…

J. Jaurès dès le Congrès international de Bâle en 1912, avait sonné le tocsin contre « *le monstre qui apparaît à l'horizon* ». Assassiné par l'illuminé R. Villain, son message pacifiste s'évanouira et Léon Jouhaux, syndicaliste, après son enterrement, entrera dans le camp la guerre. Il ira même jusqu'à dénoncer les fauteurs de troubles hostiles à la mobilisation générale. Rares sont les intellectuels français par exemple qui signent une pétition pour critiquer les excès des campagnes contre le bellicisme allemand. Répondre à la guerre par la grève générale révolutionnaire est un engagement défendu par des syndicalistes comme Victor Griffuelhes ou Georges Yvetot ou des anarchistes comme Sébastien Faure ou par Gustave Hervé, directeur de la Guerre sociale.

Mais le pacifisme révolutionnaire et insurrectionnel était en perte de vitesse. après avoir été au cœur des combats de l'anarcho syndicalisme. Le pacifisme relayé par le parti radical par Joseph Caillaux hostile au service de 3 ans ou Fernand Buisson de la ligue des droits de l'homme était soucieux de convoquer les instances internationales de paix, d'arbitrage, totalement absentes avant la création de la SDN.

Ni les liens par-dessus les frontières, ni les forces de paix pourront éviter la catastrophe abominable du XXe (cf. sujet d'oral).

◆ Idées reçues

Quelques idées reçues sur la guerre de 1914-1918

Des controverses pas closes au regard de Nicolas Offenstadt et de Mark Harrison (*Myths of the Great War*)

1. La guerre fut déclenchée par inadvertance sans qu'aucun décideur ne le veuille vraiment.
Or de nombreuses preuves montrent que ceux qui ont pris les décisions le plus importantes ont soigneusement prévu les risques certes ces personnes avaient des intérêts partiels peu alignés sur ceux des personnes affectées mais le problème était le manque de représentativité des systèmes politiques et non pas un manque de compréhension des dangers.

2. La guerre était souhaitée par les industriels et les financiers Les interprétations marxistes des origines de la guerre sur les traces de Lénine dans l'impérialisme comme stade suprême du capitalisme, insistent sur les rivalités économiques aiguisées par la baisse tendancielle du taux de profit, et le caractère prédateur des milieux industriels. Des rapports de force commerciaux tendus entre les blocs en Chine ou dans l'Empire ottoman, entre Britanniques — inquiets du « made in Germany » — et les Allemands accréditent cette interprétation de même que la course aux armements accélérée. Mais « l'historiographie a montré que les interdépendances étaient en fait très fortes entre les économies et que, pour nombre de secteurs (assurances, sociétés minières…), la paix était préférable à la guerre ». La City a été jusqu'au bout hostile à une intervention anglaise dans la guerre. Par ailleurs, en matière de politique étrangère, les milieux industriels et financiers étaient divisés.

3. Les soldats sont partis reprendre l'Alsace-Lorraine la fleur au fusil
Interpréter un état d'esprit, des sentiments précédant le départ à la guerre est chose difficile En 1914, les attitudes face à la mobilisation ont été variées. Il y eut quelques démonstrations d'enthousiasme, mais on ne voit guère de joie dans les quartiers ouvriers de Hambourg, de Berlin, ou dans de nombreuses régions rurales. Mais beaucoup de témoignages évoquent même de la tristesse. « *S'il fallait donner une ligne générale, elle tiendrait plus de la résolution et de la résignation que de la « fleur au fusil », véritable mythe que les travaux ont démonté pour les différents pays engagés* » (N. Offenstadt). Quant à l'Alsace-Moselle, devenue allemande en 1871, si son sort émeut, à l'école comme dans les journaux, rares sont ceux qui la considèrent comme une motivation profonde à faire la guerre en 1914.
4. L'hécatombe des tranchées était un gaspillage inattendu par les stratèges de l'époque. Bien au contraire l'équilibre des ressources militaires entre les partis impliquait qu'une guerre d'attrition (user les forces combattantes et les réserves ennemies, plutôt que progresser sur le terrain) était la seule envisageable L'Allemagne avait un avantage en population les alliés en ressources économiques (chars, avions, mitrailleuses). Seule une longue campagne d'attrition pouvait montrer qui était capable de gagner.

◆ LIEUX GÉOPOLITIQUES

Londres, ville globale en 1913 ?

Le concept de ville globale est certes plus tardif (Saskia Sassen) et implique plus l'ère de la globalisation que de l'internationalisation. Mais si on en reste à l'installation de l'économie monde au sens de F. Braudel et I. Wallerstein (rappel : économie monde : espace délimité par une frontière structuré autour d'un centre rayonnant ville puis capitales — passage des villes empires aux capitales vers 1750 — partagé en 3 zones concentriques le cœur les zones intermédiaires semi périphériques et les marges dépendantes subordonnées plus qu'impliquées. Pour accéder à ce stade de domination 3 conditions doivent être réalisées : acquérir un monopole durable dans une technologie majeure, disposer de capitaux importants pour financer des branches motrices, bénéficier d'un groupe social dominant modèle pour les autres classes sociales). Londres est bien une de ces villes relais, une ville monde comme hier le furent Venise, Anvers, Lisbonne, avant New York, Tokyo et Shanghai ou Singapour ? Qui rythment les mutations de l'ordre mondial. Elle l'est :
– par son port : les docks donnent la mesure du rôle de Londres comme entrepôt, et pôle de redistribution mondial. Sur les bords de la Tamise le London Dock peut accueillir 300 vaisseaux et le West India Dock n'est qu'un chapelet d'entrepôts immense et le Royal Albert dock pour les gros gabarits, bénéficie de l'électricité depuis 1880. En 1910, le trafic est de plus de 14 millions de tonnes de marchandises
– par son rôle financier : la city de Londres et surtout sa rue du marché monétaire la Lombard street est le poumon financier d'une économie mondialisée sous la houlette de la Grande-Bretagne et de son brillant second la France La bourse de Londres devient la première du monde en nombre de titres cotés dont la valeur nominale est quintuplée depuis 1879 pour franchir en 1913 la barre des 12mds de livres Les acteurs de la place londonienne investissent dans le monde entier, dans les chemins de fer américains, 42 % des avoirs dans le monde ont pour origine la place londonienne et l'Europe y est minoritaire (13 %) face à l'Amérique du Nord (34 %), l'Amérique latine (17 %), l'Asie (14 %), l'Afrique (11 %) et l'Océanie (11 %). 67 % de l'épargne britannique captée par Londres est redistribuée à l'étranger dans l'industrie, le secteur primaire, les obligations d'État, les transports. Le journal *The Economist* écrit d'ailleurs en 1911 : « *Londres et plus concernée par ce qui se passe au Mexique que dans les Midlands, plus troublée par une grève dans les chemins de fer canadiens que dans une mine du Pays de Galles* »...
– par son rayonnement : Londres centre de la première globalisation financière

Le Royaume-Uni dans le commerce mondial au début du XXe siècle

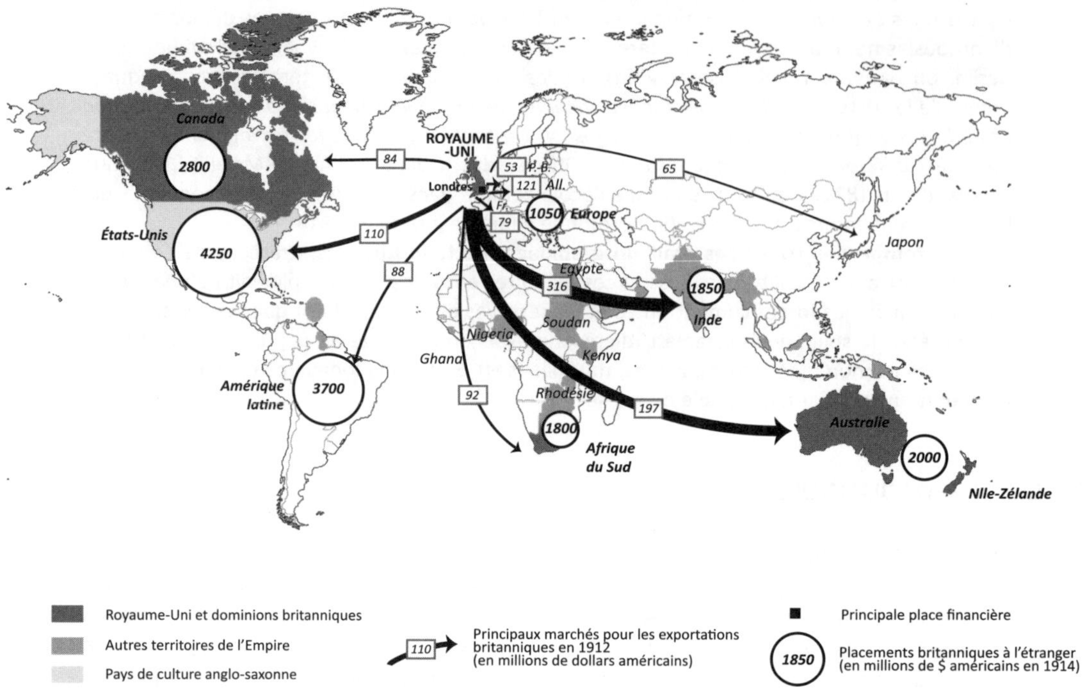

Bibliographie

Lecture indispensable

S. Berger, Notre première mondialisation. Histoire d'un échec oublié, Seuil, coll. « République des idées », 2009.

Professeur au MIT, politologue étudiant les conséquences de l'actuel processus de mondialisation, Suzanne Berger s'appuie sur l'échec oublié de la mondialisation de 1870-1914 pour comprendre le phénomène contemporain de mondialisation. Deux niveaux de lecture possibles :

Les ruptures : la marchandisation accrue d'une grande partie de la production, la rénovation des actions des États hier soucieux de réguler les effets des flux commerciaux sur les économies domestiques, la prise en main du marché par des groupes bancaires nouveaux, les banques de dépôts.

Les enjeux de l'interdépendance : la seule interconnexion des économies n'est pas un facteur de stabilisation de l'ordre mondial suffisant. La mondialisation n'annihile pas les capacités d'action des États et n'interdit pas des politiques de redistribution sociale qui corrigeraient les effets de la mondialisation. La mondialisation exige même ce volontarisme politique d'accompagnement pour rendre le processus acceptable.

Ouvrages

Asselain J.-C., *Histoire économique du XXe siècle,* Presses de Sciences Po, 1995, Tomes 1 et 2 ; des classiques incontournables

Audouin-Rouzeau S., Becker A., *Retrouver la guerre,* Gallimard, 2000 ; donner des sens à l'inacceptable.

Bairoch P., *Victoires et déboires,* T2, Folio, 1997 ; contre les clichés.

Ferro M., *La faucille et le Drapeau. Le XIXe siècle* Plon 2011 ; un parcours dans la grande transformation du XIXe : le nouveau cœur de l'Histoire (Amériques et Balkans), concentration des entreprises et le retournement social avec l'affrontement entre les techniciens qui ont entre leur mains les conditions du progrès, les socialistes qui contrôlent les prolétaires…

Ken Follett, *Le siècle la chute des géants,* R. Laffont, 2010 ; destins croisés de familles européennes, matrices de la grande Histoire.

E.J. Hobsbawm, *L'âge des extrêmes : histoire du court XXe siècle,* A. Versailles, 2008 ; le siècle des excès.

Léon P., *Histoire économique et sociale du monde,* Tomes 4 et 5, A. Colin, 1977 ; base solide pour des études des spécificités régionales.

Commentaire de documents

Les échanges mondiaux à la fin du XIXe siècle

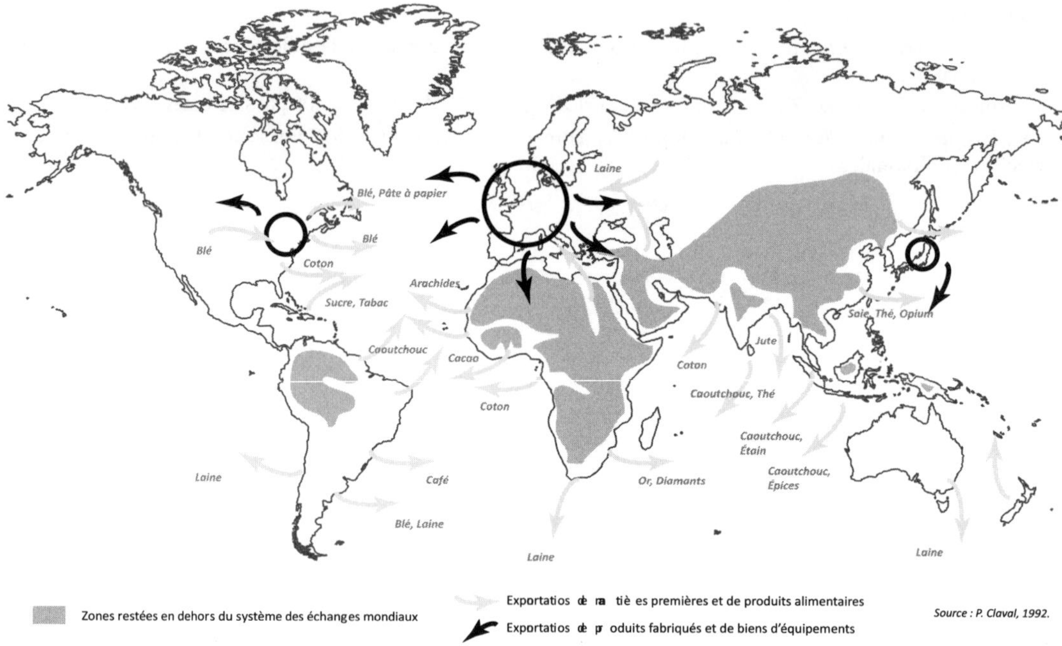

1. Une évidente **dynamisation des échanges** : en volume le commerce international progresse de 270 % entre 1850 et 1880 et de 170 % de 1881 à 1913 pour atteindre 200 milliards de francs or soit prés de 7 fois le niveau de 1850.
2. **Une extraversion des économies** puisque le commerce progresse plus vite que la production.
3. **Un record** même à la veille de la guerre le volume sur une quinzaine d'années enregistre un rythme de progression de 4 % par an semblable au boom de la deuxième moitié du XXe siècle.
4. **Une « triadisation » des échanges** mais si l'Europe joue un rôle de PITA(Pays industriel très avancé) avec 2/3 du commerce mondial 3/4 des exportations mondiales de produits manufacturés et un commerce intra européen qui totalise 40 % de flux commerciaux mondiaux les États-Unis de PIA (pays industriel avancé qui exporte à peine plus de produits manufacturés que bruts en 1914) ; le Japon de NPI (à peine 1, 7 % du commerce mondial) en 1913, il s'agit là d'anachronismes, d'extrapolations un peu hasardeuses… ; de comparaisons osées et le terme de triade de Kenichi Ohmae ne sera que postérieur à 1945

et de plus il met sur le même plan les États-Unis, le Japon, l'UE, ce qui ne peut être le cas la fin du XIXe !

5. **Un commerce limité** cependant :

   – car les zones d'exclusion sont nombreuses, 2/3 du planisphère ne sont pas touchés par la mondialisation ;

   – car les échanges portent surtout sur les produits bruts (2/3 du commerce international contre 25 % à la fin du XXe. L'industrie textile joue un rôle central avec les laines d'Argentine, d'Australie, le jute indien le coton des États-Unis (60 % des exportations en 1860 et encore 40 % d'exportations agricoles en 1914) ou d'Inde la soie de Chine. Le commerce des produits alimentaires se développe à partir du pôle argentin (1/4 du commerce doublé en 1929) du sucre et café brésiliens ou des Caraïbes et les besoins de l'industrie des pays industrialisés sont couverts par des flux de caoutchouc (Cochinchine, Brésil, archipel indonésien ou Ceylan), les nitrates et le cuivre chiliens.

   Grâce à des corridors d'exportation **l'économie de prélèvement** fonctionne à plein régime (économie de traite, de reflet).

6. On est bien dans la **première phase de la DIT** avec des importations quasi exclusive en provenance du monde plein de produits bruts, l'exportation de biens manufacturés des pays industrialisés vers…des pays industrialisés la 2e DIT (exportation de biens manufacturés des PD vers PED qui leur exporte des matières première sera plus tardive et la nouvelle DIT (rééquilibrage partiel et insertion des pays en développement comme exportateur de produits industriels fut ce vers les pays industriels sera postérieure à 1960.

   Statut spécial pour les pays neufs (Canada, Australie, Nouvelle-Zélande, Afrique du Sud, Argentine, Chili) intégrés au commerce de matières premières mais absorbant 16 % des exportations industrielles mondiales (alors qu'ils ne représentent que 2 % de la population mondiale. Les pays émergents (de demain) sont potentiellement là.

7. **La Grande-Bretagne est le pays pulsateur de ce commerce mondial** car atelier du monde même concurrencé elle importe 80 % de son blé (choix après l'abolition des *corn laws*) et 50 % de sa viande (rançon de l'urbanisation rapide).

8. **La poussée protectionniste n'interdit donc pas la dynamique des exportations** à la veille de la guerre et la composante commerciale de la première mondialisation est une clé de l'interdépendance accrue des économies : canaux transocéaniques (Suez, Panama), steamers, bateaux à coque d'acier, bourses physiques de matières premières (du CBOT de Chicago au LME de Londres) techniques de conservation nouvelles (frigorifiques argentins) modes (café, cacao, sucre de canne), balisent cette étape importante de la « grande transformation » du XIXe décrite par Karl Polyani.

Dissertation

Europe et mondialisation 1914-2014, d'un siècle à l'autre

Introduction

1914-2014 : Exercice délicat car comparaison n'est pas raison et l*e petit jeu des points communs et des différences, n'a pas grand intérêt scientifique* (J.-Y. Naour) mais l'intérêt c'est la conjoncture de la comparaison : Alors qu'en1914 l'Europe était le centre du monde (2mds) on fait quotidiennement un siècle plus tard (7 mds) le constat d'un manque d'Europe même dans les questions qui la concernent directement. En 1914 les États-Unis étaient repliés sur eux-mêmes et ne s'occupaient pas des affaires du monde ; la Chine était à demi-colonisée et ne pesait donc en rien, et c'était le temps d'une stabilité financière insolente grâce à l'étalon or. Un monde fort différent donc de 2014 où dans le nouvel ordre multipolaire qui émerge confusément, « la paix n'est plus impossible mais la guerre est moins improbable » contrairement à la guerre froide. Dans notre incapacité à comprendre le monde contemporain, ce retour sur le passé permet de chercher des points de repères, des grilles de lecture de la montée des périls communs ou pas en 1914 et 2014, de se rassurer à bon compte parfois, et de se livrer à des prédictions plus ou moins réalisables…

I. 1914-2014 : d'un pôle dominant et arrogant à un pôle partenaire parmi d'autres dans la mondialisation ?

A. De l'européanisation du monde en 1914, à l'UE un pôle de la Triade majeur mais en déclin relatif

L'Europe domine le monde et organise ses territoires en 1914 : 90 % du continent africain 99 % de la Polynésie 57 % de l'Asie et des espaces maritimes « Britain rules the sea ». Conférence de Berlin : l'aboutissement du « *scramble for africa* » sauf Abyssinie et Libérai Inde joyau de la couronne britannique 1913 États-Unis 37,5 % de la puissance industrielle mondiale Europe 46 % Europe est pulsatrice des flux commerciaux (3/4) Les siemens Renault Bayer Benz tenaient le haut du pavé Einstein Planck Fermi la médecine pasteurienne s'imposaient le monde était et est à l'heure GMT.

L'Europe compte certes, est rerentrée dans l'histoire mais pèse moins. Elle reste puissante mais dans une proportion moindre (24 %du PIB en 2014) pour l'UE à 28 (21,2 % pour Bric 22,8 % pour États-Unis) et au niveau des échanges 32,3 % contre 8,4 % pour les États-Unis et 17,5 pour Bric mais elle est dépassée dans les technologies (Google 90 % de la part des moteurs de recherche). Elle peut se prévaloir de son statut pôle stratégique mondial dans le modèle de la Triade. Mais difficile de se reconnaître en 2014 dans le regard porté sur l'Européen par ce témoin du siècle qu'était C. Lévi-Strauss « *L'Européen du XIX*ᵉ *s'est proclamé supérieur au reste du monde à cause de la machine à vapeur et de quelques prouesses techniques dont il pouvait se targuer. Il y avait de l'arrogance dans cette supériorité mais pas seulement. Les prouesses techniques conféraient à l'Europe le triple primat de la puissance de la connaissance et de la moralité. Elles lui permettaient donc et même elles lui imposaient de mettre l'humanité à son école, aider à combler leur retard, rassembler l'humanité sous la bannière du progrès…* » « *Il fallait pour le salut même des non européens résorber leur différence c'est à dire leur arriération dans l'universalité en mouvement de la civilisation moderne…* »…

L'attractivité de l'Europe si elle persiste est surtout touristique (3M de touristes américains en France en 2011) et-fort tropisme des Chinois (ils seront 100M à voyager en 2020 avec déjà un PA élevé de 1300 euros par personne et par jour), universitaire (2M d'étudiants non européens).

NB : peut on cependant raisonnablement dire que l'Europe domien le continent américain en 1914 pré carré, chasse gardée d'États-Unis en pleine ascension et isolationnistes.

B. De l'Europe à son apogée démographique à l'Europe crépusculaire en « danger démographique » ?

1914 : 25 % de la population mondiale : l'entrée dans la 1re transition démographique et le multiplicateur transitionnel maximal permettait de peupler le monde (États-Unis Argentine plus de 40M de migrants européens depuis 1850). La mortalité a chuté : de moins de 20 ‰ globalement le taux brut de natalité est souvent proche de 40 ‰ si on excepte France et Grande-Bretagne. En 1914 l'Europe n'est que ponctuellement engagée dans des lois sociales sur les retraites (Allemagne Grande-Bretagne).

En 2014 la retraite est devenue un débat central avec 16 % de personnes de plus de 65 ans en Europe de l'ouest et du Sud et des perspectives à 25 % d'ici à trente ans chiffres à peine inférieurs à ceux de l'Europe de l'Est qui reste le principal danger démographique avec la baisse de la natalité…Des pays vient le spectre inéluctable de leur diminution démographique sauf à recourir à l'immigration. Cas emblématique du déclin européen : l'Allemagne qui voit sa population passer de 41 à 68 millions d'habitants de 1871 à 1914) et après un baby boom bref après la Seconde Guerre mondiale, la natalité s'effondre et l'Allemagne atteint même le stade de décroissance naturelle.

1914 une immigration en Europe polarisée notamment sur la France zone de basse pression démographique qui est le 2e pays d'accueil derrière les États-Unis de 1906 à 1913 elle ne gagne que 500 000 habitants dû surtout à l'immigration. L'Europe est le premier continent d'immigration (800 000 par an officiels 400 000 demandeurs d'asile 500 000 clandestins) l'UE compte environ 40 millions d'immigrés soit 9 % de la population communautaire 21 % des immigrés mondiaux % d'étrangers (8,9 % en Allemagne contre 1, 4 % en Finlande).

En 2014 : 510 millions dans l'UE. Europe 7 % de la population mondiale Europe frileuse qui se protège contient plus qu'elle en subvient logique de Frontex, de *« mare nostrum »* à Triton. peste blanche déprime démographique sauf Irlande France avec des cas très graves Allemagne pays de l'Est cas exemplaire Italie qui chantait ses mamas, qui a un des taux les plus bas de fécondité du monde en Ligurie. L'Europe entame sa deuxième transition démographique (théorie du néerlandais D. Van de Kaa à la fin des années 80 c'est-à-dire une fécondité en dessous du seuil de remplacement (2,1)), le développement d'autres formes d'organisation domestique que le mariage, permettant des naissances hors couple, vieillissement des populations (82,4 pour les femmes 76,4 pour les hommes) avec certes des disparités régionales (cf. sur les risques cardiovasculaires la convergence homme femme n'est pas enregistrée en Europe orientale de même que le cancer a cessé d'augmenter depuis 1980 en Europe occidentale avec une décennie de retard à l'Est.

Grâce à ses Européens hors d'Europe, rayonnement de l'Europe mais désormais même si certains s'attachent à l'*European dream*, à l'idée d'un luxe européen canon du beau, le combat des cinémas américains (blockbusters) et français… montre les réels rapports de force culturels de l'Europe, ce promontoire avancé… de l'Asie désormais.

C. De la prééminence financière à l'éclipse partielle

En 1914 : Banquiers du monde 6 pays européens (Grande-Bretagne France Allemagne Suisse Belgique Pays Bas détiennent plus de 60 % du stock d'or mondial et 90 % des capitaux placés à l'étranger. Rôle des 4D des *foreign banks* anglaises ; Angleterre pivot de cette première mondialisation. La livre devise étalon de change sterling. Le cadre porteur de certitudes du gold standard Europe créancière du monde et notamment des États-Unis.

En 2014 : Aujourd'hui 87 % des échanges mondiaux réalisés en dollars, l'Euro a du mal à s'imposer excepté comme monnaie de combat (Venezuela, Chine) ou d'emprunt (quasi jeu égal) La finance mondiale est largement américaine les agences de notation également le Nyse et le Nasdaq donnent le tempo et la crise des subprimes paraît avoir fait plus de dégâts en Europe que sur les autres continents au regard des problèmes des dettes souveraines et de leur difficile gestion.

NB : l'Europe s'enorgueillit plus de ses performances culturelles, intellectuelles que de son prestige financier en 1914 En 2014… c'est certainement la même chose. L'European dream est plus mu par des valeurs morales que financières…

II. 1914-2014 : d'un pôle dictant sa loi à un pôle normatif pédagogue au cœur du système monde

A. De l'Europe triomphante dans le grand *steeple chase* colonial à l'Europe puissance thaumaturge au chevet d'un Tiers-Monde ?

Le monde projeté en Europe a remplacé l'expansion européenne dans le monde : le projet colonial (« un peuple qui veut conserver sa vitalité doit s'étendre et essaimer », P. Leroy Beaulieu ; J. Ferry : « les colonies sont pour les pays riches un placement de capitaux des plus avantageux »… « La création d'une colonie c'est la création d'un débouché »). Facteurs de guerre les engagements coloniaux des puissances européennes ont failli déclencher des conflits depuis1898 Fachoda 1911 Tanger avec division sur les objectifs France mission civilisatrice ? Allemagne vision plus économique et plus sociétal pour la Grande-Bretagne (impérialisme) Europe culturellement parlant très présente en Amérique Latine seul lieu où on est européen pour Garcia Marques car ailleurs on est trop français ou espagnol).

Tiers-Monde nouvelle frontière aide au Tiers-Monde de Lomé à Cotonou mais néocolonialisme pas totalement disparu (Françafrique).

B. De l'Europe de l'épée belliqueuse à l'Europe de la paix résignée ?

L'Europe théâtre pendant des siècles de guerres : guerre de Trente ans close en 1648 par le traité de Westphalie en 1648, guerre de succession d'Espagne achevée par le traité d'Utrecht en 1713, au XIXe, guerres napoléoniennes, guerres de succession de France terminée par le traité de Vienne en 1815… Certes paix de cent ans mais radicalisation des conflits. Course aux armements /plans mûris à la lumière des conflits plus récents : guerre des Boers russo-japonaise et balkaniques 1912-1913. Europe prête grâce à la puissance démultipliée de ses armements.

Europe du soft power. Vénus la norme plus que la force ce qui n'interdit pas d'espérer après les missions de Petersberg une Europe de la défense à partir de l'embryon défini à Saint Malo en 1998 par le couple surprenant Angleterre-France. Une Europe attachée aux principes de la diplomatie westphalienne, du compromis à l'OMC, au cours de l'élaboration du protocole de Kyoto des TPI de la CPI boudés par les États-Unis comme l'avait été la SDN non ratifiée par le congrès L'Europe repend à son compte le message wilsonien (droit des peuples à disposer d'eux-mêmes ; paix prospérité démocratie).

En 1914 une Europe divisée sur son avenir à décider par les armes (conflit franco-allemand) en 2014 une Europe divisée sur ses craintes ses lassitudes, devant des problèmes dont elle est elle-même en partie responsable, cette lassitude pour Jürgen Habermas « *amortisseur d'enthousiasme mélange fatal de paralysie et de distraction* ». Seul le couple franco-allemand est désormais en mesure de sortir l'UE de l'ornière.

C. De l'Europe toute puissante à l'Europe exerçant une puissance partagée : de la domination à la sujétion ?

1914 : la guerre de 1914-1918 est bien d'ailleurs une manifestation du rapport au monde et à la mondialisation de l'Europe quand on fait le bilan des millions d'étrangers qui ont œuvré par exemple pour la France dont des travailleurs algériens marocains, sénégalais, indochinois utilisés dans les usines au prétexte que l'on pensait qu'ils en sauraient pas se battre ! chinois, indiens, russes, mais toujours avec un arrière plan de puissance arrogante : « lorsqu'on a besoin de nous pour nous faire tuer ou nous faire travailler nous sommes des Français mais quand il s'agit de nous donner des droits nous ne sommes plus des Français nous sommes des nègres. Lamine Senghor un de ces soldats.

2014 : Annonce des temps futurs, un nouveau pôle asiatique de la modernité mondialisée s'est constitué (« Triade », K. Ohmae, 1985) avec l'affirmation du Japon (2e PIB mondial entre 1968 et 2010) déjà émergent à la Belle époque (il participe à la guerre de 14-18 aux côtés de la France, du RU et des EUA !) et l'essor continu depuis 1980 de la Chine, prototype de la nation. Union européenne acteur en pointillé des relations internationales. Elle est un acteur si on en croit les 4 critères permettant d'évaluer ce statut pour Joseph Jupille et James Caporaso c'est-à-dire :

Elle doit être reconnue comme acteur par des pays tiers… a-t-elle une lisibilité ?

Les États membres doivent lui avoir transféré la capacité juridique de les représenter internationalement… le font-ils sur tous les terrains ?

Elle doit disposer d'une certaine autonomie à l'égard de ses membres ou d'autres acteurs… pas de véritable politique étrangère.

Elle doit faire preuve d'une cohésion suffisante entre institutions États membres institutions elles mêmes (commission et Conseil par ex)… pas vraiment le cas. Globalement elle respecte ces critères par ex au sein du Quatuor (Onu UE États-Unis Russie pour le Proche orient) mais elle est rarement membre à part entière d'une organisation internationale et Ashton comme Mogherini ont à rendre des comptes aux États, et la cohésion diplomatique n'est pas toujours au rendez vous (Irak).

Déjà avant 1914 éveil de l'Asie, du Japon qui tente de dominer l'Asie et de résorber la présence occidentale… En 2014 basculement ? Chine se prépare à développer un ordre régional…

III. 1914-2014 : de l'Europe des nations divisée à la veille de conflits extrêmes internes à l'Europe partiellement intégrée… confrontée à des menaces extérieures lourdes

A. De l'Europe des nationalismes pour le meilleur et le pire… à l'Europe à la quête difficile d'une identité fédérale

Europe divisée forte hostilité entre ses États toujours impériaux… hégémon britannique contre challenger allemand » qui réclame sa place au soleil Guillaume II… Europe divisée : Triple entente France-Angleterre-Russie face à la triple alliance Allemagne Autriche Hongrie Italie hégémonie allemande en 2014 discours forgé dans l'utopie de Hugo « il faut à l'Europe une nationalité européenne un gouvernement un arbitrage fraternel les nations sœurs ayant choisi Paris pour chef lieu… les États-Unis d'Europe ou Renan « les nations ne sont pas quelque chose d'éternel Elles ont commencé elles finiront La confédération européenne les remplacera » L'Europe n'existe que dans l'imaginaire d'intellectuels…

2014 : l'Europe est une réalité pacifiée, unie au travers de la construction européenne, de la quête de son histoire et de sa géographie par les élargissements même si la question de l'Europe jusqu'où reste posée ? La chute du mur a ouvert plus de questions qu'elle n'en a résolu (rythme des élargissements, coût des périodes de transition, nouveaux partenaires ? Russie ?...). L'Europe existe-t-elle vraiment au regard d'une certaine domination américaine, ou d'une certaine indifférence américaine (cf. le pivot asiatique).

B. De l'Europe au bord du « suicide collectif » à l'Europe des incertitudes

1914 le choc des nationalismes, la mêlée des guerres balkaniques liée à la faiblesse de l'Empire ottoman homme malade de l'Europe, nationalismes belliqueux, course aux armements et le « saut dans le noir » (Bethmann Hollweg).

2014 le choc du retour de l'Histoire ; États demeurent très attachés à leur souveraineté à l'intérêt national tensions Ukraine montée des égoïsmes sacrés (certains membres de l'UE aimeraient bien précipiter l'UE dans de nouveaux conflits), populismes, choc des terrorismes, défis énergétiques majeurs... mais surtout défis internes : institutionnels et économiques et de gouvernance. Des séparatismes annonciateurs de décomposition ? des retards précurseurs de crise (cf. sur la relance) des confrontations synonymes de passivité (budget).

C. De l'Europe puissance à l'Europe alternative à la puissance mais pas puissance alternative

Europe Mars en 1914, puissance de la canonnière capable de se projeter dans les rivalités coloniales, de dépecer la Chine traités inégaux Europe puissance civile mais cela ne l'empêche pas d'intervenir (Kfor Kosovo ou Eufor Tchad), de détacher les siens sur les fronts (Libye, Mali, RCA). Globalement elle a du mal à se projeter d'autant plus que Allemagne hors du conseil de sécurité, Europe plutôt ombre portée de sa puissance passée. Mais à tout prendre l'Europe de 1914 qui va connaître « cette inimaginable rechute de l'humanité dans un état de barbarie qu'on croyait oublié avec son dogme antihumaniste érigé en programme d'action » (S. Zweig) est-elle en meilleure posture malgré sa puissance hégémonique en 1914 qu'une Europe de la paix désormais un peu oubliée (pivot asiatique américain) mais modèle d'intégration rêvé (même par ceux pour lesquels c'est inaccessible Ukraine ou Géorgie sans parler des marchés qui l'imitent de l'Unasur à l'Asean et à l'UA ? Pour J.-P. Chevènement, l'hypothèse d'un nouvel « avant 14 », ou l'analogie entre le bouleversement suscité, à cent ans de distance, par une puissance montante — Allemagne hier, Chine aujourd'hui — venant heurter une puissance établie après deux mondialisations financières, celle de 1914, à dominante britannique, et celle de 2014, à dominante américaine (dans son *1914-2014 l'Europe sortie de l'Histoire ?*, Fayard, 2014).

Conclusion

Mais aujourd'hui revient le fantôme du monde de 1914 qui rapproche non plus les espaces mais les temps, redécouverte de la géopolitique méfiance croissante des États, bruits de bottes conflits ethniques agitations de sociétés repliées sur des espaces qui leur sont chers... (S. Sur) Paradoxalement peu de différence car complexe et composite la société internationale reste polémique, elle repose toujours sur la sagesse des grandes puissances et la stabilité des petites malgré la gouvernance mondiale Les porte de la guerre ne sont jamais closes la mondialisation n'est pas la paix la transnationalisation ne peut se substituer à la politique... Même l'Union européenne engagée dans une paix structurelle doit craindre les évolutions.

Oral

La guerre de 1914-1918, une « catastrophe abominable du XXᵉ » (G. Kennan) ou la matrice de ce siècle ?

Introduction

L'intérêt d'un jugement qui émane d'un diplomate américain qui fut le grand artisan de la guerre froide.

I. La guerre totale de 14-18 peut être appréhendée comme une rupture catastrophique après la paix de 100 ans européenne du XIXᵉ

A. Le poids des destructions matérielles, humaines et le coût des réparations, pensions...

B. Le poids d'une perte de repères : élites étêtées jeunesse perdues tentée par le nihilisme le pacifisme la révision des hiérarchies Europe congédiée déclin de l'Occident

C. La fin d'un monde

Quatre empires qui s'effondrent déseuropéanisation du monde progrès techniques qui deviennent des menaces : chimie gaz moutarde expérimentation du pire des conflits ultérieurs brassages sociaux dans les tranchées

II. Pour G. Kennan (1904-2005) père de l'endiguement et de la guerre froide aux côtés de Truman la guerre de 14-18 met en place un scenario catastrophe

A. La révolution russe permet d'installer la grande illusion du XXᵉ le communisme

B. De la révolution russe au communisme planétaire des dossiers noirs (S Courtois) les exactions chiffrées du Stalinisme à Pol pot plus de morts que le nazisme ?

C. De la révolution naît un système économique qui a des performances installant URSS comme deuxième puissance mondiale

III. Pour autant la première guerre n'est pas qu'un fossoyeur d'idéaux elle est le creuset d'un court XXᵉ

A. Des espoirs de gouvernance mondiale et de sécurité collective : pacte Briand Kellog SDN et ses principes hérités du messianisme wilsonien garde fous du XXᵉ siècle

B. L'explosion de nationalismes frileux et belligènes mais aussi des convergences pacifiques : nationalismes totalitarismes belliciste mais paneuropéannisme fécond le berceau de la construction européenne de R. ? Coudenhove Kalergi

C. La mise en place de nouveaux rapports de force qui se clarifieront après la deuxième guerre mondiale

Amorce d'un XXᵉ siècle américain : H. Luce

Éveil d'un expansionnisme japonais, au service d'un Dai Nihon

Des prises de conscience de l'importance de problèmes régionaux qui vont baliser les échecs du XXe : Palestine, Irlande, Arménie…

Conclusion

Un modèle économique qui va moins céder la place à un libéralisme béat et arrogant : économie mixte, rôle de l'État, conventions sociales, amorce d'un État de bien-être, arrière-plan des nouvelles fonctions tutélaires de l'État après 1945.

Chapitre 2
Tableau géopolitique du monde en 1939

Hugo Billard

Quand le maréchal Foch apprit la signature du traité de paix de Versailles, il déclara avec une prescience singulière : « Ce n'est pas une paix, c'est un armistice de vingt ans ».

***Winston Churchill**, Mémoires de guerre, tome 1 (1919-1941), préface de F. Kersaudy, Tallandier, 2009 (éd. anglaise 1948).*

La seule chose que nous ayions à craindre, c'est la crainte elle-même

***Franklin D. Roosevelt**, Discours d'investiture, Washington, 4 mars 1933.*

Le Japon n'a pas le choix : il doit mourir de faim s'il ne peut établir sa domination. Pays hautement industrialisé, son sol ne recèle aucune des matières premières indispensables à la grande industrie (ni fer, ni charbon) ; l'agriculture japonaise ne peut nourrir l'immense population du pays passée de 33 millions en 1872 à 70 millions en 1934. Mourir ou s'étendre, telle est la question.

Revue économique internationale, Bruxelles, 1934.

Tout ce pour quoi j'ai travaillé, tout ce que j'ai espéré, tout ce en quoi j'ai cru durant ma vie publique est tombé en ruines.

***Arthur Neville Chamberlain**, Adresse à la Chambre des Communes, Londres, 2 septembre 1939.*

◆ Dates clés

- **1915-1916** Génocide des Arméniens par l'armée ottomane des Jeunes-Turcs
- **1917** Révolution russe
- **1918 (11 nov.)** Armistice
- **1919 (juin)** Traité de Versailles
- **1919-1923** Traités de paix
- **1920** Refus du Congrès américain de ratifier le traité de Versailles
- **1925** Accords de Locarno
- **1928** Pacte Briand-Kellogg
- **1929 (24-29 oct.)** Krach boursier de Wall Street
- **1931** Exposition coloniale de Vincennes ; Statut de Westminster (Commonwealth)
- **1933 (janvier)** Hitler nommé chancelier d'Allemagne
- **1933 (mars)** Roosevelt lance son New Deal
- **1933 (juin-juillet)** Conférence de Londres

- **1936-1939** Guerre civile espagnole
- **1937 (déc.)** Massacre de Nankin (Chine) par l'armée japonaise
- **1938 (sept.)** Conférence de Munich
- **1939 (juillet)** Pacte secret Ribbentrop-Molotov

◆ Chiffres clés

	Population des grands belligérants (en millions)	PIB en 1939 (en millions de dollars 1990)
Chine	516	*inconnu*
URSS	192,4	430,3
Etats-Unis	131,5	862,9
Japon	72,4	203,8
Allemagne	69,3	374,6
Royaume-Uni	48 (sans les colonies)	300,5
Italie	43,8	154,5
France	41,9 (sans les colonies)	200,8

Source : Angus Maddison, Historical Statistics of the World Economy (The Maddison Project, 2010).

◆ Croquis de synthese

1939 : un monde divisé par les tensions européennes

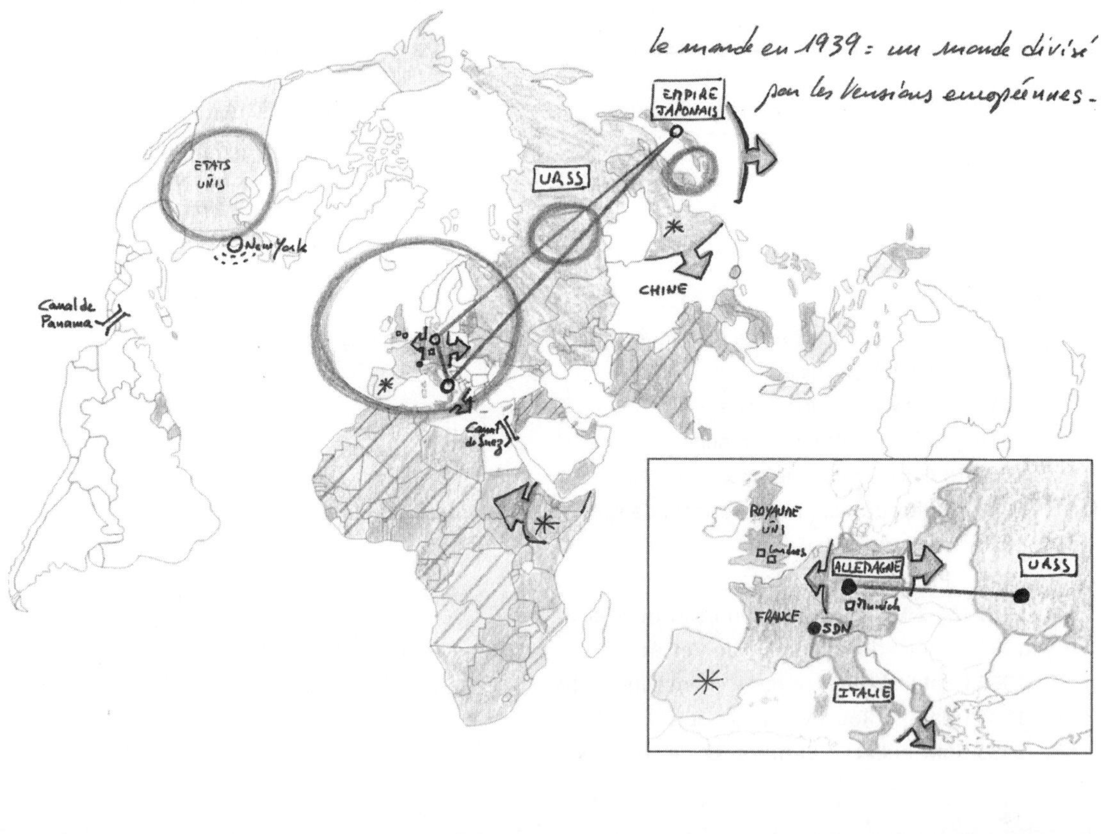

1. Une Europe toujours influente

- Les économies européennes sont premier foyer créateur de richesses (PIB 1939). Europe 1.4 milliards de dollars. Etats-Unis 0.8. URSS 0.4. Japon 0.2. Source : Angus Maddison.
- Genève, siège de la SDN
- New York, cœur de la crise économique de 1929
- Lieux de conférences internationales (Westminster 1931, Londres 1933, Munich 1938)
- Canaux interocéaniques, réalisés sur fonds européens

2. Des puissances remises en cause

- Etats-Unis, 1er PIB mondial en 1939
- Empire britannique (et mandats)
- Empire français (et mandats)
- Autres empires coloniaux européens
- Espaces où agissent des mouvements de remise en cause de l'influence coloniale européenne

3. Des tensions qui créent des alliances belligènes

- ITALIE — Etats totalitaires et territoires sous leur contrôle en 1939
- Orientation expansionniste des régimes totalitaires
- Conflits liés à l'expansionnisme ou à l'influence des régimes totalitaires
- Etats signataires de l'Axe (1936)
- Pacte Ribbentrop-Molotov
- FRANCE — Etats alliés contre un régimes totalitaire

Introduction

Le 31 août 1939, un émetteur radio allemand situé à Glewice, tout près de la frontière polonaise, est attaqué par un faux commando polonais, mais vrai commando allemand. Cette fausse attaque (opération Himmler) sert de prétexte dès le lendemain à l'invasion de la Pologne par l'Allemagne. La Seconde Guerre mondiale commence. Les causes en sont connues, mais la hiérarchie de ces causes pose problème.

S'agit-il des effets de la crise de 1929 qui, en plongeant une partie de l'Europe dans le chômage, a précipité l'apparition de régimes totalitaires ? L'URSS était déjà stalinienne depuis 1929, l'Italie déjà fasciste depuis 1922, mais l'Allemagne sera considérée en 1945 comme l'État responsable de la guerre.

S'agit-il des effets des affrontements larvés entre démocraties et régimes totalitaires ? Pourtant la guerre d'Espagne (1936-1939), l'invasion des Sudètes tchécoslovaques (1938), la conférence de Munich (1938), avaient montré la capacité des démocraties à réagir, même inefficacement.

S'agit-il de l'opposition entre États propriétaires d'empires coloniaux et États qui se sont vus confisquer le leur en 1919 ? C'est vrai pour l'Allemagne mais l'Italie a construit, entre 1935 et 1936, au-delà de la Libye, un empire colonial jusqu'en Éthiopie et Somalie. En 1939, les deux grands empires, britannique et français, ont reçu depuis vingt ans mandat de gestion d'une partie du Moyen-Orient (Grand Liban pour la France, Palestine et Jordanie pour les Britanniques).

S'agit-il d'une revanche des vaincus de la Grande Guerre ? Les rapports de force fossilisés par le traité de Versailles (28 juin 1919) sont toujours en place, mais l'Allemagne s'est fortement remilitarisée, la Russie devenue URSS est devenue idéologiquement très influente en Europe de l'Ouest, l'Italie clame sa volonté de créer un empire méditerranéen, et les États-Unis ne sont pas sortis du silence neutre dans lequel le Congrès les a placés depuis le refus de ratifier le traité de Versailles en 1920. L'Axe, en 1936, et le pacte Ribbentrop-Molotov, en juillet 1939, créent les conditions pour que les vainqueurs pensent en vainqueurs isolés, quand les vaincus s'organisent en revanchards alliés.

Car 1939 ne se déroule pas qu'en Europe. En Asie, le Japon a transformé la situation géopolitique dans laquelle l'avait placée la victoire de Tsushima (1905) contre la Russie : seul État asiatique industrialisé, seul État capable de vaincre les Occidentaux colonisateurs. Depuis 1931, l'invasion de la Mandchourie chinoise par l'armée de l'empereur Hiro-Hito a désintégré la vie politique d'une Chine déjà placée, depuis 1842, sous semi-contrôle occidental. Les nationalistes du gouvernement de Chang Kai-Tchek descendent vers le Yunnan et Hong-Kong, quand les communistes de Mao Tse-Toung se replient vers les campagnes. Cette opposition duale est le prémisse de combats futurs, radicalisés après que le Japon a massacré, en 1937, une partie de la population de la capitale chinoise, Nankin. Le Japon semble l'État fort de l'Asie. Les États-Unis sont toujours silencieux.

En 1939, en Europe comme en Asie, aux États-Unis comme dans les empires, grondent des oppositions extérieures comme intérieures qui ne demandent qu'à s'exprimer.

◆ Problématiques

- ***Les tensions de 1939 ne sont-elles que les fruits des traités de paix de 1919 ? Comment expliquer l'échec du wilsonisme ? Comment expliquer les effets en Europe de la crise de 1929 ?***
- ***Quel rôle jouent les empires coloniaux dans la force ou la faiblesse des États en 1939 ? Quel rôle jouent les États-Unis, le Japon ou des territoires-tampons comme le Moyen-Orient ou la Chine dans ces rivalités ?***

I. Les États de 1939 sont fragilisés par les effets de la Grande Guerre : comment l'idéal wilsonien d'une société internationale est-il appliqué ?

A. Des États fragilisés par la Grande Guerre

Entre août 1914 et le 11 novembre 1918, près de 10 millions de morts (14 % de la population masculine française, 12 % allemande), plus de 20 millions de blessés, 8 millions de disparus, jonchent les sols européens, moyen-orientaux, mais aussi des lieux de combats dans l'Atlantique et dans les colonies européennes d'Afrique et d'Asie. Les grands empires disparaissent. L'Empire allemand est remplacé le 9 novembre 1918 par la République allemande, à Weimar. L'Empire austro-hongrois est dissous le 31 octobre 1918. L'Empire ottoman est découpé en plusieurs États en octobre 1922, et la fin du califat, le 3 mars 1924, lui enlève toute justification politico-religieuse. Entre 1918 et 1923, les traités de paix règlent les conditions de la paix, désignent les responsables des conflits, et modifient les frontières, que la nouvelle Société des Nations doit garantir.

L'intensification des combats, l'échelle des affrontements et l'industrialisation des fronts a donné naissance à de nouvelles armes et de nouvelles pratiques de guerre : armes chimiques (gaz moutarde, Ypres 1915 150 tonnes de chlore lancés par les Allemands contre les Alliés), usage de ballons puis d'avions d'observation et de combats (Baron Rouge abattu en 1918), et massacres de civils à grande échelle (1915-1916 : déportation et exécution de 1,2 million d'Arméniens par l'armée ottomane des Jeunes-Turcs, qualifié après coup de premier génocide de l'histoire contemporaine).

Les effets économiques et sociaux sont considérables. Les sociétés européennes sont atteintes de ce que l'historien américain Georges L. Mosse a qualifié en 1990 de « brutalisation » : omniprésence de la violence post-conflit, sentiment de fragilité sociale liée aux « classes creuses » (1,2 million déficit des naissances), visibilité des « gueules cassées » dans les années 1920, violences domestiques en forte hausse, alors que les femmes s'affirment dans le champ économique (industrie, agriculture, services) et politique (mouvement des suffragettes).

En 1939, les effets du conflit ne sont pas dépassés : les frontières font l'objet d'oppositions toujours plus brutales malgré les traités de paix, les responsables politiques et militaires sont tous d'anciens combattants marqués par le front et les combats aériens, la fragilité sociale ou économique des vaincus y a créé un sentiment d'abandon de la puissance qui stimule un discours de revanche.

B. Les conséquences territoriales des traités de paix en Europe et au Moyen-Orient

Entre 1918 et 1923, 13 traités de paix réorganisent les frontières, transfèrent des populations et règlent les relations politiques et économiques entre les signataires. D'autres textes vont avoir une influence. La Déclaration Balfour (novembre 1917) favorise l'installation au Proche-Orient d'un « foyer national pour le peuple juif », et interroge ainsi la pérennité d'un Empire ottoman démantelé dans les faits (1920 la SDN octroie mandat de gestion de la Syrie et du Liban à la France, de la Transjordanie et de l'Irak aux Britanniques). Le traité de Brest-Litovsk, signé en mars 1918 entre la Russie bolchevique et l'Allemagne non encore vaincue, écarte l'ancien empire russe des négociations préalables.

L'Allemagne, lors du traité de Versailles, est considérée comme la principale puissance responsable du conflit. La France exige et obtient une indemnité pour tous les vainqueurs de 132 milliards de mark-or, retrouve l'Alsace et la Moselle (perdues en 1871). La Belgique retrouve Eupen et Malmédy. La Silésie est partagée avec la Pologne reconstituée. L'Allemagne perd 8 millions d'habitants, 88 000 km^2, ses colonies partagées entre le Royaume-Uni (Tanganyika, Namibie), la France (Togo, Cameroun), la Belgique (Rwanda et Burundi), le Japon (Mariannes, Marshall, Carolines). L'armée allemande est réduite à

100 000 hommes, la rive gauche du Rhin est démilitarisée, la Sarre placée sous tutelle de la SDN et contrôle de la France. Le gouvernement allemand s'insurge contre le « diktat » mais doit céder. La République allemande de Weimar est dès lors vue par les nationalistes allemands comme le régime qui a mis fin à l'Empire, a cédé devant les armées alliées, et n'a pas défendu les intérêts allemands : le régime en sort très fragilisé. En 1924, les États-Unis proposent un plan d'allègement des réparations qui pèsent sur l'Allemagne (plan Dawes), auquel s'ajoute en 1929 un nouveau plan d'allègement (plan Young).

Le principe des nationalités est appliqué dans le démantèlement de l'Empire austro-hongrois, mais oblige à de difficiles négociations en Orient. La question arabe (Henry Laurens) émerge lorsque s'affrontent les intérêts britanniques et ceux des États qui cherchent à naître sur les ruines de l'Empire ottoman (Irak 1932, Arabie Saoudite 1932). La Turquie impose à la Grèce, via les Britanniques, un transfert d'un million de Grecs d'Anatolie vers le nouvel État grec, contre 300 000 Turcs qui assurent la migration inverse. Entre 1919 et le traité de Rapallo (1920), la ville de Fiume est un enjeu national majeur pour l'Italie contre la nouvelle Yougoslavie. Les Arditi de Gabriele d'Annunzio prennent la ville et en font un symbole de la faiblesse du gouvernement italien pour les nationalistes qui s'organisent dans le Parti National Fasciste de Benito Mussolini. La force semble supérieure au droit international, le coup supérieur aux institutions légitimes. Tout au long des années 1920 des coups de force se multiplient dans les pays vaincus (Allemagne, Autriche, Hongrie) ou vainqueurs sans effets (Italie).

C. Société des Nations et *Roaring twenties* : quelle paix entre les nations ?

Le 28 juin 1919, le premier traité signé, à Versailles, inclut les « Quatorze points » du président américain Woodrow Wilson. Le 14ᵉ point prévoit la création d'une Société des Nations qui doit garantir les conditions de coopération entre les États pour éviter les conflits. Le refus de ratification du traité de Versailles par un Congrès américain mené par Henry Cabot Lodge (1920) n'empêche pas l'existence de cette institution internationale de coopération, mais montre la force du mouvement isolationnisme issu de la doctrine Monroe (1823 : les États-Unis s'interdisent de se mêler des affaires européennes et se tournent vers le continent américain) tempéré par le Corollaire Roosevelt (1904 : les États-Unis défendront leurs intérêts par la force armée) qui avait permis à Wilson d'engager son pays dans la Grande Guerre le 2 avril 1917.

Comment faire sans les États-Unis ? En 1920 est créé le Parti National-Socialiste des Travailleurs Allemands (NSDAP), en 1921 le Parti National Fasciste, et en 1922 Richard Coudenhove-Kalergi crée le Mouvement Pan-Européen. L'Europe répond par le repli sur les frontières (PNF, NSDAP) mais aussi par la coopération (Mouvement Pan-Européen). Le contexte économique de reconstruction et de rattrapage économique des *Roaring twenties* (Années folles) dans les pays vainqueurs s'oppose aux difficultés des vaincus : incapable de payer les 132 milliards de mark-or imposés par le traité de Versailles, l'Allemagne est contrainte de subir, entre 1923 et 1925, l'occupation de la Ruhr charbonnière par la France. Face à l'impasse, deux étapes vont replacer l'Allemagne et la coopération au cœur de la vie politique européenne. Le 16 octobre 1925, Royaume-Uni, France, Italie, Belgique, Pologne et Allemagne signent une série d'accords bilatéraux dont le but est de fixer et de garantir l'intangibilité des frontières occidentales et orientales de l'Allemagne (accords de Locarno) : Berlin revient dans le concert des nations. Aristide Briand (France), Gustav Stresemann (Allemagne) et Austen Chamberlain (Royaume-Uni) reçoivent en 1926 le prix Nobel de la Paix.

Le 27 août 1928, 63 États déclarent qu'ils « condamnent le recours à la guerre pour le règlement des différends internationaux et y renoncent en tant qu'instrument de politique nationale dans leurs relations mutuelles » : autour du ministre français Aristide Briand et du Secrétaire d'État américain Franck Kellogg, la guerre est déclarée hors-la-loi, mais signe surtout le retour apparent des États-Unis dans le concert des nations.

II. Les conséquences de la crise de 1929 : des économies fragilisées, l'essor des régimes totalitaires

A. De la crise financière américaine à la crise économique mondiale

En 1919, les États-Unis possèdent 45 % du stock d'or mondial. Ils sont en 1929 à l'origine du tiers des IDE mondiaux, alimentés par un facile accès au crédit garanti par le libéralisme officiel et le *call loan*, un système d'achats d'actions à crédit. Ce système a créé une bulle spéculative. Des faillites d'entreprises, une réduction de performance des industries innovantes (automobiles) et des récupérations de crédits aux États-Unis amènent à des retraits financiers qui provoquent l'effondrement de la Bourse de New York (Wall Street), entre le jeudi 24 (*black Thursday*) et le mardi 29 octobre 1929 (*black Tuesday*). L'indice Dow Jones tombe de 350 (14 octobre 1929) à 200 (13 novembre).

Alors que Washington limite au minimum son intervention sur les marchés (le président Hoover aurait dit « la croissance est au bout de la rue »), les effets de la crise se font sentir après 1930. La loi Hawley-Smoot établit de lourdes mesures protectionnistes pour limiter la concurrence et protéger la production américaine. Entre 1929 et 1932, les importations américaines s'effondrent de 70 %, et le commerce mondial des deux tiers. Malgré une politique d'injection de liquidités dans l'économie, le président Hoover ne parvient pas à limiter les effets de la crise : le chômage passe de 3 % (1929) à 21 % (1932) de la population active.

Devenue économique et sociale, la crise s'étend en Europe et abat les règles libre-échangistes en vigueur. Pour éviter la raréfaction de sa monnaie, Londres annonce la fin de la convertibilité de la livre sterling en or. La livre baisse de 30 %, ce qui stimule la reprise économique dans la zone sterling (Commonwealth, né en 1931 par la proclamation du Statut de Westminster). En mai 1931, la première banque autrichienne le KreditAnstalt, se déclare en faillite ; comme elle possède plus de 40 % des actifs industriels du pays, les faillites s'accélèrent. En juillet 1931, l'Allemagne rétablit les contrôles de change. En septembre 1931, la livre sterling est déclarée inconvertible pour éviter la fuite des capitaux.

B. La guerre des monnaies (1933-1936)

En juillet 1933, la Conférence internationale de Londres propose une trêve monétaire (arrêt des dévaluations), une trêve douanière (limitation du protectionnisme) et une hausse de l'offre de crédit par les États pour augmenter les prix et accélérer le retour de la croissance. Le refus des États-Unis, qui mettent fin à la parité dollar/or, et dévaluent deux fois dès la fin de la Conférence de Londres, réduit les espérances britanniques. Entre 1933 et 1936 le bloc-or (monnaies nationales gagées sur l'or) mis en place par le Royaume-Uni et une dizaine d'États s'effondre.

En janvier 1934, une nouvelle dévaluation du dollar (-41 %) provoque une réaction protectionniste de l'Allemagne, qui paie désormais ses importations en « askimarks » (marks bloqués, qui ne peuvent permettre d'acheter qu'en Allemagne) pour obliger au maintien des IDE sur son sol. Plutôt que de dévaluer, l'Allemagne choisit de subventionner ses exportations à 30 % de leur valeur. Tous les pays qui commercent avec l'Allemagne sont touchés par ses mesures. L'URSS crée une zone rouble, le Japon une zone yen. Depuis 1931, les effets de la crise ont fait perdre 60 % de leur valeur à la monnaie japonaise.

En 1935, la Belgique quitte le bloc-or et dévalue. En septembre 1936, la France dévalue mais s'accorde avec Washington et Londres qui ne répliquent pas à la dévaluation française par des mesures protectionnistes contre les produits français. Le mois suivant, la lire italienne est dévaluée et quitte le bloc-or. Entre 1934 et 1936, dévaluations et protectionnisme monétaire et marchand mettent fin aux espérances de coopération économique mondiale. Les puissances coloniales se replient sur leur empire. En 1939, les échanges sont en partie paralysés par les murs douaniers, les cloisons monétaires et l'affaiblissement des mouvements de capitaux, ruinant une centaine d'années de liberté des échanges.

C. La montée des totalitarismes*, fruit de la crise ?

Face aux conséquences économiques et sociales de la crise, les sociétés réagissent différemment. Le libéralisme et la démocratie libérale sont présentés comme les responsables de la crise. En 1933, face à la crainte d'un coup de force communiste, Antonio de Oliveira Salazar proclame une dictature, l'*Estado Novo* portugais. Le 6 février 1934, à Paris, une manifestation d'anciens combattants et de partisans d'un régime fort est dispersée par la police, mais laisse planer la menace d'un « coup de force » qui soude les gauches en un programme de Front populaire qui dirige le pays entre 1936 et 1937 (Léon Blum). Entre 1936 et 1939, une guerre civile aboutit à la fin de la République espagnole : une partie de l'armée, soutenue par l'Allemagne nazie et l'Italie fasciste, abat le régime démocratique, soutenu par l'URSS, et place le *Caudillo* Francisco Franco à la tête de l'État.

Trois pays vont plus loin et installent ou fortifient des régimes totalitaires. Le parti unique (ou majoritaire) y est présenté comme le seul à même d'incarner l'unité nationale (Allemagne, Italie) ou le prolétariat (URSS). Le pluralisme politique est considéré comme un facteur de division nationale. Le modèle du chef (Duce, Fürher) est l'incarnation d'une vision hiérarchique de la société et d'un État uni. « Pour le fasciste, tout est dans l'État » (Mussolini, 1938). Chaque régime, mû par la volonté de rompre avec un passé honni, se donne des ennemis (juifs, libéraux et/ou communistes) et des objectifs : aryanisation, conquête d'un espace vital (*Lebensraum*) et suprématie mondiale pour les nazis, reconstitution de l'empire romain pour les fascistes (conquête de l'Éthiopie 1935-1936), réalisation du communisme « dans un seul pays » (Staline) avant son essor mondial.

Le fascisme étend son influence en Italie

En Italie, le PNF de Benito Mussolini est arrivé au pouvoir en octobre 1922 par un coup de force, la « marche sur Rome ». Si le roi Victor-Emmanuel III reste chef de l'État, les pleins pouvoirs sont accordés à Mussolini en novembre 1922. L'assassinat d'opposants (Matteoti 1924), la dissolution des loges maçonniques et un concordat avec l'Eglise (accords du Latran 1929), l'encadrement de la jeunesse, les grands travaux et réalisations économiques (bataille du blé, assèchement des marais pontins) permettent à Mussolini d'exercer pleinement les lois fascistissimes (1926) : suppression de la liberté de la presse, PNF parti quasi-unique, police politique (OVRA) transforment l'État autoritaire en dictature totalitaire. L'aventure coloniale et l'essor d'un antisémitisme peu présent aux origines du fascisme, marquent le tournant des années 1934-1935.

Le stalinisme contrôle massivement l'appareil soviétique

En URSS, la propriété privée résiduelle est abolie par la dékoulakisation en Ukraine et la grande famine qui s'en suit entre 1932 et 1933 (*Holodomor*, 2,6 à 5 millions de morts). Ce mouvement s'accompagne d'un renforcement du pouvoir politique et économique du gouvernement central, autour de la figure de Joseph Vissarionovitch Dougatchvili (Staline). Seul dirigeant incontesté de l'URSS depuis l'exil forcé de Trotski (1927) dont il concurrençait l'influence depuis la mort de Lénine (1924), Staline élimine entre 1936 et 1938 toute opposition interne par une série de procès : les anciens compagnons de Lénine et de Trotski sont écartés du pouvoir et éliminés, une partie de l'administration et de l'armée sont épurés en 1937-1938. Si ces procès de Moscou ont ouvert un boulevard pour Staline, seul chef du parti unique (PCUS), seul chef de l'État (URSS), chef des armées et de la police, ils ont affaibli les instruments de réaction à l'expansionnisme allemand, obligeant la signature, le 23 août 1939, du pacte de non-agression germano-soviétique (dit Ribbentrop-Molotov).

Le nazisme s'installe par les élections et se maintient par la force brute

En Allemagne, l'essor progressif du NSDAP aux élections, entre 1931 et 1933, permettent la nomination d'Adolf Hitler comme chancelier en janvier 1933. Son parti est le plus important en sièges, sans être majoritaire seul. L'incendie du Reichstag, attribué au parti communiste, permet à Hitler d'interdire le parti, de suspendre les libertés fondamentales (février) et de recevoir les pleins pouvoirs (mars). En mars 1933, le premier camp de concentration, Dachau, reçoit opposants politiques, homosexuels, francs-maçons, « asociaux » et Juifs. En juillet 1933, le NSDAP est proclamé parti unique (sont maintenus les partis alliés), et est créée une police politique (Gestapo). Après la mort du président Hindenburg (août 1934), Hitler ne le remplace pas mais est proclamé *Reichsführer*. Une politique antisémite majeure s'installe, justifiée par l'idéologie raciale et par l'assimilation des Juifs à l'argent, donc à la crise de 1929. Boycott et exclusion de la fonction publique (1933), lois raciales (1935 « loi sur la protection du sang et de l'honneur allemand » : interdiction des mariages entre Juifs et Aryens, abolition des droits politiques, sociaux et judiciaires). En 1938, la Nuit de cristal (9-10 novembre) est suivie d'un impôt de 1 milliard de Reichsmarks imposé à l'ensemble des Juifs, et le 18 novembre de l'interdiction d'exercer un métier lié au commerce et à l'artisanat.

Les conséquences de la crise de 1929 ont donc dépassé le cadre économique pour assurer un contrôle effectif des États, des populations, des idées et des territoires par les régimes totalitaires.

III. Entre 1935 et 1939, la « marche à la guerre » est-elle inéluctable ?

A. La marche à la guerre : coups de force et quête d'alliances

L'installation de régimes dictatoriaux puis totalitaires crée des rapports de force nouveaux dans les relations entre les États. Au milieu des années 1930, les effets de la crise économique, l'échec de la conférence de Londres, la constitution de blocs monétaires, les politiques protectionnistes et l'élection de députés favorables aux pouvoirs forts installent les régimes totalitaires.

L'Italie mussolinienne cherche d'abord à se défendre de l'Allemagne. L'échec de négociations avec la France et le Royaume-Uni pour constituer une alliance anti-allemande (Conférence de Stresa, 1935), et les critiques de ces pays à la SDN contre l'invasion italienne de l'Éthiopie (mai 1936) précipitent Mussolini dans l'alliance avec l'Allemagne (Axe 1er nov. 1936, Pacte anti-Komintern Berlin-Rome-Tokyo 25 nov. 1936, et Pacte d'Acier Berlin-Rome mai 1939).

En Allemagne, Adolf Hitler alterne coups et promesses de ne plus violer les traités : réarmement (1934), remilitarisation de la Rhénanie (mars 1936), invasion de l'Autriche (13 mars 1938) et sa légitimation par référendum (Anschluss, avril 1938), menaces sur les Sudètes (septembre 1938), accords de Munich et promesses de ne pas aller au-delà des Sudètes (29 septembre 1938), mais invasion de la Tchécoslovaquie (mars 1939), sont autant d'étapes sur la route du *Lebensraum*. Le faux incident de Glewice justifie l'invasion du couloir de Dantzig puis de la Pologne (1er septembre 1939).

L'URSS est en position de défense. Isolée diplomatiquement depuis la signature du traité de Brest-Litovsk (mars 1918) avant la fin de la Grande Guerre, isolée politiquement depuis la proclamation de l'URSS et l'essor de partis communistes dans toute l'Europe qui sont vus comme des menaces pour l'équilibre de régimes parfois fragiles, l'URSS cherche à signer en 1939 une alliance de revers avec le Royaume-Uni et la France contre l'Allemagne. L'échec des négociations pousse Staline à signer le 23 août 1939 le pacte Ribbentrop-Molotov qui garantit à l'URSS que l'Allemagne ne l'envahira pas, et que la Pologne sera partagée entre les deux États.

B. Au Moyen-Orient et en Asie : les illusions de la puissance occidentale

Au Moyen-Orient, les années 1930 voient l'essor de mouvements hostiles à la domination occidentale. La Turquie est devenue kémaliste : occidentalisation des mœurs, laïcité, usage du turc, droit de vote des femmes, et parti unique (1925) donnent le sentiment d'une imitation politique, sociale et culturelle de modèles venus d'Europe.

Nationalisme arabe et islamisme politique

Dans les territoires sous mandat français, des groupes favorables à l'indépendance arabe voient le jour. En 1939, Michel Aflak fonde avec Salah Al-din Al-Bitar le Cercle de résurgence arabe, mouvement préparatoire au parti Baas (1943), un mouvement nationaliste qui sera influent en Egypte, en Syrie, au Liban et en Irak. Dans les territoires sous mandat britannique, l'essor des alyas juives, accélérées par la Déclaration Balfour (1917), et la remise en question arabe de la présence occidentale, obligent Londres à louvoyer. En 1929, les Juifs d'Hébron sont massacrés par la population arabe. En 1936, la répression britannique contre une révolte arabe, en Transjordanie, provoque l'émigration d'une partie des notables palestiniens. En 1937 et 1938, la SDN échoue par deux fois à un plan de partage de la Palestine. Les Britanniques empêchent, après 1937, toute immigration juive légale en Palestine. En Turquie comme dans les territoires arabes se développent des mouvements islamistes, comme les Frères Musulmans, une confrérie créée en 1928 par Hassan Al-Banna à Ismaïlia (Egypte), dont l'objectif est l'unification des Arabes sous une même autorité religieuse avant d'être politique. En 1939, le Moyen-Orient semble mûr pour une remise en cause violente de la domination occidentale.

En Asie, conquête japonaise et mouvements anticoloniaux

Pendant toute l'entre-deux-guerres, l'Asie est au cœur des tensions. Dans *L'histoire du monde se fait en Asie*, Pierre Grosser (Odile Jacob, 2017) revisite les tensions de ce continent dont les ondes de chocs expliquent pour partie la Seconde Guerre mondiale :

- les frustrations des Japonais devant la volonté précoce des États-Unis de museler les armements navals japonais par le traité de Washington de 1922, et leur refus d'accorder aux Japonais la clause d'égalité raciale qui aurait permis à leurs migrants de pénétrer plus facilement les États-Unis ;
- la frustration des Chinois de ne pas obtenir la restitution du Shandong repris aux Allemands en 1914 ;
- la guerre sino-soviétique de 1929 et la victoire soviétique qui inquiète les Japonais au point d'accélérer leur implantation en Mandchourie, tête de pont de leur impérialisme régional en 1931, et facteur déclencheur d'une crise majeure à l'origine de 14 années de conflits entre 2 membres de la SDN – la Chine et le Japon – marquées par la prise de Pékin dès 1937.

En 1931, le Japon a envahi la Mandchourie depuis la péninsule coréenne. S'en suivent 14 années de conflit entre deux membres de la SDN, la Chine et le Japon. La reprise en main du gouvernement affaibli de l'empereur Hiro-Hito par une junte militaire, en 1930, a accéléré le réarmement et l'expansionnisme d'un pays que l'Ère Meiji, depuis 1868, a rendu riche, et que la victoire de Tsushima contre la Russie (1905) a rendu grand à l'échelle mondiale. Le besoin de matières premières et de main d'œuvre a poussé à l'invasion de la Chine du Nord, avant d'étendre cette expansion à tout le pays à partir de 1937. Si la SDN a émis une série de protestations contre le Japon, accusé de maquiller en aides à populations en détresse ce qui est de l'ordre de l'invasion, la mise en accusation du Japon en 1933, pourtant seulement formelle, est suivie du retrait du pays de la SDN. En 1937, la prise de Nankin aboutit au massacre de 40 à 400 000 Chinois par l'armée japonaise. L'unité de l'armée impériale de « recherche bactériologique » U731 fait entre 1932 et 1945 entre 300 et 500 000 morts parmi les *maruta* (cobayes) chinois de Mandchourie et des territoires occupés par le Japon. Ces massacres de masse marquent la mémoire de la Chine, de la Corée et du Japon jusqu'à aujourd'hui. En face de ces conquêtes et de ces massacres, le Japon se présentait alors en Asie comme le bras armé de « l'honneur asiatique » et de la lutte contre la colonisation. En 1939, l'armée japonaise n'a pas encore les moyens de menacer l'Indochine française, l'Indonésie néerlandaise ou les Indes britanniques, mais des mouvements indépendantistes, soit anciens (Indes, parti du Congrès, créé en 1885), soit marxistes et plus récents (Parti communiste indonésien 1914, Parti communiste vietnamien de Ho Chi Minh 1930), luttent à la fois contre la menace japonaise et contre la domination coloniale. En 1939, l'Asie est donc confrontée à plusieurs mouvements antagonistes.

C. Les États-Unis et le monde en guerre, entre isolationnisme et interventionnisme indirect : les hésitations du leadership

En 1939, les États-Unis semblent un pays en marge des affaires du monde, fragilisé par la crise de 1929. Mais « nous sommes engagés dans la voie d'un progrès durable » (Roosevelt 1937). Première puissance économique mondiale (0,8 milliard de dollars de marchandises, deux fois plus que l'URSS), capacités d'exportation croissantes grâce aux dévaluations, mais un bilan contrasté du New Deal : invalidation AAA et NIRA par la Cour Suprême, croissance économique de 0,1 % entre 1929 et 1938, production agricole +11 % seulement depuis 1932, rechutes régulières de l'industrie (revenu par tête passe de 857 à 761 $ par personne). Le chômage est de 16,5 %, comme en 1931 (16,1 %), mais loin des 25 % de 1934. La création d'un État-Providence permet la fin du darwinisme social et Roosevelt incarne cet optimisme social (le Big Labor contre le Big Business).

Le pays reste attractif pour les migrants, même si la loi Johnson-Reed (1924) a instauré des quotas par nationalité. La moitié des 240 000 immigrés de 1939 viennent d'Europe (contre 3,5 millions en 1924), la quasi-totalité de l'autre moitié du continent latino-américain, qui viennent modérément grossir les 130 millions d'habitants. La crise économique et les années du Dust Bowl (catastrophe écologique Grandes Plaines 1933-1935, cf John Steinbeck, *Les raisins de la colère*, 1939) a poussé les nouveaux pauvres et les migrants vers le Sud et l'Ouest. Se maintient l'idéal du melting pot tant que l'essentiel des habitants se réclame de la population WASP, et alors que Noirs et Blancs sont toujours séparés dans les États du Vieux Sud (lois dites « Jim Crow » depuis 1876).

En 1939, les États-Unis n'appartiennent à aucune organisation internationale majeure : un isolationnisme relatif, la doctrine Monroe (1823) et le Corollaire Roosevelt (1904) sont les fondements de la politique étrangère américaine. La politique du Big Stick de Theodore Roosevelt y est continuée, modulée par la « diplomatie du dollar » de W. Taft. Des années 1910 aux années 1930, les États-Unis interviennent pour défendre leurs intérêts. Le contrôle du canal de Panama, depuis 1914, permet à la première puissance économique mondiale d'accélérer le champ de ses investissements asiatiques. Le refus de la ratification du traité de Versailles a fait des États-Unis une puissance semi-isolée, sans forte influence sur les affaires européennes et coloniales dans les années 1920 et 1930. Le pacte Briand-Kellogg semble une exception.

Pour autant dès 1937 Roosevelt propose une coopération des nations éprises de paix (*peace loving nations*) pour stopper l'épidémie de l'anarchie mondiale et esquisse l'image d'un monde bipolaire avec 10 % de nations bandits et 90 % de nations civilisées. Dès 1938 en réaction à la conférence de Munich et l'illusion d'apaisement le président américain renforce ses liens avec les latinos-américains, augmente les crédits de l'armée, et surtout de l'aviation. A l'automne 1939, il récuse l'accord commercial pourtant ancien liant les États-Unis et le Japon depuis 1911 (livraison de pétrole, fer et cuivre), mais il faudra attendre 1940 pour que la défection militaire de la France crée un choc mobilisateur.

En 1939, l'inquiétude de Roosevelt face à l'essor des totalitarismes européens, et l'influence aux États-Unis de groupes isolationnistes proches de l'Allemagne (America First, de Charles Lindbergh), le pousse à moduler la loi *Cash and Carry* (1937) en levant l'embargo sur les armes à destinations des États alliés (novembre 1939). Leurs liens avec le Royaume-Uni et la France sont solides, et l'exemple de la Grande Guerre montre que ce pays peut être toujours vu comme un arsenal pour les démocraties.

Conclusion

En 1939, les illusions de 1918 ont fait long feu. Sont prêtes les conditions économiques d'un affrontement qui devait être évité par la Société des Nations. L'installation des totalitarismes est une menace directe et visible sur les effets des traités de paix dans les pays vaincus en 1918. Toutes les formes de coopération internationale ont échoué (SDN, conférences économiques ou diplomatiques).

◆ Idées reçues

Les indemnités de guerre de l'Allemagne seraient la cause de la Seconde Guerre mondiale

Dans *Pourquoi la Seconde Guerre mondiale ?* (1999), Pierre Grosser remet en cause cinq idées tenaces sur les causes de la Seconde Guerre mondiale : le traité de Versailles, les pratiques belliqueuses des vaincus de 1918, la politique britannique d'apaisement des tensions avec l'Allemagne et l'Italie, le rôle des hommes (Hiro-Hito, Hitler, Mussolini), et l'incapacité de la

SDN à répondre aux tensions internationales. L'idée que la Première Guerre mondiale aurait, par ses effets, préparé la Seconde, y est en partie remise en cause. Par exemple, le traité de Versailles a imposé à l'Allemagne de lourdes sanctions : pertes territoriales, sanctions financières (132 milliards de marks-or), démilitarisation. Mais l'Autriche-Hongrie s'est vue imposer les mêmes sanctions, sans les mêmes effets. Les plans Dawes (1924) puis Young (1927) limitent les sanctions économiques contre l'Allemagne. Après la crise de 1929, la conférence de Lausanne de 1932 réduit à trois milliards de marks les réparations encore à payer. En décembre 1932, plus aucune réparation n'est exigée. Mais sur les 20 milliards de marks-or déjà payés en 1932, 12,5 l'avaient été par emprunt à des banques américaines. En 1953, la conférence de Londres exigea de la RFA le remboursement de ces emprunts ; la dernière tranche fut payée en 2010.

La crise de 1929 serait la matrice de la Seconde Guerre mondiale

Le second conflit mondial a de nombreuses causes. Le contexte créé par la crise de 1929 est de celles-là mais il faut la nuancer. Les effets économiques de l'effondrement de la bourse de Wall Street, entre le 24 et le 29 octobre 1929, ne se sont faits sentir en Europe qu'à partir de 1931. La mise en faillite de bourses en Autriche, au Royaume-Uni, en Allemagne, a affaibli les capacités d'emprunt des entreprises, ruiné nombre de petits commerçants, désorienté les administrations et les politiques peu au fait des principes économiques. L'explosion du chômage dans les États les moins solides comme l'Allemagne, a contribué à l'arrivée au pouvoir de régimes anti-libéraux comme en janvier 1933 la nomination d'Adolf Hitler comme chancelier d'Allemagne après la victoire du NSDAP aux élections législatives. Dans le même temps, le Royaume-Uni et la France mettent en place les instruments monétaires de lutte contre les effets de la crise. L'échec de la conférence de Londres (juin 1933), et la création d'une zone sterling et d'une zone franc, ont poussé Hitler à créer de facto une zone mark, et isolé en partie l'économie allemande du reste de l'économie européenne. Les persécutions contre les juifs, les opposants politiques et les investisseurs étrangers, ont placé l'Allemagne dans une situation d'isolement qui a poussé Berlin à trouver des routes alternatives pour les matières premières, biens et matériels. En 1937 l'essentiel des pays européens a surmonté les conséquences économiques de la crise de 1929, mais a vu se développer des régimes hostiles soit à l'économie capitaliste de marché soit au système démocratique libéral. Allemagne nazie, Italie fasciste (qui a conquis l'Éthiopie en 1936), Japon militariste (qui a conquis l'essentiel de la Chine littorale entre 1931 et 1939), se sont réunis en 1936 dans un Axe de solidarité stratégique. La faiblesse du soutien des puissances démocratiques (Royaume-Uni, France) aux petits États menacés par l'expansionnisme allemand (1938 « lâche soulagement » de Munich) et la signature du pacte Ribbentrop-Molotov, en juillet 1939, ont contribué au déclenchement de la guerre. On est loin de la crise de 1929, sauf un aspect : les États-Unis, depuis 1933, sont installés dans une posture neutre face aux affaires européennes.

◆ Les lieux de la geopolitique

Le corridor de Dantzig

Le traité de Versailles (juin 1919) a entériné de nouveaux tracés de frontières en Europe, sous influence du président américain Wilson. Le 13e de son discours dit des Quatorze Points précisait que « on devrait assurer un accès à la mer » au nouvel État polonais indépendant. Fut décidé de couper le littoral allemand en deux, ouvrant un corridor de la Pologne vers la Baltique, et internationalisant la ville de Dantzig. 19 % de la population du corridor est allemande, et très hostile à son intégration à la nouvelle Pologne. En 1934, un pacte de non-agression entre l'Allemagne nazie et la Pologne du maréchal Pidulski garantit pour 10 ans une résolution pacifique des conflits qui pourraient naître à propos des frontières. Dénoncé par Hitler en avril 1939, ce pacte est aboli par l'invasion allemande de septembre. En 1945, le corridor et la ville de Dantzig sont définitivement accordés à la Pologne.

La ligne Maginot

Entre 1930 et 1940, la France a édifié une ligne de fortifications, inachevée, le long de ses frontières orientales, de la Belgique à l'Italie. Imaginée par le ministre de la Guerre André Maginot en 1928-1929, cette ligne avait pour objectif de ralentir une invasion étrangère (surtout allemande) pour permettre la mobilisation de l'armée française. Fortifications, réseaux de barbelés, militarisation de crêtes de montagnes, casemates et tunnels, cachent une artillerie anti-char dense et un réseau de rails qui doivent permettre l'arrivée rapide aux frontières des conscrits, par chemin de fer. Contrairement à la légende née après la défaite de juin 1940, qui qualifie la ligne Maginot de ligne inutile, la frontière belgo-française a été fortifiée, mais trop rapidement pour être efficace : l'annonce en 1936 de la neutralité belge a obligé la France à étendre la ligne Maginot à la frontière nord, mal conçue et inachevée en 1940. En mai 1940, l'invasion allemande a percé la frontière française via la Belgique et a contourné l'essentiel de la ligne Maginot.

Bibliographie

Lecture indispensable

George L. Mosse, De la Grande Guerre au totalitarisme. La brutalisation des sociétés européennes, *Paris, Hachette, 1999 (1re éd. Oxford 1990).*

La question des effets de la Grande Guerre sur le contexte des années 1930 qui amène à la Seconde Guerre mondiale est abordée avec netteté, mais non sans controverses, depuis les années 1980. En 1990, l'historien américain George L. Mosse met en avant le concept de « brutalisation » des sociétés européennes pour qualifier la violence née des combats et qui se poursuit dans la vie civile après 1918. Ce qu'Enzo Traverso a appelé « la guerre civile européenne » (2007) trouve sa matrice dans une Grande Guerre qui a inscrit la violence comme mode de gouvernement, de propagande politique et d'affirmation nationale. La glorification des morts (monuments, commémorations, lieux de mémoires) et la banalisation de la violence de guerre en temps de paix (milices, bras armés de partis politiques, persécution des juifs) crée les conditions physiques, politiques et langagières d'une brutalisation non des individus seulement mais des sociétés européennes, mûres pour un affrontement de moins en moins théorique après 1937.

Ouvrages

A. Aglan et R. Franck (dir.), *1937-1947 : la guerre-monde* (deux tomes), Paris, Seuil, 2015. Notamment, dans le tome I, le prologue d'Enzo Traverso (« 1914-1945 : le monde au prisme de la guerre ») et le chap.3 de Johann Chapoutot (« 1935-1940 : les démocraties et la guerre »). Dans le tome II, le chap.37 de Y. Decortanz et OL. Feiertag (« D'un monde à l'autre : les organisations économiques et financières internationales »).

Ph. Burrin, *Facisme, nazisme et totalitarisme*, Paris, Seuil, 2000.

N. Beaupré, *Les grandes guerres. 1914-1945*, Paris, Belin, 2012.

Enzo Traverso, *À feu et à sang. De la guerre civile européenne (1914-1945)*, Paris, Stock, 2007.

Films sortis en 1939

Autant en emporte le vent (*Gone with the wind*). Drame épique américain de Victor Fleming, d'après le roman de Margaret Mitchell. 8 Oscars dont Meilleur Film, plus gros succès commercial de l'histoire du cinéma (3.4 milliards de dollars de recettes dès 1939 ; sort en France en 1945). La guerre de Sécession a été la trame de fond de nombreux films, mais celui-ci est sans doute l'un des plus célèbre. Derrière l'histoire d'amour intéressée et complexe de Scarlett O'Hara (Vivien Leigh) et du retors Rhett Butler (Clark Gable) est mise en scène la société sudiste de la guerre de Sécession, la place des esclaves dans la plantation familiale de coton, l'émancipation d'une jeune fille blanche confrontée, après la richesse, à la mort et à la misère (Scarlett O'Hara). On y trouve en réalité la société américaine des années 1930, toujours pétrie de contradictions raciales, hissant en modèle une épopée individuelle face aux effets de la crise de 1929.

Le Juif Süss. Film de la propagande nazie, tourné dans les studios de Babelsberg sous le contrôle de Joseph Goebbels. Grand succès : 20 millions de spectateurs, Lion d'Or à la Mostra de Venise sous contrôle fasciste. En France, acclamé par la presse de collaboration, il a aussi été un révélateur de la haine antisémite nazie, alors que s'accélèrent les déportations. L'histoire imaginaire d'un ambitieux devenu ministre des Finances d'un duc allemand au début du XVIIIe siècle. Conquête du pouvoir, usage du complot pour écarter les dirigeants traditionnels, séduction de femmes de la noblesse, détournement de l'argent de l'Etat, révolte de la population : tous les ingrédients d'un scénario antisémite. Le portrait et les actes de Süss servent à justifier la scène finale : exécution de l'homme, expulsion de tous les juifs du duché. La conception nazie de l'Etat, d'une race supérieure aryenne et de l'antisémitisme hitlérien sont au cœur des séquences. Après son interdiction en Europe en 1945, ce film connaît un grand succès dans la propagande antisémite des pays arabes contre Israël.

La Règle du Jeu. Comédie dramatique de Jean Renoir, un des plus grands films français du siècle. Assistant réalisateur : le grand photographe Henri Cartier-Bresson. Une critique du mode de vie de la bourgeoisie, entre Paris et la Sologne, à la fin des années 1930. Le marquis Robert de la Cheyniest, lui-même infidèle, est confronté à l'infidélité possible de son épouse Christine avec un aviateur célèbre. Une série de quiproquos, entre partie de chasse et soirée mondaine, amène à un crime passionnel, maquillé en accident. François Truffaut disait que La Règle du Jeu est « le credo des cinéphiles ». Il est aussi une peinture de mœurs, des inégalités et conventions sociales dans une France encore dirigée par la grande bourgeoisie et l'ancienne aristocratie.

Commentaire de documents

Proche et Moyen-Orient en 1939, un espace sous influence

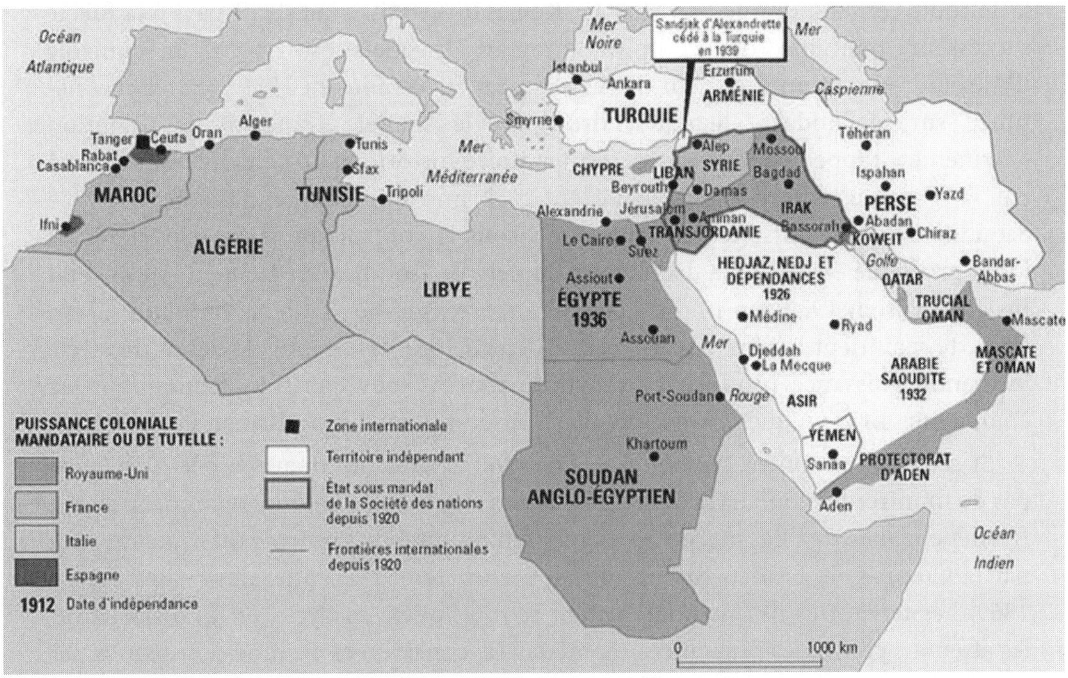

Source : Philippe Rekacewicz, « Le Proche-Orient en 1939 », Le Monde diplomatique, août 1992.

En 1939, le Proche-Orient est un territoire placé en grande partie sous influence occidentale. Cette carte de synthèse, réalisée par Philippe Rekacewicz, publiée en 1992 dans le mensuel *Le Monde diplomatique*, brosse un état des lieux des dépendances de l'Afrique du nord, du Proche et du Moyen-Orient à la veille du second conflit mondial. Si la Turquie, la Perse (Iran) et l'Arabie saoudite sont officiellement des États indépendants, tous les autres territoires sont placés sous le contrôle direct (colonies, mandats), ou l'influence (indépendances récentes), de puissances occidentales.

Tout l'intérêt de cette carte est là : montrer qu'Afrique du Nord et Orient sont des enjeux dans les rivalités entre les États protagonistes des alliances stratégiques en place lors de la « marche à la guerre ».

Les territoires dépendants de puissances occidentales sont de trois types : les colonies (Algérie française, Libye italienne, Chypre, Soudan, Aden, Oman et Qatar littoraux de la thalassocratie britannique, ports espagnols sur le littoral marocain), les protectorats (Maroc et Tunisie français) et les mandats (Grande Syrie accordée à la France, Irak et Transjordanie au Royaume-Uni, en 1920 par la Société des Nations). Dans les faits la présence d'armées et d'un gouvernorat rendent poreuses les limites entre ces trois catégories, qui sont sous contrôle direct de la France et du Royaume-Uni. La présence italienne en Libye, dès avant la Grande Guerre, permet à l'Italie fasciste d'étendre dès 1935-1936 son contrôle à l'Éthiopie et à la Somalie (sauf le Somaliland britannique), ce que la carte ne montre pas. La construction de la Turquie contemporaine par Mustafa Kemal dit Atatürk fait de ce pays à la fois le successeur politique de l'Empire ottoman (négociations pour le contrôle d'Alexandrette) et un État neuf de ses alliances (neutralité en 1939 : armée reconstituée sur le modèle allemand, droit sur le modèle français). La mention « Arménie » rappelle que la moitié du territoire historique arménien a été absorbé par la Turquie, l'autre est devenue en 1922 une République d'URSS. L'Arabie Saoudite s'est progressivement constituée, sous le contrôle de la famille Saoud, et l'État proclamé en 1932. La découverte du pétrole saoudien en 1938 en fait un État majeur mais en 1939 son importance est encore minime : la Perse ou plutôt l'Iran (la carte maintient le nom ancien, caduc depuis 1935) est depuis le début du siècle la grande puissance productrice d'hydrocarbures, sous contrôle économique de compagnies britanniques (Anglo-Persian Oil Company, future British Petroleum).

Si cette carte montre l'essentiel des territoires sous domination, elle ne permet pas de montrer les concurrences et les remises en cause de la puissance européenne. L'indépendance de l'Égypte, en 1936, n'a rien modifié du contrôle du canal de Suez par la Compagnie Franco-Britannique qui en perçoit l'essentiel des rentes depuis 1869. Les territoires des mandats voient se multiplier, en Syrie, en Transjordanie, les attentats contre les puissances mandataires, considérées comme occupantes par les Arabes, comme par les Juifs dont le poids politique s'accroît par les alyas sionistes qui s'accélèrent depuis la déclaration Balfour (1917).

Afrique du Nord, Proche et Moyen-Orient sont, en 1939, des territoires pour l'essentiel dominés ou sous contrôle de métropoles européennes. Mais la présence de trois États indépendants (Arabie Saoudite, Turquie, Iran) aux territoires vastes et aux ressources en devenir, montre que la géopolitique orientale ne peut pas s'organiser sans répondre aux intérêts de ces puissances. De l'influence extérieure à l'influence intérieure, l'Orient arabo-turco-perse se construit comme un espace majeur du commerce et des alliances internationales.

Dissertation

La coopération internationale, inégal instrument de paix entre les deux guerres mondiales

Introduction

Lorsqu'en avril 1917 le président Wilson explique au Congrès les raisons qui le poussent à demander l'entrée en guerre des États-Unis, il met en avant l'idée d'une société internationale qui pourrait réguler les relations entre les États pour empêcher les conflits. Deux ans plus tard, le 28 juin 1919, le traité de Versailles crée la Société des Nations. Sans les États-Unis, qui ne ratifieront jamais ce traité. Mais avec l'essentiel des autres nations du monde. Entre 1919 et 1939, la coopération internationale est vécue comme l'instrument majeur des relations internationales. Des traités à la crise de 1929, de la conférence de Londres à Munich (1938), l'outil naturel des relations entre les États passe par la coopération, la négociation régulière, l'échange, plus que le discours, comme instrument de pacification des relations internationales. Pourtant, lorsque le 1er septembre 1939 commence la Seconde Guerre mondiale, l'idée de coopération semble hors-sujet, ou au moins hors propos, et l'histoire de cette coopération semble parsemée d'échecs. Comment la coopération interétatique a-t-elle été utilisée comme outil de mise en forme de la paix entre les nations ?

I. De 1919 à 1928, l'idéal wilsonien comme règle du jeu international

A. Wilson et le wilsonisme

Les Quatorze points du président Wilson se présentent comme une série de règles internationales susceptibles d'empêcher les conflits. Leur inclusion dans le traité de Versailles, qui règle la question des responsabilités du conflit, des frontières et crée une Société des Nations, est censé garantir leur universalité.

Mais le Wilsonisme écarte toute idée d'un État qui serait supérieur aux autres, ou qui pourrait défendre ses intérêts au besoin contre ceux de petits États ou de vaincus qui voudraient reprendre leur influence passée. Le refus de ratification du traité de Versailles par le Congrès (1920) tient autant du semi-isolationnisme issu de la doctrine Monroe et du Corollaire Roosevelt que de la suspicion que la SDN empêcherait les États-Unis de défendre leurs intérêts sans avoir à rendre compte à la communauté internationale.

B. Penser la paix dans les années 1920 : une gageure ?

En 1922 la création du Mouvement Pan-Européen par Richard Coudenhove-Kalergi se veut un instrument de coopération entre vaincus et vainqueurs pour empêcher, par l'union économique, les conditions de conflits futurs. Au même moment, le NSDAP (Allemagne, 1920) et le PNF (Italie, 1921) prennent le traité de Versailles comme la cause des malheurs des États vaincus ou semi-vainqueurs – l'Italie n'ayant pas obtenu les terres irrédentes.

Dans le contexte de croissance économique des *Roaring twenties* (Années folles) les projets de rapprochement entre France et Allemagne se multiplient, mettant en avant l'incapacité de la république de Weimar de payer les 132 milliards de mark-or imposés par Versailles. L'occupation de la Ruhr par la France, entre 1923 et 1925, est due à la volonté de récupérer par la force les indemnités que l'Allemagne ne peut pas payer.

C. Les accords de Locarno (1925), relance du wilsonisme à l'échelle européenne ?

Le 16 octobre 1925, Royaume-Uni, France, Italie, Belgique, Pologne et Allemagne signent une série d'accords bilatéraux dont le but est de fixer et de garantir l'intangibilité des frontières occidentales et orientales de l'Allemagne. De vaincu, Berlin revient dans le concert des nations.

Les personnalités de Gustav Stresemann, ministre allemand des Affaires étrangères, Aristide Briand (France) et Austen Chamberlain (Royaume-Uni) sont pour beaucoup dans ce succès : tous trois sont convaincus que le retour de l'Allemagne dans les discussions internationales est la condition du maintien d'une paix européenne. Ils reçoivent en 1926 le prix Nobel de la Paix.

« L'esprit de Locarno » donne l'illusion, jusqu'en 1929 (mort de Stresemann ; début de la crise économique), que les Européens peuvent ensemble garantir la paix en Europe. La France a permis en 1926 l'adhésion de l'Allemagne à la Société des Nations.

En 1928, la signature du pacte Briand-Kellogg permet à 63 États de déclarer qu'ils « condamnent le recours à la guerre pour le règlement des différends internationaux et y renoncent en tant qu'instrument de politique nationale dans leurs relations mutuelles ». La signature du Secrétaire d'État américain Franck Kellogg montre la volonté des États-Unis de coopérer, malgré la non-ratification du traité de Versailles, à un nouvel ordre mondial fondé sur la paix.

II. De 1929 à 1938, les étapes de la destruction de la coopération internationale

A. 1931-1933, le Japon contre la SDN

En 1931, le Japon envahit la Mandchourie depuis la péninsule coréenne. S'en suivent 14 années de conflit entre deux membres de la SDN, la Chine et le Japon. La reprise en main du gouvernement affaibli de l'empereur Hiro-Hito par une junte militaire, en 1930, a accéléré le réarmement et l'expansionnisme d'un pays que l'Ere Meiji, depuis 1868, a rendu riche, et que la victoire de Tsushima contre la Russie (1905) a rendu grand à l'échelle mondiale. Le besoin de matières premières et de main-d'œuvre a poussé à l'invasion de la Chine du Nord, avant d'étendre cette expansion à tout le pays à partir de 1937.

La SDN émet une série de protestations contre le Japon, accusé de maquiller en aides à populations en détresse ce qui est de l'ordre de l'invasion. En 1933, la mise en accusation du Japon, pourtant seulement formelle, est suivie du retrait du pays de la SDN, premier grand accroc pour l'organisation.

B. La conférence de Londres ou l'échec de l'unification monétaire

La crise de 1929 atteint l'Europe en 1931. Une série de faillites bancaires, en Autriche, en Allemagne, au Royaume-Uni, oblige à repenser la coopération économique internationale.

En 1933, la Conférence internationale de Londres propose une trêve monétaire (arrêt des dévaluations), une trêve douanière (limitation du protectionnisme) et une hausse de l'offre de crédit par les États pour augmenter les prix et accélérer le retour de la croissance.

Le refus des États-Unis, qui mettent fin à la parité dollar/or, et dévaluent deux fois dès la fin de la Conférence de Londres, réduit les espérances britanniques à un bloc-or. Entre 1933 et 1936 le bloc-or fait long feu.

Zone dollar, zone sterling, zone franc, zone mark : en 1936 dévaluations et protectionnisme monétaire et marchand mettent fin aux espérances de coopération économique mondiale.

C. Les totalitarismes contre le wilsonisme

L'Allemagne nazie quitte la SDN en 1933, la même année que le Japon impérialiste. Ils sont imités par l'Italie fasciste en 1937, et l'URSS stalinienne renvoyée en 1939 (après son adhésion en 1934). Au fil des années 1930, l'Assemblée de la SDN est réduite aux vainqueurs de 1918.

Chacun des régimes totalitaires exprime un refus idéologique de la coopération internationale, considéré comme un frein à l'expansionnisme de la race (Nazisme), de la nation (Fascisme) ou du prolétariat (Stalinisme).

III. 1938-1939, la fin du wilsonisme ?

A. La conférence de Munich, un accord entre États

En mars 1938, le référendum sur l'annexion (Anschluss) au Reich allemand est adopté massivement par les Autrichiens. En Septembre 1939, une intervention militaire allemande dans les Sudètes, où une partie de la minorité allemande fortement touchée par la crise économique appelle à l'annexion au Reich, laisse augurer d'une invasion potentielle du pays par l'Allemagne.

Réunis à Munich fin septembre 1938 autour de Hitler, Mussolini (Italie), Arthur Neville Chamberlain (R-Uni) et Edouard Daladier (France) scellent le « lâche soulagement » : accord sur l'annexion des Sudètes si respect de l'intégrité du reste de la Tchécoslovaquie. Comme l'écrit alors le député conservateur Winston Churchill : « Vous aviez le choix entre le déshonneur et la guerre. Vous avez choisi le déshonneur, et vous aurez la guerre ».

En mars 1939, l'Allemagne envahit l'ensemble du pays, sans réaction internationale. Le retrait de l'Allemagne de la SDN, depuis 1933, a paralysé les institutions de coopération existantes, qui dépendent du bon vouloir des États.

B. La Tchécoslovaquie et l'Éthiopie, États prétextes

En 1937, l'Italie avait annoncé son retrait de la SDN après deux années de conflit autour de la question éthiopienne. L'invasion par l'Italie du seul État du continent africain encore non colonisé ou dominé par une puissance européenne, en 1935, a donné lieu à de vigoureuses protestations de Hailé Sélassié 1er, le Négus d'Éthiopie. L'Éthiopie est membre de la SDN depuis 1923. Un État membre de la SDN en envahit un autre, sans que des protestations majeures ne poussent l'Italie à renoncer à l'entreprise coloniale.

Le président tchécoslovaque Edvard Benes n'avait pas été invité à la conférence de Munich. Ses protestations, émises dans le cadre de la SDN, n'ont aucun effet : ni l'Allemagne ni l'Italie ne font plus partie de l'organisation.

Dans le cas éthiopien comme dans le cas tchécoslovaque, deux constats montrent la faiblesse de l'idée de Wilson : la SDN est trop faible (pas d'armée) pour faire respecter le pacte fondateur de 1920 ; sans l'influence des grands États, elle ne peut rien mener d'efficace. La conférence de Munich en est le symbole.

C. La mort de la coopération internationale en 1939, une petite mort ?

L'URSS est exclue de la SDN en décembre 1939, après que preuve formelle a été apportée de l'existence du pacte Ribbentrop-Molotov. Elle est considérée comme co-responsable de l'invasion de la Pologne, membre de la SDN, le 1er septembre 1939.

Mais aucune des réunions qui ont tenté, depuis 1938, d'empêcher l'expansionnisme allemand de fonctionner, ne s'est déroulée dans le cadre d'une SDN réduite aux vainqueurs ou aux États faibles depuis le retrait progressif des États totalitaires.

La question se pose néanmoins d'une refondation de la coopération internationale. L'idée d'une SDN refondue, avec possibilité d'emploi de la force et capacité des grands États d'influencer les décisions de l'organisation, germe dans les esprits anglo-saxons et français dès les débuts de la Seconde Guerre mondiale.

Conclusion

Le 2 septembre 1939, l'ancien Premier ministre Neville Chamberlain déclare à la Chambre des Communes : « Tout ce pour quoi j'ai travaillé, tout ce que j'ai espéré, tout ce en quoi j'ai cru durant ma vie publique est tombé en ruines ». L'homme des accords de Munich voyait s'effondrer un contexte qui signait l'échec de l'idéal wilsonien d'une coopération internationale.

Dissertation

En 1941 Henry Luce évoquait un XXe siècle américain. Les années 1914-1939 vous paraissent elles contribuer à la mise en place de cette domination américaine ?

I. La guerre : un déclencheur d'une « destinée nouvelle », un amplificateur de puissance, un marqueur de la toute puissance américaine ?

A. Un déclencheur d'une destinée nouvelle : « l'empire de la liberté » (formule de Thomas Jefferson réactualisée)

– rupture avec isolationnisme malgré une élection de Wilson en 1916 où il est élu sur les promesses de non intervention.

– un basculement tout autant lié à un drame et des menaces (Lusitania, télégramme Zimmerman) qu'à des intérêts économiques (10 mds $ d'engagements financiers au total pour les EU en Europe, l'activité industrielle et agricole soutenue par l'effort de guerre).

– des idéaux universalistes : guerre du droit pour promouvoir les valeurs américaines et application à l'Europe du corollaire Roosevelt (1904), credo de Wilson la démocratie et le marché (« je crois que Dieu a présidé à la naissance de cette nation et que nous sommes choisis pour montrer la voie aux nations du monde dans leur marche sur les sentiers de la liberté »).

B. Un amplificateur de puissance

La mobilisation au service de la nation américaine : armée de masse, corps expéditionnaire dans le monde entier (Sammies).

La mobilisation des travailleurs et l'effet de levier de la guerre sur l'économie : 26mds de $ dépensés dépenses couvertes pour un tiers par l'impôt en 1917-1918.

Dés 1917 une croissance schumpetérienne fondée sur les ruptures technologiques et des innovations organisationnelles du fordisme et du management.

L'Amérique a confiance en elle-même au travers de cette puissance. Exaltation patriotique grâce au comité de l'information publique créé par G. Creel en 1917.

Xénophobie diabolisant les allemands en 1917-1918.

C. Un marqueur de la toute-puissance américaine

Début de la croyance dans un monde-excroissance des EU, début d'un objectif unilatéral (projeter sur le reste du monde les valeurs nationales américaines), à travers une formule multilatérale : un système de sécurité collective internationale.

Uniformisation du monde sous contrôle américain : messianisme religieux, démocratie du triptyque wilsonien (prospérité, démocratie, paix), messianisme mercantile (« trade follows films », M. Wheeler), et en 1917 les EU deviennent créanciers nets).

Intervention massive dans la paix européenne avec les 14 points de Wilson.

Glissement du centre de gravité de l'Europe vers les EU. « On voit se renverser d'ouest en est un courant d'influence qui durant des siècles coula d'est en ouest » (A. Demangeon) :

– EU acteurs décisifs de la victoire sur l'Allemagne, éclipsant la puissance européenne avec progression de 35.8 % de la production industrielle mondiale en 1913 et 44.8 % en 1929, la moitié du stock d'or mondial, 9mds d'IDE en 1924 en Europe contre 3, 7 pour les Européens aux EU.

– EU déterminants dans l'organisation de la paix (14 points de Wilson) : « l'Europe mère de tant de colonies devient une terre de colonisation américaine » (A. Demangeon).

– EU fixent les grands principes de politique internationale de l'après guerre : droit des peuples à disposer d'eux-mêmes et règlement à l'amiable du problème colonial, gestion des réparations (Dawes-Young, moratoire Hoover, prêt-bail 1941). Une diplomatie ouverte et nouvelle, digne d'une » Amérique exceptionnelle ».

II. Paradoxalement la crise des années 1920 est un révélateur « d'une masse critique » de l'économie et de politiques économiques américaines incontournables

A. La guerre terreau de la prospérité des années 20

Le modèle américain s'installe : force de frappe de l'agroalimentaire américain, triplement des exportations de céréales de 1914 à 1918. Rôle des FMN déjà puissantes avant-guerre.

Tutelle étatique sur l'économie : Conseil de défense nationale (BND) durant la Grande Guerre, coordonnant le Bureau des industries de guerre de Bernard Baruch.

Méthodes de production ont valeur d'exemple : sloanisme, taylorisme fordisme missions d'experts de J. Monnet aux EU.

Ventes à crédit, publicité, leasing monnaie scripturale… le *dollar as good as sterling*, en 1922 conférence de Gênes : EU 40 % du stock d'or mondial, dévalué en 1934 de 60 %).

B. La crise mondiale de 1929 : une crise américaine

Dans ses origines « black Thursday ».

Dans ses impacts : retrait des capitaux américains, baisse de la demande américaine, fuite en avant dans le protectionnisme

Dans sa diffusion notamment aux pays latino américains (matières premières).

Dans les mémoires : images fortes de la crise de 1929 aux EU (hoovervilles, suicides, rush boursiers qui serviront d'étalon aux crises futures).

C° Les politiques anticrises américaines valeurs d'exemple ?

Une introduction aux politiques interventionnistes d'après la Seconde guerre mondiale.

L'impulsion keynésienne de Roosevelt, les grands travaux, le déficit actif budgétaire, le capitalisme redistributif : les EU pédagogues mondiaux malgré un certain échec politique théorique et surtout économique du New Deal avant la guerre salvatrice de ce point de vue.

III. 1918 -1939 : des occasions perdues, mais de fait, à défaut d'un XXe siècle américain, un demi-siècle américain programmé

A. Des occasions perdues, des opportunités gâchées

La SDN non ratifiée, le protectionnisme conforté, et la politique du bon voisinage ersatz d'ouverture de même que des accords bilatéraux.

Plus que l'ouverture, le « closing of american mind » malgré la prospérité : quotas migratoires 1921-1924, racisme (Ku Klux Klan 1915), et lutte contre l'anarchisme (affaire Sacco et Vanzetti).

Le cavalier seul de la conférence de Londres de 1933 (refus de la mise en accusation du protectionnisme et de la fin de la guerre des monnaies).

Les fêlures de la société américaine : question raciale, question sociale, nature de la démocratie américaine, matérialisme (*The jungle* selon Upton Sinclair).

B. Des bases pour un avenir de « nation indispensable »

IDE dans le monde et surtout en Europe (automobile Ord Mathis GM Opel)

Modèle américain de croissance et american way of life.

Thématique de l'American dream. Expression de James Adams Truslow 1931 in *The epic of america* « le rêve américain est ce rêve d'une terre où la vie serait meilleure et plus riche et plus complète pour tous avec la possibilité pour chacun en fonction de ses capacités de réaliser l'accès au bonheur »).

L'Amérique comme « solution recours, certitude ». Un théorème déjà vérifié : si on laisse les gens libres chacun peut trouver sa place dans la société, la liberté donne l'autonomie, l'autonomie donne la propriété, la propriété permet l'accumulation de richesses, la richesse apporte la sécurité (les Carnegie, Kennedy, et autres porteurs du rêve américain).

« La religion de l'Amérique c'est l'Amérique » (Hubert Védrine) : des valeurs déjà installées, immensité du territoire, esprit de frontière, idéal jeffersonnien, fidéisme melting pot, attractivité, terre de refuge (depuis le Mayflower), terre qui réussit à ceux qui « ont l'ardente ambition de faire fortune » (Carnegie). Triptyque exceptionnalisme/messianisme/cosmopolitisme.

C. Mais des prémices seulement de ce qui sera le « demi-siècle américain » (1941 1991)

Le protectionnisme antinomique de l'hégémonie : vagues protectionnistes jusqu'à la gestion protectionniste de la crise Hawley-Smoot 1930, et régionalisme étroit de la zone dollar en 1934 (loi Johnson 1934 interdiction de tout nouveau prêt aux pays européens).

L'isolationnisme même ambivalent est encore ADN de l'Amérique : les quotas Johnson-Reed (1920-1924) réservent l'Amérique aux Américains. Une démarche face aux guerres civiles des Européens (de Washington et son message d'adieu du 19 septembre 1796 à la doctrine Monroe de 1823) ou au cours des retours à la paix (le *back to normalcy* en 1919 inclut la non-ratification de Versailles en 1920).

Le refus de toute coopération économique internationale (1933) : « nos relations commerciales internationales en dépit de leur importance extrêmes ne sont au regard de la situation actuelle et des impératifs qu'elle entraîne que secondaires face à l'établissement d'une politique nationale saine (Roosevelt, 1933).

Prix très lourd payé à Londres en 1930 pour conserver la parité navale avec la GB (concessions au Japon). Incapacité des EU à déboucher lors de la conférence sur le désarmement terrestre à Genève en 1932 -1934.

Même si dès 1937 Roosevelt proposera une coopération des nations éprises de paix (*peace loving nations*), s'esquisse un monde bipolaire avec les nations-bandits (10 % de la population mondiale).

Mais tout le système international construit par les EU reposait sur leur prépondérance financière et sur un arsenal de traités. « Leur forfaiture dans leur rôle de banquiers du monde vient inexorablement le saper » (Pierre Mélandri). D'ailleurs les débiteurs de l'Amérique décident tous sauf « la brave petite Finlande » de cesser leurs remboursements… affront difficilement compatible avec la notion de superpuissance.

Chapitre 3
Tableau géopolitique du monde en 1945

Hugo Billard

Imaginez un monde sans institutions. (…) Il n'existe plus de gouvernements, ni à l'échelle nationale ni même à l'échelon local. Il n'y a plus d'écoles, plus d'universités (…). Personne n'a plus vu un journal depuis des semaines. Il n'y a plus ni trains ni automobiles, ni téléphones ni télégrammes, plus de bureaux de poste, plus aucun mode de communication, excepté celui du bouche-à-oreille. Il n'y a plus de banques, mais ce n'est pas une grosse perte, car l'argent a perdu toute signification. Il n'y a plus de magasins, parce qu'il n'y a plus rien à vendre (…). Il n'y a plus rien à manger. L'ordre public a quasiment cessé d'exister, parce qu'il n'y a plus ni forces de police ni système judiciaire. Dans certaines régions, on semble avoir perdu toute notion claire et distincte du bien et du mal. (…). Des hommes en armes écument les rues (…). Des femmes de toutes classes sociales et de tous âges se prostituent (…). « L'Europe, avançait le New York Times *en mars 1945, se trouve dans un état qu'aucun Américain ne peut espérer comprendre ».*

Keith Lowe, *L'Europe barbare. 1945-1950, Paris, Perrin, 2013.*

La civilisation mécanique vient de parvenir à son dernier degré de sauvagerie. Il va falloir choisir, dans un avenir plus ou moins proche, entre le suicide collectif ou l'utilisation intelligente des conquêtes scientifiques.

Albert Camus, *éditorial de Combat, 8 août 1945.*

Dates clés

- **1941** Charte de l'Atlantique
- **1943** Conférence du Caire (États-Unis, Royaume-Uni, Chine)
- **1943** Conférence de Téhéran (États-Unis, Royaume-Uni, URSS)
- **1944** Débarquement en Normandie (juin) puis en Provence (août)
- **1944 (juillet)** Accords de Bretton Woods
- **1945 (février)** Conférence de Yalta ; **(juillet-août)** Conférence de Potsdam
- **1945 (8 et 9 mai)** Capitulation de l'Allemagne, placée sous tutelle des 4 alliés
- **1945 (juin)** Conférence de San Francisco, création de l'ONU
- **1945 (6 août)** Explosion nucléaire sur Hiroshima puis sur Nagasaki **(9 août)**
- **1945 (2 septembre)** Capitulation du Japon, placé sous tutelle américaine
- **1946 (février)** Un télégramme de Georges F. Kennan dénonce les ambitions soviétiques en Europe
- **1946 (mars)** A Fulton (Missouri), Churchill dénonce le « rideau de fer » en Europe

◆ Chiffres clés

	Population des grands belligérants (en millions)	PIB en 1945 (en millions de dollars 1990)
Chine	532,6	*inconnu*
URSS	173,8	333,6
Etats-Unis	140,5	1 644,7
Japon	76,2	102,6
Allemagne	67	302,4
Royaume-Uni	49,2 (sans les colonies)	347
Italie	45,4	87,3
France	39,7 (sans les colonies)	102,1

Source : Angus Maddison, Historical Statistics of the World Economy (The Maddison Project, 2010).

◆ Croquis de synthèse

Le monde en 1945 : un monde recomposé ?

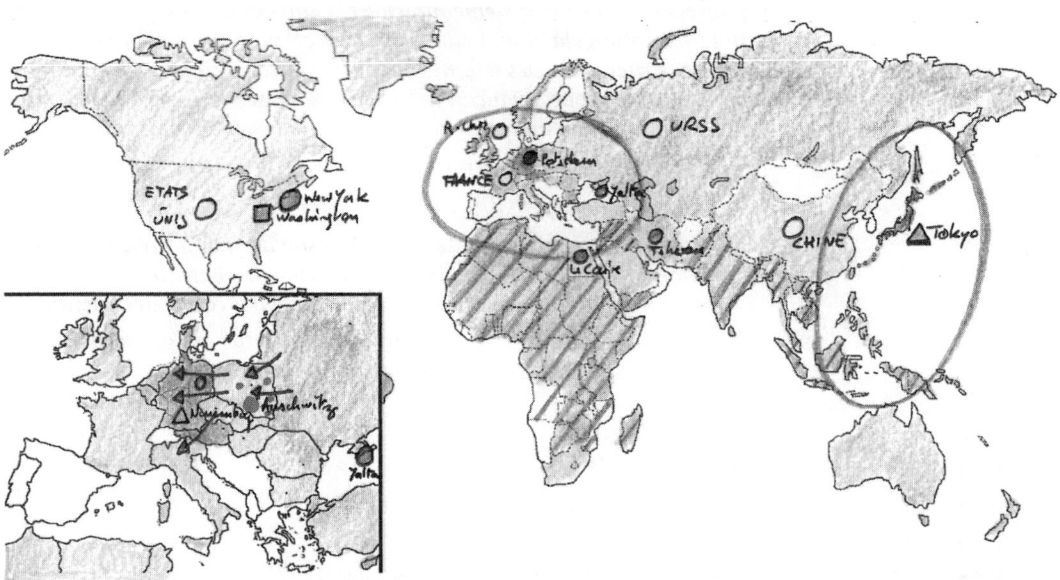

1. Un monde dévasté

- Espaces majeurs des combats
- Pays vaincus et occupés
- Principaux camps de la destruction des Juifs d'Europe (Shoah)
- Déplacements de population aux lendemains des combats

2. Un monde sous influence

- Les Etats-Unis et leurs alliés
- L'URSS et sa zone d'influence politique et militaire
- Principales conférences interalliées.
  Le Caire (nov.1943),
  Téhéran (nov.1943),
  Yalta (fév.1945),
  Potsdam (juillet 1945).
- Des empires coloniaux remis en question

3. Un monde en recomposition

- New York, siège de l'ONU créée en juin 1945 à San Francisco
- CHINE — Membres permanents du Conseil de Sécurité de l'ONU
- Washington, siège des institutions créées par la Conférence de Bretton Woods (BIRD, FMI, GATT)
- Nuremberg et Tokyo, villes d'application de la justice internationale sous direction des Alliés

Introduction

Le monde de 1945 semble l'antithèse du monde de 1939. Les 8 et 9 mai la capitulation allemande signe la fin de la guerre en Europe, le 2 septembre la signature japonaise marque la fin des combats en Asie. Six années de combats ont fait cinq fois plus de morts que la Grande Guerre (9 à 11 millions de morts contre 54 à 60 millions). Contrairement à 1918, les vaincus voient leurs territoires occupés, et vainqueurs comme vaincus vivre ensemble la reconstruction, sous impulsion américaine.

Les États-Unis produisent la moitié du PNB mondial. Les ambitions des États totalitaires ont été anéanties. Le pacte germano-soviétique a été oublié par le sacrifice de 20 millions de Soviétiques. Le système concentrationnaire a montré que des hommes pouvaient planifier la destruction d'autres hommes, et 6 millions de Juifs ont été assassinés. La bombe nucléaire a montré que la science pouvait aussi, pour des raisons militaires, servir la mort. Les valeurs européennes semblent balayées par six années de guerre à outrance, qui a cette fois d'abord touché les civils. Autre différence avec la Grande Guerre : tous les continents ont été, à différents degrés, touchés par les combats. Le Brésil, les empires coloniaux, l'Océanie, les océans ont été le théâtre de combats mortifères.

L'occupation de l'Allemagne est le centre d'un mouvement stratégique qui voit déjà la naissance de zones d'influence : à l'Ouest l'influence américaine, à l'Est l'influence soviétique. Mais l'agonisante Europe bouge encore : les empires coloniaux subsistent, même si tous sont touchés par des mouvements de décolonisation. Et les métropoles ne fonctionnent plus qu'à

30 % de leurs possibilités d'avant-guerre, le contrat politique avec les colonies est donc proche de la rupture.

Contrairement à la précédente après-guerre, le nouvel ordre mondial s'organise sur impulsion américaine, mais en partant d'idéaux nés en Europe, et en tirant la leçon de l'échec de la SDN comme de l'absence de coopération face à la crise de 1929 : coopération et solidarité (ONU), aide au développement (FMI), aide financière (Banque mondiale), libre-échange négocié (GATT).

◆ Problématiques

- ***Quels rapports de force mondiaux sont créés par la victoire ? Qui en bénéficie ?***
- ***Quel rôle jouent les deux Grands dans l'organisation du nouvel ordre mondial ? Suivant quelles règles se met-il en place ?***
- ***L'organisation du nouvel ordre mondial est-elle le fruit des leçons tirées des errements de l'entre-deux-guerres, ou obéit-elle à d'autres logiques ?***

I. 1945, année zéro

En 1948, le cinéaste néo-réaliste italien Roberto Rosselini a raconté, dans *Allemagne année zéro*, la vie dramatique d'une famille allemande dans Berlin. L'appartement, devenu trop exigu, recueille le père, impotent, la fille, légère, l'aîné, un ancien soldat qui craint la prison, et le cadet, qui tue son père et se suicide. Métaphore dramatique d'une Europe divisée et livrée aux grandes puissances.

A. Bilan de la Seconde Guerre mondiale

Six années de combats, en Europe, en Asie, en Orient et en Afrique du nord, ont fait entre 54 et 60 millions de morts (70 millions selon certaines sources asiatiques), c'est-à-dire 2,5 % de la population mondiale. L'ouverture des archives soviétiques et l'archéologie des zones de combat et du génocide des Juifs en Ukraine ont accru les bilans mortifères depuis les années 1990. Les combats ne regroupent plus l'essentiel des victimes : les bombardements de villes (Coventry, Dresde, Hiroshima) ont pour objectif de détruire des cibles industrialo-militaires mais aussi de démoraliser l'ennemi.

Les territoires des combats sont larges, et les bilans non exhaustifs. La Pologne a subi six années de combats ininterrompus : invasion de septembre 1939, avancée soviétique à partir de la fin 1943, mais surtout ce pays est le point central du génocide des Juifs (83 % des Juifs de Pologne ont été exécutés). L'insurrection du ghetto de Varsovie (avril 1943), et celle d'Auschwitz avec l'aide de la résistance polonaise (août 1944) montrent que les Juifs ne se sont pas laissés faire, contrairement à la légende. En URSS, les pertes sont difficiles à quantifier, mais sont visibles dans la pyramide des âges (raréfaction hommes jeunes). La politique de la terre brûlée et la destruction de 70 000 villages et 1 700 villes ont créé les conditions, en plus des combats, pour que l'URSS chiffre à plus de 26 millions de morts sa contribution humaine à la guerre. En Allemagne, les bombardements des villes (Berlin, Hambourg,

Dresde, et toutes les autres villes industrielles) ont pour effet l'effondrement de la pyramide des âges. Les exactions des Alliés contre les civils, en 1945, sont mieux étudiés aujourd'hui mais difficiles à quantifier — plusieurs dizaines de milliers de cas sur le continent européen. L'Armée rouge est précédée en Europe de l'Est d'une effroyable réputation : confiscations, pillages, viols, massacres, font fuir près de 10 millions d'Allemands vers l'Ouest dès 1945. En Asie, 7 millions de Japonais rejoignent leur patrie d'origine. En 1945, 30 millions de personnes sont considérées en 1945 comme des réfugiés.

Pertes a minima (en millions)
Le territoire est celui de 1939. Pour France et Royaume-Uni : colonies incluses.

	Pertes militaires	Pertes totales	% de la population de 1939
États-Unis	0,4	0,4 à 0,5	Environ 0,3 %
Royaume-Uni	0,2 à 0,4	0,5	Environ 1 %
Allemagne	5,5	7,6	Autour de 10 %
Pologne	0,3	6	16,5 %
France	0,2	0.6	Environ 1,5 %
Italie	0,3	0,4 à 0,5	Environ 1 %
Yougoslavie	0,4 à 0,7	Autour de 1,1	Environ 7 %
URSS	9 à 12	Plus de 26	Autour de 16 %
Chine	3 à 4	10 à 20	2 à 6 %
Japon	2 à 3	2,5 à 3,2	Environ 4 %

Les destructions matérielles aggravent les conditions économiques et monétaires. L'Europe de 1945 ne produit plus que 50 % de ses capacités de 1939. En Pologne, 80 % de l'industrie et des communications sont détruites. En France, la situation industrielle est en 1945 plus faible qu'en Allemagne, où les infrastructures ont été camouflées le plus possible. Au Japon les pertes industrielles sont fortes : les ruptures d'approvisionnement en matières premières (pétrole, fer, charbon) et les bombardements américains sur le sol japonais, dès le début de 1945, font reculer l'armée japonaise, faute de combustible et de capacités techniques.

Les États ne parviennent plus à limiter les dégâts financiers. La dette publique britannique a été multipliée par 3, la dette française par 4, la dette allemande par 10. Le financement de la guerre par l'essor de la masse monétaire en circulation, conjugué à des pénuries de plus en plus fortes, aggravent le marché noir et établissent une forte inflation. 1945 est une année de très grand désordre monétaire, mettant d'autant plus en avant la stabilité, la force et l'influence du dollar.

B. Une guerre contre les civils : bombardements de villes et génocide* des Juifs d'Europe

La Seconde Guerre mondiale a vu la mort des civils comme un objectif politique et militaire, contrairement à 1914-1918 en Europe. La Biélorussie soviétique a vu périr 25 % de sa population, l'Ukraine 16 %. Les bombardements de villes ont commencé dès 1917, mais l'intensité vécue dès 1940 a marqué les contemporains. Entre septembre 1940 et mai 1941, le bombardement massif, dit Blitz, sur l'Angleterre fait 60 000 morts et, contre toute attente, galvanise la résistance britannique contre l'Allemagne. Entre septembre 1941 et mai 1944, le siège de Léningrad (Saint-Pétersbourg) par l'Allemagne fait 1 800 000 morts. En juillet 1943, le bombardement de Hambourg par les Alliés fait 40 000 morts. En février 1945, Dresde est détruite (70 000 morts). Les 9 et 10 mars 1945, 85 000 Tokyoïtes sont tués par les bombes incendiaires américaines.

Le génocide des Juifs d'Europe

En Europe, Le génocide des Juifs est préparé idéologiquement dès 1933. L'annonce de la Solution finale de la question juive est faite par Adolf Hitler dès janvier 1939 au Reichstag. L'antisémitisme consubstanciel au nazisme se transforme à partir de 1941 en entreprise de destruction programmée des Juifs d'Europe, en Allemagne comme dans les territoires occupés en Europe. Les études de Raul Hilberg (*La destruction des Juifs d'Europe*, 1961 et 1985) puis de Saül Friedländer sur le système concentrationnaire ont abouti au bilan de 5,1 à 6 millions de morts. Les études réalisées depuis confirment 6 millions *a minima*.

La conférence de Wannsee (janvier 1942), préparée par le SS Adolf Eichmann, accélère le système de mise à l'écart puis d'exécution des Juifs d'Europe : ghettos (700 000 morts), réseau ferroviaire, camps de travail, camps de concentration, camps d'extermination (3 millions de morts dont plus du tiers à Auschwitz), marches de la mort, sont planifiées et financées, parfois aux dépens des activités militaires. En France, le dernier train de déportés quitte la gare de Drancy, au nord de Paris, le 17 août 1944, deux jours avant la libération de Paris, les armées alliées sont alors à moins de 50 km de la capitale française. Entre 1942 et 1944, les commandos des *Einsatzgruppen*, étudiés par Raul Hilberg puis Michaël Prazan, exécutent en Biélorussie et en Ukraine 1,4 million de Juifs. Depuis le début des années 2000, un grand nombre de charniers inconnus ont été découverts en Europe orientale.

Les Alliés savaient-ils ? Le politologue et sociologue Raymond Aron a répondu à cette question dans ses *Mémoires* (1983) par « Les chambres à gaz, l'assassinat industriel d'êtres humains, non, je l'avoue, je ne les ai pas imaginés, et parce que je ne pouvais pas les imaginer, je ne les ai pas su ». Le rapport d'un résistant polonais, Jan Karski (1942), met entre les mains des Alliés nombre d'informations que plusieurs témoignages viennent accréditer. En 1944, le juriste polonais Raphael Lemkin, réfugié aux États-Unis, diffuse le concept juridique de génocide et utilise pour cela à la fois les massacres de masse contre les Arméniens en 1915-1916 et les témoignages reçus de l'entreprise génocidaire en Europe contre les Juifs : la notion de génocide permet de forger le concept de crimes contre l'humanité, utilisé lors des procès de Nuremberg (1945-1946).

C. L'arme nucléaire, arme ultime

Les premières recherches sur l'énergie atomique datent des années 1920, à partir des travaux sur l'uranium de Marie Curie ou, en Italie, d'Enrico Fermi. En 1938, une série d'expériences à objectif militaire sont menés à Berlin. Le départ pour le Royaume-Uni puis les États-Unis de nombreux physiciens européens spécialisés a permis à Roosevelt, prévenu dès 1939 par Albert Einstein des travaux allemands sur la fission nucléaire, de créer en 1943 le Projet Manhattan. Sous la direction du physicien Robert J. Oppenheimer, plusieurs milliers de chercheurs, dont Niels Bohr et Enrico Fermi, ont permis de larguer, le 16 juillet 1945, la première bombe atomique au plutonium dans le désert du Nouveau-Mexique.

Lors de la conférence de Potsdam (Berlin), un ultimatum est lancé par les Alliés contre le Japon. Face au refus de Tokyo, le président Truman décide d'utiliser cette arme nouvelle. Le contexte s'y prête. Lors des victoires d'Iwo Jima (mars) puis d'Okinama (juin), l'armée japonaise a reculé sur son propre sol, mais au prix de plusieurs milliers de morts américains, ce que l'opinion publique américaine supporte de plus en plus mal, surtout après la capitulation allemande en Europe. Les 85 000 morts du bombardement de Tokyo (9-10 mars 1945) n'ont pas fait fléchir le gouvernement japonais, qui négocie avec l'URSS une paix séparée. Le 6 août 1945, plutôt que Kyoto, ancienne capitale du Japon, la ville d'Hiroshima est choisie (340 000 habitants). La bombe, nommée *Little Boy* par dérision, fait environ 74 000 morts immédiatement, et détruisit toute construction dans un rayon de 12 km. Le 9 août, *Fat Man* fait entre 40 et 80 000 morts dans la ville militaro-industrielle de Nagasaki. Face au silence du gouvernement japonais, l'armée américaine poursuit les bombardements non nucléaires.

La déclaration de guerre de l'URSS au Japon, qui envahit le 6 août la Mandchourie sous contrôle japonais, obligea Tokyo à parlementer avec les États-Unis. En 1941, l'URSS et le Japon avaient signé un pacte de neutralité, mais lors de la conférence de Yalta, Staline avait promis une attaque contre le Japon trois mois après la capitulation de l'Allemagne. Face à ce second front, le 15 août, l'empereur Hiro-Hito annonce la reddition du Japon mais ne mentionne que les bombes nucléaires dans son allocution radiodiffusée. Le 2 septembre, dans la baie de Tokyo, sur l'USS Missouri, les représentants du Japon signent l'acte de capitulation. La Seconde Guerre mondiale est terminée.

Si la guerre froide a précipité la construction de plusieurs milliers de bombes nucléaires, l'arme n'a plus servi à un bombardement en temps de guerre. Arme de dissuasion, elle est un instrument de puissance pour les 9 États qui la possèdent aujourd'hui (États-Unis, Royaume-Uni, France, URSS/Russie, Chine, Corée du Nord, Pakistan, Inde, Israël), et une quête impossible pour des pays qui l'ont encouragé (Afrique du Sud, Iran).

II. Les fondements du nouveau monde : justice, libre-échange* et développement

A. Naissance d'une justice internationale

En 1942, la déclaration du palais de Saint-James (Londres), adoptée par les États-Unis, le Royaume-Uni et nombre de gouvernements en exil, appelle à une conférence interalliée pour la punition des crimes de guerre et de crimes contre l'humanité. Pendant tout le conflit, les Alliés accumulent les preuves des crimes contre l'Allemagne nazie, le régime fasciste italien et le gouvernement japonais. Contrairement à 1918, il s'agit pour eux non de juger un État mais de juger un gouvernement et les idées qu'il applique.

En août 1945 est créé le Tribunal militaire international de Nuremberg. Ses Statuts énoncent trois types de crimes : crimes contre la paix et complot (la guerre est donc hors-la-loi en droit international), crimes de guerre (massacres de civils, bombardements urbains, déportation de militaires et de civils), crimes contre l'humanité (dont le génocide). En l'absence des grands dirigeants nazis, qui se sont suicidés (Hitler, Goebbels, Himmler), le 1er octobre 1946 le verdict prononce, sur les 24 accusés : 12 condamnations à mort, 7 condamnations à de la prison (dont 3 perpétuités) et trois acquittements faute de liens entre l'accusation et les preuves apportées.

En août 1946 est créé le Tribunal militaire international pour l'Extrême-Orient, qui siège à Tokyo. Trois jours après l'entrée des Américains à Tokyo, plusieurs centaines de responsables sont arrêtés. 28 personnes sont traduites devant le Tribunal militaire. Seul l'empereur est épargné, en vertu de l'acte de reddition. Les responsables de l'unité militaire U731 ne sont pas inquiétés. En décembre 1948, 7 accusés sont condamnés à morts et tous les autres à des peines de prison majeures.

Ces deux tribunaux internationaux seront des exemples sans lendemain avant 1994. La guerre froide va bloquer toute tentative d'instaurer une justice internationale. Les tribunaux pénaux internationaux sur l'Ex-Yougoslavie (1993) ou sur le génocide rwandais (1994) n'ont pu être créé qu'après la fin d'une bipolarisation bloquante.

B. Le système de Bretton Woods

Comment éviter de nouveaux conflits ? En rendant nécessaire et inéluctable, par la masse, la coopération entre les États. Du 1er au 22 juillet 1944, les conférences de Bretton Woods (New Hampshire, États-Unis) réunissent 730 délégués représentant 44 États alliés. L'objectif initial de cette réunion est d'instituer un système de changes fixes et de faciliter le rétablissement de l'équilibre des échanges extérieurs de chaque pays, sans lesquels il ne peut pas y avoir de reprise du commerce mondial.

Les principaux animateurs des conférences ont des objectifs différents. Henry Dexter White, principal conseiller du Secrétaire américain au Trésor Harry Morgenthau, a pour mission de veiller aux intérêts des États-Unis, au maintien de la puissance du dollar et au libre-échange, comme prévu dans la Charte de l'Atlantique (1941). De fait, les États-Unis détiennent en 1944 66 % du stock d'or mondial (80 % en 1949) : le dollar est de fait la monnaie des paiements internationaux. Dexter White est en position de force. Face à lui, l'économiste britannique John Maynard Keynes, très critique sur la gestion de l'après-guerre (*Les conséquences économiques de la paix*, 1919) et partisan d'une forte intervention de l'État dans l'économie (*Théorie générale de l'emploi, de l'intérêt et de la monnaie*, 1936) pousse à une internationalisation de la monnaie sous la forme d'une monnaie de réserve non nationale, le Bancor. Si Keynes échoue à imposer son Bancor, le dollar se voit indexé sur l'or — l'étalon or/dollar subsistera jusqu'à l'annonce par le président américain Nixon de la fin de la convertibilité, en 1971.

Les institutions de Bretton Woods

Une banque internationale est chargée de l'aide à la reconstruction et au développement. Ce sera la **Banque Mondiale**, une agence de l'ONU créée à Washington le 27 décembre 1945.

Une institution financière se voit octroyer la gestion de l'aide monétaire aux États, pour éviter les guerres des monnaies et aider au développement par la coopération (le **Fonds Monétaire International**, créé dès juillet 1944 à Washington). Les dévaluations sont théoriquement interdites sans accord du FMI, et les décisions sont prises selon un système de quote-part fonction de la richesse de chaque pays.

Une troisième organisation est chargée de l'équilibre du commerce international (fin progressive du protectionnisme, libre circulation des marchandises et des biens, libre-échange). En attendant, à partir de 1947 se mettent en place entre 23 États représentant la moitié du commerce mondial une série de cycles de négociations sous le nom de **GATT** (*General Agreement on Tariffs and Trade*, Accord général sur les tarifs douaniers et le commerce). En 1948 sont signés les Accords de La Havane qui doivent créer une Organisation Internationale du Commerce (OIC). Le refus du Congrès de ratifier cette création rend caduc ces Accords. Restent les cycles de négociations du GATT, qui vont scander l'internationalisation des échanges jusqu'à la signature en 1994 des Accords de Marrakech qui créent, revanche de La Havane, l'Organisation Mondiale du Commerce (OMC).

On a donc en place :

– une organisation d'entraide monétaire : le FMI,

– une organisation de solidarité : la Banque mondiale,

– un outil accélérateur de la croissance : le GATT.

Une amorce donc de gouvernance mondiale aux objectifs ambitieux mais aux moyens encore limités.

La création du système de Bretton Woods et la localisation du FMI et de la Banque mondiale à Washington montrent la capacité d'influence des États-Unis en 1944-1945. Comme l'écrit l'économiste JK Galbraith : « aucun pays à l'époque moderne n'est jamais sorti d'une guerre dans d'aussi heureuses conditions économiques », et ces conditions créent un rapport de forces très favorable pour eux. Le dollar est installé comme monnaie de référence pour les pays en reconstruction, le libre-échange indiqué comme instrument nécessaire pour le développement, et la coopération internationale comme vecteur de paix par l'accélération des échanges à l'échelle mondiale.

Mais l'influence de Washington ne se veut pas officiellement hégémonie. Comme le déclare le Secrétaire au Trésor Henry Morgenthau devant la Chambre des Représentants, le 7 mars 1945 : « Tout ce que nous avons dit et fait ces quatre dernières années nous mène vers un exercice collectif du pouvoir, et non vers son maniement irresponsable et unilatéral ». Si la Banque Mondiale a traditionnellement pour dirigeant un Américain, le FMI a toujours été dirigé par une Européen de l'Ouest. Cette règle non écrite n'a pas été rompue pendant la guerre froide, et montre la puissance du bloc créé par les Etats-Unis, au risque de dénaturer les ambitions du « *global governance* » et du respect d'« un pays, une voix ».

C. L'ONU, une SDN avec des moyens militaires

La coopération diplomatique et le développement sont au cœur du nouvel ordre mondial à reconstruire. Dès 1941, la Charte de l'Atlantique prévoit d'accélérer la coopération pour éviter le retour des antagonismes bellicistes. L'analyse de l'échec de la SDN tient en quatre points : il faut chercher à protéger les petits États contre les appétits expansionnistes des grands (l'exemple de l'Ethiopie est dans tous les esprits) ; il faut protéger les populations contre les exactions des États : si en 1944 la Shoah est encore mal comprise et les images du génocide encore peu diffusées, les massacres de masse se sont multipliés et appellent à un renforcement des Conventions de Genève de 1864 sur la protection des civils ; il faut que tous les États, notamment les plus puissants, participent au processus pour qu'il soit viable : le refus de ratification du Congrès américain en 1920 a sonné le glas d'une coopération efficace. Bref, il s'agit de refaire une Société des Nations, en lui donnant les moyens militaires de faire appliquer ses décisions.

Prélude à l'ONU, la Conférence de Dumbarton Oaks (1944)

Le 7 octobre 1944, à Washington, a lieu la Conférence de Dumbarton Oaks. États-Unis, Royaume-Uni, URSS et Chine proposent l'idée d'une organisation internationale, dont le siège serait à Londres et non dans un pays neutre, d'autant que la Suisse, où siégeait la SDN, est accusée de collaboration indirecte avec l'Allemagne nazie.

Il s'agirait de lier les objectifs de coopération diplomatique et les questions de développement, pour qu'une même organisation pèse sur toutes les conditions du maintien de la paix.

Les participants proposent un conseil de sécurité collective où des États élus par l'Assemblée générale des États membres gèreraient le droit d'exercer la force – ce conseil comprendrait comme membres non élus mais permanents avec droit de veto les cinq États les plus puissants.

Enfin est proposée la création d'une Cour de justice internationale, à La Haye, pour juger dans un contexte civil les crimes que prévoient les tribunaux militaires créés ad hoc pour le contexte de 1945 (Nuremberg, Tokyo).

Le 26 juin 1945, les représentants de 51 États (mais sans l'Allemagne, juste vaincue, ni le Japon, toujours en guerre) réunis à San Francisco, proposent la création d'une Organisation des Nations unies (ONU). Il s'agit de « réaliser la coopération internationale en résolvant les problèmes internationaux d'ordre économique, social, intellectuel ou humanitaire » : une Assemblée générale des États membres déciderait des questions de sécurité collective et de développement avec l'aide d'agences spécialisées, qui seront créées dans les mois qui suivent (UNESCO pour gérer le patrimoine mondial, UNICEF pour gérer les nouvelles générations, UNRRA pour gérer les 30 millions de réfugiés de 1945). Pour le « maintien de la paix et de la sécurité internationale » est constitué un Conseil de sécurité de 11 États membres (6 élus + 5 permanents avec droit de veto, qui sont les grands vainqueurs du conflit : États-Unis, URSS, Royaume-Uni, France par sa proximité avec l'Allemagne, Chine par sa proximité avec le Japon). Des forces militaires sont mises à disposition de l'ONU par les États membres mais le principe de non-ingérence est réaffirmé (pas d'intervention dans les affaires intérieures d'un État). Si l'ONU n'est plus la SDN, elle est néanmoins placée sous le contrôle (le blocage ?) des grands États vainqueurs de la Seconde Guerre mondiale.

Le 10 décembre 1948, à Paris, sous la direction du Français René Cassin, l'Assemblée générale de l'ONU adopte une Déclaration universelle des droits de l'Homme : liberté, égalité, droits sociaux, droits économiques, droit à l'éducation, droit à la sécurité en cas de perte de revenus, sont installés comme objectifs pour les États membres et comme instruments d'action pour l'ONU.

III. Coopérer malgré les tensions entre Alliés

A. Les conférences interalliées, prélude de nouvelles relations entre les États ?

De 1941 à 1945, les conférences interalliées sont l'occasion, face au contexte militaire, de mesurer les rapports de force entre les grands belligérants.

La Charte de l'Atlantique (1941)

Le 14 août 1941, le président Roosevelt et Winston Churchill sont réunis sur l'USS Augusta, au large de Terre-Neuve (Canada). La bataille d'Angleterre fait rage, aucun allié du Royaume-Uni n'a survécu aux attaques allemandes en Europe, l'URSS est confrontée depuis juin 1941 à l'opération Barbarossa. L'Allemagne semble invincible. Ils publient une déclaration, la Charte de l'Atlantique, qui affirme les valeurs des Alliés et les conditions d'un retour à la paix : les États sont les acteurs légitimes de règlement des conflits et doivent coopérer (idéal westphalien), les échanges garantissent la paix (idéal wilsonien), mais cela ne peut se faire qu'à la condition que le droit des peuples à disposer d'eux-mêmes soit respecté, dans un cadre démocratique et par des élections libres. Ils ajoutent que les peuples ne peuvent vivre en paix qu'à la condition que le rôle de l'État comme instrument de développement économique et social, et de réduction des inégalités, soit affirmé.

Le Caire et Téhéran (1943)

Deux conférences, en 1943, cherchent à coordonner les objectifs militaires des Alliés. Le 25 novembre 1943, au Caire, le président chinois Tchang Kai-Tchek, Roosevelt et Churchill se retrouvent dans un espace protégé depuis que les troupes allemandes de Rommell ont été repoussées à la bataille d'El-Alamein (nov. 1942). Staline refuse de s'y rendre : un pacte de neutralité le lie au Japon depuis 1941. Les Alliés présents affirment leur intention de repousser le Japon à l'intérieur de ses frontières de 1914 (donc hors de Chine, hors de Corée et hors des îles du Pacifique occidental) et d'une reddition sans conditions. La Chine est reconnue comme État allié et belligérant. Trois jours plus tard, à Téhéran (Iran), Roosevelt Churchill et Staline annoncent la création d'une Grande Alliance pour encercler le Reich et le Japon. Un mois plus tôt, le roi d'Italie a renversé Mussolini (25 octobre 1943), qui a été exfiltré par les SS au nord de l'Italie (République de Salo). Est prise la décision d'un débarquement en France, et d'une Pologne aux frontières décalées, à l'ouest sur la ligne Oder/Neisse, et à l'est sur la ligne Curzon. Il s'agit, pour Roosevelt, de rassurer et d'apaiser

Staline : même si la bataille de Stalingrad est terminée depuis février 1943, l'Armée rouge souffre encore face à l'armée allemande.

Yalta (4-11 février 1945)

Alors que l'Armée rouge est à 100 km de Berlin et que Roosevelt est en grande faiblesse physique (il mourra le 12 avril), la Grande Alliance se retrouve en URSS, en Crimée, dans le port de Yalta, pour plusieurs jours de négociations ardues. Il s'agit de coordonner l'effort final vers la victoire. Il est décidé de découper l'Allemagne en zones d'occupations et de remplacer la SDN par une institution imaginée lors de la conférence de Dumbarton Oaks (la future ONU). L'objectif réel de Staline est de persuader Roosevelt et Churchill de la nécessité d'un glacis territorial en Europe de l'Est, donc d'étendre l'URSS à l'ouest, en décalant les frontières polonaises vers l'ouest (ligne Oder-Neisse avec l'Allemagne, ligne Curzon avec l'URSS comme envisagé à Téhéran). En échange, Staline accepte de mettre fin au pacte de neutralité avec le Japon et de lui déclarer la guerre trois mois après la capitulation allemande (et obtient en contrepartie les territoires japonais de Sakhaline-sud et les îles Kouriles). Churchill refuse les exigences de l'URSS d'indemnités imposées à l'Allemagne : l'échec du diktat de Versailles est dans toutes les têtes. La déclaration finale énonce le principe d'un « ordre mondial régi par le droit » ; la réalité est celle du droit dans l'équilibre des puissances. L'URSS semble vainqueur du nouveau rapport de force.

Conférence de Moscou et partage du monde

Le règlement des frontières polonaises et la décision de l'entrée en guerre de l'URSS contre le Japon ont donné lieu le 9 octobre 1944 à une conférence préparatoire britanno-soviétique, à Moscou, qui est plus connue pour une anecdote : Churchill aurait pris une carte d'Europe et estimé, face à Staline, le taux d'influence des communistes et des non-communistes, pour convaincre l'URSS de ne pas envahir la Grèce, ce que Staline acceptera. Avoir entériné, à Yalta, les décisions territoriales de la conférence de Moscou, a fait naître la légende d'un « partage de l'Europe » entre les Grands.

Potsdam (17 juillet-2 août 1945)

Après la capitulation allemande, signée le 8 mai par les États-Unis, le Royaume-Uni et la France, et le 9 mai par l'URSS, les vainqueurs se retrouvent dans la ville balnéaire de Potsdam, à quelques kilomètres d'un Berlin aux ruines encore fumantes. Roosevelt, mort le 12 avril, est remplacé par son vice-président, Harry Truman, moins dupe des intentions soviétiques. Churchill est battu aux législatives, pendant la conférence, par son adversaire travailliste Clement Attlee, peu intéressé par les enjeux géopolitiques en cours. Staline semble vainqueur d'avance. Il est décidé l'expulsion définitive des minorités allemandes d'Europe de l'Est, Pologne et Tchécoslovaquie (décret Benes) ; en réalité un très grand nombre d'Allemands avaient déjà fui l'avancée de l'Armée rouge : il s'agit plutôt de mettre en place les conditions de leur réception à l'ouest. L'Allemagne se voit imposer les 5D : désarmement, démilitarisation, dénazification, décartellisation, démocratisation par décentralisation (fin du pouvoir central). Face aux exigences soviétiques renouvelées d'indemnités de guerre à faire payer au vaincu, Staline obtient du Secrétaire d'État Byrnes la possibilité de prélever ce qu'elle veut dans les territoires sous contrôle militaire (une partie des usines et matériels industriels d'Allemagne orientale sont transférés en URSS). Les Alliés lancent un ultimatum au Japon. Truman informe Staline, qui est déjà au courant via son espionnage, de l'existence de la bombe atomique. Après Hiroshima, l'URSS déclare la guerre au Japon. Mais la donne géopolitique change en Asie : le général MacArthur refuse, au nom des États-Unis, une occupation conjointe du Japon. Sans troupes proches, Staline doit s'incliner. La coopération interalliée passe par des rapports de force fluctuants, selon l'état des forces militaires.

B. La gestion difficile des effets de traîne dans la guerre en Orient et en Asie

En 1945, le contexte de fin des combats fait resurgir des conflits mis sous le boisseau depuis 1939. Dans les colonies françaises, la promesse gaullienne d'une autodétermination dans le cadre d'une Union française (Conférence de Brazzaville, février 1944) pousse de nombreux mouvements de décolonisation à exiger l'indépendance. Le 8 mai 1945, à Sétif, Guelma et Kherrata (Algérie), environ 8000 manifestants nationalistes meurent de la répression policière.

En Palestine, la perspective de la fin du mandat britannique (1947) exacerbe les tensions entre Juifs et Arabes. L'arrivée de plusieurs milliers de rescapés de la Shoah, dès 1945, donne lieu à de dramatiques scènes où l'armée britannique refoule d'anciens déportés. Plusieurs plans de partage sont imaginés entre 1945 et 1947 pour permettre aux Juifs et aux Arabes de cohabiter, dans un climat de quasi guerre civile.

Le pacte du Quincy (Arabie / États-Unis)

Le 14 février 1945, sur l'*USS Quincy*, le président Roosevelt, de retour de Yalta, et le roi d'Arabie Saoudite Abdelaziz Ibn Saoud signent un pacte d'alliance de 60 ans (renouvelé en 2005). Ni le Royaume-Uni ni l'URSS ne sont consultés. Roosevelt cherche à coaliser dans une alliance américaine les forces régionales, pour préparer la fin du mandat britannique dans la région en 1947, mais doit réduire ses ambitions à un simple échange pétrole contre protection militaire. Il promet au royaume et à la monarchie une protection américaine permanente contre toute agression extérieure. Selon l'historien Henry Laurens, la question de l'approvisionnement pétrolier garanti aux États-Unis avait déjà été convenue en 1938-1939, lorsque les grands champs de l'est saoudien ont été découverts. La présence américaine constante au Moyen-Orient, et le statut de puissance régionale accordé à l'Arabie saoudite sont les conséquences directes de ce pacte.

Dans les Indes britanniques, la nomination du modéré Lord Mountbatten comme vice-roi, en mars 1946, est une réponse aux exigences du parti du Congrès, de Gandhi et Nehru, et aux manifestations violentes qui reprennent contre le pouvoir britannique, pour mener, en 1947, à l'indépendance. En Chine, les forces communistes, qui ont lutté aux côtés du Kuomintang nationaliste de Tchang Kai-Tchek contre le Japon, s'organisent pour prendre le pouvoir : Mao Tsé-Toung, aidé par l'URSS, commence une guerre civile de quatre années qui lui permettra de proclamer, le 1er octobre 1949, la République populaire de Chine. Le 17 août 1945, deux jours après l'annonce de la capitulation du Japon, le leader indépendantiste indonésien Soekarno proclame l'indépendance de l'Indonésie néerlandaise, la *Revolusi*. La pression américaine sur les Pays-Bas accélère le processus. Le 2 septembre 1945, la déclaration d'indépendance du Vietnam, proclamée par le leader du parti communiste indochinois Hô Chi Minh, s'inscrit à la fois dans une lutte anti-impérialiste appuyée par l'URSS et dans les principes du droit des peuples à disposer d'eux-mêmes, repris par la Charte des Nations unies depuis la conférence de San Francisco (chap. XI).

Si la guerre mondiale est terminée, une série de conflits nationalistes se développe, appuyés plus ou moins fortement par l'URSS, au nom de la lutte anti-impérialiste, ou les États-Unis, au nom du droit des peuples à disposer d'eux-mêmes. La guerre change de nature, et la centralité de la puissance mondiale n'est définitivement plus européenne.

C. La reconstruction d'États viables et stables par des transferts sociaux

Pour reconstruire des États viables, la Charte de l'Atlantique comme la conférence de Dumbarton Oaks insistent sur le rôle de l'État comme vecteur de lutte contre les inégalités. Aux États-Unis, le *Social Security Act* de 1935 avait déjà créé un système peu développé d'assurance chômage, vieillesse, maladie, qui seront modernisés en 1965 et 1967 par un système d'assurances sociales (Medicare) et de gratuité des soins pour les enfants et pour les gens âgés (Medicaid). Deux pays européens iront bien plus loin dès 1945 : le Royaume-Uni et la France. En 1942, l'économiste libéral britannique William Beveridge propose au gouvernement de Londres, dans un rapport publié, un système d'assurance sociale. Le *Rapport au Parlement sur la Sécurité sociale et les prestations connexes*, dit Rapport Beveridge, préconise de lutter en même temps contre « Cinq Grands Maux » : la pauvreté, l'insalubrité, la maladie, l'ignorance et le chômage. Naît le *Welfare State* (État-Providence*) : allocations familiales, assurance retraite, assurance chômage, congés en cas de maladie, service de santé publique gratuit.

En 1945 la France met en place un système de sécurité sociale voisin du Britannique, sans partir de rien. Le Conseil national de la Résistance, dans son Programme, le ministre Ambroise Croizat et le juriste Pierre Laroque, dans des propositions au même moment, proposent de mêler les idées du rapport Beveridge et celles mises en place par Bismarck en Allemagne dans les années 1880 (cogestion par les syndicats). L'État légifère mais la gestion du système social est réalisée par des institutions paritaires patronat/syndicats. Les régimes de retraite déjà existants sont maintenus sous le nom de « régimes spéciaux » (SNCF). La Constitution de la IVe République (1946) fait de l'aide aux personnes vulnérables une obligation constitutionnelle.

Conclusion

L'expression Nouvel Ordre Mondial induit l'idée d'un équilibre nouveau des rapports de force et de règles établies pour réguler les tensions entre les puissances. En 1945, les institutions internationales sont créées par consensus, mais le principe d'un Conseil de Sécurité (ONU) ou de décisions prises non à l'unanimité mais à la majorité des droits de vote (FMI, BIRD) montre que les leçons de l'immobilisme né des impossibles utopies de l'entre-deux-guerres ont été apprises. Encore faut-il que les grandes puissances de 1945 s'accordent sur des objectifs communs. Les conférences de Yalta et de Potsdam ont été les symboles d'une Grande Alliance qui éclate dès la fin des combats : en 1946, le télégramme Kennan et le discours de Fulton de Churchill (« De Stettin, dans la Baltique, à Trieste, dans l'Adriatique, un rideau de fer s'est abattu sur le continent ») dénoncent la volonté soviétique de prendre le contrôle d'une partie de l'Europe. L'illusion de l'unité a fait long feu. La multipolarité européenne de 1939 a cédé la place en 1945 à une apparente bipolarisation mondiale.

◆ Idées reçues

Hiroshima et Nagasaki avaient pour objectif de bloquer l'avancée soviétique

Lorsque Truman prend la décision de larguer sur une ville importante mais secondaire de l'Empire japonais la bombe nucléaire, la raison officielle repose sur la volonté de ne pas sacrifier plus de soldats américains dans des combats qui s'enlisent au sud du Japon (Iwo Jima, Okinawa). Trois mois après la capitulation allemande en Europe, la population des États-Unis est de moins en moins patiente. La conscription rencontre plus de résistances, et les soldats sont fatigués des combats. Le Japon négocie avec l'URSS pour éviter l'ouverture d'un front ouest. Mais Staline a promis, lors de la conférence de Yalta, que l'URSS déclarerait la guerre au Japon trois mois après la capitulation de l'Allemagne. Le risque d'un scénario à l'Allemande, un partage en zones d'occupation, se profile. Réunis à Potsdam, dans la périphérie du Berlin vaincu, les Alliés envoient un ultimatum à Tokyo « au risque de la destruction du pays ». Face au refus japonais, Truman donne l'ordre de bombarder. Hiroshima (6 août) puis Nagasaki (9 août) sont détruites. Un troisième bombardement est prévu si le gouvernement nippon reste silencieux. Le 8 août, comme prévu, l'URSS déclare la guerre au Japon et envahit la Mandchourie. Si l'influence soviétique en Asie a sans doute accéléré la décision de Truman de procéder au premier bombardement nucléaire, elle n'a été qu'un facteur parmi d'autres de la décision.

La France est vainqueur de la Seconde Guerre mondiale

En août 1944, dans le discours qu'il prononce à Notre-Dame, le général de Gaulle fait des Français une nation de résistants « libérée par elle-même ». Pourtant jusqu'au débarquement en Afrique du nord, la France était considérée par l'administration américaine comme vaincue, malgré l'efficacité des résistants en métropole, et de l'Armée des Français Libres en Afrique du nord. Roosevelt se méfie de De Gaulle, pas assez rationnel à son gré. Que la France devienne membre permanent du conseil de sécurité de l'ONU, en juin 1945, et qu'elle reçoive une zone d'occupation dans l'Allemagne vaincue peut aujourd'hui sembler évident. Il n'en est pourtant rien. Si la France s'est vu octroyer zone d'occupation et poste de membre permanent, elle le doit à Churchill, qui a insisté auprès de Roosevelt, puis auprès de Truman, pour que le Royaume-Uni ne se retrouve pas seul sur le continent face à l'Allemagne à reconstruire. La France État-tampon, comme la Chine face au Japon. Une autre raison, plus fragile, a forcé ce trait : en 1945 la France possède encore des colonies en Asie (Indochine), elle est une puissance asiatique, comme le Royaume-Uni. C'est donc la situation territoriale, plus que la construction politique de la victoire, qui a fait de la France un vainqueur reconnu de la Seconde Guerre mondiale, avec comme gage de puissance sa ZEE (zone économique exclusive) de 11 millions de km^2 (2e rang mondial).

Lieux de la géopolitique

Auschwitz

Entre 1941 et le 27 janvier 1945, 1.2 million de personnes sont mortes dans le triple camp d'Auschwitz, dont plus d'un million de Juifs déportés de toute l'Europe occupée par l'Allemagne. Camp de concentration, camp d'extermination et camp de travail, situé au sud de la Pologne, dans une des régions qui comportait le plus de Juifs d'Europe en 1939, Auschwitz est devenu le symbole du génocide, de la barbarie nazie, et du nihilisme contemporain (« Comment peindre après Auschwitz ? »). L'endroit a été choisi par Himmler parce qu'existait là un important nœud ferroviaire continental. De Drancy (nord de Paris), de Bruxelles, d'URSS, de Bulgarie et d'Italie, de Hongrie pouvaient venir nombre de trains emplis de résistants, de Juifs, de Tsiganes, d'homosexuels, de francs-maçons. Hommes, femmes, enfants, sont acheminés par wagons plombés/fermés de tout l'espace placé sous contrôle du Reich. Lors de l'ouverture du camp par l'armée soviétique, le 27 janvier 1945, les soldats soviétiques ont trouvé un camp en partie vidé de ses prisonniers dans les « marches de la mort » qui les ont précédés de quelques jours. Monticules de valises, de cheveux, de lunettes, baraquements et chambres à gaz sont montrés lors du procès de Nuremberg qui juge les responsables de la guerre, des crimes de masse et du génocide. Dans *Si c'est un homme*, Primo Lévi raconte son quotidien comme déporté au camp Auschwitz-III Monowitz, où plusieurs centaines de déportés étaient réduits en esclavage pour le compte de l'entreprise IG-Farben, dénazifiée en 1945 et divisée en trois entreprises différentes (BASF, Hoechst, Bayer). Auschwitz n'est pas qu'un lieu de la guerre, il est un espace de la complexité planifiée de l'entreprise génocidaire nazie, et un des grands lieux de mémoire européens.

Yalta

Un nouveau monde ? Cette conférence réunissant Staline, Churchill, Roosevelt du 4 au 11 février 1945 dans le palais de Livadia près de la station balnéaire de Yalta sur la mer Noire, anticipe à priori les évolutions du monde après 1945 alors que le IIIe Reich n'a pas encore capitulé. Il s'agit d'abord d'accélérer la fin de la guerre : l'URSS est invitée à déclarer la guerre contre le Japon. Il est question du règlement de l'avenir de l'Europe avec Staline campant sur les positions de la conférence de Moscou du 9 octobre 1944 et de préserver l'URSS par un glacis territorial et politique notamment en créant une Pologne dirigée par un gouvernement proche de celui de l'URSS. Mais plus encore, chaque participant veut définir au travers de zones d'influence un nouvel ordre européen voire mondial.

En ce sens, Yalta esquisse une nouvelle carte du monde (projet de conférence de San Francisco d'avril 1945) dont les frontières sont encore désormais l'arrière plan du grand jeu diplomatique : Staline obtient comme gage de son intervention face au Japon le sud de Sakhaline et les îles Kouriles, terres jamais abandonnées depuis au nationalisme japonais. Les alliés s'entendent pour jeter bas le militarisme allemand et mettre en tutelle en trois zones (quatre après Postdam) le territoire allemand. La Pologne est reformatée plus à l'Ouest jusqu'à la ligne Oder-Neisse, libérant des territoires orientaux aux Russes le long de la ligne Curzon. Mais qu'est-ce qui est le plus important : ce qui est signé ou le non dit comme l'angélisme de Roosevelt qui en donnant à Staline tous les avantages possible pense *« qu'il œuvrera à bâtir un monde de démocratie et de paix »* ? Les frustrations françaises, puissance non invitée, qui ne voit dans Yalta qu'un pseudo équilibre, un condominium entre deux superpuissances ? L'ébauche enfin d'une gouvernance mondiale, après l'échec de la SDN, avec dès cette conférence l'acceptation de la Chine et de la France au conseil de sécurité de la future ONU ?

Bibliographie sélective

Lecture indispensable

Tony JUDT, Après-guerre. Une histoire de l'Europe depuis 1945, *Paris, A. Colin, 2007 (1ère éd. 2005).*

Professeur à l'université de New York, l'historien américain Tony Judt brosse en 24 chapitres efficaces et clairs une grande fresque politique, économique et intellectuelle de l'Europe, de 1945 à 2005. Dans la première partie (« Après-guerre : 1945-1953 »), 7 chapitres reviennent sur les conditions de la transition entre « l'héritage de la guerre » et « l'arrivée de la guerre froide ». Dans le chapitre IV (« le règlement impossible »), Judt explique le contexte dans lequel la conférence de Bretton Woods s'inscrit et donne le sentiment rare de vivre l'histoire sans être écrasée par elle. En donnant la parole aux acteurs, il évite la téléologie (l'art de trouver dans le passé des justifications à aujourd'hui) et rappelle par exemple, en citant l'historien et ancien combattant Michael Howard : « Ceux qui n'ont pas vécu cette époque peuvent avoir du mal à saisir à quel point la politique européenne de l'après-guerre a été gouvernée par la peur d'un réveil allemand et s'est efforcée de faire en sorte qu'il ne se reproduise jamais ». La guerre froide n'était pas écrite d'avance, la construction d'un nouvel ordre mondial sur les ruines de la Seconde Guerre mondiale s'est faite par étapes, par initiatives individuelles, par soubresauts, plus que par un plan préétabli. Bilan des combats, génocide, nucléarisation, ONU, Bretton Woods, reconstruction, Allemagne(s), France et communisme, construction des blocs : tout s'y trouve, contextualisé. Fait rare, si les faits sont précis, le style est très accessible, comme écrivent tous les grands savants.

Ouvrages

A. Aglan et R. Franck (dir.), *1937-1947 : la guerre-monde* (deux tomes), Paris, Seuil, 2015. Notamment, dans le tome I, le chap. 18 de Pierre Journoud (« 1945 : fin de la guerre en Asie-Pacifique, début de l'ère nucléaire »), le chap.19 de Jenny Raflik (« 1945-1947 : de la paix des Nations unies à la guerre froide »), le chap.33 de Tal Bruttmann (« La *solution finale* : des groupes mobiles de tueries aux centres de mise à mort »). Dans le tome II, le chap.37 de Yann Decorzant et Olivier Feiertag (« D'un monde à l'autre : les organisations économiques et financières internationales »), le chap. 52 de Michel Margairaz (« La guerre-monde, matrice du Welfare State ? ») et le chap. 54 de Valéry Pratt (« Juger la guerre : Nuremberg et la restauration de l'état de droit mondial »).

André Fontaine, *La guerre froide, 1917-1991*, Paris, Le Seuil, Points Histoire, 2006.

Keith Lowe, *L'Europe barbare (1945-1950)*, Paris, Perrin, 2013.

Werth N., *La terreur et le désarroi : Staline et son système*, Paris, Perrin, 2007.

Films, romans

Ch Delbo., *Aucun de nous de ne reviendra*, Paris, Gonthier, 2004.

I. Szabo, *Sunshine*, 1999. L'histoire de la famille Sonnesnschein ; 3 générations des Habsbourg à la révolution hongroise de 1956.

Cl. Eastwood, *La mémoire de nos pères et Lettres d'Iwo Jima*, 2006. Regards croisés japonais et américains sur la guerre du Pacifique. Deux visions de l'apocalypse.

M. Ibuse, *Pluie Noire*, Paris, Folio, 1969. L'onde de choc à Hiroshima.

J. Littell, *Les Bienveillantes*, 2006. Froide comptabilité de l'horreur systémique des actions des SS, et description mécanique des enchaînements de la violence.

C. Lanzmann, *Shoah*, 1985. 9 heures d'images des camps au début des années 1980, et d'entretiens avec des déportés mais aussi des gardiens, cheminots, voisins : le cauchemar quotidien des camps.

J.-J. Annaud, *Stalingrad*, 2001. Film retraçant l'histoire de Vassili Zaïtev, tireur d'élite au cœur du siège.

R. Polanski, *Le Pianiste*, 2002. Film qui raconte la vie dans le ghetto du pianiste Wladyslaw Szpilman. Un écho à la propre enfance de Polanski.

R. Rossellini, *Allemagne, année zero*, 1948. L'après défaite… Une fresque familiale dramatique dans le Berlin détruit de 1945.

A. Werth, *Stalingrad 1942*, Paris, Fayard, 2013. Regards sur la plus grande bataille de l'histoire de la Seconde Guerre mondiale.

Commentaire de documents

Comparaison de deux cartes : l'Europe en 1923 et l'Europe en 1945

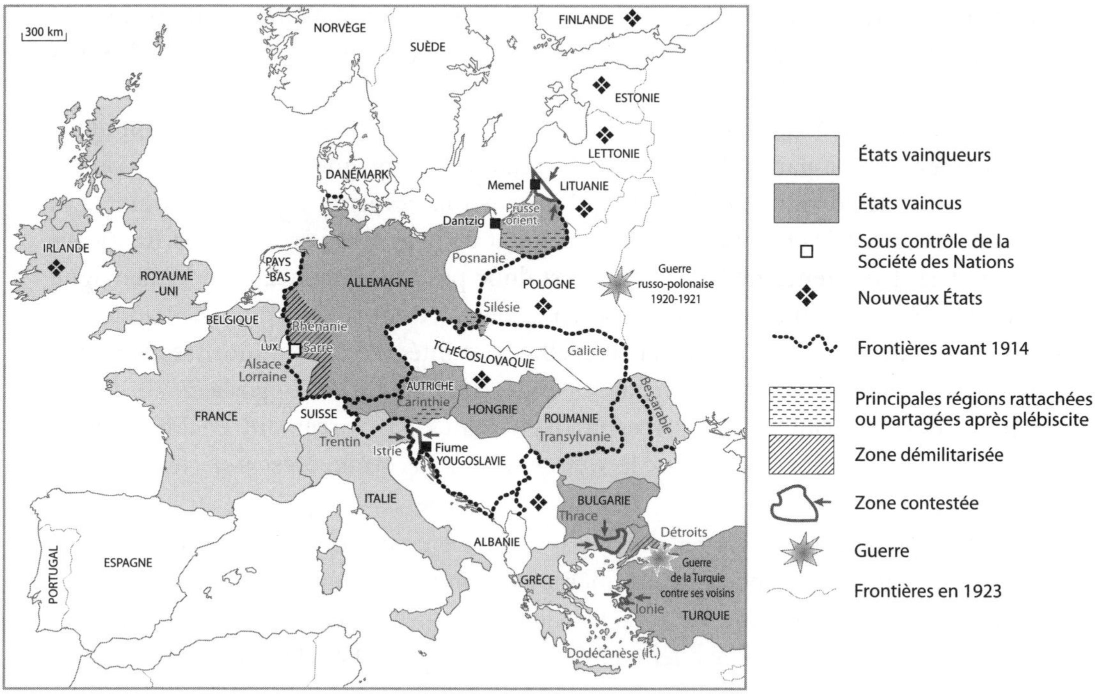

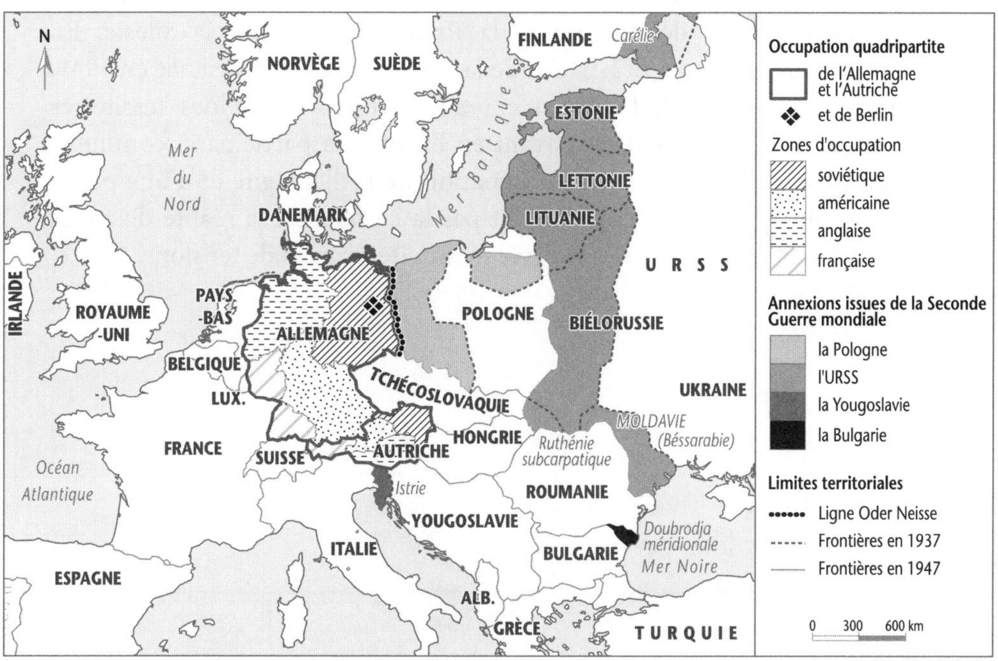

Une comparaison entre les cartes de l'Europe en 1923 et en 1945 montre la manière dont les rapports de force ont évolué. L'Europe de 1923 est l'Europe des nationalités voulue par le Traité de Versailles. Le temps est à la fragmentation politique. Cet éclatement est permis par le démantèlement des deux grands empires multi ethniques — l'Autriche-Hongrie et l'Empire ottoman — qui dominaient l'Europe centrale. À leur place apparaissent de nouveaux États nationaux comme la Tchécoslovaquie ou la Roumanie. Cette victoire apparente du principe wilsonien du droit des peuples à disposer d'eux-mêmes ne règle pourtant en rien l'instabilité des Balkans. La création de la Pologne n'a pu, par exemple, se faire qu'en amputant l'Allemagne d'une partie de la Prusse orientale ; l'Allemagne est désormais coupée en deux par le corridor de Dantzig qui donne à la Pologne un accès à la mer. Les frontières orientales polonaises sont le résultat de la guerre perdue par la Russie en 1920-1921. L'existence de la Pologne n'est donc pas une évidence pour l'Allemagne ou l'URSS. Des minorités revendiquent, dans certains endroits, des identités différentes de celle de l'État dans lequel elles sont intégrées. Les minorités germanophones des Sudètes sont ainsi réparties entre deux États, la Yougoslavie abrite des Serbes, des Bosniaques, des Slaves et des Croates pas forcément enclins à vivre ensemble. Les tensions sont donc là, qui ne seront pas étrangères au déclenchement de la guerre, en 1939.

L'Europe de 1945 n'est finalement pas si différente de celle de 1923 au sens où le droit des peuples à disposer d'eux-mêmes est plus que jamais d'actualité. Il s'agit d'effacer l'Europe telle que les nazis l'avaient imaginée, ce qui suppose de redonner une existence aux deux États démantelés entre 1938 et 1939 : la Tchécoslovaquie et la Pologne. La Pologne renaît d'un recul de ses frontières vers l'Ouest au détriment d'une Allemagne qui perd définitivement la Prusse orientale et la Silésie. En revanche, ses frontières à l'Est sont héritées de la guerre. Grande puissance en 1945, ce qu'elle n'était pas en 1923, l'URSS n'entend restituer aucun des territoires annexés dès 1939. Elle prend pied plus avant en Europe en participant, comme le prévoyait la conférence de Potsdam, à l'occupation de l'Allemagne et d'une partie de l'Autriche qu'elle a libérées. Ce que ne dit pas la carte, c'est la réalité de zones d'influence américaine et soviétique qui deviennent vite sources de tensions.

Dissertation

L'Europe en 1945, une puissance en déclin ?

Introduction

Lorsque les 8 et 9 mai 1945 l'Allemagne capitule sans conditions face aux Alliés, « l'Europe barbare » (Kenneth Lowe) est dans un désordre difficile à imaginer. L'Europe centrale et orientale est encore fumante des combats, seule une petite partie du continent n'a pas pris part, ou indirectement, aux drames de la guerre (Suède, Espagne, Portugal, Suisse). Les colonies d'Europe en Afrique et en Asie sont le jeu de contestations : *Quit India,* lance Gandhi aux Britanniques en 1942, espérant éviter une invasion japonaise ; Sétif et Guelma sont rougies de la répression policière française en Algérie le 8 mai 1945 ; Ho Chi Minh déclare l'indépendance du Vietnam le jour de la capitulation japonaise. En Europe, les États-Unis détiennent l'essentiel des moyens militaires et techniques ; l'URSS est forte de l'espérance messianique qu'elle transporte avec sa propagande (le PCF se présente comme le parti des « 100 000 fusillés »). Risques intérieurs, dépendance extérieure, contestation coloniale : l'Europe de 1945 n'est pas la puissance majeure. Les États-Unis, premier PIB mondial depuis 1913, détiennent cette fois la puissance militaire, la capacité financière (Bretton Woods) et deviennent l'arbitre des relations internationales. Le remplacement de la SDN (Genève) par l'ONU (New York) signe le déplacement vers l'ouest du centre de gravité de la puissance mondiale. ***Pour autant, l'Europe de 1945 n'est-elle destinée qu'à un rôle de second plan dans le nouvel ordre mondial ?***

I. Un continent sous dépendance

A. Les fruits d'un conflit né en Europe et mené en partie sur le continent

Volonté de l'Allemagne nazie d'étendre sa domination à un « espace vital » (*Lebensraum*) européen. L'organisation de la déportation en masse des Juifs, que Hitler a théorisée en janvier 1939 dans l'expression « Solution finale » justifie la présence des camps d'extermination en Europe de l'Est, et singulièrement dans la Pologne très catholique où vivait la plus forte communauté juive d'Europe. Un intense réseau de chemin de fer, d'ordres secrets, une norme administrative secrète de gestion de la déportation, a permis la mise à mort de 5.1 à 6 milliards de Juifs (chiffres de Raoul Hilberg dans *La destruction des Juifs d'Europe*, 1961). Après les révélations du rapport Karski (résistance polonaise) aux Américains sur le fonctionnement de la déportation, Raphaël Lemkin invente en 1943 le concept de « génocide ».

Résistance du Royaume-Uni, de l'URSS (après Barbarossa) ; multiplication des réseaux de résistance intérieure dans tous les pays occupés, sur financement interne, britannique et américain.

L'extension nazie est arrêtée à l'ouest par la résistance britannique et à l'est par la défaite de Stalingrad.

B. États-Unis et URSS placent sous leur contrôle une partie majeure de l'Europe

Les conférences de Téhéran (1943) et de Yalta (février 1945) avaient établi l'accord d'une occupation des zones militairement conquises.

L'Allemagne et l'Autriche sont occupées, divisées en quatre zones d'occupation, dénazifiées par une série de procès à différents niveaux (État, administration, armée, éducation, université, grandes entreprises, etc.).

La France échappe à l'AMGOT, un gouvernement militaire provisoire prévu pour gérer le pays après le débarquement en Normandie. La libération de Paris et la prise des préfectures par la Résistance intérieure ont placé de Gaulle en position de force pour imposer sa légitimité aux Américains.

C. Les moyens de la reconstruction ne sont plus européens

Les États-Unis réalisent 50 % du PNB mondial en 1945, et 90 % de la production mécanique (navires, avions, automobiles). Ils assurent 25 % du commerce mondial (exportations). Comme l'écrit l'économiste JK Galbraith : « aucun pays à l'époque moderne n'est jamais sorti d'une guerre dans d'aussi heureuses conditions économiques ».

La fuite de savants européens avant et pendant le conflit a servi l'innovation et la science américaines. Ordinateur, antibiotiques, plastiques, nucléaire sont sur brevet américain. Le Manhattan Project, dirigé par Robert Oppenheimer, emploie 130 000 personnes pour la réalisation de la bombe atomique.

La guerre a modernisé les techniques de construction. Les managers ont rationalisé le travail. Un *Liberty Ship* est construit en 6 moins en 1941, une semaine en 1945. La façade Pacifique des États-Unis se développe à grande vitesse, les usines du Nord-Est emploient massivement des ouvriers noirs venus du Vieux Sud : le territoire et la société en sont modifiés.

II. Un continent à la puissance fortement contestée

A. La contestation coloniale

En 1945 tous les pays asiatiques proclament leur indépendance, conquise dans la lutte anti-japonaise, souvent avec l'argent et les matériels américains. L'Indonésie proclame son indépendance dès août 1945. En septembre, le Vietnam du communiste Ho Chi-Minh fait de même. La Chine de Tchang Kai-Tchek, alliée des Américains, se retrouve après le retrait japonais en conflit ouvert avec le PCC de Mao Tsé-Toung (appuyé par l'URSS).

En Afrique, Nkrumah appelle aux États-Unis d'Afrique. Le 8 mai 1945, répression en Algérie française de Sétif et Guelma (environ 8000 morts). L'Egypte demande à Londres une révision du traité de 1936 (indépendance), prétexte à réclamer la fin du contrôle du canal de Suez par une entreprise internationale. A la conférence de Brazzaville (1944), Charles de Gaulle avait promis la création d'une Union française où les terres colonisées seraient placées à égalité avec la métropole. En 1945, tous les pays sous colonisation française voient naître ou renaître des mouvements de décolonisation.

B. L'influence diplomatique se déplace chez les deux Grands

L'URSS a le prestige du pays qui a subi la moitié des pertes humaines du conflit. Pour la première fois, la Russie/URSS est une grande puissance mondiale, non par l'économie mais par le prestige militaire et politique. Dès 1946, le télégramme du chargé d'affaires américain à Moscou Georges Frost Kennan, puis le discours prononcé à Fulton par Churchill, dénoncent l'influence de plus en plus forte de l'URSS en Europe de l'Est.

Les États-Unis rapatrient en 1946 une partie de leurs troupes d'Europe, puis se ravisent en 1947 avec la doctrine Truman de l'endiguement (« containment ») du communisme. Leur puissance économique et militaire en fait la seule puissance réellement mondiale en 1945. Le modèle américain (jazz, bas nylon, cinéma) en fait une puissance très influente à l'ouest auprès des opinions publiques.

C. Aucun État européen, même non belligérant, n'est en bonne santé en 1945

En Allemagne et en Italie la famine est forte : les combats ont empêché une partie des cultures, les circulations sont très réduites et donnent la priorité au militaire, les États sont très endettés, les pénuries sont légions. L'inflation est galopante, les épidémies fréquentes, le rationnement la règle.

Le retour des prisonniers, déportés, déplacés, est très difficile techniquement. Les derniers soldats français prisonniers en Allemagne rentrent en 1946. Le retour des déportés est dramatique : nombre de familles ont été entièrement ou majoritairement décimées. Pour éviter un risque insurrectionnel en France, Charles de Gaulle met en place un gouvernement d'union nationale (avec le PCF) qui encadre la paysannerie et le monde ouvrier, apaise les reliquats d'épuration sauvage, et nationalise une partie des banques.

III. Mais un continent qui possède encore, en 1945, d'inégales capacités d'influence mondiale

A. Royaume-Uni et France sont vainqueurs de la guerre mondiale (ONU, Allemagne, FMI)

La Conférence de San Francisco (26 juin 1945) met la France et le Royaume-Uni dans le groupe des États les plus influents en les intégrant dans le Conseil de Sécurité avec droit de veto. Après sa création en novembre 1945, le siège de l'UNESCO est installé à Paris.

Les institutions de Bretton Woods (juillet 1944) ont été pensées par Américains et Britanniques, et intègrent la France dans leurs créations : BIRD (Banque mondiale) et FMI.

L'élément le plus spectaculaire reste la division de l'Allemagne et de l'Autriche en 4 zones d'occupation, et l'octroi de la moitié de ces zones à des États européens (France, Royaume-Uni). Lors du procès de Nuremberg, un juge britannique et un juge français siègent au même titre que le juge américain et le juge soviétique (il en est de même à Tokyo).

B. Si les empires coloniaux sont contestés, ils semblent toujours sous contrôle

En Asie, l'amiral Thierry d'Argenlieu est nommé par de Gaulle Haut-Commissaire en Indochine, avec pour mission de réprimer les révoltes puis de proposer une nouvelle union des territoires à la France. Il le reste jusqu'en 1947, lorsque la guerre d'Indochine commence.

Dans les Indes britanniques, le parti du Congrès de Gandhi continue l'agitation anti-britannique que *Quit India* (1942) avait réactivée. Le vice-roi Archibald Wavell propose à Gandhi d'intégrer un gouvernement qui préparerait une autonomie forte des Indes. Son refus précipite les négociations vers l'indépendance, avec Lord Mountbatten comme novueau vice-roi.

Au Proche-Orient, les Britanniques refusent l'arrivée en nombre de rescapés de la Shoah. Malgré le soutien de Truman à cette idée, la pression des populations arabes est telle (fréquents massacres de juifs) que Londres cherche à ce que rien n'envenime la situation avant la fin du mandat (1947).

En Afrique se multiplient les mouvements autonomistes ou indépendantistes (Nigéria, AOF, AEF, Algérie, Cameroun). La création du franc CFA est vécue comme le signe que la puissance financière française se maintient.

C. Des projets de coopération entre les États sont mis en avant

La conférence de Paris (nov-déc 1945) fixe les modalités de récupération des réparations imposées à l'Allemagne vaincue. Si l'URSS annonce qu'elle se paiera en usines, biens matériels rapatriés à Moscou, les alliés de l'Ouest cherchent à maintenir les outils industriels et les compétences sur place.

Les réseaux fédéralistes européens sont réactivés, après avoir été nombreux autour de Roosevelt pendant la guerre. En mars 1946, au congrès de Zurich du mouvement pan-européen, W. Churchill en appelle « aux États-Unis d'Europe ».

Dans la quasi-totalité des pays européens des gouvernements d'union nationale sont mis en place pour achever les combats, juger les responsables des exactions de la guerre, et reconstruire les territoires et les sociétés.

Conclusion

La Seconde Guerre mondiale est une guerre pluricontinentale. Si l'Europe est l'épicentre des combats, parce qu'elle en est l'origine idéologique et militaire, le Moyen-Orient, l'Afrique, l'Asie et dans une moindre mesure le continent américain sont entraînés dans les combats pour des raisons qui ne tiennent pas qu'à l'Europe même. En 1945, l'Europe est à la fois vainqueur, mais sous influence soviéto-américaine, et vaincue, par la dévastation des territoires, de l'économie et des idées. Pourtant, les idées qui relancent le nouvel ordre mondial mis en avant par les vainqueurs (libéralisme, droit des peuples à disposer d'eux-mêmes, coopération économique et financière, coopération diplomatique, régulation du droit de la force, justice internationale) sont théorisées et en partie mises en pratique en Europe depuis plusieurs siècles. La construction européenne, imaginée autour de Coudenhove-Kalergi depuis les années 1920, peut trouver dans les ruines fumantes de 1945, une raison d'être mise en application.

Oral

« Nous ne ferons pas les erreurs de nos parents. Nous ferons nos propres erreurs » (H. Kissinger)

Introduction

Les deux guerres mondiales ont provoqué des bouleversements importants tant économiques que sociaux Il s'agit d'analyser dans quelle mesure le second après-guerre a tiré les enseignements du premier.

« Les comportements sociaux les types et les structures sont des pièces qui ne fondent pas facilement. Une fois formés, ils persistent parfois pendant des siècles » (J. Schumpeter).

I. Les errements du premier après-guerre… dysfonctionnements et traumatismes, références pour les actions futures

– le traumatisme des réparations : diktat imposé à l'Allemagne, volonté de revanche, dérives de la république de Weimar,

– l'emploi : chômage technique,

– la sous consommation : loi d'airain des salaires qui progressent moins vite que la production ou les profits,

– les certitudes libérales : non intervention de l'État,

– le décalage commerce/production, et retard d'où échec d'une organisation internationale du commerce (1927),

– les affrontements monétaires duopole fratricide $ £ dévaluations compétitives. Conférence de Londres,

– les nationalismes économiques : zones monétaires, replis sur les forteresses colonies : cf. Grande-Bretagne et Commonwealth,

– l'âpreté des crises de reconversion : 1921 1923 dans l'adversité : protectionnisme cf. Mac Cumber américain,

– les divisions territoriales sources de conflits de demain : couloir de Dantzig, Balkans,

– les humiliations : Allemagne.

II. L'après Seconde Guerre mondiale : des leçons tirées

Borné apparemment par les grands échecs du premier sous la direction de la puissance hégémonique américaine :

–… plein emploi proclamé Charte de San Francisco art 55 de la Charte des Nations unies recherche du plein emploi

– 1949 : mesures d'ordre national et international en vue du plein-emploi (rapport d'experts Comptabilité nationale)

– « il n'y a pas de raison de supposer qu'on parvienne automatiquement au niveau de plein emploi sans une politique gouvernementale expressément dirigée à cette fin »

– recommandations : chaque gouvernement devra adopter et faire connaître un système approprié de mesures compensatoires destinées à accroître la demande effective

– révolution keynésienne remplace orthodoxie libérale

– commerce international : désarmement douanier Torquay round, élargissement de la clause de la nation la plus favorisée La conversion américaine au libre-échange est une réaction face aux conséquences désastreuses de 1929 (cf. Cordell Hull : protectionnisme pour Truman = risque de totalitarisme)

– le refus des dévaluations fratricides : au FMI on évite le recours systématique aux dévaluations rupture avec l'étalon or

– l'écueil évité des crises de reconversions : cf. pas de réparations excessives aide américaine au Japon (sous évaluation du yen)

– redistribution keynésienne de pouvoir d'achat supplémentaire qui tempérera crise de reconversion : la logique fordiste reconversion rapide et anticipée de l'appareil de guerre

– faiblesse des réparations exigées

– les solidarités : plan Marshall, construction européenne, pour répondre à la faim de dollars

Mais leçons partielles :

– monnaie nationale promue liquidité internationale $ avec tous les risques afférents

– GATT mais pas d'OIC donc Champ d'action du GATT assez limité (FMN ? services ? pétrole ?)

– rapports Nord Sud délaissés : cf. création de la Cnuced en 1964 en réponse aux insuffisances du Gatt

III. Des contextes radicalement différents facilitent les prises de conscience et n'évitent pas les erreurs

Contextes différents, avec une logique de blocs plus que de nations :

– l'affrontement Est-Ouest

– ONU plus légitimée et plus efficace que SDN

– la domination américaine est plus incontestée : *Pax americana*

– un mouvement ouvrier plus puissant

– une régulation fordiste et remise en cause du libéralisme non régulé, après la crise de 1929.

Des outils statistiques différents : comptabilité nationale, Insee, Ined…

Conclusion

Certaines orientations ne sont pas liées à la volonté de promouvoir un contre modèle de l'expérience de l'après Première Guerre : cf. interventionnisme étatique dans le prolongement de la mobilisation de la guerre (war programm, ou expérience de planification russe).

Chapitre 4
Géopolitique de la guerre froide et de la décolonisation

Alain Nonjon

« De Stettin, dans la Baltique, à Trieste, dans l'Adriatique, un rideau de fer est descendu à travers le continent. Derrière cette ligne se trouvent les capitales de tous les pays de l'Europe orientale (...). Je ne crois pas que la Russie désire la guerre. Ce qu'elle désire, ce sont les fruits de la guerre et une expansion illimitée de sa puissance et de sa doctrine (...). »

W. Churchill, 5 mars 1946 discours de Fulton publié, en France, par le journal Le Monde, le 7 mars 1946

Dates clés

- **1946** Discours de Fulton sur le rideau de fer ; début de la guerre d'Indochine
- **1947** Doctrines Truman du containment et Jdanov, du monde divisé e deux camps création du Kominform, indépendance de l'Inde et du Pakistan. Plan de partage de la Palestine
- **1948** Coup de Prague, blocus total soviétique de Berlin ; proclamation de l'État d'Israël
- **1949** Traité atlantique Nord Bombe A soviétique, création de la RDA, indépendance de l'Indonésie
- **1950** Début guerre de Corée
- **1954** Capitulation de Dien Biên Phu, début de la guerre d'Algérie, doctrine des représailles massives Foster Dulles. Création de l'OTASE
- **1955 avril** Conférence de Bandung pacte de Bagdad
- **1956** XXe Congrès du PCUS, Répression à Budapest, indépendance du Maroc et de la Tunisie, nationalisation du canal de Suez
- **1961** Construction du mur de Berlin
- **1962** Indépendance de l'Algérie, crise des missiles à Cuba
- **1968** Printemps de Prague
- **1971** accord tripartite sur Berlin
- **1972** Voyage de Nixon en Chine populaire. Accords SALT 1
- **1973** Guerre du Kippour. Accords de Paris sur le Vietnam
- **1974** Armée dépose l'empereur d'Éthiopie. Révolution des œillets contre Salazar ;
- **1975** Chute de Saigon et fin de la guerre du Vietnam. Premier sommet de Rambouillet
- **1978** Accords de Camp David. Rétablissement des relations diplomatiques Chine/États-Unis
- **1979** Proclamation de la république islamique d'Iran
- **1980** Embargo américain sur les céréales livrées à l'URSS. Mort de Tito
- **1983** programme IDS premiers missiles Pershing. Otan en RFA
- **1985** Perestroïka et Glasnost en URSS

- **1989** Chute du mur de Berlin. Fin des démocraties populaires d'Europe de l'Est
- **1991** Fin de l'URSS

Chiffres clés

La guerre du Vietnam

- 1 million de combattants communistes nord-vietnamiens tués sans doute, et 4 millions de civils
- Environ 255 000 soldats du Sud-Vietnam tués et 430 000 civils
- Environ 58 000 soldats américains tués et un peu plus de 300 000 blessés
- Coût de la guerre entre 1961 et 1975 : plus de 533 milliards de dollars (dollar valeur 2005)

Nombre de conflits armés et de guerres (1946-2014)

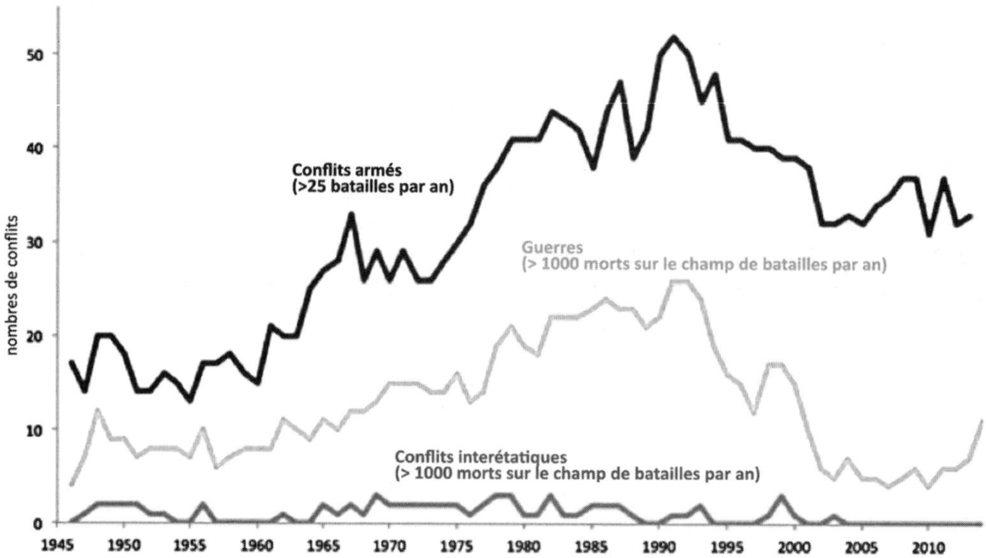

◆ Croquis de synthèse

Les étapes de la décolonisation

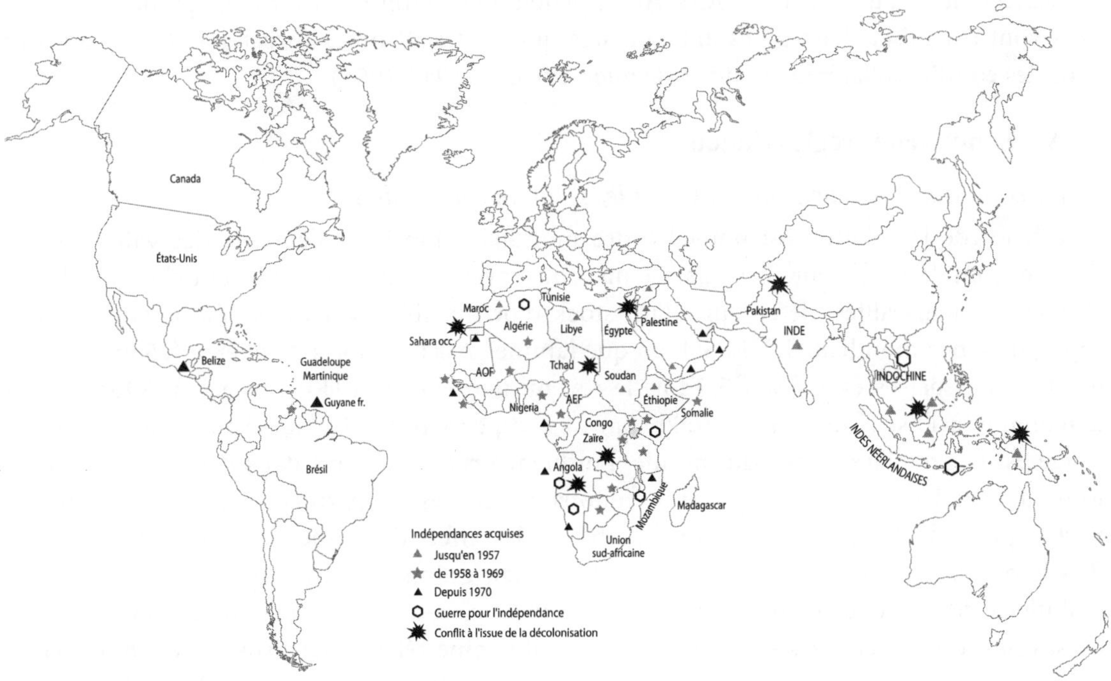

Introduction

Automne 1945 : la guerre est finie, l'ère qui s'ouvre alors est celle de la reconstruction d'un monde terrassé par un conflit hors du commun, lieu de toutes les transgressions. L'Europe a perdu ce qui faisait sa puissance, les États-Unis et l'Union soviétique sont désormais les maîtres d'un jeu dont ils entendent bien dicter les règles. Parce qu'elle fut avant tout idéologique, menée au nom de la liberté par des alliés pourtant très différents, la fin de la guerre questionne les contours du monde en devenir. Chacun des deux alliés d'hier est convaincu d'incarner un modèle universel, de détenir les réponses aux questions multiples nées de la guerre.

Problématiques

- ***Comment concilier l'affirmation de l'égalité formelle et le maintien d'un système colonial remis en question ?***
- ***Comment construire des relations Est-Ouest entre un géant soviétique pour qui le capitalisme reste l'ennemi et son alter ego américain qui comprend vite que l'URSS est désormais l'adversaire principal ?***
- ***Comment reconstruire un monde que deux modèles — communiste et libéral — prétendent se partager ? Comment rester neutre ?***

I. 1945-1956 : le face à face de deux mondes

La guerre, en provoquant l'effacement de l'Europe, a mis au premier plan deux superpuissances : les États-Unis et l'URSS. Alliés pendant le conflit mais sur leurs gardes, ces deux pays vont organiser deux blocs antagonistes qui vont s'affronter directement mais surtout dans des conflits collatéraux pendant la guerre froide (1947-1954).

A. De nouvelles règles du jeu

Deux messianismes pour un seul monde, Truman contre Jdanov

L'échec de la création du nouvel ordre mondial garanti par l'entente des vainqueurs à Yalta est, en 1947, patent. Les États-Unis pourvoyeur d'une aide substantielle et « désintéressée » à leurs alliés, détenteurs d'un stock d'or massif, arsenal des démocraties sont la superpuissance mondiale. L'URSS, bien que laminée par les efforts de guerre (25 millions de morts et des pertes évaluées à 5,5 fois le revenu national de 1940) ravagée à l'Ouest, mais dynamique à l'Est (Kouzbass, Kazakhstan), est cependant l'autre superpuissance. L'Armée rouge est la première armée du monde, l'influence russe est forte dans des pays comme la Roumanie, la Hongrie, la Pologne et 3 millions d'hommes ont permis de gagner la bataille de Berlin qui a fait basculer le IIIe Reich. Absent des effets de traîne de la guerre en Asie la Russie peut se concentrer sur l'essentiel : le 4e plan quinquennal (1946-1950) aux objectifs ambitieux dans la course au rattrapage (*pérédoviki*, c'est-à-dire travailleurs de pointe mobilisés, voies ferrées achevées — le Ioujsib —, canal Lénine célébré par Prokoviev, Bombe H en 1953 et première centrale à Obninsk en juin1954). Parés de leurs attributs de grandes puissances, les alliés d'hier vont se défier au travers de deux doctrines antagoniques, les doctrines Truman et Jdanov. Le 12 mars 1947, le président des États-Unis, H. Truman, expose au Congrès américain sa conception du monde. Aux États-Unis, champions de la démocratie, il oppose l'Union soviétique, incarnation du totalitarisme. Il est temps pour les États-Unis et leurs alliés de réagir et d'empêcher l'expansion soviétique. L'action, ferme, doit permettre de contenir l'avancée soviétique partout où elle se manifesterait. La doctrine du *containment (endiguement)* née sous la plume de George Kennan (« *Le principal élément de toute politique des États-Unis à l'égard de la Russie soviétique doit être de contenir ses tendances expansionnistes avec patience, fermeté et vigilance* », revue *Foreign Affairs*) ouvre la voie à la guerre froide.

En septembre 1947 Jdanov répond à Truman. Il définit la politique extérieure qui sera celle de l'URSS jusqu'en 1956. Depuis 1945, l'URSS et le socialisme ont progressé en Europe, surtout en Europe centrale, les états capitalistes, affaiblis, sont dominés par des États-Unis animés d'une volonté expansionniste comparable à celle des états fascistes. Le monde est donc coupé en deux camps irréconciliables, le camp impérialiste et le camp socialiste. Il ne faut plus ménager les États-Unis mais au contraire combattre leur influence grâce à une action commune dirigée par Moscou. L'affrontement est avant tout idéologique. Le but ne sera alors pas tant de détruire l'adversaire pour obtenir des territoires ou des ressources que de l'obliger à se transformer de l'intérieur. La politique américaine repose sur la conviction du caractère temporaire du régime soviétique, il faut être patient car le pays se libéralisera de lui même. L'URSS est, de son côté, convaincue de la mort imminente d'un capitalisme miné de l'intérieur par ses contradictions. Il ne peut alors être question de conflits militaires classiques mais bien d'une confrontation dans tous les domaines pour faire la preuve de la supériorité de l'un ou l'autre des deux modèles, en utilisant toutes les incompréhensions nées des préparatifs de la paix. Ainsi à Yalta, loin de vouloir se partager le monde, les deux grands pensaient coordonner leur action : mais les malentendus sont légions sur les zones d'influence inutiles pour Roosevelt et le glacis vital pour Staline sans accorder d'importance particulière à la sécurité collective de l'ONU.

Sauver l'Europe occidentale de la « philosophie de la misère » : les dessous du plan Marshall

La doctrine Truman mobilise une arme que seuls les Américains peuvent utiliser : l'arme économique au service du « doux commerce ». Aider l'Europe (l'aide sera même proposée aux communistes) mettre fin à la pénurie de dollars (le *dollar gap*) est le seul moyen d'empêcher le communisme de séduire des populations fragilisées par la crise de reconversion des économies d'après-guerre. Il s'agit de proposer un plan d'aide aux Européens qui permettra de reconstruire l'Europe en la fondant sur un marché ouvert et le libéralisme économique. Les Américains pensent peut-être aussi tout bonnement éviter une crise de surproduction si les Européens par manque de financement venaient à faillir (de là des livraisons en machines avec contre valeur en monnaie redistribuée par les banques centrales européennes). Le 2 avril 1948, le général Marshall est le maître d'œuvre d'un plan voté par le congrès américain soit 13 milliards de dollars répartis sur 4 ans sous forme de dons surtout pour la Grande-Bretagne (52 %) et la France. Le plan Marshall dit entre les lignes la prise de conscience américaine de l'échec de leur vision du monde. Les difficultés de la gestion quadripartite de l'Allemagne, la prise en main de l'Europe orientale par les Soviétiques, font comprendre aux Américains que la cogestion du monde voulue par Roosevelt est condamnée. Il s'agit de sauver ce qui peut encore l'être alors que les alliés français, et surtout britanniques, rencontrent des difficultés dans leurs zones d'influence — la Grèce ou la Turquie — et plus encore dans leurs colonies — l'Inde ou le Vietnam — et n'ont donc plus les moyens de leurs ambitions. En sauvant l'Europe occidentale, en l'obligeant à retrouver une identité politique en accord avec les principes américains, en lui redonnant une densité économique, les États-Unis en font le rempart contre le communisme. Jdanov décline lui, au nom de l'Union soviétique, cette proposition. La Tchécoslovaquie doit faire machine arrière, et l'URSS va chercher à créer une solidarité idéologique à l'Est avant même de songer à une intégration économique et une aide par le Conseil d'Aide économique mutuelle créé en 1949 mais dont la Charte ne date que de 1959. Le Kominform (c'est-à-dire le Bureau d'information communiste) créé en 1947 scelle la liaison des politiques de 9 partis communistes européens, 7 à l'Est et les partis communistes français et italien. Les communistes sont convaincus que le libéralisme est entré dans sa crise ultime et croient à la supériorité de « *leur camp anti impérialiste et démocratique* ». Les États-Unis, eux, en favorisant la renaissance économique de l'Europe occidentale (mécanismes d'attribution qui initient l'Europe occidentale au vivre ensemble, avec l'UEP, l'OECE) tout en la faisant basculer dans leur camp créent une solidarité de fait, un atlantisme militant des « États-Unis d'Europe » suivant la formule de V. Hugo reprise par W. Churchill dans son discours de Zurich (1946), un impérialisme de fait. Le monde est donc divisé en deux camps irréductiblement opposés qui peuvent se livrer à « une guerre froide » c'est-à-dire économique, et idéologique, en évitant les affrontements militaires directs.

Sortir des relations d'inégalité en posant la question du colonialisme

Le monde ne se réduit pas à l'Europe et, très vite, la guerre froide trouve des échos particuliers dans les revendications à l'indépendance des peuples colonisés. Les deux grands sont à l'origine de discours sur la colonisation qui soulignent son caractère archaïque et dépassé. Les États-Unis la condamnent au nom du libéralisme politique, d'un pragmatisme économique car décoloniser c'est aussi s'ouvrir des marchés jusque là inaccessibles, et du mythe d'une colonisation dont ils se seraient eux-mêmes libérés par la guerre d'Indépendance. L'URSS le fait au nom du marxisme léninisme pour qui le colonialisme est le stade suprême de l'impérialisme. Combattre la domination coloniale devient un moyen, autre, de contester l'emprise capitaliste, de combattre cet impérialisme, « stade suprême du capitalisme » D'entrée les aspirations aux indépendances s'inscrivent dans ce contexte de guerre froide. Les principales puissances coloniales sont en effet dans le camp américain ; elles ont, en particulier la États-Unis, du mal à se penser sans leurs colonies qui sont les derniers restes d'un rêve de grandeur. Les États-Unis se retrouvent alors en porte-à-faux entre un discours officiel qui soutient les revendications des courants nationalistes et des réalités qui mettent en jeu des alliances ou reposent, en d'autres termes, la question du communisme. Car le communisme est le puissant aiguillon d'un certain nombre de mouvements indépendantistes : la victoire de Mao en Chine, en 1949, est l'exemple à suivre pour beaucoup de ses voisins asiatiques, admiratifs de cette réussite. Faire le choix de soutenir la décolonisation et l'accès à l'indépendance c'est prendre le risque, pour les États-Unis, de voir basculer toute l'Asie — excepté le Japon toujours occupé par les États-Unis — dans le giron communiste. La position américaine devient donc délicate : la décolonisation n'est plus seulement une question coloniale mais bel et bien un des enjeux de la guerre froide.

B. Un monde bipolaire

Europe de l'Est, Europe de l'Ouest

C'est en Europe que le monde devient d'abord bipolaire, partagé entre démocraties libérales à l'Ouest, démocraties populaires à l'Est.

Le point de rencontre et de tensions est l'États-Unis qui, coupée en deux à partir de septembre 1949 avec la création de la République fédérale allemande (RFA) approuvée par les trois puissances occidentales et de la République démocratique allemande (RDA), symbolise cette fracture. Les partis communistes d'Europe centrale ont achevé de s'emparer du pouvoir en 1948 et tous les régimes sont maintenant calqués sur le modèle stalinien : un parti communiste hégémonique, une économie planifiée, une suppression des libertés individuelles et collectives que garantit la mise en place de polices politiques intérieures comme la

Stasi en RDA. La prise de pouvoir a été facilitée par le noyautage des institutions et des structures. Cette stratégie a permis de s'emparer progressivement de tous les postes clés, en éliminant les opposants et les anciennes élites. Ces nouveaux régimes sont, dans un premier temps, séduisants car ils permettent une amélioration sensible des conditions de vie des populations comme, par exemple, en Pologne jusqu'au début des années 1950, avant de révéler leurs vraies natures, dictatoriales. La prédiction de Churchill d'un « rideau de fer » est devenue une réalité avec la mise en place de frontières étanches qui interdisent tous contacts entre deux Europe qui, désormais, suivent des évolutions contradictoires : à l'Est le socialisme, à l'Ouest le capitalisme avec de plus deux systèmes d'alliances antagonistes. La signature, en 1949, du Traité de l'Atlantique Nord organise l'endiguement militaire après le *containment* économique sous la direction des États-Unis en rupture avec leur isolationnisme diplomatique passé, avec la création d'un Conseil de l'Atlantique Nord, un commandement unifié des forces alliées l'OTAN qui fait des États-Unis et des pays d'Europe occidentale, des alliés. Ce traité s'inscrit dans la logique d'une alliance défensive contre un ennemi identifié, l'URSS. Le maintien de troupes américaines en RFA souligne la méfiance mutuelle dans laquelle on s'est installé. Le bloc de l'Est n'est pas en reste, structuré, à partir de 1955, par le Pacte de Varsovie qui allie militairement l'URSS aux démocraties populaires. L'Europe est donc celle du partage entre les super grands, dans un « équilibre de la terreur » depuis que l'URSS accède à la bombe (septembre 1949). Tout est prêt dans les deux camps pour un éventuel conflit mondial.

De nouveaux États, indépendants ?

L'Asie orientale est le berceau de la première vague de décolonisation. L'affaiblissement des puissances coloniales, l'existence de partis nationalistes structurés — le Parti du Congrès en Inde par exemple —, la présence d'élites en mesure de prendre la tête des mouvements, sont autant d'éléments qui expliquent la « précocité » du phénomène. En une dizaine d'années — entre 1945 et 1954 — l'indépendance est acquise par tous les pays d'Asie. Les processus de décolonisation varient selon les lieux et selon les liens avec la puissance coloniale

Les mesures prises en 1935 par les Britanniques (Indian Act) n'ont pas apaisé les revendications nationalistes qui s'expriment pendant la guerre par une politique de non coopération avec la Grande-Bretagne. La résolution *Quit India* votée en 1942 par le Parti du Congrès exprime de la part de Gandhi et Nerhu la volonté d'émancipation immédiate de l'Inde avec fin de non-recevoir des Britanniques et répression jusqu'en 1945. La donne change avec la fin de la guerre et la victoire travailliste en Angleterre de juillet 1945. Deux partis nationalistes se partagent l'opinion publique : le parti du Congrès hindou de Nehru et la Ligue musulmane de Jinnah. S'ils sont d'accord pour se débarrasser de la tutelle coloniale britannique, ils s'opposent en revanche sur la forme à donner au futur État., le premier souhaitant l'unité indienne le second la création de deux États, un pour les Hindous l'autre pour les musulmans. Les positions irréconciliables, et la guerre civile arbitrées par les Anglais débouchent sur la naissance, le 15 août 1947, de deux États : l'Union indienne, hindoue dans sa majorité, et le Pakistan à dominante musulmane écartelé entre un Pakistan oriental et occidental à 1700 km de distance. Alors que la colonisation britannique peut sous certains aspects relever de la colonisation positive (la Grande-Bretagne ayant été la pédagogue du parlementarisme, de la discrimination positive envers les castes inférieures, du fédéralisme) l'indépendance n'échappe pas aux traumas de transferts de population, et de crispations territoriales (Cachemire). La rétrocession pacifique des comptoirs indiens français (Chandernaghor, Pondichéry, Yanaon, Kankal, Mahé) et de l'enclave de Goa par les Portugais parachève l'indépendance du monde indien. Ceylan et la Birmanie accédant eux aussi à l'indépendance en 1947, tous les États sauf la Birmanie intégrant le cadre du Commonwealth. L'accès à l'indépendance des Indes néerlandaises est également le résultat d'un long processus de violences et de négociations. Indépendante en août 1945 par la volonté des Japonais de se servir du nationalisme de Soekarno contre les Hollandais, l'Indonésie est, après la défaite japonaise, de nouveau objet de convoitise des Hollandais alternant négociations et conquête militaire. Les nationalistes à partir de la base de Java et Sumatra, et parallèlement à un anticommunisme actif qui leur donne le soutien des États-Unis parviennent en novembre 1949 à imposer l'indépendance de l'Indonésie. C'est dans l'Indochine française c'est-à-dire cinq territoires (Cochinchine, protectorats d'Annam, du Tonkin, du Cambodge, du Laos) que la violence prend tout son sens. Les Japonais favorisent l'indépendance de certains territoires, et le mouvement nationaliste Vietminh de Ho Chi Minh rallié à la cause antifasciste dès la capitulation japonaise proclame l'indépendance le 2 septembre 1945. La France n'envisage pas de perdre sa souveraineté en Indochine de négociations en négociations, de voltes faces unilatérales en révisions déchirantes, le fossé se creuse entre nationalistes vietnamiens et autorités françaises crispées sur l'intégrité d'une République de Cochinchine vassalisée. Les bombardements de Haiphong, en réplique à des attentats commis contre les garnisons françaises (novembre 1946), la riposte du Vietminh à Hanoi du 19 décembre 1946, ouvrent une guerre coloniale longue et meurtrière. L'indépendance du Vietnam dans le cadre de l'Union française est refusée par la guérilla vietminh qui contrôle les campagnes du Tonkin et du Sud, et « *les nuits* ». Les lignes bougent avec le changement d'environnement de cette guerre devenue terrain d'affrontement de la guerre froide avec le soutien des Chinois, la modernisation des armées vietminh de Giap, capables de faire capituler 12 000 Français dans la cuvette de Dien Bien Phu le 7 mai 1954 et le relais des États-Unis mobilisés dans cette croisade anticommuniste. Les accords de Genève conclus par Mendes France permettent à la France de tourner la page de son histoire coloniale dans la région (indépendance du Cambodge, du Laos et division du Vietnam de part et d'autre du 17e parallèle au Nord communiste au Sud nationaliste non communiste. Le refus des élections en 1956 par le Sud soutenu par les Américains crée les conditions d'un affrontement qui va faire école pour tous les peuples opprimés en lutte pour leur indépendance. La décolonisation de l'Asie fait donc figure de modèle pour le continent africain, elle est le lieu d'un affrontement indirect Est/Ouest, elle initie enfin le regroupement politique de peuples décolonisés qui veulent désormais être acteurs à part entière des relations internationales.

C. L'impossible stabilité ?

En faisant l'apprentissage de la menace nucléaire

La possession du nucléaire modifie sans aucun doute la manière de penser la guerre. Elle devient un élément clé de l'équilibre des forces par les recompositions qu'elle exige. Le souvenir des ravages de la bombe atomique utilisée en août 1945 contre le Japon, est encore présent dans tous les esprits. Dès septembre 1949, l'URSS possède sa propre bombe. Désormais les deux grands, seuls à posséder l'arme suprême, sont à égalité. Éviter par tous les moyens le recours à cette arme dévastatrice devient le fil directeur des relations internationales : dans ce monde bipolaire peut se mettre en place un équilibre né de la dissuasion nucléaire. Des deux côtés il s'agit bien de décourager l'autre de déclencher un conflit en le menaçant d'une éventuelle riposte nucléaire. La possession de la bombe redéfinit ainsi la course aux armements qui prend deux dimensions : l'une, classique, s'armer plus pour décaler le seuil qui nécessiterait l'usage de la bombe, l'autre, innovante, perfectionner les recherches pour élaborer une bombe thermonucléaire qui ferait la différence. Le monde entre dans une nouvelle ère, celle d'une menace nucléaire constante, intériorisée par tous et utilisée comme moyen de pression.

En faisant l'expérience des crises à répétition : l'Allemagne et la guerre de Corée, deux exemples signifiants

Paradoxalement ce monde coupé en deux n'est pas synonyme de stabilité car, très vite, des crises opposent les deux blocs. Deux exemples, Berlin et la guerre de Corée illustrent assez bien la situation. Berlin et l'Allemagne sont au cœur de la guerre froide, une sorte d'interface entre les deux blocs, ils concentrent l'attention. La fin de la guerre a, de fait, coupé l'Allemagne en trois secteurs entre Américains, Britanniques auxquels s'adjoignent les Français, et Soviétiques. Dans ce découpage Berlin, pourtant en secteur soviétique, devait faire l'objet d'une cogestion, tout comme l'Allemagne, le temps d'achever la dénazification et la reconstruction. Or, très vite, Occidentaux et Soviétiques s'opposent sur les formes à donner au futur État allemand ; la crise de Berlin (1948-1949) concrétise cette rupture : l'URSS n'accepte plus la présence occidentale au cœur de sa zone d'influence, à Berlin. Devant le refus occidental, en mars 1948, de leur céder Berlin, les Soviétiques bloquent les voies terrestres d'accès à la moitié ouest de la ville, déclenchant ce que l'on appelle le petit blocus. Dès juin 1948, lors de la Conférence de Londres, Français, Britanniques et Américains s'accordent pour réunir leurs zones d'occupation, organiser des élections, créer une monnaie commune — le Deutsche Mark — tout en laissant l'économie allemande sous tutelle internationale. La voie est tracée pour la constitution d'un État dans la partie occidentale. Cela est insupportable pour les Soviétiques qui renforcent le blocus de la ville et le rendent total. Jusqu'à la levée du blocus en juin 1949, les États-Unis ravitaillent la ville à l'aide d'un pont aérien (275 000 vols). Berlin devient alors une ville aux deux identités, à l'image de l'Allemagne quand, quelques semaines plus tard, en août 1949, est fondée la République fédérale allemande, suivie de la création, en octobre 1949, de la République démocratique allemande. L'Allemagne est désormais tout à la fois, enjeu, symbole et actrice des relations internationales, point de tension où commence et finit la guerre.

L'exemple de la Corée dit lui aussi la réalité de l'affrontement. La victoire communiste en Chine en octobre 1949 au terme d'une épuisante guerre civile change la donne en Asie. Jusque là les Américains tentaient de sauvegarder le statut de la Chine dans le concert des Nations : siège de membre permanent au conseil de sécurité de l'ONU, alliance, soutien aux nationalistes, et à un régime corrompu, impopulaire, et contraint de s'exiler dans l'île de Formose. Dès 1949 la Chine entre en scène dans le jeu de la guerre froide ; l'URSS décidant de reconnaître la Chine communiste, soutenant son entrée comme seule représentante de la Chine à l'ONU et aidant une Chine qui affirme en 195 3 au travers de son premier plan quinquennal : *« l'URSS d'aujourd'hui est la Chine de demain »* pour Mao. L'onde de choc de la révolution chinoise s'étend à l'Est de l'Asie et notamment en Corée.

Ce protectorat japonais depuis le traité de Shimonoseki en 1910 est occupé par les Soviétiques au Nord du 38e parallèle et par les Américains au Sud de cette ligne. Un éphémère directoire maintient l'illusion de l'unité et dès 1948 les deux zones deviennent deux États, deux dictatures d'ailleurs, une dirigée par le pro-américain Syngman Rhee et une par le communiste Kim il Sung. Le franchissement du 38e parallèle le 15 juin 1950 par les Nord-Coréens est certainement instrumentalisé par Staline pour éviter une influence chinoise, pour répliquer à son échec à Berlin-Ouest et pour élargir son glacis. Les Américains à l'aval d'un vote de l'ONU contrent cette agression en mandatant le général Mac Arthur. La Chine devant l'avancée américaine jusqu'au fleuve Yalou, à sa frontière décide d'intervenir directement. Le conflit est une des exaspérations paroxystiques de la guerre froide, avec menaces d'incursion américaine en Chine, agitation du spectre du nucléaire, et une aide matérielle (Mig 15) de l'URSS aux Coréens du Nord. Le conflit généralisé menace mais de longues négociations débouchent sur un armistice signé après la mort de Staline à Pan Mun Jon le 27 juillet 1953. Cette « paix blanche » au prix de 1 million de morts, paraît déboucher sur la confirmation de la situation *ex ante* et pourtant la guerre de Corée est capitale dans l'ordre mondial de l'après 1945.

Elle modifie le paysage géopolitique de l'Asie. Elle permet la mise en place d'une seconde ligne défensive américaine dans le Pacifique avec le traité de sécurité de San Francisco, le 8 septembre 1951, qui installe des bases militaires américaines au Japon, et surtout, avec la signature du pacte de sécurité collective, le 1er septembre 1951, entre les États-Unis, l'Australie, et la Nouvelle-Zélande (ANZUS). Elle conforte les performances du complexe militaro-industriel russe décisif dans ce conflit. Elle prime le volontarisme chinois à l'initiative d'une guerre populaire de résistance aux Américains. Elle accélère la signature du traité de sécurité États-Unis, Japon et conforte l'aide que les Américains vont fournir au redressement du Japon (plan Dodge avec une sous-évaluation du yen). Elle pèse sur la solution au conflit indochinois qui oppose depuis 1946 France et Vietminh nationaliste et communiste. Distant au départ des intérêts coloniaux français les Américains font du Vietnam un terrain de croisade anticommuniste, financent plus du tiers de la guerre mais c'est insuffisant face à l'aide du grand frère chinois qui permet au Vietminh d'emporter en

1954 une victoire symbolique contre les Français. Il est désormais clair que le monde, et plus seulement l'Europe, est bipolaire. Pacte contre pacte, les blocs se répondent à l'Ouest avec l'OEA organisation des États américains à l'aval du traité de Rio (1947) conclu avec 20 pays d'Amérique Latine. L'Otan (1948) est renforcé par l'adhésion de la RFA en 1955 le Pacifique s'organise autour de l'Anzus (1951) avec la Nouvelle-Zélande et l'Australie et l'OTASE en 1954 est la réplique asiatique de l'Otan. Le pacte de Bagdad est sinon rejoint mais poussé en avant par les États-Unis en 1955 au Moyen-Orient et des centaines de bases américaines gèrent en Europe, en Turquie, en Iran en Asie du Sud-Est et au Japon l'Empire américain. À l'Est, le pacte de Varsovie et des traités bilatéraux d'assistance consolident l'influence soviétique. Deux systèmes d'intégration économique se font aussi face. Celui géré autour de l'OECE dès 1948 et complété par la construction européenne et celui qui esquisse une division communiste internationale du travail autour du CAEM qui fixe des complémentarités, des objectifs dans l'industrie lourde, une monnaie commune — le rouble transférable — et des solidarités souvent au seul profit de l'URSS.

Il reste à vivre dans ce monde rendu instable par le caractère irréconciliable de l'affrontement.

II. 1956-1975 : la détente, jusqu'où ?

A. Illusions et désillusions

Le XXe Congrès du Parti communiste soviétique : coexistence pacifique ?

En 1956, alors que le pays sort juste de la lutte de succession ouverte par la mort de Staline en 1953, se tient à Moscou le XXe congrès du Parti communiste (7 200 000 adhérents) où le nouvel homme fort, N. Khrouchtchev, entend affirmer son pouvoir. Il présente un rapport général placé d'abord sous l'invocation du léninisme, et souligne l'importance de la détente internationale reconnaissant même entre pays impérialistes et socialistes une « zone de paix » (le Tiers-Monde) et réfutant la fatalité d'une guerre entre les deux extrêmes. Il se satisfait d'un V^e plan réalisé en 4 ans et 4 mois et de prévisions dépassées (salaires, revenu national) mais s'inquiète d'une même productivité décevante, d'une production de biens de consommation insuffisante et d'une agriculture à la traîne. Le rapport fait un bref état des crimes commis par la clique de Béria, dénonce le culte de la personnalité, les violations de la légalité socialiste. Un rapport secret (20 000 mots) vite diffusé clandestinement dans le bloc de l'Est et dans les chancelleries occidentales, démolit les conceptions officielles de l'Histoire soviétique critique le stalinisme accusé d'avoir, par ses pratiques dévoyé le communisme. Il annonce la nécessité d'une déstalinisation dénonciation soit imposée à Khroutchev pour éviter que l'histoire ne se répète, soit improvisée par lui-même pour couper l'herbe sous les pieds des libéraux soit pour se démarquer des abus passés, soit pour créer une atmosphère de détente favorable au développement du pays. Même si ce n'est pour autant pas une démocratisation du moins, la terreur politique n'est plus à l'ordre du jour. Ce processus est cependant mal compris par les Occidentaux, voire par le bloc de l'Est, qui l'interprètent comme la possibilité de desserrer l'étreinte soviétique. Il n'est pourtant pas question de remettre en cause l'essentiel : la conservation du glacis protecteur que sont les démocraties d'Europe centrale. Elles ne sont d'ailleurs pas incitées à changer sur le fond, tout au plus sont-elles invitées par Moscou à restaurer une « légalité socialiste ». Les populations ont pourtant l'illusion qu'elles peuvent enfin exprimer leurs revendications. La diffusion du rapport Khrouchtchev ouvre donc, de façon inattendue, la voie à la contestation au sein du bloc, particulièrement en Hongrie et en Pologne. L'insurrection populaire à Budapest à l'automne 1956 lui fait écho Les insurgés espèrent sortir du bloc — le 1er novembre, sous la pression de la foule, Nagy, le premier ministre, proclame la neutralité de la Hongrie et en appelle à l'ONU — pour acquérir une autonomie politique, voire économique. Un tel projet est inacceptable pour l'URSS qui, le 4 novembre, intervient militairement et écrase l'insurrection. La Hongrie a moins bien négocié que la Pologne, elle aussi rebelle, mais à qui ses dirigeants ont su éviter la répression. Elle n'a pas reçu le soutien espéré des États-Unis ou des démocraties libérales empêtrées dans l'affaire du canal de Suez et soumises aux pressions de l'Union soviétique. Les crises, polonaise et hongroise révèlent la fragilité d'un système fondé sur une appartenance intangible au camp socialiste et sur le monopole du parti communiste. Désormais l'obsession de Moscou sera de garantir la cohésion et la consolidation du bloc. Parallèlement la déstalinisation précipite la rupture avec deux états communistes, l'Albanie et surtout la Chine qui peut alors incarner une autre voie du communisme. La dégradation des rapports sino-soviétiques intervient en 1957, quand l'emporte définitivement en URSS, le principe de coexistence pacifique. Or la coexistence pacifique est, aux yeux de Mao, une ligne beaucoup trop modérée, qui interdit à la Chine de jouer un rôle effectif sur la scène internationale en réduisant les relations internationales aux deux grands. Mao rompant avec le modèle soviétique, relance la mobilisation intérieure et affirme une voie originale du communisme : le maoïsme qui prône « *la supériorité du rouge sur l'expert* », le « *compter sur ses propres forces* », le « *marcher sur les deux jambes* », agriculture et industrie, dans une organisation nouvelle des campagnes (les communes populaires). Le projet de Mao est, de faire de la révolution chinoise un exemple pour tous les opprimés et de devenir le *leader* de cette nouvelle force qui se lève, le Tiers-Monde. La délégitimation partielle du modèle stalinien voulue par Khrouchtchev vient donc ébranler le caractère monolithique du monde socialiste en en montrant les failles. Elle ouvre une période d'espoir, un accroissement sensible du prestige de l'URSS dans le monde. Elle permet la réhabilitation de nationalités déportées en Asie par Staline (Tchétchènes Kalmouks…), de communistes victimes des purges, un regain de liberté de création (Tvardovski à la tête de *Novy mir*), une réécriture de l'Histoire pour minimiser le rôle de Staline. Mais pour quelques avancées beaucoup d'impasses sur les Tatars de Crimée sur les victimes de procès publics ou secrets, sur les déviationnistes, les trotskistes… Elle souligne aussi l'erreur de lecture d'un certain nombre d'Occidentaux pour qui la mort de Staline est la promesse de relations internationales apaisées. L'expérience de la coexistence pacifique montre vite les limites d'une telle interprétation.

Mythes et réalités de la coexistence pacifique

La déstalinisation fait ainsi repenser les relations internationales autour de la notion de coexistence pacifique, terme qui appartient au vocabulaire marxiste, et qui pour Lénine est une situation de trêve due aux conflits internes des adversaires du socialisme, et une politique de paix pour laisser se développer les contradictions qui font mûrir la révolution mondiale. Staline tout en prônant une paix durable des alliés contre les puissances de l'Axe envisage lui deux types de conflits entre États capitalistes rivaux et entre capitalisme et socialisme Il incite donc les partis communistes à adopter une ligne nationale plutôt qu'une ligne révolutionnaire globale. Khroutchev rénove la notion : ce n'est plus une trêve mais une nécessité objective pour les 2 systèmes car le rapport de forces évolue en faveur du socialisme et les armes de destruction massive menacent toute l'humanité. La coexistence pacifique *« devient la forme supérieure de la lutte des classes »*. Cette coexistence n'exclut pas le contrôle par les grands de leurs zones d'influence, des conflits secondaires portant sur des intérêts vitaux. C'est donc une détente, une volonté de ne pas envenimer les conflits, contraire à ce qui avait prévalu pendant la guerre froide. Elle est donc plutôt une nouvelle conception des relations rendue nécessaire par la situation intérieure de l'URSS et la possession de la bombe thermonucléaire. Le principe en est simple : manipuler l'Occident par des concessions qui exploitent ses contradictions. Khrouchtchev précise sa pensée, en 1959, en expliquant les trois axes de sa politique : le maintien du glacis protecteur à l'Est, la division de l'Occident, la progression nécessaire du communisme dans le Tiers-Monde en plein essor. La rivalité n'est plus conçue en termes strictement militaires. Il s'agit de faire la preuve de la supériorité du modèle, d'où une « compétition pacifique » qui envahit tous les domaines. Selon cette logique, le temps n'est plus à l'affrontement mais à une tolérance affirmée. Méfiant, le bloc de l'Ouest se laisserait presque séduire. G. Kennan et les démocrates américains jugent par exemple sérieuse l'évolution soviétique, escomptant dans le meilleur des cas une transformation interne, progressive des régimes communistes. C'est néanmoins une autre lecture qui l'emporte avec l'élection, en 1952, d'un Eisenhower convaincu qu'il faut profiter de l'occasion pour mener une offensive décisive en Europe orientale. C'est l'idée du *Roll back* — refoulement — qui postule aussi une dissuasion stratégique et défensive. La coexistence pacifique meurt de ses contradictions et de son incapacité à dépasser les logiques antérieures : elle n'est pas une remise en cause réelle et profonde de la division du monde en deux camps irréconciliables, mais ne constitue qu'un élément de discours. Les crises répétées — Budapest et Suez en 1956 —, la construction du mur de Berlin en 1961 ou Cuba en 1962 montrent chaque fois que l'URSS n'a pas une politique de renoncement même si à Cuba c'est la pression américaine qui a gain de cause : avertissement du 22 octobre 1962 face au déploiement de 42 fusées, menace de *« ne pas se dérober à une guerre mondiale »*, renforcement du blocus, et médiation de l'ONU et de son secrétaire général H. Thant. La période est donc ambiguë car on affirme la nécessité de vivre ensemble en s'inscrivant dans des relations plus apaisées et en même temps, les crises prennent une dimension toujours plus exceptionnelle. La détente n'est donc pas l'abandon des blocs avec l'éradication du Printemps de Prague par les Russes, et l'éviction du réformateur Dubcek. Le combat contre ceux qui cèdent aux séductions occidentales est entier et de leur côté les États-Unis font de l'Amérique latine une chasse gardée : au Chili, le régime de S. Allende favorable à une réforme agraire et une nationalisation des mines est déstabilisé par la CIA et les multinationales américaines. Le général Pinochet organise une répression féroce contre les partisans de l'Unité populaire et de S. Allende tué lors de l'attaque du palais présidentiel (septembre 1973). C'est tout le cône sud qui est une arrière-cour américaine dirigée par des régimes forts soutenus par les États-Unis dans leur lutte contre des guérillas castristes comme en Bolivie et au Venezuela.

Helsinki : de la coexistence à la coopération ? un nouveau Locarno ?

Le 3 juillet 1973 s'ouvre à Helsinki, hors de l'ONU la conférence pour la sécurité et la coopération en Europe deux thèmes d'ailleurs fondateurs du rôle de… l'ONU ; deux ans après, le 1er août 1975, est signé l'acte final par 33 pays européens, le Canada, les États-Unis et l'Union soviétique. Trois thèmes ou corbeilles sont inscrits au programme de la conférence : les questions politiques et les problèmes de sécurité, les questions économiques, la libre circulation des hommes et des idées, c'est-à-dire la question des droits de l'homme. L'acte final entérine l'inviolabilité des frontières, ce qui est un succès pour l'URSS puisque cela revient à reconnaître effectivement et définitivement les régimes d'Europe centrale dont la RDA. Helsinki semble aussi inventer un nouvel ordre européen avec la Déclaration de Principe — aussi appelée Décalogue — que l'URSS, en acceptant de discuter de la troisième corbeille, n'a pu éviter. Les articles 6 et 7 réaffirment le respect des droits de l'homme et la liberté individuelle, le droit des peuples à disposer d'eux-mêmes. Le texte est finalement le reflet d'évolutions à l'œuvre depuis le début des années 1970. La chute de Khrouchtchev, en 1964, avait conduit à une relecture des relations à construire avec l'Ouest ; son successeur, L. Brejnev, voulait consolider les bases de la puissance soviétique pour obtenir ainsi une parité avec les États-Unis. L'objectif, identique, était de faire reculer l'influence américaine en Europe et de progresser dans le Tiers-Monde. Pour y parvenir les Soviétiques faisaient le choix de la détente, c'est-à-dire d'un apaisement apparent des relations et même d'un rapprochement. Ce choix était aussi dicté par les circonstances car les deux puissances affrontaient des crises intérieures. L'assassinat de Kennedy, en 1963, s'était accompagné de difficultés avec des alliés désireux de relations internationales plus apaisées. La contestation croissante de la guerre du Vietnam, la bataille des droits civiques, les mouvements étudiants, étaient autant de facteurs qui fragilisaient les États-Unis. L'URSS peinait une fois de plus à maintenir l'unité dans son camp. Le printemps de Prague, en 1968, où la population tchécoslovaque s'était insurgée contre la mainmise soviétique, avait montré sa difficulté imposer son ordre autrement que par les chars dont seule l'intervention avait mis un terme à l'insurrection faisant comprendre aux insurgés que le régime ne se réformerait jamais de l'intérieur.

La détente avait vocation, par des ajustements constants, à maintenir la paix car les Américains étaient convaincus qu'on ne pouvait attendre de changements internes de l'Union soviétique. Négocier un ordre international stable était alors le meilleur choix possible. Cette stabilité passait par le désarmement. Une série d'accords avait donc été signée pour limiter l'arsenal de chacun des deux grands. SALT 1, en 1972, limitait la prolifération des armes offensives en gelant, pour cinq ans, le nombre de fusées intercontinentales (plus de 55 000 km) et de missiles sous-marins. Le dialogue sur l'armement devait permettre de basculer pleinement dans une stratégie de dissuasion nucléaire — on gardait les villes de l'ennemi à portée de fusées — tout en se redonnant les moyens de la puissance économique. La dissuasion, réciproque, supprimait la tentation de rechercher la victoire. Ce dialogue s'accompagnait de la mise en œuvre d'échanges pacifiques essentiellement commerciaux avec, par exemple, à l'été 1972, la vente de blé américain à l'URSS, la vente d'usines, la multiplication par quatre des exportations vers l'Occident. Nixon dans son état du monde pouvait même annoncer que 1971, année du grand tournant, était le « *début d'une ère de paix* ». La possibilité d'une ouverture à l'Est devenait, dans une lecture optimiste, envisageable, ce que montrait l'Ostpolitik de W. Brandt en Allemagne. Berlin n'était plus un *casus belli*. L'Allemagne revenait dans le champ des affaires internationales et W. Brandt ose reconnaître les frontières nées de la défaite nazie et dire à la foule est allemande « *nous devons éviter que les deux parties de la nation allemande ne deviennent de plus en plus étrangères l'une à l'autre* ». Sans conduire à la réunification le discours du bourgmestre de Berlin Ouest entame la normalisation des rapports entre les deux États. L'image d'une « *Allemagne géant économique mais nain politique* » peut être oubliée. Comme pour parachever ce tableau idyllique, Mao pourfendeur du tigre en papier impérialiste reçoit Nixon en 1972 et essaie de solliciter l'appui américain pour contenir l'impérialisme… soviétique.

Arrivée à parité stratégique avec les Américains, l'URSS accepte de négocier une réduction concertée des armements, mais de façon fort ambiguë obtient que le monde occidental n'intervienne pas si le peuple d'une démocratie populaire l'interpelle (comme la Hongrie en 1956 ou les tchèques en 1968. Alors oui, on peut bien dire que Helsinki enterre la guerre froide même si l'Otan et le pacte de Varsovie veillent. Les signes d'une coopération possible s'accumulent : « téléphone rouge » moyen d'éviter les crises dans l'urgence, traité de non prolifération des armes nucléaires consolidé, inviolabilité des frontières européennes, fin de la guerre du Vietnam (1975), ce conflit d'un autre âge qui crispait les rapports Est-Ouest, voyage de Anouar el Sadate à Jérusalem en 1977 où derrière l'accolade du successeur de Nasser et de Menachem Beghin il y a un formidable espoir de paix, de reconnaissance possible de Israël par ses voisins et de mise au premier plan des intérêts de la diaspora palestinienne. Camp David tente de donner au règlement israélo-égyptien force d'exemple pour la région. Bref, la seule lutte qui subsiste serait celle dans la conquête de l'espace, où le bip bip du spoutnik russe a piqué au vif les ingénieurs de la Nasa américains qui permettront l'exploit de juillet 1969 un premier homme sur la lune. La course à la conquête de l'espace serait-elle la voie pacifique de la nouvelle confrontation Est-Ouest.

Pourtant la déception sera au rendez-vous à mesure que les conflits pétroliers, que la crise des années 1970 amplifie le déclin américain, que l'armement devient dans des pays du Tiers-Monde une des finalités du développement. Le monde entre alors dans l'ère de la déstabilisation et on regardera avec prudence Helsinki. Le chemin est encore long jusqu'à la perestroïka russe de 1985 car le respect des droits de l'Homme ne relève pour Moscou « *que de la bonne volonté des États* ».

B. Le troisième monde, un nouvel acteur

Être indépendant et intégrer le concert des nations

Comme l'Asie avant elle, l'Afrique entame sa décolonisation au milieu des années 1950. Le processus est rapide puisque l'essentiel des indépendances (37) intervient entre 1956 (Maroc, Tunisie, Soudan) et 1968 (Guinée équatoriale, Swaziland, Maurice) Une seconde vague a lieu (8) entre 1974 (Guinée Bissau) et 1980 (Zimbabwe). Resteront la Namibie (1990), l'Érythrée (1993) et le Soudan Sud 2011… Les causes sont multiples avec l'évolution des sociétés locales où la révolte armée cède la place à la contestation politique menée par des élites éduqués à l'européenne et mobilisant des concepts européens de liberté, égalité, nationalité et parfois socialisme et communisme. L'évolution des colonies a été plus ou moins rapide et paradoxalement là où les structures politiques anciennes étaient les plus ancrées (royaumes africains antérieurs à la colonisation) la domination coloniale a été mieux assise, plus efficace mais les élites susceptibles de diffuser les idées nationalistes ont été peut être plus organisées. Ainsi en Afrique du Nord les partis structurés revendiquant l'autonomie ou l'indépendance sont précoces (Wafd en Égypte, Destour et néo-Destour en Tunisie (1934) Istiqlal au Maroc (1944) alors qu'en Afrique subsaharienne, le nationalisme est balbutiant au sortir de la guerre. La Seconde Guerre a été un accélérateur de l'Histoire :

- ainsi la défaite italienne propulse l'indépendance éthiopienne ou libyenne en 1951. L'occupation américaine en Afrique du Nord fidèle à Vichy après novembre 1942 permet à Ferhat Abbas de lancer dès février 1943 le manifeste du peuple algérien.
- L'effort de guerre des colonies (360 000 maghrébins) 180 000 tirailleurs sénégalais mérite juste récompense, même si paradoxalement la défaite justifie l'idée de la nécessité d'un Empire (cf. conférence de Brazzaville de janvier 1944 qui essaie de refonder la colonisation sur des bases humanistes et plus égalitaires tout en refusant l'idée de *self government*).
- Le soutien de l'URSS aux luttes anti-impérialistes n'est qu'un moyen pour ce grand de faire de la décolonisation une arme dans sa stratégie d'expansion mondiale et de proposer une alternative séduisante économique en rupture avec la logique coloniale Les États-Unis font eux prévaloir leur statut d'ancienne colonie émancipée pour œuvrer activement en faveur du « droit des peuples à choisir la forme de gouvernement sous laquelle il doit vivre » — même si la guerre froide va les conduire à soutenir les puissance coloniales surtout il est vrai en Asie.

  Enfin la décolonisation bénéficie de la tribune de l'Onu où les nations sud-américaines rejointes par les nations arabes et asiatiques vont créer une majorité délibérément anticoloniale, et des organismes régionaux comme la Ligue arabe, créée en 1945 au Caire font chorus : elle accueille notamment après la prise du pouvoir par Nasser en 1954 la plupart des mouvements clandestins ou officiels d'indépendance d'Afrique du Nord dont le FLN. Des pays indépendants deviennent solidaires des luttes anticoloniales comme le Maroc et la Tunisie (vis-à-vis de l'Algérie) ou les pays voisins des colonies portugaises ou de la Rhodésie du Sud dans les années 1970.

C'est Bandung qui accélère le processus complexe de décolonisation : cette conférence tenue du 18 au 26 avril 1955 regroupe des *leader*s tiers-mondistes aguerris Nehru, Chou en Lai, Nasser, Soekarno, 24 États sont présents dont 6 africains dont 2 seulement en situation d'autonomie ou en voie d'indépendance (Soudan et Gold Coast) Des délégués d'Afrique du Nord sont observateurs. L'Afrique peut, après l'Asie, entrer dans l'ère de la décolonisation et en décembre 1958 à Accra une deuxième conférence des territoires africains (200 délégués) accélère le processus qui va en 12 ans faire accéder 37 pays à l'indépendance.

Les conflits les plus violents ont lieu là où des colons européens étaient solidement implantés, au Kenya, au Congo belge et surtout en Algérie où la guerre « sans nom » dure près de huit ans — 1954-1962 —, laissant un traumatisme profond dans les mémoires. Ailleurs l'indépendance est conquise de manière moins sanglante, faisant advenir de nouvelles identités politiques, sociales et nationales sur le continent africain au début des années 1970. La présence ou l'absence de colons européens, l'intériorisation du fait colonial par les métropoles, la manière dont les colonies sont pensées ou non comme éléments d'une identité nationale, sont autant de facteurs qui expliquent ces différents chemins d'accès aux indépendances… jamais données, mais négociées parfois (Ghana 1957 : premier État noir décolonisé). Suivent le Nigéria, écartelé par la guerre de sécession du Biafra, Sud-Est chrétien et pétrolier, puis l'Afrique noire française, malgré les tensions de la guerre d'Algérie en arrière-plan. Le départ de la Guinée après le « non » au référendum de communauté française puis l'indépendance de la Côte d'Ivoire en 1960 et dans la foulée de toutes les autres colonies (AOF AEF Madagascar) parachève un processus tardif mais rapide. Au début des années 1970 l'indépendance politique est acquise partout ou presque, ce qui veut dire de nouveaux États aux frontières souvent héritées des conquêtes coloniales et maintenues (choix de 1964 pour l'Afrique de l'intangibilité par le groupe de Moravia qui refuse de ressortir les équerres) et pour lesquels l'essentiel reste à faire : se réinventer une identité autonome, trouver une place dans les relations internationales dont ils deviennent acteurs. La décolonisation devient donc un enjeu, d'une autre nature, de la guerre froide : il s'agit moins, pour les deux grands, de prendre position que de contrôler ce nouveau monde et ses velléités d'autonomie.

S'affirmer hors de la logique exclusive des deux blocs ou l'utopie du non-alignement

Les États nés de la décolonisation se reconnaissent rapidement une identité commune née de l'expérience coloniale partagée et des problèmes de développement que l'accès à l'indépendance politique ne règle pas. Inscrits dans des logiques communes, ils deviennent ce troisième monde décrit par A. Sauvy, en 1952, quand il invente le terme de Tiers-Monde. Le terme n'est pas anodin qui dit la puissance en devenir, qui s'accompagne d'une volonté politique que des *leader*s, comme Nehru ou Soekarno, résument assez bien. La volonté est bien de faire naître de nouvelles relations internationales plus égalitaires. Lors de la Conférence de Bandung, en 1955, à laquelle ni les États-Unis, ni l'URSS, ni les puissances coloniales n'ont été conviées, les nouveaux états disent leur refus de l'extension de la guerre froide en Asie, de la soumission et donc de l'alignement sur l'un des blocs, de relations économiques inégales. Il s'agit bien pour ces populations de devenir des nations « sujets de l'histoire » (J. Lacouture). La conférence de Belgrade, en 1961, affirme le principe de non-alignement et fait entrer ce désir d'égalité dans les enjeux de la guerre froide. Adhérer au non-alignement suppose de refuser les alliances multilatérales, le maintien d'une politique indépendante, et le soutien des mouvements de lutte nationale. Ce choix du neutralisme ne convient évidemment à aucun des deux grands. Ne pas choisir l'un des deux blocs, affirmer une indépendance politique à l'échelle internationale, c'est, en fait, poursuivre la décolonisation et s'affirmer à la face du monde maître de son sort. Cela suppose cependant de parvenir à dépasser les intérêts nationaux, les pressions économiques exercées pour attirer les nations dans l'un ou l'autre des blocs, ce qui se révèle rapidement difficile, obligeant le Tiers-Monde à accepter, à son corps défendant, la logique des blocs.

III. 1976-1991 : Fin de partie ?

A. « Guerre fraîche » et fin d'un monde

1979 est le point bas pour les États-Unis (dollar malmenée, crise économique qui se prolonge, concurrence asiatique qui émerge). À la fin des années 1970, l'URSS réaffirme ses objectifs révolutionnaires et redéfinit sa politique étrangère notamment en accordant une place particulière au Tiers-Monde. Encouragée par l'échec américain en Iran, l'URSS se livre à une opération périlleuse de sauvetage d'un régime marxiste mis en place en 1979 en Afghanistan au risque de se confronter à un nationalisme musulman et de s'isoler. Cette intervention répond également à ce désir d'élargir l'empire soviétique en prenant position à proximité de l'océan Indien et du golfe Persique, tout en prévenant un risque de déstabilisation né de la révolution iranienne. La riposte américaine reconvoque l'arme de l'embargo sur les fournitures de céréales, la pression sur ses alliés pour boycotter Moscou, et la tension va jusqu'au boycott de certains de ses alliés des jeux de Moscou (1980). Une nouvelle guerre froide s'ouvre laissant loin derrière les traités SALT 1. C'est l'Europe qui est très embarrassée par ce rafraîchissement des relations Est-Ouest dans un contexte de crise de l'énergie qui appelle une diversification des fournisseurs, une politique de séduction vis-à-vis de l'OPEP et une politique d'investissement dans les gazoducs russes pour sécuriser les approvisionnements.

Le Tiers-Monde redevient un enjeu pour les Russes. Le but de Brejnev dit l'Africain est bien de s'y implanter ce que les États-Unis et leurs alliés, identifiés au colonialisme, peinent à faire. Le continent africain devient ainsi sa terre d'élection. L'URSS profite du vide laissé par la révolution portugaise de 1973 qui permet l'indépendance de l'Angola et du Mozambique pour y soutenir des régimes marxistes ; elle intervient dans des conflits interétatiques en soutenant l'Éthiopie contre la Somalie en 1978. Cette politique conquérante la fait progresser grâce à des régimes qui lui servent de relais ou par des alliances qui assurent son rayonnement. Son problème réside dans son incapacité d'intégrer, car elle n'en a ni les moyens économiques ni les moyens financiers, ces pays à la communauté socialiste. Les pays séduits maintiennent donc, comme l'Angola par exemple, des relations avec l'Occident. Les succès restent éphémères car les régimes amis sont fragiles et peuvent à tout moment échapper au contrôle soviétique pour peu que les États-Unis réagissent… Le succès des guérillas communistes soutenues par l'URSS et Cuba comme, par exemple, au Nicaragua en 1979, laisse espérer à terme une déstabilisation des États-Unis par la remise en cause de leur rôle historique dans ce qu'ils considèrent comme leur arrière-cour.

Les résultats sont d'autant plus spectaculaires que les choix de l'administration Carter (1977-1981) laissent le champ libre aux ambitions de Brejnev. Pour J. Carter, le monde est entré dans l'ère de la communication globale, source d'une nouvelle conscience collective planétaire synonyme d'un recul obligé des idéologies. L'accent est alors mis sur des aspects économiques et sociaux plus que politiques ou militaires. Le désir de pacifisme et d'égalité fondé sur l'économie et le développement trouve un écho dans l'aspiration du Tiers-Monde à une égalité sociale et économique. Un tel projet suppose de proposer un nouvel ordre mondial. S'opposer à l'URSS c'est donc s'affronter au Tiers-Monde sur le terrain du développement économique et social. Il y a dans cette lecture beaucoup d'irénisme mais, finalement, une certaine inconstance, qui permet à l'URSS d'entretenir l'illusion de sa puissance. Même la solidarité atlantique est écornée par cette évolution des rapports de force. L'Allemagne autorise une contribution de ses firmes à des transferts de technologies pour les gazoducs russes, tourne ses regards vers la tentation du désarmement et des pays comme la France sont réticents à entrer dans l'engrenage de la remilitarisation lorsque Reagan lance le programme IDS (initiative stratégique de défense) pour développer un bouclier anti missiles sanctuarisant le territoire américain et déployé en Europe occidentale. Les SS20 russes plus puissants sont désormais face aux Pershing installés en Europe par les Américains. On est donc de nouveau face au spectre de la guerre totale entre deux systèmes, qui chacun à sa manière sont un peu déclinants.

B. La fin de « la grande illusion » ?

L'URSS l'homme malade du monde

On ne peut ignorer le déclin relatif américain : quand Reagan souhaite une « america de retour », c'est pour mieux constater le déclin relatif des États-Unis pendant la période de J. Carter : hypertrophie des dépenses sociales, érosion des dépenses militaires, recul au prétexte d'un discours de paix (Camp David) et vexations notamment en Iran où la stabilité régionale est menacée par la révolution islamique et les lendemains de l'affront de l'affaire des otages de Téhéran. Le conflit israélo-palestinien dérape dans le raid de revanche des Israéliens contre les camps palestiniens des camps de Chatila et de Sabra au Liban. Ce n'est que le 24 septembre 1982 que la force multinationale française, italienne et américaine peut retourner au Liban tenter une négociation entre les parties débouchant sur un retrait de Beyrouth d'Israël mais pas du Liban.

Mais c'est surtout l'URSS qui montre des signes de faiblesses. Certes l'URSS donne encore l'illusion de la puissance : elle domine l'Europe centrale même si des craquements se font entendre, en particulier en Pologne où un mouvement ouvrier, *Solidarnosc*, soutenu par la CIA qui lui fournit argent et matériel pour l'impression de tracts et de journaux, prend de l'ampleur ; elle exerce une influence dans les pays du Tiers-Monde ; elle dispose d'une puissance militaire et nucléaire. Le « moment Gorbatchev » est pourtant l'occasion de mesurer la crise du système communiste : impossibilité d'une réforme systémique malgré les tentatives amorcées depuis la réforme Liberman de 1965 ; incapacité à promouvoir une réforme globale des prix, du plan, du travail, et à faire du profit et de la productivité les nerfs des entreprises soviétiques ; difficultés à promouvoir une démocratisation réelle du système malgré d'indéniables progrès, plus encore une hésitation permanente sur le calendrier des réformes et sur la priorité à l'économique ou au politique ?

Que dire d'une *perestroïka* qui malgré sa médiatisation par l'occident ne débouche aux yeux des russes que sur plus d'impôt (transparence oblige à plus de chômage (les réserves cachées de main-d'œuvre sont dénoncées) plus d'inflation (épargne libérée, prix révisés à la hausse, subventions restreintes). Que dire d'une *glasnost* incapable de moderniser un discours politique qui a perdu de sa force ? Que dire des contradictions au rythme des conseillers de Gorbatchev dont la valse traduit les hésitations. Ce qui est valable à l'Ouest vis-à-vis des pays baltes un peu libérés de l'autoritarisme russe n'est pas valable au Sud où l'URSS s'accroche aux vestiges de son « étranger proche ». Le ministre des Affaires étrangères soviétiques, E. Chevardnadze a beau expliquer que, désormais, la rivalité des deux systèmes n'est plus au centre des enjeux, que le monde socialiste a besoin d'une période de calme pour se restructurer économiquement et politiquement, que la conquête du Tiers-Monde doit se concentrer sur des pays économiquement rentables certains s'interrogent avec cynisme.

Tout le système communiste soviétique est en crise, ce que montre bien la gestion de l'explosion de la centrale nucléaire de Tchernobyl en 1986. Dans ces conditions, la disparition de l'URSS en 1991 au profit de la CEI résonne comme un bouleversement sans précédent qui ouvre la voie à l'imprévisible : la multipolarité, après une guerre froide dont on s'était accommodé (« Rome que seras tu sans tes ennemis »), une menace d'unipolarité si les États-Unis de Reagan devienne une « puissance décomplexée » sûre de son rôle de « nation indispensable » et de son système libéral.

Pourtant, c'est ce qui va se passer avec la « *golden decade* » des années 1990 où la superpuissance américaine s'installe avec arrogance dans l'hyperpuissance et « le complexe du vainqueur » c'est-à-dire une conjoncture optimale pour les États-Unis : victoire sur les rivaux russes en transition vers le marché (1991 fin de l'URSS) et membre du G8, la Hongrie rejoint l'Otan, la Chine l'OMC (Doha Round, 2001), le Japon entre dans la décade de crise (1991-2001). Retour à la frontière technologique : wintélisme, invention du navigateur (1991) après le microprocesseur (1968 création de Intel ; 1975 création de Microsoft, 1981 premier PC d'IBM ; 1990 Internet devient réseau mondial, naissance du web)… internationalisme décomplexé mêlant moralisme des libéraux (« *democratic enlargement* » de Clinton dans les Huit Glorieuses de 1992 à 2000) ; interventionnisme jupitérien tous azimuts : militaire (Desert Storm 1991, Restore Hope, Desert Fox 1998, Enduring freedom), de paix armée, de Dayton (novembre 1995) à Oslo (compromis OLP/Israël 1993), de Mogadiscio au Kosovo (1999) et lois Helms Burton contre l'empire du mal (discours de 2002 sur l'Axe du mal).

La fin d'un monde communiste face à la « fin de l'Histoire »

Ce changement de cap ne pouvait pas rester sans effet sur les démocraties populaires. Les partis communistes y étaient partout en difficulté, la lassitude vis-à-vis des pénuries alimentaires, la confiscation du pouvoir, les obstacles mis par les appareils aux volontés de réformes affichées par Moscou, étaient autant d'éléments qui fédéraient un mécontentement populaire de plus en plus manifeste. Surtout Gorbatchev avait donné l'impression de ne pas vouloir agir là où auparavant l'URSS ne tolérait aucun écart. La Pologne de Jaruzelski et *Solidarnosc* en était un bel exemple puisque Gorbatchev avait fait comprendre au régime qu'il n'était pas question d'intervenir. Au-delà la dépendance économique croissante de l'Union soviétique favorisait des formes de chantage de la part d'Occidentaux qui ne manquaient pas une occasion d'apporter leur soutien à toutes les formes de dissidence. L'effondrement du système se fait de manière inattendue. En six mois, entre juillet 1989 et décembre 1989, toutes les démocraties populaires disparaissent. En septembre, la Hongrie ouvre ses frontières avec l'Autriche, suscitant ainsi une première brèche dans le rideau de fer et un afflux spectaculaire de candidats est-allemands à l'immigration — 25 000 environ à la fin du mois sont déjà passés en Autriche. En octobre, elle abandonne le centralisme démocratique, la dictature du prolétariat et le 23, proclame une République. Tout va ensuite très vite par un effet d'imitation. La Tchécoslovaquie emmenée par Vaclav Havel fait, en octobre, sa « révolution de velours », le 9 novembre la RDA ouvre ses frontières. Les Berlinois de l'Est prennent d'assaut un mur symbole de la guerre froide, commençant, en certains endroits, à le détruire à coups de marteaux. En décembre, les derniers régimes comme la Bulgarie ou la Roumanie s'effondrent. Partout, sauf en Roumanie, l'effondrement s'est fait sans violence. On assiste alors à une déconstruction systématique de ce qui faisait le monde soviétique. L'URSS, entre décembre 1989 et décembre 1991, disparaît du paysage international au profit d'États nationaux comme l'Ukraine, la Biélorussie ou la Russie, réunies, à partir du 8 décembre 1991, dans la Communauté des États Indépendants (CEI). Le 3 octobre 1990, les cérémonies officielles de la réunification allemande ont lieu ; le 15 avril 1991 est créée la Banque européenne pour la Reconstruction et le Développement (BERD), destinée à faciliter la transition économique des sept pays d'Europe de l'Est dont l'URSS ; en avril 1992 les Républiques issues de l'ex-Union soviétique dont la Russie entrent au Fonds monétaire international (FMI) et à la Banque mondiale ; la dissolution du pacte de Varsovie est entérinée le 1er juillet 1991.

C. Monde multipolaire et périphéries oubliées

La guerre froide est finie, et maintenant ?

La fin de la guerre froide est à la fois le point d'aboutissement du processus entamé à Helsinki et la réactivation des accords de 1945. L'approfondissement de la construction européenne et le renforcement des régimes démocratiques en Europe le prouvent. Elle entraîne des recompositions spatiales — la carte de l'Europe est transformée — et politiques. Elle suppose que le seul survivant, les États-Unis, nouveaux gendarmes du monde, ait les moyens et le désir d'assurer une *Pax americana*. À l'orée du XXIe siècle, ils peineront justement à endosser ce nouveau rôle, à repenser une politique extérieure définie pendant 45 ans en fonction d'un adversaire unique, et font l'expérience de nouvelles menaces plus diffuses et plus incontrôlables. Ce monde en train d'éclore au début de la décennie 1990 se caractérise par la fragmentation, la multiplication de zones grises, c'est-à-dire d'espaces qui échappent à toute forme d'autorité légale, la banalisation de nouvelles manières de penser la guerre — terroristes — et surtout le refus croissant d'une gestion américaine du monde.

Périphéries toujours, instabilités encore

Les premiers touchés par ces nouvelles formes d'instabilité sont les anciens espaces colonisés. Certes l'indépendance politique est une réalité mais l'insertion dans les réseaux économiques est restée, en dépit des efforts déployés, lettre morte et, au début des années 1980, l'identité partagée de ces espaces, surtout pour le continent africain, est un mal développement endémique. Les États nés de la décolonisation ne sont pas parvenus à se faire une place dans une communauté internationale qui n'a pas complètement renoncé aux anciennes logiques coloniales. (néocolonialisme économique détérioration des termes de l'échange prix payé au libéralisme). Le terme de Tiers-Monde a changé de sens, il ne désigne plus ces États qui se reconnaissaient une identité commune et voulaient réinventer le jeu international, mais bien ces espaces oubliés de la croissance et des échanges mondiaux. L'unité ne peut plus être de mise car les disparités ne font que s'accentuer, à la fois entre continents et à l'intérieur des continents. Les Tiers-Mondes sont les lieux privilégiés des conflits. Si, jusqu'à la fin des années 1970, l'origine de ces conflits prenait souvent sa source dans une rivalité Est/Ouest, ce n'est désormais plus le cas. Ils changent de nature et deviennent les reflets de rivalités internes. Instabilité et violence se concentrent dans ces zones autour de conflits intra-étatiques — entre communautés ethniques ou/et religieuses — ou interétatiques — des litiges frontaliers le plus souvent. Certains États se rêvent en puissance régionale puisque désormais le monde s'organise à plusieurs, contribuant tout à la fois à stabiliser des régions mais aussi à les fragiliser, pour peu que deux puissances aient des ambitions rivales.

Conclusion

Le monde qui s'effondre en 1991 était un monde partagé entre deux modèles antagonistes, le libéralisme et le socialisme. Ce partage était source de crises mais aussi d'un ordre immuable. La fin de la guerre froide bouleverse cet ordonnancement du monde. Le monde soviétique a vécu, la guerre froide aussi : « ce qui est mort avec l'Union Soviétique de Gorbatchev, englobe toutes les versions du communisme, des principes révolutionnaires d'octobre jusqu'à leur histoire, et jusqu'à l'ambition d'en humaniser le cours dans des conditions plus favorables » (F. Furet, *Le passé d'une illusion*).

En face, Fukuyama prophétise la « fin de l'histoire » (été 1989) : « l'universalisation de la démocratie occidentale comme forme ultime de gouvernement humain », prophétie plus que bilan objectif des évolutions.

Fragmentations et éclatements sont désormais la règle.

Idées reçues

L'accès à l'indépendance politique veut dire la décolonisation

Trop souvent on réduit la décolonisation à l'accès à l'indépendance politique des États. Or le phénomène est beaucoup plus complexe que cela car la décolonisation suppose aussi de modifier les fonctionnements économiques — mettre fin aux relations inégalitaires — et de transformer les représentations. La décolonisation est alors bien plus longue que sa chronologie classique — le milieu des années 1960 — et s'étire jusqu'à nos jours en posant la question de la persistance de pratiques néo-coloniales très souvent dénoncées par, en particulier, les pays africains.

La dépendance de l'interdépendance des nouveaux États africains (Françafrique), la détérioration des termes de l'échange (instabilité des cours de matières premières), la confiscation de la gouvernance mondiale par les Grands (Conseil de Sécurité, ONU), témoignent du maintien direct et indirect du joug colonial et des rapports de force centre/périphéries. Une situation dénoncée dans les grandes tribunes internationales (CNUCED, Sommet des non-alignés, G77).

Lieux de la géopolitique

Suez 1956, crises emboîtées ?

Le canal de Suez est, dans la seconde moitié du XXe siècle, une voie économique stratégique où transite une bonne part des approvisionnements de pétrole. Administré par une compagnie anglo-française, doté, depuis 1888, d'un statut international qui garantit la libre circulation, il représente un intérêt économique et symbolise la présence européenne au Moyen-Orient. Nasser en est conscient quand il annonce, le 26 juillet 1956, sa nationalisation. Pour lui, il s'agit de financer la construction du grand barrage d'Assouan, d'affirmer la place de l'Égypte dans un Moyen-Orient recomposé par la création de l'État Hébreux et le Pacte de Bagdad conclu, en février 1955, entre la Grande-Bretagne et la Jordanie, l'Irak, l'Iran et dont l'Égypte a été exclue. L'affaire se transforme vite en crise internationale car intégrée dans des logiques Est/Ouest — l'Égypte est en train de se rapprocher de l'URSS —, coloniales — il s'agit de refuser des relations économiques postcoloniales — et régionales — l'Égypte sert de base arrière aux rebelles palestiniens contre l'État d'Israël. Dès l'été, la France et la Grande-Bretagne préparent avec Israël une opération militaire destinée à reconquérir le canal tout en renversant Nasser. L'opération se déroule entre le 29 octobre, avec l'entrée au Sinaï de troupes israéliennes, et le 7 novembre, où les troupes franco-britanniques parachutées le 5 pour reprendre le contrôle du canal sont remplacées par des troupes de l'ONU ; elle tourne au fiasco. Les leçons de la crise sont multiples. La France et la Grande-Bretagne ne sont plus les grandes puissances d'antan et ne peuvent décider sans consulter auparavant les deux grands ; la guerre froide concerne désormais le Moyen-Orient (l'URSS a soutenu l'Égypte et Eisenhower offre, en janvier 1957, à tout état du Moyen-Orient qui le souhaiterait, une aide économique, financière voire militaire) ; les États du Tiers-Monde veulent une égalité économique.

Cuba 1962 : dernière crise dramatique ?

La crise de Cuba est sans conteste la grande crise de la guerre froide, celle qui met le monde au bord du gouffre. Cuba, c'est le communisme aux portes de l'Amérique puisque cette île n'est qu'à quelques kilomètres des côtes de Floride. La menace se concrétise quand un avion espion découvre, en octobre 1962, des rampes de lancement soviétiques tournées vers les États-Unis. Pendant une semaine le monde est suspendu aux négociations américano-soviétiques, conscient que le moindre faux pas peut déboucher sur une guerre nucléaire. L'Union soviétique accepte finalement de démonter ses rampes de lancement en échange de la promesse américaine de ne pas envahir Cuba. L'accord, secret, prévoit aussi que soient enlevés les missiles américains installés en Turquie. La crise marque l'apogée d'une tension initiée quelques mois auparavant par la construction du mur de Berlin et le débarquement avorté de la Baie des Cochons (1961). Elle est aussi un moment de rupture car elle réactualise la question nucléaire, engage le monde dans une coexistence pacifique moins dialectique — ce que confirme la détente —, et montre que l'axe essentiel des relations internationales est bien l'axe américano-soviétique. La guerre froide n'est pas finie mais prend une autre forme avec des crises moins spectaculaires.

Bibliographie sélective

Lecture indispensable

A. Fontaine, La guerre froide (1917-1991), *Paris, Point Seuil, 2006.*

Toute l'originalité de l'approche d'A. Fontaine est de proposer de réinscrire la guerre froide dans un temps long. Elle ne se réduirait alors pas à la chronologie habituelle, la seconde moitié du XXe siècle, mais s'enracinerait en Europe dans l'affrontement entre communisme et libéralisme à l'œuvre dès 1917. Il propose de relire les enjeux à la lumière de cette chronologie en montrant de quelle manière l'affrontement a toujours été là même si l'entre-deux-guerres l'a, avec l'affirmation du fascisme, relégué au second plan. L'approche thématique plus que chronologique dissèque les politiques respectives en montrant leur interaction.

Ouvrages

Berstein S., Berstein G., Milza P., Gauthier Y., *Histoire du XXe siècle*, t. 1-3, Paris, Initial, 2004

Droz B., *Histoire de la décolonisation au XXe siècle*, Paris, Seuil, 2006.

Soutou G.-H, *La guerre froide,* Paris, Pluriel, 2011.

Films, livres, musique :

Becker W., *Goodbye Lenine*, 2003.

Littel R., *La Compagnie*, Paris, Point, 2004.

Kubrick S., *Docteur Folamour*, 1964.

London A., *L'aveu*, Paris, Folio, 1986.

Commentaire de documents

Le monde de la guerre froide

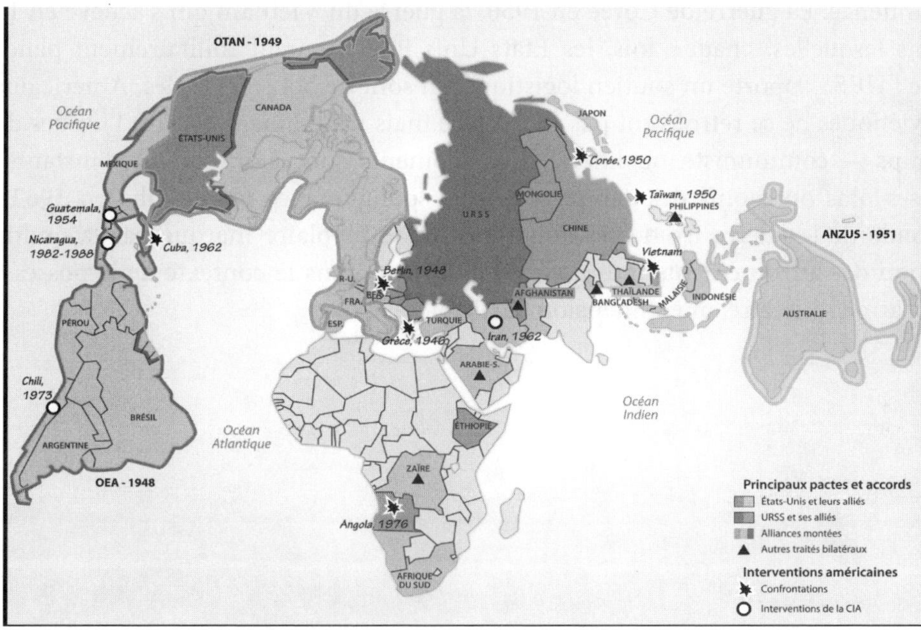

On le voit à la lecture de la carte : le monde de la guerre froide est un monde où l'on se fait face. L'affrontement naît d'abord de la mise en place de systèmes d'alliances antagonistes. L'Europe occidentale fait bloc autour des États-Unis depuis la signature, en 1949, du traité de l'Atlantique Nord. Les États-Unis ont su, après la guerre de Corée, s'implanter dans l'aire pacifique avec la signature, en 1951, de l'ANZUS qui construit une seconde ligne défensive dans le Pacifique. L'URSS s'appuie sur les démocraties populaires intégrées dans le Pacte de Varsovie (1955) et peut compter, jusqu'en 1961, sur le soutien de la Chine communiste. Existent également des alliances régionales, des traités bilatéraux comme, par exemple, celui qui lie les États-Unis à l'Arabie Saoudite, ou le Pacte de Bagdad qui arrime l'Iran, l'Irak et la Jordanie au monde occidental. Ces alliances coupent alors le monde en deux blocs irréconciliables puisque construits sur la logique de l'affrontement entre deux modèles, le socialisme et le libéralisme. Cette guerre est un conflit d'un nouveau type, indirect. L'affrontement est alors fait d'interventions plus ou moins secrètes destinées, en modifiant le cours des choses, à éviter de voir un État tomber dans l'escarcelle de l'autre camp. Le Chili, en 1973, en est un bel exemple : la CIA préfère soutenir le coup d'état d'un dictateur, Pinochet, plutôt que d'accepter un président socialiste, Allende, qui menaçait de nationaliser les mines d'uranium et pouvait donc mettre en péril les intérêts américains dans la région. La guerre est ici politique — éviter la victoire du socialisme à un moment où les guérillas communistes rencontrent des succès — et économique — préserver les intérêts des entreprises américaines. L'affrontement s'exprime aussi par le soutien, voire la participation, à des conflits « nationaux », pour éviter un recul de l'influence. La guerre de Corée en 1950, la guerre du Vietnam qui s'achève en 1975 dans lesquelles, chaque fois, les États-Unis interviennent militairement pendant que l'URSS apporte un soutien logistique, en sont de bons exemples. Américains et Soviétiques ne se retrouvent pas face à face mais soutiennent chacun l'un des deux camps — communiste ou libéral. Ces moments sont alors autant d'instants de crises plus ou moins dramatiques, ce que souligne avec force Cuba en 1962. Le monde de la guerre froide est donc un monde bipolaire marqué par la multiplication des affrontements indirects qui prennent, dans le contexte de la possession de l'arme nucléaire, une dimension particulière.

Dissertation

Guerre froide et décolonisation

Introduction

Concomitance ne veut pas dire liens de causalités. Pourtant les deux mouvements fondamentaux qui, jaillis de « l'épaisseur du monde » bousculent l'ordre géopolitique ancien, la guerre froide (opposition des deux superpuissances russe et américaine) et la décolonisation (indépendance vis-à-vis des métropoles de colonies hier asservies) ne sont pas sans liens. Les pays du Tiers-Monde impliqués dans le processus de décolonisation ont souvent utilisé l'effet de levier des tensions Est-Ouest pour s'affirme, et des conflits secondaires ont permis à la guerre froide de ne pas éclater en conflit mondial et se sont déclarés sur les terrains des indépendances. La guerre froide est elle donc la matrice des indépendances, ou la décolonisation a-t-elle instrumentalisé la guerre froide ?

I. Une Europe congédiée de l'Histoire, et l'affirmation de deux supergrands ont créé les conditions nécessaires sinon suffisantes à une décolonisation rapide

A. Les leçons de la guerre pour un continent européen meurtri et des empires en proie aux doutes

Des empires sont impliqués durement dans le conflit. Un prestige des métropoles (France, Belgique, Hollande) entaché par la défaite de 1940. Un recul vis-à-vis du Japon vécu comme un abandon (Français en Indochine, Indonésie pour les Néerlandais Malaisie et Birmanie pour les Britanniques).

Les puissances de l'Axe sont les révélateurs sans complaisance des faiblesses des anciennes puissances coloniales : appels à l'union des asiatiques contre les colonisateurs blancs, proclamation d'indépendance avant leur départ en août 1945. En Tunisie pendant leur retraite les Allemands suscitent des soulèvements anti français. Des *leader*s nationalistes sensibles à leur propagande (Soekarno en Indonésie Chandra Bose en Inde). L'Allemagne perdra ses colonies en 1919.

La contribution des colonies à la victoire a été décisive mais pour quel retour pour de tels sacrifices ? Sentiment d'abandon 2 millions d'Indiens mobilisés armée française d'Italie du maréchal juin composée surtout d'Africains du Nord (cimetière de Cassino : deux tiers des tombes sont musulmanes). Plus encore sentiment de vouloir et de devoir s'accrocher aux colonies de la part des métropoles : Grande-Bretagne et nostalgie du British Raj, Hollandais et tentatives de reconquêtes, Français et Union française, révision tardive des choix d'investissements, cf. après la Seconde Guerre mondiale crédits offerts à l'outre-mer par la France de 32,5 milliards de francs or soit 2 fois les aides américaines à la France après avoir consacré aux colonies de 1850 à 1930 à peine 4 milliards de francs 1914 !

B. Les deux supergrands aux balcons de l'émancipation coloniale

L'URSS dans le prolongement de l'analyse léniniste de l'impérialisme stade suprême du capitalisme ne peut que par anticapitalisme souhaiter la défaite des puissances coloniales. (« le monopole est issu de la politique coloniale. Aux nombreux anciens mobiles de la politique coloniale le capital financier a ajouté la lutte pour les sources de matières premières pour l'exportation des capitaux pour les zones d'influence… Et enfin pour le territoire économique en général » Lénine

Zurich 1916). De plus les puissances coloniales appartiennent au monde occidental que les Russes souhaitent affaiblir.

Les États-Unis par référence à leur propre indépendance, à l'affirmation précoce du droit des peuples à disposer d'eux-mêmes, à l'opposition à la Grande-Bretagne puissance hier tutélaire, sont délibérément contre le « *scramble for Africa* » de la fin du XIXe. Le Libéria n'est qu'une terre d'élection « d'esclaves affranchis américains » et le panafricanisme naîtra aux États-Unis. La puissance économique américaine dans sa recherche de débouchés veut s'ouvrir des marchés et leur croisade anticommuniste les fera pencher pour des nationalismes indépendantistes fussent-ils comme au Vietnam-Sud corrompus...

Les 2 grands se sont entendus pour créer avec l'Onu une tribune des aspirations indépendantistes, et sont « les garants de principes d'autodétermination et de souveraineté » fondement de cette institution.

C. Des tropismes multiples et féconds vers les deux grands

Les États-Unis comme l'URSS ont un brevet d'anticolonialisme aux yeux des peuples colonisés : malgré la diplomatie du méridien, la conquête des Philippines au détriment des espagnols (et une guérilla contre leur occupation) les États-Unis restent le pays du 5e amendement Wilson de 1918, le pays qui s'est indigné des exactions du général espagnol Weyler contre les indigènes de Cuba.

Le messianisme libéral américain porté par Roosevelt : les 4 libertés de Roosevelt, pierre angulaire de l'Amérique Monde : liberté de parole et d'expression partout dans le monde liberté pour chacun d'adorer Dieu à sa manière, partout dans le monde, la liberté face au besoin (accords économiques avec pays tiers pour assurer aux nations vie prospère et pacifique), la liberté face à la peur (réduction des armements pour éviter les affrontements) peut susciter d'autant plus d'espoir que Roosevelt envisage une mise en tutelle des colonies.

L'URSS a tôt fait de faire oublier qu'elle a été « *prison des peuples* ». Elle a su relayer le Manifeste du premier congrès de l'Internationale Communiste qui, affirmait : *« Esclaves coloniaux d'Afrique et d'Asie, l'heure de la dictature prolétarienne en Europe sonnera pour vous comme l'heure de votre délivrance »* Pour Lénine *« la révolution sociale devait attaquer de l'intérieur, par des révolutions ouvrières, et de l'extérieur, par des luttes d'émancipation dans les colonies et semi-colonies, pour vaincre les puissantes bourgeoisies d'Angleterre, de France, des États-Unis ».*

Les deux puissances vont donc instrumentaliser des élites locales, des nationalismes radicaux quitte parfois à les abandonner au gré des intérêts stratégiques (comme ce fut le cas pour Hô Chi Minh un temps suivi par les Américains).

Dès lors la décolonisation s'inscrit pleinement dans le champ de la guerre froide.

II. La décolonisation est naturellement un terrain d'expression et d'expansion de la guerre froide

A. L'activisme américano-russe (le directoire) dans les combats indépendantistes

Dès la défaite japonaise, Russes et Américains se retrouvent côte à côte pour mettre sur pied un gouvernement coréen qu'ils contrôleraient ensemble. De même ils parrainent Le 29 novembre 1947, le plan de partage présenté à l'assemblée générale des Nations unies. Moscou y voit une force capable de contrecarrer l'impérialisme britannique dans cette région du monde et Truman le moyen de gagner de voix auprès de l'électorat juif américain...

Les États-Unis font directement pression en Indonésie sur les Hollandais, en menaçant même de suspendre le plan Marshall en Afrique du Nord sur la France. L'URSS soutien les maquis vietminh le FLN et forme les cadres africains à l'université Lumumba de Moscou. Russes et Américains se retrouvent pour condamner l'intervention anglo-franco-israélienne sur Port Saïd en novembre 1956, opération de reconquête coloniale, les Russes allant jusqu'à des menaces de représailles atomiques.

Le rythme de la décolonisation peut être fixé par les États-Unis comme au Vietnam où craignant d'engager le pays dans une nouvelle Corée, Eisenhower n'intervient pas aux côtés des Français après avoir financé 75 % de la guerre. Le cadre général de l'intervention est la théorie des dominos expliquée par Eisenhower « vous avez une série de dominos debout. vous renversez le premier et vous pouvez être certain qu'ils vont basculer jusqu'au dernier ! ». La longueur de l'indépendance du Vietnam tient d'abord à la volonté américaine de « *maintenir un Sud-Vietnam amical et non communiste* » et à l'impossibilité de Moscou d 'ouvertement contrecarrer l'appui chinois.

B. Un processus de décolonisation parfois retardé par la guerre froide

La rivalité Est-Ouest a fourni un répit aux puissances coloniales retardant l'échéance des indépendances. À l'exception coloniale que Winston Churchill voulait apporter à la Charte atlantique, F. D. Roosevelt répondit *« Winston vous avez dans le sang 5 siècles de domination ! Vous en voulez pas comprendre que nous sommes rentrés dans des temps nouveaux et que les libertés que nous avons proclamées doivent s'étendre à tous les peuples sans exception* !! ». Pourtant la guerre froide a pris souvent le dessus sur la décolonisation. Ce face à face américano-russe hypothèque les processus d'indépendance.

La France et la Grande-Bretagne devant la mainmise des Américains au Proche-Orient cherchent à valoriser le pétrole africain et espèrent faire durer leurs positions coloniales ou néocoloniales. L'aide au développement est un loyer géopolitique : il ne s'agit pas de soutenir des efforts de bonne gouvernance mais pendant la guerre froide de récompenser les alliés les plus zélés. les promesses d'investissement sont des fins de non recevoir des thèses indépendantistes. Ainsi en est il du discours de Brazzaville toujours d'actualité dans les années de guerre froide par lequel de Gaulle assurait « qu'il n'y aurait aucun progrès si les hommes sur leur terre natale n'en profitaient pas moralement et matériellement s'ils ne pouvaient s'élever peu à peu jusqu'au niveau où ils seront capables de participer chez eux à la gestion de leurs propres affaires.

En Afrique australe les deux puissances se neutralisent en Namibie longtemps administrée illégalement par l'Afrique du Sud au détriment de la Swapo créée en 1960 et proche des régimes cubain et soviétique. La défense des pouvoirs blancs en Rhodésie dans le Sud-Ouest africain et au pays de l'apartheid s'est longtemps confondue avec la lutte anticommuniste en prolongeant le règne colonial. De là le retard des indépendances du Mozambique de l'Angola en 1975 du Zimbabwe en 1980 et de la Namibie, une des dernières, en 1990. Dans la corne d'Afrique le soutien russe à Mengistu et au Derg, augmente le retard de la recomposition étatique de cette région dans sa partie érythréenne, occupée par les Somaliens. C'est à la demande des Soviétiques que Mengistu crée le parti unique des travailleurs éthiopiens, et exerce jusqu'en 1991 une terreur rouge.

C. L'Afrique comme l'Asie au cœur des conflits de substitution de la guerre froide

Trois conflits africains font écho aux guerres d'Indochine et de Corée et ont réellement impliqué les deux superpuissances :

Entre 1960 et 1965 l'URSS espérait et les États-Unis redoutaient le basculement de l'ex Congo belge dans le camp socialiste et la « congolisation » de l'Afrique centrale à partir de guérillas sporadiques.

À partir de 1975 Moscou et Washington s'opposent en Angola sur la ligne de front des États hostiles à l'Afrique du Sud de Peter Botha, l'URSS allant jusqu'à sous-traiter aux Cubains l'intervention aux côtés de la swapo et les États-Unis ne se privant pas d'apporter leur aide à Jonas Savimbi et son mouvement rebelle.

Enfin en 1977-1978 la guerre d'Ogaden entraîne un jeu de chaises musicales dans les alliances les soviétiques abandonnant le soutien à la Somalie pour rejoindre le camp de l'Éthiopie. Nul doute que la proximité du golfe d'Aden et des routes pétrolières du Moyen-Orient n'ait incité les deux supergrand à des engagements dans cette partie de l'Afrique 22 pays africains étaient destinataires d'armes russes au début des années 1970.

Mais de toute évidence le continent n'a jamais été pour les deux grands en enjeu d'une taille comparable à l'Asie : l'idée de lutte de classes convainc peu les Africains faiblement prolétarisés et urbanisés même si des dirigeants comme Sékou Touré en Guinée ou n'Krumah dans la Gold Coast ont en arrière plan de leur action choisi le marxisme.

III. La décolonisation est cependant un processus partiellement autonome par rapport à la guerre froide dans ses racines et son rythme

A. Le « vent du changement » ne vient ni de l'Est ni de l'Ouest

Les blocages qui exaspèrent les indépendantismes ne sont dictés par aucun des supergrands : ainsi en est il des opinions publiques européennes, même le gros des troupes des partis avancés qui en comprennent pas les soulèvements des peuples colonisés contre les « progrès la civilisation qu'apporte le blanc. On comprend mal qu'ils puissent contester l'administration coloniale d'autant plus que souvent s'ils gardent leurs droits coutumiers La minorité des gros colons refusent de perdre des avantages économiques (pour la France le tiers des échanges extérieurs dès 1939 et encore 41 % en 1956. Les colonies ne sont elles pas d'ailleurs le dernier atout des pays européens épuisés par le second conflit mondial surtout au moment où les blocs se mettent en place.

A contrario, la prise de conscience de la nécessité de décoloniser, prend ses sources dans des courants d'opinions anticolonialistes comme l'Église, certains partis de gauche, des hommes de terrain appelés bien malgré eux à assumer des choix qui ne sont pas les leurs (pression torture dénoncée par des appelés en Algérie) des gradés qui voient comme au Portugal dans la colonisation le support des idéologies totalitaires qu'ils appellent à balayer (révolution des œillets portugaise).

Les rythmes et les modalités des décolonisations varient en fonction des États colonisateurs de leur pratique de l'administration coloniale. de l'importance plus ou moins grande des étrangers (si l'Angola, l'Afrique du Sud, le Kenya, l'Algérie ont été des colonies de peuplement ; ce n'est pas le cas du Sahel ou de la Centrafrique où la France sera confrontée à des sales guerres plus que la Grande-Bretagne, adepte d'un *indirect rule* théorisé par Lord Lugard à partir du Nigéria plus efficace, car impliquant des chefferies traditionnelles. Le tempo est fixé aussi par les pays colonisés eux-mêmes ainsi l'Afrique noire sera plus tardivement décolonisée car les mouvements de libération organisés sont plus tardifs la cohésion technique fait défaut et les traditions nationales sont faibles.

C'est totalement hors de la guerre froide que la majeure partie du continent africain noir francophone et anglophone que les Caraïbes ont acquis leur indépendance.

B. Le neutralisme a d'ailleurs été une matrice idéalisée de la décolonisation

À l'arrière plan de la décolonisation il ne faut pas oublier l'esprit de Bandung, né de la grande méfiance des pays du Tiers-Monde envers les 2 blocs visant la domination mondiale unilatérale. 29 pays du Tiers-Monde d'Afrique et d'Asie ont rapidement fait valoir leur autonomie, leur non alignement. À Bandung s'exprime la solidarité de peuples qui ont vaincu le colonialisme, le colonialisme est critiqué, notamment le colonialisme français mais le communisme est aussi condamné par certains. Ainsi Jamali ministre irakien des affaires étrangères fondateur de la ligue arabe peut déclarer « *Sous la vieille forme du colonialisme il y a du moins quelque chance d'entendre les cris de désespoir des peuples asservis. Sous le joug communiste il est impossible d'entende ces cris* ».

On aura du mal parfois à saisir clairement la ligne des idéologies qui sous tendent la décolonisation. Ainsi en est il du national communisme de Hô Chi Minh, du programme de Julius Nyerere au Tanganyika qui voulait rendre compatible socialisme et fraternité chrétienne ou de Syad barre dirigeant somalien qui dès 1969 veut concilier socialisme scientifique et islam ou de N'Krumah au Ghana qui anticommuniste au départ, se retrouve porteur du panafricanisme, puis gestionnaire d'une dictature dont les principes sont glanés dans ses voyages dans les pays de l'Est, et qui perd le pouvoir alors qu'il est en Chine… en étant passé dans son bréviaire théorique de Lénine à Gandhi en passant par Staline et Hitler… !

L'importance accordée aux valeurs traditionnelles, comme pour le néo-Destour de Bourguiba à des religions nationales comme l'islam intégré au programme du FLN de Ben Bella, à des héritages pacifistes comme Nehru en Inde, font des indépendantismes le creuset d'influences parfois contradictoires toujours à géométrie variables dans le contexte des rapports de force Est-Ouest. Les deux bocs étant eux-mêmes divisés (oppositions entre Chine et URSS par exemple jusqu'à la rupture amorcée dès 1960, clivages entre les États-Unis et l'Union européenne en voie d'émancipation dès les années du Kennedy round) il paraît difficile de ne pas relativiser l'impact de la guerre froide dans la décolonisation.

C. Un troisième monde, bloc autonome ou enjeu ?

Un constat s'impose : la décolonisation débouche sur une volonté du Tiers-Monde de se structurer autour du non alignement : de Brioni (1956) à Belgrade (1961) sur la lancée de Bandung le Tiers-Monde veut jouer un rôle sur la scène internationale indépendant de la logique des blocs, soutenir une décolonisation autonome et s'engager dans la paix et le désarmement (thématiques que les deux grands refusent bien sûr). Bien sûr il s'agit là d'un idéal, car les longues guerres coloniales le soutien occidental à des dictatures notamment en Amérique latine, l'engagement américain au sud Vietnam ont conduit bien des pays du Tiers-Monde à se rapprocher du bloc soviétique. Le mouvement des non-alignés comprendra lui même une minorité agissante proche de Moscou avec pour président Fidel Castro. Mais ce serait oublier que des pays modérés ont toujours soutenu le strict neutralisme avec Tito sorti du bloc soviétique dès 1948.

D'autre part si la décolonisation ne s'était inscrite que dans la guerre froide les superpuissances auraient partagé leurs zones d'influence sans aller retour possible or ce ne fut pas le cas à l'image des Égyptiens ou des Somaliens. Les conflits se seraient moins enlisés comme en Angola ou le Vietnam chacun des grands jugeant que toute prolongation affaiblissait son camp (déboires de Brejnev l'Africain, et des États-Unis au Vietnam).

Si enfin les deux superpuissances avaient piloté la décolonisation nul doute qu'ils auraient moins subi les effets de traîne, les ondes de chocs (implosion de l'URSS vécue comme une sorte de volonté de décolonisation des futurs membres de la CEI, et tropisme nouveau des pays baltes vers l'Europe, ou tendance à l'émancipation du continent sud-américain face à l'OEA).

Conclusion

Dans les géomorphismes, plus qu'un conflit Est-Ouest la décolonisation est un conflit Nord-Sud avant tout, parfois instrumentalisé par les acteurs de la guerre froide car la rhétorique anticommuniste ou anticapitaliste n'a pas de frontière, et ne saurait se limiter au champ européen où l'affrontement des blocs est né dans les résolutions de la première conférence des peuples africains à Accra le 13 décembre 1958 une retiendra l'attention « *la conférence fait appel à l'ONU pour que celle-ci demande aux puissances coloniales de se retirer d'Afrique* »… où est la logique des blocs ?

Oral

Le système soviétique était-il réformable ?

Introduction

Doctrine, et système économique, le communisme s'était fixé en URSS des objectifs simples : rattrapage de l'Occident, défense de son intégrité, et prosélytisme. Peu ont été pleinement réalisés. Erreurs ou rigidités systémiques ?

I. La confrontation des objectifs initiaux du système et les résultats obtenus après trois quarts de siècle d'expérience socialiste font apparaître des échecs nombreux

A. Les trois objectifs du communisme

– Une société sans classe / rémunération en fonction de « chacun selon ses besoins » fin des divisions paysan / ouvrier et ville / campagne ?

– Le rattrapage de l'Occident par les industries de base puis le niveau de vie (de Staline à Khrouchtchev et Gorbatchev), l'illusion ?

– L'affirmation du statut de grande puissance mondiale pour préserver les acquis, assurer un rayonnement du modèle, et créer une DICT dans les démocraties populaires.

B. Des objectifs réalisés sinon totalement, du moins partiellement ?

– Puissance brute soviétique confirmée : acier / armement / avancées technologiques dans la mouvance du VPK (complexe militaro industriel).

– Le rayonnement du modèle, le glacis, les émules, une des voies de libération nationale.

la propriété collective des moyens de production (lopins, économie souterraine, privilèges de castes).

– L'apparente société sans classes : les indicateurs d'un bilan globalement positif.

C. Des illusions et des échecs : pas de chômage… mais réserves cachées de main-d'œuvre

– La société sans classe mais avec des privilèges et des castes un retard des services… le premier des pays sous-développés…

– Un constat de crise périodiquement réaffirmé : fin des années 1950, milieu des années 1970, 1985-1987 ; croissance extensive ; butoirs de la main-d'œuvre ; dépendance alimentaire ; déficit technologique.

– L'impuissance d'une superpuissance militaire : effets prédateurs du VPK (CMI).

II. « Le système soviétique socialiste : une innovation radicale qui, une fois introduite, n'aurait plus connu d'amélioration » (J. Berliner) ?

A. Une crise organique et systémique

– Crise de la planification.

– Crise de la gestion de l'entreprise.

– Crise d'insertion dans le système global des échanges.

B. Des réformes partielles et inopérantes : de 1956 à la grande expérimentation de Andropov

– L'absence de réformes systémiques.

– L'Esprit nouveau : 1956-1962 ; dès le XXe congrès du PCUS (février 1956) : décentralisation (régions autonomes, ministères industriels remplacés par une centaine de conseils ou sovnarkhozes dont les 2/3 pour la RSFSR). Émulation socialiste, amélioration des conditions de vie de la population : déplacements ouvriers plus soumis à un préavis, relèvement du salaire minimum, abaissement de la durée du travail (de 48 à 46 heures), congé de maternité porté à 112 jours. L'agriculture concernée : relèvement des prix de livraisons, le lopin privé moins ponctionné même si Khroutchev est persuadé de la supériorité de l'organisation collective (agrovilles).

– L'Espoir réformiste 1965... Liberman. Après une recentralisation du pouvoir (suppression des sovnarkhozes, Gossnab pour les approvisionnements) une certaine autonomie (comptable) est accordée aux entreprises (indices quantitatifs remplacés par des indices de production vendue et création sur une partie des bénéfices d'un fonds de stimulation, d'équipements collectifs, d'autofinancement).

– Les réformettes de 1970-1972 : rafistolage avec de nouvelles structures : unions industrielles, unions de production, complexes territoriaux de production pour tenter de rationaliser la gestion d'entreprises dispersées.

C. Les espoirs déçus du « moment Gorbatchev » : « la consistante inconsistance » (M. Heller)

Pas de réformes systémique, pas d'attaque perpendiculaire du noyau dur d'un système cohérent et inerte une fois instauré, marqué par une hiérarchie globale de contrôle, une microrèglementation bureaucratique, une régulation pénurique, des prix administrés, une accumulation très centralisée.

III. L'impasse du système confirmée par son éclatement en 1991 ouvre trois débats

A. Un échec consubstantiel à l'installation du régime

– Un « marxisme sous vide », le refus de la contestation : répression et dogmatisme pas de tradition de démocratie le « grand malheur russe » (H. Carrère d'Encausse).

– L'immensité d'un territoire : les contraintes d'un empire (la Russie et l'URSS furent d'abord un empire avant d'être une nation : l'expansionnisme a toujours été une fuite en avant (en moyenne 140 km^2 par jour et pendant... trois siècles, extension démesurée de l'espace que les dirigeants pensaient pouvoir contrôler).

– Les contraintes d'un modèle et d'une superpuissance isolée et sur la défensive (CMI contre le civil).

– Les perversions du culte de la personnalité (Staline : le vertige du succès pendant la dékoulakisation 1930).

– Le stalinisme condamné à défendre ses conquêtes, à devenir conservateur.

B. Des blocages inéluctables des réformes : l'impossibilité de réformer le système sans le mettre en cause

– La mise à l'écart de la société civile et l'adhésion feinte ou réelle des dirigeants au dogme de l'infaillibilité du système.

– Les poids des hiérarchies et des bureaucraties ; les harcèlements des conservateurs.

– « Ainsi le système socialiste peut être comparé à une innovation radicale qui une fois introduite n'aurait plus connu d'amélioration » (J. Berliner).

C. La possible survie du système même liquidé intellectuellement et rangé au rang des illusions ?

– Si pour J.-F. Revel « la seule manière d'améliorer le socialisme c'est de s'en débarrasser », G. Chaliand a raison de noter que « le communisme est mort mais que des lenteurs bureaucratiques retardent son décès ».

– La transition vers le marché : résistances du passé, nostalgies, survie d'expérience communiste (cf. la Chine).

– Les impasses du capitalisme, sans véritable légitimité sociale, nouvelle chance du communisme ?... Mais si une finalité du développement est la démocratie, il est difficile de trouver un exemple de démocratie sans économie de marché.

Conclusion

« Il n'y avait rien de surprenant à ce qu'un système total s'effondre totalement laissant le champ libre à un problème total » (M. Malia).

Chapitre 5
La construction européenne et ses enjeux

Michel Nazet

L'Europe se fera dans les crises, et elle sera la somme des solutions apportées à ces crises.
Jean Monnet, Mémoires.

Dates clés

1950 Discours de Robert Schuman inspiré par Jean Monnet qui aboutit à la création le 18 avril 1951 du traité instituant la Communauté européenne du charbon et de l'acier (CECA).

1957 Signature le 25 mars des traités de Rome qui entrent en vigueur le 1er janvier 1958, à la suite de la Conférence de Messine des 1er et 2 juin 1955.

1968 Mise en place le 1er juillet de l'union douanière et du tarif extérieur commun (TEC).

1973 L'Europe des Six devient celle des Neuf avec l'entrée le 1er janvier du Royaume-Uni, du Danemark et de l'Irlande.

1979 1re élection au suffrage universel du Parlement européen (410 membres).

1981 Entrée de la Grèce le 1er janvier dans ce qui devient l'Europe des Dix.

1985 Signature de l'accord de Schengen (14 juin).

1986 Entrée le 1er janvier de l'Espagne et du Portugal dans la Communauté économique européenne (CEE) qui compte désormais douze membres.

1987 Signature en février de l'Acte unique européen qui entre en vigueur le 1er juillet et qui prévoit la mise en place d'un grand marché européen à l'horizon du 1er janvier 1993.

1991 Adoption les 9 et 10 décembre du traité sur l'Union européenne qui est signé le 7 février 1992 et entre en vigueur le 1er novembre 1993.

Chiffres clés

L'Europe des 12 en 1993

Pays	Date d'adhésion	Superficie en milliers de km²	Population en millions	PIB au prix du marché en milliards d'écus 1 écu = 1 euro	Taux de chômage en % Hommes // Femmes
Allemagne	1957	357	80,1	1125	6,5 // 9,4
Belgique	1957	31	10	125	6,2 // 10,9
Danemark	1973	43	5,1	85	10,6 // 11,2
Espagne	1986	505	39	277	18,7 // 28,8
France	1957	549	57,5	816	9,7 // 13,5
Grèce	1981	132	10,3	59	6,3 // 15,3
Irlande	1973	70	3,5	37	15,9 // 16

Italie	1957	301	56,9	658	7,9 // 14,8
Pays	Date d'adhésion	Superficie en milliers de km²	Population en millions	PIB au prix du marché en milliards d'écus 1 écu = 1 euro	Taux de chômage en % Hommes // Femmes
Luxembourg	1957	3	0,39	8	1,9 // 3,1
Pays-Bas	1957	41	15,2	205	5,4 // 7,7
Portugal	1986	92	9,8	41	4,7 // 6,5
Royaume-Uni	1973	244	58	709	12,5 // 7,6
Europe des 12		2368	347	4118	9,6 // 12,3

◆ Croquis de synthèse

1993 : L'Europe en construction

Introduction

L'Europe en 1945 sort meurtrie et plus fragmentée que jamais d'un conflit dans lequel l'a plongée la volonté de revanche et de puissance de l'Allemagne nazie, et ce après avoir connu le risque d'être congédiée de l'histoire en 1918.

Elle est alors néanmoins occupée par deux puissances, les États-Unis et l'URSS, dont l'une a des origines européennes mais s'est tenue longtemps à son écart, et dont l'autre a été toujours plus ou moins maintenue en marge d'abord en raison de ses retards de développement puis du modèle adopté en 1917.

Pourtant, à peine un demi-siècle plus tard à l'issue de la conclusion du traité de Maastricht en 1992, la construction européenne, celle des communautés européennes, est non seulement déjà une réalité qui unit désormais douze États mais connaît des mutations profondes avec la naissance de l'Union européenne.

◆ Problématiques

- ⊙ ***Par quel processus l'Europe a-t-elle pu poursuivre sa construction ?***
- ⊙ ***Avec quels résultats mais aussi quels problèmes ?***
- ⊙ ***Quels sont les potentialités mais aussi les nouveaux défis posés par le traité de Maastricht ?***

I. Les aléas de la construction européenne de la fin de la Seconde Guerre mondiale à la fin des années 1970

A. Dans un climat devenu favorable, la construction européenne résultat d'une impulsion américaine relayée par une initiative française : 1945-1952

À défaut des vingt-huit siècles d'Europe évoqués par Denis de Rougemont, l'idée européenne a ses fondements dans le souvenir de l'empire romain et elle a au cours des siècles connu des résurgences illustrées par les projets de Sully (Mémoires de 1638-1662), de Kant (1795), de Victor Hugo (1849) ou d'Aristide Briand (1929), avant d'être approfondie par les travaux des groupes mis en place par le Comte Coudenhove-Kalergi dans les années 1930, dans le cadre du paneuropéanisme.

Elle n'apparut toutefois comme une nécessité qu'au lendemain d'une Seconde Guerre mondiale déjà plus ou moins comprise comme une guerre civile dans des termes qui restent toujours polémiques (cf. Ernst Nolte, *La guerre civile européenne 1917-1945*).

La réflexion menée dans les camps de concentration, par les politiques ainsi que par les mouvements de résistance des pays occupés, fut à l'origine de l'émergence des mouvements européens qui organisèrent le Congrès de La Haye en 1948 qui aboutit à la création, par le traité de Londres du 5 mai 1949, du Conseil de l'Europe.

Il est toutefois indiscutable que l'impulsion américaine désireuse de fédérer le camp occidental face à l'URSS fut décisive avec la mise en place de deux organisations européennes de type intergouvernemental : l'Union occidentale*, créée par le traité de Bruxelles du 17 mars 1948, qui était une organisation à vocation militaire et qui regroupait la France, le Royaume-Uni, les trois États du Benelux ; et ensuite l'Organisation européenne de coopération économique (OECE) qui fut instituée en avril 1948 pour gérer l'aide Marshall et qui donna lieu un peu plus tard en juillet 1950 à l'Union européenne des paiements (1950-1958).

L'acte fondateur de la construction européenne fut néanmoins, le 9 mai 1950, la déclaration de Robert Schuman, le ministre des affaires étrangères français, qui fut inspirée par Jean Monnet alors commissaire général au plan. Pour réconcilier la France et l'Allemagne, le plan Schuman proposait de « placer l'ensemble de la production franco-allemande de charbon et d'acier, sous une Haute Autorité commune, dans une organisation ouverte à la participation des autres pays d'Europe » avec pour objectif à plus long terme de mettre en place une « fédération européenne indispensable à la préservation de la paix ». Pour ce faire, le ministre énonçait une méthode progressive et pragmatique résumée dans la célèbre formule : « l'Europe ne se fera pas d'un seul coup, ni dans une construction d'ensemble ; elle se fera par des réalisations concrètes créant d'abord une solidarité de fait ». Ce fut le vade-mecum de la méthode Monnet-Schuman — dite méthode des petits pas — qui fait reposer l'intégration européenne sur des institutions supranationales composées d'experts indépendants des États membres et qui postule que les progrès dans l'intégration en appelleront d'autres en raison d'un phénomène de déversement (*spill over effect*) qui sera théorisé ultérieurement par l'école néofonctionnaliste dans les années 1950 et 1960.

Le climat politique s'y prêtant avec la présence au pouvoir des démocrates-chrétiens proeuropéens, la déclaration conduisit au traité de Paris du 18 avril 1951 par lequel était créée pour cinquante ans la Communauté européenne du charbon et de l'acier (CECA) qui réunissait, outre la France et l'Allemagne, l'Italie et les trois États du Benelux (Belgique, Pays-Bas, Luxembourg).

Le système institutionnel mis en place fut la matrice de ce qui allait devenir les institutions communautaires autour d'une Haute Autorité composée de neuf membres indépendants choisis en commun par les États membres et dotée d'un pouvoir décisionnel important partagé avec le Conseil des ministres (un ministre par État) et contrôlé par une Assemblée commune, composée de délégués des Parlements nationaux, qui peuvent la censurer mais sans pouvoir budgétaire ou législatif. L'ensemble était enfin coiffé d'une Cour de Justice.

B. Une naissance difficile (1957-1972)

Les déboires commencèrent rapidement lorsque, sur pression américaine pour permettre le réarmement de l'Allemagne fédérale, René Pleven proposa en juin 1950 d'insérer l'armée allemande dans le cadre d'une armée commune européenne, ce qui rendait indispensable une coordination des politiques étrangères selon un modèle inspiré de la CECA. Le projet de la Communauté européenne de défense (CED) fut accepté avec réticence par les partenaires de la France et le traité ratifié mais une coalition du PCF et des gaullistes écarta en France, par le vote d'une question préalable le 30 août 1954, l'examen du traité de la CED. Le vote n'empêcha toutefois pas le réarmement de la RFA, par une révision du traité de Bruxelles, dans le cadre de l'Union de l'Europe occidentale (UEO) créée par les accords de Paris de 1954, mais la marche vers l'Europe politique était stoppée.

Sous l'impulsion de Jean Monnet et à partir d'un mémorandum proposé par le Benelux, la conférence de Messine réunie du 1er au 3 juin 1955 décida de relancer la construction économique par la création d'un marché commun et de politiques sectorielles dans le domaine économique (transports, énergie). Le rapport du comité Spaak approuvé à la conférence de Venise du 29 mai 1956 aboutit, sur fond des retombées de l'affaire de Suez de 1956, à la signature à Rome le 25 mars 1957 par les Six de deux traités établissant deux communautés : la Communauté économique européenne (CEE) et la Communauté européenne de l'énergie atomique (CEEA ou Euratom) dont les structures fusionnèrent à la suite du traité de Bruxelles (8 avril 1965) le 1er janvier 1967.

II. Une construction particulièrement baroque à l'arrivée

A. L'architecture institutionnelle de la CEE, un équilibre initial incertain mais pérenne

Le traité instituant la CEE prévoyait la mise en place d'une union douanière avec un tarif extérieur commun (TEC), la réalisation d'un marché commun par la mise en place de « quatre libertés » et de politiques communes dans les domaines du commerce et de la concurrence, de l'agriculture, du transport…

Par ailleurs, les traités de Rome mettaient en place un système plus ou moins inspiré de celui de la CEA mais moins supranational.

La Haute Autorité fut remplacée par une Commission qui se voyait confier le monopole du droit d'initiative des actes communautaires. Le pouvoir de décision était confié au Conseil des ministres qui pouvait adopter des règlements et directives. L'Assemblée parlementaire contrôlait la Commission. La Cour de justice assurait un contrôle juridictionnel.

L'équilibre entre fédéralisme et gouvernance intergouvernementale était toutefois loin d'être tranché. Le débat allait opposer la France partisane de la seconde à ses cinq partenaires davantage fédéralistes et atlantistes. La France du général de Gaulle, rejetant toute démarche supranationale, proposa ainsi successivement deux plans (les plans Fouchet d'octobre 1961 et du 18 janvier 1962) dont l'esprit consistait à privilégier une instance de coopération intergouvernementale avec un conseil des chefs d'État et de gouvernement qui devait statuer à l'unanimité. Les domaines concernaient d'abord la politique étrangère et de défense dans une alliance atlantique qui devait être rénovée (Lettre et mémorandum du général de Gaulle au général Eisenhower et à Harold Macmillan du 17 septembre 1958), ainsi que les politiques en matière de sciences et de culture, de protection des droits de l'homme.

Les deux plans furent rejetés et de Gaulle décida alors de privilégier l'intensification des relations franco-allemandes qui devait aboutir au traité de l'Élysée du 22 janvier 1963. Ce dernier fut néanmoins complété par un préambule interprétatif imposé par le Bundestag allemand insistant sur la solidarité transatlantique et sur la nécessité d'admettre le Royaume-

Uni au sein des Communautés européennes (le veto français datait du 14 janvier 1963, il sera confirmé par un second veto en 1967).

Ce n'était toutefois que partie remise pour le Général.

Le président de la Commission Hallstein imposa en mars 1965 à l'Assemblée une réforme du financement de la PAC et d'accroître les compétences de l'assemblée (qui pourrait voter des amendements aux projets de budget) et de la Commission… La France, mécontente du projet et de l'extension du vote à la majorité, à partir du 1er janvier 1966, pratiqua une politique de la chaise vide à Bruxelles qui paralysa le fonctionnement de la Communauté entre le 1er juillet 1965 et le 30 janvier 1966, crispation hautement symbolique et souvent citée en exemple (Brexit, Grexit…). À cette date, un conseil extraordinaire déboucha sur le compromis de Luxembourg qui mit fin à la crise mais limita durablement la capacité décisionnelle du Conseil : dans le cas où le traité prévoyait un vote majoritaire, les États membres devaient s'efforcer, dans un délai raisonnable, de parvenir à un accord unanime lorsque les intérêts très importants de l'un d'entre eux étaient en jeu.

Le rôle des États nations dans la construction européenne

Dès le départ de la construction européenne, deux conceptions se sont opposées, celle des fédéralistes et celle des tenants d'un système intergouvernemental. L'une l'a-t-elle emporté sur l'autre ? Le débat est-il aujourd'hui devenu obsolète ?

1. Si l'inspiration fédéraliste a permis à l'Union européenne de déborder très largement le cadre des États nations…

Il s'agit bien à l'origine de dépasser l'échec d'une « Europe grand espace de l'État national-socialiste » ainsi que le terreau des guerres fratricides entre les États nations, qui sont une invention des Européens, afin de faire de l'Europe un espace de paix. À ce titre, le projet européen est, dès les origines, indiscutablement fédéraliste avant même les rapports Tindemans (1975) ou Spinelli (1984).

Bon nombre d'institutions européennes sont fidèles à l'optique fédéraliste comme celles de la CECA aux origines. Relèvent aussi de cette démarche les politiques communautaires même si elles restent souvent partielles, le décloisonnement des espaces avec le grand marché et la mise en œuvre des quatre libertés, la monnaie unique… et sans doute bientôt l'harmonisation fiscale et le contrôle des budgets nationaux…

2. … il n'en reste pas moins que paradoxalement l'Union européenne est aussi le fruit de la résistance de ces derniers à l'émergence d'une supranationalité européenne…

L'UE a été créée par des États et à ce titre elle a été largement conçue par eux comme un multiplicateur de puissance. Ils restent ainsi les « seigneurs des traités » dans un système largement intergouvernemental avec la règle de l'unanimité dans certains domaines et le respect de la règle de subsidiarité.

Les États ont souvent freiné la construction européenne : rejet de la CED, crise de la chaise vide, votes hostiles à plus d'intégration comme lors du rejet du projet constitutionnel en 2005…

L'UE qui n'est ni un super-État ni un État fédéral ni une Confédération reste privée de l'essentiel des principales attributions d'un État nation moderne même si elle joue un rôle d'amortisseur, de prolongement de l'État providence (Fonds structurels), de modernisation, de multiplicateur de puissance…

3. … Avec au bout du compte une construction complexe qui doit faire face à une crise économique et conceptuelle qui contribue à renforcer l'antagonisme entre fédéralistes et défenseurs des intérêts nationaux.

Le débat sur l'Europe s'inscrit aujourd'hui dans des débats plus larges sur la démondialisation ou l'irréversibilité de la mondialisation, la fin de la géographie ou le retour des territoires, l'acculturation ou le réveil identitaire, l'abolition des frontières et la construction de nouveaux murs…

La crise exige depuis 2008 d'avantage d'intégration et, a minima, d'achever l'intégration économique en dégageant des moyens d'action à l'échelle européenne en contrepartie de plus de discipline (MES, TSGC et Union bancaire…). L'intégration indispensable et en cours de réalisation se heurte cependant aux crispations souverainistes, à la montée des populismes et des souverainismes, au rejet d'une Europe assimilée à la mondialisation libérale et qui semble imposer la rigueur, accentuant les divisions entre les Européens du Nord et ceux du Sud, supposés moins vertueux…

Les États sont des strates politiques auxquelles les Européens restent attachés comme ils peuvent l'être aussi, à un degré émotionnel moins fort, à leur commune, leur région… L'Union européenne semble donc, au mieux, pouvoir représenter dans l'idéal un dernier palier (avant celui d'une utopique gouvernance mondiale). Il peut donc sembler vain d'opposer les premiers à cette dernière : les premiers devraient poursuivre l'intégration de la seconde par le biais des coopérations renforcées et la seconde devra sans doute mieux faire la preuve de son utilité en renforçant un caractère protecteur répondant aux attentes des Européens.

B. Un chantier de fait ininterrompu

Le succès économique de la PAC après 1972 (où l'Europe atteint son autosuffisance), la mise en place de l'union douanière réalisée avec 18 mois d'avance le 1er juillet 1968, l'accroissement du commerce communautaire mais aussi le très relatif succès de l'Association européenne de libre-échange créée par les Britanniques en janvier 1960 rendirent la CEE attractive et fut à l'origine des demandes d'adhésion qui devaient se multiplier dans les années 1960 et 1970.

L'élection de Georges Pompidou autorisa ainsi la conclusion d'un traité d'adhésion qui permit en 1973, après des négociations serrées, un premier élargissement au Nord-Ouest avec l'entrée dans la CEE du Royaume-Uni, du Danemark, de l'Irlande (Europe des Neuf) puis plus tard lors de la présidence de V. Giscard d'Estaing et après la fin des dictatures au Sud, de la Grèce (traité d'Athènes de 1979), de l'Espagne et du Portugal (demandes déposées en 1977, négociations en 1979, traités d'adhésion en juin 1985, entrée le 1er janvier 1986).

Entre-temps, la coopération politique s'était renforcée et l'équilibre institutionnel légèrement transformé.

Le plan Davignon de 1969-1970 aboutit à une coopération politique européenne (CPE) qui, en dehors du cadre communautaire, mit en place une concertation politique en matière de politique étrangère.

Le Sommet de Paris institutionnalisa en décembre 1974 le Conseil européen, sommet régulier des chefs d'État et de gouvernement assistés de leurs ministres des affaires étrangères.

Le même sommet de Paris arrêta le principe d'une élection au suffrage universel du Parlement européen rendue indispensable par les renforcements des pouvoirs du Parlement en matière budgétaire (pouvoir d'amendement et ressources budgétaires propres depuis le traité de Luxembourg de 1970, droit de rejeter le budget et de donner quitus à la Commission sur son exécution suite au traité de Bruxelles de juillet 1975). La première élection du Parlement européen (au suffrage universel) eut lieu en juin 1979.

C. L'Acte unique, prolongement du traité de Rome

Les divergences politiques entre les États membres de la CEE comme les difficultés rencontrées lors des années 1970 se traduisirent par une relative atonie de la construction européenne dans le domaine des quatre libertés ou dans celui de l'harmonisation des législations.

Pour les surmonter, le Parlement adopta, sous l'impulsion d'Altiero Spinelli, un projet de traité sur l'Union européenne qui resta sans suite.

La Commission présidée alors par Jacques Delors (janvier 1985-janvier 1995) présenta ensuite un Livre blanc avec près de 300 propositions pour mettre en place un marché intérieur sans frontières à l'horizon 1992.

En dépit de l'opposition du Royaume-Uni, du Danemark et de la Grèce, un traité appelé l'Acte unique fut signé les 17 et 28 février 1986 avant d'entrer en vigueur le 1er juillet 1987.

Il fixait au 1er janvier 1993 la date d'achèvement du marché intérieur.

Ce Grand marché devait se montrer particulièrement attractif : un accord d'association fut ainsi signé en mai 1992 entre les États membres de la CEE et les États membres de l'AELE afin de créer un espace économique européen (EEE) assurant la libre circulation des biens et des marchandises, des services, des capitaux et des personnes à l'Islande, la Norvège, le Liechtenstein, alors que la Suisse refusait, à l'époque, l'accord en raison d'un référendum négatif…

Par ailleurs, l'Acte unique dotait la CEE de nouvelles compétences en matière d'environnement, de recherche-développement technologique, de politique sociale, de cohésion économique et sociale (en faveur des régions en retard de développement ou frappées par des mutations industrielles et technologiques).

Il marquait aussi un certain nombre d'avancées institutionnelles avec l'extension de la majorité qualifiée dans le domaine du marché intérieur, à l'exception de la fiscalité et de la libre circulation des personnes, ou encore la création de la procédure de coopération en faveur du Parlement…

Il consacrait enfin le rôle du Conseil européen et les pratiques développées en matière de coopération dans le domaine de la politique étrangère.

Les vertus du marché unique

4 libertés	– biens et marchandises – services – capitaux – hommes
4 effets	– rationalisation – restructuration – innovation – rapports d'échelle
4 résultats	– croissance – baisse des prix – baisse du chômage – baisse des subventions étatiques

« Courir un 100 m plat plutôt que courir un 100 m haies »
Jacques Delors, président de la Commission européenne (1985-1995)

III. Un contexte géopolitique nouveau, un projet d'Union européenne recadré au début des années 1990

A. Un contexte géopolitique nouveau

Le contexte nouveau tint pour l'essentiel à l'écroulement du bloc oriental qui était devenu manifeste avec la chute du mur de Berlin, le 9 novembre 1989. Les pays d'Europe orientale devenaient des candidats potentiels à une Communauté qui se devait de se préparer à les intégrer.

La réunification allemande, devenue effective le 3 octobre 1990, réveilla aussi les inquiétudes de ses partenaires, dont la France, inquiets de la résurgence de « l'Allemagne de Bismarck » au centre de l'Europe.

En accord avec François Mitterrand, le chancelier Kohl voulut rasséréner ses voisins en faisant la démonstration de l'ancrage européen de la RFA par l'abandon du Deutsche Mark auquel elle était pourtant attachée.

Le processus décisionnel qui s'ensuivit fut assez rapide en dépit des difficultés soulevées.

Le Conseil européen de Dublin (1989) convoqua deux conférences intergouvernementales sur l'union économique et monétaire (UEM) et sur l'union politique. Elles donnèrent lieu à des négociations difficiles, en particulier avec les Britanniques mais aboutirent au prix de multiples dérogations à un traité signé à Maastricht le 7 février 1992. Il fut rejeté par référendum au Danemark qui n'accepta finalement de le voter qu'au prix de dérogations en matière d'UEM, de défense, de citoyenneté européenne, de coopération en matière de justice et affaires intérieures. Il rencontra aussi des difficultés dans d'autres pays (en France, il ne fut ratifié par référendum le 12 septembre 1992 que par 51,04 % des suffrages exprimés) en raison du malaise des opinions publiques souvent peu au fait des enjeux et nécessités du passage à l'Union européenne. En Allemagne même, il donna lieu à un recours devant le tribunal constitutionnel de Karlsruhe. Le traité entra finalement en vigueur le 1er novembre 1993.

B. Une nouvelle architecture des institutions européennes

Le traité de Maastricht créait l'Union européenne qui reposait désormais sur trois piliers*.

Le premier dit communautaire recouvrait les trois communautés (CECA, CEE, Euratom). Il concernait toutes les politiques communautaires et était régi par le mode de décision adéquat impliquant une proposition de la Commission européenne, une décision du Conseil de l'Union européenne, à laquelle était associé le Parlement européen, le respect du droit communautaire étant assuré par la Cour de justice des Communautés européennes. En raison de l'application du principe de subsidiarité, il restait nécessaire de distinguer les politiques fortement intégrées (la Politique agricole commune, la politique commerciale commune, la politique des transports, la concurrence ou la politique monétaire) de celles à l'inverse qui ne l'étaient pas comme la politique de cohésion économique et sociale, les politiques de l'éducation, de la culture, de la protection sociale et de l'emploi et dans lesquelles les États membres disposaient encore d'importantes prérogatives.

Le second pilier concernait la politique étrangère et de sécurité commune (PESC) et reprenait en les réformant les dispositions de l'Acte unique concernant la Coopération politique européenne. Les décisions étaient prises (méthode intergouvernementale) par les ministres des Affaires étrangères réunis en Conseil de l'Union européenne.

Le troisième pilier, entièrement nouveau portait sur la coopération policière et judiciaire en matière pénale. Les décisions étaient prises par les ministres de l'Intérieur et de la Justice réunis en Conseil de l'Union européenne.

Sur le plan institutionnel, le traité qui créait une citoyenneté européenne étendait le vote de la majorité qualifiée au Conseil et créait de nouvelles compétences communautaires dans six domaines dont la politique industrielle, l'éducation, la protection du consommateur, les réseaux transeuropéens, plus le domaine social qui faisait l'objet d'un protocole spécial en raison du refus britannique d'y participer. Il créait une procédure de codécision en faveur du Parlement européen qui le place sur un pied d'égalité avec le Conseil, il lui donnait aussi le pouvoir d'approuver la nomination et donc la composition de la Commission dont le mandat était désormais fixé à cinq ans pour l'aligner sur celui du Parlement.

C. Le long chemin vers l'euro

Il s'agit en réalité d'un processus qui a ses origines avec la fin de Bretton Woods et la nécessité de fixer d'abord des taux de changes fixes dans un marché, devenu commun puis unique, avant d'avancer dans la voie d'une monnaie unique.

Il remonte aux plans Barre (1969) et Werner (1970) qui furent suivis par la création d'un serpent monétaire européen (1972), la création d'un système monétaire européen (SME) fondé sur une unité de compte européenne, l'European Currency Unit (ECU).

Sur une proposition du plan Delors de 1989, le traité de Maastricht prévoyait ensuite la mise en place d'une monnaie unique à l'issue de trois étapes.

Trois étapes vers la monnaie commune

La première consista à libéraliser la circulation des capitaux entre le 1er juillet 1990 et le 31 décembre 1993.

La seconde étape qui débuta le 1er janvier 1994 consista à la mise en place des 5 critères dits de Maastricht et qui imposaient aux pays candidats de respecter des normes en termes de stabilité des prix (les taux d'inflation ne devaient pas dépasser de 1,5 %, celui des trois États membres les plus vertueux dans ce domaine), de taux d'intérêt à long terme (ils ne devaient pas excéder de plus de 2 %, ceux des trois États membres présentant les meilleurs résultats en matière de stabilité des prix), de fluctuation de change (interdiction de dévaluer, participation pendant deux ans au SME sans connaître de tensions graves), de déficit (pas plus de 3 % du PIB) et de dette publique (interdiction de dépasser 60 % du PIB) alors que le passage à la monnaie unique était préparé par l'Institut monétaire européen (IME).

La troisième étape devait aboutir à la création de la monnaie unique le 1er janvier 1999 et à l'établissement du système européen des banques centrales (SEBC).

Un Conseil européen extraordinaire qui se tint à Bruxelles en 1998 fixa la liste des 11 États qui feraient partie de la première vague de l'euro à laquelle s'ajouta en 2001 la Grèce, alors que le Royaume-Uni, le Danemark faisaient le choix de ne pas l'adopter et restaient maintenus dans un SME bis. Le 1er janvier 1999, l'euro devint la monnaie unique avec un taux de conversion fixé de façon irrévocable entre l'euro (1 euro = 6,55957 FF) et les monnaies nationales. Le 1er janvier 2002, l'euro entrait en vigueur dans les 12 pays participants. L'adoption de la monnaie unique faisait disparaître les coûts et problèmes de change, dotait l'Europe d'une monnaie internationale. Elle devait aussi, en facilitant les échanges et les investissements, autoriser le renforcement de l'emploi en Europe.

Conclusion

À l'issue d'un processus d'à peine un demi-siècle, la construction européenne peut sembler en 1992 s'être effectuée de façon relativement rapide. Dans un contexte de sortie d'un conflit meurtrier, elle a entamé un processus d'union qui réunit désormais douze États, à la veille d'en accueillir bientôt trois autres en 1995, et sanctifie la paix. À l'époque, les résultats sont globalement probants avec la réalisation d'un espace sans frontières, la création d'un marché et d'une monnaie uniques, l'intensification des échanges et l'augmentation considérable du niveau de vie de tous ses participants. Il n'en reste pas moins que la construction européenne se produisit sous l'emprise de la peur, peur du déclin, peur du danger soviétique, nécessité de répondre à des défis de tous ordres.

Il faut également souligner que les visions nationales qui ont présidé à sa création et à son développement se sont révélées extrêmement complexes sinon antagonistes… Dans ces conditions, l'Europe, en grande partie grâce à l'action du couple franco-allemand*, se construisit indiscutablement sous la contrainte des nécessités, par effet de déversement et au fil des moindres résistances comme des compromis. Ce ne fut pas sans effets pervers en termes de retards dans la construction d'une Europe à plusieurs vitesses d'une Europe politique qui n'avança qu'au rythme de la construction de l'Europe économique, de la difficile lisibilité de ses institutions.

Tous les chantiers ouverts sont par ailleurs loin d'être finalisés en 1992. Sans même évoquer les lacunes de l'UEM, la plupart des politiques communautaires ne sont guère qu'esquissées et souffrent parfois de défauts criants (en matière de défense et de sécurité, de politique énergétique ou industrielle...). Elles expliquent partiellement les réticences des opinions publiques qui voient la construction européenne comme le cheval de Troie d'une mondialisation qui remet en cause nombre d'avantages acquis.

L'union économique et monétaire souffre elle-même de lacunes importantes : absence de politique fiscale commune, existence d'un *dumping* social, questionnements sur les chocs asymétriques à venir dans une zone monétaire qui est loin d'être optimale...

Le traité de Maastricht prévoyait d'ailleurs lui-même sa révision en 1996 pour remédier aux insuffisances reconnues du traité notamment dans l'organisation des 2e et 3e piliers intergouvernementaux.

Celle-ci était d'autant plus nécessaire que l'Union allait bientôt devoir traiter la question d'une douzaine d'États candidats à l'adhésion, et pour lequel le Conseil européen de Copenhague dut déjà définir en juin 1993 les conditions à respecter et bientôt connues sous le nom de critères de Copenhague*.

◆ Idées reçues

Avant 1992, la construction européenne est un long fleuve tranquille

Les idées reçues sur l'Europe ne manquent pas. Ainsi, avant 1992, la construction européenne se serait faite dans le calme et le consensus contrairement à la période suivante. Elle aurait eu pour but de s'affranchir de l'influence américaine. La construction européenne serait une construction antidémocratique, technocratique et bureaucratique. La construction européenne conduirait les États à abandonner leurs intérêts propres. Les élargissements successifs relèveraient de la générosité pour aider (au Sud en particulier) des États en difficulté ou au contraire n'auraient qu'un but mercantile...

Le chapitre qui précède rappelle que le projet porté par des pères fondateurs atlantistes a été fortement favorisé par les États-Unis, toujours favorables aux élargissements... pourvu qu'ils se déroulent dans le cadre de l'Alliance atlantique et dans le cadre d'un marché ouvert. La construction européenne a été au moins aussi difficile avant 1992 qu'après. Toutes ses institutions à caractères décisionnels sont issues indirectement (les Conseils) ou directement (le Parlement après 1979) du suffrage universel. Le personnel de la Commission est moins nombreux que celui d'une grande ville comme Paris. Les échanges économiques ont toujours été accompagnés d'avancées en termes de solidarité dans le respect, depuis le compromis de Luxembourg, d'intérêts nationaux préservés par le principe de subsidiarité.

◆ LIEUX DE LA GÉOPOLITIQUE

Bruxelles

Il convient de distinguer Bruxelles ville de Bruxelles-Capitale (la région) qui réunit environ 1,2 million d'habitants.

Elle est l'ADN de l'Europe, siège des institutions européennes après 1957, même si un compromis a conduit à partager le siège du Conseil avec Luxembourg et celui du Parlement avec Strasbourg alors que la Cour de justice était localisée à Luxembourg.

Elle accueille aussi le siège de l'OTAN (quartier d'Evere) depuis 1967 et le départ de la France de son commandement intégré.

Siège de 120 institutions internationales et 2e ville du monde pour le lobbying derrière Washington (toutes les régions françaises y sont représentées), elle est l'une des villes les plus cosmopolites d'Europe.

Reflet des paradoxes européens, elle est aussi un enjeu linguistique entre Flamands et Wallons (dont la capitale est Namur). Le principal enjeu de cette querelle depuis les années 1960 est le mode électoral du canton de Bruxelles-Hal-Vilvorde (BHV). Elle s'identifie aussi à une Europe qui n'est pas proche du citoyen ; c'est la ville des pesanteurs bureaucratiques, des gaspillages administratifs, des emplois pour traduire les textes de la Babel européenne, des textes et diktats (directive sur le vin rosé, alliage rouge et blanc... !) de la défiscalisation souterraine (refuge d'industriels) et du scandale (Johnny Halliday et sa demande de naturalisation belge... pour échapper à l'impôt ou B. Arnault malgré ses dénégations).

Miroir des ambiguïtés de l'Union européenne qui hésite entre fédéralisme et États nations, l'expression de la norme et la force, la rigueur la relance, l'élargissement ou la consolidation... Bruxelles dont l'étymologie renvoie à *l'habitation... des marais...* est très symbolique de ces deux extrêmes : la construction... et l'enlisement...

Berlin

Capitale de la Prusse (1701-1871), elle fut ensuite successivement celle de l'Empire allemand (1871-1918), de la République de Weimar (1919-1933), de l'Allemagne nazie (1933-1944). L'ancienne capitale du IIIe Reich fut ensuite pendant toute la période 1945-1992 un symbole et un enjeu. Elle fut d'abord le symbole de la punition et de la soumission de l'Allemagne ainsi que de l'unité des Alliés (avec quatre zones d'occupation) avant de devenir ensuite celui de la guerre froide avec les deux crises (blocus de 1948-1949 ; construction du mur les 12 et 13 août 1961). Devenue la vitrine de l'Occident face à Berlin Ouest, elle fut aussi le reflet du rapprochement Est-Ouest avec l'accord sur Berlin finalisé en 1972 qui préfigurait l'ouverture de la conférence d'Helsinki (Finlande) en juillet 1973. La chute du mur le 9 novembre 1989 marqua tout autant le début de la fin pour le camp socialiste et le début de la réunification allemande du 3 octobre 1990.

Berlin redevint capitale avec la réunification en 1990, les dernières troupes d'occupation quittèrent Berlin en 1994, le transfert depuis Bonn des institutions fut voté en 1991 et la Chancellerie transférée en 1999. Les transformations de la Potsdamer Platz symbolisent aujourd'hui le renouveau de la ville.

Bibliographie sélective

Lecture indispensable

Pierre Gerbet, La construction de l'Europe, *collection « U », Armand Colin, 2007.*

Un classique de l'histoire de la construction européenne par un grand spécialiste. Les chapitres 7,8 et 9 concernent la matière étudiée dans le chapitre. On peut préférer le

Dictionnaire historique de l'Europe unie *que le même auteur a dirigé et on y consultera a minima, les articles : Jean Monnet, Communauté européenne du charbon et de l'acier, traité de Rome, Acte unique, traité de Maastricht...*

Ouvrages

Gerbet (dir), *Dictionnaire historique de l'Europe unie*, André Versaille éditeur, 2009.

Voir les références *supra*.

Jean Monnet, *Mémoires*, Fayard, 1976.

Sylvain Kahn, *Histoire de la construction européenne depuis 1945*, PUF, 2011.

La partie utile ici représente près de 90 % de l'ouvrage jusqu'à la page 270.

Edgar Morin, *Penser l'Europe*, Paris, Folio/Gallimard, 1990.

Pour dépasser le discours technocratique et économique.

Christophe Réveillard, *Les dates-clefs de la construction européenne*, Ellipses, 2000.

Pour l'indispensable chronologie.

Revues

Gérard Bossuat, Jean Monnet, la mesure d'une influence, *Vingtième siècle* n° 51, 1996, p. 68-111.

Robert Frank, L'histoire de l'Europe : une histoire problématique, une histoire du temps présent, *Vingtième siècle* n° 71, 2001, p. 297-324.

La construction de l'Europe, une histoire cyclique, *Questions internationales* n° 7, 2004, p. 6-21.

Sur la toile

http ://www.touteleurope.eu/fr/histoire. html

Un site très complet avec des références à l'histoire de l'Union européenne, aux principales étapes de sa construction, aux principales personnalités qui l'ont fait avancer.

http ://www.notre-europe.eu/011-501-Pourquoi-ils-ont-voulu-l-Europe. html

Portraits de 12 pionniers français de la construction européenne.

Dans les salles obscures

Jean Renoir, *Le déjeuner sur l'herbe*, 1959.

Le professeur Étienne Alexis est un biologiste qui veut améliorer la race humaine par la fécondation artificielle. Il doit se marier avec une responsable allemande de mouvements de jeunesse pour favoriser sa candidature à la présidence de l'Europe…

Denys de la Patellière, *Un taxi pour Tobrouk* (1960).

Pendant la Seconde Guerre mondiale, un road movie qui montre, en préfigurant le rapprochement franco-allemand alors en cours, comment au milieu d'un champ de mines un officier allemand (Hardy Krüger) devient le compagnon de route de Français (Charles Aznavour y incarne un soldat juif) dont il est le prisonnier.

Henri Verneuil, *Le Président*, 1961.

Pour le monologue d'un président du conseil de la IVe République qui a échoué à faire voter un projet d'union douanière en Europe.

Sélection musicale

La 9e symphonie de Beethoven.

L'introduction musicale de l'hymne à la joie a été adoptée par le Conseil de l'Europe comme hymne européen en 1972, puis en 1985 comme hymne officiel par les Chefs d'État et de gouvernement de l'union. L'interprétation officielle fut confiée à Herbert von Karajan.

Commentaire de documents

L'Europe et ses murs

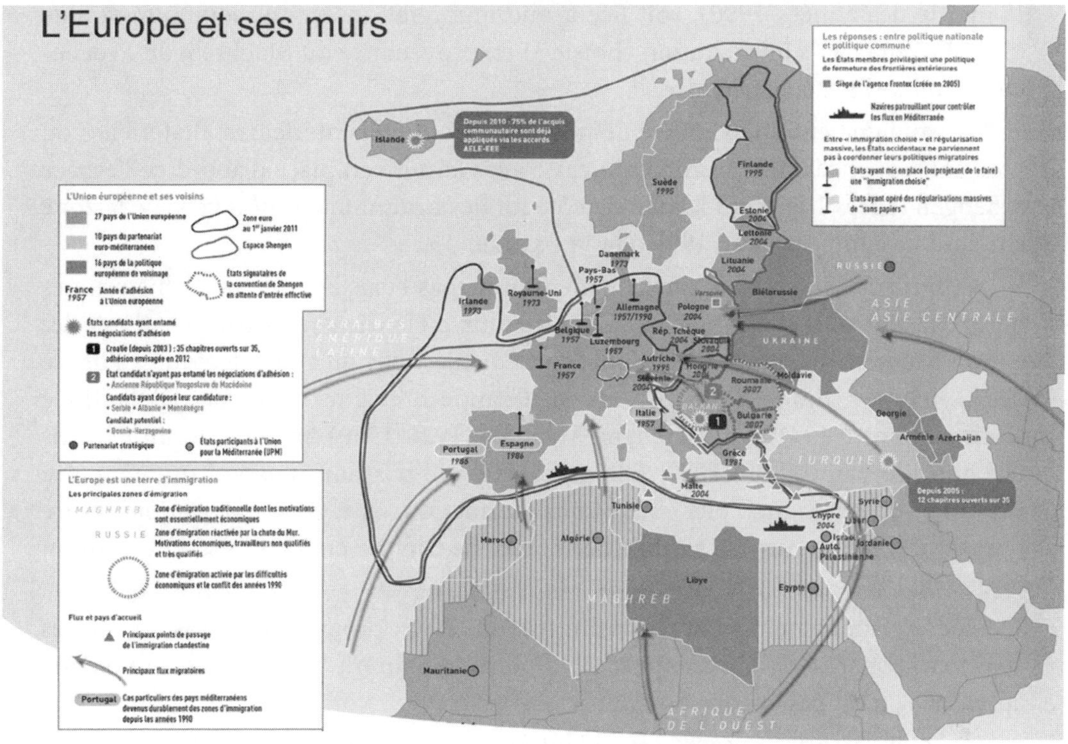

Les frontières étatiques en Europe, depuis l'Empire romain jusqu'à l'après-Seconde Guerre mondiale, ont non seulement donné lieu à d'innombrables révisions mais aussi à un processus de création continu.

La carte de référence, *l'Europe et ses murs*, publiée en appui à un article d'Alain Nonjon (*Espace Prépas* n° 140, 2011), pose la question de savoir dans quelle mesure la CEE a réussi à faire tomber les divers « murs » de l'Europe : « mur » de Berlin, frontières fortifiées entre l'Est et l'Ouest à l'heure de la guerre froide, frontières matérialisées par des contrôles. Elle pose aussi, de façon annexe, la question de savoir si leur éventuelle suppression n'a pas donné lieu à l'élévation d'autres barrières, moins visibles mais tout aussi efficaces.

La carte a d'abord l'avantage de montrer en quoi, au cours de la période entre 1957 et les années 1990, l'espace européen s'est élargi au gré des dynamiques qui ont suivi la création du Marché commun en 1957, avec les élargissements successifs de 1973, 1981, 1986 qui ont abouti à une ouverture effective des frontières le

1er janvier 1993 avec la réalisation du « Grand marché » qui a lui-même précédé le dernier élargissement de 1995.

Elle montre aussi en quoi la suppression des frontières matérielles internes à l'Europe a pu coexister avec une politique de fermeture des frontières extérieures (par un système de visas et l'Agence Frontex après 2004) pour se prémunir d'une immigration, soit liée aux conflits intra-européens (Yougoslavie au début dans la 1re moitié des années 1990), soit liée à une immigration économique non voulue (euphémisme de l'« immigration choisie ») en provenance du Maghreb, du Proche-Orient ou de l'Est européen.

Elle souligne enfin l'existence de nouvelles frontières intérieures, matérielles ou non, conséquence d'une Europe à la carte avec la mise en place d'abord de l'espace Schengen (après 1995) qui laissait de côté les Îles britanniques, puis celle de la zone euro qui ne comprenait en 1999 que 11 pays sur 15.

A contrario toutefois, la carte ne mentionne pas l'existence de murs historiques qui n'existent plus qu'à l'état de vestiges : mur d'Hadrien (construit au IIe siècle) entre l'Écosse et l'Angleterre et dont la valeur n'est pas qu'archéologique à l'heure de la montée des autonomismes en Grande-Bretagne, mur de l'Atlantique (construit entre 1941 et 1944), ligne Maginot (1928-1940), mur de Berlin démantelé après le 9 novembre 1989. Elle ne mentionne pas non plus la frontière entre Gibraltar et l'Espagne, plus ou moins hermétique au gré des relations entre l'Espagne et le Royaume-Uni, ni la ligne verte de Chypre érigée après l'intervention turque de 1974.

Le décloisonnement intellectuel effectué suite aux programmes Erasmus (après 1987) et Leonardo da Vinci (après 1995), qui préfigurent le processus de Bologne après 1998, n'est pas évoqué non plus.

Au total, la carte présente cependant le mérite de saisir les dynamiques et les logiques qui se mettent en place dans la période 1957-1990 et se prolongent jusqu'à aujourd'hui.

La première logique est une logique de suppression des frontières qui se traduira par les élargissements de 2004, 2007, 2013, avant d'éventuellement concerner, dans un avenir indéterminé, les pays de la politique de voisinage (formulée en 2003), voire ceux du Partenariat oriental (2009).

La seconde, antinomique, conduit l'Europe à se réfugier derrière de nouveaux murs, phénomène décrit par J.-C. Ruffin, *L'empire et les nouveaux barbares* en 1991, avec aujourd'hui la fortification de Ceuta et Melilla, la ghettoïsation des îles italiennes, le renforcement des contrôles à Edirne entre la Grèce et la Turquie, le mur anti-migrants entre la Hongrie et la Croatie qui en appelle sans doute d'autres…

Dissertation

Maastricht : fin de la CEE ou début d'un nouveau monde ?

Introduction

La Communauté économique européenne (CEE) est née en 1957, après l'écrasement du soulèvement hongrois et la crise de Suez de 1956 au cours de laquelle les deux grands supergrands de l'époque, États-Unis et URSS faisant cause commune, firent pression sur les Français et les Britanniques pour qu'ils se retirent de la zone du canal.

Il apparut ainsi, particulièrement en France, qu'il devenait nécessaire de mettre l'Europe occidentale en capacité de résister à la pression soviétique tout en étant moins dépendante de Washington.

Après les impasses de la Communauté européenne de défense (30 août 1954), la voie choisie fut d'initier par la libéralisation du commerce entre les six membres fondateurs un cycle de croissance et de prospérité au prix d'un savant compromis entre les positions fédéralistes des uns et les réticences des autres.

Lorsque la CEE disparaît trente-cinq ans plus tard, remplacée, à l'issue de la ratification du traité de Maastricht par l'Union européenne (UE), le monde a changé sous l'effet d'une instabilité économique manifeste depuis la décennie 1970, de troubles devenus endémiques au Moyen-Orient suite à la révolution islamique iranienne de 1979, de l'effondrement de l'URSS (1991) du nouveau tournant chinois de 1992.

Dans ce contexte, comment interpréter le traité de Maastricht ? S'agit-il de la fin de la CEE et de son remplacement par une « Union » mieux adaptée au nouveau monde qui se dessine ?

I. Maastricht s'inscrit clairement dans la continuité de la CEE

A. Maastricht s'inscrit dans une logique économique antérieure : finaliser le grand marché

Le traité de Maastricht entend finaliser l'établissement du « Grand marché de 1993 » prévu par l'Acte unique européen de 1986 qui impliquait la stabilité des parités monétaires entre les États membres. Il fut à ce titre le fil rouge des négociations qui suivirent jusqu'à l'adoption par le Conseil européen de Madrid (juin 1989) du principe de la réalisation d'une Union économique et monétaire(UEM) en trois étapes. Par suite, le traité crée effectivement l'UEM dont la finalité est d'instituer progressivement une monnaie unique et d'assurer la stabilité de cette monnaie grâce à la stabilité des prix et au respect de l'économie de marché. Il est par ailleurs prévu que, dans cette optique, les États membres doivent assurer la coordination de leurs politiques économiques, instituer une surveillance multilatérale de cette coordination, observer des règles de discipline financières et budgétaires.

B. La CEE devient... la Communauté européenne

Les communautés européennes rassemblent (au sein du « premier pilier ») la Communauté européenne, la CECA, l'Euratom. La Communauté européenne, en particulier, prend en charge l'Union économique et monétaire. Le processus de décision y reste identique à ce qu'il était. Les États membres y exercent concurremment leur souveraineté à travers des institutions communautaires qui restent les mêmes (Conseils, Commission, Parlement) et le processus dit de la méthode communautaire s'y applique : proposition de la Commission européenne, adoption par le Conseil et le Parlement européen, contrôle du respect du droit communautaire par la Cour de Justice.

C. Les institutions européennes sont révisées, rééquilibrées en faveur du Parlement européen, mais non bouleversées

Dans le prolongement de l'Acte unique européen, le rôle du Parlement européen est encore accru. Le champ d'application de la procédure de coopération et de la procédure de l'avis conforme est élargi à de nouveaux domaines. De plus, une nouvelle procédure de codécision est instituée qui permet au Parlement européen d'arrêter des actes conjointement avec le Conseil. Le traité associe également le Parlement à la procédure d'investiture de la Commission dont la durée du mandat est portée de 4 à 5 ans pour l'aligner sur celui du Parlement… Même une institution nouvelle, mais à caractère consultatif, comme le Comité régional composé de représentants des collectivités régionales s'inscrit dans le prolongement de la politique régionale (1986).

II. Maastricht apparaît bien aussi comme une rupture nécessaire avec une CEE qui disparaît

A. À contexte nouveau, réponses nouvelles

À la suite de la réunification allemande (octobre 1990), de la disparition du Pacte de Varsovie (février 1991), du début de la guerre civile en Yougoslavie (juin 1991) et de l'effondrement de l'URSS (décembre 1991), il devenait nécessaire à la fois de réaffirmer l'ancrage européen d'une Allemagne réunifiée qui (re)commençait à inquiéter ses voisins, d'organiser une construction de l'Europe politique en mesure d'accueillir les ex-démocraties populaires en passe de demander leur adhésion ainsi que de repenser la politique de sécurité des pays de l'Europe de l'Ouest. Malgré l'opposition de Mme Thatcher et les réticences danoises et portugaises, le principe en est retenu par le Conseil européen de Dublin (juin 1990).

B. La CEE s'efface devant l'Union européenne

Avec le traité de Maastricht, l'objectif économique est dépassé pour afficher une vocation politique avec un élargissement des compétences de la nouvelle Union européenne avec les deuxièmes et troisièmes piliers. Le deuxième pilier, qui repose sur un processus décisionnel intergouvernemental, fait largement recours à l'unanimité. Il instaure (Titre V du traité) une Politique étrangère et de sécurité commune (PESC) qui permet aux États membres d'entreprendre des actions communes en matière de politique étrangère. Le troisième pilier, dont le processus est lui aussi intergouvernemental, concerne (article VI) la coopération dans les domaines de la justice et des affaires intérieures (JAI). L'Union est censée mener une action conjointe pour offrir aux citoyens un niveau élevé de protection dans un espace de liberté, de sécurité et de justice.

III. Une nouvelle fois les avancées de Maastricht, adaptées au contexte de l'époque, ne sont une fois de plus que des demi-mesures.

A. Les errements habituels dans la construction européenne sont à l'origine d'une course de relais jalonnée de multiples traités…

Le traité, qui devait être ratifié avant la fin de l'année 1992 pour entrer en vigueur au 1er janvier 1993, s'est heurté à divers obstacles : réticences du Parlement Européen, rejet du Danemark en juin 1992, campagne active du non en France aboutissant à un résultat positif très juste au référendum du 20 septembre 1992 (51,04 %), adoption tardive par le Parlement britannique le 20 mai 1993… il entre néanmoins en vigueur le 1er novembre 1993 alors que, comme l'écrit Pierre Gerbet, « les difficultés de sa ratification ont montré la nécessité de mieux expliquer les mécanismes de l'UE, l'importance de ses réalisations et les avantages que l'on peut en attendre ». Maastricht a pourtant si peu créé un nouveau monde que les traités se multiplient ensuite pour régler et surtout ne pas régler les questions pendantes de l'UEM ou de l'Union politique : traités d'Amsterdam (1997), traité de Nice (2000), et après l'échec du projet de Constitution (2005), les traités de Lisbonne (2009) et de Bruxelles sur la stabilité, la coordination et la gouvernance (2012).

B. Ces traités n'empêchent pas l'Europe politique de rester globalement une coquille vide

Non seulement l'UEM est toujours inachevée (discipline budgétaire, fiscalité...) mais la PESC n'a guère avancé dans la mesure où elle implique un accord sur la politique étrangère en général et sur les questions de la paix et de la guerre en particulier sur lesquelles les Européens se sont ultérieurement divisés à propos de l'Irak (2002), de la Libye (2011), de la Syrie (2013)...

La politique relative à la justice et à la sécurité intérieure a abouti à la mise en place d'un espace européen de liberté, de sécurité et de justice (ESLJ) consacré en 2009 avec le traité de Lisbonne. Les objectifs affichés (programme de Stockholm en décembre 2009) sont de protéger les citoyens contre la criminalité internationale et le terrorisme, de permettre aux citoyens européens de vivre dans n'importe quel pays de l'UE, de mettre en œuvre une politique migratoire dynamique. Il y a certes, dans ces domaines aussi, des avancées (création du réseau judiciaire européen, mandat européen, normes et procédures pour le droit d'asile, contrôle des frontières extérieures par Frontex) mais il n'en reste pas moins que les affaires récentes liées aux migrations internationales ou à la prévention du terrorisme montrent qu'il subsiste encore des divergences et/ou des réticences nationales dans leur application ainsi que des béances dans les dispositifs existants.

Conclusion

Au total, Maastricht, s'il n'est pas vraiment mis fin à la CEE ni créé un nouveau monde, a élargi considérablement le champ de la première et a donné à la nouvelle Union les outils lui permettant de s'adapter aux bouleversements du monde actuel.

Pour le reste, que ce soit en raison des tropismes nationaux qui font que l'Europe se montre particulièrement timorée ou de la « pusillanimité du personnel politique » (G. Chaliand), les résultats en matière de défense et de protection de l'espace européen face aux menaces diverses à l'Est (Ukraine) comme au Sud (migrations massives, menaces terroristes) seraient plutôt inquiétants, si justement l'Union européenne n'était pas dotée des moyens d'y apporter une réponse collective.

Oral

Le rôle des États-nations dans la construction européenne

Dès le départ référence à deux conceptions opposées de l'unité européenne : fédération ou union d'Etats ? revendication nationale ou ambition européenne ?

I. La CEE/UE a su « déborder » les États-nations : l'inspiration fédéraliste

– les deux guerres mondiales sont le terreau des guerres fratricides des États-nations, aboutissement de 23 guerres franco-allemandes et pour dépasser l'échec d'une « Europe grand espace de l'Etat national-socialiste », un désir de paix et un projet d'inspiration fédéraliste : la communauté politique européenne dès le départ avant les rapports ouvertement fédéralistes (Tindemans 1975 Spinelli 1984).

– des institutions qui transcendent les États-nations. La CECA, fidèle à l'optique fédéraliste avec la Haute autorité européenne et la monnaie commune, l'harmonisation fiscale, le marché unique, le décloisonnement des espaces. L'Europe un super-Etat ? Intégration politique partielle mais amorcée : parlement européen, contrôle des budgets, même si l'intégration est restée sélective par la lenteur de la subsidiarité. La tradition jacobine française est marginalisée par ce processus.

– parallèlement la mondialisation a tendance aussi à marginaliser les Etats-nations : monde plat, transferts de souveraineté vers la gouvernance mondiale… mais l'UE est tout au plus un Etat régulateur privé encore de nombreuses attributions d'un Etat nation moderne.

II. Mais paradoxalement au départ la CEE/UE est une création et un « sauvetage » des États-nations : la résistance des États-nations

– la CEE/UE est une création de l'Etat nation : rôle des EU. La CEE/UE conduit la modernisation (PAC) amortit le coût de la modernisation et donc se substitue ou complète l'Etat providence (Feder, FSE) légitime une politique (démocratie) et supplée au déclin (pivot de la politique étrangère de la France).

– la CEE/UE apparaît pour certains comme un véritable « sauvetage européen » de l'Etat nation (la PAC permet de réformer les structures et de défendre le revenu des agriculteurs). L'Europe est vue comme un multiplicateur de puissance. Les Etats membres gardent très longtemps leur pouvoir de décision, leurs « domaines réservés ». Ils sont les « seigneurs des traités » surtout avec la règle de l'unanimité dans certains domaines.

– crise dite « de la chaise vide », votes hostiles à tout renforcement de l'intégration (traité constitutionnel 2005), la France est au cœur de ces résistances. Rôle au départ de la conception de Carré de Malberg (1922) pour lequel l'Etat n'est une personne que parce qu'il personnifie la collectivité nationale constituée en une unité indivisible et formant ainsi le même être juridique… On comprend dès lors que si l'Etat est « le souffle de vie » qui « anime le corps de la nation ». Tout transfert de souveraineté ne peut être qu'une menace de mutilation de la Nation, l'annonce de son dépérissement… D'où le primat de la stratégie de coopération, qui confirme le rôle des Etats-nations.

III. Une relation complexe s'est donc instaurée dans le contexte d'une crise aggravée : le débat difficile

– crispations souverainistes, montée des populismes, des souverainismes, lassitude communautaire, rejet de l'Europe qui impose la rigueur (Grecs, Espagnols). L'Europe est un bouc émissaire (dénonciation du déficit démocratique européen, mesures top down).

– poussées intégratrices par nécessité mais avec incertitudes sur le projet : fédéralisme ? fédération d'États-nations ? confédération ? Recherche du cadre optimal pour l'Europe mais en tout état de cause l'UE est plus qu'un simple marché libéral mu par la doxa monétariste, et la crise n'a fait qu'accroître à la fois le rejet d'Europe dans la rue et une gouvernance plus intégrée (amplification du rôle de la BCE, mutualisation bancaire, des dettes (MES, TSGC).

– parallèlement à la mondialisation, débat sur la démondialisation ou l'irréversibilité de la mondialisation, la fin de la géographie ou le retour des territoires, l'acculturation et le réveil identitaire, l'abolition des frontières et la poussée de nouveaux murs, les stratégies industrielles transnationales, mais à l'heure de la désindustrialisation, le plus souvent retour à des choix nationaux.

L'UE peut-elle survivre comme fédération d'Etats-nations ? Véritable oxymore pour certains. Peut-elle accepter le partage de souveraineté en des temps de crise économique et du projet européen ? Seul le pragmatisme semble prévaloir même si la méthode des « petits pas » de Jean Monnet n'est plus de mise.

Les Etats-Unis parrains de la construction européenne

Après avoir été « filles de l'Europe » les EU peuvent ils prétendre jouer un rôle de tuteur bienveillant de l'UE ?

I. Les EU parrains de l'UE : la bonne fée de l'Europe sur les fonds baptismaux

Un financement : Plan Marshall pour financer la reconstruction, création de l'UOE en 1948, création de l'OECE et de l'UEP.

Une tutelle : lutte contre le communisme, référence aux EU dans les grands conflits, OTAN.

Une référence. Europe à leur image : Europe libérale, Etats-unis d'Europe, le rêve de certains paneuropéens.

II. Les EU parrains de l'UE : un pédagogue et donneur de leçons à l'Europe

Un mode de production. 1960 : compromis fordiste. Américanisation de l'Europe

Une culture. Culture américaine, mode de vie, goûts, american dream, Importance de la finance, Management (Boston institute), Déréglementation est le mode de flexibilité. Américanisation de l'espace européen (parcs technologiques). 3e révolution industrielle est née aux EU puis implantée en Europe.

Un financement. IDE : le défi américain.

III. Les Etats-Unis parrains : clientélisme et délits vis-à-vis de l'Europe

Un capitalisme anglo-saxon très libéral dans une Europe au modèle initial plus interventionniste. Triomphe du grand marché libéral, flexibilisme, brain drain. Normes du travail à l'américaine : walmartisation (turn over, flexibilité). Puissance des FMN prédatrices ? Bourses pas évaluées à leur juste valeur.

Un suivisme géopolitique qui fait de l'Europe un serviteur zélé. L'Europe et la guerre froide, Suez et le retrait franco-britannique, la pression pour la CED. Clientélisme, problème de l'atlantisme, pression américaine sur les organismes internationaux (calendrier de l'OMC fixé par les EU).

L'émancipation européenne difficile. Emancipation de la tutelle américaine dans tous les domaines. Coopération intra européenne. Modèle social. Exception culturelle. Soft power. Principe de précaution (bœuf aux hormones, OGM). Principe du double zéro dans l'agriculture (pas de subvention à la production ni à l'exportation) mais pas appliqué en Europe. Difficultés des négociations du traité transatlantique.

Chapitre 6
Croissance et types de croissance de 1945 au début des années 1970

Alexandre Bande

« Les peuples ont toujours ardemment désiré échapper aux pauvretés, aux duretés, aux misères traditionnelles ; aucun n'a pu le faire plus rapidement et plus nettement que la France en ce troisième quart du XXe siècle »
J. Fourastié « Les Trente Glorieuses » Paris,1979.

Dates clés

juillet 1944 Conférence de Bretton Woods

1946 Les premières 4 CV sortent des usines Renault

1947 Lancement, par les États-Unis de l'*European Recovery Program* (Plan Marshall)

1948 Naissance, à Paris, de l'OECE (Organisation européenne de coopération économique)

1949 Création du CAEM. Adoption du Plan Dodge au Japon

Création du *Ministry of International Trade and Industry* (MITI) au Japon

1951 Naissance de la Communauté européenne du Charbon et de l'Acier (CECA) à laquelle adhèrent la France, la RFA, l'Italie, la Belgique, les Pays-Bas et le Luxembourg

avril 1955 Conférence de Bandung

1958 Début du « Grand bond en avant » chinois

1960 Création de l'OPEP

juillet 1965 Le Congrès des États-Unis d'Amérique instaure Medicare et Medicaid dans le cadre de la « guerre contre la pauvreté » initiée par le président Lyndon Johnson

4 octobre 1965 Réforme Liberman en URSS

1968 Vague de mouvements sociaux en Europe occidentale, aux États-Unis et au Japon mais aussi en Tchécoslovaquie et en Pologne

15 août 1971 Les États-Unis renoncent à l'étalon or

mars 1972 Publication du rapport Meadows

Chiffres clés

L'évolution du PIB par habitant (en dollars constants de 1953)

	1900	1929	1958	1970
Pays développés à économie de marché				
ensemble	480	690	1 105	1 850
États-Unis	1 010	1 370	2 325	3 250
Europe occidentale	370	490	710	1310
Économies du Tiers-Monde / Non communistes				
ensemble	75	90	110	135
Amérique latine	160	190	250	340
Asie	65	80	80	95
Afrique	-	-	85	105
Chine populaire : données officielles / estimations occidentales	-	-	160 / 105	300 / 150

Source : Le Tiers-Monde dans l'impasse, Bairoch *P., 2e éd., 1983.*

Les gains de productivités dans les PDEM. Taux de croissance moyen annuel

	États-Unis	Royaume-Uni	France	RFA	Japon
1913-1950	2,6	1,6	2,1	1,1	1,3
1950-1973	2,6	3,1	5,1	6,0	8

Source : Histoire des faits économiques et sociaux, BEITONE A. GILLET P. et PARODI M., Dalloz, 2000.

Croquis de synthèse

Inégalités et contrastes de développement dans le monde au début des années 1970

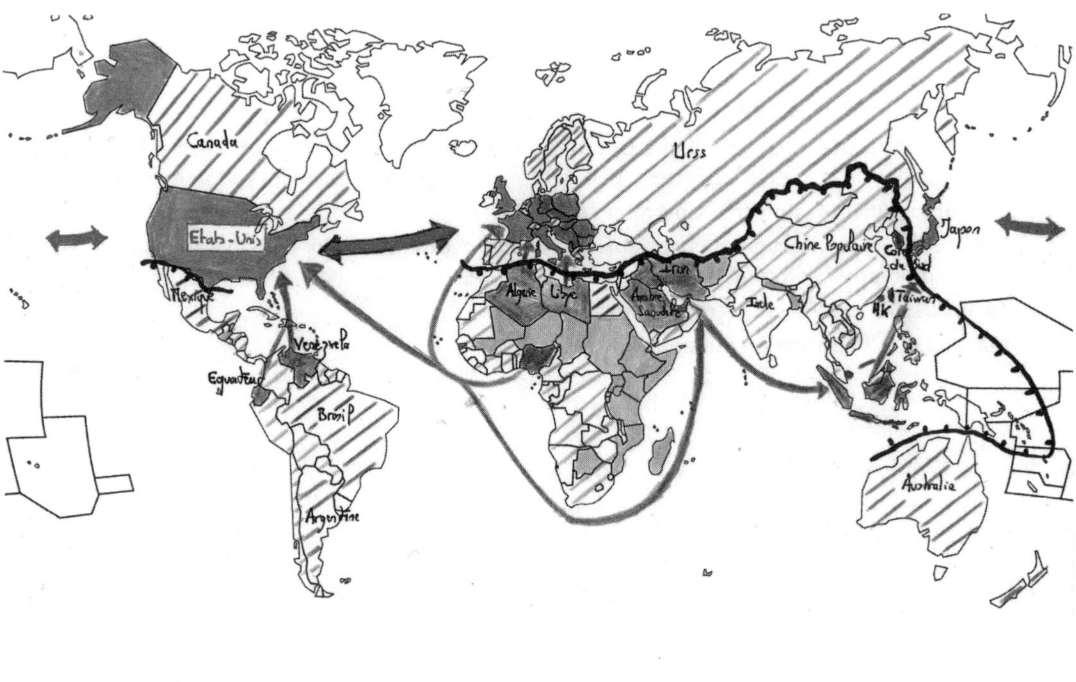

I. Un petit nombre de pays industrialisés et développés

A. La suprématie des PDEM

- Première puissance économique mondiale Etats-Unis
- Puissances économiques majeures (PIB/habitant très élevés) adhérant aux principes de l'économie de marché dont le niveau de vie des populations est très élevé
- Autres PDEM

B. Les spécificités des économies communistes d'URSS et des Démocraties Populaires d'Europe

- Grande puissance industrielle (industries lourde, armement), économie étatisée, société dont le niveau de vie s'est élevé mais dont les performances restent inférieures à celles des PDEM
- Démocraties populaires d'Europe dont le système économique et social est calqué sur celui de l'Union Soviétique

II. Difficultés et contrastes du Tiers Monde

A. Difficultés et sous développement

- Ligne imaginaire au Sud de laquelle se situent en majorité les Etats sous développés
- Principaux PMA
- Autres Etats en développement

B. Des Etats qui se démarquent en raison de leurs performances

- Les pays exportateurs de pétrole (croissance)
- Les Nouveaux pays industrialisés d'Asie (croissance forte et développement humain)
- D'autres NPI où les difficultés sociales sont encore nombreuses

III. Des flux qui confirment la hiérarchie et les dynamiques de la géoéconomie mondiale

A. Des flux qui confirment la suprématie des PDEM

- 80% des échanges mondiaux s'effectuent entre PDEM
- Des économies vers lesquelles convergent les matières premières (ex. des flux pétroliers)
- Centres d'impulsion des principaux flux de capitaux (IDE, APD…) +

B. Mais qui révèlent des évolutions importantes et des risques potentiels

- Ces économies du Tiers Monde qui réussissent en exportant +
- Les flux pétroliers révèlent la dépendance des PDEM

Introduction

À partir du début des années 1950, une fois la reconstruction bien engagée en Europe et au Japon, le monde entre dans une longue phase de croissance qui ne se termine, sous l'impact des difficultés monétaires et des chocs pétroliers, qu'au début des années 1970. Particulièrement marquée dans les pays développés à économie de marché (PDEM), qui sont situés en Amérique du Nord, en Europe occidentale et dans une partie du Pacifique occidental (Japon, Australie et Nouvelle-Zélande), cette période de croissance, que l'économiste français Jean Fourastié qualifia de « Trente Glorieuses »* à la fin des années 1970, concerne également l'URSS, les économies communistes d'Europe centrale et orientale mais aussi les États du Tiers-Monde. Or si les PDEM ont engagé depuis plusieurs décennies un processus d'essor économique et si les États communistes d'Europe s'appuient déjà sur leur potentiel agricole ou industriel, la situation du Tiers-Monde, en 1950, est tout autre. En effet, tout au long de la période concernée, aux États souverains présentant des retards de développement et peu industrialisés d'Amérique latine ou d'Asie (comme la Chine), viennent s'agglomérer les États qui accèdent peu à peu à l'indépendance (en Asie, puis en Afrique) et qui, confrontés à de nombreuses difficultés économiques et sociales, tentent de sortir du sous-développement et entament, à leur tour, un processus de croissance.

◆ Problématiques

- ***Quels ont été les ressorts, les modalités et les effets de la croissance sur ces différentes régions du monde ?***
- ***Quelles furent les spécificités des différents types de croissance ?***
- ***Cette croissance a-t-elle été génératrice de développement ?***
- ***A-t-elle permis de résorber les inégalités qui existent entre ces régions ou a-t-elle plutôt favorisé un creusement des contrastes économiques et sociaux ?***

I. Croissance, prospérité et bouleversements sociaux dans les PDEM

Au lendemain du second conflit mondial, et plus particulièrement au début des années 1950, après que l'Europe occidentale et la Japon aient surmonté les difficultés liées aux effets de la guerre, les pays développés à économie de marché connaissent, pendant près d'un quart de siècle, une phase de croissance exceptionnelle. Encore aujourd'hui observée avec attention et non sans une certaine nostalgie au regard des aléas que connaissent depuis plusieurs années les économies de ces pays, cette période se démarque des phases de croissances précédentes en raison de sa vigueur, de sa pérennité et de l'envergure de ses conséquences économiques et sociales.

A. Une croissance importante dont les fondements sont solides et multiples

Une croissance intensive et pérenne qui favorise un processus de convergence entre les économies développées

Au début des années 1950, les États-Unis, les États d'Europe occidentale (Royaume-Uni, France, Italie, RFA, Pays-Bas, Belgique) et le Japon, sont les premières puissances économiques mondiales. L'antériorité de leur développement économique et social est un atout, les principes de l'économie de marché y sont solidement ancrés et les effets dramatiques du second conflit mondial se sont, en partie, estompés en Europe de l'Ouest et au Japon. Le rôle moteur des États-Unis, dont le PIB par habitants frôle déjà 10 000 $ en 1950 et dont le PIB équivaut à 50 % du PIB mondial, dans le redressement économique de ces régions du monde, a été central. Désireux de lutter contre les effets sociaux de la guerre, de contribuer au redressement des puissances occidentales d'Europe et de mettre en application les principes du « *Containment* », les États-Unis ont injecté sur le vieux continent, treize milliards de dollars dans le cadre du plan Marshall (1947) et près de deux milliards à destination de l'ancien ennemi nippon (Plan Dodge en 1949). Partenaire, soutien financier mais aussi allié précieux (naissance de l'OTAN en 1949) en ce début de guerre froide, le géant américain donne une impulsion essentielle à la croissance, qui démarre alors dans les PDEM.

Angus Maddison et les Trente Glorieuses

Comme l'ont montré les travaux d'Angus Maddisson, et malgré d'importantes disparités entre les pays, cette période se démarque des phases de croissances antérieures en raison de son dynamisme et de sa durée. Entre 1950 et 1973, le PIB est multiplié par 3,8 en RFA, par 3 en France, par près de 8 au Japon et par 2,4 aux États-Unis. Les taux de croissance annuelle du produit intérieur sont remarquables, ils atteignent près de 5 % en France, en Italie ou en RFA, et plus de 8 % au Japon (avec de nombreuses pointes au-dessus de 10 % en particulier dans les années 1960). Cette période est également marquée par la forte croissance du PIB par habitant, il augmente de 74 % aux États-Unis, de près de 150 % en France mais de 208 % en RFA et de quasiment de 500 % au Japon. Un des traits spécifiques de cette période provient du fait que la croissance n'est pas entrecoupée par de véritable récession mais plutôt par de brefs ralentissements conjoncturels (comme celui que connaît le Japon en 1965 par exemple) qui ne remettent pas en cause le trend d'ensemble.

Les différences de taux de croissance entre PDEM aboutissent à un processus de convergence des niveaux et des conditions de vie. En effet, à la fin de la période, les États-Unis demeurent la première puissance mondiale et leur niveau de vie reste parmi les plus élevés du monde (PIB/hab. de près de 17 000 $ en 1973), mais il faut noter que certains pays développés à économie de marché ont connu une croissance beaucoup plus rapide. En effet, les taux de croissance du PIB japonais (souvent supérieurs à 10 % par an) ont permis à l'archipel nippon de devenir la deuxième puissance économique mondiale. En Europe occidentale, le Royaume-Uni, dont la croissance est resté modeste, a perdu sa suprématie, alors que les performances économiques de la RFA lui ont permis de devenir la première puissance économique européenne et la troisième à l'échelle mondiale. La France et l'Italie ont aussi connu une forte croissance contribuant à combler certains retards. Cette évolution se traduit par un resserrement des niveaux de vie : ainsi, au début des années 1970, le PIB par habitant est de plus de 13 000 dollars en France, de près de 12 000 en RFA et il atteint 11 400 $, au Japon. Quant aux pays scandinaves, ils ont désormais des PIB/habitant voisins de celui des États-Unis.

Une croissance généralisée à tous les secteurs d'activité, mue par le dynamisme des entreprises, par le progrès technique et par un contexte macro économique favorable

Dans tous les PDEM la croissance des productions industrielles est étroitement liée à celle du PIB (au Japon, les productions industrielles augmentent de 12 % par an entre 1961 et 1973). Les performances des secteurs traditionnels, en particulier de l'énergie, de la métallurgie et des biens d'équipement, sont confortées par celles de l'automobile (qui s'impose comme un des symboles de la période) et des biens de consommations (électroménager, vêtements). Dans le même temps, la haute technologie, dynamisée par les secteurs de l'armement (en particulier aux États-Unis), de la pharmaceutique, de l'aéronautique (naissance du Concorde qui effectue son premier vol test en 1969) et de l'électronique (l'américain IBM met au point les premiers ordinateurs), est également en plein essor. Dans le secteur agricole on observe une forte croissance des productions et un vaste mouvement de restructuration vers un modèle productiviste. Si depuis le XIXe siècle, la tertiarisation constitue une tendance de fond des économies développées, le phénomène s'accentue à partir des années 1950. Dynamisés par la forte croissance de la demande des services liés à la consommation collective dans les secteurs de la santé, de l'éducation ou des transports, par une forte croissance de la consommation des services liés au succès des biens de consommation (crédit, assurance, publicité) et par le développement des services aux entreprises (nettoyage, gestion), les entreprises du secteur tertiaire des pays développés, prospèrent, génèrent de la richesse et créent des emplois. Par ailleurs, l'essor des grandes entreprises du secteur industriel contribue également à favoriser la création d'emplois de gestion, de recherche et d'encadrement qui alimentent les effectifs employés dans les services.

Dans le secteur industriel comme dans celui des services, les grandes entreprises accentuent le processus de concentration qui avait repris pendant la guerre. Aux États-Unis, où les géants de l'énergie (Texaco, Mobil, Exxon), de l'industrie automobile (GM, Chrysler et Ford réalisent près de 95 % de la production dans les années 1960), de la grande distribution (Wall Mart en 1962), de la restauration rapide ou de l'agroalimentaire (Philipp Morris, Coca Cola) voient leur poids se renforcer, le dynamisme des grandes entreprises est, comme au Japon et en Europe occidentale, à la fois le reflet et un des fondements de la croissance. Ces groupes, dont les performances rejaillissent sur un nombre croissant de sous-traitants (PME), dégagent d'importants profits, attirent de nombreux investisseurs et disposent d'une puissance financière parfois considérable (à la fin des années 1950, le chiffre d'affaires de General Motors est légèrement inférieur au budget de la France). D'une manière générale, les secteurs de la recherche et du développement (RD) connaissent alors une activité croissante. Afin de proposer des produits nouveaux, mieux adaptés, plus performants (apparition en France de la télévision en couleur en 1967) et pour améliorer la productivité, les entreprises investissent dans des proportions croissantes. Les gains de productivité sont également considérables, tant dans l'industrie que dans l'agriculture où les rendements augmentent rapidement. La taylorisation des moyens de productions et de gros efforts logistiques, venus du Japon (« *Just in time* ») permettent de réduire les stocks et de réaliser d'importantes économies d'échelles. Si l'influence des entreprises nippones commence à se faire sentir, en particulier dans le secteur automobile (toyotisme, mettant en œuvre des concepts nouveaux de qualité, d'économie, de polyvalence des salariés), les entreprises d'Europe occidentale restent toutefois davantage influencées par le modèle américain ; pour preuve le succès des méthodes venues d'outre-Atlantique dans le domaine de la gestion des entreprises (approche systémique de la firme et importance accrue accordée à son environnement économique, social, culturel et politique).

Riche en bouleversements structurels et en performances technologiques, la période est également portée par un contexte macroéconomique favorable. Dans tous les PDEM, le dynamisme des différents secteurs d'activité est créateur d'emploi, les taux de chômage sont, et restent pendant plus de deux décennies, faibles, (inférieurs à 5 % et souvent à 2 % de la population active en RFA, en France ou au Japon). Les salaires et plus généralement les revenus, moteurs de la consommation, sont orientés à la hausse (en France le revenu des ménages s'accroît de 54 % entre 1949 et 1959, et de 130 % entre 1959 et 1974) ; le rapport au crédit se démocratise, d'autant que les taux sont bas, et les capacités d'épargne sont encore importantes (en particulier au Japon). À ces paramètres, il faut superposer l'impact de la croissance démographique que connaissent les pays développés (la population japonaise passe ainsi de 72 à 107 millions d'habitants entre 1945 et 1973). Plus jeunes, plus nombreuses et plus riches, ces populations jouent un rôle majeur dans le processus de croissance, tant en raison de leur capacité à consommer (le marché des produits destinés aux jeunes enfants est en plein essor) que par les besoins qu'elles génèrent en terme de services (éducation, santé…) ou par leur rôle (pour ceux qui sont nés à la fin des années 1940) sur le marché du travail à la fin la période. Par ailleurs, les économies des pays développés profitent de l'essor remarquable des échanges internationaux. Dynamisés par d'importants progrès techniques dans le domaine des transports, les flux de marchandises, longtemps fragilisés par la crise des années 1930 et la Seconde Guerre mondiale, connaissent une forte croissance : ainsi, entre 1950 et 1973, ils augmentent en volume, en moyenne de 8 % par an. À la fois effets et aspects de la croissance, ces flux sont dynamisés par le recul des droits de douanes (au moins sur les produits industriels) que permettent, à l'échelle mondiale, les accords du GATT (Dillon Round de 1959-1961, Kennedy Round de 1964-1967) et à l'échelle de l'Europe occidentale, la CEE, qui abolit, dès 1968, les droits de douanes entre ses six membres. À ces flux de marchandises il faut associer, la part croissante des flux de capitaux, en particulier des flux de dollars. Essentiel dans la dernière moitié des années 1940, puisque permettant le redémarrage rapide de l'Ouest de l'Europe et du Japon, le dollar, dont la stabilité et la puissance sont acquises depuis Bretton Woods (au moins jusqu'au début des années 1970) joue, également un rôle important par le biais des IDE que réalisent, en particulier à partir des années 1960, les grandes entreprises américaines. Principalement investis en Europe occidentale, mais aussi au Proche Orient (pétrole), en Amérique Latine voire en Asie orientale, ces capitaux contribuent à dynamiser les économies réceptrices et à conforter (non sans poser des difficultés à la balance des paiements américaine) la croissance de ces entreprises.

De nouvelles régulations liées au rôle de l'État

Trait dominant de la période 1945-1973, l'accélération de la croissance a été marquée par un renforcement considérable du rôle et de la place de l'État ainsi que du poids des dépenses publiques dans le PIB des PDEM. Désireux de tirer les leçons de la crise des années 1930 et des échecs des politiques de régulation libérales, forts des avancées permises par les politiques interventionnistes engagées pour y faire face (comme aux États-Unis) et de la part croissante des pouvoirs publics dans la sphère économique lors de la Seconde Guerre mondiale, les États développés adoptent une posture interventionniste au sortir du conflit. En Europe occidentale les préoccupations sociales, confortées lors du conflit par le rapport Beveridge (« *Full employement in a free society* » 1942), sont au cœur des politiques publiques de l'après guerre. Nombreuses sont les constitutions (France, Italie, Japon, RFA) qui affirment l'importance des questions sociales. Afin de mettre les populations les plus fragiles « à l'abri du besoin » (Beveridge) certains États (Royaume-Uni, France en particulier) créent pour les salariés des systèmes d'assurances sociales (couvrant les risques maladie et la vieillesse) et donnent naissance à ce que l'on qualifie bientôt d'État-providence (*Welfare State**). Aux États-Unis, où les principes libéraux ont réduit l'interventionnisme des pouvoirs publics dans les années 1950, ces efforts déployés à destination des populations les plus fragiles sont accentués sous l'impulsion des Démocrates au milieu des années 1960 (création de Medicare et de Medicaid en 1965).

Le Rapport Beveridge

William Beveridge (1879-1963) issu de la haute société britannique (anobli en 1946) féru d'économie et préoccupé par les questions sociales fut chargé par le gouvernement de Churchill de réfléchir, durant la Seconde Guerre mondiale, à l'élaboration d'un modèle social interventionniste respectueux des principes démocratiques et de l'économie de marché. Inspiré par les pratiques mises en œuvre aux États-Unis dans les années 1930 (New Deal) et par les principes de Keynes, il théorisa les liens nouveaux qui devraient souder l'État et l'économie. Dans « *Full employement in a free society* » (1942), il proposa un programme de *Welfare State* centré sur le renouvellement du rôle de l'État dans l'économie. D'un côté, l'État devait mettre en œuvre un programme de dépenses publiques et d'incitations financières destinées à soutenir la demande privée afin d'accompagner la croissance et de l'autre il devait mettre en place des mesures destinées à mettre « *l'homme à l'abri du besoin* » par un système national d'assurances sociales couvrant l'ensemble des risques sociaux. L'État combattant la misère, la maladie, l'insalubrité, l'ignorance, les taudis, deviendrait ainsi un acteur essentiel dans la marche vers la justice sociale par la redistribution des revenus par la fiscalité et les mécanismes d'assurance sociale. Ceci devant permettre le maintien d'une forte propension à consommer et à créer les conditions favorables au plein emploi. Pour Beveridge comme pour Keynes, efficacité économique et équité sociale allaient de pair. Ce sont les principes issus de ce « rapport » qui inspirèrent le gouvernement travailliste d'Attlee lors du vote du « *National Insurance Bill* » de 1946 et qui rejaillirent également sur l'attitude du gouvernement français (loi sur la Sécurité Sociale 1945).

Certains États, notamment ceux d'Europe occidentale, mais aussi le Japon, décident de renforcer leur position dans le fonctionnement de l'économie de marché. Par le biais de nationalisations, les gouvernements britanniques et français affirment leur volonté de se donner les moyens de piloter des secteurs considérés comme essentiels : extraction minière (dès 1945 en France), électricité (février 1947 au Royaume-Uni) transports aériens, mais aussi secteur bancaire (Nationalisation de la Banque de France et de la Banque d'Angleterre en 1945). Nombreux sont les États, comme l'Italie, la RFA ou l'Autriche, à conserver le contrôle de secteurs clés (transports ferroviaire, hydrocarbures). Quoiqu'inégalement développées, les politiques de planification engagées entre la fin de la guerre (dès 1946 en France) au début des années 1960 (premier plan quinquennal britannique) principalement en Europe occidentale, fixent des objectifs à quantitatifs ou techniques à atteindre. Loin d'être aussi contraignantes que celles qui sont mises en œuvre dans les Démocraties Populaires, puisque plus souples et surtout indicatives, ces mesures confirment les efforts déployés par les États afin de coordonner et de dynamiser l'activité économique. Désireux de ne pas laisser la fonction de régulation économique aux seuls acteurs du marché, les gouvernements des PDEM sont également nombreux à accentuer leur rôle dans ce domaine. Par le moyen de politiques budgétaires dynamiques (naissance de la TVA, prélèvement qui permet de financer certaines dépenses publiques dans le domaine énergétique, des transports), par le biais d'une politique monétaire adroite qui permet à la fois de favoriser la consommation en fixant de faibles taux directeurs ou de ralentir l'inflation en jouant sur la hausse de ces taux (sur ce point, la politique du « *stop and go* » britannique est un modèle du genre), par l'instauration d'un salaire minimum (SMIG* en 1950 en France) destiné à soutenir la consommation des revenus les plus modestes, les gouvernements des grandes puissances capitalistes contribuent à accompagner et à orienter la croissance.

Il existe toutefois d'importantes différences d'appréciation et de mise en application de ces mesures interventionnistes et régulatrices entre les PDEM. Très importantes dans certains pays d'Europe occidentale (France, Royaume-Uni, Italie) en fonction d'héritages socio-culturels (comme le jacobinisme et l'absolutisme en France), elles se déclinent sous différentes formes puisqu'en RFA les gouvernements privilégient une approche plus libérale (Économie sociale de marché) et qu'aux États-Unis où les dépenses sociales sont associées aux assurances privées et où il n'est ni question de nationalisation ni de planification. Au Japon, comme depuis la fin du XIXe siècle, l'État joue un rôle essentiel en œuvrant pour la reconstruction puis pour la croissance (en particulier par l'intermédiaire du MITI). Ces différences d'approche du rôle de la puissance publique dans les domaines économiques et sociaux expliquent que la question des dépenses publiques et de leur financement varient d'un pays à l'autre. D'une manière générale, ces dernières augmentent dans tous les PDEM entre 1950 et 1970, mais si elles dépassent 40 % du PIB dans la plupart des économies d'Europe occidentales, elles sont moins lourdes aux États-Unis (environ 30 %) malgré le coût de la guerre du Vietnam et encore plus modestes au Japon (environ 20 % du PIB) en raison de l'importante tradition d'épargne et de la frugalité des dépenses sociales du gouvernement nippon.

B. Une croissance qui génère d'importantes transformations sociales mais qui soulève de nombreuses questions

Croissance, transformations sociales et consommation de masse

Jouant un rôle essentiel dans la forte croissance de la population et confirmant les nombreuses avancées sanitaires et alimentaires que connaissent ces pays, la baisse de la mortalité, entamée depuis plusieurs décennies, se poursuit, celle de la mortalité infantile s'accentue rapidement (en France le taux passe de 77,8 en 1946 à 15,4 en 1973). Dans le même temps, le processus d'urbanisation perdure dans de nombreux États. L'essor des activités tertiaires et la permanence du poids de l'industrie, expliquent la persistance de l'exode rural en Europe et aux États-Unis, alors qu'au Japon, le processus est beaucoup plus brutal en raison du nombre encore important de ruraux au sortir de la guerre. Ainsi le taux d'urbanisation japonais, qui était inférieur à 40 % en 1945, atteint 75 % au début des années 1970. La prospérité et de le dynamisme des entreprises génèrent un besoin important de main-d'œuvre, en particulier en Europe occidentale où les effets démographiques de la guerre se font le plus sentir. Malgré la vigueur de la natalité (dont l'impact n'est pas immédiat sur le nombre des actifs), nombreux sont les gouvernements (France, Royaume-Uni, RFA) à adopter une politique migratoire dynamique et à inciter les populations étrangères à venir s'installer sur leur territoire. Dès 1956, le chancelier ouest-allemand, lors d'un déplacement à Rome, invitait les Italiens à venir travailler en Allemagne, dans les années qui suivent, la RFA signe des accords avec la Grèce (1960) et la Turquie (1961) mais aussi avec le Maroc, le Portugal ou la Tunisie afin de favoriser l'arrivée de travailleurs étrangers.

Outre ces bouleversements démographiques, la croissance a favorisé l'accélération des évolutions de la population active au sein des PDEM. Le recul, déjà engagé depuis le XIXe siècle, du nombre et de la part des agriculteurs se poursuit (leur part passe de 27 % à 11 % de la population active des PDEM entre 1950 et 1970) il est accompagné du maintien, voire du renforcement, de la population active industrielle et de l'essor prononcé du nombre des actifs du secteur tertiaire. Dans le même temps, l'élévation du niveau scolaire des générations de l'après-guerre que l'on constate dans ces pays, est étroitement liée aux besoins d'un marché du travail toujours plus friand d'actifs qualifiés. Si l'on prend, afin d'être le plus complet possible, également en compte, la progression de l'emploi féminin et celle du salariat, on perçoit nettement l'importance des bouleversements structurels que connaissent les populations actives des pays développés sur cette courte période.

Les succès de l'ère de l'abandon

Disposant de revenus orientés à la hausse, dans un contexte de croissance des salaires, d'essor du travail féminin (qui assure à de nombreux foyers un double revenu) et des prestations sociales, les populations des pays développés à économie de marché profitent également d'une diminution de la durée du temps de travail et donc de l'augmentation du temps libre. De nombreux paramètres expliquent donc le lien étroit qui existe entre la croissance économique et le basculement vers la consommation de masse. La loi d'Engel (plus le revenu s'élève, plus la part des dépenses consacrée aux besoins primaires, diminue) s'applique alors pleinement (en France, la part de l'alimentation ne cesse de diminuer, 38,3 % en 1960 contre 28,3 % en 1973) alors que les dépenses en bien d'équipement du foyer, sur le modèle de ce qui se produit dès les années 1940 aux États-Unis, prennent une place toujours plus importante. Les produits électroménagers que sont les réfrigérateurs, les cuisinières, les machines à laver le linge, mais aussi les radios dont les ventes sont dynamisées par l'apparition du transistor dans les années 1950, les tourne-disques (naissance du 33 tours en 1947 et du 45 en 1949) et les télévisions (6 millions de postes sont fabriqués, dès 1952, aux États-Unis) connaissent un succès considérable. Le symbole le plus flagrant du succès de ce que l'on appelle *l'American Way of Life,* est l'automobile. Dès 1944, le parc automobile américain compte plus de 30 millions de véhicules, il franchit le seuil des 90 millions en 1968. Si l'Europe occidentale et le Japon ne connaissent pas le « tout automobile » que la société américaine semble adopter (échangeurs géants à l'entrée des agglomérations, Drive In), le succès du fleuron de la société de consommation y est également remarquable. Dans cette période où la tendance est déjà à une certaine uniformisation des modes de vie, la place croissante occupée par les loisirs et les bouleversements du rapport à la culture méritent d'être évoqués. Le cinéma continue à attirer les foules (on compte encore près de 15 millions de spectateurs par semaine au début des années 1970 aux États-Unis), mais la télévision lui fait de l'ombre. Informations, séries et programmes sportifs (succès important des Jeux Olympiques de Mexico en 1968 et de Munich en 1972) contribuent à faire de la télévision un phénomène de masse qui transforme le foyer en un des espaces privilégiés du rapport au divertissement tout en accélérant l'uniformisation des goûts et des productions. La démocratisation du tourisme pour les classes moyennes des PDEM est également une des mutations majeures de la période. Au début des années 1970, les touristes ouest-allemands sont déjà près de 6 millions à fréquenter les rivages du Sud de l'Europe.

Limites, dérives, contestation : la croissance en question

Peut-on tomber amoureux d'un taux de croissance miraculeux, peut-on avec P. Samuelson dire en 1974 : « le problème n'est pas pourquoi les choses vont aussi mal maintenant, mais pourquoi elles allaient si bien à l'époque ? ».

Au début des années 1970, les économies des PDEM sont victimes d'une forte inflation qui devient préoccupante. La hausse des prix et des salaires a généré un phénomène de gonflement de la masse monétaire qu'accentuent les pratiques en vogue dans la plupart des États, de recours à la création monétaire. Cette inflation n'est pas toujours perçue comme une véritable menace (Georges Pompidou affirmait préférer l'inflation au chômage) d'autant qu'elle rend l'endettement (des ménages, des entreprises et des États) moins douloureux, mais elle pose la question de la stabilité monétaire et a même des répercussions sur les échanges internationaux (les prix des produits manufacturés des pays développés augmentent fortement, les monnaies les plus faibles sont avantagées, c'est le cas du yen…). Peu à peu le système monétaire international (SMI), mis en place à Bretton Woods, vacille. L'importance croissante des dollars en circulation dans le monde, en particulier en Europe (on parle d'Eurodollars) et le creusement du déficit budgétaire américain (en particulier en raison des dépenses générées par la guerre du Vietnam) favorisent un phénomène de conversion de dollars en or qui contribue à faire fondre le stock d'or de la FED et à rendre de plus en plus difficile la convertibilité du dollar en or. Confrontés à un creusement du déficit de leur balance des paiements et à l'érosion de leurs avoirs en or, les Allemagne annoncent, le 5 août 1971, la fin de la convertibilité du dollar en or ce qui, de fait, met un terme à la stabilité monétaire et ouvre la voie à une nouvelle ère d'incertitude. À ces menaces qui pèsent sur les équilibres monétaires et financiers des PDEM, se superposent les risquent qu'entraîne la dépendance énergétique de leurs économies. En quelques années les hydrocarbures (pétrole et gaz naturel) se sont imposées comme des sources d'énergie incontournables et représentent près de 70 % de la consommation énergétique mondiale (contre 45 % en 1955). Malgré leurs capacités de production les Allemagne sont importateurs de pétrole et de gaz, plus grave encore, la situation des puissances d'Europe occidentale et du Japon dont la dépendance est remarquable. En 1973, 75 % des besoins énergétiques de l'Allemagne sont couverts par les importations de pétrole, à cette date, le Japon, importe 90 % des 270 millions de tonnes de pétrole qu'il consomme. Or, si les prix de vente de ces matières premières sont longtemps restés très faibles (le prix du baril est longtemps resté inférieur à 2 $), la pression des pays exportateurs, essentiellement situés au Moyen-Orient (cette région fournit alors les 2/3 du pétrole vendu dans le monde) regroupés au sein de l'OPEP (née en 1960, cette organisation, composée de 13 États, réalise plus de la moitié de la production mondiale en 1973) est importante. À deux reprises, en 1971, ils obtiennent un relèvement des prix ce qui laisse planer la menace d'une hausse plus importante pour des économies déjà fragilisées par l'inflation.

À ces limites structurelles que rencontrent les économies des pays développés, il faut associer les effets des dérives du mode de croissance privilégié depuis plusieurs années par ces États. Ainsi l'essor rapide des espaces urbanisés et la concentration accrue des populations dans les villes et leurs banlieues, favorisent une forte croissance des prix des logements, dont les effets sont déjà particulièrement perceptibles au Japon (entre 1963 et 1967 la hausse moyenne du prix des logements frôle les 900 %). Par ailleurs, le modèle productif privilégié par ces sociétés d'abondance est prédateur pour l'environnement, notamment aux États-Unis où l'on consomme beaucoup d'eau, d'énergie, d'espace et de matières premières par habitant. Les catastrophes écologiques et les nuisances, liées au mode de production et de consommation font leur apparition. Au Japon, plus encore qu'ailleurs, la proximité entre certaines activités industrielles dangereuses et les populations, est à l'origine d'un drame sanitaire. Ainsi, la maladie de « Minamata » qui touche l'archipel dès la fin des années 1950 et fait plusieurs dizaines de victimes semble annoncer Seveso (Allemagne 1976) et Bhopal (Inde 1984) mais ne suscite que de modestes réactions des pouvoirs publics. C'est pourquoi, quelques voix discordantes se font entendre. Ainsi, le rapport Meadows, publié par le MIT (*Massachusetts Institute of Technology)* pour le Club de Rome en 1971, propose une « halte à la croissance ». En affirmant qu'il restait soixante ans au système économique mondial avant de s'effondrer, ce rapport annonçait, sans pour autant être suivi immédiatement d'effets, les inquiétudes concernant la diminution des ressources et la dégradation de l'environnement.

La prospérité des sociétés occidentales et japonaise, est loin d'être uniformément partagée. Il existe des exclus ou des personnes en marge de la société d'opulence, des pauvres (parmi les ouvriers, les employés, les personnes âgées, certains jeunes, les petits paysans, les habitants des régions industrielles en difficulté ou de certaines régions rurales en retard de développement, de nombreux immigrés récents), y compris aux États-Unis (cette « *Autre Amérique* » évoquée par Michael Harrington en 1962). Dès 1958, dans *L'Ère de l'opulence*, John K. Galbraith soulignait les nouvelles manifestations de l'inégalité économique et sociale. Aux États-Unis même, l'abondance a parfois eu pour effet de favoriser le cloisonnement et la ségrégation de la société beaucoup plus que son unité : l'exode massif des Blancs vers les zones suburbaines a le plus souvent coïncidé avec l'arrivée en force des Noirs dans les centres-villes. Les difficultés rencontrées par ces derniers dans leur combat pour obtenir l'égalité se cristallisent même en émeutes dans le quartier de Watts à Los Angeles en 1965, à Newark et à Detroit en 1967.

Le *Black Power* dans l'Amérique des années 1960

Au début des années 1960, malgré les réformes engagées par le gouvernement fédéral pour lutter contre la ségrégation dont étaient victimes les populations noires des États du « Vieux Sud » (en 1954 la ségrégation scolaire est déclarée anticonstitutionnelle par la Cour Suprême) et malgré les efforts déployés par les associations (NAACP) et les leaders du Mouvement des Droits Civiques (Martin Luther King), une partie de la jeunesse afro-américaine se radicalise et sombre dans la violence. Dans une période de forte croissance, nombreux sont ceux qui constatent et dénoncent les écarts qui subsistent entre les populations des ghettos et celles des quartiers résidentiels plus favorisés (classes moyennes blanches et noires). Emmenés par Stokely Carmichael mais également par Huey P. Newton et Bobby Seale qui fondent en 1966 le mouvement des « Panthères noires », certains jeunes noirs américains critiquent les membres du Mouvement pour les Droits Civiques en les considérant comme des « oncles Tom » à la solde des Blancs et abandonnent la philosophie de la non-violence défendue par Luther King. Cette naissance du « *Black Power* » change radicalement la donne du rapport entre Noirs et Blancs car son objectif principal est de permettre aux Afro-Américains (et non plus « noirs », le changement est symbolique) de reconsidérer l'image qu'ils ont d'eux-mêmes dans la société. Ils doivent s'émanciper des valeurs que leur a imposées la société blanche. « *Non, je ne suis pas américain. Je fais partie des 22 millions de Noirs victimes de l'américanisme. L'un des 22 millions de Noirs victimes de la démocratie qui n'est qu'un des masques de l'hypocrisie… C'est en victime que je porte les yeux sur l'Amérique. Et ce que j'aperçois, ce n'est pas le rêve américain, mais le cauchemar américain* » affirmait Malcom X porte parole des Blacks Muslims le 3 avril 1964. Le 11 août 1965, dans le quartier de Watts (Los Angeles) l'arrestation d'un jeune noir tourne mal ; la nuit suivante des magasins sont touchés, des coups de feu éclatent. La garde nationale intervient et fait usage des armes. Après cinq jours d'émeutes le calme revient mais le bilan est lourd, on compte 34 morts, 1072 blessés, 977 bâtiments détruits, 4000 interpellations…En quelques mois les grandes villes américaines s'embrasent, en 1966 on dénombre quarante-trois émeutes raciales et près de 160 dans les neuf premiers mois de l'année 1967. L'assassinat de Martin Luther King, début avril 1968, en entraine une centaine en quelques semaines. Les violences perdurent jusqu'en 1968 puis s'estompent progressivement à la fin de la décennie.

Dans plusieurs pays occidentaux, des critiques émanent d'intellectuels (sociologues, philosophes comme Herbert Marcuse) qui dénoncent l'endoctrinement, le conformisme et le conditionnement aux modes et à la satisfaction des désirs immédiats que crée la société de consommation et que favorise la publicité. Ces questions de société sont amplifiées à la fin des années 1960 par le mouvement de contestation estudiantine et plus généralement la révolte d'une partie de la jeunesse aux États-Unis, en Europe voire au Japon. La civilisation matérielle, le conformisme et les hiérarchies sont mis en cause (mai 1968 en Allemagne) alors que le capitalisme et l'impérialisme américain sont dénoncés (manifestation contre la guerre du Vietnam).

Les Trente Glorieuses méritent-elles leur nom ?

1. Les sous entendus d'une expression qui a fait date

J. Fourastié (1907-1990) *Les Trente Glorieuses* ouvrage publié en 1979 et qui décrit les mutations de Douelle dans le Quercy qui ont valeur d'exemple pour l'ensemble de la Allemagne et des pays industrialisés Sous titre évocateur : la révolution invisible.

– **Trente** par référence à **3 décennies de croissance atypique planétaire** la « *grande expansion* » décrite par J.-C. Asselain

De 1945 à 1973 c'est-à-dire lendemain de la guerre totale qui ouvre une reconstruction rapide, veille du premier choc pétrolier qui amorce une période de stagflation et de révision déchirante des priorités.

– « Glorieuses » à la fois glorification déification pour les performances enregistrées mais aussi avec le rapprochement avec les 3 glorieuses de la révolution de 1830 (26-27-28 juillet 1830) l'idée d'une **rupture ou du moins d'un changement de régime.** NB passage des Bourbons aux Orléans... pas encore les printemps révolutionnaires de 1848 (avec passage de la royauté à la seconde république) changement plus radical : *« ne doit-on pas dire glorieuses les trente années qui ont fait passer l'Allemagne de la vie végétative traditionnelle aux niveaux de vie et aux genres de vie contemporains ?* » (J. Fourastié)

– **Mériter leur nom** : tout simplement leur efficacité, leur **exemplarité** le fait que les choses aillent si bien suffisent ils à isoler cette « période comme une parenthèse miraculeuse de l'histoire du monde », les trente années pendant lesquelles le peuple français a été affranchi des grandes contraintes de la rareté millénaire, a triplé son niveau de vie et le pouvoir d'achat des salaires les plus faibles, a profondément transformé son genre de vie, sanctification et modélisation.

L'impossibilité donc d'oublier donc pour les historiens une période où le mode de vie des français a plus évolué durant ces trois décennies que durant les deux siècles précédents : le **niveau de vie** a été multiplié par 5 de 1945 à 1975, permettant un rattrapage technologique vis-à-vis des Allemagne. Le **Produit** intérieur brut (PIB) a été multiplié par 4,5 entre 1947 et 1973, ce qui correspond à une croissance annuelle moyenne record de 5,9 %.

2. Les ambiguïtés derrière sa pertinence d'une expression devenue emblématique de « l'âge d'or du capitalisme »

« À la limite, la science économique n'est et ne peut être que le commentaire rationnel des informations issues des statistiques » ; J. Fourastié est allé bien au-delà avec ce titre consacré à une période où l'espoir millénaire d'échapper à la misère est atteint voire dépassé en forgeant cette expression des trente glorieuses non dénuée d'interprétations, d'exagérations sur la période.

– **Trente... ?** Est-ce si sûr face aux statuts différents des économies (maturité américaine, sortie d'une léthargie et d'un immobilisme français, page tragique du chapitre du nazisme à tourner de l'Allemagne, Japon exsangue après avoir rêvé de sphère de coprospérité et de Daï nihon, (grand Japon) et URSS auréolée de sa victoire contre le nazisme sous la direction du petit père des peuples ? Trente avec des rythmes différents cependant : on parlera plutôt des 20 glorieuses françaises, voire des 13 heureuses pour R. Pawin spécialiste du bonheur depuis 1945 qui judicieusement remarque que les frustrations de la guerre se prolongeant, la décolonisation faisant ses aigris, les victimes de la guerre endeuillant des familles, il faudrait parler de 1963-1975 comme des années glorieuses, on isolera la haute croissance japonaise, on individualisera le miracle de l'économie sociale de marché de l'Allemagne, trente alors que c'est un cycle kondratiev qui peut être part du retournement de un peu avant pour s'infléchir (phase B) dès...

– Glorieuses... ? Peut-on oublier les inégalités consubstantielles aux trente glorieuses. Est on vraiment parvenu au BNB (bonheur national brut) quand on voit ne serait ce qu'en Allemagne le sort des immigrés et des femmes. **Le « bien-être subjectif » a-t-il été tout de suite ressenti collectivement par les Français ?** Peut on accepter une idolâtrie de la période (on en tombe pas amoureux d'un taux de croissance d'après P. Samuelson). Mais les déséquilibres dans l'ADT que dire de ces années de gaspillage, d'obsolescence programmée es appareils électroménagers, (cf. Marco Ferreri, *La grande bouffe,* 1973) de culte immodéré de l'automobile (*Trafic* de J. Tati 1971), d'artificialisation de la nature à coup d'engrais et de calories énergétiques ?pourquoi ne pas dire les trente ravageuses (nucléaire amiante sans débat) polluants (fluor de la Maurienne 3 500 t en 1971... au service de l'aluminium). Que dire de cette période qui voit l'URSS s'enliser dans une crise systémique malgré la justesse du diagnostic du XXe Congrès du PCUS ? Que dire de la réduction des inégalités entre Tiers-Monde et pays industrialisés ?

– Exceptionnalité ? n'y a-t-il pas là matière à relativisation au regard des conditions de départ (l'impact économique de la seconde guerre mondiale cf. Japon qui gagne sur le terrain économique la bataille perdue au niveau militaire) de comparaison (la Belle Époque) de clichés (les miracles déclinés dans tant de pays (Allemagne, Japon, Italie) et dès lors banalisés.

3. Mais une entrée définitive dans la nouvelle donne du XXe justifiant amplement de singulariser cette période et pourquoi pas en la baptisant... Trentes Glorieuses

– **des thématiques nouvelles** : le keynésianisme et un néo-dirigisme étatique qui seront souvent un recours contracyclique et partant des fonctions tutélaires de l'État installées, contestées mais jamais oubliées / la solidarité, la redistribution du *National health service* à la sécurité sociale, la politique conjoncturelle la politique réglementaire la politique des revenus.

– des prises de conscience salutaires à la fin de la décennie soixante qui jalonneront les grandes réflexions de la fin du XXe : environnement club de Rome décroissance pourquoi pas halte à la croissance ? libération de la femme : des signataires du manifeste de Bobigny aux lois Neuwirth ? de la décennie du développement au NOEI et à un rééquilibrage des rapports Nord/Sud.

– des nostalgies tenaces : les 8 années de Clinton appelées les « 8 glorieuses « cycle de croissance forte, les années post choc pétrolier par opposition appelées « vingt piteuses » et les années 1990 « les radieuses » ; les années « d'inflation créatrice » : le credo dans la courbe de Philips (liens inflation /emplois) alors que les années 1970 seront les années de stagflation. Les années 1980 de déflation rigoureuse. Sociologiquement, des années qui ont formaté des catégories sociales bénéficiaires des ces années d'abondance « *plentiful society* » — la génération des « Trente Glorieuses » que l'on interpelle souvent pour ses responsabilités face à la jeunesse et au délicat problème des retraites — les shinjurui japonais qui n'ont connu que cette période de haute croissance et pas les humiliations de l'après guerre et qui ont très mal vécu la fin du boom Heisei et la crise de déflation des années 1990 par référence à la Haute croissance triomphante du Japon. Même en URSS une période où on cultive avec Khrouchtchev le mythe du rattrapage de l'Occident pour 1980.

Bref, difficile de se débarrasser malgré ses limites de cette expression culte, de ranger aux oubliettes de l'histoire l'œuvre monumentale de J. Fourastié ce grand thuriféraire du « grand espoir du XXe ». Difficile de ne pas regarder derrière soi et de dire en 2014 comme P. Samuelson au cœur de la crise de 1974 : *« le problème n'est pas de savoir pourquoi les choses allaient si mal à cette époque mais pourquoi elles allaient si bien avant... »*

Et si l'histoire se répétait ? Les Trente Glorieuses sont devant nous ! (Karine Berger, Valérie Rabault).

II. Spécificités et limites de la croissance des économies communistes d'Europe de l'Est

Si à la veille de la Seconde Guerre mondiale, l'URSS demeure le seul État communiste du monde, les mois qui suivent la fin du conflit voient le communisme se propager dans les États d'Europe centrale et orientale. Surmontant rapidement les effets catastrophiques du conflit, l'URSS de Staline entre alors dans une longue phase de croissance mais peine à surmonter les difficultés inhérentes au système communiste. Dans le même temps, le basculement des États d'Europe centrale et orientale vers le communisme donne à toute cette région d'Europe une relative unité politique, économique et sociale.

A. Le tournant de la fin des années 1940, l'émergence d'un nouveau grand et le basculement des pays d'Europe centrale et orientale

L'URSS au sortir du conflit

Marginalisée à la fin des années 1930, stigmatisée par les puissances d'Europe occidentale en raison de son rapprochement avec l'Allemagne nazie le 23 août 1939 (pacte de non agression), l'Union des Républiques Socialistes Soviétiques sort de la Seconde Guerre mondiale en présentant un visage très différent. Victorieuse, au prix d'énormes pertes, des troupes allemandes à l'Est de l'Europe, l'Armée rouge est entrée dans Berlin et a contribué à la capitulation nazie du 8 mai 1945. Associée à toutes les conférences qui organisent l'après guerre (Téhéran 1943, Yalta et Potsdam 1945), à la mise en œuvre de l'Organisation des Nations unies (où elle obtient un siège de membre permanent au Conseil de Sécurité) et au procès de Nuremberg, l'URSS fait son entrée dans le cercle étroit des grandes puissances diplomatiques de l'après guerre. Cette capacité à peser sur la géopolitique mondiale est étroitement liée à l'influence militaire qu'exerce l'Armée rouge en Europe centrale et orientale, de la Pologne à la Bulgarie, à l'est de l'Allemagne et de l'Autriche (qu'elle occupe avec les puissances occidentales), mais aussi au nord de la Corée et de la Chine. Par ailleurs, les annexions des Pays baltes, des îles Kouriles et de Sakhaline confortent un territoire déjà gigantesque et riche en matières premières.

Néanmoins, les effets du conflit sont particulièrement lourds. Avec plus de vingt millions de morts, l'URSS est le pays le plus touché par le conflit ; les exactions commises par les troupes nazies, les violents combats qui se sont déroulés à l'ouest du territoire ont, au-delà du bilan humain, démantelé les infrastructures routières et ferroviaires, les ponts et les gares. Malgré les efforts déployés par le régime pour déplacer certaines activités à l'Est de l'Oural, les infrastructures industrielles sont amputées. Le potentiel agricole est également très amoindri, la production a chuté de 40 % par rapport à 1939. En Ukraine, où la guerre s'était déroulée à deux reprises, les meilleures terres arables du pays sont touchées, des centaines de milliers de têtes de bétail sont mortes et une terrible famine touche d'ailleurs la République, durant l'hiver 1946-1947. Aux rigueurs des effets de la fin du conflit, se superposent les conséquences de la politique répressive et violente que le régime continue à appliquer. Après un léger assouplissement du à la guerre (relatif au regard des 160 000 soldats de l'armée rouge fusillés pour « lâcheté » pendant le conflit), le carcan de la dictature retombe rapidement. Les contraintes mises en place par le régime communiste depuis la Révolution de 1917 perdurent (fermeture des frontières, passeports intérieurs) mais les autorités adoptent une posture très répressive à l'égard de certains groupes sociaux : les survivants des camps de prisonniers en Allemagne (alors que 3 des 4 millions de prisonniers soviétiques étaient déjà morts dans ces camps), furent suspectés (de trahison) et envoyés dans d'autres camps en

Sibérie. Accusées par Staline de manque de combativité ou de collusion avec l'occupant, des populations entières sont déplacées de force entre les dernières années du conflit et l'armistice : Tchétchènes et Tatars de Crimée en particulier.

Le Goulag

Le terme « Goulag » est originellement un acronyme qui signifie, *Glavnoe Oupravlenie Laguerai* (Direction générale des Camps) structure qui s'étoffe sous Staline. Avec le temps le terme « Goulag » en est venu à désigner le système concentrationnaire et l'ensemble des camps. Si les camps d'internement pour les opposants politiques existaient sous le régime tsariste et si Lénine en avait repris et développé la structure, c'est à partir de la fin des années 1920, sous l'impulsion de Staline, que le système concentrationnaire soviétique prend une réelle ampleur. Inexorablement, en raison du durcissement du régime contre les « opposants », contre les paysans récalcitrants au processus de collectivisation, contre les membres du parti, la population carcérale augmente. On dénombrait environ 150 000 détenus en 1930, mais le total atteignait 950 000 en 1935, près d'1,4 million en 1940 et environ 2,5 millions de personnes en 1950. La majorité des déportés étaient des déportés « politiques » (Zeks) et ils côtoyaient des prisonniers de droit commun mais également des prisonniers de guerre de la Wehrmacht (à partir de 1942). Tous étaient considérés comme de la main-d'œuvre qui devait travailler à la coupe du bois et dans les mines. Les conditions de vie étaient terribles, la faim, le froid, les maladies (typhus) faisaient des ravages. Ce furent ces déportés qui, de 1930 à 1932, construisirent le canal de la mer Blanche Baltique à mains nues, au prix de 60 000 morts (sur 250 000 détenus). Ce canal, trop étroit, et pris six mois dans les glaces ne sera jamais ouvert à la navigation. Au sortir de la guerre, après 1945, les « Zeks », furent utilisés dans l'industrie, sur les chantiers le système concentrationnaire contribua ainsi à la reconstruction et à la mise en valeur du pays.

Entre la fin du conflit et son décès, en mars 1953, Staline continue à faire régner la terreur dans un régime où les principes politiques qui prévalaient avant guerre sont maintenus. Dans les rangs du parti les épurations massives recommencent, en 1947-1948 le nombre des exclusions dépasse celui des adhésions. Aux disparitions de dignitaires du parti (sans procès) il faut ajouter l'éviction de certains ministres importants (comme Molotov). De nouveau, la peur règne parmi les staliniens les plus fidèles. Comme aux pires moments des purges de la fin des années 1930, les pressions sur les intellectuels et les artistes se poursuivent : en février 1948 le musicien Chostakovitch, accusé de formalisme bourgeois, est évincé pour un temps. Chiffre révélateur : en 1950 le système concentrationnaire du Goulag comptait 2,5 millions de prisonniers, soit un million de plus qu'en 1945. L'URSS est non seulement marquée par l'absence de vie politique réelle, mais aussi par l'absence de débat au sein même du PCUS. Les organes supérieurs du Parti ne sont même plus réunis, le Comité Central n'est convoqué que deux fois entre 1945 et 1952 et aucun Congrès n'a lieu entre 1939 et 1952. Au cœur de cette dictature personnelle, quelques rares fidèles (Beria, Khrouchtchev) sont tolérés, mais le régime est entre les mains d'un dirigeant devenu paranoïaque (Procès des médecins juifs accusés d'empoisonner le *Vojd* en 1953).

Une reprise rapide

Inférieur, en 1946, de 22 % à son niveau de 1939, le PIB soviétique rattrape son niveau d'avant guerre dès 1948. L'année suivante, il le dépasse de 8 %. Comme pour de nombreux belligérants touchés par les effets du conflit, l'URSS connaît un redressement rapide qui génère de la croissance. Mais, plus encore qu'en Europe occidentale ou au Japon, ce redressement est étroitement encadré et impulsé par le pouvoir politique. Dans une économie communiste étatisée, où les industries, les transports, les finances et le commerce sont nationalisés, où l'agriculture est collectivisée, le retour de la planification n'est pas surprenant. Dès le mois d'août 1945, le 4e Plan quinquennal, intitulé « Plan du relèvement et du développement », est engagé. Dès 1949, les objectifs du plan sont théoriquement atteints. Même soumis à caution, les taux de croissance moyens annuels, souvent proches de 10 %, confirment le dynamisme économique du pays. La reconstruction des infrastructures endommagées à l'ouest du pays, la mise en œuvre de gigantesques chantiers (Canal Don-Volga en 1952) d'importants efforts déployés dans les industries métallurgiques, énergétiques et dans les biens d'équipement (machines), ainsi que les dépenses engagées dans le secteur de l'armement et de la recherche (l'URSS se dote de la bombe A en 1949 et de la bombe H en 1953) expliquent la forte croissance de l'économie soviétique au tournant des années 1940 et 1950. Ni les industries de consommation, ni l'agriculture ne sont considérées comme prioritaires : avec à peine 16 % du montant des dépenses allouées par le 4e Plan, jamais le secteur agricole n'avait été aussi modestement doté depuis l'instauration de la planification.

Néanmoins, malgré ces progrès, les problèmes structurels de l'économie et de la société soviétiques perdurent. La pénurie de biens de consommations et de nombreuses denrées de première nécessité explique la persistance des files d'attente devant les magasins. Si les prix sont artificiellement maintenus à un niveau modeste par l'État, les salaires n'augmentent que faiblement et les difficultés du quotidien (habillement, nourriture et surtout logement) demeurent importantes. Afin d'augmenter la productivité des exploitations agricoles, le gouvernement soviétique engage un processus de concentration des kolkhozes (leur nombre passe de 254 000 à 97 000 entre 1950 et 1952), mais les limites structurelles d'une agriculture encore peu mécanisée sont encore nombreuses. Par ailleurs, le système industriel souffre de la lourdeur bureaucratique. En 1953, l'activité industrielle est subdivisée en 250 branches réunies en 27 secteurs ; les entreprises industrielles se trouvent sous la tutelle de l'administration et reçoivent à la fois leurs capitaux, leurs consignes et leurs matières premières, des pouvoirs publics. L'objectif étant de respecter, voire de dépasser les objectifs fixés par le Plan, nombreuses sont les entreprises à gonfler leurs résultats, à anticiper sur les difficultés d'approvisionnement en abusant des stocks et à détourner de leurs fonctions initiales (réparation, entretien) des employés afin de les installer à la production et d'améliorer les performances de l'entreprise.

D'une manière générale, l'économie communiste soviétique souffre d'un mal chronique, le manque de motivation de ses actifs. Les politiques incitatrices (avantages sociaux dans une optique stakhanoviste) déployées par le gouvernement ne suffisent pas et le fossé se creuse entre les salariés soviétiques et ceux des économies développées. Si d'importants efforts sont effectués dans les domaines de l'instruction primaire et secondaire, dans celui des politiques d'hygiène et dans la lutte contre la mortalité, le niveau de vie des soviétiques demeure, au début des années 1950, bien modeste. Seules les élites politiques, économiques (industriels, chefs d'entreprises) scientifiques et culturelles, disposent d'un niveau de vie supérieur à celui de la moyenne. Cette « nomenklatura » est le pilier du régime.

Paradoxe intéressant l'URSS, pourtant en difficulté étend son influence et exporte son système politique, économique et social en particulier en Europe centrale et orientale.

Le basculement et l'alignement sur Moscou de l'Europe centrale et orientale

Dans les États libérés par l'Armée rouge (Pologne, Hongrie, Tchécoslovaquie, Roumanie, Bulgarie) tout comme en Yougoslavie et en Albanie, les partis communistes locaux, pourtant peu influents lorsque le conflit se termine, connaissent un succès fulgurant. Liés au prestige de l'Armée rouge, victorieuse de la Wehrmacht, aux espoirs que suscitent les principes égalitaristes et pseudo démocratiques de cette idéologie et à la méfiance d'une part croissante des populations, souvent très pauvres et majoritairement rurales, vis-à-vis du capitalisme et des élites (noblesse ou haute bourgeoisie), les progrès du communisme se vérifient rapidement. En Yougoslavie, en Albanie ou en Bulgarie dès la fin de l'année 1945, les partis communistes remportent les élections en évinçant leurs opposants, alors qu'en Hongrie, en Roumanie ou en Pologne entre 1946 et 1947, ils participent à des gouvernements de coalition avant d'écarter leurs alliés (tactique du « salami ») et d'imposer leurs principes. Lorsqu'en février 1948, après le « coup de Prague », la Tchécoslovaquie, encore pluraliste, bascule à son tour, et après la naissance de la RDA en octobre 1949, le basculement de l'Est de l'Europe vers le communisme est effectif.

Les effets politiques de ces évolutions sont rapides, malgré la promulgation de constitutions et l'instauration du suffrage universel, les « Démocraties Populaires » sont, sur le modèle de l'URSS, de terribles dictatures. Les libertés fondamentales sont bafouées, les partis d'opposition sont éliminés, la presse est censurée, les manifestations sont interdites. Les polices politiques (Stasi, Securitate) multiplient les arrestations, les déportations voire les exécutions et dès 1947, de violentes purges éliminent les dirigeants communistes jugés trop « mous » (ainsi, en Bulgarie Kostov, un des fondateurs du PC bulgare critique les accords économiques passés avec l'URSS qui pénalisaient son pays, accusé de trahison, il « avoue » et est pendu en décembre 1949). Dans toutes ces sociétés, l'encadrement de la population est très important (propagande, presse, école), partout le culte du *leader* est organisé (Gottwald en Tchécoslovaquie, Rakozi en Hongrie, Hodja en Albanie). En quelques années, tous ces États, à l'exception de la Yougoslavie de Tito qui affirme son indépendance, deviennent des satellites de Moscou. Par le biais du Kominform, du CAEM*, des nombreux traités militaires, de la présence de l'Armée rouge dans plusieurs États, et du « parapluie nucléaire », l'URSS parvient, avant même la signature du Traité de Varsovie en 1955, à imposer aux Démocraties Populaires ses directives dans le domaine diplomatique (comme le montrent les pressions exercées sur la Pologne pour qu'elle refuse le plan Marshall).

Dès leur arrivée au pouvoir, les équipes communistes, à l'exemple des bolcheviks russes en 1917, engagent d'importantes transformations de société. En quelques semaines, les structures sociales préexistantes, partis, syndicats, associations professionnelles, disparaissent ; les anciennes élites sont évincées, les Églises sont contrôlées. Dans toutes les Démocraties populaires, les moyens de production sont considérés comme propriété du peuple. Peu de temps après la prise du pouvoir par les communistes, l'État expropria de grandes entreprises dans les services et l'industrie, puis il fit disparaître les petites entreprises privées (fin 1948, 83 % de l'industrie était déjà étatisée en Hongrie, 98 % en Bulgarie). Dans le même temps, la nationalisation des banques et du commerce a lieu, néanmoins une partie du commerce de détail reste privée en Hongrie, en Yougoslavie et en RDA. Dès la fin des années 1940, sur le modèle stalinien, des politiques planificatrices, privilégiant l'industrie lourde, sont mises en place. Simultanément, de profonds remaniements dans le secteur agricole (encore majoritaire alors dans cette région d'Europe) sont engagés. Après une courte phase de distribution des terres aux paysans dans le cadre de réformes agraires, la collectivisation commence et se développe à un rythme inégal. En 1957, les coopératives représentent 51 % des terres cultivées en Tchécoslovaquie mais 87 % en Bulgarie.

B. Réformes, avancées et limites

Des efforts de réforme

Lorsqu'il succède à Staline mort en 1953, Khrouchtchev hérite d'un système industriel étatisé qui, quoiqu'étant en pleine croissance, présente de nombreuses limites. Lors du XXe Congrès de 1956, le nouvel homme fort du Kremlin, se satisfait des résultats du Ve Plan engagé en 1951 et réalisé en quatre ans. La production industrielle a augmenté de 85 % depuis 1950, le revenu national de 68 % et les salaires de 39 %, mais à ses yeux, les résultats sont insuffisants pour les biens de consommation et l'agriculture (+ 20 à 30 % seulement pour le lait, la viande les céréales). Khrouchtchev affirme sa volonté de faire construire des logements, de doubler la production de biens de consommation (secteur B de la production industrielle), et d'augmenter les salaires. En 1959, il projette de multiplier par quatre les productions de textile et d'électroménager, de rénover le parc des machines outils, d'exploiter intensivement les ressources énergétiques de la Sibérie, d'améliorer les conditions de travail. Le VIe plan, lancé en 1957, doit porter en 1960 l'URSS à 55 % de son niveau de 1955. Dans le même temps le gouvernement s'engage à augmenter le niveau de vie des kolkhoziens de 40 % et ceux des autres travailleurs de 30 %. Mais dès 1959, avant même les résultats du VIe plan, un nouveau plan de 7 ans est mis en œuvre : le mot d'ordre rattraper les États-Unis. Parmi les efforts les plus spectaculaires entrepris par le dirigeant soviétique se trouve la tentative de décentralisation et de déconcentration de la direction administrative de l'industrie dont l'objectif est de remplacer la lourde machine administrative qui prévaut alors. 105 sovnarkhozes (conseils régionaux) sont mis en place. En donnant aux Républiques plus de pouvoirs, le régime vise à dynamiser les productions et assouplir le fonctionnement des entreprises. Par ailleurs, le gouvernement prête davantage d'attention au secteur agricole et au monde rural. Dès 1954, le lancement d'un vaste projet de mise en valeur de terres vierges au Kazakhstan (40 millions d'hectares) qui mobilise plusieurs centaines de milliers de paysans venus essentiellement d'Ukraine était un signal fort. Par ailleurs, on constate l'augmentation des primes aux kolkhoziens afin d'accroître leur productivité et des efforts pour améliorer la répartition du matériel entre les différentes unités. Enfin, les prix agricoles sont relevés à plusieurs reprises.

Mise en valeur des « terres vierges » en URSS

À partir du milieu des années 1950, en parallèle des efforts déployés par le régime soviétique pour tenter de remédier à la modestie des productions de biens de consommation et pour poursuivre l'accroissement des productions industrielles traditionnelles, d'importantes mesures sont mises en œuvre afin d'améliorer les productions agricoles. Prêtant à nouveau attention au monde rural, relevant à plusieurs reprises les prix agricoles, le gouvernement, préoccupé par la modestie des productions céréalières, lance, en 1954, un vaste projet de mise en valeur des terres vierges (Tselina en russe) du Kazakhstan (40 millions d'hectares). Mobilisant des centaines de milliers de paysans, souvent venus d'Ukraine et profitant de la présence de milliers de déportés Tchétchènes et Ingouches (déplacés de force par Staline à la fin de la Seconde Guerre mondiale), surmontant les conditions précaires dans lesquelles ces actifs travaillent, le projet semble donner satisfaction. En 1956, la production des « terres vierges » représente près de 40 % de la production céréalière soviétique qui atteint 125 millions de tonnes, ce qui représente un record. Pour autant, rapidement, ces régions excentrées, souffrant de difficiles conditions climatiques, peinent à attirer des « bras » et pâtissent de la modestie du réseau de transport. De ce fait, la mise en valeur des terres du Kazakhstan périclite au début des années 1960. À cette date, les sols sont épuisés, les productions sont modestes mais la région a bénéficié de la réalisation de nombreuses infrastructures (routes, aéroports) et a vu se développer un nouveau pôle urbain, Tselinograd, baptisé en 1961 par Khrouchtchev « Capitale des Terres vierge » qui deviendra la capitale du Kazakhstan post-soviétique, sous le nom d'Akmola puis d'Astana à partir de 1994.

L'éviction de Khrouchtchev en 1964 et l'arrivée de Leonid Brejnev à la tête du pouvoir soviétique ne remettent pas totalement en cause les efforts de réforme entrepris jusqu'alors. Le nouveau dirigeant réforme avec prudence l'économie en améliorant les règles de gestion et en modifiant progressivement les priorités, sans remettre en cause la planification et ses impératifs, le plein emploi, la stabilité des prix et des salaires, le rôle dirigeant de la bureaucratie communiste. Sous l'impulsion d'Alexis Kossyguine qui pilote le 8e plan quinquennal (1966-1971), d'importants efforts sont déployés dans le secteur agricole. Afin de dynamiser les productions et de mobiliser davantage les actifs, l'État assouplit sa tutelle sur les Kolkhozes, elle leur imposant un plan de ventes établi sur 5 ans à des prix stables. Les surplus pouvaient être vendus aux organes de collecte de l'État à des prix dépassant 50 % ceux fixé pour les livraisons obligatoires. Par ailleurs, le gouvernement étend le bénéfice des pensions et la sécurité sociale aux paysans, ce qui contribua à rapprocher leur niveau de vie de celui des ouvriers ; en 1965 le revenu réel des kolkhoziens n'atteignait que 75 % de celui des ouvriers, celui-ci atteindra 90 % en 1982. Dans le domaine industriel, Kossyguine tente de mettre en application les principes préconisés par Liberman* en promulguant le « décret sur l'amélioration de la planification et renforcement de la stimulation économique de la production ». Le pouvoir communiste admettait qu'il était nécessaire d'assouplir la tutelle de l'État sur les entreprises afin de stimuler leur activité. L'objectif était de laisser à la disposition de ces dernières une partie des bénéfices réalisés afin de récompenser les actifs les plus méritants et de financer certains investissements. En quelques années, la réforme touche peu ou prou, la totalité des entreprises soviétiques.

Dans les années 1960, les principes réformateurs gagnent certaines économies d'Europe centrale. En Tchécoslovaquie, sous l'impulsion d'Ota Sik, en Hongrie en suivant les principes de Janos Kornai, l'un et l'autre s'inscrivant dans la lignée de Liberman, tentent de résoudre les blocages du système. Dès 1961, la Tchécoslovaquie renonce à la priorité à l'industrie lourde pour accentuer ses efforts dans le secteur des industries de consommation, en 1963, le gouvernement est-allemand assouplit la planification. En Hongrie, des efforts sont mis en œuvre pour trouver un équilibre entre le plan et la propriété commune tout en donnant davantage d'autonomie à l'échelle locale. À partir de 1968, le gouvernement de Janos Kadar, concède aux fermes collectives une autonomie plus importante. Les paysans sont encouragés à cultiver leur lopin de terre. Les prix de certaines marchandises sont alignés sur le marché mondial, certains commerces de détail sont autorisés. Dans le même temps, les entreprises industrielles sont autorisées à choisir leurs fournisseurs et leurs clients, à moduler les salaires, récompenser leurs salariés par des primes en fonction des profits.

Une période de croissance et de progrès social

Entre le début des années 1950 et le début des années 1970, l'économie soviétique et les économies des Démocraties populaires*, connaissent une forte croissance. Le revenu national brut de l'URSS augmente régulièrement, selon un rythme proche de celui des puissances d'Europe occidental — selon les chiffres de la CIA (*environ 5 à 6 % par an)* et son PIB par habitant croît de près de 114 % entre 1950 et 1973. Cette croissance est étroitement liée aux performances industrielles (les productions augmentent de 10 % par à la fin des années 1950 et encore de près de 8 % au milieu des années 1960) et en particulier par les succès des secteurs énergétiques (construction de centrales hydrauliques géantes sur la Volga ou en Sibérie), métallurgiques mais également de l'armement et de l'aérospatiale (lancement du Spoutnik en 1957, Gagarine effectue le premier vol dans l'espace en 1961). Les productions des démocraties populaires sont également orientées à la hausse, en raison de l'essor de l'industrie lourde et des industries d'armement.

Dans le domaine agricole, d'importants progrès sont également perceptibles en raison des efforts entrepris dans le domaine de la modernisation et de l'autonomie des coopératives agricoles. En URSS la production d'engrais augmente fortement (5 millions de tonnes en 1963 contre 19 en 1980), les tracteurs sont de plus en plus nombreux (environ 1,7 million en 1966 mais plus de 2,5 en 1981). Les productions sont orientées à la hausse, en particulier dans le secteur des céréales (170 millions de tonnes au milieu des années 1960 contre près de 200 millions au milieu de la décennie suivante) et de la viande (dont la production passe de 10 millions de tonnes en 1965 à 15 millions en 1975). Des progrès sont également perceptibles dans les démocraties populaires, en Hongrie, à la fin des années 1960, la pénurie alimentaire disparaît et l'agriculture devient exportatrice (vin, fruits, légumes) le revenu paysans s'améliore.

Dans toutes ces sociétés communistes, les efforts déployés par les gouvernements et la croissance économique, ont permis d'améliorer les structures sanitaires (l'espérance de vie s'est accrue) et scolaires. Dans le même temps, on observe une relative amélioration des conditions de vie de la population ; le relèvement des salaires, celui des pensions et la diminution de la durée hebdomadaire du travail, y contribuent. Les populations accèdent aussi à certains biens de consommation durables, comme les équipements ménagers (téléviseurs, réfrigérateurs, machines à laver) et les besoins importants d'équipement favorisent l'essor des échanges avec l'Ouest (ils sont multipliés par 2 entre 1969 et 1971). Le processus d'industrialisation favorise l'urbanisation des sociétés d'Europe orientale et centrale (le taux d'urbanisation passe de 60 à 68 % en Tchécoslovaquie entre 1960 et 1973, de 37 à près de 60 en Bulgarie sur cette même période), des villes nouvelles surgirent comme Nowa Huta à la périphérie de Cracovie pour loger des milliers d'ouvriers produisant du fer, de l'acier, du charbon.

Retards et difficultés des mondes communistes au début des années 1970

Blocages politiques et économiques sont à l'origine des difficultés rencontrées par les économies communistes, dès la fin des années 1960 et au début des années 1970. Dans le secteur agricole, les difficultés demeurent nombreuses et les efforts permanents déployés dans ce domaine par le pouvoir soviétique, sont autant de révélateur des limites structurelles de telles réformes. Si des progrès ont été effectués, ils ne permettent pas à l'agriculture soviétique de se situer au niveau d'efficacité des pays occidentaux. En 1963 ou en 1972, le pays est obligé d'importer des céréales en raison d'une mauvaise récolte ; si le niveau de vie des kolkhoziens a progressé, leur productivité demeure modeste et les efforts de mécanisation ne suffisent pas. Dans le domaine industriel, l'archaïsme des moyens de production, le manque de motivation des actifs, l'insuffisance des investissements dans les industries de biens de consommation, mais aussi dans le secteur des transports (infrastructures souvent obsolètes), demeurent des problèmes récurrents. En URSS comme dans les Démocraties populaires, les taux de croissance connaissent une nette décélération à partir du début des années 1970. Par ailleurs, malgré les progrès effectués dans le domaine social, une nette différence de niveau de vie entre les populations de l'Est et de l'Ouest de l'Europe existe au début des années 1970.

L'immobilisme du système est pour beaucoup dans la persistance des difficultés, la remise en cause de la politique de décentralisation de la gestion de l'industrie au début des années 1960 ou les limites de la mise en œuvre de la réforme « Liberman » en sont de parfaits exemples. Alors que les sovnarkhozes disparaissent rapidement et que la centralisation fait son retour dès 1963, la persistance de la mainmise du pouvoir politique sur la fixation des prix, la gestion globale de la main-d'œuvre et le système des ventes, réduisent fortement les effets de la politique d'autonomie dont profitent les entreprises. Par ailleurs, la persistance de forts contrastes sociaux entre les membres de la Nomenklatura et le reste de la population, les difficultés chroniques d'accès au logement et l'absence de véritable marché de biens de consommations contribuent à alimenter le mécontentement et à miner la crédibilité des régimes communistes.

Alexandre Soljenitsyne

Né en 1918 cet écrivain fut déporté en « camp de travail » en 1945 et à quatre années de relégation pour avoir critiqué Staline. Dans le cadre de la politique d'assouplissement des mesures répressives engagées par Khrouchtchev, il est autorisé à publier en 1962 une sévère critique du système du Goulag dans « *Une journée d'Ivan Denissovitch* ». Il est victime de l'arrivée de Brejnev au pouvoir et doit, en 1965, affronter l'interdiction de toutes ses publications. Ses nombreux ouvrages, « *Le premier cercle* » (1968), *« Le Pavillon des cancéreux »*,(1968) et surtout *« L'Archipel du Goulag »* (1974) sont traduites à l'étranger et lui valent le prix Nobel de Littérature en 1970. Pour autant, en raison de la teneur critique de ses écrits, il est expulsé en 1974 puis déchu de sa citoyenneté soviétique. Installé aux États-Unis après être passé par la RFA et la Suisse, il s'impose comme le chef de file des dissidents du régime soviétique. Après la disparition de l'URSS il rentre dans son pays d'origine (1994) où il décède en 2008.

Alors que le régime soviétique parvient à maîtriser les critiques exprimées par les dissidents (Soljenitsyne, arrêté en 1974 est finalement expulsé), le mécontentement s'exprime avec davantage de virulence dans certains États d'Europe centrale. En Pologne, l'année 1968 est marquée par d'importants mouvements de contestation. L'agitation à l'Université de Varsovie est violemment réprimée par le pouvoir : arrestations et condamnations d'étudiants ou de professeurs (dont le *leader* étudiant Adam Michnik) sont monnaie courante. Lorsqu'en 1970, le gouvernement décide d'augmenter de 30 % les prix des denrées alimentaires, les ouvriers des chantiers navals de Gdansk se mettent en grève. Réprimé à son tour, ce mouvement, qui annonce les grandes grèves des années 1980-1981, révèle le malaise qui taraude la société polonaise. Acmé de ces tiraillements politiques et sociaux qui secouent le « bloc soviétique », le mouvement de contestation engagé par les intellectuels tchécoslovaques (sous l'impulsion de Vaclav Havel et de Milan Kundera) en 1967, débouche sur le « Printemps de Prague » en 1968. La tentative de mise en œuvre d'un « communisme à visage humain » entreprise par Alexandre Dubcek se heurte aux inquiétudes de Moscou. La terrible répression qui est alors engagée par les troupes du pacte de Varsovie révèle non seulement les limites de la souveraineté des Démocraties populaires d'Europe mais aussi, les inquiétudes que suscite à Moscou, la permanence d'un refus et d'une défiance à l'égard des principes communistes au sein des populations de ces pays.

Les impasses du système

L'impasse du système confirmée par son éclatement en 1991 ouvre superpose plusieurs mécanismes :

– *un échec consubstantiel à l'installation du régime ;*

– un « marxisme sous vide » le refus de la contestation : répression et dogmatisme ;

– l'immensité d'un territoire et des variations ethnoculturelles : les contraintes d'un empire (la Russie et l'URSS furent d'abord un empire avant que d'être une nation. L'expansionnisme a toujours été une fuite en avant (en moyenne 140 km^2 par jour et pendant… trois siècles extension démesurée de l'espace que les dirigeants pensaient pouvoir contrôler).

On peut dire d'ailleurs que c'est aussi ce qui a perdu Gorbatchev, « La société soviétique, les peuples qui la composent », découvrent après Tchernobyl — 1986 — qu'en URSS puissance, progrès, maîtrise de la technologie et de la nature ne recouvrent que faiblesse, retard, sous-développement technique destruction de la nature. Dès lors qu'ils ne croient plus rien de tout ce qui leur a été dit les peuples de l'URSS rejettent tout et d'abord l'image qu'on leur a imposée d'eux mêmes, celle d'un peuple soviétique. Contre l'empire, ils exigent alors de choisir leur destin peu leur importe qu'en condamnant l'empire ils condamnent les efforts de Gorbatchev pour y développer la démocratie et restaurer l'économie (H. Carrère d'Encausse). « Tout empire périra » J.-B. Duroselle. Mais l'exemple de la Chine suggère qu'une autre voie aurait pu permettre de la réformer sans la faire éclater... pour le moment ! L'impossible homo soviéticus.

– les responsabilités extérieures de l'URSS, son isolement les contraintes d'un modèle et d'une superpuissance (CMI contre le civil : on peu même soutenir la thèse que les dirigeants du Kremlin ne disposant d'aucune statistique sérieuse auraient fini par prendre pour argent comptant les thèses de la CIA minimaliste, et accentuer les efforts ruinant par là l'économie soviétique).

– les perversions du culte de la personnalité (Staline le vertige du succès pendant la dékoulakisation 1930) mais « il se peut que Staline soit devenu fou, le système l'était non moins » (M. Malia).

– le stalinisme est condamné à défendre ses conquêtes, à devenir conservateur et après l'intermède du léninisme naïf (Khrouchtchev). On passe des révolutionnaires aux gestionnaires des gardes rouges aux gardiens gris différant l'objectif du communisme pour un concept abâtardi de « socialisme développé » (stagnation, planification rigide inadaptée au progrès de la technologie), échec de la phase capitaliste (Nep) et le passage sans transition du tsarisme au communisme.

– l'absence de tradition de démocratie le « grand malheur russe » d'H. Carrère d'Encausse ; rôle du crime, des gourous dans le jeu politique (V. Fedorovski).

– le péché originel du marxisme soviétique ne serait il pas (pour B Féron) la pesanteur asiatique Selon lui si la Russie en était restée à son histoire commencée à Novgorod et à Kiev elle aurait pu apprendre la démocratie et faire partie du monde occidental Mais Gengis khan et deux siècles et demi de l'occupation mongole ont tué cet espoir.

Pour Martin Malia « l'expérimentation soviétique n'a pas tourné au totalitarisme en dépit de son socialisme mais parce qu'elle était socialiste ». Un socialisme qui ne pouvait s'exprimer et être réalisé que par des moyens léninistes, et ceux ci ne pouvaient atteindre leur objectif socialiste que par la méthode stalinienne. Le mot socialisme à la différence des autres mots en isme (capitalisme absolutisme surgis dans l'histoire moderne est le seul qui ait été créé avant et non après qu'une société de ce type ait existé. Conçu comme une utopie et fondé sur la seule morale, le socialisme de Marx exigeait d'emblée une révolution complète donc violente pour être réalité face au capitalisme. Tandis qu'en Europe occidentale le socialisme a dû se couler dans un moule préparé par les idées libérales et un système électoral qui lui a fait perdre sa substance (socialisme démocratique, social démocratie) en Russie il a aggravé les indigestions intellectuelles chroniques d'une intelligentsia sans racine apte à placer la morale au cœur de la vie et absorbant d'un coût et mal toutes les théories longuement mûries à l'Occident.

– des blocages inéluctables des réformes : l'impossibilité de réformer le système sans le mettre en cause.

La mise à l'écart de la société civile et l'adhésion feinte ou réelle des dirigeants au dogme de l'infaillibilité du système ; remédier aux dysfonctionnements plus que proposer de solutions nouvelles. Les retards des réformes politiques des conjonctures défavorables.

Les poids des hiérarchies et des bureaucraties ; les harcèlements des conservateurs.

« Ainsi le système socialiste peut être comparé à une innovation radicale qui une fois introduite n'aurait plus connu d'amélioration » (J. Berliner).

III. Croissance et développement du Tiers-Monde* : réalité et limites

La croissance des PDEM et des économies communistes d'Europe se produit dans un contexte de guerre froide et de décolonisation. Entre la fin de la Seconde Guerre mondiale et le début des années 1970, de nombreux États d'Asie et d'Afrique accèdent à l'indépendance, confrontés à de nombreuses difficultés économiques et sociales, ils sont progressivement qualifiés, au même titre que les États d'Amérique latine et d'autres États souverains et pauvres, de pays du Tiers-Monde. Les efforts déployés par ces États pour sortir du sous-développement, quoique divers et souvent générateurs de croissance économique, ne permettent, au début des années 1970, qu'à un tout petit nombre d'entre eux d'associer croissance et développement humain.

A. Sous-développement et émergence du Tiers-Monde

Au mois d'août 1952, le géographe français, Alfred Sauvy, dans un article paru dans *l'Observateur,* utilisait, pour décrire la situation des pays sous-développés, le terme de « Tiers-Monde », considérant, « qu'ignoré, exploité, méprisé » comme l'était le « tiers état » avant la Révolution Française, ce dernier voulait « lui aussi être quelque chose ». Si la notion de sous-développement n'est alors pas totalement nouvelle — le président américain Truman l'avait utilisé dans un discours sur l'état de l'Union au début de l'année 1949 — l'expression de « Tiers-Monde » révèle l'émergence, sur la scène internationale, d'une réalité : dans un monde bipolaire, de nombreux États sont confrontés à des difficultés économiques et sociales et aspirent à être entendus sur la scène internationale.

Le processus de décolonisation favorise la naissance de nombreux États souverains

Au sortir de la Seconde Guerre mondiale, les empires coloniaux européens sont secoués par de nombreux mouvements d'émancipation. Fragilisées par des difficultés intérieures, décrédibilisées par le déroulement du conflit (en particulier en Asie), sous la pression des deux grands, Américains et Soviétiques, alors favorables au droit des peuples à disposer d'eux mêmes, les métropoles européennes (Royaume-Uni, France, Pays-Bas, Belgique) sont confrontées aux velléités d'indépendance de certaines de leurs colonies. Confortés par le conflit, les mouvements nationalistes (Néo Destour en Tunisie, Istiqlal au Maroc, Vietminh au Vietnam) attendent avec impatience la prise en compte de leurs revendications et espèrent que le soutien que les peuples colonisés ont apporté à l'effort de guerre contre l'Axe, sera reconnu (2/3 des soldats des Forces Françaises Libres ayant combattu aux côtés des anglo-américains entre 1943 et 1945 venaient des colonies). Cette impatience s'exprime parfois violemment : le 8 mai 1945 des émeutes hostiles à la France secouent la région de Sétif en Algérie, le 2 septembre 1945 le Vietminh proclame l'indépendance du Vietnam et les Indes Néerlandaises sont alors secouées par un mouvement hostile au retour des Hollandais.

En quelques années, la plupart des colonies d'Asie, obtiennent leur indépendance. Initié au Proche-Orient (Liban, Syrie, Jordanie, Israël deviennent souverains entre 1945 et 1948), le processus gagne l'Asie du Sud et du Sud-Est. En 1946, les États-Unis concèdent leur souveraineté aux Philippines, en 1947, c'est au tour de l'Empire des Indes de se fragmenter en plusieurs États (Inde, Pakistan, Birmanie, Ceylan) ; en 1949 l'Indonésie obtient son indépendance. Souvent entaché de violences internes (entre Arabes et Juifs en Palestine, entre Musulmans et Hindous en Inde et au Pakistan) voire par de violents conflits (Guerre d'Indochine entre 1946 et 1954), ce processus se conclut au milieu des années 1950 avec l'indépendance de l'Indochine française (le Cambodge, le Laos, le Nord et le Sud Vietnam voient alors le jour) et de la Birmanie (1956).

À partir du milieu des années 1950, la décolonisation gagne le Maghreb : dès 1956 le Maroc et la Tunisie accèdent à l'indépendance mais l'Algérie est secouée par un conflit meurtrier qui dure jusqu'en 1962, date à laquelle la France de la Ve République concède l'indépendance à l'ancien fleuron de son Empire. Dès 1957, le Ghana (ancienne *Gold Coast* britannique), puis la Guinée en 1958, annoncent le mouvement massif d'accession à l'indépendance de l'Afrique noire : les colonies françaises en 1960 (Sénégal, Côte d'Ivoire, Mali, Niger) mais aussi anglaises (Kenya, Tanganyika (future Tanzanie) et Ouganda) tout comme les colonies Belges du Rwanda, du Burundi et du Congo, s'émancipent en quelques années. Les indépendances du Mozambique et de l'Angola en 1974, confortent ce tournant géopolitique majeur. Le processus de décolonisation a contribué à fragmenter l'espace mondial et a donné naissance à un grand nombre d'États souverains qui n'existaient pas en 1945. Ces États intègrent l'Organisation des Nations unies (sur les 93 États qui entrent à l'ONU entre 1945 et 1975, 71 sont issus de la décolonisation), dorénavant souverains, ils sont confrontés, comme d'autres États du monde, à de nombreuses difficultés économiques et sociales.

Le Tiers-Monde face au sous-développement

En quelques années, les États récemment décolonisés ou en voie d'accession à l'indépendance, rejoignent, au sein de ce que les contemporains appellent le Tiers-Monde, de nombreux États souverains, souvent anciennement décolonisés comme les États d'Amérique Latine ou du Moyen-Orient (Arabie Saoudite, Égypte…) ou souverains depuis toujours tels que la Chine, la Turquie, l'Afghanistan, Ces États sont loin de présenter un visage uniforme tant les signes de leur diversité (culturelle, religieuse, politique) sont nombreux, pourtant, ils sont confrontés à des difficultés relativement semblables qui donnent du sens à ce que les contemporains qualifient de sous-développement. Handicap et révélateur implacable, la pauvreté en est certainement le plus important des « dénominateurs communs ». En 1950, l'Asie qui abrite plus de la moitié de la population mondiale dégage à peine moins de 20 % de la richesse mondiale alors que l'Amérique latine et l'Afrique ne représentent que 7,8 et 3,4 % du total. Malgré d'importantes disparités, ces États sont logiquement confrontés à la faiblesse du PIB par habitant, en 1958 ce dernier est 13 fois plus faible en Asie ou en Afrique que celui de la moyenne des PDEM.

Parmi les nombreuses contraintes qui pèsent sur les économies et les sociétés de ces régions du monde, la croissance démographique est certainement l'une des plus lourdes. Entre 1950 et 1975, les populations d'Asie (+ 70 %), d'Afrique (+85 %) et d'Amérique latine (+101 %) sont fortement orientées à la hausse. Certains États, comme la Chine populaire dont la population passe de 500 à 900 millions d'habitants entre 1949 et le début des années

1970 ou la Côte d'Ivoire dont la population double entre l'indépendance et la fin des années 1960, sont particulièrement concernés. Aux taux très élevés de natalité (souvent entre 35 et 40 ‰) se superposent les effets du recul de la mortalité pour générer des taux élevés d'accroissement naturel. D'importantes difficultés chroniques fragilisent également les sociétés du Tiers-Monde. L'analphabétisme, la persistance d'une importante mortalité infantile, la sous nutrition, sont autant de paramètres qui révèlent la pauvreté de ces régions du monde et qui contribuent à les maintenir dans une situation difficile.

Malgré une importante population active dans ce secteur (50 % en Amérique latine, 75 % en Afrique), les performances agricoles demeurent très modestes et sont étroitement liées au manque de productivité et à l'archaïsme des pratiques. Si certains États du Tiers-Monde ont déjà entamé leur processus d'industrialisation (Brésil, Argentine, Mexique, Égypte) les carences du secteur industriel sont criantes dans la plupart de ces économies, elles poussent à importer les produits manufacturés dont elles ont besoin et les maintiennent en situation de dépendance à l'égard des puissances développées du Nord. Les infrastructures de transport sont encore modestes et elles rendent difficiles les échanges avec le reste du monde. À ces handicaps structurels, il faut souvent ajouter les aléas politiques et militaires auxquels sont confrontés la plupart de ces États. Dans un contexte d'instabilité (nombreux coups d'États tel que celui qui touche le Rwanda en 1962), de conflits internes (soulèvement du Katanga au Congo en 1960, guerre du Biafra au Nigeria en 1967) ou d'affrontements inter étatiques (à plusieurs reprises l'Inde et le Pakistan s'affrontent, en 1948-1949, 1965 puis 1971), les difficultés que rencontrent les populations civiles sont particulièrement nombreuses et démultiplient les effets du sous-développement (Sylvie Brunel a démontré que les famines qui secouent le Sahel à la fin des années 1960 et au début des années 1970 étaient étroitement liées aux effets des conflits qui secouent la région).

Guerre du Biafra (1967-1970)

En mai 1967 le Nigéria, ancienne colonie britannique, indépendante depuis le 1er octobre 1960, bascule dans la guerre civile. Sous l'impulsion d'un officier de l'armée nigériane, le lieutenant-colonel Ojukwu, la région orientale du pays, majoritairement chrétienne et animiste, (dans un pays majoritairement musulman) fait sécession. Depuis plusieurs années, les Ibos sont confrontés à des persécutions et à des violences en raison de l'animosité des Haoussas et des Peuls (majoritaires au Nigéria).

Cette région où domine le peuple Ibos, est particulièrement riche en pétrole, en gaz naturel et en bois et, à ce titre, elle est considérée comme essentielle par Lagos. Les insurgés nomment leur région du nom de « Biafra » et se dotent d'un gouvernement ainsi que d'une capitale (Enugu). Le gouvernement nigérian, alors dirigé par les militaires, déploie l'armée dans la cette partie du pays. La guerre civile qui s'engage alors est particulièrement dure, rapidement les insurgés sont privés de leur accès à la mer et subissent les effets d'un terrible blocus alimentaire. La famine qui sévit alors chez les rebelles et au sein des populations se trouvant dans la région qu'ils dominent fait des ravages. Le conflit a des répercussions internationales, certains États (dont la France) aident les insurgés, d'autres (Tanzanie, Côte d'Ivoire, Gabon) reconnaissent même le nouvel État biafrais. Mais la majorité des États africains, membres de l'OUA, dénonce le processus sécessionniste tout comme certaines grandes puissance (Royaume-Uni ou URSS). Malgré sa supériorité numérique, l'armée fédérale peine à vaincre les rebelles et ce n'est qu'à la fin de l'année 1969 que le gouvernement fédéral nigérian parvient à écraser les dernières poches de résistance, le cessez-le-feu étant signé au début de l'année 1970. Ce conflit qui fit plusieurs centaines de milliers de morts (près de deux millions pour certaines sources) essentiellement victimes de la famine, et près de trois millions de réfugiés, est encore aujourd'hui considéré comme l'un des plus meurtriers qu'ait connu le continent africain.

Le Tiers-Monde s'impose sur la scène internationale

À mesure de leur accession à l'indépendance, certains États d'Asie (Inde, Pakistan, Birmanie, Ceylan et Indonésie), prenant conscience des difficultés auxquelles ils étaient confrontés, choisirent de se rapprocher et d'organiser une conférence internationale, en Indonésie, à Bandung. Les 29 délégations, essentiellement asiatiques, mais également africaines, qui se réunissent et échangent pendant près d'une semaine en avril 1955, sont tout à fait représentatives de la situation des pays qui du Tiers-Monde. Ils représentent plus de la moitié de la population mondiale mais à peine un dixième du revenu de la planète. Sous la houlette de dirigeants charismatiques, (Nehru, Sukarno, Nasser) les débats et les discours de clôture furent d'une haute tenue. Affirmant leur refus et leur condamnation de la colonisation, dénonçant les effets de l'impérialisme, souhaitant s'émanciper de toute forme de tutelle, les chefs d'États réunis à Bandung soulignent également les difficultés économiques dans lesquelles ils se démènent et appellent à la coopération et au développement. Malgré d'importantes disparités politiques entre les participants, la conférence de Bandung est bel et bien le moment où le Tiers-Monde fait son entrée sur la scène internationale).

Initiée en 1955, la posture anticoloniale et la défiance à l'égard de la logique des blocs qui prévalait alors, pousse certains des participants de Bandung, à poursuivre leur réflexion et à tenter de structurer, dans la durée, le regroupement informel qui avait eu lieu en Indonésie. Tito, le dirigeant communiste yougoslave, fort de sa rupture avec l'URSS, organise en juillet 1956, sur l'île de Brioni, une conférence tripartite avec Nehru et Nasser qui annonce la naissance du mouvement des « non alignés »*. Désireux de transcender les clivages idéologiques qui traversent le Tiers-Monde, souhaitant conforter le processus de décolonisation et très attachés à la paix et au désarmement, ce mouvement prend rapidement de l'ampleur. En 1961 s'ouvre à Belgrade, la première conférence du mouvement des non alignés qui réunit 24 États (11 Asiatiques et 11 Africains, mais aussi un Européen, la Yougoslavie et Cuba). Malgré les nombreuses divergences idéologiques qui existent entre les États membres (difficile de faire concilier les intérêts et les valeurs de régimes proches de Moscou comme Cuba et ceux qui sont alliés aux Étas-Unis ou aux occidentaux comme le Maroc, l'Arabie Saoudite), le mouvement s'étoffe. Les conférences se souvent à un rythme régulier (Le Caire 1964, Alger 1967, Lusaka en 1970, Alger de nouveau en 1973), les participants sont de plus en plus nombreux (49 en 1964, mais 75 en 1973) et les États africains, à mesure que le continent se décolonise, sont de plus en plus nombreux (29 en 1964 mais 41 en 1973). Peu à peu, le mouvement se structure (groupes d'experts, bureau de coordination) et se tourne vers les questions économiques en appelant au « Nouvel Ordre Économique » mondial.

En quelques années, les États du Tiers-Monde se dotent de structures collectives, confirmant leur désir de se rapprocher, de fédérer leurs efforts, afin de peser davantage sur la scène géopolitique et géopolitique mondiale. Née, en 1960, l'Organisation des Pays Exportateurs de Pétrole (OPEP) obtient progressivement, au début des années 1970, le relèvement des prix de vente de « l'or noir », dans un registre plus politique, l'Organisation de l'Unité africaine voit le jour en 1963. Mais c'est en usant des structures internationales existantes, en particulier de l'ONU, efficace caisse de résonnance, que le Tiers-Monde compte donner à ses revendications une portée planétaire. De plus en plus nombreux à l'Assemblée générale comme dans les organismes annexes, les États asiatiques, africains et latino-américains, obtiennent de l'ONU qu'elle reconnaisse en 1962 « le droit à la souveraineté permanente des peuples et des nations sur leurs richesses et leurs ressources naturelles ». En 1964, la première Conférence des Nations unies pour le commerce et le développement (CNUCED*) confirme l'importance que prennent les enjeux économiques et sociaux de ces régions du monde ; héritier de cette conférence, le « Groupe des 77 », composé de pays provenant des trois continents les plus pauvres, est la preuve que dorénavant, Tiers-Monde et sous-développement sont étroitement liés. Objet de réflexion, source de préoccupations et de débat, le sort du Tiers-Monde n'en finit pas de susciter des publications et les interventions d'économistes. À l'américain Rostow qui dans les années 1960 comparaît les économies du Tiers-Monde à celles des puissances européennes avant leur « take off », aux analyses libérales qui invitaient ces pays à surmonter leur retard initial en accélérant leur ouverture économique, répondaient les économistes latino-américains (Raul Prebisch ou Celso Furtado) en considérant que le sous-développement était la conséquence de l'essor des pays développés. Ces travaux apportent alors de précieux arguments aux théoriciens marxistes qui, depuis Lénine, associent colonialisme et impérialisme. Ces débats et les vives critiques qui visent les anciennes puissances coloniales et plus largement le « bloc occidental », donnent naissance à un courant « tiers-mondiste », qui rassemble celles et ceux qui ont pris fait et cause pour le Tiers-Monde et qui accusent, comme le fit Franz Fanon dans « *Les damnés de la Terre* » (1961), l'occident d'être le principal responsable de la pauvreté d'une grande partie de la population mondiale.

B. La diversité des modèles de développement et leurs effets sur la croissance

Des stratégies de développement distinctes

Il existe une grande diversité des moyens déployés par les États du Tiers-Monde pour sortir du sous-développement. Certains se tournent vers le modèle marxiste (Mongolie dès les années 1920, Chine populaire, Corée du Nord, Viêt-Nam du Nord, Cuba) ou s'en inspirent (Algérie, Ghana). D'autres, majoritaires, choisissent de suivre les principes de l'économie de marché. Si les efforts de ces États portent souvent sur l'agriculture (Révolution verte en Inde, NPI) afin de lutter contre la sous nutrition et la dépendance alimentaire, nombreux sont ceux qui privilégient les politiques d'industrialisation. Au moment où de nombreux États accèdent à l'indépendance, l'industrie occupe souvent une place résiduelle dans leur économie. Or, ce secteur demeure partout (aussi bien dans les PDEM que dans les économies communistes), un puissant moteur économique, il revêt une charge symbolique considérable qui explique les efforts déployés dans ce domaine.

S'inspirant des réflexions de la CEPAL (Commission économique des Nations unies pour l'Amérique latine née en 1948) qui invitent les États du sous continent à sortir de la dépendance par rapport aux pays industrialisés, bon nombre d'économies sous-développées décident de privilégier des stratégies de développement autocentrées (ou intraverties). En Amérique latine, souvent initiée dès avant la Seconde Guerre mondiale, l'Industrialisation par Substitution des Importations (ISI)* vise à valoriser les ressources locales et à substituer les productions nationales aux produits manufacturés importés du Nord ; d'importants efforts sont alors déployés, en particulier au Brésil, en Argentine voire au Mexique, pour développer des industries légères qui créent des emplois et permettent de satisfaire les besoins de la population en biens de consommation. Dans une optique très différente, d'autres États, souvent dirigés par des gouvernements d'inspiration marxiste, mettent en œuvre une politique d'industries « industrialisantes »* (Algérie, Ghana). Désireux de développer les industries lourdes (industries d'amont), ces gouvernements espèrent qu'elles auront un effet d'entraînement sur les industries situées en aval et qu'elles permettront de satisfaire les besoins nationaux. Ainsi l'Algérie du président Boumediene fournit, à la fin des années 1960, des efforts considérables pour développer les industries pétrolières et les complexes pétrochimiques. Dans le même temps, le Ghana s'engage dans la production d'or (l'état nationalise une partie des mines) et espère pouvoir créer un effet d'entraînement sur d'autres activités industrielles. L'Inde, quant à elle, décide d'abandonner ce modèle de développement (initié dans les années 1950) pour donner la priorité à l'essor des biens de consommation et à la Révolution verte dans la décennie suivante.

Les types d'industrialisation

	Industrialisation de puissance Industries industrialisantes Développement autocentré*	ISI : industrialisation par substitution d'importations Développement autocentré	Promotion des exportations Substitution d'exportations Développement extraverti
Finalités	Indépendance et souveraineté nationales Rupture avec l'économie de traite, de type colonial, avec la DIT Recentrage sur le marché intérieur Développement d'industries lourdes ayant un effet d'entraînement sur les autres	Refus de la dépendance, de l'économie de reflet Priorité aux biens de consommation Rupture progressive avec la DIT traditionnelle et les rapports de domination centre-périphérie	Remplacer les exportations de produits de base par des produits manufacturés ou semi-finis Mieux utiliser les avantages comparatifs dans la DIT (main-d'œuvre, ressources naturelles, espace disponible), et gérer les effets fertilisants de la spécialisation
Référence	URSS des années 1930 1re révolution industrielle : rôle industrialisant des industries lourdes et 2e évolution industrielle. C'est la transposition de la notion de « pôle de croissance » de F. Perroux Théorie de Destanne de Bernis (1964), Algérie Modèle de Feldman (URSS), Mahalanobis (Inde). Postulat de base	Amérique latine des années 19330 et de la Seconde Guerre mondiale La chute des exportations pénalise les importations possibles et impose un recentrage sur la production interne Protectionnisme éducateur de List pour les industries naissantes (thèse de List)	NPI pour dépasser les blocages apparus dans les ISI dans les années 1960 (Taiwan, Corée du Sud) Forte pression des thèses libérales et néoclassiques, de la Banque mondiale pour insérer les PED dans l'économie de marché et les échanges internationaux Thèse de l'export led growth (cercle vertueux de croissance) mise en évidence par Lamfalussy

	Plus l'investissement des biens de production sera important, plus à terme la production de biens de consommation pourra augmenter	Écoles radicales et structuralistes du développement (Amin, Frank)	
Moyens	Exportations de matières premières d'énergie Accumulation primitive par prélèvement sur l'agriculture Renforcement du dirigisme par rôle accru du secteur public ; planification centralisée Polarisation régionale du développement	Appel massif aux capitaux étrangers Valorisation des ressources nationales Triple alliance bourgeoise locale, État, FMN Ressources agricoles exportées pour acquérir des devises au départ Ressources en main-d'œuvre fournies par l'agriculture Surévaluation de la monnaie locale pour freiner les exportations (rarement)	Recours au FMN et à l'emprunt extérieur. Création de zones franches. Rationalisation des processus productifs. Introduction des méthodes fordistes et tayloriennes. « Gestion libre » de la main-d'œuvre Modernisation de l'agriculture traditionnelle pour baisser les coûts d'approvisionnement et de la main-d'œuvre Adaptation perpétuelle à la demande mondiale
Blocages, inerties	Technologies importées à haute intensité du capital Peu de créations d'emplois Monopole des industries nationales : prix élevés par rapport aux prix mondiaux, sur le marché national amputant la demande nationale, ou prix faibles, sources de déficits publics pour subventionner les produits Coût excessif des importations de technologies pour les acclimater Discontinuités techniques et régionales, kystes de croissance Pesanteurs bureaucratiques Besoins sociaux différés ; sacrifice de l'agriculture Difficultés de passage de l'étage des industries lourdes aux biens de consommation Difficultés d'étendre à de petits pays le modèle plus réaliste sur des États continents (Inde, URSS, blocage depuis 1975 de ce modèle en Algérie)	Effets négatifs d'une protection permanente Marché de « vendeurs » ; pas de pression des acheteurs Exportations difficiles (surévaluation de la monnaie) Peu de créations d'emplois Inégalités croissantes industrie-agriculture Remontée des filières vers les industries amont bloquées Jusqu'auboutisme de certains ISI Blocages dans les années 1960 (Brésil, Argentine) de ce modèle	Polarisation excessive du développement dans les zones de sous-traitance défiscalisées Difficultés dues à la contrainte extérieure (énergie, taux de charge, endettement excessif, cycles d'investissement plus ou moins porteurs) Blocages si le pays n'a pas de base industrielle préalable, souvent créée par le modèle ISI Importations de bien somptuaires qui détournent les revenus des exportations Renchérissements des coûts de production qui, à terme, peuvent réduire les avantages comparatifs Réduction de ces pays à des géniaux imitateurs Blocages relatifs 1980-1982 en Corée du Sud

D'autres États du Tiers-Monde font le choix de l'ouverture (stratégies extraverties) ; ainsi, s'appuyant sur une main-d'œuvre nombreuse et bon marché, sur d'abondantes ressources et profitant parfois des infrastructures (ports, routes, voies ferrées) qu'avaient construites les puissances coloniales, profitant des besoins importants des économies développées dans ce domaine, ces États se spécialisent dans les exportations de matières premières (café, cacao, canne à sucre, arachide, coton, jute, caoutchouc, bois, fer, cuivre, pétrole). Cette stratégie doit permettre de disposer de recettes destinées à financer les équipements publics (transports, éducation, santé) soit par la fiscalité quand l'exploitation de ces ressources demeure privée (Cote d'Ivoire, Kenya) soit par l'exploitation directe dans le cas des nationalisations (Ghana,

Guinée). Dans ces économies, la place des produits primaires dans les exportations devient alors essentielle : en 1965 elle représente 75 % dans les économies en développement voire 93 % pour l'Afrique subsaharienne et en Amérique latine (contre 30 % dans les PDEM). À la suite du Japon, qui apparaît, dans l'ensemble de l'Asie orientale, comme le précurseur de cette stratégie, certains États que l'on qualifie rapidement de NPIA* (nouveaux pays industrialisés d'Asie) se sont engagés dans une stratégie économique baptisée stratégie d'industrialisation par l'exportation. La Corée du Sud, Taiwan, Hong Kong et Singapour (qui devient souverain en 1965), réussissent à surmonter leurs handicaps initiaux (modestie de la superficie, étroitesse du marché intérieur, absence de ressources naturelles) et s'appuient sur l'interventionnisme prononcé des pouvoirs publics, sur une main-d'œuvre bon marché et sur le dynamisme de certains grands groupes (Chaebol coréens comme Daewoo, Hyundai, Samsung). Après avoir rapidement satisfait les besoins nationaux en développant une industrie de biens de consommations (textile, chaussure, petite mécanique, assemblage électroménager), ces économies, à grand renfort d'emprunts, d'achats de matières premières et de machines, modernisent leurs structures productives et se tournent vers l'exportation (en Corée du Sud, seules 5 % des productions textiles étaient exportées en 1960 mais en 1973 cette proportion atteint 47 %). Dans le même temps, les NPI engagent une « remontée de filière » vers les productions et technologies à plus forte valeur ajoutée. Ainsi, en Corée du Sud, se développent à la fin des années 1960 les industries sidérurgiques modernes et, dès le début des années 1970, les chantiers navals et la construction automobile.

La naissance d'un chaebol sud-coréen : Samsung

Née en 1938, à une époque où la péninsule coréenne était sous tutelle japonaise, à Daegu, l'entreprise Samseong (« trois étoiles » en coréen) était initialement, selon les vœux de son fondateur Byung-Chull Lee, spécialisée dans l'exportation de poisson séché, de fruits et de légumes vers la Mandchourie et Pékin (alors occupée par les Japonais). Son essor date des années 1960 et est étroitement lié à la politique mise en œuvre par le gouvernement Sud-Coréen de Park Chung-Hee. Ce dernier, arrivé au pouvoir à l'issue d'un coup d'État en 1961 et devenu président en 1963, a soutenu une politique de financement et de soutien aux entreprises industrielles, par le biais des banques publiques. Dans ce contexte favorable l'entreprise Samsung (devenue Samsung Corporation en 1951) diversifie progressivement ses activités (assurances, industrie textile, pétrochimie, construction navale et machines outils) et devient un véritable conglomérat (Chaebol). À la fin des années 1960, l'entreprise se lance dans l'électronique (naissance en 1969 de Samsung Electronics) et fabrique dès 1970 ses premiers postes de télévision noir et blanc.

La voie de développement chinoise

En octobre 1949, les communistes chinois, emmenés par Mao Tsé Toung, évincent les nationalistes de Tchang Kaï Chek après une longue guerre civile. Alors que les premiers se tournent rapidement vers Moscou, les seconds se replient sur Formose (Taiwan) et conservent le soutien des grandes puissances occidentales (et leur siège à l'ONU jusqu'en 1971). La République populaire de Chine qui voit alors le jour est le pays le plus peuplé de la planète (près de 500 millions d'habitants soit environ 1/5 de l'humanité), sa situation économique est, après une longue guerre de plus de douze ans (contre les Japonais et entre

Chinois), préoccupante. Le pays est essentiellement rural (90 % de la population), les campagnes sont pauvres et archaïques, l'industrie, concentrée dans le nord du pays (Manchourie) et à la périphérie de Shanghai, est essentiellement tournée vers les secteurs de base (extraction minière, métallurgie), tous les indicateurs économiques et sociaux font de la Chine communiste, un État sous-développé. Dès le début des années 1950, les objectifs du gouvernement sont clairs « *l'URSS d'aujourd'hui, c'est la Chine de demain* » scande alors Mao. Frontaliers les deux géants territoriaux entament alors un rapprochement multiforme : traité signé dès décembre 1949 par lequel Moscou envoie des conseillers, des ingénieurs, des capitaux ; dès 1950, lors de la guerre de Corée, la proximité entre les deux régimes est flagrantes.

En quelques mois, les structures politiques, économiques et sociales de la Chine sont profondément transformées par le régime communiste dont le modèle est soviétique La réforme agraire fondée sur la redistribution des terres (entre 1950 et 1952 45 % de la surface cultivée, soit 47 millions d'hectares changent de mains, les grands propriétaires sont spoliés et les terres distribuées à la masse des petits agriculteurs) en est un bon exemple. Génératrice de nombreuses violences et de très nombreuses victimes (3 à 5 millions de morts), cette politique est suivie, dès 1953, par un processus de collectivisation des terres dont les effets sont rapides (dès la fin de l'année 1955, près de 70 % des familles paysannes travaillent dans des coopératives d'État). Si la croissance des productions de céréales est supérieure à celle de la population, la modestie des rendements (qui ne dépassent pas 9 quintaux à l'hectare) révèle l'archaïsme des moyens de production. Priorité du premier plan quinquennal de 1953, l'industrie chinoise est également très en retard. La nationalisation des moyens de production est très rapide (à la fin de l'année 1956, 95 % des entreprises chinoises, assurant 99 % de la production du pays sont sous la tutelle de l'État) et l'industrialisation du pays se déroule à marche forcé en priorité dans le domaine des industries lourdes. Les productions de céréales sont orientées à la hausse et l'État peut prélever des quantités suffisantes pour nourrir les populations urbaines dont le nombre et la proportion augmentent (le taux d'urbanisation passe de 10 à 15 % entre 1949 et 1958). Ce sont surtout les performances du secteur industriel qui retiennent l'attention : les productions augmentent de près de 15 % par an. Mais au quotidien, les Chinois manquent de biens d'équipements et de biens de consommation, les industries légères sont encore rares. Par ailleurs, la forte pression démographique et l'archaïsme des campagnes (les rendements des céréales sont encore inférieurs à 9), sont sources d'inquiétudes et révélateurs d'un sous-développement chronique.

C'est dans ce contexte que Mao Tse Toung, dont les relations avec l'URSS poststalinienne se dégradent et dont l'objectif est de construire une « voie originale » vers le socialisme, engage la Chine dans un « Grand bond en avant » (1958-1962). Le « Grand Timonier » entreprend de donner concilier les efforts dans les secteurs industriel et agricole afin de permettre à l'économie chinoise de « marcher sur ses deux jambes ». Le régime crée les « Communes populaires » : véritables unités de base de la société chinoise, elles doivent devenir quasi autosuffisante et sont construites sur le principe du rapprochement entre les activités agricoles (les 26 000 communes populaires ont intégré les 700 000 coopératives agricoles) et les activités industrielles. Chaque commune compte, en moyenne, 5 000 familles, elle devient un centre de production agricole et un centre de production industrielle où doivent se développer des petites structures produisant pour l'agriculture et conditionnant les produits agricoles. Dans le même temps, la commune populaire devient un centre politique, médical et militaire. De grands travaux sont alors organisés (barrages, canaux), des forêts sont détruites pour équiper les communes de leurs capacités de productions métallurgiques (hauts fourneaux). Si la première année les productions sont bonnes (200 millions de tonnes de céréales en 1958), les effets négatifs du « grand bond en avant » sont rapidement perceptibles : les travaux collectifs épuisent le monde paysan, les productions agricoles s'effondrent (170 millions de tonnes de céréales en 1959, 144 en 1960), la consommation également. Une terrible famine touche alors les campagnes. Malgré l'instauration du livret de résidence (1958) destiné à éviter l'exode rural, des millions de paysans fuient vers les villes mais ils sont refoulés par l'armée. Des émeutes éclatent, la répression est terrible. Si les données varient et sont difficiles à confirmer, un bilan compris entre 18 et 23 millions de victimes (famine et répression), serait une hypothèse sérieuse. Conscient des limites de cette politique, le pouvoir politique, dès 1961, retire à la commune populaire ses prérogatives économiques, la coopérative redevient l'unité de base agricole. Les paysans peuvent à nouveau profiter de modestes lopins de terre, dans le même temps, des efforts sont effectués par le gouvernement pour développer les biens d'équipement, les industries textiles mais aussi la recherche scientifique et le secteur de l'armement (la Chine se dote de la bombe A en 1964). La croissance repart mais la société chinoise, fragilisée et divisée par la « Révolution culturelle » engagée à partir de 1965, reste soumise à un régime autoritaire, répressif et violent et est encore confrontée à de nombreuses difficultés économiques. Les campagnes sont surpeuplées, sous-développées et enclavées, l'industrie, performante dans le domaine de l'armement et des secteurs de base, reste inefficace dans le domaine des biens d'équipement et de consommation, si la Chine communiste prétend jouer un rôle à l'échelle de la planète (son entrée à l'ONU en 1971 en est la démonstration la plus remarquable), elle fait encore figure de pays sous-développé.

Chine et URSS : des emprunts mutuels au face à face conflictuel

Deux pays communistes (communisme = alternative à l'économie de marché) dont la rupture a créé 2 voies antagonistes et dont les stratégies de sortie sont différentes : communisme de marché ou transition plus radicale vers le marché ?

Le schisme : une « nouvelle utopie » chinoise face au « révisionnisme moderne » russe années 1960 1970 :

« *Camarades n'oubliez jamais la lutte des classes* » (Mao, 24-09-1962, Comité central du PCC)

A. La rupture dans le contexte de la déstalinisation du modèle soviétique : enjeux multiples de la rupture

Enjeux de la déstalinisation pour Krouchtchev dénoncer Staline le culte de la personnalité mais exonérer le parti pour Mao refus de ce processus, droitiers révisionnistes apparus pendant les cent fleurs.

Enjeu de la coexistence pacifique : refus chinois du dégel des relations Est-Ouest mis en œuvre par les Russes. Pour Mao impérialisme américain = tigre en papier et le « vent d'est doit l'emporter sur celui de l'ouest, fut-ce chargé de bombes ».

Enjeux géopolitiques : conflits géopolitiques à la frontière de l'Amour dans le Xinjiang chinois (émigrations de Kazahs de Chine vers le Kazakhstan russe, guerre sino-indienne dans l'Himalaya dans laquelle l'URSS reste neutre et enjeu du leadership sur le Tiers-Monde.

Divorce après la visite de Krouchtchev à Pékin en 1960 : publication de Vive le léninisme en chine avec étalage des divergences sur la stratégie de la révolution mondiale.

Rappel par l'URSS de 1300 experts, critique manipulé par les chinois du capitulationnisme russe par Enver Hoxha dirigeant albanais la plus maoïste des démocraties populaires.

Explosion en 1964 de la première bombe chinoise qui donne à la Chine l'occasion de critiquer le club nucléaire qui veut interdire aux autres pays la possession de la bombe.

Revendications territoriales chinoises à l'égard de l'URSS qui portent sur 1 500 000 km^2 !

B. Des stratégies divergentes de développement = la voie chinoise face à l'immobilisme soviétique

Le passage au « communisme » : 20 ans pour Krouchtchev étape à chacun selon son travail ; socialisme réel, Chine option plus radicale, grand bond en avant dans le cadre des communes populaires : a chacun selon ses besoins accélération des choix vers le communisme.

Le mode de développement : industriel avec après 1965 ; légère inflexion en direction de l'agriculture et en 1971 vers les biens de consommation (9e plan pour la première fois donne la priorité aux industries de consommation (groupe B).

Marche sur les deux jambes en Chine, multiplication de petites industries rurales, hauts fourneaux de campagne, priorité à l'agriculture, au principe de compter sur ses propres forces, responsabilisation des unités de base (cf. mot d'ordre oser lutter, oser agir, oser penser ; cf. esprit de Dachai — se suffire —, de Daking — refuser la technologie étrangère — de Anchan — supériorité du rouge sur l'expert).

Rôle de la société : soumission à la nomenklatura en URSS, compromis brejnevien dans l'immobilisme, croissance plus intensive recherche… d'une meilleure efficacité vainement !

Utilisation des masses pour relancer la dynamique révolutionnaire en Chine, attaque des experts, bombardement des États-majors, supériorité proclamée du rouge sur l'expert (révolution culturelle), sensée révolutionner idéologie et mentalité après la campagne de 1962 de masse contre les tendances capitalistes spontanées : mouvement d'éducation socialiste).

Les deux voies sont dos à dos : expérience maoïste évaluée par le PCUS comme une expérience de gauchiste, « maladie infantile du communisme » ; expérience russe évaluée comme preuve d'un révisionnisme défaitiste, un hégémonisme comparable à celui des Américains, avec la possibilité pour la Chine d'occuper l'espace révolutionnaire des peuples du Tiers-Monde ou de tisser des relations avec les pays intermédiaires entre ces deux hégémonismes (cf. France relations diplomatiques en 1964).

C. Des impasses communes

Deux puissances pauvres

Drame du Grand Bond en avant et de la Révolution culturelle : le PCC juge de lui-même que l'expérience maoïste a été 20 années de stagnation. Retard soviétique : pénuries, immobilisme dans les réformes (Liberman, réajustement chinois de 1961) castes de privilégiés du Parti népotisme dans les deux cas.

Des dictatures dans les faits : dissidence soviétique réprimée (goulags), épuration en Chine (camps de rééducation pendant la Révolution culturelle). Si Moscou connaît des révolutions de palais, la Chine s'enlise dans des affrontements de clans relayés par les masses urbaines.

Un modèle soviétique dominant dans le monde : quelques ralliements à la Chine (Tanzanie, Albanie), quelques rêves maoïstes en Europe (Mai 68, PCMLF — parti communiste marxiste léniniste de France !), gauche prolétarienne en France mais de plus en plus dénonciation par les partis frères du stalinisme du PCUS. Course commune à la détente : URSS (SALT 1972 ; Helsinki 1975) ; Chine (diplomatie du ping pong avec Nixon).

Réussites, difficultés et fragmentation du Tiers-Monde au début des années 1970

Malgré des résultats disparates, entre le début des années 1950 et le début des années 1970, toutes les économies du Tiers-Monde sont concernées par la croissance, le rythme de cette dernière étant même supérieur à celui de la croissance des PDEM (5,1 % de croissance moyenne annuelle entre 1950 et 1980 contre 4,3 %). Certaines performances sont tout à fait remarquables : « miracles » ivoirien en Afrique et brésilien en Amérique latine, essor des quatre « petits dragons » d'Asie. Dans la plupart des pays, les productions agricoles sont orientées à la hausse ; dans d'autres, les productions industrielles sont déjà importantes et certains États ont même développé une industrie de pointe (Chine populaire ou Inde). La croissance de certains PIB par habitant (Singapour, Corée du Sud, Chine) confirme que les pays du Tiers-Monde créent davantage de richesses au début des années 1970 qu'au début des années 1950. La croissance des pays privilégiant les stratégies autocentrées et industrielles (industrialisation par substitution aux importations ou industries « industrialisantes) leur permet de se prendre un temps d'avance sur les économies qui privilégient les exportations de matières premières agricoles (Afrique subsaharienne en particulier), qui continuent à dépendre des PDEM, voire des pays communistes, dans le secteur industriel, tant leur retard s'accentue et en raison de la détérioration des termes de l'échange. Par ailleurs, alors que la « révolution verte » a gagné une partie de l'Asie et de l'Amérique latine, leur permettant d'améliorer les rendements et d'accroître sensiblement leur production agricole, elle n'atteint pas l'Afrique, ce qui a des conséquences sur les disponibilités alimentaires par habitant.

La croissance n'a pourtant pas mis un terme aux difficultés chroniques de bon nombre d'économies du Tiers-Monde. Au début des années 1970, l'ONU définit le sous-développement en retenant certains critères principaux : la modestie du revenu individuel, la malnutrition, l'analphabétisme, la pression démographique et un excès de population active agricole. Les efforts mis en œuvre par bon nombre de pays, quoiqu'ayant favorisé la croissance, sont souvent contrebalancés par de nombreuses difficultés. Les industries industrialisantes n'ont pas entraîné les effets escomptés et ont souvent accentué les déséquilibres entre les régions en voie de développement et les autres (en Algérie le dualisme entre le Nord et le Sud s'est renforcé), par ailleurs leur coût, souvent très important, a accentué les difficultés financière de nombreux États (la dette publique du Ghana explose dans les années 1960). Les pays d'Amérique latine constatent les limites de l'ISI : très coûteuse pour l'État (obligé de développer des infrastructures attractives pour les entreprises) cette politique accentue les déficits publics et l'endettement. La faiblesse du marché intérieur, en raison du poids encore trop modeste des classes moyenne, rend les efforts déployés dans le secteur des biens de consommation difficiles. Pour tous les pays d'Afrique subsahariennes, d'Asie et d'Amérique latine ayant fait le choix des exportations de matières premières, la dégradation des termes de l'échange détériore la situation financière de bon nombre de ces États, les importations de biens manufacturés et de biens d'équipement minent la balance commerciale. Partout les dépenses publiques, en particulier dans les domaines de la santé, de l'éduction, des transports publics demeurent très modestes.

Dans ce contexte, les performances de certains pays du Tiers-Monde, comme celles des pays exportateurs de pétrole et celles des NPIA qui ont choisi d'intégrer la division internationale du travail en devenant des pays ateliers et en privilégiant la remontée de filières, sont telles qu'elles leur permettent de distancer, ceux que l'Onu commence à qualifier de pays les moins avancées, tant dans le domaine de la richesse nationale que dans celui des indicateurs sociaux (le PIB par habitant de Singapour était 5 fois plus élevé que celui de la Chine en 1950 mais il était 7 fois plus fort en 1973). Néanmoins, les indicateurs affichés par ces États sont des moyennes nationales qui masquent de fortes inégalités et des contrastes sociaux et spatiaux de niveaux et de conditions de vie accusés à l'intérieur même de ces pays. Dans les faits, la croissance a accentué les disparités au sein du Tiers-Monde, alors que l'Afrique subsaharienne semble globalement « mal partie », selon l'expression de l'agronome René Dumont, les trajectoires des autres régions du Tiers-Monde sont plus diversifiées. À l'évidence, le rôle des structures d'encadrement, en particulier la solidité des États et les choix et comportements des gouvernements et des élites, pèsent au moins autant que les héritages, le contexte économique et politique international et les modalités d'insertion dans les échanges mondiaux dans l'accentuation de ces différences.

Conclusion

À la veille du premier choc pétrolier de 1973, la hiérarchie économique mondiale n'a pas été fondamentalement bouleversée par la croissance. Les PDEM, États-Unis en tête, sont encore solidement établis au sommet en raison de leurs performances commerciales, industrielles et financières. Leurs populations vivent dans des conditions tout à fait exceptionnelles au regard de celles de leurs prédécesseurs ou de leurs contemporains des autres régions du monde. Mais, dans le même temps, les écarts entre le géant américain et ses partenaires que sont le Japon et les pays d'Europe occidentale se sont réduits, tant en termes de performances que de niveau de vie. Si ces régions du monde se distinguent encore nettement de la plupart des États du Tiers-Monde et de ceux du bloc prosoviétique, en raison des difficultés encore nombreuses qu'ils doivent surmonter, l'essor de certaines économies asiatiques (NPI) ainsi que les performances industrielles et les évolutions sociales de l'URSS et des démocraties populaires d'Europe de l'Est ont contribué à résorber certains écarts, à aplanir certaines différences, sous l'effet d'une certaine harmonisation des modes de vie et de l'essor des PIB. La nouvelle phase qui s'ouvre à partir du début des années 1970, caractérisée par des crises multiples, structurelles et conjoncturelles, et l'accentuation des différentiels de croissance entre régions du monde, favorise d'ailleurs de nouvelles évolutions géoéconomiques.

1973 : un nouveau monde ?

1973 : naissance de Larry Page, fondateur de Google

1973 : mort de Salvador Allende, dirigeant chilien

Une continuité par rapport aux années précédentes toute relative

– une croissance économique qui se poursuit malgré quelques signes d'essoufflement ;

– le point culminant de la détente entre les deux superpuissances malgré des signes de remise en cause ;

– une hiérarchie des puissances marquée par l'hégémon américain malgré l'éveil de l'Europe.

La fin des certitudes cependant

– Le choc pétrolier et la hausse des matières premières qui vont faire basculer les économies industrielles dans la crise : la stagflation à l'ordre du jour, fossoyeuse des Trente Glorieuses ;

– Le nouveau face à face des superpuissances, fossoyeur de la détente ;

– Une persistance des conflits dans le Tiers-Monde au cœur de la fracture Nord-Sud.

Une année charnière vers :

– Un monde multipolaire… Europe Chine Tiers-Monde dans le jeu international ;

– Un monde interpelé par le coût des énergies fossiles : la fin de l'ère de la pétroprospérité ;

– Un monde qui change de cycle de croissance, sinon de régulation : fin du fordisme, fin de la seconde mondialisation, amorce d'une nouvelle régulation.

Idées reçues

La dette publique, héritage des Trente Glorieuses ?

Depuis plusieurs années, en particulier depuis la crise de 2007-2008, les débats concernant le poids de la dette publique se sont multipliés au sein des économies développées ou émergentes.

À l'échelle de la France, cette dette représente plus de 91 % du PIB (pour 120 % en Italie et près de 160 % en Grèce mais moins de 85 % en Espagne) et elle demeure orientée à la hausse. Liée à l'accumulation des déficits et des intérêts des emprunts contractés par les gouvernements précédents, la dette publique est la conséquence d'une réalité implacable : depuis 1974, aucun budget de l'État n'a été en équilibre, les dépenses ont toujours été supérieures aux recettes.

Partant du principe que l'endettement de l'État est lié (comme pour un particulier ou une entreprise d'ailleurs) aux dépenses qu'il engage mais également aux dépenses engagées par ses prédécesseurs, l'idée selon laquelle la dette publique serait l'héritage de la période des Trente Glorieuses, période où les dépenses publiques ont connu une forte croissance, s'est progressivement diffusée et a connu un certain succès dans l'opinion publique. Dans les faits, s'il est vrai qu'une partie des dépenses engagées par les gouvernements français des années 1960 (les derniers à avoir proposé des budgets en équilibre) ont été effectuées à crédit et s'il est logique d'admettre que les emprunts contractés alors ont pu peser sur le budget des gouvernements suivants, il faut tout de même admettre que ce sont les politiques mises en œuvre depuis le début des années 1980, tous gouvernements confondus, qui ont fortement grevé le budget de l'État et enclenché le processus de creusement de la dette publique. Par contre, il n'est pas totalement erroné d'affirmer que les politiques économiques et sociales déployées pendant les Trente Glorieuses ont contribué à enraciner une culture de la dépense publique que d'autres pays industrialisés et développés n'ont pas aussi nettement entretenue.

Lieux de la géopolitique

Bandung

C'est à **Bandung**, en Indonésie, qu'en avril 1955, que des États font pour la première fois entendre la voix de que l'on commence à appeler le « Tiers-Monde ». Du 18 au 24 avril, vingt-neuf délégations, représentant 57 % de la population mondiale, 28 % des sièges à l'ONU et seulement 11 % du revenu mondial, se sont retrouvées dans le cadre agréable de cette station d'altitude située sur l'île de Java, pour une conférence internationale exceptionnelle. Initiée par l'Inde, l'Indonésie, le Pakistan, Ceylan et la Birmanie, cette conférence a attiré dix pays d'Asie de l'Est et du Sud : l'Afghanistan, le Népal, la Thaïlande, le Laos, le Cambodge, les deux Viêtnam, la Chine, les Philippines et le Japon. Étaient également présents, l'Iran, l'Irak, la Syrie, la Jordanie, l'Arabie Saoudite et le Yémen, ainsi que l'Égypte et la Turquie. Le Soudan, l'Éthiopie, le Libéria et la Gold Coast (actuel Ghana qui sera indépendant en 1957 et dont le *leader* Nkrumah jouait déjà un rôle considérable) représentaient l'Afrique Noire. Au delà des États souverains ou en voie d'accès la souveraineté, les organisateurs avaient également convié des représentants de mouvements indépendantistes. Le succès de l'initiative dépassa les espérances des initiateurs : plus de trente mouvements de résistance anticoloniale, dont le Front de libération nationale (FLN) d'Algérie, le Néo-Destour de Tunisie et l'Istiqlal du Maroc, vinrent à Bandung. Au total, la conférence attira plus de mille représentants qui débâtirent, réfléchirent et proposèrent leur vision du monde. Pour la première fois, une conférence internationale se déroulait en l'absence des deux grands, de leurs alliés européens et des États latino-américains, jugés trop proches des États-Unis. La déclaration finale affirme le droit des peuples à disposer d'eux-mêmes la souveraineté de toutes les nations et l'égalité, le refus de toute pression des puissances, le règlement pacifique des différends, le désarmement et condamne fermement le colonialisme tout en prônant le neutralisme. Mais elle aborde également les questions économiques en demandant à l'ONU la création d'un fonds pour le développement économique et une aide spécifique à la BIRD tout en appelant à la coopération entre les États asiatiques et africains.

Wall Street

Début des premières transactions le **17 mai 1792** : 24 courtiers s'entendent pour former le premier marché de valeurs organisé à New York et se rencontrent sous un sycomore à l'emplacement actuel du 68 Wall Street. La bourse apparaît en 1817 au 11 rue Wall Street. Croissance très rapide : 1 million de transactions en 1886 traités en une seule séance ; 3 millions en 1900 ; 5 en 1928 ; 20 en 1978.

Le **26 mai 1896** : indice de Charles Dow, qui n'intègre pas de société ferroviaire, le DJIA (industrial average). Critiqué aujourd'hui car il n'intègre que trente sociétés, la seule qui perdure étant General Electric, et parce qu'il ne fait pas assez de place aux valeurs de la Silicon Valley ; ce qui ne l'empêche pas d'intégrer Hewlett Packard et IBM.

Pas la première chronologiquement (1631 : Amsterdam, Anvers ; 1724, Bourse de Paris rue de Vivienne ; 1826 Palais Brongniart). Mais **première bourse mondiale** sauf en 1988-1989 où elle se retrouve derrière Tokyo (2331 cotées dont 77 étrangères : introduction remarquée de Danone ou de France Télécom) ; capitalisation en milliards de $ (27 en 1924 ; 93,8 en 1950 ; 307 en 1960 ; 636,4 en 1970 ; 1242,8 en 1980 ; 3029 en 1990 ; 6842 en 1996) et soucieuse de le rester (sur les 100 premières capitalisations mondiales 100 sont américaines).

Le New York Stock Exchange éclipse les autres bourses new yorkaises et régionales et traite 85 % des transactions aux États-Unis.

L'Amex côte moins de 850 valeurs ; les autres bourses (Boston, Cincinnati, Midwest, Philadelphie, Spokane, Pacific, Intermountain) sont moins importantes. LE CBOT uni au

CME grâce au système Globex de transmission électronique en continu, est le 2e marché à terme du monde.
Attaquée parfois (attaques populistes de Truman et ses « gloutons de Wall Street »), célébrée (même par les communistes américains dans les années 1950), faisant et défaisant les hommes de pouvoir (Eisenhower : choix des Républicains de Wall Street ; Nixon, avocat de Wall Street), bouc émissaire de la société d'économie de casino, berceau d'enfants terribles (J. Ruban, ex-hippie, y fera une entrée remarquée), elle est aujourd'hui un fait de société : les actions constituent 25 % des actifs de ménages contre 8 % en 1984.

Bibliographie sélective

Lecture indispensable

BAIROCH P., Le Tiers-Monde dans l'impasse, *Paris, Gallimard, « Folio Actuel », 1992 (1re édition en 1971).*

Paru il y a 45 ans dans sa première édition, cet ouvrage de Paul Bairoch demeure très précieux. L'auteur, né en 1930 et décédé en 1999, est considéré comme l'un des meilleurs spécialistes de l'histoire économique de la seconde moitié du XXe siècle. Soulignant les profondes disparités de développement qui existent entre les différentes régions du monde, l'auteur explique les origines du décollage industriel des puissances d'Europe occidentale et plus généralement l'avance des Pays développés à économie de marché sur le reste du monde en insistant sur l'importance de la révolution agricole britannique et de ses effets sur le processus d'industrialisation. Partant de ce constat, l'auteur tente ensuite de démontrer les raisons pour lesquelles les économies « sous développées » n'ont pas encore réussi à mettre en œuvre ce processus. Après avoir souligné l'importance des facteurs « naturels » (éloignement des centres dynamiques de l'économie mondiale, pression démographique, aléas climatiques), Paul Bairoch insiste davantage sur les effets du colonialisme et de l'impérialisme. Multipliant les exemples (traite des esclaves, pressions anglaises sur l'économie indienne) visant à rappeler que le développement des économies développées s'est effectué aux dépens des pays sous-développés, l'auteur insiste également sur les contraintes démographiques et technologiques qui pèsent sur les États qui tentent de sortir du sous développement. Si le constat de la dépendance des pays du Tiers-Monde envers les puissances occidentales est sans équivoque, les remèdes que propose alors l'auteur ont fait l'objet de débats.

Ouvrages

ASSELAIN J. C, *Histoire économique de la France T. 2, de 1919 à la fin des années 1970*, Paris, Le Seuil, « Point », 1984.

BAIROCH P. *Le Tiers-Monde dans l'impasse*, Paris, Gallimard, « Folio Actuel », 1992 (1re édition en 1971).

BEITONE A. GILLET P. et PARODI M. *Histoire des faits économiques et sociaux, de 1945 à nos jours*, Paris, Dalloz, 2000.

BRET B. *Le Tiers-Monde, croissance, développement, inégalités*, Paris, Ellipses, 2001.

FOURASTIE J. *Les Trente Glorieuses ou la révolution invisible de 1946 à 1975*, Paris, Hachette « Pluriel », préface Daniel Cohen, 2011.

JUDT T. *Après guerre, une histoire de l'Europe depuis 1945*, Paris, Armand Colin, 2007. Excellent ouvrage qui traite avec pertinence, dans ces premiers chapitres, des évolutions économiques et politiques des deux Europe entre la fin de la Seconde Guerre mondiale et le choc pétrolier de 1973.

LEJEUNE D. « *La France des « Trente Glorieuses » 1945-1974,* Paris, Armand Colin, « Cursus », 2015.

MADDISON A. *L'économie mondiale, 1820-1992*, OCDE, 1995.

MURRACIOLE J. F *Histoire économique et sociale du XXe siècle*, Paris, Ellipses, 2002.

NIVEAU M., CROZET Y., *Histoire des faits économiques contemporains* », Paris, PUF, « Quadrige », 2010.

PLESSIS C., TOPÇU S., BONNEUIL C., *Une autre histoire des « Trente Glorieuses ». Modernisation, contestation et pollution dans la France d'après-guerre* », Paris, La Découverte, 2013.

SEUROT F. *Le système économique de l'URSS*, Paris, PUF, 1989.

Revues

Collection « *Un monde qui change* » Éditions Le Monde Histoire, 2012/2013 :

« *Le Japon d'Hiroshima à Fukushima* », sur la Chine, « *De la révolution à la naissance d'un géant* », sur « *L'Europe, de la construction à l'enlisement* », « *Le Brésil, l'épopée d'une puissance émergente* » ou sur « *l'État-providence, un modèle à réinventer* »

Commentaire de documents

Les flux pétroliers dans le monde en 1973, un reflet des inégalités de développement ?

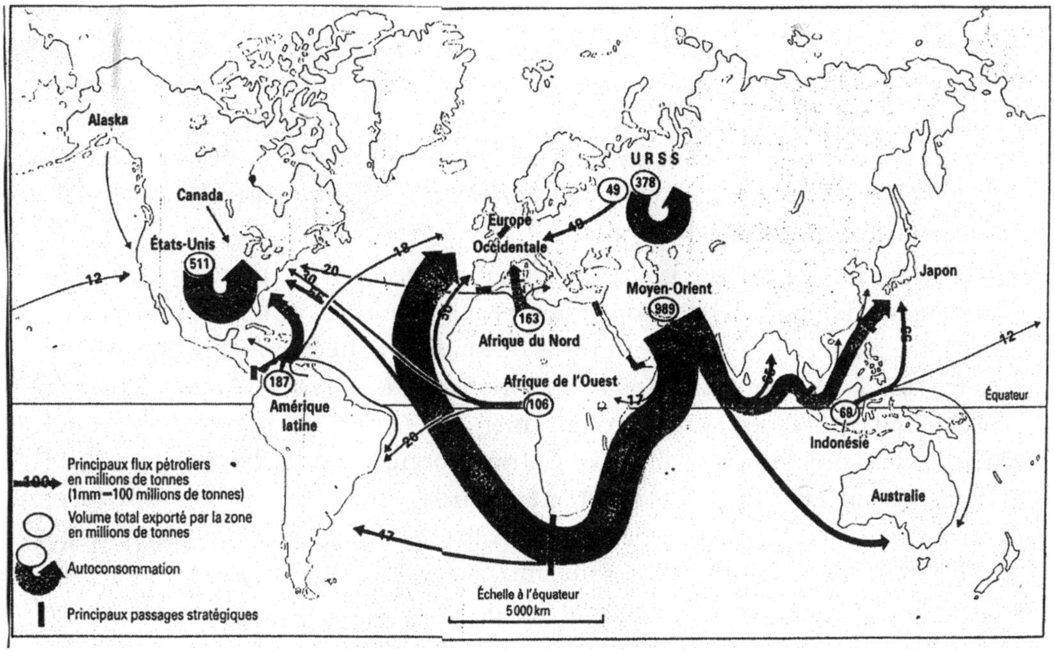

Le document dont nous disposons est un planisphère publié par l'Institut français du pétrole. Ce document en noir et blanc, à petite échelle, a pour thème les flux pétroliers dans le monde, en 1973. Les principales régions productrices et exportatrices sont représentées par une ellipse et les principaux flux sont symbolisés par des flèches dont l'épaisseur varie en fonction de la quantité de pétrole concernée. De fait, le document permet également de situer les principales zones d'importations, zones vers lesquelles convergent les flux. De précieuses informations chiffrées permettent de connaître le volume total exporté d'une zone donnée, en millions de tonnes. Les États à la fois gros producteurs et gros consommateurs et certains passages stratégiques (canaux ou détroits) sont également mis en valeur par un figuré ponctuel sur le planisphère.

Au début des années 1970 les hydrocarbures et plus particulièrement le pétrole se sont imposés comme des sources d'énergie indispensables. En 1973, les hydrocarbures représentent 70 % de la consommation énergétique mondiale et le pétrole, à lui seul, 51 %. Si la carte fournit de nombreuses informations sur les routes maritimes et terrestres, sur les passages stratégiques et les enjeux géopolitiques générés par ces flux, elle permet aussi de souligner les inégalités de développement qui existent alors à la surface de la planète.

L'observation du document permet la mise en évidence d'une première information essentielle : les flux pétroliers convergent vers quelques régions spécifiques. L'Europe occidentale, les États-Unis et le Japon, polarisent les flux les plus importants (163 millions de tonnes venus d'Afrique du Nord sont importées par l'Europe occidentale). Des flux secondaires convergent vers l'Australie, le Brésil, l'Argentine, la Corée du Sud. Les principaux importateurs de pétrole sont donc les pays riches, industrialisés, développés dont les besoins énergétiques sont les plus importants (industrie et transports essentiellement). Les pays en développement les plus dynamiques (NPI d'Asie par exemple) sont également tributaires, dans une moindre proportion, de cette source d'énergie.

Dans un second temps, la carte permet de localiser les principales régions exportatrices de pétrole. Elles sont assez peu nombreuses et le Moyen-Orient y occupe une place essentielle (989 millions de tonnes). Cette région où se trouvent la plupart des grands producteurs et exportateurs de pétrole (Arabie Saoudite, Koweït, Iran, Irak) est suivie par l'Amérique Latine (Venezuela, Mexique), l'Afrique du Nord (Algérie, Libye,) et l'Afrique occidentale (Gabon, Nigéria…106 millions de t.). En Asie orientale et méridionale, seule l'Indonésie s'affirme en exportant près de 70 millions de tonnes. Ainsi, les principaux exportateurs, qui sont d'abord de gros producteurs, sont situés au Sud, dans des régions en développement. À cette date, nombreux sont les pays du Tiers-Monde à miser sur les exportations de matières premières et les producteurs d'hydrocarbures ne dérogent pas à la règle.

La carte met alors en évidence les nombreux flux qui mettent en relation les pays consommateurs et les pays exportateurs. Si le Moyen-Orient alimente tous les consommateurs, il semble privilégier les liens avec l'Europe et l'Asie orientale. Le pétrole latino-américain converge essentiellement vers les États-Unis ; les flux africains se tournent essentiellement vers l'Europe. La dépendance mutuelle, des importateurs et des exportateurs est alors perceptible.

Par ailleurs la situation tout à fait spécifique de l'URSS et des États-Unis mérite d'être soulignée. Les deux grandes puissances sont parmi les premiers producteurs au monde, mais ils consomment la totalité (511 millions de tonnes) pour les États-Unis ou la plus grande partie (378 millions de tonnes en URSS). Peuplés, riches et fortement consommateurs, les premiers puisent dans leurs réserves pour satisfaire leurs besoins tout en important (nous venons de le voir) massivement. L'URSS a développé un modèle économique différent, ce que la carte ne montre pas, où l'industrie lourde prime, mais ses besoins sont également nombreux. Néanmoins on peut remarquer qu'elle exporte près de 50 millions de tonnes vers les Démocraties populaires d'Europe centrale. Les inégalités de développement émergent encore plus nettement lorsque l'on prend en considération une dernière information : l'absence de flux dans certaines régions du monde : Asie centrale, Afrique orientale, littoral Pacifique d'Amérique latine. Ces régions abritent la majorité des États sous-développés dont les besoins en pétrole demeurent modestes et dont les réserves sont soit nulles soit insuffisantes pour générer des exportations.

Dissertation

Les « Trente Glorieuses » dans les pays développés à économie de marché : la victoire de l'*American Way of Life* ?

Introduction

Dans ses mémoires, publiés en France en 1963 (*Mes années à la Maison Blanche*), l'ancien président des États-Unis, D. Eisenhower, soulignait la prospérité de son pays, l'essor des classes moyennes et l'avènement d'une société de consommation : *« les Américains achetaient des voitures, des appareils divers et d'autres biens de consommation »,* écrivait-il notamment. De la fin de la Seconde Guerre mondiale à 1973, c'est-à-dire jusqu'au premier choc pétrolier, ce phénomène a gagné l'ensemble des pays développés à économie de marché.

L'*American Way of Life* désigne ainsi un mode de vie qui fait du bien-être et du confort matériel ses valeurs cardinales. Expression « éthique » la plus aboutie du capitalisme comme religion de la production et de la consommation, il est proposé, après la Seconde Guerre mondiale, comme idéal au monde entier. Dans quelle mesure la période des « Trente Glorieuses » consacre-t-elle sa diffusion et sa généralisation dans les PDEM ? S'agit-il d'une « victoire » ou l'expansion présente-t-elle des aspects spécifiques en Europe occidentale et au Japon ? Peut-on aussi déceler des résistances et des limites à la généralisation du mode de vie américain ?

L'*American Way of Life* s'affirme au moment où les États-Unis, enrichis par la Seconde Guerre mondiale, connaissent leur âge d'or (I). Aussi, le modèle économique et socioculturel américain s'exporte dans les pays développés à économie de marché à la faveur de la croissance des « Trente Glorieuses » (II). Cependant la « victoire » de l'*American Way of Life* est relative et partielle aux États-Unis mêmes comme dans les autres PDEM (III).

I. L'American Way of Life s'affirme au moment où les États-Unis, enrichis par la Seconde Guerre mondiale, connaissent leur âge d'or

A. L'*American Way of Life* représente le type même de mode de vie auquel aspirent les classes moyennes

Si ce modèle se met en place pendant l'entre deux guerres, il se fixe au cours des années 1950 et répond à la logique de croissance. L'idéal médiatisé est représenté par une famille de trois à quatre enfants, habitant une maison individuelle en banlieue, disposant d'une ou deux automobiles, d'un ou de plusieurs téléviseurs (en 1960, 88 % des Américains en sont équipés), de la radio, d'un tourne-disque, des appareils électroménagers. Même les habitudes alimentaires sont modifiées, grâce à la diffusion des plats tout préparés.

L'enrichissement général et la hausse du niveau de vie se traduisent par une structure de consommation qui évolue selon les lois d'Engel : les parts consacrées à l'équipement du logement, aux transports, à la santé, à l'éducation et aux loisirs progressent dans le budget des ménages au détriment de celle consacrée aux besoins vitaux (alimentation, logement). Une civilisation des loisirs et des médias de masse se met en place, avec le développement du *show business*, du sport, des médias.

Dès la fin des années 1960, les trois quarts des Américains vivent dans des agglomérations urbaines. Celles-ci sont caractérisées par l'extension des banlieues pavillonnaires (les *« Levitts-*

towns ») et par la multiplication des routes et des autoroutes le long desquelles sont construits des centres commerciaux (*shopping malls*), avec leurs supermarchés ou hypermarchés (le premier magasin *Wal-Mart* ouvre en 1962), leurs chaînes de restauration…

B. La généralisation de ce mode de vie aux États-Unis est indissociable du contexte dans lequel s'effectue la croissance économique

Après une crise de reconversion beaucoup plus courte et plus légère que prévu, une économie à nouveau prospère a donné un coup de fouet à la production, a permis de résorber le chômage et a donné une impulsion à la recherche et à l'innovation dans des domaines décisifs (nucléaire, médecine, électronique, etc.). Des facteurs nouveaux soutiennent la la croissance : rôle régulateur de l'État, début de la guerre froide et aide apportée aux Alliés, effets du *baby boom* sur la demande des ménages et sur l'investissement civil, notamment en matière de logement.

La croissance forte — le PNB américain est multiplié par 2,5 entre 1945 et 1973 — est notamment due aux gains de productivité que favorisent les progrès techniques dans l'agriculture et dans l'industrie, entraînant un déversement sectoriel de la main-d'œuvre dans les services. La généralisation du mode de production fordiste dans l'industrie renforce ces gains de productivité et donnent la possibilité aux entreprises d'augmenter les salaires. Comme, par ailleurs, le niveau d'éducation s'élève et la production et les services requièrent des personnels qualifiés, les classes moyennes s'étoffent.

La hausse des revenus, — PIB par habitant +74,5 % de 1950 à 1973 — assure l'adéquation entre production de masse et consommation de masse. L'État y contribue modestement par une politique sociale, le *Fair Deal* de Truman (mais il n'a pas duré) ou les projets de *New Society* de Kennedy et de *Great Society* de Johnson, répondant aux problèmes sociaux du début des années 1960. Le développement de l'actionnariat populaire est aussi une source d'augmentation des revenus des ménages. Enfin, le recours massif au crédit à la consommation ou pour l'achat de biens durables (automobile, logement), une publicité omniprésente et des méthodes de marketing ciblées encouragent la consommation.

C. L'affirmation de cet *American Way of Life* s'effectue aussi dans un cadre culturel et institutionnel propre aux États-Unis

Le pays demeure *« the Land of Opportunity »,* où les réussites sont possibles grâce à la liberté dont jouissent les individus et à la gratification du risque. Les États-Unis se font aussi le laboratoire d'un certain libéralisme en matière de mœurs : développement des droits des femmes (légalisation dès 1960 de la pilule). Le fait communautaire, présent à l'origine même du pays, s'affirme de plus en plus. Par ailleurs, les règles de droit sont nombreuses, protégeant les personnes et les entreprises, et les associations de consommateurs jouent un rôle important.

Le libéralisme économique est aussi très poussé. Certes, l'État soutient l'agriculture et encadre l'activité économique. Par ailleurs, le soutien qu'il accorde à la recherche (NASA, par exemple) et aux activités de défense est majeur dans le contexte de guerre froide. En outre, ses politiques de régulation conjoncturelle tentent de lisser les cycles économiques. Mais la libre entreprise et l'extension du domaine du marché à certains services (éducation, culture, santé, transports, distribution d'énergie), encouragent la multiplication de l'offre, les possibilités de satisfaire la clientèle et la diversité de la consommation.

Enfin, le mode de vie américain est marqué par le règne du grand et du grandiose : *« Big is beautiful ».* Dans ce vaste pays, l'espace est une chance (ressources abondantes), utilisé sans mesure (étalement des agglomérations urbaines, vastes exploitations agricoles, mines géantes à ciel ouvert, etc.) et que l'on franchit aisément grâce à l'essor du réseau autoroutier et de l'usage du transport aérien. La démesure est partout. Dans le domaine économique, c'est le règne du *Big*

Business. La formule *« ce qui est bon pour la General Motors est bon pour les États-Unis et vice-versa »* semble plus vraie que jamais. Le mouvement de concentration s'accentue, qu'elle soit verticale (*General Motors*), horizontale (*IBM*) ou sous la forme de conglomérats (*ITT, Textron*). En 1974, les 100 premières entreprises emploient 28 % des salariés et assurent 45 % des investissements.

Une immense classe moyenne, de plus en plus métropolitaine et surtout suburbaine se développe. L'*American Way of Life* est l'objet de l'admiration d'une grande partie du monde. Il se diffuse alors dans les pays développés à économie de marché.

II. Aussi, le modèle économique et socioculturel américain s'exporte dans les pays développés à économie de marché à la faveur de la croissance des « Trente Glorieuses »

A. Après 1945, les États-Unis assument leur *leadership* et apparaissent aux populations des PDEM comme le symbole de la modernité, de la supériorité technologique et d'une société d'abondance

Les destructions et les pénuries de la Seconde Guerre mondiale et de l'après-guerre renforcent l'image déjà ancienne de l'Amérique comme une terre de prospérité où chacun peut être assuré d'une vie d'aisance et d'un emploi sûr dans un cadre de vie agréable. Les États-Unis sont désormais un modèle à imiter, une préfiguration de l'avenir. Lorsque les soldats américains libèrent l'Europe occidentale puis s'y installent, ainsi qu'au Japon, les populations découvrent les lunettes *Aviator* qu'ils portent, les bas-nylon, le *chewing-gum*, le coca-cola, le jazz ou le *be-bop*.

Les États-Unis disposent non seulement du prestige politique et militaire du vainqueur, mais aussi d'une supériorité économique incontestable. Ils ont doublé leur potentiel de production et pris une avance technologique considérable. Leur revenu national a doublé et ils possèdent les deux tiers des réserves mondiales d'or. Leurs exportations sont deux fois plus importantes qu'avant la guerre. Ils assument leur *leadership* en reconstruisant le système économique selon les principes libéraux. Les accords de Bretton Woods en juillet 1944 mettent au point un nouveau système international qui consacre la domination du dollar et l'accord général sur le commerce et les tarifs douaniers (GATT, Genève, octobre 1947) favorise le rétablissement du libre-échange.

Enfin, le plan de secours de 1944 et les prêts bilatéraux distribués par les États-Unis aux pays les plus touchés par la guerre de 1945 à 1947 sont complétés par l'aide au monde libre (discours de Truman en mars 1947 et de Marshall en mai) pour qu'ils puissent se redresser et dépasser, les difficultés matérielles et financières (*dollar gap*), la misère et la propagande communiste, et le sort de l'Europe orientale. L'occasion est aussi bonne pour les États-Unis d'écouler leurs produits et d'éviter ainsi une crise de surproduction.

B. Le mode de vie américain se diffuse dans les PDEM pendant les « Trente Glorieuses »

L'aide distribuée par les États-Unis à l'Europe de l'Ouest de 1947 à 1955 (23,5 milliards de dollars, dont 12,8 milliards pour la seule aide Marshall jusqu'en 1952) et au Japon favorise leur redressement économique. Les notions de rentabilité, de productivité, absentes dans les PME européennes avant la guerre, s'imposent progressivement à partir des années 1950. Ainsi, dans le cadre du Plan de modernisation et d'équipement (1948-1952), la France envoie aux États-Unis des « missions de productivité » destinées à informer les chefs d'entreprise. Le mode de production fordiste s'exporte, d'autant plus que les multinationales américaines investissent en Europe de l'Ouest en y implantant des filiales (Ford, Chrysler, etc.).

À la faveur de la libération progressive des échanges, les produits américains pénètrent les marchés des PDEM. Coca-Cola s'impose comme la boisson la plus vendue et, dans les années 1960, c'est le vêtement américain qui se lance à la conquête de l'Europe occidentale en faisant d'abord celle des jeunes (blue-jean…). L'exportation des films réalisés à Hollywood (l'accord Blum-Byrnes de mai 1946 efface une partie de la dette de la France à l'égard des États-Unis en contrepartie de l'ouverture des salles de cinéma aux films américains) stimule la vente des produits américains en diffusant l'*American Way of Life*. La musique apparaît comme le second grand vecteur de la conquête culturelle des PDEM par les États-Unis (jazz, be-bop, rock'n roll).

Plus généralement, à la faveur d'une croissance supérieure à celle des États-Unis, les PDEM entrent dans la société de consommation et on observe une convergence des modes de vie occidentaux. Le secteur tertiaire devient prépondérant et les classes moyennes s'étoffent. La grande distribution se développe (Carrefour ouvre son premier supermarché en 1960 et son premier hypermarché en 1963). L'urbanisation s'accélère (la proportion de citadins atteint 75 % de la population du Japon en 1970, 73 % de celle de la France en 1975), les banlieues s'étendent, des CBD apparaissent et des campus à l'américaine naissent (Jouy-en-Josas).

C. Les PDEM s'alignent sur les bouleversements économiques et sociaux des États-Unis en produisant des efforts favorisant la croissance

L'Organisation européenne de coopération économique (OECE), créée en 1948 pour répartir l'aide Marshall et élaborer un développement rationnel des économies européennes, et l'Union européenne des paiements (UEP) créée en 1950 (remplacée par l'Accord monétaire européen en 1959), relancent les échanges entre pays européens sous la houlette des États-Unis. L'OECE s'élargit en Organisation de Coopération et de Développement Économique (OCDE) en 1960, en intégrant ainsi la sphère économique occidentale, États-Unis, le Canada et le Japon La CEE créée par le traité de Rome de mars 1957 met en place un marché commun en 1968, unification au départ qui crée des débouchés pour les États-Unis.

Comme les États-Unis, les autres PDEM réalisent d'importants efforts d'investissement dans la recherche fondamentale et la R&D. La cassette audio est mise au point par une entreprise néerlandaise, Philips, la première ligne à grande vitesse est ouverte au Japon (Shinkansen) en 1964, le premier avion de ligne supersonique est franco-britannique en 1969 — le Concorde.

Les entreprises européennes et japonaises connaissent aussi un phénomène de concentration. Les nouveaux modes de management issus des États-Unis (rôle de la technostructure mis en évidence par Galbraith) s'imposent peu à peu avec un rôle catalyseur de l'État (MITI au Japon).

Ainsi, l'expansion des « Trente Glorieuses » dans les pays développés à économie de marché apparaît comme une « victoire » de l'*American Way of Life*, favorisée par la domination économique des États-Unis, l'attraction de leur modèle socioculturel, la volonté des gouvernements occidentaux d'assurer le progrès et le bien-être aux populations et de consolider leur adhésion aux valeurs démocratiques et libérales. Pour autant, il n'y a pas uniformisation au début des années 1970 et ce mode de vie est de plus en plus contesté.

III. La « victoire » de l'American Way of Life est relative et partielle aux États-Unis mêmes comme dans les autres PDEM

A. La persistance de particularismes nationaux et régionaux constitue une limite à l'affirmation d'une « victoire » de l'*American Way of Life*

Dans la plupart des PDEM, le libéralisme est moins poussé qu'aux États-Unis. L'État y joue un rôle beaucoup plus important, comme le montre la part des dépenses publiques dans leur PIB. Il se fait garant de cohésion sociale et promoteur d'améliorations du niveau de vie. Les systèmes de protection sociale sont plus complets et, avec la fiscalité, assurent une plus grande redistribution des revenus qui permet de soutenir la demande des ménages — le niveau des salaires et les revenus des valeurs mobilières y étant moins élevés. Beaucoup de biens publics, l'éducation, les transports collectifs et même une partie de la production — par le biais des entreprises nationalisées — relèvent du secteur socialisé. L'État recherche aussi la cohésion territoriale par des politiques d'aménagement du territoire (par exemple, DATAR en France). L'État oriente même l'économie par une planification indicative et incitative (France, Japon).

Les sociétés européennes sont moins individualistes que celle des États-Unis. Les solidarités intergénérationnelles, l'effacement de l'individu devant le groupe et le sens de la hiérarchie et de l'autorité sont des traits persistants de la société japonaise. D'autre part, dans bien des pays, la conflictualité sociale est plus grande ou le poids des syndicats plus fort et la contestation du capitalisme libéral se manifeste par l'existence de puissants partis communistes ou socialistes.

De manière plus générale, la diffusion du mode de vie américain se heurte à la prégnance des cultures nationales et locales. Les villes européennes possèdent une urbanité liée à la configuration de leurs centres historiques, à l'ancienneté et à la richesse de leur patrimoine architectural. En Europe, la périurbanisation des « Trente Glorieuses » s'est effectuée sous la forme de banlieues pavillonnaires, mais aussi par la construction de grands ensembles de logements collectifs. Dans certains autres États (Suisse et Autriche), ou de moindre développement (Portugal, Grèce et Irlande), la proportion de ruraux reste forte.

B. Les populations des sociétés des PDEM n'accèdent pas toutes à l'*American Way of Life*

La marche vers une société homogène à haut niveau de consommation est en partie une illusion. Il existe dans tous les PDEM des écarts sociaux qui se mesurent en termes de niveaux de vie, et plus encore en termes de pouvoir. Si la consommation devient la norme, les catégories sociales se différencient par la qualité et la quantité des produits et des services qu'elles peuvent se procurer. Et il existe des exclus ou des personnes en marge de la société d'opulence, des pauvres (parmi les ouvriers, les personnes âgées, les habitants des régions industrielles en difficulté ou de certaines régions rurales, de nombreux immigrés récents), y compris aux États-Unis (cette « Autre Amérique » évoquée par Michael Harrington).

La société de consommation n'abolit pas les inégalités génératrices de tensions. *L'Ère de l'opulence*, paru en 1958, John K. Galbraith décrit de nouvelles manifestations de l'inégalité économique et sociale. La rapidité du changement entraîne l'inadaptation de ceux qui ne peuvent suivre. La démocratisation de l'enseignement n'entame pas la domination des classes dirigeantes grâce à leur monopole d'accès aux formations les plus poussées.

Aux États-Unis même, l'abondance a parfois eu pour effet de favoriser le cloisonnement et la ségrégation de la société beaucoup plus que son unité : ceux qui ostracisaient Noirs, Juifs ou Italiens dans leur quartier ont pu facilement donner libre cours à leurs préjugés et déménager dans des banlieues. L'exode massif des Blancs vers les zones suburbaines a le plus souvent coïncidé avec l'arrivée des Noirs dans les centres-villes. Les difficultés rencontrées par les Noirs dans leur combat pour obtenir l'égalité se cristallisent même en émeutes (quartier de Watts à Los Angeles en 1965). L'égalité des droits civiques est progressivement obtenue entre 1965 et 1967 sous le mandat de Lyndon Johnson, mais la poursuite des heurts interraciaux et le maintien d'inégalités de fait sont là pour rappeler les limites du *melting pot* comme de la société d'abondance.

C. L'*American Way of Life* et, plus généralement, la société d'abondance sont contestées

Certaines critiques émanent d'intellectuels qui dénoncent l'endoctrinement, le conformisme et le conditionnement aux modes et à la satisfaction des désirs immédiats de cette société de consommation. Une « société du besoin », comme l'explique Jean-Marie Domenach, où *« l'industrie de l'inutile progresse au détriment des besoins essentiels »*.

Or cette société d'abondance est très prédatrice pour l'environnement, notamment aux États-Unis où l'on consomme beaucoup d'eau, d'énergie, d'espace et de matières premières par habitant. Le rapport Meadows, publié le Club de Rome en 1971, s'en alerte et propose qu'on fasse « halte à la croissance ». Mais les dégâts du progrès ne sont pas que matériels : le travail à la chaîne en usine, ainsi que les rapports hiérarchiques dans l'entreprise sont aussi dénoncés (mouvement social de mai 1968 en France).

Dans ce contexte, la contestation estudiantine et plus généralement la révolte d'une partie de la jeunesse aux États-Unis et en Europe pendant les années 1960 et au début des années 1970 apparaissent ambiguës. La civilisation matérielle, le conformisme et les hiérarchies sont mis en cause. Mais il s'y trouve à la fois une part de refus des modalités de la prospérité proposées, une part d'hédonisme et de libertarisme, et aussi une dénonciation du capitalisme et de l'impérialisme américains (manifestations contre la guerre du Viêt-Nam), au nom d'un idéal marxiste qui tend à montrer que ces derniers mènent à l'oppression voire au totalitarisme.

Conclusion

Jusqu'au milieu des années 1960, les États-Unis connaissent l'apogée de leur domination économique mondiale, qui s'accompagne d'une large diffusion de leur mode de vie et de leur système économico-financier aux autres pays développés à économie de marché. Cependant, les PDEM ont aussi chacun façonné leurs propres conditions de l'expansion des « Trente Glorieuses » qui a permis la généralisation de la société de consommation et l'accès du plus grand nombre au bien-être. Toutefois, on ne peut considérer qu'il s'agit d'une « victoire » complète de l'*American Way of Life*, dans la mesure où des résistances nationales, régionales ou catégorielles lui sont opposées, où de forts particularismes se maintiennent en Europe occidentale et au Japon, et du fait que les plus pauvres n'en bénéficient pas. Enfin, les contestations du mode de vie américain sont de plus en plus vives à la fin des années 1960 et au début des années 1970. Elles ne signent pas pour autant un arrêt de sa diffusion, comme le montreront les modalités de la mondialisation à partir des années 1980 et l'évolution des économies et des sociétés occidentales.

Oral

Tiers-monde et « bombe démographique » (1950-1975)

Introduction

La population mondiale en réalité a connu une croissance forte de 1950 à 1975 (de 3 milliards passage à 4 milliards d'hommes en 1974) mais inflexion à la baisse depuis 1964-65 dans les pays développés alors que les pays en voie de développement maintiennent le rythme et sont au cœur de la « Bombe P » (population).

I. Le Tiers monde épicentre d'une croissance démographique paroxystique

Emballement du différentiel natalité moins mortalité, c'est-à-dire le multiplicateur transitionnel. Certains pays engagés dans la phase 1 de la transition démographique avec baisse plus forte de la mortalité et tassement de la natalité : fécondité biologique fréquente dans les PED plus de 7 enfants par femme en âge de procréer. L'enfant base d'un développement car main d'œuvre potentielle, « 2 bras font plus qu'une bouche à nourrir » (Chine). Surtout par rapport aux PD qui à partir de 1965 connaissent une baisse de la fécondité, le Tiers monde est au cœur de l'emballement démographique.

Il est vrai que dans les années 1965/70 le rythme de la croissance mondiale dépassait 2 % par an et que cela signifiait un doublement du nombre des habitants de la planète tous les 35 ans. Il est vrai que de 1 milliard d'hommes en 1800 la planète est passée deux siècles plus tard à 5,8 mds (1996) et dépassera 8 mds en 2025 pour atteindre 12 milliards en 2150.

Il est exact que dans l'Afrique subsaharienne qui croît de plus de 3 % par an se trouvent les pays les plus pauvres (doublement en 24 ans), qui sont au cœur de l'emballement.

II. Le Tiers monde est confronté à une somme de contraintes économiques liées au croît naturel excessif naturel

– Inflation et implosion urbaines : les dérives des mégalopoles.

– Pauvreté et déréliction. Aggravation des problèmes de nourriture, d'éducation, de santé et d'emploi, par la surpression démographique. Morcellement des terres face aux faiblesses des réformes agraires ; les migrations sont des soupapes de sûreté.

– Débat cependant. Etude de Kuznets (1967) à partir de la corrélation entre la variation de la population, la croissance du revenu par tête pour 40 pays pauvres, ne relève aucune association significative entre les deux phénomènes.

Pour Paul Bairoch (1981), il y a plus que des présomptions pour qu'une croissance rapide de la population ait une influence négative. L'absence de signification pour lui est irrecevable elle est assimilée à un paradoxe lié à l'imperfection des données économiques.

III. Un éclatement du Tiers monde face à la Bombe P ?

Des rythmes différents. Tassement aussi après 1965 de la natalité dans certains PED (pays en développement) qui s'industrialisent (NPI d'Asie, nouveaux pays industrialisés) ou s'urbanisent vite avec moins d'enfants dans les villes, ou connaissent ce que l'on appelle la phase 3 de la transition démographique.

– phase 1 natalité élevée et mortalité élevée donc faible accroissement.

– phase 2 natalité baisse, mais mortalité baisse plus vite, donc fort accroissement naturel.

– phase 3 natalité en baisse, mortalité baisse moins vite, donc ralentissement de la croissance démographique dans certains PED dans les années 1960. Même en Chine fin du Grand Bond et politiques plus restrictives.

Des pays refusent la régulation des naissances : « la pilule avant l'acier » (Algérie), le « développement est le meilleur contraceptif », défendu à la conférence de la population de Bucarest 1973 par un groupe de PED. Des pays voient dans la démographie leur atout principal que voudraient leur confisquer des pays développés par des politiques de dénatalité. Le débat est ouvert : ce n'est pas la pression démographique qui explique la faim mais la faim qui induit cette pression démographique.

L'économiste et historienne Ester Boserup (1910-1999) a repoussé l'hypothèse malthusienne en affirmant que la croissance de la population pouvait être l'un des moteurs du développement par l'adoption de techniques de culture plus efficaces qu'elle rend indispensable.(cf. trappe de faible densité, source de régression et de retard). Reste à savoir si le progrès technique est endogène (stimulé notamment par la croissance de la population via l'augmentation du capital humain) ou exogène (indépendante de celle-ci).

Des pays marqués par un providentialisme : enfant don du ciel donc à préserver, influence du christianisme (Bolivie).

Des pays osent fixer un nouveau cap politiques de planning familial, contraception avant la prise de conscience à Mexico (1980) que la forte population réduirait le montant des investissements économiques productifs au profit des investissements démographiques (servant seulement à maintenir les niveaux d'éducation et l'état de santé de la population). Toute croissance démographique aurait donc des effets néfastes sur la croissance économique, hors l'exemple de pays d'Asie de l'Est ou du Sud-Est, ayant misé sur le capital humain, montrent que l'éducation est un facteur de croissance économique, tout autant que la disponibilité en capital physique.

1950-1975 : c'est l'époque où on se pose la question de la bombe démographique et de là d'ailleurs des réflexions globales sur la croissance de la planète hypothéquée par cette pression de la démographie (cf. Rapport du club de Rome *Halte à la croissance* en 1972). La question des rapports entre démographie et sous-développement et la prise de conscience de la nécessité d'une maîtrise démographique seront ultérieures.

Chapitre 7
Crises et ruptures des années 1970 au début des années 1990

Michel Nazet

Le court Vingtième siècle s'achève (avec la disparition de l'URSS) dans des problèmes pour lesquels personne n'a ni ne prétend avoir de solutions. Tandis que les citoyens de la fin du siècle tâtonnent en direction de la fin du troisième millénaire, à travers le brouillard épais qui les enveloppe, leur seule certitude est qu'une époque de l'histoire s'est terminée. Ils ne savent pas grand-chose d'autre… Cependant une chose est claire. Si l'humanité doit avoir un semblant d'avenir, ce ne saurait être en prolongeant le passé ou le présent.

Éric J. Hobsbawm, L'Âge des extrêmes, Complexe, 1994.

Dates clés

- **1971** Première dévaluation du dollar (15 août)
- **1973** Premier choc pétrolier (octobre).
- **1976** Accords de la Jamaïque (janvier) :
  Milton Friedman reçoit le prix de la Banque de Suède (décembre).
- **1979** Deuxième choc pétrolier (mars) / Margaret Thatcher devient Premier ministre du Royaume-Uni (mai) / La FED, avec Paul Volcker, adopte des normes monétaristes.
- **1981** Début (janvier) de la présidence de Ronald Reagan.
- **1982** Première crise mexicaine.
- **1986** Contre-choc pétrolier.
- **1987** Krach boursier (octobre).
- **1990** Formulation du consensus de Washington.
- **1991** Disparition de l'URSS (décembre).
- **1992** 8e conférence (février) de la CNUCED à Carthagène (Colombie).

Chiffres clés

Les rythmes de croissance entre les années 1960 et les années 1970.
Taux de croissance moyen annuel en %

	États-Unis	CEE	Japon	URSS	Brésil	Corée du Sud	Inde	Zaïre
1960-1973	4	4,8	9,6	2,5	10	9	5,2	4,2
1973-1979	2,4	5,5	3,4	4,4	8,1	9,5	3,8	-1,4
1979-1990	2,6	2,2	4,1	3	1,5	9,3	5,8	0,9

Sources : OCDE, Annuaires soviétiques et A. Maddisson, L'économie mondiale 1850-1992

◆ Croquis de synthèse

Organisation de l'économie mondiale au début des années 1990

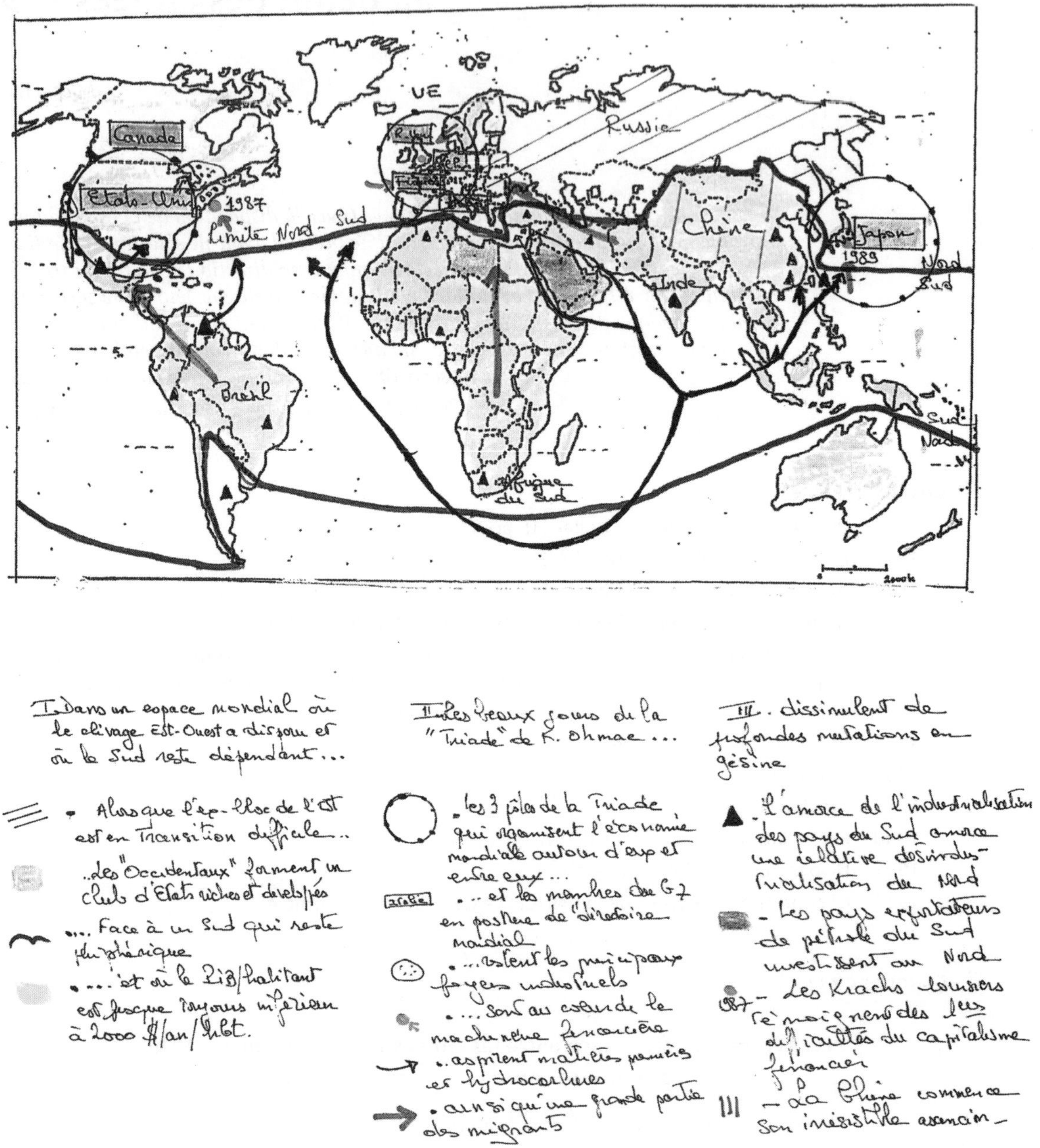

Introduction

Alors que les États Occidentaux avaient pensé, au lendemain de la Seconde Guerre mondiale, avoir trouvé les secrets d'une croissance forte et régulière, ils vont devoir subir au début des années 1970 des chocs économiques qui vont marquer une profonde rupture.

Après avoir un temps espéré que ces difficultés laissaient augurer la crise finale du capitalisme, l'URSS et les Démocraties populaires* s'inspirant du système soviétique allaient se trouver confrontées à des blocages qui allaient conduire à la disparition de leur modèle.

Le Tiers-Monde* lui-même, en partie bénéficiaire de l'internationalisation* de l'économie et de l'augmentation des prix des matières premières, se heurta à des difficultés qui ne lui laissèrent pas d'autre choix que de tenter de s'insérer dans une économie internationale pourtant fortement perturbée.

Problématiques

- ***Comment expliquer ces perturbations qui affectent alors l'ensemble de l'économie capitaliste mondiale ?***
- ***Comment est-on alors passé d'un capitalisme fordo-keynésien à un capitalisme libéral, financier et moins régulé ?***
- ***Comment expliquer de façon simultanée à la fois les blocages puis l'effondrement du système soviétique ainsi que la crise multiforme du Tiers-Monde ?***

I. La crise du début des années 1970 a en réalité de multiples causalités

A. Les faits : de la fin du système de Bretton Woods aux chocs pétroliers

Le système de Bretton Woods s'était bâti dans l'urgence de l'après-guerre et, dans des conditions qui donnaient aux États-Unis un pouvoir asymétrique, ne pouvait qu'être confronté au paradoxe de Triffin. La pratique du *benign neglect* américain, après une première dévaluation en 1971 conduisit à un passage aux changes flottants dès 1973 avant qu'ils ne soient entérinés plus tard lors de la conférence de la Jamaïque en 1976. Le droit de seigneuriage des États-Unis, en capacité d'utiliser leur propre monnaie pour payer les déficits de leur balance des paiements* courants (BPC), s'en trouva renforcé dans la mesure où les autorités monétaires américaines pouvaient désormais appliquer aux États-Unis une politique de leur taux de change adaptée aux impératifs de leur conjoncture intérieure... Aux autres de s'y adapter selon John Connally, le secrétaire au Trésor en 1971, qui déclara à l'époque : « le dollar est notre monnaie et votre problème ».

C'est dans ce contexte que se produisirent les deux chocs pétroliers.

Le premier choc pétrolier, celui de 1973, eut dans les PDEM un effet inflationniste, ralentit l'investissement, la croissance et provoqua une montée de l'endettement.

Il eut d'abord un effet inflationniste car il contribua à augmenter les coûts de revient répercutés par les clauses d'indexation des salaires. Il provoqua ensuite un ralentissement de la croissance de l'investissement, divisé par 2 ou 3 sur la période 1973-1979. La baisse de la croissance fut corrélative : en règle générale elle fut divisée par deux par rapport à la période 1968-1973. Ces phénomènes s'accompagnèrent d'une forte augmentation du chômage : il passa de 1,5 % de la population active (1960-1969) à 4 % pour 1970-1980… Enfin, le premier choc se traduisit par une hausse de l'endettement des ménages, de l'État, des entreprises avec des répercussions sur la balance des paiements courants qui devint négative à peu près partout sur la période 1973-1977, à l'exception du Japon et de la RFA…

Le second choc pétrolier eut des effets déflationnistes et provoqua une nouvelle envolée du chômage et des taux d'intérêts. À la suite de la chute du Shah en Iran en 1979 et la baisse drastique de la production iranienne de pétrole, le pétrole passa de 13,30 dollars le baril en 1978 à 24 $ (1979) et 34 $ (1980). L'approche internationale fut différente de celle de la 1re crise pétrolière : le G7 réuni à Tokyo en juin 1979 décida à la fois de développer de nouvelles sources d'énergie et de limiter la demande à court terme. Presque partout la déflation fut à l'ordre du jour avec au menu de la rigueur budgétaire, une restriction du crédit, une restauration des profits au détriment des salaires. Ces politiques eurent pour effets de provoquer de nouveau un effondrement de la croissance, un recul de l'investissement et de la production industrielle, une accentuation du chômage, l'envol des taux d'intérêt réel.

Au total, on peut dire que la crise qui éclata à l'automne 1973 avec le quadruplement des prix du pétrole (de 3 $ le baril à plus de 12 en quelques mois), fut, selon l'expression de Jean Bouvier, une « crise inattendue » après 28 ans de prospérité même si ses prodromes étaient largement en place dans la mesure où l'inflation et le chômage étaient déjà présents.

B. La fin de la régulation monopolistique et de la croissance de type tayloro-fordiste

Si l'on suit l'École de la régulation*, la haute croissance des années 1945-1973 reposait sur une régulation devenue monopolistique dans la mesure où elle s'opérait grâce à un petit nombre d'acteurs : SMI, GATT, États et partenaires sociaux. Les deux organisations internationales assuraient la régulation monétaire et financière ainsi qu'un développement du commerce international supérieur à la croissance. Les État mettaient en œuvre les *policy mix** contracycliques qui permettaient de stabiliser la croissance au prix d'une inflation raisonnable et plutôt bénéfique. Les partenaires sociaux enfin redistribuaient les fruits de la croissance qui autorisaient un haut niveau de vie et évitaient les crises de surproduction fréquentes comme jusque dans les années 1930. L'organisation du travail industriel (le travail à la chaîne) permettait quant à lui de mettre sur le marché de grandes quantités de produits et de dégager les gains de productivité générant à la fois des salaires et profits élevés autorisant en retour un fort investissement et une demande importante. Dans les années 1970, l'ensemble du système se trouva remis en cause parce que les politiques de relance non seulement ne permettaient plus, dans le cadre d'une économie plus ouverte qui faisait peser désormais une contrainte extérieure, de créer des emplois, mais contribuaient à accentuer les déséquilibres : inflation, déficit budgétaire, déficit de la balance des paiements courants, fragilisation de la monnaie… De même, la conjonction de la fin de la discipline du travail fordiste (la remise en cause du travail à la chaîne) et de la saturation relative de la demande conduisit à la fois à la baisse de la productivité et de la demande finale ainsi qu'à un endettement croissant des entreprises.

II. Une transformation du capitalisme qui devient libéral, financier et de moins en moins régulé

A. Un changement de paradigme

Dans les années 1970, les insuffisances des politiques keynésiennes furent à l'origine du retour en force des politiques néoclassiques avec le monétarisme* illustré par Milton Friedman, la théorie de l'offre (Arthur Laffer), la théorie des anticipations rationnelles (Thomas Sargent, Robert Lucas, John Muth). Tous ces courants développent avec des nuances les mêmes thèmes : le facteur moteur de l'économie est l'offre et non la demande ; le désengagement de l'État est une nécessité parce qu'il opère un effet d'éviction sur l'économie privée et parce que les prélèvements sociaux dissuadent les individus de travailler ou de produire.

Ils préconisèrent donc de diminuer les prélèvements obligatoires, de privilégier l'offre par la baisse des impôts des particuliers et des entreprises, de favoriser l'investissement et de privilégier le profit par rapport aux salaires, de déréguler en brisant le carcan dans lequel l'offre est emprisonnée.

Le programme passait ainsi par la remise en cause du moteur des Trente Glorieuses* avec le démantèlement de l'État-providence*, la déréglementation du marché du travail pour rendre l'emploi plus flexible, la baisse des dépenses publiques et de l'impôt…

B. Le libéralisme installé dans les pays anglo-saxons avant de gagner l'ensemble des PDEM

Ce furent d'abord au Royaume-Uni et aux États-Unis que furent conduites les premières politiques de transformations structurelles faisant les choix de donner la priorité à l'équilibre monétaire et de désengager l'État pour libérer l'initiative individuelle. Au Royaume-Uni, à partir de 1979, Mme Tchatcher, Premier ministre de 1979 à 1990, conduisit ainsi, outre une politique monétariste, une politique de privatisations qui la conduisit à privatiser 40 sociétés dont BP, Sealink, British Gas, British Telecom, British Airways, British Steel, les compagnies des eaux, le chemin de fer… Une réforme des impôts supprima le barème à 83 % et diminua le nombre de tranches d'imposition qui passèrent de 6 à 2 ; en contrepartie le poids de l'État-providence fut allégé grâce à une diminution des retraites et des aides sociales alors qu'un million de logements sociaux étaient vendus par les collectivités locales aux locataires. Elle engagea enfin le combat contre la « dictature syndicale » : le droit de mettre des piquets de grève fut réduit, le *closed shop* entamé, la vie interne des syndicats réglementée, la possibilité fut enfin donnée au patronat d'attaquer les syndicats en justice… Aux États-Unis, à partir de 1981, la Révolution conservatrice et les « *Reaganomics* » conduisirent à « une sorte de New Deal à l'envers » illustrant l'aphorisme du président Reagan (1981-1989) selon lequel « l'État n'est pas la solution de nos problèmes, l'État est le problème », cette période fut marquée en particulier par une politique de compression des dépenses sociales (logement social, dépenses d'éducation), par une réforme fiscale drastique ainsi que par une politique de déréglementation du transport aérien, du secteur bancaire, ou encore l'abandon des lois antitrust… La plupart des pays membres de la CEE adoptèrent eux aussi à la fin des années 1980 et au début des années 1990, dans le cadre de l'Acte unique puis de la préparation de l'UEM, une *policy mix* combinant une politique monétaire restrictive et une politique budgétaire menant la réduction conjointe des dépenses publiques et des impôts. Dans le même temps et pour les mêmes raisons, des directives européennes préparèrent la mise en place de marchés concurrentiels avec la libéralisation des marchés de capitaux, l'harmonisation des conditions de la concurrence sur le marché des biens, des incitations à la flexibilité des salaires et de l'emploi sur le marché du travail…

C. Un capitalisme financier débridé à l'aval de la révolution libérale

Si l'on occulte la révolution des NTIC*, deux faits préalables se révélèrent essentiels. Le premier fut le développement considérable des eurodollars depuis les années 1950 et qui se trouva accentué par l'essor encore plus considérable des pétrodollars (expression forgée en 1973 par l'économiste Ibrahim Oweis) qui, par le truchement des banques, se recyclèrent dans les économies occidentales et financèrent les déficits de leurs balances de paiements ainsi d'ailleurs que ceux de nombre de pays du Tiers-Monde non producteurs de pétrole. Le second tint au « coup de 1979 » : la politique monétariste aux États-Unis fit monter les taux d'intérêts dans le monde à un niveau très élevé (de l'ordre de 17 %) qui contribua à un renversement du rapport de force entre créanciers et débiteurs au profit des premiers. En conséquence, au cours des années 1980, un nouveau système financier se mit en place (*Big Bang* de Londres de 1986, *Mini Bang* de Paris en 1988) dans lequel le marché des capitaux prit de l'importance par rapport au financement bancaire traditionnel au rythme de deux séries de réformes. La première consista à créer un vaste marché des capitaux couvrant le court et le long terme avec la création d'instruments de plus en plus sophistiqués dans le domaine des opérations à terme et destinées à assurer une couverture contre les risques liés aux fluctuations des taux d'intérêt ou de change. La seconde consista au cours des années 1980 à une libéralisation financière radicale avec la réduction des taux d'intérêts administrés, la suppression de l'encadrement du crédit, la levée des contrôles des changes… Toutes ces mesures ont eu des effets considérables sur le développement de la finance internationale et furent à l'origine de la globalisation financière qui conduisit à la création d'un marché unique de l'argent au niveau planétaire… Le phénomène a profité pour l'essentiel aux pays développés, à leurs banques, bourses, et à leurs investisseurs institutionnels (zinzins) parmi lesquels les fonds de pension, les sociétés d'investissement, les sociétés d'assurances…

III. Le système socialiste, incapable de se réformer, s'effondre

A. Les carences du modèle soviétique hérité du stalinisme

Les carences, dont l'Occident n'avait pas véritablement conscience à l'époque, étaient assez largement inhérentes au modèle mis en place dans les années 1920.

D'abord parce que l'économie centralisée reposait sur une mobilisation et une coercition de type militaire qui étaient peu favorables à la productivité et laissaient peu de possibilités de souplesse, en dépit des débats et marchandages divers, tout en ouvrant un large champ à une économie informelle et parasite. Ensuite parce que le choix du développement de l'industrie lourde se fit au détriment de l'agriculture et des biens de consommation, provoquant le sous-développement du secteur primaire et la mise en place d'une économie de pénurie qui ne pouvait que contraster avec la consommation de masse de l'Occident.

Les économistes marxistes (János Kornai, Oscar Lange, Włodzimierz Brus) en prirent eux-mêmes conscience avant les tentatives de réformes de N. Khrouchtchev au début des années 1960 et surtout de Leonid Brejnev (1965-1982) qui autorisa un temps, à partir de 1965, la réforme Liberman* cependant vite enterrée à la suite des événements de Tchécoslovaquie et qui ne fut à peu près appliquée qu'en Hongrie dans les années 1970.

Au total, lorsque Leonid Brejnev disparaît au début des années 1980, l'URSS connaît une stagnation qui est autant économique que politique. Non seulement alors que le personnel politique n'avait pas été renouvelé et le pays était enlisé dans la guerre d'Afghanistan (1979-1989) mais la production de biens stagnait et la pénurie s'accroissait, l'écart technologique et que la structure des échanges entre l'URSS et les pays occidentaux augmentait et devenait de plus en plus défavorable…

B. Le « moment Gorbatchev » (F. Thom) : la démonstration que le système était sans doute irréformable

La tentative menée par Mikhaïl Gorbatchev (1985-1991) pour sauver le régime soviétique, avec la Glasnost (transparence) et la Perestroïka (restructuration), fut la dernière de l'histoire de l'URSS.

Ainsi, et alors que la Chine de Deng Xiaoping avait introduit une série de réformes dès 1979, l'URSS engagea un plan de réformes ambitieux après 1985.

La réforme politique se traduisit par l'établissement d'un État socialiste de droit (libération en 1986 d'Andreï Sakharov et de nombreux dissidents, réhabilitation des victimes du stalinisme, réforme judiciaire de 1988 avec restriction du champ d'application de la peine de mort, fin de la pratique de l'exil intérieur), la mise en place d'une relative liberté de la presse et un début de démocratisation du régime (1res élections semi-démocratiques en mars 1989, création de la charge de Président de l'URSS élu au suffrage universel dès 1990, suppression de l'article 6 de la constitution affirmant le caractère dirigeant du PCUS…).

La réforme économique qui se voulait progressive tendait, au prix d'une souplesse plus grande du plan, à responsabiliser (loi sur le travail individuel de 1986) les acteurs économiques et à donner aux entreprises plus d'autonomie (loi sur les *joint-ventures* de 1987, loi sur les entreprises de 1988) pour les rendre plus performantes.

Les résultats ne furent pas au rendez-vous (déficits budgétaires, mauvais résultats macro-économiques avec une production industrielle en baisse, un endettement extérieur croissant) et suscitèrent une assez large incompréhension de la population (grèves dans les mines) qui dénonça pêle-mêle les prix élevés, les réformes, les profiteurs…

Toutefois, contrairement à ses prédécesseurs M. Gorbatchev fit pourtant le choix, en dépit d'un isolement politique croissant, de ne pas revenir sur les réformes mais au contraire de les accélérer à travers une succession de plans, qui du plan Abalkine de novembre 1989 au plan Iavlinski-Chataline de décembre 1990, donnaient une part plus grande au marché. Le dernier plan prévoyait en particulier de privatiser 70 % des entreprises d'État entre 1991 et 1995.

C. L'implosion du système en URSS et dans les démocraties populaires

L'implosion du système vint des échecs économiques mais aussi de la montée de nationalismes qui retrouvèrent de la vigueur après leur apparente mise entre parenthèses depuis plusieurs décennies.

Le mouvement toucha d'abord les démocraties populaires qui n'avaient pas été épargnées par les maux dont souffrait l'URSS : inefficacité économique, démobilisation des acteurs économiques, pénuries persistantes, grèves violentes comme en Roumanie en 1977 et 1981, manifestations ouvrières comme en Pologne (1976) qui conduisirent à la légalisation de Solidarnösc en 1980. Un peu partout aussi s'étaient mis en place circuits économiques parallèles et forums démocratiques alors que le contrôle politique et militaire de l'URSS se relâchait lors de la Perestroïka.

Dans tous ces pays le système politique et social s'écroula comme un véritable château de cartes en quelques mois de juin 1989 à décembre : en Pologne, Hongrie, Allemagne de l'Est, Tchécoslovaquie (révolution de velours)… en Roumanie et Bulgarie, plus difficilement et de façon plus ambiguë pour finir.

Le Conseil d'aide économique mutuelle (CAEM*) fut dissous officiellement à Budapest le 28 juin 1991 et le Pacte de Varsovie lors d'une réunion à Prague le 1er juillet 1991.

En URSS même, les élections régionales de 1990 concoururent à l'arrivée au pouvoir de fronts populaires dans les pays baltes, en Ukraine et en Russie elle-même avec la victoire de Boris Eltsine qui devint président de la Fédération de Russie en mai 1990.

L'échec du putsch des 18 et 19 août fut la dernière tentative des conservateurs pour restaurer l'ordre ancien. Son échec conduisit à la mise sous tutelle de M. Gorbatchev ainsi qu'un peu plus tard à la conférence d'Alma-Ata, au cours de laquelle, le 21 décembre 1991, 11 présidents de pays de l'URSS décidèrent de sa dissolution et de la création d'une nouvelle confédération, la Confédération des États indépendants (CEI)…

M. Gorbatchev devenu le président d'un pays qui n'existait plus démissionna le 25 décembre 1991 alors que la Russie était reconnue comme successeur de l'URSS et occupait à ce titre son siège de membre permanent du Conseil de sécurité…

IV. Le Tiers-Monde dans l'impasse ? (P. Bairoch)

A. Des modèles socialistes qui s'essoufflent

Les pays du Tiers-Monde non producteurs de pétrole et qui n'appartenaient pas aux nouvelles économies industrialisées (NEI) furent confrontés à la fois aux impasses du modèle socialiste et à celles du nouvel ordre économique international (NOEI*).

Le modèle soviétique ou le modèle maoïste ont pu un temps influencer les pays en voie de développement (PED) : Cambodge, Birmanie, Corée du Nord (Asie) ; Algérie, Guinée, Ghana, Tanzanie, Madagascar, Éthiopie (Afrique), Cuba (Amérique latine)…

Chaque fois l'expérience se traduisit au mieux, comme en Algérie, par un gaspillage des ressources et un véritable fiasco sur le plan économique et du développement. Au pire, les dirigeants purent, comme dans le Cambodge de Pol Pot (1976-1979), sombrer dans un délire meurtrier au nom d'une volonté de régénération.

Le désir de fonder un nouvel ordre économique international (NOEI) date de 1974 lorsqu'il a été défini par le président algérien Houari Boumediene lors de la Conférence d'Alger des pays non alignés avant d'être repris la même année par la VIe session extra-ordinaire de L'ONU (février mars) dans un programme d'action. La Charte d'Alger énumérait 20 principes destinés à inspirer les relations économiques internationales et qui avaient par une refonte des organisations internationales existantes, de satisfaire les besoins essentiels des hommes (alimentation, santé, éducation, emploi), de garantir l'indépendance économique et politique des PED, de promouvoir des relations plus égalitaires entre le Nord et le Sud… La fin des années 1970 et le début des années 1980 furent un temps fort de cette démarche avec la conférence de Paris sur la coopération économique internationale (CCEI) au titre du dialogue Nord-Sud ouvert en 1975, ou encore celle de Cancún (1981).

Les résultats, à quelques exceptions près (création d'un fonds international de développement agricole, FIDA, en 1974, et d'un fonds commun de stabilisation des cours des produits de base qui vit le jour en 1989), restèrent très modestes en raison du blocage des États-Unis et surtout des difficultés de financement liées aux problèmes financiers des PDEM.

B. Le recours contraint aux institutions internationales

Au début des années 1970 et dans les années 1980, le financement du Tiers-Monde relevait des banques et non plus du FMI ou de la Banque mondiale en raison de l'existence de capitaux flottants considérables (recyclage des pétrodollars) et des bas taux d'intérêts de la fin des années 1970. Les pays en voie de développement qui avaient accru de façon très importante leur endettement se trouvèrent pris dans une spirale de la dette et dans un véritable piège qui se referma sur eux au début des années 1980 au moment du contre-choc pétrolier lorsque les marchés du Nord se fermèrent (les premiers accords multifibres, ou AMF, datent de 1974) dans un contexte de forte baisse du prix des matières premières, baisse alors qu'au contraire les taux d'intérêts mondiaux augmentaient fortement et que le dollar s'appréciait.

C'est alors qu'éclata en août 1982, le « choc mexicain » : confronté à de fortes difficultés financières, le Mexique annonça qu'il suspendait les remboursements de sa dette extérieure.

La crise devait être en partie solutionnée par les grandes institutions financières internationales alors que les solutions mises en œuvre pour le Mexique allaient être étendues aux autres PVD endettés (Plan Baker de 1985 et Plan Brady de 1989).

C. La seule alternative : s'insérer dans l'économie mondialisée

En contrepartie, le Tiers-Monde dut au nom du libéralisme ambiant (concepts du *trade, not aid* américain et du Consensus de Washington en gestation) s'insérer dans l'économie internationale. Le tournant fut officiellement pris en février 1992 lors de la 8e conférence de la CNUCED* à Carthagène en Colombie…

L'exemple le plus emblématique de ce retournement stratégique fut celui du Mexique où le choc de 1982, dans un pays où l'économie était largement étatique, allait marquer un tournant libéral (privatisations, accueil d'IDE) et conduire au choix de l'insertion dans le commerce international par l'adhésion au GATT, l'accueil des maquiladoras et, surtout en août 1992 à la signature du traité de San Antonio à l'origine de l'Accord de libre-échange nord-américain (ALENA, janvier 1994)… Comme l'écrit Alain Musset dans *Le Mexique, économies et sociétés*, la nouvelle politique économique eut des résultats concrets et visibles pour l'ensemble des Mexicains qui eurent l'illusion (avant la crise de 1994) de passer brutalement du Tiers-Monde au premier monde, celui des pays développés avec des transports, des services, un secteur bancaire modernisés…

La démocratisation accompagna souvent la libéralisation que ce soit en Amérique latine, en Asie (Corée du Sud en 1987), voire en Afrique (fin de l'apartheid après 1991). Pourtant, en raison des difficultés économiques et sociales liées aux privatisations, à la lutte contre l'inflation, à la forte augmentation des inégalités sociales, la vie politique de ces pays se révéla assez chaotique comme au Pérou lors de la présidence Fujimori (1990-2000), en Argentine lors de la présidence de Carlos Menem (1989-1999), en Algérie à partir de 1991 où éclata une guerre civile.

Dans le même mouvement, par effet d'imitation de la CEE mais aussi par l'incitation des organisations internationales, les PVD créèrent des regroupements régionaux. L'ANSEA ou ASEAN (Association des nations du Sud-Est asiatique) née en 67 autour de cinq pays (Indonésie, Malaisie, Philippines, Singapour, Thaïlande) avec pour objectif initial de s'opposer au communisme, se recentrait dès 1992 sur des objectifs économiques comme la libéralisation des échanges et la coopération industrielle, avec pour horizon de passer en 2008 à l'ASEAN Free Trade Area (AFTA)… Le MERCOSUR, qui naquit en 1991, regroupait le Brésil, l'Argentine, le Paraguay, l'Uruguay… avec pour perspective la création d'un espace de type CEE… Ailleurs on peut retenir aussi la naissance du CARICOM (73), de l'Union du Maghreb arabe ou UMA en 1989… de la Communauté économique africaine ou CEA de 1991 qui prévoyait la réalisation d'un marché commun à l'horizon 2025…

Conclusion

Les années 1980 et le début des années 1990 s'avérèrent des années particulièrement heurtées pour les trois mondes, qu'il s'agisse des PDEM, des pays à économie socialiste, des pays en développement.

Dans les PDEM, le contre-choc pétrolier et les politiques de relance aux États-Unis relancèrent la croissance après 1985 mais les déséquilibres financiers, nés de l'émergence du capitalisme financier, qui se manifestèrent avec le Krach* de 1987 (*Black Monday*), l'éclatement de la bulle boursière au Japon, les désordres monétaires en Europe en 1992 provoquèrent des rechutes (si l'on excepte l'Allemagne où la croissance fut tirée par la réunification), après la reprise illusoire de 1988. Ce fut en particulier le cas au tout début des années 1990 avec la guerre du Golfe qui provoqua une hausse spéculative des cours du prix du pétrole. Dans ce contexte, l'urgence semblait être, à l'époque, de conclure l'Uruguay Round, ouvert depuis 1986, afin de discipliner le commerce international et de l'ouvrir à des domaines nouveaux comme l'agriculture, la propriété intellectuelle et les services. De fait, les négociations débouchèrent bientôt sur l'Acte final signé à Marrakech en avril 1994.

Avec le passage à l'économie de marché, les économies de l'ex-bloc socialiste connurent une situation désastreuse. Sous l'effet des thérapies de choc, partout la production s'y effondra d'environ 20 %, à l'exception de la Pologne où le redémarrage s'effectua dès 1991. Les salaires ainsi que l'espérance de vie étaient partout en baisse. Alors que le communisme survivait à Cuba ou en Corée du Nord, la République populaire de Chine engageait après 1992 sa Grande transformation qui devait la conduire à s'insérer dans la mondialisation. L'espoir pour les ex-démocraties populaires d'Europe consista à intégrer une Europe qui dans l'immédiat était, jusqu'à la conclusion du traité de Maastricht, entièrement tournée vers la conclusion de l'Union économique et monétaire.

Ce que l'on appelait, il y a peu encore, le Tiers-Monde n'existait plus : les NPIA* connaissaient une forte croissance et une embellie qui allait durer jusqu'à la crise asiatique de 1997, les pays producteurs de pétrole engrangeaient les pétrodollars mais étaient affectés par le contre-choc pétrolier qui les empêchait de résoudre leurs problèmes de développement et leurs défis sociétaux, l'Amérique latine semblait enfermée dans le piège de la dette et de la restructuration de ses économies, les pays les moins avancés (PMA)* d'Afrique restaient enfin face à des défis pour lesquels on ne voyait guère de solution.

Au total donc la période fut bien celle des ruptures.

Le monde du début 1990 est dépourvu de système international crédible, l'État-nation* semble en perte de vitesse au profit des grandes constructions régionales, les dernières mythologies du XXᵉ siècle se sont effondrées avec l'écroulement du socialisme réel, les révolutions de l'information, de l'écologie (le sommet de la terre à Rio date de 1992) sont en marche. La polémologie elle aussi est en cours de révolution avec l'émergence et le succès des guerres asymétriques* comme en Afghanistan où les Soviétiques sont empêtrés…

Au total, selon le général de La Maisonneuve, dans *La violence qui vient* (1997) en deux ou trois décennies, le monde aurait plus changé que les pendant les trois siècles précédents, et sans doute autant que lors de la Renaissance, lors du basculement de nos sociétés du système féodal aux Temps modernes.

« La croissance des années 1960 fut une sorte de miracle économique la véritable question n'est pas de savoir pourquoi les choses vont si mal aujourd'hui mais comment elles ont pu aller si bien à l'époque » (P. Samuelson)

Écrite au cœur du premier choc pétrolier et de la crise, une formule choc de celui qui magnifiait la croissance exceptionnelle des années 1960 et se retrouve dépassé…

1° une interrogation légitime

Samuelson économiste keynésien engagé dans le succès de la New Economics de Kennedy au cœur des Trente Glorieuses.

Samuelson économiste keynésien ferraillant dès le début des années 1970 avec les libéraux (monétaristes économistes de l'offre) qui veulent asseoir leur revanche sur le keynésianisme.

Samuelson économiste qui confronté à l'échec ou l'impasse des politiques anti-crise au début de la décennie 1970 et face à une crise nouvelle, cherche des solutions et ne peut qu'être nostalgique des années 1960…

2°une nostalgie compréhensible

Les Trente Glorieuses ne peuvent qu'être valorisées dès lors qu'elles s'identifient à des miracles économiques (français allemand et haute croissance japonaise par ex) avec des crises de faibles amplitudes (jamais moins de 2 % du PIB de croissance).

Les Trente Glorieuses apportent semble-t-il des solutions directes à certains dysfonctionnements des années 1970 : plein emploi… chômage ; Inflation considérée souvent comme vertueuse… stagflation, pétrole abondant et peu cher… pétrole à la hausse et embargo. État omniscient et omniprésent et efficace (ADT, recherche, CMI)… État discrédité, et impotent et impuissant ? Puissance des marchés intérieurs… Marchés intérieurs ponctionnés par le prélèvement d'un véritable impôt pétrolier).

Les Trente Glorieuses ont un bilan très positif d'autant plus qu'elles ont permis de transcender les obstacles ; héritages malthusiens français, coûts de la guerre, spirale du sous développement au Japon (difficile de ne pas imaginer qu'elles pourraient permettre des sorties de crise honorables).

3°une projection artificielle

Mais ces Trente Glorieuses ont des spécificités intransposables : reconstruction après guerre et ses traumatismes, restauration de l'État après crise stabilité monétaire dans les changes fixes bipolarité politique (États-Unis/URSS) et unilatéralisme économique (*pax americana*) ; période de révolution technologique intense (nucléaire, antibiotique, aéronautique…).

Les Trente Glorieuses connaissent des échecs qui peuvent difficilement être proposés comme des solutions (court termisme, croissance plus quantitative qui se pose peu la question du pour quoi — cf. club de Rome, accusateur) période où l'émergence du Tiers-Monde n'est que velléitaire — échec de la décennie du développement JFK) croissance extensive des Pays socialistes dans la régulation pénurique et la planification autoritaire.

Samuelson ne peut être nostalgique d'une période qui a porté en elle les contradictions d'où naîtra la crise de 1973 : boulimie énergétique, crise du SMI, début de l'inflation, État volontariste mais de plus en plus important… et impotent.

On comprend que Samuelson recherche la martingale du succès, la pierre philosophale des politiques économiques aptes à assurer un boom continu mais il est un peu outrancier de ne voir dans les Trente Glorieuses qu'une panacée, un modèle transposable donnant des recettes pour les années 1970… mais on comprend cependant qu'on puisse rêver de cette période où « on a failli être amoureux d'un taux de croissance… ».

◆ Idées reçues

1970-1980 : des décennies « heureuses » ?

Les années 1970-1980 seraient des années « heureuses », « bénies » voire « d'éclate » (*Libération*) de musique et de sexe. Bref, celles de baby-boomers (la génération des veinards pour reprendre le thème d'une émission de France 3) qui se seraient « goinfrés » d'avantages (cf. Louis Chauvel, *Le choc des générations*).

Il y a certes une population qui s'est bien amusée (cf. *Confessions d'un Baby-boomer*, T. Ardisson) mais la période a été celle de tous les chocs, choc des crises (1973, 1979, 1987, 1990), choc de la fin des systèmes structurants (Bretton Woods) et des idéologies (le marxisme). Ce fut aussi une période assez anxiogène avec la fin de la guerre du Vietnam, la reprise de la guerre froide avec la crise des euromissiles, l'invasion de l'Afghanistan. Ce fut enfin celle de l'essor du terrorisme (les années Carlos), des années de plomb (en Italie) ou de l'incertitude des caps politiques (France...). La période fut surtout l'amorce de tous les déséquilibres et difficultés sociales qui allaient prendre de l'ampleur dans les décennies suivantes.

◆ Lieux de la géopolitique

Washington

La capitale fédérale américaine (600 000 habitants) est le siège de nombreuses institutions américaines, comme la Maison Blanche, le Capitole qui est le siège du Congrès, le siège de la Cour suprême. Elle est aussi le siège de la Réserve fédérale des États-Unis (Fed), du Fonds monétaire international, de la Banque mondiale qui ont retrouvé de l'influence suite à la crise de l'endettement qui éclate avec la crise mexicaine de 1982. L'aval du FMI est ainsi devenu nécessaire pour obtenir de nouveaux prêts et il a pu, conjointement avec la Banque mondiale, imposer des plans d'ajustement structurel ou sectoriel conditionnels relevant de ce que l'on nomme au début des années 1990 le Consensus de Washington.

Parmi les nombreux traités internationaux qui y furent conclus, ceux dit du Smithsonian Institute le 18 décembre 1971 tentèrent de sauver le système de changes fixes en élargissant la marge de fluctuation des monnaies.

Genève, petite métropole au rôle global

Cette petite ville (200 000 habitants) de Suisse accueille 22 organisations internationales et est le siège d'environ 250 ONG. L'Office des Nations unies à Genève (ONUG) est le centre de diplomatie multilatérale le plus actif du monde. Siège du GATT, elle est devenue celui de l'OMC. Si le siège des grandes banques suisses qui gèrent 27 % (chiffre officiel suisse) de l'argent off shore est à Zurich ou Berne, elles ont toutes des succursales à Genève qui est devenue, après avoir été un pôle important de l'espionnage mondial, un centre important de l'intelligence économique. Lieu de nombreuses négociations internationales, cette matière y est officiellement enseignée (École professionnelle de la Médiation et de la Négociation). Le Forum économique de Davos a son siège à Cologny dans le canton de Genève.

Bibliographie sélective

Lecture indispensable

Christian Cauvin, Le capitalisme ne joue pas aux dés. Comprendre le capitalisme financier pour en sortir, *Le Bord de l'eau, coll. « Retour à l'économie politique », 2012, 240 p.*

Pour l'auteur, professeur émérite à HEC, le capitalisme financier apparu dans les années 1980 marquerait une profonde rupture avec les deux séquences précédentes du capitalisme marchand et du capitalisme industriel. Ce capitalisme « de rente » aurait eu pour effet de réduire l'économie mondiale à un simple portefeuille d'actifs financiers possédés par un nombre restreint d'actionnaires qui ont pris le pouvoir dans des entreprises concentrées et interconnectées. Cette économie financière qui n'aurait pour finalité que l'accumulation sans fin des revenus et des patrimoines est à l'origine de l'endettement public et privé, paralyse les actions publiques à long terme, vide la démocratie de son contenu et menace nos sociétés...

Pour en savoir plus

Jean-Charles Asselain, *Histoire économique du XXe siècle* (deux tomes), Presses de Sciences Po, 1995. Voir le deuxième volume, chapitre 5.

Jacques Brasseul, *Histoire des faits économiques. De la Grande Guerre au 11 septembre*, Armand Colin, « U Histoire », 2003, pour les chapitres 6, 7 et 8.

Bruno Marcel et Jacques Taïeb, *Les grandes crises : 1873-1929-1973-2008- ?*, Armand Colin, « Cursus », 2010. Pour la troisième partie comparative.

Carol Ajam et alii, *URSS, fin de parti (e), Les années perestroïka, 1985-1991*, Éditions FAGE, 2011.

Catalogue de l'exposition du même nom organisée par la BDIC.

Michel Nazet, *La Russie et ses marges : nouvel Empire ?*, Ellipses, 2007, p. 5-20.

Bernard Bret, *Le Tiers-Monde, croissance, développement, inégalités*, Ellipses, 2002.

Paul Bairoch, *Le Tiers-Monde dans l'impasse Folio actuel* (3e édition), Gallimard, 1992.

Revues

La crise du capitalisme, *Problèmes économiques* n° 2811, mai 2003, p. 1-20.

Les derniers jours de l'URSS, *L'Histoire* n° 369, novembre 2011. Voir *Les 5 erreurs de Gorbatchev*, p. 56-61.

http ://www.persee.fr/web/revues/home/prescript/article/tiers_0040-7356_1976_num_17_66_2633.

Vies et mort du Tiers-Monde, *Manière de voir* n° 87 — juin-juillet 2006, voir la 3e partie : l'éclatement du Sud.

Dans les salles obscures

Gilles Balbastre, Le Chômage a une histoire, en deux parties : 1967-1981 ; 1981-2001, documentaire, 2001, deux fois 52 minutes. Sujet centré sur le chômage et la France.

Andrei Nekrasov, Adieu camarades ! — L'Empire soviétique 1975-1991 — Episode 5 : Rébellion, documentaire, 1989, 2011, 51 minutes.

Oliver Stone, Wall street, 1987, fiction, 125 minutes. La finance et ses dérives.

Michael Winterbottom et Matt Whitecross, La Stratégie du choc, 2009, documentaire, 85 minutes. La théorie du complot appliquée à l'économie, des thèses discutables et controversées.

Sélection musicale

Les années 1970-1990 sont des années de foisonnement qui marquent aussi un tournant dans la musique populaire avec le rock, le punk rock (The Clash) et le hard rock (Alice Cooper, AC/DC, Deep Purple) mais aussi le disco (Gloria Gaynor avec *Never Can Say Goodbye*,1975) et le reggae (Bob Marley, *Rastaman Vibration*, 1976), suivis dans les années 1980 de l'essor du heavy metal, de la world music, de la pop (Michael Jackson avec *Thriller*, 1982) et de l'electro-pop (Depeche Mode, *Never Let Me Down Again, 1987)*, du rap (Dr Dre, *Straight Outta Compton*, 1988), de la techno ou du R'n'B (Mariah Carey, *Without You*, 1993) au début des années 1990...

Commentaire de documents

Le Tiers-Monde, un monde en transition ?

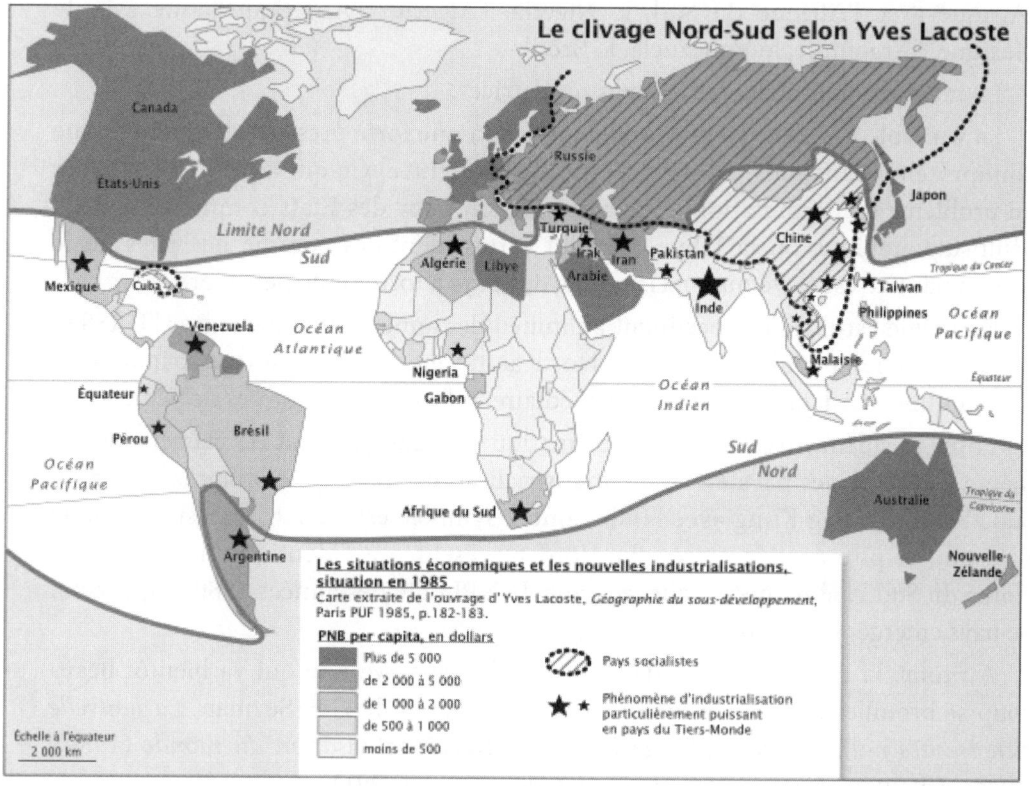

Réalisation Anne Le Fur pour Cartes en mains, 2e édition, Ellipses, 2013.

Yves Lacoste fut en 1980 l'un des premiers géographes à penser la diversité de ce qu'il était encore coutume d'appeler Tiers-Monde.

La carte proposée, *Le clivage Nord-Sud* à l'échelle 1,5/200 000 000, qui date de 1985, est extraite de *La Géographie du sous-développement.* Cette carte montre-t-elle pour autant toutes les transitions d'un Tiers-Monde en voie de diversification ?

Elle présente incontestablement trois intérêts :

– Le premier consiste à montrer qu'il existe encore bel et bien une ligne de clivage entre pays riches et pays pauvres fixée à un seuil de 5 000 $ par an et par habitant.

– Le second est de distinguer trois divisions au sein du Tiers-Monde qui reprennent plus ou moins celles retenues à l'époque par l'ONU et la Banque mondiale qui distinguent les revenus à pays moyens supérieur (ici de 2000 à 5 000 $ per capita), ceux à revenus moyens inférieurs (500 à 1 000 $), les pays à bas revenus (moins de 500 $ per capita).

– Le troisième pointe un décollage industriel qualifié dans la légende de phénomène d'industrialisation particulièrement puissant en pays du Tiers-Monde et qui touche tous les continents : l'Asie avec la Chine, Taïwan, la Malaisie, l'Inde ; l'Afrique avec l'Afrique du Sud, le Nigeria, l'Algérie ; l'Amérique latine avec le Mexique, l'Argentine, le Venezuela, le Brésil.

La carte présente aussi des lacunes révélatrices.

La véritable unité du Tiers-Monde qui tient à une forte pression démographique omniprésente dans tous ces pays n'est pas représentée. Ce qui a priori peut poser un problème d'interprétation et de classification pour des États comme ceux de la péninsule arabique ou la Libye qui sont certes identifiés comme des pays où le revenu par tête est élevé mais pas comme des pays à forte rente pétrolière.

De même est-il encore pertinent au milieu des années 1980 d'intégrer l'URSS et les démocraties populaires dans le Nord alors que ces pays forment indiscutablement une troisième catégorie intermédiaire, celle des « économies de pénurie ».

Enfin et surtout n'est-il pas problématique, à l'époque déjà de classer dans la même catégorie des pays en voie d'industrialisation, des pays comme la Corée du Sud, Taïwan, Hong Kong avec l'Inde dont le symbole est ici surdimensionné ou le Pakistan, et pire avec la Corée du Nord représentée à l'identique de celle de la Corée du Sud… alors même que le terme de NPI date des années 1980 et que celui de pays émergent a été forgé en 1981…

Au total, la carte témoigne d'une vision du Tiers-Monde qui va bientôt beaucoup se brouiller comme en témoignent les ouvrages de Guy Sorman, *La nouvelle richesse des nations* (1987), Serge Latouche, *L'occidentalisation du monde* (1989), Michel Chauvin, *Tiers-Monde : la fin des idées reçues* (1991)…

Dissertation

1973-1979 : ruptures ou continuités ?

Introduction

La petite décennie des années 1973 et 1979 est encadrée par deux chocs pétroliers qui semblent, tels un séisme et sa réplique, mettre fin à la période, bénie après coup, dite des « Trente glorieuses » selon l'expression de Jean Fourastié pour la France. Il est vrai qu'elle est marquée par une série d'événements, *a priori* sans liens entre eux, dont les temps forts sont, entre autres, la guerre du Kippour (1973), la fin de la guerre du Vietnam (1975), la mort de Mao Zedong en Chine, les accords de la Jamaïque (1976), le déploiement des missiles soviétiques SS 20 en Europe, l'invasion de l'Afghanistan, la révolution islamiste en Iran (1979)…

Pourtant même si, à l'époque, l'on pointe les effets à retardements de la décolonisation ou les résurgences de la guerre froide, rien ne semble vraiment remis en cause et le cri d'Yves Montand « Vive la Crise » saluant en 1984 la naissance d'un monde nouveau auquel il faudra s'adapter, heurte une grande partie de l'opinion française. De même, l'ordre du monde, malgré un faux-semblant de rééquilibrage entre les puissances américaine et russe, n'en paraît pas pour autant transformé.

Mais qu'en est-il vraiment, alors que certains comme G. Chaliand voient dans cette période le grand tournant « vers un nouvel ordre mondial » ? Comment comprendre les années 1973-1979 ? La séquence s'inscrit-elle dans la continuité ou en rupture avec la période précédente en annonçant les temps à venir ?

I. Une période qui s'inscrit dans la continuité et qui ne saurait donc être perçue comme une vraie rupture

A. L'économie mondiale souffrait de désajustements avant les deux chocs pétroliers

Contrairement à ce qu'a pu écrire Jean Bouvier à l'époque, les crises pétrolières ne sont pas des crises vraiment inattendues après 28 ans de prospérité. Alors que le système de Bretton Woods était déjà moribond dès la fin des années 1960 en raison du *benign neglect* américain et de la première dévaluation du dollar de 1971, les politiques keynésiennes, devenues mécaniques sous la forme des politiques de *stop and go*, n'arrivaient déjà plus à endiguer la hausse de l'inflation et du chômage dans un contexte d'ouverture ponctué par la conclusion du Kennedy round en 1968 et du décollage économique des NPIA. L'OPEP elle-même n'était pas une création ex-nihilo puisqu'elle a été créée en septembre 1960, à l'initiative du Venezuela, initialement pour obtenir, mais avec peu de succès à l'époque, un arrêt de la tendance à la baisse des prix du pétrole brut décidée unilatéralement par les compagnies exploitantes.

B. Les grandes puissances sont déjà dans le doute

Les États-Unis, outre leurs difficultés économiques (leur déficit commercial est structurel depuis 1971), étaient fragilisés par une guerre du Vietnam commencée en 1961 et qui divisait leur société minée par la violence (assassinat de J.F. Kennedy en 1963), la difficile intégration de la minorité noire (émeutes raciales, assassinats de Malcom X en 1965 ou de M. Luther King en 1968), voire de la contestation de leur mode de vie avec le mouvement hippie.

Si elle était alors moins perceptible, alors que la Chine a été bouleversée par la révolution culturelle (1966-1969), la situation de l'URSS n'était qu'apparemment meilleure : même si L. Brejnev (1964-1982) semblait avoir réussi à stabiliser le pays, c'était au prix d'un immobilisme en politique intérieure qui n'empêchait pas l'éclosion d'une dissidence alors inaudible en Occident, alors que la croissance avait considérablement ralenti et que toutes les réformes politiques et économiques depuis la mort de Staline en 1953 avaient échoué.

II. Les bouleversements et instabilités générées sont toutefois violents

A. Les deux chocs pétroliers non seulement touchent tous les pays développés mais sont les prolégomènes d'autres désordres qui conduisent à la recherche de nouvelles politiques économiques

Les chocs, qui ont, dans les deux cas, des origines géopolitiques avec la guerre du Kippour en 1973 et la révolution iranienne en 1979, contribuent à la dégradation des balances des paiements courants à l'exception de l'Allemagne et du Japon, à la division de la croissance par deux, à l'installation de la stagflation en augmentant le taux d'inflation de près de 30 % sur la période et en doublant le taux de chômage. Ils sont aussi à l'origine d'une chute de l'investissement et provoquent la montée de l'endettement des ménages, des entreprises, des États.

Par suite et jusqu'au début des années 1990, une crise en cache souvent une autre avec la crise de l'endettement après 1982, le krach boursier de 1987, la forte récession des années 1990-1993... La période est ainsi très hachée sur le plan économique avec des cycles économiques qui peuvent se révéler antagonistes aussi bien entre qu'à l'intérieur des grandes zones de l'économie mondiale.

Au cours de la période, l'incapacité des politiques économiques à lutter contre les déséquilibres conduit à la remise en cause du paradigme keynésien et au renouveau des thèses de l'école néoclassique qui, appliquées brutalement, ont des effets sociaux violents comme au Royaume-Uni à partir de 1979 ou aux États-Unis après 1981.

B. De violents réajustements géopolitiques

La période a pu, un temps, sembler favorable à l'URSS et ses alliés en raison du retrait américain du Sud-Est asiatique en 1975, des succès du camp socialiste en Angola et au Mozambique (1975), de l'invasion de l'Afghanistan (1979) par des Soviétiques qui, mettant fin à la détente, ne craignent pas de provoquer l'OTAN lors de la crise des missiles en Europe (1977-1987).

Ce n'est toutefois qu'apparences, alors que les États-Unis font un effort d'armement considérable, le marxisme est endigué par la multiplication des régimes dictatoriaux en Amérique latine. De plus, le camp socialiste apparaît plus divisé que jamais avec le court conflit de 1979 qui oppose la Chine au Vietnam qui vient d'envahir le Cambodge. L'URSS est elle-même entraînée, par M. Gorbatchev au milieu des années 1980, dans une fuite en avant pour se réformer qui conduit à sa disparition au début des années 1990 alors que les ex-démocraties populaires deviennent des économies en transition...

Cette situation permet l'émergence d'un monde multipolaire dans lequel émergent de nouveaux centres de décision : les pays pétroliers, le Japon dans les années 1980, l'Union européenne au début des années 1990, bientôt la Chine.

Le Proche-Orient lui, entre dans une période de forte instabilité avec la guerre entre l'Irak et l'Iran, la guerre du golfe (1990-1991), même si quelques espoirs semblent permis dans la crise Israélo-palestinienne par le processus d'Oslo suite aux accords de Washington (1993).

III. C'est incontestablement une inflexion vers la mondialisation et la multipolarité

A. La mondialisation prend son essor dans les années 1980

Elle est la conjonction de plusieurs phénomènes qui sont contemporains avec la mise en réseau du monde capitaliste et l'extension de ce dernier par l'adhésion d'un grand nombre d'États jusque là réfractaires.

Pour le premier, c'est la nécessité de recourir aux capitaux internationaux (pétrodollars et excédents des balances de paiement allemande et japonaise) pour compenser les déficits des balances de paiements de la plupart des PDEM et des pays en développement non producteurs de pétrole qui a été à l'origine d'une déréglementation du marché des capitaux qui s'est imposée partout, à partir une fois de plus, des États-Unis et de la City Londonienne, et gagna toute l'Europe dès la fin des années 1980. Elle autorisa, grâce ainsi à l'utilisation des nouvelles technologies de l'information et de la communication (NTIC), la mise en réseau des bourses et systèmes financiers de la planète au point d'en faire un marché interconnecté susceptible de fonctionner 24h/24. De même, la contrainte extérieure conduisit par ce biais la quasi-totalité des États de l'OCDE, à l'exception pour un temps du Japon, à mettre en œuvre des politiques de l'offre qui eurent pour conséquence la mise en place d'un capitalisme financier favorisant les actionnaires.

Pour le second, la Russie, les ex-démocraties populaires, la Chine après 1992, les pays de l'ex-Tiers-Monde, parce qu'ils n'avaient pas le choix pour se moderniser (la Chine) ou pour obtenir une aide parfois problématique (la Russie) voire se rapprocher de l'Union européenne (les ex-démocraties populaires d'Europe) avant une éventuelle adhésion, ou enfin trouver les moyens de se développer par une insertion dans le commerce international (les PED), firent le choix d'intégrer la nouvelle configuration mondiale.

B. Alors que se met en place une véritable multipolarité

Il s'agit de la mise en place d'un ordre nouveau dans lequel les centres de décision se démultiplient et où les acteurs locaux gagnent en autonomie, autorisant la résurgence de la géopolitique et la « revanche de la géographie » (R. Kaplan). Il s'agit d'un cadre dans lequel les grandes institutions internationales ont perdu de leur visibilité que ce soit le FMI, le GATT enlisé dans l'Uruguay round (1986-1994), ou encore l'ONU qui connaît des fiascos au début des années 1990 avec le déclenchement des guerres en Yougoslavie ou l'échec de l'opération Restore Hope en Somalie en 1992-1993... sans même évoquer les impasses au Proche-Orient (Palestine, Syrie, Liban). De nouveaux débats globaux (le développement durable au Sommet de la terre à Rio en 1990) mais aussi de nouveaux acteurs prennent alors de l'importance à l'échelle mondiale. Des lieux de concertation s'inventent (émergence du G7-G8 entre 1975 et les années 1990, de l'OMC au milieu des années 1990) et popularisent (après 1975) le terme de gouvernance. Le terrorisme moyen-oriental entre enfin en scène lorsque, en septembre 1972 un commando du Fatah massacre 9 athlètes israéliens aux J. O. de Munich.

Conclusion

Aucun des événements de la séquence 1973-1979 n'est vraiment inopiné et, tous, parce qu'ils étaient annoncés, ont des prémices dans la période antérieure.

Il n'en reste pas moins que la période est fondatrice de l'actuelle modernité avec la destruction progressive de l'ordre international post-Seconde Guerre mondiale, le début des difficultés économiques des PDEM qui désormais vivent au-dessus de leurs moyens, les ratés de la puissance américaine, une porosité croissante des frontières qui a pour corollaire le retour des nationalismes, l'effervescence du monde arabe entre Irak et Afghanistan avec l'Iran pour épicentre, le retour de nouvelles formes de terrorisme…

Un monde qui devient de plus impossible pour quiconque, État ou directoire de puissances, de gérer…

Oral

Le libéralisme est-il mort ? (1970-1990)

Introduction

Le libéralisme, né en Angleterre à la fin du XVIIe siècle, est une doctrine qui dans sa conception politique vise à restreindre les pouvoirs de l'État face aux libertés individuelles, et dans le champ économique privilégie l'interaction des actions individuelles en faveur de l'intérêt général. Les années 1930 lui avaient déjà porté un coup sévère alors que la réorganisation du monde après 1945 a privilégié un certain dirigisme au nom du bien-être collectif. Était-il pour autant mort dans les PDEM ? Qu'en advient-il à l'occasion des années 1970 et 1980 marquées par les chocs pétroliers et les difficultés qui se sont ensuivies ?

I. Le libéralisme, qui n'avait pas disparu, a connu une résurgence qui a précédé les chocs pétroliers

A. Le libéralisme n'a pas disparu à l'occasion des « Trente Glorieuses »...

J.M. Keynes n'est ni anticapitaliste ni antilibéral, même s'il réfute la loi de Say. Il existe d'ailleurs une lecture de Keynes classique (cf. Samuelson) qui en fait un néoclassique s'inscrivant dans le prolongement de Walras. De plus, le courant néoclassique n'a pas disparu au cours de la période : *La Route de la servitude* de F. Hayek date de 1944 et *Capitalisme et liberté* de Milton Friedman de 1962.

B. Le libéralisme a connu un renouveau dans le champ du sociétal

Les PDEM connaissent, au cours des années 1960 dans le contexte de la société de consommation, une aspiration à plus de libertés individuelles qui se manifeste lors de la crise de mai 1968 ou encore avec l'essor du parti libertarien aux États-Unis (fondé en 1971), les revendications féministes ou homosexuelles avec une première marche qui a lieu en Allemagne en 1972.

II. Le libéralisme s'épanouit dans le champ de l'économie mais pas uniquement

A. La stagflation redonne du crédit au monétarisme et à toute l'économie libérale

L'incapacité de lutter contre le chômage et l'inflation conduit de façon pragmatique à la reconnaissance des travaux de M. Friedman qui reçoit le Prix Nobel d'économie en 1976. Dans son sillage, la théorie de l'offre ou la théorie des anticipations rationnelles retrouvrent une réelle crédibilité.

B. Alors qu'un libéralisme fortement teinté de néoconservatisme trouve aussi un écho dans le domaine du politique

Si le concept de neoconservatisme date de 1973 (Mickael Harrington), il connaît le succès dans les années 1980. Connu pour ses postures de politique étrangère, il se décline aussi dans le domaine social. Contre le relativisme et le laxisme, il prône l'idée que les devoirs sont le corollaire des droits, et refuse pêle-mêle l'impôt, la contestation, le féminisme...

III. Le libéralisme triomphe, apparemment, dans la décennie 1980

A. Un succès généralisé dans la décennie 1980

Au-delà du Royaume-Uni de Mme Thatcher (1979-1990) ou des États-Unis de Ronald Reagan (1981-1989), tous les PDEM adhèrent plus ou moins à des idées libérales qui gagnent aussi le camp socialiste. La France de F. Mitterrand est conduite, elle aussi, à accepter les privatisations, à déréglementer le secteur financier, à abandonner *de facto* la planification…

B. Ce succès n'exclut ni les corrections ni le pragmatisme

R. Reagan a mis en œuvre au cours de mandat (relance budgétaire, assouplissement de la politique monétaire) des ressorts keynésiens. De même, les économistes libéraux, en raison des effets parfois désastreux des politiques néolibérales, ont été conduits à les revisiter (cf. Paul Romer et la théorie de la croissance endogène), alors que bientôt les alternances (Bill Clinton après 1993, Tony Blair après 1997) vont redonner quelque lustre à l'intervention de l'État.

Les partis libéraux traditionnels avaient, au début des années 1970, quasiment disparu ou été réduits à une force d'appoint (parti libéral allemand) au profit d'une bipolarisation entre conservateurs et progressistes.

Conclusion

Le libéralisme économique, adopté un peu par défaut par les partis conservateurs avant de l'être plus tard par les partis sociaux-démocrates, a connu un regain de faveur dans les années 1980, entrant parfois en opposition avec un libéralisme sociétal alors en passe de devenir, lui, le marqueur des partis progressistes.

Chapitre 8
De l'internationalisation à la mondialisation des productions et des échanges

Michel Nazet

La mondialisation est un phénomène multidimensionnel (dans lequel) trois configurations idéales peuvent être distinguées : la configuration inter-nationale, la configuration multi-nationale, la configuration globale.

Charles-Albert Michelet, Qu'est-ce que la mondialisation ?, La Découverte, 2002.

◆ Dates clés

- **1944** Conférence de Bretton Woods
- **1947** Signature des accords du GATT par 23 pays
- **1958** Création de la première zone franche industrielle à Shannon (Irlande)
- **1971** Le président Nixon met fin le 15 août à la convertibilité du dollar en or
- **1976** Les Accords de la Jamaïque entérinent la fin de l'étalon or et du système de parités fixes
- 1979 Création des 4 premières zones économiques spéciales en Chine
- **1982** Défaut de paiement du Mexique
- **1986** Libéralisation des marchés financiers britanniques (Big Bang)
- **1989** Formulation du Consensus de Washington par J. Williamson
  Adoption d'une « thérapie de choc » en Pologne
- **1991-1993** Mise en place du World Wide Web
- **1992** 8e session de la CNUCED à Carthagène
- **1995** Création de l'OMC par les 128 pays membres du GATT

◆ Chiffres clés

La croissance des exportations mondiales des années 1950 au début des années 1990 (en milliards de dollars et en indice)

	1955	1963	1975	1980	1990
Valeur	94	157	887	2 032	3 480
Indice	100	167	9 436	21 617	37 021

Source : CNUCED

◆ Croquis de synthèse

L'état de la mondialisation au début des années 1990

L'état de la mondialisation au début des années 1990

I- La mondialisation, héritage de la période antérieure...

1- Une matrice qui remonte au XIXe siècle...

EUROPE -Pôle européen de la 1e et 2e Révolution industrielle

AMERIQUE DU N -Pôle américain de la 2e Révolution industrielle

AUSTRALIE -Pôle occidental plus éloigné

JAPON -Pôle japonais consécutif à l'ère Meiji

2- ... et explicite la localisation des principaux lieux organisateurs de la mondialisation

FMI ▲ -Institution régulatrice de l'internationalisation puis de la mondialisation

• -Principaux centres de la finance internationale

II- ... mais aussi en raison d'une extension récente et considérable du capitalisme...

1- Par l'adoption du modèle japonais en Asie

Taiwan - Dragons asiatiques de la 1e génération (1950-1960)

Malaisie - Tigres de la 2e génération (années 1980)

2- Par les adaptations du socialisme réel

CHINE -La République populaire de Chine dès la fin des années 1970

URSS -L'URSS et les démocraties populaires à la fin des années 1980

INDE -L'Inde après 1991

3- Par une conversion *volens nolens* de l'Amérique latine

CHILI - Derrière le Chili après 1973...

MEXIQUE - ... puis le Mexique après 1982...

PEROU - ...de nombreux États d'Amérique latine se convertissent au libéralisme ambiant

-

III- ... donne lieu à une interconnection croissante des espaces

1- Les trois pôles de la Triade polarisent les échanges...

EU -Pôle américain

UE -Pôle européen

ASIE ORIENTALE -Pôle asiatique

- Relations économiques intenses

2... hiérarchisent autour d'eux des espaces semi-périphériques proches...

- Espaces semi-périphériques dans l'orbite des précédents

- ...dont d'importants producteurs de pétrole

3... alors que la planète comporte encore nombre d'angles morts

-Espaces qui échappent encore à la logique de la mondialisation...

AFRIQUE DU SUD -... en dépit de l'existence de pôles de développement potentiels

Introduction

À l'issue de la Seconde Guerre mondiale, les pays développés, ceux d'Europe en particulier, doivent non seulement se relever des ruines de la Seconde Guerre mondiale mais aussi tirer les leçons des impasses, économiques politiques et stratégiques de la période de l'entre-deux-guerres.

Cette dernière avait en effet été caractérisée par un défaut d'organisation du système international responsable et d'un repli sur soi des États-Unis qui avaient conduit à une fragmentation du monde développé et à la catastrophe finale.

Tirant les leçons de la période, les États-Unis sont, après-guerre, les principaux inspirateurs de la réorganisation du système politique et économique de l'époque avec la naissance de l'ONU et l'émergence de ce que l'on appellera ultérieurement le consensus de Bretton Woods*.

Ce dernier est toutefois, à l'occasion des crises des années 1970, supplanté par un consensus de Washington*, dont l'inspiration néolibérale marque une rupture avec l'économie régulée dans un contexte, celui de la mondialisation*, dans lequel la Chine et la Russie sont intégrées à la sphère capitaliste.

PROBLÉMATIQUES

- ***Quels sont les moteurs de la transformation économique du monde Comment passe-t-on d'une économie administrée (1945) à une économie libérale (1990) ?***
- ***Comment passe-t-on, malgré les crises, de l'internationalisation des échanges à la mondialisation ? Nouveaux flux ou nouveau système ?***

I. Le nouveau système économique international qui se met en place dès 1945 est un système régulé favorable à l'internationalisation de la production et des échanges

A. Le nouveau système repose sur de nouvelles institutions : FMI, BIRD et GATT…

Parce qu'en 1944 les Occidentaux ont pris conscience que les soubresauts des années 1930 étaient surtout imputables aux dérèglements monétaires, la priorité fut de recréer un ordre monétaire international.

Conséquence de l'incontestable primauté politique et économique des États-Unis, lors de la conférence de Bretton Woods (juillet 1944) légèrement antérieure à l'organisation des Nations unies (1945), la thèse américaine l'emporta de façon pragmatique sur le plan Keynes (Royaume-Uni) qui prévoyait la création d'une monnaie internationale nouvelle, le Bancor.

Elle se traduisit alors par deux décisions essentielles : l'adoption de taux de change fixes mais ajustables centrés sur un étalon de change or et la création de deux organisations internationales : le Fonds monétaire international (FMI) et la Banque internationale pour la reconstruction et le développement (BIRD) qui deviendra plus tard la Banque mondiale.

Pour l'essentiel, chaque État devait déclarer la parité de sa monnaie en termes d'or ou de dollar des États-Unis du poids et du titre en vigueur le 1er juillet 1944 (888,671 mg d'or pour un dollar) et s'engageait, par le moyen de sa banque centrale, à défendre sa monnaie chaque fois qu'un taux sur le marché tendrait à s'en écarter de + ou –1 %.

Le FMI, où les États membres étaient représentés de façon proportionnelle à leur quote-part versée était chargé de la police du dispositif : il donnait son accord pour les dévaluations, accordait des prêts pour les déficits courants transitoires.

La BIRD, dont les membres étaient obligatoirement membres du FMI, était chargée d'accorder des crédits pour financer des projets rentables de développements (transports, énergie, industries de base…).

À Bretton Woods avait été également prévue la création d'une Organisation internationale du commerce (OIC) afin d'éviter les errements protectionnistes de la période 1930-1940.

En raison des difficultés de l'époque (restrictions, nécessité de reconstruire les économies nationales) le projet échoua et les pays concernés se rabattirent sur un accord provisoire, l'Accord général sur les tarifs douaniers et le commerce (ou GATT), qui entendait œuvrer à leur baisse. Institution où l'on prenait les décisions par consensus et dont le siège était à Genève. Sa mission consista à libéraliser le commerce international à partir d'un petit nombre de principes que les contractants s'engageaient à respecter : interdiction de toute pratique discriminatoire, lutte contre le protectionnisme, engagement de se concerter régulièrement pour baisser les droits de douane.

Réunions et grands cycles de négociation du GATT

Lieu appellation	Années	Pays participants	Domaines couverts	Résultats
Genève	1948	23	Droits de douane	45 000 concessions tarifaires.
Annecy	1949	13	Droits de douane	Nouvelles concessions
Torquay	1951	38	Droits de douane.	Nouvelles concessions.
Dillon Round	1960-1961	26	Droits de douane.	Nouvelles concessions
Kennedy Round	1964-1967	62	Droits de douane. Barrières non tarifaires.	Réduction en moyenne de 35 % sur les droits de douane des produits industriels et de 20 % sur les produits agricoles Accord antidumping
Tokyo Round	1973-1979	102	Droits de douane. Barrières non tarifaires.	Droits de douane ramenés en moyenne à 4. 7 % pour les produits industriels Adoption de plusieurs Codes sur les obstacles non tarifaires
Uruguay Round	1986-1994	123	Examen des problèmes en suspens. Réforme du commerce des produits sensibles (agriculture, textiles). Ouverture du commerce des services. Question de la propriété intellectuelle.	Adoption d'un calendrier pour de nouvelles discussions sur la plupart des sujets en examen. Création de l'OMC.

Source : Site de l'OMC, Les années GATT : de La Havane à Marrakech

B. Le système repose aussi sur l'organisation d'un capitalisme à la fois régulé et de plus en plus oligopolistique

Après 1945, se mit en place, à l'heure du welfare state*, un véritable « capitalisme réglementaire » au sein des pays développés.

L'État devint organisateur dans le domaine économique (planification, aménagement du territoire), il pouvait conduire des politiques structurelles (par un vaste secteur public préexistant ou créé par la politique des « champions nationaux »* en France à l'époque du général de Gaulle) et conjoncturelles (policy mix) afin de parvenir au plein-emploi et à la plus forte croissance possible dans le respect d'une faible inflation et de l'équilibre de la balance des paiements (le carré magique de Kaldor).

En parallèle, la période fut aussi caractérisée par l'extension d'un modèle américain reposant sur le tayloro-fordisme et l'adoption d'un nouveau capitalisme managérial faisant la part belle à une technostructure (J.K. Galbraith, *Le nouvel État industriel*, 1967) désormais composée de cadres supérieurs salariés formés dans les universités et dont la finalité première était de promouvoir la croissance de leur entreprise par l'innovation, le marketing et la publicité.

Ces mutations, théorisées par les analyses de Robert Mundell (*International Trade and Factor Mobility*, 1957) puis de Paul Krugman et E. Helpman (*Market Structure and Foreign Trade*, 1985) favorisèrent la poursuite de la concentration des entreprises, qu'elles se consacrent à une production spécialisée ou à des activités diversifiées (conglomérat).

Outre l'ouverture commerciale, cette évolution fut aussi favorisée par l'intensification des flux des investissements directs extérieurs (IDE) d'abord américains puis européens, voire japonais (Toyota) ou français (Péchiney, L'Oréal) en fin de période : inférieurs à 100 millions de dollars par an à la fin des années 1940, ils atteignaient les 700 millions par an dans la 1ère moitié des années 1950, puis 2 milliards en 1956, 3,5 milliards en 1965, 5 milliards en 1968, 13 milliards en 1973. À l'heure de ce qui représentait pour Jean-Jacques Servan-Schreiber un véritable *Défi américain* (1968), les IDE américains à la fin des années 1960 dépassaient les 90 milliards de dollars et les FMN américaines, outre le Canada, l'Amérique latine ou le Moyen-Orient (hydrocarbures) devinrent de plus en plus présentes en Europe (33 % du total), que ce soit dans l'automobile, les industries de pointe… et commencèrent aussi à gagner l'Asie (en particulier les pays à zones franches).

II. Il se traduisit par une progression spectaculaire des échanges de toutes natures avant que sa remise en cause n'ait des effets ambivalents sur ces derniers

A. Une progression spectaculaire des échanges de toutes natures

Entre 1948 et 1974, la production en volume augmenta à l'échelle mondiale de +4 % par an, alors que les échanges internationaux augmentaient de 7,5 % avec une accélération en fin de période puisque le rythme, qui était de 6 % entre 1948 et 1960, passa à 8,8 % par an entre 1960 et 1973…

Leur flux et leur nature se transformèrent aussi avec des effets régionaux inégaux.

Variation de la composition des exportations mondiales entre les années 1960 et 1990 (en % du total)

	1963	1973	1978	1980	1985	1990
Produits agricoles	29	21	16	15	14	12
Produits minéraux	16	17	21	29	22	14
Produits manufacturés	52	61	60	55	62	70

D'après Michel Rainelli, Le commerce international, La Découverte, 2015.

Ainsi, alors que la part des produits agricoles tendit à baisser entre 1963 et 1973 en raison de l'auto-suffisance agricole nouvelle de l'Europe ou de celle de certains pays en voie de développement comme l'Inde, celle des minerais et des produits manufacturés augmentait en raison de l'industrialisation de nombre de PED ou de l'augmentation constante de la demande dans les pays développés.

De façon générale, étaient en baisse les produits sidérurgiques et textiles (produits déjà anciens) alors qu'étaient en hausse ceux de l'électromécanique et de la chimie… et de façon plus spécifique l'automobile et les produits de la nouvelle révolution industrielle (plastiques, optiques, informatiques)…

Les effets régionaux étaient tout autant sensibles : nombre de PED s'industrialisèrent, que ce soit en Amérique latine (Brésil) et surtout en Asie avec l'essor économique du Japon et des NPIA.

Le phénomène toucha lui aussi progressivement les pays socialistes lorsque, après 1962, la guerre froide laissa la place à la coexistence pacifique et que ces pays échangèrent de façon croissante des hydrocarbures contre les biens d'équipement qui leur faisaient défaut pour se moderniser.

Seuls restaient encore à l'écart nombre de PED qui, dépendants du cours des matières premières, bas jusqu'au début des années 1970, rencontraient des difficultés pour s'industrialiser.

C'est au cours de cette période que se mit en place la Triade* (Kenichi Ohmae, *Triad Power, The Coming Shape of Global Competition*, 1985). De fait, les États-Unis, l'Europe occidentale et l'Asie orientale (20 % de la population mondiale) produisaient 80 % du PIB mondial, contrôlaient les ¾ des firmes transnationales et 60 % du stock d'IDE, la plupart des secteurs stratégiques comme l'aéronautique, l'automobile, l'agroalimentaire ou l'industrie pétrolière (en fait 70 % de l'industrie mondiale). Ils alimentaient aussi l'essentiel (70 %) d'un commerce international représentant à l'époque 11 % de la richesse mondiale.

B. Un système déréglé et de plus en plus asymétrique

La dérégulation du système fut surtout une conséquence des défauts constitutifs de l'organisation économique de l'après-guerre, des dérives américaines et des problèmes intrinsèques du modèle fordiste.

Le système monétaire international avait permis après-guerre, au prix de dévaluations massives des monnaies européennes, de favoriser dans le prolongement du plan Marshall (1948-1952) les exportations américaines et le relèvement des économies européennes. Toutefois, en donnant une place centrale au dollar, il donnait un véritable « droit de seigneuriage » monétaire aux États-Unis qui pouvaient ainsi financer le « déficit sans pleurs » (Jacques Rueff) de leur balance des paiements courants. La domination du dollar reposait aussi sur le dilemme dit de Triffin. Selon ce dernier, les accords de Bretton Woods ne pouvaient vraiment fonctionner que si les États-Unis, au prix justement d'un déficit de leur balance, devenu structurel après 1971, créaient suffisamment de monnaie pour alimenter la croissance et les échanges au prix d'une baisse de la valeur de leur monnaie entraînant des demandes de remboursement en or.

Ce fut effectivement ce qui se passa et contraignit en deux temps (août 1971, février 1973) les États-Unis à mettre fin à la parité dollar-or remplacée par un système de changes flottants et de le faire entériner par leurs partenaires lors des Accords de la Jamaïque en 1976.

En ce qui le concerne, le GATT (102 pays lors du Tokyo round entre 1973 et 1979) a, au cours de la même période, contribué à l'établissement d'un système commercial multilatéral solide et de plus en plus libéral au fil des rounds qui ont ponctué son histoire. Lui aussi a cependant rencontré des problèmes en fin de période en raison de son mode de gouvernance qui le conduisit à multiplier le nombre de codes ou les exceptions comme dans les domaines de l'agriculture ou du textile (accords multifibres entre 1974 et 2004) alors que les échanges mondiaux changeaient de nature en concernant de plus en plus les services et les IDE non couverts par l'organisation. Ces impasses du GATT conduisirent à son remplacement par l'Organisation mondiale du commerce (OMC) en 1994 sans que, depuis, celle-ci ne solutionne d'avantage les problèmes rencontrés par sa devancière.

Les États occidentaux avaient par ailleurs adopté un modèle de croissance fordiste qui reposait à la fois dans les entreprises sur un fort investissement et un travail à la chaîne qui autorisait une forte productivité et alimentait à la fois des profits et des salaires élevés. Au cours des décennies 1960 et 1970, la baisse de la demande en raison d'une saturation relative en biens manufacturés soumis par ailleurs à la concurrence croissante de pays à plus faible coût de main-d'œuvre, la remise en cause de la discipline du travail à la chaîne furent à l'origine d'une baisse de la demande finale (consommation et investissement), de la production, du taux de profit alors que les salaires, protégés par des systèmes d'échelle mobile restaient stables au détriment des profits, de l'autofinancement, de l'endettement des entreprises.

C. Un cadre de plus en plus concurrentiel, à l'origine des difficultés de la fin de la période

Parce que les accords du GATT avaient considérablement réduit les droits de douane à l'issue du Kennedy Round (1963-1967) et du Tokyo Round (1973-1979) à 4,7 % *ad valorem* (en moyenne) des produits manufacturés, la concurrence internationale n'avait jamais été aussi forte et les taux d'ouverture des économies occidentales aussi élevées : encore de 5 % pour les États-Unis ou de 8 % pour le Japon mais de 15 % pour le Royaume-Uni ou la France et de 20 % pour l'Allemagne… alors que dans le même temps les Dragons asiatiques, qui représentaient cependant moins de 10 % des échanges internationaux, exportaient leur production textile, mécanique, électrique et électronique et déjà leurs produits sidérurgiques ou pétrochimiques vers les pays développés, provoquant la restructuration de ces secteurs.

C'est ainsi sur fond de tensions commerciales et monétaires que se produisirent les chocs pétroliers de 1973 et 1979 qui provoquèrent une forte dégradation des soldes extérieurs des pays développés à économie de marché, une forte inflation (13,4 % en moyenne) devenue désormais contre-productive en raison de la contrainte extérieure ainsi qu'une forte baisse de la croissance, divisée par deux, accompagnée d'une hausse du taux de chômage qui dépassa rapidement les 5 % dans les pays de l'OCDE à l'exception de l'Allemagne (3 %) et du Japon (2,3 %), avant d'atteindre les 10 % au début des années 1980.

Dans ces pays, les policy mix héritées du keynésianisme ne permirent pas de remédier à ces difficultés : les politiques de relance traditionnelle se traduisirent par de l'inflation, du déficit budgétaire et du déficit commercial supplémentaires, donc un endettement croissant sans résoudre les problèmes.

Dans ce contexte, la production de biens et de services, ainsi que le commerce international stagnaient. Le PIB réel retrouva un trend séculaire de 2 à 3 % avec des irrégularités, il chuta ainsi entre 1 et 3 % entre 1974 et 1975, 1979 et 1984, 1989-1993. Alors qu'à quelques exceptions près, comme entre 1981 et 1983, le taux de croissance du commerce international évoluait dans une marge entre 5 et 9 %.

III. Une mondialisation loin de résoudre tous les problèmes posés dans les années 1990

A. La montée en puissance des flux financiers

Sont généralement évoqués comme facteurs de la mondialisation la régionalisation croissante de l'économie mondiale, les effets d'une nouvelle révolution des transports, la montée en puissance des flux financiers.

Si la régionalisation s'étendit avec la mise en place du marché commun (après 1957) et de l'Union européenne (1992), du MERCOSUR (1991) et de l'ALENA (après 1994), ses effets sur le commerce mondial sont discutables. Nombre d'économistes libéraux récusent par exemple la notion d'optimum de *second belt* dans la mesure où pour eux il s'agit d'un protectionnisme à échelle interétatique révélateur des carences du multilatéralisme.

De même, les progrès des NTIC*, à l'image de l'INTERNET, ou des transports dans le prolongement de la période précédente accompagnèrent sans doute autant les transformations en cours qu'ils n'en étaient la cause immédiate (la conteneurisation date par exemple des années 1960…).

Les transformations de la sphère financière se révélèrent par contre essentielles.

En effet, alors que la plupart des pays développés avaient des besoins de financement croissants, de nouveaux acteurs disposaient désormais de fonds alimentés par le commerce des hydrocarbures (les pays pétroliers après 1973 et 1979) ou des excédents de leur balance des paiements* (Japon).

À titre d'exemple, le stock des pétrodollars des pays de l'OPEP de l'ordre de 360 Md de dollars au début des années 1980 obéit à la répartition suivante : 5 % en contributions aux diverses organisations internationales FMI et Banque mondiale 15 % en prêts aux PED, 40 % en placements (immobilier, achat de titres) dans les pays de l'OCDE, 40 % en dépôts en liquide dans des institutions bancaires. Un pays comme le Japon a, quant à lui, des excédents commerciaux qui au cours des années 1970 et jusqu'au milieu des années 1980, et à l'exception des années 1973-1974 et 1979-1980, représentent en moyenne 2 % de son PIB.

Au total, ces pays étaient en capacité de mobiliser des sommes considérables et cherchaient les marchés qui offrent les meilleurs rendements, transformant désormais la monnaie en un bien qui obéissait aux mêmes lois que les autres. Ces capitaux spéculatifs représentaient désormais une masse énorme détenue par divers fonds, publics ou privés, ainsi que par des eurobanques qui les convertissaient en prêts aux pays développés, en placements de capitaux sur les bourses occidentales… le Japon, créancier net depuis 1972, devint ainsi le premier pays créditeur net mondial en 1985.

B. Une logique de libéralisation des échanges

Les impasses du keynésianisme et des politiques de régulation de la période précédente furent à l'origine de la résurgence d'un renouveau des théories libérales avec une floraison de courants néoclassiques qui n'avaient pas disparu mais redeviennent d'actualité : tenants de la politique de l'offre (George Gilder, Arthur Laffer), du monétarisme avec l'école de Chicago et Milton Friedman (prix Nobel d'économie en 1976), des anticipations rationnelles (Thomas Sargent, Robert Lucas, John Muth). Tous critiquaient la théorie keynésienne, inutile, et l'interventionnisme étatique ainsi que les politiques budgétaires, monétaires, sociales qui ont été conduites pendant la période précédente. Ils prônaient le retour à un libéralisme fondé sur la loi de l'offre et de la demande qui favorisait l'esprit d'entreprise créateur de richesses ainsi que la compétitivité économique. Ils contestaient aussi l'existence de services publics jugés trop lourds et budgétivores. *A contrario*, ils s'opposaient aux prélèvements fiscaux jugés excessifs et contre-productifs (courbe de Laffer), ainsi qu'aux excès de réglementation qui freinaient le développement des entreprises et de l'emploi.

Ces théories inspirèrent les révolutions conservatrices des années 1980 avec l'arrivée au pouvoir de Margaret Thatcher au Royaume-Uni (1979-1990) et de Ronald Reagan aux États-Unis (1980-1988). La première en particulier conduisit une politique monétaire très restrictive, des privatisations, une dérégulation de l'économie britannique, une politique anti-syndicale agressive.

À l'échelle internationale, elles conduisirent à la réorganisation des marchés financiers et à une refonte du système international qui allait autoriser le redémarrage d'une mondialisation amorcée à la fin du XIXe siècle.

Le Big Bang londonien qui devait bientôt gagner, par effet de contagion, toute la sphère financière planétaire marqua l'abandon de toutes les règles qui assuraient depuis les années 1930 le contrôle des mouvements de capitaux et les opérations financières et qui furent supplantées par les trois D : Dérèglementation, Décloisonnement, Désintermédiation (H. Bourguignat).

La première conduisit à une libéralisation monétaire et financière qui instituait une concurrence entre les intervenants à l'échelle nationale et internationale.

Le second supprimait les barrières entre les fonctions financières et les marchés (change, actions, crédit…).

La troisième ouvrait les marchés à des acteurs nouveaux (les investisseurs institutionnels ou « zinzins ») en supprimant les intermédiaires.

Des innovations multiplièrent les produits nouveaux (options négociables, contrats à termes, marchés des *futures*). Les formidables progrès dans le domaine des nouvelles technologies de l'information et de la communication (NTIC) autorisèrent également la connectivité des places financières du monde dans l'immédiateté comme dans la durée.

C. La diffusion d'un capitalisme planétaire

Les économies socialistes qui avaient pu faire la démonstration des impasses du système aussi bien dans les démocraties populaires* qu'en Russie (réformes conduites par N. Khrouchtchev dans la seconde moitié des années 1950, réforme Liberman* de 1965) qu'en Chine (Grand Bond en avant en 1958-1960, révolution culturelle en 1966-1976), se libéralisèrent alors que les pays en développement durent eux aussi s'insérer dans le processus d'internationalisation de l'économie.

Le capitalisme gagna ainsi rapidement les économies socialistes et les économies en développement.

En Chine, après la mort de Mao (1976) et l'arrivée aux responsabilités de Deng Xiaoping (1978), la modernisation du pays (les quatre modernisations) et son intégration internationale furent esquissées (avant d'être approfondies après 1992). Entre 1980 et 1984, la planification fut réformée dans le cadre d'un socialisme de marché qui donnait une place aux entreprises privées, les communes populaires étaient démantelées. La principale innovation consista toutefois à créer des zones franches littorales, les zones économiques spéciales (1980), afin d'attirer les investissements étrangers (les FMN américaines et asiatiques), de faciliter les transferts de technologie, d'accumuler les devises indispensables à la modernisation du pays. Dans l'est de l'Europe, un schéma de transition vers l'économie de marché fut mis en place en Pologne en 1989, puis étendu en 1990 à la Tchécoslovaquie, la Bulgarie, la

Yougoslavie, la Roumanie. Partout il s'agissait de stabiliser l'économie par des politiques budgétaires restrictives et des politiques monétaires de type monétariste en même temps qu'on introduisait des réformes structurelles qui visaient à créer une économie de marché. Après l'échec de la perestroïka (1985-1991) en URSS, cette « thérapie de choc » inspira aussi B. Eltsine en Russie.

Nombre de PED quant à eux, influencés par les analyses tiers-mondistes (Raul Prebish, Samir Amin) avaient pratiqué des politiques de déconnexion de la sphère capitaliste en limitant leurs échanges avec le Sud ou mené une politique peu favorable aux FMN par des nationalisations (secteur minier et hydrocarbures) ou en limitant, comme ce fut le cas en Amérique latine, leur poids dans les économies locales. Ils réclamaient aussi, comme lors de la conférence d'Alger en 1974, la mise en place d'un Nouvel ordre économique international* (NOEI) qui leur soit plus favorable. La conférence de Cancun en 1981 en fut le chant du cygne, et l'échec du modèle socialiste ainsi que leur endettement croissant les conduisit eux aussi à adopter des politiques libérales dans le cadre du Consensus de Washington. Signe des temps, la Conférence de la CNUCED qui se tint en 1992 à Carthagène (Colombie) privilégia désormais leur insertion dans le commerce international.

Institutions et plates-formes de la régulation financière internationale au début des années 1990

Institution et/ou acronyme	Origine	Activité
Fonds monétaire international (FMI)	1944 : Accords de Bretton Woods	Régulation, allocations monétaires et financières aux États en difficulté.
Banque des règlements internationaux (BRI)	1930 : Créée dans le cadre du plan Young.	Coopération des banques centrales. Centralise la collecte des données statistiques sur l'activité bancaire et les marchés financiers.
G10	1962	Forum de collaboration de 11 banques centrales occidentales plus le Japon. Fournit des recettes complémentaires au FMI
G7/G8	1975 : Sommet de Rambouillet	Initialement organe de coordination des politiques macro-économiques des pays les plus industrialisés, il est devenu un forum informel.
Groupe des 20 G20	1999 : Création en marge du G7 tenu à Washington	Concertation internationale dans un cadre plus large que le G7 comprenant de nombreux émergents.
Club de Paris	1956 : Création dans le cadre de la négociation de la dette argentine.	Groupement informel de pays industrialisés créanciers qui procède aux allègements de la dette souveraine des PED.
Club de Londres	1976 : Réunion pour tenter de résoudre les problèmes du Zaïre.	Groupe informel de banques créancières qui examine le rééchelonnement des prêts d'origine privés aux PED.

Conclusion

La période 1945-1990 a connu un extraordinaire essor de la production et des échanges en raison, après la Seconde Guerre mondiale, d'une internationalisation* qui a débouché de façon presque naturelle sur mondialisation. Ainsi, selon les statistiques du commerce international 2012 de l'OMC, alors le PIB mondial s'accroissait en indice de près de 40 %

entre 1990 et le début des années 2010, les exportations s'accroissaient de près de 300 % (indice valeur). De façon plus étonnante, si l'on excepte la Chine (10,5 % des exportations mondiales) et la Corée (3 %), les principaux exportateurs de marchandises restaient les États-Unis (8,2 %), l'Allemagne (8,2), le Japon (4,5 %), les Pays-Bas (4 %) et la France (3,5 %).

◆ IDÉE REÇUE

La mondialisation triomphante, un éternel retour ?

Le discours dominant tend à faire de la mondialisation un phénomène naturel amorcé par la découverte de l'Amérique avant de gagner en puissance à la fin du XIXe. Contrarié ensuite par les étatistes entre la fin de la Première Guerre mondiale et les années 1970, il aurait retrouvé son cours inévitable dans les années 1980. Si le décloisonnement du monde depuis le XVe siècle est une réalité (cf. J.-M. Sallman, *Le grand désenclavement du monde*, Payot, 2011), les historiens et les anthropologues (cf. en particulier Karl Polanyi, *La Grande Transformation*, 1944) ont montré qu'il s'agissait surtout de la victoire d'une construction théorique, celle du libéralisme initiée par Adam Smith, qui a certes triomphé lors de la Révolution industrielle mais s'accorde assez mal à la réalité. La nouvelle eschatologie, selon laquelle elle tendrait aujourd'hui à unifier la terre (cf. Thomas Friedman, *La terre est plate, Une brève histoire du XXIe siècle*, 2006) par les effets du « doux commerce », est en particulier démenti par les évolutions géopolitiques actuelles (résurgence du phénomène de puissance, retour du bilatéralisme...) qui témoignent de sa multipolarité croissante.
En 1998, A. Minc célébrait une « mondialisation humaine », par le recul de la pauvreté (mais le maintien des inégalités ?), l'émergence de nouvelles puissances (mais le maintien d'une triadisation de l'économie ?), et une nouvelle gouvernance mondiale (mais le maintien de la puissance des grands pays industrialisés ?).

◆ LIEUX DE LA GÉOPOLITIQUE

New York, épicentre de la mondialisation des années 1970

L'histoire de New York est le reflet de l'histoire économique de la période.
Si elle n'abrite ni le FMI (Washington), ni le GATT (Genève), la ville, suite à un don de Rockfeller de 8,5 millions de dollars complété par une aide de la ville, accueille le siège de l'ONU depuis 1951. Dans les années 1950, le port de New York, 1er port du monde entre 1900 et les années 1950-1960 est à son apogée mais le transit de conteneurs commence déjà à se déplacer vers le port de Newark, et ses activités déclinent fortement au cours des années 1960-1970, au point de ne conserver que des activités résiduelles (Brooklyn, Red Hook, Staten Island) alors que les chantiers navals de Navy Yard ferment dès 1966, laissant la place aux friches industrielles dans un contexte où la ville perd en quelques années 700 000 emplois. New York en faillite doit son salut financier à G. Ford (1974-1977) qui autorise le Trésor à injecter dans le budget municipal 2,3 milliards de dollars par an pendant trois ans.
La ville va ensuite rebondir avec la financiarisation de son économie (Stock Exchange, NASDAQ après 1971) dont témoigne aussi l'inauguration du World Trade Centre (Lower Manahattan) le 4 avril 1973. Elle va lui permettre de dépasser Londres en 1990 pour l'ensemble des activités bancaires et financières, alors que le nouveau capitalisme mondialisé va contribuer à la reconquête des espaces délaissés proches des anciennes infrastructures portuaires. Signe des temps, New York est désormais alimentée en

informations 24/24 par le téléport de Richmond alors que son port n'est plus qu'au 34e rang mondial.

Tokyo, première étape du basculement asiatique

L'histoire de Tokyo pendant la période de référence est également emblématique des évolutions de la période.. L'organisation actuelle, fusion de la préfecture et de la ville, date de 1947 alors que la physionomie actuelle de la ville lui est postérieure.

Si les jeux olympiques d'été de 1964 ont été l'occasion de la construction de très nombreuses infrastructures autoroutières et de moyens de transport, c'est surtout dans les années 1960-1990 que la ville connaît un extraordinaire développement ainsi que des modifications sensibles. L'hyper-centre (Marunouchi, quartier de la gare, Ôtemachi) est complètement rénové provoquant un évidement du centre et l'étalement urbain. En raison du rôle de plate-forme exportatrice de la ville, l'ensemble portuaire de la zone urbaine de Tokyo (Chiba, Yokohama, Kawazaki) devient le 1er du monde, alors que la baie elle-même est poldérisée et que les terre-pleins à vocation industrielle ou tertiaire s'y multiplient. Également témoin du développement de Tokyo, l'aéroport Tokyo-Haneda, malgré son extension des années 1970, est supplanté par Tokyo-Narita après 1978.

Profitant des extraordinaires excédents commerciaux du Japon, la ville, la seule à avoir donné dans les années 1980 son nom à un round du GATT, accélère sa concentration financière et tertiaire, abrite alors les 10 ères banques mondiales et les principales maisons de titres (Nomura Securities, Yamaichi, Sanyo Securities). Sa bourse, le Kabuto-cho, devient même en 1988 la première place financière du monde avant que l'éclatement de la bulle financière de la fin décembre 1989 ne plonge le Japon dans une longue spirale dépressive, même si Tokyo accueille encore le G7 en 1993.

Bibliographie sélective

Lecture indispensable

Charles Albert Michalet, Qu'est-ce que la mondialisation*, La Découverte, 2002. Un ouvrage à caractère théorique qui conserve tout son intérêt. Il traite non seulement de l'historique de la période de référence mais aussi de sa contextualisation (notion d'économie monde, relation avec l'évolution des États nations, phénomène d'ouverture des économies...) ou encore du caractère multidimensionnel du phénomène de mondialisation. La conclusion (en particulier sur les conséquences de l'intensification des flux migratoires) rend compte à elle seule de l'actualité de l'ouvrage.*

Ouvrages

Wladimir Andreff, *Les multinationales globales*, Repères, La Découverte, 2003.
Jean Charles Asselain, *Histoire économique du XXe siècle*, Presses de Sciences Po, Dalloz, 1997.
Laurent Carroué, *Géographie de la mondialisation*, Armand Colin, 2007 (3e édition).
Jean-Christophe Graz, *La gouvernance de la mondialisation*, Repères, La Découverte, 2013.
Michel Rainelli, *Le commerce international*, Repères, La Découverte, 2015.
L'organisation mondiale du commerce, Repères, La Découverte, 2011.
Jean-Marc Siroën, *La régionalisation de l'économie mondiale*, Repères, La Découverte, 2004.

Articles

Du GATT à l'OMC : un bilan de 60 ans de libéralisation des échanges, *Qu'est-ce que la mondialisation*, Sylvie Brunel, Dix questions sur la mondialisation, Sciences Humaines n° 180, mars 2007.

Sites internet utiles

Le site du FMI sur imf.org pour *L'Histoire du FMI.*

Le site de l'OMC, www.wto.org/french/, pour *Les années GATT : de La Havane à Marrakech.*

Le site de la CNUCED, unctad.org/fr, *Création de la CNUCED,* présente les efforts de cette organisation pour remédier aux effets asymétriques du commerce international sur les pays en développement.

Dans les salles obscures

Retour vers le futur II, film de Robert Zemeckis, 1989, relate, dans le contexte de 1985, le voyage qui conduit Marty McFly au 21 octobre 2015 dans un monde où le capitalisme japonais est triomphant… Situation évoquée également dans *Soleil levant* de Philip Kaufman en 1993.

Rogue Trader, film de James Dearden (Royaume-Uni), 1999, relate, pour changer de *Wall Street* d'Oliver Stone (1987) l'histoire vraie du trader qui, en 1995, causa l'effondrement de la banque Baring Brothers par des spéculations hasardeuses (achat de produits dérivés d'actions) sur les marchés asiatiques.

Sélection musicale

Taxman, chanson de 1966 des Beatles (album *Revolver*) qui en mettant en scène un receveur des impôts particulièrement zélé, proteste contre le fort taux d'imposition de l'époque (Harold Wilson) au Royaume-Uni.

Money, chanson des Pink Floyd en 1973 (album *Dark Side of The Moon*) énumère : l'argent c'est un carburant, l'argent c'est le pied, l'argent, c'est un crime…

Money, Money, Money d'Abba en 1976, sur une thématique proche.

Everything counts, Depeche Mode, 1983, décrit la corruption et la cupidité des milieux d'affaires.

Commentaire de documents

L'intégration régionale au début des années 1990, un processus irrésistible ?

La carte *Les intégrations régionales en Amérique latine* est due à Cecilia Baeza, *L'Amérique latine, 50 cartes et fiches*, Ellipses, 2010, un ouvrage destiné à un public d'étudiants qui préparent les écoles de commerce. Elle tend à montrer dans sa présentation dépouillée qu'une intégration économique progressive entre les années 1960 a pu préparer l'ambitieuse régionalisation des années 2000.

Est-ce exact et au-delà cette carte permet-elle de mieux appréhender le rôle des organisations régionales dans la mise en place de la mondialisation au cours de la période ?

En premier lieu, la carte fait bien apparaître l'Amérique latine comme un puzzle en cours de constitution depuis les années 1960, avec la recherche d'objectifs qui sont ceux du Marché commun et de la Communauté économique européenne. Sont ainsi mis en place le Marché Commun Centraméricain (1960), le CARIFTA (Caribean Free Trade Association) en 1965 qui devient le CARICOM en 1965, alors que plus au Sud, ce que ne montre pas la carte, est créé le Pacte Andin (1969) qui devient la Communauté Andine des Nations (CAN) en 1969. Cette construction semble finalisée avec la conclusion du MERCOSUR (Brésil, Argentine, Uruguay, Paraguay) en 1991 et l'ALENA, signé en 1992, qui réunit deux pays du Nord (Canada, États-Unis) au Mexique, pays du Sud.

La carte laisse, par suite, entendre qu'elle a préparé la voie à l'intégration qui a suivi avec en particulier l'émergence de l'Union des nations sud-américaines (UNASUR) après 2008 et de la Communauté d'États d'Amérique latine et de la Caraïbe (CELAC) depuis 2010 qui regroupent aujourd'hui tous les États du continent à l'exception des États-Unis et du Canada. Cette construction a, encore sur le modèle de l'Union européenne, l'objectif de construire une identité et une citoyenneté latino-américaine et de développer un espace régional intégré.

Cette présentation s'avère toutefois simpliste et trompeuse.

La construction économique de l'Amérique latine a été très complexe, en raison d'adhésions multiples, au point que l'on a pu évoquer à son propos un bol de spaghettis. Elle n'a pas empêché les allégeances contradictoires et évolutives dans le temps ainsi que les nombreux conflits régionaux (Guerre entre le Honduras et le Salvador en 1968, entre le Pérou et l'Équateur, guerres civiles au Nicaragua, Salvador, Pérou), ou les interventions américaines diverses (en 1965 en République dominicaine, 1982 à la Grenade, 1989 au Panama, 1994 à Haïti).

Elle s'est aussi effectuée dans un discours ambiant à contre-courant de celui de la mondialisation libérale : souvent tiers mondialiste et protectionniste (logique de stratégie de substitution aux importations), il a été le plus souvent hostile à l'ordre (américain) de Bretton Woods. Cette tendance reste d'actualité avec l'Alliance bolivarienne (ALBA) à finalité économique, politique et sociale qui fut élaborée par Hugo Chavez et Fidel Castro en 2004 en réaction à la proposition américaine de Zone de libre-échange des Amérique (ZLEA). Elle le reste aussi avec l'appartenance du Brésil au groupe des BRICS.

De même, les tropismes antagonistes des États de la Région entre eux, liés à leur relation avec les États-Unis ou à leurs réflexes souverainistes voire populistes, ont abouti lors de la période de référence à une quasi-absence de la coordination des politiques macroéconomiques et à une quasi-impotence des institutions régionales qui sapent l’unification du sous-continent latino-américain.

Au final, loin de faire des organisations régionales un moteur efficace de l’internationalisation puis de la mondialisation, le cas de l’Amérique latine, pourtant l’exemple le plus abouti après celui de la construction européenne, est surtout révélateur de la pérennité des obstacles rencontrés : rémanences des oppositions idéologiques et géopolitiques, effets d’affichages contradictoires avec l’ambiguïté des *realpolitiks*…

Dissertation

Les FMN, actrices de la mondialisation depuis 1945

Introduction

Les firmes multinationales (FMN) installées dans plusieurs États et réalisant une part sensible de leur chiffre d'affaires à l'étranger, existent, telle Peruzzi à Florence, depuis le Moyen Âge.

C'est toutefois au XXe siècle que les FMN dites « à stratégies de marché » se sont développées en trois étapes : naissance dans les années 1920, premier essor après la Seconde Guerre mondiale et les années 1960, puis accélération considérable avec la vague des fusions-acquisitions des années 1990.

Les FMN au nombre de 7 000 à la fin des années 1960 seraient ainsi près de 82 000 en 2015.

Leur stock d'IDE dépasserait les 20 000 Md de dollars (15 % du PIB mondial) et leur chiffre d'affaires les 30 000 milliards de dollars.

Selon les statistiques de la CNUCED, ces FMN contribueraient aujourd'hui à 30 % du PIB mondial et près de 80 % du commerce mondial.

Cette montée en puissance est apparemment concomitante de la mondialisation, comprise comme l'extension du capitalisme à l'échelle mondiale, qui a connu une remarquable extension depuis les années 1980 avec la libéralisation des marchés financiers.

La relation multinationalisation des entreprises avec la mondialisation peut donc sembler ressortir de l'évidence dans la mesure où celle-ci n'est après tout, selon C.-A. Michalet, que la résultante des échanges de biens et services, des échanges de capitaux.

Il n'en reste pas moins que le phénomène pose problème.

Comment expliquer par exemple que le phénomène d'extension des multinationales ait pu commencer de façon antinomique, dans un cadre d'économie régulée, celui de Bretton Woods, lors des Trente Glorieuses ?

Peut-on ainsi considérer pour autant que les multinationales sont à l'origine de la mondialisation ? En sont-elles au contraire une conséquence ?

I. Lors de la période des « Trente Glorieuses », en raison d'une « régulation intergouvernementale », les FMN sont effectivement sous contrôle

A. Le Consensus de Bretton Woods donne une place centrale aux États

Les années d'après-guerre voient le retour à une économie de marché mais dans une logique libérale très partielle. Le GATT en est le meilleur exemple : les échanges sont libéralisés sur une base multilatérale mais des pans entiers de l'économie (l'agriculture et les services) ne sont pas compris dans les accords. De même, les États sont libres à la fois de leur policy mix mais aussi de leur politique commerciale et industrielle (cf. le « colberto-gaullisme » français des années 1960). Et alors que nombre de grandes firmes françaises (ex. de Total) en font la démonstration en Afrique, au début des années 1970 le chancelier Helmut Schmidt (1974-1982) peut ainsi écrire : « Les firmes multinationales ne peuvent se dérober quant à leurs obligations envers leur nation d'origine ». Pour C.-A. Michalet, cette quasi-collusion entre les FMN et les États durerait jusqu'au Tokyo Round conclu en 1979 et à la mise en place des premiers Codes s'attaquant aux barrières tarifaires.

B. Les FMN sont ainsi sous contrôle sans que cela les empêche vraiment de se développer

Les États, au cours de la période, exercent un contrôle relativement méfiant sur leur implantation comme sur leurs acquisitions et les IDE sont le plus souvent réglementés dans les PDEM par des lois ou des codes d'investissement. À la suite de l'ingérence des FMN américaines, dont ITT, dans la chute du président Allende au Chili, les Nations unies créent encore une commission sur les sociétés transnationales pour rédiger un code de bonne conduite et leur interdire toute ingérence dans le pays d'accueil.

Dès les années 1960, le développement des FMN connaît pourtant une progression constante pour au moins trois raisons.

Les firmes multinationales multiplient à l'époque leurs filiales relais en liaison avec le développement de la société de consommation dans les pays développés.

Des pays développés comme la France soutiennent l'expansion de leurs champions nationaux par l'élaboration d'un cadre réglementaire (ex. des lois Debré de 1965-1966) qui facilitent le regroupement d'entreprises.

Des pays du Sud, comme les quatre Dragons asiatiques, multiplient, dès les années 1960, les zones franches pour les attirer.

II. Mais lors de la période suivante, celle de la globalisation, le processus tend à s'inverser

A. La globalisation voit le triomphe du libéralisme

Le phénomène déclencheur est le passage dans les années 1970 d'un système de changes fixes à un système de changes flottants à l'origine d'une « contrainte extérieure » qui incite désormais à veiller que les grands indicateurs soient favorables à la formation d'anticipations rationnelles positives chez les investisseurs. Il ouvre la voie à un libéralisme, pratiqué dès les années 1980 avant d'être formulé en 1990, qui est celui du Consensus de Washington. Il est désormais admis par le FMI, la Banque mondiale, le G7/8, qu'il n'existe pas d'autres lois que celles de l'économie de marché. L'allégement des législations, des réglementations et des procédures administratives conduit ainsi à la mise en concurrence des territoires.

B. Les FMN adoptent de nouvelles stratégies et de nouvelles structures organisationnelles

La nouvelle concurrence mondiale et le phénomène de concentration obligent les entreprises à devenir compétitives, à créer de la valeur, à afficher la rentabilité financière la plus forte possible afin d'attirer les investisseurs, conserver leurs capitaux, éviter la faillite ou l'absorption par la concurrence.

Il ne s'agit plus dès lors, à l'heure du *Made in Monde* (Suzanne Berger, 2006), de délocaliser pour abaisser les coûts mais de combiner l'accès à des marchés nationaux avec la minimisation des coûts par l'implantation de filiales de production spécialisées. Les firmes visent ainsi à constituer un réseau multiterritorial d'unités de production de composants, de montage de produits finis, de distribution, de centre de recherche de développement, de gestion financière.

III. Les FMN prennent une place centrale dans le processus de mondialisation

A. Un rôle central dans le commerce international

Les FMN cumulent dès cette époque un pouvoir financier et économique considérable que ce soit dans la production, les transferts financiers, la recherche et bien sûr les échanges. Si l'on en croit L. Carroué, à partir des années 1990 seul un tiers environ du commerce international échappe aux transnationales puisqu'un tiers est constitué directement d'échanges internes entre maisons mères et filiales et que l'autre tiers est le fruit d'échanges entre maisons-mères et fournisseurs mono-nationaux... Cette puissance s'accompagne également d'un pouvoir d'influence non négligeable : L'European Management Forum de Davos créé en 1971 devient le Word Economic Forum en 1987.

B. Un poids croissant au gré des transferts d'IDE qui ont des effets sur les FMN

Entre 1982 et 1993, les flux d'IDE, qui représentent déjà au début des années 1990 plus du double des échanges commerciaux, sont le plus souvent destinés à des fusions acquisitions.

Les principaux pays investisseurs de l'époque sont les pays développés (85 % des IDE sur la période 1945-1995) avec les États-Unis, le Japon, le RU, la France et l'Allemagne.

Au cours de la période de référence, les investissements ont été multipliés par 1,3 dans le secteur primaire, 2,9 dans le secondaire et par plus de 20 dans le tertiaire... qui représente désormais au milieu des années 1990 près de 51 % des échanges.

Les flux de la période entraînent des transformations sensibles de la nationalité des FMN. En 1970, la moitié des 100 premières FMN venaient des États-Unis et du Royaume-Uni. En 1980, la moitié des 100 premières FMN étaient américaines. En 1990, suite en particulier à un chassé-croisé d'IDE entre les États-Unis et le Japon ainsi qu'à l'internationalisation des FMN européennes, la moitié des FMN provenaient désormais de quatre pays, États-Unis, Japon, Allemagne, Suisse.

De même, si les IDE profitent surtout aux pays de la Triade, les flux en direction des pays émergents augmentent : 15 % des flux mondiaux d'IDE en 1980, 20 % en 1990 avant bientôt de dépasser les 40 % au début des années 2000

C. Les FMN restent malgré tout encore confrontées à des obstacles

Non seulement la Word Company reste à l'époque assez largement mythique mais les FMN continuent de dépendre des règles de leur pays d'accueil tout comme leurs pratiques comptables, juridiques ou managériales. Elles ont par ailleurs connu un échec avec les obstacles mis à l'accord multilatéral sur l'investissement (AMI), repoussé une première fois en 1995, qui leur aurait permis de citer les États devant les tribunaux pour les obstacles rencontrés du fait de leur législation, que ce soit en matières de volume d'exportation, de création de valeur ajoutée ou d'emplois, de transfert de technologie.

Conclusion

Au total, pour C.-A. Michalet, la période depuis la Seconde Guerre mondiale correspondrait au passage d'une configuration « inter-nationale » à une configuration « multi-nationale » et au triomphe de la globalisation.

Au cours de cette période, le pouvoir économique serait en grande partie passé des États aux FMN. Les FMN auraient ainsi prospéré en raison de cette mutation dont elles ne seraient pas directement responsables mais dont elles seraient les grandes bénéficiaires en raison de leur poids économique.

Ce processus ne s'est pas terminé avec les années 1990 et s'est poursuivi avec la montée des FMN des pays émergents et la poursuite de la recherche de l'optimisation fiscale ou encore de l'éternel retour du projet d'AMI.

Il n'est toutefois pas obligatoirement irrésistible, d'abord parce que l'opinion a incité les FMN à adopter des comportements plus éthiques que par le passé, ou encore parce que des organismes privés (adoption du ratio Cooke de la BRI après 1991, l'ICANN après 1998, ISO 9000 après 2005) ont réussi à imposer des normes acceptées et appliquées à l'échelle mondiale.

Il n'est pas non plus irrésistible car les États n'hésitent plus (les États-Unis, l'Union européenne, la Chine ou l'Inde désormais) à lourdement sanctionner sur le plan financier les FMN défaillantes ou franchement délictueuses qui contreviennent à leur législation.

On retiendra enfin que, récemment, 34 pays de l'OCDE se sont accordés sur des objectifs et des mesures concrètes afin de lutter contre la fuite devant l'impôt de nombre de grandes FMN, et que la signature d'un accord de partenariat transatlantique paraît actuellement compromis par l'inclusion d'un mécanisme d'arbitrage investisseur/État déjà rejeté, sous la forme de l'AMI, à plusieurs reprises par les États européens.

Oral

Du GATT à l'OMC, la difficile régulation du commerce international

Introduction

Organisation internationale par défaut, le GATT a fonctionné après 1947 avant d'être remplacé le 1er janvier 1995 par L'OMC. Ce remplacement était-il indispensable et que change-t-il ?

I. Le GATT s'est révélé efficace tout en faisant preuve d'une grande souplesse

A. Une organisation qui a fonctionné par consensus et a obtenu d'incontestables résultats

Le GATT a fonctionné par la recherche d'un consensus, souvent obtenu par un accord entre les États-Unis et la CEE.

L'organisation s'est révélée particulièrement attractive, passant de 23 membres à 123.

Les droits de douane ont chuté à 4,7 % en fin de période avec pour conséquence une progression spectaculaire des échanges (+8 % en moyenne au cours des années 1950-1960).

B. En faisant preuve d'une grande souplesse d'adaptation

Le GATT a avancé, laissant de côté les pics tarifaires.

Il a accepté les organisations régionales, les adaptations concernant les pays de l'Est et les PED, ou les accords d'autolimitation…

Il a su aussi régler les différends : ses préconisations, suite aux plaintes déposées, ont été suivies à plus de 90 %

II. Le GATT a néanmoins révélé des carences au début des années 1990

A. Un secteur hors GATT de plus en plus important

Les difficultés des années 1970-1980 ont conduit les gouvernements à multiplier les obstacles non tarifaires, à négocier des accords bilatéraux de partage des marchés…

… et à se lancer dans une course aux subventions aux produits agricoles, compromettant ainsi la crédibilité du GATT.

Efficace pour les produits industriels, le GATT laissait de côté les services dont la part était pourtant croissante.

B. Des contentieux de plus en plus nombreux au GATT dans l'incapacité croissante d'imposer ses décisions

Au cours des années 1980-1990, le nombre de contentieux s'est accru entre les États-Unis et la CEE (agriculture, acier, aéronautique…)

… Ou entre les États-Unis et le Japon (TV, ordinateurs…), ainsi qu'entre ce dernier et l'Europe (magnétoscopes, machines à écrire, photocopieurs).

Rétorsion contre rétorsion (cf. le Trade Act américain de 1974), les solutions sont toujours finalement trouvées dans un cadre bilatéral.

III. Carences que l'on espérait voir levées avec l'OMC restructurée et chargée de missions nouvelles

A. Des missions dans le prolongement du GATT mais élargies

Les accords de l'OMC comme ceux du GATT énoncent les principes de la libéralisation et les exceptions autorisées en particulier avec un traitement spécial en faveur des pays en développement.

Ils régissent toujours les marchandises mais aussi désormais les services et la propriété intellectuelle.

Ils font aussi obligation aux gouvernements d'assurer la transparence de leur politique commerciale.

B. L'adoption d'une nouvelle procédure de règlement des différends

L'Organe de règlement des différends (ORD) prévoit désormais une procédure qui doit durer au maximum neuf mois

... qui, après appel, débouche sur des recommandations exécutoires...

... qui, si elles ne sont pas suivies, autorisent des mesures de rétorsion, levées dès que la mesure incriminée a été supprimée...

Conclusion

Le passage du GATT à l'OMC a été plus une évolution qu'une révolution. Ainsi, si l'ORD a permis aux petits États de faire entendre leur voix, ses décisions ne satisfont pas toujours la société civile (protection de l'environnement négligée) et le cycle de Doha n'est, à ce jour, toujours pas conclu, traduisant une crise générale du multilatéralisme.

Chapitre 9
Les dynamiques économiques et sociales en France

Catherine Mortreux

« Le choix est simple : modernisation ou décadence »
Jean Monnet, Mémoires, 1976

Dates clés

1945-1946 Nationalisations, sécurité sociale, planification

1957 Traité de Rome le 25 mars : la France lie son développement économique à la CEE

1963 Premier supermarché

1968 Mouvement universitaire et social de mai. Accords de Grenelle

1974 Légalisation de l'IVG, divorce par consentement mutuel

1978 Second plan Barre. Accélération de l'adaptation de l'économie française à la compétition internationale

1979 Second choc pétrolier, 1,4 million de chômeurs

1981-1982 Dernière tentative de relance keynésienne par le gouvernement Mauroy

1983 Choix d'une politique d'austérité récurrente par la suite malgré l'alternance politique

1992 Ratification du traité de Maastricht après des débats houleux

Chiffres clés

	1950	1960	1970	1980	1990
Population totale (en millions)	43	45,6	50,5	53,9	56,5
Part des 0-19 ans et des 65 ans et + (%)	30,1 / 11,4	33 / 12,6	33,1 / 12,8	30,6 / 14	27,8 / 13,9
Étrangers (en %)	_	4,6	5,3	6,7	6,3
Espérance de vie à la naissance	66,4	70	72,1	74,3	76,8
Fécondité (nombre enfants par femme)	2,94	2,8	2,4	1,84	1,7
Actifs agricoles (%)	27	21	12,9	7,2*	5,9**
Actifs industrie (%)	34	39,5	37,7	31,7*	29,6**
Actifs tertiaire (%)	35,9	39,5	49,4	61,1*	64,5**
Taux chômage (%)		2	2	9,3	8,9
Bacheliers (% dans une génération)	5	11,4	28	50	64
Part alimentation dans cons. ménages		23,2	18	13,1	11,6
Part dépenses de santé		1,5	2,1	2,7	2,8
Taux indépendance énergétique	70	59		26	

**1985, **1992*

◆ Croquis de synthèse

La France au début des années 1990 : bilan de 45 ans de dynamiques économiques et sociales

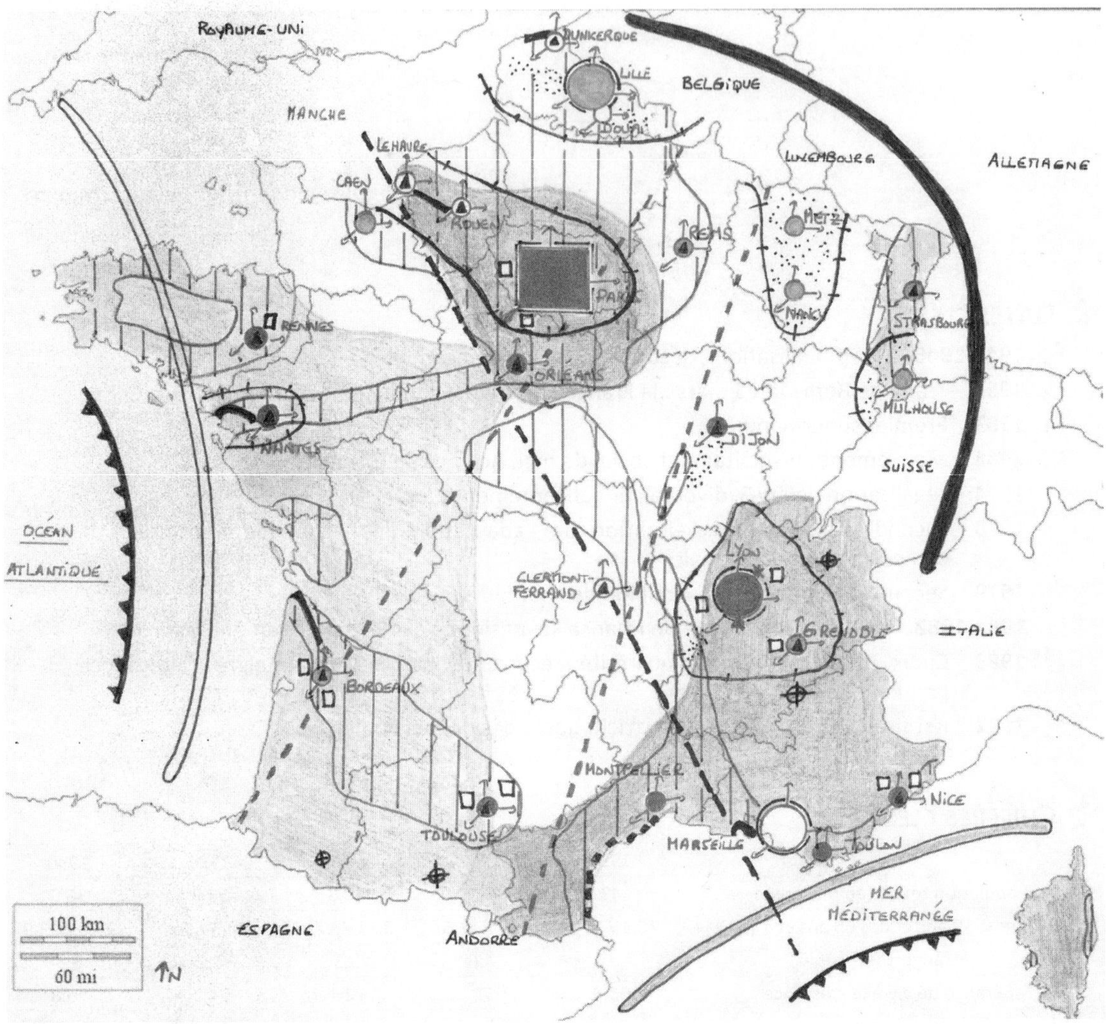

LÉGENDE : LA FRANCE AU DÉBUT DES ANNÉES 1990 : BILAN DE 45 ANS DE DYNAMIQUES ÉCONOMIQUES ET SOCIALES

I] DES TERRITOIRES FRANÇAIS PLUS OU MOINS ATTRACTIFS DÉMOGRAPHIQUEMENT

A] Une attractivité régionale contrastée

: Solde migratoire le plus positif (1975-82)

: Solde migratoire assez positif (1975-82)

: Solde migratoire plutôt négatif (1975-82)

: permanence de la "diagonale du vide" (France des faibles densités)

B] DES DYNAMIQUES URBAINES RÉELLES MAIS DIFFÉRENCIÉES

: Une macrocéphalie parisienne persistante

: les trois agglomérations millionnaires

: Autres agglomérations importantes

Évolution de la population urbaine de 1982 à 90

Augmentation > 0,5 %

Augmentation comprise entre 0 et 0,5 %

Diminution de la population

: périurbanisation croissante, surtout après 1970

: exemple d'émeutes urbaines (Vaulx-en-Velin 1979, Vénissieux 1981)

II] Les mutations du système productif français

A] UNE MODERNISATION agricole à 2 vitesses

les agricultures les plus intensives, bien intégrées aux marchés, modernes

Agricultures + extensives et/ou tournées vers la qualité

B] LES MUTATIONS des territoires de l'industrie

: Anciennes régions industrielles, en déclin dès 1945 (déclin accéléré après 1970)

: Villes industrielles toujours majeures en 1990

: Régions industrielles qui restent ou sont devenues majeures en 1990

: Aménagements fluvio-maritimes pour l'industrie (ZIP, ports autonomes, canaux grand gabarit) dès 1960

: développement de technopôles.

: "Fracture Le Havre-Marseille" toujours visible mais en régression

III] LE POIDS DES ACTEURS

A] Internationaux

interface mondiale : à la fois des partenaires commerciaux et des concurrents

B] CEE : L'essor des coopérations transfrontalières, plus ou moins engagées

Arc continental, le plus rapidement lancé

Arc méditerranéen

Arc atlantique, plus compliqué à mettre en place.

C] Quelques exemples de l'action de l'État

: plan neige (1964-77) : développement du tourisme d'hiver (stations de ski)

: plan « Racine » (1963) : le développement de stations balnéaires pour le Languedoc-Roussillon

: Villes ayant bénéficié de la délocalisation, de la décentralisation et d'investissements (1960-1990)

Introduction

En 1945, la France sort affaiblie et divisée de la seconde guerre mondiale et ne maintient que de justesse son autonomie politique et son aura géopolitique. Malgré ces nombreuses hypothèques, elle fait preuve d'une résilience forte qui lui permettra de tirer pleinement profit de la croissance mais aussi de résister tant bien que mal au retournement conjoncturel et à ses corollaires. Au début des années 1990, et notamment au moment où elle s'apprête à accepter le traité de Maastricht et la création de l'Union européenne, elle apparaît profondément modifiée, tant d'un point de vue économique que social. Cependant, si ce dynamisme lui a permis de se préparer à un nouvel approfondissement de la mondialisation, il n'est pas exempt de failles et de limites qui sont autant de défis que les multiples acteurs du pays tentent de relever.

◆ Problématiques

- ***En quoi peut-on observer une interrelation constante mais mouvante entre dynamiques économiques et dynamiques sociales ?***
- ***En quoi celles-ci oscillent-elles constamment entre ruptures et continuités, entre solutions originales et mouvement de fond international dans lequel la France, en tant que PDEM, s'insère ?***
- ***Pourquoi l'interprétation « jacobine » des dynamiques économiques et sociales, bien qu'importante, ne doit pas occulter des jeux d'acteurs multiples et multiscalaires qui tendent à se renforcer lors de notre période ?***

I. Un dialogue entre les dynamiques économiques et sociales qui varie en fonction de la conjoncture

A. Reconstruire la France tout en ressoudant la société (1945-1950)

Le bilan de la guerre place le pays dans une situation difficile tous domaines confondus

La situation économique est très défavorable et laisse la France dépendante

La guerre tout comme l'occupation ont occasionné de nombreuses destructions et une certaine obsolescence du matériel : à titre d'exemple, on compte 2,5 millions d'immeubles détruits ou endommagés ainsi que plus de 10 000 ponts routiers et fluviaux (F. Grénard). Les grandes villes et plus largement l'Ouest et le Nord de la France ont payé le plus lourd tribut ; la ville portuaire du Havre est ainsi détruite à hauteur de 80 %. Les machines-outils de l'industrie française ont par ailleurs 25 ans d'âge en moyenne contre 5 à 7 ans pour le Royaume-Uni. Tous ces paramètres expliquent que l'indice de production industrielle soit de 29 en 1944 contre 100 en 1929 (la crise des années 1930 l'ayant déjà compressé). Les situations financière et monétaire sont elles aussi catastrophiques : Les charges de l'État ont longtemps été obérées par la guerre : on peut estimer que 1500 milliards de dollars de dépenses engagées pour le conflit sont non couverts par les recettes. La circulation monétaire s'est ainsi beaucoup développée et outre l'inflation importante (50 % environ en 1945 pour l'INSEE) qu'elle génère en partie, le taux d'encaisse-or de la monnaie n'est que de 13 %.

Dans ces conditions, l'aide financière et matérielle des États-Unis est décisive, au moins jusqu'en 1951. L'État français a obtenu 2,6 milliards de dollars de 1948 à 1951 dans le cadre du plan Marshall*. 80 % de cette aide prend la forme de dons (les locomotives Pullman du Havre par exemple). Cependant la dépendance des Français est grande : les accords Blum-Byrnes signés dès mai 1946 donnent aux Américains l'accès privilégié à certains marchés français (cinéma et pétrole notamment) ; la pression géopolitique est également importante à l'image de la constitution « d'États-Unis d'Europe » chers aux Étatsuniens et dont l'OECE (organisation européenne de coopération économique) de 1948 n'est qu'un embryon. Des voix se sont d'ailleurs élevées en France contre l'aide américaine : elles dénoncent la « coca-colonisation » ou encore « le fardeau écrasant du plan Marshall » (in G. Bossuat, « l'aide américaine à la France après la seconde guerre mondiale », 1986).

Une grande partie de l'obsession anti-américaine de la France naîtra de là et des appels de Louis Jouvet à sauver le Beaujolais ou de Roger Vaillard : « le réfrigérateur Frigidaire est un complot contre la ménagère française ».

Le bilan humain est lourd dans toutes ses dimensions

Les pertes humaines sont de l'ordre de 600 000 Français dont deux tiers de civils (M. Noushi, *bilan de la Seconde Guerre mondiale*, 1996) mais le déficit de naissance a été moins prononcé qu'après la première guerre mondiale. Le retour des déportés, des prisonniers de guerre ou du STO (service du travail obligatoire) s'est quant à lui étalé sur plusieurs années (essentiellement de 1945 à 1952 pour les prisonniers qui sont près de 950 000 par exemple). Les années de guerre et l'expérience des camps ont creusé les incompréhensions et les tensions : les chasses locales aux collaborateurs et profiteurs de guerre, l'instrumentalisation de la résistance par les communistes (parti des « 75 000 fusillés ») ou l'impossibilité du dialogue avec les rescapés de la Shoah s'ajoutent aux difficultés quotidiennes (les mauvaises récoltes de 1947 ont fait planer l'ombre d'une disette). Cette situation est d'autant plus délicate que le nombre d'armes en circulation est important.

Une reconstruction vigoureuse et un relatif consensus des Français

La reprise économique est assurée avant la fin de la décennie 1940 : en effet, les niveaux de productions de 1938, certes les plus faibles de l'entre-deux guerres, sont atteints en 1948 mais l'année 1949 permet de dépasser les niveaux de 1929. Pour Paul Dubois, le taux de croissance de la production intérieure brute est d'ailleurs très élevé, de l'ordre de 8 à 9 % et les principales infrastructures sont remises en état en 1951. Outre le volontarisme politique, le consensus autour la reconstruction est fort à l'image du discours de Waziers de M. Thorez, secrétaire général du Parti communiste français (PCF) en juillet 1945 « *Produire, produire et encore produire, c'est aujourd'hui la forme la plus élevée de notre devoir de Français* ». Le plan Marshall ou encore le retour des bonnes récoltes en 1948-1949 avec une stabilité plus grande des prix agricoles peuvent aussi être convoqués. Il n'en reste pas moins que l'action sur les finances a été de l'ordre de l'électrochoc : ainsi plusieurs dévaluations parfois fortes ont été décrétées lors de la reconstruction, notamment en 1948-1949 (en janvier 1948 elle a été de 44 %, le cours du dollar passant de 119 à 214 francs). Les grandes vagues de grèves de 1947-48 marquent enfin la persistance de certains problèmes comme l'inflation : les prix ont été multipliés par 6 entre 1944 et 47 alors que les salaires ont été multipliés par trois. Les tensions de la société quelles que soient leurs origines n'empêchent pas les compromis, ce qui ressoude en partie les Français : la mise en place rapide de la IVème république (constitution de 1946) permet à la fois de rompre avec le régime Vichy tout en assurant la continuité d'un régime républicain démocratique. Le « *mythe résistancialiste* »* (H. Rousso) permet à la France d'entretenir une image combattante positive autour de laquelle les Français se retrouvent : ce mythe est relayé par des manifestations (grande commémoration au Mont Valérien en 1945) et surtout des « lieux de mémoire »* (P. Nora) emblématiques.

B. Les « Trente Glorieuses »* en France : entre modernisation économique et épanouissement de la société de consommation (jusqu'au début des années 1970)

Une croissance sans précédent…

Jacques Marseille dans un article de l'*Histoire* intitulé « Autopsie des années de croissance » mentionne que les Trente Glorieuses françaises se caractérisent par un « t*aux de croissance de la production de 5 %, [et la] régularité d'une expansion qui pouvait faire croire que les crises appartenaient désormais à un passé révolu* ». Cette **croissance est donc marquée par son rythme soutenu et sa régularité**. Les périodes antérieures avaient connu des phases de boom intense, mais jamais aussi prolongées. Bien sûr, la conjoncture existe, la France connaît par exemple un essoufflement vers 1958, mais le rythme traditionnel du cycle de Juglar, marqué par une chute de l'activité tous les dix ans, fait place à un cycle de croissance atténué. Les récessions d'après-guerre sont brèves (la durée de la contraction se mesure en trimestres) et de faible intensité. Le creux du cycle correspond à un fléchissement du taux de croissance et non à une baisse de la production ; ils peuvent également être dus à des politiques visant à réduire les poussées inflationnistes (2e stabilisation Pinay en 1958 par exemple ou à des évènements conjoncturels (mouvement social de mai-juin 1968). Par ailleurs, mis à part les années 1964 et 1969, le solde commercial est positif, ce qui témoigne de la capacité retrouvée de la France à exporter ses produits ; enfin le budget de l'État redevient excédentaire de 1969 à 1973.

Cette croissance en chiffres s'accompagne du maintien d'un quasi-plein emploi. L'évolution des années 1960 est à ce titre la plus marquante : la moyenne des années 1965-1969 est la plus faible enregistrée depuis l'immédiat après-guerre, et ce, malgré l'accueil des rapatriés d'Algérie : La France des années 1960 absorbe en effet un million de rapatriés d'Algérie en 1962, ce qui n'empêche pas le taux de chômage de baisser à un minimum historique en 1965 (à environ 1,2 % de chômeurs). De même, l'accélération des gains de productivité ne semble nullement incompatible avec la baisse du chômage, non plus que l'immigration d'une main-d'œuvre étrangère, véritable recours aux Ve et VIe plans (la doctrine Massenet va jusqu'à justifier l'immigration… illégale).

… soutenue par l'explosion de la société de consommation

Économiquement, la croissance de la France s'identifie à une amélioration du niveau de vie. En une seule génération, dit J. Fourastié, le pouvoir d'achat du revenu moyen a triplé, un bond en avant qui dépasse la progression globale enregistrée du début du XIXe siècle à 1930. Le retour au quasi-plein-emploi, la hausse des salaires et les transferts financiers venus de l'État-Providence assurent aux entreprises de larges débouchés qui encouragent l'investissement et nourrissent la croissance. Les structures sociales se transforment, le prolétariat recule et les classes moyennes progressent. Il reste cependant des poches de pauvreté et des catégories défavorisées, en particulier parmi les immigrés mais aussi dans les paysans pauvres (10 % de la population à la fin des années 1960).

La consommation se massifie, se diversifie et utilise tous les ressorts offerts par le capitalisme : La consommation alimentaire progresse en qualité avec une demande croissante de fruits, légumes, produits laitiers et viandes et pourtant son poids dans le budget moyen des familles tombe de 50 à 25 % de 1950 à 1970. La demande se tourne vers les produits industriels et tout ce qui améliore le confort domestique : équipement des cuisines, des salons avec radios et télévisions, de l'hygiène et du confort sanitaire ou encore du chauffage. L'engouement pour l'automobile, signe extérieur de réussite, est entretenu tout au long de la période par le bas prix des carburants, le renouvellement incessant des gammes, les facilités de crédit (CETELEM créé en 1953 et spécialisé dans les crédits à la consommation). En 1973, 89,5 % des professions libérales et cadres supérieurs, 79,2 % des agriculteurs, 68,8 % des ouvriers ont une voiture (chiffres de l'Insee). Plus largement, l'apparition des supermarchés (premier Carrefour à Sainte-Geneviève des-Bois en 1963) et le développement de la publicité font partie des outils de développement de la consommation. À ce sujet, J.K. Galbraith, dans *L'ère de l'opulence* en 1961 s'exclame : «*[les] désirs [des gens] ne leur deviennent évidents que lorsqu'ils sont suscités, précisés et entretenus par la publicité et les campagnes de vente* ». La croissance des revenus se traduit enfin par le développement des consommations tertiaires qui représentent en moyenne le tiers du budget des ménages. Les dépenses concernent en premier lieu les vacances, le tourisme, les loisirs, le sport mais aussi les soins corporels, la santé et plus marginalement la culture.

… et par une modernisation qui touche tous les secteurs économiques.

On assiste à la fois à des transformations et un déversement sectoriels sur fond d'urbanisation accrue. Michel Debatisse en 1964 parle de « *révolution silencieuse* »* pour qualifier les mutations du monde agricole des années 1952 à 1972 mais l'apparent effondrement du primaire ne peut se comprendre sans convoquer l'apogée du secteur secondaire et l'explosion du secteur tertiaire.

Henri Mendras emploie l'expression de « fin des paysans » en 1970 pour montrer que ce groupe, encore considéré comme la base traditionnelle de la société française en 1945 devient minoritaire numériquement (on passe de 37 % à 11,1 % de la population active de 1945 à 1973 pour l'INSEE) mais aussi « culturellement » : l'exode rural provoque la disparition de 700 000 exploitations entre 1955 et 1970 et l'uniformisation des modes de vie gomme progressivement les spécificités du monde rural ; c'est le sens de l'analyse de J. Fourastié sur Douelle dans le Quercy (*Les Trente Glorieuses, la révolution invisible*, 1979). Ce village, affublé de deux noms (Madère et Cessac) dans cette étude comparative faussement géographique, permet de mieux faire ressortir l'évolution rapide d'un seul et même lieu dans une perspective diachronique (de 1946 à 1975) et notamment sa connexion à la société de consommation. Par ailleurs remembrement, machinisme, intrants, contractualisation et encadrement ont rationnalisé la production et considérablement amélioré la productivité (6 % par an de 1952 à 1972). Les excédents céréaliers, atteint dès 1953 permettent de se tourner plus fortement vers l'exportation. La concentration agricole a permis aux agriculteurs les plus solides de se transformer en chefs d'exploitation modernes mais a forcé les autres à partir ou à exercer à temps partiel (paysan-ouvrier, propriétaires de gîtes ruraux par exemple).

Le secteur secondaire se nourrit de cet apport de main-d'œuvre (il représente près de 38 % des actifs en 1975) et diversifie son tissu (taille des entreprises, nouvelles branches, nouvelles gammes). Certes les charbonnages, le textile-habillement ou la construction navale sont en difficulté dès cette période mais ils sont compensés par une industrie de biens de consommation courants (automobiles, électroménagers comme le succès de Moulinex en Normandie), ou même de pointe à l'instar de l'industrie aéronautique et spatiale : on pensera à la « Caravelle » mais aussi au « Concorde » de 1969. La concentration spatiale, souvent urbaine est de plus en plus forte (exemple de l'usine Renault à Boulogne Billancourt qui compte jusqu'à 35000 salariés) même s'il y a des formes de déconcentration parisienne imposées par l'État (création de l'usine Citroën à la Janais près de Rennes en 1961). La culture ouvrière est encore affirmée et relayée par des syndicats forts et représentatifs (S. Sirot parle « *de l'institutionnalisation d'un contre-pouvoir intégré* »).

Le secteur tertiaire atteint quant à lui le seuil des 50 % de la population active en 1974 en partant de 29 % en 1945. Cet essor correspond avant tout à l'émergence de nouveaux domaines de services soutenus par la hausse des niveaux de vie, la réorientation de la consommation et la protection sociale. Les domaines de l'éducation, des loisirs (le Club Méditerranée, fondé en 1950 et rapidement leader du tourisme organisé mondial en est le symbole) ou de la distribution par exemple sont particulièrement concernés. Cet essor profite à l'emploi féminin (qui représente 45 % de l'emploi tertiaire en 1962) mais aussi aux villes, qui concentrent la plupart de ces emplois.

Les Français et la télévision

Dans sa thèse intitulée *La télévision, histoire d'un objet de consommation, 1945-1985*, Isabelle Gaillard se demande comment « la "boîte aux images" ignorée par neuf Français sur dix en 1949 est [...] devenue en une trentaine d'années seulement la "télé" pour plus de 90 % des foyers français ». L'évolution de la télévision, dans ses dimensions techniques, de répartition spatiale, mais aussi en termes de programmes est un reflet des mutations économiques et sociales de la France sur notre période. En effet, les mutations du système productif vont en faire progressivement un bien d'équipement accessible pour la plupart des foyers. En 1949, seuls 249 foyers possèdent un téléviseur mais le nombre de postes croît fortement entre le début et la fin des années 1950 (24 000 postes sont recensés en 1952, 683 200 en 1957) ; Dès 1965, 40 % des

Français ont déjà un poste et cette augmentation ne faiblira pas jusqu'aux années 1990. La télévision bénéficie aussi d'améliorations constantes : en 1967, la télévision passe en couleur (ce qui suscite rapidement beaucoup d'achats) ; dans les années 1980, le magnétoscope transforme les habitudes et permet d'agrandir les plages de programmation.

La télévision est d'abord un plaisir collectif avant de s'individualiser au rythme de l'augmentation du nombre de foyers équipés et des innovations. Trônant souvent au centre du salon, il permet initialement des réunions de voisins qui viennent voir certains programmes emblématiques comme la « piste aux étoiles ». Cependant la consommation de programmes devient progressivement plus familiale, voire une activité de couples (le magnétoscope permettant une diffusion en différé après le coucher des enfants).

Ce média permet la diffusion de connaissances via des programmes souvent exigeants des années 1940 au début des années 1960 (« 5 colonnes à la une » ou encore « télé Paris » qui informe les Français sur les manifestations culturelles de la capitale). La télévision est alors solidement encadrée par l'État, qui l'a impulsée et en a le monopole, via la RTF (Radiodiffusion-télévision française). Cependant, un élargissement des programmes vers le divertissement se fera par la suite (émission de variétés) et la télévision fera plus de place à la publicité. Elle participera progressivement au lancement ou à la notoriété de personnalités, y compris politiques avec, par exemple, la première campagne électorale présidentielle télévisuelle en 1965. L'État français relâchera progressivement son contrôle, en commençant par le remplacement en 1964 de la RTF par l'ORTF (l'office de radiodiffusion-télévision française) : Cette réforme vise à moderniser l'établissement et à lui donner davantage d'autonomie puisque l'ORTF est désormais placé sous la tutelle du ministère de l'Information, et non plus sous son autorité. En 1982, une loi abolit le monopole de programmation et crée la Haute Autorité de la communication audiovisuelle : c'est le début de la privatisation de la télévision

C. Le temps des « ajustements » : années 1970-années 1990

Un ralentissement et une volatilité plus importante de la croissance qui accélèrent les mutations sectorielles

Pour l'INSEE, on passe d'une croissance moyenne de 5,6 % à 2,3 % en France à partir du milieu des années 1970. Les affaiblissements les plus notables s'observent en 1974-1975 puis de 1980 à 1987 et sont entrecoupés par des reprises plus fortes. Pour autant, le PIB continue sa progression sur la période, au rythme moyen de 2 % par an. De même, les exportations françaises progressent (8,6 % des exportations mondiales en 1979) mais cette augmentation est lente (déjà 7,8 % en 1973) et surtout la balance commerciale devient déficitaire : l'équivalent de -2,4 milliards d'euros en 1974, et de -14 milliards d'euros en 1982, avant le contre choc pétrolier de 1986 qui améliore la donne. Enfin, la décennie 1970 conjugue le ralentissement de l'économie avec le maintien d'une forte inflation (presque 15 % en 1974) : cette situation, nommée stagflation est certes favorable au crédit et à la consommation (via l'augmentation salariale) mais nuit à la compétitivité-prix des produits français au moment où le taux d'ouverture (à savoir la proportion de l'activité d'un pays qui est liée à des échanges de biens ou de services avec l'étranger) s'affirme (22 % en 1980).

Cette situation a tendance à accélérer les mutations sectorielles déjà engagées.

La concentration agricole continue parallèlement à la contraction de la population active agricole : au début des années 1990, celle-ci ne représente plus que 5 % de la population active totale. Pour autant, l'agriculture n'a cessé d'être une priorité pour la France : Valéry Giscard d'Estaing déclare en 1977 à Vassy : « *L'agriculture doit être notre pétrole* », et sera ce que l'or est au Pérou, dans la grande tradition de Sully. L'agrobusiness* français (ou IAA, industries agroalimentaires) s'est développé, liant certains agriculteurs à de grands groupes qui s'internationalisent progressivement (Danone ou encore Beghin-Say). La productivité renforcée augmente les disparités sociospatiales agricoles entre les régions les plus insérées aux marchés (Beauce, Picardie, pour la grande céréaliculture notamment) et les agricultures moins modernes (agricultures de montagne par exemple).

Le secteur secondaire se replie globalement, aboutissant à une baisse de l'emploi industriel (qui passe de 5,4 millions à 3,5 millions de salariés de 1985 à 1990). Les branches déjà en difficulté pendant les Trente Glorieuses n'en finissent plus de décliner, parfois jusqu'à cessation complète de l'activité, à l'image les mines de charbon du Nord au début des années 1990. En plus de la délocalisation, on observe un glissement renforcé des activités vers les littoraux, pour être au plus près des importations de matières premières (essor des ZIP, c'est-à-dire des zones industrialo portuaires). Restent à la France des branches très performantes, souvent de pointe (secteur aéronautique avec Airbus, consortium européen, cosmétique avec l'Oréal ou encore les télécommunications avec France Télécom).

Le secteur tertiaire continue quant à lui sa monté en puissance : principal pourvoyeur et créateur d'emplois depuis 1975, il représente les 2/3 du PIB français en 1990. Certains emplois tertiaires se créent en fonction des mutations de l'économie et de la société et de ses besoins (conseils en entreprises par exemple) d'autres sont plus corrélés au développement du fonctionnariat (qui passe de l'indice 100 à 125 de 1980 à 1990, pour atteindre 5,1 millions de personnes en 1990). La population active du secteur tertiaire constitue le cœur de la « constellation centrale » d'H. Mendras et un des moteurs de la moyennisation de la société*. Pour autant, les disparités sont grandes entre les « cols blancs » peu qualifiés et les cadres supérieurs ou les chefs d'entreprise et celles-ci ont tendance à se renforcer pendant notre période.

L'augmentation des clivages sociaux

Le retournement conjoncturel* et les mutations s'accompagnent d'une hausse du chômage qui passe de 423 000 personnes en 1973 à 2 millions en 1980 et même 2,5 millions en 1987 (donc 10,5 % de la population active). Outre le poids relatif, c'est l'aspect structurel du chômage et sa durée (parfois plus d'un an) en France qui inquiètent le plus : ils pèsent lourds sur les budgets étatiques via les transferts sociaux et posent la question de la réinsertion des chômeurs : en 1982, on est obligé de créer l'allocation de solidarité spécifique pour les chômeurs en fin de droit.

La pauvreté, qui avait baissé pendant les Trente Glorieuses, reprend son essor et change de visage. 29 % des familles sont touchées par ce phénomène au début des années 1990 et certaines profitent du RMI* (revenu minimum d'insertion mis en place en 1988 sous la houlette de M. Rocard). Les pauvres peuvent être des personnes au chômage ou même qui ont cessé de rechercher un emploi (notion de halo de chômage de J. Freyssinet) mais aussi des salariés précaires (temps partiel, chômage technique) ou encore des personnes seules (essor des familles monoparentales avec l'assouplissement du divorce). Les disparités sociospatiales se définissent différemment : en ville, ce sont les banlieues et non plus les centres, souvent gentrifiés, qui concentrent les problèmes (voir les lieux de la géopolitique), La France du Nord et de l'Est, anciennement industrialisée, tend à concentrer chômage et précarité ; l'outre-mer français concentre quant à lui des taux de chômage souvent 2 fois supérieurs à la moyenne française. La « toupie » de H. Mendras commence à s'allonger, accentuant les disparités financières entre Français : notre période peut être séparée en deux : de 1970 au début des années 1980, le coefficient de Gini tend encore à baisser (de 0,297 à 0,277) mais il remonte à partir des années 1990 (0,279) ce qui marque un coup d'arrêt à la moyennisation de la société.

II. Des dynamiques parfois propres à la France mais souvent en lien avec le reste du monde

A. La démographie française cesse en apparence d'être une exception au sein des PDEM (pays développés à économie de marché)

Des soldes naturels devenus globalement comparables

La France est marquée de la fin de la guerre à 1965 par le baby-boom*, un sursaut de la natalité généralisé dans les PDEM

En 1945, le Général de Gaulle, convaincu que l'anémie démographique de la France est responsable de ses difficultés, appelle de ses vœux « 12 millions de beaux bébés « (discours du 2 mars 1945). **La France, lanterne rouge de l'Europe jusqu'en 1940 du fait de son malthusianisme précoce, fait figure de modèle de relance démographique, grâce notamment à l'augmentation de la fécondité.** Le bilan est atteint en 1960 avec 12,4 millions de naissances, et autant au cours des 13 années suivantes, le pays connaissant un accroissement naturel de 30,7 % sur la période 1945-1973. Cette multiplication des naissances, soit 839 678/an durant la période, contre 717 000 dans l'entre-deux guerres, s'accompagne d'une forte réduction de la mortalité ; l'indice de fécondité s'envole de 2,2 en 1943 (niveau de remplacement des générations) à plus de 3 en 1946-1947, puis se maintient à un niveau élevé (entre 2,6 et 2,9) jusqu'en 1965. Il baisse ensuite de manière significative mais reste élevé jusqu'en 1973 où il est encore de 2,3. Ces chiffres, peuvent être mis en parallèle avec ceux des autres PDEM : En Amérique du Nord, les taux de natalité avoisinent les 25 voire 27 pour mille entre 1947 et 1959. En Europe de l'Ouest, Les taux de natalité sont parfois identiques à la France à l'image même de la RFA, qui frôle les 20 pour mille aux mêmes dates.

Tous ces pays doivent donc gérer, à l'instar de la France, « *le coup de jeunes des Sixties* » (J. Sirinelli). En 1968 : 1/3 de la pop française a moins de 20 ans. La place de la jeunesse est quantitative et qualitative : en effet, le baby-boom a rendu « visible » la jeunesse. En France comme aux États-Unis par exemple, il apparaît que la culture de masse dans les années 1960 est une culture jeune, ce qui est une rupture (avant, c'était une culture d'adulte qui prédominait). J.-F. Sirinelli parle de « *phagocytose* » de la culture de base par la jeunesse. Il s'appuie sur un phénomène culturel des années 1960, l'émission de radio à succès ainsi que le périodique« Salut les copains ; Les adultes, après avoir été réticents, finissent par adopter cette culture juvénile (culture du jean par exemple).

Cette croissance naturelle forte décline puis freine nettement à partir de 1974, en France comme dans les autres PDEM.

En France, certains natalistes comme A. Sauvy y voient le retour du spectre de la dénatalité : le nombre moyen d'enfants par femme est de 1,95 en 1980 et même 1,78 en 1990. C'est certes moins bon qu'aux États-Unis où la reprise est plus rapide (1,84 puis 2,04 pour les mêmes dates selon l'INED) ; cependant la France reste un moteur européen en terme de natalité (l'Allemagne passe par exemple de 1,56 à 1,45). La thématique du vieillissement de la population va donc progressivement s'affirmer (R. Lenoir parle « *d'invention du troisième âge* » en 1979), d'autant que l'espérance de vie progresse : les plus de 60 ans passe de 11 à 19 % de la population entre 1950 et 1999. Les enjeux portent sur le financement des retraites mais aussi sur le marché de consommation potentiel que représentent ces personnes.

Des mouvements migratoires qui suivent aussi les grandes tendances des PDEM

« Le creuset français »* (G. Noiriel)

La France a, depuis le XIXe siècle, une attractivité migratoire qui la différencie des autres pays européens mais la rapproche des pays neufs. Dans les années 1950-60, un nouveau mouvement d'immigration de masse intervient, au même titre, cette fois-ci que des pays comme la RFA ou le Royaume-Uni. Les origines sont diverses et dépendent globalement d'accords étatiques (France-Italie par exemple), de rapports coloniaux puis ex-coloniaux (hausse des Maghrébins d'origine algérienne, marocaine ou tunisienne) et de la situation géopolitique européenne (dictatures espagnoles et portugaises, bloc soviétique). En 1974, la population étrangère atteint le chiffre de 3,4 millions de personnes, avec en tête les Espagnols, les Portugais et les Algériens (environ 700 000 personnes chacun). Le retournement conjoncturel change la donne à partir des années 1970-1980 : les entrées légales vont se restreindre aux réfugiés politiques et à ceux bénéficiant du regroupement familial, ce qui tend à augmenter la part des femmes (40 % en 1990). De même, les populations africaines (nord-africaines comme subsahariennes) et, dans une moindre mesure, asiatiques prennent le pas sur les européennes. Les restrictions favorisent les entrées illégales (environ 350 000 personnes au début des années 1990) et globalement le pourcentage d'immigrés dans la population française est resté stable (autour de 7 % de la population). Ces populations immigrées ont, en termes d'emplois, essentiellement occupés des postes d'ouvriers et d'ouvriers agricoles avant de se tertiariser progressivement. Même si des facteurs d'intégration réels sont présents (mariages mixtes, réussite scolaire et ascenseur social pour certains), les immigrés rencontrent souvent des difficultés socioéconomiques plus récurrentes (chômage, emplois précaires ou clandestins, rejet sociospatial ou social qui motive la création d'SOS racisme en 1985) ; celles-ci augmentent à partir des années 1980.

Des flux migratoires intérieurs qui suivent les grandes mutations internationales

L'évolution migratoire intérieure française suit les grandes tendances mondiales : l'urbanisation croissante et le tropisme frontalier, notamment littoral. La ligne de fracture « Le

Havre-Marseille », entre une France industrielle et urbaine au Nord-est et rurale et agricole au Sud-Ouest se résorbe progressivement avec l'essor de métropoles régionales (Lyon, Grenoble, Marseille, Toulouse ou encore Bordeaux ou Nantes) et grâce au développement du tourisme balnéaire (côtes méditerranéennes et landaises par exemple), hivernal (stations de ski des grands massifs montagneux) puis du tourisme vert plus diffus. La tertiarisation supérieure est parfois plus rapide qu'au Nord avec la mise en place de technopôles* (à l'image de Sophia-Antipolis dans l'arrière-pays niçois). Plus largement, sous l'impulsion de l'intégration européenne, des coopérations transfrontalières se mettent en place (eurorégions par exemple) qui renforcent les flux et les installations frontalières profitant des interfaces (différences de salaires, de coût immobilier par exemple). En 1990, la plupart des grandes villes françaises sont en cours de métropolisation* (concentration des fonctions supérieures et d'une bonne accessibilité) et s'étalent spatialement (essor du périurbain, parfois au détriment des espaces ruraux, des villes moyennes alentours mais aussi des centres villes et surtout des banlieues).

B. Un « modèle économique et social français » ? Le « social colbertisme gaulois »

En apparence, la France a, sur toute notre période, un modèle économique et social singulier, articulé sur la très forte présence de l'État. On a parfois pu appeler cela le « social colbertisme gaulois » (J.-B. Foucauld), *« l'État qui commande l'économie au nom d'une ambition politique et d'une volonté de progrès social »* (A. Michel). Certes, l'implication étatique est, nous le verrons, une réalité, et cette donne a plus ou moins bien assuré le maintien de la puissance française (J. Lesourne intitule un ouvrage en 1998 *Le modèle français, grandeur et décadence*) ; cependant, force est de constater que si modèle il y a, celui-ci se place dans un débat sur le capitalisme qui le dépasse géographiquement. C'est ce que développe M. Albert, dans son livre *Capitalisme contre capitalisme* de 1991. Pour lui, le capitalisme est *« multiple, complexe comme la vie mais cette « diversité tend à la bipolarisation entre deux grands types de capitalisme d'importance comparable »*. Il isole ainsi un capitalisme anglo saxon, très libéral et dont les États-Unis sont le chef de file et un capitalisme « rhénan » qui concilie l'économie de marché et le progrès social. Par certains aspects, le modèle français est plus proche du modèle rhénan, notamment sur l'idée que L'État doit intervenir pour garantir des conditions de concurrence égales et pour maintenir la cohésion sociale. Pour autant, M. Albert mentionne la tentation des Français à se tourner vers le modèle anglo-saxon depuis au moins les années 1980 : la déréglementation* s'est accélérée, les marchés financiers se sont développés et l'État-providence est progressivement contesté.

Les mutations des entreprises françaises permettent d'illustrer la singularité des choix français. En effet, dès les années 1960 et sous l'impulsion de l'État émergent des « champions nationaux » de taille internationale comme Elf-Aquitaine (1976) ou la Banque nationale de Paris (BNP, 1966) ; concentration et fusion-acquisition sont leur lot pour résister à la concurrence et/ou gagner des parts de marché (Citroën est absorbé par Peugeot dès 1974). Cependant J. F. Eck mentionne que les PME *« appartiennent aux permanences du capitalisme français* » : au début des années 1990, 90 % des entreprises ont moins de 500 salariés. Leur degré d'ouverture est moins important qu'en RFA alors que les grandes entreprises, elles, n'hésitent pas à utiliser les IDE et à généraliser leur recours au financement externe (crédit puis, dans les années 1980, accès aux marchés financiers).

C. Une ouverture à l'international à double tranchant

La France à l'heure du modèle anglo-saxon

Les conditions de libération du territoire en 1944-45 puis la prééminence étatsunienne mondiale vont mettre la France dans l'orbite du modèle anglo-saxon. L'essor de la société de consommation française se calque sur les ressorts outre-Atlantique (Gérard Mulliez, fondateur du groupe Auchan, a ainsi suivi un séminaire aux États-Unis à la fin des années 1950 avant d'ouvrir son enseigne). De même, la jeunesse française des Trente glorieuses s'approprient des codes étasuniens ou londoniens : succès du jean comme vêtement, de groupes de musique anglais comme les Beatles, diffusion massive de la musique « yéyé » d'inspiration anglo-saxonne en France avec des icônes comme « Johnny », un chanteur d'origine belge qui a choisi ce nom de scène à la place de son nom réel (Jean-Philippe Smet). Les années 1970-90 n'affaiblissent pas cet attrait : la soul, le hip-hop, le rap ou le R'nB se diffusent massivement sur le territoire national tout comme la production cinématographique ou télévisuelle étasunienne : en 1978, sur les 10 premiers films du box-office français, 7 viennent des États-Unis ; en 1988, M6 arrive à concurrencer l'audience des informations nationales de 20h de la première chaîne en programmant « *the Cosby Show* » et « *Madame est servie* ». Pour autant, l'État français tend, pendant la période, à vouloir atténuer la force de ce modèle et à conserver une souveraineté et une culture française revendiquée. Le président C. de Gaulle sort en 1966 la France de l'OTAN, ce qui a pour conséquence la fermeture des bases américaines sur le sol national ; de même, en 1994, J. Toubon, alors ministre de la Culture et de la Francophonie réussit à imposer une loi contre les anglicismes et met en place un quota de chansons françaises sur les ondes radiophoniques.

L'Europe sas d'une mondialisation plus subie que voulue

Le couple franco-allemand a servi de point de départ à la construction européenne et la France est toujours apparue comme un acteur de poids pour les décisions communautaires. Suite à la CECA (communauté européenne du charbon et de l'acier), la CEE (communauté économique européenne), issue du traité de Rome du 25 mars 1957, se propose d'approfondir l'intégration régionale des pays membres. D'un point de vue économique, on peut la voir à la fois comme un outil d'extraversion mais aussi de résistance à la concurrence internationale accrue depuis 1945. Ce paradoxe s'illustre parfaitement dans le domaine agricole. La politique agricole commune (PAC*), mise en place dès 1962, soutient financièrement les modernisations mais vient aussi pallier les fluctuations des cours internationaux de produits agricoles par le système des « prix garantis » tout en garantissant un marché élargi relativement protégé via la « préférence communautaire ». En cela, la CEE joue un rôle protectionniste vis-à-vis de l'agriculture européenne et notamment française : elle protège un domaine considéré comme stratégique (l'autosuffisance alimentaire permet d'éviter un « *foodpower* » étranger et notamment étasunien constituant un levier géopolitique très efficace) ; mais elle va également permettre aux agricultures des pays membres de devenir excédentaires, compétitives et de ce fait bien insérées à la mondialisation, ce que réalise la France dès la fin des années 1960. Pour autant le système est à double tranchant. Ainsi, l'élargissement progressif de la CEE à des pays comme l'Espagne en 1986 va donner lieu à une course à la compétitivité prix et hors prix qui profite à cette dernière au détriment des Français : la conquête des marchés hexagonaux par la « fraise espagnole », moins chère et souvent en primeur explique certaines réticences à l'élargissement ibérique. L'entrée du Royaume-Uni en 1973, dans un contexte de retournement conjoncturel, va amorcer un nouveau changement : le pays, plus libéral en matière économique et moins tourné vers l'agriculture va rapidement se faire le chantre d'une transformation de la PAC qui absorbe à elle seule près des deux tiers du budget européen ; dès les années 1980, la mise en place de quotas sur certains produits (lait) préfigure la réforme de 1992 sur les prix garantis. La France a été hostile pendant longtemps à l'entrée du Royaume-Uni dans la CEE, jugeant ce pays plus proche politiquement et économiquement des États-Unis que de l'Europe et elle s'opposera fréquemment à lui pendant les négociations sur la PAC puisqu'elle en est un des principaux bénéficiaires. Pour autant, elle ne réussira pas à empêcher les modifications tout comme, à une autre échelle, elle se devra de participer aux négociations du GATT (accord général sur les tarifs douaniers et le commerce) : à l'Uruguay Round de 1986 à 1994, la question de l'abaissement des protectionnismes tarifaires et non tarifaires des agricultures des PDEM est notamment abordée, sous l'impulsion des PVD et notamment des pays émergeants comme le Brésil, qui deviennent de sérieux concurrents.

III. Des jeux d'acteurs complexes et évolutifs au cœur des dynamiques

A. L'État français : un acteur majeur des dynamiques économiques et sociales françaises…

De 1945 au début des années 1970, l'État français peut être considéré comme « *un État keynésien modernisateur* » (P. Rosanvallon). Il est à la fois aménageur du territoire, planificateur de la modernisation, chef d'entreprises via les nationalisations, arbitre des relations patronat-salariés, redistributeur de la richesse produite, et « instituteur du social ».

Le dirigisme affiché à la libération a pu faire penser à une rupture vers le socialisme. Or, si les réformes de la Libération font de la France un modèle d'économie mixte, le dirigisme qui les inspire est lui motivé par les nécessités du court terme : hâter la reconstruction, hâter le retour aux mécanismes classiques de l'économie de marché. Par exemple, les nationalisations n'ont une dimension idéologique que pour les socialistes et les communistes, mais pour les autres, de Mendès France à De Gaulle, il s'agit surtout de s'appuyer sur le secteur public pour accélérer la modernisation de l'économie française. Dans les *Mémoires de Guerre*, celui-ci écrit : « *C'est à l'État, aujourd'hui comme toujours, qu'il incombe de bâtir la puissance nationale, laquelle, désormais, dépend de l'économie* ». C'est donc au nom de cette conception traditionnelle de l'État qu'on nationalise, et non en rupture avec le capitalisme. Pour de Gaulle, il est tout aussi nécessaire de reconstruire l'unité nationale et d'associer les syndicats à la « bataille de la production ». De ce point de vue, les nationalisations ont bien rempli leurs fonctions, elles ont bénéficié d'investissements plus massifs, qui sont également retombés sur le secteur privé, par l'intermédiaire de commandes passées aux entreprises privées, ou par une tarification avantageuse (EDF). Elles ont servi de fer de lance à la production de masse, l'État encourageant les missions de productivité envoyées aux États-Unis. La généralisation de la troisième semaine de congés payés en 1956 correspond d'ailleurs à la généralisation d'un accord intervenu chez Renault en 1955. Le secteur public devient une « *vitrine de la politique sociale* » du gouvernement

À partir du début de la Ve République, l'économie française connaît une mutation décisive. Avec le retour de la croissance, le dirigisme s'assouplit quelque peu, ce qui est à mettre en parallèle avec la reconstitution d'une épargne privée. Le Plan change alors de caractère. Le mot d'ordre « produire mieux » se substitue à « produire plus ». Les investissements publics régressent de 47 % du total des investissements en 1949 à 33 % en 1951, 23 % en 1958. Dans les années 1960, sous l'impulsion de Pierre Massé, la planification change de rôle : jusqu'alors, les objectifs du Plan étaient de programmer des investissements publics sur le long terme, et d'éclairer les entreprises privées. Ce second objectif devient primordial dans les années 1960. Dans le même esprit, à la suite du rapport Nora de 1967 sur le secteur public, qui préconisait une redéfinition des relations entre l'État et les entreprises publiques, l'État accorde davantage d'autonomie aux entreprises publiques, dont la gestion tend à se rapprocher des critères de rentabilité du secteur privé.

B. Un interventionnisme* ouvert à des partenaires de plus en plus divers

De 1974 au début des années 1990, l'État est plus incertain dans ces décisions, tente la délégation et doit tenir compte de l'essor d'acteurs privés qui contestent et/ou tendent à peser sur les grandes décisions.

La politique de 1974 à 1981 est hésitante car les traditionnelles mesures de « stop and go » fonctionnent mal en situation de stagflation. En ce sens, la politique de relance socialiste de 1981 (nationalisation et « jeu de meccano industriel » de 12 grandes entreprises, hausse du SMIC et des emplois publics), au début du mandat de F. Mitterrand, peut être à la fois être vue comme une tentative d'électrochoc pour redémarrer la croissance et comme le baroud d'honneur d'une politique étatique autonome c'est-à-dire qui s'abstrait des contraintes et grandes tendances extérieures (politiques de rigueur de Tchatcher voire de Reagan au même moment). Le tournant « *d'inspiration néolibérale* » (J.-F. Eck) de 1983 va donner la priorité à la rigueur, quelle que soit la tendance politique en place (gouvernement de Chirac de 1986 à 1988 avec les premières privatisations et baisse des charges pour les entreprises ; gouvernement Rocard en 1988 qui continue la réduction des parts de l'État dans les entreprises publiques). Ceci provoque un brouillage de la distinction droite-gauche qui nuit au rapport entre les politiques et leur électorat et se traduit par une méfiance voire un désamour progressif des Français (hausse des abstentions et des partis extrêmes lors des élections).

Après avoir progressivement mis en place les 22 régions dans les années 1960, l'aménagement du territoire est moins volontariste et plus défensif ; l'État français va également tenter, à partir des années 1980, de décentraliser certaines de ces compétences. Les lois Deferre de 1982 transfèrent certains domaines de l'État à des échelons inférieurs (bibliothèques et écoles primaires aux communes, collèges aux départements, lycées aux régions) ; l'aménagement du territoire se fait de plus en plus sous forme contractuelle (les contrats de projet État-région par exemple). Cela a démultiplié les acteurs publics en ce qui concerne la prise de décisions politiques, au moment même où s'affirment des acteurs privés qui revendiquent une prise en compte de leurs intérêts voire une codécision. Les traditionnels syndicats de salariés ou du patronat sont maintenant relayés par des initiatives plus informelles de personnes, d'associations, voire d'ONG (cf. Le Larzac ci-dessous). On passe donc d'un simple gouvernement à une gouvernance, par nature multiscalaire (puisque l'influence de la CEE et des partenaires extérieurs se fait également sentir).

C. Le changement social et économique français à travers quelques conflits

Les mutations économiques et sociales françaises ont souvent été lentes et progressives ; cependant des conflits ouverts, plus ou moins violents, ont pu à la fois en être les reflets et les catalyseurs. En 1964, A. Touraine développe une « *sociologie de l'action* » dans laquelle il identifie le conflit comme moteur possible de transformations sociales. En analysant de façon comparative le conflit de mai 1968 et les grèves de mineurs de 1984 et 1987 dans le Nord de la France, on retrouve ces deux éléments. La grande grève de 1968 a une triple dimension, universitaire, sociale et politique. Elle participe autant d'une volonté d'émancipation de la société et surtout de la jeunesse de la tutelle étatique que de revendication salariale. La mobilisation pour cette dernière a été sans précédent : 7 millions de grévistes, des occupations de lieux de travail : elle témoigne aussi bien de l'apogée du monde ouvrier et de leur représentants syndicaux que d'une capacité d'action coordonnée relayée par la technologie moderne dont sont équipés la plupart des Français. Le rapport de force entre acteurs apparaît encore équilibré à la fin des Trente glorieuses et l'État jouera son rôle d'arbitre via les accords de Grenelle du 27 mai 1968 (augmentation de 35 % du SMIG et de 10 % en moyenne des salaires réels). *A contrario*, les grèves des mineurs des années 1980 sont défensives et sectorielles. Elles ne concernent plus des avancées mais traduisent un certain désespoir devant la disparition programmée des mines en France, l'absence de reconversion claire envisagée par l'État (pourtant « patron » des Houillères de France avec les nationalisations de 1945) et l'espoir de peser sur les conditions de cessation d'activité. Le rapport de force est devenu défavorable aux salariés et à leurs représentants qui se sentent écrasés par des intérêts qui les dépassent et notamment les notions d'extraversion* et de compétitivité internationale*.

La loi sur l'IVG de 1975 : un sujet de société très clivant

L'avortement est une pratique très ancienne, déjà constatée dans l'Antiquité. Elle est cependant restée très longtemps un acte privé, conservé secret par les familles qui avaient recours à des « faiseuses anges » (des avorteuses). La pratique, clandestine, est souvent dangereuse en elle-même (on utilise des médicaments abortifs plus ou moins fortement dosés ou des outils) mais aussi parce qu'elle est pénalisée : le code civil de 1810 en fait un crime passible de la cour d'assises et en 1942, le régime de Vichy en fait même un crime contre l'État, passible de la peine de mort. L'Eglise catholique a toujours été farouchement contre, allant parfois jusqu'à l'excommunication.

Le milieu du XXe siècle marque un tournant, certains États dépénalisant l'avortement dans les hôpitaux publics comme le Canada en 1969 : la fracture sociale s'accentue alors entre les Françaises qui peuvent faire le voyage pour avorter légalement et celles qui continuent l'acte dans la clandestinité. Cependant, les événements de mai 1968 en France se font les révélateurs de mutations de la pensée sociale, souvent portées par la jeune génération : apparaît l'idée d'une émancipation de l'individu vis-à-vis de l'État ou du contrôle social, notamment en ce qui concerne sa vie personnelle, à commencer par sa vie sexuelle. A cela s'ajoute la structuration d'un courant féministe, à l'image du MLF (mouvement de libération des femmes) : ce mouvement informel rassemble souvent des femmes jeunes, diplômées et progressistes qui témoignent de leur difficulté d'insertion dans un monde plutôt patriarcal et ce, alors même qu'elles sont de mieux en mieux formées. Deux évènements très médiatiques alimentent le débat national : le premier intervient le 5 avril 1971 ; Ce jour-là, *Le Nouvel observateur* publie « l'appel des 343 », c'est-à-dire un texte de 343 femmes connues ou non qui déclarent avoir eu recours à l'avortement et réclament sa dépénalisation au nom de toutes les Françaises. Le second est le procès en 1972 de Marie-Claire Bobigny, une jeune fille de 17 ans qui a avorté avec l'aide de sa mère suite à un viol : son acquittement témoigne d'une évolution des représentations mais aussi du militantisme du MLF ou de personnalités comme Simone Veil et Simone de Beauvoir qui ont multiplié les manifestations de soutien et d'alerte auprès de l'opinion publique.

En 1974, dans un climat très tendu entre les « pro-life » (contre l'avortement) et les « pro-choice » (pour l'avortement), Simone Veil, ministre de la santé, propose la loi sur l'IVG (l'interruption volontaire de grossesse) à l'assemblée. La loi, adoptée par l'essentiel des députés de Gauche et du Centre contre la plupart des députés de Droite entre en vigueur le 17 janvier 1975 pour une durée de cinq ans. Si le clivage au sein de la société française sur cette question ne s'est pas résorbé, l'État français finit, quant à lui, par entériner l'IVG : la loi est d'abord reconduite sans limite de temps puis complétée en 1982 par la loi Roudy qui en assure la gratuité.

◆ IDEES REÇUES

La France se ride et se vide

La dénatalité est, pour les natalistes français, une catastrophe économique et sociale : J. Fourastié parle de « suicide collectif » dans les années 1970 tandis que J. Chirac prévoit dans une interview pour Libération en octobre 1984 que « *dans vingt ou trente ans, notre pays sera vide* ». Pour autant, dans son livre *Marianne et les lapins, l'obsession démographique* paru en 1991, Hervé le Bras démontre que la population française a augmenté, passant de 40 à 56 millions d'habitants entre 1945 à 1990. Il mentionne par ailleurs que « *contrairement aux autres pays d'Europe, la population est restée en France la cause préférée de nos maux, et le symptôme de nos faiblesses.* » : or, pour lui, la thématique du vieillissement de la population par exemple dépend de la vision que l'on en a et du nombre de solutions que l'on est prêt à mettre en œuvre pour contrer les problèmes qu'elle pose (coût des retraites ou des soins notamment). Son ouvrage a d'abord été perçu comme un « livre pamphlet » par l'INED (l'institut national pour les études démographiques).

La France : une forteresse cultivant le mélinisme ?

Le Mélinisme découle de la politique et des idées développées par J. Méline, député des Vosges en 1872 et plusieurs fois ministre de l'Agriculture pendant la période fin XIXe-début

XXe siècle. Il est notamment connu pour avoir promu le protectionnisme tarifaire sur les produits agricoles (tarifs « Méline » de 1892). Le soutien de l'État français à l'agriculture et aux paysans a souvent été mis en exergue et semble rester une constante de 1945 à 1990 : La première PAC (politique agricole commune), par exemple, très favorable à la stabilité des prix agricoles et à la modernisation des exploitations, a largement été portée par les dirigeants français. De même l'annuel « salon de l'agriculture », porte de Versailles, reçoit systématiquement la visite d'un haut représentant de l'exécutif et/ou du président lui-même. Pour autant la France n'est pas crispée sur le monde agricole : H. Mendras (*La fin des paysans*, 1967) a montré que la part de ceux-ci dans la population active a drastiquement baissé (voir cours) et que leur spécificité de mode de vie a presque disparue.

◆ LIEUX DE LA GEOPOLITIQUE

Les « grands ensembles » reflets des dynamiques et des clivages sociaux français

Selon la définition de G. Pinchemel, géographe, en 1959 « le terme de grand ensemble est appliqué à des réalisations de grande envergure comportant plusieurs milliers de logements et qui se veulent des unités résidentielles équilibrées et complètes ». Leur construction suit plusieurs logiques, celle de répondre aux besoins démographiques et de reconstruction, celle, plus idéologique, de tendre vers un urbanisme novateur et qui répond à une exigence de confort plus importante (lumière, espace, équipements). En ce sens, l'application des concepts du fonctionnalisme, développés par la charte d'Athènes de 1933 et représentés en France par Le Corbusier, s'accorde bien aux progrès techniques et à l'essor de la société de consommation, caractéristiques des Trente Glorieuses. Bien qu'initialement conçus pour abriter une certaine mixité sociale, les « grands ensembles » vont néanmoins devenir progressivement des zones de relégation et de problèmes sociaux (chômage, pauvreté et violence notamment). Ils deviennent à la fois le catalyseur et le reflet des clivages sociaux en France qui se creusent depuis le retournement conjoncturel des années 1970 ; ceci explique l'écho national de certains évènements s'y déroulant (les émeutes de la cité des Minguettes à Vénissieux en 1981 sont les premières à être relayées par les médias nationaux) et les efforts répétés par l'État français pour en atténuer les problèmes (émergence de la politique de la ville à partir des années 1970).

Le Larzac en 1972

C'est un évènement local, le projet d'extension d'un camp militaire sur le Causse du Larzac contré par de jeunes paysans expropriés en 1972 qui va donner lieu à un regroupement, pendant près de 10 ans, d'hommes et de femmes de tous horizons dont le dénominateur commun est le refus du fonctionnement de l'économie, des décisions politiques et des mutations de la société française. Olivier Pottier, spécialiste de l'histoire militaire, résume ainsi ce que représente le Larzac à partir de cette date : « *Terre promise pour l'extrême gauche, le Larzac a d'abord été l'école d'une génération qui y a découvert de nouveaux thèmes de réflexion et de nouvelles formes d'action. Cette lutte a réussi à rassembler une communauté d'hommes et de femmes dans le refus du capitalisme, de la course aux armements, de la destruction de l'environnement et de la centralisation* ». Une importance saisie par les contemporains a l'instar d'un journaliste du monde qui qualifie le Larzac de « *vitrine de la contestation* » dans un article du 28 août 1973. Les moyens utilisés pour porter les revendications ont été divers et souvent efficaces : manifestations locales (la fête de la moisson de 1974 réunit 100000 personnes), lâchers de brebis, occupation illégale de fermes, achats fonciers, appel aux médias et aux personnalités comme J. P. Sartre. Malgré toutes les récupérations opérées par les contestataires, les paysans, souvent issus de la « révolution silencieuse » (voir cours), tiennent une place particulière :

le Larzac voit d'ailleurs l'émergence de figures par la suite charismatiques comme celle de José Bové et de sa femme qui viennent s'installer dans la région.

Bibliographie

Lecture indispensable

Jean Fourastié, Les Trente Glorieuses ou la révolution invisible de 1946 à 1975, *éditions Fayard, 1979*

Faisant suite à ses ouvrages précédents, notamment Le grand espoir du XXe siècle *(1949),* Les Trente Glorieuses *peuvent être lus comme un bilan de ses travaux d'histoire économique. Il y note le paradoxe d'une insatisfaction généralisée de la population française alors que l'espoir millénaire d'échapper à la misère a été largement couronné de succès au cours de ses trente années, en France et dans la plupart des pays développés d'alors. Cet ouvrage, qui tente de développer tous les pans de l'économie et notamment ses impacts sociaux, est aussi une tentative de reconstituer la réalité économique en collectant les statistiques disponibles dans une perspective diachronique. Il en souligne toutes les difficultés.*

Ouvrages

Jean-François Eck, *Histoire de l'économie française de 1929 à l'euro*, Collection U, A. Colin, 2009.

Gérard Noiriel, *Population, immigration et identité nationale en France, 19e-20e siècles*, 1992.

Michel Debatisse, *La révolution silencieuse, le combat des paysans*, (sur Persée), 1964.

Henri Mendras, *La seconde Révolution française, 1965-1984*, Gallimard, 1988.

Jean-Pierre Rioux, *Au bonheur de la France. Des Impressionnistes à de Gaulle, comment nous avons su être heureux*, Perrin, 2004.

Pierre Rosanvallon, *La crise de l'État-providence*, points Seuil ; 1992.

Articles

Jacques Marseille, « Autopsie des années de croissance », l'Histoire n°192, 1995, pages 24 et suivantes.

Rémi Lenoir, « l'invention du troisième âge », actes de la recherche en sciences sociales, n°1 volume 26, 1979, p. 57-82.

Sitographie

Publication de l'INED : www.ined.fr

Publications de l'INSEE : www.insee.fr

Alternatives économiques : plusieurs articles thématiques à retrouver à partir du site ; dictionnaire et bibliographie : www.alternatives-economiques.fr

Films et musiques sur le thème

1965 : France Gall : *Poupée de cire, poupée de son* ; vogue des Yé-Yé

1974 : Bertrand Blier, *Les valseuses*

1975 : Renaud : *Hexagone*

1988 : Etienne Chatilliez : *La vie est un long fleuve tranquille*

1995 : Mathieu Kassovitz : *La haine*

Commentaire de documents

L'espace industriel français depuis 1945

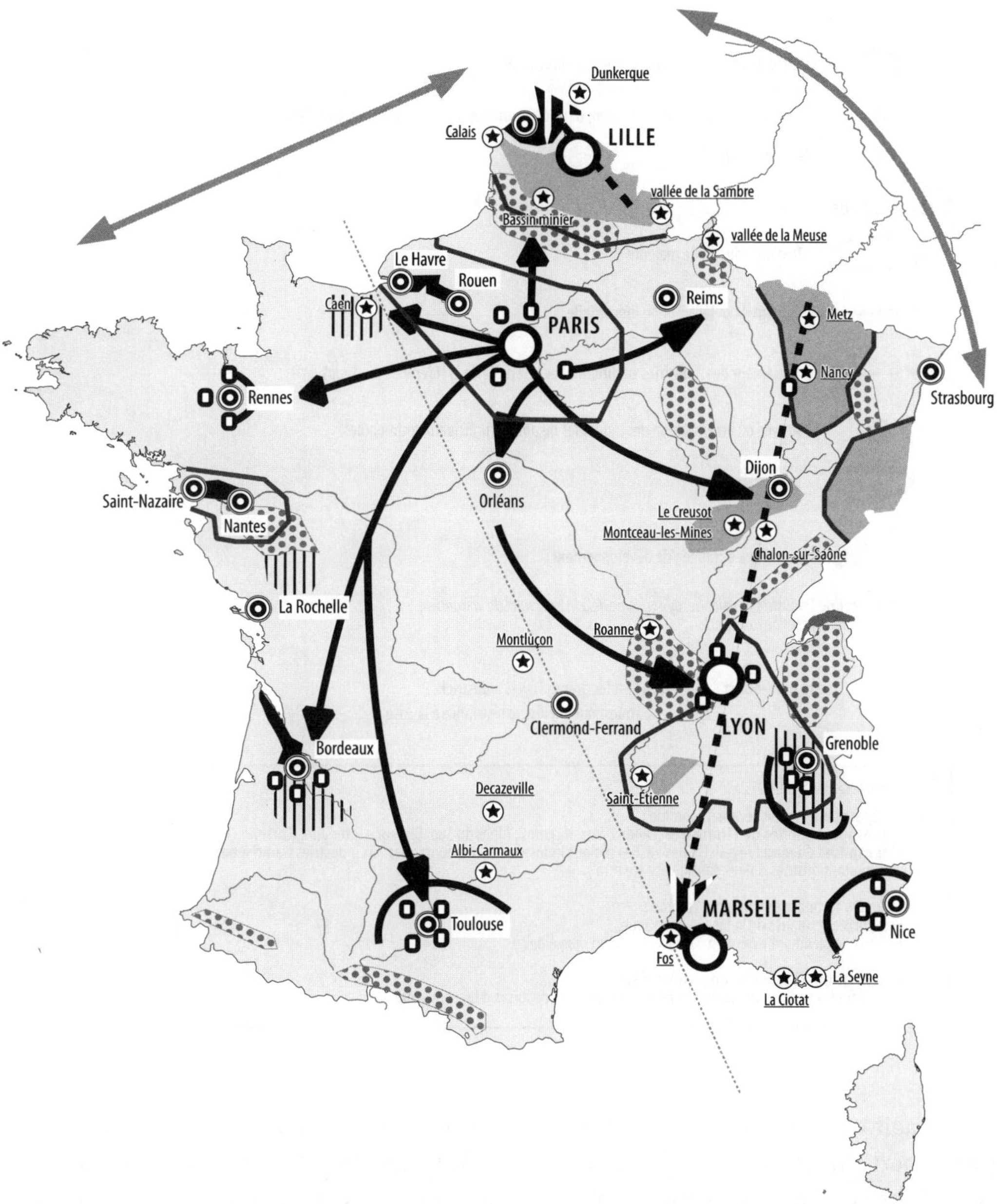

L'espace industriel français depuis 1945

1. Évolution des régions industrielles

- Région d'industrie rurale diffuse ancienne (1945 - 1960)
- Région industrielle en déclin
- Région d'industrie rurale nouvelle, à partir de 1960
- Région ayant bénéficié des aménagements fluvio-maritimes

2. Évolution des villes

- Grande ville demeurée attractive sur le plan industriel
- Ville ayant bénéficié de la délocalisation, de la décentralisation et d'investissements depuis 1960
- Pôle de conversion

3. Les mutations

- Région industrielle majeure
- Courant de délocalisation industrielle
- Glissement des industries traditionnelles (exemple de la sidérurgie sur l'eau)
- Arrivée ou accentuation des industries de pointe (principaux technopôles)
- Région attractive
- Grand axe européen de développement
- *Puissance de l'industrie parisienne, dynamisme lié à la proximité de la frontière ou des grands axes de transports*
- **Ligne nord-ouest / sud-est :** à l'est les grands foyers industriels
  à l'ouest une meilleure résistance à la crise

Typologie des espaces industriels :

— **des espaces industriels répulsifs** comme :
- **les espaces oubliés de l'industrie** (Landes, Massif central, Alpes du Sud, Bretagne intérieure, Corse).
- **les espaces devenus répulsifs** (les vieilles régions industrielles, les montagnes aux industries traditionnelles, les mono-industries isolées dans un espace rural).

— **des foyers au faible dynamisme** comme :
- les ports et estuaires de la façade atlantique,
- l'Ouest, le piedmont pyrénéen, l'Alsace, la région marseillaise.

— **des conversions réussies ou en passe de l'être** :
- le sud français (phénomène de Sun Belt), les territoires de loisirs d'hiver ou d'été.

Il s'agit ici d'une carte de synthèse sur l'industrie en France depuis 1945 réalisée par Robert Cheize dans son livre *La France* (A. Colin, 1998). Elle nous présente les mutations géographiques multiscalaires tout comme les changements de branches opérés par l'industrie.

Les anciennes régions industrielles sont le plus souvent concentrées au nord-est de la ligne Le Havre-Marseille ; Quelques exceptions sont à noter comme l'industrie de montagne pyrénéenne (présence de minerais, d'eau et de bois) ou quelques pôles plus isolés à l'image de Decazeville. Ces régions d'industrie lourde, localisées au plus près des ressources (charbon du Nord-Pas-de-Calais ou « minette » de fer de lorraine par exemple) connaissent des difficultés dès 1945 et amorcent un long déclin qui s'accélère après le retournement conjoncturel des années 1970.

La période 1960-1990 voit le changement des localisations industrielles, selon plusieurs logiques. Dans le cadre de l'extraversion renforcée de l'économie française, on observe une littoralisation des activités industrielles, qui s'installent dans des ZIP (zones industrialo-portuaires) aux abords des ports autonomes (grands ports français dont le développement est suivi par l'État à l'image du Havre). Certains ports de fond d'estuaire se dotent d'avant-port (développement de Saint-Nazaire en liaison avec Nantes). Une logique de déconcentration industrielle parisienne pilotée par l'État favorise l'implantation d'entreprises en provinces, notamment dans le grand Ouest (Citroën près de Rennes par exemple). Cependant, certaines régions demeurent peu attractives pour ces implantations comme la Corse (qui cumule des contraintes géographiques comme la haute montagne et un problème de nationalisme récurrent).

En parallèle, l'industrie française se modernise et se réoriente de plus en plus vers l'industrie de pointe pour résister à la concurrence. Elle s'appuie fortement sur des innovations qui se réalisent au sein de technopôles (espace de recherche et d'application industrielle) ; celles-ci se situent souvent aux abords de métropoles : à côté de Paris, ce sont les métropoles du Sud, cumulant les aménités qui en développent d'abord le plus. Sophia-Antipolis, créé en 1969 près de Nice en est l'archétype tout comme Toulouse, qui devient la cité de l'aéronautique et de l'aérospatial français (Airbus puis Ariane).

Des tentatives de reconversion industrielle des espaces les plus en difficulté se mettent progressivement en place mais avec des succès mitigés. Ceux-ci, au début des années 1990, cumulent souvent plus de problèmes sociaux que le reste de la France (chômage persistant) et ont un solde migratoire souvent négatif. Cependant, les pôles industriels isolés comme le Creusot, ancien fief sidérurgique, ont encore plus de problème de reconversion que le Nord ou l'Est de la France ; ces dernières jouissent de la transfrontalité qui s'affirme avec la construction européenne (création de l'eurorégion de Bruxelles-Capitale, Vlaanderen, Kent, Nord-Pas de Calais, Wallonie en 1991).

Dissertation

Les mutations de la France rurale de 1945 au début des années 1990

Introduction

Bien que la France soit, avec le Royaume-Uni, un des pays pionniers de la révolution industrielle, elle est restée, bien plus longtemps que ce dernier, centrée, ancrée même sur son monde rural. Pour Jean-Claude Bontron, la notion de ruralité s'appuie sur trois dimensions fondatrices : « *la prééminence des activités agricoles et pastorales dans les formes de l'organisation économique et sociale ; une spécificité du système de valeurs [...] et des modes de vie [...] par rapport aux habitants des villes ; les particularités [...] d'utilisation des ressources du sol qui aboutit à une occupation extensive du territoire avec pour corollaire la dispersion et la faible densité du peuplement* ». Le monde rural est souvent associé à l'inertie, voire au conservatisme par rapport au dynamisme urbain. Pour autant, entre 1945 et 1990, il subit, à l'instar d'autres espaces, un renouvellement.

En quoi, malgré les disparités spatiales, la France rurale a-t-elle globalement connu depuis 1945 des mutations profondes et multiples qui ont radicalement changé son visage ?

I. Des mutations paysagères et des modes de vie très importants…

A. Des paysages ruraux métamorphosés

Paysages agraires entre modernisation et déprise

En 1945, le monde rural est encore largement organisé en fonction des activités agricoles. Leur mutation s'est engagée à travers des réformes socio-économiques dès les années 1940 et 1950, mais c'est surtout à partir des années 1960 que la mutation s'est accélérée. Ainsi, les **grandes lois d'orientation agricoles de 1960 et 1962** ont pour objectif d'accroître la productivité et de moderniser les exploitations. Parallèlement, la Communauté européenne, décide, en 1962, une **Politique agricole commune (PAC)**. Il s'agit non seulement de relever le défi de l'autosuffisance alimentaire, mais de partir à la conquête de marchés mondiaux. Certains paysages agraires vont donc s'ouvrir (essor de **l'openfield** pour la mécanisation) et passer à la **monoculture** : La Beauce céréalière en est le symbole. D'autres, moins propices à la modernisation, stagnent ou sont en **déprise** (hausse des friches et du reboisement spontané ou programmé comme en Lozère).

L'essor du périurbain, espace hybride, surtout à partir des années 1970

Surtout visible à partir des années 1970, un espace résidentiel discontinu, essentiellement composé de maisons individuelles, s'est développé autour des agglomérations. Des plates-formes commerciales, des pôles logistiques, des zones d'activités diverses ont également vu le jour. L'ensemble forme ce que l'on appelle les **espaces périurbains**. Alimentés par la relocalisation de populations et d'activités issues des villes mais aussi par l'exode rural, ces nouveaux territoires sont peu denses, fragmentés, mêlant espaces agricoles et naturels et habitat. Très **attractifs** (ils tendent à concentrer l'essentiel du développement urbain), ils forment un espace hybride aux caractéristiques rurales et urbaines (l'essentiel des périurbains font la **navette pendulaire** quotidienne pour le travail).

B. Une spécificité de la vie rurale qui disparaît

« De Madère à Cessac » : l'alignement des sociétés rurales sur la société de consommation urbaine

Dans son livre, **les Trente glorieuses, autopsie des années de croissance**, J. Fourastié montre l'évolution **des modes de vie** de deux villages ruraux dont on comprend qu'ils représentent en réalité un seul et même village du Quercy qui s'est métamorphosé pendant la période. Or, si en 1945, l'alimentation représente l'essentiel des dépenses d'un ménage (qui a d'ailleurs peu de loisirs), les choses changent vers les années 1970 : ils possèdent des biens d'équipement *(« 110 téléphones pour 670 habitants »* pour J. Fourastié), travaillent en dehors du village et de l'agriculture (essor du tertiaire) et voyagent à l'international (Tunisie, États-Unis ou URSS). Il y a donc homogénéisation des niveaux de vie avec l'urbain mais au détriment des spécificités culturelles (sociabilité villageoise autour des grands temps de l'agriculture comme les feux de la Saint-Jean par exemple).

Des innovations techniques décisives expliquent en partie ses transformations sociales

L'accès aux biens de consommation est à la fois cause et conséquence des transformations des modes de vie : la voiture par exemple permet un éloignement quotidien du domicile, pour se rendre au travail par exemple ; de même la TSF puis la télévision resserre progressivement les loisirs sur la sphère familiale privée. Le village rural se dote des mêmes services que la ville (eau et électricité courantes, retraitement des eaux usées et ramassage des ordures) : Les tas de fumier, autrefois symboles de la richesse agricole, sortent de la cour de la ferme ou des bords de routes au nom de la salubrité.

C. Une prise en compte de la « nature » de plus en plus importante

Protéger la nature : le rural refuge

Face au progrès de l'urbanisation et de l'industrialisation, la France ressent le besoin de protéger ses espaces naturels les plus emblématiques et donc une partie de sa ruralité. Dès 1963, l'État met en place les PNN (parcs naturels nationaux dont les premiers sont la Vanoise (Alpes) et Port-Cros (en mer Méditerranée)) ; dans la foulée, en 1967, sont créés les PNR (Parc naturels régionaux) : moins sanctuarisant que le premiers, ils essaient de combiner protection de la nature et développement économique, notamment dans les régions rurales en déprise (par exemple le PNR du Vercors, marqué par le maquis est créé en 1970). Les années 1970-90 tendent à renforcer la sensibilisation des Français comme des autres habitants des PDEM aux questions environnementales (Club de Rome, sommet de la terre de Rio en 1992 par exemple).

Mettre en valeur la nature pour développer le tourisme

Les espaces naturels ont de plus en plus conçus comme des leviers de reconversion et de développement économiques pour le monde rural. Les « plans neige, de 1964 à 1977 », étatiques, transforment les hautes montagnes françaises, avec l'implantation de stations de ski très importantes (par exemple les Arcs dans les Alpes). La France détient progressivement le premier domaine skiable mondial. Parallèlement à cela se développe dans l'essentiel du monde rural un tourisme vert, plus diffus et plus ou moins sportif.

II. … soutenues par la « révolution silencieuse » (M. Debatisse) et des rapports au monde urbain renforcés

A. Le poids des agriculteurs en déclin en France comme dans le monde rural

Les agriculteurs et la population active française de 1945 à 1990

Les chiffres clefs (début de chapitre) nous montrent la baisse constante des actifs agricoles de 1950 à 1992 puisqu'ils passent de 27 % à 5. 9 % de la population active totale. Cette *« fin des paysans »* (H. Mendras) reflète la **concentration agricole et l'exode rural** qui ont accompagné la modernisation foncière et technique (mécanisation notamment) de l'agriculture. Il y a eu **déver-**

sement sectoriel vers le secteur secondaire puis, de plus en plus, tertiaire. Cela a eu pour corollaire un vieillissement et un isolement accru des agriculteurs.

L'essor des « nouveaux habitants » dans le monde rural

Les espaces ruraux les plus dynamiques attirent les urbains en quête d'espace et de nature. À côté de l'essor des résidences secondaires, les **périurbains** mais aussi les **néoruraux** (urbains s'installant dans un rural plus lointain des villes) changent **les dynamiques de peuplement** comme la **répartition des actifs locaux**, de moins en moins tournés vers l'agriculture.

B. Un monde rural inféodé à l'urbain ?

De l'État jacobin aux prémices de la décentralisation : des décisions d'aménagement du territoire essentiellement urbaines

Des années 1945 à 1980, l'État est le grand pilote de l'aménagement du territoire, via la **DATAR** (délégation à l'aménagement du territoire et à l'action régionale). Les principales mesures de modernisation agricoles et de développement rural viennent de Paris (Edgar Pisani est par exemple le chef d'orchestre des lois d'orientation agricoles et un négociateur de poids de la PAC). À partir des lois de **décentralisation** de 1982, l'aménagement devient plus local mais reste largement du ressort des pôles urbains : ainsi le chef de l'exécutif départemental est le président du conseil et celui de la région est le président du conseil régional.

La concentration urbaine des activités nuit à la dispersion rurale : l'exemple du déclin de l'industrie rurale

L'ouverture à la concurrence européenne et internationale favorise les **concentrations spatiales synonymes d'économies d'échelle**. Cela, cumulé à des problèmes d'accessibilité et à la reconversion industrielle globale, nuit aux régions industrielles rurales, souvent anciennes et diffuses. Ainsi les Vosges, traditionnellement fondées sur le textile et la papeterie qui en ont fait la montagne la plus peuplée de France perd, surtout après 1970, constamment des entreprises. Le solde migratoire devient alors négatif, au profit d'autres régions et/ou des métropoles (à commencer par Strasbourg).

III. Des mutations cependant contrastées dans l'espace et plus ou moins bien tolérées par les ruraux

A. Une typologie des espaces ruraux français en mutation en fonction de leur dynamisme et leur attractivité

Les mondes ruraux en pointe : espaces périurbains attractifs et régions agricoles productivistes

Les espaces ruraux les plus dynamiques en termes d'attractivité ou de modernisation économique se situent à proximité des métropoles (périurbain) ou dans les régions d'agriculture intensive productiviste (bassin parisien, aquitain par exemple). En 1993, C. Canévet théorise les succès et les revers de la mutation agricole en Bretagne qu'il surnomme « modèle agricole breton ». La dépendance au marché et les problèmes écologiques questionnent de plus en plus ce type d'agriculture dans les années 1990.

Les mondes ruraux en déprise agricole et rurale, cependant temporisée par l'atout touristique

Les régions de topographie et/ou de pédologie contraignantes, comme les montagnes, n'ont pu se moderniser aussi rapidement et peinent à s'insérer dans les marchés européens et mondiaux. Les aides étatiques et européennes nombreuses ont permis de limiter la déprise sans l'arrêter. Au début des années 1990, les préoccupations environnementales tendent à valoriser les productions extensives et de qualité de ces espaces (AOC) et le tourisme vert permet une reconversion sectorielle partielle.

B. Des ruraux qui se sentent dépossédés de leur espace

Des conflits entre ruraux et État : l'exemple de l'affaire de la Vanoise

Les ruraux ont contesté certaines des décisions étatiques qu'ils ont estimées trop contraignantes pour leur vie quotidienne et leur développement. Ainsi l'affaire de la Vanoise de 1969 se noue autour de l'opposition à l'extension de certaines stations de ski sur le cœur du parc ; de même, les projets de réintroduction de l'ours dans les Pyrénées au début des années 1990 suscitent des débats importants, notamment avec les bergers locaux.

Un voisinage anciens ruraux-nouveaux ruraux parfois houleux

Les modes de vie comme les représentations du monde rural ne sont pas les mêmes entre anciens et nouveaux ruraux. Ainsi, les aménités paysagères sont au centre des préoccupations des anciens urbains qui tendent à vouloir le façonner : la question des ravalements obligatoires de façades en Normandie pour retrouver les colombages a par exemple suscité beaucoup de conflits (question de coût notamment).

Conclusion

Dès 1931, la part de la population urbaine dépasse celle de la population rurale en France. Pour autant, le contexte historique comme l'inertie des structures ont décalé les mutations les plus profondes aux lendemains de la Seconde Guerre mondiale. De 1945 aux années 1990, le monde rural français se transforme physiquement et mentalement, même si tous les espaces n'ont pas la même réactivité. Ces mutations répondent souvent à la nécessaire adaptation à l'ouverture européenne et internationale, mais découlent aussi de l'influence politique, sociologique et de l'imaginaire urbains. L'approfondissement de la décentralisation comme l'émergence de préoccupations environnementales à partir des années 1990 seront l'occasion pour la France rurale de tenter de reprendre en main son propre devenir.

Oral

Être jeune en France des Trente Glorieuses aux années 1990

Introduction

Généralement située entre l'enfance et l'âge adulte, la jeunesse est un entre-deux encore marqué par une certaine dépendance mais aussi un devenir et une volonté d'émancipation. À partir des Trente Glorieuses, donc des années 1950, les jeunes Français gagnent en poids et en visibilité, au sein de la famille comme de la société ; pour autant la fin de notre période semble plus complexe à gérer pour eux. En quoi être jeune en France des années 1950 aux années 1990 c'est appartenir à un groupe social identifiable mais diversifié et qui a vu sa place et ses préoccupations particulièrement évoluer ?

I. Être jeune en France c'est participer d'un groupe de plus en plus important mais plus ou moins hétérogène (années 1950-1990)

A. « Le coup de jeunes des Sixties » (J. Sirinelli) reflète l'accroissement numérique des jeunes et la mise en place de codes précis qui les démarquent des autres générations à partir des Trente Glorieuses

B. Des années 1970 aux années 1990 : des jeunes moins nombreux au sein d'une société française qui amorce son vieillissement mais une période de la vie qui, volontairement ou non, s'allonge

C. Une différenciation des jeunes par catégories sociales encore forte mais qui tend à s'atténuer au cours de la période, notamment via l'allongement des études

II. Être jeune en France, c'est être un moteur des transformations de la société (années 1950-1990) ?

A. Les jeunes sont, par leur sensibilité et leur réceptivité à l'ouverture et à la nouveauté, des points d'appui de la modernisation du pays

B. Les jeunes sont aussi souvent capables d'imposer leurs codes et leurs vues aux autres générations, quitte à entrer dans la contestation ou le conflit

C. Un groupe au cœur des préoccupations des acteurs publics ou privés

III. Être jeune en France, c'est subir la société, ses mutations et ses conflits

A. Une insertion professionnelle qui devient progressivement plus difficile pour la plupart des jeunes

B. Des transformations de la famille française parfois compliquées à gérer pour les jeunes

C. Les jeunes et les conflits armés : l'exemple de la guerre d'Algérie et de la conscription (1954-1962)

Conclusion

Cible d'une société de consommation de plus en plus extravertie, au cœur de ses transformations économiques et sociales, le jeune français des Trente Glorieuses aux années 1990 se démarque par ses caractéristiques et sa propension au regroupement. Le début des années 1990 marque un intérêt renouvelé pour cette jeunesse, aussi bien en tant que force de contestation qu'en tant que support de la puissance française en Europe et dans le monde.

Chapitre 10
Les transformations des territoires en France

Daniel Pierre-Elien

On mesure facilement tout ce qui a pu intervenir pour en modifier la pratique. Très sommairement : l'ouverture des frontières, la révolution des transports, l'élargissement des échelles, la construction européenne, la mondialisation de l'économie et de la culture, la mobilité des personnes, l'individualisation de la société. Le territoire n'est plus ce qu'il était. Il faut découvrir de nouveaux territoires.

Pierre DEYON et Armand FRÉMONT, La France et l'aménagement de son territoire (1945-2015), Dexia-Éditions Locales de France / L. G. D. G., 2000.

Dates clés

- **1947** Parution du livre de Jean-François Gravier, *Paris et le désert français*.
- **1959** Création des premières ZUP (zones à urbaniser en priorité).
- **1963** Création de la DATAR (Délégation à l'aménagement du territoire et à l'action régionale) et du premier parc national (Vanoise).
- **1968** Mise en service du port en eau profonde et de la zone industrialo-portuaire de Fos-sur-Mer.
- **1969** Création de la technopole de Sophia-Antipolis près de Nice.
- **1970** Achèvement de la liaison autoroutière Paris-Lyon-Marseille.
- **1981** Mise en service du premier TGV sur la ligne Paris-Lyon.
- **1982** Loi Defferre sur la décentralisation ; les régions deviennent des collectivités territoriales.
- **1984** Création de quinze pôles de conversion par le gouvernement de Pierre Mauroy dans les territoires affectés par la crise industrielle.
- **1990** Arrêt définitif de l'exploitation des gisements de charbon du Nord-Pas-de-Calais.

Chiffres clés

Régions	Part dans la population (%)		Part dans l'emploi industriel (%)		Part dans le PIB (%)	
	1954	1990	1954	1990	1954	1990
Nord et Est (1)	37,9	36,8	46,2	44,1	44,7	41,0
Île-de-France (2)	17,1	18,8	26,5	20,0	34,0	28,4
Total (1) + (2)	55,0	55,6	72,7	64,1	78,7	69,4
Sud et Ouest	45,0	44,4	27,3	35,9	21,3	30,7

◆ Croquis de synthèse

L'évolution de l'espace industriel français

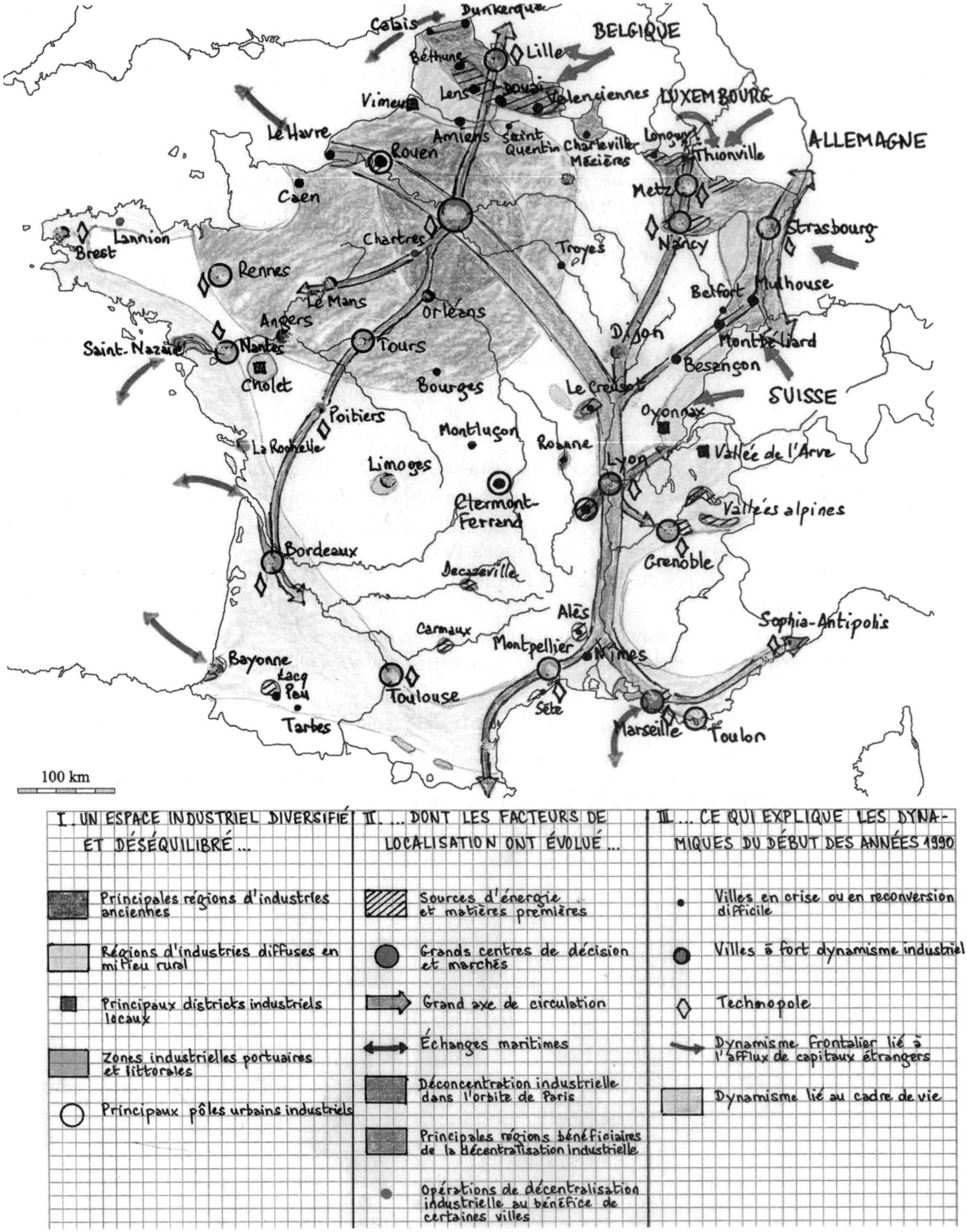

Introduction

Le territoire français — c'est-à-dire l'espace géographique vécu et approprié par la population, délimité par des frontières, géré par l'État et aménagé par différents acteurs spatiaux (habitants, entreprises, collectivités locales et pouvoirs publics) — connaît de profondes transformations de la Seconde Guerre mondiale au début des années 1990. En 1945, la France est un vieux pays industriel à forte dominante rurale et agricole, où la diversité des facteurs naturels et géographiques et l'inégalité des niveaux d'industrialisation dessinent un espace économique contrasté. Au début des années 1990, elle est devenue un pays où les trois quarts de la population vivent dans des communes urbaines et dont plus des deux tiers des actifs travaillent dans le secteur tertiaire. Pendant cette période, l'organisation de l'espace national et les territoires qui le composent évoluent en fonction des grandes mutations de l'économie et de la société, mais aussi à la faveur des politiques que les acteurs publics (État et collectivités territoriales) mettent en œuvre.

◆ PROBLÉMATIQUES

- ***Comment les mutations de l'activité économique, l'urbanisation, l'intégration européenne et l'insertion de la France dans la mondialisation transforment-elles ses territoires ?***
- ***De quelle façon la population et la société françaises s'inscrivent-elles dans ce processus de changement ?***
- ***Quel rôle jouent les pouvoirs publics dans la gestion et l'aménagement des territoires ?***

I. Les mutations de l'économie française transforment les territoires productifs

A. L'évolution des territoires productifs pendant les « Trente Glorieuses »

Au lendemain de la Seconde Guerre mondiale, la France est un pays encore rural (47 % des Français habitent dans une commune rurale) et 36 % des actifs travaillent dans le secteur primaire. Une grande partie des campagnes de l'Ouest et du Sud-Ouest et les espaces agricoles des moyennes et hautes montagnes présentent des archaïsmes (faible accès aux réseaux d'électricité et de transports modernes, émiettement du parcellaire de propriété, d'exploitation et de culture, rôle encore essentiel de la traction animale, métayage comme mode de faire-valoir dominant, etc.). En revanche, les campagnes du Bassin parisien, les grandes vallées, les régions de viticulture spécialisée et les périphéries rurales des grandes villes sont déjà bien insérées dans les marchés nationaux et internationaux de produits agricoles. L'industrie est localisée dans les grands centres urbains, sur les sites d'extraction des matières premières et de l'énergie et dans les villes portuaires. Il existe aussi une industrie légère diffuse en milieu rural et des districts industriels* spécialisés (textile dans les vallées vosgiennes, textile et chaussure dans le Choletais, par exemple).

Pendant les « Trente Glorieuses »*, la mécanisation et la rationalisation du travail agricole, la concentration des exploitations et la modernisation du réseau routier dans les campagnes accentuent les spécialisations régionales. Certaines régions connaissent un renouveau, comme la Bretagne (élevages hors sol, légumes), la Champagne (céréales et cultures industrielles) ou les Landes (sylviculture et céréaliculture), alors que les espaces agricoles des hautes et moyennes montagnes et les régions de polyculture traditionnelle du Sud-Ouest sont en déclin. Les remembrements*, effectués spontanément ou organisés par les SAFER (sociétés d'aménagement foncier et d'établissement rural), modifient les paysages agraires traditionnels. L'habitat dispersé se répand dans l'openfield, alors que nombre de haies et de talus sont rasés dans le bocage pour favoriser le passage des engins mécaniques et créer de grandes parcelles.

Le développement du fordisme s'accompagne d'une diffusion de l'industrie (constructions mécaniques et électriques, télécommunications, équipements automobiles et électroménager notamment) dans les petites villes et les villes moyennes du Bassin parisien et de l'Ouest. L'emploi peu ou moyennement qualifié est ainsi déconcentré, les entreprises utilisant la ressource en main-d'œuvre jeune ou féminine libérée par la modernisation de l'agriculture. Le Midi reste en partie à l'écart de ce processus. Cependant, quelques grandes villes, comme Toulouse (aéronautique et espace), Bordeaux (automobile, aéronautique, pharmacie) ou Montpellier (électronique et industries médicales), reçoivent des activités de pointe. En revanche, l'emploi industriel chute dans l'agglomération parisienne au profit de l'emploi en amont de la production (ingénierie, recherche et finance) ou dans le secteur tertiaire.

B. La crise remet en cause l'organisation de l'espace productif

La transformation de l'espace agricole opérée pendant les « Trente Glorieuses » s'accélère. L'intégration de l'agriculture à une véritable filière agroalimentaire encourage le développement des bassins de production spécialisés et ouverts sur le marché national et international, comme les différentes formes d'élevage de l'Ouest, et le développement des industries agroalimentaires. La surface agricole utilisée recule, passant de 33,4 millions d'hectares en 1950 à 30,2 millions en 1993, soit du fait de l'urbanisation, notamment à la périphérie des villes, soit parce que les progrès de la productivité et des rendements favorisent une agriculture et un élevage intensifs réclamant moins d'espace, soit à cause de l'abandon des terres par les agriculteurs, lié à l'exode rural (déprise agricole et rurale). Il en résulte une extension des forêts, favorisée par de vastes opérations de reboisement conduites par l'État, mais aussi des friches. Les espaces viticoles se réduisent, en particulier dans le Midi, victimes de la surproduction consécutive à la baisse de la consommation des vins de table et de la concurrence italienne, puis espagnole.

À partir du milieu des années 1970, la récurrence des crises, qui s'inscrit dans le cadre d'une transition vers un modèle post-fordiste et dans celui de la mondialisation*, redessine la géographie industrielle à l'échelle nationale et transforme aussi les territoires industriels à l'échelle locale. Les vieux bassins miniers, textiles ou sidérurgiques, comme ceux du Nord-Pas-de-Calais, de Lorraine, du Creusot, de Saint-Étienne ou d'Alès, se dévitalisent, malgré les investissements étrangers et les tentatives de reconversion industrielle dans la construction automobile, l'armement, etc. Les industries lourdes, comme la pétrochimie, la fabrication d'aluminium ou la sidérurgie, sont désormais implantées sur les littoraux dans de vastes zones industrialo-portuaires comme celle de Dunkerque, sur le littoral de la mer du Nord, de Fos-sur-Mer, près de l'étang de Berre, à l'ouest de Marseille, ou du Havre dans la partie aval de l'estuaire de la Seine, utilisant des matières premières étrangères moins chères, la baisse du fret maritime et le libre-échange* permettant de minimiser le coût de transport des matériaux pondéreux. Les impératifs de la production en flux tendus favorisent certains districts industriels* : plasturgie à Oyonnax (Ain), décolletage dans la vallée de l'Arve (Haute-Savoie), robinetterie dans le Vimeu (Somme), etc.

Les secteurs les plus dynamiques, comme l'électronique, l'aéronautique, les biotechnologies et l'aérospatiale, s'implantent davantage dans les périphéries méridionales et occidentales de la France, là où se sont noués des liens étroits avec les universités et les centres de recherche, comme à Rennes, Nantes, Bordeaux, Toulouse, Montpellier. Les grandes villes accueillent aussi des technopoles* (Paris-Sud, Sophia-Antipolis, Grenoble-Meylan, Toulouse-Labège, etc.). Cependant, dans la valeur ajoutée industrielle du pays, la part des régions initialement les plus industrialisées et les plus puissantes — l'Île-de-France, Rhône-Alpes, le Nord-Pas-de-Calais, la Haute-Normandie et l'Alsace — demeure importante. Très urbanisées, ces régions concentrent les capitaux, la matière grise, la main-d'œuvre qualifiée, les consommateurs et les services. Elles sont aussi très bien reliées par les transports au reste de la France et à l'Europe.

C. Un territoire organisé par des réseaux et intégré à l'Europe et au monde

La France forme un isthme à l'ouest de l'Europe, entre deux systèmes de mers, le système atlantique (océan Atlantique, Manche, mer du Nord) et le système méditerranéen. Cette position géographique en fait un passage obligé pour les relations terrestres de la péninsule Ibérique avec le reste du continent et un lieu de transit pour de nombreux trafics entre l'Europe du Nord-Ouest et l'Italie. Ces relations se sont développées avec la construction et l'élargissement de l'espace communautaire. Or les réseaux de transports français avaient surtout été pensés et constitués dans un cadre national : ils apparaissent très centralisés sur Paris et hiérarchisés, même si un fin maillage de voies secondaires, le plus dense d'Europe, couvre tout le territoire*.

La partie de la France située à l'est de la ligne Le Havre-Marseille est favorisée par ses couloirs de circulation naturels, son ouverture sur l'Europe, l'ancienneté des activités industrielles et la densité des villes. Par ailleurs, la centralisation politique, administrative et économique explique que les réseaux de transport routiers et ferroviaires soient centrés sur Paris. Aussi, même pendant les « Trente Glorieuses »*, la construction des premières autoroutes, celle des aéroports d'Orly (inauguré en 1960) et de Roissy-en-France (ouvert en 1974) en Île-de-France et des premières lignes de TGV (la 1re assure la liaison entre Paris et Lyon en

1981), enfin l'agrandissement et la modernisation des ports du Havre, de Dunkerque et de Marseille renforcent cette double dissymétrie.

Les autoroutes construites en direction de l'Ouest et du Sud-Ouest dans les années 1970, les premières liaisons transversales évitant la capitale, le désenclavement de la Bretagne et du Massif central, grâce à des autoroutes ou à des voies rapides sans péage, et la desserte des Alpes du Nord réalisés dans les années 1980, enfin la mise en service du TGV Atlantique en 1989 tendent à rééquilibrer les réseaux. Néanmoins, au début des années 1990, ces efforts sont à amplifier et les liaisons internationales avec l'Europe rhénane et les liaisons transalpines demeurent insuffisantes. En outre, la priorité accordée aux transports rapides contribue à renforcer les grandes villes, alors que les régions peu denses et les villes petites et moyennes risquent d'être marginalisées.

La constitution du réseau de transports terrestres rapides en France (1945-1990)

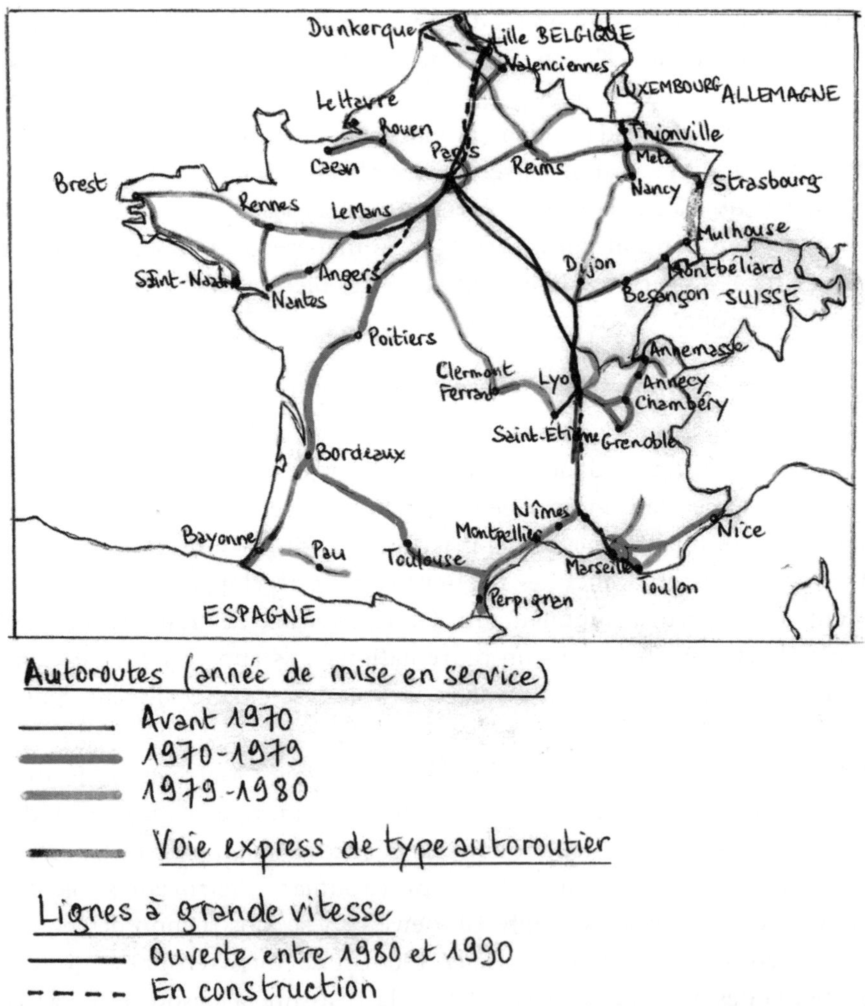

II. Ces transformations influencent les dynamiques de peuplement et l'organisation des territoires

A. Exode rural, urbanisation et étalement urbain

L'exode rural se poursuit massivement après la Seconde Guerre mondiale du fait de la modernisation de l'agriculture et de l'appel de l'industrie et des services en ville : la proportion de ruraux passe de 46,7 % de la population totale en 1946 à 27,1 % en 1975. Il touche principalement les agriculteurs et les catégories sociales indispensables au fonctionnement traditionnel des sociétés locales (notables, artisans, commerçants, ouvriers). Les personnes de moins de 50 ans formant le gros de l'exode, il s'ensuit une diminution de la natalité et un vieillissement de la population des campagnes. La diversité sociale disparaît en grande partie et la réduction du nombre des habitants dans les villages vide alors les communes de leurs services publics ou privés (commerces, écoles, postes, etc.). Les familles pauvres et les personnes âgées vivent mal ces situations, et leurs difficultés sont tout aussi sensibles, quoique souvent plus discrètes, que celles rencontrées dans certains quartiers urbains.

Mais l'exode rural ralentit progressivement et le solde migratoire des campagnes devient positif au début des années 1980, soit du fait de migrations de retour avant ou à l'âge de la retraite, soit, de manière plus massive, en raison de l'installation de jeunes adultes et de leurs familles dans les espaces ruraux périurbains. Mais il s'agit moins d'une « renaissance du monde rural », comme l'affirment à l'époque certaines études, voire d'une « contre-urbanisation », comme ont pu le suggérer certains sociologues ou géographes, cette dernière expression, évoquant un rejet de la ville, étant discutable. Certes, des retraités ont bien réinvesti la maison de famille et quelques néo-ruraux ont quitté la ville pour venir vivre dans des campagnes isolées pour y travailler, généralement dans l'agriculture, l'artisanat et l'agrotourisme, ou pour y bénéficier du moindre coût du logement et de l'alimentation et y subsister du RMI (revenu minimum d'insertion) ou d'allocations modiques du fait de l'accroissement du chômage au début des années 1990. Mais, globalement, les « campagnes profondes » continuent de vieillir et de perdre de la population, ce qui prolonge, à l'échelle de l'espace français, la tendance à l'affaiblissement des densités dans la « diagonale du vide » qui prend le territoire en écharpe depuis l'Ardenne jusqu'aux Pyrénées, ainsi que dans la Bretagne intérieure, une partie de la Basse-Normandie, du Perche et de la Mayenne, et dans certains massifs montagneux périphériques (Vosges, Alpes du Sud, Corse). De ce fait, la proportion de citadins dans la population totale se stabilise : elle passe de 72,9 % en 1975 à 74 % en 1990.

Sur le long terme, l'effectif de la population urbaine augmente de façon spectaculaire : il passe de 21,5 millions d'habitants en 1946 à 41,9 millions en 1990 à la faveur de l'exode rural jusqu'en 1975, de l'apport des rapatriés au début des années 1960 et des immigrés, et d'un solde naturel positif puisque des couples de jeunes adultes s'installent en ville et y font des enfants. Pour faire face à cet afflux, de nombreux logements collectifs sont construits en banlieue des années 1950 aux années 1970, notamment dans le cadre des ZUP (zones à urbaniser en priorité) et les zones pavillonnaires s'étendent toujours plus largement à la périphérie des villes. En revanche, des populations modestes quittent les villes-centres, où elles sont partiellement remplacées par des immigrés : aussi, nombre d'entre elles se dépeuplent. Les centres anciens font l'objet de réhabilitations dans le cadre de secteurs sauvegardés (loi Malraux de 1962 protégeant le patrimoine immobilier ancien d'intérêt architectural ou historique), où des rues deviennent piétonnières, d'autres quartiers centraux sont rénovés ou se spécialisent dans les bureaux et les équipements de haut niveau et un mouvement de retour des catégories les plus favorisées (gentrification) s'amorce à partir des années 1980.

B. Des dynamiques spatiales guidées par l'accroissement des mobilités et les différences d'attractivité des territoires

À l'échelle des agglomérations urbaines, la hausse des coûts fonciers et immobiliers dans les centres, le besoin d'espaces plus grands pour certains équipements et activités de production, d'entreposage ou commerciales, enfin la nécessité de fournir aux populations venues habiter en périphérie des emplois et des services provoquent un desserrement des activités. Le cœur des villes concentre encore les administrations, les commerces traditionnels, les services de bon niveau, les lieux culturels et de convivialité, mais voit disparaître la plupart des usines, rejetées en périphérie. Là, des centres commerciaux, mais aussi des entrepôts, des bureaux et des centres de recherche (Belle-Épine à Thiais, dans le Val-de-Marne, Grand Portet près de Toulouse, Cap 3000 à Saint-Laurent-du-Var, près de Nice, etc.), qui se rassemblent dans des parcs d'activités, s'implantent près des axes de transport et des nœuds routiers et autoroutiers. Des centres et bases de loisirs, aires de récréation pour les citadins, s'y multiplient aussi. L'étalement urbain suscite des migrations pendulaires toujours plus nombreuses entre centre et banlieues, mais aussi entre banlieues, à la faveur de l'amélioration des infrastructures de transports collectifs (autobus, trains, ouverture de ligne de métro à Marseille en 1977, à Lyon en 1978, à Lille en 1983, de nouvelles lignes de tramway à partir des années 1980) et de l'usage répandu de l'automobile.

Mais ce sont les communes rurales périurbaines qui accueillent une proportion croissante des activités et surtout de la population, traduisant une dilution spatiale du fait urbain dans les campagnes proches des villes. L'observation de ce phénomène a conduit l'INSEE (Institut national de la statistique et des études économiques) à développer un concept plus extensif du monde urbain que celui des simples agglomérations (les unités urbaines, définies par la continuité de l'habitat) en délimitant, à partir de 1954, les zones de peuplement industriel ou urbain (ZPIU). Celles-ci sont définies par l'ensemble des unités urbaines et des communes rurales proches caractérisées par une forte proportion d'actifs non agricoles, d'importantes migrations alternantes de travail et par des activités créées et développées en fonction de la ville. En 1990, les ZPIU regroupaient 96 % de la population (41 % dans les villes centres d'agglomération, 33 % dans les banlieues et 22 % dans les campagnes périurbaines) et 78 % des communes sur plus de 78 % du territoire français. L'étalement de l'espace urbain et le dépeuplement des villes centres d'agglomération — même s'il a ralenti dans certains cas ou s'est arrêté dans d'autres au cours de la période 1982-1990, grâce aux politiques de rénovation urbaine et de réhabilitation de l'habitat — aboutissent ainsi à une diminution des densités urbaines.

À l'échelle du territoire national, la mobilité résidentielle des Français s'accroît de 1946 à 1975, puis s'atténue jusqu'au début des années 1990, du moins sur les longues distances (migrations interrégionales). Elle s'effectue dans le cadre de nouvelles dynamiques spatiales qui modifient la géographie du peuplement et des activités. Alors que, jusqu'aux années 1960, les migrations depuis les régions rurales de l'Ouest, du Centre et du Midi (à l'exclusion de Provence-Alpes-Côte-d'Azur, déjà attractive) renforçaient les régions urbaines et industrielles du Nord et de l'Est, y compris l'agglomération parisienne, les soldes migratoires sont devenus négatifs dans le tiers nord-est du pays et en Île-de-France, alors que celles de l'Ouest, des départements périphériques à la région parisienne et de la moitié sud ont désormais des soldes positifs. Maurice Uhrich évoque alors la « *France inverse* ». Ces changements sont à mettre en relation avec l'attrait exercé par le cadre de vie des régions littorales, ensoleillées et alpines, d'une part, la crise des vieilles régions industrielles, d'autre part, et enfin la redistribution de l'appareil productif en faveur d'activités tertiaires et de nouvelles industries plus ubiquistes, c'est-à-dire plus indifférentes aux contraintes de localisation. Il en résulte un accroissement assez considérable de la population et du poids démographique des régions Provence-Alpes-Côte d'Azur, Rhône-Alpes, Languedoc-Roussillon, Midi-Pyrénées, Aquitaine et Pays de la Loire à partir du milieu des années 1970.

C. Vers une métropolisation du territoire français ?

La constitution de réseaux de transports rapides, la tertiarisation de l'économie et son ouverture aux échanges internationaux de tous types favorisent la métropolisation* du territoire. La concentration du peuplement et des activités se renforce dans les grandes villes, dans les vallées, sur les confins nord et est de la France (soit à proximité de la mégalopole européenne) et le long des littoraux, donc dans des lieux d'échanges et de contacts, facilement accessibles par les liaisons autoroutières, ferroviaires, maritimes ou aériennes. Par ailleurs, à partir des années 1980, la croissance des petites villes ralentit alors que la polarisation du peuplement et des activités sur les grandes agglomérations est plus nette. Ces dernières sont d'ailleurs les principales responsables de l'essor des zones rurales périurbaines.

Cette polarisation croissante autour de Paris et des métropoles régionales, qui va de paire avec l'étalement urbain, rend compte d'une « *nouvelle articulation entre économie et territoire* », comme le note le géographe Ludovic Halbert. L'agglomération des facteurs de production (capital et travail) présente des avantages pour les entreprises, d'autant plus que la concurrence entre les territoires pour la localisation des activités de bon niveau s'effectue de plus en plus par la qualité des biens et des services produits et pas seulement par les coûts. La concentration des capitaux, de la matière grise, de la main-d'œuvre et des informations favorise les multiples relations entre acteurs, entre conception et réalisation, entre production et commercialisation, les retours d'expérience du marché et la flexibilité du travail et du capital.

Toutefois, les grands déséquilibres de l'armature urbaine perdurent à l'aube des années 1990. Paris polarise pratiquement la moitié du territoire et sa région concentre 19 % de la population, 23 % des actifs et 29 % du PIB du pays. C'est la région la plus riche de l'Europe des douze. Cependant, Lyon, deuxième agglomération française, est sept fois moins peuplée que l'agglomération parisienne : bien que carrefour et lieu d'échanges, elle a du mal à conserver sa capacité autonome de commandement* fondée autrefois sur son pouvoir financier et sa puissance d'organisation du travail industriel. Dans le rapport pour la DATAR, *Les villes « européennes »*, dirigé par Roger Brunet et publié en 1989, elle fait partie des agglomérations de rang 4 et n'est classée que 21e. L'influence de Marseille est limitée par sa spécialisation portuaire et par l'étroitesse de son arrière-pays. Enfin, les métropoles régionales comme Rennes, Nantes, Bordeaux, Toulouse, Montpellier, Nice, Grenoble, Strasbourg et Lille ont renforcé leur attractivité en s'appuyant sur des activités tertiaires supérieures et sur des bases industrielles modernisées, mais elles ne peuvent prétendre avoir des dimensions européennes.

L'aire d'influence des villes françaises au début des années 1990

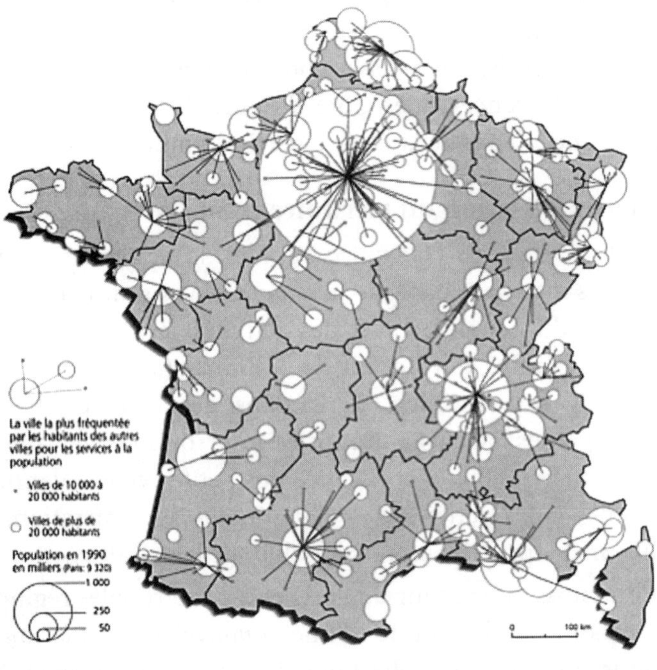

Source : Denise PUMAIN et Thérèse SAINT-JULIEN (coord.), L'espace des villes, Atlas de France, tome 12, Paris, GIP Reclus / La Documentation Française, 1995.

III. Les pouvoirs publics cherchent à corriger les disparités spatiales, à aménager les territoires et à protéger l'environnement

L'aménagement du territoire en France (1945-1990)

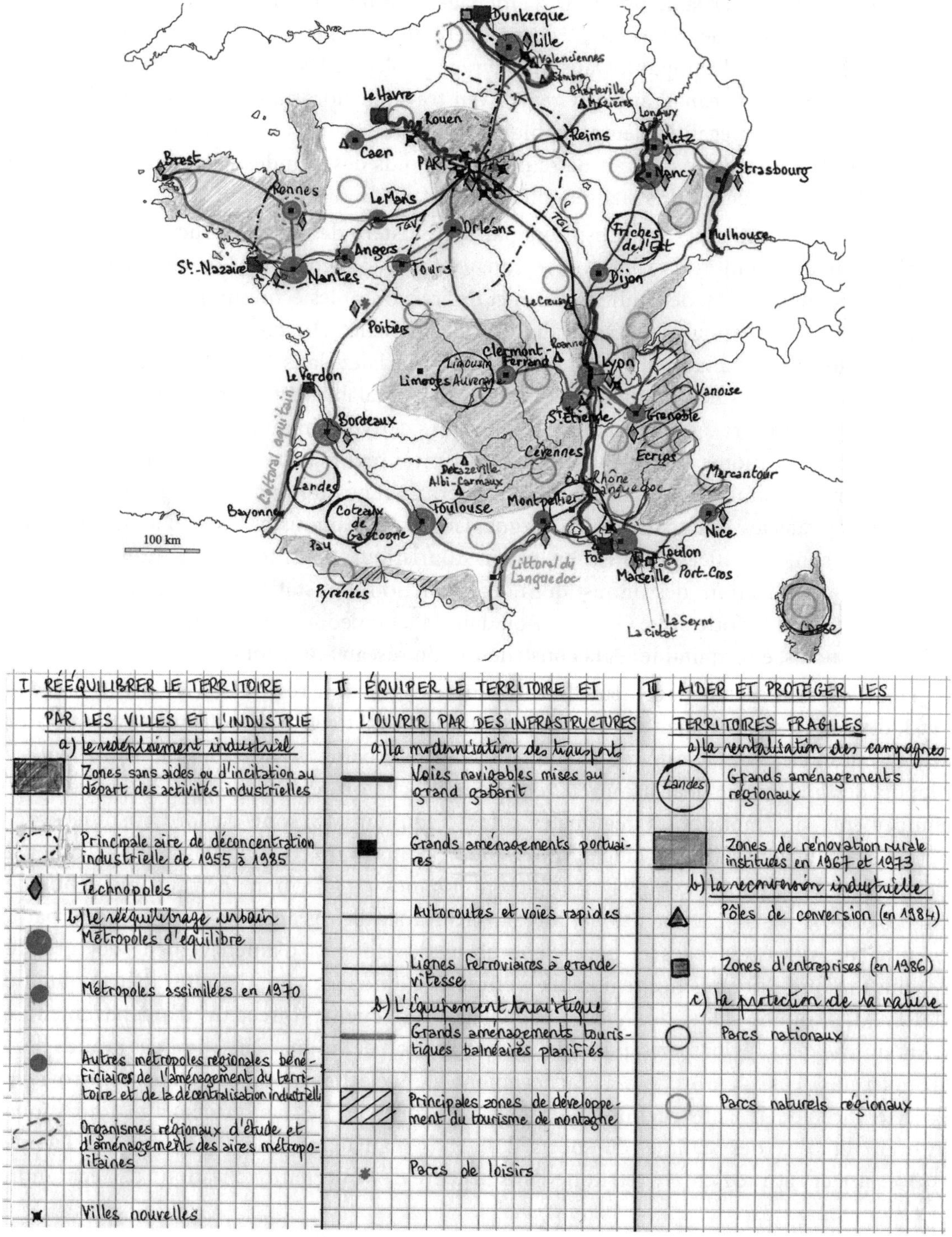

A. L'État et l'aménagement du territoire pendant les « Trente Glorieuses »

Depuis longtemps, les pouvoirs publics sont intervenus pour améliorer le territoire par de grands travaux, soit directement, soit par concession à des entreprises. Mais c'est après 1945 que l'État pilote une véritable politique d'aménagement du territoire* dans le double but de corriger les inégalités de richesses et de peuplement existant dans l'espace français et de moderniser le pays en l'équipant. Dans un ouvrage publié en 1947 et intitulé *Paris et le désert français*, le géographe Jean-François Gravier, qui travaille alors au Commissariat général du Plan, s'inquiète des inégalités démographiques sur le territoire français et des conséquences d'une reconstruction qui risquerait de renforcer le poids des grandes villes, en particulier de Paris, et des régions déjà industrialisées du Nord-Est.

Les premières initiatives sont inspirées par le ministère de la reconstruction et de l'urbanisme et par des comités d'expansion régionaux (en Languedoc, en Lorraine, en Bretagne, etc.) regroupant des élus, des universitaires et des responsables économiques et syndicaux. À partir de 1955, la politique de décentralisation industrielle* cherche à limiter ou à interdire l'implantation de certaines activités industrielles à Paris et dans les régions les plus industrialisées par des mesures dissuasives (autorisation préalable, dite agrément, et taxes) et à favoriser leur transfert ou l'installation de nouvelles activités manufacturières dans les villes et les régions les moins industrialisées par des mesures incitatives (exonérations fiscales, aides et primes). Parallèlement, de grands chantiers de rénovation, de drainage et d'irrigation sont ouverts dans les zones rurales (Auvergne, Gascogne, Limousin, Corse, Languedoc, etc.), tandis que sont planifiées la mise en valeur touristique des littoraux d'Aquitaine et du Languedoc (éradication des moustiques, construction de stations balnéaires nouvelles, comme La Grande Motte et Le Grau du Roi, dans le Languedoc, ou Hossegor-Capbreton, sur le littoral landais, en Aquitaine) et la construction du réseau autoroutier.

La Délégation à l'aménagement du territoire et à l'action régionale (DATAR), créée en 1963, devient le bras séculier de l'État et soutient les initiatives locales. L'attention est portée aux grandes villes : il s'agit de rééquilibrer l'armature urbaine*, d'après les préconisations du rapport des géographes Jean Hautreux et Michel Rochefort, en renforçant les services et les équipements des métropoles régionales dites d'équilibre (8 sont d'abord instituées à la périphérie du territoire — Lille, Nancy-Metz, Strasbourg, Lyon, Marseille, Toulouse, Bordeaux et Nantes —, auxquelles s'ajoutent Rennes et Clermont-Ferrand au début des années 1970). Il s'agit aussi de planifier la croissance des grandes agglomérations par la création de villes nouvelles et par l'élaboration de schémas d'aménagement des grandes régions urbaines (organismes régionaux d'étude et d'aménagement des aires métropolitaines [OREAM], comme celui de Nantes-Saint-Nazaire, schéma directeur d'aménagement et d'urbanisme de la région parisienne). La modernisation et l'industrialisation des grands ports (Dunkerque, Fos-sur-Mer, etc.), l'achèvement de l'électrification du réseau ferroviaire, l'accélération de la construction du réseau d'autoroutes, les aménagements touristiques littoraux et ceux des stations de sports d'hiver (« plan neige » de 1964) visent à faciliter l'ouverture et l'attractivité du territoire dans le cadre de l'internationalisation* de l'économie.

Enfin, les plans d'aménagement rural tentent d'aider le développement des territoires à vocation agricole.

B. Une gestion des territoires progressivement décentralisée

Jusqu'au début des années 1980, la France est un pays centralisé où l'État apparaît comme le garant de la liberté, de l'égalité et de la solidarité des territoires. Les communes et les départements sont librement administrés par un conseil élu au suffrage universel. Néanmoins, l'État exerce sa tutelle par l'intermédiaire du corps préfectoral, qui le représente dans les départements, et par des administrations à son service et à celui des citoyens. La commune apparaît comme un échelon de proximité où s'affirme une certaine identité, le fameux « esprit de clocher ». La permanence et la finesse du maillage communal (36 800 communes) reflètent l'attachement des Français à cet échelon administratif. La taille des départements (100 au début des années 1990, dont 4 outre-mer) et des arrondissements qui les subdivisent répond à des besoins d'accessibilité à une époque où les déplacements étaient plutôt lents (lorsqu'ils ont été institués par l'Assemblée constituante en 1790, il fallait que le chef-lieu fût accessible en au plus une journée à cheval depuis tout lieu du territoire départemental).

Pendant les « Trente Glorieuses »*, l'État, soucieux de rendre ses services plus efficaces et développant une stratégie d'équipement et de modernisation du territoire dans le cadre de la planification, met en place en 1956 des « régions de programme », qui deviennent en 1960 des circonscriptions d'action régionale. Elles regroupent plusieurs départements et sont administrées par un préfet à partir de 1964. Après l'échec du référendum sur la régionalisation proposé par le général de Gaulle en 1969, le projet est relancé sous la présidence de Georges Pompidou. En 1972, ces circonscriptions deviennent des régions, dotées d'institutions et de compétences. Mais ce sont les lois Defferre qui, en 1982 et en 1986, sous la présidence de François Mitterrand, font des régions des collectivités territoriales*, avec un conseil élu au suffrage universel, et qui transfèrent à celles-ci, ainsi qu'aux départements et aux communes, de nombreuses compétences de l'État comme les constructions scolaires, les transports, la gestion des parcs naturels régionaux, l'attribution du RMI, etc.

La décentralisation administrative* témoigne d'un souci d'adapter le fonctionnement des territoires aux temps nouveaux, mais elle pose la question de l'efficacité et du coût de cet emboîtement d'échelons. Le maillage administratif persiste alors que le rapport distance-temps a été bouleversé par la motorisation des transports et que toute l'organisation de l'espace français a changé d'échelle. Les communes sont très nombreuses ; la majorité d'entre elles sont peu peuplées et manquent de ressources et d'équipements. Peu ont fusionné, la loi Marcellin de 1971 qui devait encourager les fusions de communes s'avérant un échec. C'est pourquoi la coopération intercommunale s'est développée et a été renforcée en 1992. Il s'agit, pour les communes, de mettre en commun des moyens pour gérer des équipements (sportifs, culturels, etc.), pour organiser des services (comme les transports en commun, l'assainissement et la distribution de l'eau), ou pour aménager le territoire (espaces verts, équipement de zones d'activités, etc.). Cette coopération s'effectue dans le cadre de syndicats intercommunaux, et, de plus en plus à partir de 1992, dans des établissements intercommunaux à fiscalité propre (c'est-à-dire dans lesquels les communes mettent en commun les ressources financières), comme les communautés de communes, les communautés d'agglomération ou les communautés urbaines. La question des moyens financiers des régions est posée, car elles n'ont pas les ressources dont disposent, par exemple, les régions italiennes ou les *Länder* allemands, et une coopération entre régions frontalières commence alors à se dessiner (par exemple, en 1989, entre la Sarre, la Lorraine et le Luxembourg).

C. Aménager, mais aussi ménager *les* territoires

La décentralisation élargit les compétences des collectivités territoriales* et celles-ci trouvent auprès du Fonds européen de développement régional (FEDER), créé en 1975, des subsides complémentaires à ceux de l'État qui leur permettent de réaliser des aménagements adaptés à leurs besoins. En outre, depuis le milieu des années 1970, la crise économique remet en cause certains objectifs initiaux de l'aménagement du territoire*, entraîne une diminution des moyens de l'État et rend difficile l'exécution des plans. De nouvelles priorités sont définies. En 1984, l'État instaure des pôles de conversion pour concentrer les investissements nécessaires à la reconversion des espaces industriels et portuaires en difficulté. La même année, il inaugure les politiques de la ville pour enrayer la dégradation des conditions de vie dans les grands ensembles de logements collectifs, à la suite de premières émeutes urbaines en banlieue lyonnaise et parisienne. Puis, un ministère de la ville est créé en 1990 par le gouvernement de Michel Rocard.

Le souci de protection et de préservation de l'environnement progresse aussi, ce qui modifie la manière dont les pouvoirs publics conçoivent l'aménagement des territoires. Si le principe de protection des sites naturel est posé en France au début du XXe siècle, c'est dans les années 1960 que l'État institue les premiers parcs nationaux (Vanoise en 1963) : il en existe sept au début des années 1990. Ils sont complétés depuis 1967 par un nombre croissant de parcs naturels régionaux qui cherchent à concilier le maintien des activités rurales, la valorisation des espaces par un tourisme* « vert », la protection et la préservation des écosystèmes. La « loi Montagne » de 1985 tente de concilier le développement économique et la protection de l'environnement, tandis que la « loi Littoral » de 1986 a pour but de limiter l'urbanisation d'un milieu soumis à des pressions croissantes, malgré la création du Conservatoire du littoral en 1975. Enfin, une loi instaure en 1992 des schémas d'aménagement des bassins, de protection et de gestion de la ressource en eau.

En définitive, si les inégalités régionales se sont légèrement estompées de 1945 au début des années 1990, les écarts de PIB par habitant demeurent élevés : l'Île-de-France, toujours en tête des régions françaises, a un PIB par habitant 2,5 fois plus élevé que celui du Languedoc-Roussillon, classée dernière en métropole, et est suivie par l'Alsace, la Haute-Normandie et Rhône-Alpes, situées au nord et à l'est du pays. Toutefois, la modernisation et l'équipement des territoires, le désenclavement des régions occidentales et montagneuses, la convergence des structures économiques et sociodémographiques des régions et leur meilleure connexion aux réseaux européens et mondiaux sont une réalité.

Conclusion

De 1945 au début des années 1990, les territoires français ont été profondément transformés par la modernisation de l'agriculture, le développement des services et la diffusion de l'industrie dans le sud et dans l'ouest. Ces mutations ont favorisé la concentration de la population et des activités dans les villes, dont la croissance se manifeste par l'étalement urbain en périphérie, soit sous la forme de banlieues, soit par diffusion de l'extension pavillonnaire dans les campagnes proches. La mobilité résidentielle des habitants (changement de lieu d'habitation), comme leur mobilité banale (déplacements pour le travail, les achats, les loisirs et le tourisme), s'est accentuée à la faveur de l'équipement des ménages en automobile et de celui des territoires en infrastructures de transports (métro, tramway, TGV, autoroutes, aéroports). Désormais mieux intégré à l'espace de l'Europe occidentale, l'espace français est plus homogène qu'en 1945, du fait de la modernisation, de l'équipement et de la convergence des structures économiques et sociodémographiques des territoires. Cependant, les inégalités régionales persistent, notamment entre Paris et le reste de la France, de même qu'entre les grandes aires urbaines bénéficiant de la métropolisation et les espaces ruraux isolés et dévitalisés.

◆ Idées reçues

Les campagnes sont seulement agricoles...

Cette affirmation n'est que partiellement vraie, même en 1945 : à cette époque, trois actifs ruraux sur cinq travaillent dans l'agriculture. Mais les autres sont employés dans l'industrie, présente dans les campagnes dès le XVIIIe siècle, dans l'artisanat, le commerce et nombre d'autres services à la personne ou auxiliaires de l'agriculture. Au début des années 1990, 70 % de l'espace rural est agricole ; en revanche, seul un actif sur cinq y est agriculteur. L'industrie s'y est largement diffusée (agroalimentaire, petite mécanique, constructions électriques, bâtiment, etc.) et la proportion d'ouvriers y est supérieure à celle des villes. Le secteur tertiaire fournit 45 % des emplois ruraux (services aux particuliers, tourisme et loisirs).

L'héritage des industries rurales (boulonnerie des Ardennes, pipes de Saint-Claude), l'amorce d'une décentralisation administrative, la percolation industrielle impulsée par la DATAR dès 1966, jettent les bases d'une mutation, plus précoce qu'il n'y paraît, des espaces ruraux.

◆ Lieux de la géopolitique

L'espace agricole breton : une transformation modèle ?

La nouvelle révolution agricole, le dynamisme des acteurs locaux et la politique agricole commune ont permis à la Bretagne de devenir la première région française pour la production alimentaire grâce aux produits de la pêche, de l'élevage bovin, porcin et avicole (volailles à la découpe, œufs et lait) et secondairement aux légumes. Aussi, l'agriculture bretonne a accru sa dépendance à l'égard des marchés : importation d'aliments pour les animaux, d'engrais et de matériels, exportation des productions vers le reste du pays et vers l'étranger. L'amélioration des transports ferroviaires, puis routiers (voies rapides non payantes) et enfin maritimes (dont la création du port légumier de Roscoff) pour désenclaver la région a été nécessaire, de même que l'intégration au sein d'une chaîne agroalimentaire. Celle-ci s'est appuyée sur le développement d'une industrie alimentaire d'initiative régionale (Doux, Entremont, Bridel, coopératives Unicopa, Coopagri et Cecab) qui s'est diffusée en milieu rural.

Les paysages agraires ont été modifiés (arasement ou élargissement des mailles du bocage). Des aires spécialisées font preuve de dynamisme : élevages intensifs et maraîchage dans les régions du Léon, de Châteaulin, du Trégorrois et de Cancale ; élevage industriel porcin dans le pays de Loudéac, la région de Saint-Brieuc et le nord du Finistère ; élevage bovin pour la viande dans les régions de Vitré et de Fougères, à l'est ; volailles et légumes de conserve dans les régions autrefois pauvres du Sud du Finistère et du Nord du Morbihan.

En revanche, l'agriculture est en stagnation dans les régions intérieures (monts d'Arrée), sur les littoraux touristiques atlantiques et dans le sud du pays de Rennes. Bien qu'en réduction, la pêche et les activités industrielles qui lui sont liées sont de plus en plus concentrées dans quatre ports du littoral sud-ouest (Douarnenez, Concarneau, Guilvinec et Lorient), alors que la conchyliculture se développe surtout dans le golfe du Morbihan et sur la côte nord-est, de Paimpol à Cancale.

Lyon, petit Paris ou métropole régionale ?

Au cœur d'une aire urbaine de 1,5 million d'habitants en 1990, Lyon est la deuxième métropole française par son poids démographique et économique. Située au confluent du Rhône et de la Saône, elle bénéficie d'une position de carrefour naturel entre l'axe majeur allant de l'Europe du Nord-Ouest à la Méditerranée et celui, plus secondaire, allant de la France centrale à l'espace alpin. Celle-ci est renforcée par les lignes de chemin de fer, dont la LGV Sud-Est, le réseau routier et autoroutier, l'existence de trois pôles logistiques et la mise en service d'un nouvel aéroport à Satolas en 1992.

Ancienne capitale des Gaules, Lyon bénéficie au XVIe siècle d'échanges européens qui lui permettent de développer les activités marchandes, d'imprimerie et de devenir la ville de la soie. Au XIXe siècle, l'activité textile décline, mais la chimie, la métallurgie et la banque (Crédit Lyonnais) prennent le relais. Au XXe siècle, les constructions mécaniques et électriques se développent et des entrepreneurs (Berliet dans l'automobile, Mérieux dans la pharmacie) contribuent à étoffer les activités industrielles.

Les fonctions tertiaires supérieures sont renforcées depuis les années 1960 (centre d'affaires de La Part-Dieu, universités, grandes écoles, laboratoires de recherche, etc.), bénéficiant de la politique de décentralisation conduite par l'État. Chef-lieu d'une région polarisée, Lyon a su tisser et développer des liens avec les autres villes de Rhône-Alpes. Cependant, au début des années 1990, elle souffre de l'écrasante domination parisienne, de déséquilibres industriels et d'une internationalisation insuffisante.

Bibliographie sélective

Lecture indispensable

Félix DAMETTE et Jacques SCHEIBLING, Le territoire français. Permanences et mutations, *Paris, Hachette, collection « Carré Géographie », 3e édition, 2011.*

Publié pour la première fois en 1995, ce manuel destiné aux étudiants innove dans ses contenus en faisant notamment la part grande aux résultats de leurs recherches universitaires et leurs études pour la DATAR sur les mutations du système productif, l'armature urbaine de la France et l'aménagement du territoire. L'approche géopolitique de la construction du territoire, celle, fonctionnelle, des espaces de production et des réseaux urbains, ou encore l'analyse des ressorts des migrations internes bousculent les idées reçues et font le pari du parti pris. Comme le titre l'indique, le

> *territoire français — et même les territoires, dans la mesure où les études de cas et les changements d'échelle sont nombreux — sont marqués par des permanences, liées aux structures, et par des mutations, liées aux dynamiques économiques, sociales, politiques et culturelles, notamment l'insertion de la France dans un cadre européen et mondial.*

Ouvrages

Roger BRUNET, Franck AURIAC et Thérèse SAINT-JULIEN (dir.), *Atlas de France*, 14 volumes, Paris, RECLUS / La Documentation Française, 1995-2001.

Félix DAMETTE, *La France en villes*, Paris, DATAR / La Documentation Française, 1994.

Yves GERVAISE, Bernard QUIRIN et Elizabeth CRÉMIEUX, *Le nouvel espace économique français*, Paris, PUF, collection « Major », 1997.

Béatrice GIBLIN, *Nouvelle géopolitique des régions françaises*, Fayard, 2005.

Daniel NOIN, *Le nouvel espace français*, Paris, Armand Colin, collection « Cursus », 5e édition, 2009 (1re édition 1998).

Michel ROCHEFORT, *Dynamiques de l'espace français et aménagement du territoire*, Paris, L'Harmattan, 1986.

Maurice UHRICH, *La France inverse ? Les régions en mutation*, Paris, Economica, 1987.

Raymond WOESSNER, *La France : aménager les territoires*, Paris, SEDES, 2008.

Revues

Corentin CANÉVET, « Les mutations de l'espace rural », *Norois*, n° 105, janvier-mars 1980.

Hérodote, n° 40, « Géopolitiques de la France », Éditions La Découverte, janvier-mars 1986.

Hérodote, n° 62, « Les territoires de la nation », Éditions La Découverte, juillet-septembre 1991.

Jacques SCHEIBLING, « Une industrie française ? », *Documentation photographique*, n° 8012, La Documentation Française, décembre 1999.

Urbanisme, n° 322, « Le grand ensemble, histoire et avenir », janvier-février 2002.

Sites internet

www.ladocumentationfrancaise.fr : dossiers et rapports sur les sujets abordés dans le chapitre.

www.insee.fr : séries statistiques, études et cartes interactives sur l'économie, la population, le territoire et les régions.

www.agreste.agriculture.gouv.fr : statistiques, publications et cartes interactives du ministère de l'Agriculture, de l'agroalimentaire et de la forêt.

www.datar.gouv.fr : portail de la Datar.

www.observatoire-des-territoires.gouv.fr : indicateurs, dossiers et cartographie interactive de la datar.

Films

Jean-Paul MENICHETTI, *L'Anniversaire de Thomas*, 1982 (réédition en DVD par Mediasvox, 2012) : sur la fin de la sidérurgie à Villerupt, dans le haut pays lorrain.

Jacques TATI, *Playtime*, 1967 : une satire de la vie dans la ville moderne pendant les « Trente Glorieuses ».

Commentaire de documents

Les grands traits de l'organisation de l'espace français au début des années 1970

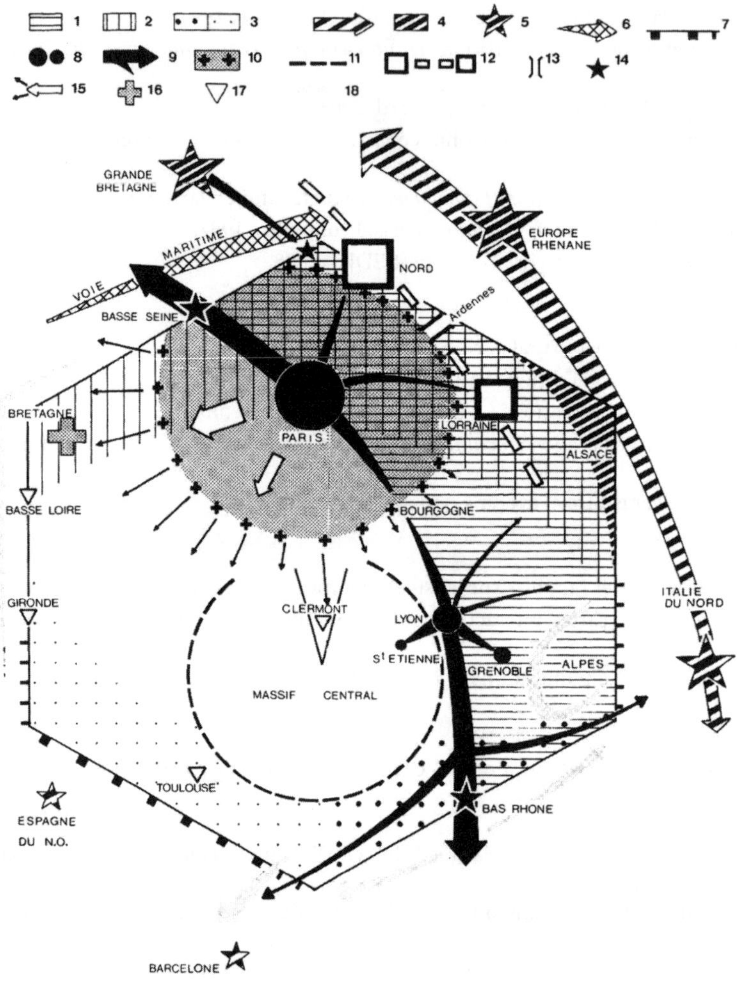

1. Fortes urbanisation et industrialisation. — 2. Forte fécondité, beaucoup de jeunes actifs. — 3. Phénomène « Midi », plus ou moins accentué. — 4. Axe rhénan et son influence directe en France. — 5. Puissants centres d'activité, de décision et d'investissement voisins. — 6. Grand trafic maritime international. — 7. Bordure plus ou moins fermée. — 8. Grand pôle de développement français. — 9. Axe national et ses antennes. — 10. Aire attractive, en expansion. — 11. Aire répulsive. — 12. Axe en transformation des vieux foyers de la première révolution industrielle. — 13. Tendance à l'interruption de cet axe. — 14. Grand complexe portuaire en expansion. — 15. Tendance à l'expansion spatiale de l'aire parisienne, avec encouragement de l'Etat, à la rencontre de 16. — 16. Surplus potentiel de main d'œuvre par restructuration rurale. — 17. Centres urbains périphériques ou isolés jouant le rôle de foyers d'attraction locaux. — 18. Tendance au développement touristique.

Roger BRUNET, « Structure et dynamisme de l'espace français : schéma d'un système », L'Espace géographique, n° 4, 1973, p. 251.

Ce document est un croquis schématique réalisé par le géographe français Roger Brunet dans un article paru en 1973 dans la revue *L'Espace géographique*, intitulé « Structure et dynamisme de l'espace français : schéma d'un système ». Il dégage les principes fondamentaux de l'organisation de l'espace français en le représentant par un hexagone et en utilisant des figurés simples — ponctuels, linéaires ou zonaux — révélant ses structures, les mécanismes à l'œuvre, les relations entre les espaces dans l'environnement européen du pays, selon une approche systémique. La manière dont l'espace français est organisé s'expliquerait par sa position par rapport à deux gradients balayant l'Europe occidentale et, à une autre échelle, par le jeu combiné de pôles et d'axes.

Le premier gradient est celui de l'économie. Il oppose le nord et l'est de la France, plus industrialisés, plus urbanisés, plus riches et plus peuplés, au sud et à l'ouest du pays, plus ruraux — bien que des centres urbains comme Nantes, Bordeaux et Toulouse soient attractifs — et à l'industrialisation moins prononcée. Il est parallèle à l'axe rhénan, qui effleure le territoire français en Lorraine et en Alsace, et qui sert de dorsale à la mégalopole européenne, cœur économique de l'Europe occidentale. Cette dissymétrie date de la révolution industrielle. Le deuxième gradient, oblique par rapport au précédent, relève de traits climatiques et de civilisation. Dans le tiers septentrional de la France, la fécondité élevée, qui explique la proportion de jeunes plus grande, est liée aux comportements démographiques des ouvriers et des agriculteurs tenant leur exploitation en faire-valoir indirect. Dans le tiers méridional du pays, l'arrivée de retraités attirés par le soleil et les littoraux, notamment dans le sud-est, entretient une faible fécondité héritée du faire-valoir direct dans les campagnes et de l'exode des jeunes adultes.

À ces données se superpose l'action de quelques pôles et axes. L'axe majeur est celui qui relie la Basse Seine au Bas Rhône, en passant par Paris et Lyon, les deux principaux centres urbains et carrefours du pays. Il est renforcé aux deux bouts par les plus grands ports français, Le Havre et Marseille, qui bénéficient de l'internationalisation des échanges. Il fonctionne comme un axe frontière entre la France du Nord et de l'Est — traversée par un axe secondaire reliant des régions industrielles en difficulté (Nord, dépression ardennaise, Lorraine) — et la France du Sud et de l'Ouest, mais ouvre les Alpes et les régions méditerranéennes aux flux touristiques. Le Bassin parisien constitue un pôle attractif bénéficiant de bonnes terres, de la convergence des voies de circulation et de la déconcentration des industries dans ses périphéries et ses marges occidentales (Bretagne). En revanche, le Massif central apparaît comme un pôle répulsif aux terres ingrates, où les reliefs ont rendu les communications difficiles, ayant joué un rôle négatif en isolant la partie sud-ouest de la France.

En s'appuyant sur le structuralisme et la sémiologie graphique, Roger Brunet représente la France comme un espace organisé, produit par la société, fonctionnant comme un système complexe. S'il y manque la dimension géopolitique qui permet de passer de l'espace au territoire, ce croquis préfigure les cartes-modèles réalisées ultérieurement par l'auteur à partir de ses recherches sur les structures élémentaires de l'espace.

Dissertation

Les espaces littoraux français et leur intégration dans les dynamiques territoriales

Introduction

En 1986, est promulguée la loi relative à l'aménagement, à la protection et à la mise en valeur du littoral et, en 1992, la réforme Le Drian modifie le régime de travail dans les ports maritimes pour redonner de la compétitivité au système portuaire français. L'adoption de ces mesures législatives témoigne de la prise en compte par différents acteurs politiques et économiques des mutations qu'ont connues les espaces littoraux français de la Seconde Guerre mondiale au début des années 1990 afin de peser sur leur évolution future.

On peut définir l'espace littoral comme le domaine géographique qui, partant de la ligne de contact entre la terre et la mer, s'étend sur une bande terrestre où l'influence physique et socio-économique de la mer s'exerce de façon importante. La France dispose de 5 500 km de littoraux dans sa partie métropolitaine — une longueur qui la place aux tous premiers rangs européens — auxquels s'ajoutent les 13 700 km de ses possessions ultra-marines, dont 1 500 dans les seuls départements d'outre-mer (DOM). Cela peut être considéré comme un atout et comme un enjeu, dans la mesure où ils sont des lieux de fréquentation touristique croissante et où la mondialisation de l'économie, portée par la révolution des transports maritimes, suscite la littoralisation de certaines activités industrielles, tandis que leur attrait résidentiel demeure important. Or beaucoup sont déjà densément peuplés, des activités traditionnelles (agriculture, saliculture, pêche, etc.) y sont implantées et sont en difficulté ou en cours de renouvellement et ils constituent des milieux fragiles, soumis à une forte pression et à une concurrence pour leur utilisation.

Comment l'attractivité des littoraux français a-t-elle contribué à leur transformation de 1945 au début des années 1990 afin de répondre aux demandes parfois contradictoires des différents acteurs spatiaux (pouvoirs publics, agents économiques, habitants, touristes, etc.) ?

I. La France possède des littoraux étendus, mis en valeur de longue date

A. La France a la chance de disposer d'une grande diversité de littoraux

La France continentale est ouverte sur le système atlantique, avec une petite portion de littoral le long de la mer du Nord, la façade de la Manche et le littoral de l'océan Atlantique, et sur la mer Méditerranée. Les possessions d'outre-mer lui permettent de disposer de littoraux sur les mers chaudes des Caraïbes, sur l'océan Indien et sur l'océan Pacifique.

Les structures géologiques et les reliefs, à petite échelle, le potentiel lithologique, les données tectoniques et l'érosion, à grande échelle, déterminent la grande variété physique d'ensemble des côtes françaises : littoraux bas, souvent sableux (comme dans le Nord), parfois ourlés d'un cordon dunaire (côte landaise), marais maritimes (Poitou-Charentes, Guyane...), lagunes (Languedoc), falaises (Haute Normandie), côtes rocheuses (Bretagne, côte basque, Provence, Côte d'Azur, etc.), deltas (comme celui du Rhône) et grands estuaires (Seine, Loire, Gironde).

B. Cette diversité présente des potentialités inégales, valorisées depuis longtemps

La salinité et la température des eaux ont une influence sur les ressources halieutiques. Les eaux fraîches, la salinité moyenne et la richesse biologique de l'Atlantique nord et de la mer du Nord ont suscité l'essor de la pêche sur les littoraux du système atlantique, mais si les eaux méditerranéennes sont moins poissonneuses, elles sont plus riches en espèces. L'exploitation du sel a fait, autrefois, la richesse des marais maritimes poitevisn, charentais et camargais.

Certains grands ports de commerce ont bénéficié d'une position d'abri en fond d'estuaire (Rouen, Nantes, Bordeaux) qui est devenue moins favorable avec l'augmentation de la taille des navires, alors que Dunkerque, Le Havre, Saint-Nazaire ou Marseille présentent des situations plus avantageuses depuis le XIXe siècle. La combinaison d'une position stratégique et d'un site relativement favorables (rade ou fond de baie) explique le choix des arsenaux et le développement des ports militaires de Cherbourg, Brest, Lorient et Toulon.

Enfin, les aptitudes touristiques des littoraux dépendent non seulement de leur ensoleillement (les littoraux méditerranéens et ceux de la façade sud-atlantique sont favorisés), mais aussi de la qualité des plages (sables ou galets, falaise ou côte basse, plage à l'abri du vent ou soumise à de fortes houles), ainsi que de leur desserte par les infrastructures de transport (lignes de chemin de fer, aéroport, routes et autoroutes).

C. Certaines activités traditionnelles sont en difficulté

Les activités agricoles littorales connaissent des évolutions différentes : essor du maraîchage dans les régions littorales bretonnes, déclin de la riziculture en Camargue, réduction de la superficie des prés salés (baie du Mont-Saint-Michel, Vendée ou Camargue), où paissent les moutons, et des salines à quelques espaces (presqu'île de Guérande, marais breton et vendéen, îles de Noirmoutier, de Ré et d'Oléron, étangs littoraux du Languedoc, Camargue).

Les espoirs mis dans la délimitation des zones économiques exclusives depuis 1982 se heurtent aux conflits entre pays européens et à la raréfaction des espèces dans les eaux communautaires depuis les années 1970. La plupart des ports de pêche de la Manche sont en difficulté, notamment Boulogne, qui conserve néanmoins son premier rang national. En revanche, les ports de Bretagne méridionale font preuve de grand dynamisme, alors que celui de la Rochelle s'essouffle, tandis que ceux de la Méditerranée reçoivent des quantités limitées de poisson.

La conchyliculture (élevage des coquillages de différents types) demeure pratiquée par de petits exploitants. L'ostréiculture domine en Bretagne, en Vendée, en Charente (un quart de la production s'effectue dans le bassin de Marennes-Oléron au début des années 1990), à Arcachon (10 %) et dans l'étang de Thau, alors que la mytiliculture sur bouchots ou sur tables d'élevage régresse (anse d'Aiguillon en Vendée, baie du Mont-Saint-Michel, baie de Brest...).

II. L'État joue un rôle important dans l'adaptation des littoraux aux besoins du tourisme et à la mondialisation

C. Les littoraux sont transformés sous l'effet du tourisme de masse

Au début des années 1990, 45 % des vacanciers fréquentent un littoral. Si quelques stations continuent d'attirer une clientèle locale (Malo-les-Bains pour Dunkerque, Arcachon pour Bordeaux, Palavas-les-Flots pour Montpellier) ou mondaine (Deauville, Honfleur, Cabourg, Dinard, La Baule), à la fois internationale et parisienne, la période est caractérisée par l'essor du tourisme d'été et de masse (en Bretagne, en Vendée, dans les Landes et sur tout le littoral méditerranéen, la Côte d'Azur restant en tête des régions touristiques françaises).

Cela est dû à l'allongement de la durée des congés payés, à l'augmentation du pouvoir d'achat des ménages, aux effets de mode et au développement des infrastructures de loisirs (ports de plaisance, etc.) et d'hébergement. L'amélioration des liaisons ferroviaires et routières (construction d'autoroutes notamment) a facilité la venue des touristes. Campings, villages-clubs, hôtels, résidences secondaires ou marinas ont été créés.

B. L'État intervient en faveur du développement touristique et portuaire

En 1963, l'État crée une mission d'aménagement de la côte du Languedoc-Roussillon pour décongestionner la Côte d'Azur et retenir les touristes en route vers l'Espagne. Il fait de même en 1967 pour la côte aquitaine. Il achète des terrains littoraux, les aménage et les assainit en les démoustiquant et planifie la création de nouveaux complexes touristiques comme La Grande-Motte, Port-Leucate, Hossegor-Capbreton, etc.

L'essor portuaire et industriel suppose aussi que les liaisons entre l'arrière-pays et les ports soient améliorées : des voies d'eau, essentielles au transport des produits pondéreux, sont aménagées et/ou mises au gabarit européen (axe Dunkerque-Valenciennes, canalisation du Rhône, etc.). Tout en participant à 80 % des équipements structuraux des grands ports, l'État les dote en 1965 du statut de port autonome. C'est aussi lui qui est à l'origine de la création de vastes zones industrialo-portuaires.

L'État doit cependant faire face à la stagnation de l'activité portuaire dans les années 1980, d'ailleurs concentrée dans quelques ports (90 % du trafic dans les six premiers ports de France), en raison d'un manque de compétitivité (frais de manutention élevés) et d'un arrière-pays assez peu étendu en regard de ceux qui sont au débouché de l'Europe rhénane (Anvers, Rotterdam, Amsterdam). En outre, il crée en 1984 des pôles de conversion à La Ciotat, La Seyne et Dunkerque, dont les chantiers navals sont en crise.

C. Les littoraux accueillent de nouvelles activités industrielles

L'ouverture de la France sur le monde, dans le cadre de l'internationalisation des échanges, et la dépendance du pays en sources d'énergie et en matières premières importées ont entraîné un déplacement de l'industrie lourde vers les littoraux. La création de la zone industrialo-portuaire de Dunkerque est décidée en 1963, l'idée de faire de Fos-Marseille un Europort du Sud, comme Rotterdam devient l'Europort du Nord, date des années 1960.

Ainsi, aux traditionnels chantiers navals (Saint-Nazaire, La Seyne-sur-Mer, La Ciotat), arsenaux (Cherbourg, Brest, etc.) et industries agro-alimentaires (Dunkerque, Nantes, Bayonne, Marseille) des villes portuaires, s'ajoute désormais l'emprise croissante d'industries lourdes polluantes comme la sidérurgie (Dunkerque, Fos-sur-Mer), les raffineries de pétrole, la pétrochimie, la métallurgie de l'aluminium.

En outre, des centrales nucléaires ont été installées, soit sur des plates-formes creusées dans les falaises crayeuses du Pays de Caux en Haute-Normandie (Paluel, Penly) ou granitiques du Cotentin (Flamanville), soit sur des remblais de sable et de graviers du littoral flamand (Gravelines) ou le long de la Gironde (Le Blayais), l'eau de mer permettant le refroidissement des réacteurs.

III. Mais les littoraux sont soumis à des pressions multiples et à des enjeux parfois contradictoires

C. L'urbanisation des littoraux et de leur arrière-pays s'accélère

L'urbanisation des régions littorales s'est accélérée. D'une part, les aménagements touristiques et la construction de résidences secondaires ont contribué à densifier l'habitat et les équipements le long des côtes. D'autre part, depuis les années 1970, l'arrière-pays connaît une croissance démographique encore plus forte, les terrains y étant moins chers, notamment sur la Côte d'Azur et en Languedoc. De plus en plus de retraités viennent y habiter.

L'augmentation de la population des régions littorales se porte aussi sur certaines agglomérations qui étoffent leurs fonctions économiques : Montpellier, Nice et Nantes attirent les activités technopolitaines (biopole, IBM et agropole à Montpellier, technopôle Sophia-Antipolis près de Nice) en relation avec le développement des universités et des centres de recherche, et donc les cadres et les jeunes diplômés.

Aussi, la part des espaces littoraux dans la population française s'accroît de 1962 à 1990, en premier lieu ceux qui bordent la Méditerranée, secondairement ceux qui bordent l'océan Atlantique, de la Bretagne méridionale au Pays basque.

B. Les littoraux apparaissent de plus en plus comme un environnement menacé

Pour leurs besoins, les hommes ont considérablement modifié les écosystèmes (aménagement de plages et de ports, endiguements, appauvrissement de la flore et de la faune, rejets provenant des égouts, etc.), de telle sorte que 20 % seulement des littoraux de France métropolitaine peuvent être encore considérés comme des milieux « naturels » au début des années 1990.

Des marées noires affectent régulièrement les littoraux français, principalement ceux de la Bretagne, longée par un des grands couloirs de circulation maritime de la planète. On se souvient particulièrement des conséquences du naufrage du pétrolier *Torrey Canyon* en 1967 et de celui de l'*Amoco Cadiz* en 1978.

L'urbanisation spontanée, comme en Bretagne ou sur la Côte d'Azur, ou planifiée, comme pour l'aménagement touristique des côtes aquitaine et languedocienne, a défiguré les paysages. L'environnement littoral est donc devenu un enjeu économique, social et politique.

C. Comment concilier protection et mise en valeur des littoraux ?

Le déplacement des hommes et de leurs activités vers les littoraux a suscité, souvent sous la pression d'associations de défense de l'environnement, une volonté de préserver le patrimoine naturel et d'encadrer juridiquement les aménagements humains. Les parcs et réserves naturels se sont multipliés (îles Chausey, Port-Cros, baie de Somme, Boulonnais, marais du Cotentin et du Bessin, Armorique, marais de Brière, Camargue, etc.).

Le Conservatoire du Littoral, créé en 1975, gère, aménage, entretient, nettoie et réhabilite les sites. La « loi littoral » promulguée en 1986 encadre l'aménagement des côtes pour les protéger des excès de la spéculation immobilière. Les droits de circulation et d'implantation le long des littoraux sont désormais mieux définis : sentier « douanier » en libre accès, interdiction des constructions linéaires, obligation d'un plan local d'urbanisme dans chaque commune littorale, création de plans d'occupation des mers, etc.

Face aux conflits pour l'usage du littoral, des solutions sont possibles. Ainsi, un accord a été réalisé en Charente-Maritime à la fin des années 1980, sous l'égide du conseil général, entre les agriculteurs du marais utilisant moins d'engrais, les ostréiculteurs s'efforçant de maintenir la limpidité de l'eau de mer, les professionnels du tourisme attentifs à la capacité des stations d'épuration et les responsables d'associations de protection.

Conclusion

Les espaces littoraux français, par leur étendue et par leur diversité, apparaissent comme un atout que les sociétés ont valorisé en y implantant des activités multiples, primaires (agriculture, élevage, conchyliculture, pêche, saliculture), secondaires (production d'énergie, industries lourdes et légères) et tertiaires (tourisme et loisirs). Leur attractivité a été renforcée en raison du développement du tourisme et de l'internationalisation des échanges, qui a suscité de nouvelles localisations industrielles. L'État a encadré ces évolutions spontanées par sa législation sur l'environnement et l'urbanisme et par sa politique d'aménagement du territoire. Mais les espaces littoraux ne tirent pas tous profit, ni au même degré, de ces mutations. Certains sont en crise ou ne bénéficient pas des phénomènes d'héliotropisme ou de « thalassotropisme ». En outre, les conflits pour leur usage sont un enjeu majeur.

Oral

Paris et l'Europe

Introduction

Plus qu'une masse critique, c'est une influence qui donne à Paris tout son poids en Europe. Pour reprendre une métaphore de Michel Foucher, on vient à Paris et on en revient chargé de valises de références, de souvenirs, d'un art de vivre que l'on dépose et conserve chez soi. Plus qu'une des capitales de l'UE, Paris est la capitale d'un pays moteur de la construction européenne, acteur de certaines de ses spécificités (PAC, institutions, politique sociale et énergétique). Plus qu'une ville européenne, Paris a des prétentions à être une ville globale, une des vigies de la mondialisation contemporaine. Sur quel registre Paris est elle la plus à l'aise, et la plus respectée ?

I. Paris : une ville de l'europolygone des capitales

A. Le creuset de la construction européenne. Entre 1814 et 1852, d'un Empire à l'autre, Paris fut un aimant pour les hommes et les idées. Là, les grands débats du temps entre révolution et royalisme, nationalisme et cosmopolitisme, capitalisme et socialisme, classicisme et romantisme, athéisme et catholicisme, se jouent sous les yeux de l'Europe.

B. Paris est la capitale de la pensée européenne, autour de Rossini et Heine, le foyer de la création française, avec Berlioz ou Chateaubriand. Mais c'est aussi la capitale de la pensée politique avec ses cohortes de Polonais, Britanniques, Allemands, Italiens ou Espagnols. Que l'on songe au retentissement de la révolution de 1830 qui inspire à Metternich le jugement célèbre : « *Quand Paris éternue, c'est la France qui s'enrhume.* » Discours de V. Hugo, résistance à l'Europe allemande, mais occupée (Paris brûle-t-il ?) au cœur de la réconciliation franco-allemande (traité de l'Elysée), mais pas siège de l'Otan.

C. Le pôle pulsateur de réalisations européennes : Sup-Europe et le MBA européen, ArianEspace à Courcouronnes, hub européen à Roissy, Euronext, la mode, les congrès, et La défense quartier d'affaires à vocation européenne qui cherche à attirer les entreprises quittant la City après le Brexit (2016).

II. Paris : un gouvernement face à l'Europe

A. Un rôle incubateur de projets européens : une Pac à la française, un refus d'une Europe fédérale, mais une proximité avec l'Europe confédération des Etats-nations, un acteur du marché unique et de l'UEM, une inventivité (vers un nouveau traité allégé ?).

B. Un rôle de frein : la chaise vide, la déréglementation des services (l'épouvantail Bolkenstein), les transferts de souveraineté constitutionnels et les nonistes réunis en septembre 2012 contre l'austérité, les reports du règlement du déficit structurel français (baisse à 2.6 % du PIB en 2017).

C. Un exemple : un poids qui compte dans les décisions européennes, Grenelle de l'environnement, taxe sur les transactions financières, COP21 entraîne l'UE, rôle dans les printemps arabes (Libye) force nucléaire indépendante.

III. Paris : une capitale parmi d'autres

A. Paris n'est pas tout à fait une ville globale : handicaps nombreux fonciers, financiers juridiques (trop de décideurs) quand il s'agit de choisir quelle métropole est la plus attractive aujourd'hui pour implanter un site industriel ou économique, Paris ne récolte que 10 % de réponses favorables, derrière Shanghai (16 %), New York (15 %), Londres (15 %, avant Brexit), Pékin (14 %), Bombay (13 %) ou... encore Moscou (12 %).

B. Paris une île en France qui déséquilibre le territoire : ombre faite aux villes de la périphérie (cf. Jean-François Gravier, *Paris et le désert français*, 1947).

C. Paris est concurrencé par : Londres (la City résiste et attire les émergents), la mode (Turin Milan), la finance (Francfort), la culture et l'architecture (Berlin).

Conclusion

L'agglomération parisienne est-ellel appelée à un nouveau destin ? Le Grand Paris se structure dans une optique de leadership scientifique comme hier la Défense au niveau des services financiers. Paris est au ressac du Brexit en accueillant l'Agence bancaire européenne, autorité décisionnelle en matière de flux financiers. Paris postule pour de nouvelles visibilités (JO de 2024) mais réduit ses prétentions pour l'exposition universelle abandonnée pour la même date. Mais surtout Paris prétend à une nouvelle prééminence européenne, en prenant la tête de la croisade pour une réforme de l'Europe contre l'euroscepticisme.

Chapitre 11
La France dans le monde

Fabien Perrier

Si la IVe république a eu pour principale mission d'ancrer la France dans les évolutions très probablement nécessaires à son intérêt national (inscription dans l'Alliance atlantique, dans la construction européenne, et choix de la décolonisation), la Ve, sous l'impulsion du général de Gaulle, a eu pour préoccupation, au moins dans sa première phase, de se réapproprier ces évolutions et de les redéfinir selon des termes formulés à Paris.

F. CHARILLON, *La politique étrangère de la France, La Documentation française, 2011, p. 11.*

Dates clés

- **1945** La France, membre permanent du Conseil de sécurité et puissance occupante en Allemagne, en dépit de son absence à Yalta (février) et Potsdam (juillet).
- **1949** Adhésion à l'Alliance atlantique de la France.
- **1951** Déclaration Schuman (9 mai) débouchant sur la création de la CECA.
- **1954** Perte de l'Indochine (Accords de Genève) et début de la Guerre d'Algérie.
- **1956** Retrait forcé du corps expéditionnaire occupant le canal de Suez, sous la pression de Washington.
- **1959** Entrée en vigueur du traité de Rome (CEE), en dépit de retour au pouvoir du général de Gaulle.
- **1966** Visite officielle du général de Gaulle en URSS.
- **1966** Lancement (puis échec) du « Plan Calcul ».
- **1975** Conférence Nord-Sud à Paris ; visite officielle de S. Hussein (Irak) en France.
- **1982-1983** Discours à la *Knesset* (Israël) et au *Bundestag* (*RFA*) du président Mitterrand.
- **1986** Premier sommet (Versailles) de l'OIF (Organisation internationale de la Francophonie).
- **1988** En visite à Paris, Arafat considère caduque la Charte (antisioniste) de l'OLP.

Chiffres clés

Croissances comparées du PIB et du commerce extérieur français

	1896-1913	1913-1929	1929-1938	1938-1949	1949-1957	1957-1963	1963-1969
PIB	2	1,8	- 0,5	1	5,2	5,1	5,1
Commerce extérieur	3,2	2,1	- 4	0,7	6,6	8,9	10,4
Élasticité	1,6	1,1		0,7	1,3	1,7	2

Source : J.-C. ASSELAIN, in M. LEVY-LEBOYER (dir.), 2006.

◆ CROQUIS DE SYNTHÈSE

La France dans le monde au temps de la guerre froide

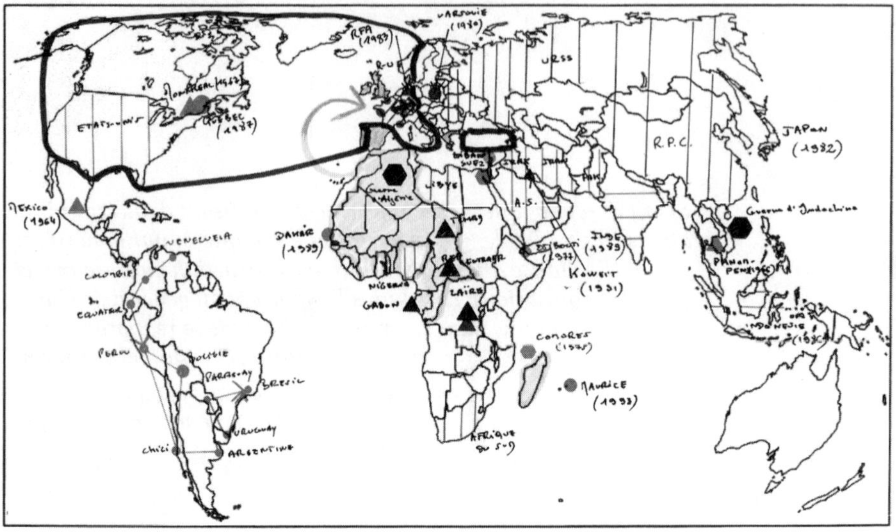

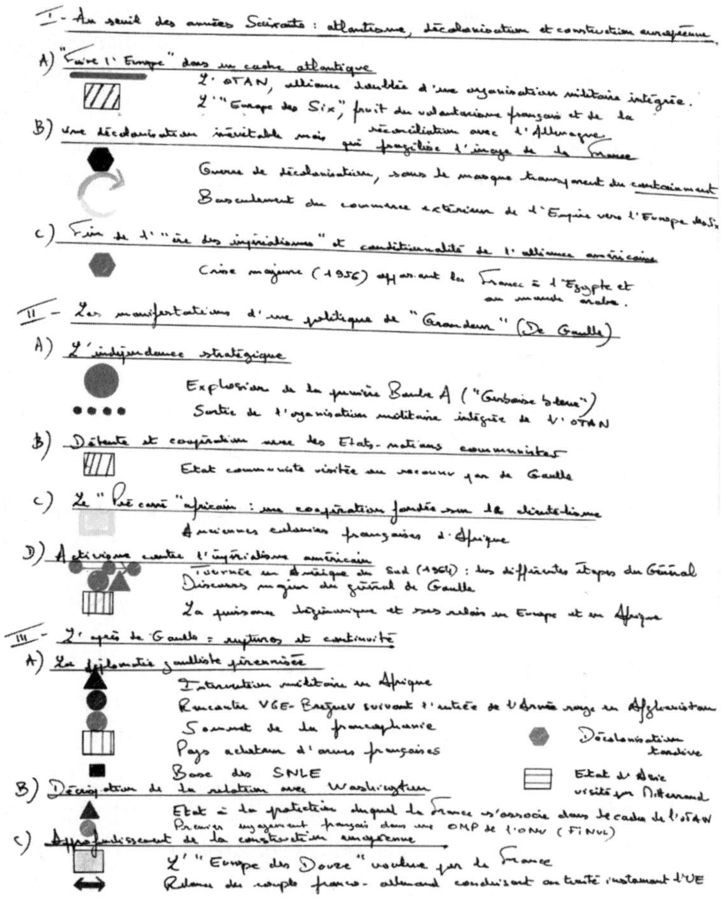

Introduction

La formule « grande puissance moyenne », due au président V. Giscard d'Estaing, désigne objectivement le statut de la France d'après-guerre ; celle-ci, sans prétendre rivaliser avec les deux superpuissances garantes de l'ordre bipolaire, n'entend pas pour autant renoncer à peser sur les affaires du monde et à conjurer un déclin que plusieurs voix prophétisent dès 1945. Cette capacité d'influence, voire de nuisance, sinon de puissance (M. Vaïsse, *La puissance ou l'influence ?)* est du reste fortement corrélée à des facteurs internes, d'ordre institutionnel (Passage d'une IVe république instable à la « monarchie républicaine » caractéristique de la Ve) et économique (Modernisation de l'appareil productif, sous l'aiguillon de la concurrence internationale et de la perte de marchés coloniaux captifs). Elle est enfin conditionnée par la capacité de la France à assumer sa propre défense et à refonder son *soft power* par un positionnement original au sein d'un ordre bipolaire et face à un Tiers-Monde basculant, lentement mais sûrement, vers l'indépendance.

◆ Problématiques

- ***Quels facteurs objectifs, géopolitiques et macroéconomiques, ont conduit la France à assumer et à mener à bien la décolonisation de son Empire ?***
- ***Dans quelle mesure la « politique de Grandeur » incarnée par de Gaulle et accessoirement par ses successeurs, éloigne-t-elle la France de ses alliés occidentaux ?***
- ***Quel sens donner à l'engagement de la France dans la construction européenne ? (amplification de la diplomatie nationale et/ou conversion à la supranationalité ?)***

I. Du destin impérial à l'aventure européenne

A. Une continuité apparente : vocation impériale et « pacte colonial »

À la Libération, le statut de puissance mondiale de la France est fragilisé : économiquement, les destructions — Cherbourg, hâtivement reconstruit, est alors le seul port praticable — et l'absence de devises compromettent les importations nécessaires à la reconstruction ; politiquement, Paris n'est pas représenté aux conférences de Yalta et Potsdam. Du moins l'unité nationale existe-t-elle au sein du Gouvernement provisoire que dirige le général de Gaulle ; elle se traduit par une « bataille de la production » que rend possible la précocité de l'aide financière américaine (prêt de l'Export-import Bank, 1945). Par ailleurs, la contribution de la France à sa Libération, et le soutien intéressé de W. Churchill, lui permet d'être admise comme puissance occupante en Allemagne et membre permanent du Conseil de sécurité de l'ONU. Enfin, le consensus sur la pérennité de l'Empire sort renforcé de l'élan assimilationniste pris lors de la Conférence de Brazzaville (1944). En 1946, la nouvelle constitution crée l'Union Française, dotée d'un Fond d'investissement pour le développement économique et social (FIDES).

Cet intérêt pour la mise en valeur de l'Empire semble se placer dans la continuité du repli impérial des années 1930, apogée du « pacte colonial ». En 1952, 42 % des exportations française gagnent les colonies, plusieurs branches restant dépendantes de ce marché captif : l'agro-alimentaire, pour plus de trois-quarts de la production (huile d'arachide, sucre raffinés) ; le textile, dominé par la personnalité de Marcel Boussac, patron de l'industrie cotonnière des Vosges, mais aussi patron de presse (*L'aurore*) actif au sein du lobby colonial, tant lors de la déposition du Sultan du Maroc (1953), que de l'expédition de Suez (1956) ; l'automobile, dont 37 % des exportations prennent encore, en 1958, le chemin de l'Empire. En retour, celui-ci permet à la France, aux prises avec les dévaluations successives de sa monnaie, de s'approvisionner, sans sortie de devises, en produits tropicaux (café, riz, cacao, caoutchouc) ou minerais (phosphates).

Ce cadre se double d'un protectionnisme rigoureux : contingentements, contrôle des changes et droits de douanes plus élevés qu'en RFA ou en Belgique (18,5 % sur les produits manufacturés, contre respectivement 13,5 et 11 % en 1955). Cette préservation de l'héritage mélinien — du nom de J. Méline, père du tarif douanier de 1892, modéré et modulable contrairement à sa légende — a été sévèrement jugée : pour J. Marseille (*Empire colonial et capitalisme français. Histoire d'un divorce*, 1984), « *le marché colonial n'aurait-il pas été un handicap entravant sur une longue période une restructuration du commerce extérieur permettant d'améliorer la compétitivité de l'industrie française ?* » (J. Marseille). Robert Marjolin (Secrétaire général de l'OECE de1948 à 1955) abonde *a posteriori* dans le même sens : « *Tout mouvement vers la liberté du commerce suscitait une frayeur difficile à vaincre* » (*Le Travail d'une vie. Mémoires 1911-1986*). Il est vrai qu'en 1956 le journal *Les Échos* considère encore que « *la perte de l'Algérie conduirait inéluctablement à un chômage d'une telle ampleur que l'équilibre politique du pays en serait rapidement détruit* ». Ces appréciations pessimistes, sinon déclinistes, doivent toutefois être abordées avec circonspection, et servent de décor à une France plus soucieuse de se protéger que se projeter ; les dévaluations, les recours à l'immigration sont des façons déguisées d'une difficulté à assumer des choix de modernisation.

B. Construction européenne, atlantisme et ouverture commerciale

Le tableau élaboré par J.-C. Asselain montre la précocité du redressement du commerce extérieur : dès les années Cinquante, et pour la première fois depuis les années 1920, son rythme de croissance est supérieur à celui du PIB. Dès 1946, l'État a créé la COFACE (Compagnie Française pour le Commerce Extérieur) et la BFCE (Banque française pour le Commerce Extérieur). « *À partir d'un schéma initial de type séquentiel (moderniser d'abord l'appareil de production, comme préalable à la réinsertion internationale), la France semble avoir évolué, assez vite et sans rupture, vers une stratégie d'ouverture, faisant appel à l'absorption sélective de la concurrence — dans les limites autorisées par l'équilibre extérieur — comme stimulants de la croissance* ». La conclusion d'Asselain fait écho à celle de J. Marseille :

« les branches ascendantes (comme les industries métallurgiques et chimiques), qui avaient profité du débouché colonial avant la Première Guerre mondiale, semblent se désintéresser d'un marché qui ne leur avait servi d'appoint qu'aux périodes d'essoufflement de la croissance ».

Les replis protectionnistes français (1951, 1955, 1957) ne seraient, selon Asselain, que conjoncturels, explicables par le déficit de la balance des paiements et la faiblesse des réserves en devises (dévaluations à répétition du Franc). Le redressement économique est dû à l'impulsion américaine issue du Plan Marshall, dont les crédits assurent le financement des importations indispensables à la reconstruction et à la modernisation de l'équipement productif. Ces crédits transitent par l'Organisation européenne de coopération économique, structure européenne voulue par Washington comme cadre d'un libre-échange régional, installée à Paris, château de la Muette.

Preuve de cette volonté d'ouverture : par la déclaration Schuman (9 mai 1950), à l'origine de la CECA, la France promeut une construction européenne d'inspiration fonctionnaliste, pragmatique (« *L'Europe ne se fera pas d'un coup, ni dans une construction d'ensemble : elle se fera par des réalisations concrètes créant d'abord une solidarité de fait* »), mettant l'économie au service de la réconciliation franco-allemande. Le CNPF, alors réticent, sera converti au moment de la signature des traités de Rome en 1957 (CEE et Communauté européenne de l'énergie atomique, portée par Louis Armand). La PAC, voulue par de Gaulle comme aiguillon à la modernisation de l'agriculture française, suivra en 1962. La CEE est le cadre de la libéralisation du commerce extérieur français. Les contingentements sont presque tous supprimés dés décembre 1958, tandis que le Franc, dévalué (Franc Pinay, 1958) et stabilisé, intègre le Système monétaire international (suppression du contrôle des changes). Le désarmement douanier est même en avance sur le calendrier prévu : baisse de 40 %, contre 25 % prévus, de 1958 à 1962, puis achèvement le1er juillet 1968, avec dix-huit mois d'avance. En quinze ans (1958-1973), l'Europe des Six et la zone Franc voient leurs parts respectives s'inverser au sein du commerce extérieur français (exportations et importations), la RFA remplaçant l'Algérie comme premier partenaire commercial de la France.

1954-1962 : des déchirures sans déchirements

1954 : Accords de Genève sur l'indépendance des États issus de l'Indochine française

1955 : Conférence afro-asiatique de Bandung

1956 : Crise de Suez (Retrait du corps expéditionnaire franco-britannique, sous la pression de Washington et de Moscou).

1957 : Association des Territoires d'Outre-mer à la CEE créée par le Traité de Rome (libre-échange entre chaque Territoire et les Six).

1960-1962 : Indépendances des colonies françaises d'Afrique, puis de l'Algérie

Le cadre impérial est de moins en moins compatible avec l'alliance atlantique. Membre de l'OTAN, alliance puis organisation militaire intégrée (1950), la France en abrite le siège (Palais de l'OTAN, inauguré en 1959, actuelle université Dauphine), le quartier-général (*SHAPE*) pour l'Europe (Rocquencourt), la principale base aérienne (Châteauroux-Déols). Si elle a dû consentir au réarmement de la RFA (Accords de Paris de 1954, créant une Union de l'Europe Occidentale intégrée à l'OTAN, suite au rejet de la Communauté européenne de défense), elle a su tirer partie du contexte de guerre froide pour faire assumer par les États-Unis une part croissante du financement de la Guerre d'Indochine. L'évolution du contexte international (coexistence pacifique, élargissement de la décolonisation) conduit pourtant Washington à lâcher son allié lors de la bataille de Diên-Biên-Phu puis, de façon plus décisive, lors de la crise de Suez. La décision de se doter de l'arme nucléaire en sort renforcée.

Au lendemain de la conférence de Bandung, le *statu quo* impérial, devenu intenable, laisse place à une dynamique décolonisatrice pacifique, dont la guerre d'Algérie demeure l'exception saillante. Une poignée d'hommes d'État parviennent à surmonter les résistances : outre de Gaulle, Pierre Mendès-France et Edgar Faure, chefs du gouvernement en 1954-1955. Ce dénouement s'explique par des contradictions devenues insoutenables à tenir :

- Dégradation de l'image de la France, prise à partie à l'ONU et stigmatisée par la presse mondiale, notamment au lendemain du bombardement du village de Sakiet (Tunisie), en 1958 ;
- Poids financier excessif des guerres coloniales : « *la France a le fâcheux privilège de cumuler les charges d'une « grande puissance » avec le fardeau d'une décolonisation particulièrement mal engagée. Sous l'effet conjoint de ces deux facteurs, le poids relatif des dépenses militaires double entre 1949 (6,4 %) et 1954 (12,7 %)* » (J.-C. Asselain) ;
- Irréalisme assumé des perspectives de développement de l'Empire, alors que la métropole est en plein boom démographique et économique et volonté de désengagement. Ce thème est présent aussi bien dans *Paris-Match* sous la plume de Raymond Cartier (« *construire à Nevers l'hôpital de Lomé, à Tarbes le lycée de Bobo Dioulasso* »), que chez R. Aron (*La tragédie algérienne* 1957) ou de Gaulle lui-même (*Mémoires d'espoir).* D'une part, l'industrialisation de l'empire attire peu les investisseurs privés (Pont-à-Mousson à Oran, Pechiney au Cameroun), d'autre part ces derniers se désolidarisent désormais de la cause impériale, à l'instar de Pierre Moussa (*Les chances économiques de la communauté franco-africaine*, 1957), père de l'expression « complexe hollandais » (Boom économique des Pays-Bas suivant l'indépendance de l'Indonésie), ou d'Edmond Giscard d'Estaing, président (jusqu'en 1973) de la SOFFO (Société financière pour la France et les pays d'Outre-mer), mais également de la section française de la Ligue européenne de coopération économique.

En 1961, de Gaulle condense son volontarisme politique dans une formule au laconisme tranchant, mais efficace : « *la décolonisation est notre intérêt et par conséquent notre politique* ».

CARTES

Le monde en 1939 : un monde divisé par les tensions européennes

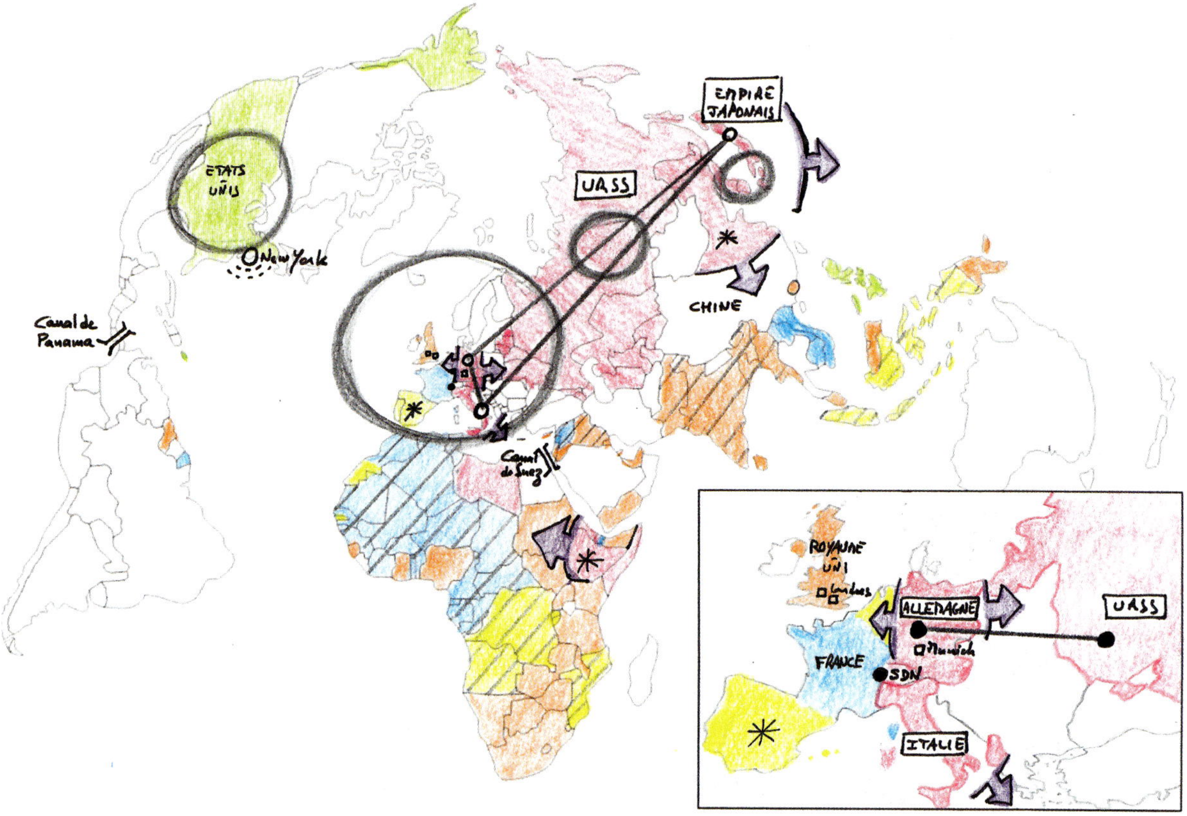

1. Une Europe toujours influente

- Les économies européennes sont premier foyer créateur de richesses (PIB 1939). Europe 1.4 milliards de dollars. Etats-Unis 0.8. URSS 0.4. Japon 0.2. Source : Angus Maddison.
- Genève, siège de la SDN
- New York, cœur de la crise économique de 1929
- Lieux de conférences internationales (Westminster 1931, Londres 1933, Munich 1938)
- Canaux interocéaniques, réalisés sur fonds européens

2. Des puissances remises en cause

- Etats-Unis, 1er PIB mondial en 1939
- Empire britannique (et mandats)
- Empire français (et mandats)
- Autres empires coloniaux européens
- Espaces où agissent des mouvements de remise en cause de l'influence coloniale européenne

3. Des tensions qui créent des alliances belligènes

- ITALIE — Etats totalitaires et territoires sous leur contrôle en 1939
- Orientation expansionniste des régimes totalitaires
- Conflits liés à l'expansionnisme ou à l'influence des régimes totalitaires
- Etats signataires de l'Axe (1936)
- Pacte Ribbentrop-Molotov
- FRANCE — Etats alliés contre un régimes totalitaire

Le monde en 1945 : un monde recomposé ?

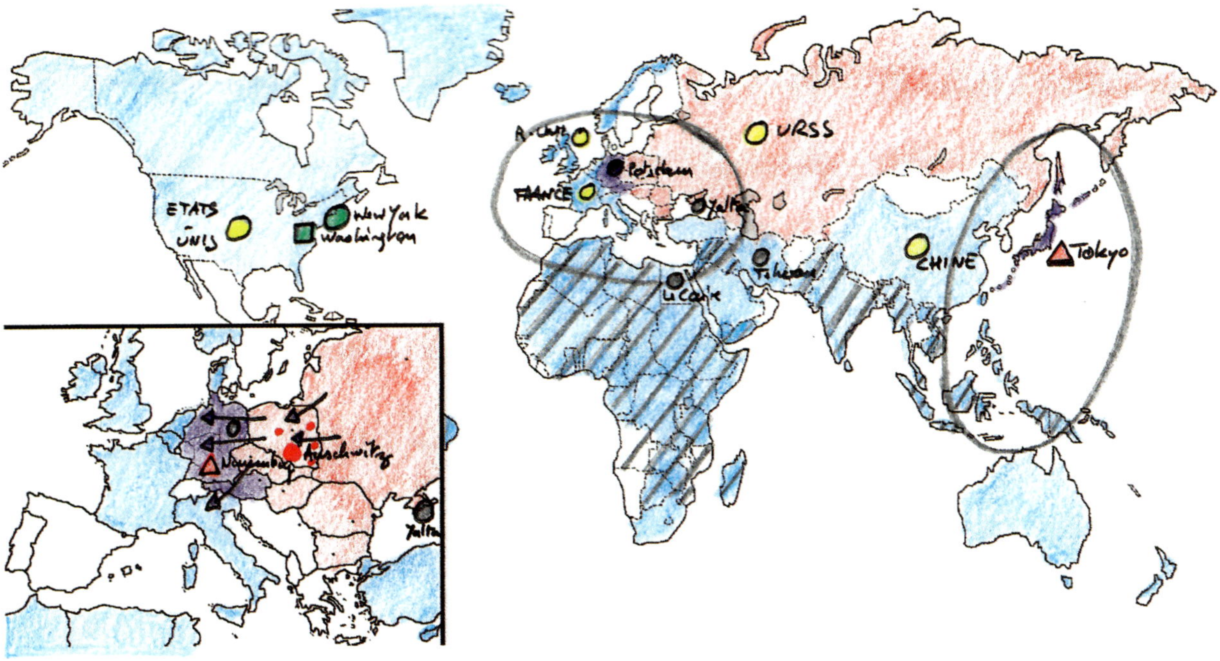

1. Un monde dévasté

- Espaces majeurs des combats
- Pays vaincus et occupés
- Principaux camps de la destruction des Juifs d'Europe (Shoah)
- Déplacements de population aux lendemains des combats

2. Un monde sous influence

- Les Etats-Unis et leurs alliés
- L'URSS et sa zone d'influence politique et militaire
- Principales conférences interalliées.
  Le Caire (nov.1943),
  Téhéran (nov.1943),
  Yalta (fév.1945),
  Potsdam (juillet 1945).
- Des empires coloniaux remis en question

3. Un monde en recomposition

- New York, siège de l'ONU créée en juin 1945 à San Francisco
- CHINE — Membres permanents du Conseil de Sécurité de l'ONU
- Washington, siège des institutions créées par la Conférence de Bretton Woods (BIRD, FMI, GATT)
- Nuremberg et Tokyo, villes d'application de la justice internationale sous direction des Alliés

1993 : l'Europe en construction

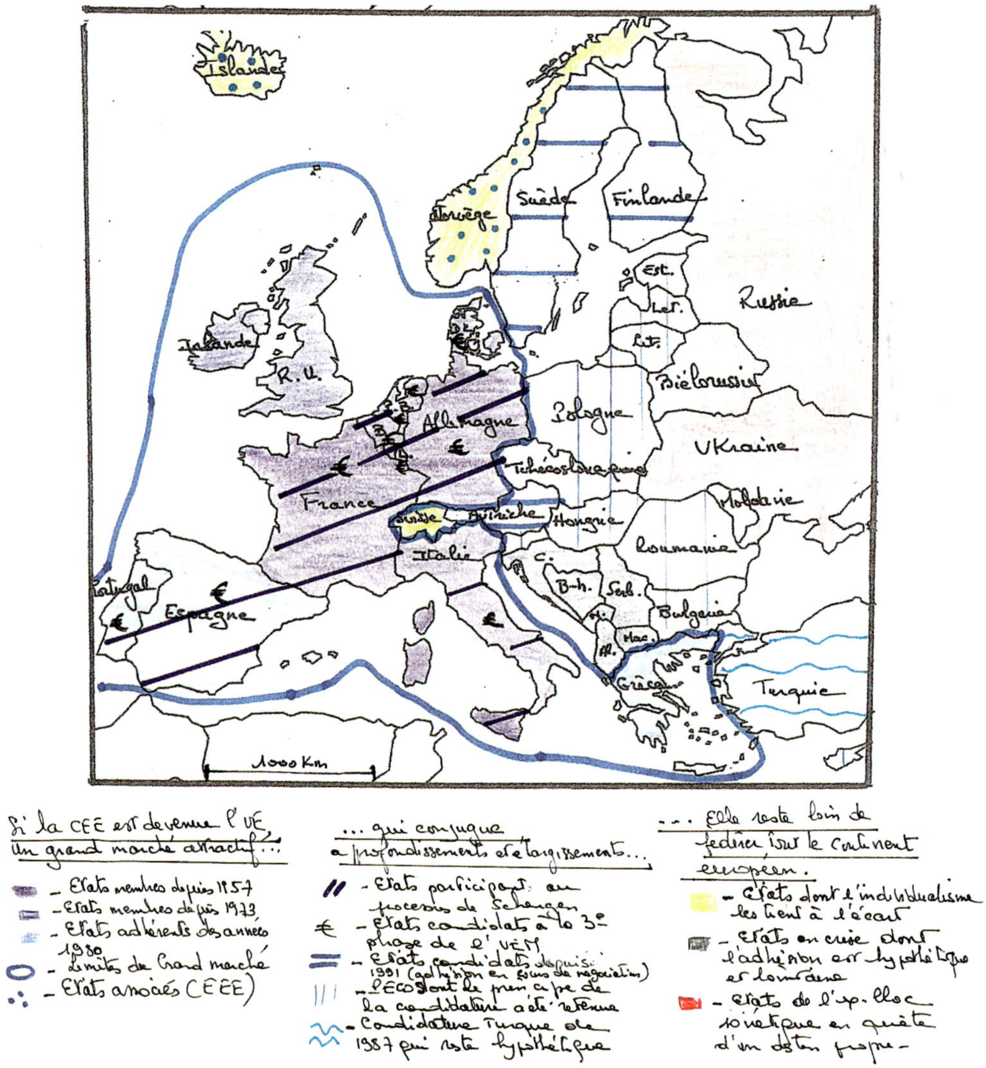

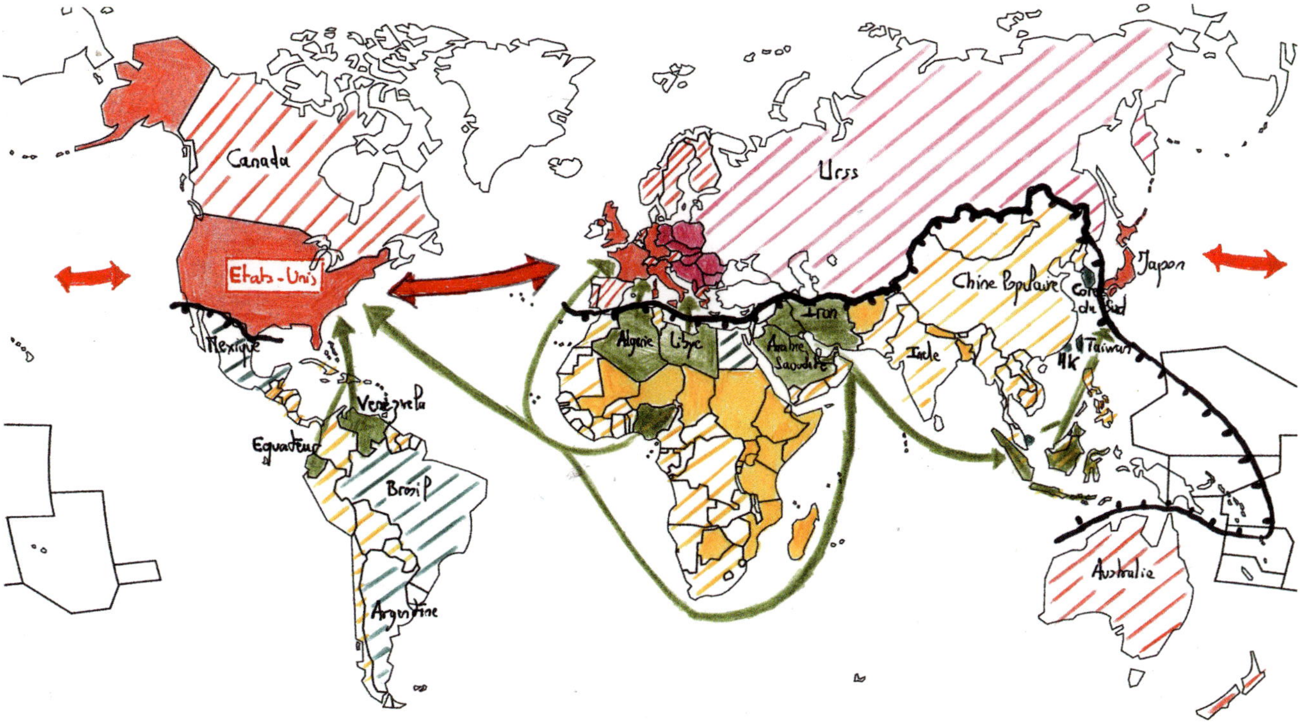

Inégalités et contrastes de développement dans le monde au début des années 1970

I. Un petit nombre de pays industrialisés et développés

A. La suprématie des PDEM

- Première puissance économique mondiale — Etats-Unis
- Puissances économiques majeures (PIB/habitant très élevés) adhérant aux principes de l'économie de marché dont le niveau de vie des populations est très élevé
- Autres PDEM

B. Les spécificités des économies communistes d'URSS et des Démocraties Populaires d'Europe

- Grande puissance industrielle (industries lourde, armement), économie étatisée, société dont le niveau de vie s'est élevé mais dont les performances restent inférieures à celles des PDEM
- Démocraties populaires d'Europe dont le système économique et social est calqué sur celui de l'Union Soviétique

II. Difficultés et contrastes du Tiers Monde

A. Difficultés et sous développement

- Ligne imaginaire au Sud de laquelle se situent en majorité les Etats sous développés
- Principaux PMA
- Autres Etats en développement

B. Des Etats qui se démarquent en raison de leurs performances

- Les pays exportateurs de pétrole (croissance)
- Les Nouveaux pays industrialisés d'Asie (croissance forte et développement humain)
- D'autres NPI où les difficultés sociales sont encore nombreuses

III. Des flux qui confirment la hiérarchie et les dynamiques de la géoéconomie mondiale

A. Des flux qui confirment la suprématie des PDEM

- 80% des échanges mondiaux s'effectuent entre PDEM
- Des économies vers lesquelles convergent les matières premières (ex. des flux pétroliers)
- Centres d'impulsion des principaux flux de capitaux (IDE, APD…) +

B. Mais qui révèlent des évolutions importantes et des risques potentiels

- Ces économies du Tiers Monde qui réussissent en exportant +
- Les flux pétroliers révèlent la dépendance des PDEM

Organisation de l'économie mondiale au début des années 1990

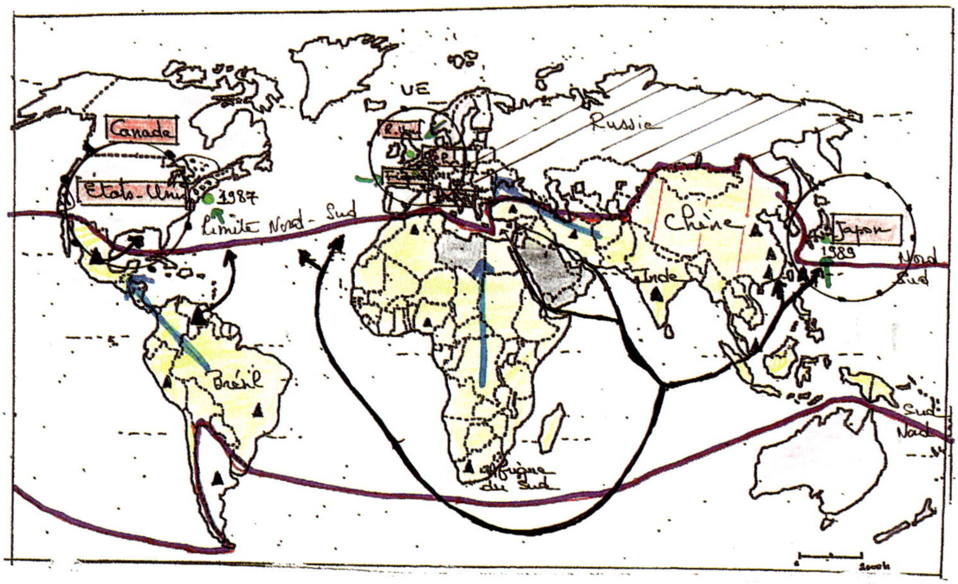

I. Dans un espace mondial où le clivage Est-Ouest a disparu et où le Sud reste dépendant…

- Alors que l'ex-bloc de l'Est est en transition difficile…
- …les "Occidentaux" forment un club d'États riches et développés
- … Face à un Sud qui reste périphérique
- … et où le PIB/habitant est presque toujours inférieur à 2000 $/an/hbt.

II. Les beaux jours de la "Triade" de K. Ohmae…

- les 3 pôles de la Triade qui organisent l'économie mondiale autour d'eux et entre eux…
- … et les membres du G7 en posture de "directoire mondial"
- … restent les principaux foyers industriels
- … sont au cœur de la machinerie financière
- … aspirent matières premières et hydrocarbures
- ainsi qu'une grande partie des migrants

III. … dissimulent de profondes mutations en gésine

- L'amorce de l'industrialisation des pays du Sud amorce une relative désindustrialisation du Nord
- Les pays exportateurs de pétrole du Sud investissent au Nord
- 1987 – Les Krachs boursiers témoignent des difficultés du capitalisme financier
- La Chine commence son irrésistible ascension.

L'état de la mondialisation au début des années 1990

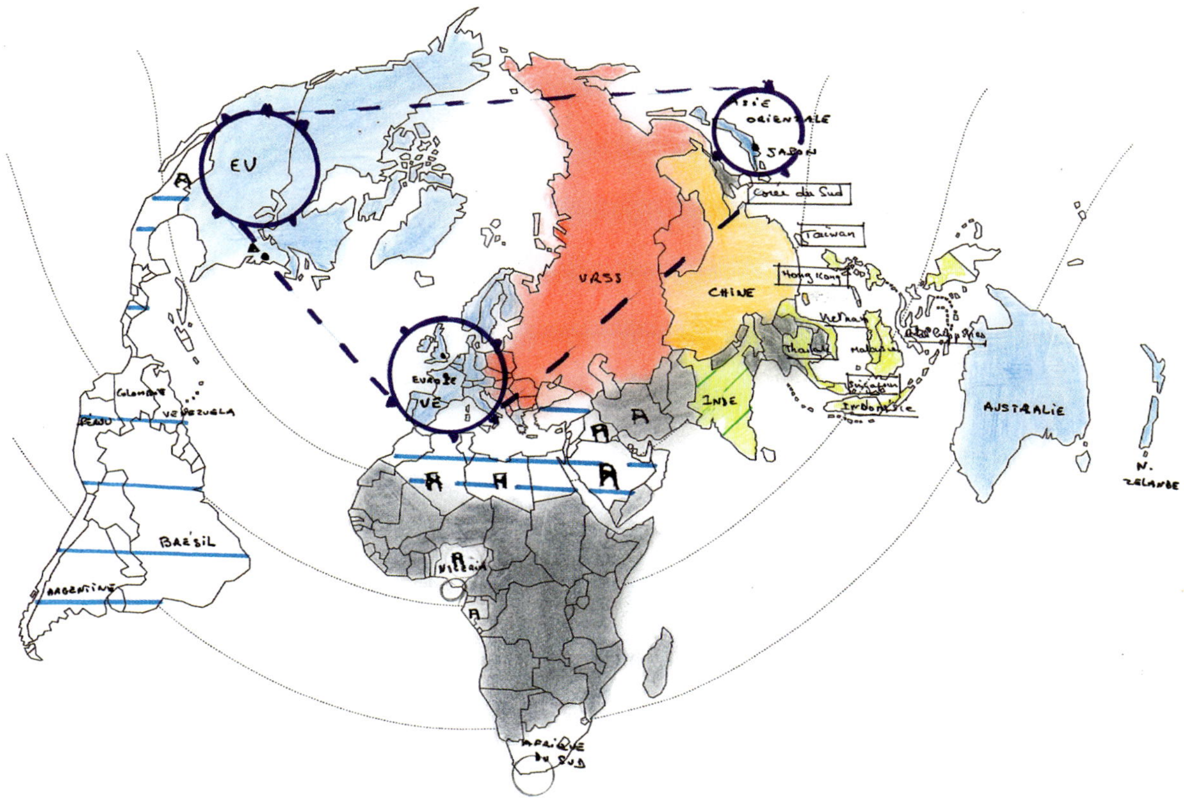

I- La mondialisation, héritage de la période antérieure…

1- Une matrice qui remonte au XIXe siècle…

- EUROPE -Pôle européen de la 1e et 2e Révolution industrielle
- AMÉRIQUE DU N -Pôle américain de la 2e Révolution industrielle
- AUSTRALIE -Pôle occidental plus éloigné
- JAPON -Pôle japonais consécutif à l'ère Meiji

2- … et explicite la localisation des principaux lieux organisateurs de la mondialisation

- FMI ▲ -Institution régulatrice de l'internationalisation puis de la mondialisation
- • -Principaux centres de la finance internationale

II- … mais aussi en raison d'une extension récente et considérable du capitalisme…

1- Par l'adoption du modèle japonais en Asie

- Taïwan - Dragons asiatiques de la 1e génération (1950-1960)
- Malaisie - Tigres de la 2e génération (années 1980)

2- Par les adaptations du socialisme réel

- CHINE -La République populaire de Chine dès la fin des années 1970
- URSS -L'URSS et les démocraties populaires à la fin des années 1980
- INDE -L'Inde après 1991

3- Par une conversion *volens nolens* de l'Amérique latine

- CHILI - Derrière le Chili après 1973…
- MEXIQUE - … puis le Mexique après 1982…
- PÉROU - …de nombreux États d'Amérique latine se convertissent au libéralisme ambiant

III- … donne lieu à une interconnection croissante des espaces

1- Les trois pôles de la Triade polarisent les échanges…

- EU -Pôle américain
- UE -Pôle européen
- ASIE ORIENTALE -Pôle asiatique
- ○ - ○ - Relations économiques intenses

2… hiérarchisent autour d'eux des espaces semi-périphériques proches…

- ═ - Espaces semi-périphériques dans l'orbite des précédents
- A - …dont d'importants producteurs de pétrole

3… alors que la planète comporte encore nombre d'angles morts

- ▭ -Espaces qui échappent encore à la logique de la mondialisation…
- AFRIQUE DU SUD ○ -… en dépit de l'existence de pôles de développement potentiels

LÉGENDE : LA FRANCE AU DÉBUT DES ANNÉES 1990 : BILAN DE 45 ANS DE DYNAMIQUES ÉCONOMIQUES ET SOCIALES

I) DES TERRITOIRES FRANÇAIS PLUS OU MOINS ATTRACTIFS DÉMOGRAPHIQUEMENT

A) Une attractivité régionale contrastée

- : Solde migratoire le plus positif (1975-82)
- : Solde migratoire assez positif (1975-82)
- : Solde migratoire plutôt négatif (1975-82)
- : permanence de la "diagonale du vide" (France des faibles densités)

B) DES DYNAMIQUES URBAINES RÉELLES MAIS DIFFÉRENCIÉES

- : Une macrocéphalie parisienne persistante
- : les trois agglomérations millionnaires
- : Autres agglomérations importantes

Évolution de la population urbaine de 1982 à 90

- Augmentation > 0,5%
- Augmentation comprise entre 0 et 0,5%
- Diminution de la population
- : périurbanisation croissante, surtout après 1970
- : exemple d'émeutes urbaines (Vaulx-en Velin 1979, Vénissieux 1981)

II) les mutations du système productif français

A) UNE MODERNISATION agricole à 2 vitesses

- les agricultures les plus intensives, bien intégrées aux marchés, modernes
- Agricultures + extensives et/ou tournées vers la qualité

B) LES MUTATIONS des territoires de l'industrie

- : Anciennes régions industrielles, en déclin dès 1945 (déclin accéléré après 1970)
- : Villes industrielles toujours majeures en 1990
- : Régions industrielles qui restent ou sont devenues majeures en 1990
- : Aménagements fluvio-maritimes pour l'industrie. (ZIP, ports autonomes, canaux grand gabarit) dès 1960
- : développement de technopôles.
- : Fracture "Le Havre-Marseille" toujours visible mais en régression

III) LE POIDS DES ACTEURS

A) Internationaux

- interface mondiale : à la fois des partenaires commerciaux et des concurrents

B) CEE : L'essor des coopérations transfrontalières, plus ou moins engagées

- Arc continental, le plus rapidement lancé
- Arc méditerranéen
- Arc atlantique, plus compliqué à mettre en place

C) Quelques exemples de l'action de l'État

- : plan neige (1964-77) : développement du tourisme d'hiver (Stations de ski)
- : plan « Racine » (1963) : le développement de stations balnéaires pour le Languedoc-Roussillon
- : Villes ayant bénéficié de la délocalisation, de la décentralisation et d'investissements (1960-1990)

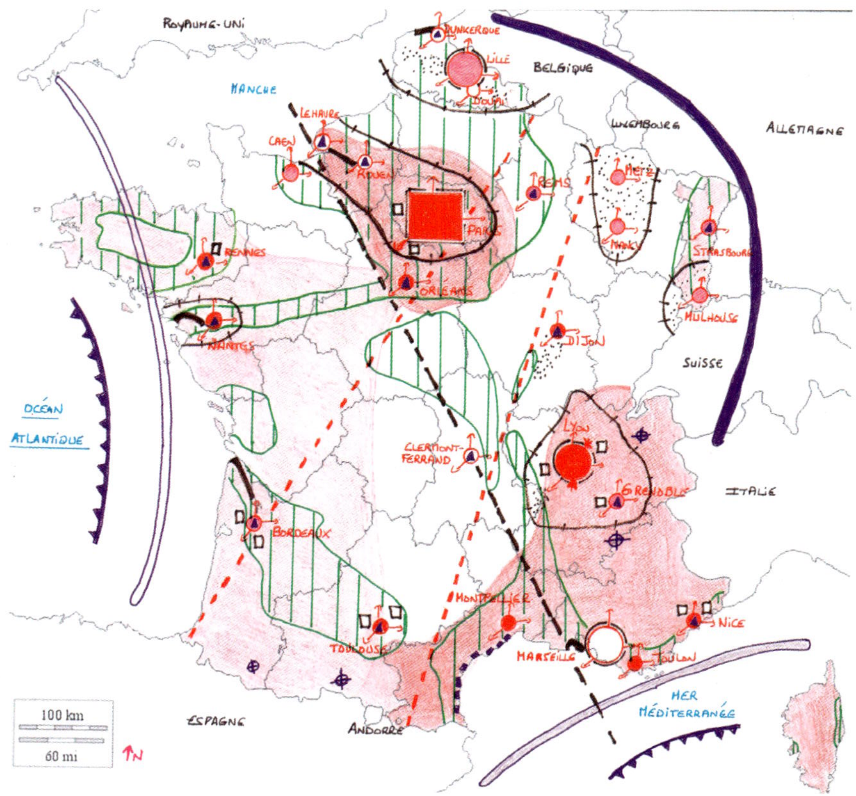

L'évolution de l'espace industriel français

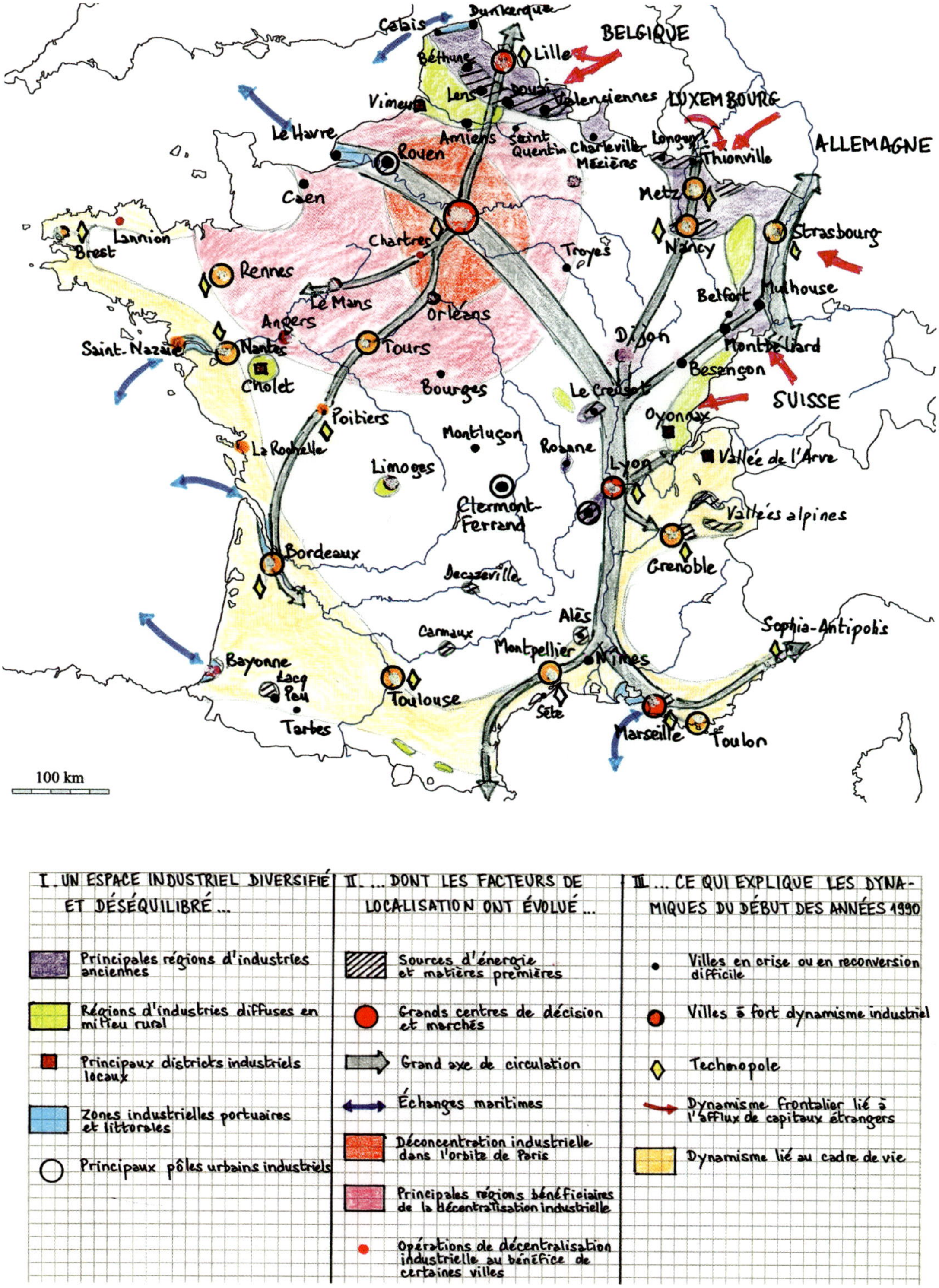

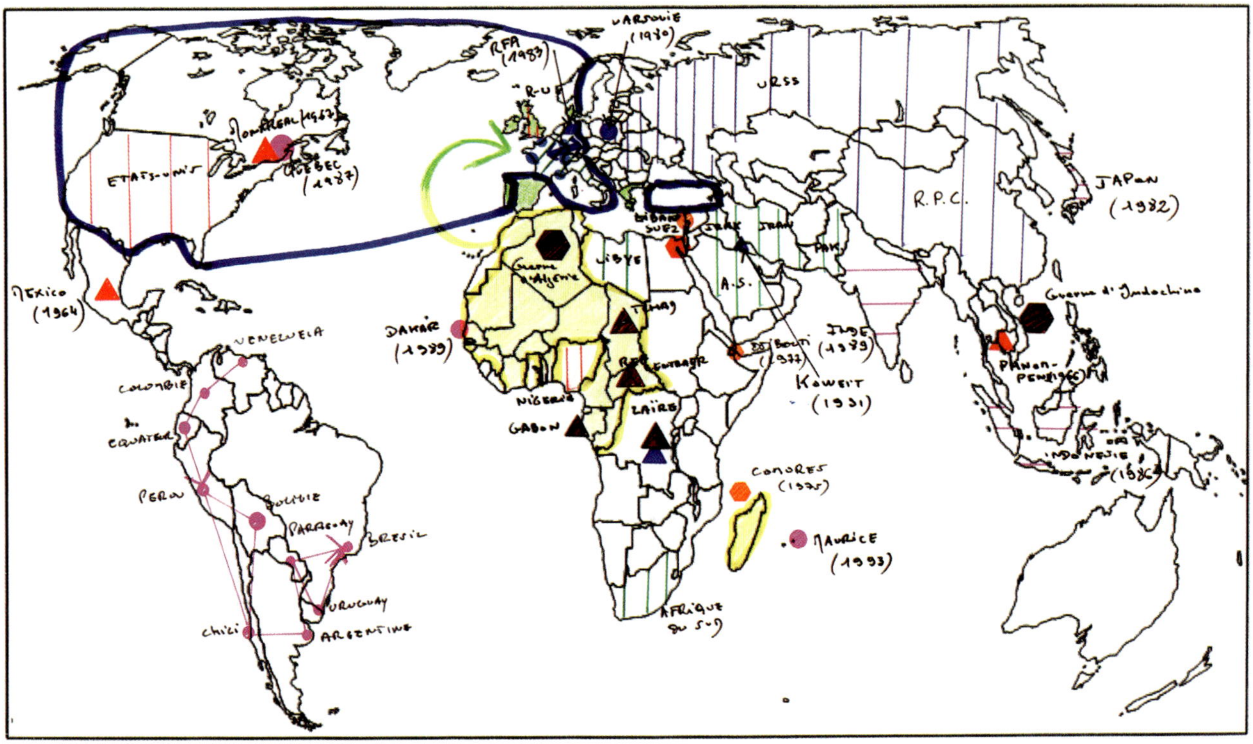

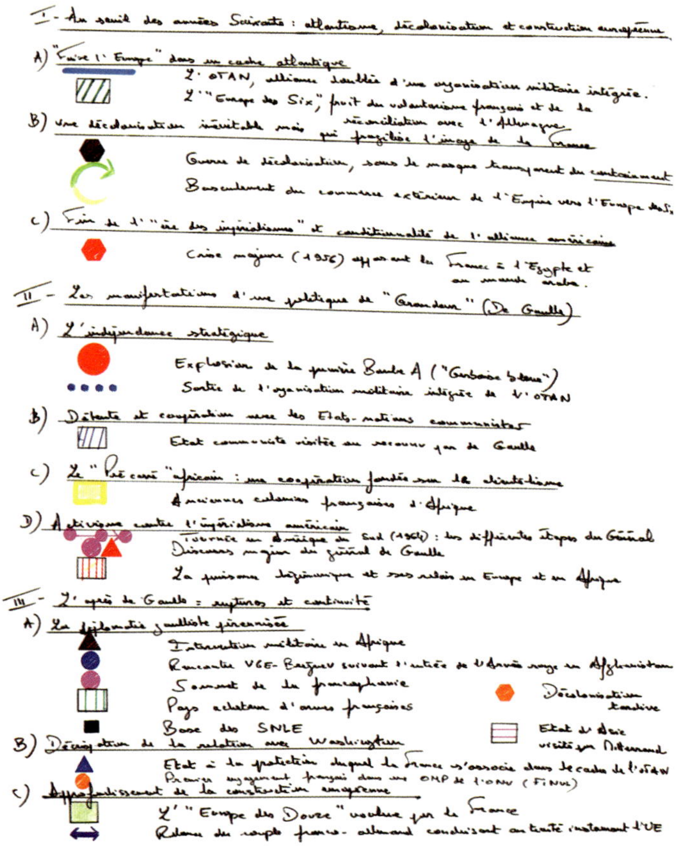

La France dans le monde au temps de la guerre froide

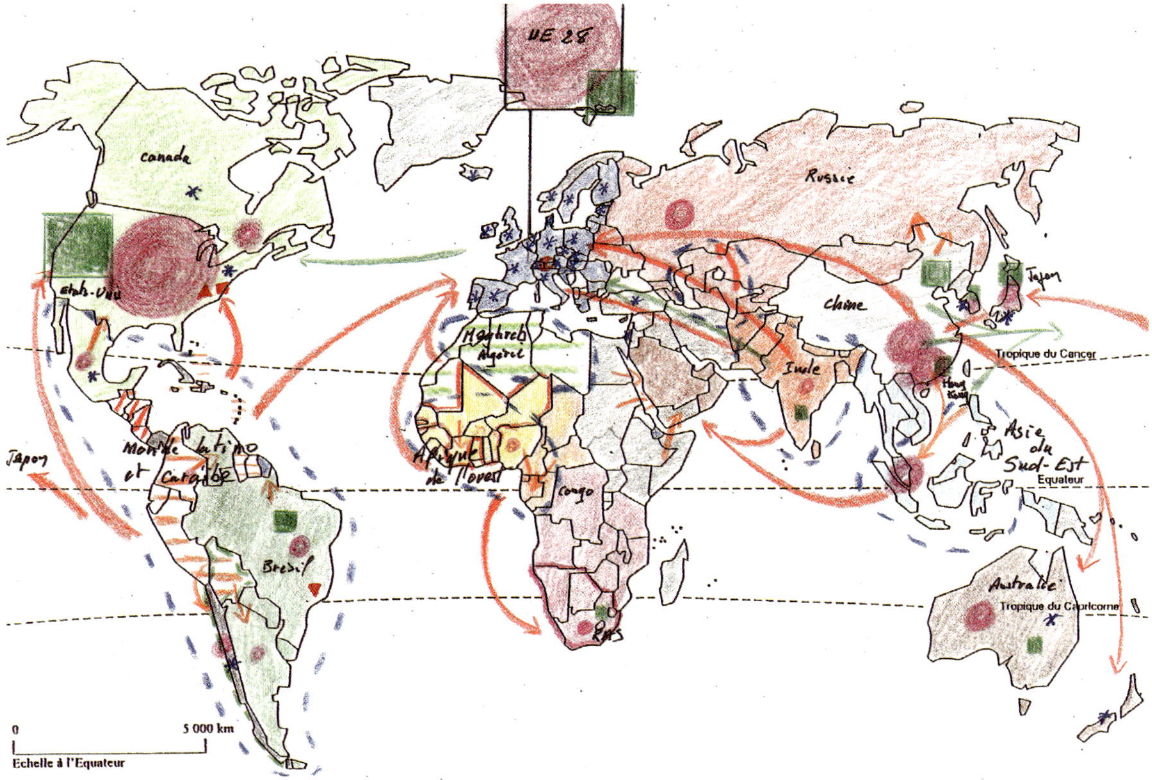

Les grands acteurs de la mondialisation

Des systèmes productifs et flux mondiaux entre permanence et mutations

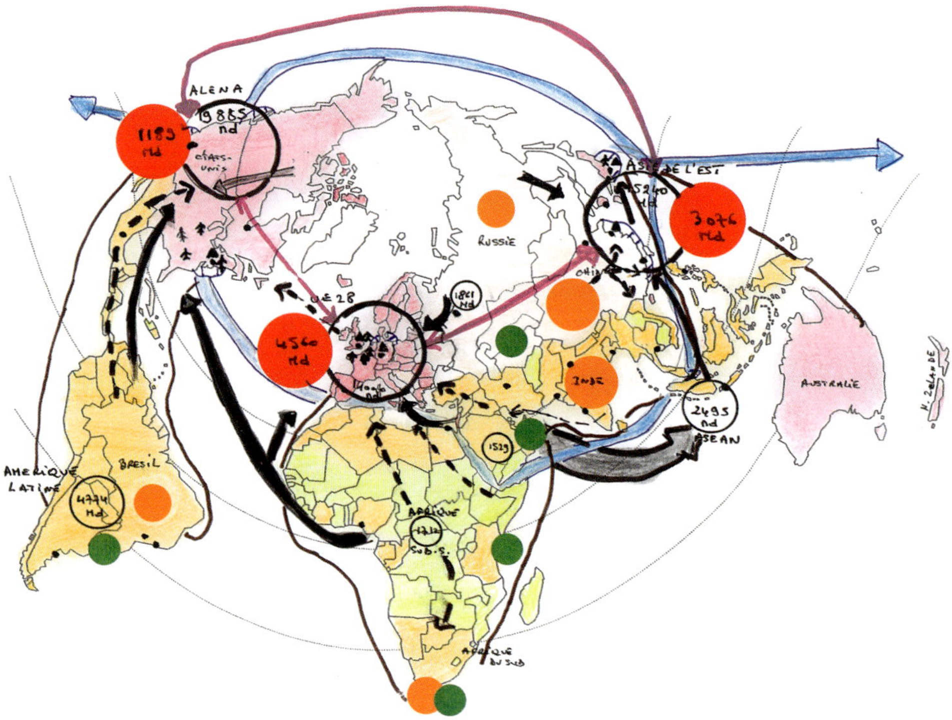

I- Des systèmes productifs à l'efficience inégale forment des ensembles régionaux économiquement plus ou moins puissants ...

- Pays développés à l'économie mature
- Pays ex-socialistes qui restent peu ou prou en transition
- Pays appartenant au groupe des BRICS
- Pays en développement plus ou moins touchés par le phénomène de l'émergence
- PMA qui peinent t encore à se développer
- 19885 Md - Des productions matérielles régionales inégales en termes de PIB (2014)

II- ... et génèrent des flux de toute nature qui profitent toujours à une triade de plus en plus élargie et de moins en moins exclusive...

- 4560 Md - Commerce Intra-régional (de marchandises) important en milliards de dollars
- Principaux flux de marchandises, services et IDE
- Principaux flux d'hydrocarbures
- Principaux flux migratoires marqueurs d'attractivité
- Pôles émergents appelés à prendre une place croissante dans les échanges internationaux en particulier le long des routes de la soie

III- ... distribués par des réseaux de communication qui quadrillent désormais l'ensemble de la planète

- Villes globales de plus en plus nombreuses
- 10eres bourses mondiales
- Principaux aéroports mondiaux
- Principaux chapelets de ports sur littoraux les plus fréquentés
- Principaux câbles qui véhiculent l'Internet
- Axe maritime circumterrestre.

Le monde vu par les États-Unis : comparaison entre les années 1950 et les années 1990

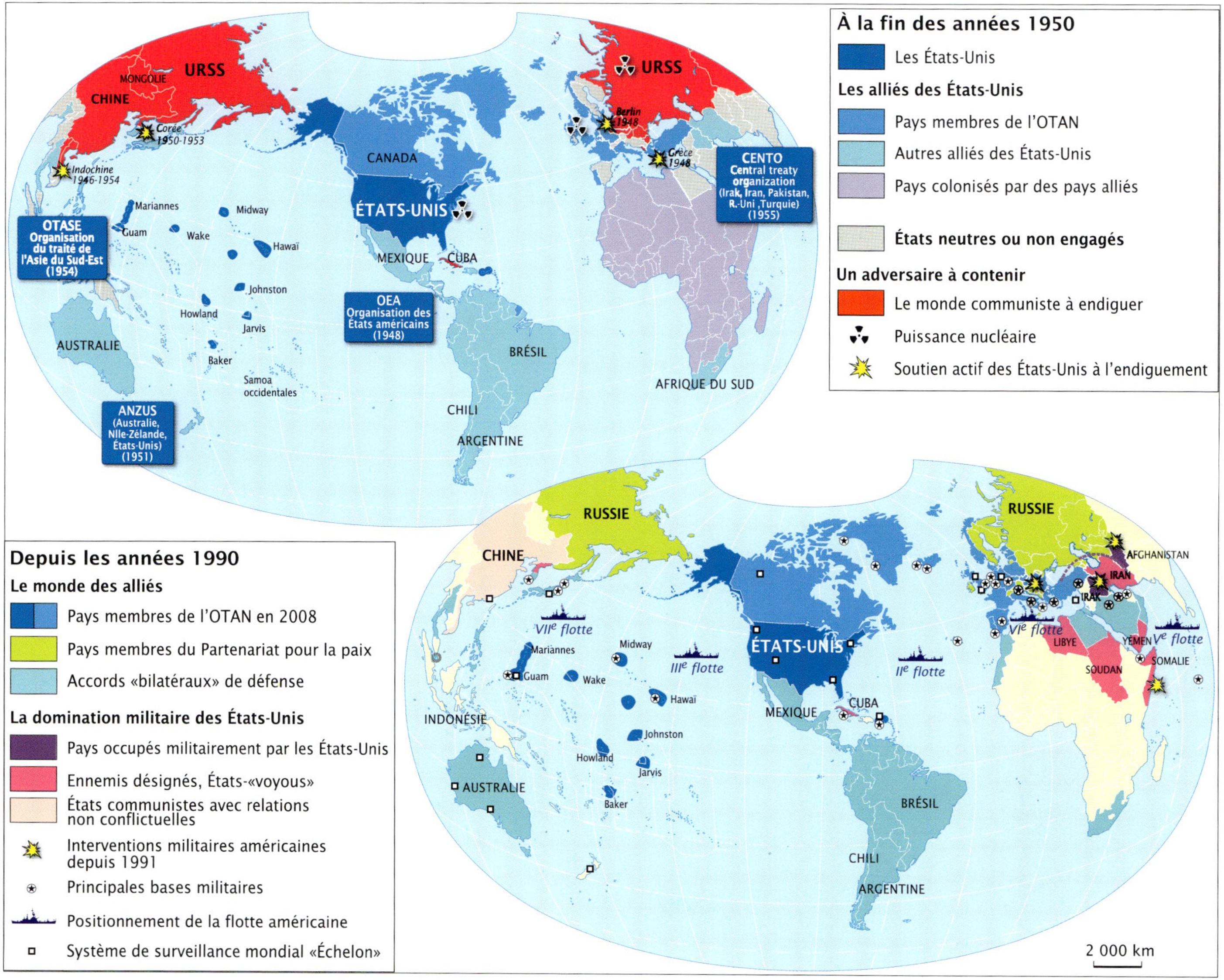

Depuis les attentats du 11 septembre 2001, les États-Unis ont intensifié leurs interventions en Afghanistan, en Irak, et depuis 2011, en Libye et en Syrie, contre à la fois les groupes asymétriques qui revendiquent les attaques anti-américaines et anti-occidentales, mais aussi contre les États soupçonnés de les aider clandestinement (les « Rogue States »).

Source : A. Battistoni-Lemière, A. Le Fur, A. Nonjon, *Cartes en mains*, 2e édition, Ellipses, 2013.

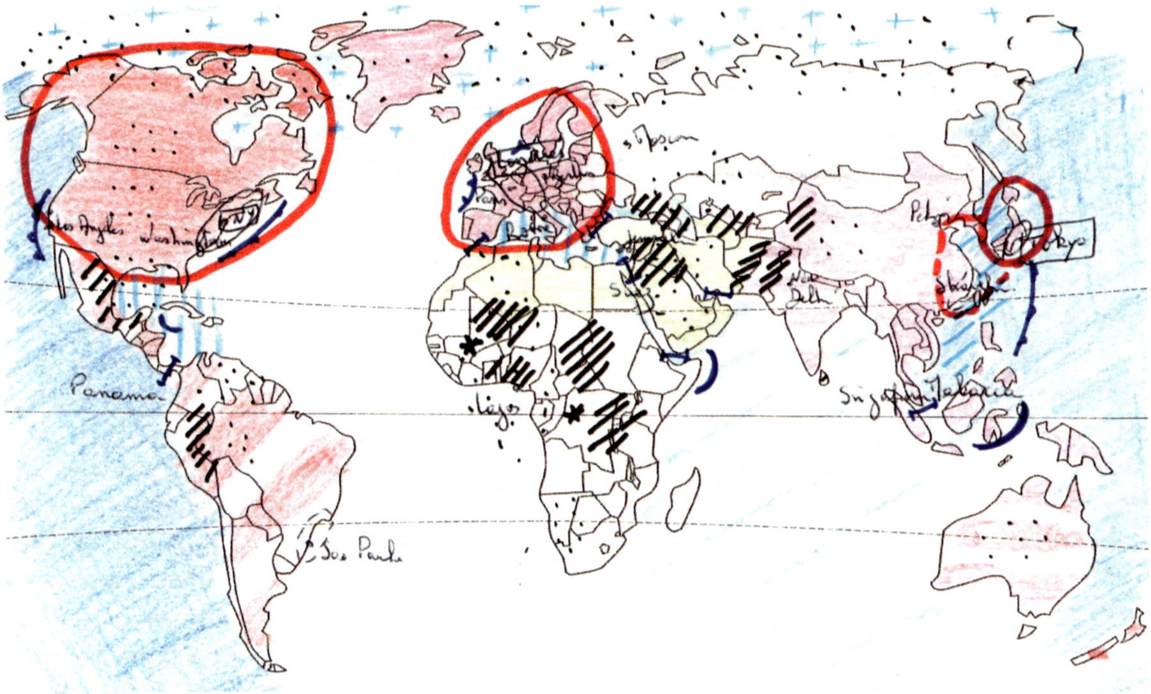

3 000 km

I. Les lieux où rayonne la puissance

- [NY] Les trois villes globales
- Les grandes villes mondiales
- Les mégalopoles
- " " en construction

II. Les espaces qu'organise la puissance

Le monde géopolitique actuel

A. Les logiques continentales

- L'Europe en proie aux doutes
- L'Amérique du nord, le pré-carré américain
- L'Amérique latine en construction
- L'Australie et la Nouvelle-Zélande, des nords au sud
- L'Asie orientale, une aire de puissance en expansion
- Le sous-continent indien entre croissance et crises
- Le monde russe, le poids du territoire et de ses ressources
- L'arc de crise de l'Afrique du Nord, du proche et du Moyen Orient, terres de révolution
- L'Afrique subsaharienne toujours au bord du monde ?

B. Le rôle majeur des espaces océaniques

- L'océan atlantique, berceau de l'Occident
- Le nouveau centre pacifique
- Des interfaces majeures (Caraïbe et Méditerranée)
- L'océan indien, terre de sous-développement et d'enjeux majeurs
- L'Arctique de la guerre froide au réchauffement climatique
- L'Antarctique : pax scientifica ?
- Façades littorales majeures

C. Des espaces polarisés

- La Triade…
- …et son extension chinoise

III. Les points chauds de la planète géopolitique

A. Les lieux dont le contrôle donne la puissance

- Les espaces convoités pour leur ressources
- Les détroits et les passages majeurs

B. Les lieux d'affrontement des puissances

- Zones de conflits
- Espaces de tensions et de terrorisme

C. Des espaces maritimes sou pression

- Piraterie
- Espaces maritimes disputés

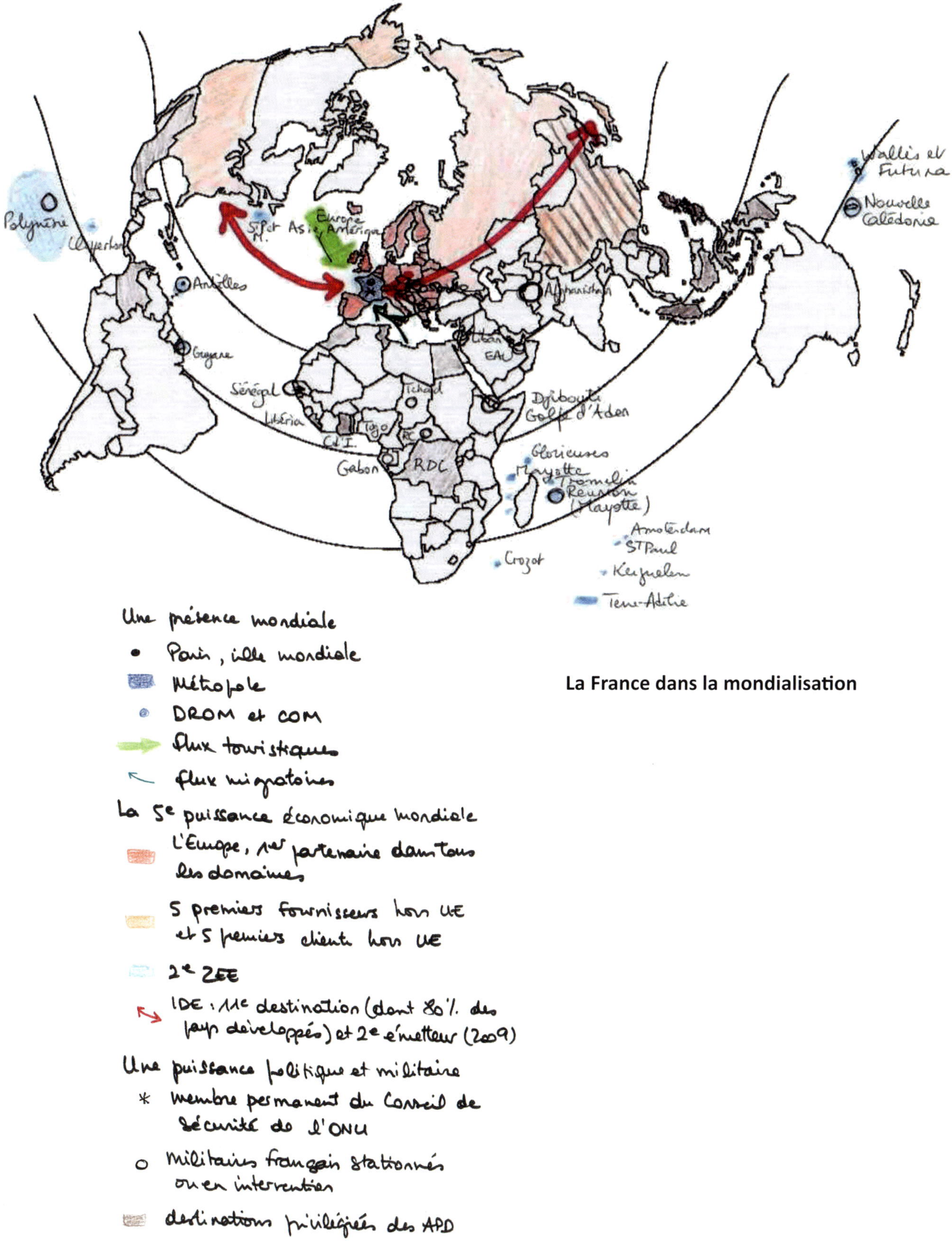

La France dans la mondialisation

Les matières premières et l'énergie dans le monde : inégalités et risques

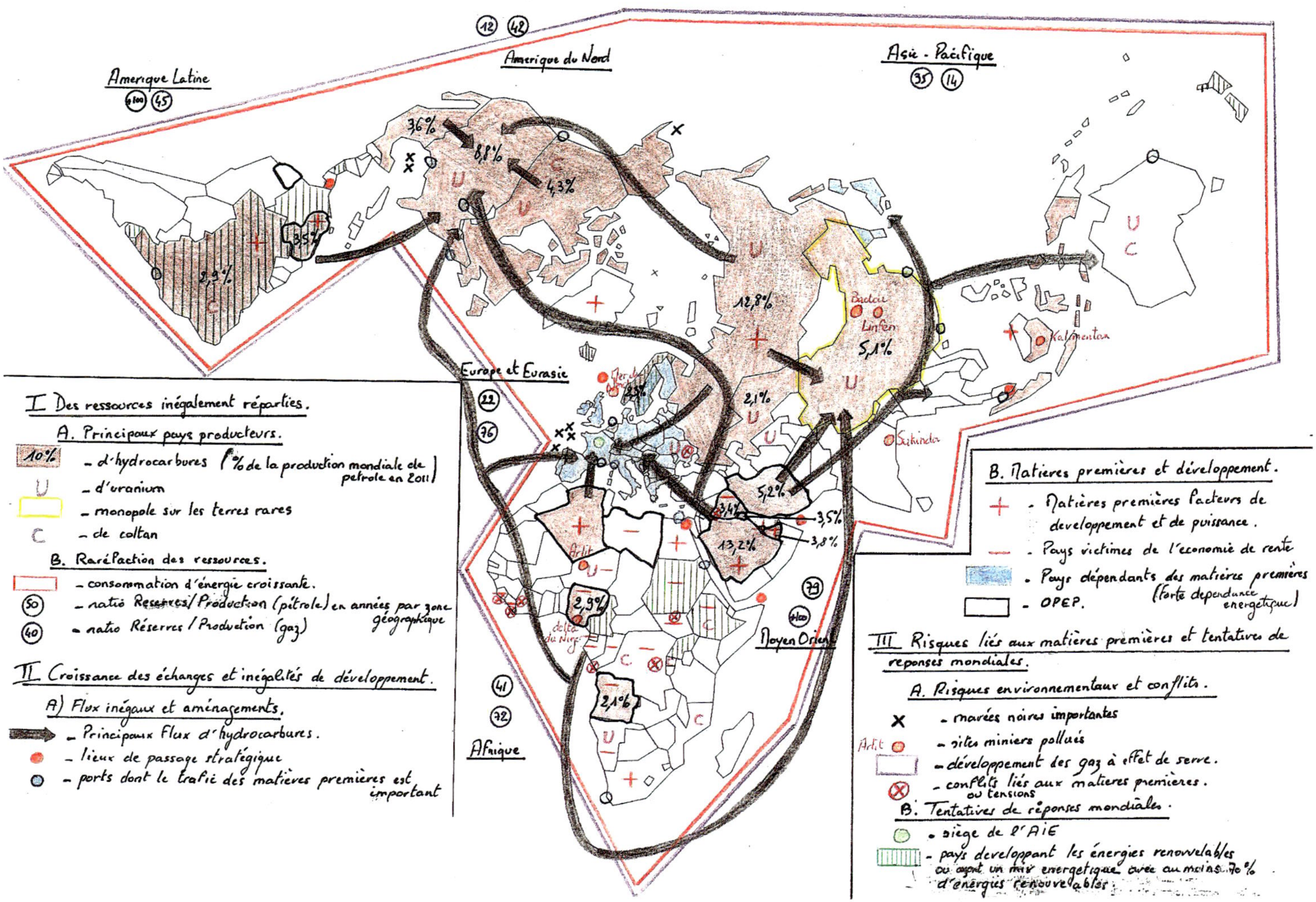

II. Le paradigme gaullien : « Grandeur », indépendance et véhémence

A. Ambitions et outils d'une politique : la Bombe, les nations et le verbe

« *Il n'y a pas de réalité internationale qui ne soit d'abord une réalité nationale* ». Ce postulat fonde l'analyse gaullienne des relations internationales ; pour désigner l'URSS, de Gaulle n'évoque jamais que la Russie, considérant que celle-ci perdure, avec son identité pérenne et ses impératifs géopolitiques, sous le vernis idéologique communiste. À partir de là s'explique son « *attachement à la grandeur et au rang de la France, conçu à la fois comme une philosophie de l'action et comme une réalité historique* » (M. Vaïsse).

La diplomatie gaullienne et son outil militaire sont mis au service de l'indépendance de la nation France, fondement de sa grandeur. Cette conception n'exclut pas différentes formes de coopération, *a fortiori* des directoires restreints intégrant la France : à trois dans le cadre de l'OTAN (Mémorandum de 1958, refusé par Eisenhower), à deux (France et Allemagne, par le Traité de l'Élysée de 1963, fondant une *Alliance incertaine* (G.-H. Soutou), traité édulcoré par le *Bundestag* lors de sa ratification), à Cinq dans le cadre du Conseil de sécurité. Or, cette conception d'un concert des nations intégrant la France est mise à mal par la logique bipolaire. Le discours gaullien s'en prend aux hégémonies jumelles, voire complices (Thèse du condominium) des deux superpuissances, notamment à celle des États-Unis, dont la France subit directement les effets sous la forme de l'intégration atlantique. D'autres cibles sont aussi visées : l'Europe supranationale (« Crise de la chaise vide » de 1965, en réaction à l'orientation fédéraliste du président de la Commission, W. Hallstein), le Royaume-Uni (Refus brutal de son adhésion à la CEE), l'ONU, à travers son secrétaire général D. Hammarskjöld, accusé de sortir de son rôle au moment de la guerre civile congolaise (1960-1964).

Pour Washington, cette posture avant tout défensive traduit vainement la peur du déclassement et du déclin. On peut l'analyser inversement comme constitutive d'un *soft power* capitalisant les ressentiments anti-impérialistes présents à l'échelle mondiale.

De Gaulle : des discours au retentissement planétaire

La politique gaullienne se double d'une pédagogie du verbe (« *La destinée de la France est d'être l'embêteuse du monde* » selon J. Giraudoux) essentiellement dirigée contre les différentes formes de l'hégémonie américaine.

1962 : Discours stigmatisant l'Europe fédérale, négatrice des nations

1964 : Discours de Mexico (« *Marchemos la mano en la mano* »)

1965 : Conférence de presse dénonçant le statut international du dollar

1966 : Discours de Phnom Penh contre la présence américaine au Vietnam

1967 : Discours de Montréal (« *Vive le Québec libre !* ») contre l'hégémonie anglophone

Dans ses *Mémoires d'Espoir*, de Gaulle rappelle les principaux traits de sa politique d'indépendance nationale : « *Mon dessein consistait à dégager la France non pas de l'alliance atlantique, que j'entendais préserver, mais de l'intégration réalisée par l'OTAN sous commandement américain ; à nouer avec chacun des États du bloc de l'Est et d'abord la Russie des relations visant à la détente et à la coopération ; et à en faire autant le moment venu avec la Chine ; enfin, à nous doter d'une puissance telle que nul ne puisse nous attaquer sans risquer d'effroyables blessures* ».

- La sortie de l'Organisation militaire intégrée, en germe dès 1958, est annoncée en 1966. De Gaulle manifeste néanmoins une solidarité sans faille avec Washington lors des crises de Berlin (1958-1961) et de Cuba (1962), l'armée française collaborant par ailleurs avec l'OTAN (Accords Ailleret-Lemnitzer, 1967).
- L'explosion d'une bombe A française (« Gerboise bleue » à Reggane, Sahara, le 14 février 1960) est l'épilogue d'un programme lancé par P. Mendès-France dès 1954, même si la Bombe gaullienne se greffe sur une politique d'indépendance nationale, à l'inverse du Royaume-Uni (Accords de Nassau, 1962), refusant sa multilatéralisation. Se plaçant dans le cadre de la « Riposte graduée » à une attaque soviétique (théorisée par l'Américain Mc Namara), le Président français doute en effet de l'automaticité d'ouverture du « parapluie nucléaire » américain, après que les soldats français auront servi de piétaille. Cette incertitude légitime à ses yeux une dissuasion « du faible au fort » ; théorisée par les généraux Ailleret et Gallois, elle est censée, grâce à des vecteurs crédibles (les Mirage-IV construits par Dassault, puis le sous-marin *Le Redoutable, opérationnel en 1971),* sanctuariser le territoire national ; « *puisqu'un homme et un pays ne peuvent mourir qu'une fois, la dissuasion existe dès lors qu'on a de quoi blesser à mort un éventuel agresseur, qu'on y est très résolu et que lui-même en est bien convaincu* ».
- La bombe (A, puis H en 1968) a aussi une signification politique, interne et externe, que condense la réaction du général à l'explosion de Reggane : « *hourra pour la France, depuis ce matin elle est plus forte et plus fière* ». La France s'oppose logiquement aux traités destinés à lutter contre sa prolifération (Traité de Moscou, 1963 ; TNP, 1968). La reconnaissance de la République populaire de Chine (1964), précédée d'un voyage exploratoire d'Edgar Faure, se situe dans la même logique de contestation du condominium américano-soviétique, et dans la recherche d'une diplomatie à la française.
- Le dialogue noué avec l'URSS (Voyage officiel de 1966) et les démocraties populaires (Pologne en 1967, Roumanie surtout, où séjourne le Général en mai 68 !) est consolidé par des jumelages (Le Havre-Leningrad), des échanges économiques, une diplomatie culturelle active (Notamment en Hongrie), facilitée par la tradition francophone des élites est-européennes.
- La grandeur de la France s'appuie enfin sur la préservation de son influence en Afrique (la Françafrique) et sur une « politique arabe » au demeurant pragmatique (III). La politique à l'égard du Tiers-Monde s'inspire du rapport Jeanneney de 1963 (Proposition d'affectation de 1 % du PIB des pays riches à l'aide au développement, reprise par la CNUCED, en 1964), qui applique aux États décolonisés les ambitions généreuses de la conférence de Brazzaville de 1944 : « *jamais au cours de son histoire la France ne s'est résignée au repliement ; toujours elle a éprouvé le besoin d'agir bien au-delà de son hexagone* ».

B. De VGE à Mitterrand : continuité, décrispation, et approfondissement de la construction européenne

Dans un cadre international inchangé, la diplomatie des successeurs du général de Gaulle (Pompidou, Giscard, Mitterrand) se caractérise, en dépit d'inflexions formelles ou secondaires, par une incontestable continuité :

- La dissuasion demeure le pilier de la défense nationale. D'une part, ses vecteurs se diversifient (six sous-marins de la classe *Le Redoutable* lancés entre 1971 et 1985, pour une puissance de feu cumulée de 44 mégatonnes en 1987 ; missiles à moyenne portée du Plateau d'Albion (1971) ; porte-avions *Clemenceau*, puis *Foch*), renforçant sa crédibilité ; d'autre part, sa doctrine d'emploi perd de son intransigeance, avec le développement d'un armement tactique (missiles Pluton, 1974) qualifié de préstratégique, car destiné à signifier un « ultime avertissement ». Giscard, sceptique à l'égard de la dissuasion (« *la référence constante à la « pensée du général de Gaulle » me paraissait abusive* »), accentue cependant la collaboration avec l'OTAN (Accords Valentin-Forber, 1974), tout en se posant en médiateur entre les deux blocs engagés dans la « guerre fraîche ».
- Les liens économiques et stratégiques avec l'URSS se renforcent parallèlement ; Giscard rencontre Brejnev peu après l'entrée de l'Armée rouge en Afghanistan (Varsovie, 1980), puis refuse de s'associer au boycott des Jeux Olympiques de Moscou. En 1982, Mitterrand, en dépit des pressions du président américain Reagan, confirme la signature d'un contrat gazier avec l'URSS (8 000 milliards de m^3 par an !) associé à un prêt français pour la construction d'un oléoduc de 5 000 km (depuis le gisement d'Ourengoï, en Sibérie), le tout prolongeant un premier contrat signé en 1966.
- L'attention pour le Tiers-Monde est préservée. Giscard parraine la Conférence sur la coopération économique internationale, qui s'ouvre à Paris en décembre 1975 (huit pays industrialisés, dix-huit pays en développant), sans résultat concret toutefois. Les deux premières années de la présidence de F. Mitterrand sont marquées par un discours tiers-mondiste que répercute (avant sa démission forcée en 1982) le ministre à la coopération J.-P. Cot après le discours remarqué de Mitterrand lors du sommet Nord-Sud de Cancún de 1981 ; Paris soutient parallèlement l'expérience socialiste du Nicaragua des sandinistes (D. Ortega). Au sein de la CEE, La France promeut les accords de Lomé successifs (1945, 1979, 1984, 1990) avec les pays ACP, bénéficiaires de systèmes de stabilisation des cours de leurs productions agricoles et minières. Malgré sa géographie propre (Québec), la Francophonie participe du *soft power* à l'égard du Tiers-Monde. Lancée par deux grands écrivains politiques, André Malraux (dont les discours relaient ceux du Général) et Léopold Senghor (Poète, président du Sénégal jusqu'en 1981, académicien en 1983), elle s'institutionnalise dès 1970 (Agence de coopération culturelle et technique, à l'origine de l'Organisation internationale de la francophonie) et s'approfondit dans les années 1980, à l'instigation de Mitterrand (1er sommet de l'OIF à Versailles, en 1986).
- Les relations avec les États-Unis sont l'objet d'une décrispation qui remonte d'ailleurs à la fin de la présidence de Gaulle (Élection de Nixon, novembre 1968). Giscard promeut un directoire informel des grandes puissances occidentales, destiné à gérer les conséquences

du premier choc pétrolier (Sommet de Rambouillet, à l'origine du G7, en 1975). Mitterrand affirme sa solidarité sans faille avec Washington lors de la crise des euromissiles (Discours au Bundestag, 1983 : « *Je constate que les pacifistes sont à l'Ouest, et les euromissiles à l'Ouest* », formule empruntée à J.-F. Revel) puis, dans un contexte post-Guerre froide, lors de la Guerre du Golfe (« Opération Daguet ») en 1991, non sans militer alors pour une improbable solution diplomatique.

La pérennité du système diplomatique gaulliste : les trois hypothèses de Frédéric Charillon

– L'hypothèse interne : largement déconnectées des fluctuations politiques, les orientations gaullistes font consensus et flattent l'orgueil national.

– L'hypothèse systémique : la diplomatie gaulliste correspond à l'optimum atteignable par la France, dans le cadre d'un système international inchangé.

– L'hypothèse charismatique : « *le charisme initial [celui du général de Gaulle] aurait produit sa propre routinisation par la production de tabous en matière d'action extérieure* ».

L'hypothèse n°3 — celle d'une inertie paralysante par fidélité à la figure du Père — occulte pourtant le rôle moteur de la France sous Giscard et Mitterrand, dans l'approfondissement de la construction européenne, par le biais d'un couple franco-allemand (Giscard-Schmidt, Mitterrand-Kohl) désormais plus égalitaire : le sommet de Brême (1978) met en place le SME, celui de Maastricht (1991) précède la signature (7 février 1992) du traité créant l'Union européenne. Il est vrai que, derrière les professions de foi célébrant l'Europe (« *si la France est notre patrie, l'Europe est notre avenir* »), il s'agit aussi pour le président français de contenir une Allemagne retrouvant, avec la chute du rideau de fer, sa zone traditionnelle d'influence en Europe médiane. À défaut de pouvoir empêcher la réunification (visite en RDA fin 1989), du moins s'agit-il de la contrôler (Traité 2+4, 1990) et d'arrimer la nouvelle Allemagne à une construction européenne consolidée. L'Union européenne, par l'institutionnalisation d'une Politique Étrangère et de sécurité commune (PESC), faisant suite à la réactivation de l'UEO, doit pouvoir s'émanciper du cadre et de la logique atlantistes.

La fin progressive de la guerre froide renforce enfin la conversion de la diplomatie française à un multilatéralisme onusien actif. La participation aux Opérations de maintien de la paix — originalité française parmi les membres permanents du Conseil de sécurité — remonte à la FINUL, déployée au Liban en 1978. Elle est remarquable au sein de l'APRONUC (Cambodge) et de la FORPRONU (ex-Yougoslavie). Paris se pose en défenseur intransigeant d'un multilatéralisme à même de valoriser son statut de puissance moyenne membre du conseil de sécurité, et de brider l'hyperpuissante américaine ; telle est la thèse que vulgarisera, en 2003, le néoconservateur américain R. Kagan dans *La Puissance et la Faiblesse. Les États-Unis et l'Europe dans le nouvel ordre mondial.*

C. Du nationalisme économique à la mondialisation

En 2002, J.-F. Revel a analysé *l'Obsession antiaméricaine* des Français, obsession ancrée aussi bien à droite (dans le prolongement des *Scènes de la vie future* de G. Duhamel, stigmatisant déjà (1931 !) conformisme et matérialisme) qu'à gauche, où dès 1946, le Parti communiste s'en prend aux accords Blum-Byrnes, accusés de livrer la France au cinéma américain), avant de faire campagne (1950) contre la « cocacolonisation ». Il reste que la France de l'après-guerre éprouve une incontestable fascination pour l'Amérique des *fifties* (S. De Beauvoir, S. Hessel, F. Giroud). Cet attrait est renforcé par les missions de productivité venues de France (300, pour 2700 visiteurs jusqu'en 1953), et selon des motivations qui, comme pour le Plan Marshall, sont indistinctement géopolitiques et économiques. Ces missions font découvrir aussi bien les méthodes de marketing et de management que le maïs hybride ou la législation antitrust. En retour, elles façonnent côté français un complexe d'infériorité, lui-même à l'origine d'une dynamique de rattrapage qui s'estompe vers 1955 : « *la productivité s'était suffisamment accrue pour que le mouvement puisse continuer sur sa propre lancée, sans le soutien des emprunts, des missions et de la propagande qui l'avaient jusque-là étayé* » (R. Kuisel).

Le complexe d'infériorité refait paradoxalement surface dix ans plus tard sous la plume de J.-J. Servan-Schreiber, importateur, avec *L'express*, fondé en 1953, de la formule du *News Magazine*, et auteur, en 1967, du *Défi américain*.

Un best-seller décliniste : *Le défi américain* de J.-J. Servan-Schreiber (1967)

L'auteur décrit le *gap* technologique entre une Amérique entrée dans la société postindustrielle, celle de l'innovation et du capital humain, et une Europe divisée et économiquement dominée : « *Le plus frappant est le caractère stratégique de la pénétration industrielle américaine. Elle choisit, un à un, les secteurs marqués par une technologie avancée [électronique], un rythme d'innovation rapide, et un fort coefficient de croissance* ». À court terme, le défi américain est positif car « *[il] introduit des techniques de fabrication et des procédés de gestion que nous ne connaissions pas et contraint les producteurs européens à un effort de rationalisation et de progrès qu'ils n'auraient pas consenti s'ils n'avaient pas été placés sous la pression de cette concurrence* ». À long terme, il voue toutefois au déclin l'Europe occidentale et la France, du fait d'« *un décalage de puissance croissant entre l'Europe et l'Amérique* ». JJSS appelle positivement de ses vœux une Europe fédérale, apte à définir « *une politique industrielle et une politique scientifique face à l'Amérique* ».

L'afflux massif (ils triplent entre 1957 et 1963) des investissements américains (pour une part croissante sous forme d'IDE) se ralentit toutefois après 1963, sous l'effet des restrictions prises par l'État, mais aussi par l'administration fédérale américaine soucieux de tarir les émissions d'eurodollars. La réponse gaullienne au « défi américain » consiste à faire émerger des « champions nationaux » associant capitaux privés et publics, dans les branches considérées comme stratégiques.

L'informatique, industrie stratégique liée à la « force de frappe »

En 1964 a lieu l'« Affaire Bull » : face à l'insuffisance de ses fonds propres, cette entreprise française, conceptrice du Gamma 60 (réussite technique, échec économique) passe sous le contrôle de General Electric, puis de Honeywell (Honeywell-Bull, 1970). En réaction, l'État adopte le « plan Calcul » (1966) : préparé par F.-X. Ortoli, commissaire au plan, il vise à susciter une production nationale d'ordinateurs indépendante de la technologie américaine, par la création de la CII (Compagnie internationale pour l'informatique). Faute de stratégie claire et du fait de divergences entre ses actionnaires (CGE-CSF et Schneider), la CII est cependant un échec économique. Un nouveau plan est lancé en 1971 dans un cadre européen (Siemens, Philips), sans plus de succès (UNIDATA, 1972-1975). L'industrie spatiale suit une trajectoire comparable (envoi du satellite Astérix (38 kg) en 1965 par la fusée française Diamant, puis échec du projet Europa).

Afin de rentabiliser et de consolider ses partenariats diplomatiques, Paris promeut à l'exportation ses procédés nationaux. C'est le cas du système SECAM (« *Séquentiel Couloir A Mémoire* ») de télévision couleur, opérationnel en 1967, alternative au NTSC américain. Il est au cœur de la diplomatie économique définie à l'égard du bloc soviétique. C'est aussi le cas de la filière nucléaire UNGG (Uranium nature, graphite, gaz), finalement abandonnée en 1969 au profit du procédé américain Westinghouse (utilisé pour la première fois au sein de la centrale de Fessenheim). La France gaullienne rentabilise aussi son industrie d'armement par ses exportations vers l'Afrique du Sud de l'apartheid, en bute aux sanctions internationales.

Au cœur de la diplomatie économie franco-soviétique : le procédé SECAM

Les relations nouées avec l'URSS à partir des années 1960 comportent un important volet économique : échanges agroalimentaires (société Interagra de J.-B. Doumeng, le « milliardaire rouge »), investissements de Renault (usine de camion de Kama), même si le commerce bilatéral décroît en valeur relative jusqu'en 1974 : 4e partenaire occidental de l'URSS en 1960, la France n'en est plus que le 7e en 1975. La diffusion du procédé SECAM est au cœur de ce partenariat économique et géopolitique : en 1965, suite au refus par la RFA d'une collaboration technologique, un accord est signé pour développer en commun le procédé, confirmé en 1966 lors du voyage de Gaulle (« accord économique, scientifique et technique » créant la « grande commission »). La portée politique de l'accord décline pourtant après 1968 (Printemps de Prague, renforcement des liens de l'URSS avec la RFA et les États-Unis), tandis que son échec économique est patent en 1972, les sociétés françaises (Thomson) ne souhaitant plus alors poursuivre les recherches communes.

La mondialisation de l'économie française s'opère dans les années 1980, d'abord dans le cadre du Grand marché européen (Acte unique, 1986) et sous l'influence d'un libéralisme reaganien (G. Sorman, *La révolution conservatrice américaine*, 1983) qui inspire tant la gauche modernisatrice que la droite ex-gaulliste (déréglementation et privatisations du gouvernement Chirac, 1986). Même si certaines branches ont historiquement pris les devants (la chimie avec Air liquide, Pechiney, Rhône-Poulenc ; le luxe — industrie du cognac, chère à Jean Monnet ; filiales anglaise et américaine de Dior), la multinationalisation des entreprises s'approfondit alors. L'exemple du secteur automobile est significatif ; le tournant de l'Empire vers l'Europe remonte aux années 1960. En 1960, le tiers de la production est exporté (contre 15 % en 1955). À partir de 1970, le secteur est bénéficiaire à l'exportation ; 20 usines sont ouvertes en Amérique latine entre 1958 et 1967 (Chili, Argentine), Peugeot s'implante même au Nigeria en 1972 (pont aérien de pièces détachées), tandis que l'Europe se met à l'école de la France : « *La culture technique française séduit au point de devenir le modèle de référence, notamment pour Fiat et Volkswagen, dont plusieurs modèles s'inspirent des réalisations françaises, comme l'Autobianchi primula, la Fiat 128,127 ou plus tard la Ritmo et les Volkswagen Polo et Golf* » (J.-L. Loubet).

Le marché américain demeure cependant un « *véritable cimetière des tentatives françaises* » (P. Fridenson). En 1958, Renault avait profité de la récession (favorable aux petits modèles) pour y réaliser une percée aussi spectaculaire (186 000 Dauphine vendues en 1959 !) que conjoncturelle ; victime de goulets d'étranglement (réseau d'entretien improvisé) comme de la reprise, la Régie, dont les stocks d'invendus s'accumulent, doit brader 40 000 exemplaires. En 1978, alors qu'elle réalise un tiers de son chiffre d'affaires à l'étranger, elle prend le contrôle d'American Motors (usines du Wisconsin) ; la conjoncture entraîne cependant son second échec américain, AMC étant finalement revendue en 1987. En pleine restructuration, Renault cède en 1990 20 % de son capital au Suédois Volvo, à la faveur d'un changement de statut. Le projet de fusion de 1993 tourne pourtant court, l'État demeurant encore indécis sur la marche vers la privatisation du groupe.

Cependant, le tournant vers la mondialisation semble irréversible. Au cours des années 1980, les IDE français ne se dirigent plus vers les pays à faible coût de main-d'œuvre, mais vers les partenaires occidentaux, notamment les États-Unis, où les acquisitions d'actifs sont facilitées par la baisse du dollar ; Michelin, *leader* mondial du marché des pneumatiques, abandonne alors sa stratégie historique de création de filiales, rachetant par exemple Uniroyal-Goodrich en 1990 (9 usines et 15 000 salariés aux États-Unis). Les gouvernements (Barre, Fabius) recourent eux-mêmes à la pression de la concurrence internationale pour pousser les entreprises à se restructurer et à s'engager dans des consortiums européens comme « Airbus Industrie » (1970) ou Arianespace (1980, peu après l'envol, depuis Kourou, d'Ariane 1), tandis que décolle l'Europe de la recherche (EUREKA, Initiative intergouvernementale de soutien à la coopération technologique européenne lancée en 1985). En sens inverse, le poids des investissements étrangers, désormais libéralisés, se renforce (comme Akai à Honfleur ou Canon à Liffré). Le Japon opère une percée spectaculaire : au dernier rang des pays européens récepteurs d'IDE nippons en 1976, la France est en deuxième position en 1990 (122 implantations et 19 000 salariés, contre 109 et 16 000 pour la RFA). Les filiales des groupes étrangers réalisent alors plus du 30 % du chiffre d'affaires industriel (contre 21 % en 1977), ce qui constitue le taux de pénétration le plus élevé des pays industrialisés.

III. Une diplomatie s'exprimant à l'échelle mondiale

A. Mythe et réalité de la « Françafrique »

En 1958, le libre choix de la Communauté par l'ensemble des ex-colonies d'Afrique noire (Exceptée la Guinée de Sékou Touré) confirme, en dépit des indépendantes proclamées en 1960, la proximité des liens entre la France et son « pré carré » africain. À Paris, la gestion des affaires africaines, détachée des Affaires étrangères, ressort du ministère de la coopération et surtout directement de l'Élysée, par le biais d'un « M. Afrique » riche de contacts personnels : J. Foccart, Secrétaire général pour les affaires africaines et malgaches. Cette « cellule africaine » et les « réseaux Foccart » qui lui sont associés font preuve d'une remarquable pérennité (R. Journiac, adjoint de Foccart, sous VGE, Guy Penne (réseaux maçonniques) et

J.-C. Mitterrand (« *Papa m'a dit* ») après 1981). Symétriquement, les *leaders* africains « *entretiennent une relation quasi-œdipienne avec la France, reprochant à leur ancienne métropole de préférer davantage le voisin ou de ne pas faire assez preuve de compréhension à leur égard* » (M. Vaïsse), pesant même sur le choix de l'ambassadeur, considéré par eux comme un conseiller officieux : en 1975, Maurice Delaunay est rappelé comme ambassadeur au Gabon à la demande d'O. Bongo, après l'avoir été de 1965 à 1972.

La politique de coopération donne consistance à la Françafrique : aides financières aux États de la zone Franc (CFA), disposant ainsi d'une stabilité monétaire, donc politique ; liens économiques mutuellement avantageux — La France, destinataire de la moitié des exportations de ses ex-colonies en 1969, acquiert en retour des matières premières sans sortie de devises (uranium du Niger, pétrole du Gabon et du Congo, exploité avant même les indépendances). Cette politique comprend aussi un volet technique : 10 000 coopérants (techniciens, médecins, ingénieurs) sont présents en Afrique, pour moitié des volontaires du service national. Elle comporte enfin un volet militaire : huit traités sont signés dans les années 1960, comportant des clauses secrètes en cas de troubles internes, même si de Gaulle demeure très prudent en la matière.

Les interventions militaires françaises en Afrique noire

Au Gabon : en 1964, au profit du président M'Ba, victime d'une mutinerie ; puis Paris soutient la marche vers le pouvoir de son successeur désigné, Albert (futur Omar) Bongo. Le pays, « *petit émirat équatorial gorgé de pétrole et d'autres ressources stratégiques* » (P. Péan), devient l'incarnation des aspects les plus obscurs de la Françafrique.

En République Centrafricaine : pour soutenir le colonel Bokassa (1967), puis pour le renverser (1979) après qu'il est devenu l'empereur autoproclamé Bokassa Ier (« Opération Barracuda », 1979).

Au Tchad : surtout dans les années 1980, quand la Libye instrumentalise les divisions tribales pour reconquérir la bande d'Aozou : les 3000 hommes de l'« Opération Manta » (1983-84) constituent le plus grand engagement outre-mer français depuis la Guerre d'Algérie.

Pour de Gaulle, l'influence de la France en Afrique participe pleinement de la politique de Grandeur, permettant de disposer d'États-clients relayant ses positions au sein des organisations internationales (ONU, OUA). Mais l'Afrique est aussi le théâtre de la lutte contre l'hégémonie américaine, accusée de vouloir se substituer à l'influence française, à la faveur de la fascination que l'Amérique de Kennedy exerce sur les élites africaines. C'est ainsi que de Gaulle interprète les investissements américains en Guinée (Bauxite) ou l'ingérence (au nom du *containment*) dans la guerre civile congolaise (1960-1964). L'année 1967 est ici décisive : Paris obtient d'Omar Bongo le retrait du *Peace Corps* présent au Gabon depuis 1963, et soutient, officieusement mais militairement (livraison d'armes, envoi de mercenaires), la sécession du Biafra (Nigeria), où la France possède des intérêts pétroliers (SAFRAP, filiale d'ELF). Le Nigeria, dénonciateur des essais nucléaires français, à lui seul plus peuplé que tous les États francophones, est perçu comme le cheval de Troie des intérêts anglo-américains sur le continent.

L'idée d'une rivalité franco-américaine en Afrique relève pourtant largement du mythe rétrospectif. « *La bipolarité du monde interdit de froisser les susceptibilités françaises dans une zone qui n'est pas jugée stratégique par les États-Unis* » (F. Durpaire). Sous Giscard, la politique africaine de la France s'imbrique dans la stratégie américaine de *containment* de la pénétration soviéto-cubaine sur le continent. Le budget de la coopération et les effectifs militaires repartent à la hausse. Tandis que plusieurs États du « pré carré » prennent leurs distances avec Paris (Mali, Niger, Congo-Brazzaville, Madagascar), la France, réconciliée avec la Guinée, étend son influence aux ex-colonies belges, en particulier le Zaïre de Mobutu, « *appelé à devenir une des plus grandes puissances du continent* » (VGE, en voyage officiel en 1975). En 1977, les Paras français sautent sur Kolwezi, cité minière où les Européens ont été pris en otage par les Katangais sécessionnistes, eux-mêmes soutenus par Cuba. Les ventes d'armes (jusqu'en 1977) et les échanges économiques avec l'Afrique du Sud blanche participent de même de l'endiguement de l'expansion régionale soviétique.

La continuité l'emporte sous Mitterrand (Intervention au Tchad) ; passés les premiers mois de rhétorique tiers-mondiste (tensions franco-gabonaises en 1981), Paris maintient son soutien aux pouvoirs en place. L'annulation de la dette des PMA à l'égard de la France, décidée en 1989, se place elle-même dans la continuité des initiatives de l'ère Giscard. Le contexte de fin de guerre froide annonce pourtant les déchirures de la période suivante. S'inspirant du Rapport Hessel (« *la politique de la France doit être revue dans le sens du rejet de toute complaisance clientéliste* »), le discours de la Baule (1990) insiste sur la nécessaire démocratisation du continent, même si le président français affirme parallèlement rejeter toute ingérence.

Un critique polémique de La « Françafrique » : F.-X. Verschave

« Une nébuleuse d'acteurs économiques, politiques et militaires, en France et en Afrique, organisée en réseaux et lobbies, et polarisée sur l'accaparement de deux rentes : les matières premières et l'Aide publique au développement. La logique de cette ponction est d'interdire l'initiative hors du cercle des initiés. Le système se recycle dans la criminalisation. Il est naturellement hostile à la démocratie » (*Françafrique. Le long scandale de la République*, 1998).

Le terme « Françafrique » a toutefois été forgé par l'Ivoirien F. Houphouët-Boigny dans un sens positif.

B. La « politique arabe » : mythes et réalités

L'ancienneté des liens entre le monde arabe et la France (Protectrice, de François Ier à Napoléon III et jusqu'aux mandats de 1919, des chrétiens du Levant, incarnation du progrès émancipateur depuis l'expédition d'Égypte de Bonaparte) ne résiste pas, après 1945, à des manifestations impérialistes fatales à son prestige : refus d'évacuer la Syrie pourtant indépendante (1945), fuite en avant militaire face à l'Égypte de Nasser (Suez, 1956), enlisement concomitant dans la Guerre d'Algérie. Dans le même temps, la solidarité affichée avec le jeune État israélien, dont elle est le premier fournisseur d'armes, achève de la placer au ban de la nation arabe.

Au lendemain de la Guerre des Six jours (1967), le changement semble radical. L'embargo mis sur les ventes d'armes aux belligérants, ainsi que le vote de la résolution 242 enjoignant à

Israël de se retirer des « territoires occupés » font que Nasser célèbre en de Gaulle « *le seul chef d'État de l'occident sur l'amitié duquel les Arabes peuvent compter* ». En fait, le sens et la consistance de la « politique arabe de la France » ont été largement exagérés. Pour de Gaulle, il s'agit surtout, une fois levée l'hypothèque de la Guerre d'Algérie, de refermer la parenthèse de la IVe République et de rééquilibrer des relations anormalement favorables à Israël, en mettant à profit le non-alignement du camp arabe. Du reste, les ventes à l'État hébreu (qualifié par de Gaulle, en 1961, de « *notre ami et notre allié* », avant l'appréciation plus connue de 1967 sur le « *peuple d'élite, sûr de lui et dominateur* ») reprennent discrètement.

Mais le premier choc pétrolier permet à la France de capitaliser sa politique arabe. Tandis que M. Jobert, en réponse à une remarque du Premier ministre Messmer sur le déclenchement de la Guerre du Kippour, se demande si « *tenter de remettre les pieds chez soi constitue une agression imprévue* », Paris refuse de participer à l'Agence internationale de l'énergie voulue par Washington (1974) et signe des contrats aux montants impressionnants, qui lui permettent de rentabiliser son industrie d'armement (la troisième du monde en 1980) et de régler en retour sa facture pétrolière avec la Libye de Kadhafi (une centaine de Mirage), l'Irak de Saddam Hussein (accord de coopération nucléaire, avec livraison du réacteur nucléaire Osirak, que l'aviation israélienne détruira en 1981), l'Iran du Shah, trois personnages alors célébrés comme des amis de la France. En 1980, le monde arabe est récepteur de 80 % des ventes d'armes françaises ; l'Irak est le premier partenaire commercial de la France dans la région, et son deuxième fournisseur de pétrole. La décennie s'achève toutefois par une moindre dépendance envers le pétrole du Golfe, contrecoup de la révolution islamique d'Iran.

La solidarité avec la cause palestinienne voit le jour au même moment. En 1975, V. Giscard d'Estaing autorise l'OLP à ouvrir un bureau à Paris (les deux autres se trouvant à Moscou et New-Delhi) et fait adopter par la CEE la déclaration de Venise (1980) sur les droits du peuple palestinien (1980). Mitterrand, tout en affirmant devant la *Knesset* que « *le peuple français est l'ami du peuple d'Israël* », organise le repli de l'OLP du Liban en Tunisie (1982), avant de recevoir Arafat à Paris, après la reconnaissance implicite par ce dernier du droit à l'existence d'Israël (1989). La France reste pourtant à l'écart du processus de paix parrainé par Washington après la Guerre du Golfe (conférence de Madrid, 1991).

C. Vers des horizons plus lointains

L'intérêt pour l'Amérique du Sud et l'Asie est caractérisé par un hiatus entre rhétorique et réalisations concrètes. En « Amérique latine » — la paternité de l'expression revient à Napoléon III —, de Gaulle s'efforce de raviver des sympathies pour la France enracinées dans l'histoire (du positivisme à la France Libre), à la faveur du rejet que suscite l'impérialisme américain. 1964 est une année faste : en mars, le Général, rendant au président Mateos sa visite de 1963, prononce son fameux discours sur le Zocalo de Mexico, devant 350 000 personnes enthousiastes. En septembre, il est de retour sur le continent, visitant pas moins de dix États. Si l'aide au développement demeure modeste et conditionnelle, ce sont cependant des entreprises françaises qui construisent les métros de Mexico, Caracas et Santiago, tandis que Peugeot ou Carrefour s'implantent sur le continent et que le Chili et l'Argentine favorisent l'enseignement du français. Après l'éclipse des années 1970, marquées par la proximité entre Washington et les dictatures anticommunistes et la critique des essais nucléaires français, Mitterrand, conseillé par R. Debray (idéologue guévariste en Bolivie en 1967), s'efforce de renouer les liens (Discours de Cancún en 1981, soutien à D. Ortega au Nicaragua). À la fin de la décennie, l'aide au Brésil équivaut toutefois à celle que reçoit le Rwanda, la part des échanges avec le continent restant fort modestes (2 %).

En Asie orientale, après l'éloignement consécutif aux accords de Genève de 1954, le retour de la France est porté spectaculairement par la reconnaissance d'une République populaire de Chine qui fascine aussi bien les acteurs du « mai 68 » français que le gaulliste A. Peyrefitte (*Quand la Chine s'éveillera*, 1971). Par ailleurs, l'équidistance prise par de Gaulle à travers son discours de Phnom Penh (1966) vaut à Paris d'être choisi par les belligérants de la Guerre du Vietnam comme théâtre de leurs négociations (Accords de Paris, 1973). Si F. Mitterrand est le premier président français à se rendre au Japon (1982), les tentations protectionnistes françaises demeurent d'autant plus vivaces que le pays fait preuve d'un dynamisme commercial remarquable ; en 1983, l'arrivée des magnétoscopes nippons sur le marché français est ainsi retardée par la centralisation à Poitiers de leur dédouanement, afin de favoriser la technologie française V2000. Les relations avec l'Inde ont longtemps été compromises par les ventes d'armes au Pakistan. Elles se réchauffent avec les deux visites présidentielles de 1982 et 1989. Les entreprises françaises tardent enfin à s'implanter en Chine, où elles sont distancées par leurs homologues européens. Dans le Pacifique, la France, politiquement présente par le biais de ses Territoires d'Outre-mer, est mise en accusation pour ses essais nucléaires sur l'atoll de Mururoa (Polynésie) et son attitude jugée coloniale en Nouvelle-Calédonie, où les tensions entre Kanaks et Caldoches prennent un tour aiguë en 1986-1988.

Idées reçues

De Gaulle a fait sortir la France de l'OTAN

Maintes fois lue et entendue, la formule suggère que de Gaulle renie en 1966 l'appartenance de la France (puissance nucléaire depuis 1960) au bloc occidental. Or, il s'agit plus restrictivement du désengagement de l'armée française de l'organisation militaire intégrée (OTAN au sens propre, constituée en 1950), déjà partiellement réalisé au demeurant. La France reste membre à part entière du Pacte atlantique signé le 4 avril 1949. Et sa solidarité avec ses alliés se vérifie lors de chacune des crises déclenchées par l'URSS, et jusqu'à la Guerre du Golfe menée contre l'Irak en 1991. La France, absente du comité militaire de l'Organisation, n'en continue pas moins de siéger à son Comité politique. La dédramatisation de la rupture unilatérale de 1966 est consacrée en 1974 (accords Valentin-Forber et déclaration d'Ottawa de l'OTAN).

Lieux de la géopolitique

Quai d'Orsay, cœur ou instrument de l'influence française ?

L'expression désigne par métonymie le ministère des Affaires étrangères (devenu « des Relations extérieures » entre 1981 et 1986), installé depuis 1855 dans un Palais de style Second Empire sis au 37, Quai d'Orsay, à proximité de l'Assemblée nationale. La fameuse « déclaration Schuman » du 9 mai 1950 a été faite au Quai, salon de l'Horloge. Le ministère comprend une administration centrale et des services extérieurs (agents consulaires, agents diplomatiques, attachés spécialisés) constitutifs du second réseau diplomatique mondial ; les évolutions de l'organigramme du Quai traduisent celles de la fonction diplomatique elle-même : une Direction générale des Relations culturelles (DGRC) est créée en 1945, prenant la suite du Service des œuvres (SOFE) d'avant-guerre ; la Direction générale des Affaires économiques et financières (DGAEF), fondée la même année, prend en charge les négociations commerciales. En 1973, le ministre Jobert (un iconoclaste inclassable) est à l'origine de la création du CAP (Centre d'Analyse et de Prévision), alors dirigé par Thierry de Montbrial, chargé d'exercer une réflexion critique et prospective sur l'action diplomatique. Le Quai d'Orsay n'a toutefois jamais eu le monopole de l'action extérieure publique : le ministère de la Coopération (disparu en 1998) lui a disputé la mise en œuvre de la politique africaine ; au sein du ministère des Finances, la DREE (Direction des Relations économiques extérieures) et ses attachés commerciaux ont constitué des rivaux de poids pour la DGAEF. Enfin, avec l'avènement de la Ve République, le Quai tend de plus en plus à mettre en forme des orientations définies à l'Élysée, comme le confirme le choix de ministres issus de la carrière, de Couve de Murville (1958-1968) à J.-B. Raimond sous la première cohabitation (1986-1988).

Djibouti, vigie de la présence française en Afrique de l'Est ?

Colonisée à la fin du XIXe siècle, puis reliée par voie ferroviaire à Addis-Abebba (Éthiopie), la Côte des Somalis, avec sa façade maritime de 370 km donnant sur la Mer Rouge et le golfe d'Aden (que prolonge le golfe de Tadjoura), a longtemps eu pour vocation à rivaliser avec Aden, colonie britannique, comme place portuaire entre Méditerranée et océan Indien. Mais les investissements réalisés dans cette perspective à partir des années 1950 se révèlent infructueux, notamment du fait de la fermeture du canal de Suez (1967-1975). Territoire d'outre-mer depuis 1946, la Somalie française semble cependant résister au vent de la décolonisation ; Paris s'appuie longtemps sur les Afars contre les Issas — ces derniers favorables au rattachement à l'État somalien —, consentant seulement, après les violentes émeutes de 1967, à une autonomie interne accrue, sous l'appellation nouvelle de Territoire des Afars et des Issas. Ce dernier connaît pourtant un mouvement nationaliste qui, se combinant aux velléités annexionnistes de la Somalie et de l'Éthiopie voisines et à une forte poussée démographique, conduit Paris à en planifier l'indépendance. La République de Djibouti naît officiellement le 27 juin 1977. L'influence française reste cependant prépondérante, notamment par le biais de la Base aérienne 188, installée sur le site d'Ambouli. Son existence apporte une véritable manne financière au nouvel État ; en 1995, les dépenses des forces françaises représentent plus de la moitié du PIB et plus du tiers des recettes budgétaires du pays. En retour, elle fait de Djibouti (23 000 km^2 seulement) un pilier stratégique de la Françafrique. Mais Américains et Britanniques sont également présents par des bases dans cet espace stratégique de la Corne de l'Afrique, avant qu'au XXIe siècle les intérêts chinois n'en fassent un des cœurs de leur influence.

Bibliographie

Lecture indispensable

Laurence BADEL, Diplomatie et grands contrats : L'État français et les marchés extérieurs au XXe siècle, *Publications de la Sorbonne, 2010, 512 p.*

Dans cette somme issue d'une thèse de Doctorat, l'auteur montre par exemple comment les procédures administratives destinées à encadrer les entreprises françaises à l'étranger façonnent deux catégories différentes d'exportateurs : ceux, peu nombreux, placés au cœur des secteurs stratégiques (énergie, atome, armement...), qui travaillent en symbiose avec l'administration ; et les autres, qui perçoivent de plus en plus négativement la tutelle de l'administration sur le commerce extérieur, avant qu'elle ne recule dans les années 1980. La diplomatie commerciale est mise au service de la politique d'indépendance nationale, étant orientée vers des pays stratégiquement importants (démocraties populaires, producteurs de pétrole, Afrique du Sud) mais occupant une place mineure dans le commerce extérieur français. Les années 1980 voient sa réorientation vers des marchés occidentaux économiquement plus porteurs.

Ouvrages

A. GROSSER, *Affaires extérieures. La politique de la France. 1944-1989*, Flammarion, 1984.

F. CHARILLON, *La politique étrangère de la France*, La Documentation française, Études, 2011.

S. HESSEL, *Danse avec le siècle*, Le Seuil, 1997.

Ph. ROGER, *L'ennemi américain. Généalogie de l'antiaméricanisme français*, Le Seuil, 2002.

M. VAISSE, La puissance ou l'influence ? La France dans le monde depuis 1958, Fayard, 2009.

M. VAISSE et J. DOISE, Politique étrangère de la France. Diplomatie et outil militaire. 1871-1991, Le Seuil, 1992.

Et sur les aspects économiques

M. LEVY-LEBOYER (dir.), *Histoire de la France industrielle*, Larousse, 1996 (Articles de P. Griset, J.-L. Loubet et C. Stoffaes).

M. LEVY-LEBOYER (dir.), *L'économie française dans la compétition internationale au XXe siècle. Colloque des 3 et 4 octobre 2002*, CHEFF, 2006 (Notamment l'article de J.-C. Asselain sur « Le tournant des années cinquante : les prémices de la réouverture de l'économie française »).

J. MARSEILLE, *Empire français et capitalisme. Histoire d'un divorce*, 2e éd., Le Seuil, 2005.

M. PEBEREAU, *La politique économique de la France. Les relations économiques, financières et monétaires internationales*, A. Colin, 1990.

Un DVD instructif

P. BENQUET, *Françafrique. 50 ans sous le sceau du secret*, 2010.

Commentaire de documents

Présence et coopération dans le domaine de la défense

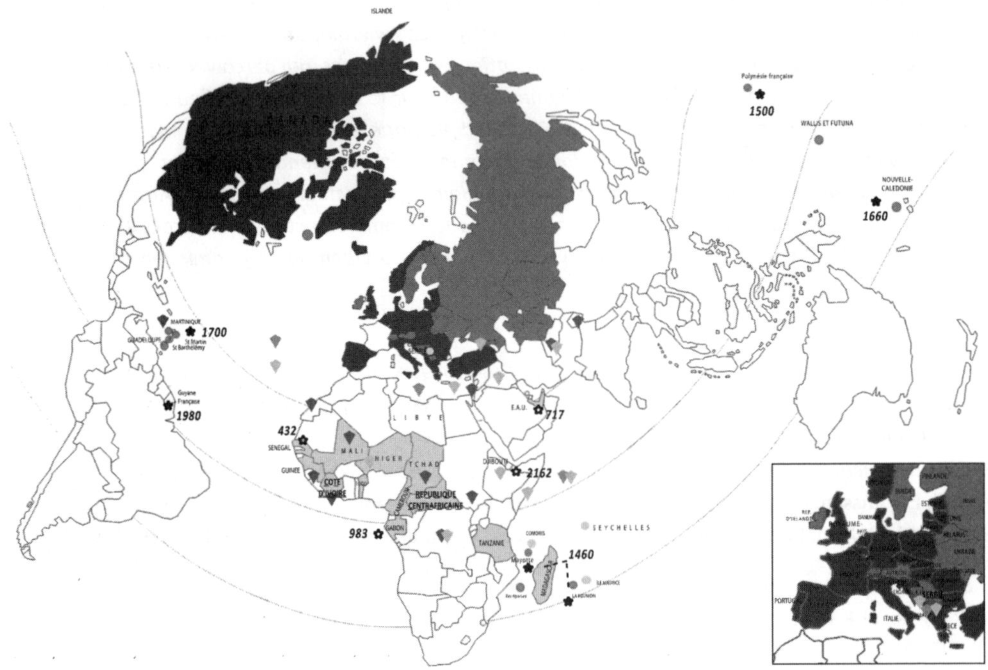

- Présence militaire française à l'étranger hors OPEX (4300 hommes)
- Forces de souveraineté (total : 8300 hommes)
- États membres de l'OTAN
- États candidats à l'OTAN
- Autres États associés dans le cadre du PPP de l'OTAN
- COTE D'IVOIRE États ayant signé des accords de défense avec la France
- États ayant signé des accords de coopération militaire et technique avec la France

Opérations de paix avec participation française :
ONU OTAN UE

Élaborée à partir de *l'Atlas de l'influence française au XXI*e *siècle*, cette carte peut être, comme l'affirme M. Foucher, géographe et titualire de la chaire de géopolitique appliquée au Collège d'études mondiales, une façon de briser « *la spirale du déclin et de reconnaître que l'influence française perdure* ».

Avoir été

La France n'oublie pas son passé et notamment le rôle qu'elle a pu jouer dans la naissance et la maturation de l'art de la diplomatie depuis le XVIIIe. Elle dispose du 3e réseau diplomatique du monde derrière les États-Unis et la Chine au Conseil de sécurité est à l'origine de 23 % des résolutions. Son espace géolinguistique (33 pays, 450 millions d'habitants sur 4 continents) est la matrice de son rayonnement.

Elle conforte l'idée de souveraineté nationale et d'indépendance nationale que le général de Gaulle avait impulsé avec l'accès à la force de frappe (Bombe A 1960 - Bombe H 1968) et son rôle de trublion entre les deux Grands pendant la guerre froide.

Elle n'oublie pas son pré-carré africain où depuis les indépendances elle a bâti une sulfureuse relation « françafricaine » et un laborieux « partenariat » plus récemment. Au gré d'interventions humanitaires (Soudan), d'interventions directes contre le djihadisme (Serval, Barkhane au Mali), de démonstrations de force pour éviter la faillite chronique de certains États (Sangaris Centrafrique), de prises de position musclées pour installer ses favoris (Ouattara face à Laurent Gbagbo), la France reste un des gendarmes de l'Afrique. Le « *leading from behind* » américain et la difficile gestion africaine des conflits par le relais de l'UA sont l'occasion pour la France de montrer son statut de puissance extérieure très impliquée dans le destin de l'Afrique.

Être

La France dispose d'une ZEE stratégique de premier plan avec ses 11 millions de km^2. Elle a installé des bases stratégiques en Guyane, au Sénégal, à la Réunion, en Nouvelle Calédonie ou Abou Dabi, justifiant la force de notre espace maritime qui s'étend sur tous les océans. Les bases d'appui militaires complètent un système portuaire quelque peu défaillant (flotte française au 29e rang mondial et une comparaison entre Saint-Denis de la Réunion et les installations portuaires de l'île Maurice donne la mesure des progrès à réaliser).

La France peut mobiliser à tout moment des moyens de défense de qualité avec ses 300 000 hommes : malgré un budget de 2 % du PIB en baisse depuis 1990 (3,6 % du PIB), très peu épargné par les coupes claires en période d'austérité, les capacités militaires de la France sont indéniables, faisant de ce pays une des deux puissances militaires crédibles de l'Europe avec le Royaume-Uni. Opérations aéroportées, porte-avions, avions de patrouille maritime sont concevables par la France et plus du tout par les Anglais.

Son industrie militaire conforte sa stature à l'extérieur. La vente de Rafale (Égypte, Inde, Qatar) même après 30 ans d'insuccès, ou le contrat pour 14 sous-marins de la DCDNE avec l'Australie avec transferts de technologie sont les marqueurs de l'influence française pérenne.

Demain

La France peut entrer dans le jeu de l'Arctique grâce à la position boréale de Saint-Pierre-et-Miquelon, véritable tremplin près de la route maritime transatlantique et la route du passage du Nord-Ouest. Base de drones Saint-Pierre-et-Miquelon pourrait devenir une base avancée de la logistique de l'exploitation des ressources arctiques, et devenir un « porte-avion français dans l'Arctique américain ».

La France peut être la garante de la mise en place d'une véritable communauté européenne de la défense, après l'enterrement initial de la CED. Le partenariat défini à Saint-Malo en 1998 avec la Grande-Bretagne, la volonté de la France de ne pas se réduire aux opérations humanitaires définies à Petersberg, et la place du secteur militaro-industriel dans l'économie nationale, sont autant de garanties complétées par les missions de l'armée française au nom d'une Europe défaillante sur de nombreux fronts : la lutte contre Daech, en Irak et en Syrie, la lutte contre Boko Haram ou Aqmi et ses affidés au Sahel (Al Mourabitoune, Mujao).

Les terres rares, c'est-à-dire 17 métaux très peu concentrés dans les couches terrestres, ont des propriétés chimiques qui les rendent indispensables aux applications de haute technologie militaires : appareils de guidage de missile ou système de détection de sous-marins ou verres optiques spéciaux. C'est par le Pacifique (67 % de notre ZEE) et ses liens avec l'Afrique que la France peut espérer devenir incontournable dans ce secteur dominé par la Chine. L'usine de Solvay à La Rochelle est déjà un pôle d'excellence dans ce domaine.

Dans le domaine spatial, la place de la France dans l'agence spatiale européenne (22 membres) est à la mesure du rôle du CNES, instrument gaullien de l'ambition spatiale française (1er pays européen pour ses dépenses dans ce secteur).

Mais si présenter le déploiement des forces françaises dans le monde peut rassurer le souverainisme français en mal d'idéologie sécuritaire, nul doute que le document ne rend pas compte des interrogations qui demeurent :

– La France est-elle vraiment le porte drapeau de l'UE quand elle intervient avec la Grande-Bretagne en Libye par exemple ?

– La France dans ses interventions a-t-elle les moyens de ses ambitions ou agit-elle en subdélégué des États-Unis qui dans la logistique, et l'appui de leur VIe flotte qui ont joué un rôle essentiel en Méditerranée ? Le retour de la France dans le commandement intégré de l'Otan est-il le fruit de la réduction des dissonances cognitives entre nouvelle Otan et France ou la réponse urgente aux menaces accrues du « cercle de feu » péri européen ?

– La France a-t-elle les moyens d'une autonomie stratégique garantie par son industrie militaire quand on voit la difficulté d'emporter des marchés d'armement et les lenteurs d'une Europe industrielle de la défense ?

– La France a-t-elle vraiment un don d'ubiquité et les capacités nécessaires ne serait-ce que pour mener des combats en Syrie et en Libye contre l'État islamique ?

– Le diagnostic sans concession « *défense française : des ambitions sans moyens et inversement* » n'est-il qu'un effet journalistique ou un reflet réel de la vacuité de pensée politique et de l'absence de stratégie de la France…

Toutes ces questions sont posées à ce jour et interpellent le pouvoir politique plus que ne le fait la carte proposée. Craignant d'être déclassée au niveau économique, noyée dans un monde apolaire, la France reste cependant une puissance d'influence dans un cadre interdépendant, une puissance ombre portée de son passé, une puissance moyenne à vocation mondiale.

Dissertation

La France, « puissance moyenne » dans le jeu des grandes puissances

6e puissance mondiale économiquement, grande puissance moyenne pour VGE, « small open economy » pour certains, la France est-elle désormais une puissance déclassée, dont le volontarisme parfois trahirait la puissance du discours et l'impuissance des actes… ? Dans une mondialisation subie qui sera anglo-saxonne ou ne sera pas que reste-t-il du « génie français » des capacités de cette vieille nation de contredire sur le terrain de la puissance les déclinologues (cf Michel Guénaire, *Le génie français,* 2006, ou plus encore Nicolas Tenzer, *Quand la France disparaît du monde*, 2008).

I. La France : tous les atouts d'une « grande puissance », d'hier à aujourd'hui

A. L'ombre du passé

Une originalité en Europe : un rayonnement antérieur à celui des autres puissances. La France a en effet dominé l'Europe au Moyen Age en posant les fondements de l'humanisme européen, avec la création de l'université de Paris, les monastères chefs d'ordre comme Cluny, la Grande chartreuse et Cîteaux, le rayonnement de la langue française, la codification de la chevalerie en un corps garant de l'ordre social et l'institution du compagnonnage qui organisé le monde du travail, les croisades, et jusqu'au chef d'oeuvre des cathédrales gothiques qui formèrent le grand cycle de l'Europe chrétienne. Le XVIIe fut l'apothéose du classicisme français.

Un passé colonial qui a permis à la France d'installer des indépendances dans la dépendance (Félix Faure), et une Françafrique, de l'Empire (11 millions de km^{2}) avec une « mission civilisatrice », à une arrière-cour en partie préservée.

Un réseau diplomatique forgé par des siècles d'influence de la langue de Rivarol, à l'exercice de la médiation depuis le XVIIIe siècle, et des diplomates qui ont fait la gloire de la France (Michel Jobert par exemple ministre de de Gaulle qui a eu l'audace de reconnaître prématurément la Chine de Mao après 1966).

La France porteuse de valeurs : l'indépendance nationale, les valeurs universelles qui la rendent investie d'une mission particulière (D. de Villepin face à Colin Powell en 2003), cette exception culturelle que imprudemment Jean-Marie Messier avait stigmatisée (in *Le génie de la France*).

La francophonie et ses sommets depuis 1986, ses dirigeants Boutros Boutros-Ghali (ex-secrétaire général de l'ONU), est une façon de perpétuer la langue. « Si nous reculons sur notre langue nous serons emportés » (G. Pompidou) et de promouvoir des valeurs (démocratie libérale, droits de l'Homme, solidarité).

Des atouts pérennes au travers de valeurs comme le développement durable (Jacques Chirac en septembre 2002 : « notre maison brûle et nous regardons ailleurs », à Johannesburg), l'exception culturelle (1986), la bonne gouvernance, la retraite par répartition, le droit d'ingérence humanitaire (B. Kouchner), une armée professionnelle depuis 1996 capable de se projeter (porte-avion, sous-marins nucléaires).

Un certain modèle français, ce fameux modèle « social colbertiste gaulois » décrit par Jean-Baptiste de Foucauld, fait dans les années 1960 du tout-Etat, de l'inflation créatrice et de la priorité au social sur l'économique.

B. Les héritages de la deuxième moitié du XXe

Une puissance nucléaire qui passe de la bombe A à H et s'installe dans le gotha restreint des pays détenteurs de la bombe depuis 1960, des pays faisant des essais nucléaires (polémiques sur essais à Mururoa au début de l'ère Giscard) avec de plus la volonté gaullienne de ne mettre cette puissance qu'au service de l'exercice de la dissuasion et de la souveraineté française. La bombe est un attribut de puissance et d'indépendance nationale, la pierre angulaire d'un ordre international. D'ailleurs la France est très réservée sur le discours sur la dénucléarisation d'Obama (option zéro), non suivi par Trump, et sur le moyen d'arriver à la résolution 1887 de l'ONU de 2009 (« *créer les conditions pour parvenir à un monde sans armes nucléaires* »), et privilégie la lutte contre la prolifération hors du traité. 300 têtes nucléaires en toute transparence en 2018.

Un siège au conseil de sécurité avec des éclats restés fameux comme de Villepin face à Colin Powell au sujet de la guerre en Irak en 2003.

Une capacité unique en Europe, avec le Royaume-Uni comme allié, de se projeter au-delà des mers pour des opérations de paix ou des interventions (opération Daguet pendant la première guerre du Golfe, ou influence à partir de la base de N'Djamena au Tchad).

Un rôle dans la construction européenne. Pour Zbigniew Brzezinski : « *A travers la construction européenne la France vise la réincarnation, l'Allemagne la rédemption. L'Europe fournit à la France le moyen de renouer avec sa grandeur Et ce projet puisqu'il doit être conduit depuis Paris rendra à la France la grandeur qui selon ses citoyens correspond à la destinée élective de la nation* » (*Le grand échiquier. L'Amérique et le reste du monde*, 1997).

C. Un itinéraire : une modernisation économique qui lui permet d'être tirée par la mondialisation

Importance des mutations depuis le Ve plan : champions nationaux, concentrations industrielles.

Dimension européenne : levier de puissance et de changements, politique des structures agricoles depuis Stresa, politique industrielle (rapport Chandernagor).

Un bloc de croissance : le nucléaire civil et l'affirmation de capacités de la France à transcender ses faiblesses pour en faire des forces (IAA après 1970, nucléaire avec la filière française puis américaine, transports avec les performances du chemin de fer et el rattrapage autoroutier).

Une mondialisation furtive, à contre-courant, à contre-cœur mais réelle, avec volonté de préserver autant que possible le modèle français – secteur public au sens originel, c'est-à-dire le service d'intérêt collectif, le monopole avec garantie d'égalité, un modèle social (protection sociale ambitieuse avec CMU, Sécurité Sociale, système de retraites par répartition), un modèle industriel (colbertisme, patriotisme industriel).

II. Une difficulté à maintenir un rang dans l'alchimie des facteurs de puissance que constitue son « soft power »

A. La France pays des grandes peurs hexagonales

Peur de l'Autre, du progrès, de l'Europe (« en France il n'y a plus d'homme politique européen » VGE, 21 mars 2008 dans Libération), des Etats-Unis (de Sartre à José Bové). John McCain : *« Vous pouvez tout voir si vous vivez longtemps, même un président français proaméricain »*), du marché – à la question « la libre entreprise et l'économie de marché sont-elles le meilleur système pour construire le futur ? » répondent « oui » 74 % des Chinois, 71 % des Américains, et seulement 36 % des Français.

La France fait de l'Europe un bouc émissaire dès lors qu'elle n'est pas une Europe-puissance face aux Etats-Unis, ou une Europe à la Française (réforme de la PAC), ou une fédération de nations, ou qu'elle est beveridgienne plus que schumpétérienne. Le malaise est créé par le choc des valeurs anglo-saxonnes et du modèle français. Le triomphe des nonistes au traité constitutionnel de 2005, les crispations face à la directive libérale Bolkenstein… On pourra à l'envie débattre de l'idée de Patrick Artus d'une Europe réduite aux acquêts monétaires et financiers depuis Maastricht 1992, une Europe en échec sur 4 points : la constitution d'entreprises puissantes la convergence budgétaire et l'investissement sur des priorités communes comme la Recherche, les nouvelles technologies l'éducation, la coordination fiscale et sociale sans oublier la mobilité du travail dont l'absence bride le potentiel de spécialisation régionale réduit la concurrence et accroît le chômage.

B. La France, pays qui se sent menacé

Face au globish plus qu'à l'Anglais, *le Français est le 5e idiome d'usage cybernétique derrière l'Anglais, le Chinois, l'Espagnol, le Japonais*.

Recul économique : même si avec 1°% de la population mondiale vivant sur 0.5 % du territoire mondial elle produit 5 % du PIB mondial, effacement complexé devant l'Allemagne (2e puissance à l'exportation mondiale) et la Chine (1re).

Le classement de Shanghai des universités place 22 universités françaises dans le hit-parade des 500 premières (4 dans le top 100) réalisé par l'université JiaoTong de Shanghai, classement appelé peut-être à se redresser avec les autonomies des facultés mais pour l'heure reléguant la France en deuxième division ! Même si les Ecoles de commerce françaises ont pignon sur rue en Europe leurs performances sont peu probantes face aux Business School des EU. En 2016, parmi les 10 économistes français les plus influents (Jean Tirole, Olivier Blanchard, Esther Duflo, Emmanuel Saez, Thomas Piketty,…), plus de la moitié enseignent aux Etats-Unis. Cela n'empêche pas des succès comme l'Ecole centrale de Pékin ou à Shanghai un centre sino-français de formation au notariat…

Retards dans l'enseignement supérieur. 1.1 % du Pib de la France consacré à l'enseignement supérieur contre 2.6 % aux EU. Consensus de tous les rapports sur les carences de la R&D (Camdessus, Beffa, Arthuis, sur le problème de l'innovation et la nécessité du sursaut malgré la création d'une Agence pour l'innovation industrielle en 2005). Les 300.000 Français installés en GB sont le miroir de ces carences… qui pèsent sur l'emploi et les déficits, et que le Brexit inquiète.

Dans un contexte d'ajournement de la réforme de l'université et de tension sur le budget de la recherche, scénario catastrophe avec difficultés de recrutement, désertion de l'université par les meilleurs chercheurs attirés par le privé ou l'étranger suivis de leurs meilleurs étudiants, baisse continue du niveau, fin de la sélectivité : l'université est souvent vécue comme une voie de garage

C. La France, pays qui s'installe dans une psychose du déclin économique

Dans Le masochisme français, Pascal Bruckner : « *le mal français se traduit par une combinaison unique d'arrogance et de haine de soi. Nous cumulons une vanité sans pareille avec un manque de confiance en nous qui est le symptôme des nations en déclin* ».

La France ne serait pas une grande nation industrielle : faiblesse des investissements dans les technologies de l'information et de la communication des entreprises françaises. Depuis 1995, ils augmentent mais moins vite qu'en Europe du Nord en Asie ou aux Etats Unis et le décalage se creuse. Selon le forum économique mondial la France s'est classée à la 22e place (20e en 2004), avec un taux d'investissement par rapport au Pib compris entre 2, 5 et 2, 7 % contre 3, 5 % en Suède et 4 % aux EU.

Le nombre d'entreprises exportatrices est passé sous la barre des 100 000 en 2006 et on ne s'étonnera pas de voir depuis 2004 se creuser le déficit commercial. 75 mds d'euros en 2011, quelques 25 mds de plus qu'en 2010, 72 milliards en 2017, malgré deux circonstances atténuantes : le prix du pétrole et la surévaluation relative de l'euro. Encore excédentaire en 2004, l'industrie manufacturière continue elle aussi de creuser son déficit.

Les Français ont beaucoup de mal à transformer la chaîne de production locale en un assemblage où une pièce fabriquée à Romorantin s'ajuste avec une pièce produite à Shanghai et une troisième venant de Budapest. C'est l'une des explications majeures des pertes de marchés de l'industrie tricolore : voulant garder l'essentiel de la production au pays elles ne délocalisent pas assez !... et Danone en 2010 emploie 8745 salariés en Chine et 8583 en France.

Un capitalisme sans capital : faiblesse des fonds de pensions à la Française, alors que certaines entreprises n'ont connu d'essor que par eux. L'entreprise Picard Surgelés a l'idée de conquérir les ménages urbains qui rentrent tard, au départ en région parisienne grâce à un fonds d'investissement, quadrille le territoire national et se valorise grâce à ces *private equity*. Le bouclier fiscal n'a pas donné les résultats escomptés, surtout en termes de retour des capitaux au pays, et nombreuses sont les entreprises sous-capitalisées comme Thalès, Michelin, BNP-Paribas, qui ne boxent pas depuis longtemps dans la même catégorie que Citigroup ou HSBC.

Selon l'OCDE, la France est en avant-dernière position pour le nombre de contrats passés entre laboratoires publics et entreprises privées, et moins de 1 chercheur sur 200 passe chaque année d'une structure publique à une structure privée (en Europe du Nord entre 25 et 35 %). Le rapport du Conseil d'Analyse Economique 2014 d'Elie Cohen (CNRS) et Philippe Aghion (Harvard), *Education et croissance française* constatait : « *La France a décroché* ».

Un label France plus régional que mondial... mais surtout la France a-t-elle les moyens de sa politique ? Les moyens financiers revus à la baisse expliquent par exemple le recul sur le continent africain.

Et surplombant l'édifice une dette colossale : en 2011, la dette publique s'élevait à 1692,7 milliards d'euros (86.2 % du PIB) et montait à 2218 milliards d'euros en 2017 (97 % du PIB), mais avec un déficit public en baisse, de 75.9 milliards d'euros en 2016 à 59.3 milliards en 2017.

III. Que reste-t-il de la puissance française ? Une influence tout au plus, des parcelles de leadership plus qu'un leadership global

A. La nouvelle donne d'une France arrimée à l'Europe

L'Europe est ce levier d'Archimède hérité de l'époque gaullienne. « *La seule solution d'une certaine grandeur de la France c'est de faire l'Europe. La France a devant elle des tâches qu'elle devrait considérer avec attention et enthousiasme. Elle est devenue toute petite, non parce que son génie s'est restreint, mais en raison de la vitesse des transports d'aujourd'hui. Dans la mesure où devenue toute petite, elle cherche à s'étendre, à agripper d'autres régions. Elle a un devoir : faire l'Europe* » (Fernand Braudel, *L'identité de la France*, 1986).

L'axe franco-allemand a fonctionné depuis Adenauer/de Gaulle, mais les choix différents de relance, les oppositions sur le dumping social allemand au service de ses exportations énoncées par Christine Lagarde, sur le soutien à la Grèce dans la zone Euro, et malgré un rapprochement fort né du Brexit autant que de l'entente entre une Merkel fragilisée et un Macron fort ?

La PAC, portée par la France, initiée autour de politique des prix, en sursis jusqu'en 2013 pour être réformée selon les vœux de la France n'est plus emblématique d'une Europe à la Française : N. Sarkozy avait même avancé l'idée d'une « crise majeure » pour sauvegarder le lobby agricole français.

Quelle autorité pour la France bardée de déficits, de réformes timides comparées à l'Allemagne dans ses habits de puissance de la « vieille Europe » face à la nouvelle Europe (D. Rumsfeld) ?

Et pourtant, beaucoup considèrent aujourd'hui que la France n'a plus les moyens d'être une grande puissance et que si elle veut continuer à jouer un rôle dans le monde elle doit le faire dans une entité plus vaste, en s'associant aux autres pays européens soumis aux mêmes nécessités certes, mais l'intégration ne sera réussie que si la France dispose d'une économie solide et en croissance et a réglé certains de ses problèmes. C'est ainsi que *« l'on pourra faire l'Europe sans défaire la France »* (Lionel Jospin).

B. La nouvelle donne de l'Atlantisme et d'un certain volontarisme

Le retour dans le commandement intégré de l'Otan, décidé par N. Sarkozy pour rejoindre valeurs et combats de la famille occidentale, emboîter le pas même au prix de contorsion aux EU (Afghanistan envoi de renforts sollicités par Obama).

Relance de missions fut-ce sous égide européenne en se donnant l'illusion d'un leadership français : Géorgie en 2008, opération Atalante contre la piraterie somalienne, et après la désastreuse opération libyenne (2011), interventions au Mali (2013) et en Centrafrique.

Le G20 combat contre les paradis fiscaux pour une régulation du capitalisme financier, en attendant mieux sur les règles prudentielles bancaires, ou le combat pour la réforme de la gouvernance de l'Onu en intégrant au conseil de sécurité des pays africains et latino américains ? Après les désillusions de Copenhague, succès de la COP21 2015, mais pour quels effets hors de l'UE déjà très avancée en matière d'économie verte ?

Des initiatives ambitieuses pas forcément du goût de l'UE : UPM ou accords bilatéraux gaziers avec la Russie (GDF et North stream), avec le risque d'être décalée et de vouloir bâtir une Europe à la française ? Europe tremplin de la puissance plutôt que cadre d'expression de la puissance française.

C. Un certain mal français : savoir conjuguer influence et érosion de la puissance brute

Certes accroissement des moyens financiers consacrés aux satellites aux services de renseignement mais fermeture de consulats (Quai d'orsay au régime sec), d'Ecoles françaises à l'étranger, de bourses pour diffuser la langue.

Certes définition d'un Axe stratégique allant de l'Atlantique à l'Asie centrale mais difficultés créées par les positions minimalistes sur l'adhésion de la Turquie à l'Europe (de Giscard à Sarkozy la Turquie n'est pas une puissance européenne).

Certes projet de 2e porte-avion, mais retards du premier pour être opérationnel, et les Rafale mais vente difficile à finaliser sauf en Égypte grâce au financement saoudien, et tentatives avortées en Inde.

Certes une nouvelle posture en partenaire privilégié des EU depuis 2008 : *« rarement dans l'Histoire de nos deux pays nous avons eu une communauté de vues aussi identique »* (N. Sarkozy).

Certes réindustrialisation mais surtout au niveau du discours, et malgré les contrats d'objectifs signés avec Ubifrance pour promouvoir els exportations des PME, beaucoup de retard.

Certes regards sur le passé mais pas de démarche à l'italienne en Algérie, et difficultés à solder le passé de la françafrique. De fait un recul sur le continent africain : « *la France n'a pas vocation à maintenir indéfiniment des forces armées en Afrique* » (2008 Le Cap). Action plutôt de formation des troupes de l'Union Africaine et de transférer aux Africains l'édification de leur propre système de défense. La France a certes encore 8 000 hommes sur le sol africain, soit 4 fois moins qu'à la fin de l'époque coloniale, désormais 3 bases (Dakar Libreville et Djibouti).

La France est-elle condamnée à ce bilan de M. Guénaire dans Le génie français : « *elle fut une puissance et sans doute ne le redeviendra-t-elle plus. La France fut un modèle et elle doit le redevenir* ».

Oral

La « Politique arabe » de la France

Introduction

En 1967, au moment de la Guerre des Six jours, onze ans après la Crise de Suez, Nasser célèbre en de Gaulle « *le seul chef d'état d'Occident sur l'amitié duquel les Arabes peuvent compter* ». Pourtant, la « politique arabe », perpétuellement citée par les médias, est-elle autre chose qu'une illusion rétrospective ?

I. Un héritage historique occulté au cours des années 1950

A. Entre impérialisme, protection des chrétiens d'Orient et respect de l'identité arabe : de l'expédition d'Égypte (1799, France incarnation du progrès) à l'implantation coloniale (AFN et Mandats du Levant).

B. Guerre d'Algérie et expédition de Suez : la France au ban du monde arabe en 1956.

C... France-Israël : ventes d'armes et partenariat stratégique jusqu'en 1967.

II. La définition tardive et pragmatique d'une « politique arabe »

A. Indépendance de l'Algérie et relations économiques préférentielles de Paris avec Alger.

B. Le tournant de la Guerre des Six-Jours (1967) : embargo français et condamnation ferme d'Israël. De Gaulle condamne le rêve d'Israël d'une expression très polémique, qualifiant les juifs comme « peuple d'élite, sûr de lui-même et dominateur ». S'en sont suivies plusieurs années de malentendus entre les deux États.

C. Une volonté de rééquilibrage fondé sur l'alignement d'Israël sur Washington et le non alignement des États arabes progressistes.

III. Une politique pragmatique bien que pro-palestinienne

A. Ventes d'armes françaises (Irak, Libye) et approvisionnement pétrolier, après la guerre du Kippour (1973).

B. De Giscard à Mitterrand : la France soutien de la cause palestinienne, sans pouvoir peser sur les dossiers régionaux face à Washington (tuteur de l'Égypte post-nassérienne, allié d'Israël et des pétromonarchies). Attachement à la résolution 242 (évacuation « des » [incertitude historique sur la traduction] territoires occupés).

C. Rassurer Israël : « *le peuple français est l'ami du peuple d'Israël* » (F. Mitterrand devant la Knesset, 1982).

Conclusion

Un tel itinéraire devrait permettre à la France de jouer de son influence dans la région pour trouver une issue à la guerre de cent ans israélo-arabe. Il n'en est rien. La feuille de route de l'évolution du conflit reste à écrire en français, et d'ailleurs dans n'importe quelle langue.

Module 2

La mondialisation contemporaine : rapports de force et enjeux

Chapitre 12

Les acteurs : hommes, entreprises, États, organisations régionales, organisations internationales, organisations non gouvernementales

Alain Michalec

L'envol de Li Guangtou le conduisit à Tokyo, Osaka, Kobe et autres villes japonaises. Il ne dédaigna pas non plus Hokkaido et Okinawa. Il arpenta le Japon pendant plus de deux mois et acheta 3 567 tonnes de complets-veston d'occasion. Tous ces costumes avaient l'air comme neuf, ils étaient de très bonne façon, aussi bien coupés que les costumes du tailleur italien Armani que Li Guangtou porterait plus tard. Les Japonais les lui vendirent au prix de la fripe, et Li Guangtou affréta un bateau de marchandises chinois pour les acheminer jusqu'à Shanghai… les masses de notre bourg des Liu assistèrent à la métamorphose de Li Guangtou en pétrolier de 10 000 tonnes… Les cravates que les masses de notre bourg des Liu avaient autour du cou, les chaussettes qu'elles portaient aux pieds, caleçons et culottes, souliers de cuir et bottes, cardigans ou manteaux,, complets occidentaux, tous munis de griffes étrangères, étaient fabriqués par Li Guangtou, car Li Guangtou avait passé un contrat d'assemblage avec une vingtaine de grandes marques mondiales de confection.

Yu Hua, Brothers, trad. Angel. Pino et Isabelle Rabut, Actes Sud, Paris, 2008, 717 p.

◆ Dates clés

- **1937** Toyota Motor Corporation
- **1945** Fondation de l'ONU et création du FMI
- **1957** Traité de Rome instituant la Communauté économique européenne
- **1979** Ouverture des zones économiques spéciales (ZES) en Chine
- **1992** Signature de l'Accord de libre-échange nord-américain (Alena)
- **2001** La Chine devient le 143e membre de l'OMC
- **2004** Agence Frontex
- **2006** OPA de Mittal Steel Company sur Arcelor
- **2007** Toyota n°1 mondial
- **2012** Accord entre le gouvernement français et Lakshmi Mittal sur le sort du site sidérurgique de Florange (57), la Russie devient le 156e membre de l'OMC
- **2013** Toyota redevient n°1 mondial
- **2017** Le capital des 100 plus grosses FTN vaut autant que le PIB des États-Unis (19 377 milliards de dollars)

◆ Chiffres clés

Les 15 premières multinationales en 2015 d'après le classement *Forbes*

	Entreprise	Secteur d'activité	Pays	CA (Mrd USD)	Bénéfice (Mrd USD)	Actifs (Mrd USD)	Valeur boursière (Mrd USD)
1	ICBC	Banque/finance	Chine	166,8	44,8	3322,0	278,3
2	China Construction Bank	Banque/finance	Chine	130,5	37,0	2698,9	212,9
3	Agricultural Bank of China	Banque/finance	Chine	129,2	29,1	2574,8	189,9
4	Bank of China	Banque/finance	Chine	120,3	27,5	2458,3	199,1
5	Berkshire Hathaway	Banque/finance	États-Unis	194,7	19,9	534,6	354,8
6	JPMorgan Chase	Banque/finance	États-Unis	97,8	21,2	2593,6	225,5
7	Exxon Mobil	Hydrocarbures	États-Unis	376,2	32,5	349,5	357,1
8	PetroChina	Hydrocarbures	Chine	333,4	17,4	387,7	334,6
9	General Electric	Énergie	États-Unis	148,5	15,2	648,3	253,5
10	Wells Fargo	Banque/finance	États-Unis	90,4	23,1	1701,4	278,3
11	Toyota Motors	Automobiles	Japon	252,2	19,1	389,7	239,0
12	Apple	Informatique	États-Unis	199,4	44,5	261,9	741,8
13	Royal Dutch Shell	Hydrocarbures	Pays-Bas	420,4	14,9	353,1	195,4
14	Volkswagen Group	Automobiles	Allemagne	268,5	14,4	425,0	126,0
15	HSBC Holdings	Banque/finance	Royaume-Uni	81,1	13,5	2634,1	167,7

Source : Le Forbes Global 2000, publié par le magazine américain Forbes, est un classement annuel qui regroupe les plus grandes entreprises mondiales en se basant sur quatre critères : les revenus, le résultat d'exploitation, l'actif comptable et la valeur boursière. In : Diplomatie, Grand Dossier no. 29 : Géopolitique des multinationales, octobre-novembre 2015, p. 13

◆ CROQUIS DE SYNTHÈSE

Les grands acteurs de la mondialisation

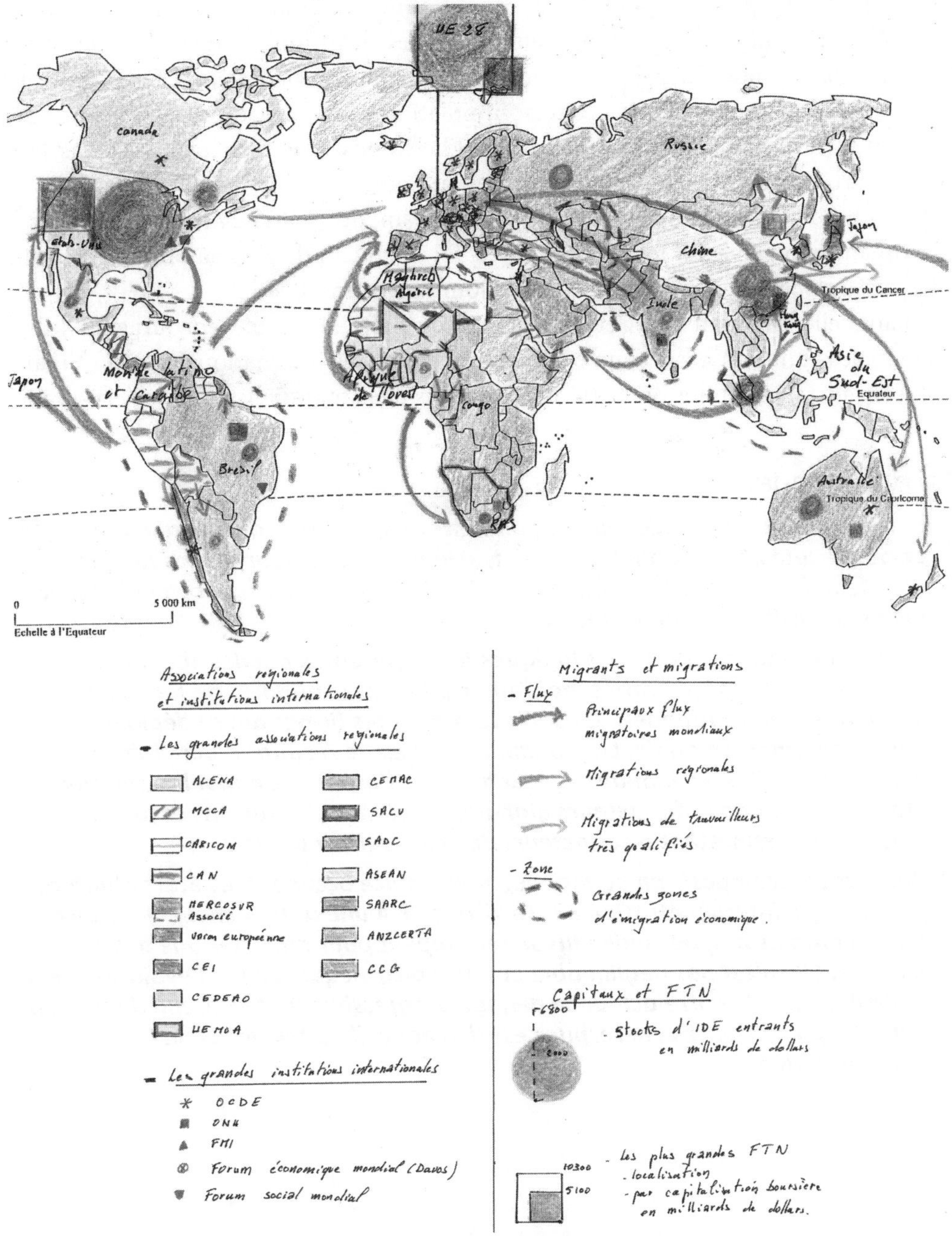

Introduction

Si la mondialisation peut être considérée comme l'extension du capitalisme à la planète entière, ceci signifie qu'elle dépasse le cadre géopolitique classique, notamment celui hérité du XXe siècle. Encouragée depuis longtemps par des institutions internationales créées au lendemain de la Seconde Guerre mondiale — FMI, Banque mondiale, OCDE — ou sur la fin du siècle précédent comme l'OMC, cette accumulation du capital transgresse les frontières et semble diminuer fortement le rôle des États. Elle impose d'autres logiques dans l'organisation de la production. Les entreprises, privées ou publiques, sont les acteurs les plus visibles de cette mutation. Elles évoluent de plus en plus sur des marchés transnationaux et leur mode d'organisation en subit les conséquences. Elles tendent de plus en plus à se transformer en entreprises globales avec un mode de fonctionnement en réseaux.

Pour autant, elles ne sont pas seules à agir. Les États, à la fois encouragent les firmes transnationales et luttent aussi contre elles. Les institutions internationales aident mais aussi tentent d'encadrer, de limiter ou d'atténuer les effets de la mondialisation de l'économie.

◆ Problématiques

- ***Le remodelage du monde par ces puissants acteurs exige d'en évaluer le degré de nouveauté et de globalité. En effet, si la planète est leur territoire, quelle est donc leur échelle d'action ? Les territoires ne sont pas tous concernés selon la même intensité et le même intérêt.***
- ***Les acteurs agissent selon des logiques fort différentes qui dessinent non seulement des espaces variés mais aussi, peuvent configurer de façon nouvelle les modes organisationnels. C'est évident pour les firmes qui se déploient sous une forme transnationale. La mondialisation est le résultat d'activités légales mais aussi illicites. Le monde se présente sous l'aspect de nouvelles relations établies entre et par des acteurs globaux. Quels sont les raisons et facteurs et moyens qui permettent à ces acteurs de peser sur le monde ?***
- ***Dans cette recomposition du monde, quelle place occupent les États d'autant plus qu'il y a interpénétration des territoires ? À une autre échelle, face aux grands organismes, des individus se regroupent pour apporter une autre réponse. Elle n'est pas négligeable et porte à conséquence sur l'évolution de la globalisation. Un autre acteur se dégage progressivement et prend de plus en plus d'importance. Le cyberespace est-il la nouvelle interface de la mondialisation ?***

I. Des entreprises à la conquête du monde

A. Des firmes, des entreprises

L'entreprise

Pour la théorie économique, l'entreprise est une unité de production de biens et de services. Elle est le lieu de combinaison des facteurs de production capital et travail. Elle est l'« institution cardinale du capitalisme » pour François Perroux (1903-1987). Les objectifs des entreprises varient suivant les théories économiques. La théorie néo-classique privilégie la maximisation du profit. Il existe différents statuts d'entreprises :

- l'entreprise individuelle où le capital et le travail sont fournis par une seule personne qui peut néanmoins employer des salariés ;
- la société, association entre au moins deux personnes et dotée d'une personnalité morale ;
- les entreprises de droit privé, de droit privé avec des capitaux publics, des établissements publics de droit public ;
- les entreprises à but lucratif ou non (coopératives, mutuelles).

Suivant les types juridiques, on distingue :

- les sociétés à responsabilité limitée (SARL) très utilisées par les petites et moyennes entreprises ;
- les sociétés en commandite permettant aux commandités de garder un pouvoir de contrôle ;
- les sociétés anonymes dont le capital est divisé en parts anonymes entre des actionnaires.

La taille des entreprises peut sembler un critère de différenciation pratique mais les définitions diffèrent selon les pays. Les résultats — chiffre d'affaires, bilan — peuvent aussi être intégrés aux critères. La réglementation française reconnaît quatre types d'entreprises. Les micro-entreprises ont moins de 10 salariés et un chiffre d'affaires inférieur à deux millions d'euros. Les petites et moyennes entreprises* (PME) ont moins de 250 salariés et un chiffre d'affaires inférieur à cinquante millions d'euros ou un total de bilan inférieur à quarante-trois millions d'euros. Les entreprises de taille intermédiaire (ETI) ont moins de cinq mille salariés et un chiffre d'affaires inférieur à 1 500 millions d'euros ou un total de bilan inférieur à 2 000 millions d'euros. Les grandes entreprises (GE) sont celles qui ne sont pas classées dans les groupes précédents. En 2007, en France, les 245 grandes entreprises sont aux deux-tiers des groupes français qui emploient 82 % des salariés des grandes entreprises. Les 18 % restants sont employés par des groupes étrangers.

L'évolution des entreprises a donné lieu à de nombreuses théories sur leur nature. R. Coase (1910-2013 ; prix 1991 de la Banque de Suède en sciences économique en mémoire d'Alfred Nobel) met en avant la contrainte des coûts de transaction. La firme se substitue au marché quand les coûts de transaction interne sont inférieurs aux coûts d'utilisation du marché. Pour Williamson, l'entreprise est un nœud de contrats permettant l'intégration verticale. Elle peut aussi être vue comme un ensemble de droits de propriété favorisant les économies d'échelle. La théorie de l'agence et des droits d'agence rend compte du phénomène d'externalisation.

L'efficacité de l'entreprise dépend aussi de ses choix organisationnels selon la théorie de l'efficience X de Liebenstein. À l'organisation scientifique du travail (OST) de F. W. Taylor, et au fordisme s'est ajouté le toyotisme de Taiichi Ohno. Pour A. Chandler, l'entreprise évolue de la forme U (unitaire) hiérarchisée de façon pyramidale, à la forme M (multidivisionnelle) avec des divisions autonomes. Pour Masahiko Aoki, à partir des cas américains et japonais, dans la firme J, l'organisation est plus flexible que dans la firme A. Après l'époque de la technostructure et du pouvoir des managers, mis en évidence par James Burnham (L'ère des organisateurs, 1940) et John Kenneth Galbraith (Le nouvel état industriel, 1967), vient avec les années 1980, le temps des actionnaires. Il faut toutefois tenir compte des facteurs culturels et historiques locaux comme l'absence ou la présence limitée d'une bourgeoisie, le poids des diasporas, la mainmise par des oligarques sur des secteurs publics en voie de privatisation.

FMN, STN

Une firme multinationale (FMN) est une entreprise qui possède ou contrôle des filiales ou des actifs physiques et financiers dans au moins deux pays de l'économie mondiale selon Wladimir Andreff (Les multinationales globales, 1996). Il s'agit d'un contrôle direct ou indirect (10 % au moins) sur les actifs possédés par une ou plusieurs entreprises situées dans des pays différents de celui du siège social de l'entreprise selon la CNUCED (F. Mazerolle, 2006). Pour R. Vernon, il est nécessaire d'avoir des filiales dans six pays étrangers.
L'entreprise qui contrôle les actifs reçoit le nom de société mère ou maison mère. L'entreprise contrôlée totalement ou en partie prend le nom de filiale. Le contrôle peut être direct ou indirect. La filiale est une société contrôlée à plus de 50 % des actifs. Avec plus de 10 % du capital contrôlé mais moins de 50 %, on parle d'entreprise affiliée. Le terme de succursale désigne une entreprise située à l'étranger sans autonomie juridique. Les FMN sont évaluées selon des indices de transnationalité, d'internationalisation et d'étendue géographique du réseau multinational selon l'importance des actifs détenus à l'étranger, le chiffre d'affaires réalisé à l'étranger et le nombre de salariés travaillant à l'étranger. Les grands groupes ont des indices de transnationalité supérieurs à 50 %. Ils opèrent essentiellement en dehors de leur marché national même vaste.

La définition de la firme multinationale fait débat. La question du marché visé devient essentielle. Une FMN peut se définir selon sa stratégie. Une firme multinationale qui vise un marché local en s'adaptant au cadre national et en produisant sur place est appelée « firme multidomestique » par Michaël Porter « ou « FMN-relais » par Charles Albert Michalet. Ce dernier distingue plusieurs types de FMN : « FMN-primaires » productrices de matières premières minières ou agricoles et développant des stratégies d'approvisionnement, « FMN-ateliers » installées à l'étranger pour baisser les coûts de production selon une stratégie de rationalisation. Les FMN à stratégie globale avec des filiales intégrées, produisent pour un marché à l'échelle mondiale.

Toutefois, outre l'utilisation du terme de Transnational Corporation (TNC) ou société transnationale (STN) par la CNUCED, l'expression « firme transnationale » est préférée par de nombreux auteurs. Laurent Carroué différencie FMN de firme transnationale (FTN). Pour la FMN ou « World Company », activité et espace sont organisés au plan mondial, ce qui est rarissime. Il préconise plutôt le terme de transnationale pour désigner une entreprise très internationalisée mais conservant un ancrage national. L'évolution des firmes dans le temps explique la difficulté de leur définition. Aujourd'hui, le contrôle d'actifs n'est plus le seul critère d'identification.

Les maîtres du monde

L'édition 2012 du World Investment Report de la CNUCED établit à 103 786 le nombre de FTN contrôlant 862 114 filiales. Celles-ci emploient 69 millions de personnes (75 millions en 2014), ont un chiffre d'affaires (CA) de 28 000 milliards de dollars pour une production d'une valeur ajoutée de 7 000 milliards de dollars. En 2010, la valeur ajoutée produite par les STN — 16 000 milliards de dollars — équivalait au quart du PNB mondial (63 947,7 milliards de dollars). Les filiales étrangères des STN ont représenté plus de 10 % du PIB mondial et un tiers des exportations mondiales. En 2014, les exportations de filiales ont dépassé les 7 800 milliards de dollars et les ventes ont représenté 36 356 milliards de dollars. La production internationale des filiales étrangères des entreprises multinationales s'est accrue en 2014. Leurs résultats financiers se sont améliorés car le chiffre d'affaires et leur valeur ajoutée ont augmenté de 7,6 % et de 4,2 % respectivement. Il y a 653 FTN publiques avec 8500 filiales. En 2014, les FTN publiques détiennent plus de 15 000 filiales à l'étranger et des avoirs supérieurs à 2 000 milliards de dollars. Même si elles représentent moins de 1 % du total des FTN, leurs investissements directs à l'étranger ayant dépassé les 160 milliards de dollars en 2013, elles contribuent à plus de 11 % aux flux mondiaux d'IDE. Les FTN s'étendent sur de nombreux pays.

La pharmacie, un secteur mondialisé

Le groupe pharmaceutique britannique GlaxoSmithKine, emploie près de 100 000 salariés sur 116 pays dont plus de 35 000 salariés sur les 87 sites de production répartis dans 37 pays. En 2012, les 99 488 salariés se répartissent pour 17 200 aux États-Unis, 36 788 en Europe, 2 225 au Japon, 36 738 dans les marchés émergents d'Asie (Emerging Markets Asian Pacific, EMAP) et 1660 dans le reste du monde. Son chiffre d'affaires atteint 35,3 milliards de dollars en 2014 ce qui, selon *The 2015 Industry Week 1000*, le place au 7e rang mondial des groupes pharmaceutiques derrière la firme américaine Johnson & Johnson (CA de 74,3 milliards de dollars), l'entreprise suisse Novartis (CA de 55 milliards de dollars), le groupe suisse Roche (CA de 50,4 milliards de dollars), les américaines Pfizer (CA de 49,6 milliards), Merck (CA de 42 milliards de dollars) et le français Sanofi (CA de 41,8 milliards de dollars).

Au classement général des entreprises industrielles, en 2014, le groupe pétrolier chinois China Petroleum & Chemical Corp. prend la première place avec un chiffre d'affaires de 455,3 milliards de chiffre d'affaires. Il devance le groupe pétrolier néerlandais Royal Dutch Shell (CA de 431,3 milliards de dollars) et l'entreprise américaine Exxon Mobil au chiffre d'affaires de 398,6 milliards de dollars. Les FTN ont des chiffres d'affaires supérieurs au PIB de nombreux États. Celui d'Exxon dépasse celui de la Thaïlande (380,5 milliards de dollars en 2014) ; celui de Royal Dutch Shell est au-dessus de celui de l'Iran (402 milliards de dollars en 2014) et celui de China Petroleum & Chemical Corp. est supérieur à celui de l'Autriche (436,6 milliards de dollars en 2014). En 2013, les 5 000 premières FTN (ou STN) maintiennent toujours un haut niveau de trésorerie, représentant plus de 11 % de leurs actifs. Les disponibilités sont estimées à 3 500 milliards de dollars pour celles des pays développés contre 1 000 milliards pour celles des PED ou des pays en transition. À la fin de 2013, les STN des pays développés avaient un supplément de trésorerie de 670 milliards de dollars, pénalisant l'investissement.

À la fin de l'année 2014, quelques 5 000 entreprises multinationales détenaient, selon les estimations, 4 400 milliards de dollars de disponibilités, soit 40 % de plus que pendant la crise de 2008-2009. Le total des actifs des filiales étrangères atteint 102 040 milliards de dollars en 2014.

La concentration des actifs aboutit à donner à un petit nombre d'entreprises transnationales un immense pouvoir. L'étude (« The network of global corporate contrôle », « Le réseau de domination globale des multinationales ») de trois chercheurs suisses de l'École polytechnique fédérale de Zurich (ETH) sur les 43 000 plus grandes entreprises mondiales transnationales (transnational corporations) montre que 737 firmes multinationales contrôlent 80 % de la valeur de la totalité du réseau. Par le jeu des participations croisées, 147 entités composées de banques, de compagnies d'assurance ou de grands groupes industriels, tout en se contrôlant elles-mêmes entre elles, possèdent 40 % de la valeur économique et financière de toutes les multinationales du monde entier. De ce groupe, en 2007, émerge une super-entité économique de 50 firmes composée surtout de groupes bancaires britanniques — avec Barclays au premier rang — ou américains (J.P. Morgan, Merryll Lynch, Goldman Sachs, Morgan Stanley), français (Société générale, Natixis) suisse (UBS) ou allemand (Deutsche Bank), des assureurs (Axa, Allianz), des fonds de pension (Capital Group Companies).

On en arrive à parler de maîtres du monde. Cette concentration de l'activité financière traduit le fonctionnement des marchés mais interroge sur les règles de la concurrence et expose au risque systémique en cas de crise.

B. L'essor des IDE mondiaux

Définitions

Les IDE sont un des meilleurs critères de mondialisation et de multinationalisation des entreprises. L'INSEE fixe le seuil à 10 % pour la création d'une unité autonome ou d'une succursale. Le FMI met l'accent sur la notion d'acquisition d'un intérêt durable dans une entreprise située dans un pays étranger. L'OCDE et le FMI insistent sur la notion de prise de contrôle ou de capacité à exercer une influence significative sur les décisions ou la gestion d'une entreprise, succursale, filiale ou société affiliée. Dans un cas contraire ou dans le cas de participation inférieure à 10 % du capital, il s'agit d'investissement de portefeuille. Les IDE peuvent être à destination :

- interne pour favoriser la croissance interne par développement des capacités de production (IDE d'extension), augmentation de capital, effets de trésorerie (IDE de restructuration en cas d'aide à une filiale en difficultés) ou de réinvestissement des bénéfices ;
- externe pour la croissance externe par création d'une filiale nouvelle (greenfield investment) ou prise de participation au capital au-delà du seuil de 10 % pouvant aboutir à un rachat ou une fusion acquisition transfrontalière (FAT)

Générateurs de devises, les IDE contribuent à l'industrialisation aux différentes échelles territoriales par des productions nouvelles ou des transferts technologiques. Si les transferts de capitaux contribuaient depuis longtemps à l'internationalisation des firmes, le phénomène a pris de l'ampleur surtout depuis le tournant des années 1980. La pénurie de capitaux, le mouvement de libéralisation et d'ouverture des économies accompagné du développement des marchés financiers internationaux grâce aux nouvelles technologies de l'information ont créé des conditions propices à l'augmentation des IDE.

Évolution des flux d'investissements directs étrangers entrants dans le monde, par grandes zones et principaux pays d'accueil, 2004-2014 (en milliards de dollars, aux prix courants et taux de change courants)

	2004	2008	2009	2010	2014
Pays développés dont :	418,8	1026,0	613,0	696,0	498,7
UE	227,4	514,9	387,8	370,4	257,5
États-Unis	135,8	306,4	143,6	197,9	92,4
Allemagne	-10,2	4,2	37,6	46,1	1,8
Royaume-Uni	55,1	89,0	76,3	50,6	72,2
France	32,5	64,2	24,2	33,6	15,1
Pays en développement dont :	280,2	668,4	530,2	637,0	681,3
Afrique	17,3	58,9	52,9	43,0	53,9
Amérique latine et Caraïbes :	96,2	210,7	150,1	189,8	159,4
Brésil	18,1	45,0	25,9	48,4	62,4
Mexique	24,8	27,8	16,5	21,3	22,7
Asie :	166,3	396,1	324,0	400,6	465,2
Chine	60,6	108,3	95,0	114,7	128,5
Hong Kong	34,0	59,6	52,6	68,9	103,2
Inde	5,7	42,5	35,6	24,6	34,4
Europe du Sud-Est et CEI dont :	33,6	121,4	72,7	75,0	48,1
Fédération de Russie	15,4	74,7	36,5	43,2	20,9
Monde	734,1	1816,0	1216,0	1408,0	1228,0

D'une année à l'autre, certaines statistiques des IDE du WIR peuvent présenter de fortes, voire très fortes variations, qui invitent à la prudence lors de leur analyse. Ces variations s'expliquent par des réajustements statistiques a posteriori liés à un affinement des calculs.
Source : CNUCED, World Investment Report (WIR) 201, In : Images Économiques du Monde 2016, A. Colin.

Les facteurs des investissements

Les entreprises sont très sélectives dans les raisons d'investir. Elles se calquent sur les potentialités existantes dans les pays d'accueil. Elles font jouer les avantages comparatifs présentés par les entreprises cibles et les pays d'accueil. Les motivations des IDE sont donc très variées et répondent à des stratégies précises :

Facteurs propres à l'entreprise	Facteurs extérieurs
– pénétration de nouveaux marchés ; – production de produits primaires pour les marchés nationaux et étrangers (stratégie d'approvisionnement) ; – écarts technologiques pour valoriser les acquis de la R&D selon la théorie du cycle du produit de Vernon plutôt que la cession de licences de production ; – économies d'échelle, souci de rationalisation de la production, élimination des surcapacités (stratégie de rationalisation) ; – acquisition d'une marque ; – recentrage sur le cœur de métier ; – orientation vers des stratégies globales ; – dispersion des risques.	– production sur place pour investir le marché local (stratégie de marché) avec le cas échéant, adaptation aux spécificités locales ; – suppression des coûts de transport ; – différence de coûts salariaux à l'origine de filiales ateliers produisant pour l'exportation vers le pays de départ des IDE ; – différence de fiscalité ou de taux de change privilégiant les pays à monnaie faible ; – contournement des barrières douanières en produisant sur place (tariff factories) ; – différence de productivité ; – fourniture d'actifs.

Les FTN prennent en compte les données macroéconomiques — croissance du PIB, taux de chômage, et d'inflation, investissement, qualité des infrastructures notamment de transport — la stabilité de la situation politique et l'environnement géopolitique. Elles permettent d'évaluer le risque pays.

Sur les entreprises locales, la FTN bénéficie d'un avantage spécifique qui prend trois formes principales. L'avantage technologique correspond à un savoir-faire dans les domaines technologiques, organisationnels ou commerciaux. L'avantage lié à la marque facilite la diffusion du bien ou service produits. La taille est un avantage spécifique qui donne des atouts pour produire, faire connaître les biens et services produits, faire des économies d'échelle, peser sur le marché étranger ou recevoir commandes publiques et subventions en tant que champion national comme c'est le cas des FTN publiques chinoises. L'avantage spécifique permet des FAT verticales, horizontales — les plus fréquentes — ou conglomérales.

Les implantations spatiales correspondent à des stratégies d'approvisionnement (cas des entreprises pétrolières chinoises actuellement), d'exportation (cas de Renault en Roumanie ou au Maroc), de marché, market seeking (cas de Coca-Cola), les stratégies d'efficience (efficiency seeking) pour une minimisation des coûts notamment salariaux, de partage du marché entre groupes oligopolistiques ou verrouillage d'un marché.

Pour John Dunning, la multinationalisation s'explique par la combinaison de trois types d'avantages :

- ceux liés à l'appropriation d'une partie de la production ou du process (Ownership advantages, O) ;

- ceux liés à l'existence d'un gain à la localisation dans un pays donné (Localisation advantages, L) ;
- ceux découlant du contrôle de l'internationalisation des coûts par le contrôle des entités délocalisées au contraire de l'externalisation des activités (Internalisation advantages, I).

Dans le schéma OLI, la possession des trois avantages incite à investir à l'étranger, car celle des avantages O et L pousse au contrôle des marchés par l'exportation alors que le seul avantage O pousse plutôt à la vente de licences.

Méga-fusions : 2015, année de tous les records

L'année 2015 marque une reprise exceptionnelle dans les fusions acquisitions avec 4 590 milliards annoncés surtout à cause des fusions d'un montant supérieur à 5 milliards de dollars dont le nombre a augmenté de 54 %. La crise de 2008 est oubliée et l'année 2007, avec son montant de 4 123 milliards de dollars, est éclipsée.

Visiblement, la confiance est revenue après des années de crise avec une liquidité abondante et bon marché, des taux d'intérêt bas et des marges d'entreprises plus importantes grâce à la baisse des cours du pétrole. Les entreprises américaines sont les plus impliquées avec 2 300 milliards de FA. La région Asie-Pacifique, avec 1 000 de dollars de transactions, soit 22 % du marché mondial, est au second rang. L'Europe revient sur la scène avec un montant plus modeste de 800 milliards de dollars. La France va à contre-courant avec une chute de 30 % du marché des FA à 160,8 milliards de dollars.

L'heure est à l'optimisme, notamment pour les marchés européens des secteurs des télécoms, de la grande consommation et des équipements automobiles. Goldman Sachs avec 1 728 milliards de dollars d'opérations occupe la première place du conseil en FA, Morgan Stanley et JP Morgan les deuxième et troisième places. En France, le marché est dominé par BNP Paribas avec 53 milliards de transactions.

Les plus grosses fusions-acquisitions de l'histoire

	Date	Cible		Acheteur		Montant (Mrd USD)	Secteur
1	1999	Mannesmann	Allemagne	Vodafone AirTouch	Roy.-Uni	203	Télécoms
2	2000	Time Warner	États-Unis	America Online	États-Unis	182	Médias
3	2015	Allergan	États-Unis	Pfizer	États-Unis	160	Pharmacie
4	2013	Verizon Wireless	États-Unis	Verizon Communications	États-Unis	130	Télécoms
5	2015	SABMiller	Roy.-Uni	Anheuser-Busch InBev	Belgique	119	Brasseries
6	2007	ABN-AMRO Holding	Pays-Bas	RFS Holdings	Pays-Bas	98	Banque
7	2006	BellSouth	États-Unis	AT&T	États-Unis	89	Télécoms
8	1999	Warner-Lambert	États-Unis	Pfizer	États-Unis	89	Pharmacie

Le montant est indiqué dette incluse.
Source : Thomson Reuters (lesechos.fr)

Les plus grosses fusions-acquisitions de 2015

	Cible		Acheteur		Montant (Mrd USD)	Secteur
1	Allergan	Irlande	Pfizer	États-Unis	160	Pharmacie
2	SAB Miller	Roy.-Uni	AB InBev	Belgique	112	Brasseries
3	BG Group	Roy.-Uni	Shell	Pays-Bas	70	Hydrocarbures
4	EMC	États-Unis	Dell	États-Unis	67	Informatique
5	Time Warner Cable	États-Unis	Charter Communication	États-Unis	55	Câblo-opérateurs

Source : Les Échos, 21-23 décembre 2015.

Évolution des IDE

Les IDE traduisent fidèlement les transformations géopolitiques et géoéconomiques du monde. La fin des années 1990 est marquée par l'essor des IDE avec l'extension des formes du capitalisme dans de nombreux pays notamment issus de l'effondrement du bloc communiste en Europe de l'Est ou des conséquences de l'ouverture de la Chine au commerce mondial. Les flux ont été multipliés par 7 entre 1990 et 2000 pour atteindre 1 395,5 milliards de dollars avant de se contracter au début de la décennie 2000 après les attentats de 2000 et reprendre très vivement jusqu'au début de la crise de 2008. La crise des subprimes perturbe les flux dans les différentes régions du monde. La stagnation dans les pays en développement se double d'un effondrement dans les pays d'économie développée. En 2011, les flux reprennent et s'élèvent à 1 507 milliards de dollars, dépassant le niveau atteint sur la période 2005-2007 en parallèle avec une reprise des taux de croissance du PIB et des profits des FTN. Mais ils sont sujets à un certain essoufflement. En 2013, ils se sont élevés à 1 467 milliards de dollars et simplement en baisse de 16 % à 1 228,2 milliards de dollars en 2014 dans un contexte de difficultés économiques et géopolitiques. Pour les années suivantes, la CNUCED voit l'investissement repartir à la hausse de 11 % pour 2015 à 1 400 milliards de dollars et 1 500 milliards de dollars en 2016 et 1700 milliards de dollars en 2017.

La prise de participation majoritaire peut déboucher sur l'absorption de la société visée au point de fusionner avec elle dans une nouvelle entité sous une autre dénomination. Selon l'Institut de Kiel, depuis la fin du XIXe siècle, cinq vagues de fusion acquisition avec des buts différents se sont succédées. La troisième de 1965 à 1975 avait pour objectif, l'acquisition de technologies, la quatrième à la fin des années 1980, la préparation du marché unique européen. La cinquième achevée en 2002 s'expliquerait par la combinaison de la globalisation financière et de la dérégulation avec le mouvement de privatisation et de démantèlement des monopoles publics. Depuis 2003-2004, bien que freinée par la crise économique depuis 2008, une sixième vague est en cours. Dans l'ensemble, depuis les années 1980, il y a accélération des fusions acquisitions, notamment pour atteindre la taille critique pour les FTN en situation d'oligopole. Cette tendance a été renforcée par la dépréciation du dollar et la reprise de l'inflation à l'échelle mondiale, la faiblesse des taux d'intérêt et la hausse des profits des FTN. Elle est à l'origine des FAT géantes. La valeur des FAT a augmenté de 30 % en 2010 tout en restant à un tiers du niveau de 2006. Elle a été multipliée par deux dans les PED. En

2011, les FAT ont augmenté de 53 % par rapport à l'année précédente à 526 milliards de dollars, surtout à cause des megatransactions (transaction dont le montant est supérieur à 3 milliards de dollars) dont le nombre est passé de 44 en 2010 à 62 en 2011 à cause de la valorisation des actifs boursiers et de la capacité financières des acheteurs. Les FAT alimentent en grand partie la croissance des IDE mais la valeur totale des projets d'investissement de création est plus élevée que celle des FAT. L'année 2012 marque le retour des FAT géantes comme celle du rachat de Heinz par le financier Warren Buffet. Elles atteignent 2 721,9 milliards de dollars au total mais le montant reste encore loin de celui de l'année 2007 avec 4 622,3 milliards de dollars. Toutefois, elles ont donné lieu à quelques opérations gigantesques comme l'acquisition du Mexicain Grupo Modelo par le brasseur belgo-brésilien Anheuser-Bush inBev pour 17,2 milliards de dollars pour constituer le numéro un mondial de la bière. Un tiers des FAT a été fait sans les services des banques d'affaires comme pour la cession de champs pétrolifères dans le golfe du Mexique par BP à Plains Exploration and Production. Mais les FTN font appel aux banques spécialisées comme Stanley ou Goldman Sachs quand l'opération est complexe. La force de frappe des FTN est l'importance de leur trésorerie. Les 500 premières entreprises mondiales ont une trésorerie d'environ 4 000 milliards de dollars, dont 984 milliards de dollars pour les seules entreprises européennes. En 2014, les FAT ont connu un renouveau avec un total de 399 milliards de dollars ; le nombre de « deals » de plus de 1 milliard des FAT est passé de 168 en 2013 à 223 en 2014.

IDE et PED

Au plan régional, avec 681 milliards de dollars, les entrées d'IDE dans les pays en développement ont atteint un record. Ces pays, notamment la Chine et ceux de l'Asie émergente, sont les premiers destinataires d'IDE entrants. En effet, parmi les dix premiers bénéficiaires mondiaux, cinq sont des PED. Les flux augmentent de 5 % à 133 milliards de dollars vers les dix pays membres de l'ASEAN et de 4 % à 33 milliards de dollars vers les seize pays — ceux de l'ASEAN, la Chine, l'Inde, le Japon, la Corée du Sud, l'Australie et la Nouvelle-Zélande — engagés dans la négociation d'un partenariat régional. Les STN des pays du Sud, en particulier celles des pays asiatiques, ont investi à un niveau sans précédent à 468 milliards de dollars. Neuf des vingt premiers pays investisseurs mondiaux sont des PED ou en transition. Leurs entreprises continuent leurs achats de filiales étrangères d'entreprises de pays développés installées dans les PED. Par contre en Asie, occidentale, le climat d'insécurité explique la baisse des IDE rentrants à 43 milliards de dollars. Les IDE rentrants en Afrique ont stagné à 54 milliards de dollars. Ils se dirigent surtout vers les services à 48 % du total. L'Amérique latine et les Caraïbes reculent à 159 milliards de dollars à cause de la baisse des FAT et des prix des produits de base. Les raisons géopolitiques — conflits régionaux, sanctions internationales — et géoéconomiques (chute des cours du pétrole) expliquent la très forte diminution de 52 % à 48 milliards de dollars des flux vers les pays en transition. Les PMA restent encore à l'écart de la marche du monde avec 3 milliards pour 0,2 % du total mondial. Les pays en transition régressent à 63 milliards de dollars et 4,7 % du total mondial.

IDE et pays développés

Les flux à destination des pays développés restent faibles à 499 milliards de dollars avec une chute de 28 % malgré une reprise des FAT. Ils diminuent même dans les pays développés négociant soit le Partenariat transatlantique de commerce et d'investissement (TTIP) — à savoir l'UE et les États-Unis — soit le Partenariat transpacifique (TPP). Les flux dans l'Union européenne — 24 % de l'investissement total — ont diminué de 11 % à 289 milliards de dollars en 2014. Le Royaume-Uni est le premier bénéficiaire avec 72 milliards d'IDE rentrants. La France avec 15 milliards de dollars a fortement reculé comme 18 autres pays européens. Par contre, elle progresse de la 15e place mondiale à la 8e pour le montant de ses IDE sortants avec 43 milliards de dollars. En 2015, les sorties d'IDE des pays développés s'élèvent à 823 milliards de dollars soit 60,8 % du total mondial — 28,8 % pour l'Amérique du Nord. Dans les pays en développement — 34,6 % du total mondial avec 468 milliards de dollars — l'Asie de l'Est et du Sud-Est rivalise avec les États-Unis avec 28,3 du total pour 383 milliards de dollars.

Dépenses de R&D par pays, en 2014-2016

	Effectuées en 2014			**Estimées en 2015**			**Prévues pour 2016**		
	PNB	**R&D**	**R&D**	**PNB**	**R&D**	**R&D**	**PNB**	**R&D**	**R&D**
	en PPA Mrd USD	*en % du PNB*	*en PPA Mrd USD*	*en PPA Mrd USD*	*en % du PNB*	*en PPA Mrd USD*	*en PPA Mrd USD*	*en % du PNB*	*en PPA Mrd USD*
États-Unis	17 460,0	2,78 %	485,39	18 001,3	2,76 %	496,84	18 559,3	2,77 %	514,00
Chine	17 630,0	1,95 %	343,78	18 828,8	1,98 %	372,81	20 015,0	1,98 %	396,30
Japon	4 807,0	3,40 %	163,44	4 855,1	3,39 %	164,59	4 913,4	3,39 %	166,60
Allemagne	3 621,0	2,85 %	103,20	3 678,9	2,92 %	107,42	3 741,4	2,92 %	109,25
Corée du Sud	1 786,0	3,60 %	64,30	1 844,9	4,04 %	74,53	1 909,5	4,04 %	77,14
Inde	7 277,0	0,85 %	61,85	7 822,8	0,85 %	66,49	8 409,5	0,85 %	71,48
France	2 587,0	2,25 %	58,21	2 618,0	2,26 %	59,17	2 657,3	2,26 %	60,05
Russie	3 568,0	1,50 %	53,52	3 432,4	1,50 %	51,49	3 396,6	1,50 %	50,95
Royaume-Uni	2 435,0	1,81 %	44,07	2 500,7	1,78 %	44,51	2 558,2	1,78 %	45,54
Brésil	3 073,0	1,21 %	37,18	3 042,3	1,21 %	36,81	3 072,7	1,21 %	37,18
Canada	1 579,0	1,90 %	30,00	1 613,7	1,79 %	28,89	1 646,0	1,79 %	29,46
Australie	1 100,0	2,25 %	24,75	1 130,8	2,39 %	27,03	1 167,0	2,39 %	27,89
Italie	2 066,0	1,20 %	24,79	2 076,3	1,27 %	26,37	2 099,1	1,27 %	26,66
Taïwan	1 022,0	2,35 %	24,02	1 060,8	2,35 %	24,93	1 104,3	2,35 %	25,95
Espagne	1 534,0	1,25 %	19,18	1 572,4	1,30 %	20,44	1 603,8	1,30 %	20,85
Total mondial	**105 757,0**	**1,70 %**	**1 803,10**	**107 804,4**	**1,75 %**	**1 882,67**	**112 048,0**	**1,74 %**	**1 947,75**

Source : Industrial Research Institute et R&D Magazine, 2016 Global R&D Funding Forecast, hiver 2016.

C. Firmes transnationales et territoires

Des entreprises globales

Les FTN mettent en œuvre les stratégies classiques similaires aux stratégies d'investissement dont la recherche de nouvelles parts de marché, d'approvisionnement, d'exportation, de contournement des barrières protectionnistes de partage d'un marché entre groupes oligopolistique, de minimisation des coûts dans le cadre d'une décomposition internationale des processus productifs (DIPP), d'acquisition d'actifs.

Depuis les années 1980, la combinaison des différentes raisons de multinationalisation fait apparaître une nouvelle stratégie globale d'intégration mondiale de la production. La complexité de l'environnement géoéconomique mondial a renforcé les stratégies de marché, de rationalisation de la production, d'alliances, financière avec des montages technico-financiers de grande ampleur. Dans des marchés mondialisés, les entreprises passent alors à une autre stratégie globale consacrant l'apparition de la firme réseau selon Robert Reich (*The Works of Nations*, 1991, – trad. française, *L'économie mondialisée*, 1993). Les FTN gèrent leur stratégie à une échelle supposant une appréciation globale du marché, de la production, de la concurrence. Elles organisent leurs activités dans l'oligopole mondial en un réseau flexible de filiales spécialisées produisant pour le marché mondial configurant une nouvelle DIPP marquée par le recentrage sur l'activité principale.

La stratégie globale touche tous les aspects de l'organisation de l'entreprise. La globalisation de la stratégie correspond à une « stratégie organisationnelle » (W. Andreff, *Les multinationales globales*, 1996). Ce processus d'intégration s'opère selon une structure souple horizontale avec établissement de nouvelles relations plus souples entre les unités selon le schéma de la « firme creuse » (*hollow corporation*) avec échanges d'informations, de ressources, économie de capitaux et de personnel par intégration dans le cadre local. Cette globalisation se traduit par la mise en réseau mondial des activités (global networking). La firme réseau est un réseau d'entreprises. La composition d'une FTN-réseau dessine une architecture à plusieurs niveaux de relations denses entre concepteurs, donneurs d'ordres, partenaires, distributeurs. Elle fonctionne sur une dynamique de « glocalisation » (global et local) selon la formule d'Akio Morita, fondateur de la firme Sony. Avec la globalisation, la distinction entre sections et filières ou entre types de fusions acquisitions devient moins pertinente.

Les FTN définissent des normes de la mondialisation. L'uniformisation des produits progresse avec la dissémination des filiales dans le monde. Les différentes formes de capitalisme convergent vers le modèle dominant du capitalisme actionnarial anglo-saxon. Les FTN imposent des normes comptables de valorisation des actifs par le marché ou de rentabilité comme le ROE (Return on Equity) de 15 %. Elles font pression sur les instances internationales comme l'OMC, l'OCDE pour inciter les grands organismes internationaux à élaborer un cadre juridique libéral. Les accords sur les droits de propriété intellectuelle (Agreement on Trade-Related Aspects of Intellectual Property Rights, TRIPS) ont été écrits par une douzaine de multinationales des secteurs du divertissement, de la pharmacie et de l'informatique. Chaque année, le World Economic Forum réunit grands patrons de FTN, financiers et dirigeants politiques à Davos. La Business European Roundtable qui réunit quarante-cinq patrons de multinationales européennes a agi auprès des gouvernements européens pour la mise en place d'un marché unique. L'American Chamber of Commerce of the European Union (AmCham), est la voix des multinationales américaines installées en Europe contre les limitations décidées par l'Union européenne. Les FTN peuvent aussi s'organiser en cartels* et ententes pour installer des barrières par des prix de prédation à l'installation de concurrents sur des marchés. Elles hésitent d'autant moins qu'elles ont peu de chances d'être découvertes. Dans le cas contraire, les amendes sont conséquentes. En mars 2013, la Commission européenne inflige une amende de 561 millions d'euros à Microsoft pour concurrence biaisée en incorporant systématiquement son propre logiciel de navigation sur Internet ce qui porte à 2,16 milliards d'euros le total payé par cette société. Fin 2013, la CE impose 1,71 milliard d'euros à des banques pour participation à des cartels sur des produits dérivés.

Effets sur les États

Les FTN se dégagent des contraintes et logiques des États. Elles font une part importante de leur chiffre d'affaires hors des frontières nationales. L'enquête Outwards FATS (Foreign Affiliates Statistics) menée en 2011 par l'Union européenne et l'INSEE montre que les filiales des groupes français à l'étranger réalisent 52 % du chiffre d'affaires global et emploient 52,6 % de leurs effectifs. Pour les plus grands groupes français, les chiffres sont respectivement de 58 % et 59 %. Ils sont présents sur tous les continents et dans de très nombreux pays. Les FTN contournent les réglementations et imposent leurs décisions. Face à Matignon, Arcelor-Mittal ne fait que des concessions à la marge sur la fermeture de hauts-fourneaux sur le site sidérurgique de Florange en Moselle en décembre 2012. Le capital des sociétés du CAC 40 est possédé à 45 % par des groupes étrangers. Ceux-ci sont même intégrés dans le CAC 40 comme le chimiste belge Solvay, Arcelor-Mittal dont le siège est à Luxembourg, EADS, société de droit néerlandais, ou l'entreprise franco-italienne STMicroelectronics ou la foncière Unibail-Rodamco. Le groupe minier suisse Glencore a intégré l'indice Footsie 100 du London Stock Exchange malgré un capital flottant de 12 %, inférieur aux 50 % auparavant habituellement requis. Pour déterminer la nationalité d'une FTN, au plan boursier, il suffit de prendre en compte la présence significative d'actifs et ou de centres de décision et le nombre significatif de salariés sur le sol national. Les premières firmes ont de forts indices de transnationalisation et certaines ont même pratiqué le concept d'entreprise sans usines comme Nike ou comme le souhaitait Serge Tchuruk pour Alcatel en juin 2001.

Les FTN ont usé sans mesure des délocalisations (offshoring) considérées comme le transfert à l'étranger d'activités de production séparées du marché national de consommation. Les FTN délocalisent pour des raisons de coûts de production notamment salariaux, de rationalisation de la production, d'économies d'échelle, de rentabilité, de productivité, de taux de change, de rapprochement d'un marché. À l'inverse, pour les pays d'accueil, comptent également la qualité des infrastructures comme c'est le cas pour la France, le climat social et politique, les politiques fiscales, l'existence de zones franches.

Les effets peuvent être négatifs ou positifs aussi bien pour les pays de départ que d'accueil. Les pays d'accueil bénéficient de créations d'emplois. L'usine Renault inaugurée en 2012 à Tanger doit créer 6 000 emplois directs et 30 000 emplois induits. Les nouvelles unités alimentent le marché local et augmentent les exportations. Les 400 000 véhicules fabriqués à terme à Tanger sont destinés aux marchés européens et émergents. Les délocalisations permettent aussi les transferts de technologie et l'amélioration de la qualité de la main-d'œuvre. La Chine bénéfice de l'implantation d'une usine de montage Airbus à Tianjin pour la maîtrise de la construction de ses propres modèles d'avions. L'importation par les pays de départ de biens fabriqués dans les filiales étrangères permet de fournir le marché de consommation en biens moins onéreux et de lutter contre l'inflation. Délocaliser rapporte de l'argent. Renault avance que chaque véhicule construit à Tanger, rapporte 800 euros à la France, moitié en pièces, moitié en ingénierie.

Les effets peuvent aussi être négatifs avec des pertes d'emplois surtout peu qualifiés dans les pays de départ. Les FTN pratiquent le *dumping* social. Les délocalisations maintiennent les pays d'accueil dans une dépendance technologique et dans une spécialisation de faible valeur ajoutée.

Le maintien du territoire

Les FTN divisent l'espace mondial en territoires hiérarchisés, spécialisés et intégrés selon les besoins. Les territoires offrent des opportunités d'installation diverses. La division des activités dessine une géographie à des échelles différentes selon les avantages comparatifs offerts par les lieux de localisation. Le global s'articule avec le local. Les FTN organisent leur production mondiale par grandes directions continentales pour un produit diffusé certes à l'échelle mondiale mais aussi adapté aux nécessités locales en fonction des valeurs culturelles et des modes de consommation. Carrefour a transposé son nom en un signifiant chinois (bonheur de la famille) proche du concept originel. Les FAT ne sont toujours des succès. Peugeot et Danone en font fait l'amère expérience en Chine. Les FTN gardent un ancrage territorial. Les pays développés concentrent l'essentiel des FTN : 20 entreprises sur les 25 premières au plan mondial pour le chiffre d'affaires dont 7 sur les 10 premières dans le classement Fortune Global 500 de 2015. L'Europe occidentale, les États-Unis et le Japon gardent leur prééminence avec 36 sociétés sur les 50 premières entreprises manufacturières dans le classement Industry Week 1000 de 2015. Il en est de même avec un rapport de 36 sur 50 dans le classement Forbes Global 2000. Le classement de la CNUCED* selon le CA réalisé à l'étranger confirme cette suprématie avec 29 sociétés sur les trente premières mondiales. Lors de la crise de l'industrie automobile américaine, en 2009, General Motors a profité du plan de nationalisation partielle de 50 milliards de dollars proposé par l'administration Obama. Les firmes allemandes restent au service du Standort Deutschland. Siemens dont les ventes sur le marché national sont tombées de 51 % à 16 % entre 1975 et 2009 a cependant conservé 30 % des emplois soit 132 000 personnes et une grande partie de la recherche en Allemagne.

L'arrivée des FTN des pays émergents est aujourd'hui, un fait majeur. Les nouveaux champions sont originaires du Sud. Dans les classements internationaux, apparaissent de plus en plus de firmes chinoises, indiennes, brésiliennes, russes. Le Boston Consulting Group met l'accent sur les quarante African Challengers comme Orascom Telecom ou Sonangol issus des « Lions africains ». Utilisant les avantages spécifiques en terme de coût de main-d'œuvre, ces FTN ont d'abord été fournisseurs des marchés des pays développés. Elles ont bénéficié de la croissance rapide et forte de certains pays du Sud pour engranger des liquidités qui leur permettent d'acheter dans tous les secteurs. Elles sont à la recherche de marques valorisantes. Tata a acheté Jaguar. Dirigées par des entrepreneurs animés d'un esprit de prise de risques, encouragées par l'État pour des raisons stratégiques comme c'est le cas pour les champions nationaux chinois, elles pratiquent des « fusions acquisitions à rebours » destinées à acquérir des savoir-faire et des technologies pour rivaliser, dans l'avenir, avec les FTN occidentales sur le terrain de l'innovation.

II. Un monde d'États et d'ententes

Les États sont la grille de lecture du monde. Leurs relations entre eux forment la base de la géopolitique. Les accords entre États créent des associations régionales complétées par des ententes diverses.

A. Le pavage du monde

L'État, des États

Un État est une autorité souveraine s'exerçant sur une population et un territoire déterminés (Robert). C'est une entité juridique définie par une forme d'exercice du pouvoir sur ou par une population sur un territoire borné par une frontière délimitée ou non. L'entité juridique peut prendre plusieurs formes : pouvoir légitime ou usurpé, pouvoir dynastique ou populaire, tyrannique ou anarchiste, institutionnel administratif ou de domination, de droit ou de police, centralisé ou décentralisé, libéral ou prolétarien, dépositaire du monopole de la violence légitime au sens de Weber.

Le nombre d'États est variable suivant les définitions données à cette entité. Si on considère qu'un État doit être reconnu par d'autres États ou la communauté internationale, on estime qu'il y a un peu moins de 200 États dans le monde, soit 197 selon l'ONU. 193 États sont membres de l'ONU. Les îles Cook et Niue sont des États non-souverains juridiquement dépendants en libre association avec la Nouvelle-Zélande et sous souveraineté néo-zélandaise. Les deux autres, le Vatican (Saint-Siège), depuis 1964, et l'État de Palestine, depuis le 29 novembre 2012, ont le statut d'État observateur non membre. Un État doit bénéficier des attributs de la souveraineté internationale mais ce n'est pas le cas pour tous. De même pour la capacité de défense. Taïwan a perdu en 1971, son statut d'État membre de l'ONU mais n'en reste pas moins un État de fait, participe à certaines organisations internationales comme l'OMC, est observateur à l'OMS ou à l'ONU au même titre que la Croix-Rouge ou l'ordre de Malte. Reconnu comme entité économique et commerciale par l'Union européenne, Taiwan en est le quatrième partenaire commercial en Asie et à l'inverse, l'Union européenne est le quatrième marché pour Taïwan. La question des micro-États, des États non reconnus et des États dépendants est complexe et est sujette à connaître des évolutions pouvant être brutales et susceptibles de contestations. Entre 2014 et 2018, doit avoir lieu un référendum sur le statut de la Nouvelle-Calédonie. Des États continuent d'apparaître parfois en nombre lors des périodes de grandes mutations comme la fin de l'Union soviétique. La fragmentation du monde a repris. La Tchécoslovaquie a connu une séparation de velours en deux États. Le Soudan du Sud est devenu le 193e État membre de l'ONU.

L'État est une construction historique. L'État moderne est le résultat d'une longue évolution à partir des traités de Westphalie (1948), recomposition de l'espace européen suivant le principe de souveraineté. L'État-nation s'est développé sur la planète au long d'un parcours heurté par des conflits nés des chocs des nationalismes. Les traités de paix dont le traité de Versailles du 28 juin 1919 dessinent une nouvelle carte du continent européen à partir de l'éclatement des anciens empires allemand, austro-hongrois et ottoman. L'onde de choc atteint les territoires colonisés pour porter conséquence quelques décennies plus tard avec les effets de la Seconde Guerre mondiale. L'État est aussi le cadre du développement économique par l'interventionnisme étatique que ce soit le Japon de l'ère Meiji, l'État développementiste de l'Amérique latine ou l'État dirigiste des années de forte croissance au Japon ou dans certains pays d'Europe avec la version d'État-providence au Royaume-Uni et en France.

Des États contestés

L'État-nation est entré en crise pour de nombreuses raisons. La mondialisation fragilise les États. La libéralisation et la dérégulation financière et commerciale dans l'esprit du nouveau libéralisme apparu dans les années Thatcher et Reagan dans l'esprit des théories de Milton Friedman ont remis en question la puissance de l'État. Les privatisations ôtent à l'État des domaines et des moyens d'interventions. Les recettes fiscales diminuent en vertu des diminutions d'impôts supposées pouvoir libérer l'investissement privé. Privé de moyens, l'État doit faire face à la dictature des marchés financiers animés par des fonds spéculatifs divers qui ont recours à des instruments financiers complexes pour les partages de risques. La dette de l'État est un risque boursier comme un autre. Les places boursières deviennent les nouvelles capitales du monde privilégiant le nombre réduit de pays anglo-saxons malgré l'émergence de quelques nouveaux centres comme Hong Kong, Singapour, Shanghai, Dubaï ou Sao Paulo.

En réponse aux difficultés économiques, les États ont laissé filer les déficits. La crise de l'État-providence s'avère douloureuse pour de nombreuses catégories sociales qui se détournent de lui. Les différentes et nombreuses crises de la dette ont conduit de nombreux États à passer sous les fourches caudines des Institutions financières internationales* (IFI) promouvant le consensus de Washington. Les États sont mis sous surveillance au nom de la bonne gouvernance. Les règles d'austérité de la troïka européenne s'imposent en Grèce et en Espagne. L'État perd sa légitimité et, comme à Chypre en 2013, est menacé de faillite comme une simple entreprise.

Les États se décomposent sous l'action de forces divergentes et centrifuges. Ils doivent faire face aux prétentions des firmes transnationales. La déterritorialisation guette face aux délocalisations effectuées par les FTN. B. Badie évoque la « fin des territoires » pour désigner le dépassement de la notion de territoire et une perte de son sens. Les États doivent se positionner dans des réseaux de production. Traités de libre-échange et organisation régionales comme l'Union européenne contribuent à l'ouverture des frontières. Elles deviennent poreuses aux nombreux trafics qui dessinent des zones grises dans certains lieux du monde et dans lesquelles s'engouffrent divers mouvements de contestation politique. Le Sahel conjugue tous ces aspects et risque de sombrer dans la guerre. La balkanisation se poursuit sous l'effet des identités nationales, communautaires ou religieuses. La Belgique est toujours au bord de la rupture entre Flamands et Wallons. L'État est soumis à un processus de décomposition des territoires c'est-à-dire de perte de contrôle sur les consommateurs nationaux.

Mais des États qui résistent

Contrairement aux affirmations de l'éditorialiste du *New York Times*, Thomas Friedman, la Terre n'est pas plate. Les flux représentent des ordres de grandeur modestes. Seuls 3 % de la population vit en dehors de son pays natal ; 2 % des communications téléphoniques sont internationales. Seulement 20 % des informations sont d'ordre mondial. En fin de compte, le commerce mondial ne correspond qu'à 20 % du PIB mondial. L'IDE atteint seulement 9 % de l'investissement fixe mondial. En réalité, les frontières ne disparaissent pas. Elles sont même plus nombreuses avec la création de nouveaux États. Les États s'accommodent des changements avec une réhabilitation des lieux à la place des territoires. Les nouvelles menaces provenant des divers trafics renforcent le besoin d'État aux frontières. L'État est invoqué pour la régulation de certains flux. Des États pratiquent un contrôle des flux migratoires aux frontières. Les États-Unis de l'administration Obama ont augmenté les reconduites à la frontière. Le Royaume-Uni ne fait pas partie de l'espace Schengen*.

L'État n'est pas *res nullius* en matière économique. Il organise l'attractivité des territoires pour attirer IDE et investisseurs. Il dénonce le *dumping* économique et social pratiqué par des États à bas coût de main-d'œuvre et porte le différend auprès de l'OMC. Si le patriotisme économique a fait long feu, l'État protège certains producteurs ou consommateurs par des réglementations spécifiques. Pratiquant la censure, la Chine s'abrite derrière ses frontières pour développer des réseaux sociaux et de e-commerce et contourner les règles de l'OMC. Lors de la crise financière de 2008, l'État agit en prêteur en dernier ressort pour éviter l'effondrement du système financier victime d'un risque systémique lié à la mondialisation des flux financiers et des pratiques de titrisation des dettes souveraines. L'État américain vole au secours du constructeur automobile General Motors pour éviter la faillite. Dans la crise de l'euro, la réponse de l'Union européenne n'est que le reflet de la position politique de quelques États dont l'Allemagne.

Dans le système international, l'État reste l'agent le plus à même de réunir les différents facteurs de la « puissance structurelle » (S. Strange). Il met en œuvre des politiques et des moyens au niveau productif, financier, militaire et de savoir par les voies d'un pouvoir hard, soft ou smart. Il est en outre capable de mobiliser une force de projection pour intervenir sur différents points du monde.

Toutefois, il risque d'être l'État souhaité par la mondialisation en se cantonnant dans un rôle d'État-gendarme au service de forces libérales favorables à la mondialisation mais acceptant son soutien pour surmonter les moments difficiles car la mondialisation n'est ni achevée ni parfaite.

B. Les institutions internationales

À partir de la construction de l'État au XVIIe siècle, émerge un droit international qui se précise notamment au XXe siècle et qui dans la suite des deux guerres mondiales oriente les relations entre les États. De nouvelles normes sont établies à travers de nouvelles institutions qui servent de cadre à une nouvelle coopération internationale.

Au dessus des États, l'ONU

L'ONU est présenté comme le gouvernement du monde. Née de la Charte de l'Atlantique (14/8/1941) établissant une série de principes pour le maintien de la paix et de la sécurité internationale, de la Déclaration des Nations unies (1/1/1942), des conférences de Dumbarton Oaks et Yalta, la charte des Nations unie est signée le 26 juin 1945 à la conférence de San Francisco. Une fois ratifiée, elle permet à l'ONU de devenir réalité le 24 octobre 1945. Elle est dotée d'organes principaux : l'assemblée générale, le secrétariat dirigé par un secrétaire général élu pour un mandat de cinq ans renouvelable, le conseil de sécurité de 15 membres dont 5 permanents avec doit de veto, le conseil de tutelle, le conseil économique et social. S'y ajoutent différentes agences et programmes secondaires. L'ONU compte 193 membres en 2015. Elle a quatre buts : le maintien de la paix, le développement de relations cordiales entre les États ; la lutte contre la pauvreté et la faim et les droits des êtres humains, la coordination des actions. Depuis 1948, elle a mené 71 opérations de maintien de la paix. En 2016, 16 sont en cours et mobilisent 124 746 personnes dont 92 695 militaires. Elle est présente en Palestine, Inde et Pakistan, Côte d'Ivoire, République démocratique du Congo, République centrafricaine, au Liban, Sahara Occidental, Kosovo, Golan, Liberia, Darfour, Soudan du Sud, Mali et à Chypre, Haïti et Abyei (Abiyé, Soudan).

L'OMC

L'organisation mondiale du commerce (OMC), née en 1995 des accords de Marrakech en 1994, est la seule organisation internationale régissant le commerce entre les États. Elle comporte 159 membres. La Russie a été admise en 2012. Elle siège à Genève. Le 1er septembre 2013, le Brésilien Roberto d'Azevêdo succède à la tête de l'OMC à Pascal Lamy, directeur depuis 2005. L'objectif de l'OMC est l'ouverture commerciale en favorisant le libre-échange. Elle s'occupe des biens, des services (Accord général sur le commerce des services, AGCS), de la propriété intellectuelle. Elle est un cadre de négociations. Les différends commerciaux sont réglés par l'Organe de règlement des différends. Elle prête assistance aux producteurs, importateurs, et exportateurs. Depuis 2001, elle conduit le cycle de Doha aux résultats incertains.

FMI et Banque mondiale

La Banque mondiale, créée en 1944 dans le cadre des accords de Bretton Woods, est une agence spécialisée de l'ONU et un groupe composé de cinq institutions : la Banque internationale pour la reconstruction et le développement (BIRD) réunissant 188 pays, l'Association internationale de développement (IDA) de 172 pays, la Société financière internationale (SFI) de 184 pays, l'Agence multilatérale de garantie des investissements (MIGA) de 181 pays, et le Centre international pour le règlement des différends relatifs aux investissements avec 160 pays dont 8 en attente de ratification de la signature d'adhésion. Au début chargée d'aider à la reconstruction de l'Europe et du Japon, elle a pour tâche la réduction de la pauvreté. Elle accorde des prêts pour des projets de développement. Elle porte une attention particulière au développement durable.

Le Fonds monétaire international (FMI), créé en 1944 a pour objectif de garantir la stabilité du système monétaire international à partir de règles de stabilité monétaire, de parité, de rapport au dollar et à l'or. Son rôle a changé après la fin de Bretton Woods et les accords de la Jamaïque en 1976. Réunissant 188 pays et siégeant à Washington sous la direction de Christine Lagarde depuis 2011, il soutient les pays en difficultés, établit des prévisions de croissance, accorde des prêts et des conseils. Partisan de politiques d'ajustement structurel et de dérégulation, il a fait l'objet de nombreuses critiques de la part des pays en développement. Très contesté, il a repris de l'importance par sa gestion de la crise de 2008.

La direction du FMI revient traditionnellement aux Européens, celle de la Banque mondiale aux États-Unis. Les pays émergents ou en développement revendiquent particulièrement la direction du FMI.

C. Les grandes associations

Les associations régionales

L'intégration régionale se présente sous des logiques politiques, commerciales, monétaires et culturelles. Suivant l'économiste hongrois Bela Balassa, elle aboutit, par progression, à la création d' :

- une zone de libre-échange ;
- une union douanière avec un tarif extérieur, une préférence communautaire source de nouveaux échanges ;
- un marché commun marqué par la libre circulation des facteurs de production et l'adoption de politiques environnementales comme la politique de concurrence ;
- une intégration économique et monétaire avec une parité fixe entre les monnaies ou avec l'adoption d'une monnaie commune.

Cette théorie se trouve confrontée à des modifications de l'environnement économique comme l'adoption des changes flottants après 1976, la restriction de la circulation du facteur travail comme dans l'ALENA ou l'Union européenne lors des restrictions apportées au marché du travail envers les nouveaux adhérents. De même, elle sous-estime la réalité des différences culturelles, politiques et sociales.

L'intégration régionale ne se traduit pas nécessairement par une intensification du commerce régional. Les réflexes protectionnistes sont encore forts en Amérique latine. De même, l'intégration régionale va à rebours de la mondialisation des échanges en cas de création de blocs régionaux opérant un détournement de trafic. Cependant commerce régional et commerce interrégional peuvent aller de concert. C'est l'enjeu des accords de libre-échange entre les grands blocs comme celui en cours de négociation en 2015 entre l'Union européenne et les États-Unis. Les mouvements d'IDE participent à cette articulation des différents ensembles.

L'intégration pose le problème de son fonctionnement par méthode inter-gouvernementale ou transfert de souveraineté. L'intégration est fille de la géopolitique régionale. Les buts de la construction européenne ne sont pas ceux de l'ASEAN réunissant des États récemment décolonisés. L'intégration régionale tend à gommer les frontières en Europe ou au contraire comme en Asie, à en jouer. La régionalisation asiatique est initiée à partir de pôles régionaux développés établissant une division du travail et des échelles de domination par le biais de la circulation des IDE. La construction politique n'est pas l'objectif principal visé, d'autant plus que la démocratisation connaît quelques retards. Les institutions politiques sont souvent absentes de l'intégration régionale en Asie.

En Europe. L'Union européenne est l'aboutissement de la volonté exprimée en 1957 par le traité de Rome de six pays de s'unir économiquement dans une démarche de rapprochement géopolitique. Les objectifs sont d'une part, la libre circulation des hommes, des marchandises et des capitaux à l'intérieur de la Communauté économique européenne, et d'autre part, l'adoption d'un tarif extérieur commun suivant une politique commerciale extérieur commune. L'intégration européenne est relancée, en 1986, par l'Acte unique européen qui révise les traités antérieurs afin de mener à terme la réalisation du marché européen pour le 1er juillet 1987. L'Union économique et monétaire suit avec l'adoption de l'euro par 19 pays. Au 1er juillet 2013, l'Union européenne compte 28 membres. Mais actuellement, elle tend à ne plus être qu'une organisation à fonctionnement inter-étatique.

En Amérique. L'Accord de libre-échange nord-américain (ALENA ou NAFTA, North American Free Trade Agreement) en vigueur en 1994 entre les États-Unis, le Canada et le Mexique crée une vaste zone d'échanges commerciaux et d'investissement entre les trois pays. Toutefois, la libre circulation des hommes est limitée et s'accompagne de flux illégaux.

En Amérique du Sud, la dynamique est en faveur du Mercado común del Sur (Mercosur) crée en 1991 par le traité d'Asunción. Il comprend l'Argentine, le Brésil, le Paraguay, l'Uruguay, le Venezuela. La Bolivie a signé le protocole d'adhésion. Les négociations sont ouvertes avec l'Équateur. Le Mercosur est la troisième union régionale mondiale. D'autres organisations complètent et relancent le mouvement d'intégration : l'UNASUR (Union des nations sud-américaines ; 12 membres) depuis 2008, la CELAC (Communauté des États latino-américains et caraïbes, 33 membres) depuis 2010 et l'Alliance du Pacifique (Chili, Colombie, Mexique et Pérou) depuis 2011.

En Asie, l'Association des nations du Sud-Est asiatique (ASEAN) créée en 1967 rassemble Brunei, la Birmanie, le Cambodge, le Laos, la Malaisie, les Philippines, Singapour, la Thaïlande, et le Vietnam. À l'origine, cette association s'inscrivait dans un contexte de guerre froide et permettait de rapprocher des États désireux de lutter contre la propagation du communisme. Mais au début des années 1990, l'objectif évolue vers l'établissement et le fonctionnement d'une zone de libre-échange (ASEAN free trade area, 1992), qui vise également à attirer les IDE. Elle est complétée par l'ASEAN+3 avec le Japon, la Chine et la Corée du Sud.

Les leviers de l'interdépendance : TPP, RCEP et TAFTA

Le 5 octobre 2015, les négociations débutées en 2008 pour le Partenariat transpacifique (TransPacific Partnership, TPP) aboutissent le 5 octobre 2015 à un accord de principe signé entre les États-Unis, le Japon et dix pays du Pacifique soit du continent américain soit du continent asiatique, soit de l'Océanie (Canada, Chili, Mexique et Pérou pour le continent américain ; Bruneï, Malaisie, Vietnam, Singapour pour le continent asiatique ; Australie et Nouvelle-Zélande pour l'Océanie). Cet accord de libre-échange fixe de nouvelles règles au commerce international en harmonisant les règles et en abaissant les droits de douane.

Lancées en 2012, les pourparlers pour un Partenariat économique régional (Regional Comprehensive Economic Partnership) entre les pays de l'ASEAN et ceux qui ont un accord de libre-échange individuel avec l'ASEAN (Australie, Chine, Corée du Sud, Japon, Inde, Nouvelle-Zélande) doivent aboutir en 2016. Cet accord permet à la Chine de rivaliser avec les États-Unis sur la région du Pacifique).

Si l'espace asiatique bénéficie du pivot asiatique américain, les relations transatlantiques sont en souffrance. Les négociations sur le TAFTA (Trans-Atlantic Free Trade Agreement) piétinent : problèmes de l'exception culturelle, espionnage américain, traçabilité des produits, normes sanitaires divergentes...

En Afrique, la multiplicité de zones d'intégration régionale traduit les difficultés de l'intégration. L'union douanière d'Afrique australe (SACU, Southern African Customs Union) donne corps à l'ensemble plus vaste de la Communauté de développement de l'Afrique australe (SADC, Southern African Development Community). En Afrique de l'Ouest, la Communauté économique des États de l'Afrique de l'Ouest (CEDEAO) est engagée sur le plan économique et militaire. L'union du Maghreb arabe (UMA) reste peu opérante. En avril 2015, voit le jour une ambitieuse grande Zone de libre-échange tripartite (Tripartite Free Trade Area, TFTA) réunissant la COMESA (Marché commun d'Afrique centrale et orientale, Common Market for Eastern and Southern Africa), la SADC et la CAE (Communauté d'Afrique de l'Est, East African Communauty) réunissant 26 pays dans un grand marché de 650 millions d'habitants.

L'OCDE et l'OIT

L'Organisation de coopération et de développement économiques a été créée en 1961 en remplacement de l'Organisation européenne de coopération économique (OECE) issue du plan Marshall. Elle regroupe 34 pays en 2013, essentiellement des pays développés et démocratiques. Elle œuvre pour le bien-être économique et social dans le monde. Elle produit des études économiques sous forme d'analyses, de statistiques, de prévisions et recommandations. Elle siège à Paris.

L'Organisation internationale du travail (OIT), créée en 1919 est une agence autonome des Nations unies en 1946. Son siège est à Genève. Elle agit pour l'amélioration des conditions de travail dans le monde. Elle tient compte de la dimension sociale de la mondialisation. Elle compte 183 membres. Elle fait aussi le lien entre le G8 et le groupe des cinq principaux pays émergents (Chine, Inde, Mexique, Afrique du Sud, Brésil).

Une ébauche de gouvernance mondiale

Le G7 est issu des G5 de 1974 et G6 de 1975. Devenu G7 après l'arrivée du Canada, il regroupe les pays les plus riches de la planète (États-Unis, Japon, Allemagne, Royaume-Uni, France, Italie et Canada). En 1997, il se transforme un temps en G8 en accueillant la Russie avant de redevenir G7 après son exclusion en 2014 à cause de son annexion de la Crimée.

Le G20 est un groupe formé de 19 pays plus l'Union européenne dont les chefs d'État et de gouvernement, les ministres des finances, les gouverneurs des banques centrales et les ministres de l'Emploi se réunissent à intervalle régulier. Créé en 1999 dans la suite des crises financières des années 1980 et 1990, il prend une ampleur nouvelle avec la réunion des chefs d'État et de gouvernement en 2008 pour répondre à la crise économique. La présence, aux côtés des membres du G8, des économies émergentes (Chine, Brésil, Argentine, Arabie Saoudite…) révèle les performances de certains pays du Sud et confirme les rééquilibrages récents de la géoéconomie mondiale. Il se décline sous trois formes : réunion des chefs d'État et de gouvernement, réunion des ministres des finances et des gouverneurs des banques centrales, réunion des ministres de l'emploi. Le G20 prend des décisions sur la régulation de la finance mondiale. Depuis 2011, existe un G20 agricole pour un meilleur fonctionnement des marchés et l'amélioration de la production agricole.

Le Forum économique de Davos (World Economic Forum), crée en 1971 par Klaus M. Schab, est une association qui siège à Genève. Il regroupe des entrepreneurs, des responsables politiques, des responsables d'organisations non-gouvernementales, des organisations internationales (FMI, ONU, OMC…), des hauts-fonctionnaires, des intellectuels, des artistes, et des journalistes. Il tient une réunion annuelle dans la station de sports d'hiver suisse de Davos et il publie des rapports (risques mondiaux en 2014, compétitivité internationale en 2015, 4e révolution industrielle en 2016).

III. Les hommes

A. Les migrations

Les migrations sont l'expression de la mondialisation et d'une nouvelle répartition de la population.

Les migrations sont la conséquence de la forte croissance de la population au XIXe siècle et surtout dans la seconde moitié du XXe siècle avec l'« explosion démographique » des pays du Sud. Aujourd'hui, la population mondiale dépasse les 7,4 milliards d'habitants. Malgré la transition démographique, la croissance reste soutenue dans de nombreux pays comme ceux d'Afrique subsaharienne. La mobilité des hommes est une dimension essentielle de la mondialisation. Elle fut la « colonne vertébrale » de la mondialisation de la fin du XIXe-début XXe. Phénomène ancien, volontaire ou forcé qui peut prendre des formes très différentes, les migrations internationales se définissent comme des déplacements au-delà des frontières nationales, sur de courtes ou longues distances, pour des périodes plus ou moins longues. On prend alors en compte l'immigrant qui se définit *stricto sensu* comme une personne qui réside de manière permanente hors de son pays natal depuis plus d'un an pour des raisons multiples (études, travail, rapprochement familial), l'exilé qui fuit les persécutions ou les dangers, le touriste qui quitte son pays pour une période plus ou moins longue. Ce phénomène est en forte augmentation depuis plusieurs décennies et les migrations évoluent rapidement, elles se globalisent. Pourtant leur place dans la mondialisation contemporaine est moindre que celle des flux commerciaux et financiers, certains soulignent même la « dimension secondaire » de ces flux.

Une forme de la mondialisation

Les flux migratoires se sont mondialisés. Ils touchent presque toutes les régions du monde qui sont soit lieux de départ, d'arrivée ou de transit. Ils concernent une part à la fois importante et limitée de la population mondiale soit 232 millions en 2013 pour 3,2 % de la population mondiale à comparer avec les 750 millions de migrants internes en 2013. La Chine est le pays le plus touché par ces migrations internes. Les migrations vers le Nord (Sud-Nord et Nord-Nord) concernent environ 125 millions de personnes et celles vers le Sud (Sud-Sud et Nord-Sud) près de 110 millions de personnes. Dans l'ensemble les migrations sont en augmentation ; celles vers les pays de l'OCDE ont augmenté de 6 % en 2014.

Les migrations internationales sont organisées en systèmes migratoires complexes et mettent en évidence une régionalisation du monde. Sur le continent américain, la majorité des migrants vient d'Amérique latine ; en Asie, les migrants* indiens, chinois ou philippins se dirigent vers le Japon, la Corée du Sud, Taïwan, Singapour, Hong Kong, l'Australie ou la Nouvelle-Zélande. L'Europe attire surtout des migrants venant de la rive sud méditerranéenne, de l'Afrique subsaharienne, du Proche-Orient, de l'Asie extrême-orientale. L'Afrique du Sud attire ceux de l'Afrique anglophone et lusophone. Les pays de départ sont d'importants réservoirs démographiques et alimentent les flux. Les évolutions démographiques renforcent ces dispositifs migratoires.

Les facteurs sont multiples et divers : l'appel à une main-d'œuvre aux salaires peu élevés, l'absence d'avenir dans les régions de départ, la pression démographique (encore particulièrement sensible dans certains États du Sud), la baisse des coûts de transport, les crises politiques et économiques, les conflits, les ressources naturelles (eau, pétrole), la persistance, quoique atténuée, des liens avec les anciens pays colonisateurs, les informations véhiculées par les médias, l'existence de réseaux déjà en place, la proximité des régions d'accueil.

Les nouveau types de migrations

Les réfugiés sont de plus en plus nombreux à cause du grand nombre de conflits ou de crises ; les zones fragiles du Proche et Moyen-Orient (Irak, Liban Afghanistan, Syrie, régions kurdes), d'Afrique des Grands Lacs ou du Maghreb du printemps arabe, du Caucase (Tchétchénie) ou de l'ex-Yougoslavie (Kosovo) alimentent ces flux.

De plus en plus de réfugiés

Fin 2015, le HCR comptabilise 59,2 millions de personnes dont 20,2 millions de réfugiés, ayant été obligées de quitter leur foyer. On compte 4,2 millions de réfugiés syriens et 7,6 millions de déplacés ; pour les Irakiens, 2,6 millions de réfugiés et 1,5 million de déplacés. Les populations afghanes, soudanaises et sud-soudanaise comptent parmi les plus touchées avec respectivement 3,6 millions, 2,8 millions et 2,2 millions de personnes ayant quitté leur foyer. Un tiers de ces migrants — 17,2 millions — est au Proche-Orient. Les principaux nouveaux pays affectés par les déplacements internes sont le Yémen (0,9 million), l'Ukraine (0,56 million), la République démocratique du Congo (0,56 million) et le Nigeria (0,38 million). Les pays d'accueil des réfugiés sont souvent des pays peu développés proches. L'Afrique subsaharienne accueille 4,1 millions de réfugiés, l'Asie-Pacifique 3,8 millions, le Moyen-Orient et l'Afrique du Nord 3 millions. La Turquie accueille 1,6 million de réfugiés, principalement ayant fui les conflits en Syrie et en Irak ; le Liban : 1,2 million. En 2015, l'Allemagne, première destination en Europe, et deuxième dans le monde, accueille plus d'un million de migrants. Dans les pays de l'OCDE, les demandes d'asile augmentent avec plus de 800 000 demandes en 2014 soit une hausse de plus de 46 %.

Dans un contexte de crise démographique au Nord et de révolution technologique, les pays du Nord ont assoupli leurs législations pour accueillir des populations de plus en plus qualifiées. Ce *brain drain* est satisfait par l'élévation des niveaux d'éducation au Sud. En 2011, dans l'OCDE, 31 % des personnes nées à l'étranger disposent d'un diplôme universitaire contre 24 % en 2000. La part des personnes hautement qualifiées dans la population récemment arrivée est plus élevée que dans la population autochtone. Cette montée en puissance de l'immigration qualifiée coïncide avec celle de l'immigration asiatique essentiellement chinoise ou indienne. Les migrants venant d'Afrique et d'Asie du Sud, hors l'Inde, sont peu qualifiés, ce qui rend encore plus néfaste la fuite des cerveaux pour ces régions. Dans une large mesure, les États-Unis captent les immigrants diplômés. À l'inverse, les pays les moins avancés dans la transition technologique attirent les migrants peu qualifiés alors que leurs propres diplômés commencent à partir. Les femmes — 48 % des migrants — composent une bonne part de l'immigration qualifiée. La proportion de femmes migrantes dans le Nord est plus élevée que dans le Sud.

Les migrations Sud-Sud sont en plein essor.

Migrants et régions d'origine

Les migrations Sud-Sud (38 %) sont plus nombreuses que les migrations Sud-Nord (34 %). En 2013, les pays de départ sont : l'Inde, le Mexique, la Chine, le Bangladesh, le Pakistan, les Philippines et l'Afghanistan. Les pays d'accueil sont les États-Unis, l'Arabie saoudite, l'Allemlagne, la Russie, les Emirats arabes unis, la France, le Canada, l'Espagne et l'Autriche.

Le nombre de migrants internationaux originaires de la région Asie de l'Est et Pacifique — principalement de la Chine, des Philippines, de l'Indonésie — s'élevait à 31,4 millions d'individus en 2013, dont près de la moitié vivait dans des pays à revenu élevé membres de l'OCDE.

La région Europe et Asie centrale comptait 31,9 millions de migrants — originaires surtout d'Ukraine, Kazakhstan, Roumanie, Turquie, Ouzbékistan —, dont 46 % vivaient dans des pays de l'OCDE. Elle accueille 17,2 millions de migrants originaires essentiellement des mêmes pays.

Pour la région Amérique latine et Caraïbes, ce sont au total 32,5 millions de migrants venant surtout du Mexique, de la Colombie, du Brésil, du Costa Rica et de l'Équateur, dont près de 85 % dans des pays de l'OCDE. En ce qui concerne la région Moyen-Orient et Afrique du Nord le nombre de migrants originaires de la région — surtout Cisjordanie, Gaza, Syrie, Égypte, Maroc et Irak, s'élevait à 23,9 millions d'individus, dont près de 38 % vivaient dans des pays de l'OCDE et à environ 31 % dans des pays de la région. Pour la région Asie du Sud, 37,1 millions d'individus — originaires d'Inde, Bangladesh, Pakistan, Afghanistan et Népal — dont 20,6 % vivaient dans des pays de l'OCDE et près de 43 % dans des pays à revenu élevé non membres de l'OCDE. Enfin 23,2 millions de migrants de Somalie, Burkina Faso, Soudan, République démocratique du Congo, Nigeria et Côte d'Ivoire pour l'Afrique subsaharienne en direction de l'Afrique du Sud, la Côte d'Ivoire, le Nigeria, le Kenya et l'Éthiopie.

L'axe Mexique-États-Unis est le plus important couloir migratoire du monde. Le choix du pays de résidence s'explique par l'attractivité, la proximité géographique, les liens historiques et culturels ou la connaissance de la langue comme pour l'immigration indienne au Royaume-Uni. En Europe, une part importante des mouvements migratoires a lieu entre les différents pays de l'Union européenne, voire avec les pays limitrophes.

Les migrations sont sensibles aux crises géopolitiques. Les migrants indiens sont de plus en plus nombreux. Les pays pétroliers reçoivent une immigration temporaire aussi bien qualifiée que non qualifiée.

Les migrations Nord-Sud sont le prolongement des migrations touristiques en installation durable ou définitive notamment dans le bassin méditerranéen (Espagne, Italie, France, Maroc, Tunisie), le bassin caribéen et le golfe du Mexique pour le continent nord-américain, elles concernent souvent des retraités.

Les migrations demain ?

Selon Catherine Wihtol de Wenden, la mondialisation et la régionalisation des flux migratoires vont s'accentuer.

Les migrations Sud-Sud vont croître car les pays émergents (Brésil, Inde, Chine) ont besoin de nouveaux venus pour exploiter leurs ressources, surtout pour les pays peu peuplés du golfe Persique, et parce que les frontières sont y plus aisément franchissables.

Les évolutions démographiques vont accentuer les contrastes. Les populations jeunes de l'Afrique subsaharienne alimenteront les courants migratoires vers les régions aux populations vieillissantes. Des pays de transit (Royaume-Uni, Maroc, Tunisie) abriteront des flux venus plus du sud. La mobilité caractérisera le mode de vie de certains de ces migrants.

Les diplômés du Nord iront chercher du travail dans des pays du Sud en développement mais, à cause de la crise économique et la mobilité accrue des populations du Nord, les pays du Nord resteront attractifs pour des diplômés venant du Sud ou de l'Est.

Enjeux et politiques d'accueil

La course aux talents a impliqué une ouverture plus grande en matière de politique d'immigration selon deux types. Le premier, en vigueur aux États-Unis et dans la plupart des pays européens, repose sur la demande en emplois qualifiés car non pourvus par les résidents nationaux. Le second modèle, en vigueur au Canada, Australie et Royaume-Uni, repose sur l'offre avec une politique de quotas et de critères de sélection.

La majorité des migrants vit dans des pays à revenus élevés. Les migrants internationaux constituent près de 11 % de la population dans les pays en développement, contre moins de 9 % en 2000. Mais les migrants se dirigent davantage encore vers les pays développés. Une grande partie ont un niveau d'éducation élevé, notamment ceux originaires d'Afrique ou d'Amérique latine. Logiquement, les États-Unis restent le premier pays d'accueil (46 millions de migrants). Ils sont suivis par la Russie (11 millions) qui draine les populations de ses périphéries moins développées. Viennent ensuite l'Allemagne (9,8 millions), l'Arabie saoudite (9,1 millions), les EAU et le Royaume-Uni (7,8 millions chacun), la France (7,5 millions), le Canada (7,3 millions), l'Australie et l'Espagne (6,5 millions chacune). Le Proche-Orient devenu une nouvelle aire d'immigration avec notamment près de 17 millions d'immigrés en Arabie saoudite et aux EAU, c'est dans les pays du Golfe que l'on trouve la plus forte proportion de migrants par rapport à la population totale ; cette dernière atteint 86,5 % pour le Qatar, 70 % pour les EAU.

Aux États-Unis comme dans les grands pays européens (Allemagne, France, Royaume-Uni, Espagne), cette proportion est d'environ 13 % (11,6 % pour la France).

On peut classer les pays à fort pourcentage d'immigrés en cinq groupes : les pays développés, les « pays neufs » (Canada, Australie), les pays pétroliers développés essentiellement du golfe Persique, les pays de « premier asile « pour les réfugiés fuyant les conflits dans un pays proche, les petits pays à forte proportion d'immigrés (Suisse, Luxembourg).

La moitié des migrants vivant dans l'OCDE vient de 16 pays dont beaucoup membres de l'OCDE. L'immigration mexicaine est la plus importante dans le monde (11 millions), suivie par l'immigration chinoise et indienne (7 millions).

À l'échelle régionale, l'Europe, qui était il y a un siècle la première zone de départ, est devenue une des principales régions d'accueil des migrants. Alors qu'elle a besoin des flux migratoires en raison du vieillissement de ses populations, elle oppose souvent, en raison des nombreux débats que les flux migratoires suscitent, une politique frileuse d'ouverture des frontières amorcée depuis 2005 à une politique de contrôle surtout pour les moins qualifiés réduits au rang de clandestins. En 2015, l'arrivée massive de migrants du Proche-Orient avec de nombreux réfugiés syriens ou irakiens provoque une véritable crise en Europe. Si l'Allemagne ouvre ses frontières, d'autres pays notamment de l'Est (Hongrie, Pologne) se montrent hostiles à l'accueil de réfugiés. Les frontières se ferment. La France s'enlise dans des tergiversations. L'UE se montre impuissante face au rétrécissement de l'espace Schengen. La France s'enlise dans des tergiversations.

En 2015, des réfugiés de plus en plus nombreux (plus d'un million arrivés en 2015 en Europe pour 250 millions dans le monde) tentent de rejoindre l'Europe, souvent en traversant la mer Méditerranée au péril de leur vie (3 500 morts ou disparus en 2014, 3 735 morts en 2015). Le problème migratoire est le révélateur sans complaisance de l'absence de politique migratoire de l'UE : raidissement des ex-PECO, accord turquo-européen à l'initiative, surtout, de l'Allemagne (6 milliards pour créer les hotspots) n'a pas encore apaisé les tensions de l'espace Schengen.

Le même contraste se trouve aux États-Unis avec six millions de migrants illégaux. Les États-Unis se replient derrière le mur. Ce mur ne suit qu'une partie de la frontière.

Les migrations sont sensibles à la conjoncture. Le mouvement migratoire s'est inversé entre les États-Unis et le Mexique en 2012. Le nombre de migrants illégaux a baissé d'un million. Les rétrotransferts on atteint 601 milliards de dollars dont 414 milliards vers les pays en développement en 2014. Les pays qui en ont le plus bénéficié sont l'Inde avec 72 milliards de dollars, la Chine (60 milliards) et les Philippines (30 milliards). Les remises représentent une part importante des revenus des pays de départ (42 % du PIB au Tadjikistan en 2013 ; 29 % au Népal, 21 %). Ils sont source de richesse pour les États et les populations mais ils ont aussi des effets pervers : dépendances, spirales migratoires.

Le défi de l'intégration est toujours posé dans la plupart des pays. Lancée par des organisations internationales et des ONG en 2004 et soutenue par les Nations unies, se développe une gouvernance mondiale des migrations par le biais du Forum mondial des migrations. Toutefois, elle reste encore limitée alors que la mobilité est devenue l'un des grands enjeux de la globalisation.

B. Les groupes humains

*Les diasporas**

Dans l'extension du terme rapportant la dispersion du peuple juif dans l'empire romain en 70, après la destruction du temple de Jérusalem, les diasporas désignent des populations disséminées sur des territoires de plusieurs États dans lesquels elles vivent en tant que minorités. Des définitions plus restrictives sont possibles en tenant compte de critères religieux, culturels, ethniques, identitaires. La diaspora se rattache à un territoire valorisé par un imaginaire d'appartenance hérité et idéalisé. La diaspora est ainsi aussi réseau par les liens entretenus entre les membres de la communauté et éventuellement ceux du territoire d'origine. La solidarité entre les membres renforce le pouvoir d'action d'une diaspora.

Les effectifs peuvent être importants. Selon les définitions et les degrés d'intégration, la diaspora chinoise répartie sur plus de 130 États, est comprise entre 35 millions et 60 millions. La diaspora chinoise est essentiellement localisée en Asie, du Sud-Est surtout. Dans le reste du monde, elle est concentrée sur quelques pays (France, Royaume-Uni) et lieux (quartiers chinois — chinatowns — des villes et grandes villes), et des activités réservées (restauration, artisanat, commerce de boutiques…).

Dans la mondialisation, elle est investie de nouvelles fonctions. Interface entre repli communautaire et intégration, la diaspora participe aux échanges des biens, services, informations et capitaux. Ainsi, les sommes mises en jeu dans les activités commerciales, financières peuvent atteindre plusieurs centaines de milliards de dollars. La diaspora chinoise a joué un rôle particulier dans l'orientation des investissements pour le décollage de la Chine. Singapour et Hong Kong ont été les portes d'entrée des capitaux investis dans les provinces du Sud-Est de la Chine (Guangdong). Les liens sont très étroits entre des communautés chinoises et leurs provinces ou villes d'origine. Les courants migratoires entre la diaspora et le pays d'origine sont devenus complexes avec des mouvements inverses de retour notamment pour les migrants qualifiés et formés dans les universités occidentales. L'Inde et la Chine illustrent bien ce cas de *brain gain*. La diaspora peut aussi avoir un rôle ambigu car elle peut être instrumentalisée par les pays d'accueil ou d'origine pour accroître leur influence.

La société civile

Les relations sociales construites en dehors du contrôle de l'État composent une société civile dépassant les individus et les groupes. Ces relations sociales s'expriment sur la scène nationale et internationale. Elles mobilisent des acteurs sur des questions essentielles de la mondialisation : normes, régulations, droits. Prend corps une opinion publique internationale qui s'exprime par des mouvements divers. Les médias s'en font l'écho en même temps qu'ils peuvent être partie prenante.

Le Forum social mondial est le pendant du Forum de Davos dans la sphère altermondialiste. Le premier forum a été organisé à Porto Alegre au Brésil en 2001. Doté d'une charte signée en 2001 à Sao Paulo, il réunit des associations et des ONG opposées à la mondialisation libérale et qui agissent pour la paix mondiale, les droits de l'homme et un autre développement. Il tient une réunion annuelle successivement à Porto Alegre, Mumbai, Nairobi, Belém, Dakar et Tunis.

L'Association pour une taxation des transactions financières pour l'aide aux citoyens (ATTAC) est une association altermondialiste créée en 1998 pour défendre l'idée d'une taxation au niveau mondial des revenus financiers et d'une redistribution du produit de cette taxe au profit des populations les plus démunies. Les revendications d'ATTAC touchent à différents aspects de la mondialisation sous un angle critique notamment sur la question de l'annulation de la dette des pays pauvres.

C. Les acteurs-réseaux

Les ONG

Depuis les années 1970, les organisations non-gouvernementales (ONG) sont devenues des acteurs incontournables de la société civile mais aussi de la vie internationale. Elles prennent en charge, en majorité, des populations sur des problématiques humanitaires ou liées à des aspects de la mondialisation. Leur rôle et leurs puissances se sont fortement démultipliés. Elles ont aussi fait l'objet de critiques sévères.

Elles s'inscrivent dans le courant humanitaire qui prend sa source dans une pratique ancienne à travers des considérations souvent religieuse comme dans la création de sociétés anciennes comme l'ordre de Malte en 1113 ou de fondations philanthropiques musulmanes dans l'empire ottoman. Elles précèdent la fondation du Comité international de la Croix-Rouge par Henry Dunant à Genève en 1863. Les valeurs fondatrices s'appuient sur le droit international, des valeurs religieuses ou humanistes. Les horreurs des conflits de la fin du XIXe siècle et de la première moitié du XXe orientent l'action des premières associations. Les organisations ou associations de solidarité internationale apparaissent véritablement dans l'article 71 de la Charte des Nations unies. Ensuite, l'humanitaire se développe en écho à la prise de conscience des inégalités de développement et des calamités qui accablent des populations déshéritées. À partir de 1967, la guerre du Biafra incite à l'action des french doctors et à l'émergence d'un mouvement « urgentiste » opposant les « tiers-mondistes » aux « sans-frontiéristes » dont sont issues des ONG comme Médecins sans frontières (MSF) en

1971. L'analyse des ONG est malaisée car elles peuvent se définir humanitaire et de développement. Les conceptions changent aussi suivant le cadre législatif national. Les ONG américaines insistent sur le caractère volontaire, les Britanniques sur la mission sociale et caritative ; les Français mettent l'accent sur l'aspect non lucratif et économique. Dans certaines parties du monde où l'État a failli, les ONG prennent l'apparence d'entreprises professionnelles ou de gouvernements. Malgré l'uniformisation des discours sur la pauvreté induite par la globalisation et le consensus mou sur la bonne gouvernance, l'hétérogénéité est très grande. Le Conseil économique et social de l'ONU considère qu'une ONG est internationale quand elle travaille dans trois pays différents. L'Union des associations internationales impose la nécessité d'avoir des adhérents et des ressources financières en provenance de trois pays.

Selon la London Schools of Economy, il y aurait 59 000 associations internationales dans le monde, plus de 38 000 selon l'union des associations internationales. Les ONG transnationales (OTN) ont seules les moyens d'agir à l'échelle planétaire. En 2010, World Vision International disposait d'1,9 milliard d'euros de ressources financières. Un nombre très réduit d'ONG humanitaires est donc en activité sur le terrain. Toutefois, les ONG sont à l'origine d'une diplomatie humanitaire non-étatique. De même, les ONG investissent de nombreux domaines ayant trait aux questions environnementales, écologistes (Greenpeace).

De nombreuses critiques sont formulées à leur encontre : mauvaise utilisation des fonds, charity business, ingérence dans la vie des États, instrumentalisation par des États qui tirent argument de la présence des ONG pour ne pas résoudre par eux-mêmes les problèmes. Toutefois, elles sont un espoir pour des milliers d'humbles et malgré leur discrétion dérangent des intérêts puissants qui n'hésitent pas à les exclure ou les menacer. Perween Rehmann, la dirigeante de l'ONG pakistanaise Orangi Pilot Project a été assassinée le 13 mars 2013 à Karachi.

BRAC, la première ONG

Fondée en 1972 par Fazle Hasan Abed, Bangladesh Rural Advancement Committee est la plus grande organisation non gouvernementale (ONG) du monde avec près de 120 000 employés sur dix pays d'Afrique et d'Asie. Elle touche 130 millions de bénéficiaires. Selon des critères de l'« impact », de l'« innovation », et de « durabilité », elle serait également la première ONG du monde en terme d'efficacité selon le magazine suisse Global Journal.

À la différence de la majorité des ONG qui sont d'origine occidentale, le BRAC met en œuvre une approche originale du développement. Inspiré par la lecture de l'ouvrage Pédagogie des opprimés (1970) du pédagogue brésilien Paulo Freire, Fazle Hasan Abed, considère que les hommes doivent devenir eux-mêmes les acteurs du changement et qu'il faut d'abord réduire la pauvreté et les inégalités sociales. À partir de ses fonds personnels, il fonde une organisation qui aujourd'hui, comporte une banque, des élevages de poulets, une laiterie, des champs de thé et une société de services informatiques. L'idée est de lutter contre la pauvreté en créant des opportunités d'emplois aux habitants démunis du pays. Les profits tirés des activités des entreprises du BRAC sont réinvestis pour l'essentiel dans des programmes de développement. Les coûts sont maîtrisés et réduits au maximum pour permettre un financement en interne pour quatre-vingts pour cent des programmes qui touchent des domaines très variés de l'éducation ou la lutte contre la malnutrition à l'adaptation au changement climatique ou à la santé en passant par le micro-crédit. Un des objectifs est d'insérer les pauvres dans le système économique par les débouchés fournis par les entreprises du BRAC, les aides et les conseils. Toutefois, l'innovation qui est toujours privilégiée, peut aussi venir des bénéficiaires. Le BRAC pratique le développement par le bas.

L'organisation prend soin de ne pas heurter le gouvernement et de ne pas se mêler de politique pour ne pas prêter le flanc à la critique. Elle préfère former des fonctionnaires du gouvernement au développement dans son université.

Les résultats sont à la hauteur des efforts. En vingt ans, le taux de mortalité infantile a été divisé par deux, l'espérance de vie a augmenté de dix ans à tel point qu'avec une espérance de vie de 69,4 ans, le Bangladesh fait mieux que l'Inde où l'espérance de vie ne dépasse pas 64,4 ans. La scolarisation des filles a fortement progressé puisque le taux de scolarisation atteint 90 %. En matière de santé, 94 % des enfants ont été vaccinés contre la diphtérie, le tétanos et la poliomyélite contre 66 % pour les petits Indiens.

ONG née dans un pays pauvre, le BRAC, à l'étranger, tire avantage de son origine pour nouer un dialogue basé sur la confiance et mettre en œuvre, avec elles, des solutions locales.

Source : Julien Bouissou, « La multinationale du développement », *Le Monde, 8 mars 2013.*

Mafias et criminalité

La criminalité organisée est la face noire de la mondialisation. L'expansion du crime organisé est le fait d'associations qui agissent à l'échelle planétaire pour divers trafics (armes, drogues…), diverses activités illicites qui génèrent des profits colossaux. Les sociétés criminelles ont montré de réelles facultés d'adaptation. Elles ont tiré parti de l'ouverture des marchés, de l'existence de zones à statut spécial, du dynamisme de l'intégration économique et commerciale surtout en Asie. Elles ont diversifié leurs activités. En Asie, les mafias ont essaimé en parallèle aux mouvements migratoires en profitant des opportunités offertes par les diasporas. Les triades pratiquent un poly-négoce : armes, drogues, êtres humains, sexe. Sans véritablement constituer de vastes réseaux couvrant de vastes territoires, elles ont utilisé la globalisation pour s'installer dans des quartiers et, sauf dans le cas des chinatowns américains, se contentent de faire des affaires avec les groupes locaux sans véritablement avoir l'ambition de détenir un pouvoir exclusif sur des activités illicites. Mais leurs domaines s'étendant à de plus en plus d'activités, elles mettent finalement en place de véritables multinationales du crime. Dans la Russie post-soviétique, les frontières entre l'État et les réseaux criminels se sont estompées, facilitant la corruption.

Un des cas de figures les plus remarquables est celui du trafic mondial de drogues. L'Amérique latine est le premier fournisseur de cocaïne dans le monde avec un marché de plus de 80 milliards de dollars par an soit le quart des activités commerciales liées aux stupéfiants (380 milliards de dollars). Le trafic de la drogue est passé sous le contrôle des cartels mexicains notamment celui de Sinola. Les cartels s'appuient sur des réseaux transnationaux qui opèrent dans de nombreux secteurs et sur de plus en plus de pays. Le narcotrafic se diffuse au Brésil, et touche non seulement les États-Unis et le Canada via l'Amérique centrale (Salvador) mais aussi l'Europe via l'Afrique et les portes d'entrée que sont certains pays (Nigeria). La Colombie était devenue un narco-État. À partir des zones de production de drogue d'Asie du Sud-Est (Triangle d'or) ou centrale (Afghanistan), le trafic de drogue emprunte des routes traditionnelles mais aussi les nouveaux itinéraires du

Croissant d'or. Les mafias s'adonnent aussi à la cybercriminalité en mettant en place de vastes réseaux d'escroquerie, de proxénétisme.

La lutte contre les acteurs de la mondialisation du crime peut se faire au niveau local au risque, comme au Mexique, d'un déchaînement de violences (plus de 60 000 morts entre 2006 et 2012) ou se mener en accord avec les polices d'autres États (DEA des États-Unis) ou d'organismes internationaux comme Interpol.

Les réseaux numériques

La mondialisation est indissociable des acteurs des réseaux numériques qui transforment le monde. L'emprise d'Internet a crée un *homo internauta*. La révolution numérique s'est accompagnée d'une fracture numérique que de nombreux États tentent de résorber. L'utilisation pacifique d'Internet transforme l'économie mondiale et l'économie domestique. L'utilisation maligne est celle des cybercriminels, des hackers agissant pour leur compte ou pour celui d'États en menant des cyberattaques contre des sites stratégiques dans une optique pacifique ou guerrière. En mars 2013, le président Obama accuse la Chine de soutenir les cyberattaques contre les États-Unis. Le cyberespace est le nouvel espace des conflits géopolitiques.

Dans le réseau de réseaux qu'est Internet, des acteurs occupent une place névralgique. Ce sont les fournisseurs d'accès à Internet (FAI) comme Orange, Free, SFR ou Numéricable en France. Les opérateurs peuvent administrer plusieurs réseaux. Internet possède plusieurs organes de décision comme l'Internet Corporation for Assigned Names and Numbers (ICANN). Les maîtriser, comme l'ICANN par les Américains, est un enjeu de première importance. Des États comme la Chine décident de s'affranchir de la tutelle des France sur les noms de domaine (Domaine Name System DNS).

Internet permet de mettre en place des formes de commerce électronique (e-commerce). Par son système de censure la Chine a réussi à protéger son commerce électronique intérieur. En 2012, il représente un chiffre d'affaires compris entre 190 et 210 milliards de dollars contre un e-commerce américain compris entre 220 et 230 milliards de dollars. La maîtrise de ce commerce électronique permet de stimuler des régions lointaines et est une véritable arme pour la reconversion du modèle productif chinois vers le développement d'un marché intérieur de consommation massive.

Les réseaux sociaux ont une influence sur la vie économique. Ils renforcent les structures des groupes ou classes sociales. La mondialisation se fait aussi à l'échelle individuelle. Les acteurs des réseaux sociaux tirent avantage de leur position dans le réseau (point d'intersection) ou de la mobilisation des « liens faibles ». Même s'il faut supposer une marge d'erreurs de 9 % par duplication d'adresses, Facebook regroupe un milliard d'utilisateurs dont 26 millions en France dont 63 % se connectent quotidiennement. Baidu, le moteur de recherche chinois, occupe la cinquième place du classement mondial d'Alexa des sites les plus visités au monde après Google, Facebook, YouTube et Yahoo. Pour les géants américains, le défi est de passer la « grande muraille » de la censure numérique chinoise. Les frontières de la mondialisation sont celles de la géopolitique.

Conclusion

La mondialisation n'est pas l'œuvre d'une main invisible. Les acteurs sont clairement identifiables. Individus, communautés, FTN, organisations, associations, IDE agissent dans un même sens. Toutefois, leurs motivations peuvent s'opposer et engendrer des tensions. Leurs actions transforment les territoires et dessinent une nouvelle organisation du monde fondée sur une géographie de flux et de réseaux.

◆ Idées reçues

Les entreprises du CAC 40 : prédatrices ou fer de lance de l'économie française ?

Les entreprises du CAC 40, firmes transnationales par excellence, sont-elles bénéfiques à l'économie nationale ? En effet, ce sont des entreprises qui réalisent l'essentiel de leur chiffre d'affaires (CA) à l'international. Elles affichent des taux de croissance de leur CA supérieurs à ceux de l'économie française, 9 % de 2009 à 2010 pour 1 272 milliards d'euros et 4 % de 2010 à 2011 pour 1 322 milliards d'euros. La part de l'activité en France ne représente plus que 30 % à peine, avec près de 40 % de leur CA réalisé en Europe, soit onze points de plus qu'en 2006. Les entreprises du CAC 40 profitent de la croissance mondiale — 3,3 % en 2012 — tirée par celle des pays émergents comme la Chine, alors que la croissance française ne dépasse pas 0,1 %. Entre 2009 et 2011, la croissance des entreprises du CAC 40 a résulté pour plus de 85 % de l'augmentation de leur CA à l'étranger selon le cabinet Ernst & Young. Le marché domestique ne compte que pour un quart des ventes pour Renault et 40 % du produit bancaire de BNP Paribas. La production de Renault et PSA a été divisée par deux en sept ans en parallèle avec la conquête des marchés étrangers.

Mais ces entreprises sont indispensables car elles sont les ambassadrices du made in France. Avec environ 35 entreprises, la France est au quatrième rang du Fortune 500. Elles sont source d'innovation et de croissance. La France est au deuxième rang, derrière les États-Unis, du World's Most Innovative Companies de Forbes. Elles créent et assurent de l'emploi dans l'hexagone. Total emploie 36,5 % de son effectif d'environ 96 000 salariés. Schneider Electric a 13 % de son effectif en France. En 2011, Renault a recruté 1 217 personnes en France sur 9 246 dans le monde. Elles paient de forts montants en France. En 2012, Axa paye 1 770 millions, soit 24 % de son CA alors que 21 % de son effectif est en France ; France Telecom 1 700 millions pour 48 % du CA alors que 61 % de l'effectif est en France. En 2012, le montant des impôts est supérieur aux dividendes versés. La croissance à l'international de ces groupes transnationaux est indispensable à l'économie française. Elle permet d'accroître les exportations et de réduire le déficit commercial.

Toutefois, l'évolution de ces FTN traduit l'ampleur de la crise mondiale et surtout européenne. En 2012, les profits se sont effondrés de 27,9 % à 52,4 milliards d'euros. Le CA a quasiment stagné avec une hausse de 2, 06 % réduite par une inflation de 2 %. Les FTN ont procédé à des réductions des coûts et des cessions pour se recentrer sur des métiers à plus forte valeur ajoutée. Elles opèrent soit en interne pour améliorer leur efficacité opérationnelle en modernisant les chaînes d'approvisionnement ou en développant des projets de recherche et développement, soit en externe par des fusions acquisitions. Ces dernières supposent le maintien de cours boursiers élevés accompagnés de versements de dividendes en hausse. Elles espèrent ainsi une meilleure rentabilité grâce aux économies réalisées. En 2011, Veolia lance un vaste plan de restructuration en comptant sur 7 000 à 8 000 départs naturels par an sur un effectif en France de 110 000 salariés avec prévision d'un impact positif sur le résultat opérationnel de 120 millions d'euros en 2013 et 420 millions en 2015. En mars 2013, Veolia

Eau France annonce la suppression de 1 500 postes, soit 10 % des effectifs de la branche française.

◆ Lieux de la géopolitique

Frontière États-Unis – Mexique

Longue de 3 200 km, la frontière – *linea* – s'étend de la côte californienne à l'embouchure du Rio Grande sur la côte du golfe du Mexique. Elle symbolise la délimitation du territoire des États-Unis dans leur conquête contre le Mexique au XIXe siècle. Aujourd'hui, elle marque la différence entre deux niveaux économiques et la lutte conduite par l'État américain contre l'immigration illégale et la criminalité liée au trafic de drogue en provenance du Mexique. Depuis l'adoption du *Secure Fence Act* en 2006, est érigée une barrière sécurisée — barda — sur près de 1200 km le long de laquelle circule la *Border Patrol*. Cette frontière est à la fois un lieu de passage très fréquenté mais aussi très contrôlé et fermé, une limite de la régionalisation économique et un succès de l'intégration économique.

Cyberespace

Réseau numérique de communication et de stockage d'informations formé par la réunion de tous les ordinateurs connectés à Internet, le cyberespace, se présente comme le lieu de la nouvelle frontière du monde. Image du nouvel espace de la mondialisation marqué par l'ubiquité et l'instantanéité, il est le lieu par excellence des échanges supposant le maximum de liberté. Il tend à abolir les frontières et pose de véritables défis à l'État. Il est aussi le lieu de la guerre économique entre les entreprises sous la forme de l'espionnage, du sabotage électronique et de la subversion. Pour répondre à ces menaces et cette cyberguerre, les entreprises et les États sont de plus en plus obligés de mettre en place des cyberstratégies incluses dans une stratégie globale d'intelligence économique ou géopolitique.

Bibliographie sélective

Lecture indispensable

Andreff Wladimir, Les multinationales globales, *coll. « Repères », Ed. La Découverte, Paris, 1996, rééd. 2003.*

Wladimir Andreff (1946-), professeur émérite d'économie à l'université Paris Panthéon Sorbonne, membre du Centre d'économie de la Sorbonne (CES) est aussi un spécialiste des rapports entre le sport et la mondialisation.

L'ouvrage repose sur l'hypothèse que les multinationales (MN) créent la mondialisation de la production et participent à la mondialisation de l'économie. Les MN globales sont l'indice d'un capitalisme mondial marqué par des inégalités. Certaines MN ont évolué, se sont tertiarisées et financiarisées. Elles ont surtout modifié leur organisation et adopté des stratégies globales avec des fusions acquisitions transnationales. Leur influence vient des IDE. Par ailleurs, les États « coopèrent par leurs politiques d'attractivité de l'IDE, et sont aussi promoteurs de la mondialisation » (p3). Ils sont investis d'un rôle mondialisateur. Les MN concentrent les principaux problèmes abordés par l'analyse économique. Les choix des MN sont objet des d'études de la nouvelle économie géographique.

Atlas

Ansart Thomas, Copinschi Philippe, Durand Marie-Françoise, Martin Benoît, Mitrano Patrice, Placidi-Frot Delphine, *Atlas de la mondialisation*, 6e édition, Presses de Sciences Po, 2013.

Bulard Martine, Gresh Alain, Samary Catherine, Rekacewicz Philippe, Zajec Olivier, Atlas 2013, Monde diplomatique, Vuibert, 2013.

Wihtol de Wenden Catherine, *Atlas mondial des migrations, Un équilibre à inventer*, Autrement, 2012.

Ouvrages

Adda Jacques, *La mondialisation de l'économie*, la Découverte, 2012. Voir chapitre : Les logiques productives au cœur de la mondialisation, p. 80-95.

Agier Michel, *Le couloir des exilés : être étranger dans un monde commun*, Ed. du Croquant, 2010.

Andreff Wladimir, *Les multinationales globales*, La Découverte, 2003.

Andreff Wladimir (dir), *La mondialisation, stade suprême du capitalisme ?* Presses universitaires de Paris Ouest, 2013.

Badie Bertrand, *La fin des territoires. Essai sur le désordre international et sur l'utilité du respect*, Fayard, 1995.

George Susan, *Les Usurpateurs. Comment les entreprises transnationales prennent le pouvoir*, Seuil, 2014.

Mouhoud El Mouhoud, *Mondialisation et délocalisation des entreprises*, La Découverte, 2011.

Strange Susan, *Le retrait de l'État : la dispersion du pouvoir dans l'économie mondiale*, Ed. du Temps présent, 2011.

Wihtol de Wenden Catherine, *La globalisation humaine*, PUF, 2009.

Revues

Conflits, Mackenzie John, Firmes multinationales. Faut-il les accepter chez soi ? Hors série n°1, Nous sommes en guerre économique, hiver 2014.

Diplomatie, Géopolitique des multinationales, Les grands dossiers, n°29, octobre-novembre 2015.

Manière de voir, Faut-il abolir les frontières ?, Le Monde diplomatique, n°128, avril-mai 2013.

Voir : Lordon Frédéric, Qui a peur de la démondialisation ? p. 92-97.

Problèmes économiques, Les multinationales dans la mondialisation, La Documentation française, n°3014, mars 2011.

The Economist, Les champions du Sud à la conquête du monde, p.3-9 ;

Duval Guillaume, Rester ou délocaliser, p.10-12 ;

Chavagneux Christian, Les multinationales définissent-elles les règles de la mondialisation ?, p. 20-25.

Problèmes économiques, Les grandes firmes multinationales au XXIe siècle, La Documentation française, n°3130, 2016.

Questions internationales, L'humanitaire, La Documentation française, n°56, juillet-août 2012.

Voir : Ryfman Philippe, Les acteurs humanitaires non gouvernementaux. Pivots centraux mais contestés de l'aide humanitaire, p. 41-52 ;

Ganascia Jean-Philippe, La militarisation de l'humanitaire : altruisme, abus, instrumentalisation, p. 53-58 ;

Tavernier Paul, Un bilan de l'action humanitaire des Nations unies, p. 63-67.

Questions internationales, Ils dirigent le monde, Etats, ONU, ONG, think tanks, lobbies et les autres, La Documentation française, n°63, septembre-octobre 2013.

Sitographie

Boston Consulting Group : www.bcg.org

CNUCED : www.unctad.org, Pour des données sur les IDE.

www.unctad-docs.org/files/UNCTAD-WIR2011-Full-en. pdf – Rapport 2011 sur les IDE dans le monde.

www.unctad-docs.org/files/UNCTAD-WIR2011-Full-en. pdf -rapport 2012 sur les IDE dans le monde.

INED : http ://www.ined.fr/fr/tout_savoir_population/migration_monde/ Pour des cartes interactives de la population mondiale.

Industry Week : http ://www.industryweek.com/resources/iw1000/2012 – Classement des plus grandes entreprises mondiales.

McKinsey Global Institut : www.mackinsey.com.

OCDE : www.ocde.org.

ONU : Www. unhcr.org – Site du Haut-Commissariat des Nations unies pour les réfugiés.

Sur les écrans

The Social Network, de David Finchern 2010. Sur la naissance de Facebook.

Le dernier caravansérail, d'Ariane Mouchkine et le Théâtre du Soleil, 2003. Séries d'histoires de ceux que l'on nomme réfugiés, clandestins, migrants.

Littérature

Yu Hua, *Brothers*, Actes Sud, Paris, 2008.

Commentaire de documents

Les projets de fusions-acquisitions dans le monde à leur plus haut niveau depuis six ans

Destination des projets d'investissements des entreprises. Répartition par zones géographiques des projets d'investissement des entreprises

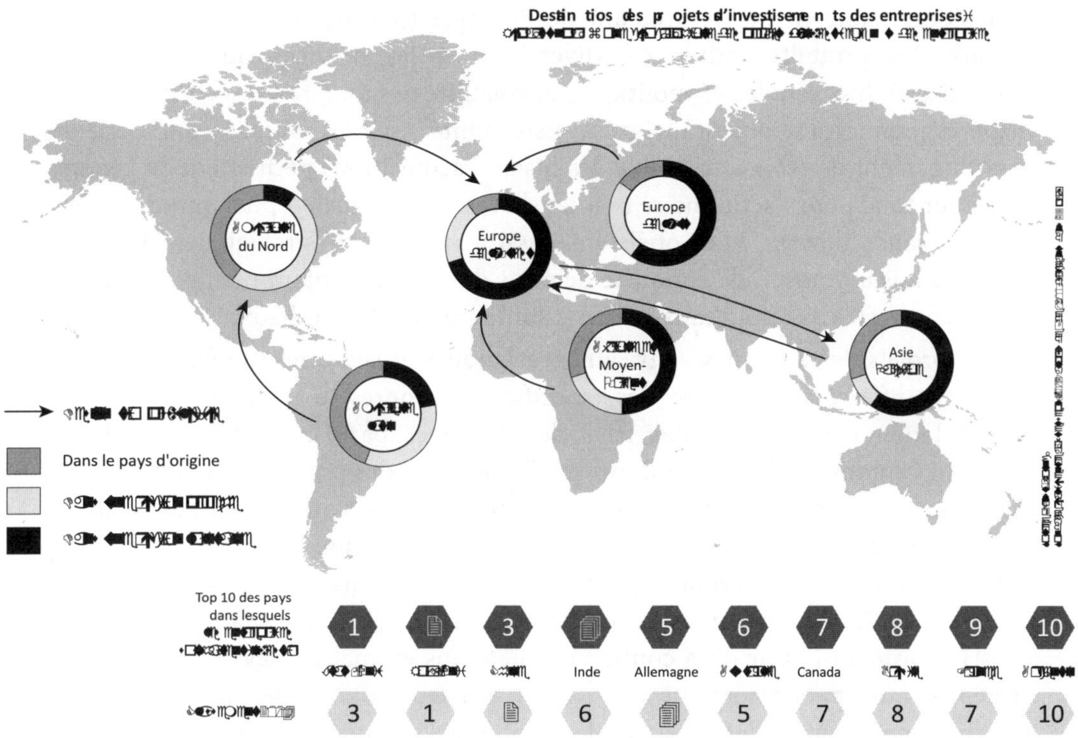

Le Monde, 29 octobre 2015

Le document est tiré du journal *Le Monde*, quotidien national du soir, fondé par Hubert Beuve-Méry. Présenté comme un journal de référence, il s'adresse à un lectorat grand public averti mais aussi aux hommes d'affaires.

La carte, complétée par un classement des pays les plus prisés, porte sur les destinations par grandes zones géographiques des projets d'investissements des entreprises selon une enquête menée par le cabinet d'audit et de conseil anglo-saxon EY, ex-Ernst & Young, entre août et septembre 2015 auprès de 1 600 dirigeants dans 53 pays et publiée le 27 octobre 2015. À l'heure de la question de la reprise de la croissance économique après la crise de 2008-2009, elle exprime la confiance renouvelée des investisseurs. Elle montre aussi les régions attractives et suggère l'importance des flux d'IDE et leurs raisons. Elle traduit une géopolitique du capitalisme international et de la mondialisation.

Trois thèmes se dégagent : le renouveau des projets de fusions-acquisitions, les ambitions des entreprises des pays émergents, la résistance des anciennes économies notamment celles d'Europe.

Les fusions-acquisitions ont le vent en poupe. Les projets d'investissements reprennent de plus belle, comme jamais depuis six ans, alors que les rachats d'entreprises atteignent cette année des niveaux records. Favorisées par l'abondance des liquidités à cause de la faiblesse des taux d'intérêt, les fusions-acquisitions concernent les secteurs de l'énergie (hydrocarbures), les mines et métaux, les produits industriels diversifiés et les services aux collectivités (« utilities »). Incertitudes géopolitiques et volatilité des marchés des changes et des matières premières semblent intégrées et surmontées par les investisseurs. Dans un environnement de croissance faible, les fusions-acquisitions permettent de générer un retour total pour l'actionnaire (« total shareholder return ») plus important que par croissance interne. Elles obéissent aussi à un objectif stratégique. Elles sont ainsi à la fois un moyen de conquête de parts de marchés notamment et un moyen de résistance face aux nouveaux entrants sur les marchés mondiaux.

Les projets des entreprises africaines, asiatiques et sud-américaines offrent des objectifs différents à cause des spécificités propres à chaque région. La consolidation des marchés des pays de ces zones par l'affirmation de classes moyennes comme au Brésil, Chili ou en Chine et par des politiques de lutte contre la pauvreté dans de nombreux pays, notamment en Amérique du Sud, explique les choix nationaux des entreprises. Le développement d'une intégration régionale efficace, surtout en Amérique latine, élargit les horizons des entreprises. Après celles des NPIA de différentes générations, les entreprises des « fauves » africains (Bost) expriment l'essor d'un continent longtemps en mal de développement. Les entreprises des pays émergents se signalent par leur volonté de s'imposer sur les marchés mondiaux. Elles reflètent les ambitions de ces puissances de demain comme l'Inde et sa politique de « go global ». Celles du Moyen-Orient profitent des devises procurées par les exportations de pétrole. Pour autant, l'Asie reste une terre d'investissements pour les entreprises européennes soit pour cause de délocalisation, soit de plus en plus pour s'imposer sur l'immense marché de consommation chinois. L'industrie automobile européenne ouvre de nombreuses usines en Chine. Les FMN japonaises, héritières d'une solide histoire, profitent du confort du marché local mais s'orientent de plus en plus vers l'Asie,

Cependant les « vieilles économies » suscitent encore de l'intérêt. Outre la Chine et l'Inde, les pays les plus en vue restent les États-Unis, le Royaume-Uni et l'Allemagne. Les États-Unis, marché solvable, sont le théâtre de fusions-acquisitions géantes particulièrement dans l'industrie pharmaceutique. L'Europe, surtout, devient la cible de choix des investisseurs. Reprise de la croissance dans la zone euro, hausse du dollar face à l'euro, action de la BCE laissent prévoir pour les investisseurs, un marché de plus en plus actif. Les groupes chinois, publiques ou privés sont à la recherche de technologies. Les entreprises russes veulent la maîtrise des flux énergétiques. Les STN européennes et nord-américaines s'inscrivent dans une logique de recentrage sur les pays développés, dont les pays européens, après des déconvenues sur les marchés émergents, et dans une volonté de rationaliser l'outil de production. Pourtant, la France offre un paysage contrasté. Classée loin derrière l'Allemagne selon le rapport Doing Business de la Banque mondiale, son attractivité progresse cependant. Les investisseurs soulignent la qualité de ses infrastructures, la transparence des procédures en cas de conflit, mais déplorent le coût du travail, la fiscalité et le manque de souplesse de l'environnement administratif et juridique. Les IDE entrants, en forte baisse en 2014 à 15 milliards de dollars, devraient progresser dans l'avenir sous l'effet de certaines mesures comme le crédit d'impôt pour la compétitivité et l'emploi. Toutefois, les IDE sortants, à 42 milliards de dollars montrent la bonne santé des STN françaises dans la globalisation du capitalisme.

Cette carte suggère les capacités de rebond des STN et de certaines économies nationales alors que de nombreux pays émergents et spécialement la Chine ralentissent fortement. Cependant le taux élevé d'échecs des fusions-acquisitions amène à relativiser les ambitions des entreprises.

Dissertation

La mondialisation efface-t-elle l'État ?

Introduction

Ces dernières années, la France a perdu certaines de ses plus belles entreprises. L'État a été obligé de s'incliner face au jeu du marché qui fait fi des promesses accordées au gouvernement et aux acteurs socio-économiques.

L'époque actuelle est marquée par la mondialisation caractérisée par l'augmentation de la circulation des flux commerciaux, humains, financiers, avec comme conséquence l'atténuation du rôle des États. Bien que souvent dénoncée par différents groupes politiques, cette situation depuis les années 1980, malgré une certaine antécédence du processus, concerne le monde entier mais avec des différences, et avec des emboîtements d'échelles.

L'État est une entité juridique tirant sa légitimité d'une origine politique — famille, volonté du peuple — réunissant une population sur un territoire délimité par une frontière et sur lequel elle exerce son autorité et son pouvoir. L'État a des fonctions politiques, économiques et sociales plus ou moins étendues. Dans l'État-nation, la population se reconnaît dans celui-ci. Toutefois le cadre national ne se résume pas à l'État. Il s'agit aussi de territoires, des différents acteurs et de politiques. La mondialisation peut être conçue comme la diffusion du capitalisme à l'échelle planétaire mais de façon différenciée selon les territoires (L. Carroué).

La situation actuelle est caractérisée par la mise en avant de FMN puissantes, concurrentes, de réseaux passant au dessus des frontières, de points centraux dans le monde. Les États, à contrario, semblent dépossédés de leur souveraineté économique, et même parfois dans certaines parties du monde, de leur souveraineté politique.

Le dynamisme économique actuel va au profit de la mondialisation, et tend à uniformiser le monde. L'État est occulté par la mondialisation. Il semble dépossédé de sa puissance au bénéfice des nouveaux maîtres du monde, les STN-FMN. Toutefois la mondialisation reste dans le cadre géopolitique de l'État, de l'État-nation, qui dessine les spécificités de chaque cadre national. Plutôt qu'uniquement des luttes pour effacer l'autre, les interactions entre mondialisation et État aboutissent à recomposer le monde par un dépassement des oppositions basiques. Enjeu du monde actuel, la gouvernance du monde reste à définir.

La mondialisation est bien le nouveau cadre de l'activité économique. Cependant le cadre national de l'État n'est aucunement complètement dépassé. Cette ambivalence mondiale conduit à dessiner un nouvel ordre et à fixer de nouvelles échelles d'action pour affronter des défis conséquents.

I. Des États fragilisés

Les FMN, fer de lance de la mondialisation, s'imposent face à l'État qui semble dépassé.

A. La montée en puissance des FMN

La mondialisation définit les nouvelles normes pour les entreprises. Celles-ci mettent en œuvre de nouvelles stratégies globales d'intégration mondiale de la production. Les FTN gèrent leur activité à l'échelle des marchés mondiaux avec des réseaux de filiales spécialisées configurant une nouvelle DIPP. Ce processus d'intégration se traduit par l'émergence de la firme réseau avec une répartition des activités à l'échelle mondiale sur plusieurs pays en conjuguant global et local. Ces firmes peuvent alors imposer leurs normes, leurs pratiques et leurs produits aux États et aux consommateurs.

Les FTN deviennent de plus en plus nombreuses chaque année. D'environ 7 000 dans le monde au milieu des années 1960, elles passent à 37 000 en 1993 avec 175 000 filiales à l'étranger pour atteindre 103 786 contrôlant près de 900 000 filiales dans le monde. Elles emploient 75 millions de salariés en 2014.

Réalisant 57 % du PIB mondial et 30 % du commerce mondial, elles apparaissent comme les maîtres du monde. Nombre d'entre elles ont des chiffres d'affaires supérieurs au PIB de beaucoup d'États. Celui d'Exxon dépasse le PIB de la Thaïlande. Leurs disponibilités financières sont énormes.

B. L'État : un cadre dépassé

Les FTM remettent en question le cadre national des États. Si l'expression « firme multinationale » indique que l'entreprise est implantée dans plusieurs pays et s'adapte aux marchés nationaux, celle de « firme transnationale », employée de préférence par la CNUCED, montre que ces entreprises traversent les frontières. La puissance des STN leur permet d'« exercer une influence considérable sur les pays d'accueil » (Bost) dans de nombreux domaines allant de la fiscalité à l'aménagement du territoire. Elles exercent un lobbying intense sur de nombreuses questions relevant des compétences de l'État comme celles des normes et des régulations.

L'État est dépossédé de ses prérogatives par le jeu du marché. Ceci aboutit à la crise de l'État, à sa disparition (K. Ohmae) ou à sa dilution (Krugman). Les États ne contrôlent plus la mondialisation. Mondialisation et entreprises poussent à l'adoption de politiques libérales. Les privatisations sont à l'ordre du jour et les États cèdent de beaux fleurons nationaux pour les rendre plus efficaces ou pour renflouer leurs caisses. L'influence de l'État est réduite pour laisser place à l'auto-régulation des marchés.

Dans la mondialisation institutionnalisée, un pays négocie l'accès à son marché contre les marchés intérieurs des autres pays. C'est le rôle de l'OMC. L'ouverture des frontières est moins onéreuse qu'un conflit. C'est le cas du Japon après la Seconde Guerre mondiale. Les nouveaux accords de partenariat de commerce et d'investissement signés ou en cours de signature donnent plus de champs et de pouvoirs aux STN. Le TTIP (Transatlantic Trade and Investment Partnership) aborde surtout la question des normes et des investissements (Bost). Les conflits locaux révèlent les carences et l'illégitimité des États nationaux. Ils marquent souvent l'échec du concept d'État-nation et l'impossibilité de certaines parties du monde d'intégrer l'ordre westphalien.

C. Une déterritorialisation ?

La mondialisation peut être vue comme une zone franche globale de libre-échange où dominent les normes d'hyper compétitivité qui agissent sur la gestion de la main-d'œuvre et du salaire dans les pays concernés, avec mobilité des facteurs de production, et action des FMN/FTN — firmes en réseaux avec flux intra firmes. Les menaces de fuite de la part des capitaux quand les investisseurs se sentent menacés par des pays devenus trop exigeants créent une pression sur la croissance des salaires et donc sur le développement du marché intérieur des pays concernés.

Les territoires sont de plus en plus ouverts sur le monde selon les politiques de développement adoptées. La Corée du Sud, en premier, la Chine depuis Deng Xiaoping ensuite, ont fait le choix de l'ouverture aux flux commerciaux et aux IDE.

Les lieux d'ancrage à la mondialisation deviennent des lieux privilégiés de la mondialisation : grandes villes métropoles (Londres, Paris et IDF), places financières, zones portuaires, zones aéroportuaires, euro régions. Les territoires se fragmentent dans une archipellisation du monde sous forme urbaine (archipel métropolitain urbain d'Olivier Dollfus). La disparition de la distance entraîne une recomposition du monde et du territoire national. La notion de transport en réseaux s'impose dans l'aménagement des territoires. L'Union européenne préconise la construction de réseaux trans-européens (RTE) avec une politique actuelle d'amélioration des zones frontalières. Les frontières ont tendance à disparaître. Les accords commerciaux, les unions régionales favorisent le commerce des biens et des services et le passage des hommes. Émergent alors de nouveaux espaces transnationaux parcourus par les routes transnationales du commerce amplifiées par les mutations technologiques qui permettent de combiner décentralisation et concentration.

II. Mais l'État résiste

La mondialisation s'est construite à partir et avec les États. L'État est toujours l'organisateur de la politique économique, et du territoire, lieu d'expression du cadre national.

A. Les relations internationales sont construites sur les États

Les relations internationales concernent des territoires économiques nationaux et posent les questions du statut de l'État-nation comme concept économique, et du rôle des frontières, des normes, des institutions. L'économie de l'échange repose sur les avantages comparatifs.

La mondialisation va de pair avec l'augmentation du nombre d'États-nations. Leur nombre passe de 50 en 1945 à 225 en 1996. La mondialisation a institué l'État comme forme universelle de gouvernement. Les États des pays d'Europe centrale et orientale (PECO) ont recréé leur identité sous les effets de changements géopolitiques et géoéconomiques extérieurs. Les institutions internationales restent pilotées par les États. Les pays émergents réclament ainsi une influence plus importante dans la direction du FMI.

La mondialisation connaît des échecs géopolitiques. La mondialisation est créatrice de conflits. La recherche d'approvisionnements sécurisés en ressources déstabilise des États. L'exploitation du pétrole au Soudan a généré un conflit entre Khartoum et les provinces du Sud et a abouti à la l'indépendance du Soudan du Sud. Les conflits éclatent dans les zones oubliées de la mondialisation, et dévastent des États comme l'Afghanistan ou le Yémen.

B. L'État est organisateur de la politique (économie à orientation mondiale)

L'État est le maître d'œuvre des politiques économiques. Il met en place des politiques économiques adaptées aux conditions du pays (policy mix). L'État pousse à l'amélioration de la compétitivité des entreprises françaises pour lutter contre la désindustrialisation et la concurrence internationale. L'État est organisateur de la RD. Les universités françaises doivent être bénéficiaires du grand emprunt lancé par l'État.

L'État est protecteur contre la mondialisation. Il est le protecteur du marché national et des activités nationales (interventions, subventions, lutte contre la crise de 2008, concentration, sauvetage). L'auto-régulation des marchés dans la mondialisation est un leurre. Le capitalisme se maintient grâce à l'intervention étatique qui vient à sa rescousse. A. Merkel soutient Opel contre GM. B. Obama apporte le soutien de l'État à l'industrie automobile américaine. EDF est incitée à sauver Areva.

La mondialisation est utilisée au service du cadre national. Des États pratiquent une politique d'ouverture comme moyen de se développer. La transformation de la Chine de Deng Xiaoping en « atelier du monde » lui ouvre le marché américain utilisé comme moyen de développer l'activité nationale. Le Rwanda veut devenir le « nouveau Singapour de l'Afrique ».

C. L'organisation du cadre national mondialisé passe par l'État

La mise en place de politiques industrielles s'illustre par la création de champions nationaux dans les années 1970 en France, en Russie ensuite avec Gazprom, en Chine avec les grandes firmes de l'énergie ou de l'industrie automobile. L'État élabore des « politiques commerciales stratégiques » (Krugman).

L'État structure le territoire. Il met en place des infrastructures et le secteur de l'énergie. La Chine construit le barrage des Trois Gorges et couvre le territoire de lignes à grande vitesse (LGV). l'Inde tente de développer et renouveler le chemin de fer. À l'image de la France du TGV, d'autres membres de l'Union européenne construisent des LGV en Europe. En Afrique ou au Proche-Orient, les États font appel à la Chine pour le développement d'infrastructures, notamment ferroviaires.

L'État organise l'attractivité des territoires. Il promeut le territoire par des politiques d'attractivité du territoire aux modalités diverses : aménagement du territoire, clusters, pôles de compétitivité, zones franches.

III. Nouvel ordre, nouveaux défis

Mondialisation et État définissent de nouveaux champs de relations et doivent composer entre eux.

A. De nouvelles frontières, de nouveaux territoires

La frontière géopolitique connaît un renouveau. Depuis les années 1970, le nombre de conflits frontaliers s'accroît en Afrique, au Moyen-Orient (Iran, Irak, Koweït). Les frontières sont militarisées. Des murs séparent des pays (Mexique et États-Unis) ou des populations (Palestine/Israël). En Europe, les frontières fermées se multiplient sous l'effet des réactions des États et des populations. L'Europe se ferme aux migrants lors de la crise de 2015. La frontière se déplace. Elle devient interne entre les différentes catégories sociales car la mondialisation remet en cause l'homogénéité des États. De nombreuses nouvelles fractures — numériques, sociales — affectent les populations. Les renouveaux identitaires, raciaux, linguistiques fragilisent les États et les sociétés.

Dans cette perspective, la politique régionale est d'une importance de premier ordre. Le territoire de proximité est valorisé car la mondialisation a renforcé le besoin du local en union parfois avec le global créant une entité à deux têtes : le glocal. La promotion de la région (échelle réduite) est en écho avec une citoyenneté identitaire. Mais elle comporte des risques géopolitiques de conflits, de séparatismes, d'apparition de milices locales et seigneurs de la guerre en Afrique.

L'échelle des grandes organisations régionales transnationales est la nouvelle dimension des relations commerciales entre États. L'UE en est l'exemple le plus probant à cause, entre autres, des différentes conceptions de la nature de l'UE (supranationalité, conception anglaise...), l'adoption d'une monnaie commune pour faciliter l'accès aux marchés avec unification des marchés), la PAC, une politique régionale à l'échelle européenne, dans un cadre national mais aussi dans une perspective mondiale (ex : cycle de Doha). L'avenir de l'UE passe-t-il par la création d'un État, l'émergence d'un État-nation ? En Afrique, une grande zone de libre-échange tripartite voit le jour.

B. Un nouveau modus operandi

La mondialisation redéfinit les contours de l'État. Si L'État devient plus modeste et est contraint à de sérieuses économies budgétaires, il reste indispensable car l'État-nation n'a pas de substitut à certaines fonctions. Lui seul garantit la stabilité et la sécurité intérieures. Le fossé entre marché et État s'est atténué. L'économie mondiale fonctionne sur des logiques diverses. L'État chinois pratique une politique mêlant idéologie et action économique dans le cadre communément appelé « consensus de Pékin ».

La mondialisation n'est ni linéaire ni monolitihique. Le monde est divers et de plus en plus diversifié et même multipolaire. Une tension existe entre l'État et la gouvernance mondiale. On assiste à un renforcement de l'État qui passe d'une phase régulatrice à une phase d'investissement dans le développement humain et d'un mouvement de privatisation à un mouvement de

« publicisation » (Anthony Giddens, London School of Economics and Political Sciences). Il ne s'agit, toutefois, pas d'un retour en force de l'État mais plutôt de la mise en place d'une gamme plus étendue d'institutions publiques. Les marchés ne peuvent régir seuls la société (*market failures*) d'où la nécessité d'introduire des éléments de sécurité et une plus grande réglementation. La crise économique actuelle pousse à l'élaboration de nouvelles règles bancaires (Bâle III). La mondialisation conforte l'État-nation dans ses fonctions d'homogénéisation sociale par des politiques de redistribution (augmentation des dépenses publiques).

État et STN sont compatibles. La puissance publique est engagée dans la concurrence mondiale. Les États créent encore des champions nationaux comme en Chine ou en Russie. Il existe 550 STN publiques dans le monde ; elles détiennent plus de 15 000 filiales à l'étranger. Pour moins de 1 % du nombre des STN, elles contribuent à plus de 11 % des flux d'IDE. Les STN représentent toujours la puissance d'un pays et d'un État. Dans ce domaine, les entreprises américaines s'imposent mais leur suprématie est de plus en plus contestée par les STN des pays émergents, spécialement celles de la Chine. Toutefois les entreprises américaines contribuent encore largement au maintien du *soft power* des États-Unis comme Disney ou les GAFA dans les médias.

C. De nouveaux défis

Soucieux normalement de l'intérêt public national, les États doivent composer avec les entreprises. L'enjeu est celui de la gouvernance notamment sur la question de l'investissement. Les entreprises sont de plus en plus soumises à la RSE (Responsabilité sociale des entreprises) dans leur gouvernance. Or la recherche de l'optimisation fiscale de la part des STN fait perdre des milliards aux États.

La régulation est au centre des relations entre États et entreprises mondialisées. La mondialisation ne s'auto-régule pas. L'espace politique ne s'efface pas devant l'espace en réseaux et flux de la mondialisation.

La question soulevée est celle de l'encadrement de la globalisation. Quels contrepoids pour quelle gouvernance à une mondialisation, source de nombreuses désillusions, et qui sera ce que les hommes en feront ?

Conclusion

Le fait majeur de la géoéconomie mondiale est l'extension du libéralisme et du capitalisme. Pour Marx, la base de la production capitaliste est constituée par le marché mondial lui-même.

Il y a production d'un espace homogène de valorisation, en établissant des normes de compétitivité et de rentabilité à l'échelle planétaire. Cette action affaiblit le contrôle des États sur l'économie.

Toutefois, les gagnants de la mondialisation sont les États-nations anciens où le cadre national a été fixé et organisé. On en revient à la question de l'État de droit.

Si la mondialisation n'efface pas l'État, la dynamique actuelle pousse à redéfinir l'État avec la création de nouvelles échelles et de niveaux de décision supranationaux ou mondiaux. Or les grandes institutions sont en crise de légitimité ou de pouvoir d'action (OMC, FMI...). L'État-nation survivra à la mondialisation. Soit la mondialisation autorise les États à préserver une certaine homogénéité sociale et le processus économique se poursuit, soit c'est le contraire et l'échec devient probable. La mondialisation pourrait se heurter à des conflits intra-nationaux. La définition d'une nouvelle gouvernance entre État et mondialisation reste un défi à relever.

Oral

Frontières européennes : ouverture ou fermeture ?

Introduction

Devenue première zone d'immigration du monde, l'Europe est en effet soumise à une forte pression migratoire qui la pousse à s'interroger sur son modèle. L'Union européenne hésite sur la politique migratoire à mener et prend des décisions contradictoires dans le temps. C'est la preuve que la question migratoire fait débat aussi bien au niveau communautaire que national. Quels sont les enjeux et les intérêts des politiques prises et à prendre ?

I. Une Union européenne indécise

A. L'Europe de l'« immigration zéro »

Un espace Schengen (1985) ouvert à l'intérieur mais fermé pour l'extérieur.

Une approche sécuritaire de la question lors des sommets européens (Séville en 2002, Thessalonique en 2003, La Haye en 2004).

La mise en place de l'agence Frontex et de la politique du retour.

B. Une Europe d'ouverture

Prise de conscience du vieillissement de l'Europe (sommet de Tampere en 1999).

Une politique sélective d'immigration selon le livre vert de 2005, mais absence de gestion commune des flux.

Une politique de « carte verte » à l'européenne (« carte bleue »).

C. La politique de fermeture de la France

Le rôle de l'opinion sensible aux thèses populistes.

La loi Besson de 2010.

Un arsenal juridique répressif.

II. Une politique plus efficace

A. La fermeture, une politique coûteuse

Coût élevé de Frontex.

Coût élevé et inefficacité des reconduites à la frontière.

Des atteintes aux droits de l'homme.

B. Les conditions à l'ouverture

Mise en place de politiques des réductions des écarts de développement.

Mise en place d'une liberté de circulation.

Un dialogue à l'échelle internationale sur le partage des ressources.

C. Une ouverture graduelle

Mise en place de visas à entrées multiples.

Des allers-retours facilités.

Mise en place d'espaces régionaux de libre circulation des personnes.

III. Un facteur de développement

A. Facteurs d'évolution des migrations

Un marché du travail en crise.

La stabilisation de la population mondiale vers 2050.

Le vieillissement de la population des pays du Sud.

B. Un Sud attractif

Des pays émergents.

Une Afrique attractive pour les migrations internationales.

Une Afrique bien partie.

C. Des migrations nouvelles

Des migrations multipolaires.

Des migrations marquées par la circulation.

Des frontières ouvertes pour la circulation des migrants.

Conclusion

Des frontières fermées bloquent les migrants illégaux. L'ouverture des frontières renvoie à la politique de développement des pays de départ et la mise en place de nouvelles relations entre l'Union européenne et les pays de départ.

Chapitre 13
Les systèmes productifs et les flux

Michel Nazet

Les FMN « suivent une stratégie de la maîtrise de la diversité des territoires… concevoir la globalisation comme l'extension universelle d'un capitalisme homogène est une absurdité ».

Pierre Veltz, Mondialisation, villes et territoires : l'économie d'archipel, PUF, 1996.

Dates clés

1991 Grand tournant libéral (Russie, Inde…)
1992 Relance des réformes économiques en Chine
1995 Accord général sur le commerce des services
1998 Abandon du projet d'Accord multilatéral sur l'investissement (AMI)
Création de l'Internet Corporation for Assigned Names and Numbers (ICANN)
2001 Entrée de la Chine à l'OMC (Doha) et lancement du cycle de Doha
2003 Réformes de l'Agenda 2000 en Allemagne.
2008-2009 Crise du système financier mondial
2010 Shanghai devient le 1er port mondial
2012 La Russie devient le 156e membre de l'OMC
2018 Dernier round pour l'adhésion de l'Algérie à l'OMC

Chiffres clés

Caractéristiques et performances comparées de divers systèmes productifs en 2013-2104

Pays	Type d'économie	PIB/hab. $	Répartition par secteurs de la PA en %	Taux d'exportation	*Solde de la BPC en Md de $	Taux de chômage officiel en %	Part de la dette publique/PIB
États-Unis	Pays développé	53 101	1-1,3 % 2-21 % 3-77,7 %	13 %	-389 Md	6,2	71,2 %
Allemagne	Pays développé (UE)	44 999	1-0,9 2-30. 7 3-68,4	50	+ 286	5	74,7
Chine	Économie en transition	6 747	1-10 2-44 3-46	26,2	+220	4,1	15,1
Russie	Économie en transition	14 819	1-3. 9 2-36. 3 3-59,8	28,4	+59	4,9	11,4

Corée du Sud	NPIA	25 977	1-2,3 2-38,6 3-59,1	47,3	+89	3,5	34. 2
Arabe saoudite	Pays en développement	24 847	1-1,8 2-60,6 3-37,6	45,3	+77	11,2	1,6
Nigeria	Pays en développement	1 692	1-21 2-22 3-57	18,5	+1	23,9	n. d

Sources : Images économiques du monde, A. Colin, 2016 et Les Échos (*)

◆ CROQUIS DE SYNTHÈSE

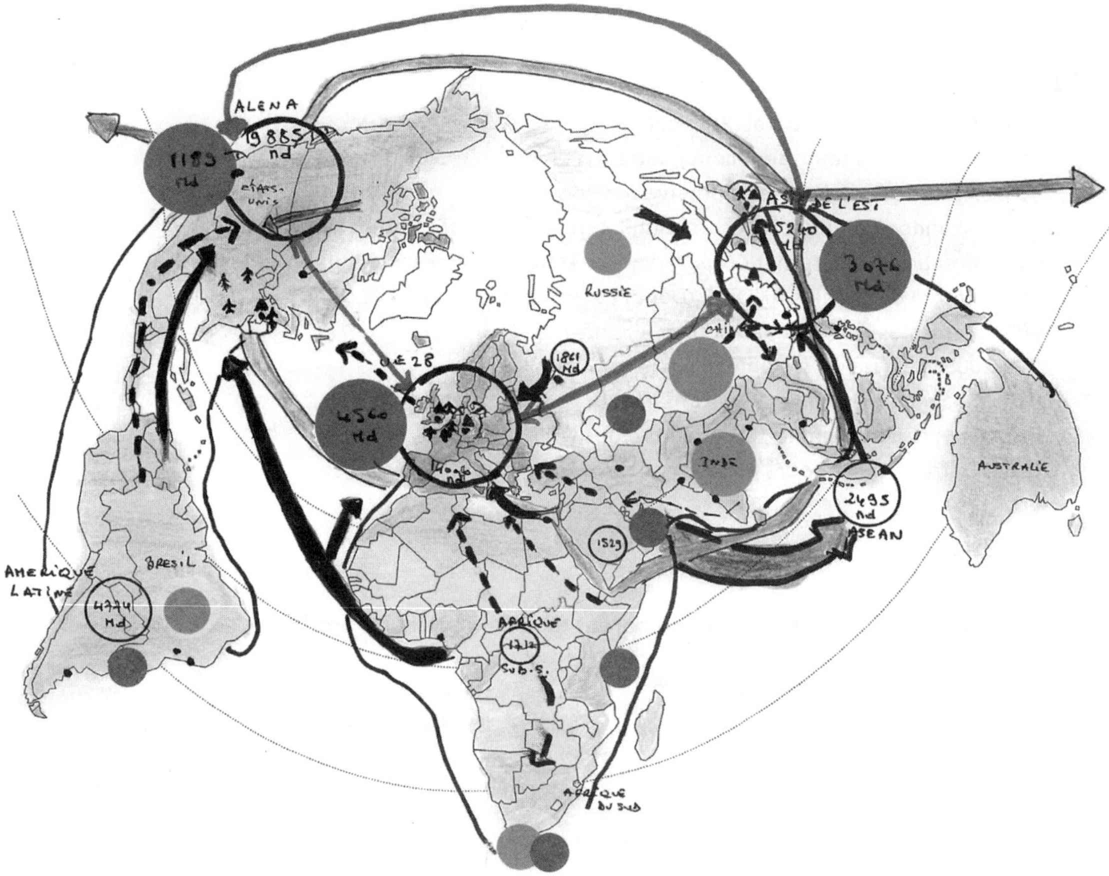

I- Des systèmes productifs à l'efficience inégale forment des ensembles régionaux économiquement plus ou moins puissants …

- Pays développés à l'économie mature
- Pays ex-socialistes qui restent peu ou prou en transition
- Pays appartenant au groupe des BRICS
- Pays en développement plus ou moins touchés par le phénomène de l'émergence
- PMA qui peinent t encore à se développer

19885 Md
- Des productions matérielles régionales inégales en termes de PIB (2014)

II- … et génèrent des flux de toute nature qui profitent toujours à une triade de plus en plus élargie et de moins en moins exclusive…

4560 Md
- Commerce Intra-régional (de marchandises) important en milliards de dollars
- Principaux flux de marchandises, services et IDE
- Principaux flux d'hydrocarbures
- Principaux flux migratoires marqueurs d'attractivité
- Pôles émergents appelés à prendre une place croissante dans les échanges internationaux en particulier le long des routes de la soie

III- … distribués par des réseaux de communication qui quadrillent désormais l'ensemble de la planète

- Villes globales de plus en plus nombreuses
- 10eres bourses mondiales
- Principaux aéroports mondiaux
- Principaux chapelets de ports sur littoraux les plus fréquentés
- Principaux câbles qui véhiculent l'Internet
- Axe maritime circumterrestre.

Introduction

La notion de système productif est un concept élaboré par la géographie francophone (Félix Damette et Jacques Scheibling) depuis les années 1980-1990. Elle se définit comme l'ensemble des facteurs et des acteurs concourant à la production, à la circulation et à la consommation de richesses et s'inscrit dans une démarche qui associe de façon indissociable modèle **productif,** modèle **spatial** et modèle **social. Les** systèmes productifs, en raison de leur spécificité nationale, ne peuvent être, que multiples, plus ou moins puissants et dynamiques.

Ils ont pourtant tous connu des mutations considérables en raison des crises et ruptures des années 1970-1990, de la mondialisation, ou encore en raison de la crise économique et financière mondiale apparue aux États-Unis en 2008.

◆ PROBLÉMATIQUES

- ***Depuis le début des années 1990, comment les divers systèmes productifs se sont-ils transformés ?***
- ***Avec quels résultats locaux, nationaux, internationaux ?***
- ***Comment ces mutations ont-elles affecté les flux commerciaux de biens et services ? Les flux humains ?***

I. Des mutations parfois radicales des systèmes économiques entamées ou accélérées depuis le début des années 1990

A. Les PDEM mettent en place des politiques économiques de même inspiration mais sur un rythme qui a pu différer

Les pays développés se trouvent dans les années 1990 face l'équation mise en place dans les années 1970-1980 : l'emploi est désormais lié à la croissance économique, la croissance à l'état du commerce extérieur et ce dernier à l'état de l'appareil productif.

Les options généralement choisies, à l'heure du libéralisme triomphant, de la désinflation compétitive et des politiques de l'offre, ont eut pour finalités de se spécialiser et d'améliorer la compétitivité par une baisse du coût du travail et un recentrage sur les points forts des économies nationales.

S'ils sont tous confrontés aux mêmes difficultés et aux mêmes solutions, les PDEM diffèrent aussi de par leurs structures productives et l'existence de rapports sociaux différents (cf. Michel Albert, *Capitalisme contre capitalisme*, 1991). Ils ne connaissent pas non plus obligatoirement des cycles économiques et politiques synchrones.

Ainsi, les États-Unis, malgré leur « New Deal à l'envers » des présidences Reagan (1981-1989) et Bush (1989-1993), conduisent un effort considérable de réarmement qui profite au complexe militaro-industriel américain. La période qui suit, celle du président Clinton (1993-2001) est a contrario un retour à une politique économique qui réhabilite le rôle de l'État par la réorientation des dépenses fédérales vers les activités civiles : activités financières (cf. le *Financial Modernisation Act* de 1999), réindustrialisation du pays… alors que l'effort fait en faveur de la formation et de la recherche — développement favorise le développement d'une nouvelle économie caractérisée par la révolution des NTIC*. La présidence de George W. Bush (2001-2009) doit enfin affronter un net retournement de conjoncture avec l'effondrement du Nasdaq (2000), la crise de l'énergie en Californie, la récession qui suit la crise du 11 septembre, la crise des *subprimes*… Son administration répond à ces différents défis par l'adoption d'une politique budgétaire de relance accompagnée d'une politique monétaire accommodante ainsi que par diverses mesures protectionnistes (retrait du protocole de Kyoto…).

Le Royaume-Uni suit pour sa part une politique dont le rythme est proche de celui des États-Unis avec d'abord une politique néolibérale* avec Mme Thatcher (1979-1990), puis John Major (1990-1997), avant de connaître une nette inflexion avec Tony Blair (1997-2007) et Gordon Brown (2007-2010) qui adoptent une « 3e voie » tentant de concilier libéralisme économique et interventionnisme social.

En ce qui concerne la CEE, puis l'UE, en dépit du SME, les politiques économiques sont d'abord divergentes avant que la convergence ne devienne plus forte après le traité de Maastricht en 1992. Il n'en reste pas moins que les modèles nationaux peuvent se révéler plus ou moins performants en raison de leurs avantages comparatifs (fiscalité) ou des réformes consenties pour améliorer leur compétitivité.

Les réformes de l'Agenda 2000 en Allemagne

L'Allemagne a connu au début des années 2000 une période de récession due à une perte de compétitivité, conséquence du coût de la réunification allemande et du poids trop lourd de l'État-providence (les prélèvements obligatoires y dépassaient alors les 42 % du PIB).

Le chancelier social démocrate Gerhard Schröder (1998-2005) a ainsi proposé un train de mesures qui ont consisté pour l'essentiel à améliorer le fonctionnement du marché du travail (Réformes Hartz IV, entre 2003 et 2005) et à réduire les dépenses sociales : la fourchette des salaires a été ouverte sur le bas pour faciliter l'insertion des travailleurs les moins qualifiés, la durée du travail a été renégociée pour être portée en moyenne à 39 heures, l'âge de la retraite a été repoussé à 67 ans à l'horizon 2019, le financement de l'assurance-maladie a été réformé, les cotisations patronales portant sur les salaires baissées, les aides versées aux chômeurs abaissées…

Au final, les comptes sociaux et budgétaires ont été rééquilibrés et le budget fédéral est revenu à l'équilibre en 2008, autorisant le financement de programmes de relance.

Au total, les principaux pays développés connaissent des mutations convergentes de leur secteur productif : le modèle anglo-saxon tend à gommer le modèle rhénan avec un développement considérable du secteur financier. Tous ont aussi procédé au renforcement de leur spécialisation : les États-Unis dans les domaines des télécommunications, des industries électroniques et de l'aérospatiale, l'Allemagne en concentrant ses exportations sur 5 secteurs : véhicules, construction mécanique, métaux et produits métalliques semi-finis, équipements électriques.

Aucune de ces situations n'est cependant pérennisée. Les déficits budgétaires, comme les déficits des balances des paiements* sauf exception comme l'Allemagne, n'ont pas été résorbés. La financiarisation des économies et de ses excès a par ailleurs conduit à la crise mondiale de 2008-2009 et pourrait encore conduire à d'autres crises. Enfin, la spécialisation industrielle de l'Allemagne n'est pas non plus exempte de faiblesses (accident industriel de *Volkswagen*, concentration excessive de ses investissements extérieurs sur des secteurs traditionnels) et pourrait, à l'échéance d'une dizaine d'années, être remise en cause par la concurrence de la Corée du Sud et de la Chine, voire de la France, dont l'aggiornamento est pourtant en retard, mais qui poursuit son internationalisation et ses investissements sur les produits de haute technologie.

B. Les pays à système socialiste poursuivent et accélèrent leur transition

La perestroïka avait été un échec qui avait conduit à la disparition de L'URSS en décembre 1991. La situation ne s'améliore pas avec la présidence de Boris Eltsine (1991-1999) qui, suite au saut de l'économie russe dans le capitalisme et l'adoption d'une thérapie de choc*, connaît des résultats exécrables, tout comme la plupart des démocraties populaires* qui sont toutefois en capacité de se rapprocher de l'UE qu'elles intègrent au cours des années 2000 (2004 et 2007).

Une thérapie de choc aux effets catastrophiques

L'économie russe de l'époque, pratiquement démonétisée, n'est ni une économie de marché, ni une économie planifiée, ni même vraiment une économie mafieuse.

Les grands monopoles naturels (Gazprom), ceux des oligarques ou ceux détenus par les administrations régionales coexistent avec la plupart des entreprises antérieures, quelle que soit leur solvabilité, alors que la réforme agraire stagne.

Résultat, au cours des années 1990, le PIB russe baisse de près de 50, la production industrielle est divisée par 5, le PIB/habitant est désormais 5 fois inférieur à celui de la France, le chômage double passant de 5 millions à près de dix millions, plongeant la population dans une logique de survie.

En Russie, la situation s'améliore toutefois avec Vladimir Poutine, alternativement président ou Premier ministre depuis 1999, en raison de la forte hausse des matières premières et d'une forte croissance de près de 6 % au début des années 2000. La manne financière permet à l'État d'investir dans l'automobile, l'aéronautique, la construction navale, le textile, alors que la croissance profite aux secteurs industriels de la grande consommation (ameublement, électroménager, automobile). Le secteur bancaire et les monopoles sont en partie restructurés. Toutefois, le pays dont le cadre juridique, administratif et politique est encore lacunaire, reste dépendant des hydrocarbures, d'une spécialisation industrielle traditionnelle, de difficultés pour développer des industries modernes (nanotechnologies, robotiques) malgré l'ouverture de parcs industriels.

En Chine, le capitalisme reste marginal jusqu'à la relance des réformes par Deng Xiaoping à partir de 1992 qui engage le pays vers l'économie socialiste de marché. Son action, poursuivie par tous ses successeurs au cours des années 1990-2000, enclenche une dynamique vertueuse qui surmonte la crise asiatique de 1997 et celle de 2008 : la croissance, qui atteint 13,7 % en 1993 est en moyenne de 10 % par an sur la période, les IDE passent de 4 Md par an à 45 Md à la fin des années 1990 alors que le solde de la balance extérieure dépasse les 45 Md de dollars à la fin des années 1990. Résultat, le pays, qui connaît des mutations sociales considérables, devient l'atelier du monde et une grande puissance financière. Il n'en reste pas moins, à l'heure où la croissance décélère et où elle cherche à se recentrer sur son marché intérieur, qu'elle reste une économie en transition avec la recherche d'un point d'équilibre entre règles de droit et arbitraire politico-administratif, entre réglementation et marché.

C. Le Tiers-Monde découvre l'émergence

Après la crise de l'endettement des années 1980, la quasi-totalité des PED fait le choix de l'insertion internationale. Ainsi, après les crises de 1982 et de 1994, le Mexique signe un traité de libre-échange avec les États-Unis et le Canada, libéralise progressivement son économie en privatisant le secteur d'État et en s'ouvrant aux capitaux étrangers alors que les entreprises mexicaines s'internationalisent à leur tour (agroalimentaire, ciment, télécommunications).

L'Inde elle-même après ses déboires de la fin des années 1980 (déficit budgétaire, faible croissance, forte inflation, endettement, déséquilibre de la balance commerciale) change de stratégie avec Manmohan Singh après 1991. L'Inde abandonne le protectionnisme, intègre le GATT, supprime les restrictions quantitatives sur les importations, baisse les droits de douane (de 87 % à 29 %), respecte la propriété intellectuelle, alors que l'entrée des IDE est facilitée et le principe du contrôle majoritaire indien supprimé. L'économie se libéralise : privatisations d'entreprises nationales, démantèlement des monopoles dans la télé, les transports aériens…

Tous ces pays ont ainsi réussi à traverser les crises plus ou moins graves et qui les ont plus ou moins touchés. Ils restent même, après 2008, plus dynamiques que les pays occidentaux en général et ceux de l'Union européenne en particulier. La plupart ont des soldes commerciaux positifs avec les Occidentaux, et pour certains investissent désormais chez eux, participent au financement de leurs économies (achat de bons du Trésor américain, alimentation du fonds européen de stabilité financière).

II. Des mutations économiques, sociales, géographiques de grande ampleur dans l'espace mondial

A. Des pays développés à l'épreuve d'une désindustrialisation qui, à la marge, affecte les émergents aussi

Selon François Bost, l'accélération du processus de désindustrialisation est l'une des conséquences de l'ouverture tous azimuts des pays industrialisés au reste du monde et des pays émergents avec pour corollaire la mise en concurrence globale et inédite des salariés les uns avec les autres (salaires et législations du travail plus ou moins accommodantes).

Le phénomène a commencé à l'occasion des crises des années 1970. Il s'est toutefois accéléré une première fois à partir des années 1980 lorsque la concurrence des pays à bas salaires a progressivement touché tous les secteurs à faible contenu technologique (cf. le théorème de l'OS, Michel Albert) et à fort coefficient de main-d'œuvre (métallurgie, textile-habillement, automobile.).

Évolution de l'emploi dans l'industrie manufacturière dans quelques pays développés (1991-2010)

Pays	Baisse de l'emploi en %
États-Unis	-28,7
France	-28,6
Royaume-Uni	-4,1
Allemagne	-30,7
Japon	-32,5
Corée	-21,9

D'après François Bost in Images économiques du monde, 2014.

Il s'est encore amplifié à partir des années 1990-2000 lorsque les FMN des pays industriels, attirés à la fois par des salaires inférieurs à ceux des PDEM mais aussi par les progrès de productivité des pays émergents, ont, par une délocalisation* complète ou partielle, réorganisé leur production sur une base mondiale pour faire face à la concurrence des firmes de ces pays autant que pour bénéficier d'opportunités locales en termes de marché de consommation.

Au gré des remontées de filières, le phénomène a touché l'électronique grand public, alors que le rôle croissant de l'outsourcing et de la décomposition spatiale du processus productif fait que même les produits industrialisés assemblés dans les pays développés intègrent une partie toujours plus décroissante de composants importés : c'est vrai pour l'automobile aux États-Unis (pièces détachées produites au Mexique), le ferroviaire ou l'automobile en France.

Le phénomène devrait se poursuivre dans la mesure où les FMN occidentales ont consenti ces dernières années d'importants transferts de technologies aux émergents : Coréens et Chinois fabriquent et exportent ainsi des trains à grande vitesse et des centrales nucléaires. Le tertiaire lui-même est également de moins en moins épargné par le mouvement.

Le changement de structure industrielle de quelques pays émergents d'Asie
Évolution des positions dans le commerce mondial par filières (export. du pays/export. mondiales)

Secteur	Année	Japon	Corée Taïwan	ASEAN	Chine	Inde
Textile-habillement	1970	11 %	3,6 %	0,5 %	1,8 %	2,9 %
	1990	2,6	12,5	4,7	7,6	2,7
	2012	1	3,1	9,3	38,1	3,9
Véhicules	1970	9,6	0,1	0,1	0	0,1
	1990	21,2	1,9	0,1	0,1	0,1
	2012	12,7	6,7	2,8	7,6	4,6
Électronique	1970	16,1	1,1	0,2	0,1	. 0,1
	1990	21,5	8,1	4,6	1,3	0,1
	2012	6,2	11,2	15	28,7	0,4

D'après Jean-Raphaël Chaponnière et Marc Lautier, Les économies émergentes d'Asie, A. Colin, 2014.

Aujourd'hui cependant, les pays émergents d'Asie commencent, avec les effets du vol d'oies sauvages, à être affectés d'un phénomène identique. Ils pourraient également souffrir d'un phénomène de relocalisation en faveur des PDEM qui profite depuis le début de la décennie aux États-Unis surtout, mais aussi à l'Allemagne ainsi qu'à plusieurs pays européens (Italie, Espagne…)

B. Des mutations sociales et des dynamiques spatiales considérables

La mondialisation*, comme les choix politiques et économiques auxquels elle a conduit, a eu globalement des effets de polarisation qui affectent aussi bien les populations que les territoires, que ce soient ceux des pays développés où le chômage et la précarité qui affectent la main-d'œuvre la moins formée dans un contexte où les systèmes sociaux se délitent, ou ceux des pays émergents dans lesquels la richesse se concentre entre les mains des élites en dépit de l'émergence d'une classe moyenne.

Ces inégalités ne sont pas seulement dommageables à la cohésion sociale mais pèsent sur les systèmes productifs et nuisent à la croissance. Pour les pays de l'OCDE, leur augmentation aurait ainsi, entre 1985 et 2005, coûté en moyenne près de 4,7 points de croissance cumulée. Elles affectent aussi les équipements collectifs au Brésil et sont un frein à ce qu'un pays comme la Chine accède à la société de « petite prospérité » promise à la population chinoise depuis Deng Xiaoping en 1979 et rappelée régulièrement depuis.

La logique spatiale qui a prévalu avec la mondialisation a conduit à privilégier les espaces productifs internationalisés, à commencer par les métropoles et les littoraux, aux dépens des territoires affectés par les mutations économiques et/ou périphériques.

Les pays industrialisés mais aussi les pays socialistes européens ont ainsi vu, mouvement amorcé dans les années 1970, leurs régions dédiées aux industries anciennes continuer à péricliter ainsi que leurs régions périphériques. C'est le cas pour les régions du Nord et du Nord Est du Royaume-Uni, de la France, du quart nord-est des États-Unis (villes de mono-industrie des Grands Lacs, région des Appalaches septentrionales), des villes industrielles de l'Est européen (ex-RDA) ou des villes de Sibérie en Russie, voire d'Extrême-Orient si l'on excepte Sakhaline en raison de sa richesse en hydrocarbures.

Une logique identique prévaut pour les pays émergents dont les pôles et régions développées profitent de leur spécialisation internationale tournée vers l'exportation, de leur localisation sur les grands axes du commerce international, de leur situation géographique à proximité d'un pays développé (le Nord du Mexique depuis la zone des maquiladoras et de Monterrey jusqu'à Mexico).

Elle a également conduit au renforcement de la métropolisation du monde avec en particulier la multiplication de Villes globales (315 selon GaWC) que l'on trouve désormais sur tous les continents. Ces villes globales sont elles-mêmes en relations avec des réseaux de métropoles régionales de second rang (en France, la loi Mapam de 2014 en distingue 12) qui polarisent l'activité de leur arrière pays.

Ces effets de polarisation n'ont cependant pas que des aspects positifs dans la mesure où ils contribuent à agglomérer l'activité, les emplois au détriment d'autres régions, aggravant les inégalités régionales. C'est vrai dans les pays développés mais aussi dans tous les pays émergents ou en développement : en Asie de l'Est et du Sud-Est, à une zone côtière en plein développement économique s'oppose une zone occidentale qui reste rurale et en retard de développement alors qu'au Mexique, voire en Afrique du Nord, la césure peut être Nord-Sud.

III. Une modification des flux et leur rééquilibrage

A. Sur fond d'une nouvelle révolution des transports et de l'information

L'essor récent et spectaculaire des communications s'est accompagné d'un renouveau des divers systèmes de transport traditionnels et d'une baisse sans précédent des coûts du transport aérien.

Les progrès des télécommunications sont aussi en partie dus à ceux de l'Internet et au World Wide Web dont la croissance, grâce au développement des smartphones (7 milliards d'abonnements dans le monde, 3,5 milliards d'abonnés individuels en 2015) et autres tablettes (plus d'un milliard et demi en 2015), a été exponentielle au cours de la dernière décennie.

Les internautes dans le monde en 2015

Classement des pays selon le nombre d'internautes en millions avec % de la population connectée	Classement des pays en fonction du % de la population connectée
Chine : 670 millions (48 %) États-Unis : 259 (80 %) Inde : 252 (19 %) Brésil : 114 (56 %) Japon : 103 (81 %) Indonésie : 84 (33 %)	Islande : 96,6 % Norvège : 93,5 Pays-Bas : 92 Suède : 91 Luxembourg : 90,7 Danemark : 90

Sources : eMarketer et Journal du Net

Les moyens de transport traditionnels (par mer, par air, par route) doivent beaucoup au progrès de la logistique de puis les années 1990.

Le transport maritime, traditionnel, s'est trouvé au cours de la période considérablement rajeuni et développé en raison de la large dérégulation du secteur et du recours massif aux pavillons de complaisance (60 % de la flotte mondiale). Ces derniers ont contribué, au détriment du social et de la sécurité au moins jusqu'à ces dernières années, à faire chuter les prix du transport entre 50 et 60 % au point que le fret maritime ne représente plus guère que 5 % de la valeur des importations…

La maritimisation du commerce international, le recours à des navires (vraquiers, pétroliers, navires de charge classique, porte-conteneurs) de plus en plus grands et les progrès de la conteneurisation ont fait le reste.

Le transport aérien, lui aussi dérégulé depuis les années 1970, et regroupé en diverses alliances (Star Alliance, Skyteam, Oneworld) s'est considérablement démocratisé.

L'avion est devenu un moyen de transport de masse grâce au progrès technique (exemple l'A380) ainsi qu'à la baisse du prix des billets de plus de 25 % lors des dix dernières années. Avec près de 12 000 appareils commerciaux dans le monde, 30 millions de vols par an, un taux actuel de croissance d'environ +6 % par an, il a transporté 3,4 milliards de passagers en 2014 et près de 50 millions de tonnes de fret (Federal Express plus de 7 Mt/an devant UPS Airlines avec plus de 4 Mt, Emirates, Korean Air et Cathay Pacific).

Les parts de marché du fret en % et par régions en 2014

Asie-pacifique	Europe	Amérique du Nord	Moyen-Orient	Amérique latine	Afrique
40,3	21,6	20,7	13,1	2,8	1,5

B. Les échanges mondiaux continuent leur croissance sur un rythme élevé

Les flux d'échanges concernent aussi bien les capitaux, les biens, les services que les hommes (migrations, tourisme).

Les flux de capitaux privés se composent d'investissements extérieurs nets directs et d'investissements de portefeuille qui sont très sensibles aux variations de la croissance. De l'ordre de 65 milliards de dollars par an à la fin des années 1970 (capitaux bruts), et de 1 600 milliards à la fin des années 1990 (soit environ 25 fois plus en 20 ans), ils sont actuellement d'environ 1 750 Md pour les IDE sur un total d'environ 3 500 Mds de dollars. En termes globaux, ils sont passés, en moyenne, de moins de 5 % du produit intérieur brut (PIB) mondial dans la période 1980-1999, à environ 20 % à la veille de la crise globale de 2008-2009 pour atteindre, avec des fluctuations, moins de 10 % du PIB mondial aujourd'hui. Actuellement, si les IDE et les investissements de portefeuille sont globalement équivalents, les 4/5 des flux entrants dans les pays émergents sont composés d'IDE et d'1/5 d'investissements de portefeuille, alors que la proportion s'inverse pour les pays développés (60 % d'investissements de portefeuille, 40 % d'IDE).

Dans le prolongement de la période précédente, les échanges de biens (matières premières, produits industriels) ont connu depuis les années 1990 un double mouvement. Ils ont d'abord connu dans les années 1990-2010 une croissance plus rapide (supérieure à 5,3 % par an) que celle du PIB mondial (autour de 2 % par an) mais ont ensuite surréagi à la conjoncture. Ainsi, alors que dans un premier temps, après la crise de 2009 et alors que le PIB avait baissé de 2,7 %, les exportations mondiales ont baissé de près de 12 % en volume et de plus de 20 % en valeur, avant, dans un second temps en 2010 et alors que le PIB avait augmenté de 3,7 %, d'augmenter de 21,7 % en valeur et de 13,5 % en volume. Aujourd'hui (chiffres 2014), les exportations représentent à l'échelle planétaire environ 14 000 milliards de dollars d'exportations, près de 5 000 milliards pour l'Europe, 1 616 milliards pour l'Amérique du Nord, 194 milliards pour l'Amérique centrale, 112 milliards pour l'Afrique, 4 566 milliards pour l'Asie, 276 milliards pour le Moyen-Orient. Conséquence de l'ouverture croissante aux échanges internationaux, le taux d'exportation au niveau mondial a été multiplié par 1,7 entre 1990 et aujourd'hui, pour atteindre, avec des variations selon les pays, près de 32 %.

Taux d'exportations (exportations/PIB en %) par groupes de pays entre 1990 et 2014

	1990	2000	2010	2012-2014
Économies développées	18,1	21,4	26,5	28,2
Dont UE 27	26,6	35,7	40,9	45
ALENA	11	14	15,3	17
Économies industrialisées d'Asie	48,6	69,8	73,7	73,9
Économies en développement	26,5	34,7	36	37,1
Économies en transition	13,1	45,4	34,6	35,6

La composition des exportations mondiales de marchandises continue par ailleurs de se modifier : la part des exportations agricoles continue de décroître (9-10 % du total) ainsi que celle des matières extractives qui fluctue au gré des évolutions de prix (22-23 % du total), alors que celle des produits manufacturés avoisine les deux tiers des exportations mondiales de marchandises (65-66 %). Elles peuvent varier aussi selon les économies et les régions : les exportations agricoles et les exportations de matières extractives dépassent les produits manufacturés dans le cas de la CEI, du Moyen-Orient, de l'Afrique, de l'Amérique latine.

Encore inférieures aux exportations de biens, les exportations mondiales de services sont de l'ordre de près de 4 000 Md de dollars, d'un ordre de grandeur proche de celui des exportations extractives et des hydrocarbures et près de 4 fois celui des produits agricoles... S'il y a une forte corrélation entre les principaux pays exportateurs de services et de marchandises, certains excédentaires pour les marchandises (Chine, Allemagne) peuvent se trouver déficitaires dans celui des services alors que les États-Unis et la France, voire actuellement le Japon, sont dans le cas inverse.

Les 10 principaux exportateurs et importateurs de services en 2014

Exportateurs				Importateurs			
Rang	Pays	valeur	Part en % en mds de dollars	Rang	Pays	Valeur	Part
1	États-Unis	662	14,3	1	États-Unis	427	9,8
2	Royaume-Uni	290	6,3	2	Chine	329	7,6
3	Allemagne	287	6,2	3	Allemagne	315	7,2
4	France	233	5	4	France	188	4,3
5	Chine	207	4,5	5	Royaume-Uni	173	4
6	Inde	153	3,3	6	Japon	161	3,7
7	Espagne	144	3,1	7	Inde	127	2,9
8	Japon	144 3,1		8	Russie	123	2,8
9	Pays-Bas	142	3,1	9	Singapour	122	2,8
10	Hong Kong	135	2,9	10	Pays-Bas	121	2,8

Les flux humains quant à eux, s'ils se heurtent à d'avantage d'obstacles que les flux de marchandises ou de services, ont également pris de l'ampleur eux aussi ces dernières décennies, avec une augmentation de 3,5 à 4,8 % par an sur la dernière décennie, tout en représentant une frange réduite de la population mondiale.

Les migrants internationaux, dont les motivations sont liées la plupart du temps au travail et dont le rythme d'augmentation est lié de façon étroite lui aussi à la croissance, n'étaient ainsi que 105 millions (en stocks) dans le monde avant de dépasser les 200 millions en 2007 et les 235 millions aujourd'hui. Aujourd'hui toujours, si 60 % des migrants internationaux vivent dans les pays développés, le nombre d'émigrants internationaux nés dans un pays du Sud et vivant dans un pays du Nord est à peu près équivalent à celui des migrants nés dans un pays du Sud et vivant dans un pays du Sud. Malgré tout, la moitié des migrants internationaux vit dans 10 pays : les États-Unis (près de 50 millions), la Russie et l'Allemagne (11 millions chacune), l'Arabie saoudite (10 millions), la France (8 millions) derrière les Émirats et le Royaume-Uni mais devant l'Australie, le Canada et l'Espagne…

Témoin du développement comme de l'accélération des échanges internationaux, le tourisme a connu une considérable accélération : les touristes internationaux ont dépassé les 278 millions en 1980, 528 millions en 1995 et plus d'un milliard en 2015. Le tourisme international représente ainsi 10 % du PIB mondial avec un volume d'activité de 7 800 Md de dollars, 30 % des exportations de services, 6 % de l'ensemble des exportations de biens et services, 284 millions d'emplois (1 emploi sur 11).

Les grandes régions d'accueil du tourisme international en millions de touristes en 2014

Europe	Amériques	Asie-Pacifique	Afrique	Moyen-Orient
588 dont France (1er rang mondial) : 84,7 et Espagne (3e rang mondial) : 61	181 dont États-Unis (2e rang mondial) : 75	263 dont Chine (4e rang mondial) : 56	56	56

C. Une géographie des échanges entre permanences et changements

Au début des années 1990, les échanges internationaux de marchandises et de capitaux concernaient pour l'essentiel les pays développés et étaient largement polarisés autour des trois pôles de la triade qu'étaient alors les États-Unis, l'Europe occidentale, le Japon.

La situation s'est modifiée au cours des deux dernières décennies avec la montée de la Chine, l'essor des BRICS et des économies en développement.

En conséquence, la carte des échanges s'est beaucoup complexifiée.

Si l'on exclut l'Union européenne, dont le commerce de marchandises, hors UE28, est de l'ordre d'environ 1 730 milliards la Chine est devenue le 1er exportateur de biens et services (2 428 milliards de dollars), devant les États-Unis (de l'ordre de 2 200 milliards), et loin devant le Japon (900 milliards de dollars) alors que la Corée (617 milliards), la Russie (600 milliards) mais aussi l'Inde (464 milliards) et Singapour (567 milliards) sont devenus des acteurs importants du commerce de biens et services.

Ainsi, si aujourd'hui 52 % des exportations mondiales proviennent des économies développées, 44 % sont en provenance des économies en développement dont désormais plus de la moitié des exportations de marchandises vont vers d'autres économies en développement (35 % vers l'Asie, 6 % vers l'Amérique du Sud, 6 % au Moyen-Orient, 4 % vers l'Afrique). Ces mêmes économies en développement exportent aussi vers les BRICS (1 380 milliards) 17 % de leurs exportations qui représentent 8 % des exportations mondiales. Les exportations des PMA (215 milliards en 2013) connaissent d'ailleurs les mêmes évolutions puisque 44 % vont vers l'Asie (23 % vers la Chine), 24 % vers l'Europe (20 % vers l'Union européenne) et 12 % vers l'Amérique du Nord (10 % vers les États-Unis).

Le phénomène est tout aussi net pour les services. La part de l'Amérique (16,4 %) et de l'Europe (47 %) est en baisse en raison de la hausse des exportations d'autres régions comme l'Asie dont la part atteint près de 26 % (2013) alors que la part de toutes les autres régions augmente elle aussi, à l'exception de l'Afrique qui est en régression (- de 2 %).

Conclusion

Les systèmes productifs qui ont été mis en concurrence avec la mondialisation s'en sont trouvés considérablement modifiés avec la mondialisation et les crises de la dernière décennie.

Les mutations qui s'en sont suivies ont affecté les appareils productifs, les systèmes sociaux et l'ordre international en provoquant un puissant rééquilibrage du monde.

De façon générale, les pays développés à économie de marché ont poursuivi une désindustrialisation déjà amorcée dans les années 1970 au profit d'émergents de plus en plus nombreux qui se sont parfois positionnés aussi, de façon plus marginale, sur des services dont les limites avec l'industrie sont parfois très ténues.

Au final, le commerce international des biens et services s'en est trouvé complexifié au niveau régional en autorisant de nouvelles interdépendances financières avec les transferts des pays en développement (financement de la dette, IDE des multinationales du Sud) vers les pays développés.

Si le phénomène à l'échelle mondiale a tendu à réduire les inégalités entre pays, il les a par contre augmentées à l'échelle nationale. Il a ainsi pu provoquer ici la montée de la précarisation et la recherche de protection dans le retour du souverainisme, là le mécontentement des nouvelles classes moyennes, de plus en plus exaspérées par les lacunes nationales (corruption, atteintes à l'environnement…) et qui réclament un partage plus équitable de la croissance. Là encore où les systèmes productifs se sont révélés incapables d'évoluer et de s'insérer dans la mondialisation, le chaos s'est le plus souvent installé.

Pour y remédier, les pays émergents doivent cesser d'être de simples plateformes exportatrices pour se tourner vers une satisfaction de leur demande intérieure. Les pays développés doivent, quant à eux, améliorer leur productivité par la recherche d'une « hyper-industrie servicielle » plus intense en recherche-développement et procéder à une réindustrialisation qui peut être favorisée par la reconversion de l'industrie aux besoins de l'écologie ainsi que par des relocalisations facilitées par l'*iconomie.*

Idées reçues

Les émergents doivent leur essor aux délocalisations et aux IDE occidentaux au détriment de la croissance et de l'emploi des pays industrialisés

L'assertion n'est pas fausse (transferts de technologie) mais plus discutable en ce qui concerne l'origine et l'ampleur des difficultés des pays occidentaux. Dans la plupart des pays asiatiques, le décollage s'est effectué grâce à la mobilisation de l'épargne et à celle de la main-d'œuvre dans un contexte régional favorable. De même, si les flux d'IDE ont joué un rôle important à Taïwan, en Asie du Sud-Est à partir du milieu des années 1985, de la Corée après 1998, en Malaisie et en Thaïlande aujourd'hui, une majeure partie de ces flux est d'origine asiatique. Ils sont aussi à relativiser : les IDE en Chine ne représentent ainsi aujourd'hui que 4 % de la formation brute de capital fixe (FBCF). De même, la portée des délocalisations, sensibles localement, n'a pas l'impact surestimé. L'INSEE a par exemple montré pour la France que les délocalisations n'étaient responsables que de la perte de 15 000 emplois par an depuis 1995 (les IDE étrangers sont à l'origine ces dernières années de la création de plus de 20 000 emplois par an).

Lieux de la géopolitique

Shenzen, du village chinois à la ZES mondialisée

Village de pêcheurs, Shenzen a bénéficié de la présence voisine de Hong Kong. Sa zone franche (1980) a attiré une main-d'œuvre de toute la Chine et accueilli de nombreuses entreprises taïwanaises (dont Foxconn) spécialisées dans les hautes technologies. Avec des taux de croissance supérieurs à 30 % /an ces dernières décennies, elle s'est intégrée à la mégalopole du delta de la Rivière des Perles et compte près de 10 millions d'habitants. Elle s'est débarrassée à son tour des activités polluantes et à faible valeur ajoutée, accueille une bourse (la 3e de Chine) ainsi que de grandes sociétés chinoises. Se positionnant désormais comme une ville verte, elle s'est également tournée vers le tourisme en développant de grands centres commerciaux ainsi que de nombreux parcs à thèmes

Dubai, du port des perles à la vitrine de la puissance mondialisée des Émirats

Ville cosmopolite (85 % d'étrangers) de deux millions d'habitants et 24e place financière du monde, elle est devenue, grâce à l'argent du pétrole mais aussi à la réexportation des produits chinois, l'une des villes les plus dynamiques de la planète. Vitrine du nouveau monde arabe, elle a pour ambition, déjà en partie concrétisée, de devenir un Hong Kong arabe au parfum de Las Vegas. Elle compte 5 zones franches commerciales et accueille 2 300 sociétés commerciales originaires de plus de 120 pays, un port important de conteneurs, Jebel Ali, le plus grand port du Proche-Orient. Elle compte aussi deux aéroports internationaux : Dubai et surtout Al Maktoum qui a pour objectif de devenir le premier aéroport du monde. Sur le plan touristique, la ville, qui multiplie les projets démesurés (station de ski du Ski Dôme, tour Burj Khalifa qui culmine à 828 m, hôtel sous-marin), accueille déjà 10 millions de touristes par an et en espère 20 millions à la fin de la décennie.

Bibliographie sélective

Lecture indispensable

Marc Levinson, The Box. Comment le conteneur a changé le monde, *Paris, Max Milo, 2011 (éd. originale Princeton University Press, 2005).*

Ce livre se veut l'histoire de la diffusion du conteneur après son invention en 1956 par l'ingénieur Malcom McLean. The Box est en réalité le récit des transformations de l'économie mondiale des années 1950 aux années 1980. Le sous-titre d'origine, « Comment le conteneur maritime a rendu le monde plus petit et plus grande l'économie mondiale », trace l'objectif réel du livre : faire le récit d'une success-story qui échappe à son créateur. Les transformations des paysages portuaires et des routes terrestres, les mutations du monde des dockers, la construction de normes mondiales, les effets de la guerre du Vietnam sur le commerce asiatique et américain, la course au gigantisme après la fermeture du canal de Suez (1967-1975) : l'économiste Marc Levinson se fait conteur. Le dernier chapitre commence par l'histoire de la poupée Barbie après la délocalisation des usines Mattel en Asie : « ses cheveux en nylon étaient japonais, sa silhouette en plastique, taïwanaise, ses pigments, américains, et ses vêtements en coton, chinois. [...] Barbie, une fille toute simple, avait mis au point sa propre chaîne d'approvisionnement à l'échelle planétaire » (p. 420).

Plus que l'histoire du conteneur, c'est le récit des origines maritimes et industrielles de la mondialisation qui est ici fait. Un classique lisible de la littérature économique.

Ouvrages

François Bourguignon, *La mondialisation de l'inégalité*, République des idées, Seuil, 2012.

François Bost, *Atlas mondial des zones franches*, La Documentation française, 2008.

Laurent Carroué, *La mondialisation*, SEDES, 2006, pour les chapitres 4 (François Bost) et 5 (Antoine Frémont) consacrés respectivement *aux Entreprises, échelles et territoires face à la mondialisation*, et *Flux et transports*.

Pierre Veltz, *Mondialisation, villes et territoires*, Quadrige, PUF, 2014.

Revues

Les villes mondiales, *Questions internationales* n° 60, mars-avril 2013, et en particulier Un monde polycentrique et métropolite (Lise Bourdeau-Lepage).

Les grands ports mondiaux, *Questions internationales* n° 70, novembre-décembre 2014, voir en particulier l'ouverture, Les grands ports, territoires de la mondialisation (Serge Sur).

Sur internet

Laurent Carroué, *Mondialisation et localisation des activités économiques, les nouveaux défis posés par l'entrée dans le XXIe siècle,* Territoires 2040, http://territoires2040.datar.gouv.fr/spip.php ?article226

Fabrice Berthaud, *La nouvelle dynamique des flux de capitaux internationaux apparue depuis la crise de 2008 renforce-t-elle la stabilité du système monétaire international,* Document de travail de la DG Trésor, mai 2015

Perspectives des migrations internationales 2015, ODDE, www.oecd.org/fr/migrations/perspectives-des-migrations-internationales-19991258.htm

Commentaire de documents

La chaîne d'approvisionnement d'un iPhone® vendu à Paris

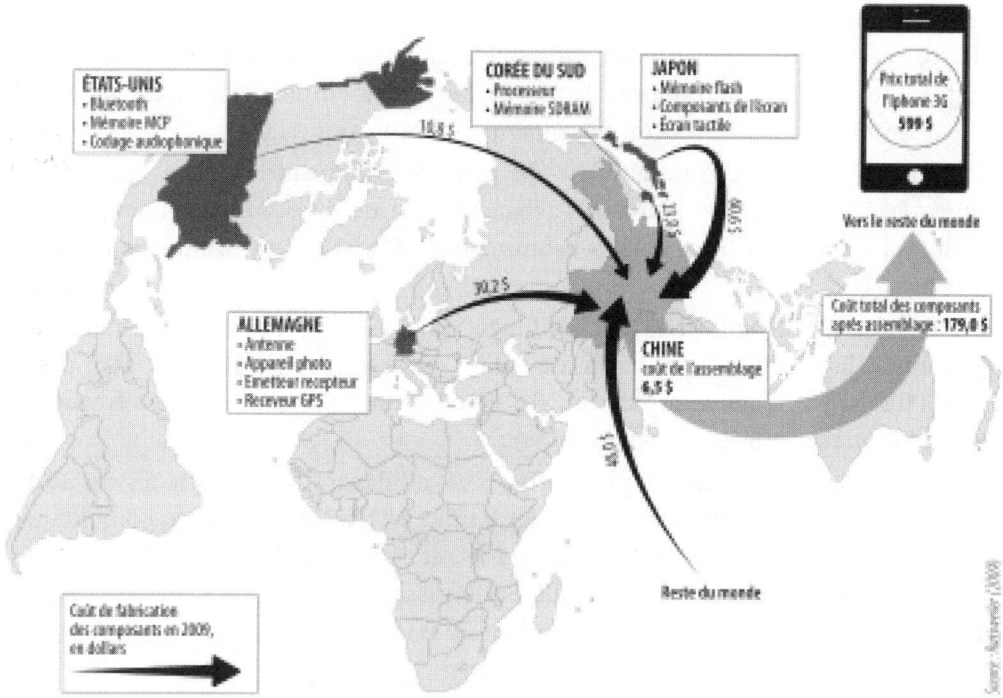

Source : Le Monde diplomatique, n° 141, Manière de voir, juin-juillet 2015

Nature du document

Carte de la configuration de la chaîne d'approvisionnement d'un iPhone® vendu à Paris, assemblé à Shenzen et conçu à Cupertino en Californie, parue dans *Le Monde diplomatique*, dans un numéro sur « le libre-échange », « la déferlante »… titre rebelle bien sûr contre une firme emblématique de la mondialisation Apple première capitalisation boursière américaine (583 milliards de $) dépassée seulement en 2016 par Google. Une autre firme du GAFA gotha des FMN des NTIC.

Intérêt

Rendre compte de la DIPP entre conception fabrication et assemblage au service d'une marge brute de 69 % (appareil vendu pour le iPhone® 6,3 fois le prix de revient de la production !) au-delà les profits pharaoniques de l'entreprise de Tim Cook.

Analyse : une DIPP sous tous les angles

Division Nord/Sud dans l'approvisionnement en terres rares minerais stratégiques d'origine latino américaines et africaines (tantale coltan cassitérite en RDC et cobalt en Zambie, lithium au Chili même si Nouvelle-Calédonie et Australie interviennent surtout depuis que les Chinois ont pris le contrôle d'opérateurs locaux.

Division Nord/Sud sur créativité et recherche en Californie. Dès qu'il y a élévation qualitative du produit et de sa valeur ajoutée DIPP renforcée : cf. Japon wifi, batterie, composants ; Italie giroscope ; Allemagne championne dans l'optoélectronique ou l'accéléromètre ; la Corée du Sud mémoire et processeur et un NPIA comme Singapour les composants microélectroniques.

Division Nord/Sud sur la vente du produit ? Opposition entre Paris et les autres pays… c'est-à-dire pouvoir d'achat, modèle de consommation adapté à ce produit… même si Chine gros consommateur. Attention au minimalisme de la carte !

Division Nord/Sud dans l'assemblage qui reste le lot de la Chine car à Zangzhou la Apple city mobilise une main-d'œuvre docile, abondante (300 000 salariés) réactive rapide (cf. sur écran d'un type nouveau avec travail de nuit et horaires élargis en quelques jours).

Dipp avec à la clé des superprofits 53,4 milliards de $ en un an en 2015, trésorerie de 205 milliards de $ qui met Apple à l'abri de revers de conjoncture d'échecs comme la montre ou de déceptions, et permet aussi de racheter d'autres firmes et de diversifier son portefeuille par croissance externe. (ex : Beats, casques et musique en ligne pour 3 milliards de $ en 2014).

Critique

Un peu **caricaturale** au service d'une démonstration sans nuance contre les FTN : Apple ne paye pas le travail au juste prix titre de la carte

Méprise possible sur la vente des iPhone® : Chine en réalité 13 millions d'iPhone® 6S écoulés en 3 jours en Chine. L'Empire du milieu est le 1er marché du groupe (26 % des ventes) et ce malgré le ralentissement de l'économie chinoise et même si l'iPhone® est un produit de luxe. Il faut environ 1 000 heures de travail à un ouvrier chinois pour se payer un iPhone® contre seulement 20 pour un français…) ; mais Paris n'est pas le seul center de vente !

L'optimisation fiscale est aussi importante que les bas salaires dans la démarche de Apple.

Ce produit phare n'est pas à l'abri de déception, dans un contexte où iPod, Apple Tv, casques radios sont aussi moins porteurs. Aujourd'hui le problème de Apple n'est pas la production mais le *branding* de la marque (promotion de l'image) en se démarquant de tout ce qui concerne le social et les conditions de travail. La carte va dans ce sens : pas de description des effets collatéraux (pollution, grèves). Ne rend pas compte des problèmes sociaux dans entreprises de sous-traitance, des fournisseurs non identifiables parfois ouverts à toutes les dérives (suicides ONG china Watch trop de pression dans un groupe de 1 million de salariés qui en plus envisageait de substituer robots à sa main-d'œuvre ! Vive le dialogue social : à l'embauche désormais, engagement à ne pas se suicider ! Foxconn devise « faire travailler plus vite les hommes que les machines ».

Ne rend pas compte d'un phénomène certes marginal mais réel de réinternalisation de la production aux États-Unis ni de la délocalisation au Brésil, réponse au malaise social chinois (cf. Brésil débouché potentiel aussi).

Problèmes des D3E : déchets équipements électriques et électroniques qui sont à l'aval de toutes les polémiques.

Portée

Mise en place d'une culture mondiale derrière les smartphones (cf. Afrique : 754 millions de mobiles dont une part de smartphones en net progrès et moyen d'accès privilégié à Internet faute d'ordinateurs fixes).

Mettre l'accent sur les marges de ces nouveaux produits : 69 % dans le cas d'un iPhone® et expliquer la place de ce secteur désormais dans la capitalisation boursière.

Rétrécissement du monde visible avec cette chaîne.

Donner une vision de la Chinamérique pas si chimérique que cela car il y a croisement d'intérêts.

Montrer que la mondialisation heureuse n'est pas encore dans tous les esprits (cf. FMN prédatrices accusées)

Dissertation

Les mutations du système productif japonais depuis le début des années 1990

Introduction

Le Japon a su, après la Seconde Guerre mondiale, s'adapter à la grande croissance des années 1960. Il a ensuite réussi à traverser les deux crises pétrolières des années 1970 pour connaître le « boom Heisi » de 1986 à 1991 et devenir une puissance économique en capacité de menacer la prépondérance américaine avant qu'une la bulle spéculative n'éclate en février 1991 et que le pays n'entre dans une spirale dépressive apparemment sans fin à l'origine d'une, voire de deux « décennies perdues ».

Faut-il expliquer cette véritable descente aux enfers par les carences d'un système productif, compris comme l'ensemble des facteurs et des acteurs concourant à la production, à la circulation et à la consommation de richesses, devenu obsolète ? Le pays l'a-t-il pour autant modifié ? Et si oui, avec quels résultats ?

I. Le système productif japonais est devenu effectivement contre-productif dans le cadre d'une économie mondialisée

A. Un modèle qui formait système et surplombait une société corsetée

Dans *Quand les sumos apprennent à danser. La fin du modèle japonais,* 2013, Jean-Marie Bouissou explique que la réussite économique (industrielle puis financière) du Japon reposait sur une combinaison complexe dans un cadre politique caractérisé par l'absence d'alternance et l'hégémonie du parti dominant, le PLD, qui contrôlait un État mosaïque de fiefs ministériels et de baronnies administratives, acceptées par une opinion publique formatée par une conception organiciste de la nation. Dans ce cadre, la politique économique, négociée au sein du « Triangle de fer » (État, milieux d'affaires, administration avec le Ministry of International Trade and Industry ou MITI) consistait moins à créer de la richesse qu'à préserver la cohésion nationale dans un environnement ressenti comme hostile. Ce modèle reposait par ailleurs sur un type original de compromis social dans lequel l'État se déchargeait de la protection sociale sur des entreprises assurant le plein-emploi (souvent à vie) mais bénéficiant d'un protectionnisme déguisé.

B. Un modèle qui n'a pas empêché le Japon de devenir « un pays anorexique » souffrant d'une offre trop forte et d'une demande trop faible à l'heure de la mondialisation

Dans des conditions encore débattues, le Triangle de fer a éclaté (problèmes de la haute administration et des entreprises avec la justice, éclatement du PLD) faisant, selon J.-M. Bouissou, disjoncter le processus de décision japonais. Il serait ainsi apparu que l'économie japonaise n'était plus adaptée à la mondialisation en raison principalement, sans même évoquer une agriculture très fortement subventionnée, d'une industrie duale : les industries performantes (sidérurgie, automobile, électronique grand public) coexistaient avec des industries domestiques surprotégées (chimie, textile, construction…) dont la productivité insuffisante pesait trop sur l'ensemble. La financiarisation excessive du pays et la formation de bulles, boursière et immobilière, l'a enfin conduit à la catastrophe. Toutes les conditions nécessaires au fonctionnement du modèle ayant disparu, il ne restait plus au Japon qu'à le réinventer.

II. Le pays a dû procéder à une refonte qui n'a pas été sans conséquence sur l'espace comme sur les flux

A. Le Japon s'est mis à l'heure du libéralisme ambiant

Jun'ichirô Koizumi, Premier ministre entre 2001 et 2006 a, en particulier, imprimé une nouvelle manière de gouverner pour imposer les réformes politiques et économiques estimées nécessaires. De façon générale, l'État a diminué ses dépenses, les privatisations entamées dès les années 1980 se sont poursuivies (transports et télécommunications), la déréglementation s'est amplifiée (distribution), le système bancaire a été assaini et restructuré par une agence de supervision bancaire, l'économie a été déréglementée par l'assouplissement du contrôle des prix et des opérations immobilières ainsi que par la fin de la protection dont bénéficiait la petite distribution face à la grande. Les marchés agricoles se sont ouverts et l'industrie a poursuivi ses délocalisations dans le Sud-Est asiatique. Alors que les *keireitsus* se recomposaient, le marché du travail a été flexibilisé par la fin de l'emploi à vie et les salaires contenus. La privatisation partielle de la Poste qui devrait devenir effective en 2017 devrait permettre enfin de mettre à disposition de l'économie la part (20 %) de la très importante épargne domestique qu'elle gère...

B. Des effets indiscutables sur la structure de l'économie, l'espace et les flux

Deux millions de petites exploitations agricoles et de petits commerces ont disparu.

L'industrie japonaise, largement délocalisée et dont la part dans le PIB a baissé (avec 25 %, sa part a été divisée par deux en quinze ans) s'est recentrée sur ses points forts : la sidérurgie, les machines outils, les semi-conducteurs, l'automobile, l'électronique grand public grâce aux écrans plats, la chimie-pharmacie... L'économie japonaise s'est aussi tertiarisée : la part du secteur 3 est passée de 57 % du PIB au début des années 1990 à plus de 73 % aujourd'hui grâce au développement des métiers de la communication, de la santé, des services aux entreprises, des industries culturelles.

Les effets sur l'espace ont été cependant relativement complexes : l'emploi tertiaire a surtout profité aux trois métropoles de Tôkyô, Ôsaka, Nagoya, alors que dans l'industrie l'essor du *global sourcing* a pu profiter à des espaces périphériques à Hokkaidô ou Kyûshû (Toyota).

L'économie japonaise s'est aussi, par une intensification de ses IDE et la multiplication d'accords de libre-échange, recentrée sur l'Asie qui représente désormais 57 % de ses exportations en 2014 contre 41 % en 2000.

Comme ailleurs toutefois, le processus a eu des effets sociaux négatifs : la société japonaise est devenue plus inégalitaire, la précarité (le tiers des emplois) et la pauvreté (17 % de la population) y ont augmenté.

III. Le Japon a néanmoins conservé des spécificités qui expliquent des résultats mitigés même s'ils ont été aggravés par l'accident de Fukushima

A. Un système productif qui reste malgré tout spécifique au Japon

Le Japon, s'il a réformé, n'en a pas pour autant adopté un vrai modèle libéral. L'État y conserve un rôle directeur et, en particulier, une loi de 1999, dite de revitalisation de l'industrie, a donné de très larges pouvoirs au METI pour « guider l'industrie dans son adaptation à la nouvelle conjoncture née de la mondialisation » comme cela avait été le cas dans les années 1970 après le premier choc pétrolier. De même, c'est une institution publique, l'institut de reconstruction industrielle, qui a entrepris entre 2001 et 2006 de restructurer les grandes entreprises. Le Japon continue par ailleurs à utiliser les recettes du passé : l'ouverture aux capitaux extérieurs reste relative (le poids des actionnaires étrangers reste la moitié de ce qu'il est à la Bourse de Paris), le commerce extérieur ne représente que 36 % du PIB (57 % en France) et le stock d'IDE 20 % du capital boursier, le pays cherche toujours à anticiper la demande du monde de demain (robotique, informatique de pointe). Selon Robert Boyer (préface à l'ouvrage de Sébastien Lechevalier, *La grande transformation du capitalisme japonais,* 2011*),* le Japon aurait même constitué ainsi une exception brillante dans les pays développés en acceptant un endettement croissant qui aurait permis le maintien du lien social en évitant qu'un chômage de masse ne s'installe tout en soutenant la recherche&développement dans les secteurs d'avenir (robotique, nanotechnologies, biotechnologies, énergies vertes...).

B. Des difficultés subsistaient avant même que Fukushima ne vienne brouiller les cartes

Après une croissance nulle sur la décennie 1990 et le début des années 2000, la croissance, quoiqu'erratique, semblait repartir en 2010 (4,7 %) au détriment d'une dette qui ne cessait de croître sur fond de problèmes sociaux et du vieillissement de la population. Le problème de compétitivité du Japon n'a pas été réglé non plus : le pays est concurrencé par les groupes coréens et chinois, y compris sur des produits de haut de gamme comme dans les domaines des écrans plats et de la téléphonie mobile que Panasonic ou Sony tendent à abandonner à Samsung pour se concentrer sur le matériel scientifique ou l'imagerie médicale...

Il n'en reste pas moins que l'accident de Fukushima du 11 mars 2011 a eu des effets délétères qui ne sont pas estompés à ce jour : désorganisation de l'appareil productif et logistique, destruction des sites industriels du Tohoku, impact sur la production énergétique, accentuation de la déconcentration des activités hors de l'archipel, déficit de la balance commerciale en raison de la montée des importations nécessaires à la reconstruction et aux besoins en énergie.

Conclusion

Tous les spécialistes (J.-M. Bouissou, Evelyne Dourille-Feer) s'accordent pour reconnaître que le modèle productif japonais traditionnel n'existe plus sans que le pays n'ait pour autant adopté le modèle anglo-saxon.

C'est ainsi une voie intermédiaire que semble avoir choisie Shinzô Abe, Premier ministre depuis 2013, avec sa politique des « trois flèches » : un énième plan de relance à la japonaise pour des travaux d'infrastructures s'est accompagné d'une politique de *quantitative easing* pour lutter contre la déflation et faire baisser le yen ainsi que d'une libéralisation de l'économie destinée à rendre le japon plus compétitif et plus attractif pour les investisseurs étrangers.

À ce jour toutefois, le pari n'est pas gagné : la croissance reste faible, l'investissement des entreprises est en baisse, la déflation rampante perdure, l'endettement atteint 226 % et les réformes structurelles mériteraient d'être accélérées (Rapport de l'OCDE d'avril 2015). Enfin, la signature du TPP en octobre 2015 pourrait avoir des effets ambivalents sur l'économie japonaise.

Oral

La mondialisation contemporaine : le libre-échange a-t-il triomphé ?

Introduction

La mondialisation est conçue comme un espace où les frontières sont abolies et dans lequel l'internationalisation des échanges ne connaît quasiment plus de limites spatiales. De façon récurrente pourtant, les limites mises aux flux de capitaux ou humains sont mises en avant par l'OCDE ou le HCR...

I. Une mondialisation des biens et services mal finalisée comme le montre l'enlisement du cycle de Doha

A. Le cycle de Doha, entamé en 2001, avait pour ambition de favoriser les pays en développement

Le cycle Programme de Doha pour le développement, qui devait s'achever en 2005, comprenait 20 domaines non couverts par l'Uruguay round dont les principaux portaient sur l'agriculture (question des subventions), les services (marchés largement fermés), la propriété intellectuelle (souvent non reconnue), la libéralisation de biens liés à l'environnement (éoliennes, panneaux solaires).

B. Les pays en développement sont largement à l'origine des blocages rencontrés

SI l'accord sur les ADPIC (propriété intellectuelle) est entré en vigueur en janvier 1995, les pays en développement ont bloqué le processus dans les autres domaines de référence par le refus-prétexte de l'ouverture de leurs marchés aux produits agricoles en échange de la fin des subventions (cas de l'Inde en juillet 2008 puis 2014). De même, l'OCDE peine depuis plus d'une décennie à obtenir la libéralisation complète des investissements.

II. Des migrations, toujours sous un relatif contrôle

A. Un cadre international flou

Il n'existe pas, à l'échelle internationale, d'instrument juridique complet qui institue un cadre applicable à la gouvernance des migrations mais un ensemble de règles juridiques, nées des relations et des négociations entre les États (ex. la Convention de Genève sur les réfugiés de 1951) ou de leur droit interne (Constitution française), qui canalise leur pouvoir dans ce domaine.

B. Un domaine qui dépend toujours de législations nationales peu efficaces

Toujours politiquement sensibles, elles sont en général restrictives, pour des raisons liées à l'activité ou à la sécurité (trafics, terrorisme) que ce soit dans les pays développés, les pays émergents ou en voie de développement (pays de transit). Malgré tout, les immigrés clandestins seraient 11 millions aux États-Unis, 7-9 millions dans l'UE28, 400 000 en France.

III. Le retour aux mesures de protectionnisme et aux traités bilatéraux

A. Un protectionnisme déguisé ou non

Une enquête de la Banque mondiale montre par exemple qu'après que le G20 de 2008 se soit engagé à les proscrire, 17 de ses membres ont pris dans les mois qui ont suivi 47 mesures pour restreindre le commerce international au détriment des autres nations : augmentation des droits de douane par les pays en développement, subventions dans les pays développés... alors que la « guerre des monnaies » semble redevenue d'actualité.

B. Le recours aux traités de libre-échange avec des partenaires lointains

L'article XXIV du GATT relatif aux unions douanières a été déformé. Pour se limiter à l'UE, celle-ci a signé ces dernières années une quarantaine d'accords avec des États de tous les continents.

Conclusion

Au final, la mondialisation des flux reste imparfaite, en particulier celle des hommes qui donne lieu à des tractations complexes dans lesquelles les compensations peuvent se révéler importantes : ex. du sommet UE-Afrique sur les migrations à la Valette ou du sommet UE-Turquie en novembre 2015.

Chapitre 14
Territoires, espaces maritimes, terrestres, immatériels et frontières dans la mondialisation

Frank Paris

Par le mouvement constant qui l'anime, le Monde est partout plus ou moins : la mondialisation est comme la suite de l'exploration. Mais alors que la découverte de la Terre avait lié les lieux du monde par l'espace et son substitut cartographique, la mondialisation place chaque lieu dans le même temps qui est le présent (voire l'instant) : le temps du Monde. La mondialité est la présence du monde et au monde qui touche tous les lieux, même ceux de la relégation. Dharavi […] l'éclaire bien. Ce « plus grand bidonville » d'Asie a surgi sur le devant de la scène coup sur coup en moins d'un an (2008-2009) : à l'occasion d'un projet urbanistique (disons-le comme cela) qui visait à l'éradiquer, puis à l'occasion de l'« oscarisation » d'un film qui n'a pourtant rien d'un reportage [Slumdog Millionaire].

D. Retaillé, Les lieux de la mondialisation, 2011, p. 13

Dates clés

- **1869** Inauguration du Canal de Suez
- **1914** Inauguration du Canal de Panama
- **1956** Invention du conteneur
- **1978** Lancement de la politique officielle des « quatre modernisations » en Chine par Deng, qui montre la volonté d'ouvrir la Chine littorale à la mondialisation
- **1991** Tournant libéral indien sous l'impulsion du ministre M. Singh
- **2005** Inauguration du port de Yangshan, le port en eaux profondes de Shanghai
- **2012** Lancement par Xi Jinping du projet « One Belt One Road » (Routes de la Soie)
- **2015** Inauguration du nouveau Canal de Suez élargi
- **2016** Inauguration du nouveau Canal de Panama élargi

Chiffres clés

Les 10 premiers États pour leur ZEE (en millions de km²) en 2017

1-États-Unis (env. 11,3)	6-Indonésie (env. 6,1)
2-France (env. 11)	7-Canada (env. 5,6)
3-Australie (env. 8,5)	8-Royaume-Uni (env. 5,4)
4-Russie (env. 7,6)	9-Japon (env. 4,4)
5-Nouvelle-Zélande (env. 6,6)	10-Chine (env. 3,8)

Les premiers ports mondiaux pour le trafic global et celui de conteneurs

Trafic général		Trafic de conteneurs		
2000	2012	1989	2000	2012
Singapour	Ningbo	Hong Kong	Hong Kong	Shanghai
Rotterdam	Shanghai	Singapour	Singapour	Singapour
South Louisiana	Singapour	Rotterdam	Kaohsiung	Hong Kong
Shanghai	Tianjin	Kaohsiung	Pusan	Shenzen
Hong Kong	Rotterdam	Kobe	Rotterdam	Pusan
Houston	Guangzhou	Pusan	Long Beach	Ningbo/Zhousan
Chiba	Qingdao	Los Angeles	Shanghai	Ningno
Nagoya	Dalian	New York	Los Angeles	Guangzhou
Ulsan	Tangshan	Keelung	Hambourg	San Pedro Bay (Los Angeles)
Kwangyang	Pusan	Hambourg	Anvers	Qungdao

Sources diverses, dont Images économiques du monde 2014.

◆ Croquis de synthèse

Les territoires dans la mondialisation

I) Des ensembles régionaux au service de la mondialisation plus qu'à sa tête

Beauce "grenier du monde" (J.-P. Charvet) tourné vers les marchés agricoles mondiaux

territoire industrialisé majeur et mondialisé

espace de pêche internationalisé

tourisme balnéaire international

II) Des ensembles régionaux pour un commandement de la mondialisation actuelle ou un refus

mégalopole formée de villes mondiales

région en cours de structuration pour l'affirmation d'un commandement mondial

leader du refus d'une mondialisation sous hégémonie américaine

fermeture au monde capitaliste : une entité isolée

III) Des territoires locaux comme véritables points de commandement et de logistique

Londres ville mondiale de première importance

• ville mondiale plus secondaire

point de passage majeur des grandes routes maritimes

× hub aérien majeur

1 : Atlanta

2 : Londres

Introduction

Les notions d'espaces et de territoires s'inscrivent à plusieurs échelles pour des ensembles à la superficie variable. Une homogénéité et/ou des limites précises sont deux conditions nécessaires, moyennant quoi Londres (territoire local), le Sahara (ensemble « régional ») ou tout État (territoire national) sont susceptibles de fournir matière à une réflexion. Y intégrer les espaces maritimes — le terme de territoire suppose une appropriation et une présence humaine nettes et constantes, ce qui n'est pas encore le cas de ces entités aux limites de l'œkoumène — rappelle qu'ils sont des supports fondamentaux de la mondialisation* et qu'ils regorgent de ressources recherchées. Les frontières quant à elles, entendues ici comme limites entre entités nationales, y compris sur le plan maritime et les territoires immédiatement adjacents, peuvent voir leurs rôles traditionnels redéfinis en lien avec certaines acceptions du terme de mondialisation.

Les trois perspectives majeures proposées en géographie pour saisir la mondialisation, en plus d'en souligner le caractère géohistorique, intègrent en effet différemment la donne spatiale et territoriale. La mondialisation pensée comme une mise en relation des lieux du monde par des flux de toutes natures interrogera tant les supports de ces flux (sous la forme de points comme de lignes) que la hiérarchisation de surfaces spatiales et territoriales en fonction du degré de participation. La mondialisation lue comme une extension du système capitaliste à l'échelle du monde prendra en compte tant la hiérarchisation des territoires induite par ce mode de régulation de l'économie que les logiques d'acteurs au titre des dynamiques spatiales et territoriales pour s'inscrire dedans. Enfin, penser le monde comme un « lieu », à la manière de J. Lévy ou de D. Retaillé, interroge l'uniformisation de certains lieux qui deviennent des référentiels communs à une identité mondiale ; les acteurs à l'origine d'une telle construction partagent et déclinent ces référents selon des principes et des valeurs communs.

◆ Problématiques

- ***Quelles lectures territoriales la mondialisation impose-t-elle ?***
- ***Quelles hiérarchies des territoires s'observent en considérant ce phénomène aux implications multiples ?***
- ***Quelle est la place du local dans le phénomène de mondialisation ?***

I. Territoires du commandement de la mondialisation : une affirmation affaire de pôles locaux comme plus régionaux

A. Au cœur de la mondialisation actuelle, capitaliste et libérale : des pôles de décision économiques et financiers

La mondialisation, comme phénomène d'abord économique, s'appuie sur des pôles locaux, saisis comme des concentrés de fonctions de commandement et de pouvoirs. Ces indicateurs sont plus pertinents que ceux liés à la seule production de richesses (PIB urbain) qui se contente de mesurer un volume sans apprécier les activités à l'œuvre, qui peuvent relever de simples productions ne s'insérant que dans un marché national voire régional. Le PIB de Mexico est ainsi supérieur à celui de Toronto ou de Shanghai. Le groupe d'étude du GaWC (Globalization and World Cities Study Group and Network, composé de géographes de l'université de Loughborough) propose un classement fondé sur quatre activités tertiaires (publicité, comptabilité, services juridiques et finance — banques et bourse). Une gradation de villes mondiales* (ou villes globales*) est repérable, à partir de leurs attributs comme de leur capacité à dominer un réseau ou un marché mondial. Ces indicateurs sont de plusieurs natures et tous s'inscrivent dans le champ de la métropolisation*, qui trouve à s'affirmer dans une perspective mondiale. Le commandement sur l'économie mondiale est le fait de la présence de sièges sociaux de FTN ou d'implantations les représentant pour se placer au plus près des lieux de discussion et de prise de décision. Tokyo maintient sa domination en termes de nombre de sièges sociaux des 500 premières entreprises mondiales pour le chiffre d'affaires, malgré une légère érosion (48 sièges en 2011 contre 52 en 2007). En 2011, New York, première ville américaine du classement, en regroupe 17 sur les 133 que compte le pays, contre 41 pour Pékin et 32 pour l'agglomération parisienne. Au Mexique, les 3 firmes classées sont toutes localisées à Mexico (Pemex, 49e firme mondiale, América Movil, 172e, et CFE, 483e). Le commandement sur la finance mondiale est lié aux lieux de capitalisation et/ou de transaction boursière (avec des places financières comme la City, Wall Street, le Kabuto-cho) et aux indices boursiers (Nikkei à Tokyo, NYSE — New York Stock Exchange — à New York et Nasdaq spécialisé dans les nouvelles technologies…). Les relations relèvent de rachats avec par exemple celui d'Euronext, rassemblant les bourses de Paris, Bruxelles, Lisbonne et Amsterdam, par le NYSE. Les bourses spécialisées (Chicago Board of Trade pour les céréales, Metal Exchange de Londres, bourse du café de Sao Paulo et de New York) participent aussi de cette place mondiale. Les services aux grandes FTN sont un atout supplémentaire, à l'image des activités liées à la publicité, au marketing, à la comptabilité ou aux cabinets d'avocats, ainsi que la présence de grands médias. Des éléments d'ordre culturel sont valorisés pour une image renouvelée des villes concernées et apparaître comme des vitrines pour des investissements (musées, expositions). Les congrès apparaissent comme des manifestations d'importance (300 pour Paris, 130 pour Londres en moyenne chaque année). Le capital humain est celui d'une main-d'œuvre hautement qualifiée et formée dans de prestigieuses universités voisines de ces villes mondiales. La mise en réseau du monde suppose des supports performants de flux physiques comme immatériels, pour une connectivité renforcée.

Hiérarchie de la connectivité des 10 premières villes mondiales

2000	2008
Londres (indice de 100)	New York (indice de 100)
New York (indice de 97,10)	Londres (indice de 99,32)
Hong Kong	Hong Kong
Tokyo	Paris
Paris	Singapour (indice de 76,15)
Singapour (indice de 66,61)	Tokyo
Chicago	Sydney
Milan	Shanghai (27ᵉ en 2000)
Madrid	Milan
Los Angeles (indice de 58,75)	Pékin (29ᵉ en 2000)

Les critères économico-financiers sont donc prépondérants. Le commandement politique est en effet en retrait, quoique fondamental pour expliquer certaines réussites : il en va ainsi de Londres, première place pour les transactions boursières, qui doit ce statut à la législation souple et libérale promulguée par Margaret Thatcher Premier Ministre dans les années 1980 au titre des marchés financiers. La capitale britannique dispose aussi d'une aristocratie héritière du plus grand Empire colonial au monde et qui a massivement investi dans les rouages de la finance mondiale. Le Big Bang décidé par Thatcher compte toutefois davantage pour expliquer ce succès londonien, qui est aussi dû à sa localisation comme relais — au cours d'une journée — entre les bourses d'Asie-Pacifique et les bourses de la Megapolis. Il en va de même pour la législation fiscale de Hong Kong et de Singapour, véritables paradis fiscaux* à ce titre. La première, au statut actuel garanti jusqu'en 2047, propose une fiscalité de 0 % pour les bénéfices réalisés hors de Hong Kong et de 17,5 % pour les activités localisés dans ce Dragon. Singapour, ambitionnant d'être une « Suisse asiatique », propose un secret bancaire total, faiblement levé par les autorités ; des sociétés singapouriennes fonctionnent de manière opaque quant à l'identité de leurs dirigeants.

Aucune ville n'est bien sûr capable de contrôler l'ensemble des réseaux mondiaux. Les logiques entrepreneuriales sont d'ailleurs liées à des implantations multiples, sur l'ensemble des continents, par le biais de succursales. Les rivalités portent sur certaines données sectorielles : la concurrence est rude entre New York et Londres pour la finance islamique, avec un avantage pour la seconde au titre de la gestion des pétrodollars. Un fonds d'investissement comme Qatari Diar y est très actif dans l'immobilier de haut de gamme, tout en étant propriétaire du village olympique créé en 2012. Au total, une dizaine de villes dominent la mondialisation économico-financière et capitaliste, pour une localisation qui garde une certaine stabilité. Des dynamiques apparaissent et sont de plusieurs types. Les fluctuations peuvent intervenir à travers des critères précis, qui réorganisent le peloton de tête des villes mondiales, tout en maintenant les villes concernées à ce niveau. Des dynamiques de renforcement passent par des changements de localisation : Boeing a désormais son siège implanté à Chicago pour des unités de production maintenues dans son siège ancien de Seattle. Le siège social de la firme sud-africaine De Beers est implanté à Londres depuis les années 2000, aux dépens de Johannesburg : l'entreprise a adopté cette localisation en lien avec la diversification de ses productions. La mondialisation contribue à faire émerger des villes mondiales secondaires, désormais bien placées dans les palmarès mondiaux. L'Europe et l'Asie sont les deux continents les plus marqués par ces évolutions, aux dépens de l'Amérique du Nord. Amsterdam, Madrid ou encore Zurich sont des villes qui attirent des investissements pour conquérir des marchés européens et non plus seulement nationaux. En Asie, Shanghai, Hong Kong et Singapour progressent de manière générale et en viennent à dépasser Londres ou New York dans des secteurs comme la liberté d'entreprendre ou d'autres, liés à la qualité de vie. Une localisation littorale — donc sur une frontière maritime — semble partagée par une majorité de villes mondiales qui, lorsqu'elles n'en possèdent pas, n'ont de cesse d'affirmer une logistique pour être reliées à une étendue maritime. En Europe occidentale, Paris répond à Londres, capitale portuaire, par un axe de la Seine navigable de la Manche à ses portes mais aussi une densité de voies terrestres et une interconnexion à la route « des estuaires ».

Le statut de ville mondiale se lit aussi à travers les paysages urbains comme l'organisation des territoires locaux. Les CBD (Central Business District) sont des figures bien connues de l'économie tertiarisée et métropolitaine, pour le recours à une appellation nord-américaine qui pointe aussi l'uniformité de ces paysages, faits de buildings en verre et en béton. La verticalité des skylines participent aussi de ces logiques de gratte-ciel, si bien qu'une course au gigantisme est désormais engagée entre villes mondiales. L'Asie orientale et le Moyen-Orient sont les plus représentés dans un classement lié à la hauteur des gratte-ciel : sur les 20 plus hauts buildings au monde, 13 sont localisés en Asie orientale (10 pour la seule Chine, en y incluant Hong Kong) et 3 à Dubaï.

Dubaï, une mise en scène paysagère des réussites économiques

Disposant — à la différence des autres Émirats des Émirats Arabes Unis — de peu d'hydrocarbures, Dubaï s'est tourné vers la finance et la logistique (port de Djebel Ali) pour assurer un développement à la mesure de celui de ses voisins. Cette stratégie, dont le succès est bien connu, est désormais affichée à travers les paysages de la ville. La route Sheikh-Zayed est une artère à huit voies, bordée de gratte-ciel pour une véritable contemplation depuis les véhicules : cette perspective est bien différente des Financial Districts nord-américains où la question du passage et de la circulation n'est pas aussi intégrée aux projets urbanistiques. S'ajoute à cette circulation automobile celle par le métro, inauguré en 2009, sans conducteur et volontairement aérien sur la majeure partie du tronçon pour une présentation identique aux touristes comme aux habitants et résidents. L'expérience d'une entrée dans une forêt de buildings volontairement espacés de la route pour une contemplation est une présentation affirmée de manière implicite. Les gratte-ciel participent de cette mise en scène, notamment le Burj Kalifa et ses plus de 820 m (pour 163 étages), pour des réalisations qui sortent de l'allure des *skylines* désormais traditionnels et ne pouvant rivaliser avec une telle architecture.

Des quartiers urbains liés à la mondialisation émergent aussi. Le sud de Manhattan est un Financial District regroupant près de 330 000 emplois dans le seul secteur de la finance, à la manière de la City londonienne ou de la Défense à Paris. Les coûts de location des bureaux y sont des plus élevés, avec Tokyo en tête des villes les plus chères au monde, suivie par Londres. Des dynamiques animent ces territoires urbains. Elles visent d'abord à créer de nouveaux espaces spécialisés dans des activités mondialisantes, à l'image du quartier d'affaires de Pudong à Shanghai, bâti à partir de 1992, et dont l'architecture s'inscrit dans un syncrétisme entre codification occidentale et apports asiatiques, à l'image du Jin Mao Tower ouvert en 1998. Les villes à l'inscription mondiale plus ancienne ne sont pas en reste, comme le rappelle Londres et les mutations de l'East End londonien. Le quartier des Docklands est à partir des années 1980 transformé sous impulsion publique avec des financements pour partie privés. Cette friche de 2 250 hectares est transformée selon des logiques qui multiplient les fonctions sans s'inscrire dans un zoning strict. Les bâtiments de l'Île aux Chiens mêlent fonctions tertiaires et résidentielles à des tarifs prohibitifs. Canary Wharf propose 2,2 millions de m² de bureaux (contre 5,7 millions à Westminster à l'ouest de la City), qui tendent à se spécialiser dans des fonctions culturelles (médias, université) comme bancaires.

Au total, « l'archipel métropolitain mondial » décrit par Dollfus dans ses travaux novateurs est bien plus complexe qu'à ses débuts. Une foule de villes peuvent prétendre au statut de villes mondiales, au regard de la complexification de l'organisation géoéconomique du monde et de son caractère multipolaire croissant. Le revers de cette identité de mondialisation triomphante à l'occidentale est la cristallisation des tensions à leur encontre, se manifestant par des rejets violents (attentats du 11 septembre 2001, de Madrid en 2004 ou de Londres en 2005). Les attentats de Paris le 13 novembre 2015 sont aussi à inscrire dans ce rejet de l'occidentalisation et de sa culture.

B. L'affirmation de lieux comme de thèmes locaux plus secondaires

Cette affirmation est d'abord le fait de villes au rôle confirmé dans le cadre de la mondialisation bien qu'en retrait. Le volume de la capitalisation boursière de Mumbai est équivalent à celui de Sao Paulo ou de Madrid. Les périphéries intégrées du monde géoéconomique se trouvent confirmées avec une Océanie qui parvient à s'affirmer par le biais de Sydney : l'indicateur des capitalisations boursières se fait là encore parlant, avec un stock boursier de Sydney proche de celui de Madrid. L'Afrique reste encore en retrait, avec Johannesburg comme seul pôle affirmé sur les plans fondamentaux de la mondialisation actuelle, et notamment le volume de capitalisation boursière. Des villes voient enfin une portée mondiale en possédant le siège historique d'entreprises devenues FTN. Bentonville (Arkansas) conserve le siège social de Wal-Mart et voit sa population augmenter de 78 % entre 2000 et 2010. Berkshire Hathaway, société d'investissement classée au 19e rang mondial (28e en 2010) pour des secteurs aussi divers que l'agroalimentaire, le textile ou les assurances possède son siège social à Omaha, en plein cœur du Nebraska. Clermont-Ferrand reste la « ville Michelin » pour les productions de pneumatiques et le siège social de la firme. L'engorgement de certains centres et la difficulté d'y accéder poussent des firmes à s'implanter en périphérie. Le siège social verdoyant de General Electric (16e rang mondial en 2011 ; 24e en 2014) se trouve à Fairfield (Connecticut), et celui de Ford Motor, à Dearborn (Michigan). Ces implantations sont affirmées dans le cas d'*edge cities** (villes-lisières) comportant davantage d'emplois que de logements, mais aussi au moins 500 000 m^2 de bureaux, 65 000 m^2 d'espace commercial, un ou deux grands hôtels et un voire plusieurs sièges sociaux de très grandes entreprises. L'intensité varie selon les agglomérations qui prennent une allure polycentrique. 28 sont identifiées à Los Angeles, ce qui constitue un record mondial. Salt Lake City en comprend 5.

L'émergence d'une gouvernance mondiale comme d'une société-monde, qui possède ses propres lieux, parfois éphémères, s'accorde avec l'inscription locale et en vient à privilégier des lieux déjà dominants dans l'économie. Les grandes compétitions sportives mondiales à intervalles régulières donnent aux lieux concernés une allure temporaire de capitale du monde, en même temps qu'elles témoignent d'une certaine organisation géoéconomique mondiale, voire géopolitique par le passé (JO de Moscou en 1980, de Los Angeles en 1984). Les fonctions diplomatiques mondiales ne laissent place qu'à deux réelles villes, New York (siège de l'ONU) et Washington. La Maison Blanche n'a aujourd'hui encore pas d'équivalent : les menaces sur la sécurité américaine, par refus de l'hégémonie et de l'ordre mondial voulus par les États-Unis, proviennent de structures terroristes sans inscription territoriale visible. La gouvernance mondiale privilégie des lieux plus en retrait, dans un souci de neutralité : le siège de l'OMC est à Genève et certaines institutions de l'ONU sont dispersées dans des capitales européennes de rang 3 ou 4 à l'échelle de la métropolisation mondiale (FAO à Rome, OMT à Madrid). Des événements moins courants inscrivent aussi dans une allure de capitale mondiale temporaire des lieux placés au centre de l'information, comme les villes marquées par une fonction religieuse. Le États-Unis annuel de La Mecque (3 millions de pèlerins en 2012, année record ; 2 millions en 2015 — et ses 2 236 morts, plus grand accident survenu depuis 1990 et la bousculade du tunnel de Mina avec 1 426 morts —, contre 150 000 dans les années 1950) inscrit la première ville sainte de l'Islam au-delà de la seule Umma. Rome, avec le Vatican comme siège de la papauté, s'affiche comme une éphémère capitale du monde en certaines occasions : de tous les plus grands États au monde, seule la Chine n'a pas diffusé en 2005 les funérailles de Jean-Paul II. En 1963, l'agonie de Jean XXIII avait déjà été suivie au-delà du seul monde catholique. Les funérailles des grandes personnalités politiques sont devenues d'importantes concentrations de chefs d'État permises par la rapidité des transports internationaux ; les funérailles de Kennedy en 1963 ont inauguré cette tradition qui s'inscrit dans une mondialisation voyant émerger une société-monde, liée à des flux d'informations. Ces derniers confirment aussi le statut de villes-monde évidentes, à l'image de Londres, au centre des attentions lors d'événements liés à la famille royale britannique : le couronnement d'Elizabeth II en 1953 est l'un des premiers événements retransmis à la télévision.

Des valeurs pensées à l'échelle du monde conduisent à ériger certains lieux en modèle. Le thème de la ville durable met en lumière plusieurs réalisations novatrices, pensées par les autorités locales et copiées par d'autres. Singapour s'inscrit dans cette tendance avec des actions promues pour réduire l'empreinte écologique (limitation des déchets, principe du pollueur-payeur appliqué aux entreprises) comme pour limiter la circulation automobile (premier péage urbain au monde mis en place en 1998). Les réalisations nouvelles affirment un caractère écologique par leur compacité comme l'importance de la verdure (cas du quartier aux fonctions mixtes de Marina Bay ouvert en 2012 et doté jardin équatorial de 100 hectares). Vancouver constitue un cas d'école à l'écho mondial : dès les années 1960, les autorités promeuvent une ville compacte, confirmée par le plan d'action de 1990. La mixité sociale est affirmée, tout comme la réduction des distances à parcourir entre lieux de résidence et d'emplois. Des transports non polluants sont développés et une zone verte ceinturant la ville est définie.

C. Le passage à la « région »* voire au monde

Des ensembles régionaux dominent la mondialisation, par la collection de centres de commandement. Les mégalopoles dûment constituées font figure de régions décisionnelles majeures, en même temps qu'elles concentrent des populations urbaines nombreuses et en quasi-continuité. Elles sont de l'ordre du millier de kilomètres de long et leur capacité décisionnelle est marquée par la diversité, sur le plan économique comme sur le plan des fonctions générales concentrées. La Mégalopolis de Boston à Washington peut être qualifiée de Decisionnal Belt : 35 % des 250 premières firmes étatsuniennes y possèdent leur siège social, avec une domination de New York, puis de Washington (malgré son absence de *skyline*, particularité aux États-Unis), de Boston et de Philadelphie. 10 % des sièges sociaux des 500 premières FMN sont implantés dans la Megalopolis, avec une surreprésentation des secteurs de l'économie post-industrielle. La gouvernance mondiale s'y exprime aussi : le siège de l'ONU est à New York, celui du FMI et de la Banque mondiale à Washington. Cette Megalopolis possède un commandement culturel mondial, au titre de l'édition comme du secteur de la mode. Parmi les musées les plus fréquentés au monde, le Metropolitan Museum of Art de New York, la National Gallery of Art de Washington et le Museum of Modern Art de New York sont les seuls étatsuniens. La mégalopole japonaise, de Tokyo à Fukuoka, est centrée sur le Tokaido (« route de la mer de l'Est » entre Tokyo et Osaka). Tokyo (et l'ensemble du Kanto) est assurément le cœur de cet espace et l'un des centres du monde. Des attributs d'ordre financier (deuxième bourse mondiale — le Kabuto-cho — et multiples sièges sociaux de FTN) s'ajoutent à son statut de « capitale industrielle » confirmé avec la concentration de la sidérurgie sur l'eau dans la baie de Tokyo depuis les années 1990. Osaka (et le reste du Kansai avec les pôles de Kobe et de Kyoto) est un brillant second, avec des résultats atténués mais de même nature : jusqu'en 2012, sa bourse se classait avant celle du Luxembourg pour le volume de capitalisation. 2013 voit la naissance du Japan Exchange Group du fait de la fusion des deux premières bourses nippones (Tokyo et Osaka) ; cette opération ne fait que renforcer sa troisième place mondiale pour le volume de capitalisation, un rang déjà atteint par la seule place tokyoïte. Les volumes échangés sont en revanche multipliés par deux. Même les espaces périphériques de la mégalopole participent aux dynamiques majeures : l'île de Kyushu est concernée par le développement de l'industrie de pointe d'où le surnom de « Silicon Island ». Les transports constituent une véritable épine dorsale pour l'ensemble, dominés par le Shinkansen, train à grande vitesse de Fukuoka à Sendaï. Seule la dimension politique n'est pas représentée, large zone d'ombre qui ne permet pas de placer la mégalopole japonaise au même rang que la Megalopolis. La discontinuité est encore plus nette au titre de la mégalopole européenne, de Londres à Milan et dont les limites sont plus imprécises : centrée sur l'axe rhénan, elle place l'agglomération parisienne de manière périphérique et ne reflète donc pas avec précision son poids mondial. La localisation des mégalopoles, dont le caractère littoral est évident pour la plupart, rappelle le poids de la logistique et la course au gigantisme des infrastructures portuaires. Bien qu'aujourd'hui concurrencées par les organismes portuaires chinois, leurs équipements rappellent qu'ils sont au service d'une économie mondialisée. La Mégalopolis et la Main Street America voient ainsi transiter une partie des flux de marchandises au titre des landbridges qui traversent les États-Unis. Ces flux mondiaux, ayant l'Asie et l'Europe comme origine ou destination, trouvent dans ces ponts continentaux des moyens pour éviter un contournement des Amériques par le détroit de Magellan ou le canal de Panama. De vastes ponts continentaux entre la côte Ouest (Californie) et la façade atlantique et les Grands Lacs sont sans cesse confirmés. Sur le mode de l'intermodalité (association voie ferrée — parfois à double hauteur — et route), trois ponts continentaux majeurs relient les trois principaux ports étatsuniens sur le Pacifique (Seattle, Oakland et Los Angeles) à des infrastructures de la côte atlantique : Seattle-New York par Chicago et Minneapolis, Los Angeles-Savannah par Houston et la Nouvelle-Orléans. Oakland/Los Angeles-Chicago. Cette dernière ville, « porte des Prairies », voit son rôle exacerbé, avec la convergence de plusieurs routes et la redistribution en direction de l'axe du Saint-Laurent, sans que la frontière canadienne ne constitue un frein.

La logique de mégalopole tend aussi à devenir un modèle au niveau mondial. L'économiste brésilien Urani appelle de ses vœux en 2011 la confirmation et l'affirmation d'une « mégalopole brésilienne » en formation, entre Rio de Janeiro et Sao Paulo et étendue aux espaces proches (une partie de l'État du Minas Gerais). Le constat naît d'une désindustrialisation des deux métropoles* brésiliennes engorgées, ainsi que d'une tendance à un recul des services au profit des périphéries proches s'érigeant en *edge cities*. Le littoral inclus bénéficie d'activités touristiques et d'un boom pétrolier attendu. La connectivité interne est bonne, celle à l'international aussi (la desserte internationale de Sao Paulo est équivalente à celle de Los Angeles et celle de Rio, à celle de San Francisco) et des atouts culturels et scientifiques apparaissent aussi. L'obstacle majeur est l'absence promotion de cette logique de la part des acteurs publics.

Des territoires virtuels tendent à s'exprimer, et à être plus que de simples supports de transmission d'information. La « Toile » se veut une métaphore de l'ensemble des réseaux (faits de lignes comme de points), supports virtuels comme physiques (et correspondant à « Internet ») par lesquels transitent quantités d'informations, de nature culturelle comme liées à des ordres donnés à distance. Le WWW (World Wide Web) concentre la totalité des fondements d'une mondialisation, qu'elle soit financière, économique ou culturelle au sens large. De manière symptomatique, la « Toile » est considérée comme un « lieu » par D. Retaillé (*Les lieux de la mondialisation*, 2011), seule entrée à couvrir l'ensemble du monde pour un emploi métaphorique du terme qui suppose une abolition symbolique des distances internes. L'auteur rappelle combien ce réseau mondial a désormais une place fondamentale sur le plan géopolitique — le Printemps arabe de 2011 l'a montré — et reflète les logiques des acteurs mondiaux, qu'ils soient privés (conquête de marchés virtuels, concurrence parfois exacerbée avec des formes traditionnelles de services, non virtuelles) ou publics (recherche d'équilibres territoriaux à différentes échelles, accès favorisé comme une condition de développement). Les informations ainsi diffusées s'entendent à une échelle mondiale, pour une régionalisation qui ne fait que reproduire en grande partie les inégalités de développement, aussi témoins d'accès différenciés aux équipements permettant la consultation du Web comme à ceux relevant des TIC. Au début des années 1990, il était ainsi estimé qu'il existait autant de lignes téléphoniques à New York que dans toute l'Afrique subsaharienne. En 2012, 18 lignes téléphoniques sont comptabilisées pour 100 habitants en République démocratique du Congo et 4,6 en Érythrée. Par son utilisation quotidienne, sur les plans professionnels comme personnels, le Web est devenu en l'espace de moins de deux décennies un réseau mondial fondamental, bien plus qu'un simple outil de transmissions de connaissances. Les freins à un accès peuvent enfin relever d'une privation d'informations, au vu de la puissance des connaissances véhiculées, privation décidées par des acteurs étatiques soucieux d'un contrôle de la population.

Cuba et l'accès à internet,
témoin de la libéralisation encore incomplète du régime ?

Depuis juin 2013, l'accès au Web n'est plus réservé à certaines catégories de la population (médecins, universitaires, journalistes et fonctionnaires, dans le cadre de leur emploi pour chacun, hôtels pour les touristes). La limite tient dans les seuls lieux autorisés, des cybercafés baptisés « salles de navigation » et limités à moins de 120 sur toute l'île. Ces établissements, bien sûr gérés par l'État, exigent, pour une heure de consultation, près du quart du salaire mensuel moyen d'un Cubain. Ces différents freins révèlent le caractère fondamental porté par les informations du Web, pensées pour une échelle mondiale et relayées à un niveau local.

On a de la sorte enregistré en 2013 à Cuba trois millions de connexions (tarif 1/5 du salaire moyen l'heure de connexion). La seule liaison internationale, ALBAI, est assurée par une compagnie nationale.

II. Territoires et espaces de la participation guidée à la mondialisation

A. Une participation affaire de productions de biens comme de services

Le choix de la mondialisation est le fait de spécialisations de territoires à la superficie variée et ancrés dans les logiques d'un marché mondial. Toutes les activités économiques sont concernées et s'intègrent dans des territoires souffrant d'un manque de commandement malgré une visibilité internationale nette. Dans le secteur agricole, la connexion au monde est grande pour les territoires céréaliers liés aux marchés mondiaux. Les Grandes Plaines et la Prairie canadienne sont mises en valeur par des *farmers* surveillant de près le cours mondial des productions comme les conditions climatiques. À des niveaux plus fins, des territoires viticoles sont en cours d'affirmation depuis les années 1990 au titre des « Vins du Nouveau Monde ». Le Chili, l'Afrique du Sud ou la Nouvelle-Zélande comptent des producteurs nouveaux, mobilisant des techniques affirmées (recours à l'irrigation, à la différence des pratiques européennes dominantes) et s'inscrivant dans les attentes d'une clientèle internationale (recherches sur la qualité gustative des produits pour une concurrence affirmée à l'encontre des producteurs traditionnels). Ces territoires sont impulsés par des acteurs privés structurés en une multitude d'exploitations, acteurs relayés par les États contractant des partenariats pour la conquête de marchés internationaux. Le Chili se couvre, dans les régions centrales, de *bodegas*, exploitations modernisées et tournées pour partie vers les marchés étrangers (France depuis 2003 et France pour l'essentiel, dans le cadre d'accords de libre-échange passés aussi avec l'Union européenne et d'autres pays d'Amérique latine). Les cuves à l'allure de petits silos font partie des paysages viticoles chiliens, à l'opposé des modes de stockage européens. Le Chili est désormais le 4e exportateur mondial de vin et le troisième exportateur vinicole aux États-Unis, devant la France. Les spécialisations tournées vers un marché mondial sont aussi le fait de territoires industriels de pointe comme traditionnels. La Silicon Valley est devenue à ce titre un modèle développé à partir des années 1950. L'informatique fonde d'abord son développement, autour de productions comme les microprocesseurs, les semi-conducteurs et les micro-ordinateurs. Elle souffre de l'absence de sièges sociaux des *leader*s américains du secteur comme Microsoft (au siège social à Seattle), IBM (New Jersey) et Compaq (à Houston). La Net Economy et le développement du Web social permettent à partir des années 1990 un renouveau et une affirmation technopolitaine avec l'implantation de sièges sociaux nouveaux (pour les firmes Facebook, e-Bay ou Google), en même temps que se diversifient les fonctions initiales (biotechnologies, énergies renouvelables). Surtout, elle constitue un modèle technopolitain copié à différents degrés. En Inde, Bangalore est souvent baptisée de « Silicon Valley indienne » en référence à sa concentration d'activités de hautes technologies. La ville révèle les dynamiques positives qui animent l'Inde et les capacités innovantes d'acteurs nationaux : après un boom lié à la délocalisation d'activités de conception de logiciels par Hewlett Packard et Microsoft, mais aussi des services après-vente au titre des centres d'appel, la ville voit se développer des centres de conception pour l'industrie aéronautique et de la biotechnologie, secteurs implantés sous l'impulsion d'Indiens formés en Californie et rentrés en Inde selon les logiques du *brain gain*. Au Japon, le plan Technopolis (1983-1998) conduit par le MITI (METI depuis 2001, Ministère chargé de l'innovation technologique) s'inscrit dans ces politiques publiques de développement de pôles chargés d'assurer la concurrence du pays dans une économie et une concurrence mondialisées. 26 centres nouveaux apparaissent attenants pour partie aux grandes villes de la mégalopole. Deux cités scientifiques sont limitrophes de villes mondiales, Tsukuba pour Tokyo et Kansai pour la conurbation Osaka-Kobe-Kyoto. Ce panorama des services est à compléter par le tourisme international, à l'image de celui pratiqué dans les terres tropicales situées loin des principaux foyers émetteurs. Une destination comme l'île Maurice (sud-ouest de l'océan Indien) reçoit en majorité des touristes européens (plus de 60 % du total) et affirme sa volonté de s'ouvrir à des marchés nouveaux comme la Chine et l'Inde ; fait rare dans le monde, les hôtels de standing sont possédés par l'élite blanche, qui a bâti sa fortune sur le sucre et a su mobiliser ses capitaux à partir des années 1970, en partenariat parfois avec des groupes sud-africains (à l'image du groupe Beachcomber). Cette réussite conduit ces mêmes groupes à des investissements aux Seychelles dans le tourisme, mais aussi un regard vers l'Afrique australe pour des activités industrielles textiles. Les Maldives accueillent annuellement 600 000 touristes, d'origine européenne à plus de 75 %. Au-delà de ces figures territoriales — qui ne constituent d'ailleurs pas les seules formes touristiques : une sélectivité paysagère intervient souvent à propos de la mondialisation et se concentre sur quelques éléments qui certes témoignent d'une récurrence à l'échelle mondiale mais non de son unité, comme la bétonisation de certains espaces littoraux (côtes méditerranéennes, Cancun, Floride…) — la pratique même du tourisme et des loisirs conquiert des populations nouvelles. Les travaux de B. Taunay (*Le tourisme intérieur chinois*, 2011) montrent comment la Chine connaît une progression spectaculaire du nombre de touristes nationaux (400 millions contre 15 millions de touristes étrangers, pour des dépenses respectives de 110 milliards de dollars et 30 milliards), qui affectionnent des lieux de la modernité, aux dépens de ceux liés à la culture ancestrale du pays ; surfaits, modernes voire post-modernes, ils supportent les pratiques d'une population qui, elle aussi, est déjà entrée dans l'ère de la société des loisirs.

La mondialisation se repère à travers des territoires créés pour susciter des investissements étrangers. Sans expliquer tous les IDE, les zones franches sont moteurs d'investissements par la forte réduction de la fiscalisation sur les biens ou des services produits (ou son annulation) et la suppression des droits de douane à la sortie. Le droit du travail peut ainsi s'en trouver modifié par rapport à la législation, sans être une règle générale et parfois au bénéfice des actifs mieux payés. L'expression territoriale est celle d'espaces zonés, découpés et définis par les décideurs au sein du territoire national, mais les « points francs » permettent une implantation libre sur le territoire d'accueil, comme à Madagascar ou dans la République de Maurice. Les zones franches ont plusieurs finalités : elles visent d'abord à développer des activités d'exportation, pour une production de biens ou de services fondée sur des coûts réduits : les productions réalisées sont destinées aux marchés étrangers, avec l'obligation faite aux investisseurs d'exporter la plus grande partie de la production et des droits de douane à payer pour la faible part vendue sur place. Une unique fonction commerciale caractérise d'autres zones franches, avec une implantation à proximité immédiate d'équipements portuaires pris dans des logiques de *hub*. Les premières zones franches naissent en Amérique latine dès les années 1920 et se confirment après 1945 et se diffusent ensuite en Asie orientale avant de gagner l'Afrique puis l'Europe orientale après 1990. L'essentiel des zones franches — qui concernent 70 % des États au monde — sont aujourd'hui situées en Asie orientale (près de 30 % du total mondial), suivie par l'Amérique du Nord (20 %). L'Europe orientale et l'Afrique subsaharienne atteignent chacune près de 7 % du total mondial.

D'autres territoires s'inscrivent dans une uniformisation mondiale au titre de lieux emblématiques pour la société de consommation. En Chine, la chaîne française Carrefour est présente depuis 1995 et comprend plus d'une centaine de magasins (12 à Shanghai, 9 à Beijing). Le modèle du *mall** américain a aussi fait son apparition en Chine, avec des enseignes comme Dior ou Chanel. Ils deviennent des lieux de fréquentation le week-end, malgré leurs prix inaccessibles à nombre de Chinois. Les villes littorales tendent aussi à valoriser leur front de mer pour transformer d'anciens entrepôts devenus sous-dimensionnés en lieux de promenade, de loisirs et de magasins. Ces *waterfront** sont aussi des vitrines qui participent du renouvellement des images urbaines porté par des opérations publiques ou semi-publiques de requalification urbaine. Les frontières s'inscrivent-elles dans une telle logique ? L'activité de délimiter, de borner semble être liée à tout stade de la mondialisation. La frontière est une limite transposée par l'Europe à ses colonies successives, notamment dans des terres aux espaces-tampons entre groupes qui ne connaissaient pas de telles logiques. L'Afrique issue du congrès de Berlin (1884-1885) en est la preuve. M. Foucher (*L'obsession des frontières*, 2007) souligne lui que la mondialisation s'inscrit dans un besoin de frontières, nouvelles et autres face à celles que les organisations pour une gouvernance mondiales tendent à gommer sur des points précis. La non-uniformisation du monde, le maintien (voire l'affirmation) d'identités, participent d'un besoin de découpage, avec une permanence gardée de l'idée de frontière. Près de 10 % des frontières actuelles sont ainsi postérieures à 1991 et à la chute de l'URSS. Dans un même ordre idée, les années 1970 voient la multiplication des conflits autour des frontières, qu'il s'agisse de redéfinir des découpages (une des raisons de la guerre Iran/Irak dans les années 1980, des affrontements entre le Pérou et l'Équateur au cours des années 1990) ou d'intégrer des territoires éloignés à des entités nationales autres (guerre des Malouines en 1982). Si le caractère poreux des frontières se trouve contesté sur les plans économiques et financiers, la fonction politique des frontières garde tout son sens. Les contrôles d'identité, notamment dans le cadre des non lieux pointés par M. Augé, le rappellent. Les régions frontalières s'inscrivent-elles dans la mondialisation selon des logiques qui ne vont pas sans rappeler celles d'autres territoires. Les programmes de coopération transfrontaliers, formels comme institutionnalisés, sont-ils davantage influencés par la mondialisation que d'autres ? Ces rapprochements sont plus imputables aux processus de régionalisation qu'à la mondialisation, qu'il s'agisse d'une forme de coopération sectorielle (à l'image des aménagements hydroélectriques et de transports autour des chutes d'Iguaçu et des trois États en présence) ou d'un complément frontalier. Le cas de la Mexamérique s'inscrit dans cette tendance d'une division macrorégionale du travail et des activités entre d'une part le Mexique exécutant et d'autre part les États-Unis voire le Canada commandant. Les territoires frontaliers voire transfrontaliers ainsi construits rappellent la mondialisation en fonction des secteurs présents. Tijuana, capitale mondiale du téléviseur jusqu'au début des années 2000 par la présence de multiples maquiladoras, inscrit de fait la Mexamérique dans la mondialisation, alors que les rouages décisionnels se jouent autour de capitaux d'abord nord-américains, parfois asiatiques mais de manière secondaire.

B. Une participation affaire de ressources naturelles

Les ressources naturelles les plus stratégiques placent les territoires concernés au cœur de la mondialisation lorsqu'elles se trouvent gérées par des acteurs étrangers et/ou destinées à des marchés internationaux. Leur exploitation s'inscrit dans un cadre pionnier, qui suppose une progressive extension de l'œkoumène. Les ressources en plein essor sont aujourd'hui celles des espaces maritimes, et notamment les hydrocarbures *offshore*. Les réserves pétrolières connues sont à 20 % *offshore* et celle de gaz, à 30 %. Plusieurs raisons expliquent cet intérêt croissant. Les plates-formes sont sans cesse améliorées, avec une préférence pour des engins désormais flottants, non ancrés ni fixés au fond des mers mais stabilisés en surface, et qui permettent une exploitation au-dessous de 400 m de profondeur. Cette dernière est celle des premières exploitations *offshore* d'envergure, dès les années 1970 (pourtours étatsuniens du golfe du France et mer du Nord). Les techniques actuelles permettent des forages à plus de 2 000 m de profondeur (golfe du France, pour une consommation nationale car étatsunienne) mais d'autres apparaissent pour des exploitations vraiment mondialisées (1 400 m en Angola, pour le compte de Total). La montée du coût du pétrole durant les années 2000 permet aussi la recherche de gisements profonds, dont la rentabilité est assurée par un baril dépassant les 100 dollars. Les fonds de la ZEE des Malouines sont un nouvel espace possible d'exploitation repéré depuis 2010, en même temps que ceux d'un Brésil qui assure son autosuffisance grâce à ses gisements *offshore* et pourrait devenir un exportateur massif en 2020. Le golfe de Guinée s'inscrit dans une évidente mondialisation, avec une exploitation pétrolière encore dominée par des firmes européennes (Total et Tullow au niveau du Ghana et de la Côte d'Ivoire, Exxon en Angola et au Nigéria, la Chine et l'Inde se concentrant sur l'*onshore* soudanais). L'exploitation de l'Arctique reste une grande inconnue, tant pour le volume des ressources que pour le coût effectif de gisements potentiels à plus de 3 000 m de profondeur. Les fonds marins recèlent aussi de richesses mal connues mais à l'exploitation rendue aussi possible aujourd'hui par la rareté de certains métaux comme l'augmentation de leur coût.

Les nodules polymétalliques : une exploitation enfin mise en œuvre

Les nodules polymétalliques sont des particules déposées dans les fonds marins. Ceux de l'Océan Pacifique sont particulièrement concernés par cette présence et par un regard majeur, notamment entre Hawaï et l'Amérique centrale, et dans le Pacifique sud. Ils se présentent sous une forme de petite taille pour une teneur en métaux proche de celle des ressources terrestres (avec une domination du fer et du manganèse, et la présence de cuivre comme de cobalt). Leur localisation à 5000 m et leur grande dispersion ont retardé une exploitation envisagée dès les années 1980 et mise à l'essai depuis le début des années 2010 sous l'impulsion des France, de l'France et de la France (cas de la coopération franco-allemande Bionod). La compagnie canadienne Nautilus Minerals procède de même dans le Pacifique sud, au niveau des eaux territoriales de Papouasie-Nouvelle-Guinée et des Fidji. Les nodules polymétalliques à l'existence prouvée au sein de la mer des Caraïbes ne sont en revanche pas encore visés par une exploitation, jugée non rentable (pour le moment ?).

La gestion de certaines ressources terrestres confirme leur caractère mondialisé. L'expression de « scandale géologique » (due au géologue belge Cornet vers 1890) désigne des territoires dont les habitants et les autorités ne tirent pas de bénéfices à la hauteur des gains obtenus par la vente de leurs ressources minières. Cette situation est moins nette désormais, avec une affirmation d'acteurs locaux en cours mais le recours à des capitaux étrangers s'avère nécessaire face au manque de moyens financiers voire à l'autorité incomplète dans des territoires encore mal cadastrés. C'est le cas du Sahel aux gisements pétroliers *onshore* en début d'exploitation. Le Tchad fait appel à la fin des années 1990 à la Banque mondiale pour exploiter des gisements du Nord du pays, en partenariat avec des compagnies étrangères comme Exxon. À la fin des années 2000, ce même pays se tourne vers des investisseurs non occidentaux, comme la Chine, pour s'affranchir de conditions fixées par la Banque mondiale dans la répartition à venir des revenus tirés du pétrole (redistribution dans la santé ou l'éducation). Les compagnies publiques d'Afrique du Nord ou de géants asiatiques (Chine, Inde…) sont des concurrentes acharnées de compagnies occidentales traditionnellement présentes (Total, Chevron…). La « diplomatie du cadeau » (B. Augé) pratiquée par des puissances asiatiques (Chine, Inde) se substitue au « scandale géologique » et au pillage des richesses et dynamise les territoires. La Chine est peu regardante sur les agissements du Soudan ou offre la construction d'hôpitaux mais aussi de raffineries sur place, fondant son argumentation sur un développement en faveur de la population et non plus l'exportation d'un pétrole brut. Le Tchad comprend deux raffineries chinoises. La Chine et l'Inde se positionnent aussi sur des territoires délaissés, à l'image de la Copperbelt (ceinture de cuivre) en Zambie. Soumise à la baisse du cours du cuivre à partir de 1975, cette région entre en crise dans les années 1980 : la production passe de 700 000 tonnes en 1965 à 260 000 t en 2000. La privatisation opérée dans les années 1990 sous l'influence de la Banque mondiale voit des prises d'intérêts indiennes, chinoises et canadiennes dans les mines de cuivre. Cette mondialisation est aussi le fait de travailleurs employés, davantage recrutés en Inde et en Chine. Les conditions de vie des populations locales sont marquées par la dureté, avec une forte prévalence du Sida et des logements vétustes, marqués par la pollution environnante, qui alimentent une forte émigration vers des régions autres de la Zambie. La remontée des productions cuprifères s'explique par cette main-d'œuvre asiatique nouvelle, composante de la Chinafrique en cours de consolidation et témoin d'une certaine mondialisation.

La transformation des ressources naturelles en produits finis ou semi-finis donnent lieu à des territoires particuliers, inscrits dans des réseaux de transports internationaux, d'où une localisation littorale préférentielle. L'expression de « cathédrales dans le désert » a désigné dans les années 1970 les pôles de développement bâtis en référence aux travaux de l'économiste F. Perroux souhaitant favoriser le développement du Tiers-Monde pour partie par le biais des exportations. Le faible entraînement initial sur les territoires alentour semble révolu, à l'image du pôle de Camaçari au Brésil. Les usines implantés dans les années 1970 (pôle pétrochimique, usines automobiles) n'ont d'abord pas entraîné d'effets sur la ville, avec un maintien des résidences ouvrières à Bahia (à 30 km). La ville compte aujourd'hui plus de 200 000 habitants et s'est constituée comme pôle industriel et exportateur à part entière. L'expression de « cathédrale dans le désert » est désormais plutôt employée pour des équipements portuaires placés au plus près des routes maritimes. En Calabre, Gioia Tauro est le troisième port méditerranéen pour le trafic de conteneurs (derrière Valence et Port-Alexandrie), *hub* véritable pour une ville de moins de 20 000 habitants. En Australie, Port Headland et Dampier doivent leur rang proche des 20e mondiaux (trafic vraquier trois fois inférieur à celui de Shanghai) aux exportations de fer et ne sont que des portes de sortie.

C. Une participation affaire de logistique : le rôle des frontières maritimes et des océans

La logistique mondiale voit le règne des transports maritimes (plus de 90 % des échanges physiques). Les grandes routes maritimes privilégient le Pacifique en son centre, le nord de l'Atlantique comme de l'océan Indien. Elles sont aussi fonction des marchandises transportées : les exportations de fer (dominées par l'Australie et le Brésil) transitent par le sud de l'océan Indien et l'Atlantique, à destination de l'Europe et de l'Amérique du Nord, en ne pouvant emprunter la route de Suez et le golfe d'Aden, privilégiés pour le pétrole. Les céréales, massivement exportées par l'Amérique du Nord et l'Europe, parcourent le Pacifique et l'Atlantique. Les trafics des équipements portuaires témoignent de la montée de l'Asie orientale, pour les volumes exportés par ces États devenus puissances économiques majeures, comme pour la capacité à proposer des infrastructures modernisées et performantes. Entre 1995 et 2010, le volume du trafic des 10 premiers ports mondiaux a été multiplié par 5 pour chacun.

La succession d'équipements portuaires proches donne lieu à des façades maritimes, ensembles territoriaux pensés et affirmés par les autorités à l'œuvre. Le littoral chinois est une façade maritime évidente, pas seulement liée aux succès des équipements (30 % du trafic mondial de conteneurs), mais aussi à la volonté politique d'intégrer l'ensemble à la mondialisation au titre des politiques décidées par Deng. Les ZES (zones économiques spéciales) littorales chinoises sont ces lieux constitués pour appeler des investissements étrangers et une industrialisation liée à la stratégie de faire de la Chine « l'atelier du monde ». Plusieurs sont successivement décidées à partir de 1979 et président au succès économique chinois en même temps qu'elles dynamisent les territoires concernés : dans le delta de la Rivière des Perles, aux portes de Hong Kong, le modeste village de Shenzen ouvert dès 1979 est devenu une métropole* de plus de 10 millions d'habitants, dont la skyline est dominée par le Kingkey 100, de plus de 430 m de haut. Shanghai, boudée sous la période maoïste, s'est vue reconsidérée et est à présent la première ville mondiale de Chine, centre financier majeur. À l'opposé, Hong Kong s'est vu concurrencé et rétrogradé à des rangs inférieurs par les réussites chinoises. Ce statut de façade peut aussi procéder d'une concurrence entre organismes voisins mais étrangers : il en va ainsi de la Northern Range. D'autres façades semblent en cours de constitution. Les autorités indiennes, conscientes que la faiblesse de leurs infrastructures portuaires leur coûte entre 1 et 2 points de croissance chaque année pour un seul organisme classé dans les 50 premiers mondiaux et à un rang très inférieur, misent sur une diversification des infrastructures. Le Jawaharlal Nehru Port de Mumbai est le port indien plus performant pour le trafic de conteneurs mais n'est que le 25e au monde. Au sud-ouest, le port de Cochin est transformé depuis 2011 pour l'accueil des conteneurs et de nouvelles installations identiques sont prévues à Chennai.

Les espaces maritimes sont enfin pris dans une volonté affirmée de leur contrôle par les États côtiers. La (tardive : 1982) convention de Montego Bay (ou CNUDM, Convention des Nations unies sur le Droit de la mer, avec un tribunal à Hambourg pour arbitrer les différends dans sa mise en œuvre) vise à réguler l'appropriation de la mer en définissant des bandes successives à partir du trait de côte. Première bande, les eaux territoriales, font partie intégrant du territoire national avec une exploitation des eaux et du sous-sol de la seule volonté de l'État propriétaire. Un droit de passage est reconnu pour les navires étrangers mais soumis à une autorisation. La zone contiguë s'inscrit dans une logique proche des eaux territoriales, pour un contrôle moins important. Au-delà, le reste de la ZEE (200 milles nautiques de large tout au plus) est exploitée pour ses ressources marines et sous-marines par l'État propriétaire, mais la liberté de navigation, de survol, de pose de câbles comme d'oléoduc et de manœuvre militaires navales est reconnu pour tout autre État. La haute mer (64 % des espaces maritimes mondiaux) est ensuite d'usage libre. L'appropriation au titre des ZEE peut s'étendre au-delà de la limite des 200 milles si l'État riverain apporte la preuve de l'existence d'une étendue du plateau continental en amont des fonds abyssaux. En Arctique, la Russie revendique depuis 2007 une extension de sa ZEE de plus d'1,2 million de km^2 au titre de l'existence d'un plateau continental prolongé. La mise en œuvre de cette convention — non ratifiée par l'ensemble des États au monde comme les États-Unis, le Venezuela ou la Turquie — peut amener des querelles de voisinage, à l'image des désaccords entre la Chine et le Japon. Elle ancre toutefois ces conflits dans des discussions et non dans une tentative de résolution violente.

III. Des espaces et des territoires encore en marge de la mondialisation ?

A. Une notion de marge relative voire valorisée : des marqueurs sibyllins de mondialisation

Les marges terrestres s'entendent dans une double acception : une marge sociale, par la faiblesse de l'occupation humaine ou l'éloignement de certains réseaux ; une marge légale, en référence à ces critères juridiques en marge de ceux promus par la gouvernance mondiale. Toutes deux sont valorisées par la mondialisation. La première peut être le fait d'activités illégales mondialisées, à l'image de la production de drogue. Le Triangle d'Or (culture du pavot) ou les terres amazoniennes de Colombie, du Pérou et d'Équateur (production de cocaïne) mais aussi les points d'appui insulaires du trafic relèvent de cette tendance. Le narcotrafic mondial emprunte des routes terrestres comme maritimes en recomposition permanente, sous l'effet des tensions géopolitiques ou des moyens de lutte mis en œuvre par les États concernés. Plaque tournante de la drogue venue d'Asie et lieu de redistribution vers l'Europe comme l'Amérique du Nord, l'île Maurice des années 1990 a obtenu nombre de succès pour détourner cette route vers d'autres points d'appui. Sur les mers, la piraterie en hausse depuis les années 1990 profite de l'immensité pour attaquer certains navires (voir le commentaire de carte). D'autres marges, liées à l'éloignement, s'assurent certains succès économiques grâce à la mondialisation : aux Malouines ou aux États archipélagiques du Pacifique réunis dans le « cartel du thon » et vendant leur droit de pêche respectivement aux Espagnols et aux Japonais comme aux Américains, répond la pratique des Tuvalu enrichis par la vente de leur identifiant internet (. tv) à des chaînes de télévision ! L'insertion dans une société-monde* est le fait de mise en place de lieux liés à des valeurs mondiales. Le Timor oriental a ainsi créé en 2007 son premier parc naturel national. Le Patrimoine mondial de l'Humanité répertorie 962 sites (dont 745 pour au titre du patrimoine historique) répartis sur l'ensemble de la planète. L'extension du tourisme international à des terres en retrait est l'occasion de changements internes et d'une redécouverte patrimoniale perdue, à l'image de l'art des tatouages aux Marquises (Polynésie française). L'anthropologue S. Le Menestrel à propos des Cadiens (*La Voie des Cadiens*, 1999) montre que le tourisme en Louisiane induit une recomposition identitaire locale avec un retour vers des composantes anciennes ou oubliées durant une majeure partie du XXe siècle (langue, architecture). Tout espace semble désormais inclus dans une mondialisation, présente y compris sous une forme sibylline. Les formes sont parfois le fait de modèles et de modes de vie. La maison individuelle avec jardin, marque de l'*American Way of Life* et d'une mondialisation culturelle à l'américaine triomphe dans certaines opérations d'étalement urbain dans les villes des Sud, à l'encontre de principes d'une ville durable compacte. La *gated community* fait aussi une entrée fulgurante.

La marginalité légale s'entend elle pour l'antimonde légal (paradis fiscaux*, pavillons de complaisance). Parmi la foule de territoires concernés par le premier cas, Jersey dispose d'une législation dans laquelle les profits réalisés sur les transactions boursières ne sont pas soumis à l'impôt britannique et ne sont donc « qu'à » déclarer aux services fiscaux du pays d'origine. Les transactions boursières sont faiblement taxées. Depuis 1989, l'île de Labuan (Malaisie) est promue paradis fiscal. L'opacité y est garantie pour un territoire qui conserve le secret bancaire, se refuse à communiquer le nom des titulaires et propose un taux d'imposition à 3 %. Les critiques internationales sont vives face au refus fréquent (car prévu par la législation) des autorités locales de collaborer. Le journaliste N. Shaxson (*Les paradis fiscaux – Enquête sur les ravages de la finance néolibérale*, 2012) attribue pour partie la crise de la fin des années 2000 à ces lieux et aux transactions qui s'y déroulent fondée sur la spéculation effrénée à partir de fonds parfois virtuels. Les évolutions montrent une tendance à la coopération, notamment autour du blanchiment d'argent. Des États insulaires sont rayés des listes noires au titre d'une bonne conduite, comme les Grenadines selon les classements français. Les pavillons de complaisance ne sont pas uniquement littoraux. Les six premiers en nombre d'immatriculations (Panama, Libéria, Marshall, Bahamas, Malte et Chypre) rassemblent plus de 53 % des navires de la marine marchande mondiale. Depuis 1986, les Kerguelen sont un pavillon de complaisance mis en œuvre par la France, tout comme l'île de Man et Gibraltar par le Royaume-Uni. Depuis 2003, la Mongolie propose des tarifs inférieurs à 10 % par rapport au marché des pavillons de complaisance. 300 bâtiments de 40 pays (dont 23 pétroliers) battent pavillon mongol, avec le Japon et Singapour comme meilleurs clients. Une succursale est prévue dans la zone franche du port de Tianjin en Chine.

Des problématiques à l'évidence inscrites dans celles de la mondialisation invitent enfin à reconsidérer les territoires qui pouvaient être associés à des marges au sens géographique, aux périphéries les plus éloignées des centres. La lecture de l'espace Schengen proposée par le géographe S. Weber (*Nouvelle Europe, nouvelles migrations*, 2007) montre les reconsidérations des marges frontalières et le retournement des regards territoriaux d'une telle politique. Pensée à l'origine pour supprimer les frontières internes à l'Union européenne, elle s'est muée en une affirmation des frontières externes pour répondre à l'augmentation de flux migratoires clandestins. S. Weber évoque un « glacis protecteur » pour désigner l'ensemble des mesures prises auprès des frontières sud de l'Union européenne, mais aussi celles mises en place pour renforcer les contrôles exercés par les voisins nord-africains. La PEV (Politique européenne de Voisinage) participe aussi de ces mesures pour lutter contre des flux humains internationaux qui peuvent privilégier des portes d'entrée maritimes. À une échelle plus locale, on rappellera le statut particulier des lieux associés à de tels flux mondiaux. Entre-deux maintenus dans une gangue de marginalité lors de leur utilisation première — alors que fondamentaux pour les acteurs à l'œuvre —, ils tendent à s'inscrire aujourd'hui dans un patrimoine national sinon mondial. En 1990 est inauguré un musée à Ellis Island en hommage aux immigrés ayant transité par ce lieu ouvert jusqu'en 1950 puis laissé à l'abandon jusqu'en 1965. En 1978, la « Maison aux Esclaves » de l'île de Gorée au Sénégal est inscrite sur la liste du Patrimoine mondial de l'Humanité par l'UNESCO. Ces lieux d'isolement et de quarantaine, dotés d'un statut de marge, se retrouvent ainsi au cœur d'une mondialisation construite sur le plan culturel par pointes locales qui ne se trouvent pas hiérarchisées entre elles.

B. Des marges pour un rejet de la mondialisation ?

Les territoires faisant le choix de s'exclure de la mondialisation relèvent de cas d'école. La quasi-autarcie nord-coréenne débouche sur des relations seulement privilégiées avec le voisin chinois. Les importations alimentaires induisent une balance commerciale déficitaire. En 2010, 8 villes nord-coréennes se voient désignées comme zones franches, preuve d'une sensibilité à des pratiques mondialisées, qui ne relèvent en rien d'une démocratisation interne. Ce cas à part ne peut être étendu aux autres États se réclamant du communisme. Cuba, malgré l'embargo américain aux degrés fluctuants, est l'une des destinations touristiques caribéennes les plus prisées, pour des flux originaires de l'ALENA comme de l'Europe. Le raccord à un câble sous-marin performant en 2013, se substituant à la connexion par satellite jusque-là existante, montre aussi la volonté de modernisation des supports de flux immatériels pour partie négligés jusque-là, par choix pour partie délibéré de la part des autorités. Le point terrestre d'entrée, Santiago de Cuba, au sud-est de l'île, rappelle que le Venezuela a fourni l'aide technique voire financière à la pose de ce câble sous-marin dont les bénéficiaires, on l'a vu, restent peu nombreux et contrôlés. Ce statut de marge est donc choisi voire entretenu à ce titre, d'autant que Wallis-et-Futuna, à l'isolement physique bien plus accentué, bénéficient depuis 2007 d'une connexion ADSL de qualité importante.

Certaines marges se trouvent pointées et deviennent des symboles d'une gouvernance aux valeurs pensées comme universelles qui peinent à s'affirmer dans l'ensemble du monde. Les frontières hypersécurisées ou surveillées s'inscrivent dans ces images contestées. Les murs ou les barrières physiques construits pour limiter les flux de migrants clandestins ou séparer de manière radicale deux entités. L'accroissement du temps libre à l'échelle du monde en vient à rendre touristiques des lieux frontaliers pourtant marqués par une militarisation à outrance.

Entre Corée du Nord et Corée du Sud, la DMZ (*Demilitarized Zone*) d'une largeur de 4 km autour de la ligne de démarcation consécutive à l'armistice de 1953, reçoit, du côté sud-coréen, nombre de touristes nationaux et internationaux, pour un produit touristique fondé sur les équipements militaires encore existants, dont des mines et des enceintes électrifiées. Cas unique à l'échelle du monde, cette frontière n'en demeure pas moins symbolique d'une entité qui peine à assurer une gouvernance mondiale, aux limites aussi repérables à travers les paysages et les territoires.

C. Des simples supports pour des équipements fondamentaux

Les espaces maritimes restent, dans leur grande majorité, marqués par une identité de marge mondiale, fonction ou non de leur éloignement par rapport au continent. À ce titre, l'exploitation jugée encore coûteuse et de ce fait non envisagée des nodules polymétalliques des Caraïbes ne peut que contribuer à donner à leurs fonds marins un statut de marge. D'une manière plus générale, ces derniers sont des supports d'équipements comme les câbles sous-marins, qui représentent un total de plus d'1,3 million de km de lignes de fibres optiques à l'heure actuelle. Les années 1990 ont connu un boom dans l'installation de ces équipements sous-marins, porteurs d'une division internationale des taches, en faveur des services aux entreprises notamment. Les centres d'appel d'Afrique (Maroc, Sénégal, île Maurice) sont les grands gagnants de ces câbles, sources de dynamiques territoriales et sociales non négligeables. Cette logique économique ne gomme toutefois pas la première finalité, diplomatique, de ces équipements dont les premiers remontent à la seconde moitié du XIXe siècle. En 1858 est posé le premier câble sous-marin entre l'Europe et l'Amérique du Nord — celui fonctionnant de manière efficace date de 1865. Le premier câble sous-marin entre Londres et Bombay remonte à 1870, pour des motivations politiques dans les deux cas.

Le passage à des territoires virtuels n'ôte rien à une nécessaire base terrestre, dont les localisations précises peuvent être masquées voire choisies dans des espaces eux-mêmes en retrait. La donne géopolitique, au titre d'une force de dissuasion et donc d'une logique de gouvernance mondiale, se plait à valoriser des sites implantés à distance des foyers majeurs de peuplement de l'État à l'œuvre. En France, le plateau d'Albion est choisi en 1965 pour accueillir les silos à missiles français (au nombre de 18 contre 27 prévus à l'origine) et fonctionne jusqu'en 1999 pour cette finalité ; sa fin est due à l'évolution de la géopolitique mondiale et à un coût élevé qui poussent J. Chirac à l'abandonner pour cette fonction et à le reconvertir en une base de la Légion étrangère. En France, une stratégie « marginalisante » consiste d'ailleurs à masquer ces lieux sur les cartes, par des blancs donnant des cartes dites « caviardées » ! Les équipements terrestres de moyens mondiaux de surveillance, comme le système Échelon décidé par les États-Unis, relèvent de localisations fines tout aussi choisies dans des lieux masqués.

Conclusion

La mondialisation bouleverse pour partie les territoires et les espaces du monde. Une présence sibylline est évidente, par les paysages comme le poids des décisions qui concernent les entités saisies à différentes échelles. La mondialisation n'explique pour autant pas toutes les dynamiques territoriales ! Sans relever de l'archétype unique, les exemples et les situations ici développés sont à comprendre en référence à des logiques qui s'inscrivent pour partie à l'échelon mondial — sans que ce niveau ne soit toujours décisionnel et puisse n'être que référentiel — alors que les décisions sont prises à des niveaux nationaux, régionaux voire locaux.

◆ Idées reçues

La mondialisation ne serait pas présente sur toute la planète habitée de manière permanente

La « mondialisation » renvoie à une foule de réalités, qui ne sont pas seulement fonction d'une connexion à des flux commerciaux. Les flux d'information participent aussi du phénomène et tendent à intégrer des espaces faiblement peuplés, éloignés des réseaux mondiaux. Les regards voire la mobilisation en faveur de certains peuples menacés à divers titres (déforestation, montée des eaux des océans, famines) s'inscrit dans cette émergence d'une société-monde soumise à une multitude d'informations.

◆ Lieux de la géopolitique

La Route du Grand Nord canadien, future route maritime en conflit ?

Avec la fonte croissante de la calotte polaire l'été, le Grand Nord canadien peut se faire un support nouveau de route maritime. Les eaux concernées relèvent de la ZEE canadienne. Le pays souhaite faire réviser les limites de ses eaux territoriales et les étendre pour percevoir des taxes supplémentaires sur le passage des navires. Pour les armateurs, les gains de temps sont évidents, avec un trajet entre Tokyo et Londres de 23 000 km par Panama, de 21 200 km par Suez et de 16 000 km par cette nouvelle route. Les profondeurs de cette dernières évitent aussi les problèmes de tirant d'eau des deux canaux et elle peut devenir la première route au monde dès 2050. Les attentes canadiennes sont contestées par les Russes et les Américains. Seule la fonte totale estivale permettra de négocier ce devenir, ce qui ne devrait pas se produire avant 2030 et laisse donc du temps. D'autres conflits pourraient d'ailleurs intervenir, avec des eaux davantage poissonneuses du fait de cette fonte estivale

Le Havre, une concurrence avec les autres organismes portuaires de la Northern Range

Les ports de la mer du Nord s'égrainent le long de la Northern Range en se faisant concurrence. Le Havre (trafic de 70 millions de tonnes en 2010) paraît désarmé par rapport aux 430 millions de tonnes de trafic de Rotterdam, mais à un niveau presque égal à celui d'Anvers (80 millions). Réduire les disparités passe par une course logistique. La révolution des porte-conteneurs est désormais bien intégrée et les équipements nouveaux sont sans cesse pensés. Les autorités du Grand Port Maritime du Havre s'emploient à présent à développer les liens avec l'arrière-pays, pour faire face à la concurrence des deux autres principaux ports de la Northern Range. En 2010, la construction d'un terminal multimodal est lancée autour du rail et de la voie d'eau pour satisfaire les clients soucieux des liens avec l'arrière-pays et en prenant en compte les prescriptions du Grenelle de l'Environnement à propos de perspectives durables. L'objectif est bien de concurrencer Anvers et Rotterdam, dont les réseaux navigables sont performants, mais saturés, tout en profitant de la situation de tête de pont du Havre au sein de la Northern Range.

Bibliographie sélective

Lecture indispensable

S. Sassen (1991 puis 2001), The Global city – New York, London, Tokyo, *Princeton.*

Cette sociologue, dont la pensée est empreinte de perspectives territoriales, pointe la tendance à la concentration accrue des fonctions de commandement dans quelques villes mondiales. Plus qu'une affaire économique, c'est le secteur financier qui devient primordial. Les critères énoncés dans la première édition en restent à une énumération qui manque encore de croisement et pointe avant tout les services aux entreprises. La seconde édition et les travaux suivants permettent à l'auteur d'affiner le raisonnement et de procéder à des classements par critères, pour en montrer toute la complexité. Une hiérarchisation de villes est proposée, de même qu'une réflexion sur le caractère dynamique de ces réalités. L'ensemble des recherches affirment l'importance des réseaux matériels comme immatériels entre villes mondiales.

Références

Augé M. (1992), *Non-lieux – Introduction à une anthropologie de la surmodernité*, Paris, Seuil (une lecture territoriale de figures locales devenues anonymes comme les aéroports, les gares, les aires d'autoroute, et qui tendent à s'ériger selon une homogénéisation à l'échelle du monde).

Bost F. (dir.) (2010), *Atlas mondial des zones franches*, Paris, La Documentation française.

Dollfus O. (2007 pour la dernière édition), *La Mondialisation*, Paris, Presses de Sciences Po (une lecture de la mondialisation selon une logique systémique novatrice).

Durand M.-F., Lévy J. Retaillé D. (1992), *Le monde : espace et système*, Paris, Presses de Sciences Po (une lecture du monde selon plusieurs entités territoriales comme l'État).

Foucher M. (2007), *L'obsession des frontières*, Paris, Perrin (une lecture de la confirmation des frontières et de leur rôle encore fondamental dans un monde mondialisé).

Guillaume J. (dir.) (2008), *Les transports maritimes dans la mondialisation*, Paris, L'Harmattan (un recueil d'articles divers, pour des perspectives complètes).

Martinaud C. et Paris F. (2013), *Océans, mers et îles. Appuis de la mondialisation. Histoire, géographie, géopolitique en 50 fiches*, Paris, Ellipses.

Retaillé D. (2012), *Les lieux de la mondialisation*, Paris, Le Cavalier bleu.

Shaxson N. (2012), *Les paradis fiscaux – Enquête sur les ravages de la finance néolibérale*, Paris, A. Versailles Éditeur (l'enquête d'un journaliste sur ces lieux devenus fondamentaux dans l'économie actuelle).

Veltz P. (2002), *Des lieux et des liens*, La Tour d'Aigues, Éditions de l'Aube (un travail devenu classique pour cet économiste).

Revues

La publication annuelle *Enjeux maritimes* (Éditions Le Marin) est une mine d'informations pour les perspectives maritimes sur les plans économiques comme géopolitiques.

La revue en ligne Métropolitiques (www.metropolitiques.eu) propose des articles intégrant la donne mondiale à différentes villes.

La revue papier *Urbanisme* (bimestrielle) propose des numéros thématiques souvent axés sur les logiques mondialisantes.

Filmographie

Une filmographie s'intéressant aux territoires de la mondialisation ne peut que conduire à interroger les différents James Bond. L'agent secret britannique, par ses aventures, est conduit à fréquenter des territoires fondamentaux de l'organisation géopolitique comme géoéconomique du monde.

Un film comme *Katanga Business* (2009, réalisation de Thierry Michel) montre la multiplication d'acteurs étrangers dans la gestion de ressources naturelles et la permanence du « scandale géologique » en Afrique subsaharienne.

Commentaire de documents

La piraterie (2006-2010)

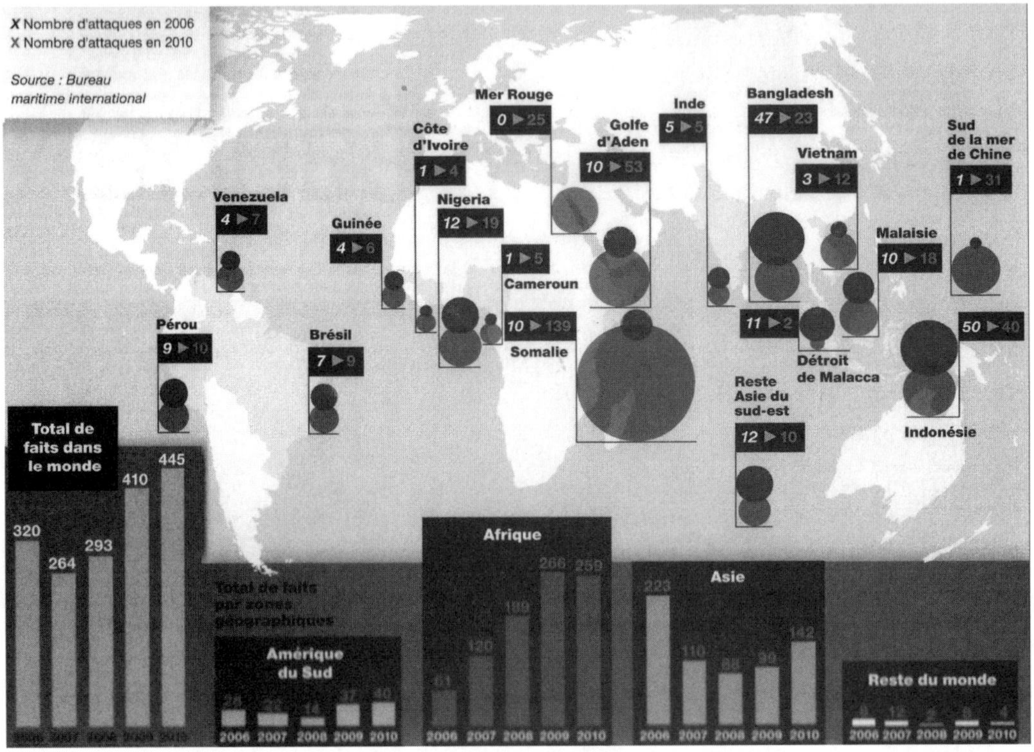

La piraterie désigne l'action d'attaque de navires pour, dans le monde actuel, non pas tant s'approprier des marchandises ou un navire pour lui-même que prendre en otage un équipage et espérer une rançon. La période 2006-2010 n'est pas celle de la résurgence du phénomène qui débute dès les alentours de 2000 mais celle de sa montée en flèche, autour de plusieurs pôles mondiaux. En ce sens la piraterie s'inscrit dans des perspectives à la fois géopolitiques comme géoéconomiques, en fonction des lieux d'action des pirates.

I. Des attaques en croissance

– Une forte progression des attaques en général

– Une maritimisation toujours confirmée de certaines activités mondialisées

– Une piraterie perfectionnée ? Une sélectivité des navires arraisonnés qui n'apparaît pas sur le document

II. Les points chauds de la planète

– Des pôles déstabilisés sur le plan géopolitique, foyers d'actions terroristes : le cas du golfe d'Aden et Somalie sur la route de Suez

– Des pôles mal stabilisés sans une présence terroriste : le cas du golfe de Guinée et des navires exploitant les champs pétroliers

– Des pôles de la pauvreté : le détroit de Malacca, en n'étant plus le premier foyer mondial de piraterie, pour des navires de commerce arraisonnés

III. Des foyers secondaires

– Des pôles secondaires d'instabilité chronique (le cas de la mer de Chine)

– Des pirates de la faim ? La timidité des cas en Amérique latine

En définitive, cette carte relève la situation la plus catastrophique des années 2000, pour une période marquant les débuts de mobilisation internationale. Une carte représentant les évolutions les plus récentes aurait permis de montrer cette baisse notable à partir de 2012.

Dissertation

Les espaces maritimes aujourd'hui : nouvel Eldorado ? Nouveau Far West ?

Introduction

En 1896, les premiers forages *offshore* sont effectués au large des côtes de Californie. Cette recherche de pétrole ne débouche pas sur une exploitation de ressources sous-marines et ce n'est qu'à partir des années 1970 que les premières démarches d'envergure sont entreprises dans un golfe du Mexique dominé par les États-Unis.

Les espaces maritimes ne sont en effet pas à limiter à la seule surface des eaux salées terrestres, simples supports d'activités de transports, mais bien inclure les ressources des eaux comme celles des fonds marins. Une foule de données est donc à envisager, données qui peuvent être envisagées selon les deux perspectives proposées, qui ne sont pas aussi opposées qu'une rapide lecture pourrait le suggérer. L'idée d'Eldorado renvoie à un espace mal connu, rêvé voire fantasmé, pour les richesses qu'il détiendrait. Ce caractère quasi-fantastique peut néanmoins s'entendre dans une perspective pionnière, pour des ressources à l'existence et/ou au volume à découvrir ou à mesurer. L'idée de Far West est double : à un espace encore marqué par un caractère pionnier, répond un sentiment de maîtrise incomplète, de règles non ou mal appliquées alors qu'existantes. Les espaces maritimes, qui ne relèvent pas d'un œkoumène réel mais au mieux d'une occupation ponctuelle et peu dense ou mouvante, peuvent être saisis selon cette double perspective qui implique de comprendre tant les ressources sollicitées que les acteurs à l'œuvre.

Ainsi, s'interroger sur les espaces maritimes comme nouvel Eldorado ou nouveau Far West amène à sans surprise rappeler qu'ils sont les révélateurs d'une économie mondialisée mais aussi des ensembles marqués par une volonté de gouvernance et d'institutionnalisation selon des logiques pensée à l'échelle du monde.

Aussi, ces espaces maritimes peuvent être d'abord considérés comme des espaces pionniers affirmés. Ce regard confirmé et en cours d'affirmation plus que nouveau ne va toutefois pas sans susciter des oppositions ou des crises. Les modes de régulation mis en place présentent pourtant des succès pour partie.

I. De nouveaux espaces pionniers affirmés

A. Une recherche croissante de ressources stratégiques

Les fonds marins disposent de ressources stratégiques nécessaires au fonctionnement de l'économie mondiale comme aux modes de vie. Pétrole et gaz naturel sont exploitables en offshore et ces gisements sont présents dans certaines régions dans des proportions supérieures à celles du *onshore*. Si, à l'échelle mondiale, 69 % du pétrole produit relève du onshore, c'est 83 % en Afrique subsaharienne et 87 % en Australie (proportion semblable pour le gaz naturel dans ce dernier cas). Les découvertes relèvent désormais à 40 % de l'*offshore*, à l'image des réserves brésiliennes attendues dans le cadre du « pré-sal » (sous une couche de sel). Cette recherche se double de conditions d'exploitation dynamisées par des techniques sophistiquées. Les plates-formes pétrolières ne sont plus ces plates-formes des débuts, fixées au fond des mers jusqu'à 300 m. Elles relèvent pour partie d'engins flottants, voire de navires transformés, et permettent des exploitations supérieures à 2300 m de profondeur. La prospection en Arctique suppose déjà une exploitation à plus de 3000 m de profondeur. Autre signe d'une ressource nouvelle, l'Arctique, par la fonte estivale de la calotte glaciaire prévue pour 2030, devrait voir la mise en œuvre d'une route maritime nouvelle, véritable Eldorado financier pour le Canada, s'il parvient à faire reconnaître ses droits sur ce passage.

B. Un intérêt pour des projets auparavant avortés

La considération de ressources nouvelles pour leur nature ou leur localisation est fonction d'une conjoncture internationale. Les champs pétroliers *offshore* profonds (à l'image de ceux des Malouines) sont exploitables du fait d'un baril de pétrole dépassant les 100 dollars. Autre Eldorado potentiel, les nodules polymétalliques sont des particules déposées au fond de l'océan Pacifique, entre Hawaï et l'Amérique centrale, et dans le Pacifique sud. Elles sont de petite taille pour une teneur en métaux proche de celle des ressources terrestres (avec une domination du fer et du manganèse, et la présence de cuivre comme de cobalt). Leur localisation à 5000 m et leur grande dispersion ont retardé une exploitation envisagée dès les années 1980 et mise à l'essai depuis le début des années 2010 sous l'impulsion des États-Unis, de l'Allemagne et de la France (cas de la coopération franco-allemande Bionod). Nautilus Minerals, compagnie canadienne, procède de même dans le Pacifique sud, au niveau des eaux territoriales de Papouasie-Nouvelle-Guinée et des Fidji.

C. Des espaces pionniers pour affirmer des valeurs pensées à l'échelle du monde

Les espaces maritimes se couvrent d'initiatives saisissant le tournant du développement durable. La construction affirmée d'éoliennes depuis les années 2000 est le fait de deux pôles mondiaux, l'Europe du Nord (qui mise sur 20 % d'énergie renouvelable à l'horizon 2020) et la Chine (qui s'affirme comme un des *leader*s mondiaux au titre de la construction). Les investissements dans ce domaine sont deux fois supérieurs à ceux liés aux éoliennes terrestres, pour des conséquences environnementales moins décriées du fait de l'absence de peuplement.

II. Une conquête pionnière et une occupation suscitant opposition et crises

A. Des ambitions soumises à des approbations difficiles à obtenir

En dépit d'une législation internationale sur les espaces maritimes contigus aux littoraux, les ensembles de référence restent soumis à discussion, en raison des possibilités laissées par cette même législation. Dans le cas de la Route du Grand Nord canadien, des acteurs autres que le Canada (Russie et États-Unis) voient d'un mauvais œil leur échapper le contrôle et les revenus à venir de cette future route maritime qui peut devenir vers 2050 la première au monde, par les gains de temps qu'elle permet. Le Canada s'appuie sur la législation permettant de se fonder sur le plateau continental étendu pour affirmer une autorité. On voit ici combien ces espaces s'inscrivent dans une perspective d'ensembles encore mal maîtrisés, pour partie inconnus mais en cours d'affirmation, à l'image d'un Far West.

B. La montée de forces d'opposition d'abord mal régulées

Les espaces maritimes voient la montée de forces synonymes d'une gestion mal assurée par les acteurs internationaux réguliers. La piraterie connaît une expansion depuis les années 1990, autour de plusieurs pôles fondamentaux pour l'économie mondiale. Le détroit de Malacca n'est plus le premier pôle d'attaques depuis 2010. L'océan Indien est désormais le premier pôle concerné, notamment avec la crise somalienne qui crée une zone d'instabilité dans la région. Un autre relève du golfe de Guinée, avec des attaques de plates-formes pétrolières et de navires près des côtes du Nigeria. Les pirates relèvent de groupes apparentés au terrorisme, financés par les rançons demandées. Les navires attaqués sont choisis pour leur vulnérabilité, comme les navires chimiquiers ou transportant des produits raffinés, pour des porte-conteneurs sont moins attaqués car plus rapides. Quelques navires de tourisme sont attaqués, mais leur nombre décroît avec la moindre fréquentation depuis cette montée des dangers.

III. Des modes de régulation marqués et couverts de succès pour certains

A. Une gouvernance maritime mondiale sur la voie de l'acceptation générale

Plus que d'étudier en détail les modalités de la législation internationale fondée sur la convention de Montego Bay (1982), il convient d'en montrer l'acceptation croissante et les logiques d'une régulation des tensions par un mode pacifique et non plus belliqueux. La période actuelle voit un recours plus spontané à la médiation, après des périodes de crises qui ont parfois débouché sur des débuts de conflit. Ainsi, avec 18 000 km de littoral et plus de 500 îles, la Chine a approuvé la CNUDM en 1996 sans encore régler tous les différends avec ses voisins. Elle s'oriente vers des procédures juridiques pour les résoudre, mode de résolution d'un conflit bien loin de celles utilisées jusqu'aux années 1980, fondée sur l'utilisation des armes ou une telle menace (cas entre la Libye et la Tunisie en 1982).

B. Des attentions régionalisées marquées

Une attention sur les espaces maritimes voisins d'un État permet à ce dernier d'affirmer une identité de puissance, tout en cherchant à le sécuriser, à le maîtriser et à inscrire ses forces dissidentes dans une législation. L'Inde montre cette tendance, pour apparaître comme la puissance de l'océan Indien et sécuriser ainsi 90 % des flux de son commerce. Le budget de la marine indienne s'accroît sans cesse chaque année, à la faveur des réussites économiques du pays. La flotte est ainsi dotée de frégates et d'un porte-avion achetés à la Russie, de sous-marins achetés à la France et, depuis 2012, d'un sous-marin nucléaire lanceur d'engins. Karwar est depuis 2005 le nouveau port militaire en eaux profondes du pays.

C. Des réponses sectorielles aux défis nouveaux

Le défi d'une piraterie renouvelée, modernisée et liée pour partie à des organisations terroristes entraîne une rapide réaction de la part d'autorités aux intérêts économiques menacés. Sur la route de Suez, la Force Atalante est menée par des États européens, américains et asiatiques, mais aussi les assureurs maritimes britanniques pour limiter la piraterie et obtient des succès avec une diminution de moitié des attaques en 2012. 80 % des importations pétrolières japonaises transitant par le détroit de Malacca, Tokyo a mis en place une surveillance aérienne sur ce détroit, en même temps que des partenariats entre Singapour, l'Indonésie et la Malaisie sont suscités. La situation somalienne a poussé l'ONU et le gouvernement fédéral de transition somalien à accepter la poursuite des pirates au sein de la ZEE somalienne comme des eaux territoriales, pour des jugements rendus à l'étranger. L'aide humanitaire américaine en Asie du Sud-Est (6 millions de tonnes de blé pour l'Indonésie chaque année) cherche enfin à stabiliser des populations pauvres tentées par la piraterie.

Conclusion

Au total, les espaces maritimes sont un évident Eldorado pour des ressources dont l'existence était supposée mais peut possible en raison du coût plus que des techniques. La qualité de Far West est valable pour des territoires stratégiques à l'échelle de l'économie mondiale.

Oral

Métropolisation et mondialisation en Asie de l'Est et du Sud-Est

Introduction

Un lien fort unit désormais ces deux termes. L'« Asie » accentue ce phénomène, avec une sortie tardive de logiques agricoles voire paysannes dominantes (si l'on exclut bien sûr le Japon et les quatre États formant les Dragons). Caractérisée par un régime économique qui fait la part belle à des interventions étatiques — orientations accompagnées ou imposées de manière autoritaire — l'Asie des métropoles fait figure de terre mondialisée et désormais ancrée avec force dans la mondialisation. Aussi, cette dernière apparaît comme un véritable moteur de métropolisation* et ce, de manière plus affirmée que dans d'autres ensembles continentaux comme l'Amérique latine.

A. *Un phénomène de métropolisation asiatique lié à la mondialisation*

L'accumulation des fonctions économico-financières : des bourses et des indices qui comptent (Tokyo, Shanghai), des services proposés aux entreprises mais aussi une affirmation sectorielle.

L'accumulation des fonctions scientifiques : un soutien à la métropolisation et à l'insertion dans la mondialisation, des fonctions pour partie suscitées par des acteurs nationaux (cas du Plan Technopolis japonais ou des universités indiennes pour la formation du capital humain d'un pays ambitionnant d'être « le bureau du monde »).

L'accumulation de fonctions politico-diplomatiques et de gains en visibilité sur la scène internationale : le cas des manifestations sportives avec la consécration pékinoise de 2008 avec les JO d'été déjà effectifs en Asie (ceux de 1940 prévus à Tokyo puis effectifs en 1964, Séoul en 1988).

II. Des attributs évidents pour une intégration au phénomène de la mondialisation

Les structures d'échanges et de mises en relation : des équipements performants et désormais en tête des palmarès mondiaux (Chine littorale, Singapour) pour une logistique mondiale reconsidérée par ces réussites.

Des spécificités asiatiques ? La rapidité du phénomène à souligner, en même temps que les orientations politiques fondamentales héritières des traditions d'intervention (ZES chinoises, stratégies de l'État japonais, tournant libéral indien depuis 1991, perspectives du « vol d'oies sauvages » en Asie orientale).

Une Asie discriminée à plusieurs échelles : les inégalités entre États asiatiques se retrouvent à travers le phénomène métropolitain, alors que les métropoles elles-mêmes, par leur organisation interne (inégalités criantes).

III. Une mondialisation hiérarchisante : une mondialisation inégalement présente dans les métropoles asiatiques

La ville mondiale archétype (Tokyo) et ses épigones en devenir (Shanghai et Hong Kong) : une accumulation de fonctions de commandement, une visibilité internationale qui n'est plus à démontrer.

Les métropoles aux fonctions encore incomplètes : un niveau inférieur mais des réussites et une insertion mondiale évidente (cas de Singapour pour ses fonctions logistiques, son affirmation de la donne durable pour être à la pointe de cette valeur voulue comme mondiale, mais aussi de Mumbai ou des capitales des dragons et autres tigres).

Les mégapoles* et villes régionales, des métropoles en devenir ? Les progressions métropolisantes apparaissent parfois comme fulgurantes mais restent liées à des territoires restreints (cas de Karachi, de Dacca par exemple).

Conclusion

En définitive, la première se nourrit de la seconde (voire inversement, si l'on songe à certaines situations asiatiques devenues des modèles ou des archétypes à l'image du développement durable à Singapour).

Chapitre 15
De la *Pax americana* à un monde multipolaire

Yves Montarsolo

« Fukuyama nous dit que la fin de la guerre froide, c'est la fin de l'histoire. Bien au contraire ! Les conflits profonds ne font que commencer. Les cinquante ans qui viennent seront la période d'une transformation profonde du système-monde dans lequel nous nous trouvons et autour de laquelle il y aura une lutte assidue, sans doute féroce, et d'une issue incertaine. »

Immanuel Wallerstein, L'histoire continue, Éditions de l'Aube, 1999, p. 7.

Dates clés

- **1992** Traité de Maastricht
- **1993** Accords d'Oslo
- **1995** Mise en place de l'OMC. Accords de Dayton
- **2001** Forum social mondial de Porto Alegre
  Attentats du 11 septembre
- **2003** Entrée des troupes de la coalition en Irak
- **2008** Élection du président Obama
  Crise financière
- **2010** La Chine devient la deuxième puissance économique mondiale
- **2011** Catastrophe de Fukushima – Début des Printemps arabes
- **2016** Brexit
  Donald Trump président des États-Unis

Chiffres clés (données GGCD [fondé à Groninge par A. Maddison en 1992], 2012)

	PNB en 2011 (en millions de $ constants 1990)	Part du PNB mondial (%)		Croissance (%)	Part de la croissance mondiale (%)
		en 1990	en 2011		
Monde	54 724 692	100	100	108	100
États-Unis et Canada	10 500 556	59,7	43	50	27,4
Europe	9 668 688	25,4	17,7	45	10,5
Japon	2 556 252	8,8	4,7	10	0,8
Pays des Sud	31 205 231	40,3	57	194	72,6
Dont pays émergents	20 975 419	22,9	38,4	249	52,7
Chine	11 036 389	6,6	20,2	533	32,7
Brésil	1 410 168	2,8	2,6	90	2,3

◆ Croquis de synthèse

Le monde vu par les Etats-Unis : comparaison entre les années 1950 et les années 1990

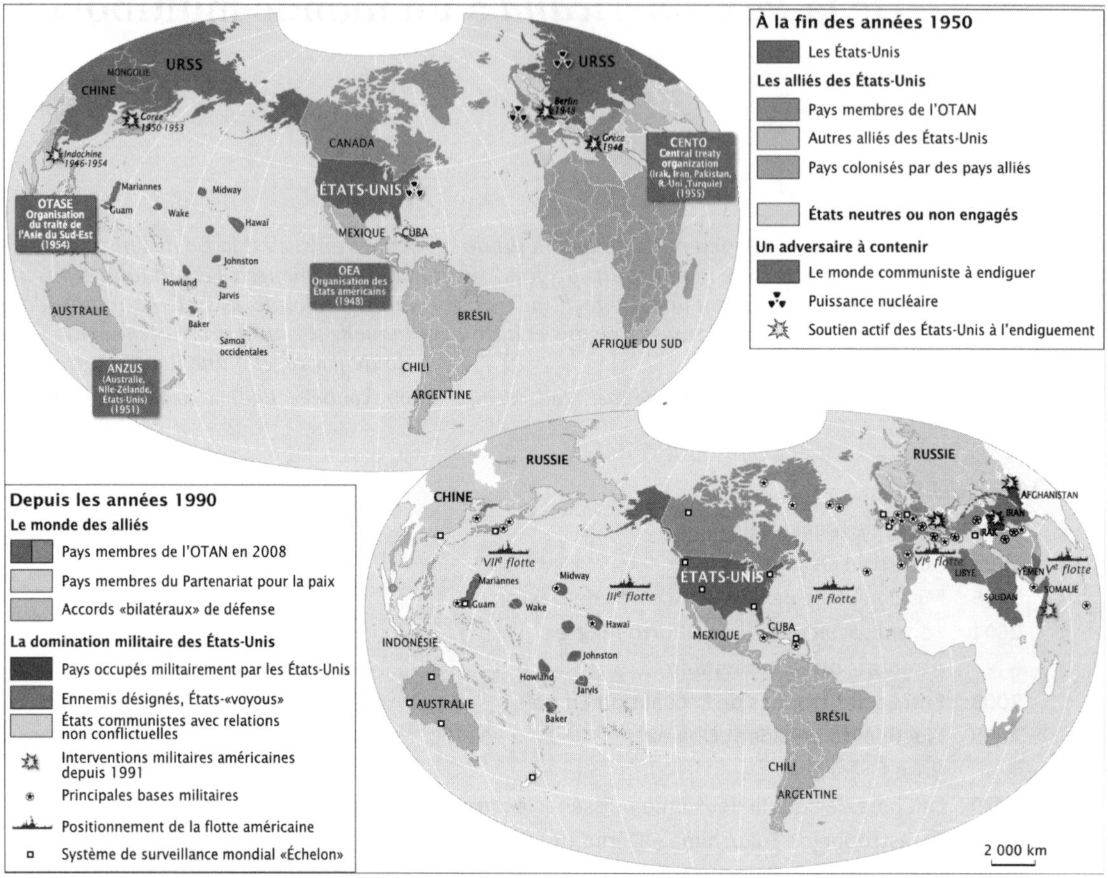

Depuis les attentats du 11 septembre 2001, les États-Unis ont intensifié leurs interventions en Afghanistan, en Irak, et depuis 2011, en Libye et en Syrie, contre à la fois les groupes asymétriques qui revendiquent les attaques anti-américaines et anti-occidentales, mais aussi contre les États soupçonnés de les aider clandestinement (les « Rogue States »).

Source : A. Battistoni-Lemière, A. Le Fur, A. Nonjon, Cartes en mains, 2e édition, Ellipses, 2013.

Introduction

La disparition de l'URSS en décembre 1991 ferme la parenthèse du « court XXe siècle », et avec elle celle de la confrontation décrite par Éric Hobsbawm entre le « wilsonisme » et le « socialisme ». Désormais, et pour reprendre la formule célèbre de Margaret Thatcher, il n'y avait plus d'alternative. C'est ce qui fit écrire au philosophe Francis Fukuyama, *la fin de l'histoire,* et à Edward Luttwak que désormais l'arme économique primerait sur l'arme militaire dans les rapports entre les États. C'est dans ce contexte qu'Alfredo Valladao rédigea son essai, *le XXIe siècle sera américain,* livre où il démontrait que les conditions d'une domination du monde par les États-Unis était remplies.

Problématiques

- ***Pourquoi la configuration géopolitique unipolaire typique du monde post-guerre froide n'a-t-elle pas survécu au XXIe siècle naissant ?***
- ***Peut-on également soutenir l'idée qu'on a assisté à l'expansion irrésistible du système capitaliste et de la mondialisation ?***

I. Le temps de l'hyperpuissance*

A. La liquidation incomplète de l'héritage de la guerre froide

Fin de la configuration bipolaire du monde et « atlantisation »

La Russie de Boris Eltsine confirme le choix retenu par Gorbatchev de dissoudre la zone d'influence soviétique en Europe orientale. En effet, la stricte application du Traité de Moscou, appelé aussi traité 4 + 2, confirme ce renoncement aux bénéfices géopolitiques de la victoire de 1945. On le sait, le départ des derniers soldats soviétiques de Berlin, haut lieu des « parties au bord du gouffre » en août 1994, 4 mois avant la date butoir clôt magistralement la parenthèse de la partition de l'Allemagne et de la bipolarisation. L'héritier de Gorbatchev n'a remis en cause ni « la nouvelle pensée » ni la « désatellisation » de l'ex-glacis soviétique en Europe. Quant aux anciens partenaires européens du CAEM et du Pacte de Varsovie, aucun d'entre eux n'exprima une quelconque nostalgie du passé. La division internationale socialiste du travail, la doctrine Brejnev ne firent pas partie de ce que les PECO (pays d'Europe centrale et orientale), c'est désormais leur nom, regrettèrent le plus. Non seulement tous prirent leurs distances vis-à-vis de leur ancien protecteur, mais tous souscrivirent avec l'OTAN en 1994 au PPP (Partenariat Pour la Paix). De telle sorte que pour les ex-pays communistes, un peu comme l'œuf contient le germe, le PPP recelait au-dedans de lui-même le principe de leur future adhésion à l'OTAN. Ainsi, le repli très loin à l'Est de la puissance russe héritière de l'URSS, et finalement son repli tout court s'accompagna d'une avancée strictement proportionnelle et clairement assumée des positions atlantiques. Ce partenariat qui renouait avec la logique de la « grande Alliance », tournait, en revenant aux origines des

Nations unies, la page de la guerre froide et du « court XXe siècle ». L'entrée de la République tchèque, Hongrie, Pologne dans l'OTAN en 1999, puis celles en 2004 de la Bulgarie, de l'Estonie, de la Lituanie, de la Lettonie, de la Roumanie, de la Slovénie, et de la Slovaquie montra combien la configuration géopolitique de l'Europe orientale avait rapidement et radicalement changé. Qui aurait pu imaginer cela au moment de la guerre fraîche, de la crise des euromissiles ? De même, le programme PHARE (Pologne, Hongrie Assistance à la Reconstruction Économique), financé par l'OCDE, préparait le retour à l'Europe des PECO, un retour confirmé par le sommet de Copenhague en juin 1993. Ainsi, la décennie quatre-vingt-dix fut celle de la construction d'une nouvelle Europe, sans rideau de fer, réunifiée et presque entièrement atlantique.

Importance des héritages de la guerre froide

Pourtant, des pans entiers de l'ancien ordre mondial restèrent en place.

En Asie, en Amérique les dictatures communistes survivent à la disparition de l'ex-modèle soviétique. La Chine populaire du petit timonier Deng Xiaoping, la Corée du Nord de Kim Il Sung, le Vietnam, le Cuba de Fidel Castro, ces créatures de la guerre froide, maintiennent peu ou prou les configurations géopolitiques d'antan. Dans une certaine mesure, le même raisonnement peut être étendu aux dictatures qui prirent la suite des régimes communistes : les ex-Républiques soviétiques de la CEI, comme par exemple la Biélorussie, la Serbie de Milosevic. Vue de Pyonguang, de Taipeh, de La Havane et de Beijing, la guerre froide, n'est pas toujours pas finie, vu que « le tigre de papier » reste tantôt un grand frère, tantôt un adversaire, tantôt un obstacle. Considérons aussi que l'existence de certains partis socialistes à l'Est, héritiers en ligne directe des partis communistes peut être interprétée comme un héritage de la guerre froide, tout comme d'ailleurs une large fraction du courant anti-mondialiste. Ce dernier ne puise t-il pas dans des proportions non négligeables une bonne partie de son argumentaire dans la vieille boîte à idées du Kominform ? De même, en matière d'armements nucléaires stratégiques, il y encore deux Super-Grands, les États-Unis et la Russie, qui dialoguent toujours comme aux temps de la détente ou de la « nouvelle pensée » de Gorbatchev. La ratification du traité START II retardée mais finalement acceptée par la Douma russe en avril 2000, si elle confirme la fin de la guerre froide, souligne la place essentielle dans les relations internationales des négociations américano-russes. Certes, l'ordre bipolaire n'est plus, mais de nombreux vestiges subsistent.

B. Les États-Unis assument tant bien que mal leur *leadership* mondial

L'hyperpuissance américaine

Désormais seul « super-grand », les États-Unis changent de statut, car ils sont devenus une hyperpuissance. Ce néologisme forgé en 1998 par le ministre des Affaires étrangères français, Hubert Védrine résume tout. Pour lui, « Les États-Unis… bénéficient… d'atouts dont aucune autre puissance ne dispose encore : le poids politique, la suprématie du dollar, la maîtrise des réseaux de communication, les « usines à rêve », les nouvelles technologies. Additionnées, le Pentagone, Boeing, Coca-Cola, Microsoft, Hollywood, CNN, internet, la langue anglaise, cette situation est quasiment sans précédent… ». Ainsi, la fin de la guerre froide a-t-elle engendré une nouvelle configuration géopolitique et de ce fait la décennie quatre-vingt-dix mérite bien l'appellation de « moment unipolaire ». Durant cette période les États-Unis avec leur nouveau président Bill Clinton assumèrent leur *leadership*. Certes, les critiques au sujet de la politique du successeur de Georges Bush ne manquèrent pas, mais force est de constater, avec le recul, qu'entre le président républicain et son jeune successeur démocrate les constantes l'emportèrent sur les ruptures. Au point de considérer que Clinton lui aussi mena comme son prédécesseur une « diplomatie globale » tant durant cette décennie les États-Unis s'imposèrent comme gendarme du monde. Tout d'abord au Proche-Orient, où avec le processus d'Oslo, les Américains changèrent notablement la donne du conflit israélo-palestinien et partant, du conflit israélo-arabe. Certes, après les accords d'Oslo I et II, le découpage des territoires palestiniens laisse perplexe, tant l'importance des zones C et B contrôlées par les Israéliens laisse peu de place aux zones A, ces confettis où l'autorité palestinienne est quasi-souveraine. Mais l'essentiel n'est pas là. Il réside certainement dans le cliché pris à Washington du 13 septembre 1993, où la poignée de main qu'échangèrent Arafat et Rabin, est au moins aussi importante que la posture quasi christique de Bill Clinton.

Sous l'égide de Bill Clinton, signature le 13 septembre 1993, des accords d'Oslo à la Maison-Blanche entre le Premier ministre israélien, Yitzhak Rabin et Yasser Arafat, chef de l'OLP.

Certes, ces accords ne furent pas fameux, mais ils montrèrent que cette partie du monde était de plus en plus à l'heure américaine et de moins en moins à celle de la négation à l'existence de l'État d'Israël. Le « front du refus » avait perdu une bataille, et cette défaite en annonçait une autre bien plus grave, celle en 2002 de l'initiative de paix arabe, qui offrait à

Israël la reconnaissance de tous les pays arabes. Qui en octobre 1973, au moment de la guerre du Kippour et du premier choc pétrolier aurait pu imaginer cela ? La fin de la guerre froide avait donc entraîné l'accroissement notable de l'influence, du « *soft power* » américain.

Les États-Unis, sous couvert de l'OTAN, jouèrent un rôle essentiel dans les Balkans où ils revêtirent leur uniforme de gendarme. Tout d'abord dans l'ex-Yougoslavie, avec le règlement imparfait, certes, mais règlement tout de même du conflit bosniaque. Ensuite, au Kosovo en mars 1999, les États-Unis avec leurs alliés mirent fin grâce à des frappes aériennes et au déploiement d'une force terrestre conséquente à la purification ethnique que les dirigeants serbes exerçaient sur les albanophones de cette petite région. Alors bien sûr, les accords de Dayton du 21 septembre 1995, un peu comme ceux du processus d'Oslo, souffrent de graves imperfections qui constituent autant de bombes à retardement. De même, on peut objecter que la cohabitation entre la République serbe de Bosnie et la fédération croato-musulmane est très artificiel, mais il n'en reste pas moins qu'il consacre le retour d'une paix qu'il faut bien qualifier ici de *pax atlantica*, voire de *Pax americana*.

Une Pax americana bien peu irénique

Pour autant, la disparition de l'URSS d'une part, et la situation hégémonique des France d'autre part, ne signifièrent pas que les États-Unis jouèrent comme en ex-Yougoslavie et comme au Moyen-Orient leur rôle de gendarme. En Afrique, la situation tourne au drame. La disparition de l'antagonisme Est-Ouest, eut donc en Afrique subsaharienne des effets désastreux. Désormais, il fallait compter sans la « rente stratégique », que procurait la guerre froide. Désormais, les regards et les investissements européens et français se tournaient davantage vers l'Europe de l'Est. « Adieu Bangui, bonjour Varsovie » pouvaient ironiser les Africains, en proie, comme l'Amérique latine à une décennie perdue, à la « décennie du chaos » si bien décrite par Sylvie Brunel. En effet, la Somalie fut démembrée malgré une intervention numériquement très importante, l'opération *Restore Hope*, des Casques bleus sous commandement américain en 1992, opération qui échoua… Dans cette partie du monde la déficience de « l'ingérence humanitaire » fut particulièrement éclatante. Guerres civiles en Centrafrique, au Congo-Brazzaville, en Centrafrique, en Sierra Leone, au Libéria, le génocide rwandais en avril-juin 1994. Point de gendarme là-bas pour empêcher les extrémistes Hutus de massacrer quelques 800 000 Tutsis. Point de gendarme non plus pour éviter la déstabilisation du Zaïre et de la région des Grands Lacs, et ce que Colette Braeckman appela la Première Guerre mondiale africaine, pour évoquer le conflit qui en 1998 opposa deux coalitions. L'une comprenant l'ex-Zaïre de Joseph Désiré Kabila et ses alliés le Zimbabwe, la Namibie, l'Angola, le Tchad et l'autre composée du Ruanda, du Burundi, et de l'Ouganda.

Les espoirs suscités par la disparition de l'URSS ne rendirent le monde ni plus sûr, ni l'ONU plus efficace. Pour autant, ses déboires ne signifièrent pas la fin des interventions des Casques bleus qui en définitive ne cessèrent jamais d'être sollicités même après coup. En effet, en 1999, le Nouveau Partenariat pour le Développement de l'Afrique (NEPAD), et d'autres initiatives comme la Commission de Consolidation de la Paix (CCP) laissaient bien augurer de l'avenir. La *Pax americana* n'avait pas eu vraiment lieu mais ici ou là un apaisement des conflits grâce à la gouvernance internationale devenait envisageable.

II. Unilatéralisme*, mondialisation

A. Le terrorisme, voilà l'ennemi

Une bipolarisation de pacotille : le 11-septembre ou le monde uni derrière les États-Unis et contre le terrorisme

Souvent analysés comme la fin de l'hyperpuissance américaine, les attentats du 11 septembre 2001, correspondirent en réalité et dans un premier temps à un moment que l'on peut qualifier d'impérial, tant les États-Unis accentuèrent leur emprise. La destruction des tours jumelles, l'attentat contre le Pentagone perpétrés par l'organisation créée par Oussama Ben Laden, Al-Qaeda, firent environ 3 000 victimes traumatisèrent les Américains, mais elle donna naissance à une nouvelle configuration géopolitique. Désormais, le monde n'était plus « unipolaire » car il avait revêtu les oripeaux d'une bipolarisation de pacotille. Comme aux temps de la guerre froide les États-Unis étaient en guerre, non plus contre un bloc, mais contre le terrorisme islamique, avec pour cible le régime des Talibans en Afghanistan. Initialement, l'existence de ce nouvel ennemi consolida la puissance américaine. La nouvelle administration républicaine reçut l'aval de l'ONU, put mener ses premières frappes aériennes en octobre et après la chute de Kaboul le 13 novembre 2001, *l'International Assistance Force,* fut déployé toujours sous mandat international. Toujours en novembre 2001, G.W. Bush reçoit le soutien du nouveau président russe Vladimir Poutine, et de la Chine. Ainsi, les États-Unis d'Amérique à la tête d'une très vaste coalition anti-terroriste semblaient au sommet de leur influence.

L'échec

Pourtant, les choses commencèrent à se gripper l'année suivante avec l'Irak de Saddam Hussein. Suite à leur intervention en Afghanistan, l'administration Bush avait élaboré pour le Moyen-Orient une nouvelle doctrine très offensive qui prônait ni plus ni moins que de faire la guerre pour éviter… la guerre. L'Irak qui avait expulsé en 1998 les missions d'inspection de l'ONU et de l'AIEA était suspectée d'abriter des armes de destruction massive. La résolution 1411 votée par l'ONU le 4 décembre 2002, rattrapait le temps perdu puisque un nouveau planning de visites était proposé. Ce fut à partir de ce moment là que la mécanique s'emballa. En effet, malgré un rapport négatif des inspecteurs de l'AIEA, malgré l'opposition ferme à l'ONU de la France, de la Russie et de l'Allemagne, les États-Unis et leur allié britannique envahirent le 20 mars 2003 l'Irak. Les opérations militaires dignes du *blitzkrieg* furent brèves, un mois à peine, si bien que les Américains entreprirent séance tenante la reconstruction d'un pays dévasté par ces deux guerres du Golfe. La manière dont fut gérée ce qu'il faut bien appeler une occupation, justifie amplement la réputation de la politique étrangère souvent qualifiée d'unilatérale de G.W. Bush.

Extraits du discours prononcé jeudi 20 septembre 2001 par le président des États-Unis George W. Bush devant les deux chambres réunies en Congrès

Notre guerre contre la terreur commence avec Al Qaeda mais elle ne se termine pas là. Elle ne se terminera que lorsque chaque groupe terroriste qui peut frapper partout dans le monde aura été repéré, arrêté et vaincu [...] notre réponse va impliquer beaucoup plus qu'une riposte instantanée et des frappes isolées. Les Américains ne doivent pas s'attendre à une seule bataille mais à une longue campagne sans précédent. Elle pourra comprendre des frappes spectaculaires, diffusées à la télévision et des opérations secrètes, secrètes jusque dans leur succès. Nous allons priver les terroristes de financement, les dresser les uns contre les autres, les déplacer d'endroit en endroit jusqu'à ce qu'il n'y ait plus de refuge ou de repos. Nous poursuivrons les nations qui apportent leur aide ou abritent le terrorisme. Chaque pays, dans chaque région, doit maintenant prendre une décision. Ou bien vous êtes avec nous, ou bien vous êtes avec les terroristes. À partir de maintenant, chaque pays qui continue d'abriter ou de soutenir le terrorisme sera considéré par les États-Unis comme un régime hostile.

Si les attentats du 11-Septembre avaient suscité l'unité de la planète autour des France, il en fut tout autrement par la suite. Tout ce que « l'unilatéralisme » avait réussi à faire c'était de diviser l'OTAN entre pro et anti-interventionistes, à renforcer l'altermondialisme*, et Al-Qaeda. Même si ces ombres au tableau n'empêchèrent pas la réélection de G.W. Bush le 2 novembre 2004, l'occupation américaine en Irak tourna rapidement en déconfiture, tout comme celle de l'Afghanistan. La vanité de la « manie militaire » des France, dénoncée par Immanuel Wallerstein, « l'impuissance de la puissance » décrite par Bertrand Badie, les agressions de l'Empire américain dirigé selon Éric Hobsbawm par une administration de « cow-boys fous et mégalomaniaques », avaient gravement compromis l'influence de ce pays dans le monde. De telle sorte que si l'aube du XXIe siècle avait pu être qualifié de « moment impérial », les fiascos des années 2003-2006 firent dirent à Pierre Hassner (« Le siècle de la puissance relative », *Le Monde*, 3 octobre 2007), que le XXIe siècle ne serait pas américain, mais au contraire anti-américain.

B. La mondialisation entre uniformisation, différenciations et tensions

La grande expansion de la mondialisation libérale

Ainsi, le modèle libéral et financier s'imposait-il comme un modèle de partout imité. En 1918, en 1945, les États-Unis avaient tenté d'accomplir leur destinée manifeste, mais ils s'étaient heurtés à différents aléas. La disparition du bloc soviétique mettait un point final à cette dialectique qui depuis 1917 opposait si on en croit Éric Hobsbawm, le « socialisme au wilsonisme ». L'extension du libéralisme et du capitalisme, autrement dit la mondialisation, apparaissait selon Francis Fukuyama et Thomas Friedman comme un processus irrésistible. Ce courant mondialiste, ou si on préfère globaliste s'appuyait sur la suprématie qu'exerçait alors l'École de Chicago et les épigones de Hayek comme Milton Friedman. En somme, comme avait pu le dire Margaret Thatcher, il n'y avait pas d'alternative, partant du principe qu'*in fine* la mondialisation libérale était source de démocratie, de paix, et d'enrichissement… du moment que l'État n'interviendrait pas…

Conçu durant les années quatre-vingt, ce modèle correspondait peu ou prou au « consensus de Washington ». Ces dix commandements posés par un économiste américain John Williamson, visaient à tirer l'Amérique latine hors du gouffre, hors de la *decada perdida*.

Le consensus de Washington

John Williamson, un économiste américain, posa en 1989 à la manière des dix commandements l'ensemble de règles ultralibérales destinées à sortir les pays d'Amérique latine de la crise économique des années quatre-vingt. Il s'agissait pour lui de formaliser les points qui, dans les grandes institutions situées à Washington (le Congrès, l'Administration fédérale, le FMI, la Banque mondiale etc.) étaient susceptibles de faire consensus.

Discipline budgétaire, réorientation de la dépense publique, réforme fiscale, libéralisation financière, adoption d'un taux de change unique et compétitif, libéralisation des échanges, élimination des barrières à l'investissement direct étranger, privatisation des entreprises publiques, dérégulation des marchés, prise en compte des droits de propriété. Telle était la règle. Incontestablement, cette formule fit florès et si tous les préceptes prônés par Williamson furent loin d'être tous appliqués, force est de constater qu'effectivement il y eu assez peu d'alternatives économiques. En Afrique subsaharienne ce fut le temps des Plans d'ajustement structurels (PAS), et dans les ex-pays communistes du bloc de l'Est ce fut le temps des « thérapies de choc ». Désétatisation, financiarisation furent les maîtres mots. Certes, avec la distribution gratuite de coupons de privatisation, une forme capitalisme populaire vit le jour, mais la conversion à l'économie de marché se solda par la mainmise des banques sur l'essentiel de l'appareil productif et surtout par ce qu'il fallut bien appeler la tiers-mondisation de la Russie. En revanche, en Asie la situation fut différente car la Chine poursuivait son émergence et la transition vers le capitalisme initiée par Deng Xiao Ping.

La mondialisation libérale, définie par Fernand Braudel, Immanuel Wallerstein ou Yves Lacoste, comme le processus géohistorique multiséculaire d'extension progressive de l'économie libérale marchande et du capitalisme à l'ensemble de l'espace planétaire, prenait donc son envol. Comme on l'a vu plus haut, non seulement les politiques néo-libérales placent la finance, les banques au sommet l'économie, mais de plus elles s'accompagnent d'une marchandisation presque exhaustive (l'eau faillit en être un bon exemple) de domaines qui jusqu'ici échappaient à la concurrence internationale. Les télécommunications, les services financiers, les textiles et vêtements, furent concernés. L'OMC, le FMI, les grandes puissances économiques, et notamment les États-Unis de Bill Clinton promurent cette politique de libéralisation. Ce processus d'intégration accéléré des différentes « économies-mondes »* rendu possible par l'échec des alternatives au capitalisme donna naissance à un « système-monde » (Immanuel Wallerstein). Certains auteurs comme Jacques Lévy parlent de « mondialité » pour appréhender l'avènement de cette « société globale » fondée sur le marché unique, que Marshall Mac Luhan (*War and peace in the global village*, 1968) puis par Théodore Levitt ("Globalizations of markets", *Harvard Business Review*) avaient étudié. Quantitativement cette phase de la mondialisation se caractérise par une expansion sans précédent historique des échanges. En effet, au début des années 1990 on retrouva le taux d'ouverture de la première mondialisation, 15 % du PIB, puis on atteignit au début des années 2000 le seuil de 21 %. Qualitativement, on aboutit à une mise réseau du monde. Celle-ci s'intensifia avec les *roaring nineteens* et la formation du nouveau système technique qui permit la mise en réseau du monde grâce à l'ordinateur ou plutôt grâce à la numérisation. Ce procédé d'encodage et de décodage, rendit possible la transmission quasi instantanée de toutes sortes de données, transmission rendue possible par internet. À partir de ce moment là, il fut possible de relier, de connecter à peu près tout : des machines de toutes sortes, les ordinateurs, et bien sûr les réseaux radio, TV etc. De telle sorte que le nouveau système technique, issu des NTIC, global, numérisé, est surtout et avant tout un *network*, ou si on préfère une mise en réseau des réseaux. Évidemment, les entreprises furent affectées par cette évolution. C'est ce que Kenechi Ohmae voulut dire lorsqu'il écrivit « *la Triade*, Émergence d'une stratégie mondiale d'entreprise* » (1985). Désormais avec la firme globale, la *Hollow corporation,* la firme réseau, les activités se gèrent de plus en plus à l'échelle mondiale notamment dans le domaine industriel. D'ailleurs, Suzanne Berger compara la production à un véritable jeu de lego (*Made in Monde*, Seuil, 2006), en prenant pour exemple la fameuse poupée Barbie. Assemblée en Chine, dessinée aux États-Unis, aux cheveux confectionnés au Japon, aux vêtements conçus en France, elle illustre bien le *made in world.*

Une mondialisation qui consacre dans un premier temps l'hégémonie de la Triade, mais qui génère également disparités et tensions.

L'expression « mondialisation heureuse » due à Alain Minc (1997) illustre bien toute une phase où la page de la crise sembla appartenir au passé. On sait que pour l'année 2000 dans les pays de l'OCDE, la croissance du PIB dans les pays de l'OCDE avait atteint 3,9 %. Mais le plus notable reste la « désynchronisation » des économies. En effet, à partir des années quatre-vingt-dix, les écarts, les chassés-croisés, ne manquèrent pas. Le cas des France, du Japon furent de ce point de vue particulièrement éclairants. En effet, tantôt on retrouvait des performances comparables à celles des années 1945-1975, tantôt la crise semblait de retour. Ainsi, loin de créer un monde uniformisé, la mondialisation renforce les phénomènes de hiérarchisation. Plus que jamais la théorie des avantages comparatifs, le modèle « centre-périphérie » structure le Monde, plus que jamais les territoires sont mis en concurrence les uns avec les autres, entraînant des spécialisations, une division internationale des processus productifs. C'est ce que Laurent Carroué a voulu montrer en établissant une typologie des États au temps des débuts de la troisième mondialisation. On voit très clairement que la Triade est hégémonique, puisqu'elle comprend au début du XXIe siècle 20 % de la population et concentre 80 % du PNB mondial. L'Amérique du Nord, l'ALENA, l'Union européenne semblaient être les grands gagnants de cette phase de la mondialisation. De plus, une sorte de répartition des rôles, de tripartition fonctionnelle existait au sein de ce trio. On avait ainsi le Japon, nain militaire, mais géant économique, encore vu à la fin des années 1990 comme le challenger des États-Unis ; l'Europe, vue comme une puissance « douce », une puissance « normative » (Zaki Laidi, *L'Europe, puissance normative. La norme sans la force*, Presses de Sciences-Po, 2005), et bien sûr la puissance « martiale » des États-Unis.

Typologie des États dans la mondialisation

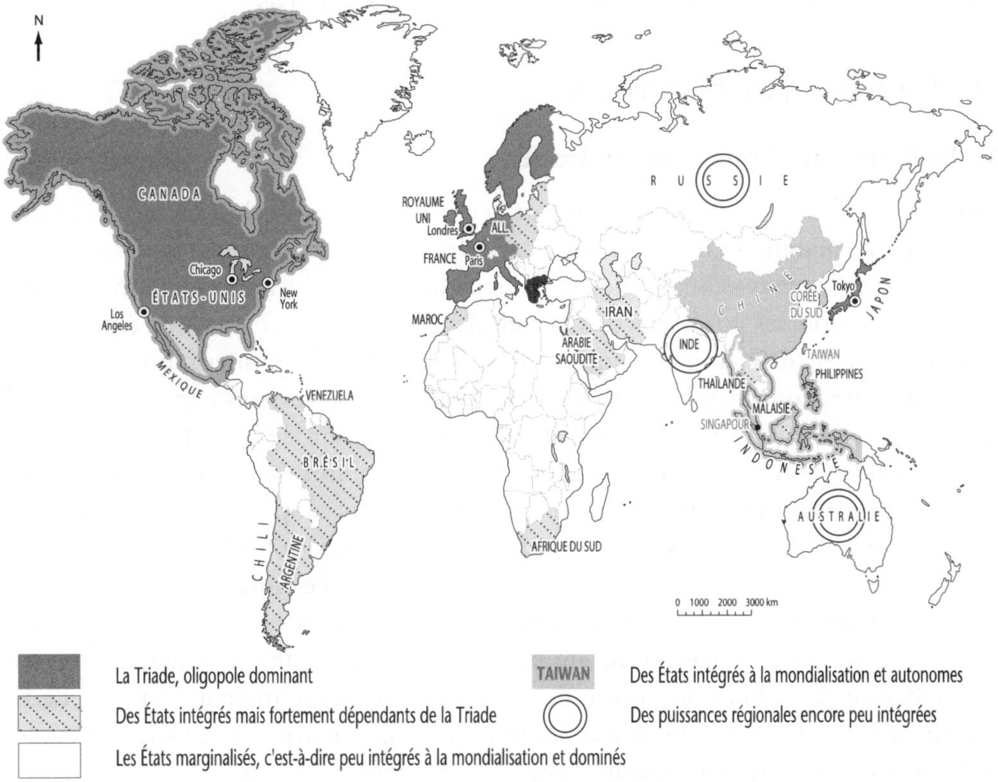

Mais à l'échelle planétaire la mondialisation renforce des logiques dualistes. On assiste à un spectaculaire creusement des inégalités de richesse, des inégalités sociales. Tant et si bien que Viviane Forrester parla de *L'horreur économique*, le prix Nobel d'économie, Joseph Stiglitz, lui écrivit *La grande désillusion*, pour dire que « la mondialisation ça ne marche pas ». D'autres, comme le journaliste américain Mike Davis, évoquèrent le « bidonville global » comme résultat des politiques néo-libérales. Cette contestation de la mondialisation prit forme avec le mouvement altermondialiste, *Le Monde Diplomatique*, et les premiers forums sociaux mondiaux. Ignacio Ramonet sut d'ailleurs avec son grand texte paru en janvier 1995, *la Pensée unique*, prendre le contre-pied de John Williamson. Sur le plan social, mais avec une optique différente de celle d'Ignacio Ramonet, Jacques Lévy (*L'invention du Monde. Une géographie de la mondialisation*, Presses de Sciences-Po, 2008) explique lui aussi à quel point la mondialisation différencie les individus. L'étude du parcours très cosmopolite de Carlos Ghosn est de ce point de vue exemplaire. Brésilien d'origine chrétienne maronite libanaise, élève des Jésuites à Beyrouth, polytechnicien, il fut l'homme du sauvetage de Nissan en 2001, PDG de Renault à partir de 2005. Membre emblématique de « l'hyperbourgeoisie mondiale », il représente bien la « société-monde », la « mondialité », le « capital spatial » grâce à la multiplicité de ses expériences japonaises, brésiliennes etc. La mondialisation est donc un phénomène très clivant, discriminant ceux que Jacques Lévy appelle les « branchés », les « connectés » de ceux qui ne le sont pas.

III. La fin d'un cycle historique

A. La faillite du capitalisme du trader

Les causes de la crise de 2008 Les causes de la crise sont à rechercher dans la énième « grande transformation » du capitalisme, celle des années quatre-vingt-dix qui s'affirme et resurgit à partir des États-Unis où le capitalisme actionnarial s'impose comme un modèle. Les fonds de pension, les fonds spéculatifs sont devenus des acteurs majeurs dans les conseils d'administration en détenant des portefeuilles d'action si volumineux qu'ils parvinrent à imposer aux directions des entreprises leurs normes. La *corporate governance*, fille du capitalisme anglo-saxon étaient née et instaurait la loi d'airain de la rentabilité immédiate et maximale. Celle-ci entraîna le triplement en dix ans du volume de la capitalisation boursière. Ce volume montra bien qu'un « capitalisme tondeur de coupons », pour reprendre une bonne formule de Jacques Marseille, prenait ses aises. Alors si John Kenneth Galbraith avait parlé en son temps d'orgie spéculative pour évoquer les dérèglements financiers des années vingt, on se demande bien le terme qu'il aurait pu écrire pour ceux de la *golden decade* ou des « années fric ». Il n'en reste pas moins, un peu comme dans les années vingt, qu'une nouvelle économie-casino, largement découplée de l'économie réelle, se mettait en place. La finance de marché largement fondée sur la spéculation tous azimuts déploya ses ailes. Les contrats à terme (*futures),* les contrats d'échange (*swaps*) permirent d'acheter et de vendre à peu près n'importe quoi, qu'il s'agisse de matières premières, d'obligations, d'actions, d'actifs… Parallèlement à ces « produits dérivés » se développèrent les « produits toxiques » qui transformaient en définitive des dettes, en actions, en obligations, et aussi en contrats d'assurance… Avec le *take off* des *Collateralised Debt Obligation* (CDO) et des *Credit Default Swap* (CDS), la titrisation des créances expérimentée avec le plan Brady pour résoudre la question de la dette mexicaine se généralisait. L'élaboration de produits financiers de plus en plus sophistiqués, on le vit au Japon avec la zaïtech (haute technologie financière), qui creusait les « trous noirs de l'économie » (Jacques Sapir, *Les trous noirs de l'économie*, 2000). Tout cela devint le fondement d'une économie mondialisée qui à bien des égards prenait l'allure d'une pyramide de Ponzi.

Évolution de la capitalisation boursière mondiale entre 1990 et 2009 (en milliards de $)

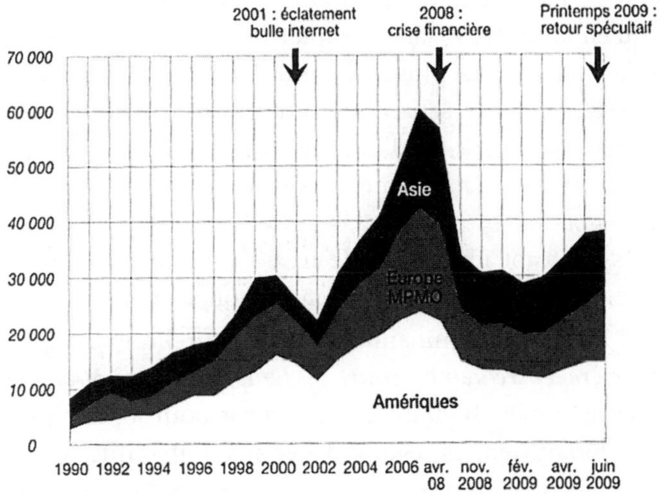

Source : WFE

Des dérives importantes notamment aux États-Unis, eurent lieu. La dissimulation des dettes afin de maintenir un cours élevé des actions, Enron en 2001, Worldcom en 2002, firent prendre des mesures comme la loi Sarbanes Oxley, mais au final la confiance en « l'auto-régulation » restait intacte. C'était en tous cas ce que l'on espérait avec le *whistle blowing*, une procédure qui permettait dans les entreprises de dénoncer les mauvaises pratiques. D'ailleurs, un économiste français Elie Cohen expliquait qu'en définitive la financiarisation de l'épargne était le meilleur rempart contre une crise systémique.

La crise proprement dite

Comme la crise de 1929 celle de 2008 ne fut pas une mince affaire. On l'a vu, elle couvait comme l'avait dit Nouriel Roubini, au moins depuis 2006, et débuta en juillet 2007 avec l'effondrement du *hedge fund Bear stearns,* continua avec la faillite d'*American Mortgage*. Mais tout s'aggrava lorsque le 14 septembre 2008, quand le Trésor américain laissa Lehman Brothers faire faillite. Du coup, de financière, la crise devint économique. On eut aux États-Unis pour le troisième trimestre 2008, 1,5 million de chômeurs supplémentaires, et à la fin de l'année plus de 1 million d'Américains subissaient des saisies et étaient expulsés. Le château de cartes du crédit mal régulé s'écroulait en détruisant avec lui un capital productif, financier etc. comparable à celui de la Seconde Guerre mondiale (L. Carroué, *in Les Grands Dossiers de Diplomatie* n° 12, déc. 2012-janv. 2013). Au plan international, le taux de croissance du PIB mondial s'effondra : -1,1 %, environ 200 millions de personnes basculèrent dans la pauvreté. Quant aux échanges internationaux, ils se connurent leur contraction la plus brutale depuis la crise de 1929. Mais, contrairement aux années 1929-1930, l'État tint un rôle essentiel en jouant la carte de la relance. En effet les autorités américaines ont injecté entre 2006 et 2011 un capital équivalent 8,8 le PIB annuel de l'Afrique (L. Carroué, *op. cit.*). Aux États-Unis, le plan Paulson, puis celui d'Obama en février 2009 firent date. Prévu pour 1 000 milliards de $ mais ramené à 787, il consistait en l'achat de 2 milliards de $ d'actifs, et en mars 2009 le gouvernement fédéral fit l'acquisition de 60 % des parts de General Motors, institua une prime à la casse jusqu'en août 2009, sans compter des investissements publics massifs pour les énergies propres, la R&D, etc. Le plus intéressant reste la réforme de Wall Street de juillet 2010. Désormais, la règle Volcker sépare les activités des banques de dépôt et celles des banques de *trading*. Cet activisme de l'État se portant au secours des banques est une constante forte. Si forte qu'on assista même au Royaume-Uni à la nationalisation des *Lloyds Banking*, et de la *Royal Bank of Scotland*. Vu sous cet angle la crise de 2008 peut être interprétée comme le symptôme une « Grande crise » comme une « faille systémique », car la dynamique de l'économie-casino avait bel et bien été coupée net.

Pourtant, même si la crise est éminemment « structurelle » (J. Sapir, *Une décade prodigieuse. La crise financière entre temps court et temps long*, n° 3/4, 2e semestre 2008), les sauvetages onéreux des banques, 1600 milliards d'euros pour les banques européennes entre 2008 et fin 2010, ne réglèrent rien. La règle Volcker aux États-Unis, le fait de prévoir, avec les accords de Bâle 3, une augmentation du capital des banques les plus exposées, pêchent par leur pointillisme puisque de fait une autre crise reste possible. Mais il y a plus : les banques sont devenues *too big to fail*, du coup le principal enseignement financier de crise réside dans le caractère « malsain » des relations existant entre elles et les États (S. Moati in *Alternatives Internationales*, HS n° 12, janv. 2013). Malsain car le poids économique des banques est colossal, on sait que les actifs de BNP Paribas représentent le PIB de la France, malsain car si les banques prêtent à l'État, elles sont assurées d'être secourues en cas de difficulté comme en 2008. Bien sûr, ne pas tirer les banques hors du gouffre aurait été suicidaire, mais il n'en reste pas moins que ce soutien peut être interprété, comme une socialisation de leurs pertes, comme une aide publique à la spéculation, vu l'importance de leurs activités de *trading*. Ainsi, même si l'alerte fut chaude, on assista pas à une refonte sérieuse du système bancaire, pas plus qu'à une réforme vraiment radicale du statut des paradis fiscaux*. En effet, si le G20 avait suite au sommet de Londres d'avril 2009 mit en place un « groupe de revue par les pairs » chargé de stigmatiser les pays qui ne respectaient pas les règles, les paradis fiscaux se portant toujours aussi bien. N'ont-ils pas vu passer 46,6 % des dépôts bancaires, (contre 51,4 % avant la crise) et 43 % des prêts bancaires internationaux (contre 47 % avant la crise, C. Chavagneux, in *Alternatives Internationales*, HS n° 12, janv. 2013) ?

Mais, pour autant dès 2009, il apparaissait que la crise frappait plus sévèrement les pays à haut niveau de revenu, que les autres. En effet, si les premiers voyaient le taux de croissance de leur PIB se situer à -3,4 %, les pays à revenus faibles ou moyens eurent un taux de croissance positif de 1,7 % ! D'ailleurs, entre mai 2008 mai 2009 l'Union européenne perdit 5,4 millions d'emplois, et la production industrielle recula de 33 %… Cette crise fut donc synonyme en Europe et aux États-Unis, d'un décrochage très marqué et très rapide de l'emploi industriel puisqu'avant la crise on comptait dans l'Union européenne presque 39 millions d'emplois industriels, contre environ 32 millions en 2012. Aux États-Unis la désindustrialisation fit aussi des ravages puisqu'on passa de plus de 14 millions d'emplois industriels, à environ 11,5 millions en 2009 au plus fort de la crise. Une crise qui selon Laurent Carroué est loin d'être finie : on dénombrait en octobre 2012 encore 18,5 millions de chômeurs dans la zone euro soit 11,6 % de la population active, sans parler des 25 % de la Grèce et de l'Espagne, qui elles, de ce point de vue-là sont dans une situation comparable aux États-Unis des « Hoovervilles ». De cette évolution majeure, les pays émergents* furent les bénéficiaires, ce qui permet avec Nicolas Baverez de voir dans la crise un basculement de l'économie mondialisée vers le Sud, et avec Marc Ferro « un retournement de l'histoire ».

B. Le « basculement du monde »

*Le commencement de la fin de la Triade : les BRICS**

Indiscutablement, la crise a confirmé l'émergence du Sud. En effet, si en 1990 les pays du Sud représentaient environ 40 % du PIB mondial, contre 57 % en 2011. Les plus emblématiques d'entre eux sont appelés les BRIC. Cet acronyme (Brésil, Russie, Inde, Chine) utilisé pour la première fois par Jim O'Neill en novembre 2001, avait été imaginé par cet expert de la Goldman Sachs pour indiquer qu'à l'horizon 2050, ces pays, auxquels il faut rajouter à partir de 2011 l'Afrique du Sud (S des BRICS), feraient partie des dix premières économies mondiales. Mais ce que Jim O'Neill ne savait pas c'est que ses pronostics se réaliseraient avec presque trente ans d'avance.

Le Produit Intérieur brut 2010-2017 de quelques grandes puissances

Rang	Pays	PIB 2010 en milliards de $ US	PIB 2017 en milliards de $ US
1	États-Unis	14624	19377
2	Chine	5745	12362
3	Japon	5390	5106
4	Allemagne	3305	3619
5	France	2582	2570
6	Royaume-Uni	2258	2610
7	Brésil	2023	1954
8	Russie	1476	1442
9	Inde	1430	2458

Le monde a déjà basculé, et de ce point de vue l'Occident et le Japon, autrement dit les pays de la Triade sont en déclin très net. Un déclin qui d'ailleurs touche davantage l'Europe et le Japon que les États-Unis. Mais pour ceux qu'on a de plus de mal à appeler les pays riches, le plus grave, reste que pour surmonter la crise les pays développés auraient soigné le mal par deux maux. Le premier serait l'envolée spectaculaire de la dette publique des pays développés. Elle représente 83 % de l'augmentation de la dette publique mondiale, avec des ratios inimaginables : 229 % du PIB pour le Japon, 102 % pour les États-Unis, quant à l'Union européenne son stock de dette publique a augmenté de 62 % entre 2006 et 2012. Le second serait la récente dilatation spectaculaire du bilan des banques centrales, des prêteurs en dernier ressort. De 2009 à 2012, le bilan de la Banque centrale européenne est passé de

1905 milliards d'euros à 3000, celui de la FED pour la même période de 2237 milliards de $ à 2970 ! (L. Carroué, in *Les Grands Dossiers de Diplomatie* n° 12, déc. 2012-janv. 2013). En définitive, c'est tout le secteur financier occidental qui est malade de l'endettement. En 2011-2012, les grandes banques auraient perdu 135 000 emplois, les fonds de pension occidentaux seraient quant à eux au bord du gouffre vu que leurs placements sont à 40 % composés de placements en dette publique.

Cette dégradation de la situation des pays du Nord fait que de plus en plus les pays émergents sont leurs créanciers. En effet, la particularité de l'endettement occidental contrairement à la Chine ou au Japon ne se fait pas sur des bases nationales, mais par les grandes banques internationales et, c'est là où le bât blesse, mais par les Fonds souverains des grands pays émergents et des pays exportateurs d'hydrocarbures. En effet, si on prend les 10 premiers fonds souverains dans le monde en 2012, Norvège excepté, tous appartiennent à des pays émergents, et 3 d'entre eux sont chinois. C'est un peu comme si la puissance financière s'était échappée des mains du Nord. La Chine n'est-elle pas le premier créancier des États-Unis ? N'est-elle pas aussi au premier rang mondial en 2012 pour les réserves d'État avec un stock de 3493 milliards de $, presque trois fois plus important que celui du Japon (au deuxième rang mondial) ? Le Brésil, lui, arrive au 6e rang mondial largement devant l'Allemagne, au 10e rang mondial… derrière l'Inde ! Ces changements furent actés lors du G20 de Pittsburgh en septembre 2009. Désormais, une place plus grande leur serait faite sein de la gouvernance internationale. Elle se concrétisa en 2010 par un important train de réformes au FMI. Les quotes-parts ont été doublés et 6 % de leur volume ont été attribués aux pays dits émergents. Concrètement le Brésil, la Russie, l'Inde et la Chine figureront parmi les 10 principaux actionnaires du FMI. En outre, le Brésil, la Russie, l'Inde et la Chine disposent à partir de 2014 de 13,5 % des droits de vote au sein du FMI contre 8,9 % en 2010. À l'ONU, l'Inde, le Brésil et l'Afrique du Sud demandent également un siège de membre permanent au Conseil de Sécurité. Ces BRICS, l'Afrique du Sud étant comprise, constituent un ensemble très disparate. Toutefois, celui-ci tend à devenir quelque chose dans la mesure où ils organisent chaque année des sommets, dont le fil directeur serait de contester la place trop importante à leurs yeux des « euro-américains ». En effet, lors du sommet des BRICS à New Delhi en mars 2012, l'idée d'une « Brics bank », ou d'une « South-South Bank » a été lancée afin de s'affranchir de la Banque mondiale et du FMI.

Au plan du développement et vu des pays du Sud, ce « basculement » se traduit aussi par une réduction très importante de la pauvreté. De 1990 à 2008 le taux d'extrême pauvreté, soit 1,25 $ par jour, est passé de 43 % avec 1,8 milliard de personnes à 22 % avec 1,3 milliard d'individus, de même le nombre total des sous-alimentés aurait baissé considérablement (G. Hassan, in *Alternatives Internationales*, HS n° 12, janv. 2013). On serait passé d'après différentes agences de l'ONU de 18,6 % de la population mondiale en 1990 à 12,5 % en 2010. Alors, en dépit des polémiques au sujet du manque d'actualisation des mesures de la Banque mondiale, en dépit de l'accroissement des inégalités, et du fait que pour 2015 le taux d'extrême pauvreté resterait à 41 % pour l'Afrique saharienne, retenons que l'objectif de l'Agenda 21 de réduire de moitié l'extrême pauvreté a été réalisé. Ceci a des conséquences, car on se rend compte que de plus en plus de villes du Sud se métropolisent en accueillant des sièges de multinationales. Pékin en accueille 44, Shanghai 6, Bombay 6 aussi. À titre de comparaison New York 18, Londres 17, et Paris, Île-de-France comprise, 30.

Enfin, militairement, stratégiquement, géopolitiquement on assiste aussi à la constitution de nouveaux équilibres qui mettraient en relief de déclin de l'Occident. En effet, comment expliquer la situation de la Syrie sans le rôle de la Chine et de la Russie ? Comment ne pas voir au travers du soutien du Brésil, de la Russie, de la Chine à l'Iran que face aux pressions occidentales il y a désormais un contrepoids.

2. Pourtant la Triade reste un « centre ».

Malgré tous ces éléments on peut considérer que la Triade reste un « centre ». En effet, elle détient quantité de leviers, de positions dominantes. En effet, si on examine le domaine clé de la recherche, on se rend compte pour le nombre de dépôts de brevets, de publications scientifiques, certes l'émergence de la Chine, voire de la Corée du Sud est manifeste, mais pour l'essentiel, ce sont les pays du Nord qui dominent. Le constat est le même si on prend les 1000 plus grandes firmes manufacturières en 2010, 918 d'entre elles appartenaient à des pays de la Triade (en tenant compte de l'Australie). Certes le résultat est moins probant vu qu'en 2003 il y en avait 985 ! Pour les 25 plus grandes firmes industrielles mondiales selon le chiffre d'affaire, seulement 4 appartenaient aux émergents. Si on prend maintenant les 15 premières marques de renommée internationale, et si on examine les 5 premières entreprises mondiales dans les secteurs de la grande distribution, de l'agro-alimentaire, de la cosmétique, de la télécommunication, des services informatiques… on constate la suprématie américaine, japonaise, européenne… et surtout l'absence des pays émergents. De ce point de vue, le monde n'est pas encore basculé.

Valeur des grandes marques de renommée internationale en 2012

Rang	Marque	Valeur (en milliards de $US)
1	Coca-Cola	77,84
2	Apple	76,56
3	IBM	75,53
4	Google	69,72
5	Microsoft	57,85
6	General Electric	43,68
7	McDonald's	40,06
8	Intel	39,38
9	Samsung	32,89
10	Toyota	30,28
11	Mercedes-Benz	30,09
12	BMW	29,05
13	Disney	27,43
14	Cisco	23,21
15	Hewlett-Packard	22,32

Source : Les Grands Dossiers de la Diplomatie n° 12, décembre-janvier 2012, p. 79.

En revanche dans d'autres domaines l'émergence des Sud est plus marquée, même si la domination de la Triade reste évidente. En juin 2012, sur les 10 premières places boursières mondiales 7 appartenaient à la Triade et 3 à la Chine et si on prend leur capitalisation boursière le volume de celles appartenant à la Triade représentait 5 fois celui des trois premières bourses chinoises. Rappelons aussi que la capitalisation boursière d'Euronext (États-Unis et Europe) avec ses 15488 milliards de $US dépasse de cent coudées les 2411 milliards de $US celui du Shanghai Stock Exchange. Au plan de la métropolisation*, l'index A. T Kearney, qui donne une vision plus exacte de la place des métropoles dans l'archipel mégalopolitain mondial montre que Singapour la première ville globale des pays émergents n'est qu'à la 11e place, Beijing à la 14e et Sao Paulo à la 33e place juste devant Mexico-City. Stratégiquement et militairement l'hégémonie de la Triade reste écrasante. En effet, les États-Unis avec la doctrine Obama (*leading from behind*), parviennent à rester les maîtres du jeu. En effet, la mise en pratique du *smart power*, ont permis aux États-Unis de réduire leurs dépenses militaires, en renonçant aux interventions terrestres de l'administration Bush, l'Irak est évacué, l'Afghanistan devrait l'être en 2014, tout en se concentrant sur l'essentiel, c'est-à-dire la sécurité de la façade orientale du Pacifique. Ils ont pour cela développé un nouveau concept opérationnel, la bataille air-mer, grâce aux armes A2/AD (anti accès, zone de déni) qui font que d'une certaine manière les États-Unis remettraient l'accent sur la supériorité navale et aérienne. Que vaut l'unique porte-avions chinois, le Liaoling face aux 11 porte-avions américains ? De même quelle puissance émergente a-t-elle à sa disposition ce prodigieux réseau d'alliance que constituent l'OTAN et ses partenariats stratégiques ? De ce point de vue, l'hégémonie de la Triade via l'OTAN reste entière. L'Australie, le Japon, la République de Corée du Sud restent des alliés privilégiés, tout comme les pays du bassin méditerranéen avec le Dialogue méditerranéen, et ceux du Moyen-Orient avec l'Initiative de Coopération d'Istanbul. L'intervention de l'OTAN en Lybie en 2011 ne signifie pas autre chose.

Face à cette universelle aragne, il n'y a donc rien ou bien peu de choses. Certes, la création en avril 2001 de l'Organisation de Coopération de Shanghai, à l'origine une initiative de Boris Eltsine, regroupant le la Russie, la Chine, le Kazakhstan, le Kirghizstan le Tadjikistan et l'Ouzbékistan, a pu être interprété comme un « OTAN eurasiatique ». Des manœuvres militaires communes sont organisées, et le fait de donner à l'Iran un statut d'observateur, comme d'ailleurs à l'Afghanistan, la Mongolie, le Pakistan, et l'Inde donne à cette structure une coloration nettement anti-occidentale et nettement anti-américaine. Mais les sérieuses divergences entre la Chine et la Russie, semblent faire de l'OCS une coquille vide. En effet, on considère que l'idée lancée en octobre 2011 par le président Poutine d'une Union eurasiatique à partir d'une union douanière Russie-Biélorussie-Kazakhstan, est un moyen certes pour la Russie de se garder à l'Ouest de l'Union européenne, mais surtout de se garder à l'Est de la Chine. Donc, à ce moment, ni l'OCS, ni les sommets des BRICS, ni même les sommets IBSA (Inde, Brésil, Afrique du Sud) ne sont susceptible de changer la donne.

On peut même avancer à la suite de Fareed Zakaria, l'idée qu'au contraire, l'émergence de nouvelles puissances, et l'avènement d'un monde plus multipolaire « post-américain » est une aubaine géopolitique pour les États-Unis. Ce sont en effet les appétits, voire l'impérialisme d'un pays comme la Chine ou comme la Russie qui renforcent l'influence américaine dans le monde et tout spécialement en Asie. Pour les Européens, avec la Russie, pour les Indiens, les Japonais avec la Chine, une alliance solide avec les États-Unis est une nécessité. On peut étendre le raisonnement au Moyen-Orient avec le cas iranien. Là encore, Israël et les pétromonarchies sont peu ou prou dans le même cas de figure.

Conclusion

Sans aller dans le sens « des prêcheurs de l'apocalypse » (J. de Kervasdoue, *Les Prêcheurs de l'apocalypse. Pour en finir avec les délires écologiques et sanitaires*, 2007), il convient de souligner que la crise de 2008, a marqué une étape importante dans le cycle géohistorique débuté en 1991. À l'optimisme de la « mondialisation heureuse » a succédé une réelle inquiétude tant les risques de toutes sortes semblent peser sur la nouvelle économie mondialisée. De plus en plus souvent, l'éventualité d'une crise systémique, d'une sorte de *big one* global provoqué par l'endettement massif des États est évoquée, d'autant plus que pour certains auteurs comme Laurent Carroué, la crise de 2008 n'est pas terminée. Sans doute, une nouvelle phase du processus de mondialisation est peut-être en train de se mettre en place. Avec un cycle de Doha en panne, avec la multiplication des mesures protectionnistes, l'amorce d'une continentalisation, voire d'une démondialisation (J. Sapir, *La démondialisation*, 2011), tout montre qu'effectivement le cycle qui avait débuté au début des années quatre-vingt-dix est en train de s'achever.

En revanche, à la question de savoir si le XXIe siècle sera ou pas américain, les réponses restent plus nuancées. Certes, l'érosion de la puissance de cet État « *larger than life* », est manifeste, mais sa primauté ne saurait pour l'instant être remise en question. En effet, contrairement au Royaume-Uni cent ans plus tôt, les États-Unis n'ont pas perdu leur avance dans le domaine clé de la recherche-développement. En cela si on en croit Fareed Zakaria, ils maîtriseraient l'avenir.

◆ Idées reçues

Le choc inévitable des civilisations… Le cœur de la thèse de S. Huntington

Depuis la fin de la guerre froide, le monde se diviserait en « sphères culturelles ou civilisations » (concrétions culturelles auxquelles les gens peuvent s'identifier) dont l'affrontement inéluctable dessine les contours des conflits culturels d'aujourd'hui et de demain. Après les conflits d'hier entre princes, puis entre nations jusqu'à la première guerre mondiale, entre idéologies depuis la révolution de 1917, l'heure est aux conflits entre aires civilisationnelles surtout fondées sur des religions au contenu non négociable. Les civilisations occidentale, hindoue, islamique, orthodoxe, japonaise et chinoise (confucéenne) latino américaine (ajoutée in extremis) et éventuellement africaine sont appelées à se différencier donc à se combattre au travers d'un jeu d'alliances et de rejets réciproques… au delà des évidences :

– ***la vision un peu caricaturale*** de la civilisation, notion cloisonnée, faisant peu de cas des métissages, des tensions internes, des recompositions possibles (ex monde musulman pluriel et secouée de rivalités intestines). Une vision bien loin de la *« grammaire des civilisations »* de Braudel où on voit des civilisations fluides, pas barricadées mais prises dans l'immense réseau de la modernité, transformées par l'Histoire. Qu'est ce qu'une civilisation occidentale qui s'identifie… à l'Otan, qu'une civilisation musulmane définie sur les seules bases religieuses, alors qu'elle est fragmentée ethniquement, culturellement, politiquement, Qu'est ce qu'une une civilisation japonaise définie sur des bases géographiques ? L'asiatisme ne recouvre t il pas plusieurs civilisations de fait (confucéenne, malayo-islamisée et bouddhiste demain peut être hindoue) ? Où sont les multiples réseaux d'appartenance comme la famille ; la tribu, la nation, la région comme horizon d'identification autres que la civilisation ?

– ***un simplisme outrancier*** Les conflits du XX ont lieu non pas exclusivement entre civilisations mais à l'intérieur d'une même civilisation voire d'un même pays… *« Les civilisations sont déchirées en permanence entre les forces homogénéisantes de modernisation et les forces se réclamant de la tradition locale portées par les prophètes et les sauveurs »* (P. Hassner) La guerre le long de la fracture entre Croatie catholique et Bosnie musulmane est plutôt héritière de la frontière politique qui divisait cette région de culture slave entre Empire d'Autriche Hongrie au Nord et empire Ottoman au sud ? Le conflit irako-américain est plus qu'un affrontement caricatural entre baasisme et baptisme ! Le choc occident Asie résiste-t-il à l'analyse dès lors que les États-Unis investissent en Chine, les Chinois achètent les bons du trésor américain (750mds de $) véritable convergence d'intérêts…

– ***une grille de lecture anachronique*** : un clone des affrontements d'hier, de bloc à bloc, idéologiques au terme de la guerre froide — Les États-Unis par exemple remplaceraient l'opposition au bloc communiste par l'ennemi islamo-confucéen le nouvel empire du mal — La nature aurait-elle tant horreur du vide ?

– ***un texte de combat*** qui n'est pas sans rappeler le containment de G Kennan. Seul changement l'adversaire est désormais l'islamisme surtout s'il s'allie avec la Chine. Repris par les néocons la thèse de Huntington fait le lit du wilsonisme botté de Bush de sa théorie orvellienne : *« la guerre c'est la paix »*.

– ***des impasses*** sur le rôle des « États nations » dans le concert international et sa force stabilisatrice : les nations perdurent, ne serait ce qu'au Conseil de sécurité des nations de l'Onu au travers de « leurs égoïsmes sacrés » (de Gaulle) et de leurs conflits d'intérêts

– ***une approche sommaire*** où l'Occident est hâtivement assimilé à un « axe du Bien », à une capacité inégalée à défendre les droits de l'homme, la liberté individuelle, la démocratie :

Ce n'est pas « le rendez vous des civilisations » décrit par E. Todd… mais le choc frontal culturel…

Une thèse clouée au pilori (*the clash of ignorance* de Edward W Said) pour ses implications :

– ***le repli nécessaire de la civilisation occidentale*** sur elle-même et une politique d'immigration rigoureuse pour éviter « l'americano dream » c'est-à-dire le dépassement hispanique.
– ***une imposture autant qu'une posture*** avec l'absence de superposition entre les espaces de conflits et les lignes par où le choc des civilisations pourrait avoir lieu.
– ***une prophétie sombre*** pour ne pas dire d'apocalypse, où différence égale systématiquement violence très éloignée de l'idéal kantien de paix universelle mais plutôt installée dans l'émiettement fratricide.
– ***une caution intellectuelle à des croyances populaires***, grossières réductrices. Un *« spot publicitaire »* un slogan *« the west against the rest ! »*
– ***un danger d'une hypothèse auto-réalisatrice*** qui pourrait à l'avenir contribuer fortement à exacerber le choc des perceptions et des représentations.

◆ Lieux de la géopolitique

Bagdad

Capitale de l'Irak, cette ville de 7,5 millions d'habitants en très forte croissance, fut le symbole du régime de Saddam Hussein puis celui de l'occupation américaine avec la « zone verte ». Elle est le symbole des luttes confessionnelles entre chiites et sunnites qui entre 2003 et 2008 l'ont ravagé et entraîné la disparation de la plupart des quartiers « mixtes ». En ce sens, elle illustre bien la fragilité de l'État irakien, et l'importance des clivages existant dans ce qu'Huntington appelait la civilisation islamique.

Détroit d'Ormuz

Dès que l'on désigne ce à quoi donne accès le détroit d'Ormuz, on est saisi par l'ampleur des polémiques : s'agit-il du golfe Persique (depuis l'Antiquité pour les Iraniens), du golfe Arabo-Persique des Anglais, du golfe Bar al Farsi des arabes médiévaux, du golfe de Bassora pour les Irakiens, du golfe tout simplement pour les Occidentaux ?
Aujourd'hui ce sont 17 millions de barils ont transité chaque jour dans le détroit contre 15,5 en 2009 soit 20 % de la production mondiale de pétrole. En moyenne chaque jour ce sont 14 tankers peins qui croisent entre Oman et Iran.
En comparaison el canal de Panama actuellement en travaux et dont la capacité devrait doubler d'ici 2014 en voit passer que 5 % du pétrole mondial.
85 % de ces exportations sont à destination des marchés asiatiques La voie de navigation dans chacun des deux sens a une largeur de deux milles. En cas de fermeture du détroit en resterait que oléoducs et gazoducs à travers l'Arabie Saoudite (5,3 millions de barils /j) ou vers la méditerranée via la Turquie et l'Irak. D'autres sont en projet ou plus anciens pourraient être réactivés entre Irak Arabie saoudite ou bien vers le Liban.
Un détroit stratégique
Quatre détroits dans le monde sont dits d'intérêt stratégique pour le transit du pétrole : Malacca, le Bosphore, Suez et Ormuz. Le détroit d'Ormuz dont le nom est associé à une île proche est à plus d'un titre vital :
Par les quantités de pétrole qui y transitent par des VLCC (very large crude carrier) ou UCLCC (ultra large carrier).
Parce que c'est le seul détroit qui soit une voie unique de sortie pour l'exportation par voie maritime du pétrole saoudien, iranien, et des émirats soit plus du quart de la production mondiale surtout un huitième du brut utilisé aux États-Unis, un quart de celui utilisé en Europe et un tiers de celui utilisé au Japon !
Parce que à son point le plus étroit, le détroit ne fait que 34 miles et les eaux territoriales iraniennes étant peu profondes les bateaux sont obligés de circuler dans un couloir entre les îles Quoin et Ras Dobbah en Oman de 1 mile de chaque côté, avant de transiter par un

chenal entre 3 îles — grande et petite Tonb et Abu Musa — contrôlées depuis 1971 par les Iraniens, périlleux slalom…

Parce que c'est le seul détroit qui du statut de *« backwater »* c'est-à-dire zone sans importance où passait une partie du commerce de l'étain sumérien… a accédé au statut d'artère fémorale du système énergétique mondial : en 1920 l'extraction pétrolière de l'anglo-persian. Dans les années 1950, l'or noir de la péninsule en ont fait un passage obligé et le choc pétrolier de 1973 la crise de Suez, le renversement de la dynastie Pahlavi en 1979 ont tôt fait de montrer le caractère hautement stratégique de ce verrou géopolitique.

Parce que les alternatives terrestres sont pour l'heure difficiles. Le Pétroline terrestre ne peut évacuer que 5 millions b/j quand le détroit d'Ormuz fait transiter 20 millions b/j.

Parce que il s'inscrit dans une région particulièrement belligène qui voit s'affirmer des puissances régionales Arabie Saoudite et Iran, hier Irak, Grande-Bretagne jusqu'en 1971, et les États-Unis qui les ont relayé, la France désormais installée aux émirats, avec une vigie pointée sur Ormuz, le port de Gwadar (Pakistan) poste de surveillance chinois

Parce que c'est le seul détroit bordier ou riche de régions pétrolifère piégées dans une zone d'obduction où la plaque continentale arabique passe sous la plaque iranienne à une profondeur faible de 50 à 90 m faisant de ce pétrole un pétrole facile à exploiter. Ce détroit longe les gisements géants dont le gisement le plus important du monde de Ghawar, découvert en 1948 en Arabie Saoudite et assurant encore à lui seul avec 5 millions b/j, 6 % de la production mondiale !

Ormuz : « War game sur écran géant »

Ce détroit hante les adeptes de la géopolitique-fiction en mal de scénarii tragiques : dans le premier volume de Blake et Mortimer il est déjà question du détroit d'Ormuz et d'une arme absolue mais on ne parle pas de pétrole.

Alain Minc dans *Dix jours qui ébranleront le monde* imagine le bombardement par Israël des centrales nucléaires iraniennes, décision inévitablement suivies du blocage du détroit par le coulage de 3 pétroliers par les pasdarans, avec réponse immédiate des américains grâce à 4 porte-avions avec enchaînements digne d'un « thriller-catastrophe sensationnel » : baril à plus de 200 euros et des bourses dévissant de 30 %… stratégie-fiction qui peut-être n'a même pas besoin de ces ingrédients belliqueux pour arriver à terme.

Serge Enderlin décrit une soirée d'épouvante proposée aux *global leaders* de Davos en janvier 2007 avec Al Qaeda qui frappe un tanker dans le Bosphore, une attaque au TNT du terminal de Ras Tanura principal terminal saoudien, un pétrolier frappé à Ormuz. Et « l'économie mondiale à genoux » en quelques minutes, scenario d'apocalypse qui fait de la peur géopolitique sur Ormuz une des 3 peurs pétrolières : la peur des ruptures d'approvisionnement, mais aussi, la peur des réserves avec l'hypothèse du *« peak oil »* proche (Campbell : 2010) et la peur climatique avec le pétrole associé aux émissions de gaz à effet de serre… Difficile après de se convaincre qu'il s'agit de *« mousse pour opinion publique »* (D. Yergin, *Epic Quest for oil money and Power*, membre du CERA Cambridge research associates).

Bibliographie sélective

Lecture indispensable

Maurice Vaisse, Histoire des relations internationales, *Armand Colin, 2015.*

La 14e édition ce manuel d'histoire, rédigé par Maurice Vaisse, un universitaire spécialiste reconnu des relations internationales contemporaine, permet de saisir l'essentiel du cours, mais au plan de l'évolution du rapport de force entre les puissances. La fin du chapitre 5, puis les chapitres suivants 6, 7, 8, suivent une logique chronologique. On voit aisément que durant le cycle historique qui nous intéresse (de 1992 à nos jours), le monde revêt successivement 3 configurations différentes : recherche d'un nouvel ordre mondial, le désordre impérial, la redistribution de la puissance. L'auteur insiste sur le fait que la décennie 2010 ouvre un nouveau cycle de tensions et de violences.

Ouvrages

Cynthia Ghorra-Gobin (dir.), *Dictionnaire critique de la mondialisation*, Armand Colin, 2012.

Laurent Carroué *et alii*, *Géographie et géopolitique de la mondialisation*, Hatier, 2011.

Eric J. Hobsbawm, *L'empire, la démocratie, le terrorisme*, Éditions André Versaille-Le Monde Diplomatique, 2009.

Michel Foucher, *Les nouveaux (dés) équilibres mondiaux*, La documentation photographique, Dossier n° 8072, novembre-décembre 2009.

Laurent Carroué, *Géographie de la mondialisation*, Armand Colin, 2007.

Laurent Carroué, *La mondialisation en débat*, La documentation Photographique, n° 8037, 2004.

Jacques Lévy (dir.), *L'invention du Monde. Une géographie de la mondialisation*, Presses de la FNSP, 2008.

Maurice Vaisse, *Histoire des relations internationales*, Armand Colin, 2011.

Jean-Baptiste Duroselle, André Kaspi, *Histoire des relations internationales de 1945 à nos jours*, Armand Colin, 2009.

Francois Heisbourg, *Les conséquences stratégiques de la crise*, Odile Jacob, 2010.

Jacques Sapir, *La Démondialisation*, Seuil, 2011.

Marc Ferro, *Le retournement de l'histoire*, Robert Laffont, 2010.

Alternatives Internationales. Notamment le hors-série n° 12, janvier 2013.

Diplomatie. Affaires stratégiques et relations internationales. Notamment le numéro n° 12, de décembre-janvier 2012.

Alternatives économiques.

Le Rapport annuel mondial sur le système économique et les stratégies (RAMSES)

www.grenoble-em.com/1580-geopolitique-1. aspx

www.monde-diplomatique.fr/

Commentaire de documents

20 ans d'évolution du PNB mondial

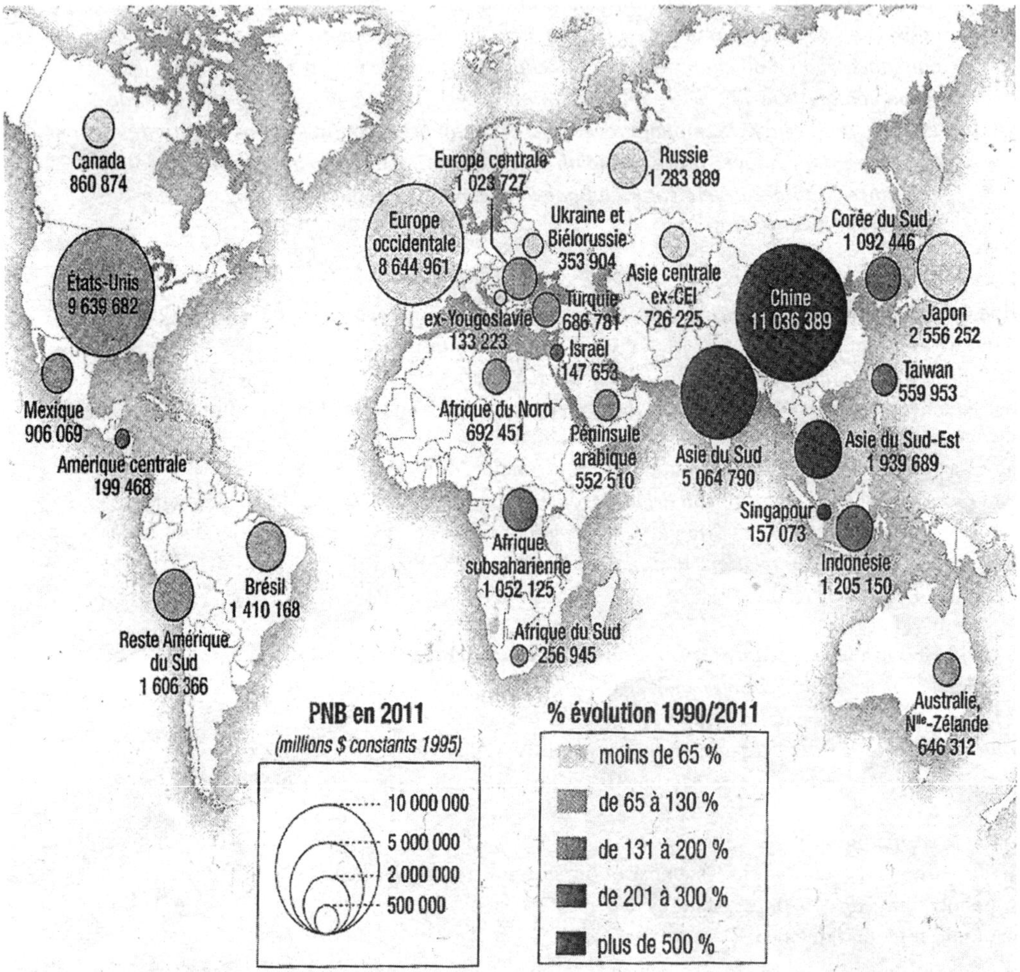

Cette mappemonde intitulée « 20 ans d'évolution du PNB mondial » et tirée des *Images économiques du Monde* 2013, montre à la fois le volume du PNB avec des diagrammes circulaires, mais également son évolution entre 1990 et 2011 dans une période bien délimitée : celle de l'essor de la troisième mondialisation. Le fait de représenter les principaux États et de retenir comme critère le PNB, c'est-à-dire la somme des richesses créées par les entreprises nationales à l'intérieur et à l'extérieur d'un pays, a un sens. Cela souligne la puissance de tel ou tel pays, ou de telle ou telle macro-région, car le PNB reste un indicateur précieux pour évaluer la croissance et donc la puissance. Du coup, l'évolution des rapports de force entre les puissances entre les États se place au cœur de cette étude clairement géoéconomique voire géopolitique, qui s'articule autour de la notion « de basculement du monde ».

Celle-ci s'illustre avant tout par fait que la Chine pour le PNB soit au premier rang mondial, et que la « renaissance » de l'Asie est une réalité. En effet, la Chine, l'Asie du Sud Est, l'Asie du Sud, Singapour connaissent des croissances remarquables de leur PNB, plus de 500 % pour la Chine, entre 201 et 300 % pour les autres. On sait d'ailleurs que si l'Asie représente 38,2 % du PNB mondial en 2011, elle n'en était qu'à 18,2 % en 1990. Ce fait jette donc une lumière particulière sur le phénomène de l'émergence. On voit bien que des BRICS comme le Brésil, la Russie, l'Afrique du Sud ont connu une croissance moins forte entre 65 et 130 % et que leur « poids » dans l'économie mondiale est finalement moins important en 2011 qu'en 1990. Par exemple, le Brésil représente aujourd'hui 2,6 % du PNB mondial contre 2,8 % en 1990.

Tout ceci nous permet de mieux cerner, la notion si galvaudée depuis Oswald Spengler de *déclin de l'Occident*. En effet si on examine le cas des États-Unis, leur taux de croissance se situe au même niveau que le Brésil. De plus en terme de volume du PNB, la situation est bien meilleure que de l'autre côté de l'Atlantique. En effet si 1990 le PNB de l'Europe occidentale et centrale réuni équivalait à 25,4 % du PNB mondial soit plus que les 24 % des États-Unis et du Canada, aujourd'hui c'est le contraire, avec 17,7 % aujourd'hui pour les Européens contre 19,2 % pour les Américains du Nord (en excluant ici le Mexique). Mais si dans cet ensemble l'Europe est la partie la moins dynamique, par comparaison le Japon l'est encore moins. Le pays qu'Immanuel Wallerstein voyait hier comme le challenger des États-Unis est désormais dépassé par l'Inde. Le « basculement du monde », s'entend donc comme le déclin relatif très rapide de la Triade et des pays développés.

Enfin, ce document indique bien la modestie de l'impact de la crise de 2008 sur la croissance mondiale : personne pour l'instant ne peut parler de remise en cause de la mondialisation. Il indique surtout que la nouvelle configuration géoéconomique marquée par le déclin relatif des pays du Nord, repose aujourd'hui sur une architecture hexagonale : la Triade, la Chine, l'Inde, l'Amérique du Sud. Le reste comptant… moins, ce qui nous permet d'avancer l'idée que même si le monde est devenu multipolaire, il existe une hiérarchie entre ces différents pôles.

Dissertation

Tableau géopolitique et géoéconomique du monde en 1991

Introduction

Dans son récent ouvrage, *Traiter avec le diable*, Pierre Grosser cite le meilleur spécialiste soviétique des États-Unis, Georgy Arbatov : « nous allons vous faire quelque chose de terrible, nous allons vous priver d'ennemi ». La disparition de l'URSS en 1991, plaçait en effet la « nation indispensable » dans une position sans précédent historique. Géopolitiquement, le monde était devenu « unipolaire ». Sur le versant économique, l'année 1991 reste dans la logique du néo-libéralisme triomphant, un monde où comme a pu le dire Margaret Thatcher, il n'y aurait plus d'alternative, et où dominerait la « pensée unique » évoquée un plus tard par Ignacio Ramonet.

En outre, la fin de la guerre froide, puis du bloc soviétique mettrait un terme aux tensions géopolitiques, c'est-à-dire, si on suit Yves Lacoste, des rivalités entre unités politiques à différentes échelles et selon différentes thématiques. Le positionnement dans le libellé du sujet du terme géoéconomique après le terme géopolitique suggère que ces rivalités internationales et ces rapports de force entre les puissances se jouaient désormais au plan économique, car la géoéconomie (Luttwak, Lorot) prendrait le pas sur la géopolitique.

Ainsi on peut se demander si avec la victoire par forfait du libéralisme économique et politique, l'année 1991 signifie « la fin de l'histoire » (Fukuyama), l'avènement d'un monde pacifié, voire unifié sous l'égide de la dernière super-puissance ?

Pour répondre à ce questionnement, on verra dans un premier temps que la fin du bloc Est correspond à l'avènement d'un monde unipolaire, puis dans un second temps que l'on assiste avec la fin de cette alternative au capitalisme à l'affermissement de la troisième mondialisation (Carroué). Pour finir, on montrera que tout cela débouche sur un monde paradoxalement instable politiquement et géoéconomiquement.

I. La fin du bloc Est et l'avènement d'un monde unipolaire

A. La fin du bloc Est

La disparition du bloc Est en Europe

Même si le pluralisme politique avait déjà triomphé en Pologne aux législatives en avril 1989, la chute du Mur le 9 novembre 1989, annonça la fin du glacis soviétique en Europe orientale. Les unes après les autres les dictatures communistes s'écroulèrent. Certes, en Roumanie et en Bulgarie des voies « réformistes » soutenues par Gorbatchev furent tentées, mais à la fin de l'année 1990 l'édifice bâti par Staline s'était écroulé comme un château de cartes et son modèle rejeté et bien peu regretté. Ce séisme qui modifiait le paysage géopolitique européen, ne signifiait pas forcément — vu du Kremlin — la disparition des solidarités entre l'URSS et ses partenaires de l'Europe de l'Est. Le dernier dirigeant soviétique ne souhaitait ni la disparition du Pacte de Varsovie, ni celle du CAEM, ce qu'il voulait c'était réformer ces institutions. Là encore il échoua, car ces deux piliers de l'influence de l'URSS furent dissous en 1991 et la même année, hormis le cas particulier de l'ex-RDA les troupes de l'Armée rouge avaient évacué des territoires qu'elles occupaient depuis 47 ans.

La disparition de l'URSS

Dès le mois de mars 1990 avec l'indépendance des pays baltes, l'échec la tentative reprise de contrôle par la force en janvier 1991 à Vilnius, faisait que l'URSS était bel et bien devenue l'empire éclaté qu'avait décrit Hélène Carrère d'Encausse dans son livre bien des années plus tôt. Le poste de président de l'Union obtenu par Gorbatchev, ne lui permit pas d'éviter le putsch du 19 août 1990 qui fut pour l'URSS le véritable commencement de la fin. Guennedi Ianaev, le communiste « conservateur » perdit la partie et Eltsine gagné la sienne puisque c'était lui, comme président de la fédération de Russie, qui avait mis un terme au coup de force. À partir de là, tout s'enchaîna très rapidement, un peu comme en Europe de l'Est. Dès le 23 août le PCUS et le KGB était dissout, et le lendemain la république d'Ukraine proclamait son indépendance... Le 8 décembre à la conférence de Minsk la décision de former une CEI était prise et de fait lors du sommet d'Alma Ata, Gorbatchev n'eut d'autre choix le jour de Noël que d'annoncer sa démission.

B. Un monde unipolaire

L'hyperpuissance américaine

Désormais seul « super-grand », les États-Unis changent de statut, car ils sont devenus une hyperpuissance. Ce néologisme forgé en 1998 par le ministre des affaires étrangères français, Hubert Védrine résume tout. Pour lui, « Les États-Unis... bénéficient... d'atouts dont aucune autre puissance ne dispose encore : le poids politique, la suprématie du dollar, la maîtrise des réseaux de communication, les « usines à rêve », les nouvelles technologies. Additionnées, le Pentagone, Boeing, Coca-Cola, Microsoft, Hollywood, CNN, internet, la langue anglaise, cette situation est quasiment sans précédent... ». Ainsi, la fin de la guerre froide a-t-elle engendré une nouvelle configuration géopolitique et de ce fait débute avec la décennie quatre-vingt-dix le « moment unipolaire ». On le sait, la nouvelle ligne diplomatique adoptée par Gorbatchev, la « nouvelle pensée », mettait un terme au conflit Est-Ouest. Non seulement le monde entrait dans un logique de désarmement nucléaire avec la préparation des accords START mais les conflits liés à la guerre froide s'apaisaient et disparaissaient les uns après les autres, notamment quand les Soviétiques se retirèrent d'Afghanistan. De plus cette diminution des tensions permettait aux Américains de retirer si besoin était certaines de leurs troupes d'Europe.

La nation indispensable

Lorsque le 2 août 1990 l'Irak de Saddam Hussein envahit le Koweit pour l'annexer six jours plus tard, les États-Unis purent sans difficulté prendre la tête d'une vaste coalition mondiale dûment mandatée par l'ONU. Ainsi, toutes choses étant égales, le Proche-Orient devenait pour eux un espace sous contrôle, un peu comme les Caraïbes. Non seulement l'opération Tempête du désert conférait aux Américains le rôle de gendarme du monde, mais de plus elle confirmait la nouvelle configuration unipolaire du monde. Les Soviétiques brillèrent singulièrement par leur absence dans cet épisode, pas de contrepartie, pas de soutien à l'Irak qui était depuis si longtemps leur allié le plus fidèle dans cette partie du monde. Unipolaire, le monde l'était devenu peut-être dès les accords 4+2 en 1989, où Gorbatchev était bien incapable de résister aux pressions américaines. À ce moment, il n'était pas excessif d'imaginer que le prix de la réunification en 1989 soit comme pour l'Autriche en 1955, la neutralisation. Mais, rien de tout cela ne se produisit puisqu'en réalité la réunification ne fut en définitive qu'une annexion de l'Est par l'Ouest.

II. Fin des alternatives au capitalisme et affermissement de la troisième mondialisation

A. La fin des alternatives au capitalisme

En Europe

En effet, sitôt le Mur abattu, les anciennes économies collectivisées les unes après les autres entamèrent une conversion à toute vapeur à l'économie de marché. Certes, on put ici où là parler de « capitalisme populaire » avec la distribution des bons de privatisation à la population mais les « thérapies de choc » montrèrent qu'au final ces opérations débouchèrent sur une victoire des banques occidentales. À l'évidence, celles-ci firent main-basse sur les économies des PECO et de celle de l'ex-RDA. D'ailleurs, l'ancienne Allemagne de l'Est, le pays de « Good bye Lenin » avec l'action de la Treuhandanstalt, montre à quel point la page du communisme avait été tournée. Pour autant, cette mutation brutale ne se traduisit pas par un succès immédiat et par un boom économique. De ce point vue, on obtint le contraire de l'effet recherché. Ceux qui pensaient dans la toute nouvelle fédération de Russie que la chute de Gorbatchev entraînerait la fin de ce que les Soviétiques appelaient la catastroïka en furent malheureusement pour leurs frais. En effet, avec les années quatre-vingt-dix débutait le processus de « tiers-mondisation » de la Russie.

Dans le reste du monde

En Chine populaire aussi, le changement de paradigme économique était à l'œuvre. Certes, les 4 modernisations avaient commencé plus tôt, dès 1977, certes, elles avaient été inspiré par la Hongrie du « socialisme du goulasch ». Mais il ne s'agissait pas exactement d'une super-NEP, d'un capitalisme limité pour un temps limité, bien au contraire. Avec les 4 ZES débutait la longue marche de la RPC vers l'économie de marché et l'ouverture sur le monde. L'empire du Milieu en passant de la civilisation du fleuve Jaune à celle du fleuve bleu devenait non pas la dernière frontière des États-Unis comme a pu l'écrire Alfredo Valladao, mais plutôt celle du capitalisme. Dans une certaine mesure aussi dans l'Union indienne, le début des années Rao traduisit cette mutation : le socialisme indien était lui aussi abandonné. Toutefois, quelques pays gardèrent leur modèle économique. Cuba, la Corée du Nord, le Vietnam restèrent fidèle au passé.

B. L'avènement de la « troisième mondialisation »

La nouvelle mue du capitalisme

La mondialisation libérale, définie par Fernand Braudel, Immanuel Wallerstein, Yves Lacoste, comme le processus géohistorique multiséculaire d'extension progressive de l'économie libérale marchande et du capitalisme à l'ensemble de l'espace planétaire, prenait donc son envol. Comme on l'a vu plus haut, non seulement les politiques néo-libérales placent la finance, les banques au sommet l'économie, mais de plus elles s'accompagnent d'une marchandisation presque exhaustive, l'eau en est un bon exemple, de domaines qui jusqu'ici échappaient à la concurrence internationale. Les télécommunications, les services financiers, les textiles et vêtements, furent concernés. L'OMC, le FMI, les grandes puissances économiques, et notamment les États-Unis de Bill Clinton promurent cette politique de libéralisation. Ce processus d'intégration accéléré des différentes « économies-mondes » rendu possible par l'échec des alternatives au capitalisme donna naissance à une « économie-monde », à un « système-monde ». Certains auteurs comme Jacques Lévy parlent de « mondialité » pour appréhender l'avènement de cette « société globale » fondée sur le marché unique, que Marshall Mac Luhan puis par Théodore Levitt avaient étudié. Quantitativement cette phase de la mondialisation se caractérise par une expansion hors norme. En effet, au début des années 90 on retrouva le taux d'ouverture de la première mondialisation, 15 % du PIB, on atteignit au début des années 2000 le seuil de 21 %.

L'aube de la mise en réseaux du monde et de la « mise en réseau des réseaux »

La mise réseau du monde prit un nouvel essor en août 1991 avec la première adresse web : http://info.cern.ch. La formation du nouveau système technique grâce à l'ordinateur ou plutôt grâce à la numérisation. Ce procédé d'encodage et de décodage, rendit possible la transmission quasi instantanée de toutes sortes de données, transmission rendue possible un peu plus tard par la généralisation d'internet. Il devenait possible de relier de connecter à peu près tout : des machines de toutes sortes, les ordinateurs, et bien sûr les réseaux radio, TV etc. De telle sorte que le nouveau système technique, issu des NTIC, global, numérisé, est surtout et avant tout un *network*, ou si on préfère une mise en réseau des réseaux était en gestation. Évidemment, les entreprises furent affectées par cette évolution. C'est ce que Kenechi Ohmae voulut dire lorsqu'il écrivit « *la Triade, Émergence d'une stratégie mondiale d'entreprise* » (1985), désormais avec la firme globale, la *Hollow corporation,* la firme réseau, les activités se gèrent de plus en plus à l'échelle mondiale notamment dans le domaine industriel. D'ailleurs, Suzanne Berger, compara la production à un véritable jeu de lego, en prenant pour exemple la fameuse poupée Barbie. Assemblée en Chine, dessinée aux États-Unis, aux cheveux confectionnés au Japon, aux vêtements conçus en France, elle illustre bien le *made in world.*

III. Un nouvel ordre mondial paradoxalement instable géopolitiquement et géoéconomiquement

A. Nouveau désordre mondial et maintien de logiques de blocs

Le nouveau désordre mondial

Pour autant, la disparition de l'URSS d'une part, et d'autre part la situation hégémonique des États-Unis, ne signèrent pas loin de là, la fin des tensions géopolitiques. Bien au contraire, la disparition de l'antagonisme Est-Ouest, commençait en Afrique subsaharienne à avoir des effets désastreux. Désormais, il fallait compter sans la « rente stratégique », que procurait la guerre froide. Désormais, les regards et les investissements européens et français se tournaient davantage vers l'Europe de l'Est. « Adieu Bangui, bonjour Varsovie » pouvaient ironiser les Africains qui débutaient leur décennie perdue, « la décennie du chaos » si bien décrite par Sylvie Brunel. En effet, la Somalie devenait l'archétype de « l'État-failli » et des impuissances de l'ONU. L'opération *Restore Hope*, menée par des Casques bleus sous commandement américain en 1992, devint d'ailleurs la meilleure illustration des limites de « l'ingérence humanitaire ».

Dans un autre ordre d'idées, le renouveau de l'islamisme radical contribuait à changer la donne. Si les années quatre-vingt avaient vu se développer un islamisme chiite structuré par l'Iran de Khomeiny, le début des années quatre-vingt-dix vit la montée en puissance d'un islamisme radical sunnite d'un nouveau genre celui d'Oussama ben Laden. Fondé en 1988 à Peshawar dans la zone tribale au Pakistan, ce mouvement se proposait après le départ des Soviétiques d'Afghanistan de continuer la lutte : le djihadisme global était né, et l'arrivée de ben Laden au Soudan en 1991 démontrait qu'un affrontement géopolitique d'un nouveau style était en gestation.

Maintien de logiques de bloc

À bien des égards le terme « moment unipolaire » pour qualifier les années quatre-vingt-dix mérite d'être nuancé car les logiques de bloc restent présentes au moins dans les représentations du monde des décideurs. L'émergence des États-voyous comme la Lybie, l'Iran, la Syrie, recrée une atmosphère proche de la guerre froide où l'adversaire est diabolisé comme le souligne Pierre Grosser. De ce point de vue, l'isolement et le containment exercé à l'encontre de l'Iran est exemplaire, et plus tard Huntington fit la promotion de la notion de bloc dans son « choc des civilisations ». D'une certaine manière, le maintien du clivage Nord-Sud procède également de cette logique, puisque le mouvement tiers-mondiste ne disparaît avec la fin de la guerre froide. Sur un autre plan, la montée en puissance de regroupements régionaux, devint une réalité notamment en Europe. L'Acte Unique, les accords de Schengen, la préparation du Traité de Maastricht des accords de l'ALENA peut être interprétée comme le signe d'un pavage du monde par une logique régionaliste, source, le cas échéant de tensions géoéconomiques majeures.

B. Fragilités et remises en question

Une financiarisation aux allures de pyramide de Ponzi

Si John Kenneth Galbraith avait parlé en son temps d'orgie spéculative pour évoquer les dérèglements financiers des années vingt, on se demande bien le terme qu'il aurait pu écrire pour ceux de la golden decade ou des « années fric ». Il n'en reste pas moins, un peu comme dans les années vingt, qu'une nouvelle économie-casino, largement découplée de l'économie réelle, se mettait en place. La finance de marché largement fondée sur la spéculation tous azimuts déploya ses ailes. Les contrats à terme (futures), les contrats d'échange (swaps) permirent d'acheter et de vendre à peu près n'importe quoi, qu'il s'agisse de matières premières, d'obligations, d'actions, d'actifs… Parallèlement à ces « produits dérivés » se développèrent les « produits toxiques » qui transformaient en définitive des dettes, en actions, en obligations, et aussi en contrats d'assurance… Avec le take off des Collateralised Debt Obligation (CDO) et des Credit Default Swap (CDS), la titrisation des créances expérimentée avec le plan Brady pour résoudre la question de la dette mexicaine se généralisa. L'élaboration de produits financiers de plus en plus sophistiqués, on le vit au Japon avec la zaïtech, creusait les « trous noirs de l'économie ». L'économie mondialisée devenait à bien des égards prenait l'allure d'une pyramide de Ponzi.

Prises de conscience et contestations

Pour autant, face à ce nouveau monde qui se met en place des prises de conscience annonçant le XXIe siècle voient le jour. Tout d'abord en matière de développement durable. Le rapport Bruntland en 1987 définit plus clairement ce concept. On le considérait désormais comme le moyen permettant de satisfaire les besoins actuels sans compromettre la possibilité pour les générations futures de satisfaire les leurs. Alors, bien sûr, s'opposaient déjà en la matière les théories « écocentrées » aux théories « anthropocentrées », mais l'essentiel n'était pas là. En effet, se préparait déjà le sommet de la Terre de Rio prévu pour 1992, où à côté de l'Agenda 21 (21 engagements pour le XXIe siècle) se formalisaient les principes d'ingérence, de pollueur-payeur, de précaution, appelés à devenir des lieux communs. Sur un autre plan, celui de la contestation de la globalisation de l'économie, le mouvement anti-mondialiste, cette nébuleuse si complexe commençait à se structurer. À partir de 1984, parallèlement aux sommets du G7, des contre-sommets économiques (the other economic summit, TOES) prirent davantage d'ampleur. On le vit clairement avec le contre-sommet de l'Arche à Paris en 1989 où pour la première fois les 7 pays parmi les plus pauvres du monde envoyèrent des représentants. L'idée qu'un autre monde était possible faisant donc son chemin.

Conclusion

Ainsi, l'année 1991 correspond-elle au début du « moment unipolaire », à la mise en place d'un monde dominé par les États-Unis et par leur modèle. Du coup et à bien des égards cette nouvelle phase de la mondialisation a pu revêtir les aspects d'une américanisation. Mais pour autant, la disparition de l'URSS, toute providentielle qu'elle fut pour les Américains, est un peu comme l'arbre qui cache la forêt. En effet, cette configuration multipolaire, n'est pas incompatible avec l'émergence de pôles de puissance d'abord régionaux (la Chine, l'Inde etc.), avec l'existence d'États réfractaires à ce nouvel ordre mondial comme les rogue states. En outre, deux tendances lourdes restent présentes dans cet univers néo-libéral : celle de l'inéluctabilité des crises financières et celle du déclin américain. Les meilleurs analystes de l'époque ne pronostiquaient pas que ce serait le Japon qui tirerait les marrons du feu de la guerre froide, pour devenir pourquoi pas à l'horizon 2040 la première puissance mondiale (I. Wallerstein) ?

Oral

Heurs et malheurs de la troisième mondialisation

Cette expression mesurée du bilan de la mondialisation pour Laurent Carroué induit une réflexion sur la nature-même de cette mondialisation. Elle nous incite à prendre en compte le caractère cyclique de la mondialisation et ses aspects contradictoires (ses acquis, ses excès, ses échecs).

I. La « mondialisation heureuse »

A. Une période très repérable dans l'histoire : les « *golden nineteens* »

La nouvelle jeunesse du « Welfare capitalisme » : les monétaristes n'ont rien appris et tout oublié !

Les jours heureux du « turbo capitalisme » et de la nouvelle économie : NASDAQ etc.

B. Un certain nombre d'avancées incontestables :

À l'échelle de la planète : forte croissance, explosion des échanges, du PIB mondia, baisse de pauvreté.

La continuation du big bang du progrès technique et la « grande transformation » des systèmes de production : modularité etc.

II. Une mondialisation « diabolisée »

A. Une certaine nocivité

Les inégalités s'accroissent à toutes les échelles et dans tous les domaines : la vision néo-marxiste et altermondialiste.

Une logique de destruction : le cas du palmier à huile, le cas des friches industrielles.

B. La question de la précarité des équilibres mis en place

La financiarisation du monde augmente le risque de crises systémiques majeures, 1998, 2001, 2008.

Le bon fonctionnement du « système-monde » et de l'économie globalisée ne tient qu'à un fil : extrême sensibilité à la conjoncture, aux aléas politiques etc.

III. La « troisième mondialisation » continue…

A. La mondialisation ne change pas de nature

La crise de 2008 est surmontée, et les connivences entre « capitalisme » et États sont toujours en place.

Le phénomène de mise en réseaux du monde, d'augmentation des flux (globalisation), d'ouverture des frontières se poursuit…

B. Pourtant des mutations sont à l'œuvre

Le G20 met en avant la notion de basculement du monde et le déclin relatif de la fameuse Triade.

L'hypothèse d'une « dé-globalisation » voire d'un retour aux heures sombres des années trente est avancé : il s'agirait d'un scénario imaginé par Brad Setser où chaque pays tendrait à résoudre ses problèmes sans tenir compte des autres.

Conclusion

À l'heure où l'altermondialisme évolue souvent en populismes et où la démondialisation annoncée sert de paravent aux échecs à la mondialisation, le maintien des dynamiques d'interdépendance, la signature d'accords cadres commerciaux (TIPP, Traité Transatlantique dit TAFTA), les flux d'IDE, montrent que la 3e mondialisation se poursuit, mais doit tenter de se fixer des règles, et des normes redistibutives.

Chapitre 16
Tableau géopolitique du monde actuel

Hélène Lafaye

Pour Yves Lacoste, la géopolitique se définit par « l'ensemble des rivalités de pouvoirs sur des territoires, de petite comme de grande dimension, qui mettent en jeu des acteurs aux représentations contradictoires » (dans Dictionnaire de géopolitique, 1993) et il précise aussi en 2003, lors d'une intervention dans le cadre des « samedis de la connaissance » que « l'analyse géopolitique est aussi un moyen de conjurer des guerres ou de trouver une solution à certains conflits. ». Dans « Les mots de la géographie », il précise « l'idée selon laquelle il existe en permanence une dimension géographique des faits politiques, à commencer par leur distribution spatiale, et une dimension politique de la géographie : celle des acteurs et de la décision, qui fait partie intégrante des systèmes territoriaux. »

◆ Dates clés

- **1919** Traité de Versailles
- **1946** Création de l'ONU
- **1948** Création de l'État d'Israël
- **1973** Premier choc pétrolier
- **1979** Second choc pétrolier, Prise d'otages à l'ambassade américaine à Téhéran
- **1989** Chute du mur de Berlin
- **1991** Fin de l'URSS
- **1994** Conflit au Rwanda
- **2001** Attentats aux États-Unis
- **2011** Printemps arabe
- **2011-2018** Conflit syrien
- **2012** Lancement du projet One Belt One Road (dit « Routes de la Soie »)
- **2015** COP21 à Paris
- **2016** Brexit
- **2016** Election du président américain Donald Trump

◆ Chiffres clés

- 230 000 de km de frontières dans le monde
- Plus de 14 000 kilomètres de frontières crées en Europe depuis 1989
- Création nationale la plus récente Soudan du Sud (capitale Djouba)
- *Nombre de morts dans les conflits :*
- 1914-1918 20 millions de morts et 20 millions de blessés
- 1939-1945 60 millions de morts et 35 millions de blessés
- Guerre au Rwanda 1,3 million de morts (estimation)

- Guerre en ex-Yougoslavie 250 000 morts (estimation)
- 1 million de migrants arrivés en Europe en 2015

◆ Croquis de synthèse

Le monde géopolitique actuel

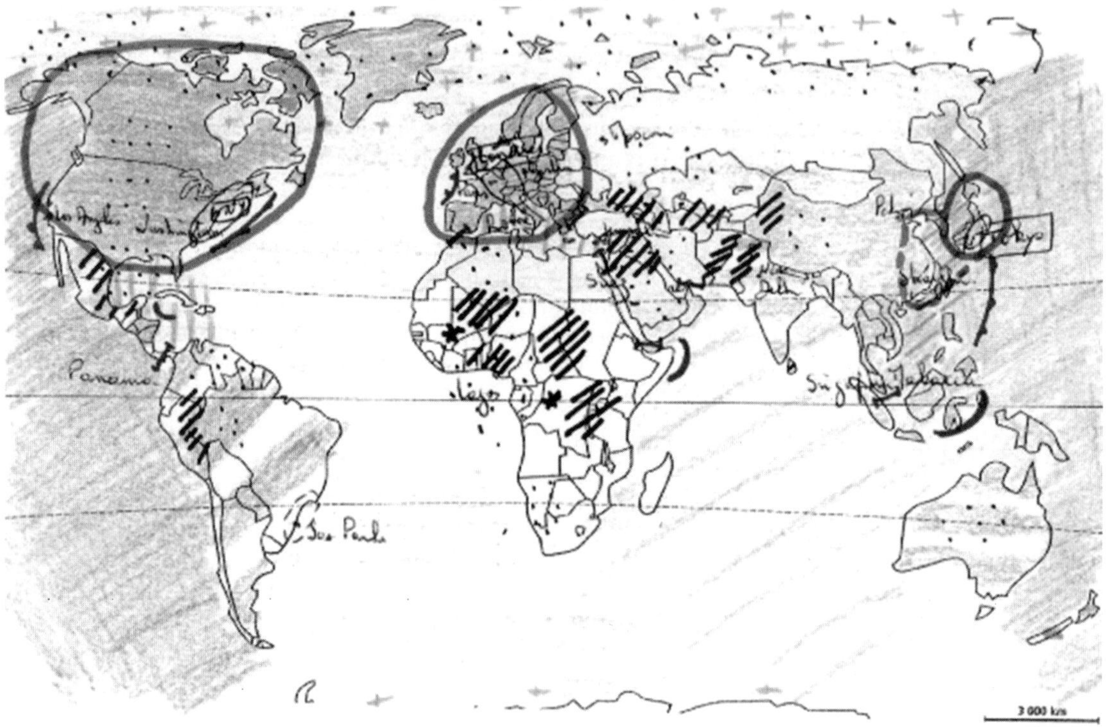

I. Les lieux où rayonne la puissance

- NY Les trois villes globales
- Les grandes villes mondiales
- les mégalopoles
- " " en construction

II. Les espaces qu'organise la puissance

A. Les logiques continentales

- L'Europe en proie aux doutes
- L'Amérique du nord, le pré-carré américain
- L'Amérique latine en construction
- L'Australie et la Nouvelle-Zélande, des nords au sud
- L'Asie orientale, une aire de puissance en expansion
- Le sous-continent indien entre croissance et crises
- Le monde russe, le poids du territoire et de ses ressources
- L'arc de crise de l'Afrique du Nord, du proche et du Moyen Orient, terres de révolution
- L'Afrique subsaharienne toujours au bord du monde ?

B. Le rôle majeur des espaces océaniques

- L'océan atlantique, berceau de l'Occident
- Le nouveau centre pacifique
- Des interfaces majeures (Caraïbe et Méditerranée)
- L'océan indien, terre de sous-développement et d'enjeux majeurs
- L'Arctique de la guerre froide au réchauffement climatique
- L'Antarctique : pax scientifica ?
- Façades littorales majeures

C. Des espaces polarisés

- La Triade…
- …et son extension chinoise

III. Les points chauds de la planète géopolitique

A. Les lieux dont le contrôle donne la puissance

- Les espaces convoités pour leur ressources
- Les détroits et les passages majeurs

B. Les lieux d'affrontement des puissances

- Zones de conflits
- Espaces de tensions et de terrorisme

C. Des espaces maritimes sou pression

- Piraterie
- Espaces maritimes disputés

Introduction

Le monde contemporain apparaît aujourd'hui de plus en plus complexe. Il est tiraillé entre recompositions, nivellements et fragmentations. L'approche géopolitique permet de comprendre les dynamiques actuelles à l'échelle mondiale mais aussi continentales, régionales et locales. La logique centre/périphéries est toujours un axe important d'analyse mais la multiplicité des acteurs réels ou virtuels, la variété des territoires et la pression sur les ressources modifient les rapports de force. Pour comprendre le monde actuel, il faut donc en dégager les lignes de force (globalisation des échanges, tensions récurrentes dans les points chauds du globe, rôle majeur des réseaux mafieux, des littoraux, des espaces urbains…) mais aussi les lignes de fractures (nouveaux territoires des conflits, rôle clefs des frontières, essor du cyber terrorisme, placement du centre de gravité économique vers l'Asie orientale…).

◆ Problématiques

⊙ ***Face à ces nouveaux défis et enjeux, comment définir la nouvelle planète géopolitique contemporaine ?***

Quels sont les contours géopolitiques du monde en 2016 ? Quelles sont les puissances dominantes aujourd'hui ? Toutes ces questions montrent que le monde contemporain est bien loin de la vision de fin de l'histoire des années 1990. Au contraire, ce monde se caractérise par des contours mouvants, des lignes de forces en constante recomposition. La mouvance terroriste s'étend désormais du Sahel à l'Afghanistan sans épargner le territoire américain. Le conflit syrien replace la Russie au centre du jeu tandis que la chute des cours du pétrole remet en cause le poids des pays de la péninsule arabique. Le *smart power* voulu par Obama montre ses limites, au Proche-Orient notamment, et l'issue des élections américaines de 2016 aura des conséquences importantes au niveau mondial. Les enjeux géopolitiques sont de plus en plus liés aux enjeux environnementaux et l'influence des nouvelles technologies, des réseaux sociaux, du dark web est de plus en plus forte.

Dès lors de nombreuses problématiques émergent :

- L'idée d'un monde sans frontière est-elle crédible dans le monde actuel ?
- La mondialisation n'a-t-elle pas définitivement creusé des écarts et isoler les territoires de l'archipel mondial ?
- Les nouvelles formes des conflits ne remettent-elles pas en cause les fondements démocratiques occidentaux ?

I. Une géopolitique actuelle en recomposition

A. Le temps long en géopolitique

Pour comprendre la géopolitique du monde actuel, il faut garder en tête les héritages qui ont marqué les différentes parties du monde. Les grands courants migratoires, notamment vars le nouveaux monde, ont créé des dynamiques importantes. La mise en place de grands Empires, les Empires centraux par exemple et leur dislocation au cours de grands conflits mondiaux est aussi un héritage majeur pour comprendre l'histoire de l'Europe. En 1945, après une courte phase d'entente entre les grands (1945-1947) bascule dans la guerre froide entre URSS et États-Unis. Énoncée dans les doctrines Truman et Jdanov, les oppositions idéologiques entre les deux blocs conduisent à des conflits indirects (crises de Berlin, Guerre de Corée, Crise des missiles de Cuba…) La fin de la guerre froide et des grandes expériences dans le monde soviétique ont aussi laissé des traces importantes (bipolarisation, politique de dissuasion nucléaire…) et surtout la chute du mur et la fin de l'URSS a fait croire en « la fin de l'histoire », selon les néoconservateurs américains.

B. La *Golden Decade* des utopies

Cette utopie de la fin de l'histoire est à replacer dans son contexte. Les années 1990 sont celles d'une globalisation* des échanges. Les flux de marchandises mais aussi les flux humains sont de plus en plus intenses. Les touristes bénéficient d'une réduction des coûts de transport et de nombreuses destinations se démocratisent. Le G8 semble sceller une phase d'entente internationale tandis que le nombre de conflits interétatiques semblent décroître. L'ONU fait entendre sa voix. Les accords d'Oslo sous l'égide du Président américain Bill Clinton semblent mettre fin à des décennies de conflits entre Israéliens et Palestiniens. Malgré l'impuissance européenne à résoudre un conflit à ses portes, les accords de Dayton (toujours menés par les Américains) mettent fin à la guerre civile en ex-Yougoslavie. Le choix de célébrer les 100e Jeux Olympiques modernes à Atlanta en 1996, patrie de Coca-Cola, et non à Athènes, patrie des Olympiades antiques, n'est qu'une des facettes visibles de cette hyperpuissance* américaine dans les années 1990. La mondialisation financière est en marche, à peine assombrie par la crise asiatique de 1997, l'Union européenne prépare son passage à la monnaie unique, l'Euro. L'hégémonie américaine et la fin de l'histoire se confondent ainsi dans une lecture géopolitique du monde qui n'anticipe pas les signaux d'alerte pourtant importants dans cette décennie.

La puissance du complexe militaro-industriel américain

En 1961, le Général Dwight Eisenhower évoque pour la première fois cet ensemble puissant composé d'une administration très structurée, de centres de recherche performants et d'unités industrielles. À la limite du lobby, ce système s'auto-entretient avec des commandes d'État qui utilisent les anciens cadres de l'armée qui fournissent leur carnet d'adresse. Les imbrications de ce complexe militaro-industriel sont toujours existantes mais il faut insister aujourd'hui sur la place croissance du secteur de Recherche et Développement en lien avec les Nouvelles technologies. Les recherches américaines dans le domaine des drones illustrent cette volonté de « désincarner » les conflits. Malgré l'hostilité de certains militaires, ces recherches continuent de donner une avance technologique certaine aux États-Unis. Par exemple, la mise au point à des fins militaires du système GPS a permis de diffuser par la suite ce système aux particuliers. Ce complexe militaro-industriel est au cœur de l'économie californienne et ses représentants sont très actifs dans la capitale fédérale Washington.

C. La fin des illusions

Les années 1990 sont en effet des années en trompe l'œil. Le dernier génocide du XXe siècle (après celui des Arméniens en 1915, celui des juifs pendant la Seconde Guerre mondiale et le génocide* cambodgien) et surtout le premier sur le continent africain, se déroule au Rwanda. Tandis que la communauté internationale a les yeux fixés sur les recompositions dans les anciens pays communistes au pourtour de la nouvelle Russie, elle est rattrapée par la guerre civile et des phénomènes d'épuration ethniques qui éclate entre les nationalités et les religions qui formaient l'État mosaïque de la Yougoslavie de Tito. L'éclatement en une multitude d'états aboutira après les accords de Dayton à un espace à nouveau pacifié mais laissera une zone grise aux mains de différentes mafias (Monténégro, Kosovo…). À la fin de la décennie, des attentats en Afrique de l'Est revendiqués par des mouvances islamiques commencent à alerter la communauté internationale. À partir des années 2000, l'illusion de la fin de l'histoire et surtout d'un monde unipolaire va s'effondrer face à la réalité des faits et surtout face à des trajectoires de plus en plus différentes dans les différents espaces mondiaux qui n'ont pourtant jamais été aussi interconnectés. Les inégalités socio-économiques se creusent et les écarts entre les Nord et les Sud sont modifiés par les acteurs de l'émergence et par l'affirmation de la nébuleuse terroriste* comme acteur géopolitique de premier plan.

II. Des Nord fragilisés et en évolution

A. Une puissance américaine « brouillée » à la veille des élections de 2016

Les nord au début des années 2000 entrent de plein pied dans le deuxième millénaire avec les attentats du 11 septembre 2001. La destruction des symboles de la puissance américaine (Twin Towers à Manhattan et attaque sur Pentagone) sont le signe d'une contestation grandissante d'une partie du monde. Instrumentalisé par le gouvernement américain, l'idée d'un choc des civilisations émerge et servira de justifications à des guerres (Irak, Afghanistan) dites « justes ». L'Axe du mal de George W. Bush ne résistera pas cependant à l'élection de Barack Obama qui réorientera son combat vers les terroristes et n'aura de cesse de traquer les commanditaires des attaques du 11/9. Ben Laden est abattu en mai 2012 mais pour autant la nébuleuse Al-Qaeda n'est pas totalement détruite avec de nombreuses ramifications dans le monde entier. Le 11-septembre n'a pas déstabilisé totalement la puissance américaine. En revanche, la crise économique de 2008, liée majoritairement à des crédits « pourris », les subprimes et à des faillites de banques américaines va ébranler pour un temps les fondements de la puissance économique. L'État fédéral viendra au secours de système productif mais est impuissant face à la montée du chômage. L'image positive envoyée au reste du monde, et avant tout aux américains, de l'élection d'Obama en 2008 ne permet pourtant pas de faire totalement oublier le caractère agressif de la puissance et les failles du système américain. La prison américaine de Guantanamo est un no man's land en matière de respect des droits de l'homme. Les relations avec le monde musulman semblent en partie apaisées depuis le discours du Caire montrant peut-être le chemin vers un smart power. L'impasse dans le conflit syrien montre surtout une Amérique de plus en plus impuissante face aux nouveaux enjeux. La nouvelle stratégie de « leading from behind » cédant à quelque attentisme, à une politique de la paresse minimaliste qui renonce aux interventions directes contre Bachar el Assad, à se décharger sur la France et l'Angleterre dans l'intervention en Libye, à ne pas actualiser la feuille de route dans le conflit israélo-palestinien.

Extrait du Discours du Caire de Barack Obama, juin 2009

Je vous remercie. Bonjour à tous. C'est pour moi un honneur de me trouver dans cette ville intemporelle qu'est le Caire et d'être reçu par deux institutions remarquables. Depuis plus de mille ans, Al-Azhar est un haut lieu de transmission du savoir dans le monde musulman et, depuis plus d'un siècle, l'université du Caire est une source de progrès pour l'Égypte. Ensemble, vous représentez l'harmonie entre la tradition et le progrès. Je vous suis reconnaissant de votre hospitalité et de celle du peuple égyptien.

Je suis fier aussi de vous transmettre la bonne volonté du peuple américain et une salutation de paix de la part des communautés musulmanes de mon pays : « Salam aleïkoum ».

Notre rencontre survient à un moment de grande tension entre les États-Unis et les musulmans du monde entier — tension ancrée dans des forces historiques qui dépassent le cadre des débats actuels de politique générale.

Les relations entre l'islam et l'Occident se caractérisent par des siècles de co-existence et de coopération, mais aussi par des conflits et des guerres de religion. Dans un passé relativement plus récent, les tensions ont été nourries par le colonialisme qui a privé beaucoup de musulmans de droits et de chances de réussir, ainsi que par une guerre froide qui s'est trop souvent déroulée par acteurs interposés, dans des pays à majorité musulmane et au mépris de leurs propres aspirations. En outre, les mutations de grande envergure qui sont nées de la modernité et de la mondialisation ont poussé beaucoup de musulmans à voir dans l'Occident un élément hostile aux traditions de l'islam.

Des extrémistes violents ont exploité ces tensions auprès d'une minorité de musulmans, qui pour être réduite n'en est pas moins puissante. Les attentats du 11 septembre 2001, conjugués à la poursuite des actions violentes engagées par ces extrémistes contre des civils, ont amené certains dans mon pays à juger l'islam inévitablement hostile non seulement à l'Amérique et aux pays occidentaux, mais aussi aux droits de l'homme. La peur et la méfiance se sont ainsi accentuées.

Tant que notre relation restera définie par nos différences, nous donnerons du pouvoir à ceux qui sèment la haine et non la paix et qui encouragent le conflit au lieu de la coopération qui peut aider nos deux peuples à connaître la justice et la prospérité. C'est ce cycle de la méfiance et de la discorde qui doit être brisé.

Je suis venu ici au Caire en quête d'un nouveau départ pour les États-Unis et les musulmans du monde entier, un départ fondé sur l'intérêt mutuel et le respect mutuel, et reposant sur la proposition vraie que l'Amérique et l'islam ne s'excluent pas et qu'ils n'ont pas lieu de se faire concurrence. Bien au contraire, l'Amérique et l'islam se recoupent et se nourrissent de principes communs, à savoir la justice et le progrès, la tolérance et la dignité de chaque être humain.

B. Union européenne et Japon en quête d'affirmation

Meilleurs ennemis des Américains, les Européens sont aujourd'hui écartelés entre des tendances contradictoires : une intégration de plus en plus forte au sein de l'Union mais des divergences politiques importantes, un statut de puissance contesté mais des puissances en affirmation comme l'Allemagne. La crise économique de 2008 a durement touché l'Union européenne et les pays membres de la zone euro. Les PIGS (Portugal, Italy, Greece and Spain), auquel il faut ajouter l'Irlande ont connu des périodes de quasi faillite de l'État avec une très forte augmentation du taux chômage. Les politiques de rigueur budgétaire et les aides des pays n'ont pas toujours permis d'atténuer une crise dans une Europe en panne de compétitivité. Véritable réussite diplomatique, la construction européenne a semblé pendant longtemps être le seul rempart face aux difficultés de l'Ouest du continent. Pourtant aujourd'hui l'idéal européen est fragilisé par l'euroscepticisme de ces citoyens, par la lourdeur du mécanisme technocratique et par des difficultés à chercher l'ouverture vers l'Est. Le questionnement sur l'intégration ou non de la Turquie n'est qu'une partie des difficultés de l'Union à répondre aux questions suivantes : comment s'affranchir de la tutelle américaine ? Quelle est la taille critique pour un bon fonctionnement ? Quels sont les critères essentiels pour l'intégrer ? Quel balcon sur les problématiques du Proche et du Moyen-Orient, l'Union est-elle prête à avoir ? Comment répondre à la problématique migratoire ? Deux autres défis attendent aujourd'hui l'Union européenne. Ses liens avec le reste de l'Europe de l'Est ne sont plus seulement des enjeux politiques par rapport à la Russie notamment, ce sont aussi des enjeux énergétiques majeurs. Enfin, la gouvernance et la capacité pour l'Union a parlé d'une même voie politique ramène à la question centrale : une puissance européenne ou une Europe des puissances ? Les menaces du Brexit (coût évalué à 128 milliards d'euros pour la Grande-Bretagne) après les difficultés de règlement dans la dette grecque sous la menace du Grexit ne fait qu'accentuer le désenchantement. Les populations (montée en puissance de l'AFD en Allemagne ou de l'UKIP en Grande-Bretagne) sont des baromètres de l'europessimisme.

Les inquiétudes sur le statut de puissance sont aujourd'hui partagées par le dernier pôle de la Triade, la Japon. Exsangue après-guerre, démilitarisé, la reconstruction a été portée à bout de bras par les Américains qui ont largement contribué à faire du pays une grande nation économique. La « Haute Croissance » s'est bâtie autour d'un modèle économique (exportations et sous-traitance) et social singulier. Bien qu'affaiblie par la crise de 1997, ce sont surtout les années 2000 qui celles du doute : perte de confiance dans le modèle de réussite, instabilité politiques, catastrophes (triple catastrophe en mars 2011 : tremblement, tsunami et accident nucléaire), montée du nationalisme et surtout peur du déclassement. En effet, le pays doit faire face à la concurrence au sein du continent asiatique (Chine, Inde et pays ayant en leur temps bénéficier du « vol d'oies sauvages ») mais aussi mondial. La Corée du Sud est aujourd'hui de plus en plus associé à ce développement tant le pays s'insère de plus en plus aux réseaux mondialisés.

C. Une nouvelle marqueterie géopolitique

Si l'on reprend les trois puissances de la Triade, il est à ce stade indispensable d'en reprendre les points communs. Ce sont des espaces géopolitiquement en paix, qui mettent en place des accords de coopération régionale et qui tentent de conserver un pré-carré subcontinental (Amérique latine pour les États-Unis et Afrique pour l'Europe). Ce sont des démocraties souvent proches des États-Unis et qui font face aux transformations liées à la mondialisation : tertiarisation de l'économie (avec prédominance du FIRE : Finance, Insurance and Real Rstate), croissance démographique ralentie, vieillissement de la population, rôle majeur des espaces urbains, des littoraux et des détroits (Gibraltar, Malacca mais aussi Suez et Panama), dynamiques frontalières, montée en puissance des mafias (trafic de drogue, prostitution, contrefaçon…), intérêt pour la Green Economy, puissance diplomatique et surtout montée en puissance de la concurrence avec une division internationale du travail qui a largement contribué aux délocalisations. Ces logiques peuvent aussi s'appliquer pur l'Australie et la Nouvelle-Zélande qui se caractérisent par l'éloignement des centres de décisions et une forte attractivité. Le boum des matières premières en Australie en font un pays qui compte d'un point de vue géopolitique. Ces anciens pays neufs, auxquels on peut ajouter le Canada avec entres autres le gaz de schiste, constituent de nouveaux territoires attractifs, y compris pour la Chine. L'arrivée en force de la Chine, désormais n° 2 mondial, a bouleversé cette Triade au point que le littoral chinois pourrait y être intégré. Les tensions économiques que cela génère entraînent aussi des tensions géopolitiques avec par exemple des conflits pour la maîtrise des mers et des espaces insulaires entre la Chine et le Japon.

Il est difficile de ne pas mettre la Chine et sa puissance commerciale parmi les Nord. Pourtant, elle n'en possède pas toutes les caractéristiques : ce n'est pas une démocratie mais un régime communiste totalitaire, la légitimité du PCC repose autant sur la répression que sur les perfomances économiques, elle n'attire pas de migrants, la corruption et le non-respect des règles et des normes en font une puissance déloyale. L'accumulation de catastrophes environnementales, le *land grabbing* dans le reste de l'Asie et en Afrique sont des points négatifs (malgré la ratification du texte final de la COP21). Cette prédation des ressources s'explique par l'immense besoin d'énergie nécessaire pour accompagner la croissance économique. Depuis l'ouverture des Zones Économiques spéciales en 1979 et l'orientation vers l'économie de marché, la Chine connaît des taux de croissance spectaculaires, inondant la planète de productions écoulées grâce aux conteneurs. Le poids démographique (même si un vieillissement de la population se profile), le rôle de la diaspora et le dynamisme de la zone littorale ne doit pas faire oublier les difficultés de l'intérieur du pays : infrastructures obsolètes, insuffisance dans les domaines de l'éducation et de la santé, minorités tenues à l'écart dans les confins et surtout annexion dès les années 1950 du Tibet dont les ressources sont détournées au profit de Pékin. Les grands travaux, comme le barrage des trois Gorges, ne peuvent faire oublier les écarts de richesse entre les nouveaux millionnaires, qui consomment des produits de luxe européens et voyagent de plus en plus, et les ouvriers dont les conditions de travail sont indécentes. Ils participent pourtant au dynamisme économique du pays qui exporte massivement des produits de consommation courante (jouets, textile…) grâce à des délocalisations mais aussi à des transferts technologiques qui ont amorcé la montée en gamme de l'industrie chinoise. Cette domination économique se traduit aussi par une volonté d'hégémonie politique dans la zone asiatique. La stratégie du collier de perles pour marquer de son emprise le sud et l'est du contient, son veto systématique à l'ONU lors de décision allant contre ses intérêts comme dans un premier temps au Darfour en 2005 ou en Syrie en 2012-2016) n'empêche pas la Chine de jouer sur tous les tableaux : une puissance agressive de retour au milieu du monde et un *soft power* basé sur une démonstration de puissance comme lors des jeux Olympiques de Pékin en 2008 ou de l'Exposition universelle de Shanghai en 2012. Cependant, les contestations de la population et le risque d'éclatement du modèle politique, font de la Chine une grande puissance atypique mais capable de dominer le jeu géopolitique actuel.

Les cyber-conflits

Ils font référence aux attaques informatiques de la part d'États ou de privés (des hackers) envers d'autres États ou organisations. L'objectif de ces attaques est d'obtenir ou de détruire des informations. Il existe aussi des sociétés de « sécurité offensive » spécialisées dans la découverte de failles dans des systèmes informatiques. Ces « hackers d'État » vendent leur trouvailles aux plus offrants, souvent des organismes officiels. La diffusion d'archives de la CIA ou du Vatican par exemple, par le site Wikileaks ne répond pas à cette logique car les cyber-attaquants se caractérisent par leur anonymat. Pour défendre la liberté d'expression, un groupe de hackers, Anonymous, s'est fait ainsi connaître dans le monde entier depuis les années 2000 et sont l'objet de vives critiques. Ces différents acteurs évoluent dans le cyberespace (terme qui émerge dans les années 1980) où ils retrouvent les autres utilisateurs. Bien que virtuel, ces acteurs sont bien réels et les supports de ce monde sont bien concrets (ordinateurs, Smartphones…) et sont révélateurs des disparités socio-économiques crées par la fracture numérique. Le dark web devient dès lors un nouveau terrain de jeu géopolitique.

III. Les Sud entre intégration et marginalisation

Au sein des Sud, les pays émergents semblent mieux s'en sortir grâce au modèle suivant : un vaste territoire avec des ressources importantes, une façade littorale dynamique et une économie tournée vers les exportations. Malgré de forts taux de croissance, ces pays sont aussi parcourus par de nombreuses lignes de fracture : fortes disparités entre le littoral et l'arrière-pays, inégalités sociales très fortes entre villes et campagnes et au sein même de l'espace urbain avec des quartiers de types favelas au Brésil ou bidonvilles en Inde. Ces pays connaissent aussi un fort dynamisme démographique, une montée en gamme de la production et un développement progressif du secteur de la R&D* (Recherche et Développement). Le Brésil, l'Inde, l'Afrique du Sud sont conformes à ce modèle. Recherchant une place dans le jeu géopolitique mondial, ils cherchent à s'imposer comme des puissances diplomatiques de premier plan.

A. Une Asie multipolaire

En Asie, deux plusieurs logiques s'affrontent : d'un côté l'influence chinoise semble conditionner la façade pacifique, même si l'influence de la Corée du Sud tend à s'affirmer. De l'autre, les différentes de délocalisations avec les Dragons dans les années 1970-1980 (Hong-Kong rétrocédé à la Chine par les Britanniques en 1997), Taïwan, Singapour et la Corée du Sud) et les bébés tigres ans les années 1990-2000 (Philippines, Vietnam, Thaïlande, Indonésie) ont dynamisé un continent traversé par des flux transitant pour l'essentiel par le détroit de Malacca. Même si la mise en place de l'ALENA (Association de Libre-échange nord-américain) et la croissance ont permis la stabilité et une certaine forme de développement, l'instabilité politique est importante (coups d'État en Thaïlande) et la démocratisation imparfaite. Dans le sous-continent, les inégalités traditionnelles comme le système des castes laissent place à des inégalités générées par la mondialisation. Dans cette « Shining India », les points communs entre les ingénieurs de Bangalore et les habitants du slumdog de Dharavi se limitent sans doute à l'appartenance à la plus grande démocratie du monde. Malgré la « diplomatie du Tsunami » mise en place par l'Union Indienne pour venir en aide aux pays touchés par le tsunami de décembre 2004 et ainsi étendre son influence sur l'océan Indien, ce pays peine à se désengluer du contexte géopolitique local (nombreuses zones de non droit à ces frontières, terrorisme et instabilité avec et à l'intérieur de l'ennemi pakistanais depuis la partition…). L'océan Indien apparaît quant à lui très convoité aussi bien par le tourisme international que comme symbole de la lutte contre le changement climatique et la montée du niveau de la mer avec les Maldives.

B. Une Amérique latine toujours sous influence ?

Profitant du dynamisme brésilien, l'Amérique latine tente de se démarquer de l'influence américaine. La corruption, les trafics de drogue (aussi bien dans la Cordillère des Andes qu'avec les Cartels de la drogue au Mexique), les héritages liés aux dictatures militaires (Chili, Argentine) sont toujours présents mais de nouvelles générations de dirigeants et la volonté de rapprochement de ces pays dans le cadre du Mercosur (Marché commun des pays d'Amérique du Sud) semblent intégrer l'Amérique Latine à la mondialisation. Trois espaces pourtant y présentent des visages assez particuliers : la Caraïbe (entre grande richesse des paradis fiscaux, extrême misère à Haïti et régime communiste à Cuba), le Venezuela et son potentiel pétrolier et enfin l'Amazonie et son front pionnier dont les contraintes en font un territoire hors monde alors que les ressources qu'elle recèle et le symbole de poumon vert de la planète en font un espace très intégré aux enjeux mondiaux contemporains. À la fois périphérie en cours d'intégration et en mutation (fin des ères Kircher et chaviste ; héritage très critiqué des années Lula), interface Nord-Sud, les problématiques de l'Amérique latine sont celles d'un espace entre influence et désir d'autonomie. Au sud, l'Antarctique bénéficie pour l'instant d'un statut de *pax scientifica* qui le protège de toute exploitation économique mais pour combien de temps encore ?

C. Russie et Moyen-Orient de plus en plus imbriqués dans les mêmes logiques géopolitiques

Nous avons défini précédemment les critères d'un pays émergent. L'acronyme BRIC fait pourtant référence à la Russie, non évoquée jusque-là. Issu de l'éclatement de l'URSS, La

Russie serait plutôt selon certains un Empire ré-émergent. Si les attributs des pays émergents concernent la Russie, le recul démographique du pays et la mauvaise maîtrise du territoire surtout dans ses étendues sibériennes, en fond un pays à part. Le régime autoritaire de Vladimir Poutine et l'omniprésence de l'arme énergétique font de la Russie contemporaine une puissance inquiétante entre contrôle de ses marges (Tchétchénie) et de son voisinage proche (Ukraine par exemple). Le pays tente de garder sa mainmise sur l'Asie Centrale et fait de ses réserves pétrolières et gazières ses principales armes de négociations. Son attrait pour les richesses de l'Arctique lui fait même avoir des comportements qui semblent tout droit sortis de la guerre froide avec par exemple un drapeau russe planté à plusieurs centaines de mètres sous la mer pour montrer la présence de Moscou dans les terres du Grand Nord. Souvent allié de la Chine ou de l'Iran, la puissance tente de gérer problèmes internes mais assoit sa crédibilité sur la scène internationale en étant désormais un acteur majeur au Moyen-Orient.

La problématique de l'énergie est cruciale pour la compréhension du monde contemporain et plus particulièrement pour celle du Proche et Moyen-Orient que les Anglo-Saxons désignent par l'expression plus globale de Middle East. De l'espace méditerranéen, qui est avant tout une interface entre l'Afrique et l'Asie à l'Afghanistan, cette arc de crises est au cœur d'une accumulation d'enjeux : internes (développement, maîtrise de l'eau, gestion de l'après pétrole, durcissement d'une partie de l'Islam et opposition entre chiites et sunnites…) mais aussi externes : quelle choix pour le nucléaire militaire iranien, comment des fonds souverains du Qatar deviennent-ils une source de financement important pour de nombreux pays, comment sécuriser les approvisionnements énergétiques ?… Ces problématiques n'ont cependant d'intérêt que si elles sont replacées au cœur des héritages de cette région Certes le boom pétrolier dans les pays du Golfe remonte à moins d'une centaine d'années mais c'est surtout la situation de contact entre les religions du livre, entre l'Orient et l'Occident, entre autochtones et colons qui donnent à cette région sa richesse mais aussi ces principales sources de tensions. La création de l'État juif d'Israël en 1948 sans l'accord des pays arabes voisins a créé un point de tension majeur. La Guerre du Kippour en 1973 a entraîné, entre autres raisons, le premier choc pétrolier montrant ainsi la portée mondiale de ces tenions. Les révoltes du printemps arabe de 2011 ont permis de renverser des dictateurs (Ben Ali en Tunisie, Moubarak en Égypte et Kadhafi en Libye), de montrer l'influence des réseaux sociaux dans les révolte, de faire aspirer les populations à plus de démocratie, d'égalités entre tous les citoyens et de croissance économique. Pourtant les promesses de ce printemps mettent cette région du monde sur le fil du rasoir. À tout moment, les aspirations démocratiques des peuples peuvent déboucher sur une aire de paix et de prospérité capable de valoriser ses ressources et sa situation d'interface et, contrario comme ce que l'on voit en Syrie, les difficultés récurrentes de cette région en quête d'un *leader* (Égypte, Iran… ?) peuvent le remettre face à ces vieux démons et sous dépendance de puissances plus importantes.

D. Une Afrique en déshérence ?

L'Afrique subsaharienne « au bord du monde », en « marge de la mondialisation » est dans une situation paradoxale. Elle se croit à l'heure de la renaissance. Elle compte ses classes moyennes (300 millions pour certains, mais en mettant des gens à peine sortis de la pauvreté et de l'angoisse du déclassement, et à peine plus de 80 millions de personnes entre 10 et 20 dollars par jour). Elle comptabilise ses téléphones portables (754 millions en 2016) plus que ses internets (moins de 20 %). Elle installe ses gazoducs (Mozambique-Angola-Ghana), ses leaders (Nigeria et Afrique du Sud) sans avoir répondu à la nécessaire stabilisation démocratique (Burundi…).

Elle accumule les difficultés socio-économiques et les critères de sous-développement (insuffisance alimentaire, problème de gestion de l'eau, système de soin défaillant, chômage, manque d'infrastructure de transport, congestion urbaine comme dans la capitale du Nigeria Lagos…), les problèmes politiques (régimes autoritaires, violences, corruption…), les formes d'ingérence (des ONG aux anciennes puissances coloniales) et des conflits parmi les plus violents de la planète principalement dans la région des Grands Lacs (Rwanda, République démocratique du Congo…) qui se caractérisent, comme le viol, les mines anti personnelles et les enfants soldats, par une capacité à détruire *a posteriori* les efforts de paix. Malgré les efforts diplomatiques de la seule puissance régionale, l'Afrique du Sud, le sous-continent africain est toujours en proie à des difficultés aggravées par un phénomène lié à la présence richesses non développantes (pétrole dans le golfe de Guinée, gaz, uranium, coltan… mais aussi terres arables). Les bénéfices de leur présence ne profitent pas aux populations mais attisent les convoitises des puissances européennes, américaines ou chinoises et place l'Afrique au cœur d'une mondialisation dont elle ne profite pas. De plus, la présence d'espaces hors monde (désert saharien, Sahel, plateaux arides…) place le continent parmi les espaces recherchés par les trafiquants et les groupes terroristes et donc au cœur de la mondialisation souterraine.

Conclusion

Ce tour d'horizon géopolitique non exhaustif permet de comprendre à quel point le monde unipolaire des années 1990 est bien loin. Les grandes puissances traditionnelles tentent de conserver leur domination alors que d'autres, comme la Chine et les pays émergents cherchent à se construire une légitimité. Des trajectoires différentes se dessinent, les divergences sont nombreuses et pourtant les convergences liées aux conséquences de la mondialisation sont de plus en plus nombreuses, créant une nouvelle hiérarchie des territoires attractifs. Les flux légaux ou non, les échanges, les réseaux associés aux héritages historiques créent une nébuleuse géopolitique caractéristique du monde actuel.

Idées reçues

Le Tiers-Monde équivaut aux Sud

le Tiers-Monde est certes un concept faisant référence à des pays en proie à des difficultés économiques importantes mais lorsque cette expression est utilisée par Alfred Sauvy, elle prend une dimension politique. Faisant référence au Tiers État de la société d'ordres de la France moderne, il tient compte des revendications politiques de ces pays dans un contexte d'accès à l'indépendance dans les anciennes colonies. Les Sud font référence aux pays marginalisés économiquement mais à ce terme très vaste, les géographes précisent qu'il existe en réalité une très grande diversité de situation allant de pays émergés aux émergents, en passant par les PMA (les Pays les Moins Avancés).

La géopolitique est un instrument dangereux !

Après la Seconde Guerre mondiale, la géopolitique est tombée en disgrâce et disparaît au profit de l'étude des relations internationales qui sont considérées, à tort, comme plus neutres. Née au XIXe siècle, la géopolitique se veut une science rationnelle qui n'hésite pourtant pas à soutenir la supériorité du monde occidental. Pire encore l'école de géopolitique allemande de la deuxième moitié du XIXe cherche à démontrer la supériorité de la jeune nation allemande. Les travaux de Friedrich Ratzel puis surtout ceux de Karl Haushofer poursuivent de son sens et sont même sans doute à l'origine du concept repris et mis en œuvre par les Nazis « d'espace vital ». Alfred T. Mahan, Halford J. Mackinder et Nicolas J. Spykman de l'école anglo-saxonne théorisent le Heartland et le Coastland et justifient le rôle des puissances et la domination américaine. Il faudra donc attendre les années 1980 pour voir un retour en grâce de la géopolitique qui va prendre une importance majeure avec la fin du monde bipolaire après 1989.

	Nombre d'États
1914	53
1932	77
1945	72
1955	88
1975	156
2012	238 (dont 193 membres de l'ONU)

Lieux de la geopolitique

Le Boswash : un concentré de hauts lieux de puissance

La mégalopolis américaine, selon le terme utilisé en 1961 par John Gottman, géographe français immigré aux États-Unis, concentre un grand nombre de centres de décisions majeurs de la planète entre les villes de Boston et de Washington. À proximité de Boston, Harvard et le MIT (le Massachussetts Institute of Technology), illustrent le pouvoir intellectuel avec leurs prix Nobel et l'invention de Facebook. À New York, la presqu'île de Manhattan et surtout Wall Street avec sa bourse, le New York Stock Exchange (NYSE) illustre la puissance de décision économique. Le siège de l'ONU sur la presqu'île de Manhattan est aussi un centre de décision international. Après l'échec de la SDN (Société des Nations), la création de l'Organisation des Nations unies vise à rétablir la paix et venir en aide à ceux qui en ont besoin. L'ONU compte 193 pays membres, le dernier pays ayant rejoint l'organisation étant le Soudan du Sud en 2011. Les organes institués par la Charte de 1945, comme l'Assemblée Générale ou le Conseil de Sécurité, sont complétés par des institutions spécialisées dont les sièges sont à Genève dans les anciens bâtiments de la SDN. La construction du bâtiment new yorkais a débuté en 1947 pour s'achever en 1952 et parmi les architectes ayant participé à la construction, on peut citer Oscar Niemeyer et Le Corbusier. Plusieurs hauts-lieux de pouvoir existent à différentes échelles. Entre le Pentagone et la Maison Blanche, les centres de décisions sont nombreux mais c'est sans doute au cœur même de la Maison Blanche, dans le bureau ovale, que sont prises les décisions les plus importantes.

Jérusalem, la ville trois fois sainte

Avec 800 000 habitants, la ville a été déclarée capitale d'Israël par les Israéliens en 1948 mais elle n'est pas reconnue comme telle par la communauté internationale. Les palestinien l'ont aussi choisi comme capitale de la Palestine, État en cours de reconnaissance, en 1988. Elle reste un « *hub* géopolitique » majeur entre ambitions politiques, religieuses et symboliques. Les juifs, les musulmans et les chrétiens ont fait de cette ville un territoire sacré. Objectif des croisades au Moyen Âge et donc symbole de la résistance pour les musulmans, du mouvement sioniste au XIXe, Jérusalem attise toutes les convoitises. Sa portée symbolique n'est pas seulement régionale, elle constitue un enjeu international. Aucun plan de partage de la ville ne satisfait les différents protagonistes d'autant plus qu'un partage horizontal n'est suffisant. La sédimentation et l'imbrication des lieux de culte (lieux de la passion du Christ et de l'église du saint Sépulcre, du dôme du rocher avec la Grande Mosquée Al-Aqsa et du Mur des Lamentations...) nécessitent une compréhension verticale de la ville

Le Vatican

La renonciation de Benoît XVI au début de l'année 2013 a attiré à nouveaux les regards sur cette Cité-État située au cœur de la ville de Rome. Puissance géopolitique majeure pendant des siècles, ayant couronné les souverains, accompagné et aidé à justifier les conquêtes coloniales, le Saint Siège semble avoir perdu de son influence. Un milliard de chrétiens dans le monde sont pourtant en attente des décisions de l'Église en matière sociale (sur l'avortement par exemple) et en matière théologique comme sur le mariage des prêtres. Malgré un positionnement ambigu pendant la Seconde Guerre mondiale, un vieillissement du clergé, des scandales comme le Vaticaleaks, des congrégations et des ordres parfois extrémistes le Vatican est toujours un pôle géopolitique majeur avec des alliances et des relations diplomatiques avec les États du monde entier. Ce « multi-track » diplomatique pour défendre le « Pacem in terris » se manifeste par de nombreux déplacements du Pape à l'étranger, par sa participation aux Journées mondiales de la jeunesse ou au Sommet de Cancún. Après le Pontificat de Jean-Paul II qui a duré de 1978 à 2005 et qui fut le deuxième plus long de l'histoire, celui de Benoît XVI a oscillé entre modernité (premier tweet papal !) et conservatisme. Le Pape doit aussi faire face aux nouveaux enjeux de la mondialisation financière avec le risque de voir la Cité-État classé au rang des zones grises refusant de divulguer les secrets bancaires. À Pâques 2013, une fumée blanche est apparue signifiant que les Cardinaux avait choisit un nouveau Pape. Cet « *Habemus Papam* » se veut un signe de modernisation et de changement pour l'Église catholique. Jorge Mario Bergoglio, né en Argentine en 1936 est ainsi le premier souverain originaire d'Amérique latine. Il choisit pour la première fois comme nom de Pape, François, en référence à Saint François d'Assises, défenseur des pauvres. Le Pape et le Vatican cherchent à diffuser l'image d'un Pape proche des jeunes et des défavorisés, soucieux des questions de société, mais confronté à de nombreuses oppositions internes.

Frontières et murs

Selon la définition de Michel Foucher en 1991, les frontières « sont des structures spatiales élémentaires, de forme linéaire, à fonction de discontinuité géopolitique, de marquage, de repère et sur les registres du réel, du symbolique et de l'imaginaire ». La thématique de la frontière est au cœur de la géopolitique car elle mêle géographie, histoire, relations internationales, droit, économie… Il n'existe pas de frontière naturelle, elles sont toujours nées d'un rapport de force et/ou d'une négociation. Issues du Limes romains, les frontières génèrent des disparités socio-économiques et des discontinuités spatiales, elles peuvent être contestées ou « effacées » par les formes d'intégrations régionales (Union européenne). Elles génèrent de nombreux échanges (dynamisme des régions trans-frontalières) ou peuvent être totalement hermétiques (Corée du Nord). Acceptées ou contestées par les différents pays limitrophes, la frontière peut parfois être imposée et prend alors l'aspect d'un mur. Les exemples de construction de murs se sont multipliés depuis celui de Berlin érigé en 1961 : à Nicosie dans une île de Chypre dont une partie est occupée par les Turcs, entre les catholiques et les Protestants à Belfast, aux portes de la Grèce et de la Bulgarie pour limiter l'entrée des migrants. Les fils de fer barbelés autour des enclaves espagnoles de Ceuta et Melilla au Maroc sont aussi des frontières dont le but est de tenir la misère hors de portée. Dans le même registre, la frontière entre le Mexique et les États-Unis est l'archétype de la frontière économique (Voir commentaire de document). L'échec de la diplomatie se voit aussi dans la construction d'un mur en Israël et les territoires palestiniens

Bibliographie sélective

Lecture indispensable

Samuel Huntington : Le choc des civilisations *reprend les théories que l'auteur avait déjà énoncées dans un article de 1993 dans la revue Foreign Affairs. Ce spécialiste des processus de démocratisation à Harvard y critique « La fin de l'histoire » décrite par Fukuyama en 1992. Sans chercher à dresser de réelles prospectives, il décrit les tensions dans le monde post guerre-froide des années 1990 et s'oppose à l'idée d'un monde débarrassé de tous conflits. Il insiste sur le rôle des huit grandes civilisations que l'on trouve dans le monde et sur les inévitables tensions entre celles-ci. Ignorant les mécanismes de mondialisation, de métissages possibles, de volonté de rapprochement entre les peuples, sa vision du monde lui vaut de nombreuses critiques d'autant que ses thèses, qui correspondent à une analyse très ancrées dans le début des années 1990, sont reprises au début des années 2000 par George Bush et son administration pour justifier l'intervention américaine au Moyen-Orient.*

Ouvrages

Atlas géopolitique mondial, Éditions du Rocher, 2016

Boniface Pascal et Vedrine Hubert, *Atlas des crises et conflits*, Colin/fayard, 2013 et chez le même éditeur Atlas du monde global, 2015, pour la clarté de l'analyse et de la cartographie

Boniface Pascal, *La géopolitique en 40 fiches thématiques*, Eyrolles, 2015

Chauprade Aymeric et Thual François, *Dictionnaire de géopolitique*, Ellipses, 1999, pour l'originalité des approches proposées

Chauprade Aymeric, *Chronique du choc des civilisations*, 2015

Dallenne Pierre et Nonjon Alain (dir), *L'espace mondial, fractures ou interdépendances* ? Ellipses 2009, pour l'approche méthodologique et la comparaison avec entre l'ancien et le nouveau programme d'ECS

Encel Frédéric, *Comprendre la géopolitique*, Seuil, 2011 pour l'analyse synthétique

Encel Frédéric, *Petites leçons de diplomatie*, Autrement, 2015

Fukuyama Francis, The End of History and the last Man, 1992, traduction français Flammarion, 2009 pour mieux comprendre le basculement entre une « *fin de l'histoire* » imaginée après la chute du mur de Berlin et un monde « nouveau » dans les années 2000

Foucher Michel, *L'obsession des frontières*, Perrin, Réédition 2012 pour saisir les enjeux liés aux frontières contemporaines

Huntington Samuel, *Le choc des civilisations*, (The Clash of Civilizations and the remaking of World Order), Odile Jacob, 1996 (Voir encart)

Kissinger Henry, *Diplomatie*, Fayard 1996 pour mieux comprendre la perception du monde d'un des acteurs du monde des années 1970

Lacoste Yves, *Dictionnaire de géopolitique*, Flammarion, 1993, « le » classique, pour l'approche méthodologique

Nazet Michel, *La géopolitique pour tous*, Préface d'Hubert Védrine, Ellipses, 2010, pour sa présentation synthétique et très accessible

Sites internet

Géoconfluences : *geoconfluences. ens-lyon.fr/* : très complet à partir des travaux et recherches de l'École normale Supérieure de Lyon (études thématiques, vocabulaire et mises au point très actualisées)

ESC Grenoble : www.geopolitique. over-blog.fr + festival de Géopolitique de Grenoble, chaque année en mars-avril

Site du FIG, Festival International de Géographie de Saint-Dié des Vosges, www.fig. saint-die-des-vosges.fr/ qui se tient chaque année début octobre dont les actes en ligne contiennent de précieuses informations (Exemples de thèmes : 2008 « Entre guerres et conflits, la planète sous tension », 2011 « L'Afrique plurielle, entre paradoxes et ambitions », 2013 « La Chine »)

Le dessous des cartes, *ddcarte. tv/*, qui permet d'accéder en ligne en ligne aux très pédagogiques explications de cartes présentées par Jean-Christophe Victor

www.monde-diplomatique.fr propose les même articles que la version papier mais enrichis de la précieuse cartothèque incluant de nombreuses réalisations de Philippe Rekacewisz

www.ifri.org, l'Institut Français des relations Internationales se présente comme le Think tank français sur les questions internationales et la gouvernance mondiale

L'Institut Français de Géopolitique, crée par Yves Lacoste dans le cadre de l'Université Paris VIII possède son site : www.geopolitique. net/

Revues et émissions

Hérodote, revue trimestrielle fondée en 1976 aux Éditions la Découverte, sous la direction d'Yves Lacoste

Questions Internationales à la Documentation française avec des numéros bimestriels thématiques

Courrier International, hebdomadaire qui fait la synthèse des articles les plus importants parus dans la presse étrangère

Le Monde diplomatique, mensuel qui analyse l'actualité avec recul et du point de vue des altermondialistes

Diplomatie, Affaires stratégiques et relations internationales, un bimestriel qui propose « un autre regard sur le monde » à partir de cartes et d'analyses

Carto où comment décrypter les enjeux contemporains grâce aux cartes

+ Chroniques de géopolitique de Bernard Guetta sud France Inter

+ Géopolitique, émission de France culture

+ Le dessous des cartes. Arte

Films et musiques

Hymne européen officiel choisi en 1985 est l'Ode à la joie, mouvement final de la neuvième symphonie de Beethoven écrite en 1823.

La suite de Bach pour violoncelle interprétée par Mstislav Rostropovitch, ancien dissident d'Europe de l'Est, lors de la chute du mur de Berlin en novembre 1989.

La neuvième symphonie de Beethoven dirigée par Daniel Barenboïm et interprétée lors de la cérémonie d'ouverture des Jeux Olympiques 2012 à Londres par les *West-Eastern Divan orchestra* qui réunit des musiciens d'Israël, de Palestine et des pays arabes voisins.

Apocalypse Now, Francis Ford Copola, 1979 sur la guerre du Vietnam. Une scène fait sans doute partie des scènes les plus célèbres de l'histoire du cinéma, celle du vol des hélicoptères dans un ciel rougeoyant accompagnée de la musique de la chevauchée des Walkyries de Richard Wagner. C'est avant tout un film de guerre mais il permet surtout de comprendre la portée du traumatisme de ce conflit pour cette génération d'Américains.

Bloody Sunday, 2002, de Paul Greengrass retrace les évènements du dimanche sanglant du 30 janvier 1972 qui ont débouché sur la guerre civile en Irlande du Nord entre l'IRA et les Britanniques. À revoir dans un contexte à nouveau tendu dans une ville de Belfast toujours partagé par de nombreux morceaux de mur.

Syriana, Stephen Gaghan, 2005, montre la complexité des relations entre les acteurs géopolitiques au Proche et Moyen-Orient (CIA, compagnies pétrolières…).

Babel d'Alejandro Gonzalez Inarritu en 2006 qui mêle le destin de personnages éloignés de leur vie habituelle et dont le destin va être bouleversé par un enchaînement d'évènements tragiques. Ce film est à la fois une réflexion sur la géopolitique mais aussi sur les conséquences de la mondialisation.

Munich, 2006 de Steven Spielberg. Le réalisateur américain (*Il faut sauver le soldat Ryan, La liste de Schindler, Lincoln*) y relate la prise d'otages des athlètes israéliens par les palestiniens du groupe terroriste septembre noir.

Blood Diamond, 2006 par Robert Zwick qui filme des conséquences politiques et économiques du trafic des diamants de sang au Sierra Leone.

La vie des autres de Florian Henckel von Donnersmarck sorti en 2006 et qui, au-delà de l'intrigue romanesque permet de toucher de doigt la réalité de la vie dans les années 1980 à Berlin Est.

Persepolis de Vincent Paronnaud et Marjane Satrapj est sorti en 2007. Ce film d'animation, adapté de la bande dessinée du même nom de Marjane Satrapi relate l'enfance et l'adolescence d'une petite fille dans l'Iran des années 1970-1980.

Valse avec Bachir, 2008, est un film d'animation israélien d'animation autobiographie d'Ari Folman dont le héros revit les terribles années de guerre civile au Liban dans les années 1980.

Les citronniers d'Eran Riklis, sorti en 2008 montre la vie quotidienne d'une femme dans une exploitation agricole partagée par le « mur » entre les territoires occupés par Israël et les terres palestiniennes.

Gomora, Matteo Garone en 2008 adapte l'essai de Roberto Saviona sur la mafia napolitaine. Les implications entre violences, réseaux mafieuses et mondialisation y sont décrites avec réalisme.

La Séparation, d'Asghar Farhadi en 2011. Ce film s'attache aux difficultés d'un couple iranien pris entre problème de couple et poids des traditions dans la société iranienne contemporaine. Récompensé par de nombreux prix (Ours d'or à Berlin, csar, oscar du meilleur film étranger), il est un des premiers films iraniens à connaître un tel succès international.

Argo de Ben Affleck en 2012 relate l'exfiltration d'agents de la CIA lors de la prise d'otages à l'ambassade américaine à Téhéran en 1979. La qualité de la reconstitution en fait oublier qu'il s'agit d'une fiction tirée de faits réels et non d'un documentaire. Le film a obtenu de nombreux oscars dont celui du meilleur film remis à Ben Affleck par Michelle Obama en direct de la Maison Blanche. Un bel hommage présidentiel à l'action de la CIA !

Wadjda, 2013 de la cinéaste Haiifaa Al-Mansour retrace l'histoire d'une petite qui souhaite une bicyclette. Derrière un sujet plutôt anodin se cache surtout le premier film produit et réalisé par une femme en Arabie Saoudite.

Commentaire de documents

La frontière américano-mexicaine : territoire de production autant que d'exclusion ?

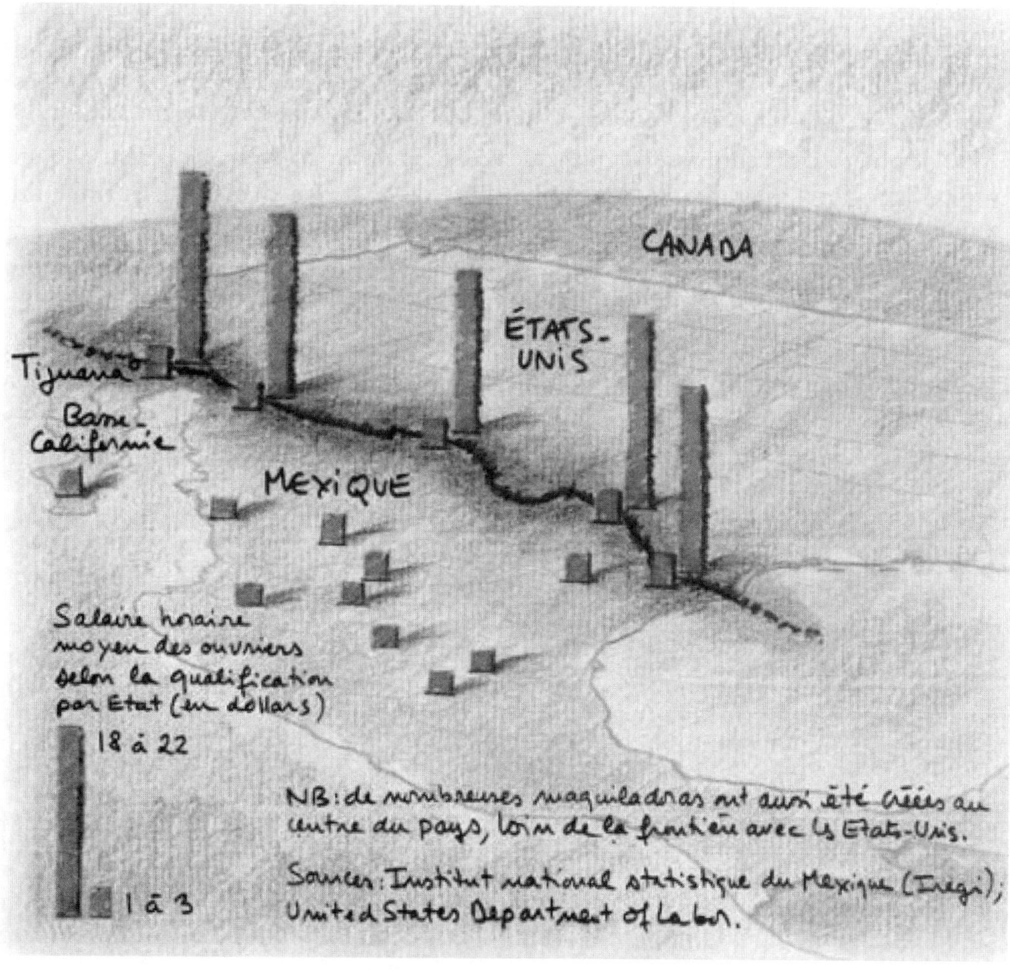

Avec l'aimable autorisation de l'auteur, Le Monde diplomatique, Paris.

Cette carte réalisée en 2009 par Philippe Rekacewicz est digne d'intérêt aussi bien sur le fond que sur la forme. Extraite du site cartographie du Monde diplomatique, elle est emblématique des évolutions récentes des techniques de représentation de l'espace. C'est une carte « coloriée » qui semble bien loin des potentialités offerte par la cartographie informatique. Il s'agit là d'un choix de l'auteur qui considère que les progrès technologiques ont abouti à une uniformisation des cartes qui deviennent des « performances » et perdent ainsi une partie de leur âme. L'auteur a choisi de laisser davantage de marge à l'interprétation ce qui lui permet aussi de se démarquer de l'invasion de cartes liée à la mode actuelle de la géopolitique. Sur le fond, cette carte permet de visualiser en 3 dimensions les inégalités de revenus, en dollar, entre le salaire moyen des ouvriers par État selon leur qualification. Le phénomène des *twin-cities* (San Diego-Tijuana par exemple) apparaît nettement de même que les créations de maquiladoras loin de la frontière pour chercher une main-d'œuvre encore moins onéreuse et bénéficier d'avantages comparatifs importants. Le choix du figuré retenu pour la frontière, surnommée la « Tortilla border », suggère des fils de fer barbelés, caractéristiques de frontières étroitement surveillées avec barbelés, miradors et patrouilles. Depuis les années 1990, les États-Unis choisissent, quel que soit le parti au pouvoir, de construire un mur pour se protéger des clandestins venant d'Amérique du Sud et surtout du Mexique. Côté Est, le Rio Grande était traversé par des milliers de « wet backs » en quête d'une vie meilleure. Face à cela l'État fédéral investit pour sécuriser cette Securitu fence qui s'étend sur 1 200 km. On peut regretter que l'appartenance des deux pays et même du Canada à l'ALENA n'apparaisse pas la carte ce qui aurait permis de mieux resituer cette véritable fracture spatiale dans une des formes d'intégration économique régionale les plus achevée.

Dissertation

Afrique-Asie : pourquoi des développements si divergents ? Pourquoi un basculement asiatique face à un retard africain ?

Introduction

Quand on compare la Côte d'Ivoire et la Corée du Sud, on voit que la Côte d'Ivoire fait partie des PED africains confrontée à l'effet de traîne d'une guerre civile, démocratisation lente, pays 168e IDH, 1000 $/hab., 20 millions d'habitants : la Corée du Sud, 50 millions d'habitants, 12e IDH, 23 000$/hab., fait partie de l'OCDE.

Or, en 1960, ces 2 pays étaient au même niveau. L'économiste Gunnar Myrdal publiait *Asia Drama* alors qu'aujourd'hui on parle de drame africain, de retard, de « négrologie » (Stephen Smith). Le grand réveil africain, la renaissance africaine est quelque peu en retard même si certains veulent absolument parler d'eldorado africain.

Comment expliquer l'impasse africaine et le défi asiatique ?

I. La comparaison met en avant en Afrique des États impotents et prédateurs et en Asie des États efficaces et développeur

A. Le principal handicap de l'Afrique par rapport à l'Asie tient à l'immaturité de la puissance publique africaine

L'Afrique a subi la saignée de la traite, du W forcé. L'Afrique a eu comme héritage de la colonisation des États divisés avec d'un côté les colons et une élite et d'un autre des espaces ruraux soit associés à l'empire britannique soit marginalisés. Lors des indépendances, les États africains ont été bousculés : leur souveraineté ne correspondait pas à des véritables territoires ethnoculturels = artificiels. Les indépendances ont absorbé beaucoup de moyens humains et financiers, même si l'OUA a entériné les frontières issues de la colonisation.

L'Afrique a eu calendrier de guerres important : guerre civile algérienne (92-2000), génocide Rwandais (94), conflit des Grands Lacs (98 2002 = aujourd'hui encore au Kivu).

En Asie : a connu la colonisation mais 2 pays y échappent = le Japon et la Chine (même si elle a été dominée par Jap). Les États asiatiques n'ont pas disparu à l'ère de la domination coloniale euro, les États asiatiques ont renoué après la Seconde Guerre mondiale avec histoire séculaire florissante = la Chine, après les Révolutions de 1911 et 1949 a renoué avec la tradition impériale du XVIIIe siècle.

Asie après WW2 a connu une décolonisation traumatisante comme l'Indonésie + GF (Vietnam = 64/75) + guerres intra blocs (3e guerres Indochine) => Mais l'Asie est pacifiée, passe à une autre étape dans les années 1970 : la construction d'un développement qualitatif, de l'émergence.

Des différences historiques.

B. On peut opposer l'État patrimonial, la politique du ventre africaine et au contraire l'État développeur asiatique

JF Bayart : politique clientéliste en Afrique, la « politique du ventre ». La médiocrité des techniques agri (abs de la roue, de l'écriture) = n'ont pas permis la naissance d'États. L'État postcolonial est devenu pilleur, clanique. Les élites considèrent l'État comme un moyen privé (serviteur + que service) = est confisqué par des perso charismatiques qui se sont approprié les indépendances : Mugabe (Zimbabwe), Bokassa etc.

A l'inverse, la société en Asie s'est développée sur 5 piliers dont l'État est très vertueux comme l'indique C Sauter :

L'école (alphabétisation au Jap élevé même pour les filles dès le XIXe, 98 % en Corée du Nord, au moins 10 de scolarité obligatoire en Asie).

L'État et ses fonctions régaliennes = en Inde, discrimination positives pour les Intouchables.

L'épargne : système rationalisé cf. le Japon avec épargne très importante dès an70 (moitié de l'épargne mondialisée).

L'ethnie fédératrice : les valeurs asiatiques qui arrivent à créer une cohésion en Asie.

L'entreprise : très tôt au cœur du développement = entreprises publiques comme à Singapour, privées comme les chaebols coréennes, les grandes publiques chinoises qui dominent encore le secteur privé dans le secteur bancaire.

L'Asie a pu donc faire de l'État un État développé = de là la planification en Chine, en Corée du Sud, cartellisation en Corée du Sud, Japon etc.

C. Afrique : des États clochardisés mais en Asie : de plus en plus des États cohérents, modernes.

En effet, en Asie, les États sont légitimés = entrée Corée du Sud et Japon dans OCDE, Inde dans Commonwealth. Très tôt des partenariats qui ont permis aux États asiatiques de s'insérer dans la mondialisation = plan Dodge pour Jap (49), reconnaissance de la Chine par les États-Unis avec une sorte de G2 États-Unis/Chine (débouché/financement). Partenariats États-Unis/Corée du Sud, Japon/Corée du Sud. Les ZES ont permis d'innerver ce développement : zones franches à Taiwan, ZES en Chine.

Les États africains se sont contentés de relations bilatérales ambiguës = dépendance dans l'interdépendance (Côte d'Ivoire). Ont accueilli FMN prédatrices comme Elf au Gabon, Shell au Nigéria. Les États africains sont des majorités de circonstance dans ONU, CIO. Pas d'attractivité pour capitaux étrangers (35 milliards de $). Ont campé sur des positions d'assistance, de compassion à leur égard (aide alimentaire etc.). Joël Le Bihan montre que si l'Afrique est mal partie c'est parce qu'elle n'a pas le même / au pv, à la richesse, à l'extérieur, gaspillage des ressources = cf. le Zaïre avait tout pour devenir la grande puissance du XXe mais aujourd'hui, désormais la RDC, se délite avec 80 % de la population vit avec moins de 2$/jour.

II. L'Afrique n'a pas été capable d'optimiser la mondialisation alors que l'Asie a fait de la mondialisation la clé de son décollage

A. L'Afrique reste longtemps enfermée dans un stade primitif de la mondialisation

S'insère dans la M° par les MP et elle en reste longtemps à un stade où les MP vont rapidement devenir blocage du développement plus que facteur de développement :

Afrique développement les cultures extraverties de plantations qui utilisent peu de main-d'œuvre, en concurrence avec les cultures vivrières, a très peu d'industries de transformation (cacao), souffre de la DTE source de conflits (étain, café = guerre Rwanda), pays mono-exportateurs (CI = cacao, arachides), soumise au diktat de FMN (Areva dans uranium du Niger), trafic de MP (coltan au Rwanda, diamants), corridors d'exportation qui ne constituent pas un système de transport favorisant le développement.

Dans le même tps, les pays asiatiques ont certes eux aussi connu des développements par les MP comme caoutchouc et huile de palme d'Indonésie ou Malaisie, ont connu le rôle de FMN euro qui ont mis en coupe des potentiels (Michelin en Cochinchine, Dole pour les agrumes). Mais à la différence de l'Afrique, très rapidement, certains pays asiatiques ont refusé cette malédiction des matières premières, ont été capables de diversifier les exportations comme la Corée du Sud (laine, coton => a valorisé la bonification de la valeur ajoutée des produits industriels : est passé de « la tonne au gramme », exemple tonne=acier, kilo=textile, gramme=électronique -> de la matière première à la matière grise).

Alors qu'en Afrique les fortunes se font grâce aux matières premières (Obote ou Operarmer ? sur le diamant) = les fortunes en Asie se forgent plutôt sur des transformations ou les services (Zong Qinghou = patron du complexe agroalimentaire Wahaha, le patron hongkongais de Marionnaud).

B. Dans la DIPP : L'Afrique n'est qu'une zone d'économie primaire, de « labor intensive » alors que l'Asie occupe une place plus affirmée

Afrique : fournit les MP (RDC vers la Chine, Angola = espoir de pv échanger MP contre infra et BTP, Éthiopie = base main-d'œuvre pour la chaussure chinoise, Maroc = sous traitant, exécutant, dans le « know how » et pas le « know what » (cf. Renault à Tanger)).

Asie = NPIA = Corée Sud avec Samsung construit écrans plats, tel etc. Avec Hyundai en Pologne, les NPIA ont su investir dans marchés occ (Chine dans Philipps en Hollande). Ont construit une Division régionale du W sur façade pacifique comme pour Toyota. Ont su imposer des marques comme Haier dans frigo, Kia pour voitures etc.

L'Afrique semble être à la première étape de la DIT tandis que certains pays asiatiques semble avoir dépassé la deuxième = exportent produits manufacturés et en plus ont des marchés intérieurs

C. L'Afrique court derrière la moyennisation des classes sociales alors que l'Asie est installée dans une dynamique de marché intérieur

Afrique : la notion de marché intérieur se heurte au niveau des revenus par habitant (33 PMA en Afrique subsaharienne), la croissance démographique forte freine le développement des classes moyennes (en 1950, 180 millions d'hab., aujourd'hui = 1 milliard !), le problème des infrastructures (4 000 km de route pour le Congo pour 2 millions de km^2), pas de circuit d'épargne opérationnel (tontines), circuit bancaires recyclent plus des rétrotransferts plutôt qu'animent le marché financier, pas assez de stabilité politique.

Asie : l'émergence en Asie passe par les Shining Class en Inde, recul de la pauvreté (400M° pauvres en moins en Chine de 90 à 2010), cohérence créée par les infra (GOT en Chine, la Corée du Sud adopte le TGV français, système portuaires dev = 9 ports sont asiatiques sur les 10), banques performantes comme la Fuji Bank (Japon), les fonds souverains comme Safe, protectionnisme (malgré entrée Chine dans OMC).

Afrique reste extérieur à la mondialisation (Axelle Kabou *L'Afrique refuse le développement*) alors que l'Asie accepte la modernisation et en sont les vecteurs cf. le pôle de Tsukuba au Japon (intelligence artificielle), l'ind des mémoires à Singapour (production de 50 % des disques durs en 2010), Corée du Sud et l'innovation dans les tel portables alors que le pionnier est Am (Motorola).

III. Mais à l'heure de l'interdépendance, n'y a-t-il pas complémentarité plus qu'antagonisme entre les 2 continents ?

A. Comparer les 2 continents : ils s'installent dans la diversité des situations et dans le renouvellement des performances

Opposer l'Afrique et l'Asie avec l'Afrique « mal partie » (René Dumont en 1968) et l'Asie continent émergent lieu du basculement (Severino), c'est ignorer que l'opposition n'est plus aussi nette au début du XXIe qu'il n'y paraît.

L'Afrique connaît un mouvement de renaissance basé sur des atouts : la jeunesse, les femmes (matriarcat), stabilisation de certains États (Afrique du Sud = devenue BRICS), intérêt que représente l'Afrique comme nouvelle front de l'Europe (accords ACP renouvelés à Cotonou en 2000), entrée de l'Afrique dans le progrès des communications (révolutions des télécoms : cf. la famille égyptienne Sawiris), les MP redeviennent une chance pour l'Afrique car la rareté augmente les prix (boom du chrome, du fer lié à la demande asiatique), les terres deviennent un enjeu (Zambie, Madagascar), le pétrole malédiction hier devient une chance en le comparant avec le Moyen-Orient (3e golfe Guinée), de nouvelles élites émergent en Afrique avec la destitution des dirigeants de l'indépendance (Mobutu, Bokassa partis = Ouattara installé, vient des institutions internat).

Si on distingue 7 Asie = distinction forte entre PMA, Tigres au début de l'émergence, Inde (développement surmédiatisé avec problème infra, revenus, puissance de la bureaucratie etc) => toute l'Asie ne peut pas s'assimilé au PITA japonais, au pays banquier du monde chinois ou aux dragons.

Les jeux ne sont pas faits, ni pour l'Afrique à l'instar du Ghana qui devient un pays émergent Afrique ou du Kenya qui se ré-enfonce dans la crise (islamisme), rien n'est joué en Afrique du Nord sur l'éveil démocratique avec la Tunisie qui fait figure de révolution aboutie et en même temps la Libye est l'image de l'incurie. Le Mali a nécessité l'intervention militaire fr à peu près aboutie mais la Centrafrique s'enfonce dans la décrépitude.

L'Asie a une trajectoire pas si établie : il y a des printemps en échec (Vietnam), des bases du terrorisme qui déstabilisent la région (Pakistan, Indonésie = J.-L. Domenach parle d'une « Chine qui inquiète » avec les inégalités (littoral, Gini 0,4)). Même le Jap qui a connu une « haute croissance », dans un G2 avec les Américains dans les années 1980, a du mal à sortir de la crise ouverte en 1991, à réinventer son modèle et les performances des Abenomics sont loin d'évacuer le spectre de la déflation. L'échec de la création du TPP qui représenterait 31 % du PIB mondial avec croissance faible : n'alimente pas un optimisme sans failles. Jap a même 200 % PIB en dette.

Aujourd'hui, l'opposition Asie Afrique est un peu caricaturale même si personne ne se leurre sur le nouvel ensemble géoéconomique « Chindiafrique ».

B. Les continents convergent plus que divergent

La convergence vient du fait qu'il y a des croisements d'intérêts entre Chine/Inde en Afrique = Chine devient un partenaire essentiel (200 milliards de $ échangés), un diffuseur du dev. La convergence vient de la notion même d'émergence, l'union Brésil/Inde/Afrique du Sud n'est pas factice car elle porte sur des dossiers partagés notamment l'industrie pharmaceutique, les problèmes environnementaux, création d'une réserve pour la transition énergétique des PED (600 millions de $).

L'Afrique a des leçons à donner à l'Asie autant que l'inverse.

Le retour de la rente stratégique qui fait de l'Afrique un continent indispensable.

Intégration au travers le l'UA et de la gestion africaine des conflits.

Des unions régionales originales = le NEPAD (transparence, cohérence), certaines efficaces comme la SADC, la CEDEAO.

La rente verte, même si l'Afrique a beaucoup de déchets etc, Afrique a un développement alternatif possible qui peut servir d'exemple comme la traçabilité des forêt (Gabon, Congo), traçabilité des MP (Protocole de Kimberley), les énergies nouvelles (parc de photowatts pour l'UE = utopique ?)

À l'inverse, leçons de l'Asie pour l'Afrique :

La remontée des filières.

Capacité à se placer contre les pays dominateurs = Chine contre Russie, États-Unis ; le Japon s'émancipe, l'Inde face à Russie.

L'éducation comme levier de développement.

Un esprit d'entreprise et de marché qui vainc tous les tabous = communauté de marché !

Capacité de puissance militaire, de projection.

Afrique fréquente universités russes et chinoises, Forum en 2006 Chine/Afrique.

Mais la notion de Chindiafrique reste très hypothétique car loin de donner des leçons, la Chine est souvent ressentie comme prédateur (en Afrique du Sud, Algérie etc).

C. L'Afrique et l'Asie sont confrontés aux mêmes enjeux dans la donne mondiale quels que soient leurs niveaux différents de développement

Les 2 continents doivent gérer un monde à risque :

Sanitaire : Ebola en Guinée, grippe aviaire en Asie.

Terrorisme.

Pauvreté : la main-d'œuvre au Bangladesh au textile est soumise au même risque que la main-d'œuvre éthiopienne et au Lesotho.

Gestion de la macrocéphalie urbaine : Bangkok, Lagos = spéculation foncière, corruption, démesure, bidonvilisation (Nairobi, Darhavi à Mumbai).

Minorités ethniques : 40 % réfugiés mondiaux sont en Afrique, Asie est terre d'exil pour Kurdes, Tibétains, Ouigours etc.

Mise en place d'union régionale efficaces = Afrique a ses coquilles creuses (UMA, COMESA) idem en Asie (SAARC, ASEAN+6 = relève plus de l'incantation que de la réalité).

Problème de l'onde de choc de l'histoire = onde de choc de la GF en Asie, de la décolonisation en Afrique (Françafrique).

Le rapport à la Triade : en Afrique, le rapport avec l'UE reste déséquilibré, de banlieue plus que de nouvelle frontière. En Asie, le rapport avec les États-Unis reste un rapport de force à créer (encerclement, pivot, Japon sous influence).

La place dans l'ordre international reste à définir pour les deux continents. Si la Chine est bien placée, d'autres pays asiatiques sont en attente (Japon à l'ONU, l'Inde n'est pas au Conseil de Sécurité), de la même façon que l'Afrique du Sud.

J.-M. Severino, dans *Le Temps de l'Afrique* et *Le Grand Basculement*, semble balayer l'idée d'une fracture entre les 2 continents et à appeler à la convergence. Par contre, quand on parle d'une Afrique mieux partie, ou d'une Asie émergente dans l'ouvrage de P. Buhler sur la *Puissance au XXI*^e^, on insiste sur les divergences entre les deux : un arrivé à maturité (Asie) et un autre seulement aux prémisses de l'émergence.

Conclusion

L'Afrique reste engluée dans le poids du passé avec pour ppal handicap des États défaillants et l'Asie est au contraire installée dans une dynamique de puissance avec pour ppal marqueur l'insertion dans une NDIPP où elle valorise ses atouts humains et aussi ses nouvelles spécialisations. Il faut éviter les caricatures les divergences des 2 continents, autant que sur les convergences possibles.

Oral

1914-2014 : d'un monde à l'autre…

Introduction

Deux extrêmes de ce siècle où F. Kafka dans son journal oubliait beaucoup de choses…

« 2 Août 1914 : l'Allemagne a déclaré la guerre à la Russie Après midi piscine » et que Federico Fellini subissait : quelque temps avant sa mort, on lui demandait : que pensez vous de la crise actuelle ? Quelle crise répondait-il, nous sommes en crise depuis la fin de l'Empire romain »

I. Un siècle d'excès et de confrontations

A. 2 guerres fratricides et totales et une forte conflictualité

1914… et la fin de 3 Empires De la pax Britannica à la pax America Les mutations des types de conflits qui sont légions… cyber attaques de Arpanet à Internet armes interstitielles, prolifération du nucléaire (Afrique du Sud, Israël et potentiellement Inde, Pakistan brisent la doxa du traité de non prolifération nucléaire) terrorisme qui est a départ souvent associé à des revendications identitaires (diaspora palestinienne, Asala) et devient plus religieux (au service d'une djihad contre les « croisés ») Les conflits sont apparemment moins meurtriers (150 000 morts par an pendant la guerre froide puis 50 000) avec rebond possibel à chaque crise majeure (cf 100 000 avec la Syrie en 2012).

B. Des crises systémiques la grande crise de 1929 à la crise des subprimes

Ces crises ont été marquées « par exubérassions irrationnelle des marché » c'est-à-dire crises caractérisées par essors de la finance et par irruption de buts spéculatifs… le capitalisme suit des phases de cycles qui, à certain égard, se rapproche des cycles Kondratieff.

1929 : *« Le divorce explosif entre deux mondes… »* Crise de la régulation concurrentielle. (J. Marseille).

1973 : Crise de la régulation monopoliste : crise du Fordisme : paradigme productiviste qui ne marche plus dans les PDEM mais qui est optimisé dans les PED : avec fordisme périph ou toyotisme.

2008-2010 : crise des subprimes *« La crise du capitalisme patrimonial »* (M. Aglietta). Conforme à celle de 1929. Aussi bien pour 29 que 2008 *« les causes de la catastrophe se trouvent tjrs à l'orgie spéculative qui la précédé »* (J. Galbraith).

C. Une fracture idéologique et ses conséquences

D'un monde unipolaire à un monde apolaire Sur tout le XXe donc on passe d'un ordre déchiré par les conflits à un ordre mondial bipolaire avec le face à face des deux grands, puis à un ordre unipolaire lorsque les États-Unis engrangent avec le complexe du vainqueur les dividendes de la chute de l'URSS, mais tout est prêt pour sur les décombres dune stratégie d'impuissance de l'hyperpuissance américaine (déclin dès 1965, enlisement en Afghanistan) installer un monde multipolaire (le « sprint des géants asiatiques » décrit par P Buhler et la « renaissance d'une Afrique plus repartie que mal partie désormais ») sinon apolaire (B Badie)avec une ligne d'horizon la fin du monopole de l'histoire de l'Occident.

La fin de la guerre froide marque l'effondrement de l'ordre westphalien issu du traité de Westphalie (1648) qui en connaissait que des États souverains et territorialisés engagés dans une course à la puissance... jeu européen surtout... la fin de la guerre froide et la décolonisation ont fait exploser ce modèle.

II. Un siècle des extrêmes et des contradictions

A. De la décolonisation à l'émergence

Les mutations économiques qui installent la revanche d'un Tiers monde qui dès les années 70 participe à une nouvelle DIT remonte des filières industrielles jadis monopolisées par les pays développés (électronique, sidérurgie, automobile), a des prétentions dans un nouvel ordre mondial, ont accès à de nouvelles consommations (les pays émergents consommeront 20 % des médias.. en 2013). On ne parle pas encore de Brics (Brésil mais le « Tiers monde sort de l'impasse » (P Bairoch).

B. Du déclin de l'Occident aux prétentions nouvelles de l'Asie

Lorsque R Salais in « le viol de l'Europe : enquête sur la disparition d'une idée « Puf 2013 » brosse à grands traits l'évolution d'un « projet instrumentalisé et trahi », c'est l'aboutissement d'un itinéraire capital au XXe siècle qu'il décrit : la déseuropéanisation du monde est d'abord celle par laquelle l' Europe est congédiée de l'Histoire après la guerre de 1914-1918 et perd ce statut qui lui donnait au XIXe « l'arrogance de la technique de la morale et de la civilisation » (C. Lévi-Strauss). L'utopie européenne cependant n'est pas morte dans l'entre deux guerres où elle est pour beaucoup d'intellectuels une manière de défier les vieux démons du totalitarisme et de la marche à la guerre (Goebbels « l'Europe c'est la guerre »). C'est cette résistance de l'idée européenne de justice d'équité de solidarité et de dignité, arc-boutée sur les valeurs judéo chrétiennes qui permettront au lendemain de la deuxième guerre un sursaut fondateur, et des innovations quasi uniques : un marché unique, des politiques structurelles communes transversales, dans un ensemble qui part à la reconquête de son histoire et de sa géographie (élargissements successifs jusqu'à une Europe à 15 à 25 et désormais à 28... Mais par manque de créativité, d'anticipation dans les grands débats capables de lui donner un sens par la faute d'une superposition d'égoïsmes sacrés, d'hésitations coupables (l'Europe sociale se décrète-t-elle ?). L'Union européenne va rapidement se contenter de proposer des normes à l'échelle monde. On est loin, si loin du projet « d'États Unis d'Europe », et d'un statut de grande puissance quand l'Europe est plus « subdéléguée qu'actrice » (H. Védrine).

C. Du communisme au communisme de marché ou à la transition vers le marché

Réponses aux décombres de la guerre et aux blocages d'un autoritarisme dépassé dans une Russie convertie au bond en avant de la révolution industrielle, le communisme après la révolution de 1917 va proposer une alternative viable. Son expansion internationale a été rapide, même si des voies diverses (socialisme autogestionnaire yougoslave ou communisme chinois) vont être suivies jusqu'à dénaturer les idéaux initiaux comme avec le stalinisme. Le communisme sera pleinement associé à l'émergence de la superpuissance soviétique (acier, espace et complexe militaro industriel) ou à l'essor de la Chine après les spasmes de la révolution culturelle.

Mais le regard porté en 1993 sur le communisme est tout autre : c'est plutôt celui d'une grande désillusion, quand ce n'est pas une somme de dossiers noirs (répressions aveugles, cultes de la personnalité, consommation oubliée, réformes bégayantes et peu efficaces) autant de dysfonctionnements (pour ne pas dire de reniements) qui font le lit des évolutions des années 80, créent la crise du CAEM (dès 1984) choc de la disparition du mur de Berlin (novembre 1989) et de la décomposition de l'URSS (Communauté des États indépendants en 1991). Le transition vers le marché, ou les mutations vers un « communisme de marché » semblent donner quelque peu raison à la formule caricaturale de J F Revel « la meilleure façon de réformer le communisme c'est de s'en débarrasser ! » ; « ce qui est mort avec l'Union Soviétique de Gorbatchev, englobe toutes les versions du communisme, des principes révolutionnaires d'Octobre jusqu'à leur histoire, et jusqu'à l'ambition d'en humaniser le cours dans des conditions plus favorables » (F. Furet, *Le passé d'une illusion*).

« Il n'y avait rien de surprenant à ce qu'un système total s'effondre totalement laissant le champ libre à un problème total » (M. Malia).

III. Un siècle des espérances et des désillusions ?

A. Le siècle des risques : la difficile anticipation et gestion.

Des évolutions à hauts risques

Fin de la guerre froide ouvre monde à risque que « seras tu Rome sans tes ennemis ».

Mondialisation accentue les risque**s** pertes de repères pas de timon pas de télos surtout dans un monde apolaire (Z Laidi) et « privé de sens » : frontières dévaluées, mafias, blanchiment trafics à la hausse Brasiguay Risques accrus par monde de moins en moins multipolaire concept d'apolarité.

Crises sans rôle contracyclique des États sans que gouvernance mondiale ne soit efficace : l'ère anthropocène, thanatocène et phagocène.

Multiplicité des risques

Risques de catastrophes naturelles.

Risques pandémiques : Risques sanitaires.

Risques de tomber dans la pauvreté, mondialisation inégalitaire, tensions sociales, dualisation du marché de l'emploi, indignés, *Occupy Wall Street.*

Risques d'être privé de certains droits, risques du travail, accident, chômage augmentant la précarité.

Risques technologiques majeurs : risques de piratage de la propriété intellectuelle, révolution numérique, risques liés au progrès.

Risques d'épuisement de certaines ressources.

Risques liés au réchauffement climatiques au-delà de la science fiction… migrations environnementales, réémergences de virus.

Risques financiers qui augmentent avec les transactions et gonflement de la « bubble economy ».

Risques de pollution maritime.

Risques liés aux délocalisations.

Risques d'abandon de certaines minorités.

Risques liés à l'application dogmatique de certaines théories : barrages contre indiens en AL Altamira pénétrantes contre indiens Bolivie.

Risque crée des risques vulnérabilité du 11-Septembre crée risque de guerre préventive… encore plus fort.

Risques systémiques tous les enchainements sont possible De La démographie grippe aviaire H5N1.

Essai de typologie

Inventaire à la Prévert, un peu bobby Lapointe

Ou soit anthropiques (risques construction humaine) et les autres mais est ce que l'Homme n'est pas le responsable de tous ces risques.

Soit risques létaux et non létaux*

Soit risques systémiques et les autres*

Soit en fonction des grandes peurs : irrationalité mais jusqu'où ? réchauffement climatique « *peak oil* ». Économie de la peur plus prospère que celle du bonheur : salon du mariage face à salon de la protection.

Soit en fonction de leur utilisation politique populisme, migrations trop d'État trop de concurrence et d'interdépendance terrorisme écologique face à l'écologie sceptique (Bjo Lomborg, *Le véritable état de la planète*, préfacé par C. Allègre).

Soit comme au forum de Davos Trois classements... **Risques les plus préoccupants**.

Risques les plus probables Risques susceptibles d'avoir le plus d'impact.

Mais de toutes façons, 3 observations centrales Premièrement, **les risques sont *manufacturés*** : ils sont non seulement le produit des activités humaines, mais plus spécifiquement celui de la « modernité », de l'industrialisation et des nouvelles technologies. Deuxièmement, **les risques sont *incertains*** : compte tenu des multiples sources d'ignorance qui caractérisent les nouveaux dangers, la réduction des incertitudes en risques calculables butte souvent sur ces obstacles rédhibitoires. **Enfin, les risques sont globaux** : dans un contexte de forte interconnexion des activités humaines et des écosystèmes, ils circulent dans des réseaux longs, suscitent des dommages à retardement et sont fortement territorialisés. On peut songer notamment aux changements climatiques, à la (dé)régulation du système financier, au terrorisme.

B. Le siècle des incertitudes : la mondialisation pour quoi faire

La grande transformation décrite par Karl Polyani au XIXe avait déjà débouché sur une première mondialisation à bien des égards plus ample que les processus ultérieurs de décloisonnement du monde (migrations, internationalisation des Investissements) Malgré la parenthèse protectionniste frileuse de l'entre deux guerres et le repli national comme thérapie anti crise, l'après seconde guerre mondiale a vu « le mouvement d 'extension progressive du système capitaliste mondial » (L. Carroué) s'accélérer surtout pendant la 3e mondialisation depuis 1974. Le couple commerce /croissance a été vénéré, des instruments de désarmement douanier ont vu le jour (Gatt dès 1947, OMC depuis 1994) les transports se sont mis à l'heure d'un » monde de plus en plus plat » et sans frontière apparemment (révolution de l'information, des transports maritimes et aériens, mise en réseau des entreprises...) La mondialisation a été encensée comme la martingale du recul des inégalités ou du moins de la pauvreté... Mais dans les années 1970 son caractère ultralibéral a provoqué un changement non pas de rythme (dérégulation, désétatisation) mais de nature : multinationales et marchés financiers sont devenus de nouveaux maîtres du monde, la flexibilité des travailleurs et leur mobilité sont devenus les nouveaux crédos et la fin des bassins d'emplois traditionnels a accompagné des mutations socialement douloureuses. Autant de changements qui vont bien sûr susciter des craintes et des interrogations sont nés des contestations (altermondialisme dont un des actes fondateurs est la révolte zapatiste mexicaine mais aussi la création de Attac). Certes le débat sur la démondialisation avec son jugement sévère sur les impasses du libre échange, ses appels à une réhabilitation des États nations et de leurs prérogatives sera ultérieur, tout comme l'indignation sans frontière de la place Puerta del Sol à Madrid à Wall Street occupée... Qu'on se le dise : la mondialisation campe sur des positions solides au début des années 1990 mais n'est pas le point omega des évolutions ni l'ancrage de « la fin de l'Histoire ».

Mondialisation démondialisation ? Bien-être ou inégalités ? L'ambiguïté de la moyennisation de la société mondiale.

C. Le siècle de la gouvernance mondiale ?

Une ébauche plus qu'une réalité Des réformes des outils mais quel projet ? Siècle de mise en place d'une gouvernance mondiale timide et en échec avec la SDN, instrumentalisée après 1945 (mise place des gendarmes du monde comme le FMI, la Bird, le Gatt… et déployée après les années 70 pour s'adapter à tous les nouveaux problèmes qui ne peuvent être gérés à l'échelle des États nations (terrorisme, mouvements fébriles des capitaux sphère de l'illicite, réchauffement climatique) et parfois impasses et impuissance continues (conflits qui perdurent comme le conflit israélo arabe).

Conclusion

Il est difficile de caractériser le XXe siècle tour à tour appelé siècle des excès, siècle des extrêmes, siècle des bonds technologiques.

Ce qui demeure dans l'épaisseur de l'histoire pour ce siècle est la somme des traumatismes (guerres de toutes natures), la somme des innovations (2e et 3e révolutions industrielles), et surtout les tentations plus ou moins nécessaires d'ordonner la gouvernance mondiale. XXe siècle, « court peut-être » (E. Hobsbawn), fondamental assurément.

Chapitre 17
La France à l'heure de la mondialisation

Lila Mongallon

« La mondialisation est une transformation gigantesque des économies et des sociétés, dont on avait sous-estimé l'ampleur et la rapidité (…) la mondialisation [a] ses bons et ses mauvais côtés, et [elle doit] être maîtrisée. Je n'étais pas et ne suis pas devenu un adepte de la « mondialisation heureuse ». Les turbulences qu'elle engendre sont vécues d'autant plus dans l'angoisse qu'elles frappent des pays qui se trouvaient en tête du classement de la richesse mondiale. »

Pascal LAMY, directeur général de l'OMC dans un entretien accordé au Monde, 1er juillet 2011.

Dates clés

- **Juin 2017** Appel du président français Emmanuel Macron aux scientifiques du monde entier pour venir travailler en France à la recherche contre le réchauffement climatique, après l'annonce du retrait américain de la COP 21.
- **Février 2013** correspondance entre A. Montebourg, ministre du Redressement productif et M. Taylor, PDG de Titan International (roues et pneus), le premier défendant « les atouts » et « l'attractivité » de la France contre la description cynique d'une mondialisation où les ouvriers français « travaillent 3h par jour » alors qu'il peut payer « moins d'un euro » les Chinois ou les Indiens.
- **Janvier 2013** en réponse à l'appel du Président malien, D. Traoré, F. Hollande décide l'intervention des troupes françaises dans le cadre des résolutions du Conseil de Sécurité de l'ONU, avec l'approbation de l'Union Africaine et un soutien logistique international.
- **Avril 2009** réintégration effective de la France dans le commandement intégré de l'OTAN (sommet de Strasbourg-Kehl).
- **2006** grâce à deux OPA, Mittal prend le contrôle d'Arcelor et devient Arcelor-Mittal.
- **1er janvier 2005** échéance des Accords Multifibres (AMF) et intégration des secteurs textile-habillement dans le droit du commerce mondial (fin des quotas d'importation).

Chiffres clés

- 6e puissance économique mondiale (PIB) (FMI, 2017)
- IDE (2013) 5e investisseur, 4e destination mondiaux
- 1000 décisions d'IDE en 2015 pour 33 000 emplois créés ou préservés
- autour de 3,5 % du commerce mondial ; 6e exportateur mondial
- une dizaine de FMN françaises parmi les 100 premières mondiales (1re Total, 11e rang), 31 parmi les 500 premières (4e pays en nombre d'entreprise)

- 1re destination touristique et 4e recette touristique mondiale
- APD 4e contributeur mondial (en volume, 2014)
- Expatriés environ 2 millions dont 50 % en Europe occidentale
- Francophonie 274 millions de locuteurs, 80 États et gouvernements membres et observateurs de l'OIF

Croquis de synthèse

La France dans la mondialisation

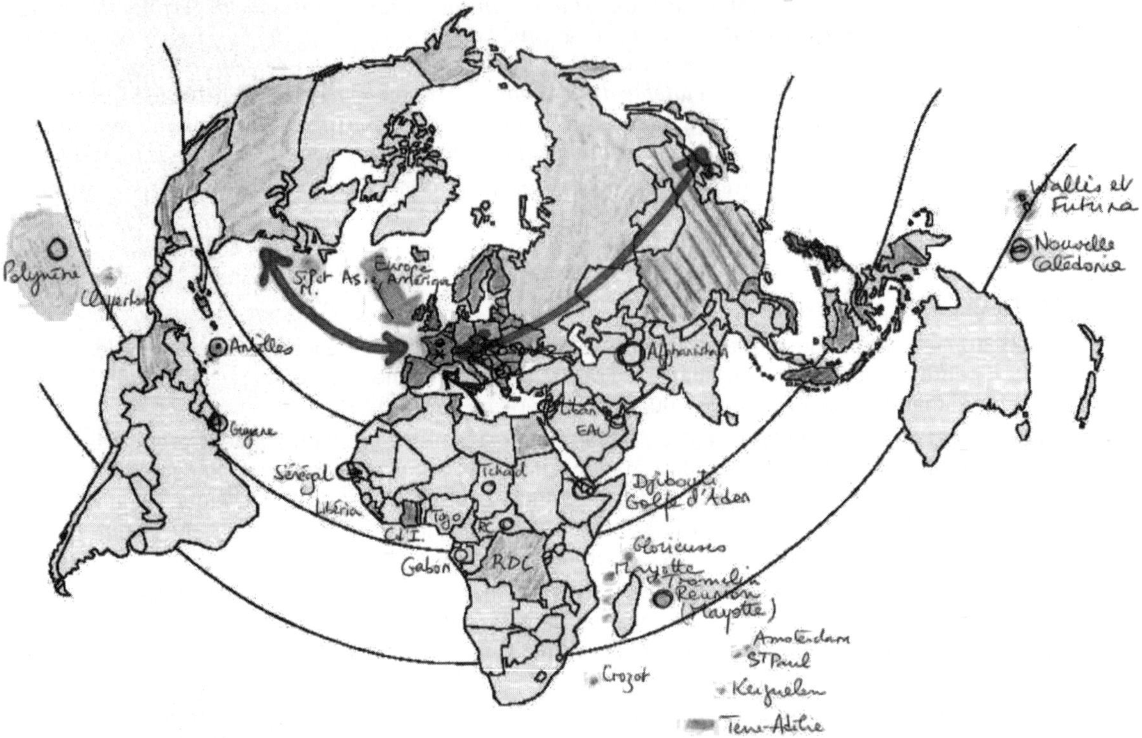

Une présence mondiale

- Paris, ville mondiale
- Métropole
- DROM et COM
- flux touristiques
- flux migratoires

La 5e puissance économique mondiale

- L'Europe, 1er partenaire dans tous les domaines
- 5 premiers fournisseurs hors UE et 5 premiers clients hors UE
- 2e ZEE
- IDE : 11e destination (dont 80 % des pays développés) et 2e émetteur (2009)

Une puissance politique et militaire

- * membre permanent du Conseil de Sécurité de l'ONU
- o Militaires français stationnés ou en intervention
- destinations privilégiées des APD

Introduction

Malgré son rang de 6e pays le riche du monde et une présence mondiale multiforme et imposante, la France est l'une des puissances les plus ambivalentes à l'égard de la mondialisation*. Le discours des déclinologues tous partis confondus, comme l'opinion qui prévaut au sein de la population, traduisent une méfiance, voire une peur des Français face à l'interpénétration des économies et des cultures mondiales. La question du « maintien du rang », la crainte des pays émergents et la réévaluation du rôle de l'État dans un contexte de crise économique entretiennent les débats sur l'anti-mondialisation, l'altermondialisme* ou la démondialisation.

◆ Problématiques

- ***La France subit-elle la mondialisation ?***
- ***47e pays du monde par sa superficie ou 21e par sa population, le 6e exportateur mondial a cherché à s'appuyer sur l'intégration européenne pour participer au jeu des superpuissances : qu'en est-il à l'heure de la crise européenne ?***
- ***Dans la mesure où le processus en cours est irréversible, plutôt que de s'en protéger ne s'agit-il pas plutôt pour la France d'envisager de participer dans de meilleures conditions à la mondialisation ?***

I. La présence française dans le monde : des territoires et des populations

A. Territoires

Le territoire français métropolitain s'étend sur 543 965 km², mais 655 638 km² avec les territoires ultramarins qui se déploient sur presque tous les continents selon des dispositifs variés et des relations à la métropole plus ou moins souples. Les cinq DROM (Départements et Régions d'outre-mer) Martinique, Guadeloupe, Guyane, Réunion et Mayotte (2011) ont également le statut de RUP (Régions Ultrapériphériques) dans le cadre de l'Union européenne. Dotés d'une législation établissant une certaine continuité territoriale avec la métropole, ils se caractérisent par un niveau de vie et de développement élevé par rapport à leur environnement régional, qu'il s'agisse des Antilles, de l'Amérique latine ou de l'Océanie/Afrique orientale. Les Collectivités d'outre-mer (COM) disposent de formes d'autonomie plus étendues, qui ont pu donner lieu à des tensions, notamment en Nouvelle-Calédonie à la fin des années 1980.

Cette forte dispersion spatiale, principalement à travers des territoires insulaires, se traduit par une ZEE très étendue : la deuxième du monde (après les États-Unis) avec plus de 11 millions de km², soit environ 8 % des ZEE mondiales pour un territoire terrestre qui représente moins 0,5 % des terres émergées. Certaines « miettes d'empire » jouent ici un rôle décisif : la Polynésie offre ainsi 4,7 millions de km² de ZEE à la France, Clipperton, plus de

430 000 km^2 pour 7,2 km^2 de territoire terrestre et les TAAF (dont la Terre Adélie), désertes, correspondent à plus de 20 % de la ZEE*. Comme les autres pays méditerranéens, la France, n'a pas forcément délimité de ZEE, mais a défini une Zone de Protection Écologique et de Pêche, ce que lui permet la Convention de Montego Bay (1982). Les nouvelles dispositions relatives à la délimitation du plateau continental alimentent aujourd'hui les revendications françaises dans le conflit qui l'oppose au Canada à propos de la ZEE de Saint-Pierre-et-Miquelon. Les relevés géologiques permettent d'envisager une expansion de la ZEE, essentielle à la survie des activités halieutiques, cœur de l'économie de l'archipel. La potentielle exploitation des ressources du sous-sol, des hydrocarbures, envenimment les relations franco-canadiennes.

Cette expansion maritime du territoire français, ainsi étendu à tous les continents, représente un potentiel qui renforce la géopolitique française. Les essais nucléaires sous-marins ont ainsi pu être organisés dans le Pacifique où ils ont repris après la rupture du moratoire 1995 par le Président nouvellement élu, Jacques Chirac, pour le plus grand mécontentement de l'Australie (fin en 1996). Les ZEE, quant à elles, sont surtout des espaces potentiellement riches de ressources halieutiques (notamment les espèces d'eaux profondes dans les eaux froides par exemple) et minières (sous-sols, notamment hydrocarbures). C'est ainsi que les récents résultats des prospections au large de la Guyane ont permis d'envisager l'exploitation d'hydrocarbures *off-shore*.

B. La France au cœur des mobilités européennes et mondiales

La France, longtemps géant démographique européen, demeure la 2e puissance européenne avec ses 66,62 millions d'habitants (hors COM et Mayotte, environ 800 000 hab.), contre 80,9 millions pour l'Allemagne. C'est un pays vieillissant, comme les autres pays du Nord, mais modérément : 83 % de 0-64 ans contre 79 % en Allemagne. Elle se caractérise par le plus fort dynamisme naturel du continent avec une fécondité proche de 2,01 enfants par femme. Le retardement des naissances, continu au cours des dernières décennies, ne se traduit pas par une diminution de la descendance finale, si bien que la France fait figure d'exception démographique en Europe. Contrairement aux idées reçues, ce renouvellement de la population n'est que très marginalement augmenté par la fécondité des étrangères et immigrées, même si elles y contribuent : elles sont infiniment minoritaires, leur fécondité s'aligne rapidement (en fonction de l'âge d'arrivée en France) sur celle des Françaises, même si elle hérite des caractères démographiques du pays d'origine (par exemple, plus faible donc que la fécondité des Françaises pour les Italiennes ou les Espagnoles, plus fortes pour les ressortissantes d'Afrique de l'Ouest). Si l'espérance de vie des Français (85 ans pour les femmes, 78,9 pour les hommes) les place parmi les populations jouissant des meilleures conditions sanitaires, deux éléments obligent à nuancer. L'écart considérable entre hommes et femmes, en faveur de ces dernières qui a longtemps correspondu à une originalité française, tend à se réduire, reflétant autant une dégradation de la situation des femmes (même si elle accompagne aussi qu'une amélioration de la santé masculine). Par ailleurs, l'espérance de vie sans incapacité, « en bonne santé », déclasse également la France : 63,5 ans pour les femmes, 62 pour les hommes, ce qui la place au 6e rang en Europe. C'est le résultat d'une prévention sanitaire qui montre les limites de son efficacité.

La France est par ailleurs de plus en plus un pôle de départ pour les expatriés : ainsi les Français vivant à l'étranger forment une communauté de plus en plus nombreuse. Les Français inscrits au registre mondial des Français établis hors de France en 2012 sont évalués à plus d'1,6 million. Plus de la moitié d'entre eux est en Europe, surtout occidentale : la Suisse (près de 160 000 résidents), le Royaume-Uni (126 000) et l'Allemagne (110 000) sont les premiers pôles d'accueil européens. L'Amérique du Nord est le 2e pôle : 13 % des résidents dont 125 000 aux États-Unis, 3e pôle mondial (125 000). L'inscription au registre s'est accrue de 60 % depuis l'an 2000, notamment dans les pays d'Asie-Océanie et Afrique du Nord. Toutefois, il faut souligner que l'inscription et la radiation du registre ne sont pas obligatoires, si bien que la présence des Français dans les pays stables et sûrs — où ils sont très largement majoritaires — est sous-évaluée. Autre précision, environ 40 % des Français inscrits ont une double nationalité, avec des proportions très variables entre les régions (moins de 1 sur 4 en Asie-Océanie, 1 sur 3 en Europe occidentale, près des trois quarts au Proche-Orient).

En revanche le tourisme international des Français reste limité (environ 5 %), comme pour la plupart des Européens du Sud. Ils restent majoritairement en Europe : Espagne, Italie, Royaume-Uni. Les Français parcourent de plus en plus le monde dans le cadre de séjours variés (y compris le tourisme à vocation écologique ou durable par exemple), avec des échos qui ne sont pas seulement positifs : ils dépensent moins que d'autres Occidentaux (notamment en raison d'exigences de confort moindres) et laissent parfois l'impression d'une certaine arrogance également déplorée par les étrangers en France.

La France est en effet le 1er pôle touristique mondial en effectif, mais le 4e pour les recettes. Elle accueille environ 75 millions de touristes internationaux par an (depuis une dizaine d'années et plus de 80 millions en 2007, année record) dont 70 % d'étrangers.

La France est également un pôle d'immigration majeur, même si ce sont surtout les résultats d'une longue tradition d'accueil qui se mesurent aujourd'hui dans l'ampleur de ses réseaux culturels et économiques mondiaux. Environ 7 millions de personnes nées hors de France (quelle que soit leur nationalité) résident aujourd'hui en France (les immigrés, y compris les Français nés à l'étranger, non retenus dans la définition de l'INSEE). Toutefois, si France reste une destination pour les migrants (le solde migratoire positif tourne autour de 100 000), c'est avec un solde plus faible que d'autres pays européens. Les migrants d'aujourd'hui sont en majorité membres d'une famille de résidents. Les descendants d'immigrés (2e génération) sont plus nombreux, ce qui constitue une originalité française. Ce solde reste toutefois difficile à estimer en raison de la sous-évaluation des sorties tandis que les entrées légales, largement majoritaires, font l'objet d'une évaluation beaucoup plus rigoureuse. Les étrangers sont environ 3,7 millions, dont une légère majorité africaine. Leur répartition sur le territoire français reflète la hiérarchie régionale française : les régions frontalières et urbaines et industrielles sont les principaux pôles d'accueil.

II. La polyvalence française : des fonctions économique, géopolitique et culturelle

A. Une forte ouverture commerciale et économique

La France a récemment été classée 22e en terme de compétitivité mondiale par Davos. Évaluée en fonction de l'ouverture commerciale, financière, des mobilités de main-d'œuvre, et des échanges technologiques et culturels, elle rend compte des sept places gagnées par la France depuis 1995 (l'Allemagne est 11e, les États-Unis, 25e et la Chine est 44e quand Hong Kong occupe la 1re place). C'est le reflet d'une ouverture commerciale : avec 3,4 % des échanges mondiaux, la France est le 6e exportateur (l'Allemagne est le 3e).

La France participe également très largement aux investissements* mondiaux en tant que 4e émetteur et 5e récepteur d'IDE*. Le stock des IDE s'élève à près de 40 % du PIB en France (contre 50 % au Royaume-Uni) mais c'est deux fois plus qu'aux États-Unis ou en Allemagne. Les investissements « non-résidents » détenaient 43 % du CAC 40 fin 2011 et assurent 20 % de la R&D, le tiers des exportations françaises, emploient près de 2 millions de personnes, soit 13 % de l'effectif salarié, voire 25 % des salariés du secteur de l'industrie (31 % du chiffre d'affaire de l'industrie française). Ses principaux partenaires demeurent l'Europe et dans une moindre mesure l'Amérique du Nord, ainsi que l'Asie.

Agriculture et IAA (Industries agro-alimentaires) la placent dans les 1ers rangs européens en terme de productions (céréales, vins, volailles), 4e rang des exportateurs avec 13 % des exportations en valeur (2011), précédée par l'Allemagne. C'est le 2e plus gros excédent après l'aéronautique. Malgré un faible poids dans le PIB (1,7 %) et l'emploi, l'agriculture participe pleinement à l'industrie (productions d'amont et d'aval), mais aussi aux services (biotechnologies, tourisme).

Les industries sont sans doute le secteur dans lequel la mondialisation est la plus ambivalente entre délocalisations et déficit commercial de l'industrie, mais aussi attractivité pour les investisseurs étrangers et puissance des grands groupes français, entre fleurons (aéronautique, IAA, pharmacie, luxe) et secteurs en crise (textile, automobile, métallurgie). En outre, la France 5e exportateur mondial d'armes avec 6 % de la production, demeure parmi les cinq producteurs (États-Unis, Russie, Allemagne et Chine) qui se partagent la presque totalité du marché mondial (cf. dissertation). Les services sont passablement internationalisés, à commencer par le tourisme, mais aussi le transport, la banque, les assurances, la distribution, l'approvisionnement et le traitement de l'eau et des déchets, ainsi que la téléphonie ou la production d'électricité.

La France, centre du monde du vin ?

L'image de la France dans le monde est celle du pays du vin et du fromage (de Gaulle : « comment gouverner un pays qui a 365 variétés de fromages ? »), établi sur une longue tradition (vente des Hospices de Beaune) qui participe du tourisme vert et gastronomique (routes des vins).

1. Un secteur important de la mondialisation économique et commerciale française

La France est le 1er producteur mondial et 1er exportateur de vin en valeur avec ses vins de qualité (champagne, cognac, vins de Bordeaux et Bourgogne), mais elle a été dépassée en volume depuis 2008 par l'Italie et l'Espagne. La France contrôle encore 15 % du marché mondial du vin. Il est vrai que les ventes de produits de terroir (cognac, champagne, vins, fromages AOC) sont très dynamiques en 2012 et excédentaires, notamment grâce aux exportations vers les États-Unis, le Royaume-Uni et Singapour. La maison Courvoisier exporte ainsi près de 48 millions de bouteilles de cognac vers les États-Unis, soit le tiers de ses exportations. Le marché européen est toutefois la principale cible des vins français.

2. Le marché mondial du vin français s'érode

La France reste *leader* sur le marché de ses clients européens les plus proches (Royaume-Uni, Allemagne, Belgique), et elle trouve de « nouveaux » clients (Russie, Chine). Toutefois, sa position se dégrade, comme celle des producteurs et consommateurs traditionnels (Italie, Espagne, Roumanie, Argentine) : chez son 1er client européen, le Royaume-Uni, une chaîne de grande distribution comme Tesco ne vend plus qu'un quart de vin français. Les concurrents européens (Espagne, Italie), mais aussi australiens, étatsuniens, latino-américains (Argentine, Chili, Brésil) sud-africains s'imposent, les premiers surtout pour des vins de table ordinaires, tandis que les autres s'alignent aussi sur une grande exigence de qualité. Avec des stratégies de commercialisation plus efficaces, plus offensives et une meilleure connaissance de leur marché intérieur (la Chine s'est hissée au 7e rang des producteurs mondiaux en 2011, surtout pour satisfaire sa demande intérieure), ils s'imposent au plan national (États-Unis), voire international (Australie).

B. Une influence géopolitique réévaluée

L'influence géopolitique française s'attache surtout au maintien du rang mondial d'un pays qui fut le 2e empire colonial mondial dans l'entre-deux-guerres. L'un des cinq membres permanents du Conseil de Sécurité de l'ONU, la France est membre du G8 (États-Unis, Japon, Allemagne, Royaume-Uni, Italie, Canada, Russie) et autres instances de négociations internationales (dont le G20). Son réseau diplomatique demeure le 2e après celui des États-Unis. Paris accueille le siège de l'UNESCO et de l'OCDE.

En réintégrant le commandement de l'OTAN, le France abandonne une forme d'indépendance, mais aussi de marginalité. Elle est la 3e force nucléaire, seul pays avec les États-Unis, à détenir un porte-avions nucléaire, et la France assure des opérations de maintien de la paix dans le monde dans le cadre d'intervention multilatérale de l'OTAN (Afghanistan, la plus grande opération avant le Mali, le Kosovo), de l'ONU (Liban) ou de l'Union européenne (opération Atalante contre la piraterie dans le golfe d'Aden) et de moins en moins à titre national (Tchad, Côte d'Ivoire). Les dernières interventions au Mali et en Syrie se sont faites à la demande d'acteurs locaux, peuvent être la traduction de la lente disparition de la Françafrique.

La puissance française passe également par l'aide au développement (APD*) : elle est le 3e donateur en part du RNB (0,36 %), mais 4e en volume. L'Afrique est la première bénéficiaire de l'APD française (52 %) et en particulier l'Afrique subsaharienne (40 %). On retrouve également d'anciennes colonies (Madagascar, Vietnam, Cambodge, Laos), mais aussi des partenaires comme le Surinam, Haïti ou Cuba, ainsi que des territoires ultramarins (Mayotte), ce qui gonfle artificiellement la contribution française. La France est également le deuxième contributeur (le premier européen) au Fonds mondial de lutte contre le sida, la tuberculose et le paludisme en fournissant des traitements ou des moustiquaires imprégnées. La coopération se traduit notamment dans le développement économique, mais aussi l'éducation, la santé ou la protection de l'environnement (objectifs du millénaire). En partenariat avec l'Agence Française pour le Développement ou non, les ONG* françaises ont également une longue tradition d'intervention depuis l'apparition des « *french doctors* » sur les scènes des catastrophes humanitaires depuis les années 1970. Médecins sans frontières est ainsi financé à 96 % par les dons privés tandis que Médecins du monde reçoit un tiers de contribution publique. MDM intervient ainsi dans une soixantaine de pays dans des situations d'urgence et des actions de soutien au développement. La difficulté du maintien de la neutralité politique, la concurrence entre les ONG qui ont proliféré et la méfiance des donateurs posent parfois problème, mais leur image de défenseurs des citoyens et notamment des victimes persiste.

C. Le modèle culturel français en question : le *Soft power* à la française

S'il est un domaine où l'originalité française s'illustre, c'est bien celui-ci. Avec quelques 200 millions de locuteurs, le français est la 8e langue parlée au monde, mais la 2e utilisée sur internet et comme langue de travail par l'ONU, le CIO et l'Union européenne, il s'appuie à la fois sur l'OIF, le réseau des Alliances françaises, les lycées français à l'étranger. Les radios et télévision RFI, France 24 et TV5 Monde (un des trois premiers réseaux mondiaux) diffusent également les émissions en français dans un cadre très largement international. D'autres réseaux comme celui des établissements d'enseignement supérieur et de recherche francophones (AUF) ou l'association internationale des maires francophones rassemblent des acteurs multiples par le critère de la langue, à la fois vecteur de valeurs (droits de l'homme et du citoyen auxquels l'image de la France reste encore attachée malgré une dégradation de son image liée à la situation des détenus ou des immigrants clandestins) et de références culturelles.

La situation du français est toutefois en repli par rapport à l'anglais, notamment en raison de l'affaiblissement réseau culturel ou de publicités fâcheuses, comme les obstacles parfois opposés aux étudiants étrangers. La France demeure cependant parmi les principaux pôles d'accueil mondiaux avec quelques 300 000 étudiants (elle regagne le 3e rang perdu en 2010 avec environ 6 %), surtout venus d'Afrique et du Moyen-Orient (effectifs en baisse) et d'Asie, notamment la Chine (les Marocains et les Chinois représentent ensemble, à égalité, presque 20 % des étudiants étrangers en 2011) mais aussi d'Europe (2e destination des étudiants Erasmus, les plus nombreux étant les Allemands et les Italiens).

L'influence culturelle passe autant par l'ouverture de la France aux cultures étrangères que par la reconnaissance des productions françaises à l'étranger : littérature, cinéma, mais aussi spectacles, et stars de l'architecture (C. de Porzamparc, J. Nouvel, P. Andreu), de la décoration (J.-M. Wilmotte) ou du design (P. Starck). En 2015, le cinéma français réalisait 72,5 millions d'entrées en France, mais aussi 106 millions à l'étranger et si l'image est celle des films d'auteur, ce sont les films grand public qui se vendent le mieux (*Intouchables*, *Amélie Poulain*, *The Artist*, *Astérix aux JO*). Près du quart du chiffre d'affaires de l'édition française est issue de l'exportation et 10 % des livres traduits le sont à partir du français (2e langue traduite). Quoique controversée l'ouverture de l'antenne du Louvre à Abu Dhabi participe de cette image de pays des arts.

Enfin, l'influence culturelle passe aussi par l'imaginaire d'un art de vivre notamment associé à la gastronomie (restaurant J. Robuchon à Tokyo dans un bâtiment type château de la Loire, P. Bocuse à New York, A. Caron à Amsterdam avec une émission de TV) et indirectement reconnu par l'UNESCO pour les arts de la table mais aussi par les produits du luxe.

Le luxe, un fleuron de la France mondialisée

Le luxe, s'est à la fois un secteur économique producteur de richesses et créateur d'emplois et une image, reflet des aspirations de ses consommateurs.

Les 75 entreprises de luxe françaises sont réunies au sein du Comité Colbert pour un chiffre d'affaires représentant le quart du marché mondial. Les principaux clients restent les États-Unis et le Japon, et dans une moindre mesure les marchés européens. C'est surtout la croissance des marchés émergents toutefois qui s'impose. En Asie, Russie, au Brésil, les groupes LVMH, Hermès ou Chaumet sont en plein essor (800 boutiques pour LVMH en Asie), en particulier dans les métropoles.

Dans le secteur du luxe, la France bénéficie à la fois d'un savoir-faire et d'une expérience ancienne de la conquête de marchés. Ces produits sont parmi les premiers à parcourir de longues distances (épices, soie, ivoire, cacao). Les entreprises du luxe jouent sur la double image de l'art de vivre à la française et d'une ouverture à la diversité culturelle. La Maison Dior, qui incarne avenue Montaigne la haute couture française de l'après-guerre reste implantée principalement (quelques ateliers compris) sur son site historique mais c'est Peter Marino, architecte d'intérieur américain, spécialiste du désigne des boutiques de luxe (dans le monde) qui est responsable de la nouvelle décoration de la boutique historique, tandis que c'est un couturier belge néerlandophone (2012) qui succède au Britannique John Galliano à la tête du département de couture.

III. Faiblesses et atouts de la France dans la mondialisation

A. Des défis à relever / des faiblesses à surmonter

L'une des grandes spécificités françaises réside dans le rejet de la mondialisation sous des formes différentes, dont la plus récente est le succès de la démondialisation (prônée par exemple par le ministre du redressement productif A. Montebourg s'affichant dans un patriotisme économique assez démagogique). La mondialisation vue de France semble surtout subie comme une menace à l'intégrité et l'identité française. Ce discours du repli n'est toutefois pas l'apanage des extrémistes et freine une projection dynamique et active, plutôt que réactive. On la retrouve dans la fragilité identitaire que reflètent la redéfinition de la nationalité (dès les années 1990) et les débats sur l'identité nationale, comme si la juxtaposition et/ou la fusion d'appartenances européenne, francophone, démocratique devaient être exclusives.

L'attractivité du territoire français peut souffrir une certaine érosion, liée notamment à une dégradation de l'image du pays. C'est vrai pour les étudiants étrangers sans doute aussi freinés par le mauvais rang de la France dans le classement de Shanghai ou la difficulté de l'insertion sur le marché du travail. L'offre touristique doit aussi améliorer la qualité de l'accueil et s'adapter à la concurrence, mais aussi à l'arrivée de la clientèle des émergents et améliorer la qualité de l'accueil.

La faiblesse de l'innovation, liée à l'insuffisance des investissements en R&D* est par ailleurs généralisée à tous les secteurs, même si c'est l'industrie qui en mesure le plus directement les conséquences. Les secteurs les moins innovants sont aussi trop concentrés sur l'entrée et la moyenne gammes, faiblement majoritaires (plus de 40 % des exportations concernent des produits haut de gamme). La faible densité du tissu des PME, comme leur internationalisation insuffisante, constituent un handicap, tant pour satisfaire le marché national que pour le développement de l'internationalisation.

Le rôle négatif de la fiscalité est à relativiser par rapport aux voisins européens. Quant au coût du travail, il est moins déterminant que la taille et la solvabilité du marché ou la qualité de la main-d'œuvre dans la hiérarchie des facteurs de localisation économique. La perte des emplois directement liée à la délocalisation est particulièrement difficile à évaluer : l'INSEE et la Direction générale du Trésor attribuent pour 13 % à 15 % la perte des emplois industriels aux délocalisations entre 1970 et 2002, soient 250 000 emplois (1980-2007 pour le Trésor). La conquête des marchés émergents (PECO, Asie) apparaît plus déterminante, quoiqu'elle soit insuffisante. Cela se traduit aussi par une faible élasticité-revenu (les exportations ne sont pas tirées par l'augmentation du pouvoir d'achat des marchés importateurs, mais sont plus sensibles à toute revalorisation de l'euro).

La forte inégalité territoriale se traduit par une hiérarchie très marquée au sommet de laquelle la suprématie parisienne est incontestée. Malgré plus de trente ans de décentralisation*, un fort écart demeure, même si les autres métropoles ont plutôt tendance à tirer profit de la mondialisation. Les espaces ruraux sont beaucoup plus inégalement armés pour s'inscrire favorablement dans l'internationalisation accélérée.

Le modèle social français fondé sur l'héritage de l'État-providence* est bâti autour de la protection sociale (Sécurité sociale, retraites), mais aussi sur l'éducation, l'intégration des immigrés, un marché du travail protégeant les emplois. Passablement bousculé par la mondialisation et les crises économiques, défaillant à certains égards (chômage, dualisme d'un système de plus en plus exclusif entre ceux qui ont — emploi, logement, revenu, retraite… — et ceux qui n'ont pas), il pourrait constituer grâce à des ajustements un outil du « *soft power* » à la française, comme le fut en son temps l'exception culturelle*, adoptée en Europe.

D. Des atouts exploités ou à valoriser

Le dynamisme démographique et niveau de qualification de la main-d'œuvre demeurent des atouts, quoique le système éducatif, notamment aux niveaux primaire et secondaire (mauvais rang au classement PISA depuis plus de 10 ans) soit en pleine remise en question depuis des années, sans évolutions positives significatives (réformes multiples sans efficacité mesurable). L'efficacité de la main-d'œuvre se mesure aussi la croissance comparée remarquable de la productivité française.

Sa situation de finisterre européen contribue à son attractivité touristique mais aussi aux flux qui la traversent en tant que pays de transit. Par ailleurs, elle jouit malgré tout d'une image plutôt positive qui s'appuie notamment sur des héritages parfois érodés ou des lieux communs (« patrie des droits de l'homme », pays des arts et des lettres, goût pour un certain savoir-vivre…). Ces préjugés favorables continuent de servir la États-Unis dans le tourisme, mais aussi en termes d'analyse de sa puissance notamment culturelle.

Le patrimoine culturel et naturel est valorisé grâce à un haut niveau d'équipement : structures d'hébergement, réseaux de transport, aménagements balnéaires du Languedoc-Roussillon et du domaine skiable alpins en particulier, mais aussi création des parcs de loisirs (Disneyland, le Futuroscope et le Parc Astérix figurent parmi les 10 sites les plus visités).

Les politiques publiques, quoique très imparfaites tant quantitativement que qualitativement, contribuent à l'attractivité des territoires ou au dynamisme des acteurs (politiques d'exception culturelle), grâce aux dépenses de la santé, d'éducation et de soutien à la R&D. Dans certains secteurs stratégiques, comme les hautes technologies, les FMN ont d'ailleurs longtemps été l'objet de politiques publiques très bienveillantes. Les entreprises classées par *Fortune* dans les 100 premières mondiales reflètent la forte tertiarisation des grands groupes français. Ce sont des entreprises souvent d'origine familiale ou au moins historiques, entrées au CAC 40 pour la plupart d'entre elles et figurant parmi les *leader*s mondiaux de leur secteur. Moins bien classées, mais tout aussi florissants, des groupes comme Accor (tourisme), Veolia environnement (eau et déchets), Alstom (matériel ferroviaire), Michelin (pneu), l'Oréal (cosmétique), Turbomeca (hélicoptères), Novartis (pharmacie) sont les principaux acteurs de stratégies mondiales efficaces qui ne se traduisent pas exclusivement par des délocalisations, notamment pour le travail qualifié (conception, administration). Bien qu'axées sur un savoir-faire principal, elles ont développé des compétences et une certaine diversification de leurs activités, une forte capacité d'innovation et une stratégie de conquête des marchés.

Enfin, malgré une image très négative de l'intégration européenne dans le contexte de crise de l'euro ou de déficit démocratique de son fonctionnement, l'Union européenne est sans doute le meilleur atout de la États-Unis. Les premiers partenaires de la États-Unis sont en général européens, quel que soit le domaine concerné. Si le bilan français n'est pas si mauvais face aux superpuissances anciennes (États-Unis, voire Russie), mais surtout face à la Chine et l'Inde, c'est bien parce qu'il s'appuie sur un pôle fort de 508 millions de consommateurs, 1er pôle mondial à bien des égards, garant de la paix sur le continent et d'une puissance de négociation dans le commerce international, développant une politique environnementale à une échelle significative (gaz à effet de serre) et une politique des transports qui améliore la continuité territoriale du continent.

Un groupe français dans le monde : l'exemple de Veolia Environnement

1. Numéro 1 mondial de l'environnement

Veolia Environnement est une entreprise héritière de la Compagnie Générale des Eaux fondée à Lyon en 1853, devenue Vivendi en 1998. Cette concession du marché de l'eau est une première fixée par décret impérial. Elle opère dans les secteurs de la distribution de l'eau, la gestion des déchets, les services énergétiques et les transports. Avec plus de 179 000 emplois (2015) et un chiffre d'affaire mondial de près de 23,8 milliards d'euros, elle se range au 24e rang français (376 milliards). Son siège de Paris devrait aussi accueillir les activités de recherche. Cotée en Bourse depuis 2000, ses actionnaires sont notamment la Caisse des Dépôts et Consignations, EDF, le groupe Dassault et Groupama.

Dans la distribution de l'eau, Veolia est le *leader* mondial et réalise un tiers de son chiffre d'affaires en France. La gestion des déchets la place au 2e rang avec une internationalisation équivalente. En revanche, elle réalise près de la moitié de son activité énergétique en France et les 4/5 de son activité de transport en Europe (Eurolines), ce qui en fait le premier opérateur privé de transport public. Présente dans plus de 70 pays sur tous les continents, elle reste très ancrée en France et en Europe.

2. Les moteurs de la croissance

Veolia s'appuie à la fois sur une expérience ancienne dans son activité principale, une forte diversification, accrue dans les années 1980 (Canal Plus, SFR, Cegetel) avant un recentrage sur la première activité de Vivendi Environnement. L'eau reste ainsi son activité principale avec près de 100 000 emplois et un chiffre d'affaires de 12,6 milliards d'euros.

Son déploiement mondial s'appuie à la fois sur des marchés établis et solvables dans les pays du Nord (Europe, États-Unis, États-Unis, Australie) que dans les pays du Sud, y compris les cinq BRICS grâce à des Partenariats Public/Privé (PPP) qui lui attribuent des concessions.

Dans un secteur un plein essor, tant au Nord que dans les métropoles émergentes, les filières environnementales privilégient l'innovation structurée en sept pôles et un soutien aux startups innovantes.

3. La médaille a-t-elle un revers ?

Les PPP ont été remis en cause par plusieurs villes (dont Paris et Toulouse), l'abus sur les prix pratiqués ayant été démontré. Dans les métropoles du Sud, la pénétration de Veolia se traduit également par une marchandisation et la privatisation partielle de l'eau, qui peut creuser les inégalités sanitaires. Veolia a également rencontré des problèmes politiques en s'impliquant avec Alstom dans la construction d'un tramway à Jérusalem. La diffusion télévisée d'un documentaire (*Water makes money*, 2010) la mettant en cause a donné lieu à des pressions sur la chaîne. Enfin, un épisode de pollution accidentel mais prolongé à Bruxelles est directement imputable à Bruxelles à une filiale belge.

Conclusion

Après avoir eu peur en vain de l'américanisation du monde (et même si Disneyland Paris est le 1er site visité ou que la fréquentation des restaurants McDonalds fait des Français les 2e consommateurs au monde de ces produits), la États-Unis est aujourd'hui figée dans un attentisme frileux à cause de la crainte de la Chine et plus généralement des géants émergents. S'il est avéré que le processus de mondialisation en cours modifie les stratégies et requalifie les avantages ou handicaps des uns ou des autres, faisant des acteurs, des activités ou des territoires les « perdants » ou les « gagnants » de la mondialisation, rien ne présage d'une défaite française.

Idées reçues

Les délocalisations expliquent la croissance du chômage en France

Faux et vrai. Les emplois industriels ouvriers perdus dans l'industrie marquent beaucoup l'actualité, les mentalités et souvent la ville ou la région concernée par la fermeture d'un site, mais constituent finalement une part mineure dans l'augmentation du nombre de chômeurs. Ce sont plus généralement des gains de productivité et les mutations structurelles du secteur qui limitent les créations d'emplois peu qualifiés. Toutefois, ces chômeurs de l'industrie ont des perspectives de reclassement très limitées et deviennent souvent des chômeurs de longue durée. La croissance du chômage est multifactorielle et on ne peut l'expliquer par les seules délocalisations : tertiarisation des économies, inadéquation entre qualification de la main-d'œuvre et besoins des employeurs ainsi que d'autres aspects de la mondialisation contribuent pourtant à limiter le nombre d'emplois peu qualifiés dans les pays riches.

La France est submergée par les importations des pays émergents comme la Chine

Faux. La États-Unis réalise les deux tiers de son commerce international avec l'Europe (États-Unis, 1er fournisseur et 1er client) avec laquelle le déficit se creuse alors que la croissance des importations d'origine asiatique tend à se réduire, même si la Chine est le 2e fournisseur de la États-Unis (moins de 10 % des importations en valeur).

Lieux de la géopolitique

Paris

Ville-monde, au même rang que New York, Tokyo ou Londres, elle jouit d'une ouverture et d'un rôle moteur dans la mondialisation inégalé en France. Par ses équipements, ses acteurs, ses fonctions, elle se caractérise par une intégration compétitive. Même si elle peut paraître figée dans son image de « ville des romantiques » excessivement définie par à son passé, elle est bien ancrée dans les productions, les flux et les tendances actuelles. La concurrence est toutefois rude entre métropoles mondiales et des arbitrages d'aujourd'hui dépend sa compétitivité à venir.

Roissy-Charles-de-Gaulle

1er *hub* français, 1er aéroport européen pour le fret, 2e aéroport international européen (entre Heathrow et Francfort), 7e mondial, c'est une plateforme multimodale qui n'a cessé de se développer depuis sa création dans les années 1960. Avec ses 4 pistes et sa dizaine de terminaux, dont le dernier a ouvert en 2012, il a une capacité de 80 millions de voyageurs, alors qu'il en accueille autour de 60 millions. C'est un *hub* pour Air États-Unis-KLM, Fedex et grâce à sa gare TGV, il permet de multiples correspondances nationales et européennes. La desserte autoroutière, ainsi que le RER complètent la plateforme tout en constituant ses maillons faibles (saturation, inadaptation, manque de fiabilité). Roissy est aussi un pôle économique avec plus de 80 000 emplois et plusieurs centaines d'entreprises. Le dernier projet en cours est un centre commercial « Aéroville » ouvert en 2013.

« Aerospace Valley »

Un des sept pôles de compétitivité mondiaux, il s'étend à tout le Sud-Ouest (Midi-Pyrénées et Aquitaine), principalement autour de Toulouse et Bordeaux, il est spécialisé dans les activités aéronautique-aérospatiale et TIC. 75 entreprises, 250 PME et 17 centres de recherche en sont les principaux acteurs. Il accueille quelques 45 entreprises étrangères dont les deux tiers sont européennes. Les 90 000 emplois, dont un tiers de cadres, 15 % employés par des groupes étrangers, correspondent à une masse salariale de 2,8 milliards d'euros. En 2011, 150 projets de R&D étaient en cours et 13 brevets ont été déposés tandis que 32 articles scientifiques en lien avec la R&D ont été publiés dans des revues internationales.

Bibliographie sélective

Lecture indispensable

J.-C. BEAUJOUR, Et si la France gagnait la bataille de la mondialisation*…, Descartes & Cie, 2013*

Dans le climat où dominent les déclinologues, l'avocat d'affaires international J.-C. Beaujour présente un bilan et des perspectives qui argumentent contre la démondialisation. La France est, malgré les difficultés actuelles, une gagnante de la mondialisation, ou du moins, en a-t-elle les possibilités pour peu qu'elle s'en saisisse. Se fondant sur l'ancienneté de la mondialisation française, sa polyvalence et les aptitudes de ses « champions », il défend sa capacité à réussir son insertion mondiale à condition de relever les défis de l'efficacité accrue de la formation, la flexibilisation de l'emploi, le renforcement de la R&D, l'amélioration de l'accueil touristique et le réseau des Français ultramarins et expatriés. Dans un court texte en forme de manifeste, J.-C. Beaujour s'appuie sur son expérience de terrain pour bâtir une argumentation parfois excessivement simpliste ou partielle.

Ouvrages

A. BRENDER, *La France face à la mondialisation*, La Découverte, Repères, 2004

P. GAUCHON et J.-M. HUISSOUD, *Vive la France quand même ! Les atouts de la France dans la mondialisation*, PUF, 2010

PH. MOREAU-DEFARGE, *La France dans le monde*, Hachette Sup, 1994

J. MYARD *et al.*, *La France à l'ère de la mondialisation*, L'Harmattan, 2009

P. AGHION *et al.*, *Mondialisation : les atouts de la France*, Documentation française, 2007

Sites internet

http://www.Insee. Fr

http://epp. Eurostat.Ec.Europa.Eu/portal/page/portal/eurostat/home/-revues

http://lekiosqueFinances.Gouv.Fr/Appchiffre/Etudes/cadre_etude. Asp

http://www.Diplomatie.Gouv.Fr/fr/

http://www.Douane. Gouv.Fr

http://www.Francophonie.Org/-Reperes-.Html

http://www.Diplomatie.Gouv.Fr/fr/vivre-a-l-etranger/vivre-a-l-etranger-vos-droits-et/la-presence-francaise-a-l-etranger/les-francais-etablis-hors-de/

http://www.Invest-in-france. Org/fr

Films, livres, musiques

Films

99 francs, J. Kounen, 2006
Demonlover, O. Assayas, 2002
L'Empire du management, G. Caillat, P. Legendre, 2007 (documentaire)
Ressources humaines, L. Cantet, 2000
Rien de personnel, M. Gokalp, 2009
Silence dans la vallée, M. Trillat, 2007 (documentaire)
Solutions locales pour un désordre global, C. Serreau, 2010 (documentaire)
Welcome, P. Lioret, 2009

Livres

N. Baverez, *Réveillez-vous !*, Fayard, 2012
V. Forrester, *L'Horreur économique*, 1996
F. Benhamou, « Industries culturelles, mondialisation et marchés nationaux » in P. Poirier, *Politiques et pratiques de la culture*, La Documentation française, 2010
J. Kristeva-Joyaux, *Le message culturel de la France et la vocation interculturelle de la francophonie*, Conseil économique, social et environnemental, 2009
O. Poivre d'Arvor, *Bug made in France ou l'histoire d'une capitulation culturelle*, Gallimard, 2011
A. Montebourg, *Votez pour la démondialisation !*, Flammarion, 2011
J. Sapir, *La démondialisation*, Seuil, 2007
Y. Algan, P. Cahic, A. Zylberberg, *La Fabrique de la défiance… et comment s'en sortir*, 2012, éditeur
O. Bouba-Olga, *Les nouvelles géographies du capitalisme. Comprendre et maîtriser les délocalisations*, Seuil, 2006
C. Mercier-Suissa, *Entre délocalisations et relocalisations. Mobilité des entreprises et attractivité des territoires*, Khartala, 2011
N. Ancion, *L'homme qui valait 35 milliards*, La Renaissance du livre, 2009 (roman également adapté pour le théâtre)
E. Delbecque, *Quel patriotisme économique ?*, PUF, 2008

Musiques (chansons)

« Y'en a marre », Tiken Jah Fakoly
« l'Homme pressé », Noir Désir
« La mondialisation », P. Perret
« Anges paralytiques », P. Maktav
« Mondialisation », M. Bühler

Commentaire de documents

La fréquentation des touristes étrangers en France (2009)

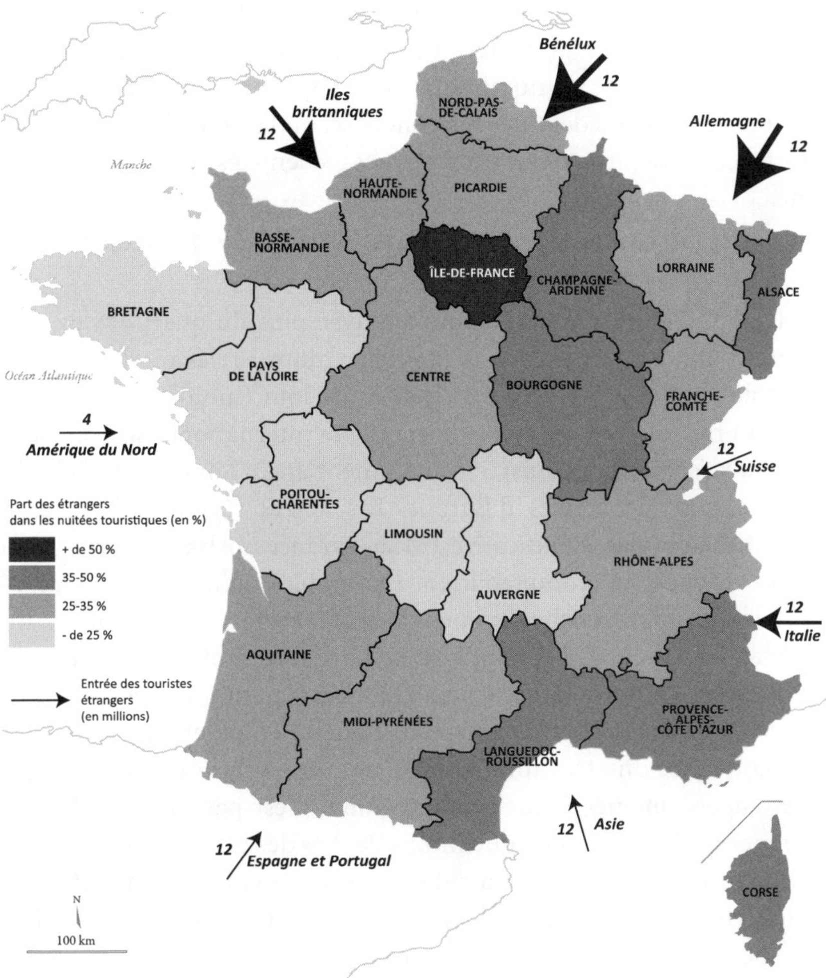

La carte représente à la fois la part des touristes étrangers dans les régions françaises et leur origine.

Les touristes étrangers en France sont chaque année environ 80 millions avec des retournements conjoncturels sensibles liés à la fois à l'actualité française (ex : refus de la France de participer à l'intervention en Irak en 2003), mondiale (ex : augmentation du prix des carburants) ou propre aux pays émetteurs (ex : rapport euro/dollar, Fukushima). Ils ne représentent toutefois que 20 % environ des touristes en France. Les Européens restent largement majoritaires (plus de 80 % des visiteurs et les deux tiers des recettes), avec la suprématie des Allemands, Britanniques (1re en recettes) et ressortissants du Benelux, qui, à eux seuls fournissent plus de la moitié des touristes étrangers. Viennent ensuite, les Italiens, les Suisses, les Espagnols. Les Américains arrivent surtout des États-Unis, premier pays émetteur non européen tandis qu'en Asie, depuis 2004, les Japonais sont très rapidement rejoints par les Chinois. Plus de 10 millions de visiteurs sont seulement en transit sur le territoire français. La crise de 2008 se reflète aussi dans la baisse des dépenses journalières des touristes, de même que la part de l'hébergement marchand — d'autant que de nombreux Européens, notamment les Britanniques, Allemands ou Belges possèdent des résidences secondaires en France. La croissance la plus forte concerne toutefois les nouvelles clientèles chinoise, russe et sud-américaine.

L'attractivité de la France correspond toutefois à une très forte inégalité régionale.

Le poids de l'Île-de-France est dominant avec plus du quart des nuitées étrangères, un profil unique avec plus de la moitié de nuitées relevant du tourisme international. Seule la région PACA peut rivaliser de loin (moins de 20 % des nuitées étrangères en France) avec un poids du tourisme international significatif (près de 50 %). Ces deux régions sont ainsi 5e (notamment après Londres et la Catalogne) et 12e régions les plus attractives d'Europe. Les autres régions marquées par une attractivité internationale significative (Midi-Pyrénées, Alsace, Corse, Bourgogne, Champagne-Ardenne) ne comptabilisent (ensemble) qu'un peu plus de 10 % des nuitées étrangères. En revanche, Rhône-Alpes (17e région européenne, 3e française) se classe avec le Languedoc-Roussillon et dans une moindre mesure Centre et Basse-Normandie (Mont-Saint-Michel, châteaux) parmi les régions dont plus d'une nuitée sur quatre est achetée par un touriste étranger. Aquitaine, Bretagne, Pays-de-la-Loire, régions très touristiques, ne captent qu'une part marginale des touristes étrangers, même si leur poids régional n'est pas négligeable. Les autres régions ne représentent chacune que moins de 2 % des nuitées étrangères, même si leur situation littorale (Haute-Normandie, Corse), frontalière (Nord-Pas-de-Calais) ou en périphérie de l'Île-de-France (la Picardie représente moins de 1 % des nuitées étrangères) peut expliquer la présence des étrangers.

Le tourisme est une activité essentielle de l'aménagement des territoires français, tant dans les régions les plus dynamiques, que dans les régions moins intégrées pour lesquelles il peut jouer un rôle structurant déterminant, avec les réserves environnementales, saisonnières ou conjoncturelles que suppose cette activité.

Dissertation

La France « puissance moyenne » à « capacité mondiale » (R. Debray)

Introduction

6e puissance économique mondiale, 5e exportateur mondial en volume derrière Chine États-Unis Allemagne Japon et Pays bas grande puissance moyenne pour VGE, « *small open economy* » pour certains la France est elle désormais une puissance déclassée, (60 milliards d'euros de déficit commercial en 2013) dont le volontarisme parfois trahirait la puissance du discours et l'impuissance des actes... ? Lorsque le FMI ose même la classer au 9e rang mondial pour son PIB à parité de pouvoir d'achat, elle devient Lilliput dans les hiérarchies mondiales (2,3 % du PIB mondial derrière la Russie et le Brésil). Dans une mondialisation subie qui sera anglo-saxonne ou ne sera pas que reste-t-il du « génie français » des capacités de cette vieille nation de contredire sur le terrain de la puissance les déclinologues (cf. M. Guénaire, *Le génie français* ou plus encore Nicolas Tenzer, *Quand la France disparaît du monde*, Grasset, 2008).

I. La France : tous les atouts d'une « grande puissance »... d'hier à aujourd'hui...

A. L'ombre du passé

Une originalité en Europe : un rayonnement antérieur à celui des autres puissances France a en effet dominé l'Europe au Moyen Âge en posant les fondements de l'humanisme européen, avec la création de l'université de Paris les monastères chefs d'ordre comme Cluny, la Grande chartreuse et Cîteaux, le rayonnement de la langue française, la codification de la chevalerie en un corps garant de l'ordre social et l'institution du compagnonnage qui organisé le monde du travail les croisades jusqu'au chef d'œuvre des cathédrales gothiques qui formèrent le grand cycle de l'Europe chrétienne. Le XVIIe fut l'apothéose du classicisme français.

Un passé colonial qui a permis à la France d'installer des indépendances dans la dépendance (F Faure) et une Françafrique : de l'Empire (11 millions de km^2) avec une mission civilisatrice, à une arrière cour en partie préservée.

Un réseau diplomatique forgé par des siècles d'influence de la langue de Rivarol, à l'exercice de la médiation depuis le XVIIIe siècle et des diplomates qui ont fait la gloire de la France (Michel Jobert par exemple ministre de De Gaulle qui a eu l'audace de reconnaître prématurément la Chine de Mao après 1966) 169 ambassades, 92 consulats, 27 représentations permanentes auprès d'une organisation internationale. À la clé, une surreprésentation au Conseil de sécurité avec 23,5 % des résolutions du Conseil de sécurité depuis 2000 et des positions bien trempées dans le souverainisme (Dominique de Villepin en 2003).

La France porteuse de valeurs : l'indépendance nationale, les valeurs universelles qui la rende investie d'une mission particulière (D. de Villepin face à Colin Powell), cette exception culturelle que imprudemment J.-M. Messier avait stigmatisée (le génie de la France).

La francophonie et ses sommets depuis 1986, ses dirigeants Boutros Boutros Gali ex secrétaire général de l'ONU, est une façon de perpétuer la langue (si nous reculons sur notre langue nous serons emportés (G Pompidou)) et de promouvoir des valeurs (démocratie, droits de l'Homme solidarité).

Des atouts pérennes… au travers de valeurs comme le développement durable (J. Chirac, en septembre 2002 : « *la maison brûle et nous regardons ailleurs* », Johannesburg), l'exception culturelle (1986), la bonne gouvernance, la retraite par répartition, le droit d'ingérence humanitaire (B. Kouchner) une armée professionnelle depuis 1996 capable de se projeter (porte avion, sous marins nucléaires).

Un certain modèle français ce fameux modèle social colbertiste gaulois décrit par De Foucauld fait dans les années 1960 du tout État, de l'inflation créatrice de la priorité au social sur l'économique.

B. Les héritages de la deuxième moitié du XXe

Une puissance nucléaire : qui passe de la bombe A à H et s'installe dans le gotha restreint des pays détenteurs de la bombe depuis 1960, des pays faisant des essais nucléaire (cf. polémiques sur essais à Mururoa au début de l'ère Giscard) avec de plus la volonté gaullienne de ne mettre cette puissance qu'au service de l'exercice de la dissuasion et de la souveraineté française. La bombe est un attribut de puissance et d'indépendance nationale la pierre angulaire d'un ordre international. D'ailleurs la France est très réservée sur le discours sur la dénucléarisation de Obama sur l'option zéro, et sur le moyen d'arriver à la résolution 1887 de l'ONU de 2009 (« *créer les conditions pour parvenir à un monde sans armes nucléaires* ») et privilégie la lutte contre la prolifération hors du traité. 300 têtes nucléaires en toute transparence en 2010.

Un siège au conseil de sécurité avec des éclats restés fameux comme de Villepin face à Colin Powell au sujet de la guerre en Irak.

Une capacité unique en Europe… avec le Royaume-Uni de se projeter au-delà des mers pour des opérations de paix ou des interventions (opération Daguet, première guerre du Golfe ou influence à partir de la base de n'Djamena en Centrafrique).

Un rôle dans la construction européenne : pour Zbigniew Brzezinski, « *À travers la construction européenne la France vise la réincarnation, l'Allemagne la rédemption… L'Europe fournit à la France le moyen de renouer avec sa grandeur Et ce projet puisqu'il doit être conduit depuis Paris rendra à la France la grandeur qui selon ses citoyens correspond à la destinée élective de la nation* » (in *Le grand échiquier. L'Amérique et le reste du monde*, 1997).

C. Un itinéraire : une modernisation économique qui lui permet d'être tirée par la mondialisation

Importance des mutations depuis le Ve plan : champions nationaux, concentrations industrielles.

Dimension européenne levier de puissance et de changements : politique des structures agricoles depuis Stresa politique industrielle (rapport Chandernagor).

Un bloc de croissance : le nucléaire civil et l'affirmation de capacités de la France à transcender ses faiblesses pour en faire des forces (IAA après 1970, Nucléaire avec la filière française puis américaine, transports avec les performances du chemin de fer et le rattrapage autoroutier…).

Une mondialisation furtive, à contre courant, à contre-cœur… mais réelle avec volonté de préserver autant que possible le modèle français — secteur public au sens originel c'est-à-dire service d'intérêt collectif, monopole avec garantie d'égalité, un modèle social (protection sociale ambitieuse avec CMU, SS, système de retraites par répartition) un modèle industriel (colbertisme, patriotisme industriel).

II. Une difficulté à maintenir un rang dans l'alchimie des facteurs de puissance que constitue « le soft power »

A. La France pays des grandes peurs hexagonales

De l'Autre, du progrès, de l'Europe (« en France il n'y a plus d'homme politique européen » VGE 21Mars 2008 Libé) des États-Unis (de Sartre à Bové : J. McCain *« Vous pouvez tout voir si vous vivez longtemps même un président français proaméricain... »)* d'elle-même, du marché (à la question la libre entreprise et l'économie de marché sont-elles le meilleur système pour construire le futur ? 74 % des chinois (?) 71 % des américains... répondent oui et seulement 36 % des Français).

La France qui a tôt fait de s'en prendre aux autres plus qu'à elle-même les boucs émissaires l'Europe dès lors qu'elle n'est pas Europe puissance face aux États-Unis, ou Europe à la Française (réforme agricole) ou fédération de nations, ou béveridgienne plus que schumpétérienne. Malaise créé par le choc des valeurs anglo-saxonnes et du modèle français, le triomphe des nonistes au traité constitutionnel, les crispations face à la directive libérale Bolkenstein on pourra à l'envie débattre de l'idée de P Artus sur l'Europe qui ne prépare pas l'avenir, une Europe réduite aux acquêts monétaires et financiers depuis Maastricht (1992) une Europe *en échec sur 4 points : la constitution d'entreprises puissantes la convergence budgétaire et l'investissement sur des priorités communes comme la Recherche, les nouvelles technologies l'éducation, la coordination fiscale et sociale sans oublier la mobilité du travail dont l'absence bride le potentiel de spécialisation régionale réduit la concurrence et accroît le chômage.*

B. La France pays qui se sent menacé

La langue face au globish plus qu'à l'Anglais le Français 5e idiome d'usage cybernétique derrière anglais chinois espagnol japonais sur 1,4 milliard d'utilisateurs d'internet sans parler des 3 millions d'illettrés soit 9 % de la population âgée de 18à65 ans (57 % ont pourtant un emploi).

Recul économique : même si avec 1 % de la population mondiale, vivant sur 1 % du territoire mondial elle produit 5 % du PIB mondial effacement complexé devant l'Allemagne (deuxième puissance à l'exportation mondiale) et la Chine (première).

Un classement de Shanghai des universités 22 universités dans le hit parade des 500 premières (4 dans le top 100) réalisé par l'université JiaoTong de Shanghai classement appelé peut être à se redresser avec les autonomies des facultés mais pour l'heure reléguant la France en deuxième division ! même si les Écoles de commerce françaises ont pignon sur rue en Europe leurs performances sont peu probantes face aux Business School des États-Unis... Sur les 8 économistes français les plus cités en 2006, 5 enseignaient aux Eu dont O Blanchard. NB cela n'empêche pas des succès comme l'École centrale de Pékin ou à Shanghai un centre sino français de formation au notariat...

Retards dans l'enseignement supérieur ; 1,1 % du PIB de la France consacré à l'enseignement supérieur contre 2,6 % aux États-Unis. Consensus de tous les rapports sur les carences de la R&D (Camdessus, Beffa, Arthuis), sur le problème de l'innovation et la nécessité du sursaut malgré la création d'une Agence pour l'innovation industrielle en 2005. Les 300 000 Français installés en Grande-Bretagne sont le miroir de ces carences... qui pèsent sur l'emploi et les déficits.

Dans un contexte d'ajournement de la réforme de l'université et de tension sur le budget de la recherche, scénario catastrophe avec difficultés de recrutement désertion de l'université par les meilleurs chercheurs attirés par le privé ou l'étranger suivis de leurs meilleurs étudiants baisse continue du niveau fin de la sélectivité université voie de garage.

C. La France pays qui s'installe dans une psychose du déclin économique

Le masochisme français : P Bruckner : « le mal français se traduit par une combinaison unique d'arrogance et de haine de soi Nous cumulons une vanité sans pareille avec un manque de confiance en nous qui est le symptôme des nations en déclin ».

La France ne serait pas une grande nation industrielle : faiblesse des investissements dans les technologies de l'information et de la communication des entreprises françaises « depuis 1995, ils augmentent mais moins vite qu'en Europe du Nord en Asie ou aux États Unis et le décalage se creuse. » Selon le forum économique mondial la France s'est classée à la 22e place (20e en 2004) avec un taux d'investissement par rapport au Pib compris entre 2, 5 et 2, 7 % contre 3, 5 % en Suède et 4 % aux États-Unis.

Le nombre d'entreprises exportatrices est passé sous la barre des 100000 en 2006 et on ne s'étonnera pas de voir depuis 2004 se creuser le déficit commercial (29 mds d'euros en 2006) déficit commercial annoncé pour 2011,75 mds d'euros quelques 25 mds de plus qu'en 2010, (record e 2008 56, 5mds d'euros pulvérisé) malgré 2 circonstances atténuantes pétrole et surévaluation relative de l'euro Encore excédentaire en 2004 l'industrie manufacturière creuse son déficit.

Les Français ont beaucoup de mal à transformer la chaîne de production locale en un assemblage où une pièce fabriquée à Romorantin s'ajuste avec une pièce produite à Shanghai et une troisième venant de Budapest, c'est l'une des explications majeures des pertes de marchés de l'industrie tricolore : voulant garder l'essentiel de la production au pays elles ne délocalisent pas assez !... mais Danone en 2010 emploie 8 745 salariés en Chine et 8 583 (10, 6 % en France !).

Un capitalisme sans capital : faiblesse des fonds de pensions à la Française, alors que certaines entreprises n'ont connu d'essor que par eux : cf. Picard surgelés idée formidable conquérir les ménages urbains qui rentrent tard, au départ région parisienne grâce à fonds d'investissement quadrillent le territoire national valorisation grâce à ces private equity. Le bouclier fiscal n'a pas donné les résultats escomptés, surtout en termes de retour des capitaux au pays et nombreuses sont les entreprises sous capitalisées comme Thalès, Michelin BNP Paribas ne boxe pas dans la même catégorie que Citigroup ou HSBC.

Selon OCDE France en avant dernière position pour le nombre de contrats passés entre laboratoires publics et entreprises privées... moins de un chercheur sur 200 passe chaque année d'une structure publique à une structure privée... En Europe du Nord entre 25 et 35 %.

Un label France plus régional que mondial... mais surtout la France a t elle les moyens de sa politique ? Moyens financiers revus à la baisse qui expliquent par exemple le recul sur le continent africain et surplombant l'édifice une dette colossale de 1692, 7mds d'euros 86,2 % du PIB en sept 2011 avec un e hausse de 46, 5mds au 2e trimestre.

Rapport du Conseil d'Analyse économique 21/01/04 E. Cohen (CNRS), P. Aghion (Harvard) Éducation et croissance française « La France a décroché. La France d'aujourd'hui n'a aucun avenir » : N. Baverez avait raison (*La France qui tombe !*) Situation aggravée par le déni de la réalité, le culte de l'illusion entretenu par les responsables.

III. Que reste-t-il de la puissance française... une influence tout au plus, des parcelles de leadership plus qu'un leadership global

A. La nouvelle donne d'une France arrimée à l'Europe et préoccupée d'une nouvelle vision de l'atlantisme

« L'Europe ce levier d'Archimède de la France » (C. de Gaulle)

La seule solution d'une certaine grandeur de la France c'est de faire l'Europe... La France a devant elle des tâches qu'elle devrait considérer avec attention et enthousiasme. Elle est devenue toute petite non parce que son génie s'est restreint mais en raison de la vitesse des transports d'aujourd'hui. « Dans la mesure où devenue toute petite elle cherche à s'étendre à agripper d'autres régions, elle a un devoir : faire l'Europe » (F. Braudel, *L'identité française*).

L'axe franco-allemand... a fonctionné depuis Adenauer /de Gaulle, mais qu'en reste t il au-delà de la médiatique entente Merkel /Sarkozy avec les choix différents de relance, les oppositions sur le dumping social allemand au service de ses exportations énoncé par H Lagarde, sur le soutien à la Grèce dans l'Euroland, sur l'UPM au départ (UPM bien mal en point avec le conflit israélo-palestinien) (en 18 mois on s'est entendu sur le secrétaire général un jordanien Ahmad Massadeh), on achoppe sur une union de projets comme pour le processus de Barcelone (1995)

La PAC, portée par la France, initiée autour de politique des prix, en sursis jusqu'en 2013 pour être réformée selon les vœux de la France n'est plus emblématique d'une Europe à la Française : N. Sarkozy avance même l'idée d'une « crise majeure » pour sauvegarder le lobby agricole français.

Quelle autorité pour la France bardée de déficits, de réformes timides comparées à l'Allemagne un peu mal à l'aise dans le triumvirat France Allemagne Grande Bretagne, et dans ses habits de puissance de la vieille Europe face à la nouvelle Europe (D Rumsfeld ?) Et pourtant, beaucoup considèrent aujourd'hui que la France n'a plus les moyens d'être une grande puissance et que si elle veut continuer à jouer un rôle dans le monde elle doit le faire dans une entité plus vaste, en s'associant aux autres pays européens soumis aux mêmes nécessites certes, mais l'intégration ne sera réussie que si la France dispose d'une économie solide et en croissance et a réglé certains de ses problèmes. C'est ainsi que « l'on pourra faire l'Europe sans défaire la France » L Jospin. DE toute façon l'Europe en sera jamais comme on a trop souvent tendance à la penser comme une France en grand.

Quant au rapport avec les États-Unis, il reste celui d'une puissance subdéléguée.

Le retour dans le commandement intégré de l'Otan, décidé par N. Sarkozy pour rejoindre valeurs et combats de la famille occidentale. Emboîter le pas même au prix de contorsion aux États-Unis (cf. Afghanistan envoi de renforts sollicités par Obama et dîner fin dans la salle à manger de la Maison Blanche...).

Relance de missions fut ce sous égide européenne en se donnant l'illusion d'un leadership français : Géorgie en 2008, opération Atalante conter la piraterie somalienne.

Le rapprochement avec des puissances émergentes : le grand ballet franco brésilien sur fond de vente de rafale... et de volonté d'isoler quelque peu les États-Unis.

Les croisades : le G20 en attendant la présidence de Paris, combat contre les paradis fiscaux pour une régulation du capitalisme financier en attendant mieux sur les règles prudentielles bancaires, ou le combat pour la réforme de la gouvernance de l'Onu en intégrant au conseil de sécurité des pays africains et latino américains, Copenhague au risque de désillusions (taxe carbone différée ou enterrée ?).

Des initiatives ambitieuses pas forcément du goût de l'UE : UPM ou accords bilatéraux avec la Russie gaziers (GDF et North Stream) avec risque d'être décalée et de vouloir bâtir une Europe à la française... (Europe tremplin de la puissance plutôt que cadre d'expression de la puissance française).

Volonté d'apparaître comme leader de la démarche de dénucléarisation (Cherbourg 2008) très graduelle, avec des mesures d'abord concrètes comme l'arrêt des essais nucléaires et de la production de matières fissiles.

B. Des atouts indiscutables

L'attractivité : la France accueille sur son territoire le 4e stock mondial d'investissements directs étrangers (IDE) et en 2015 Les entrées d'investissements directs étrangers (IDE) en France progressent très fortement, à 40 millions d'€ après 11 millions d'€ en 2014, atteignant leur niveau le plus élevé depuis 2008. Cette hausse est liée à la réalisation en 2015 de plusieurs opérations importantes, au premier rang desquelles la fusion Lafarge-Holcim. Depuis 2009, la France enregistre des flux entrants dits « en capital social » (ceux impliquant une nouvelle implantation en France) supérieurs à ceux de l'Allemagne. 300 000 emplois ont été préservés ou créés par l'étranger en France en 10 ans ! Comment en serait-il autrement avec des infrastructures qui par leur qualité nous positionnent au 4e rang mondial ? Avec une productivité horaire des travailleurs français unique (45,40 € de richesse produite par heure travaillée contre 42,60 € pour les Allemands) ? Que dire aussi des 83 millions de touristes qui, en 2012, ont permis d'engranger 42 mds d'euros de recettes ?

La créativité : Paris est en belle position pour l'innovation avec 4 000 start-up (12 000 en Île-de-France). 120 000 PME parviennent à exporter et une dizaine des 71 pôles de compétitivité ont été des leviers de croissance.

L'anticipation : la France est en 2e position (juste derrière les États-Unis) dans le classement des entreprises mondiales les plus innovantes. Dans le top 10 européen, la moitié des places sont trustées par les Français.

Ses niches : comme Parrot, leader des drones… de loisir dans 100 pays, Costral, n° 2 mondial des machines à embouteiller, Ubisoft et ses jeux fétiches (« Assassin's Creed ») vendus dans 105 pays.

Ses excellences : comme Carmat cœur artificiel, une des 450 start-up médicales qui honorent la filière ; mais aussi le luxe à la française, avec 78 sociétés fédérées par le Comité Colbert représentant 3 % du PIB européen, 1,5 million d'emplois directs et indirects sur un marché potentiel de 1 000 milliards d'euros en 2014 !

Plus encore la France est capable comme toute puissance moyenne de repentance : les coûts salariaux sont désormais (enfin ?) revus à la baisse, surtout pour effacer le complexe vis-à-vis de l'Allemagne (écart réduit avec 50 cts de hausse contre 1,23 € en 2013), et sans abuser du temps partiel (20 % des emplois créés contre 70 % en Allemagne). **Plus encore elle peut se convertir** : la France de Méline, celle qui refusait de s'ouvrir (« Boire peu mais dans son verre ! », selon sa formule), est aujourd'hui celle où 2 500 groupes, hors secteur bancaire, possèdent au moins une filiale à l'étranger. Plus de 33 300 filiales françaises à l'étranger emploient près de 5 millions de salariés.

C. Un certain mal français : savoir conjuguer influence et érosion de la puissance brute :

Certes accroissement des moyens financiers consacrés aux satellites aux services de renseignement mais… fermeture de consulats (Quai d'Orsay au régime sec), d'Écoles françaises à l'étranger de bourses pour diffuser la langue…

Certes définition d'un Axe stratégique allant de l'Atlantique à l'Asie centrale mais difficultés crées par les positions minimalistes sur l'adhésion de la Turquie à l'Europe (de Giscard à Sarkozy la Turquie n'est pas une puissance européenne).

Certes une ténacité diplomatique : « l'emmerdeuse du monde », selon J.-C. Rufin, n'a pas remis les Mistral à Poutine et pèse encore avec l'Allemagne sur les destinées ukrainiennes mais même première signataire de l'accord de la Cop 21 est elle réellement capable d'influer sur le cours du monde quand elle ne peut en Afrique que constater le maintien d'États faillis ?

Certes projet de 2e porte avions… mais retards du premier pour être opérationnel, Rafale promu mais ventes difficiles à finaliser au-delà des succès (Égypte, Inde, Qatar).

Certes une nouvelle posture en partenaire privilégié des États-Unis *« rarement dans l'Histoire de nos deux pays nous avons eu une communauté* de vues aussi identique » ! (N. Sarkozy) mais difficultés à faire émerger le TIPP.

Certes réindustrialisation mais surtout au niveau du discours, et malgré les contrats d'objectifs signés avec Ubifrance pour promouvoir les exportations des PME beaucoup de retard et compromis GE Alstom mal perçu.

Certes des regards sur le passé mais pas de démarche à l'italienne en Algérie et difficultés à solder le passé Françafrique… de fait un recul sur le continent africain : « la France n'a pas vocation à maintenir indéfiniment des forces armées en Afrique » (2008 le Cap). Action plutôt de formation des troupes de l'UA et de transfert aux Africains l'édification de leur propre système de défense. La France a certes encore 8000hommes sur le sol africain soit 4 fois moins qu'à la fin de l'époque coloniale désormais 3 bases Dakar Libreville et Djibouti Mais base d'Abidjan fermée en 2009.

Certes un rayonnement, que d'aucuns appelleraient le « soft power à la française »… (Gary Ziegler), porteur de valeurs universelles. Certes, c'est là l'expression d'une « grande puissance moyenne » avec un maillage culturel de grande puissance : 811 Alliances françaises depuis 1883 (Barcelone) dans 137 pays, 488 établissements français à l'étranger (320 000 élèves dont une classe à Oulan-Bator !), 143 centres culturels et instituts français dans le monde depuis Florence, en 1907, relayés par RFI et TV5 Monde — piratée par Daesh, preuve de la portée de son message. Et avec France 24, « Partout et toujours » n'est plus la devise de Coca-Cola mais de la France !

Certes un rôle de magnet avec 330 000 étudiants étrangers (4e rang mondial) qui ne sont que la « cinquième colonne » de notre influence, mais aussi ces quelque 2 millions de Français à l'étranger (Europe surtout), ambassadeurs de la french touch plus que du masochiste *french bashing*.

Certes des capacités d'emprunt exceptionnelles (elle emprunte en mars 2016 à 0,43 % de taux d'intérêt) mais toujours les mêmes rigidités du chômage qui déclasse la France en Europe et décrédibilise son discours. Et une dette qui depuis 40 ans suit une progression vertigineuse **(2105,4 milliards d'euros** au 30 juin 2015, soit l'équivalent de **97,6 % du produit intérieur brut (PIB**) et plus de 46mds d'euros d'intérêts annuels).

Conclusion

La France est elle condamnée à ce bilan de M. Guénaire in *Le génie français* : « elle fut une puissance et sans doute ne le redeviendra-t-elle plus La France fut un modèle et maintenant elle doit le redevenir… » Et si comme l'écrit T Zeldin « la France n'était un pays d'exception que parce qu'elle ne se lasse pas de se demander en quoi elle est un pays d'exception » !

Oral

Paris, ville mondiale

Introduction

Membre de l'archipel mégalopolitain mondial, Paris, avec ses 11,7 millions d'habitants, participe pleinement à la mondialisation en tant que moteur inscrit à plusieurs échelles spatiales.

I. Paris, centre de la mondialisation

S'affirmant comme l'un des premiers pôles d'organisation de congrès et salons internationaux, Paris accueille de nombreux sièges sociaux d'entreprises multinationales d'origine française ou étrangère, dont une trentaine des 500 premières entreprises du classement Fortune, ce qui la place au 3e rang après Tokyo et Pékin. Le quartier de la Défense vient compléter les anciens quartiers d'affaires de la rive droite. L'OCDE et l'UNESCO ont leur quartier général dans la métropole parisienne.

Avec ses deux aéroports internationaux (dont Roissy Charles-de-Gaulle, 2e européen), ses gares TVG et son réseau autoroutier, sans oublier ses ports fluviaux, c'est l'une des villes les mieux desservies au monde. Elle offre près de 550 destinations internationales dans 135 pays et 5 000 vols hebdomadaires vers l'Europe tandis que 20 millions de passagers empruntent les liaisons rapides vers Londres, l'Allemagne et le Benelux. Elle concentre par ailleurs les flux touristiques (près de 30 millions de visiteurs par an) et migratoires internationaux et 20 % du PIB français.

II. Paris, vitrine pour le monde

C'est une vitrine pour la France où luxe, gastronomie, mode, activités culturelles sont surreprésentées, en particulier en rive droite de la Seine. Sa soixantaine de musées, ses quelques 130 théâtres, ses cinémas, ses sites culturels, salles de spectacles, de concert et d'opéras correspondent à une offre exceptionnelle. Huit des dix premiers sites touristiques français sont à Paris : Eurodisney (15 millions), le Louvre (8,3), la Tour Eiffel, Versailles et le centre Pompidou occupent les premières places. Toutefois, elle est supplantée par New York ou Berlin dans le domaine de la création (mode, art contemporain, architecture).

La capitale accueille aussi le plus grand nombre d'expatriés et notamment de chercheurs étrangers, tout en restant le 1er pôle industriel français (dont trois des sept pôles de compétitivité mondiaux). C'est le 1er émetteur et le 1er récepteur d'IDE. La *gentrification* y concentre une population dont le niveau de vie s'accroît et tend à vieillir. Son paysage urbain est surtout marqué par la réhabilitation et la restauration. À l'exception de quelques opérations d'envergure sur les quais des XIIe et XIIIe arrondissements, Paris tend plutôt, à se transformer en musée à ciel ouvert. Les politiques de transport vont vers les propositions alternatives (vélib' et autolib') au détriment de l'automobile.

III. Les enjeux d'une ville-monde

Paris doit toutefois jongler avec son inscription à plusieurs échelles. Capitale d'État, elle est le cœur de la 1re région française et concentre la majorité de la population nationale (près de 20 %), elle souffre donc des problèmes inhérents à son rang, ses statuts, ses fonctions. Les coûts de l'immobilier connaissent une croissance de plus en plus discriminante. La saturation des infrastructures de transport et communication se traduit par des dysfonctionnements et des surcoûts économiques (dépenses de carburant, temps de transport) et environnementaux (embouteillages).

Maintenir son rang à l'échelle mondiale, tout en restant le moteur du territoire français et un lieu de vie pour ses habitants donne lieu à des arbitrages souvent complexes et difficiles à concilier. Les problèmes de mise en œuvre du projet du « Grand Paris », essentiellement axé sur les transports à petite échelle en rendent bien compte.

Malgré ses mutations, le statut de ville globale est contesté car demeurent des effets de structure pernicieux :

– différentes autorités administratives et décisionnelles (préfet, préfet de région, Grand Paris)

– statuts administratifs différents (arrondissements...)

– faible fluidité des transports

– spéculation immobilière

– faiblesses de la place financière

Autant d'handicaps qui justifient les propos de S. Sassen qui ne considère par Paris comme une ville globale à part entière.

Conclusion

Face à la concurrence des métropoles développées ou émergentes, Paris dispose de nombreux atouts pour demeurer dans la course. Elle doit toutefois réussir à poursuivre sa modernisation sans tourner le dos à son patrimoine, ni à son identité ancrée dans une histoire prestigieuse, sans négliger son inscription multiscalaire.

Chapitre 18
Les défis du développement durable : démographie, inégalités, santé, alimentation, eau

Suzanne Dionet-Grivet

« Le développement durable est défini (rapport Bruntland de l'ONU en 1987), comme le développement qui permet de satisfaire les besoins du présent sans compromettre la capacité des générations futures à répondre aux leurs…
Le développement durable n'est ni croissance infinie, ni Éden primitif… Il s'agit, pour aujourd'hui et pour le futur, de concilier développement économique, équité sociospatiale et usage raisonné des ressources de la planète. »
Yvette Veyret et Jacqueline Jalta. Développements durables. Éditions Autrement. 2011.

DATES CLÉS

- **1959** Mise au point du riz miracle qui permet la révolution verte en Asie
- **1962** Création de la PAC
- **1967** À l'occasion de la Guerre des six jours, les Israéliens prennent le contrôle du plateau du Golan, château d'eau où le Jourdain prend sa source
- **1981** Premiers cas de SIDA détectés aux États-Unis
- **1986** Création du Groupe de Cairns par 14 nations exportatrices de produits alimentaires pour protester contre les subventions aux exportations des États-Unis et de l'Union européenne
- **1997** Protocole de Kyoto* sur le changement climatique
- **2000** Objectifs du Millénaire pour le développement sous l'égide des Nations unies
- **2007** La moitié des terriens sont citadins
- **2011** Famine en Somalie
- **2012** 6e forum de l'eau à Marseille
- **2015** Signature de l'accord universel sur le climat adopté par 195 États lors de la COP21 à Paris

CHIFFRES CLÉS

Population mondiale : 7,6 milliards (2017).
Taux d'accroissement annuel : + 1,1 % /an soit 75 millions de personnes/an (2012).
Espérance de vie moyenne (2014) :
– dans le monde : 68,3 ans
– au Japon : hommes : 79 ans, femmes : 86 ans
– en Afghanistan : hommes : 59 ans, femmes : 61 ans
Malades du SIDA : 37 millions (2014).

- Pourcentage de citadins dans le monde : 52,5 % (2012).
- Nombre de personnes touchées par l'extrême pauvreté (moins de 1,25 dollar/jour) : 1,3 milliard soit 14,5 % de la population mondiale (2011).
- Affamés dans le monde : 800 millions (2014).
- Personnes privées d'eau potable : 1,1 milliard.
- Personnes privées d'assainissement : 2,8 milliards.
- Nombre annuel de décès lié à des maladies hydriques dans le monde : 10 millions.

◆ Croquis de synthèse

Les défis du développement durable : démographie, inégalités, santé, alimentation, eau

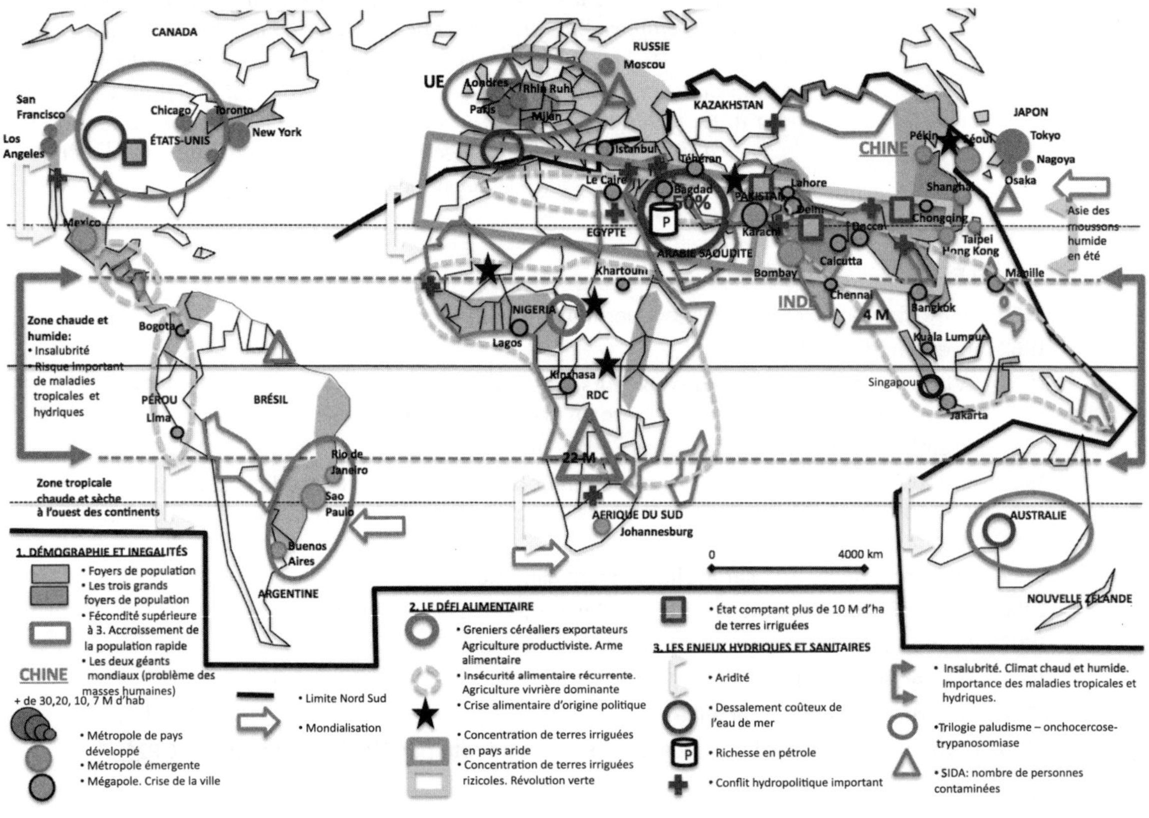

Introduction

Depuis 1945, le sort des hommes s'est amélioré. La satisfaction de leurs besoins vitaux — nourriture, eau potable, santé — a progressé grâce à trois révolutions : agricole, hydraulique, sanitaire.

Au XXIe siècle, la planète et ses 7 milliards d'habitants traversent de redoutables mutations. L'explosion démographique aggrave la pression sur les ressources et l'urbanisation la concentre sur des espaces limités. Si la mondialisation facilite les échanges, elle creuse aussi les inégalités. Un milliard d'hommes souffrent de la faim et plus d'un milliard n'ont pas accès à l'eau potable. Un milliard vivent dans des bidonvilles et un autre milliard sont atteints de maladies tropicales infectieuses ou parasitaires. Parmi eux 34 millions sont malades du SIDA.

La terre comptera 10 milliards d'habitants en 2050 dont 60 % de citadins. Sera-t-elle capable de les nourrir, de leur offrir une eau de qualité, de les soigner et de les éduquer, en particulier dans le Sud qui concentre la pauvreté, les déficits alimentaires et sanitaires et le stress hydrique ?

◆ Problématiques

- ***En quoi la maîtrise de la démographie, le progrès technique et la coopération entre les hommes sont-ils à même d'apporter des réponses aux inégalités sociales de la planète et aux menaces pesant sur les biens publics mondiaux : la nourriture, l'eau potable et la santé ?***

I. Le défi démographique et social

A. Un monde moins pauvre mais plus inégalitaire

La pauvreté recule mais reste endémique

Le PIB mondial a doublé depuis 1990, le PIB/hab. progressé de 50 %, et **l'extrême pauvreté** (moins d'1,25 $ par hab./jour) reculé des 2/3 (14,5 % en 2011). Sa chute est spectaculaire dans les sept pays émergents* où se produit 50 % de la croissance mondiale, en particulier en Chine et en Asie orientale.

Mais l'Objectif du Millénaire* (réduire la pauvreté de moitié en 2015) n'est pas atteint en Afrique subsaharienne où le nombre absolu de miséreux augmente (47 %) et en Asie du Sud (24,5 %).

La pauvreté reste endémique au Sud : 30 % de la population mondiale (2,2 milliards de personnes dont 350 000 Chinois) dispose de moins de 2 dollars par jour. L'IDH, synthèse de trois critères socioéconomiques (revenu, longévité, instruction) et l'IPH, qui analyse les déficits (décès avant 40 ans, analphabétisme, manque d'eau et de soins, poids insuffisant des enfants de moins de 5 ans), montrent un éclatement du Tiers-Monde en plusieurs Sud. On compte 33 pays d'Afrique parmi les 43 PMA*.

L'IDH dans le monde

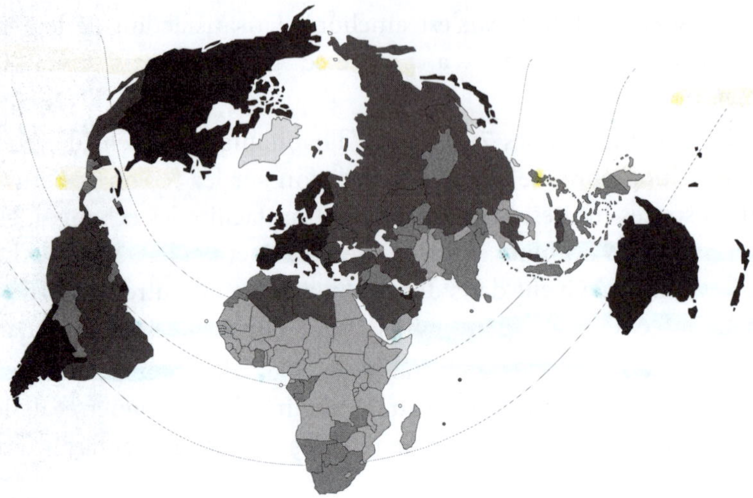

Indice de Développement Humain (IDH) en 2014

- IDH très élevé (+ de 0,800)
- IDH élevé (0,700 et plus)
- IDH moyen (+ de 0,540)
- IDH faible (Moins de 0,540)
- Données non disponibles

source : d'après programme des Nations unies pour le développement

Évolution du % d'extrême pauvreté par région : nombre de personnes vivant avec moins de 1,25 dollar par jour

	1981	1990	2011
Asie de l'Est et Pacifique	77	56	8
Chine seule	84	60	6,3
Europe d l'Est et Asie centrale	2	2	0,5
Amérique latine et Caraïbes	12	12	4,6
Moyen-Orient et Afrique du Nord	9,5	6	1,7
Asie du Sud	61	54	24,5
Afrique subsaharienne	51,5	56,5	47
Monde	52	43	14,5

Source : Banque mondiale

Les inégalités s'accroissent

La fracture Nord-Sud se déplace vers des inégalités internes sociales et spatiales qui augmentent partout et surtout au Sud. 5 % des plus riches reçoivent le tiers du revenu mondial, 5 % des plus pauvres 0,2 %. Sous l'effet de la concurrence, de l'externalisation des fonctions et de la flexibilité, les travailleurs routiniers sont paupérisés et les rémunérations des cadres (les manipulateurs de symboles de R. Reich) explosent. En 40 ans, les revenus ont progressé aux États-Unis de 265 % pour les 1 % les plus élevés contre 42 % en moyenne. L'Inde compte à la fois 300 millions de paysans misérables et une classe moyenne anglophone, formée, dopée par la mondialisation qui ne cesse d'augmenter (200 millions).

L'accès à l'éducation est nécessaire à la réduction de la pauvreté

800 millions d'adultes sont **analphabètes**, 100 millions d'enfants n'ont pas accès à l'éducation primaire parce qu'ils travaillent, parce que l'État n'a ni les moyens, ni la volonté de répondre aux besoins d'éducation. Les filles sont particulièrement défavorisées. L'expérience montre pourtant que les femmes qui savent lire et écrire sont plus aptes à gérer le microcrédit, la nutrition, la santé, le contrôle des naissances.

Les politiques sociales (santé, éducation) sont insuffisantes. L'APD* n'a pas résolu la misère des PMA. L'ajustement structurel des années 1980 a fait reculer les politiques sociales et éducatives. La Chine, malgré sa réserve financière, a privilégié la croissance aux dépenses sociales.

Depuis peu, certains **pays émergents*** engagent une lutte contre la pauvreté. Au Brésil, le programme « Bolsa familia » (primes conditionnées à la scolarisation et au suivi médical des enfants pauvres) a fait reculer le taux de pauvreté de 17 % à 8 % en 20 ans. L'État indien distribue des aides directes (bourses scolaires) et garantit cent jours d'emploi par an dans les zones rurales (travaux publics).

B. 10 milliards d'hommes en 2050 : quels défis ?

Depuis 1950, la croissance est explosive au Sud

La population mondiale atteint 1 milliard d'habitants en 1800, 2 milliards en 1927, 4 milliards en 1974, 6 milliards en 1999 ; il lui a fallu 12 ans seulement pour atteindre 7 milliards en 2011. **Le pic de croissance** (2 %/an) se situe entre 1960 et 1970 : un adulte assiste dans sa vie au doublement de la population. La croissance décélère depuis (2015 : 1,2 %/an) avec la division par deux de la fécondité (2015 : 2,5). Selon l'INED, la population avoisinera 10 milliards d'habitants en 2050 contre 7,3 en 2015 et devrait continuer à croître jusqu'à une stabilisation vers 11 milliards dans un siècle.

97 % de la croissance vient des PED en pleine **transition démographique depuis 1950**. Dans **une première phase,** la mortalité infantile s'effondre (médecine, progrès agricoles) mais la fécondité reste élevée (5 enfants par femme en 1950). Dans la **deuxième phase**, la fécondité diminue (2,2 en Asie et Amérique latine) avec la prise de conscience que les enfants échappent à la mort. **La contraception moderne** (stérilisation, stérilet, pilule, préservatif) se répand après 1980 avec des enjeux multiples : baisse de la mortalité maternelle et infantile,

meilleure condition de soins et d'éducation des enfants, accès des femmes aux études. Son usage dépend fortement du niveau de vie, de l'instruction féminine, du planning familial. L'Inde l'organise dès 1963 et la Chine en 1979 (enfant unique). Si 75 % des femmes utilisent une méthode au Nord (fécondité : 1,7), le quart des femmes y a accès en Afrique noire (fécondité : 5). **Les jeunes en âge de procréer sont nombreux et la natalité reste élevée au Sud (Inde : 22 ‰).**

En Inde et en Chine, l'échographie conduit les classes moyennes à l'avortement sélectif. **200 millions de femmes pourraient manquer en Asie** en 2025.

> **Le dynamisme du Sud recompose la hiérarchie mondiale**
>
> En 2050, l'Inde (1,7 milliard) dépassera la Chine et le Nigéria (444 millions) les États-Unis. L'Asie passera de 60 % à 55 % de la population. L'Europe ne comptera plus qu'un habitant sur 13. Et l'Afrique (2,4 milliards en 2050) longtemps peu peuplée, rassemblera le quart de la population mondiale.

Le vieillissement de la population s'étend au monde entier

La baisse de la fécondité et la longévité accrue vont augmenter la part des plus âgés : 22 % de plus de 65 ans, 20 % de moins de 15 ans en 2050. **Dans les pays riches**, les seniors (19 %), plus nombreux que les jeunes, seront 30 % dans 50 ans. **Le phénomène s'étend au Sud :** 8 % de personnes âgées en 2010, 20 % en 2050.

En chiffres absolus, **le nombre de personnes âgées** (450 millions en Chine, 300 millions en Inde vers 2030), devient redoutable en termes d'accompagnement. Le Nord cherche à réformer ses retraites. Dans les PED, la misère menace le grand âge des adultes d'aujourd'hui. La solidarité collective y est à inventer alors que la solidarité familiale traditionnelle se délite et que le vieillissement est très rapide (doublement des plus de 60 ans en 25 ans en Chine contre 100 en France).

C. Une planète nomade

Le Sud, « planète des bidonvilles », concentre l'explosion urbaine (2 %/an)

Depuis 2011, 50 % des hommes sont citadins ; ils seront 60 % vers 2030. Si l'urbanisation ralentit dans les pays riches (80 % de citadins, croissance de 0,1 %/an), elle explose (3 %/an) dans le Sud où la population urbaine (42 %) double en 20 ans. La croissance (1,7 %/an) ralentit en Amérique latine déjà urbanisée. L'Asie rassemble la moitié des citadins qui sont deux fois plus nombreux en Chine (580 millions) qu'aux États-Unis. Restée rurale, l'Afrique rattrape son retard (+ 3,7 %/an, doublement en 16 ans).

En 1950, deux **mégapoles* dépassaient 10 millions d'habitants :** New York et Londres. Elles sont une cinquantaine en 2015 dont 36 au Sud et la moitié en Asie. En 2015, Delhi atteint 25 millions d'habitants, Shanghai 23, Mexico 21, Le Caire 18, Dhaka 17.

Les métropoles du Nord (New York, Tokyo, Londres, Paris, Moscou) constituent un archipel directeur. Elles doivent **leur rayonnement** à l'efficacité de leurs infrastructures politiques internationales et nationales, financières (banques, bourses), économiques (sièges sociaux), culturelles (universités) et à celle de leurs aéroports. Leur puissance ne repose pas sur la taille mais sur **leur pouvoir de commandement sur le reste du monde, ce qui explique leur attraction.**

Les mégapoles du Sud, nourries d'exode rural et de misère, sont des « monstruopoles » (Kinshasa, Lagos, Djakarta) où la crise est générale : chômage et informel de survie, bidonvilles (40 % des citadins au Sud, 60 % en Afrique), insécurité et violence, déficit d'infrastructures pour la circulation, l'eau et les déchets. Ces villes **« s'auto-peuplent » grâce à leur croissance naturelle.**

Depuis les années 1990, certaines sont devenues **des métropoles émergentes**, lorsque le Nord, recherchant les avantages comparatifs (main-d'œuvre bon marché, facilités de transport, ouverture de nouveaux marchés), a délocalisé sa production en **Amérique du Sud et en Asie orientale.** Sao Paulo, Séoul, Hong Kong, Shanghai ont connu une montée en gamme de la construction (quartiers d'affaires) et des transports (aéroport, autoroutes) grâce à leur puissance financière. La rente pétrolière a financé au **Moyen-Orient**, des villes-champignons à l'américaine comme Riyad (4,5 millions d'hab.) ou Doha.

Les migrations internationales sont un des enjeux du XXIe siècle*

En 2013, la mobilité concerne 3 % de la population mondiale (235 millions) dont un tiers de migration familiale, un tiers de migrations de travail, un tiers de réfugiés.

74 millions de migrants fuient la pauvreté du Sud dans les métropoles du Nord. Ceux qui restent dans le Sud sont aussi nombreux : réfugiés (Afrique), travailleurs pauvres des chantiers pétroliers du Moyen-Orient (Bangladais, Népalais, Égyptiens), migrants de voisinage en Afrique australe. Le « *brain drain* » concentre sur plusieurs pays riches (États-Unis, Union européenne, Canada) les arrivées de scientifiques, ingénieurs, étudiants venus de tous les pays, riches ou pauvres. Le départ de 12 millions de migrants du Nord vers le Sud montre la recomposition du monde. De jeunes cadres du Nord vont travailler en Asie orientale.

La Syrie en 2018, plus grave crise humanitaire depuis 1945

Entre 2011 et 2017, 12 millions de Syriens — la moitié de la population — ont fui les bombardements massifs de civils par Bachar Al-Assad, les exactions de l'État islamique puis la guerre totale dans un pays en ruines.

7,6 millions sont déplacés dans leur propre pays et 5 millions ont fui à l'étranger, le plus souvent dans des conditions désespérées. Les pays limitrophes subissent directement la vague de réfugiés : Turquie (3 millions), Liban (1,2 millions soit un résident sur 4), Jordanie (660 000), Irak (250 000).

Ailleurs, seule l'Europe prend vraiment sa part (350 000). Mais cette crise humanitaire, la plus importante depuis la Seconde Guerre mondiale, l'interpelle sur ses valeurs (inflation des arrivées, naufrages en Méditerranée) et sa raison d'être. Si 5 États à l'ouest (Allemagne, Italie, Suède, Royaume-Uni, France) concentrent 75 % des demandes d'asile, les pays de l'Est (Hongrie, Pologne) ferment leurs frontières et les opinions publiques sont réticentes.

D. La fracture sanitaire Nord-Sud

La transition sanitaire a augmenté la longévité

La santé dépend de cinq déterminants : les disponibilités alimentaires, l'instruction, l'accès à l'eau et à l'assainissement, les dépenses de santé (16 $ en RDC, 8362 $/hab./an aux États-Unis) et l'offre de soins. **L'espérance de vie** atteint 68 ans dans le monde, 75 ans au Nord, moins de 50 ans dans les PMA (Afrique, Afghanistan).

La lutte contre les maladies infectieuses a fait s'effondrer la mortalité infantile dès le XIXe en France : 175 ‰ en 1800, 4 ‰ en 2015. La vaccination est utilisée après 1950 dans le Tiers-Monde où la mortalité infantile baisse de 60 % en un demi siècle (Brésil, Inde, Chine) : 93 pour mille en 1990, 43 pour mille en 2015. 2/3 des décès d'enfants concernent les PMA pour cause de pauvreté : malnutrition, maladies, manque de soins, guerre.

Les maladies infectieuses (tuberculose), hydriques (diarrhées, choléra, arsenicose) et parasitaires (paludisme, bilharziose, onchocercose) restent endémiques dans la zone tropicale humide insalubre et dans les PMA (malnutrition, manque d'eau saine, promiscuité des taudis). **Elles tuent dix millions de personnes chaque année.**

La longévité accrue s'accompagne de nouveaux handicaps

Les maladies cardiovasculaires (MCV) ou dégénératives sont responsables désormais de la majorité des décès (60 %). Prévention et traitements ont fait reculer la mortalité dans les pays riches. Mais ces affections augmentent avec l'évolution du mode de vie (urbanisation, obésité) dans le Sud qui cumule toutes les pathologies et manque de moyens pour les soigner.

Une nouvelle insécurité sanitaire se développe depuis les années 1980

Des **maladies infectieuses émergentes (MIE)** sont venues du monde tropical : SIDA, fièvre Ebola, SRAS (Syndrome Respiratoire Aigu Sévère), grippe aviaire. Des affections (paludisme, tuberculose) deviennent résistantes aux traitements. La tuberculose réapparaît dans les pays de l'Est en reconversion et parmi les exclus des pays riches. **La mondialisation** (transport aérien, migrations) favorise la propagation des pandémies (6 semaines pour le SRAS) et exige une coopération planétaire. Les scientifiques redoutent une épidémie par les prions, résistants à tout traitement.

L'épidémie de SIDA, parce que le vaccin est inopérant, est la plus meurtrière (30 millions de victimes en 25 ans). En 2014, 34 millions de personnes, vivant à 97 % dans le Sud, sont séropositives et 1,2 million sont décédées. **Des épidémies généralisées** frappent l'Afrique subsaharienne pauvre (25,8 millions de séropositifs, 70 % des décès). **Des épidémies ciblées** affectent des groupes à risques au Nord : homosexuels, consommateurs de drogue, prostituées. **En Afrique australe, région la plus touchée** (35 % des séropositifs), le bilan est désastreux : chute de l'espérance de vie de 15 ans, hécatombe des travailleurs, explosion du nombre des orphelins. Le délabrement socio-économique (urbanisation rapide, restriction des budgets sociaux, migrations, prostitution de survie, viols de guerre), l'absence de prévention (Afrique du Sud) et la lenteur des majors de la pharmacie à autoriser les génériques expliquent le désastre.

En 2015, 19 millions de séropositifs ignorent qu'ils sont infectés, 15 millions disposent d'antirétroviraux (1 million en 2001), ce qui réduit la mortalité, mais les fonds d'Onusida restent insuffisants.

II. Le défi alimentaire

« Le monde peut nourrir l'humanité mais le veut-il ? »

A. Le maintien de l'insécurité alimentaire dans un monde autosuffisant

La terre peut nourrir l'humanité

En 2015, la ration alimentaire moyenne d'un terrien (**2 800 kilocalories par jour**) est supérieure à la ration nécessaire (2 500 kcal). Elle masque de forts contrastes entre les pays riches (3 300 kcal), les pays émergents (2 900 kcal en Chine) et les PMA* (2 200 kcal en Afrique subsaharienne, 1 580 en Somalie). Un Américain consomme 1 000 kcal d'origine animale (lait, viande, poisson), un Bangladais une centaine.

Après 1945, la deuxième révolution agricole a fait augmenter la production agricole dans le Nord (+2 %) plus vite que la population (+ 1,6 %) grâce à la mécanisation des récoltes, leur chimisation (engrais, herbicides, fongicides, pesticides), la sélection des espèces et les techniques d'intensification comme les ateliers hors sol.

La révolution verte la prolonge **dans le Tiers-Monde** (années 1960) avec son paquet technologique : variétés de céréales à haut rendement ou VHR, engrais, traitements chimiques, irrigation. L'Inde, la Thaïlande, l'Indonésie mettent fin aux famines et exportent même du riz.

La faim silencieuse, produit de la pauvreté, persiste au Sud, en particulier en Afrique

800 millions d'hommes sont affamés en 2015 et deux milliards de malnutris souffrent de carences en protéines et vitamines qui les rendent vulnérables aux maladies.

54 % des affamés vivent en Asie (540 millions) et 27 % en Afrique subsaharienne (235 millions) contre 16 millions dans les pays riches. Les jeunes enfants (surtout les filles), les femmes enceintes, les vieillards **sont les premiers touchés. 75 % sont des paysans pauvres**, sans terres, sans revenus suffisants, sans assistance des pouvoirs publics, utilisant outils et méthodes archaïques pour tirer du sol de quoi survivre, dépendants des aléas naturels et privés de débouchés, les prix agricoles étant tirés vers le bas pour éviter les émeutes urbaines.

La malnutrition se déplace vers les mégapoles, où ces ruraux chassés des campagnes par la misère vivent d'expédients et s'entassent dans les bidonvilles.

« La famine est un produit de la géopolitique »

La famine de masse liée aux aléas naturels n'existe plus. Dans les pays de la pénurie (Sahel, Inde, Bangladesh), les États savent réagir. Ils mobilisent les stocks et alertent l'aide internationale.

La carte des famines localisées est celle des guerres et des dictatures (Sylvie Brunel). Les « **famines idéologiques** » visent à éliminer une minorité ethnique, politique ou religieuse. Au Soudan, les populations noires du Darfour (2004), chassées de leurs terres, sont déportées dans des camps de réfugiés, les dirigeants arabes empêchant les ONG d'intervenir. Dans le cas **des « famines exposées »**, (Somalie en 2011, Éthiopie) les pouvoirs publics laissent une pénurie se dégrader, suscitent la compassion grâce aux médias et captent l'aide internationale au détriment des affamés.

L'épidémie d'obésité s'étend au monde entier

L'obésité est un problème de santé publique dans les pays riches (diabète, MCV, cancers). Un tiers des Américains sont obèses, un tiers en surpoids. La suralimentation provient de la sédentarité (transports, télévision), de **la transition nutritionnelle** (sucres, graisses, plats préparés, sodas) liées à l'urbanisation.

D'ici 2015, 2,3 milliards d'adultes seront en surpoids et 700 millions obèses. Touchant les pauvres au Nord, l'**épidémie s'étend désormais aux classes moyennes des PED**. Le Mexique, 1er consommateur de coca cola, est le champion de l'obésité infantile. 200 millions de Chinois sont en surpoids.

En même temps, l'acheteur des pays riches est sensible à **la qualité des denrées** pour des raisons sanitaires (crise de la vache folle) et gustatives (AOP), ce qui suppose une réglementation.

B. Un marché alimentaire contrôlé par les pays riches

Les excédents sont aux mains de quelques pays

Les États-Unis, l'Union européenne, le Canada, l'Australie, la Nouvelle-Zélande, l'Argentine, et le Brésil produisent **d'importants excédents** de céréales, viande, produits laitiers, base de l'alimentation. Leur **agriculture productiviste** bénéficie de gros investissements, des techniques industrielles et scientifiques des 2e et 3e révolutions agricoles (OGM), de méthodes d'intensification (irrigation, ateliers hors sol) destinées à augmenter les rendements. Intégrées à « **l'agrobusiness** », les exploitations dépendent du système bancaire, des grands groupes agroalimentaires (Monsanto, Cargill), de l'ouverture des marchés. Ces filières, jugées indispensables à la sécurité alimentaire mondiale ont pour risque la surproduction.

Au Sud, cette agriculture n'existe que dans les grandes plantations de produits tropicaux (cacao, café, coton…) exportés vers le nord. L'**agriculture vivrière familiale** occupe 80 % des paysans du monde, trop souvent abandonnés à eux mêmes sur de petites exploitations. Un paysan malien nourrit 2 personnes, un agriculteur de Beauce 5 500. **Le rendement** céréalier par hectare varie de 1 à 25 et la **productivité** par unité de main-d'œuvre de 1 à 3 000 avec un effet sur les prix.

L'impératif commercial a poussé les États-Unis depuis 1933 et l'Union européenne depuis 1962 (PAC) **à subventionner leurs agriculteurs,** les uns par des aides directes **(Farm bill en 2008),** l'autre par des prix garantis déconnectés du marché mondial. Les paysans du Sud ne peuvent résister à la concurrence des surproductions subventionnées tandis que les pays exportateurs du groupe de Cairns (Australie, Canada, Nouvelle-Zélande) exigent la fin des subventions.

Le Brésil entre agrobusiness et agriculture familiale

Troisième exportateur mondial de produits agricoles, le Brésil dispose de réserves de terres, d'une diversité climatique et d'une gamme étendue de cultures et d'élevages. Future « ferme du monde », il pourrait nourrir tous ses habitants (197 millions) mais l'insécurité alimentaire touche encore 35 % d'entre eux — la faim aiguë 7 % — à cause de la pauvreté et parce que l'agriculture juxtapose deux systèmes de production très différents.

L'agriculture familiale représente 35 % de la production, 70 % de l'alimentation du pays (manioc, haricots, maïs, porc, volailles) et 30 % des terres cultivées dans le cadre de petites et moyennes exploitations. Ce secteur reçoit peu d'aides des pouvoirs publics.

Un vaste complexe agro-industriel produit pour l'exportation (canne à sucre, oranges, café, soja, élevage bovin et avicole) et le marché intérieur (éthanol) dans d'immenses exploitations, avec des investissements massifs, une main-d'œuvre salariée bon marché, une recherche agronomique publique, et le soutien du gouvernement qui exige auprès de l'OMC la libéralisation des échanges agricoles.

L'agrobusiness pose le problème de l'agriculture durable, de l'accès à la terre, du maintien de la biodiversité. L'expansion des biocarburants (canne à sucre pour l'éthanol) aggrave les pollutions de l'eau et du sol et parfois la pression sur la terre. Le travail des coupeurs de canne est « un enfer ». En Amazonie, les éleveurs détruisent la forêt primaire, refoulent les petits colons et les tribus indiennes, ce qui nécessite une réglementation, le nouvel objectif du gouvernement depuis 2004.

Les vendeurs du Nord (États-Unis et Union européenne) dirigent le marché agricole

Si le prix des céréales locales reste stable au Sud, **le cours des exportations mondiales, fixé dans les bourses du Nord** (Chicago pour les céréales, Londres pour les produits tropicaux), dépend du niveau des récoltes, en particulier de celles des États-Unis (40 % du maïs et du soja). Selon la loi de King, une faible variation de l'offre engendre la flambée des cours ou leur effondrement.

La flambée des prix depuis 2006 a été favorable aux agriculteurs, mais elle a engendré dans les PED **une crise d'accessibilité à la nourriture en 2008 et des émeutes de la faim dans les villes dépendantes des importations.** Elle s'explique par la conjoncture : sécheresse des greniers céréaliers (Australie, États-Unis, Inde), spéculation sur les matières premières après le krach immobilier de 2007, concurrence des agrocarburants. Elle est aussi structurelle à cause de l'explosion démographique et de l'essor de l'élevage dans les pays émergents (2/3 des importations de céréales). La sécheresse (2010 : Russie ; 2012 : États-Unis) fait craindre la flambée des prix.

L'aide alimentaire massive n'est pas une solution à la faim

Le PAM (Programme alimentaire mondial de l'ONU) né en 1963 pratique **une aide d'urgence** pour 73 pays en Afrique (50 % de l'aide), au Moyen-Orient (Afghanistan, Irak), en Asie (Corée du Nord, Chine). 5 % des stocks mondiaux de céréales résoudraient la malnutrition mondiale, mais, en dehors des cas extrêmes, l'aide est néfaste car elle déstabilise les productions vivrières locales.

Les ONG qui vivent des dons, sont souvent seules à assumer le rôle des pouvoirs publics (puits, écoles, dispensaires). Mais le « **charity business** » peut apporter le pire ainsi de l'aide détournée (luxe des sièges sociaux, carriérisme, salaires élevés) ou consacrée à des buts contestables (ONG évangélistes ou musulmanes).

L'arme verte est un outil politique. L'Égypte reconnaît Israël en 1979 pour recevoir le blé des États-Unis. Ceux ci, la même année, arrêtent leurs livraisons à l'URSS lors de l'invasion de l'Afghanistan. En 1990, ils imposent l'embargo à l'Irak. Mais affamer est impopulaire.

C. La nécessité d'augmenter la production agricole de 70 % pour nourrir 10 milliards d'hommes en 2050

Fin des terres et faim de terres : les réserves foncières sont limitées.

La conquête de nouvelles terres agricoles (+ 0,2 % par an) stagne, ce qui ralentit l'essor de la production (+ 1,7 % par an en 2020) et implique une augmentation des rendements. **La surface cultivée diminue au Nord :** urbanisation, abandon des champs aux hautes latitudes et altitudes, mise en jachère stratégique (10 % dans l'Union européenne). Dans le Sud, **l'Inde et la Chine sont des « mondes pleins »** et n'ont d'autre solution que l'intensification. Les réserves de terres et **leurs fronts pionniers** sont situés en Afrique centrale, en Amérique latine (Amazonie), en Asie du SE (Indonésie), au Kazakhstan.

Depuis peu, la Chine, le Japon, la Corée du Sud et les pays du Moyen-Orient louent et achètent des terres (230 millions d'ha) dans le Sud (Soudan, Ouganda, Argentine, Indonésie, Madagascar) pour la production d'agrocarburants (40 %) et de denrées alimentaires. Cette **globalisation foncière** remet en cause l'usage vital de l'eau, de la terre et de la forêt pour la paysannerie locale.

Les réformes agraires donnent la terre des grands domaines aux paysans afin d'intensifier la production. **L'explosion démographique** a fait échouer la réforme mexicaine de 1917, **l'idéologie,** les communes populaires en Chine, l'absence de formation des paysans noirs, l'expropriation des domaines blancs au Zimbabwe en 2000. Associées à la révolution verte et au soutien de l'État, **les réformes ont plutôt réussi en Asie** (Japon, Corée, Taiwan).

Les révolutions agricoles technologiques suscitent le débat.

L'agriculture productiviste est mise en accusation au Nord pour ses dérives environnementales et sociales : surexploitation et pollution de l'eau (nitrates, produits phytosanitaires), érosion des sols, destruction de la biodiversité et des paysages, détérioration de la qualité des aliments (vache folle), désertification des campagnes. En Inde, si **les VHR** ont apporté l'indépendance alimentaire, les intrants ont pollué les nappes et le progrès a creusé les écarts sociaux entre paysans et les inégalités spatiales entre régions avancées (Pendjab) et « États malades » (Bihar). Alors que la pêche mondiale stagne (6 % des protéines), on reproche aux méthodes industrielles outre la disparition de l'artisanat, la surexploitation des océans (25 % des espèces) pour la pêche et les pollutions pour l'aquaculture (saumon au Chili).

Les OGM sont au cœur de la 3e révolution agricole biotechnologique. L'introduction d'un gène donne à un OGM une résistance à un insecte ravageur (pyrale du maïs) ou à un herbicide (round up pour le soja). Il peut favoriser l'adaptation au stress hydrique, la présence de vitamines (riz).

En 2010, **le succès des OGM (10 % des surfaces)** tient à l'offensive des grands groupes semenciers comme Monsanto. Les OGM actuels (maïs, soja, coton), sont réservés à l'industrie et à l'élevage pour le Nord et les pays émergents*, et n'apportent pas de solution à la faim. Ils sont cultivés en Amérique (États-Unis, Brésil, Argentine) et en Asie (Inde, Chine). **L'Europe s'est abstenue**, invoquant le « principe de précaution » (ou « d'inaction »). Le débat oppose les partisans des OGM (moins de traitements, résistance aux excès climatiques) et leurs détracteurs qui redoutent les effets sur la santé (toxicité du maïs MON 863, usage du round up) et la dissémination de leurs propriétés dans les écosystèmes.

Des modèles agricoles se rapprochent de **l'agriculture durable.** L'agriculture biologique au Nord (1 % des surfaces mondiales) interdit les intrants industriels (engrais, pesticides) et l'agriculture raisonnée les réduit mais la diminution des rendements et l'augmentation des prix réservent leurs produits aux consommateurs aisés.

Les campagnes du Sud ont besoin de politiques agricoles fortes pour nourrir leur population et éviter l'exode rural.

Les agricultures familiales futures devront être « écologiquement intensives » en maximisant l'usage d'une nombreuse main-d'œuvre et des ressources locales : agroforesterie, fumure organique et irrigation économe pour augmenter les rendements vivriers, aquaculture artisanale. L'Asie a l'ambition de conduire une **révolution « doublement verte »* en limitant les intrants industriels.**

Le paysan doit trouver un intérêt au progrès. En Chine, la libéralisation des marchés paysans depuis 1979 et le retour à la propriété privée ont dynamisé production et diversification agricoles. Les cultures de vente (coton au Sahel), ne sont plus concurrentes des cultures vivrières d'autant que les villes représentent désormais un gigantesque débouché. Le vivrier marchand maraîcher (Afrique), le petit élevage ou l'aquaculture deviennent rémunérateurs sur les marchés locaux et financent de nouveaux besoins (éducation, santé, transport).

Les pays du Sud ont des intérêts divergents. La libéralisation totale des marchés agricoles, programmée par l'OMC en 2002, est exigée par les pays agro-exportateurs du groupe de Cairns (Brésil, Argentine, Afrique du Sud) pour mettre fin aux subventions. Mais elle est remise en question au profit de l'organisation de marchés régionaux parce qu'elle ruinerait l'agriculture familiale d'autres pays (Inde, Chine).

Tous les paysans en Afrique, en Asie et en Amérique latine ont besoin de **politiques nationales agricoles fortes :** sécurisation du foncier, accès au crédit, à l'eau et à la formation, développement des infrastructures de transport, de commercialisation, de communication (téléphone portable), protectionnisme vis-à-vis de l'étranger et maintien de prix rémunérateurs. Soutenus, ils contribueraient à la sécurité alimentaire des campagnes et des mégapoles du Sud.

L'Afrique subsaharienne et ses greniers vides (30 % de malnutris) : un potentiel extensif à mobiliser

L'insalubrité des vallées (paludisme, onchocercose, maladie du sommeil), n'a pas incité l'Afrique à irriguer (4 % des terres). L'agriculture sur brûlis (clairières gagnées sur la forêt, jachères de 25 ans, travail à la houe, absence de fumure) est une méthode extensive aux rendements et à la productivité (5qtx de céréales/homme/an) très faibles. Le bien foncier étant collectif, l'absence de capital empêche la modernisation (engrais, outillage, irrigation). Les marchés enclavés condamnent à l'autosubsistance.

L'Afrique paysanne a connu bien des plaies : corruption de la gouvernance, concurrence du blé étranger, manque d'investissement (4 % du budget), érosion des sols, désertification. Elle a dû faire face à plusieurs facteurs aggravants : une explosion démographique record, une instabilité politique dramatique (26 guerres, 186 coups d'État en 50 ans), le SIDA, l'ajustement structurel et la crise de 2008.

L'agriculture a en réserve des bras et 700 millions d'ha. Elle est appelée à une intensification élémentaire. La croissance agricole atteint 3,5 %/an en 2008. Le Burundi pratique des rotations culturales sur le même champ. Le Mali, grâce à l'irrigation, est autosuffisant en riz. Le vivrier marchand devient rentable autour des villes. Le maïs, le coton, le cacao des tenures paysannes augmentent les revenus. Des politiques d'encadrement sont nécessaires : développement des transports, contrôle des prix, protection des productions locales aux frontières, création de marchés régionaux, lutte contre les aléas naturels.

III. La raréfaction de l'eau, source de tensions

L'accès à l'eau est au cœur du développement durable : lutte contre la faim, santé, environnement, migrations, conflits* hydriques.

A. L'aggravation des inégalités de dotation

Il n'y a pas de pénurie mondiale de l'eau mais des drames régionaux

Si l'eau douce ne représente que 2,5 % des réserves hydriques de la planète (97,5 % d'eau salée), chaque terrien dispose de 6500 m³/an, une quantité largement suffisante pour couvrir ses besoins estimés à 1000 m³/an et préserver les écosystèmes. De plus, l'eau est **une ressource renouvelable** grâce à l'éternel retour du cycle de l'eau (évaporation sur les océans, pluies, retour à la mer par les rivières).

Si quelques États (Brésil, Russie, Canada, Chine, Indonésie) font figure de géants mondiaux de l'eau, vingt pays (Koweït, Libye, Arabie saoudite, Chypre) souffrent de graves pénuries.

La dotation dépend des climats

Les pluies sont abondantes sous l'équateur, dans l'Asie des moussons, sur les littoraux tempérés ouest et intertropicaux est (cyclones) tandis que le désert aride s'étend sous les tropiques (Sahara).

Les montagnes sont des châteaux d'eau et **les aquifères profonds**, des réserves d'eau fossile liées aux climats passés (Libye, Arabie saoudite).

Le « **triangle de la soif** », du Maroc à la Mongolie, est soumis au stress hydrique (moins de 1700 m³/hab./ :an), à la pénurie (moins de 1000 m³/hab./an en Algérie), les seuils critiques (moins de 100 m³) étant atteints en Arabie saoudite, au Koweït (10 m³).

La « ruée sur l'eau » révèle la vulnérabilité du Sud

En 2012, 30 % de la population souffre de stress hydrique ; ce sera 40 % en 2030. En 100 ans, **les prélèvements** (volumes captés, éventuellement rejetés et réutilisables) ont été multipliés par sept et **la consommation** par six, avec pour cause l'essor de la démographie, de l'économie et du niveau de vie.

Depuis 1950**, la révolution hydraulique** destinée à l'irrigation, à l'électricité et aux villes, repose sur 45 000 barrages (Assouan, Trois Gorges), des pompes motorisées et l'exploitation des aquifères profonds (grande rivière de Libye) par les États riches ou pétroliers.

La vulnérabilité du Sud s'explique par la croissance démographique (75 millions d'hommes consomment 65 milliards de m³ d'eau en plus chaque année)**, l'explosion urbaine** (40 % des citadins — 60 % en Afrique — vivent dans des bidonvilles où les réseaux d'eau potable et d'assainissement sont déficients), et le **réchauffement climatique** fait diminuer les pluies dans les zones déjà arides, multiplie les extrêmes (sécheresses, inondations, cyclones) avec des perturbations pour les récoltes et aboutit à la montée du niveau de la mer sur les littoraux (delta du Nil et Bangladesh).

Réchauffement et risques climatiques

Le climat de la terre change. En un siècle, la température moyenne à la surface du globe s'est élevée de 0,8°C. Elle pourrait augmenter de 1,5 à 6°C d'ici 100 ans. Ce changement rapide s'explique par l'accumulation dans l'atmosphère de gaz à effet de serre (dioxyde de carbone, méthane, protoxyde d'azote) qui absorbent le rayonnement infrarouge du soleil. Générés par les activités humaines depuis 200 ans, ces GES viennent de la combustion des énergies fossiles (pétrole, charbon) liée à la révolution industrielle et à l'essor des transports, de la déforestation et de l'extension des terres agricoles, de l'augmentation du niveau de vie. Longtemps seul responsable, le Nord est dépassé désormais par le Sud émergent (Chine 1er pays pollueur du monde dès 2013).

Le réchauffement climatique aggrave les inégalités pluviométriques : si les précipitations augmentent à l'équateur et aux latitudes moyennes et hautes, elles diminuent dans les régions déjà arides (tropiques, pourtour méditerranéen) avec des menaces accrues de désertification. Il multiplie les extrêmes (tempêtes, cyclones, sécheresses, inondations) et accroit leur violence (2010 : Xynthia, 2013 : Haynan). Il perturbe Les grands équilibres (Gulf Stream, El Nino) et aboutit, avec la fonte des glaciers, à la montée du niveau de la mer (1 m d'ici 2100), à la submersion des littoraux (Maldives, delta du Nil, Bangladesh), et à l'explosion du nombre de réfugiés climatiques (200 millions en 2050). Parce que le CO_2 excédentaire se dissout dans l'eau, l'acidification des océans qui en résulte perturbe la reproduction des coquillages et du plancton et donc la chaine alimentaire pour toutes les espèces, l'homme compris.

Le développement favorise l'accès à l'eau

Un Américain utilise 400 litres par jour, un Africain 40 litres.

Les habitants des pays riches bénéficient d'un réseau universel d'eau potable et d'assainissement grâce à des moyens techniques et financiers et une législation normative. Pays pionnier au Second empire, la France dispose de l'eau au robinet (1930), de l'évacuation des eaux usées par les égouts (1960), de leur traitement (1980). Depuis 2000, la politique de l'eau de l'Union européenne vise à reconquérir le bon état des rivières.

À l'opposé, dans le Sud, 1,1 milliard d'habitants sont privés d'eau potable et 2,6 milliards d'assainissement. La réalisation d'infrastructures se heurte aux coûts et au manque de volonté politique avec des injustices pour les pauvres : pollution des nappes, prix élevé de l'eau auprès des revendeurs, corvée d'eau réservée aux femmes et aux petites filles privées d'école, maladies hydriques (diarrhées, choléra, paludisme, bilharziose, arsenicose) responsables de 10 millions de morts par an.

B. La multiplication des tensions

Pénuries hydriques et régions hydroconflictuelles

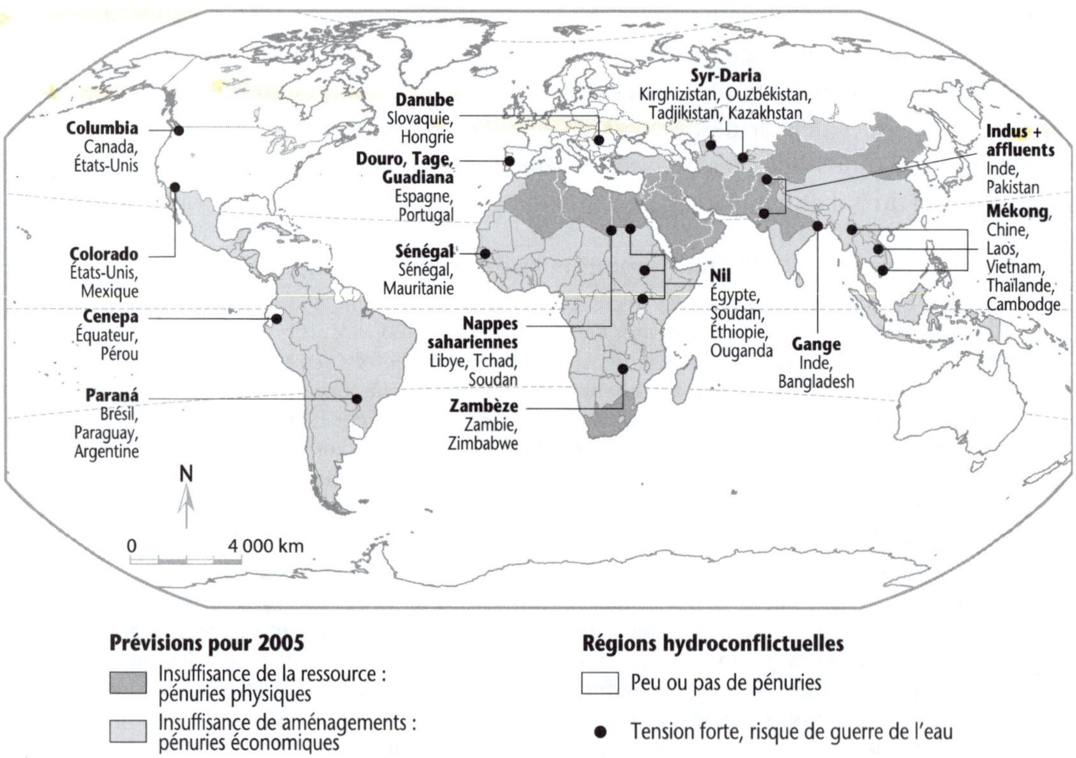

Vitale, l'eau est devenue l'« or bleu » disputé entre usagers

Produit lourd et bon marché, elle ne se transporte pas : les tensions restent régionales.

L'agriculture, surtout celle du Sud, est la première consommatrice d'eau dans le monde (70 % des prélèvements, 20 % pour l'industrie, 10 % pour l'eau domestique). 18 % des terres sont irriguées ; elles fournissent 40 % de la production agricole. L'enjeu est alimentaire dans les PED (80 à 90 % des prélèvements) où la consommation d'eau agricole dans le « triangle de la soif » et dans l'Asie rizicole (révolution verte*) a doublé depuis 1960. L'agriculture est la championne du gaspillage : 50 % de l'eau prélevée s'évapore sous le soleil. Au Nord, l'irrigation stabilise les rendements de l'agriculture productiviste (maïs, cultures délicates).

Le Nord prélève plus d'eau industrielle (50 % en général) et d'eau domestique (15 %) et traite les effluents. Sa consommation d'eau urbaine se stabilise grâce aux procédés économes. Elle augmente dans les pays émergents à cause de l'industrialisation et du mauvais état des réseaux. Quant **aux touristes,** ils imposent de façon ponctuelle leur consommation massive (piscines, golfs, douches multiples).

Les conflits entre usagers sont fréquents. Au Kerala (Inde), les riziculteurs accusent Coca Cola de piller la nappe. L'arbitrage est le plus souvent défavorable aux campagnes car le PIB des activités industrielles et tertiaires est bien supérieur au PIB agricole. Dans le Sud-Ouest américain aride (activités de pointe, agriculture irriguée, explosion urbaine), l'activité agricole devrait se réduire de 40 % d'ici 2030.

L'essor des activités humaines pèse sur l'environnement

L'eau des barrages piège les limons, submerge les lieux habités et favorise les maladies hydriques en zone chaude. Dans les déserts, 70 % de l'eau s'évapore avant d'avoir été utilisée. **Surexploitation et salinisation sont les fléaux de l'agriculture irriguée.** La mer d'Aral a presque disparu depuis les années 1960 avec l'irrigation de l'Asie centrale pour le coton. Au Yémen, les pompages épuisent la nappe phréatique. L'eau fossile est non renouvelable.

La pollution est partout, faute de législation et de moyens. Les fleuves reçoivent les eaux usées et la contamination des nappes est préoccupante. **L'agriculture intensive productiviste** est la première responsable de la pollution au Nord (nitrates, pesticides, algues vertes en Bretagne). **Les eaux domestiques** sont chargées de détergents, de graisses, de germes fécaux et **les eaux industrielles** de déchets toxiques (métaux lourds, hydrocarbures). On ignore les effets des **pollutions émergentes** médicamenteuses (antibiotiques, hormones) provenant des hôpitaux et des sanitaires.

Dans les pays développés, les pollutions anciennes ont un impact chronique mais les effluents sont de plus en plus traités (80 % en France). Dans les PED, faute de traitement, les rivières où les pauvres puisent leur eau sont transformées en cloaques.

Les tensions hydropolitiques se multiplient

Le risque de **guerre civile locale existe** (des morts sur le fleuve Cauvery en Inde en 2002).

Les tensions sont aussi internationales : 40 % de la population mondiale vit dans des bassins hydrographiques communs à plusieurs États. Les géopoliticiens pensent que l'eau qui coule incite à la coopération mais que sa raréfaction est dangereuse quand elle est associée à **d'autres problèmes ethniques, religieux ou politiques** (Israël). Les tensions opposent l'aval à l'amont sur un fleuve. Les États dont l'armée est puissante (Israël, Égypte, Turquie, Chine, Inde) sont « hydrohégémoniques ».

Miné par le déficit d'eau, le Moyen-Orient est la principale région hydroconflictuelle.

L'eau est au cœur d'un conflit historique, politique et religieux, entre Israël et les populations arabes de la région

L'État juif s'est approprié par la force (guerre des Six jours en 1967) l'eau de la région (Jourdain, plateau du Golan, Cisjordanie). Il impose des lois discriminatoires aux Palestiniens (expropriations, prix élevé, quotas d'utilisation) et multiplie les colonies agricoles irriguées dans les territoires occupés. Un Israélien consomme 357 m^3 par an, un Palestinien 70 m^3. Les nappes s'épuisent (Gaza), le niveau de la Mer morte baisse d'un mètre par an. Le bassin comptera 25 millions d'habitants en 2025 : préserver la paix suppose un partage de la ressource. Israël dessale l'eau de mer (70 % de l'eau des ménages), utilise le goutte à goutte et l'eau recyclée pour irriguer (2/3 des besoins des agriculteurs), mais refuse de négocier.

L'eau est au cœur d'un conflit historique, politique et religieux, **entre Israël et les populations arabes de la région**. L'État juif s'est approprié par la force (guerre des 6 jours en 1967) l'eau de la région (Jourdain, plateau du Golan, Cisjordanie). Il impose des lois discriminatoires aux Palestiniens (expropriations, prix élevé, quotas d'utilisation) et multiplie les colonies agricoles irriguées dans les territoires occupés. Un Israélien consomme 357 m^3 par an, un Palestinien 70 m^3. Les nappes s'épuisent (Gaza), le niveau de la mer Morte baisse d'un mètre par an. Le bassin comptera 25 millions d'habitants en 2025 : préserver la paix suppose un partage de la ressource. Israël dessale l'eau de mer, utilise le goutte à goutte et l'eau recyclée pour irriguer, mais refuse de négocier.

L'inégal partage des eaux du Jourdain

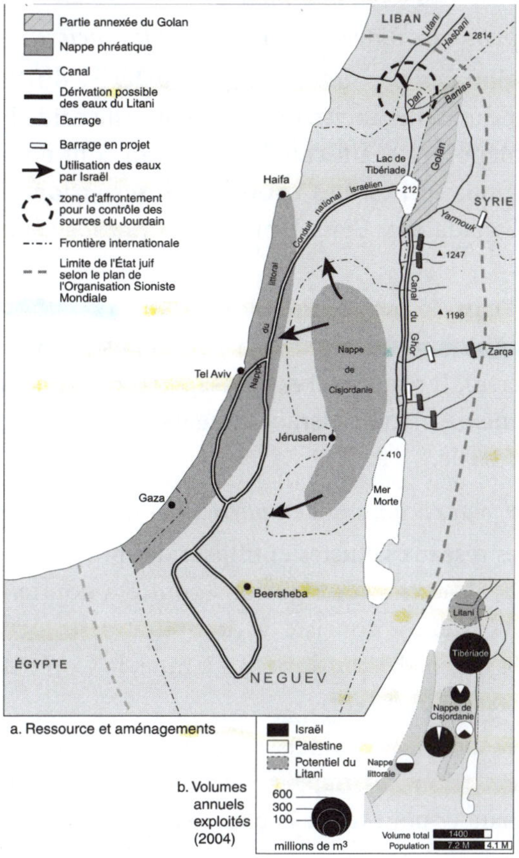

Source : G. Mutin. L'eau dans le monde arabe, 2e édition. Ellipses. 2011.

La Turquie, puissance militaire, **qui a engagé dans les années 1970 le programme de barrages du GAP** sur le Tigre et l'Euphrate (*cf. commentaire composé*), est la maîtresse des eaux face à l'Irak écrasé depuis 1990 et la Syrie en guerre.

Le Nil traverse 10 pays. (*cf. commentaire composé*). L'**Égypte** dispose d'un quasi monopole sur la ressource depuis 1929 et du barrage d'Assouan (1971) pour irriguer la vallée et limiter la dépendance alimentaire (60 %). Les pays de l'amont demandent leur part, l'Éthiopie d'où vient 85 % de l'eau pour l'électricité et le Soudan pour les cultures irriguées. L'Égypte s'agrippe à ses droits acquis et à son armée pour conserver son hydrohégémonie.

En Asie, la situation s'aggrave **pour les géants émergents***. La Chine, à cause de ses programmes de barrages, a des relations tendues avec ses voisins : Kazakhstan (disparition du lac Balkhach), Russie, pays du Mékong, Inde (Brahmapoutre). Malgré plusieurs accords (Indus en 1960, Gange en 1996), la raréfaction de l'eau dégrade les relations de l'Inde avec le Pakistan et le Bangladesh musulmans.

Les litiges hydriques se multiplient en Asie centrale, sur le Sénégal, dans les États du Sud de l'Afrique, sur le Colorado…

C. La nécessité d'une révolution bleue pour une gestion durable

Augmenter l'offre suppose des moyens techniques et financiers

Des dérivations nationales permettent des transferts, du Yangzi vers le Fleuve Jaune pour alimenter Pékin et du Sao Francisco vers le Nordeste aride brésilien. En Inde, un canal himalayen Indus-Brahmapoutre et un canal du Deccan sont en projet pour transférer l'eau en excédent vers les régions sèches. **Les transferts internationaux** (Sibaral de l'Ob à l'Asie centrale, GRAND du Canada aux États-Unis) sont restés à l'état de projets pour cause de souveraineté nationale.

Le **dessalement de l'eau de mer** a **un essor rapide** (17 000 usines, 6 % de l'eau domestique, 300 millions d'utilisateurs) **malgré une forte consommation d'énergie*** (distillation thermique, osmose inverse). Il reste réservé à l'usage domestique et à des pays riches capables de le financer (États-Unis, Australie, Israël, Singapour, pays pétroliers). Le Moyen-Orient produit 50 % de l'eau dessalée.

Gérer la demande exige des économies en particulier dans l'agriculture

S'il faut réhabiliter les réseaux vétustes et utiliser des procédés économes, **l'agriculture est au cœur des « solutions douces » d'irrigation** (goutte à goutte, aspersion nocturne, choix des cultures). **L'« eau virtuelle »** consiste à déshydrater les économies en important des produits agricoles plutôt que de les produire. La Chine, la Corée du Sud ou l'Arabie saoudite louent **des terres agricoles à l'étranger**.

Le recyclage des eaux usées (water re-use) assure des ressources à l'industrie, à l'irrigation, à la réalimentation des nappes (Singapour, Australie, Israël). Mais le procédé coûteux est difficile à financer pour les pays pauvres.

Adopter une tarification et une gestion limite le gaspillage

Les défenseurs d'une eau vitale gratuite s'opposent aux partisans d'un paiement (l'eau potable a un coût) qui finance de nouveaux raccordements et évite le gaspillage. L'Afrique du Sud a adopté une tarification progressive : première tranche gratuite, eau payante pour les gros consommateurs.

La gestion publique municipale l'emporte dans le monde, même aux États-Unis. En France, depuis le Second Empire, 75 % des communes font appel aux **compagnies privées** pour l'eau potable et l'assainissement. Ces majors mondiales (Veolia, Suez, la SAUR) ont un savoir faire. Mais leur exigence de rentabilité leur fait délaisser les pays non solvables (Suez a quitté l'Argentine en 2006).

Coopérer permet un partage équitable de l'eau

La gouvernance mondiale (ONU*, Conseil mondial de l'eau…et son forum tous les trois ans) a reconnu le droit à l'eau (20 litres/hab./jour) en 2010, la valeur économique de celle ci et la nécessité d'une gestion commune pour les bassins hydrographiques transfrontaliers. Mais la réalisation des objectifs se heurte au souverainisme des États et aux coûts (5 % seulement de l'APD* est consacrée à l'eau).

Recherche gouvernance mondiale désespérément, pour un pacte social planétaire

Les disparités Nord-Sud appellent des outils planétaires de régulation et de solidarité pour atteindre les Objectifs du millénaire pour le développement* (2000) et préserver les biens publics mondiaux, l'alimentation, l'eau, la santé, l'éducation et l'environnement.

Mais la priorité, pour les États, le FMI et la Banque mondiale, est désormais la crise financière et économique des pays riches. Les conférences de l'ONU* sur la sécurité alimentaire comme celles de l'OMC, loin de mener à des politiques concrètes, sont le lieu d'affrontements entre États riches et pauvres, exportateurs et importateurs sur le thème des subventions et de la libéralisation des échanges. La conférence sur le SIDA (2012) souligne les progrès mais dénonce la pression des laboratoires pharmaceutiques sur les brevets. Après Kyoto (1997), les engagements pris pour limiter les émissions de gaz à effet de serre sont peu contraignants (Doha en 2012).

La France a suggéré la naissance d'« Organisations mondiales de l'Environnement et de la Sécurité alimentaire » capables d'appliquer des sanctions dissuasives.

Mais la gouvernance mondiale se heurte au poids des lobbies, à l'égoïsme des États et en particulier à l'exceptionnalisme américain qui entrave toute avancée vers le multilatéralisme.

Le modèle français inspire la coopération entre usagers. Une « Agence de l'eau » finance les aménagements (adduction d'eau, stations d'épuration) et la protection des écosystèmes dans le cadre du bassin d'un fleuve grâce à des taxes payées par les usagers.

La coopération entre États d'un bassin versant s'impose.

Il existe 145 traités internationaux régulant plus ou moins bien le partage des eaux (traité de l'Indus en 1960, accord Israël-Jordanie en 1994).

Les agences de bassin regroupent les États riverains d'un fleuve pour gérer en commun ses eaux (Niger, Sénégal, Mékong, Danube). Leur action est variable : l'Égypte conteste les décisions de l'Initiative du bassin du Nil créée en 1999.

Des aménagements communs pourraient, comme la CECA européenne en 1951, lier des peuples dans un processus de paix. Le projet Red-Dead (mer Rouge-mer Morte) vise à sauver la mer Morte, à approvisionner les Israéliens, les Jordaniens et les Palestiniens en eau dessalée et à désamorcer les tensions. Mais le Proche Orient est conflictuel en 2013.

Conclusion

Les inégalités sont au cœur des enjeux de demain, définis par les Objectifs du Millénaire* en 2000, l'accès de tous à l'eau, l'alimentation, la santé, l'instruction, la protection de l'environnement et la paix, alors que l'explosion démographique, l'urbanisation effrénée, la consommation des ressources, le réchauffement climatique et les pollutions menacent l'équilibre planétaire.

Des investissements et un processus de développement sont indispensables pour faire reculer la pauvreté : intensification des pratiques agricoles, réalisation d'infrastructures pour l'eau et l'assainissement, organisation de marchés et de moyens de transport, aménagement des régions. Le monde doit utiliser plus de ressources et en même temps les protéger, les valoriser, les réutiliser.

Une nouvelle culture du développement doit émerger qui passe par une gestion durable de la biodiversité et la lutte contre le gaspillage mais aussi par la coopération et la solidarité. Une gouvernance mondiale de l'environnement, destinée aux biens publics mondiaux, est nécessaire et le Nord doit aider le Sud. Mais les États ont aussi à engager des politiques nationales de soutien aux paysanneries locales, à la santé, à l'éducation. Des réussites locales existent, l'enjeu est de les étendre à l'échelle monde.

IDÉES REÇUES

Il y aurait trop d'hommes pour une planète qui ne peut les nourrir

Les affamés sont 800 millions en 2015, surtout dans le Sud. Déjà au XVIIIe siècle, Malthus redoutait les conséquences de l'augmentation de la population sur la consommation des ressources.

En 2015, la terre qui compte 7,3 milliards d'habitants est pourtant capable de fournir en moyenne à chacun d'eux une ration suffisante (2 800 calories/jour). Les révolutions agricoles ont fait augmenter les rendements et la production plus vite que la population. La faim est donc liée aux inégalités de répartition des ressources. Sa solution passe donc par la généralisation des révolutions techniques agricoles, l'organisation de réseaux de transport, le développement des politiques de soutien aux agriculteurs dans le Sud pour que la terre puisse nourrir 10 milliards d'hommes en 2050 alors que l'augmentation des surfaces cultivées est problématique.

Les sociétés seraient seules responsables du changement climatique

La seconde révolution industrielle est incriminée à juste titre, avec la combustion des énergies fossiles et la déforestation, pour expliquer l'augmentation des gaz à effet de serre dans l'atmosphère et le réchauffement de la planète depuis 200 ans.

Les fluctuations climatiques ont pourtant toujours existé. Elles peuvent être de grande ampleur (plusieurs dizaines de millions d'années) ou se limiter à des variations rapides (quelques dizaines d'années). Les scientifiques les expliquent par des modifications de l'activité solaire ou un plus ou moins grand éloignement du soleil, mais aussi par l'intensité de l'activité volcanique et l'émission de méthane et de dioxyde de carbone par les milieux naturels. Ainsi un océan plus chaud produit plus de CO_2.

LIEUX DE LA GÉOPOLITIQUE

Rome, siège de la FAO

La FAO, Organisation des Nations unies pour l'Alimentation et l'Agriculture, est née en 1945. Elle compte 197 membres et siège à Rome depuis 1951. Elle fournit des bases de données et des rapports sur l'agriculture mondiale. Elle organise des forums de réflexion et accorde une assistance technique aux PED, dans le but de construire un monde libéré de la faim.

Mésopotamie, espace de tensions

La Mésopotamie (« le pays entre les deux fleuves »), bassin alluvial du Tigre et de l'Euphrate, est un concentré des crises du Moyen-Orient.

Le climat désertique et la démographie galopante ont exacerbé les conflits* pour l'eau entre la Turquie, l'Irak et la Syrie. Les ambitions hégémoniques ont dressé les unes contre les autres les puissances régionales (Arabie saoudite, Iran, Irak). La guerre Iran-Irak de 1980 à 1988 a fait un million de victimes.

Le pétrole irakien (10 % des réserves mondiales) est au cœur des convoitises des grandes puissances. L'invasion du Koweït par le dictateur irakien Saddam Hussein a décidé d'une intervention militaire internationale en 1990-1991. Les États-Unis sont intervenus à nouveau en 2003 et ont abattu le régime.

La guerre civile fait des milliers de victimes chaque année : attentats contre les Occidentaux, violence quotidienne entre les groupes religieux (chiites-sunnites), les nationalités (Turcs, Kurdes, Arabes), les clans (Syrie de Bachar El Asssad en 2011), barbarie de l'État islamique depuis 2014.

Bibliographie sélective

Lecture indispensable

Yvette Veyret et Jacqueline Jalta, Développements durables, *Autrement. 2011.*

L'ouvrage apporte une réflexion sur le développement durable, processus qui vise un meilleur ajustement entre l'économique, l'écologique et le social. En douze leçons, les auteures montrent la nécessité d'agir à plusieurs niveaux face aux grands enjeux du monde contemporain. En analysant la croissance de la population, les niveaux de pauvreté, de santé et d'éducation, l'impact des risques naturels, la crise de l'énergie, le devenir des biens publics mondiaux comme l'eau, l'alimentation, l'air et les océans, elles désamorcent un certain nombre d'idées reçues, montrent les logiques d'aménagement des territoires et décryptent les stratégies en cours. Douze études de cas (Madagascar, Brésil, Libye...), font un tour du monde des pratiques de développement durable.

Ouvrages

Blanchon David : *Atlas mondial de l'eau.* Autrement. 2013.

Brunel Sylvie : *Nourrir le monde. Vaincre la faim.* Larousse 2009.

—, *Le développement durable.* Que sais-je ? PUF. 2012.

Carroué Laurent, Ruiz Claude, *Géographie de la mondialisation.* Bréal. 2013.

Charvet Jean Paul : *Atlas de l'agriculture.* Autrement 2012.

Dionet-Grivet Suzanne : *Géopolitique de l'eau.* Ellipses, 2e édition, 2014.

Pison Gilles, Balavoine Guillaume, Jacquart Albert : *Atlas de la population mondiale.* Autrement 2009.

Raisson Virginie : *Atlas des futurs du monde.* Robert Laffont. 2010.

Salem Gérard, Vaillant Zoé : *Atlas mondial de la santé. Quelles inégalités ? Quelle mondialisation ?* Autrement 2008.

Withol de Wenden Catherine : *Atlas des migrations du monde.* Autrement. 2012.

Revues

Alternatives internationales. L'État de la mondialisation. 2012. 2013.

Dossier *Pour la science.* L'eau. Attention fragile. N° 58. janvier/mars 2008.

Espace prépas. La planète alimentaire. N° 122. novembre 2008.

Le Monde. Hors série : Les nouveaux paysans. octobre-décembre 2012.

Le Monde. Dossiers et documents.
Demain, les guerres de la faim… N° 377. juillet-août 2008.
Dis-moi ce que tu manges… N° 403. décembre 2010.
Démographie : 10 grands défis. N° 427. février 2013.
Le Monde. Collection La vie.
Atlas des migrations
Atlas des mondialisations
Atlas des utopies
Atlas du monde de demain
National Géographic. Eau. avril 2010

Films et DVD

Arthus Bertrand Yann : *La soif du monde*. 2012.
National Géographic : *Eaux troubles*. 2004.
Victor Jean Christophe : *Richesse et pauvreté des nations*. Le dessous des cartes. Arte. 2011.

Sites Internet

www.cairn. info
www.diploweb.com
http://données. banquemondiale.org
www.fao.org
www.inegalites.fr
www.lemonde.fr
www.lesechos.fr

Commentaire de documents

Bassin du Nil, bassin du Tigre et bassin de l'Euphrate : étude comparée

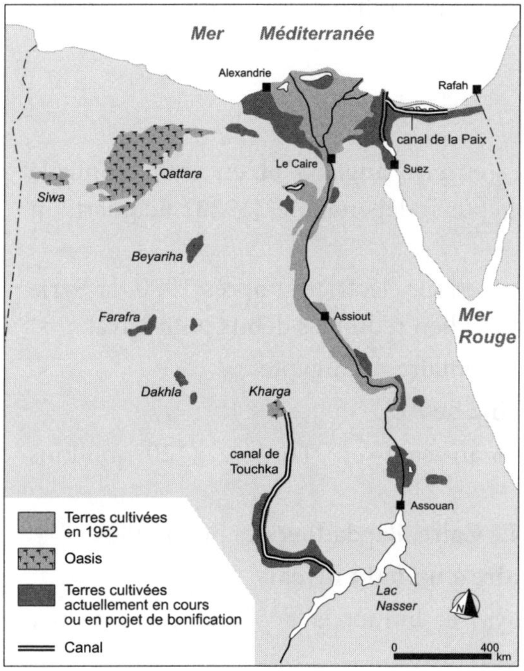

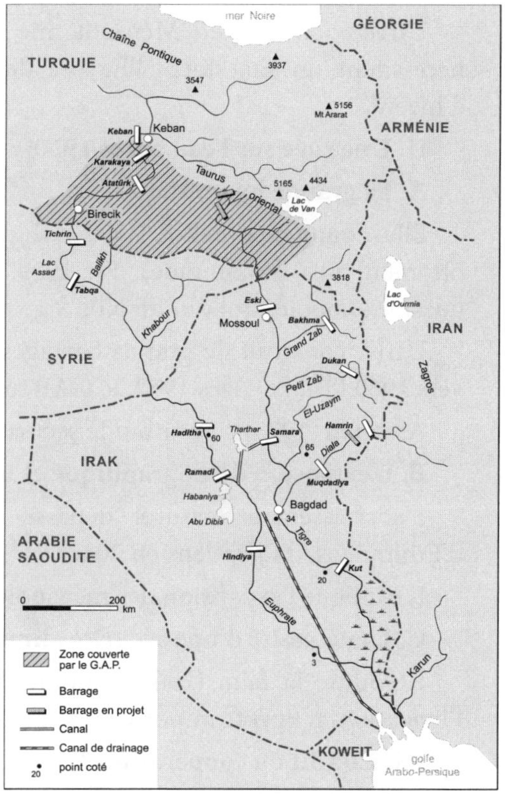

Introduction

Les deux bassins hydrographiques sont deux zones hydroconflictuelles du « triangle de la soif » au Sahara et au Moyen-Orient.

I. Deux bassins en état de stress hydrique

A. Deux châteaux d'eau

Nés en Turquie (Taurus : 3000 m), le Tigre et l'Euphrate irriguent des terres arides en Syrie puis en Irak au bord du golfe Persique.

Venu de haute Éthiopie (85 % du débit), le Nil traverse le Sahara et dix pays dont l'Égypte, lieu du delta à l'aval.

B. Un climat désertique

Les pluies sont indigentes (moins de 100 mm au Sahara) et irrégulières, l'évaporation intense. Les débits diminuent de l'amont à l'aval : 50 % de l'eau du Nil disparaît avant la mer.

L'amont montagnard rythme les crues : printemps pour les fleuves turcs (pluies de saison froide, fonte des neiges), été pour le Nil (climat tropical humide).

C. Deux civilisations de l'irrigation anciennes

L'irrigation naît en Mésopotamie il y a 5000 ans. Les travaux hydrauliques nécessitent un État fort : l'Égypte des pharaons utilise la crue pour la récolte d'hiver.

II. Une ruée sur l'eau après 1950

A. La grande hydraulique

Elle commence début XXe en Égypte (empire anglais) et en Irak (contrôle ottoman puis britannique). En 1929, l'Égypte indépendante (1922) acquiert un quasi monopole sur l'eau du Nil.

L'Irak construit de grands barrages (irrigation, électricité) après 1950, la Syrie vers 1960 (Tabka). Dès 1972, le GAP turc anatolien réduit les débits pour l'aval.

Assouan (1975) a pour but la sécurité alimentaire de l'Égypte.

B. L'explosion démographique et urbaine de PED

L'accroissement naturel dépasse +2 %/an sauf en Turquie (120 millions d'Éthiopiens, d'Égyptiens en 2040).

Il explique l'expansion des mégapoles (Le Caire, Bagdad) et des bidonvilles.

C. La nécessité d'une sécurité alimentaire à un haut niveau

Résoudre la faim (Irak, Éthiopie, Kenya) et limiter la dépendance passe par l'irrigation. L'Égypte importe 60 % de sa nourriture…

III. Conflit ou coopération ?

A. Des pressions supplémentaires

Les pays aval réclament leur dû à la Turquie. Pollutions et salinisation ont nécessité un canal (« 3e fleuve »).

Sur le Nil, les pays amont (97 % des débits), après de longues guerres, envisagent des barrages pour l'électricité (Éthiopie), l'irrigation (Soudan), contre la sécheresse (Kenya)… L'Égypte réalise la « Nouvelle vallée », le canal de la paix…

B. Des tensions dans les deux bassins

L'Irak et la Syrie s'opposent en 1974, font front commun contre la Turquie à chaque création de barrage (1990 : Ataturk), signent des accords (1987, 1990) sur fond d'anciennes rivalités (problème kurde, rancune Arabes-Turcs, statut de l'Oronte).

Les pays amont exigent de l'Égypte la révision des accords (1929-1959).

C. La loi du plus fort ou la coopération ?

La Turquie, puissance militaire, maîtresse de l'amont, ne négocie plus. L'Irak est exsangue, la Syrie isolée.

L'Égypte à l'aval s'agrippe à son armée et à ses droits acquis. Dépendante de ses voisins (« Initiative du bassin du Nil »), elle devra partager l'eau.

Conclusion

Deux bassins dominés par une puissance hydrohégémonique, mais la Turquie est maitresse des eaux à l'amont et l'Égypte dépendante à l'aval.

Dissertation

Mondialisation et risques

Introduction

Tempêtes, marées noires et catastrophes industrielles (Fukushima, Tianjin), épidémies (SIDA, SRAS), crise financière et économique mondiale en 2008, attentats islamistes à Paris en 2015... Les événements tragiques, de plus en plus médiatisés, semblent se multiplier depuis les années 1980 avec la mondialisation.

Si celle-ci a augmenté la richesse mondiale, elle a généré aussi des dangers potentiels multiformes, financiers, économiques, sociaux, géopolitiques, environnementaux, qui menacent la stabilité du monde.

Au XXIe, certains d'entre eux, à l'image du réchauffement climatique, ont une dimension planétaire et l'humanité s'interroge sur la durabilité de son modèle de croissance face aux risques de la mondialisation. Si celle-ci étend les aléas à la planète entière (1), la vulnérabilité endogène des sociétés aggrave leur impact (2), ce qui rend indispensable une coalition internationale pour rendre le développement durable (3).

I. La mondialisation multiplie les risques et les mondialise

A. Le néolibéralisme génère des sociétés de plus en plus inégalitaires

La généralisation du capitalisme et l'essor des échanges et des communications (NTIC) ont enrichi le monde, fait émerger de nouvelles puissances (BRICS) et reculer l'extrême pauvreté.

Mais les inégalités sociales s'accroissent entre le **Nord et le Sud, entre les riches et les pauvres dans chaque pays.** La **concurrence accrue entre États (avantages comparatifs)** exclue les PMA et amplifie les délocalisations et le chômage des travailleurs routiniers dans les PDEM.

La volatilité des capitaux stimule **l'investissement** mais multiplie les **pratiques risquées** (crédit, bulles financières, attaques sur les monnaies) et les crises financières aigües (Asie en 1997, Argentine en 2001) qui déstabilisent l'économie. La 1re crise financière mondiale engendre en 2008 une récession planétaire.

B. Les inégalités alimentent de nouveaux enjeux

Les migrations internationales (3,2 % de la population) augmentent avec les écarts démographiques et sociaux, les crises environnementales (250 millions de réfugiés en 2030) et politiques (2011 : Syrie). Solution au sous-développement du Sud, elles nourrissent au Nord une vision sécuritaire (racisme, politiques de fermeture). La crise des migrants (2015) remet en cause l'UE dans ses principes, ses acquis (Schengen) sa cohésion.

La criminalité se mondialise en réseaux : trafics illicites (drogue, armes, prostitution), mafias et « méga-gangs » avec comme couveuses à criminels les mégapoles, les bidonvilles, les zones grises, les États corrompus et les États faillis (Afghanistan, Irak, Libye). L'argent sale irrigue finance et paradis fiscaux.

Des risques **géopolitiques** se développent sur le terreau de la pauvreté, des inégalités, de l'aliénation culturelle, de la contestation de l'Occident et de l'Amérique dominatrice, de la cybercriminalité sur Internet. Depuis la guerre du Golfe, ont explosé au Moyen Orient, en Afrique, des dérives identitaires : islamisme (Al Qaeda, Daesh, Boko Haram), terrorisme (attentats de Paris. 2015), contagion guerrière (Syrie. 2011).

C. L'empreinte environnementale humaine dépasse les capacités de la terre

Les catastrophes technologiques (marées noires, explosions) **s'ajoutent aux pollutions diffuses**, agricoles, domestiques, chimiques, radioactives, qui empoisonnent les sols, l'air, l'eau.

La déforestation, la surpêche, l'utilisation des énergies fossiles, des matières premières, de l'eau, menacent **d'épuisement les ressources naturelles et la biodiversité. Des conflits pour leur contrôle** ont déjà éclaté au Rwanda, au Moyen Orient avec un avenir sombre.

Si la mondialisation (OMS, vaccinations) a éradiqué des maladies (variole) et accéléré les ripostes sanitaires, la résistance d'anciennes affections (tuberculose) et la naissance **de nouvelles pandémies** (SIDA, Ebola) posent le problème de **« l'unification microbienne du monde »** sur fond de pauvreté, de migrations, d'essor des transports.

D. Le réchauffement climatique est un défi majeur

Les activités humaines (combustion des énergies fossiles, déforestation), augmentent l'effet de serre et la hausse des températures (1 °C depuis 1880).

Le réchauffement a des conséquences globales : désertification, stress hydrique, tempêtes, fonte des glaciers, hausse du niveau de la mer, réfugiés climatiques (30 M chaque année).

Si les PDEM sont les premiers responsables avec la révolution industrielle, l**a mondialisation étend celle-ci aux pays émergents (Chine 1er pollueur).**

II. La vulnérabilité endogène des sociétés aggrave l'intensité des risques

A. La surconcentration des hommes rend la mondialisation périlleuse

L'explosion démographique (2050 : 10 milliards d'hommes) fait redouter la surconsommation des ressources, l'insécurité alimentaire (Afrique) et énergétique, les migrations de masse. Le vieillissement la ralentit mais pose les problèmes de la prise en charge des personnes âgées (retraites), de la nécessité de l'immigration au Nord.

L'explosion urbaine aggrave les enjeux environnementaux (eau potable, eaux usées, déchets, pollution, approvisionnements, transports, habitat) et l'insécurité urbaine (ségrégation, délinquance, trafics criminels en réseaux, émeutes).

B. Le modèle économique intensif est en accusation

Le productivisme agricole qui a mis fin aux famines, **l'industrialisation** qui a enrichi le monde, **l'essor des transports, la société de consommation** gaspillent les ressources et polluent (marées noires).

Ce modèle s'étend **au Sud** (BRICS) avec son cortège de risques environnementaux (nuage brun sur l'Asie, catastrophes industrielles).

Mais **le mode de vie américain est impossible pour le monde entier** et un changement de paradigme est nécessaire.

C. Les sociétés sont inégales face aux risques

Malgré les progrès de la sécurité, des sciences et des techniques, les pertes matérielles augmentent au Nord, les pertes humaines au sud. **Médiatisés, l**es risques sont plus perçus dans les PDEM qui les refusent (assurances) que dans le Sud pauvre, moins informé, plus résigné.

Le Nord dispose de moyens financiers et technologiques, d'États puissants et stables, de législations normatives (directive Seveso en France), de systèmes d'assurances, de politiques de prévention (Japon).

Le sous-développement en prive le Sud alors que sa croissance rapide (révolution verte, industrie) agresse l'environnement. Le Sud cumule les risques naturels (tropicalité, réchauffement climatique), les catastrophes industrielles, l'explosion démographique et urbaine, les déficiences des États et des lois, le manque d'argent et la corruption, les risques politiques (idéologies totalitaires, guerre). Il dépend aussi des décisions mondiales (libéralisation des prix, ajustement structurel, réduction des programmes sociaux).

Le Sud concentre ainsi les territoires à risques : littoraux surpeuplés, marges arides, mégapoles explosives, poudrières politiques (Moyen Orient). Il a besoin d'**une aide publique au développement accrue** et d'un transfert de technologies et de savoir-faire par le Nord.

III. Une coalition internationale est nécessaire pour rendre durable le développement

A. La gouvernance mondiale fait du développement durable un enjeu de civilisation mondial

Des institutions internationales interviennent dans le champ financier (FMI, BIRD), économique (FAO, ONU), d'autres dans le domaine social (OIT) ou criminel (GAFI). Le G7, le G8 (États puissants) et le G20 depuis 2008 (PDEM, émergents) sont des outils de décision économique mondiaux.

Dès 1972, **le rapport Meadows** met en cause le modèle économique occidental face à la finitude du monde. **Les conférences sur les biens publics mondiaux** se succèdent : Stockholm (1972), Sommet de la terre à Rio et son agenda 21 (1992), Kyoto et son protocole de réduction des GES (1997), Johannesburg (2002), Forum de l'eau…

Après l'échec de Copenhague (2009), **la COP21 aboutit au premier accord contraignant contre le réchauffement climatique (2015),** signé par 195 pays : maintien du réchauffement sous la limite des 2°C, aide des PDEM de 100 milliards $/an aux pays du Sud.

B. Les États doivent engager des politiques publiques

Ils doivent financer la recherche scientifique et des politiques agricoles, énergétiques, éducatives, sociales, sanitaires, environnementales. En 2008, ils ont aidé les banques.

Leur action se heurte à **de multiples obstacles :** la réduction de leur pouvoir aux fonctions régaliennes (éducation, infrastructures, science), leur difficulté à maîtriser les dépenses publiques, la menace de l'État-providence (retraites, santé, éducation) par le libéralisme. La montée des partis nationalistes et le rejet des institutions régionales et mondiales fragilisent aussi les négociations communes.

Les PDEM ont un rôle financier important par leur FTN, leurs États, leurs ONG. Leur implication dans l'environnement est très variable. Si l'UE est en avance, les États-Unis n'ont pas ratifié Kyoto. Si les émergents privilégient la croissance à l'environnement, la Chine vient d'adopter un programme solaire et éolien.

C. La sphère économique a un rôle à jouer

Le marché agit grâce aux permis à polluer (principe pollueur-payeur).

Une économie verte émerge avec de nouveaux marchés : finance verte (investissements responsables, désinvestissements dans le charbon), business vert (énergies propres, dépollution, commerce équitable).

D. La société civile se mobilise pour le développement durable

Elle s'exprime par ses ONG (WWF, Greenpeace), ses partis écologistes, sa citoyenneté responsable (achat d'équipements économes, de panneaux solaires, d'éoliennes, covoiturage, gestion des déchets).

L'Agenda 21 (*think global, act local*) depuis 1992 puis **l'agenda des solutions**, plate-forme d'innovations lancée en 2014 par l'ONU, affirment **le rôle des autorités locales** dans la mise en œuvre du développement durable : engagements concrets de villes, de régions, d'entreprises, de syndicats, d'ONG, d'institutions financières et scientifiques.

Conclusion

Le principal risque de la mondialisation est de générer **une crise globale** dont les dangers viennent du modèle de développement des sociétés.

Cette imbrication implique une **mobilisation urgente pour la durabilité de l'humanité**, au sein de la société civile et des entreprises, au niveau des États et des instances mondiales.

Tel est l'espoir porté au niveau du changement climatique par l'accord mondial de la COP21 signé à Paris en 2015. **Le travail ne fait que commencer**.

Oral

Les guerres de l'eau

« On s'est battu au XIXe pour l'or, au XXe pour le pétrole, on se battra au XXIe pour l'eau. » (Le frère du roi Hussein de Jordanie). Les mots de l'eau (rives, riverains, rivalités) portent en eux le conflit mais aucune guerre n'a éclaté à ce jour pour ce motif. Pourquoi redouter des guerres de l'eau ?

I. Pour l'eau, le risque de guerre civile est plus grand que celui de conflit international

Les régions où les rivalités d'usage sont fortes sont en situation de **stress hydrique** : Moyen-Orient (Jourdain, Nil, Tigre et Euphrate), Asie orientale (Chine et ses voisins), Asie du Sud (Inde-Pakistan), Afrique australe, bassin du Colorado…

À l'échelle régionale, **les tensions sociales** opposent les villes et les campagnes, l'amont et l'aval avec parfois des dizaines de morts (heurts entre le Tamil Nadu et le Karnataka sur le Cauvery en Inde).

À l'échelle internationale, il n'y a jamais eu de **guerre de l'eau entre États** : l'eau ne fait qu'aggraver d'autres causes sous-jacentes, ethniques, politiques ou religieuses (guerre des 6 jours en 1967 sur le Jourdain). S'il existe de fortes tensions entre États, l'eau qui coule favoriserait la diplomatie (accord sur l'Indus en 1960). Une usine de dessalement coûte aussi moins cher qu'une guerre. Mais la loi du plus fort s'impose : une armée puissante rend hydrohégémoniques Israël, la Turquie, l'Égypte, la Chine, l'Inde, les États-Unis.

II. L'aggravation du stress hydrique (40 % de la population en 2030) génère des tensions surtout au Sud

L'explosion démographique (9 milliards en 2050) et urbaine condamne le Sud à **une sécurité alimentaire** de haut niveau et à **l'irrigation** croissante alors que **le changement climatique** perturbe les pluies. **L'agriculture** est la plus grosse consommatrice et la championne du gaspillage (surexploitation, salinisation).

À cause de **l'essor démographique et économique** (industrialisation), **les pays émergents** (Chine, Inde) prélèvent des quantités croissantes d'eau, multiplient les barrages, dégradent la qualité de l'eau.

Les pays développés disposent de **moyens techniques et financiers** pour gérer les pénuries et traiter les eaux usées (Re-use, irrigation au goutte à goutte en Israël). Les PED manquent d'investissements pour le faire.

III. Une révolution bleue est nécessaire pour éviter les guerres de l'eau

L'agriculture, principale consommatrice, **est au cœur des solutions :** pratiques douces d'irrigation, eau virtuelle, globalisation foncière, régime alimentaire moins carné.

L'augmentation de l'offre (dessalement, barrages, dérivations) étant onéreuse, **la gestion de la demande** s'impose : procédés industriels et domestiques économes, réhabilitation des réseaux, tarification…

L'hydrodiplomatie et la coopération sont à inventer : aide financière Nord-sud, gouvernance et législation mondiales, accords bilatéraux entre États, agences de bassin (Initiative du Nil, Danube, Mékong), projets communs (Red-Dead au Moyen-Orient).

Conclusion

Des risques régionaux : des réponses régionales surtout.

Chapitre 19
L'énergie et les matières premières : entre abondance et rareté

Jérôme Calauzènes

« La demande et la compétition pour l'accès à l'énergie peuvent devenir source de vie et de mort pour beaucoup de sociétés »
Henry Kissinger, in The Financial Times, juin 2005.

Dates clés

- **1859** Premier forage pétrolier aux États-Unis en Pennsylvanie.
- **1956** Le géologue américain King Hubbert annonce le « pic pétrolier »* pour les années 1970.
- **1960** Création de l'OPEP (Organisation des Pays Exportateurs de Pétrole).
- **1973** Guerre du Kippour et premier choc pétrolier. Un deuxième choc pétrolier intervient en 1979, suite à la révolution iranienne. Début de l'augmentation et de la volatilité du prix du pétrole.
- **1998-2002** Deuxième guerre du Congo (lutte pour le contrôle des matières premières* et notamment du coltan). Reprise des affrontements en 2012.
- **mai 2006** Evo Morales nationalise les hydrocarbures en Bolivie.
- **2007-2008** Crise alimentaire mondiale.
- **janvier 2009** Conflit gazier entre la Russie et l'Ukraine. Les approvisionnements en gaz de l'Europe sont menacés.
- **avril 2010** Explosion de la plateforme Deepwater Horizon dans le golfe du Mexique. Marée noire très importante.
- **février 2012** L'OMC condamne la Chine qui ne fournit pas au marché mondial suffisamment de matières premières et notamment de terres rares*.
- **2014-2016** Baisse importante des cours des matières premières. À Londres, le brut de mer du Nord atteint 31,76 € soit son niveau le plus bas depuis 2004.
- **2017** Les États-Unis exportateurs d'hydrocarbures pour la première fois depuis 1975.

Chiffres clés

Pétrole

	Am. du Nord	Am. latine	Europe et Eurasie	Moy.-Orient	Afrique	Asie-Pacifique	Monde
Réserves* prouvées de pétrole en Bb (milliards de barils) et en %	232,5 (13,7 %) Dont Canada, (10 %).	330,2 (19,4 %) dont Venezuela (17,5 %)	154,8 (9,1 %) Dont Russie (6,1 %).	810,7 (47,7 %) dont Arabie Saoudite (15,7 %)	129,2 (7,6 %) Dont Libye (2,8 %)	42,7 (2,5 %)	1700,1

					et Nigéria (2,2 %)		
Production de pétrole en 2014 (en Mb/j et en %)	18,7 (20,5 %) dont États-Unis (12,3 %)	7,6 (9,3 %) dont Venezuela (3,3 %)	17,2 (19,8 %) dont Russie (12,7 %) et Norvège (2 %)	28,5 (31,7 %) dont Arabie Saoudite (12,9 %), Iran (4 %), Emirats Arabes Unis (4 %)	8,2 (9,3 %) dont Nigéria (2,7 %), Angola (2 %)	8,3 (9,4 %) dont Chine (5 %).	88,5
Ratio Réserves/ Prod. (en années)	34	+ 100	24,7	77,8	42,8	14,1	52,5
Consom. (en %)	24,3 % (dont 20 % pour les États-Unis)	7,8	20,4	9,3	4,3	33,9 % (dont 12,4 % pour la Chine)	92 Mb/j dont 48,3 % pour les pays de l'OCDE.

Gaz naturel, charbon et énergie nucléaire

	Am. du Nord	Amérique latine	Europe et Eurasie	Moyen-Orient	Afrique	Asie-Pacifique	Monde
Réserves prouvées de gaz naturel (en Gm^3 et en %)	12,1 (6,5 %) Dont 5,2 % aux États-Unis	7,7 (4,1 %) Dont Venezuela (3 %)	58 (31 %) Dont Russie (17,4 %)	79,8 (42,7 %) Dont Iran (18,2 %) et Qatar (13,1 %)	14,2 (7,6 %) Dont Nigéria (2,7 %)	15,3 (8,2 %)	187,1
Production de gaz (en Bm^3 et en %)	948,4 (27,7 %) Dont États-Unis (21,4 %)	175 (5 %)	1002,4 (28,8 %) Dont Russie (16,7 %)	601 (17,3 %)	202. 6 (5. 8 %)	531,2 (15,3 %)	3460,6
Ratio réserves/production (en années)	12,8	43,8	57,9	+ 100	69,8	28,7	54,1
Production de charbon (En MTEP et en %)	551,4 (14 %) Dont États-Unis (12,9 %)	65 (1,7 %)	441,6 (11,2 %) Dont Russie (4,3 %)	0,7	152,2 (3,9 %)	2722,5 (69,2 %) Dont Chine (46,9 %)	3933,5 (ratio Réserves / prod. de 110 ans)
Consommation d'énergie nucléaire	37,6 % (Dont 33,1 % pour les États-Unis)	0,8	46,3 % (dont 17,2 % pour la France et 7,1 % pour la Russie)	0,2	0,6	14,4 % (dont 6,2 % pour la Corée du sud et 5 % pour la Chine)	100

Source : BP Statistical Review of world energy 2015, 2014.

◆ Croquis de synthèse

Les matières premières et l'énergie dans le monde : inégalités et risques

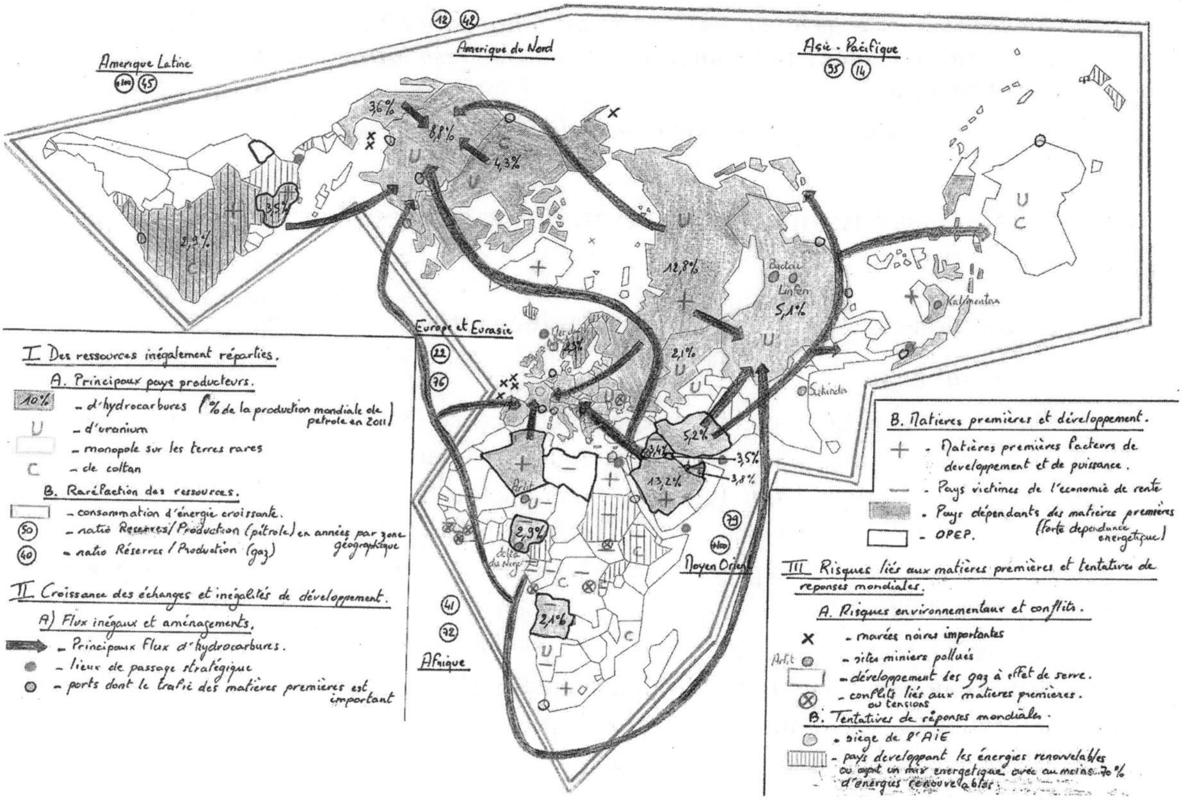

Introduction

En 1930, au moment de Noël, John Maynard Keynes publiait un texte intitulé *Perspectives économiques pour nos petits-enfants*. Il y prédisait qu'en 2030 environ le progrès technique aurait atteint un tel niveau de développement qu'il permettrait aux sociétés occidentales d'être débarrassées du problème de la rareté des biens. Il apparaît pourtant aujourd'hui, à une époque qui aurait pu voir naître les petits-enfants de l'économiste, que la question de la rareté reste primordiale.

Elle se pose avec de plus en plus d'acuité en ce qui concerne les matières premières et l'énergie, ressources considérées comme abondantes et très peu chères jusque dans les années 1970-1980. L'ASPO (Association for the Study of Peak Oil and Gas) affirme ainsi que le pic pétrolier mondial a été atteint en 2010, tandis que d'autres prévoient que le niveau de production de pétrole va plafonner vers 2020-2025. De nombreux férus de prospective, plus ou moins autorisés, n'ont de cesse d'annoncer l'épuisement des ressources pétrolières d'ici à 40-50 ans, avant l'extinction des autres denrées fossiles.

◆ **PROBLÉMATIQUES**

- ***Dans quelle mesure et à quelles échelles peut-on parler d'inégale répartition des matières premières dans le monde ? Comment remédier à ces inégalités ?***
- ***Quelles sont les conséquences de la fin de l'abondance ? Comment expliquer des tensions de plus en plus importantes autour des matières premières et de l'énergie ?***
- ***Dans quelle mesure la transition énergétique est-elle possible ?***

I. Inégale répartition et raréfaction des matières premières dans le monde

A. Production et réserves mondiales : des inégalités importantes

L'exemple du pétrole

Le Moyen-Orient reste la première région productrice (31,7 %) derrière l'Amérique du Nord (20,5 %) et l'Eurasie (19,8 %). Il en va de même pour les réserves prouvées : Moyen-Orient (47,7 %), Amérique latine (19,4 %), Amérique du Nord (13,7 %). À l'inverse, l'Asie Pacifique est peu gâtée avec à peine 2,5 % du total mondial. L'Afrique semble cependant faire son apparition avec 9,3 % de la production et 7,6 % des réserves mondiales (Angola, Nigéria, Algérie, Libye notamment).

À l'échelle nationale, certains pays sont particulièrement bien dotés en or noir. En tête de la production mondiale, on trouve : Arabie Saoudite (12,9 %), Russie (12,7 %), États-Unis (12,3 %), Chine (5,1 %). Au niveau des réserves prouvées, la hiérarchie est également nette : Venezuela (17,5 %), Arabie Saoudite (15,7 %), Canada (10 %), Russie (6,1 %). On notera que les réserves prouvées de la Chine restent faible (0,9 % du total mondial).

Ces inégalités se retrouvent à une échelle plus fine. La production peut être très localisée : le plus gros gisement du monde est le site de Ghawar, en Arabie Saoudite. S'étendant sur une surface de 280 km de longueur sur 30 km de largeur, il a été mis en exploitation en 1951. On considère que 170 Bb y sont présents, dont 60 seraient récupérables. Il représente 6 % de la production et 10 % des réserves mondiales.

D'autres exemples

Réserves gazières : 42,7 % des réserves prouvées (soit 80 000 milliards de m^3, Bm^3) se situent au Moyen-Orient (avec 18,2 % en Iran et 13,1 % au Qatar). De même, 31 % des réserves se trouvent en Eurasie (et 17,4 % des réserves mondiales se trouvent en Russie). Les autres régions du monde restent en marge, en dehors de quelques pays : Nigéria, Algérie, Australie, Venezuela.

Production de gaz naturel : sur un total de 3460 Bm^3, les États-Unis arrivent en tête avec 21,4 % du total, suivis par la Russie (16,7 %). Viennent ensuite le Canada, l'Iran, le Qatar et la Norvège, ce qui confirme la domination du Moyen-Orient, de l'Amérique du Nord et de l'Eurasie.

Production d'uranium. 3 pays dominent : sur une production totale d'environ 60 000 tonnes en 2013, le Kazakhstan (37 %), le Canada (18 %) et l'Australie (11 %) arrivent en tête. Viennent ensuite la Namibie (8 %), le Niger (8 %) et la Russie (7 %).

Terres rares : en raison des conséquences environnementales de leur exploitation et de certains coûts, la plupart des mines mondiales ont fermé, à l'exception de celles la Chine. Le pays assure aujourd'hui 95 % de la production, ce qui pose de nombreux problèmes, même si certains pays cherchent à relancer leur production : États-Unis, Australie, Afrique du Sud, Malaisie.

Typologie des inégalités en fonction des États

On peut distinguer 3 types d'États en fonction des ressources de leur sous-sol et des avantages qu'elles leur procurent.

- Certains États sont très bien pourvus : Russie, Moyen-Orient (Arabie Saoudite, Koweït, Qatar, Iran, Émirats Arabes Unis), Venezuela, Chine, États-Unis, Canada, Australie, Brunei, Afrique du Sud, Norvège, Brésil. Ils bénéficient d'une rente importante, d'une indépendance énergétique voire d'un monopole sur la vente de certains biens.
- D'autres États sont bien pourvus en matières premières mais les avantages procurés sont insuffisants pour assurer un réel développement : Algérie, Égypte, Libye, Nigéria, Bolivie, Mexique, Kazakhstan, Irak, Côte d'Ivoire, Gabon, Guinée Équatoriale, Colombie, Soudan, République démocratique du Congo, Namibie, Angola, pays du Caucase (Azerbaïdjan), Ouzbékistan, Libéria…
- Enfin, des États sont très mal dotés : Japon, Europe (à l'exception de la Norvège et du Royaume-Uni), Corée du Sud, Vietnam, Bangladesh, République centrafricaine… Leur territoire reste pauvre en matières premières ou celles-ci ont déjà été exploitées et se trouvent quasiment épuisées. Ces États sont donc placés dans une situation de dépendance de fait.

B. Une consommation croissante révélatrice de gradients de développement

Une consommation croissante

En 1965, l'humanité consommait environ 28 Mb/j et ce chiffre a été en constante augmentation jusqu'à aujourd'hui, à l'exception des années 1970 et 1980 (qui ont vu alterner des périodes de stagnation ou de diminution en lien avec les chocs pétroliers). En 2014, la consommation totale était de 92 Mb/j, soit une augmentation de 228 % en 48 ans. Pour se représenter les volumes de consommation actuels, on estime que l'humanité consomme 14,7 milliards de litres de pétrole par jour.

C'est le cas de toutes les matières premières et sources d'énergie. La consommation de gaz naturel est passée de 2700 Gm^3 en 2004 à 3200 Gm^3 en 2014, soit une augmentation de 26 % en dix ans. De la même façon, la consommation mondiale d'uranium est passée de 58 000 tonnes en 1995 à 70 000 tonnes en 2011, soit une augmentation de 20 % en 16 ans.

Les facteurs d'explication

L'augmentation de la population mondiale. En un siècle, la population mondiale est passée de 1,75 milliard en 1910 à 7 milliards en 2012. La consommation annuelle de viande est ainsi en progression constante, d'environ + 2,3 % par an depuis 10 ans (286 MT en 2010). On estime même que cette consommation devrait progresser de 200 MT entre 2010 et 2050, soit pratiquement un doublement des volumes annuellement produits, compte tenu des évolutions démographiques envisagées (9 milliards d'habitants d'ici à 2050).

L'augmentation rapide de la population dans les pays émergents et le développement des classes moyennes. La Chine a une croissance économique très forte (+9,4 % par an entre 1979 et 2004) et une véritable classe moyenne s'y développe, avide de consommer (entre 2005 et 2010, cette population a augmenté de 46 % passant de 562 millions à 643 millions de personnes). Le parc automobile chinois est ainsi devenu le 2e du monde (78 millions de véhicules), derrière les États-Unis mais devant le Japon. Et le marché reste très ouvert puisque seulement 1 Chinois sur 17 possède une voiture.

Les gâchis d'énergie dans certains pays producteurs, à l'instar de la Russie. Les appartements collectifs y sont surchauffés et la régulation de la température se fait par l'ouverture des fenêtres en hiver. Le pays pourrait ainsi économiser jusqu'à ¼ de sa consommation annuelle de gaz. Il existe également en Russie de fortes déperditions en raison de la vétusté des infrastructures (fuites : environ 10 % de la production). De plus, le gaz associé à la production de pétrole est essentiellement détruit par torchage (on brûle ce gaz) alors qu'il pourrait être revendu à Gazprom.

Une consommation révélatrice des gradients de développement

Les pays riches absorbent ainsi l'essentiel de la production : États-Unis (20 % du pétrole consommé en 2014), Union européenne (14,1 %), Japon (4,7 %). Les pays de l'OCDE représentent 48,3 % de la consommation totale de pétrole. La carte de la consommation par tête est encore plus révélatrice. Ce sont les pays du Nord (États-Unis, Canada, Australie, Europe de l'Ouest, Japon, Russie) et certains pays producteurs du Golfe (Arabie Saoudite, Qatar) qui sont les plus gourmands. On constate cependant que la consommation des pays riches reste globalement stable depuis au moins 10 ans.

Les pays émergents voient leur consommation décuplée : Chine (2e position avec 12,4 %, en augmentation), Inde (4,3 %). On remarque surtout que la consommation de ces pays augmente très vite : entre 2004 et 2014, la consommation de pétrole de l'Inde a augmenté de 51 %.

À l'inverse, de nombreux pays sont quasiment exclus de la consommation de pétrole. L'Afrique, qui représente pourtant 1 milliard d'habitants aujourd'hui, ne consomme que 4,3 % du pétrole mondial.

Il en va de même pour la plupart des autres sources d'énergie. Les États-Unis consomment ainsi 22,7 % du gaz naturel mondial en 2014, l'Union européenne 11,4 % et le Japon 3,3 %. La Chine en absorbe quant à elle 5,4 %, un chiffre qui ne cesse d'augmenter également : entre 2004 et 2014, sa consommation a cru de 352 %.

C. Un épuisement annoncé

Une production croissante

Entre 2004 et 2014, la production de la plupart des matières premières a augmenté : pétrole (+8 % en 10 ans), gaz naturel (+28 %). La production de gaz du Qatar a augmenté de 354 % entre ces mêmes dates, celle de l'Iran de 79 %. La production de charbon a progressé de 39 % en 10 ans. La production de cuivre a été multipliée par 3 entre 1970 et 2011 (15,8 MT).

Une fin annoncée

Ces augmentations sont essentiellement dues à une exploitation plus intense des gisements. De sorte que l'on annonce la fin de la plupart des matières premières et des sources d'énergie pour le XXIe siècle.

En 2014, le ratio réserves/production (exprimé en années) donnait encore 52,5 ans de pétrole pour le monde, avec de nettes différences : 120 ans en Amérique latine (grâce aux réserves du Venezuela), 77,8 ans pour le Moyen-Orient, 34 ans pour l'Amérique du Nord, 24,7 ans pour l'Eurasie et moins de 15 ans pour l'Asie Pacifique.

En ce qui concerne le gaz naturel, le ratio donne environ 54 ans de production au rythme actuel. Le ratio dépasse les 150 ans de production pour le Moyen-Orient (le chiffre était cependant supérieur à 600 ans dans les années 1980).

La situation pour certaines matières premières semble très alarmante. Au rythme actuel de la consommation de cuivre, il semble rester environ 31 années avant l'épuisement des ressources connues (situées à 35 % au Chili).

Le risque de pénurie de cacao s'accentue également. Le géant du chocolat Barry Callebaut annonçait que vers 2020, la production de cacao ne serait plus suffisante pour couvrir les besoins de l'humanité.

Des tentatives pour reculer les échéances

La recherche de nouveaux gisements. De nouveaux gisements de pétrole ont en effet été découverts au Cameroun en octobre 2012 (20 Mb), au Mexique (120 Mb, mais en eau profonde) à la même date. En 2015, la compagnie pétrolière argentine YPF a annoncé la découverte d'un nouveau puits d'environ 40 millions de barils. En septembre 2012, la Russie a révélé qu'elle possédait en Sibérie un gisement de diamants contenant 110 fois les réserves mondiales. Le Groenland semble pouvoir devenir un nouvel eldorado pour les matières premières. Même si la prospection en matière de pétrole tarde à porter ses fruits, des gisements de terres rares y ont été identifiés.

Les progrès technologiques en matière d'exploration ont rendu possible la mise à jour de nouvelles réserves offshore. Les nouvelles techniques de forage permettent de trouver des matières premières dans des conditions plus extrêmes et à des profondeurs importantes. En 2010, la compagnie pétrolière Chevron lançait le forage de l'un des puits de pétrole les plus profonds du monde (2500 mètres), au large de Terre-Neuve, à l'extrême est du Canada.

On insiste également, lorsque cela est possible, sur le recyclage des matières premières. C'est de plus en plus le cas pour l'aluminium ou le cuivre. Pour ce dernier, au niveau mondial, 35 % des besoins sont aujourd'hui assurés par le recyclage des déchets contenant du cuivre (robinetterie, appareils ménagers, matériel informatique et électronique).

Le pétrole est-il condamné au Moyen-Orient ?

1. Pétrole condamné par une conjoncture très défavorable…

– baisse des prix conjuguant pétrole de schiste, crise des émergents, crise de la Chine, et moindre consommation des PDEM.

– pétrole au ban des accusés de la Cop21 énergies fossiles à terme dépassées ?

– pétrole pas l'outil optimal du développement : pétrole et mal développement.

2. Mais cette évolution est au cœur d'une stratégie…

– volonté de l'Arabie saoudite de noyer le marché comme en 1986 pour contrer le pétrole de schiste américain et ses investisseurs et sur fond d'opposition à l'Iran.

– volonté de l'Iran de profiter de la fenêtre d'opportunité donnée par l'abandon des sanctions avec l'accord de novembre 2015 sur le nucléaire.

– volonté des pays africains d'émerger par le pétrole, tout comme le Brésil qui veut *a minima* l'autosuffisance pour consolider son rôle d'acteur global. Par ailleurs, on imagine mal les États-Unis abandonner leur influence sur le marché pétrolier du Golfe et du 3e Golfe !

3. Ce cycle est certes perturbateur mais pour autant le pétrole a un avenir…

– tensions, inquiétudes sur la conjoncture mondiale à long terme pénalisée par cet effondrement des cours (moins de 30 $ le baril en janvier 2016) car multiplicité des acteurs pénalisés de la Russie en passant par le Venezuela et même l'Arabie Saoudite (déficit budgétaire).

– Le pétrole est encore facteur de conflictualité (Daech) mais aussi d'espoir (comme en Irak : zones non forées).

– Le pétrole est un produit de spéculation (privatisation possible de Aramco avec plus de 3 000 milliards de $ de capitalisation).

Au-delà d'une crise de l'Opep et de la baisse des cours… difficile de voir la mort du pétrole comme hier de celle du charbon ?

II. Des échanges croissants et complexifiés

A. Croissance et organisation des échanges

Des échanges croissants et inégaux

Les exportations de pétrole dans le monde n'ont pas cessé d'augmenter : elles sont passées de 49,2 Mb/j en 2004 à 56,7 Mb/j en 2014, soit une augmentation de près de 15 % en 10 ans.

Ces échanges sont également très inégaux et se concentrent autour des trois pôles de la Triade : Amérique du Nord, Europe, Asie de l'Est. Les États-Unis, l'Europe et le Japon absorbent ainsi 46 % des importations de pétrole en 2014 (dont 22 % pour l'Europe et 16 % pour les seuls États-Unis). Mais le marché se mondialise de plus en plus.

Des acteurs diversifiés

Les grandes entreprises. Dans le classement des plus grandes entreprises mondiales selon le chiffre d'affaire en 2014, on trouve, parmi les 10 premières, 5 grandes compagnies pétrolières (Royal Dutch Shell, Exxon Mobil, BP, Sinopec Group, China National Petroleum) et une compagnie spécialisée en négoce de matières premières : le suisse Glencore Xstrata. Ces entreprises se diversifient et se positionnent sur l'ensemble des marchés liés aux matières premières, depuis l'extraction jusqu'à leur utilisation. Areva, implantée au Niger, au Canada, au Kazakhstan et en Namibie, a de multiples activités : recherche, extraction et purification de l'uranium, fabrication du combustible à partir de l'uranium, conception des réacteurs nucléaires, traitement et recyclage des combustibles usés, énergies renouvelables.

Les États. Ils négocient les conditions d'exploitation de leurs ressources avec les grandes compagnies. Certains nationalisent tout ou partie de ces ressources, le but restant de reprendre le contrôle face à de puissantes multinationales : mai 2006 en Bolivie, mai 2009 au Venezuela, avril 2012 en Argentine.

Les États cherchent également à s'associer afin d'accroître leur coopération : création de l'OPEP en 1960, du Forum des Pays Exportateurs de Gaz (FPEG) en 2001, visant à défendre les intérêts nationaux des principaux pays exportateurs de gaz naturel (12 pays membres dont les 5 principaux, Russie, Iran, Qatar, Venezuela, Algérie, qui représentent à eux seuls 73 % des réserves mondiales et 42 % de la production). Dans un autre registre, on pourrait citer le groupe Petrocaribe, alliance créée en 2005 et regroupant 18 pays. Il s'agit de permettre aux pays des Caraïbes, très dépendants en matière d'hydrocarbures, d'acheter le pétrole au Venezuela à des tarifs préférentiels.

D'autres organisations régionales n'ayant pas pour unique vocation la gestion des ressources permettent cependant une entente entre pays. Dans le cadre de l'ALBA (Alliance Bolivarienne pour les Amériques), mise en place en 2005, on tente de développer Petrosur, une compagnie pétrolière commune à l'échelle de l'Amérique latine, sur le modèle de Petrocaribe. De la même façon, l'OCS (Organisation de Coopération de Shanghai), créée en juin 2001, dans le cadre d'un objectif de coopération économique, s'emploie à gérer les importantes ressources naturelles de ses membres (Chine, Russie, Kazakhstan, Kirghizstan, Ouzbékistan, Tadjikistan), soit 20 % des ressources mondiales de pétrole, 38 % du gaz naturel, 40 % du charbon et 50 % de l'uranium. Enfin, le groupe de Cairns, créé en 1986 en Australie, a pour but de réunir les pays en développement exportateurs de produits agricoles. 19 pays en sont aujourd'hui membres.

Aménagements et lieux stratégiques

Afin de faciliter ces flux, on améliore sans cesse les techniques et les infrastructures se multiplient.

On a agrandi et modernisé les bateaux qui transportent les matières premières. Jusqu'en 2009, avant sa vente aux chantiers de démolition d'Alang en Inde en 2009, le *Knock Nevis* était le plus gros supertanker (458 mètres de long, capacité de 650 000 T). Les navires se spécialisent : méthaniers ou LNG (Gaz Naturel Liquéfié) tankers.

Les grands ports internationaux se sont adaptés à ce gigantisme. Ils s'avancent de plus en plus vers la mer afin d'accueillir des bateaux ayant un tirant d'eau plus important (le port de Shanghai a en partie migré sur les îles Yangshan à partir de 2005). Certains ports se spécialisent même dans certaines matières premières : Fos-Marseille est le 3e port pétrolier du monde. Rotterdam, premier port d'Europe, opère un flux de près de 12 millions de tonnes de produits agro-alimentaires chaque année.

Les oléoducs et les gazoducs se développent. On estime aujourd'hui la longueur totale des pipelines 1 million de km, soit plus de 25 fois la circonférence de la Terre. Le plus long du monde est aujourd'hui l'oléoduc Droujba (4 000 km de la Russie à l'Allemagne). Deux gazoducs sont en projet : Turkish Stream et Nabucco. Le premier devrait relier la Russie à l'Europe occidentale en passant sous la mer Noire et par la Turquie. Il aurait une capacité de 63 milliards de m^3 par an et permettrait surtout à Gazprom de contourner l'Ukraine. Le second relierait l'Iran à l'Europe via la Turquie ; soutenu par l'Union européenne, il permettrait, dès 2017, de diversifier les sources d'approvisionnement de l'Europe, notamment pour un pays comme la Hongrie qui dépend à 80 % du gaz russe.

Dans le cadre du commerce international des matières premières, des endroits semblent particulièrement stratégiques : détroit d'Ormuz (30 % du pétrole mondial et 2400 pétroliers par an), détroit de Malacca (50 % du pétrole mondial par an).

B. La volatilité des prix des matières premières

Une augmentation importante jusqu'en 2012

En dollars courants, on assiste à une véritable envolée des cours du pétrole depuis les années 1970. Jusqu'au premier choc pétrolier, en 1973, le prix du baril de pétrole n'excédait pas 3 dollars. À la suite de ces événements, le prix n'a globalement pas cessé d'augmenter. Le prix du baril de Brent* est passé de 2 $ en 1970 à 40$ en avril 1980. Si les cours sont ensuite globalement redescendus, ils remontent à flèche à partir du milieu des années 2000, jusqu'à 133 $ en juillet 2008 et 116$ en février 2013.

Cette augmentation des prix se vérifie pour la grande majorité des matières premières : uranium (6,4 $ la livre en 2001, pic à 135 $ en 2007), cuivre (passé de 3 100 $ la tonne en 2005 à plus de 10 000 $ en 2011).

Il en est allé de même pour les prix agricoles qui ont connu un record en 2011. Cela a entraîné de graves problèmes sociaux ainsi que des émeutes dans de nombreux pays.

Les facteurs d'explication

- Augmentation de la demande, notamment dans les pays émergents.
- Spéculation : les matières premières ont joué un rôle de valeurs refuge lors de la crise de 2008, ce qui a entraîné une première hausse des cours. La spéculation se poursuit aujourd'hui, notamment pour les matières premières agricoles.
- Développement des biocarburants (éthanol, diester…) en ce qui concerne les matières premières agricoles car ils réduisent les surfaces destinées à l'alimentation. Dans l'état actuel de productivité des agrocarburants, il faudrait deux fois la surface totale de la SAU française pour couvrir l'ensemble des besoins en carburant.

La crise alimentaire mondiale de 2007-2008

Entre février 2007 et février 2008, l'indice FAO des prix des produits alimentaires est passé de 139 à 219, les plus fortes augmentations concernant les céréales (prix passé de 152 à 281). Les origines de la crise sont multiples. Parmi les causes structurelles, on peut citer la consommation croissante de viandes et de laitage notamment dans les pays émergents, la dégradation (désertification et épuisement des sols) et le recul des sols arables (la Chine a perdu 1 million d'ha de terres arables à cause de l'urbanisation entre 2005 et 2008), l'augmentation du prix du pétrole et la baisse des prix agricoles (qui a fait diminuer l'investissement en matière d'agriculture). Parmi les causes conjoncturelles, on peut avancer le développement des agrocarburants, la crise financière qui a vu les matières premières agricoles devenir des valeurs refuges, la baisse des stocks, des phénomènes climatiques (sécheresses en Roumanie, en Somalie, au Ghana ; inondations en Équateur, Bolivie, Sri Lanka ; hiver rude au sud de la Chine, en Argentine). Les conséquences de la crise ont été importantes : des émeutes ont éclaté dans de nombreux pays d'Afrique (Burkina Faso, Cameroun, Sénégal, Côte d'Ivoire, Égypte), d'Asie (Bangladesh, Pakistan) ou d'Amérique (Mexique, Bolivie). C'est l'abondance de la récolte de 2008 qui a finalement mis fin à la crise mais en 2010 la situation a été sensiblement similaire.

Une volatilité croissante des cours

Après les hausses de 2008 et de 2011, les cours des matières premières ont globalement reflué. Ce fut particulièrement le cas des matières premières agricoles, très sensibles à la conjoncture. En 2012, les prix des principales matières premières ont baissé : sucre (-17 %), produits laitiers (-15 %). Entre 2013 et 2014, les cours des matières premières (hors pétrole) ont baissé de 7 %. En janvier 2016, le prix moyen du baril de pétrole se situe autour de 35 $.

Mais de nouvelles flambées sont à prévoir. On estime que le réchauffement climatique risque de réduire les surfaces agricoles. Selon l'ONG Oxfam, le prix du blé à l'exportation pourrait augmenter de 120 % en 20 ans, celui du riz de 107 %.

C. La question du développement

Des exemples de réussite

En Péninsule arabique, de nombreux pays ont entamé une phase de développement important grâce aux ressources en hydrocarbures. On peut prendre l'exemple du Qatar. Le pétrole confère ainsi au pays 80 % de ses revenus d'exportation et constitue 2/3 des recettes de l'État. À tel point qu'il dispose, en 2015, du premier PIB/hab. au monde, avec 146 000 $ par habitant (en $ PPA, Parité du Pouvoir d'Achat) devant le Luxembourg, Singapour et Brunei. La croissance annuelle y est de près de 20 % par an tandis que le chômage n'y existe quasiment pas. Le pays a su diversifier son économie en développant différentes activités comme le tourisme, la construction, la finance (fonds souverain : Qatari Investment Authority). Il devient également un acteur important sur la scène internationale : importants investissements à l'étranger (bourse de Londres, magasin Harrods, club de football du Paris-Saint-Germain) et organisation de grandes réunions ou manifestations internationales (cycle de négociations de Doha dans le cadre de l'OMC, quoique suspendu en 2006 ; coupe du monde de football en 2022).

Un pays comme la Russie s'est relevé de la difficile période de transition grâce à la manne des hydrocarbures (40 % du PIB et 70 % des exportations). Cela lui permet de diversifier son économie et de peser à nouveau dans les relations internationales, notamment par l'intermédiaire de puissantes compagnies comme Gazprom ou Rosneft. D'autant plus que la Russie use des hydrocarbures comme d'une arme stratégique vis-à-vis de ses voisins (pays baltes, Ukraine, Biélorussie). De même, le Venezuela utilise l'arme pétrolière pour soutenir Cuba et s'opposer aux États-Unis.

Un espace comme le Groenland (ayant un statut d'autonomie renforcé depuis 2009) peut espérer des revenus importants, un véritable décollage économique grâce à la vente de matières premières (terres rares et pétrole) ainsi qu'une possibilité d'indépendance vis-à-vis du Danemark.

La malédiction des matières premières

De nombreux pays sont encore dépendants d'une seule ressource et victimes des fluctuations relativement aléatoires des cours mondiaux. C'est le cas du Gabon puisque l'industrie extractive (pétrole, manganèse) représente 60 % de son PIB et 80 % de ses recettes d'exportation. Dans les années 2000, le pays a bénéficié de l'augmentation des cours mondiaux. Mais la chute des cours mondiaux à partir de 2008 a fragilisé à nouveau son économie, d'autant que les réserves de pétrole s'épuisent et ne deviennent vraiment rentables qu'avec un cours élevé. De même, l'industrie forestière (deuxième secteur économique du pays) accuse une forte baisse à partir de 2009 en raison de la crise (baisse de la demande mondiale et en particulier chinoise).

De plus, c'est souvent une économie sans développement industriel. En 2014, seulement 3,7 % du pétrole mondial est raffiné en Afrique. Le Nigéria, premier producteur africain de pétrole, doit importer du pétrole raffiné et le paie au prix fort. Il en est de même au Venezuela.

De même, les ressources sont pour l'essentiel exportées et ne sont pas utilisées sur place comme matière première ou source d'énergie. Le bois reste ainsi le principal combustible en Afrique. À N'kossa, au Congo, les navires étrangers chargent directement le pétrole de la plate-forme off-shore, qui constitue une véritable « exclave territoriale » (Roland Pourtier).

Enfin, l'argent de la rente peut être détourné par les élites politiques (Jean-François Bayart parle de « la politique du ventre »). Au Nigéria, depuis l'indépendance de 1960, plus de 400 milliards $ auraient été confisqués par le pouvoir. En Angola, le président en exercice depuis 1979, José Eduardo Dos Santos, est fréquemment associé à la corruption et au détournement de fonds issus du pétrole (provenant de l'enclave de Cabinda) et sa famille possède une fortune estimée à 31 milliards $.

De timides débuts de réussite

Ce sont le plus souvent les États qui ont pris part dans le capital des compagnies pétrolières. En Algérie, la découverte du pétrole a permis le développement de zones industrielles nouvelles sur le littoral et c'est ce qui a permis le développement de l'industrie lourde. C'est aussi le cas de l'Égypte ou de l'Afrique du Sud qui ont connu un mouvement d'industrialisation.

L'Angola est également un pays en pleine expansion. Le secteur secondaire s'y développe, en coopération avec la Chine.

III. Les problèmes liés aux matières premières et aux sources d'énergie

A. Des conséquences désastreuses en matière de développement durable

Des conséquences liées à l'exploitation des matières premières

Les forages, notamment off-shore et de plus en plus profonds, peuvent entraîner des fuites. Le 20 avril 2010, la plate-forme pétrolière Deepwater Horizon, située dans le golfe du Mexique et louée par BP, a explosé, générant un incendie puis une marée noire de très grande envergure. La fuite n'a finalement été colmatée que 3 mois plus tard et a laissé s'échapper 5 Mb. Les conséquences sont dramatiques sur le plan humain (11 morts), sur le plan économique (la marée noire a souillé 944 km de côtes aux États-Unis, ruiné le tourisme et le pêche), sur le plan écologique (400 espèces directement menacées, bayous de Louisiane en danger). On estime globalement le coût d'une telle marée noire à environ 40 milliards $. La transparence des compagnies pétrolières reste difficile puisque Total a longtemps démenti la réalité d'une fuite de gaz et de pétrole sur la plate-forme d'Elgin, en mer du Nord, en mars 2012.

De la même façon, l'exploitation des mines d'uranium à Arlit et Akokan au Niger par Areva révèle des conséquences désastreuses sur les plans sanitaire et environnemental. Les personnes exposées à l'uranium et à d'autres composés (notamment l'inhalation du gaz radon) présentent des risques accrus de cancers. Les déchets ne font pas vraiment l'objet d'un traitement et les nappes phréatiques sont contaminées par différents agents chimiques (éléments radioactifs, nitrates, phosphates). L'ensemble des villes minières du Nord Niger présentent des taux de morbidité plus élevés que la moyenne. Sur le plan environnemental, on assiste à la destruction des zones de pâturage, au pompage massif des ressources en eau, à la transformation des paysages naturels en superstructures industrielles.

En Chine, l'exploitation des terres rares a des conséquences désastreuses, notamment à Baotou (Mongolie intérieure) où on traite 70 % de la production de terres rares. En marge de la ville, émerge un lac sans vie où les différentes entreprises déversent leurs eaux usées chargées de différentes substances chimiques très toxiques et d'éléments radioactifs. Toute agriculture est devenue impossible.

La mise en exploitation des gaz de schiste pose de vrais débats : le bilan en termes d'empreinte carbone est négatif, les techniques d'extraction (fracturation hydraulique) entraînent des risques de pollution de l'eau, des risques de tremblement de terre et provoquent des fuites de gaz. On critique aussi les excès de consommation d'eau de cette activité (tensions avec les agriculteurs). Il n'en reste pas moins que les États-Unis se sont lancé dans une exploitation à grande échelle de cette ressource depuis les années 2000. Leur production est passée de 20 milliards de m^3 en 2005 à 220 milliards en 2011, avec plus de 100 000 puits en fonctionnement.

Pétrole et puissance

« Toute personne croyant qu'une croissance exponentielle peut durer indéfiniment dans un monde fini est soit un fou soit un économiste » affirmait Kenneth Boulding, un économiste anglais.

« Nous avons mis 125 ans à exploiter le premier trillion de barils nous aurons consommé le prochain trillion dans 30 ans » affirmait une publicité de l'entreprise Chevron en 2005 à propos u pic pétrolier.

« Qui tient le pétrole, tient le monde », affirmait Lord Fisher, premier lord de l'Amirauté au début du XXe siècle.

1. Le Pétrole un vecteur de puissance au cœur de tous les registres de la puissance :

A. La « Pétroprospérité » fondement de la puissance acquise des PD

B. Pétrole outil du développement et d'une revanche d'un Tiers-Monde

C. Pétrole levier du hard et du soft power

2. Le Pétrole : une chance originelle souvent associée à une impasse inévitable réductrice de puissance

A. Pétrole source de conflictualité accrue

B. Pétrole et malédictions associées

C. Pétrole et crises induites programmées

3. Le Pétrole : un atout moins central dans la puissance mais un des attributs de la puissance… (brute)

A. Une énergie fossile au ban des accusés

B. Un atout de puissance, parmi tant d'autres

C. La puissance par le pétrole dépend… de ce que l'on en fait. Typologie

Les fonds souverains dans le monde (2015)

Dénomination	Acronyme usuel	Pays	Création	Actifs gérés (en mds de $)	Part immobilier (estimation)
Norges Bank Investment Management	NBIM	Norvège	1996	5110	1,0 %
Governement Pension Fund-Global	GPFG	Norvège	1990	878	5,0 %
Abu Dhabi Investment Authority	ADIA	Émirats Arabes Unis	1976	773 à 875	5 à 10 %
Saudi Arabian MOnetary Agency Foreign Holdings	SAMA	Arabie saoudite	-	738	-
China Investment Corporation	CIC	Chine	2007	575	-
State Administration of Foreign Exchange	SAFE INvestment Company	Chine	1997	568	-
Kuwait Investment Authority	KIA	Koweït	1953	410	-
Hong Kong Monetary Authority Investment Portfolio	HKMA	Chine (Hong Kong)	1993	327	<1 %
Government of Singapore Investment Corporation	GIC	Singapour	1981	320	9,0 %
National Social Security Fund (China)	NSSF	Chine	2000	202	0,0 %
Temasek Holdings	TH	Chine	1974	177	5 à 10 %
Qatar Investment Authority	QIA	Qatar	2003	170	-

Source : BNP

Des conséquences liées au transport des matières premières

Le transport de matières premières s'avère également dangereux pour l'environnement. C'est le cas notamment des marées noires causées principalement par la vétusté de certains pétroliers en circulation : naufrage du *Prestige*, en novembre 2002, un pétrolier contenant 77 000 litres de fioul lourd, au large des côtes de Galice en Espagne.

Les fuites des oléoducs et gazoducs ne sont pas rares non plus, en particulier en Russie. En 2006, une fuite de pétrole s'était produite sur un oléoduc, près de la frontière biélorusse, polluant les réserves d'eau et les forêts. Au Nigéria, le delta du Niger est également fortement pollué par des fuites régulières de pétrole sur les conduites d'acheminement. Des milliers d'habitants, qualifiés de réfugiés écologiques, quittent ainsi la zone pour s'installer à Lagos.

Des conséquences liées à l'utilisation des matières premières

Le charbon (une des sources d'énergie qui a une empreinte écologique la plus importante) est de plus en plus utilisé par des pays comme la Chine ou les États-Unis. La production de charbon a ainsi augmenté de 39 % entre 2004 et 2014 (la consommation de la Chine a cru de 74 % en 10 ans).

De même, l'utilisation de l'uranium en vue de la production d'électricité d'origine nucléaire est de plus en plus remise en cause, notamment depuis la catastrophe de Fukushima, en mars 2011, au Japon. À tel point que certains pays ont accepté de renoncer à leur programme nucléaire ou d'avancer l'arrêt de certaines centrales (Allemagne).

De la même façon, l'utilisation du mercure pour l'extraction de l'or ou de l'argent pose de sérieuses questions sanitaires. L'orpaillage en Guyane française entraîne des rejets de mercure estimés à environ 12 tonnes par an. Le mercure, absorbé par les poissons et consommé par les populations, entraîne de graves conséquences sanitaires : atteintes neurologiques sévères chez l'adulte et malformations chez le fœtus.

B. Conflits et risques de conflits

Des conflits infraétatiques

Au niveau national, les ressources du sous-sol peuvent favoriser la sécession de régions riches qui en sont dotées, comme au Soudan. Les tensions sont également présentes sur le territoire angolais, dans la province de Cabinda. Dès l'indépendance de l'Angola, en 1975, le Cabinda a été annexée par Luanda. Depuis, le FLEC (Front de Libération de l'État de Cabinda) n'a de cesse de revendiquer l'indépendance (attentats de janvier 2010 contre un bus de l'équipe nationale de football du Togo). Or, l'une des raisons de ces tensions reste les importantes ressources situées en Cabinda : 60 % de la production pétrolière angolaise (soit 42 % du PNB angolais et 90 % de son budget), présence de gaz, de potasse, de phosphates, de manganèse, de fer, de diamants et d'or.

Des conflits interétatiques

En 1990, l'Irak, exsangue à la suite du conflit Iran-Irak, décide d'envahir le Koweït voisin afin de prendre le contrôle de ses ressources en pétrole. Il a fallu l'intervention de la communauté internationale, à partir de janvier 1991, pour mettre fin à cette occupation.

En 1993, le Nigéria a envahi la presqu'île de Bakassi, en territoire camerounais, pour affirmer son hégémonie sur le golfe de Guinée, riche en ressources pétrolières. Après une plainte déposée par le Cameroun devant la CIJ (Cour Internationale de Justice) qui tranche en faveur de ce premier en 2002, le Nigéria a commencé à évacuer le territoire en 2006, officiellement rétrocédé en 2008.

La guerre civile qui menace à nouveau de faire rage en République démocratique du Congo, attisée par les pays voisins (Rwanda, Burundi et Ouganda), a également pour enjeu principal le contrôle des matières premières dont le sous-sol du pays regorge (notamment au Kivu) : 10 % des réserves mondiales d'or, diamants, cuivre (au Katanga), étain, coltan* (70 % des réserves mondiales au Kivu), fer, pétrole, gaz, manganèse, cobalt… Le contrôle du coltan a été au cœur des différentes guerres dans lesquelles était impliquée la RDC (et notamment la deuxième guerre du Congo de 1998 à 2002, pendant laquelle le Rwanda aurait retiré environ 250 millions $ du trafic de ce matériau).

Pétrole : de la maladie hollandaise à la malédiction africaine

La **maladie hollandaise** (ou **syndrome hollandais**, en anglais *Dutch disease*) est un phénomène économique qui décrit l'intensification abusive de l'exploitation de ressources naturelles et le déclin lié de l'industrie manufacturière locale. L'accroissement des recettes d'exportations, provoque l'appréciation de la devise nationale le recours aux importations, la perte de compétitivité* industrielle et la fuite dans des activités servicielles inflationnistes… Inspiré du cas du gaz de Groningue aux Pays-Bas des années 1960, le terme *maladie hollandaise* est utilisé par extension pour désigner les enchaînements nocifs provoqués par une augmentation importante des exportations de ressources naturelles par un pays. On y ajoutera la notion de malédiction pétrolière initiée par P. Chalmin pour décrire les dérives liées à la découverte de gisements en Afrique notamment : coups d'État, gaspillages, transferts de dépenses vers des conflits intestins en lieu et place de redistribution, mépris des engagements (Tchad, royalties réservées aux générations futures évanouies dans la lutte armée conter des séditions), priorité à l'extraversion au détriment de l'émergence d'un marché intérieur*.

La lutte pour la sécurité énergétique et la volonté hégémonique.

La politique extérieure des États-Unis a toujours eu pour but d'assurer la sécurité des approvisionnements énergétiques. Leur implication dans les différentes guerres du Golfe en témoigne (interventions en Irak en 1991 et en 2003). Face à l'instabilité croissante de la zone, les États-Unis se tournent d'ailleurs de plus en plus vers l'Afrique et notamment le golfe de Guinée. Ils s'y heurtent d'ailleurs à la Chine qui possède de gros intérêts énergétiques dans le continent (notamment en Angola et au Soudan).

Certains pays utilisent également leurs matières premières pour faire pression et asseoir leur hégémonie. En janvier 2009, la Russie avait réduit puis interrompu ses livraisons de gaz à l'Ukraine, sous prétexte que cette dernière refusait une augmentation des prix. Cela a gravement menacé l'approvisionnement de pays européens puisque les pipelines passent en territoire ukrainien. La Bulgarie dépend en effet à 90 % du gaz russe, la Grèce à 80 %.

C. La nécessité de la transition énergétique* et d'une gestion mondiale des ressources

Le développement d'accords internationaux

Le processus de Kimberley a été signé en janvier 2003 par la plupart des pays du monde dans le but d'interdire la mise sur le marché de diamants présentés par des groupes rebelles pour financer leurs activités. L'objectif était d'éviter, à la suite des guerres civiles très meurtrières au Liberia (1989-2003) et en Sierra Leone (1991-2002), la recrudescence des « diamants du sang ». En vertu de ces accords, toutes les pierres doivent être traçables, de la mine à l'acheteur final. On sait pourtant que ces protocoles n'ont pas mis fin aux trafics (notamment en RDC).

De façon plus globale, on tente de mettre en place une régulation au sein d'organismes tels que le G20. Le sommet de Cannes, en novembre 2011, s'est engagé à remédier à la volatilité des prix alimentaires et, pour cela, à renforcer la production et la productivité agricole (en particulier en dopant la recherche). On tente également d'améliorer la transparence des marchés agricoles et des matières premières (création du SIMA : Système d'Information sur les Marchés Agricoles). Les membres du G20 s'engagent également à soutenir les travaux du FIE (Forum International de l'Énergie), qui regroupe aujourd'hui 89 pays membres pour développer un dialogue à propos de l'énergie dans le monde.

Des solutions pour limiter l'emprise sur les ressources

Tandis que certains parient sur la consommation d'insectes afin de pallier le manque de protéines qui s'annonce, d'autres considèrent que les OGM (Organismes génétiquement modifiés) sont une solution afin de réduire la malnutrition et la faim dans le monde (qui touchent environ 1 milliard d'êtres humains).

On met en avant la nécessité de la transition énergétique. Certains projets sont en train de voir le jour, notamment en Afrique : afin d'utiliser les capacités solaires du Sahara, on cherche à construire sur place, à partir du sable, des panneaux solaires. En 2009, des Japonais se sont associés avec l'Algérie pour monter le projet *Sahara Solar Breeder*, ayant pour ambition de fournir 50 % de l'électricité mondiale en 2050. Des Allemands se sont également positionnés en association avec le Maroc dans le cadre du projet *Desertec*, moins ambitieux mais plus avancé, ayant pour but de fournir de l'électricité à l'Europe. S'il semble au point mort en 2016, d'autres projets prennent le relais en Afrique du Nord.

L'énergie solaire, une réponse incomplète à la pénurie

L'énergie solaire comme réponse à l'augmentation de la demande mondiale ? En 2005, Nadine May affirmait, dans sa thèse de fin d'études soutenue à l'université technique de Brunswick, en Allemagne, qu'une surface de 3,5 millions de km² dans le désert du Sahara suffirait pour couvrir l'ensemble des besoins mondiaux en électricité, à condition de mettre en place des collecteurs solaires qui capteraient 100 % de cette énergie. Selon une estimation plus réaliste de l'Initiative Land Art Generator, avec un taux de capture d'environ 20 %, il faudrait une surface environ 8 fois plus importante. Ces travaux de recherche ont motivé nombre de projets, dont celui de Desertec.

Vers une gouvernance mondiale ?

Sur le plan régional, des organisations tentent de gérer en commun les ressources ou de mettre en place une stratégie liée aux matières premières. C'est le cas de l'Union européenne qui, en février 2011, a mis en place une stratégie pour améliorer l'accès aux matières premières et gérer la pénurie. En juin 2012, un accord de coopération avec le Groenland a été signé.

Le risque nucléaire (renforcé par la perspective terroriste), les questions de santé, la meilleure répartition des ressources alimentaires ne peuvent pourtant se régler qu'à l'échelle internationale. Certains organismes peuvent participer de cette gouvernance :

- L'AIE (Agence internationale de l'Énergie). Créée en 1974, à la suite du premier choc pétrolier, elle a pour but de faciliter la coordination des politiques énergétiques des pays membres : sécurité des approvisionnements, réflexion sur les changements climatiques et la réforme des marchés, gestion de la pénurie annoncée. Elle publie également annuellement un rapport intitulé World Energy Outlook ainsi qu'une prévision mensuelle de la demande mondiale de pétrole.
- L'OMC. En juillet 2011, elle a condamné la Chine à cause de ses restrictions sur l'exportation de certaines matières premières (terres rares). La condamnation a été confirmée en appel en février 2012.
- L'ONU. Depuis le début des années 2000, le Conseil de Sécurité a adopté de nombreuses résolutions relatives à l'exploitation illicite des ressources naturelles en RDC (notamment la résolution 1596 de 2005) : elles ont instauré un système de sanctions (gel des avoirs et interdiction de voyager) contre les individus de respectant pas l'embargo imposé sur les ventes.

Pourtant, cela reste insuffisant. Les décisions de l'OMC ou de l'ONU peuvent rester lettre morte ou se solder par des échecs (les États-Unis continuent de subventionner leurs exportations de coton).

Conclusion

Les tensions sur les matières premières risquent réellement de s'accroître devant une rareté annoncée et des inégalités importantes en matière de ressources entre les pays.

La demande mondiale explose tellement qu'on se penche désormais vers l'espace comme source moins rapidement épuisable de matières premières. En avril 2012, des scientifiques chinois avaient étudié la possibilité de capturer un astéroïde et ont imaginé la possibilité de faire dévier la trajectoire de l'objet pour l'amener jusqu'à un point précis où les forces gravitationnelles s'équilibrent afin de le placer en orbite stable autour de la Terre, à environ une semaine de vol spatial de distance. La revue d'information du prestigieux MIT

(Massachussetts Institute of Technology) a confirmé l'intérêt de ces nouvelles perspectives d'exploration spatiale. Une société a même été fondée en 2012, par Larry Page, patron de Google, Planetary Resources, pour profiter de cette manne céleste inépuisable.

Reste alors à savoir si l'espace ne va pas, du coup, devenir la nouvelle zone de convoitise et d'affrontement des principales puissances, sur fond de pénurie de matières premières et d'énergie sur Terre.

◆ Idées reçues

La fin du pétrole

On a souvent coutume d'annoncer la fin du pétrole et des matières premières d'ici à 40 ou 50 ans (cf. James Howard Kunstler, *la fin du pétrole, le vrai défi du XXIe siècle*, 2005). Pourtant, tous les raisonnements de ce type ne sont pas nécessairement évidents : toutes les ressources ne sont pas encore connues, l'évolution des techniques permet de nouvelles perspectives et l'exploitation de certains gisements dépend de l'évolution des prix. Plus les tarifs des matières premières sont élevés, plus certaines exploitations sont rentables et vont donc venir gonfler la production mondiale.

Certains pays mettent en avant la transition énergétique mais cette évolution reste, pour l'instant, relativement lente. Seuls 7 pays connaissent aujourd'hui un mix électrique où les énergies renouvelables représentent plus de 80 % du total : Islande, Éthiopie, Norvège, Costa Rica, Brésil, Colombie, Paraguay.

On parle aussi de la très forte dépendance énergétique des États-Unis. Cet étau est en train de se desserrer grâce à l'exploitation (contestée) des gaz de schiste. Les États-Unis sont ainsi devenus le principal producteur mondial de gaz naturel en 2011 et ils pourraient être autosuffisants vers 2020. Cela contribue d'ailleurs à la baisse des cours mondiaux.

◆ Lieux de la géopolitique

L'Asie centrale : un nouvel eldorado énergétique très convoité

Les États qui forment l'Asie centrale (Kazakhstan, Kirghizstan, Ouzbékistan, Tadjikistan, Turkménistan) disposent de ressources énergétiques importantes : le Kazakhstan (35 % de la production mondiale d'uranium en 2014, 12 % des réserves mondiales prouvées d'uranium, 2 % de la production mondiale de pétrole), le Turkménistan (2 % de la production mondiale de gaz naturel en 2014) et l'Ouzbékistan (5 % de la production mondiale d'uranium) sont particulièrement convoités.

À partir de la crise de 2008, certaines puissances comme les États-Unis ou l'Europe se sont recentrées sur leurs problèmes internes et se sont de fait en partie retirées de la zone. Cela a laissé une porte ouverte à la Chine qui a multiplié les gestes de bonne foi : elle a octroyé 12 milliards d'euros de crédit en 2011, investi dans les matières premières et l'énergie, afin de répondre à ses besoins croissants. L'Organisation de Coopération de Shanghai, créée en 2001 et réunissant les pays d'Asie centrale (moins le Turkménistan) autour de la Chine et de la Russie participe également du développement de la mainmise chinoise sur cette zone stratégique. Cela dit, la Russie est également très présente dans la zone et l'entente entre les deux puissances émergentes semble favoriser la mise en place d'une aire de co-influence sur l'Asie centrale.

Parallèlement, les pays d'Asie centrale souffrent d'un manque de développement en partie lié à la surspécialisation dans les matières premières.

L'Ukraine, verrou énergétique de moins en moins stratégique

Pendant deux décennies, l'Ukraine a été un territoire très stratégique : c'est par le gazoduc Brotherhood que transitait 80 % du gaz russe à direction de l'Europe et 30 % de l'approvisionnement en gaz de l'Europe passait par l'Ukraine.

Cela a même engendré des crises à répétition : en janvier 2006 puis en janvier 2009, un désaccord entre Gazprom (principale société russe produisant et exportant du gaz) et l'Ukraine quant au prix du gaz et de son transit, entraîne des interruptions dans l'alimentation des gazoducs. En conséquence, les pays européens ont subi des coupures et une baisse de leur fourniture en gaze.

La crise ukrainienne qui a débuté en novembre 2013 a encore plus tendu les relations avec la Russie de sorte que les ruptures d'approvisionnement ont menacé encore en 2014. Elles sont cependant moindres dans la mesure où, en 2011-2012, deux lignes du gazoduc Nord Stream ont été mises service, passant par la mer Baltique et allant jusqu'à l'Allemagne, ce qui permet de contourner l'Ukraine. Deux autres voies sont encore possibles : un gazoduc (Yamal) passant par la Biélorussie et la Pologne, et un autre (Blue Stream) passant par la Turquie, tandis que d'autres sont en construction (Sud Stream, passant par la mer Noire).

Cela rend la situation plus difficile pour l'Ukraine : moins stratégique pour les Européens, elle semble donc contrainte, si elle veut éviter les pénuries de gaz sur son sol, de s'entendre avec le puissant et impérialiste voisin russe.

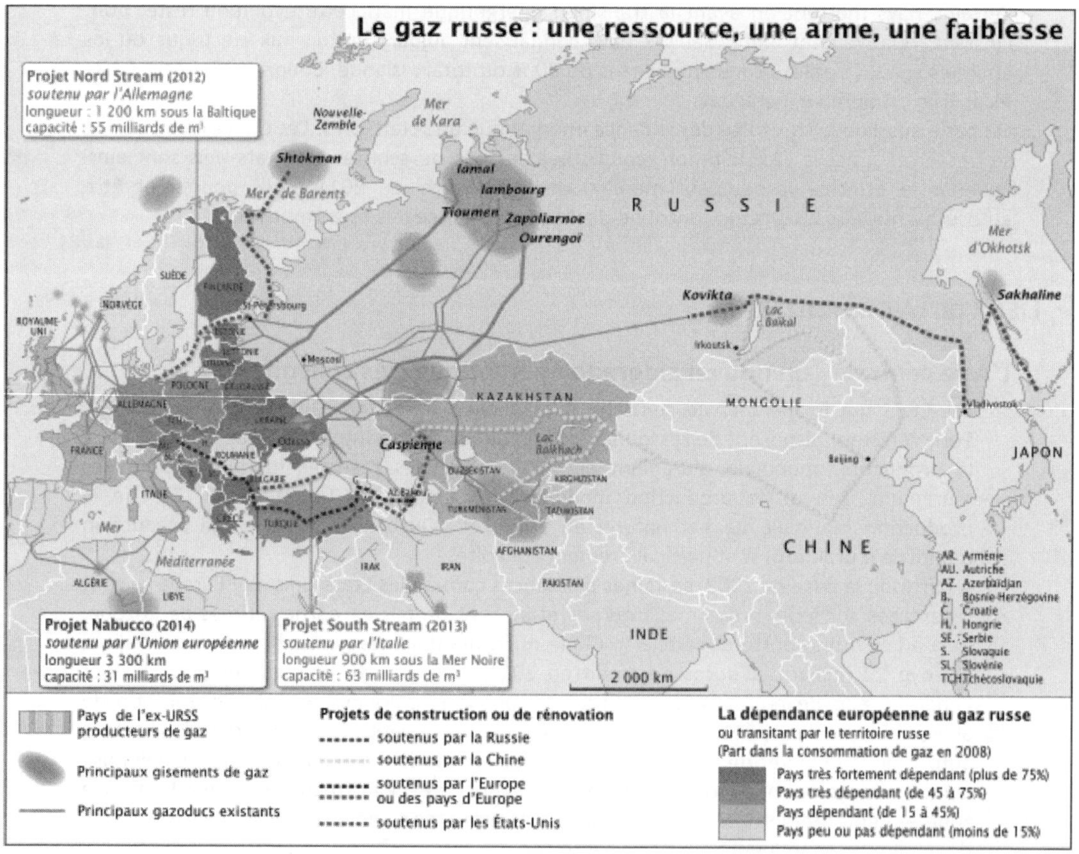

Source : A. Battistoni-Lemière, A. Le Fur, A. Nonjon, Cartes en mains, Ellipses, 2014

La situation au Soudan du Sud

Les oppositions entre le nord du Soudan (à majorité musulmane) et le sud (à majorité chrétienne et animiste) sont apparues au lendemain de l'indépendance, en 1956. Plusieurs guerres civiles ont été déclenchées (Première Guerre civile soudanaise de 1955 à 1972, Deuxième Guerre civile soudanaise de 1983 à 2005). Malgré des accords de paix fragiles et des tensions, notamment au Darfour, l'indépendance du Soudan du Sud est proclamée en juillet 2011. Mais les affrontements n'ont pas cessé, notamment à cause des enjeux pétroliers et de la richesse du sous-sol de ce pays : fer, cuivre, zinc, tungstène, argent et or. Le Soudan du Sud assurait 85 % de la production pétrolière du Soudan, avant l'indépendance. Mais les infrastructures de transport (oléoducs) et les industries de transformation (raffineries) se trouvent surtout au nord. En vertu des accords de paix, le partage à égalité des ressources pétrolières avait été prévu. Mais ces clauses sont largement contestées par les deux parties et des affrontements ont repris au niveau de la frontière. Afin de desserrer cet étau, le Soudan du sud envisage la construction d'un oléoduc qui passerait par le Kenya.

De plus, le Soudan du sud est ravagé depuis décembre 2013 par une guerre civile qui oppose des rebelles aux forces gouvernementales avec pour enjeu principal le contrôle des champs pétrolifères (notamment celui de Palouch). De nombreux gisements ont été endommagés ou sont passés entre les mains des rebelles, de sorte que la production sud-soudanaise a beaucoup diminué.

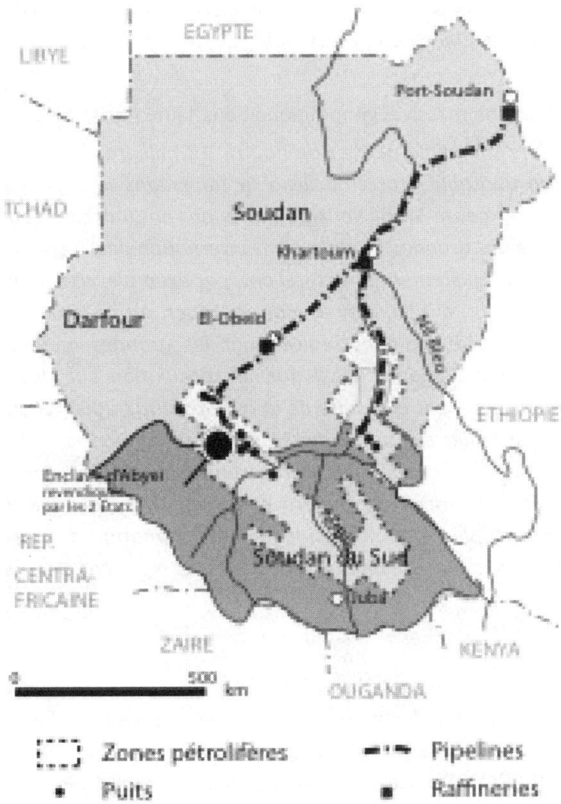

Source : www.la-croix.com

Bibliographie sélective

Lectures indispensables

Éric LAURENT, La Face cachée du pétrole*, Paris, 2006.*

L'auteur, journaliste, tente de montrer que la plupart des informations liées à l'or noir sont cachées ou volontairement déformées, tant les enjeux sont importants. Il dénonce notamment les artifices du choc pétrolier de 1973 qui résulte d'une entente entre grandes compagnies et pays producteurs et non d'une supposée pénurie. Il pointe du doigt la fraude légale des compagnies pétrolières américaines qui sont, dans l'ensemble, exonérées d'impôts. Il montre également comment les États-Unis ont fait pression, dans les années 1970 et 1980, sur les pays producteurs de pétrole (et notamment sur l'Arabie Saoudite) pour qu'ils augmentent leur production afin de faire baisser les prix et de voir les ressources soviétiques liées aux hydrocarbures chuter. La fin de la guerre froide résulterait de cette manipulation. Selon l'auteur, les chiffres concernant le pétrole, et notamment les réserves prouvées, seraient faux afin de manipuler les opinions. Il montre notamment comme les ressources de l'Arabie Saoudite ont été considérablement exagérées et pense que ce pays n'a plus de réserves que pour quelques années seulement. À ce titre, l'invasion de l'Irak à partir de 2003, aurait été un moyen pour les États-Unis de diversifier leurs approvisionnements. Enfin, l'hypothèse d'une guerre pour le contrôle des ressources n'est pas à exclure, a fortiori entre la Chine et les États-Unis.

Jean ZIEGLER, Destruction massive, géopolitique de la faim*, Paris, 2011.*

Alors que l'agriculture mondiale permet de nourrir 12 milliards d'individus, l'auteur fait le constat d'un véritable problème lié à la faim dans le monde, qui touche 1 milliard d'individus et cause 36 millions de morts par an. Il accuse tout d'abord la stratégie ultralibérale des grandes organisations internationales, à commencer par le FMI. Les Programmes d'Ajustement Structurel ont, par exemple, contribué à ruiner de nombreux pays africains, à commencer par le Niger ou le Congo. Il dénonce également les profits astronomiques réalisés par les grandes multinationales de l'agroalimentaire (Cargill, Bunge...) ainsi que la spéculation sur des produits de première nécessité, notamment à la suite de la crise de 2007-2008. Des hedge funds se sont ainsi mis à spéculer sur les matières premières agricoles, valeurs refuges. Enfin, il pointe du doigt la culture des agrocarburants qui livre une concurrence farouche et déloyale à l'agriculture vivrière et provoque à nouveau des pénuries alimentaires. D'autant plus que les changements climatiques provoquent des modifications en termes de conditions naturelles et rendent les récoltes plus aléatoires.

Ouvrages

BARRE Bertrand, *Atlas des énergies*, Autrement, Paris, 2007.

BORIS Jean-Pierre, *Commerce inéquitable : le roman noir des matières premières*, Paris, 2012.

CHALMIN Philippe, *les marchés mondiaux*, Economica, Paris, 2007.

CHEVALIER Jean-Marie, GEOFFRON Patrice, *Les nouveaux défis de l'énergie*, Economica, Paris, 2011.

DUBOIS Michel, *la transition énergétique, vivre dans un monde fini*, Paris, 2009.

FAURE Justine, PROST Yannick, *Relations Internationales*, Paris, Ellipses, 2008. Essentiellement le chapitre 18-II, « le pétrole dans les relations internationales », pp 537-541.

HASSNER Pierre, *Les relations internationales*, La documentation française, Paris, 2012. En particulier la notice 14 : « la question énergétique » pp 173-183.

MERENNE-SCHOUMAKER Bernadette, *Atlas mondial des matières premières : des besoins croissants, des ressources limitées*, Paris, Autrement, 2015.

PITRON Guillaume, *La guerre des métaux rares. La face cachée de la transition énergétique et numérique*, Paris, Les liens qui libèrent, 2018.

Revues

« Matières premières : un défi pour la croissance », *Problèmes économiques* n° 3019, mai 2011.

« L'Afrique et la malédiction des matières premières », Philippe Chalmin, *Marchés tropicaux et méditerranéens*, n° 3000, 2003.

« Le pétrole, une ressource stratégique », Philippe Copinschi, *La documentation française*, août 2012.

RAMSES, nombreux articles sur les questions liées aux matières premières. Ex : *RAMSES 2012*, « minerais au Congo, de la non-gouvernance locale à la gouvernance mondiale », 2011.

Questions internationales. De nombreux numéros sont consacrés à des régions du monde et de nombreux articles traitent des matières premières. Ex : « Les États du Golfe », n° 46, novembre-décembre 2010, et notamment l'article intitulé « le pétrole : malédiction ou bénédiction ? », pp 20-30.

Le Monde diplomatique. Nombreux articles. Ex : Jean Ziegler, « Quand le riz devient un produit financier », février 2012. + *Manière de voir*, Batailles pour l'énergie, janvier 2011. + « Une dépendance aux matières premières jamais résolue », Renaud Lambert, décembre 2015.

Les *atlas des relations internationales*, éditions Hatier, sous la direction de Pascal Boniface.

Les *atlas de la mondialisation*, publiés par Sciences Po.

Sites internet

www.diploweb.com nombreux articles. Ex : « gaz, géopolitique et prospective », par Jacques Deyirmendjian, septembre 2012.

Pour actualiser les données : statistical review of world energy sur le site bp (www.bp.com/statisticalreview) ou sur le site de l'AIE (www.iea.org).

Filmographie

Arlit, deuxième Paris, film documentaire franco-béninois réalisé par Idrissou Mora Kpaï, sorti en 2007.

Blood diamonds, de Edward Zwick, sorti en janvier 2007.

Gasland, film documentaire américain sorti en 2010. Écrit et réalisé par Josh Fox, il a pour objet l'impact environnemental et sanitaire de la méthode d'extraction du gaz de schiste par fracturation hydraulique.

La Sale guerre des terres rares, réalisé par Guillaume Pitron et Serge Turquier, France 2, 2012. Documentaire qui parle de Molycorp, de sa Mine de Mountain Pass :

http://en. wikipedia.org/wiki/Mountain_Pass_rare_earth_mine, de Magnequench et de l'industrie des terres rares en Chine à Baotou et de ses mines de Bayan Obo.

Nigéria, la malédiction de l'or noir, Arte, web-reportage, novembre 2012.

Nigéria, l'éternelle marée noire, Arte, web-reportage, 2011.

Commentaire de documents

L'Afrique et les matières premières

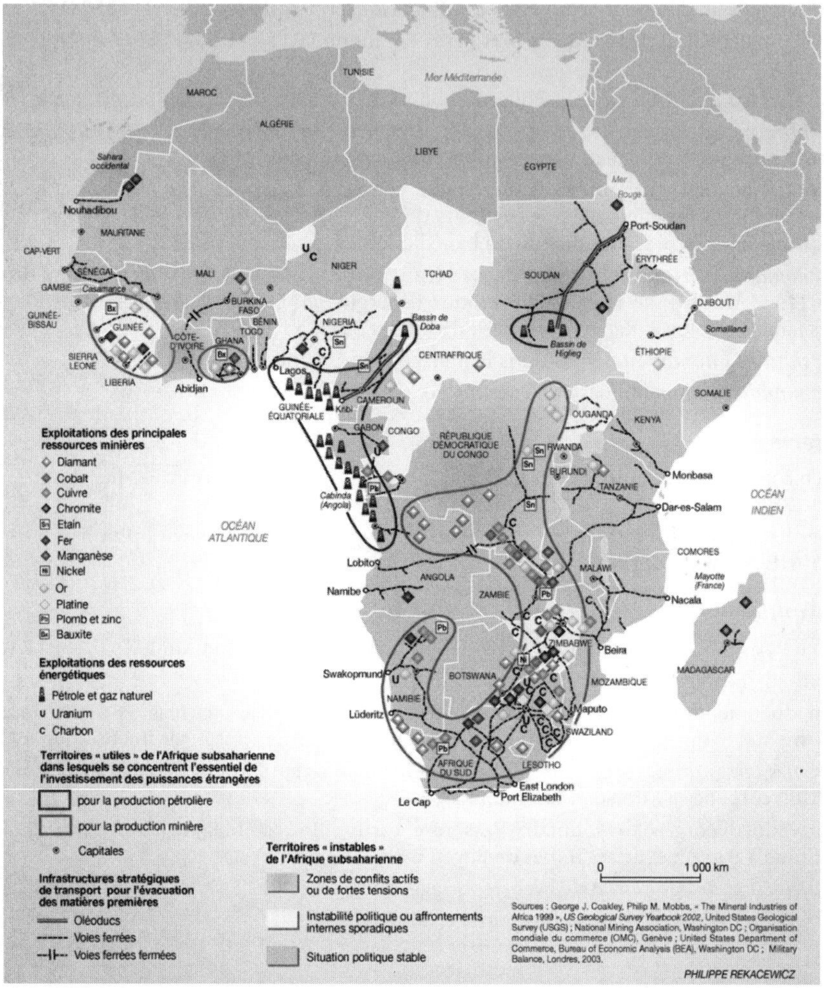

Terres « utiles » de l'Afrique subsaharienne, par Philippe Rekacewicz, octobre 2007, avec l'aimable autorisation de l'auteur, Le Monde diplomatique, Paris.

L'Afrique subsaharienne a longtemps été considérée comme une région du monde dominée par les puissances. La carte de Philippe Rekacewicz, cartographe du *Monde Diplomatique* notamment, intitulée *Terres « utiles » de l'Afrique subsaharienne*, publiée sur le site cartografareilpresente, et réalisée en octobre 2007 tend à le montrer. Elle pose en tout cas plusieurs problèmes : À qui profitent les ressources de l'Afrique ? Y a-t-il une réelle possibilité d'émancipation pour l'Afrique en matière de sources d'énergie et de matières premières ?

La carte montre tout d'abord que le continent est riche en matières premières et sources d'énergie.

On note une grande diversité de ressources : hydrocarbures (golfe de Guinée et sur la côte ouest de l'Afrique, Souan et Soudan du Sud), autres sources d'énergie (uranium, charbon), matériaux précieux (diamants, or, platine), métaux (cuivre, fer, nickel, plomb, zinc, étain), minéraux (manganèse, chromite, cobalt).

Ces ressources sont très inégalement réparties. Elles constituent l'Afrique « utile » : golfe de Guinée, Afrique australe, une partie de l'Afrique centrale et des Grands Lacs, Soudan et Soudan du Sud. Les autres territoires sont très pauvres en matières premières (Sahel, Corne de l'Afrique, Afrique orientale, Madagascar).

Pourtant, l'Afrique ne profite pas de la manne liée à ses richesses.

La première raison est la présence des grandes compagnies minières et énergétiques étrangère qui exploitent les ressources de l'Afrique (Areva au Niger, Total). Elles ont mis en place des infrastructures : voies de communication (routes et voies ferrées), oléoducs et gazoducs (comme au Soudan entre le bassin de Higlieg et Port-Soudan). Ces infrastructures vont de l'intérieur des terres vers les grands ports d'exportation. Le but est donc bien d'acheminer les matières premières vers les pays étrangers. Enfin, de multiples puissances convoitent aujourd'hui l'Afrique : pays européens (notamment les anciennes puissances coloniales : France, Royaume-Uni), Chine et autres pays émergents (Inde, Brésil), États-Unis (qui s'impliquent de plus en plus dans le golfe de Guinée afin de sécuriser leurs approvisionnements en hydrocarbures).

La deuxième raison reste l'instabilité d'une partie de la zone et la présence de conflits : Soudan et Soudan du Sud, Angola (problème en Cabinda), au Nigéria, RDC. De plus, beaucoup de chefs d'État captent la rente : Gabon (famille Bongo), Guinée Équatoriale (famille Obiang), république du Congo (Sassou Nguesso). De nombreux autres problèmes se posent d'ailleurs : corruption, clientélisme, volatilité des prix des ressources, absence d'investissements et d'encouragement industriel…

Pourtant, il semblerait que l'Afrique puisse assister à de nombreuses dynamiques qui mènent à plus d'autonomie.

Des efforts sont faits en matière d'industrialisation et de raffinage (Nigéria), même si cela reste insuffisant.

On développe aussi la transition énergétique. Certains pays sont très avancés en la matière (Ouganda, Soudan, Éthiopie) et des projets sont en train de naître à l'instar de Desertec (énergie solaire). De même, l'utilisation de la biomasse en Afrique peut donner de bons résultats.

Certains pays ont réussi à tirer parti de leurs richesses à l'instar de l'Afrique du Sud ou du Nigéria, même s'il s'agit d'un développement très inégal.

Dissertation

Pétrole et enjeux mondiaux depuis la fin du XIXe siècle

Introduction

« *Contrôlez le pétrole et vous contrôlerez les nations, contrôlez la nourriture et vous contrôlerez le peuple, contrôlez la monnaie et vous contrôlerez le monde* » affirmait le diplomate Henry Kissinger, montrant ainsi l'importance prise par l'or noir au 20°siècle.

Si le pétrole est connu depuis les premières civilisations, ce n'est que **vers le milieu du 19°siècle** que son utilisation prend une **dimension industrielle**. **De nos jours, l'exploitation du pétrole est largement menacée dans la mesure où l'épuisement de la ressource est annoncé** et où son utilisation entraîne de nombreux problèmes. Il n'empêche que cette matière première est peu à peu devenue une **ressource stratégique au centre de nombreux enjeux de puissance.**

En quoi le pétrole est-il devenu un produit stratégique ? Dans quelle mesure la ressource pétrolière peut-elle être facteur de développement, de puissance ou, au contraire, d'affaiblissement et de dépendance ? Un après-pétrole est-il possible et envisageable ?

I. De la fin du XIXe siècle aux années 1960 : le pétrole est un enjeu de domination et de croissance pour les pays riches

De la fin du 19°siècle aux années 1960, le pétrole a été, pour les pays riches, un instrument de domination et un facteur de croissance. Les États-Unis et l'Europe ont d'abord découvert les **potentialités industrielles du pétrole** et l'ont exploité à travers le monde. **La production américaine augmente très vite** : 1950 barils en 1859, 3 millions en 1862. D'autres pays se lancent dans la production : Roumanie, Royaume-Uni, France, Pologne. De **grandes entreprises** sont fondées afin d'exploiter et d'exporter le pétrole (Standard Oil). Les sociétés passent des accords pour assurer leur **hégémonie sur les marchés pétroliers** (1928 : accord d'Achnacarry où on décide de s'entendre sur la production et les prix). On parle du **cartel des 7 sœurs.** Ces entreprises **s'implantent à l'étranger**. Le Royaume-Uni signe en 1901 un accord pour pénétrer en Iran et du pétrole y est découvert et exploité à partir de 1908. L'opposition est parfois vive comme lors du partage de l'Arabie Saoudite entre le Royaume-Uni et les États-Unis.

Étant donné que la ressource est très peu chère, elle va **doper la croissance des pays riches**. **En amont**, le pétrole a développé de nombreuses entreprises de **raffinage** qui ont profité aux pays du Nord. Le pétrole brut est ainsi directement exporté vers les pays occidentaux. On développe aussi les **techniques de forage et d'exploration**. **En aval**, de nombreuses branches industrielles sont développées : **pétrochimie,** transports et en particulier **automobile** (qui développe le marché des carburants liquides). On utilise également les résidus asphaltés pour recouvrir les routes. **Le pétrole peu cher** change donc considérablement les modes de vie occidentaux et contribue à la croissance des Trente Glorieuses (1945-1973). Le pétrole permet aussi le développement de la vitesse (Concorde en 1969), l'avènement du confort et de la société de consommation.

Le pétrole est aussi devenu une **matière première stratégique** dont le contrôle révélait la puissance des États. Lors de la **Première Guerre mondiale**, l'Allemagne cherche à bénéficier du pétrole mexicain en envoyant le télégramme Zimmerman en 1917. Lors de la **Seconde Guerre mondiale**, les Alliés bombardent en priorité les raffineries roumaines afin de priver les nazis d'une source d'énergie capitale. Les métropoles ont cherché à exploiter cette ressource dans le cadre de la

colonisation (France en Algérie). Certains pays se sont même lancés dans la colonisation en vue de l'exploitation pétrolière (Italie en Éthiopie en 1935-1936). Enfin, le pétrole devient crucial dans le cadre de la **guerre froide.** C'est l'exploitation de son pétrole par l'URSS qui lui permet de rester dans la course aux armements. Les États-Unis ont cherché à contrôler le Moyen-Orient (pacte de Bagdad en 1955).

II. Des années 1960 à nos jours : le pétrole est un facteur d'affirmation des pays du Tiers-Monde

Pourtant, à partir des années 1960, l**e pétrole est devenu un enjeu d'affirmation pour les pays du Tiers-Monde.**

On assiste à une **diversification des pays producteurs**. Dès l'Entre-deux-guerres, l'Amérique latine développe sa production (Mexique, Venezuela). Plus récemment, des pays comme le Nigéria et l'Angola s'affirment. À la suite des indépendances, les pays producteurs ont cherché à **renégocier les accords avec les grandes compagnies pétrolières** (1950 : l'Arabie Saoudite parvient à généraliser le partage 50/50 des revenus pétroliers entre l'État et la compagnie américaine Aramco). D'autres choisissent de **nationaliser** les ressources du pays (Algérie en 1971, Équateur en 2006), même si les grandes puissances peuvent intervenir contre cela (opération américaine Ajax en 1953 contre Mossadegh, premier ministre iranien). Enfin, **les pays du Sud consomment de plus en plus de pétrole, témoignant du phénomène de l'émergence** (consommation de pétrole en Chine entre 2004 et 2014 : + 63 %, en Inde + 51 %).

Les pays du Sud ont également **tenté de se développer à partir de cette richesse**. Certains pays ont réussi un **véritable développement** grâce au pétrole (Maghreb, Péninsule Arabique). 10 % du PIB de l'Égypte est dû au pétrole, sans compter les revenus indirects liés au contrôle du canal de Suez et du Sumed (oléoduc). Grâce aux revenus du pétrole, des pays ont pu développer d'autres activités comme le tourisme (Émirats Arabes Unis, Qatar), la finance, des industries. Le pétrole a également permis à la puissance russe de se reconstituer. Pourtant, l'**économie de rente a des effets pervers** : développement de la corruption et du clientélisme, captation de la rente par une partie de la classe politique (famille Bongo au Gabon), absence de développement d'autres branches industrielles et rares capacités de transformation (raffinage), détérioration de l'environnement (delta du Niger), aucun effet sur le développement du pays (plates-formes off-shore au Cap-Vert).

Parallèlement, les pays producteurs **cherchent à s'organiser**. L'**OPEP** (Organisation des Pays Exportateurs de Pétrole) fut la première grande organisation, fondée en 1960. Elle a peu à peu gagné en importance : augmentation de ses membres (5 à l'origine, 12 aujourd'hui), production et réserves mondiales importantes (42 % et 72 % du total mondial). **L'importance de l'OPEP a fluctué**. Dans les années 1970, elle a été à l'origine des deux **chocs pétroliers** (1973 et 1979). Mais aujourd'hui, le **rôle de l'organisation est moindre**. De nombreux pays producteurs ne sont pas membres de l'OPEP et les pays développés cherchent à diversifier leurs sources d'approvisionnement (golfe de Guinée), à trouver des substituts au pétrole (nucléaire en France, gaz de schiste aux États-Unis), à faire des économies d'énergie ou à rechercher la transition vers les énergies renouvelables (Brésil : biocarburants).

III. Des années 1960 à nos jours : le pétrole est aussi devenu une source de tensions importantes à travers le monde

Depuis les années 1960, le pétrole recouvre des enjeux tellement importants qu'il est source de tensions.

Le pétrole a tout d'abord généré des guerres civiles : guerre du **Biafra**, au Nigéria, de 1967 à 1970 (tentative de sécession de la province en partie due à ses richesses pétrolières), conflit en Cabinda (qui cherche à se séparer de l'Angola pour profiter des ressources pétrolières), tandis qu'au

Nigéria de nouvelles tensions se font jour dans le delta du Niger (opérations de sabotage du Mouvement pour l'Émancipation du Delta du Niger contre Shell). Des **guerres interétatiques** ont également eu lieu au nom des intérêts pétroliers : trois guerres du Golfe (et notamment de la guerre Iran-Irak de 1980 à 1988), guerre entre le Soudan et le Soudan du Sud.

L'exploitation, le transport et l'utilisation du pétrole contribuent à remettre en cause la notion de **développement durable. L'exploitation du pétrole** entraîne tout d'abord de graves nuisances écologiques : explosion de la **plate-forme Deepwater**, en 2010. Le transport du pétrole pose également problème. Sans parler des **marées noires** occasionnées par les pétroliers qui s'échouent (*Prestige* en 2002), on peut citer les **fuites régulières dans certains oléoducs**, en particulier en Russie (février 2010 sur le pipeline Sibérie-Pacifique). L'utilisation du pétrole génère un **volume important de gaz à effet de serre** (carburant dans les voitures qui se multiplient).

D'autres problèmes se posent également comme la question de la rareté. De nos jours, on semble prédire la fin du pétrole pour les années 2050, compte tenu de l'augmentation constante de la demande. Les nouvelles découvertes et l'amélioration des techniques de forage ne couvrent pas l'augmentation des besoins. Il y a aussi **augmentation et fluctuation des prix du pétrole.** En 2008 : 133 $ le baril de Brent en juillet, 40 $ en décembre. Cela pose des problèmes de rentrées budgétaires irrégulières pour les États producteurs, alors que la spéculation est largement pointée du doigt. Pour y faire face, des **solutions** à l'échelle internationale ont été proposées. Les États peuvent **coopérer ponctuellement** pour résoudre certaines questions (**convention Marpol**, signée en 1978, pour éviter les marées noires). Quelques tentatives ont été créées au niveau international : 1974, création de **l'AIE, (Agence Internationale de l'Énergie**).

Conclusion

L'or noir a pris une importance capitale et une dimension stratégique dans le monde. Les pays riches ont développé la production et ont fondé leur croissance sur le pétrole. Dans les années 1960, de nouveaux acteurs émergent, producteurs et consommateurs, afin de prendre part au développement. De façon plus récente, de nouveaux enjeux se posent : il devient source de tensions ou de conflits, il est en partie responsable de la crise économique des années 1970 et menace gravement l'environnement en même temps que beaucoup craignent la fin du pétrole. La question d'une gouvernance des matières premières et de l'énergie est donc posée, afin d'envisager « la vie après le pétrole », selon le titre du livre de Jean-Luc Wingert, paru en 2005.

Oral

La terre, une nouvelle ressource stratégique

Introduction

Posséder la terre, pour pouvoir la travailler, reste un enjeu capital aujourd'hui. En témoigne les nombreux mouvements des paysans sans terre.

En quoi la terre est-elle devenue une nouvelle ressource stratégique, au même titre que les hydrocarbures, l'eau ou certains minerais ?

I. La terre, une ressource devenue stratégique.

A. La terre, une ressource devenue rare

1400 millions d'ha de terres arables dans le monde.

Augmentation de la pression démographique : l'augmentation de la surface agricole utile est loin d'être aussi rapide que celle de la population : augmentation des superficies cultivables de 3. 2 % entre 1980 et 2011 alors que la population mondiale a crû de 45 %. Prévisions : la nourriture d'un terrien était produite sur 0. 5ha en 2000. Elle devrait l'être sur 0. 15ha en 2050.

Autres facteurs : érosion, puisement et salinisation des sols, étalement urbain...

B. La terre, une ressource indispensable

Production des matières premières agricoles afin de nourrir 7 milliards d'humains. 688 millions de tonnes de blé produites en 2014.

Production d'énergie : développement des biocarburants. Concurrence en matière de production agricole (cf. Jean Ziegler, *Destruction massive, géopolitique de la faim* (2011)).

C. Les « terres rares » : des matières premières stratégiques

En fait, un groupe de métaux aux propriétés électromagnétiques. Elles sont utilisées dans les produits de haute technologie et dans les produits des nouvelles technologies vertes.

Problème : compte-tenu de pollutions importantes liées à leur extraction et à leur séparation, de nombreux pays ont renoncé à leur exploitation. De fait, la Chine assure en 2010 95 % de la production mondiale. Or, elle a annoncé vouloir réduire ses exportations.

Du coup, certains pays ont relancé leur exploitation ou ont mené des études de faisabilité : États-Unis, Australie, Afrique du sud, Malaisie,...

Conflit à l'OMC entre les États-Unis, l'UE et le Japon d'une part et la Chine d'autre part : les premiers attaquant la seconde à propos de la limitation de ses exportations.

II. La terre, une ressource convoitée.

A. Spéculations et rentabilité

La terre devient, surtout depuis l'augmentation du prix des matières premières à partir de 2006, un produit de placement rentable. Le groupe Morgan Stanley, par ex, investit en Ukraine. Depuis les crises alimentaires de 2008, des groupes investissent aussi dans l'achat de terres pour développer de grands complexes agricoles qui exporteront les productions dans leur pays d'origine. Ce fut le cas en Afrique mais c'est aussi le cas en France.

Problème : augmentation des prix du foncier.

B. Le *land grabbing* (accaparement des terres)

Selon JP Charvet, jusqu'à 1 million de paysans chinois travaillent la terre dans 18 pays africains.

Certains pays ont besoin de sécuriser leurs approvisionnements : l'Arabie Saoudite importe 95 % de ses besoins. D'autres cherchent à les diversifier.

De nombreux pays africains (60 % des transactions mondiales), en mal-développement, louent ou vendent des terres : Madagascar, RDC, Mozambique, Éthiopie, Soudan, Mali,...

Problème : cela développe une agriculture d'exportation, prive les populations locales d'une partie des ressources à une époque où 850 millions de personnes souffrent de malnutrition (dont 75 % de ruraux).

C. Des conflits et tensions liés à la possession de la terre

La question du cadastrage des terres en Afrique (seules 5 à 20 % des terres sont cadastrées dans le continent) : faiblesse de la propriété privée, absence de sécurité foncière. Les États pratiquent régulièrement des expropriations.

Conflits liés à la terre : fréquents entre agriculteurs et éleveurs (Afrique centrale notamment), courants entre migrants et autochtones (Cameroun). Conflits entre droit d'usage et droit de propriété, entre exploitants forestiers et autochtones.

Tensions : Ex : en France à propos de l'aéroport Notre-Dame des Landes.

III. Des perspectives peu encourageantes.

A. Pollutions de la terre et changement climatique

Extraction et raffinage des terres rares entraînent de graves pollutions de la terre : il faut injecter dans la terre des liquides toxiques. Ex : terres impossibles à cultiver autour de Baotou, en Chine.

Agricultures intensives dans les pays développés : utilisation d'intrants importants (pesticides, engrais) qui polluent les terres.

Changement climatique : risque de réduction des superficies cultivables. Donc risque de tensions accrues.

B. Des inégalités criantes

Mouvement des paysans sans terre : Chiapas (Mexique), Sertao (Brésil). Revendication d'une égalité vis-à-vis de la terre.

Une propriété fondée sur d'anciens systèmes coloniaux : latifundias en Amérique latine, aujourd'hui tenus par de grandes entreprises (Chiquita, United Fruits).

Cela entraîne des mouvements de révolte.

C. La nécessité d'une régulation étatique

En Afrique, les États participent au land grabbing en autorisant ce phénomène.

Dans les pays développés : développement de législations contre la spéculation foncière et l'accaparement des terres : rôle des SAFER en France.

Quelques timides évolutions : en 2015, le Niger cherche à créer un projet de loi en ce sens. Interdiction au Paraguay, régulation au Brésil.

D. Pas de régulation mondiale

« À quoi sert l'État, quand on peut venir du monde entier pour se procurer les matières premières et les produits de base du pays sans passer par des représentants officiels, y compris le président ou les ministres ? », Kama Sywor Kamanda, poète congolais, *La traversée des mirages*, 2006.

Conclusion

La terre ne semble plus échapper au credo libéral. Elle devient une marchandise de sorte qu'il s'agit d'une nouvelle forme d'insertion du secteur primaire dans les logiques capitalistes.

Chapitre 20
La mondialisation en débats

Cédric Tellenne

> *Le mouvement altermondialiste est constitué par l'ensemble des luttes et des résistances, des pratiques sociales, des débats et des recherches, des créations intellectuelles et artistiques qui s'inscrivent dans la perspective de l'altermondialisation. Cette perspective peut être résumée par le refus des inégalités et des discriminations, la mise en cause des effets de la mondialisation néolibérale, l'exigence de contrôle démocratique sur les institutions régionales comme l'Union européenne et internationales — OMC, FMI, Banque mondiale — qui en sont les vecteurs, l'affirmation qu'« un autre monde est possible » et l'engagement dans sa construction.*
>
> *Gustave Massiah, « Le mouvement altermondialisation et les forums sociaux », Alternatives internationales, 14 janvier 2005*

◆ Dates clés

- **1971** Création du Forum européen de management à Davos (Suisse), par l'économiste Klaus Schwab
- **1984** *The Other Economic Summitt* en marge du G7 de Londres
- **1987** Le « Forum européen de management » de Davos est rebaptisé « Forum économique mondial » et traite désormais également de questions politiques
- **1988** Manifestations en Amérique du Nord contre le projet d'ALENA
- **1994** Révolte armée des Indiens du Chiapas mexicain sous les ordres du sous-commandant Marcos
- **1997** Éditorial du *Monde diplomatique* par Ignacio Ramonet : « *Désarmer les marchés* »
- **1998** Création d'ATTAC (Association pour une taxe Tobin d'aide aux citoyens). Mobilisation victorieuse contre le projet d'Accord multilatéral sur les Investissements (AMI)
- **1999** Émeutes de Seattle en marge de la conférence de l'OMC : naissance de l'« antimondialisme »
- **2001** Premier Forum social mondial (FSM) à Porto Alegre au Brésil : de l'« antimondialisme » à l'« altermondialisme ». Le sommet du G8 à Gênes (Italie) est marqué par de graves affrontements
- **2003** Grandes manifestations dans le monde contre la guerre en Irak et la politique de George W. Bush
- **2004** Premier FSM hors de Porto Alegre, à Bombay en Inde ; Michaël Moore emporte la palme d'or à Cannes pour *Farenheit 9/11*
- **2006** Premier FSM décentralisé, en trois lieux sur trois continents : Caracas, Karachi et Bamako
- **2008** Ramonet et Cassen lancent le mot d'ordre du « post-altermondialisme » et un nouveau collectif, *Mémoire des luttes*, proche du chavisme

- **2010** *Indignez-vous !* de Stéphane Hessel. Naissance du mouvement des Indignés (*Indignados*) en Espagne
- **2011** Lancement du mouvement *Occupy Wall Street* à New York, qui essaime ensuite dans quelque 80 pays
- **2013 et 2015** FSM réuni à Tunis, dans la lignée des « printemps arabes »
- **2015** Victoire d'Alexis Tsipras et de la coalition Syriza aux élections législatives grecques
- **2016** Premier FSM en Amérique du Nord : Montréal au Québec

◆ Chiffres clés

Le collectif ATTAC

- 10 000 membres (jusqu'à 30 000 en 2003)
- 35 administrateurs
- 110 membres du comité scientifique
- 150 comités locaux
- 27 associations
- 16 syndicats
- 7 titres de presse
- Réseau international dans 38 pays

◆ Croquis de synthèse

L'altermondialisme : un combat planétaire

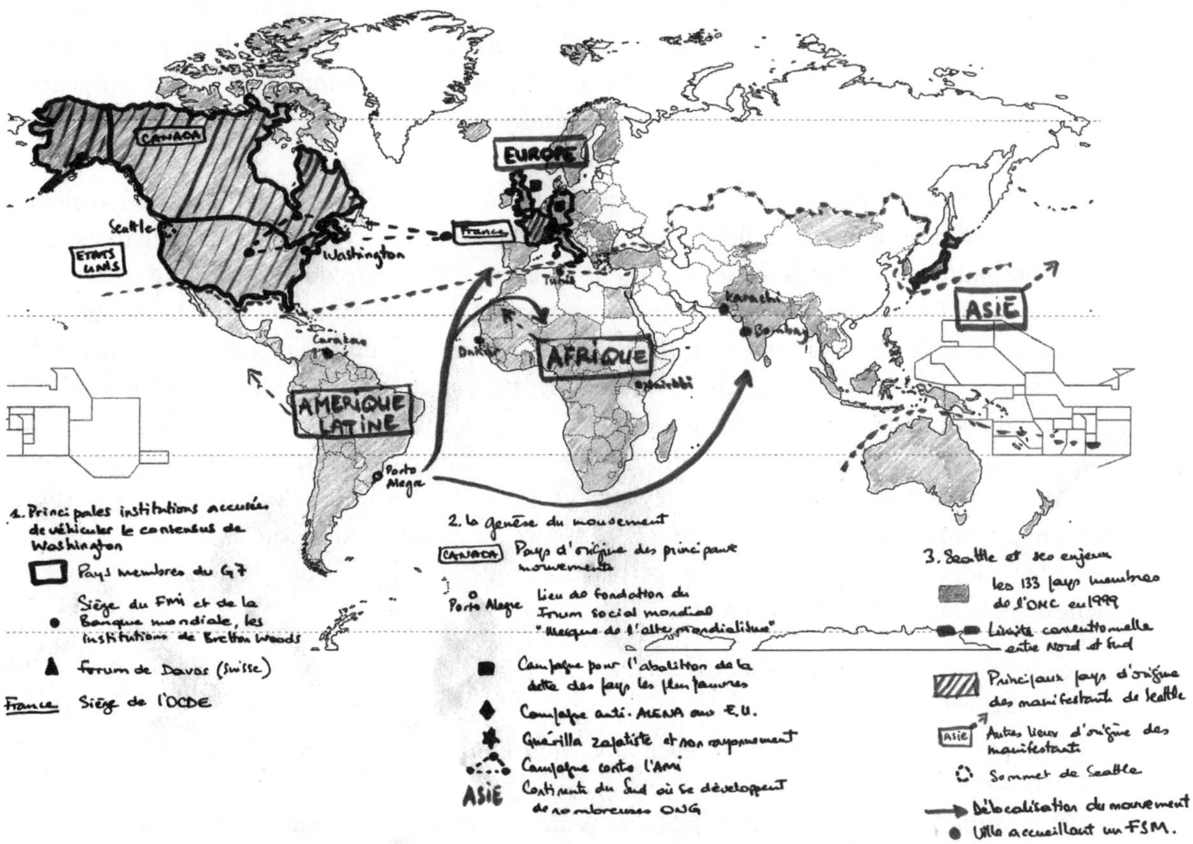

Source : d'après E. Allait, Altermondialisme, mouvance ou mouvement ?, Ellipses, coll. CQFD, 2007

Introduction

« T.I.N.A. » : « *There Is No Alternative* ». Ce slogan couramment attribué à Margaret Thatcher, égérie du néolibéralisme* dans les années 1980, est toujours dénoncé par les altermondialistes* aujourd'hui. Il signifie qu'il n'y aurait pas d'alternative aux choix de l'ouverture économique, de la déréglementation* et de la privatisation. Une politique pro-mondialiste ou « globaliste » censée être imposée par les milieux économiques à des dirigeants politiques sous influence et relayée par les grandes institutions internationales que sont le FMI, la Banque mondiale ou l'OMC...

Jean Ziegler, sociologue et polémiste suisse, dénonce en « TINA » une sorte de troisième pouvoir totalitaire après le bolchevisme et le nazisme, sans craindre les amalgames (*Les nouveaux maîtres du monde et ceux qui leur résistent*, 2002). De quoi en tout cas planter le décor... Pour l'Américain Noam Chomsky en revanche, qui est l'un des grands penseurs de la gauche radicale américaine, « *se battre contre Tina, c'est affronter une emprise intellectuelle qu'on ne peut pas assimiler aux camps de concentration ni au goulag* ». Pourquoi ? Parce qu'il existe une possibilité de résister et de s'opposer aux pro-mondialistes ou globalistes, même si leur pensée a été (est encore ?) ultra-dominante. Cette capacité de résistance et d'opposition a pris des formes très diverses depuis les années 1990, qui ne sont pas réductibles aux seuls Forums Sociaux Mondiaux (FSM) de Porto Alegre au Brésil, à partir de 2001. De même, ses références idéologiques sont variées et parfois contradictoires. Tout ceci fait à la fois la richesse et la faiblesse du mouvement.

Problématiques

- ***De quels poids pèse la nébuleuse altermondialiste face aux puissants lobbies globalistes ?***
- ***Comment unir des courants politiques d'opposition à la mondialisation libérale si différents — voire franchement antagonistes ? Comment passer d'une posture contestataire à de réelles propositions constructives ?***
- ***Face aux pro-mondialistes, les revendications et actions des altermondialistes peuvent-ils avoir des débouchés concrets ?***

I. Les protagonistes du débat : pro-mondialistes, antimondialistes* et altermondialistes

A. Les pro-mondialistes, partisans de la « terre plate »

Le fameux éditorialiste du *New York Times*, Thomas L. Friedman, dans son best-seller *La Terre est plate* (Saint-Simon, 2005) croit avec ferveur en une mondialisation « heureuse » : tout pays doit accepter de sacrifier une partie de sa souveraineté au bénéfice d'acteurs internationaux, tels que les marchés financiers et les multinationales, pour se développer et s'enrichir. Ces contraintes sont l'équivalent d'une « camisole dorée » (*golden straitjacket*).

Comme lui, les pro-mondialistes (ou globalistes) croient ainsi en la capacité de la mondialisation d'apporter aux sociétés humaines le bonheur par le biais d'un grand marché mondial intégré. Une idéologie qui ne s'est que progressivement imposée dans le monde : d'abord très minoritaire à l'ère de la régulation étatique, des années 1950 à aux années 1970, ce courant a effectué un long travail de théorisation puis de « conquête » des esprits, comme en témoigne l'influence du *think tank* international la Société du Mont-Pèlerin (créée en 1947) : Maurice Allais, Gary Becker, Friedrich Hayek, Milton Friedman, Ronald Coase l'ont animé… autant de prix Nobel qui ont révolutionné la pensée économique. Ils ont donné corps à ce que John Williamson a appelé dans les années 1980 le « consensus de Washington », une sorte de pensée unique dominant dans les grandes institutions de la capitale fédérale américaine (FMI, Banque mondiale, Trésor fédéral, Maison Blanche), dont l'ouvrage d'Alain Minc, *La mondialisation heureuse*, paru en 1997, est une des expressions les plus accomplies.

Selon l'analyste américain Manfred B. Steger (*Globalism. The New Market Ideology*, Rowman and Littlefield Publishers, 2002), leur « internationalisme » ou « globalisme » repose sur les postulats que la mondialisation est un processus économique spontané, sans chef ni responsable désigné, jugé inévitable et irréversible, qui s'accompagne de la diffusion de la démocratie. Cette idéologie est généralement véhiculée par les dirigeants des grandes entreprises multinationales, les principales organisations patronales, les groupes de pression et *think tanks* libéraux, les grandes universités et centres de recherche acquis au libéralisme et au néo-conservatisme à l'anglo-saxonne, nombre d'organes de presse et de *mass media*, des éditorialistes renommés (dont Thomas L. Friedman du *New York Times*, précédemment cité), nombre d'hommes politiques et de hauts fonctionnaires. Le haut lieu de ce mondialisme triomphant est la station de ski très chic de Davos en Suisse, depuis que Klaus M. Schwab, professeur d'économie à l'Université de Genève, a l'idée en 1971 de réunir plusieurs centaines de dirigeants d'entreprises européens pour réfléchir aux évolutions de techniques de management… Ce Forum européen de management devient en 1987 le Forum économique mondial (*World Economic Forum*), sorte de club planétaire des décideurs économiques et politiques qui discute chaque année de l'évolution de l'économie et de la géopolitique mondiales. *Fat cats in the snow* raille le chanteur de rock Bono, mais leur influence est telle que l'ONU signe avec le FEM un accord de partenariat, qui doit permettre également de les rapprocher des grandes ONG…

Deux grandes mouvances se distinguent toutefois dans ce courant pro-mondialiste ou globaliste : à la marge, une petite frange de « libertariens » qui considèrent le marché comme un processus auto-organisé très bénéfique ne tolérant aucune forme de régulation externe, considérée comme forcément néfaste (Robert Nozick). Beaucoup plus nombreux sont les libéraux plus modérés qui croient en la « main invisible » mais acceptent une correction occasionnelle du marché par l'État, pour remédier à certaines crises ponctuelles et traiter le problème des externalités négatives que le marché occasionne, par exemple lors de la crise des *subprimes* (école néo-classique).

B. Les antimondialistes ou « l'éloge des frontières » (R. Debray, 2011)

Le terme d'« antimondialisme » a désigné dans un premier temps, à la fin des années 1990, l'ensemble des mouvements de rejet, plus ou moins radicaux, de la mondialisation libérale et du « consensus de Washington ». Mais lorsque le vocable « altermondialiste » est né à partir de 2001, dans la lignée du *Monde diplomatique* et des premiers Forums sociaux mondiaux (voir II), le terme « antimondialiste » a été progressivement réservé aux seuls souverainistes, de gauche comme de droite. Leur point commun : l'obsession des frontières.

Dans un essai de 2011 au titre évocateur, *Éloge des frontières*, Régis Debray dénonce ainsi le fantasme dangereux d'un monde sans frontières, qui diluerait l'identité des individus et les soumettrait aux risques majeurs d'une économie internationale « hors-sol » et dématérialisée. Lui-même se qualifie de « gaulliste d'extrême gauche » (entrevue sur LCP, dans l'émission *Bibliothèque Médicis* du 20 mars 2010), une sorte de synthèse de différents souverainismes, et rallie le Front de Gauche de Mélenchon. Dans leur ensemble, les antimondialistes rejettent en bloc l'internationalisme et le libre-échange au nom de la souveraineté de la nation ou de l'attachement au groupe régional ou local. Pour prendre le cas français, une ligne de fracture profonde passe ainsi, au sein de ce groupe, entre les mouvements de la gauche radicale d'un côté, incarnés par le Front de gauche de Mélenchon ou le Nouveau parti anticapitaliste de Besancenot et Poutou, et ceux de la droite « souverainiste » et autoritaire, au discours volontiers xénophobe. Le cas du Front national est à cet égard instructif : défendant aux origines des idées économiques très libérales, inspirées de la « révolution conservatrice » thatchero-reaganienne, il se convertit totalement au protectionnisme et à l'étatisme pour capter un électorat populaire votant traditionnellement à gauche. Les souverainistes de gauche et de droite se retrouvent ainsi sur le thème du protectionnisme et de la « démondialisation » (W. Bello, J. Sapir), qui devint un véritable programme politique.

Mais les convergences s'arrêtent là. À l'extrême gauche, les plus radicaux attendent toujours le « grand soir », c'est-à-dire le renversement du capitalisme. Les anti-marché rejettent purement et simplement le capitalisme et l'économie de marché, qu'ils soient anarchistes, marxistes, trotskistes… Ils forment une minorité agissante au sein de la mouvance altermondialiste. D'un point de vue politique, certains souhaitent le dépérissement de l'État et l'organisation en libres fédérations de citoyens. Au sein de ce groupe, certains penseurs et militants, cherchent à se tenir « hors du système » : ils veulent forger un mode de vie libertaire et alternatif qui serait indépendant de toutes les forces de la mondialisation : des fouriéristes partisans des « nouveaux phalanstères », des « pirates urbains » et autres « *ravers* » connus pour créer des TAZ (*Temporary Autonom Zones*). D'autres plus nombreux revendiquent le retour de l'État-nation au nom de l'identité commune, du jacobinisme égalitaire ou de la construction d'une démocratie participative et locale…

C. Les altermondialistes : « une autre mondialisation est-elle possible ? »

« Un autre monde est-il possible ? » se demandait Ignacio Ramonet dans un éditorial du Monde diplomatique en mai 1998. C'est devenu un des slogans du mouvement, notamment du collectif ATTAC. Extrait :

« De plus en plus de personnes, au Nord et au Sud, estiment que trop, c'est trop. Que ce monde qu'édifie une économie devenue inhumaine n'est plus vivable. Que le déferlement des égoïsmes sape les fondements de l'éthique. Après l'État-nation et l'État-providence, c'est la citoyenneté elle-même qui est menacée de démantèlement au nom des impératifs du marché. L'entreprise de démolition s'attaque en fait à l'ensemble de la civilisation sociale bâtie au cours des XIXe et XXe siècles. Un sursaut collectif devient indispensable ».

Malgré leur infinie diversité, les altermondialistes apparaissent davantage comme des réformistes que les antimondialistes et pensent pouvoir gagner la bataille des idées sans avoir à renverser l'ordre existant. Ils ne sont pas foncièrement hostiles à la mondialisation, mais ils en dénoncent les excès et le caractère inéquitable, et revendiquent une mondialisation plus « solidaire », à « visage humain ». Ils pensent que la mondialisation n'est pas un processus économique spontané mais bien une construction politique : elle a des commanditaires ; elle est le résultat de décisions fondées sur une idéologie et prises au nom des intérêts des entreprises multinationales, de la haute finance et des grandes puissances capitalistes. Certains pensent même qu'il s'agit d'une entreprise de « restauration » du capitalisme d'avant l'État-providence, qui s'est mise en place peu après 1968 avec pour objectif principal de faire reculer les acquis sociaux et de libérer le capital de ses entraves. En ce sens, les gouvernements dans les différents pays libéraux de la planète ainsi que les multiples organisations intergouvernementales ne seraient que des instruments aux mains des milieux d'affaires : c'est ainsi que Naomi Klein peut dénoncer le « McGouvernement » au service de la firme globale (dont le symbole est McDonald).

Pour eux, il faut enrayer ce mouvement en proposant une nouvelle régulation de la mondialisation et en réformant les grandes organisations intergouvernementales, à l'image de ce que propose le prix Nobel d'économie Joseph Stiglitz, qui refuse l'appellation d'altermondialiste mais qui constitue une grande référence. Cela passe par une réappropriation par l'État-nation de certains pouvoirs qu'il a perdus au profit des forces économiques transnationales : il s'agit d'un « altermondialisme étatiste » pour le politologue français Zaki Laïdi. En parallèle, des « localistes », qui se rattachent à certains courants proches de l'écologie comme la décroissance* (N. Georgescu-Roegen, S. Latouche, P. Ariès), souhaitent une relocalisation de l'économie dans un souci d'autosuffisance à l'échelle locale, ainsi qu'un renforcement des pouvoirs des communautés locales témoignant d'une revitalisation de la démocratie à cette échelle. Finalement, le terme « altermondialiste » devient générique et finit par englober celui d'« anti », sans pour autant que des positions communes ne soient dégagées en un programme unique. C'est sous l'appellation d'« altermondialisme » et « altermondialistes » que l'on réfléchira par la suite aux spécificités du mouvement.

II. Le creuset altermondialiste

A. Des racines idéologiques diverses

Ces mouvements sont de lointains héritiers du socialisme utopique. Au XIXe siècle, les socialistes utopiques imaginent en effet des sociétés égalitaires, organisées en petites collectivités idéales comme les phalanstères de Charles Fourier. Le mouvement coopératif naît ainsi, portant un projet alternatif avec l'idée d'autogestion dans le cadre du système capitaliste : on le retrouve tout au long du XXe siècle, sous des formes variées. Certains militants, de tendances anarchiste et/ou écologiste, se réfèrent toujours à ces communautés idéales.

Anarchisme et marxisme sont toutefois les deux sources principales de ces mouvements. La doctrine de Pierre-Joseph Proudhon est à l'origine de l'anarchisme, pour lui, tous les problèmes des sociétés contemporaines s'enracinent dans le « droit d'aubaine » qui permet aux capitalistes de vivre du travail des autres (*Qu'est-ce que la propriété ?*, 1840). À sa suite, des penseurs comme Bakounine, Kropotkine et Reclus posent les fondements d'une société sans contrainte où l'individu, libéré de toute entrave, assumera ses responsabilités librement : la société anarchiste doit être une « fédération de libres associations », chaque homme étant libre de se lier et de se délier par contrat, la moralité de chacun et l'esprit d'entraide assurant l'équilibre de l'ensemble. L'anarchisme est à la source d'un courant libertaire encore puissant aujourd'hui dans les milieux altermondialistes. De son côté, Karl Marx veut aller plus loin que le socialisme utopique en jetant les bases théoriques du socialisme scientifique, reposant sur les principes du « matérialisme dialectique » inspiré de Hegel et Feuerbach. Le communisme doit abolir la propriété privée et supprimer les classes sociales et l'État, après une phase de dictature du prolétariat. Les penseurs marxistes, à la suite du maître, constituent d'autres références pour le mouvement alternatif (Kautsky, Croce, Gramsci, Guesde…). Lénine demeure la référence centrale, pour avoir conduit la première expérience de « socialisme réel » en Russie et avoir montré, dans *L'impérialisme, stade suprême du capitalisme* (1916), comment le capitalisme peut se muer en un impérialisme mondial et la lutte des classes devenir une lutte entre les nations. Les expériences socialistes dans le Tiers-Monde font également sens pour les militants car fondées sur la recherche d'autosuffisance et le développement autocentré, en rupture avec le « néocolonialisme » du Nord. La voie indienne (Gandhi, Nehru) est ainsi une référence majeure, tout comme le socialisme d'un Salvador Allende au Chili et plus récemment d'un Chavez.

L'écologisme est une troisième grande source d'inspiration. Les luttes des années 1960 ont fait passer l'écologie* du domaine scientifique, où elle se cantonnait depuis le XIXe siècle, au domaine politique. Certains experts ont contribué à alerter l'opinion publique sur les méfaits de l'industrialisation rapide (Rachel Carson, *Le printemps silencieux*, 1962) et la jeunesse militante s'est engagée en 1968 pour la défense de la nature et le « retour à la terre » (affaire du Larzac en France), pour la condamnation du nucléaire. L'ouvrage d'Ivan Illitch paru en 1973, *La convivialité*, résume les aspirations nouvelles pour une autre société, débarrassée du consumérisme à outrance et du culte de la croissance à tout prix.

B. Les actions politiques et militantes

Dans les années 1980 et 1990, des manifestations et luttes ponctuelles sont présentées, *a posteriori*, comme les prémisses d'un mouvement qui se fait connaître surtout à Seattle en 1999. Les premiers contre-sommets débutent en effet dans les années 1980, en marge des réunions du G7 (Londres, 1984 : *The Other Economic Summitt*) et bientôt du GATT ou du forum de Davos. En Amérique latine, ce sont les mouvements de paysans et cultivateurs qui lancent le mouvement : ainsi au Brésil s'organise en 1984 le Mouvement des Sans-Terre. Une décennie plus tard, la région mexicaine du Chiapas s'embrase : la résistance du sous-commandant Marcos, avatar du « Che », et de son armée zapatiste de libération (EZLN) s'y organise, mêlant des thèmes comme la défense des paysans pauvres indigènes, la réforme agraire, la lutte pour la démocratie. Entre-temps, les manifestations au Canada, aux États-Unis puis au Mexique contre les traités de libre-échange donnant corps au projet d'ALENA, entre 1988 et 1994, apparaissent comme d'autres temps forts de la mobilisation. Tout cela fait-il un mouvement unitaire ? On en est loin. Tout au plus peut-on évoquer une certaine convergence des revendications, hostiles à la mondialisation néolibérale et ses excès. Des campagnes de dénonciation plus larges ont également été menées contre les pratiques de certaines multinationales accusées d'exploiter (indirectement) des enfants et d'enfreindre ainsi la législation sur le travail (Nike et Gap), de polluer gravement l'environnement (Exxon) ou de porter atteinte à la biodiversité (Monsanto). Les cinquante ans de la signature du GATT sont l'occasion d'émeutes et affrontements à Genève. La campagne internationale contre l'accord multilatéral sur l'investissement (AMI), en 1998, est une première grande victoire internationale, après la constitution sur le Net d'une « Zone libre de l'AMI », ensemble de collectifs et d'associations qui œuvrent à l'échec du projet en orchestrant une grande campagne d'information. Un nouveau collectif, ATTAC, se fait alors connaître.

Mais ce sont les émeutes de Seattle en novembre 1999 qui constituent à proprement parler l'acte de naissance officiel de l'antimondialisme. La réunion de l'OMC à Seattle avait pour but de lancer un nouveau cycle de négociations, le « cycle du Millénaire ». Cette réunion a été l'occasion pour le mouvement « antimondialisation » de prendre conscience d'une certaine unité et de se faire connaître. Une manifestation géante a été préparée par le syndicat AFL-CIO, en lien avec de puissantes associations écologistes (Greenpeace, Les Amis de la Terre). Des manifestations sauvages sont également prévues par des collectifs radicaux comme People's Global Action, Direct Action Network et la Ruckus Society. Au total entre 40 000 et 50 000 jeunes radicaux défilent et affrontent les forces de l'ordre, poussant Bill Clinton à décréter le couvre-feu, tandis que les pays du Sud claquaient la porte des négociations de l'OMC. Lori Wallach, un des *leader*s de Public Citizen, déclare alors : « *la mondialisation, prétendument irrésistible, s'est heurtée à l'obstacle incontournable de la démocratie de la base. Le monde ne sera plus jamais le même* ». Ces émeutes ont suscité bien des vocations, dessinant une « génération Seattle » (C. Losson et P. Quinio, *Génération Seattle, Les rebelles de la mondialisation*, Grasset, 2003). Celle-ci renoue avec les formes de mobilisation des aînés qui ont fait mai-68, mais en utilisant les nouvelles technologies de l'information et de la communication. Une partie du combat contre la mondialisation se déroule ainsi sur Internet avec les groupes de hackers ou « hacktivistes » qui mènent des opérations de blocage, de piratage ou de détournement (Yes Men, Anonymous).

C. Les tentatives de structuration du mouvement

Né dans la rue, le mouvement s'organise progressivement, par le biais d'actions spectaculaires et festives, périodiquement de grands rassemblements voués à la réflexion et à la discussion, mais aussi de la violence et parfois des affrontements graves. L'historienne Danielle Tartakowsky montre que le passage de l'anti-mondialisme à l'alter-mondialisme a été synonyme d'un déplacement de la mobilisation et des manifestations de la rue aux salons des forums sociaux (*La Manif en éclats*, La Dispute, 2004). L'initiative en revient à des Français, Ignacio Ramonet et Bernard Cassen du *Monde Diplomatique* et à des Brésiliens proches du Parti des Travailleurs, Chico Whitaker et Candido Grzybowski. Le mouvement organise ainsi de grands forums sociaux qui tentent, par le dialogue, de construire une identité commune. À Porto Alegre est ainsi institué en 2001 le Forum social mondial (FSM), véritable vitrine du mouvement altermondialiste, « *processus permanent de recherche et d'élaboration d'alternative* » selon la définition de la Charte de principes du FSM. Le sommet réunit près de 4 700 délégués et 20 000 participants au total (contre les 3 000 espérés au départ), réunis dans l'université catholique de la ville. Parmi les militants réunis, on compte une grande majorité de Brésiliens mus par l'objectif de faire élire Lula, le chef du Parti des Travailleurs, à la présidence de la République du Brésil. À côté de lui, J.-P. Stedile du Mouvement des paysans sans terre du Brésil ou Oscar Olivera, *leader* de la révolte bolivienne. De nombreuses personnalités étrangères sont également présentes : Danielle Mitterrand, militante des droits de l'homme, Jean-Pierre Chevènement, Ahmed Ben Bella, José Bové.

L'habitude est ainsi prise de tenir des forums mondiaux à Porto Alegre, au début de chaque année, si bien que la ville brésilienne est considérée comme une « Mecque de l'altermondialisation », avant des tentatives de délocalisations vers d'autres villes d'autres continents à partir de 2004. Son audience ne cesse de croître : 60 000 participants en 2002, 100 000 en 2003, jusqu'à 120 000 en 2005. Il est frappant de noter que les travaux s'y déroulent majoritairement en espagnol et que l'anglais n'est pas considéré comme la langue officielle. Bernard Cassen parle d'un « formidable basculement culturel » : l'espagnol est la langue des altermondialistes, l'Amérique latine leur terre d'élection. Mais dans le sillage de Porto Alegre, des forums se tiennent à l'échelle continentale (Asie, Afrique, Europe) comme le Forum panamazonien de Belém et le Forum social africain de Bamako en janvier 2002 ou encore le Forum social européen à Florence en novembre 2002. Puis, au niveau national, dans une trentaine de pays, des forums de réflexion et de discussions s'ouvrent ainsi qu'au niveau local comme en France où une centaine de réunions se sont déjà tenues.

III. Quel avenir pour l'altermondialisme ?

A. Un essoufflement relatif

L'essoufflement du mouvement, mythe ou réalité ? Comme l'écrit Eddy Fougier, « nombreux sont les altermondialistes qui nient toute notion d'essoufflement de leur mouvement. Pour eux, ce serait une invention des grands médias. Sous l'influence d'intérêts économiques, ceux-ci chercheraient à minimiser, voire à passer sous silence l'importance de la contestation altermondialiste ». Il est vrai que la médiatisation du mouvement est bien moins forte depuis le milieu des années 2000. N'est-ce pas aussi que le mouvement est paralysé par ses fractures internes, qui sont d'ordre idéologique, politique, catégoriel ? Eddy Fougier montre que le malaise vient de l'intérieur, entre les « fondamentalistes » attachés à la Charte de Porto Alegre qui stipule un dialogue ouvert et dénonce par avance toute récupération politique, et ceux qui, impatients de passer à l'action politique, subissent l'attrait de certains *leader*s alternatifs en Amérique latine. Un nouveau concept, celui de « post-altermondialisme », semble sceller cette rupture (voir B). On perçoit l'essoufflement à travers les échecs répétés des forums sociaux régionaux et mondiaux, en termes d'affluence et d'influence. Dès 2004, le FSE de Londres, est très décevant par sa faible participation (environ 15 000 personnes). Cela va de pair avec une « confiscation » du mouvement par les groupuscules les plus radicaux comme le Socalist Workers Party, d'inspiration trotskiste. La délocalisation* manquée de Porto Alegre est également un autre signe. Le Parti des Travailleurs perd la municipalité de Porto Alegre en octobre 2004 et la délocalisation des FSM en Asie puis en Afrique ne rencontre pas le succès escompté : le 7e FSM à Nairobi en 2007 ne réunit que 57 000 participants (dont 8 000 invités) sur les 100 000 attendus et la marche de clôture dans les bidonvilles ne rassemble que 2 000 personnes. Si bien qu'aucun FSM n'a été organisé en 2008. Cela n'empêche pas le mouvement de célébrer ses dix années d'existence en 2010 avec un retour à Porto Alegre, ainsi que 27 événements différents organisés un peu partout dans le monde. Mais désormais, l'audience es plus confidentielle et les rendez-vous moins médiatisés comme le confirment les FSM récents de Dakar ou de Tunis (50 000 participants selon les organisateurs).

B. De profondes mutations en cours : altermondialisme et « post-altermondialisme »

Sans doute l'altermondialisme est-il en train de muter actuellement. On note un début de transformation du mouvement dans plusieurs directions :

- Premièrement, la décentralisation du mouvement et l'encouragement à l'autogestion. Dès 2004, plus d'une centaine de forums altermondialistes se tiennent dans le monde entier, à différents échelles. Et, en 2006, le FSM s'est donné trois lieux de rendez-vous différents : Caracas, Karachi et Bamako, soit une structure polycentrique qui est censée donner un second souffle au mouvement mais qui peut également brouiller son image. C'est donc un pari audacieux. Dans le même sens s'inscrit la décision du Conseil International du FSM de livrer celui-ci à l'autogestion, pour être en phase avec ses convictions profondes, au risque d'aggraver le manque d'organisation.
- Deuxièmement, l'ouverture à de nouveaux pays en développement hors du continent américain. L'Asie avec des FSM en Inde (Bombay 2004) et au Pakistan (Karachi 2006). Et surtout l'Afrique, devenue une « nouvelle frontière » pour le mouvement, avec l'idée qu'il faut donner la parole à ceux qui souffrent de la pauvreté et non à ceux qui la théorisent… Un autre but avoué est également de « structurer » la société civile en Afrique. Ce qui justifie la tenue de FSM à Bamako, Nairobi, Dakar et en 2013 et 2015 à Tunis, pour tenter

de « récupérer » la vague des « printemps arabes »... Mais les problématiques sont-elles les mêmes ?

- Troisièmement, une plus grande ouverture doctrinale et sociale. Plus d'ONG et de collectifs sont invités, les thèmes débattus s'élargissent en fonction des résultats des consultations lancées sur Internet auprès du grand public. Surtout, la clef de la réussite du mouvement est sa capacité à s'élargir aux salariés du privé, par l'intermédiaire de leurs syndicats. C'est ainsi que la Confédération internationale des syndicats, née en 2006 de la rencontre de plusieurs grandes confédérations (Confédération internationale des syndicats libres, Confédération mondiale du Travail) a rallié le mouvement et apporté ses gros bataillons d'adhérents, quelque 175 millions de travailleurs issus d'environ 300 syndicats différents répartis dans 150 pays. Mais aucun mot d'ordre jusqu'alors n'a permis de mobiliser une telle masse de manifestants.
- Enfin, comme le note Eddy Fougier, le corpus idéologique est en train de se reconfigurer « autour de deux pôles » : le premier est un « pôle altermondialiste classique », qui s'appuie principalement sur le processus des forums sociaux et la méthodologie du dialogue ouvert dans l'objectif d'instaurer une « autre mondialisation ». Le second pôle, qui tend à émerger sur la base d'une rupture par rapport au premier, est un pôle « post-altermondialiste », qui s'appuie sur une volonté de convergence entre mouvements sociaux, organisations politiques et gouvernements antilibéraux d'Amérique latine dans l'objectif de construire un « socialisme du XXIe siècle ». Il est incarné par le nouveau collectif *Mémoire des luttes*, créé en 2008 par Ramonet et Cassen notamment, et sa revue *Utopie critique*. On annonce la naissance d'un mouvement dissident, mais entre-temps la crise mondiale s'est déclenchée et rebat les cartes.

C. Des altermondialistes aux Indignés

Le mouvement des Indignés (Indignados en espagnol), dit aussi Mouvement du 15-mai, naît sur la Puerta del Sol à Madrid en Espagne, le 15 mai 2011 justement. Il se dresse contre les conséquences de la crise économique de 2008 sur les populations, dénonce l'impéritie, la morgue et la complicité des dirigeants politiques et économiques, appelle à une revitalisation de la démocratie. Le nom des Indignés a été donné par les médias et inspiré du titre du manifeste *Indignez-vous !*, publié par Stéphane Hessel en 2010. Le mouvement essaime dans l'Europe du Sud touchée par la crise de la dette, en Amérique du Nord (avec le mouvement *Occupy Wall Street*) et jusqu'en Israël, dans une centaine de villes au total, mobilisant des dizaines de milliers de manifestants, et se prolonge par divers modes d'action dan la rue (*sit-in*, campements, marches), sur le web (Anonymous), avec des relais associatifs et politiques (ATTAC). Une journée mondiale des Indignés est instituée le 15 octobre 2011. Pour Thomas Coutrot, coprésident d'Attac, ce mouvement est appelé à durer, car il « touche des ressorts profonds dans la conscience des citoyens du monde entier », exprimant l'aspiration à une démocratie réelle : la crise actuelle mettrait en effet en lumière les mécanismes de confiscation du pouvoir et des richesses construits depuis trente ans par le néolibéralisme sous couvert de formes politiques démocratiques... Les généreux plans de sauvetage des banques et, en contrepartie, les plans d'austérité draconiens imposés aux peuples, jetteraient une lumière crue sur la collusion entre élites économiques et politiques. Ainsi, en contrepoint, on note la montée en puissance de partis d'inspiration altermondialiste en Grèce (Syriza) et en Espagne (Podemos), vainqueurs d'élections nationales ou locales. Mais la marge de manœuvre d'un dirigeant comme Alexis Tsipras en Grèce est étroite, comme le montre le nouveau plan d'austérité imposé au pays par les institutions de Bruxelles en 2015.

Les décroissants*

Herman Daly, ancien de la Banque mondiale et disciple de Georgescu-Roegen : « Nous ne pouvons continuer à croître indéfiniment : la croissance durable est une impossibilité et les politiques qui se fondent sur ce concept sont irréalistes, voire dangereuses. Le développement durable doit être un développement sans croissance » (*Beyond Growth. The Economics of Sustainable Development*, Boston, 1996).

Les décroissants appellent de leurs vœux une société de la convivialité, reposant non sur le « bien-avoir » mais sur le « bien-être ». Les décroissants remettent en cause la vieille idée de J. B. Say selon laquelle le bonheur est proportionnel au volume de la consommation. Et, partant, tous les indicateurs du développement, en particulier le PIB ou PIB par habitant qui comptabilisent comme positives toute production et toute dépense, y compris nuisibles.

Sans remonter à certaines utopies du premier socialisme, ni à la tradition anarchiste rénovée par le situationnisme, ce projet a été formulé une première fois à la fin des années 190 par Ivan Illitch, André Gorz, François Partant et Cornélius Castoriadis : l'échec du développement au Sud et la perte de repère au Nord (à la fois prise de conscience de la crise écologique et critique de la technique et du développement) amènent ces auteurs à remettre en question la société de consommation et ses bases, progrès, sciences, techniques... Ils accusent tout particulièrement la société de consommation de transformer l'abondance naturelle en rareté en créant sans cesse du manque et du besoin. À défaut de remettre réellement en cause la notion de développement, et plus globalement de « société de croissance », la gauche institutionnelle est vouée au social-libéralisme ; les décroissants veulent au contraire bâtir une société nouvelle, une « société de décroissance ». Et de renvoyer dos-à-dos système capitaliste et système socialiste, tous deux fondés sur le productivisme et l'assujettissement de la nature. La société de la décroissance fonde l'après-développement. Elle repose sur des logiques nouvelles.

Comment bâtir la décroissance ? Les moyens s'apparentent à une véritable refondation économique, sociale et politique. Serge Latouche, le « pape » français des décroissants, met en avant un cycle des « 8 R » qui forme le « cercle vertueux de la construction d'une société de décroissance sereine » (*Le pari de la décroissance*, Paris, 2006). On peut les présenter en trois axes majeurs :

– **Repenser la société :** « réévaluer » et « reconceptualiser » selon S. Latouche. Il s'agit de sortir de l'imaginaire dominant, celui attaché à la société de consommation, qui s'apparente à une véritable opération de libération, de décolonisation des esprits. Afin de sortir du tout-consommation. C'est d'abord et avant tout par une révolution culturelle, mentale, qu'il est possible d'y parvenir, comme le dit Cornelius Castoriadis : « il faut que l'idée que la seule finalité de la vie est de est de produire et de consommer davantage — idée à la fois absurde et dégradante — soit abandonnée ». Donc changer les valeurs, les croyances, les mentalités, les habitudes de vie.

– **Changer l'économie :** « restructurer » l'appareil de production et « redistribuer » les richesses selon Serge Latouche. Il s'agit de faire évoluer l'économie et la société vers la décroissance, en lien avec la révolution mentale. Faut-il rompre définitivement avec le capitalisme ? Non répondent la plupart des décroissants : sortir totalement du système capitaliste paraît utopique, en revanche il est possible en gardant ses institutions essentielles de sortir de ses logiques marchandes pures et peu à peu de reconvertir l'appareil de production dans le sens d'une économie écologique et solidaire. Cela oblige à redistribuer plus équitablement la terre, le travail, les revenus. Entre les pays, entre les différents groupes sociaux, entre les générations.

– Transformer notre mode de vie

C'est d'abord « relocaliser » selon S. Latouche, dans le double sens de redonner son importance au local dans la mondialisation et de déplacer les activités. « Relocaliser, c'est produire localement pour l'essentiel les produits servant à la satisfaction des besoins de la population à partir d'entreprises locales financées par l'épargne collectée localement » (SL, p. 203). Il faut « re-territorialiser » pour contrecarrer la mondialisation. Cela signifie poursuivre et accélérer la décentralisation politique et administrative : vers une démocratie locale, de proximité. Cela signifie également, sur un plan économique, internaliser certains coûts externes notamment le transport, la pollution : « avec un coût du kilomètre multiplié par dix, pour sûr, les entreprises redécouvriraient les vertus des produits et des marchés de proximité » (SL, p. 205). L'autoproduction doit être favorisée, notamment en matière énergétique. D'où un certain nombre de courants utopiques mettant en avant de nouvelles cellules d'organisation locale : des *demoi* (de *demos*) de 30 000 habitants selon Takis Fotopoulos (*Vers une démocratie générale. Une démocratie directe écologique, économique et sociale*, Paris, 2002), des municipalités de 60 000 habitants enchassées les unes dans les autres pour l'anarchiste Murray Bookchin, la notion de « village urbain » de l'urbaniste L. Lyon ou le mouvement « Rete del Nuovo Municipio » (Réseau des nouvelles villes) en Italie. Pour les utopistes de la décroissance, le changement doit être engagé « par le bas », par la démocratie locale participative, et non « par le haut »

C'est également « réduire, réutiliser, recycler ». « La nécessaire réduction de l'empreinte écologique implique de redimensionner notre mode de vie, (...) ce qui passe par un changement de nos besoins ».

Conclusion

L'engagement des anti et altermondialistes est loin de remettre en question le pouvoir dominant des pro-mondialistes car le mouvement est trop éclaté et divisé, et les différentes luttes peinent à s'agréger en un front commun. L'« esprit de Porto Alegre » s'est dissipé au milieu des années 2000 et le mouvement est fracturé entre tenants des forums et tenants de l'action politique, tenants de la réforme et tenants de la révolution, gauchistes et communistes, écologistes et souverainistes... Pourtant, il n'est pas totalement stérile : il présente au moins l'intérêt de relancer la réflexion sur une nouvelle gouvernance du capitalisme et une revitalisation de la démocratie. L'altermondialisme n'en reste pas moins clairement en position de faiblesse et on a pu le croire un temps menacés de disparition : après la montée en puissance de la mobilisation entre 1999 et 2003, l'impression prévaut que le mouvement tourne en rond, qu'il est incapable de déboucher sur des actions concrètes, que les batailles politiques intestines y sont plus importantes que les points de convergence. Les médias s'en détournent. La preuve en est que la terrible crise actuelle n'a pas débouché sur de mouvements de révolte de grande ampleur. Que signifie de ce point de vue le mouvement récent des Indignés ? Peut-il donner au mouvement un second souffle ? Si beaucoup de personnes s'indignent en leur for intérieur, combien sont réellement prêtes à s'engager ?

Idées reçues

Concernant la mondialisation, deux idées reçues s'affrontent

Pour schématiser : d'un côté, les tenants de la « mondialisation heureuse » soutiennent qu'il s'agit d'un processus spontané, irrésistible, porteur de progrès et de prospérité partagés. Si elle ne fait pas encore sentir tous ses bienfaits, c'est qu'elle n'est pas achevée ; il faut donc lever les derniers obstacles à son avènement. D'un autre côté, les ennemis de la mondialisation qui voient en elle un processus voulu et engendré par les élites économiques et politiques à leur seul profit ; une position qui confine parfois à la « théorie du complot ».

Concernant les contestations altermondialistes, les supporteurs du mouvement s'opposent à ses pourfendeurs. Pour les premiers, la principale idée reçue est qu'il s'agirait d'une sorte d'Internationale citoyenne, dont les idées expriment le sentiment profond d'une opinion publique mondiale (« *We are the 99 %* ») et qui rejoue mai-68 mais avec de nouveaux moyens technologiques (Internet, Twitter). Pour les pourfendeurs du mouvement, deux types d'idées reçues prévalent, selon qu'il est perçu comme un simple épiphénomène ou au contraire une grave menace. La première idée reçue est que le mouvement n'a été qu'un feu de paille qu'il convient aujourd'hui d'ignorer. Après la montée en puissance de la mobilisation entre 1999 et 2003, l'impression prévaut que le mouvement tourne en rond, qu'il est incapable de déboucher sur des actions concrètes, que les batailles politiques intestines y sont plus importantes que les points de convergence. La preuve est que la terrible crise actuelle n'a pas débouché sur de mouvements de révolte de grande ampleur. La seconde idée reçue est que le mouvement est plus dangereux qu'il n'en a l'air, car il est noyauté et instrumentalisé par des groupes radicaux qui sont une réelle menace pour la démocratie… et pendant ce temps, la mondialisation produit plus d'inégalités avec ses chiffres réducteurs (Oxfam : 1 % de la population mondiale détient la moitié du patrimoine mondial soit 85 % multimilliardaires).

Lieux de la géopolitique

Davos

Une très chic station de ski suisse, située dans le canton des Grisons à l'est du pays. Elle compte 12 000 habitants environ et, outre qu'elle organise des événements sportifs réputés comme le Coupe Spengler de hockey sur glace, elle réunit chaque année depuis 1987, au beau milieu de l'hiver, un Forum économique mondial, qui a succédé au Forum européen de management lancé par Klaus Schwab, de l'Université de Genève, en 1971. Créé sous forme d'association à but non lucratif, ce forum est constitué de grands dirigeants économiques et politiques qui se réunissent pour discuter de l'évolution économique et politique du monde, échanger leurs adresses et partager bonne chère et bons vins. Le ticket d'entrée est très élevé. Honni par les altermondialistes, qui prennent vite l'habitude d'organiser des contre-sommets, Davos symbolise la mondialisation libérale triomphante et la collusion des élites économiques et politiques. Mais de quels poids pèse Porto Alegre face à lui ?

Porto Alegre

Une ville du Sud brésilien, capitale de l'État du Rio Grande do Sul, comptant près d'1,5 million d'habitants (soit la dixième ville du pays par le nombre d'habitants). Elle est administrée pendant plus de 15 ans par le Parti des Travailleurs, de Lula et Rousseff, qui y a expérimenté la démocratie directe et participative (élaboration et vote du budget par exemple). Elle accueille à partir de 2001, à la même époque que la réunion de Davos, un Forum social mondial (FSM) initié par les Français du *Monde Diplomatique* et d'ATTAC (Ramonet, Cassen, Nikonoff), très proches des réseaux « lulistes » brésiliens. La ville devient alors la « Mecque » des altermondialistes : elle accueille le FSM en 2002, 2003, 2005 et à nouveau en 2010 et 2012. Quand on est de gauche, il est bon de s'y montrer, de Bové à Besancenot en passant par Chevènement. Entre-temps, le mouvement est devenu itinérant et s'est décentralisé. Un « consensus de Porto Alegre » a été rédigé en 2005, prônant un développement solidaire et durable avec pour vocation de se substituer à celui de Washington. Depuis lors, l'Amérique latine est restée la principale « vitrine des alternatives ».

Bibliographie sélective

Lecture indispensable

Indignez-vous ! *de Stéphane Hessel*

Stéphane Hessel, né en 1917 et mort en 2013, est un ancien Résistant qui a connu la déportation durant la Seconde Guerre mondiale. À la Libération, il a mené une carrière de diplomate au Quai d'Orsay et à l'ONU et s'est tôt engagé en faveur des droits de l'homme et des libertés, ainsi que de la construction européenne. En France, il a soutenu les politiques sociales de l'après-guerre et des Trente Glorieuses. « La pire des attitudes est l'indifférence » note-t-il, fort de son passé de Résistant. À la place, il en appelle à l'indignation : le « motif de base de la Résistance, c'était l'indignation », tire-t-il de son vécu de la guerre. Certes, les raisons de s'indigner dans le monde d'aujourd'hui peuvent paraître moins nettes qu'au temps de la guerre mondiale et du nazisme. Mais « cherchez et vous trouverez » : le creusement des inégalités sociales et les phénomènes d'exclusion, la dégradation de l'environnement, le traitement fait aux sans-papiers, aux immigrés, aux Roms, la course au « toujours plus », à la compétition, la « dictature » des marchés financiers et jusqu'aux acquis bradés de la Résistance — retraites, Sécurité sociale… Stéphane Hessel en appelle à une « insurrection pacifique ». Son livre s'est vendu à plus de 4 millions d'exemplaires dans le monde, a été traduit dans de nombreuses langues et a inspiré le mouvement espagnol puis international des Indignés. Certains lui reprochent toutefois de mettre sur le même plan des problèmes et des combats qui ne sont pas comparables, de recourir aux amalgames et raccourcis choquants… de proposer finalement une indignation bien pauvre et peu réfléchie. Ses positions antisionistes virulentes dans le conflit israélo-palestinien (auquel il consacre de nombreuses pages de son ouvrage) lui ont valu de solides inimitiés.

Ouvrages

Barlow (Maud) et Clarke (Thomas), *La bataille de Seattle-Sociétés civiles contre mondialisation marchande*, Fayard, 2002.

Bello (W.), *Geglobalization: Ideas for a New World Economy*, Zed Books, 2002

Bové (J.), *La révolte d'un paysan*, Golias, 2000 et *Le monde n'est pas une marchandise : des paysans contre la malbouffe*, La Découverte, 2000.

Cassen (B.), *Tout a commencé à Porto Alegre… Mille forums sociaux !*, Mille et une nuits, 2003.

Debray (R.), *Éloge des frontières*, NRF-Gallimard, 2011.

Fougier (E.), *Dictionnaire analytique de l'altermondialisme*, Ellipses, 2006 ; « Où en est le mouvement altermondialiste ? », *La Vie des idées*, mars 2008.

Friedman (T. L.), *Le monde est plat. Une brève histoire du XXIe siècle*, Saint-Simon, 2005.

Hessel (S.), *Indignez-vous !*, Indigène éditions, 2010 ; *Engagez-vous !, entretiens avec Gilles Vanderpooten*, éditions de l'Aube, 2011.

Klein (N.), *No Logo*, Actes Sud, 2002.

Losson (C.) et Quinio (J.), *Génération Seattle, Les rebelles de la mondialisation*, Grasset, 2003.
Minc (A.), *La mondialisation heureuse*, Plon, 1997.
Nozick (R.), *Anarchie, État et utopie*, PUF, 1974.
Ramonet (I.), *Abécédaire partiel et partial de la mondialisation*, Plon, 2003.
Steger (M. B.), *Globalism. The New Market Ideology*, Rowman and Littlefield Publishers, 2002.
Stiglitz (J.), *La grande désillusion*, 2002, *Quand le capitalisme perd la tête*, 2003, *Le triomphe de la cupidité*, 2010.
Tartakowsky (D.), *La Manif en éclats*, La Dispute, 2004 et *Histoire des mouvements sociaux en France de 1814 à nos jours*, La Découverte, 2012
Ziegler (Jean), *Les Nouveaux Maîtres du monde et ceux qui leur résistent*, Paris, Fayard, 2002. *Un nouveau monde en marche* (collectif), Yves Michel, 2012.

Films et documentaires

Les films de Michael Moore, notamment *Roger et moi, The Big One, Farenheit 9/11, Capitalism : A Love Story*
Ken Loach, notamment *The Navigators* (un groupe de cheminots, après la privatisation du chemin de fer au Royaume-Uni) et It's a free World
L'Affaire Clearstream racontée à un ouvrier de chez Daewoo, par Denis Robert.
L'Altermondialisation entre idées reçues et réalités : de et avec Gustave Massiah, conférence filmée en 2006 (vidéo en ligne)
Bella Ciao, reportage sur les émeutes anticapitalistes contre le Sommet du G8 2001 à Gênes. En italien.
Enron : The Smartest Guys in the Room, par Alex Gibney, sur la faillite d'Enron et ses conséquences sociales (en ligne)
Le Monde selon Monsanto de Marie-Monique Robin
Mondovino, de Jonathan Nossiter. Comment est produit le vin dans le monde. Les marchés, les gros et les petits producteurs, et les logiques qui les sous-tendent.
Super Size Me, de Morgan Spurlock sur Mac Donald et ses effets néfastes pour la santé
The Take de Naomi Klein
We Feed the World de Erwin Wagenhofer

Commentaire de documents

Gouvernance mondiale et altermondialisme

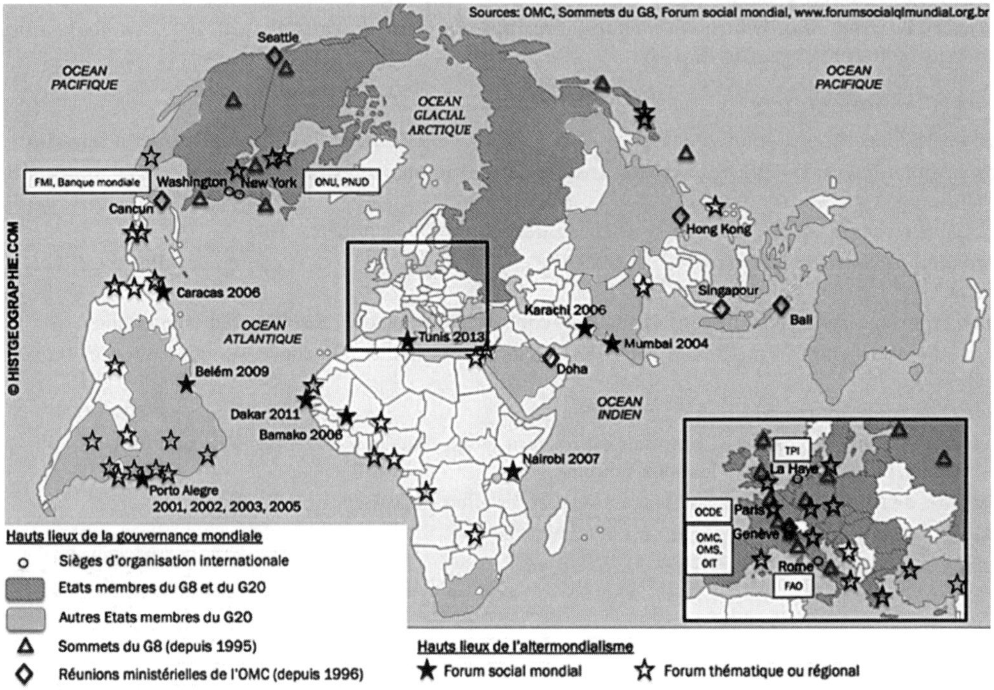

Cette carte, réalisée à partir de différentes sources institutionnelles (OMC, G8) ou non-gouvernementales (forum social mondial) permet d'appréhender un monde en profondes transformations : le G8 centré sur le Nord est devenu G20 en s'ouvrant aux pays du Sud sur les trois continents (Amérique, Afrique, Asie) et, si les sièges des grandes institutions internationales demeurent toutes au Nord (Washington, New York, Genève, Paris), la floraison des forums sociaux, mondiaux et régionaux, concerne surtout le Sud (Porto Alegre, Caracas, Bamako, Dakar, Bombay, Karachi). On observe toutefois le fort activisme des Européens en la matière, car le militantisme altermondialiste s'y est beaucoup développé (ATTAC). Le cycle du développement de l'OMC, qui s'est ouvert en 2001 à Doha au Qatar, a mieux pris en compte les revendications du Sud et a tenu des sommets tant à Cancun qu'à Hong Kong. Bref, la gouvernance mondiale a dû prendre en compte la montée de l'altermondialisme et s'y adapter. Elle doit d'autant plus le faire que la société civile participe de plus en plus au débat, invitée (COP21) ou dans la rue (Seattle, Grèce).

L'altermondialisme s'exprime par des formes diverses, dont la violence frontale n'est pas exclue, reflétant la diversité des objectifs et leur difficulté à trouver un programme politique alternatif. Difficile de trouver une seule gouvernance pour des altermondialismes (anti, alter, décroissants, démondialistes…).

Dissertation

Le « consensus » de Porto Alegre peut-il se substituer à celui de Washington ?

Introduction

L'idée d'un « consensus de Porto Alegre » a été émise par Bernard Cassen dans une tribune publiée dans *Libération* en janvier 2004. Par opposition au « consensus de Washington », il consiste en « *l'élaboration progressive, au niveau mondial, d'un corpus de plus en plus largement partagé par les acteurs sociaux [...] d'analyses et de propositions en rupture avec les politiques libérales* ». L'altermondialisme, à la recherche d'un consensus alternatif à celui de Washington, peut-il réussir à tracer un programme unique et à l'imposer ?

I. Le « consensus de Porto Alegre », sans posséder la cohérence doctrinale ni les relais puissants de celui de Washington, s'est dangereusement fissuré ces dernières années

A. Le « consensus altermondialiste » se caractérisait principalement par un accord des altermondialistes sur le rôle central des forums sociaux

En cela réside l'« esprit de Porto Alegre », défendu en particulier par les créateurs brésiliens du FSM, Chico Whitaker et Candido Grzybowski. Il fait référence à un strict respect de la Charte des principes du FSM et à l'état d'esprit qui régnait lors des premiers forums de Porto Alegre, entre 2001 et 2003. Les altermondialistes se sont accordés en effet pendant ces années sur l'idée que le FSM était la pierre angulaire de leur mouvement et que celui-ci devait être un espace de rencontre et de dialogue ouvert, afin de formuler des propositions alternatives au néolibéralisme et à la domination du monde par le capital et toute forme d'impérialisme. Mais il s'agissait d'éviter toute récupération politique et de ne pas se structurer en un mouvement organisé et hiérarchisé.

B. Or, le consensus semble s'être fissuré

Le mouvement altermondialiste est demeuré une agrégation d'innombrables courants politiques et de multiples associations et collectifs dont les objectifs et stratégies ne sont pas unifiés. Les forums sociaux mondiaux sont aujourd'hui livrés à l'autogestion et rien de concret n'en ressort. Pour certains contestataires, le meilleur moyen de construire une alternative ne passerait plus par les forums sociaux mais par un engagement proprement politique et une expérience gouvernementale, par exemple sur le modèle chaviste : l'objectif final n'est plus une « autre mondialisation » aux contours volontairement flous afin de n'exclure aucun point de vue, mais bel et bien le « socialisme du XXIe siècle ».

C. Surtout, il ne dispose pas de relais suffisants pour constituer un réel contre-pouvoir

Le consensus de Washington s'appuie sur un corps doctrinal cohérent, véhiculé par les dirigeants des grandes entreprises multinationales, les principales organisations patronales, les groupes de pression et *think tanks* libéraux, les grandes universités et centres de recherche acquis au libéralisme et au néo-conservatisme à l'anglo-saxonne, nombre d'organes de presse et de *mass media*. Face à cela, les altermondialistes manquent d'une tribune reconnue et de relais, malgré l'activisme de collectifs comme ATTAC et de journaux comme le *Monde diplomatique*. Bernard

Cassen regrette que les altermondialistes soient « *encore loin de disposer de la masse sociale critique permettant de desserrer de manière significative l'étau libéral* ».

II. Pourtant, certains des thèmes débattus à Porto Alegre demeurent fédérateurs et peuvent guider une recherche d'alternative

A. Lutter contre les excès du capitalisme néolibéral

C'est le thème central, il mêle :

– la condamnation de la « mondialisation libérale » dans ce qu'elle a de plus dangereux, notamment la crise économique, ses effets sur l'emploi, les inégalités de richesses mais également ses « affaires » les plus scandaleuses et l'omnipotence des multinationales et des marchés financiers, sortes de « pouvoirs occultes » de la mondialisation.

– la dénonciation des rapports marchands qui règnent entre les individus (José Bové : « le monde n'est pas une marchandise ! »). Les altermondialistes appellent de leurs vœux une « re-réglementation » impulsée et encadrée par la « société civile ». La crise de 2008 a renforcé cette urgence.

– l'accusation de trahison de la démocratie par ses élites : les représentants politiques « confisqueraient » la démocratie et trahiraient leurs électeurs en faisant le jeu des grandes puissances d'argent ; le soupçon de collusion — voire de corruption — est omniprésent.

B. Redéfinir les rapports Nord-Sud pour un meilleur développement

C'est l'autre thème fédérateur, autour duquel l'unanimité se fait et grâce auquel le mouvement déborde de ses cadres militants :

– Promouvoir un commerce équitable et rééquilibrer les « termes de l'échange » Nord-Sud.

– Annuler la dette des pays les plus en difficulté.

– Lutter contre toutes les formes de néo-impérialisme : influence des multinationales, politique des brevets, diplomatie du dollar, multiplication des guerres pour des motifs économiques.

C. Changer les rapports sociaux pour « réenchanter » le monde

Ce thème très général découle des deux précédents, il se décline autour de quelques « axes » majeurs :

– Assurer partout les droits du travailleur au même titre que les droits de l'homme.

– Régénérer la démocratie : par la décentralisation, par l'encouragement aux initiatives locales, par la recherche d'autonomie et d'autogestion.

– Assurer une égalité de droits pour les minorités et les populations les plus fragiles.

III. Finalement, il serait plus réaliste de se demander si les propositions de Porto Alegre peuvent faire évoluer ou non le consensus de Washington, plutôt que de s'y substituer

A. Les organisations internationales ont pris acte de la montée de nouvelles revendications

Par la formulation de nouveaux objectifs de développement partagé (OMC, FMI), par la création de nouvelles instances régulatrices comme le G20 et des projets comme le « Global Compact » de l'ONU qui associe FMN et ONG. La crise de 2008 a fait naître un nouveau consensus sur la nécessité de mieux encadrer la finance mondiale et de contrôler les paradis bancaires et fiscaux. Reste à traduire les déclarations dans les actes...

B. Consensus de Washington et consensus de Porto Alegre peuvent ainsi se retrouver autour de la question du « développement durable »

Alors que Porto Alegre a montré que le « développement durable » (plus équilibré, plus équitable, plus écologique) est un réel besoin social, il devient un nouveau paradigme pour les gouvernements (chartes de l'environnement, politiques conservationnistes, législations sur écotaxes ou les droits à polluer) et pour les entreprises (management des « 3 P » : People, Planet, Profit). Mais l'échec du sommet de Copenhague sur la maîtrise des gaz à effet de serre par exemple montre qu'il y a encore beaucoup de chemin à parcourir.

C. Toutefois, les deux consensus restent aujourd'hui largement inconciliables

Dans les années 1990-2000, l'altermondialisme tente d'occuper l'espace politique en « parasitant » les grands sommets internationaux, il se laisse enfermer dans la radicalité de quelques associations activistes et très politisées. Celles-ci ont perdu du terrain. Les ravages de la crise de 2008 réactivent la contestation. Le mouvement des Indignés, né en Espagne le 15 mai 2010, essaime dans l'Europe du Sud touchée par la crise de la dette, en Amérique du Nord (*Occupy Wall Street*) et jusqu'en Israël, dans une centaine de villes au total, mobilisant des dizaines de milliers de manifestants, et se prolonge par divers modes d'action dans la rue (*sit-in*, campements, marches), sur le web (*Anonymous*), avec des relais associatifs et politiques (ATTAC). Le rejet de la mondialisation néolibérale reste virulent.

Conclusion

Parler de « consensus de Porto Alegre » reste aujourd'hui difficile car, dans les coulisses des « grands-messes » altermondialistes que sont les Forums sociaux mondiaux, les lignes de fracture et les divisions sont nombreuses. La question cruciale est de savoir s'il faut en rester au dialogue ouvert des forums ou s'engager résolument dans l'action politique : consensus de Porto Alegre ou... de Caracas ?

Oral

Les paysans au cœur des luttes altermondialistes

Introduction

José Bové, avec son ouvrage *La révolte d'un paysan* en 2000, devient une figure emblématique et médiatique des luttes altermondialistes. De démontage de McDonald en fauchage de champs OGM, en passant par l'organisation des contre-sommets de Davos ou de l'OMC, il montre que les luttes paysannes peuvent se situer à la rencontre des différents combats altermondialistes. Il constituera notre fil directeur au sein de la nébuleuse altermondialiste… Avec cette question lancinante : la défense des paysans, victimes souvent auto-désignées de la « mondialisation libérale », suffit-elle à donner au mouvement son unité ?

I. Aux origines de luttes altermondialistes, la mobilisation de paysans, au Nord et au Sud

A. Mai 68 et le « retour à la terre » au Nord

En France, des militants de gauche militent dans le Larzac pour empêcher l'armée et l'État d'exproprier les paysans afin d'édifier un camp militaire. La mobilisation dure une dizaine d'années. Certains activistes et intellectuels venus de la ville ne repartiront plus, à l'image de José Bové, qui y vivent une utopie « néo-rurale ».

B. Des mouvements de paysans pauvres au Sud

Les résistances se multiplient dans les années 1980/90, en Inde contre la révolution verte, au Brésil pour la réforme agraire, au Chiapas mexicain pour la reconnaissance des droits des Indigènes sur la terre.

C. La rencontre des paysans du Nord et du Sud

En France est créée la Confédération paysanne (1987), un syndicat indépendant de petits producteurs qui entend lutter contre la chute des prix payés aux producteurs et contre la domination croissante des grandes entreprises de l'agro-alimentaire. Elle est à l'origine du syndicat agricole mondial *Via Campesina*, créé en 1993 pour unifier les luttes des paysans du Nord et du Sud. José Bové en est un des artisans principaux.

II. Une convergence croissante des paysans avec les autres luttes altermondialistes

A. Les altermondialistes s'unissent aux paysans dans leur combat contre la malbouffe

C'est le thème de prédilection de José Bové, qui a été repris par des cinéastes dans nombre de films de dénonciation (*Le Monde selon Monsanto* de Marie-Monique Robin, *Mondovino*, de Jonathan Nossiter, *Super Size Me* de Morgan Spurlock, *We Feed the World* de Erwin Wagenhofer etc.) ou par Naomi Klein qui dénonce le « McGovernment ».

B. C'est plus largement la question de la protection de l'environnement qui les réunit

Ainsi, la question du nucléaire a été un ciment des luttes altermondialistes : José Bové, sympathisant de Greenpeace depuis 1974, participe aux opérations de blocage du *Rainbow Warrior* dans l'atoll de Mururoa après la décision de Jacques Chirac de reprendre les essais nucléaires (1995).

C. Finalement, l'ennemi suprême est la « mondialisation libérale » : en effet, les paysans sont les victimes par excellence de l'économie globalisée et de la loi du marché. Bové s'engage ainsi auprès des autres militants et collectifs contre les multinationales, contre toutes les institutions intergouvernementales accusées de défendre et diffuser le libéralisme, contre la politique extérieure américaine, pour la suppression de la dette des pays en développement etc.

III. Mais l'unité est impossible

A. Car le combat des paysans du Sud n'est pas celui de ceux du Nord

Les mouvements paysans plus ou mois radicaux traduisent un profond malaise dans les campagnes. Au Brésil, le Mouvement des travailleurs sans terre, créé au milieu des années 1980 a pour objectif principal de mettre la main, par la force, sur de grands domaines pour contraindre le gouvernement à relancer la réforme agraire.

B. Car, plus largement, le mouvement altermondialiste est fracturé par les luttes catégorielles

Mêlant des collectifs et associations de différents horizons, des partis politiques, des syndicats de paysans mais également d'ouvriers et de fonctionnaires, qui n'ont pas forcément les mêmes objectifs et peuvent se diviser sur la stratégie à mener : faut-il s'engager politiquement ? Dans quel cadre ?

C. Sous l'effet de ces divisions, le mouvement semble ainsi s'essouffler

À la fin des années 2000, en tout cas il est beaucoup moins médiatisé. Bové échoue durement à la présidentielle française. Si résurgence du mouvement il y a, avec le mouvement actuels des Indignés (depuis 2010), les paysans ne sont plus en première ligne : il s'agit d'un mouvement de jeunes urbains touchés par le chômage et le déclassement. José Bové, quant à lui, a intégré le Parlement européen en tant qu'élu d'EELV (Europe-Écologie/Les Verts).

Conclusion

Le combat des paysans contre la mondialisation libérale, ses acteurs et ses réseaux, ressemble à la lutte du pot de terre contre le pot de fer. Mais la figure du paysan constitue à n'en pas douter un ciment pour le mouvement altermondialiste, au moins à ses débuts. Reste à savoir si le combat d'un José Bové n'est pas d'arrière-garde alors que les agriculteurs du Sud demandent plus de libre-échange pour leurs produits et où le malaise des ouvriers, touchés par la désindustrialisation et des délocalisations, intéresse davantage les médias.

Lexique

Accessibilité : plus ou moins grande facilité pour utiliser un bien ou un service, selon sa proximité, sa qualité ou son coût.

Acteurs géopolitiques : citoyens, élus, structures politiques, économiques, militaires ou financières légales ou illégales dont les décisions conscientes ou imposées influent sur le cours des événements.

Aide publique au développement (APD) : ensemble des aides financières provenant des États et transférées aux PED. Financée par les pouvoirs publics, l'ADP peut prendre des formes très variées (dons, prêts, annulation de dettes, coopération grâce des transferts de compétences…). Les objectifs à atteindre avaient été fixés à 0,7 % du PIB des pays développés dans les années 1970. Ils aujourd'hui atteints ou frôlés dans les pays d'Europe du Nord, tandis que la France tourne autour de 0,46 % (contre 0,2 % pour les États-Unis, premiers pourvoyeur mondial) avec environ 10 milliards d'euros par an, ce qui en fait le 4e pourvoyeur.

Alliance française : établissement d'enseignement supérieur privé dont chaque centre correspond à une association à but non lucratif. Son réseau s'étend dans 136 pays et plus d'un millier de centres dans le monde (dont environ un tiers en Europe) où quelques 450 000 personnes viennent apprendre le français et plus de 6 millions profitent des activités culturelles offertes dans le cadre de la promotion de la culture française et plus largement de la diversité française.

Altermondialisation, altermondialisme : nébuleuse d'activistes, de militants, d'intellectuels et d'artistes, issus très majoritairement de mouvements de la gauche contestataire (mais une frange minoritaire se rattache également au souverainisme de droite) qui dénoncent les méfaits du modèle capitaliste néolibéral et de la mondialisation et pensent qu'*« un autre monde est possible* » Leur idéologie oscille entre le refus catégorique de ceux-ci et la volonté de les contrôler et réguler. La Charte de principe du Forum social mondial de Porto Alegre définit ainsi les objectifs de l'altermondialisme : « *les alternatives s'opposent à un processus de mondialisation capitaliste commandé par les grandes entreprises multinationales et les gouvernements et institutions internationales au service de leurs intérêts. Elles visent à faire prévaloir, comme nouvelle étape de l'histoire du monde, une mondialisation solidaire qui respecte les droits universels de l'homme, ceux de tous les citoyens et citoyennes de toutes les nations, et l'environnement […]* ». Dès les premières mobilisations, il s'agit d'un mouvement fondamentalement hétérogène : ses membres viennent de secteurs très divers de militantisme, si bien qu'on l'accuse fréquemment de n'avoir aucune cohérence. Plus grave, le mouvement s'est vite scindé entre ceux qui veulent garder l'esprit des premiers forums sociaux, basé sur un dialogue ouvert loin de toute récupération politique, et ceux qui veulent passer à l'action politique au service du « socialisme du XXIe siècle » (« post-altermondialisme »).

Aménagement du territoire : ensemble des actions publiques servant à transformer et à adapter volontairement des espaces d'échelles et de types variés afin de promouvoir la mise en valeur des ressources et le développement économique et social et d'améliorer le cadre et les conditions de vie des habitants, tout en atténuant les disparités spatiales au sein du territoire national. C'est, en France, le rapport présenté en conseil des ministres en février 1950 par

Eugène Claudius-Petit, alors ministre de la reconstruction et de l'urbanisme, qui a fixé pour près d'un demi-siècle les orientations essentielles de la politique d'aménagement.

Antiaméricanisme : hostilité à la civilisation américaine (G. Duhamel, *Scènes de la vie future*, 1931) et/ou à l'impérialisme américain. Spécialité idéologique française fortement ancrée aussi bien à gauche (campagne du PCF contre la « coca-colonisation » et « Ridgway (général américain) la peste lors de la Guerre de Corée ») qu'au sein de la droite nationaliste et gaulliste. Paradoxe : la « politique de Grandeur » assume son antiaméricanisme, alors même que la France des baby-boomers s'américanise. L'antiaméricanisme recule après la guerre du Vietnam, avant que la France de Mitterrand n'admire l'Amérique reaganienne.

Antisémitisme : hostilité envers les Juifs définis comme une race.

Armature urbaine : organisation spatiale des villes, hiérarchisée en fonction de leur zone d'influence, dans un territoire où se dessinent des réseaux urbains, c'est-à-dire des espaces régionaux définis par les villes qui les composent et les relations d'échanges, de complémentarité, de hiérarchie ou de concurrence existant entre elles. Elle peut être macrocéphale, comme en France, ou plus équilibrée, comme en Allemagne, résultat des héritages historiques. Les différents niveaux de service déterminent ceux des villes et leur espacement, comme l'a montré le géographe Walter Christaller dans sa théorie des lieux centraux en 1933. Les services courants existent dans tous les niveaux de ville ; en revanche, à mesure que la taille des villes augmente, des services plus rares s'y localisent. Il en résulte que les grandes agglomérations disposent des fonctions supérieures qui assurent leur rayonnement.

Armistice : cessez-le-feu temporaire.

Asymétrique : adjectif utilisé pour décrire des conflits opposant une armée régulière, technologiquement avancée et un ensemble de combattants moins structurés et moins équipés mais ayant une très bonne connaissance du terrain et capable de pratiques des sabotages, des embuscades… Assimilés parfois à des guérilleros, ces combattants peuvent faire s'enliser un conflit *a priori* gagné d'avance.

Avantages et coûts comparatifs : théorie énoncée par l'économiste anglais David Ricardo en 1817. Comparer le coût de la production d'un bien et l'avantage qu'une entreprise ou un État en retire, par rapport aux concurrents, incite à l'abandon de productions et au choix de spécialisations. Cette théorie justifie le libre-échange en montrant que tous les pays sont gagnants en se spécialisant par comparaison aux autres.

Balance commerciale, taux de couverture / balance des paiements : le solde commercial (ou balance commerciale) établit la différence entre les exportations et les importations. Le rapport entre les deux est défini par le taux de couverture (exportations / importations x 100). La balance des paiements intègre non seulement les échanges de marchandises, mais aussi les services et d'autres flux financiers (revenus primaires et transferts courants).

Balkanisation : douloureuse expérience de résolution des problèmes des nationalités. Cette méthode a été utilisée par les négociateurs des traités de Versailles Trianon Sèvres et Neuilly en 1918 1919 conduisant au démantèlement de l'Empire ottoman et austro hongrois. Plus généralement le terme décrit un processus de fragmentation de zones multiethniques enter nationalités.

Brent : à l'origine, nom d'un gisement de pétrole situé en mer du Nord. Par extension, pétrole de référence en Europe-Méditerranée-Afrique.

BRICS : Brésil, Russie, Inde, Chine, South Africa (Afrique du Sud). Ensemble de pays considérés en 2001 par l'économiste américain Jim O'Neill (NB : l'Afrique du Sud est ajouté en 2011) comme les moteurs montants de l'économie mondiale. Ils forment 40 % de la population mondiale, plus de la moitié de la croissance mondiale vient de leur capacité de production et d'innovation.

CAEM (Conseil d'Assistance Économique Mutuelle) : organisation internationale à vocation économique des États communistes liés à l'URSS, créée le 25 janvier 1949. Initialement construite autour de l'URSS, de l'Albanie, la Bulgarie, la Hongrie, la Pologne, la Roumanie et la Tchécoslovaquie, cette organisation fut rejointe en 1950 par la RDA, en 1962 par la Mongolie, en 1972 par Cuba et en 1978 par le Vietnam. En désaccord avec Moscou, l'Albanie a quitté le Conseil en 1961. Destiné à organiser les échanges entre les pays membres, en fixant les prix et les modalités de règlement, le CAEM fut surtout un instrument utilisé par Moscou qui, exportant des matières premières vers ses partenaires, importait des produits agricoles et manufacturés.

Cartel : entente entre sociétés d'un même secteur pour le contrôle d'un marché.

Cartiérisme : idéologie anti-impériale (prônant une « décolonisation rapide ») sous la forme vulgarisée que lui donne le journaliste R. Cartier dans *Paris-Match* (« *La Corrèze plutôt que le Zambèze* ») au moment de la Guerre d'Algérie. Le cartiérisme traduit la décadence de l'idée coloniale au cœur des Trente Glorieuses. Ses arguments sont formalisés et développés par R. Aron ou le général de Gaulle.

« **Champions nationaux** » : groupes industriels à capitaux français, disposant d'une taille critique pour investir et innover, afin d'adapter la France à la concurrence internationale. Ils sont au cœur de la politique économique de De Gaulle et Pompidou, désireux de répondre au « défi américain » et de consolider économiquement la politique d'indépendance nationale (ELF-ERAP, CII, L'Aérospatiale). Mitterrand reprend l'idée à son compte lors de la seconde vague de nationalisations (« *je nationalise pour qu'on ne m'internationalise pas* »). Mais les « champions nationaux » sont souvent des échecs économiques et s'internationalisent à partir des privatisations de 1986.

Citoyenneté européenne : le traité de Maastricht précise qu'est « citoyen de l'Union toute personne ayant la nationalité d'un État membre ». Cette citoyenneté est dotée de droits spécifiques : le droit de circuler et de séjourner librement sur le territoire des États membres, le droit de vote et d'éligibilité aux élections municipales ainsi qu'à l'élection du Parlement européen, le droit enfin à la protection diplomatique et consulaire...

Clause de la nation la plus favorisée : accord commercial convenu entre deux États garantissant que, pour certaines marchandises, les droits de douane appliqués ne seront pas supérieurs à ceux de l'État jusque-là le plus favorisé. Cette clause permet l'extension du libre-échange par la baisse rapide des tarifs douaniers.

Clusters : Un cluster est un réseau d'entreprises et d'institutions proches géographiquement et interdépendantes. Leurs synergies dynamiques en termes d'information, d'innovation, de formation des salariés, en font de véritables pôles d'entraînement.

CNUCED (Conférence des Nations unies pour le commerce et le Développement) : institution créée par l'ONU en 1964 à l'initiative de certains pays du Tiers-Monde à une période où de nombreux États en voie de développement considèrent que le fonctionnement du commerce mondial les désavantage. Ces États cherchent à défendre des principes d'un protectionnisme spécifique et revendiquent l'établissement d'un système de préférence tarifaire dans leurs relations avec les PDEM.

Collectivité territoriale : personne morale de droit public, distincte de l'État, possédant des compétences administratives s'exerçant librement sur un territoire géré par une assemblée élue au suffrage universel direct ; en France, il s'agit des communes, des départements, des régions et des collectivités d'outre-mer. On emploie aussi l'expression « collectivité locale ».

Coltan : minerai contenant deux minéraux associés (colombite et tantalite), permettant la production de niobium et de tantale. Il est indispensable à la fabrication de composants électroniques, notamment dans les téléphones portables. La région du Kivu, en République démocratique du Congo, contiendrait 60 à 80 % des réserves mondiales de coltan.

Commandement : capacité d'acteurs géopolitiques à contrôler, à diriger et à influencer d'autres acteurs. Les lieux de commandement sont aussi des lieux de pouvoir (Pentagone) et donc parfois la cible d'attaques parfois terroristes.

Conflit : rivalités, tensions, différends de toutes sortes pouvant ou pas évoluer vers une guerre ouverte.

Conseils : si l'on excepte le Conseil de l'Europe créé en mai 1948 qui regroupe à l'époque les pays démocratiques d'Europe de l'Ouest et la Turquie, et qui a pour but de promouvoir la démocratie et les droits de l'homme, il peut s'agir du Conseil européen ou du Conseil de la CEE. Seul le contexte permet souvent de savoir duquel il s'agit. Le premier est composé des chefs d'État et de gouvernement, le second des ministres compétents pour les sujets à l'ordre du jour.

Consensus de Bretton Woods : expression tardive apparue en contrepoint du Consensus de Washington et relative à la conception de l'après-guerre qui a conduit à gérer l'économie mondiale par une concertation internationale d'États-nations dont les modèles économiques pouvaient varier, mais dans le cadre d'un capitalisme régulé par un compromis social qui avait vocation à s'étendre aux relations Nord-Sud.

Consensus de Porto Alegre : la formule de Bernard Cassen (2004) prend à revers celle de John Williamson (voir ci-dessous) et fait référence à un strict respect de la Charte des principes du Forum social mondial ainsi qu'à l'état d'esprit qui régnait lors des premiers forums de Porto Alegre, entre 2001 et 2003. Les altermondialistes se sont alors accordés sur l'idée que les forums sociaux devaient être un espace de rencontre et de dialogue ouvert, afin de formuler des propositions alternatives au néolibéralisme, tout en évitant les récupérations politiques. Le refus de se structurer en un mouvement organisé et hiérarchisé a pu constituer un frein à son développement.

Consensus de Washington : inspiré par John Williamson (1989), popularisée par Joseph Stiglitz, il forme le cœur de la doctrine néolibérale et monétariste du FMI et de la Banque mondiale. Les États confrontés à une crise de la dette et à l'hyperinflation doivent accepter une stricte discipline budgétaire, réformer leur fiscalité, réorienter les dépenses publiques vers les secteurs (infrastructures, éducation…) assurant un retour sur investissement. Ils doivent aussi assurer la stabilité juridique, libéraliser les marchés (monnaie, capitaux, travail, biens et services) et le commerce extérieur…

Consortium : entente entre différentes entreprises pour la mise en œuvre d'un projet commun. Les consortiums européens Airbus Industrie et Arianespace traduisent une internationalisation à l'échelle européenne rendue nécessaire par la fragilité des « champions nationaux ».

Containment : doctrine américaine pour contenir l'avancée communiste (1947).

Conteneurisation : système économique et maritime par lequel un certain nombre de marchandises circule dans des conteneurs adaptés, sur des navires porte-conteneurs dont la taille tend au gigantisme. Ce système accélère la quantité de marchandises en circulation, permet une baisse des coûts à l'échelle mondiale et contribue à la mondialisation et au libre-échange.

Contribution britannique : suite aux pressions de Mme Thatcher après 1979, le Conseil européen de Fontainebleau a, en 1984, créé un mécanisme correcteur sur la base de la comparaison de sa part versée au titre de la TVA et sa part dans le total de ce qu'il reçoit au titre des dépenses communautaires. Si un écart apparaît, il doit être compensé à concurrence de 66 %.

Couple franco-allemand : coopération franco allemande institutionnalisée par le traité de l'Élysée de janvier 1963 qui ouvre trois domaines de coopération : les questions majeures concernant les deux pays ou l'intégration européenne, les questions de défense, l'éducation. Il repose sur des sommets réguliers, des rencontres fréquentes entre les ministres des Affaires étrangères, un Conseil de sécurité pour la coopération militaire, un Conseil économique et financier pour examiner les budgets respectifs... Le couple devient le moteur de la construction européenne durant les ères Valéry Giscard d'Estaing-Schmidt (1974-1981) et Mitterrand-Kohl (1982-1995). La solidité des liens personnels renforce la solidarité politique entre les deux États.

Critères de Copenhague : Il s'agit des critères d'adhésion à l'UE définis lors du Conseil européen de Copenhague en 1993 et renforcés lors du Conseil européen de Madrid en 1995 : être une démocratie et une économie de marché, être apte à assumer l'acquis communautaire et souscrire aux objectifs de l'union politique, économique et monétaire...

CSG : contribution sociale généralisée, nouvel impôt créé en 1990 visant à financer la protection sociale et s'exerçant sur l'ensemble des revenus (salaires, retraites, placements financiers, revenus du patrimoine...)

Décentralisation administrative : transfert de certaines compétences de l'État aux collectivités territoriales. La décentralisation s'accompagne d'une déconcentration des services qui demeurent dévolus à l'État, c'est-à-dire de leur implantation dans des circonscriptions administratives locales.

Décentralisation industrielle : politique menée en France à partir de 1955, consistant à limiter ou à interdire l'implantation de certaines activités industrielles à Paris et dans les régions les plus industrialisées par des mesures dissuasives (autorisation préalable, dite agrément, et taxes) et à favoriser leur transfert ou l'installation de nouvelles activités manufacturières dans les villes et les régions les moins industrialisées par des mesures incitatives (exonérations fiscales, aides et primes).

Décroissance : projet de construction d'une société autonome et économe, où les individus recherchent la « simplicité volontaire », qui suppose une rupture avec le système capitaliste consumériste et productiviste et avec le développement sous ses formes actuelles. Le penseur majeur de la décroissance, Nicholas Georgescu-Roegen, montre que les transformations de l'énergie et de la matière occasionnées par l'activité humaine sont irréversibles et insiste sur l'impossibilité d'une croissance infinie dans un monde fini. D'où la nécessité de penser une « bio-économie », c'est-à-dire une économie en phase avec la biosphère. Les décroissants condamnent dans un même mouvement toutes les approches du développement capitaliste. Si le développement durable est une mystification, seuls la croissance zéro et l'état stationnaire peuvent apparaître comme des réponses de bon sens pour mettre un terme à la destruction de l'environnement. La recherche de simplicité volontaire. Un mouvement de « déconsommation », traduction impropre du *downshifting* des Anglo-Saxons : réduire volontairement son niveau de vie et limiter ses besoins... Un style de vie valorisé par Ivan Illitch dès 1973 dans *La Convivialité*, atteint progressivement par deux voies : celle de la sobriété (consommer moins) et celle du don (autoproduire et échanger).

Dégradation des termes de l'échange : phénomène mis en évidence à la fin des années 1950 par certains économistes du Tiers-Monde (dont Raul Prebisch) qui consiste en une diminution des prix des exportations par rapport au prix des importations ce qui tend à fragiliser la balance des paiements.

Délocalisation / relocalisation : changement d'implantation de tout ou partie des activités d'une entreprise qui suppose la disparition de ces activités du site d'origine au profit d'un territoire d'accueil étranger. Elle peut notamment être motivée par le coût de la main-d'œuvre, la proximité des marchés, une législation souple ou une fiscalité avantageuse. Les conséquences à l'échelle locale, voire régionale des délocalisations sont souvent considérables, en particulier pour l'emploi (ex : l'entreprise de lingerie Lejaby : délocalisations amorcées dès le début des années 1990 vers la Tunisie, le Maroc puis la Chine ; en 2000 : 40 % de la production est encore française ; 2010-2012 : fermeture des derniers sites français de Bourg-en-Bresse, Bellegarde-sur-Valserine, Yssingeaux). Toutefois, à l'échelle nationale, la part du chômage directement causé par une délocalisation reste faible. La **relocalisation**, qui demeure très marginale, correspond, après une délocalisation, au retour sur le territoire national d'origine d'une activité. Elle n'implique donc pas le retour sur le site abandonné. Elle peut être motivée par la recherche du rapprochement du client ou à la mauvaise estimation des coûts de la délocalisation (transport, énergie, productivité de la main-d'œuvre). Ex : le fabriquant de skis Rossignol (2010 à Sallanches, Haute-Savoie, au détriment de Taïwan).

Démocraties libérales : régimes politiques fondés sur le respect des libertés individuelles et collectives, les principes électif et représentatif.

Démocraties populaires : régimes socialistes de la moitié orientale de l'Europe (1945-1991).

Déréglementation : politique d'inspiration libérale par laquelle un État décide d'assouplir des règles fiscales, monétaires et réglementaires pour permettre au marché de réguler lui-même l'activité économique.

Désinflation compétitive : nom donné à la politique économique menée en France à partir de 1983 et qui vise à réduire le niveau des prix et à restaurer le niveau de la monnaie afin de rendre les exportations compétitives par rapport aux partenaires étrangers, surtout l'Allemagne.

Détente : période d'apaisement des relations internationales (1964-1975).

Développement autocentré : modèle de développement économique qui fixe pour objectif principal la croissance du marché intérieur et qui prône la réduction des contacts avec l'extérieur.

Développement durable (*sustainable development*) : développement qui répond aux besoins du présent sans compromettre la capacité des générations futures à répondre aux leurs. Un développement censé réconcilier croissance économique, justice sociale et respect de l'environnement. La formule est utilisée pour la première fois dans un séminaire organisé en 1979 par les Nations unies sur les questions écologiques puis dans une étude menée conjointement en 1980 par le PNUD et l'association WWF. Il est popularisé par un rapport commandé par l'ONU à la Commission mondiale sur l'environnement et le développement (CMED) et publié en 1987, intitulé Notre avenir à tous, plus connu sous le nom de sa présidente norvégienne, Gro Harlem Bruntdland. Le développement durable n'est pas un état d'équilibre mais plutôt un processus de changement dans lequel l'exploitation des ressources, le choix des investissements, l'orientation du développement technique ainsi que le changement institutionnel sont déterminés en fonction des besoins tant actuels qu'à venir. Il est largement une affaire de volonté politique mais demande également que les entreprises et les individus s'y investissent.

Diaspora : populations dispersées en tant que minorités sur plusieurs territoires par une migration.

Dissuasion nucléaire : doctrine stratégique fondée sur l'équilibre de l'armement nucléaire. Dissuasion « du faible au fort » : Théorisée par les généraux Ailleret et Gallois, elle se fonde sur le pouvoir égalisateur de la bombe atomique et n'est pas formellement dirigée contre l'URSS ; « *puisqu'un homme et un pays ne peuvent mourir qu'une fois, la dissuasion existe dès lors qu'on a de quoi blesser à mort un éventuel agresseur, qu'on y est très résolu et que lui-même en est bien convaincu* » (de Gaulle).

District industriel : entité socio-territoriale constituée d'une concentration de nombreuses entreprises spécialisées dans différents segments d'une même activité, développée au départ par des initiatives surtout locales. Les établissements se situent à proximité immédiate les uns des autres pour fonctionner en réseau flexible et exportent leur production en dehors de cet espace industriel.

Division internationale des processus productifs (DIPP) : segmentation internationale du processus de production. Réalisations d'étapes de production dans un ou plusieurs pays autres que celui de l'assemblage final. Autre dénomination : décomposition internationale du processus productif.

Division internationale du travail (DIT) : répartition des tâches productives par spécialisation régionale avec réalisation de toutes les étapes d'une production dans un pays.

Droit d'ingérence : nécessité d'intervention étrangère lorsque les droits de l'homme sont menacés. Notion apparue après la décolonisation et parfois détournée par les États pour justifier leur intervention dans tel ou tel pays.

***Dumping* :** pratique marchande interdite qui consiste à vendre sur les marchés étrangers des produits au prix inférieur à celui pratiqué dans le pays producteur. Interdit par le Gatt puis par l'OMC, le dumping est considéré comme de la concurrence déloyale.

École de la régulation : illustrée par Michel Aglietta, Robert Boyer, Alain Lipietz, elle explique comment la crise serait le passage d'une régulation monopolistique ou encore fordiste, à une nouvelle phase de régulation concurrentielle dont l'actuelle régulation fondée sur la prédominance de la finance, parce qu'elle est économiquement et socialement pernicieuse, reste à redéfinir.

R. Boyer parle de wintélisme. Le wintélisme, alternative au fordisme défaillant, synergie entre le *hardware* (Intel) et le *software* (Windows). Le terreau de ce modèle est d'une part un régime financier global (mobilité des capitaux, multiplication des instruments financiers, un capitalisme patrimonial agressif), et d'autre part une régulation par le marché.

Écologie : 1). science qui étudie les interrelations entre l'homme et son environnement « naturel » ; 2). courant politique qui prône la défense de la planète et l'alternative politique. Sa racine étymologique est grecque, *oikos*, qui signifie la maison et *logos*, « discours » : la science de la maison, c'est-à-dire son administration, sa gestion.

Économie de l'offre : largement inspirée de la loi de Jean-Baptiste Say (1767-1832), cette école (le terme économie de l'offre fut forgé en 1975) illustrée par Arthur Laffer ou Martin Feildstein entend encourager les producteurs en favorisant les entreprises par l'allégement des contraintes fiscales et réglementaires qui les entravent.

Économie-monde : concept forgé par l'historien français Fernand Braudel, pour définir un territoire sur lequel s'exerce une intégration économique forte à l'échelle mondiale, et décroissante à partir du centre (ville-monde).

Edge city (« ville-lisière », théorisée par l'américain J. Garreau) : lieu en dehors du centre des agglomérations et doté d'une autonomie métropolitaine, par la présence de structures décisionnelles nombreuses et d'un nombre d'emplois supérieur au nombre de logements ; les *edge cities* donnent un caractère polycentrique aux agglomérations concernées.

Empire : différents peuples associés sous l'autorité d'un État démocratique ou non. Souvent de grande taille, ce terme fait référence à l'histoire (Empire Romain, grec…) et s'emploie surtout pour parler du monde russe mais aussi parfois pour d'écrire l'hégémonie américaine.

Énergie : il s'agit d'une ressource énergétique naturelle (pétrole, gaz, énergie éolienne, énergie nucléaire…) ou son produit (électricité) lorsqu'ils sont consommés par les sociétés humaines pour divers usages industriels et domestiques (transport, chauffage, mouvement…).

État-nation : cohésion nationale d'un peuple autour de son gouvernement. Reconnaissance d'une identité nationale construite autour de symboles mais surtout de droits et de devoirs. Les Empires et les cités-État sont plutôt sur le déclin alors que le modèle de l'État-nation tend à s'imposer.

État-providence : impulsé par le New Deal aux États-Unis et théorisé par Lord Beveridge en 1942 au Royaume-Uni, l'État-providence voit le jour au sortir de la Seconde Guerre mondiale dans certains Pays développés à économie de marché. À la fois conséquence et moteur de la croissance, l'État-providence vise à « libérer le corps social du besoin » (Beveridge) en développant une politique de prévention des risques (en promouvant l'assurance obligatoire, maladie, vieillesse, chômage) et en opérant un processus de redistribution (du sommet vers la base de la société par le biais de la pression fiscale). Ainsi, dès la fin des années 1940, la France (octobre 1945) et le France disposent d'un système de Sécurité Sociale, aux États-Unis, les programmes Medicare et Medicaid, lancés par le président Johnson en 1965, sont deux des piliers du « *Welfare State* » américain.

Eurodevises : au sens premier, ce sont des avoirs détenus dans une banque installée dans un autre pays que celui d'émission de cette devise et qui sont ainsi susceptibles, en bénéficiant du multiplicateur bancaire, de générer des prêts.

Exception culturelle : elle correspond à une conception française (d'où le terme d'exception culturelle française) qui suppose que les biens et services culturels ne peuvent être traités au même titre que les autres biens car la culture est inhérente à l'identité et sa protection gage de la liberté d'expression et la diversité de la création. Cela se traduit par une réglementation propre qui limite une marchandisation dérégulée de ces produits telle qu'elle s'applique dans l'industrie des loisirs selon la conception des France. Cette notion, qui s'appuie sur une volonté politique marquée en France (la France est une des rares démocraties à avoir un ministère de la Culture, plutôt apanage des régimes autoritaires) dès la 2e moitié du XXe siècle est formalisée en particulier dans le cadre des négociations du GATT dans les années 1980 et connaît diverses actualisations depuis dans le cinéma, la radio, la télévision ou la littérature en particulier. Ses détracteurs y dénoncent une forme de protectionnisme.

Expansionnisme : expansion d'un régime au delà de ses frontières.

Fécondité (indice synthétique de fécondité) : nombre d'enfants par femme en âge de procréer. Un taux de 2,1 est nécessaire pour assurer le remplacement des générations.

Filiale : société contrôlée à 50 % de son capital.

FMN : firme multinationale composée d'une entreprise possédant ou contrôlant au moins une filiale dans un pays autre que celui de la société mère. De nombreux auteurs préfèrent l'expression de firme transnationale (**FTN**). La CNUCED les nomme **STN** (sociétés transnationales.

Food power : puissance de l'appareil productif agricole utilisée pour contraindre d'autres pays. C'est un moyen de pression qui peut parfois déboucher sur un embargo, c'est-à-dire l'interdiction d'échanges économiques, plus précisément ici de denrées agricoles.

Fracture numérique : désigne l'inégalité de l'accès à l'information numérique par tous ses modes et moyens (Internet, téléphonie mobile, fibre optique, etc.) sur un territoire donné ou à l'échelle mondiale. Son existence, dans un espace mondialisé et connecté, montre que l'accès à l'information et son usage sont un critère nouveau de développement.

Françafrique : réseau de relations ambivalentes, informelles et privilégiées, de pratiques clientélistes et occultes entre la France et l'Afrique, sub-saharienne principalement, héritées de la période coloniale. La locution de « France-Afrique » a été utilisée pour la première fois en 1955 par F. Houphouët-Boigny alors député du Parlement français (futur président de la Côte d'Ivoire), elle se transforme avec les indépendances en « Françafrique » marquée par le maintien de l'intervention française, à la fois dans l'aide au développement ou la démocratisation, mais aussi la garantie de ses intérêts militaires, économiques (rôle d'entreprises comme Elf au Gabon) et politique (soutien à des dictateurs comme O. Bongo, rôle d'intermédiaires comme F. Foccart — Monsieur Afrique de 1959 à 1974 — ou de J. C. Mitterrand). De multiples facteurs ont lentement normalisé cette relation depuis les années 1990 à travers un retrait ou une transformation des interventions françaises (ex : interventions militaires dans un cadre européen ou multilatéral) et l'émergence de nouveaux acteurs (anglo-saxons et chinois).

Francophonie (OIF) : fondée en 1970, l'OIF regroupe 75 États (56 membres, 17 observateurs, 2 pays associés), elle a pour mission de promouvoir l'usage de la langue française, mais aussi la paix, les droits de l'homme, l'éducation, la recherche, le dialogue entre les cultures. Le français n'est pas la langue officielle de tous les États membres et un pays comme l'Algérie, très francophone, n'en fait pas partie. Elle réunit tous les deux ans lors d'une conférence les chefs d'État et de gouvernement qui élit tous les 4 ans son secrétaire général. Un Conseil permanent, des conférences ministérielles et une assemblée parlementaire constituent ses institutions.

Génocide : destruction intentionnelle, par un État ou une institution étatique, d'un groupe humain national ethnique, racial ou religieux en totalité ou en partie. Terme forgé par Raphael Lemkin en 1943.

Glacis protecteur : ensemble des pays d'Europe centrale destiné à protéger l'URSS.

Globalisation : concept économique selon lequel l'abolition des frontières, la convergence des réglementations, l'intensification de la circulation des marchandises, des modes de vie et des valeurs forgerait un stade supérieur à la simple mondialisation technique. Les deux termes sont souvent confondus.

« **Grande nation** » : l'expression renvoie à la Révolution française et au message universaliste que celle-ci apporte au monde. La « Grande nation » justifie la colonisation au nom de la « mission civilisatrice » qu'elle se donne. Elle est reformulée dans le cadre la « politique de Grandeur », sous la forme du droit des États-nations au respect de leur souveraineté.

Guerre totale : mobilisation de toutes les ressources humaines et/ou matérielles pour se donner les moyens d'une guerre complète.

Hub and Spoke : système d'organisation d'un mode massif de circulation (avions, navires). Un centre (*hub*) s'organise autour d'axes majeurs (*spoke*), eux-mêmes reliés à des pôles secondaires qui vont relier des axes moins importants. Ce réseau en étoile permet aux entreprises, via un vaste réseau de sous-traitants, d'être présents à l'échelle mondiale.

Hyperpuissance : néologisme forgé en 1998 par le ministre des affaires étrangères français, Hubert Védrine. Pour lui, « Les États-Unis... bénéficient... d'atouts dont aucune autre puissance ne dispose encore : le poids politique, la suprématie du dollar, la maîtrise des réseaux de communication, les « usines à rêve », les nouvelles technologies. Additionnées, le Pentagone, Boeing, Coca-Cola, Microsoft, Hollywood, CNN, internet, la langue anglaise, cette situation est quasiment sans précédent... ».

Iconomie : économie qui s'appuie sur la synergie de la microélectronique, de logiciels et de l'Internet, avec l'utilisation de robots programmables, de drones, de lasers, d'imprimantes 3D...

Illyrisme : les guerres napoléoniennes sont au point de départ de l'illyrisme. Napoléon crée les provinces illyriennes, qui s'étendent de la Haute Carinthie à Raguse et qui vont subsister jusqu'en 1813. Elles ont pour capitale Ljubljana et sont placées sous l'autorité du maréchal Barmont puis du général Bertrand. Faisant référence à l'Illyrie antique, ces provinces regroupent des populations italiennes, slaves, croates et allemandes. L'administration française importe les lois et le code Napoléon, l'enseignement se fait en slovène. Cette présence française va provoquer des résistances des populations (en particulier contre l'enrôlement des jeunes dans la Grande Armée). Cette expérience va pourtant servir d'exemple : Ljudevit Gaj en 1830 fonde le mouvement culturel illyrien qui s'appuie sur l'idée que les Slaves du Sud ont une culture et un destin communs.

Impérialisme : volonté d'un État d'exercer sa puissance ou son influence au-delà de ses frontières. Même si elle fait référence à l'Empire romain, elle circonscrit le colonialisme européen. du XVIe siècle à son apogée à la veille de la première guerre mondiale Depuis les indépendances coloniales, le déclin et la chute de l'URSS, les États-Unis, hyperpuissance maniant un hard et un *soft power* (vaincre et convaincre à la fois) sont identifiés comme puissance impériale, mais des expansionnismes comme ceux de la Chine en Afrique ou des formes de dépendances (néocolonialisme dont sont victimes des pays africains) ou des mises tutelles régionales mal assumées relèvent de dynamiques impériales

Indice de développement humain (IDH) : indice composite calculé par le Programme des Nations unies pour le développement qui synthétise trois données : le niveau de vie (RNB par habitant PPA), la longévité (espérance de vie à la naissance) et le niveau d'éducation (durée moyenne de scolarisation des adultes de plus de 25 ans et durée attendue de scolarisation). Chaque élément est noté de 0 à 1 ; la moyenne des trois constitue l'IDH.

Indice de pauvreté en eau (IPE) : indice construit à partir de cinq faisceaux d'indicateurs : présence et qualité de l'eau, accessibilité, type de gestion, types d'utilisation, respect de l'environnement.

Indice de pauvreté humaine (IPH) : il synthétise plusieurs critères : risque de décès avant 40 ans ; accès au savoir ; manque d'eau et de soins, insuffisance pondérale des enfants de moins de 5 ans.

Industrialisation par substitution aux importations : stratégie fondée sur l'industrialisation visant à valoriser les ressources régionales et à substituer des productions nationales aux produits manufacturés importés à grands frais du Nord. À rebours du modèle des industries industrialisantes, il s'agit de remonter les filières de productrice de l'aval vers l'amont. Défendue dans les années 1960 par des économistes du Tiers-Monde (dont Raul Prebisch), cette voie de développement devait permettre d'éviter les risques de l'ouverture au libre-échange et en même temps de ne pas choisir la voie de l'autarcie.

Industries industrialisantes : développement d'activités industrielles ayant un effet d'entraînement sur le reste de l'activité économique et en particulier sur le secteur industriel. Le développement des industries lourdes (métallurgie, sidérurgie, chimie) doit permettre l'essor d'autres secteurs d'activités. Stratégie le plus souvent mise en œuvre dans des économies planifiées.

Institutions financières internationales : ensemble formé par le Fonds monétaire international (FMI), la Banque internationale pour la reconstruction et le développement (BIRD), l 'Agence internationale de développement (AID) et la Société financière internationale (SFI).

Inter-modalité : système technique qui organise, dans un lieu donné, l'interconnexion de différentes formes de mobilités (avions, navires marchands, chemin de fer, autoroutes) et facilite ainsi la circulation des marchandises. La conteneurisation a ainsi accéléré l'inter-modalité portuaire.

Internationalisation : processus d'accélération des échanges commerciaux, financiers et entrepreneuriaux entre deux territoires, lorsqu'il est supérieur à l'intensité des échanges à l'intérieur des État concernés. Ce processus est facilité par la levée des droits de douane et la déréglementation.

Investissement direct à l'étranger (IDE) : investissement pour la création d'une unité autonome, d'une filiale, contrôle d'une entreprise par acquisition d'au moins 10 % du capital social d'une entreprise, investissements immobiliers, prêts à long ou court terme, réinvestissement des bénéfices, opérations de trésorerie.

***Joint-venture* :** entreprise commune créée par deux entreprises, souvent de nationalités différentes, afin de pénétrer un territoire ou mieux contrôler un marché. Ces entreprises, dont l'existence est parfois imposée par les États pour les firmes multinationales qui cherchent à s'y implanter, comme en Chine, sont un vaste vecteur de circulation de l'innovation (et d'espionnage industriel).

Krach boursier : effondrement du cours des actions qui entraîne la ruine des investisseurs.

***Leap-frogging* :** désigne le fait qu'un pays brûle les étapes du développement en accédant à des technologies de pointe sans passer préalablement par la génération technologique précédente, souvent plus chère et moins efficace.

Libre-échange : mode de régulation des relations commerciales, selon lequel deux ou plusieurs pays choisissent d'abolir les obstacles à l'entrée de marchandises produits à l'étranger, qu'ils doivent être transformés ou vendus sur l'État de réception, et à condition de bénéficier des mêmes conditions réglementaires et fiscales que le territoire d'envoi.

Logistique : Activité à la fois technique et managériale qui vise à gérer (assemblage et transport) les flux physiques de marchandises.

Mall **:** grand centre commercial, concentrant une foule de boutiques, souvent sur plusieurs étages et devenu une figure de la mondialisation par mimétisme à partir des lieux nord-américains.

Matières premières : tous les produits de base bruts d'origine naturelle qui sont recueillis ou produits en vue d'une transformation industrielle ou d'une utilisation comme source d'énergie. On les classe en quatre catégories : produits agricoles (céréales, fruits et légumes, produits non alimentaires tels que le caoutchouc, le bois, la laine…), produits énergétiques (pétrole, charbon, gaz, uranium…), métaux et minerais (fer, cuivre, phosphate, diamant…), produits issus de l'élevage (viande, animaux sur pied…).

Matières premières critiques : matières premières qui présentent un risque de pénurie dans une zone géographique donnée. L'Union européenne a dressé une liste des matières premières dont elle peut risquer de manquer : terres rares, magnésium, tungstène.

Matières premières stratégiques : matières premières dont l'importance est jugée capitale pour le maintien de la puissance de certains pays : titane (qui entre dans la fabrication de sous-marins de chasse et qui permet de constituer des alliages très résistants), germanium (applications nombreuses dans l'électronique avancée), magnésium (explosifs), platine (usages pour l'aviation), cobalt (utilisé en chimie nucléaire), terres rares (propriétés électromagnétiques importantes)…

MATIF : marché à terme international de France créé en 1986. Les opérateurs achètent et vendent, afin de spéculer ou de diminuer les risques, des actifs financiers et des marchandises à une échéance déterminée et un prix convenu d'avance.

Megale idea thématique des nationalistes grecs soucieux de maintenir dans le giron la Crète rattaché e en 1908 et la Macédoine convoitée par la Bulgarie

Mégapole : une « Rome sans Empire » selon l'historien Bairoch, une agglomération urbaine peuplée d'au moins 8 millions d'habitants mais dont le degré de métropolisation est des plus faibles ou se cantonne à un territoire national manquant aussi de pouvoir décisionnel mondial (cas de Karachi).

Métropole : ville mère qui exerce son influence sur un territoire très étendu, régional, national ou mondial.

Métropolisation : phénomène de concentration des fonctions de commandement et des pouvoirs économiques dans une ville (une métropole). Elle se mesure à travers la présence de sièges sociaux et autres structures décisionnelles et de la portée de leurs décisions, sans que le nombre d'habitants ne soit un critère fondamental.

Migrant international : personne qui change de pays de résidence habituelle pour de fixer dans un autre pour un an au moins.

Mix énergétique (ou bouquet énergétique) : répartition des différentes sources d'énergie primaire consommées pour la production des différents types d'énergie.

Modèle fordiste : modèle proposé par Robert Boyer et l'école de la régulation pour caractériser la situation qui a prévalu dans les PDEM entre 1945 et 1975. Il s'agit d'un régime d'accumulation combinant une organisation du travail taylorisée avec un partage des gains de productivité entre actionnaires et salariés dans le cadre d'un espace national autocentré sur sa consommation interne.

Monde bipolaire : monde organisé en deux blocs américain, soviétique.

Mondialisation : processus géo-historique d'augmentation des échanges entre les différentes parties du monde, et d'expansion du capitalisme sur l'ensemble de la planète. Mise en relation de plus en plus complète des différents ensembles géographiques de l'espace mondial, au point que ce dernier constitue un vaste réseau par lequel transitent des échanges et des flux de toutes sortes permettant « l'émergence dans tous les domaines d'un espace de niveau mondial » (selon la définition de Jacques Lévy). En ce début de XXIe siècle, la mondialisation débouche sur un système économique, de dimension planétaire, de plus en plus intégré mais dont les excès (mondialisation ultralibérale) suscitent une mobilisation hostile (démondialisation qui appelle à un retour aux protectionnismes, aux États-nations dans toutes leurs fonctions souveraines)

Monétarisme : reprise par M. Friedman (1912-2006) de la théorie quantitative de la monnaie d'Irving Fisher (1867-1947) pour réfuter la politique monétaire keynésienne. Selon lui, cette dernière n'a pas de véritable effet sur l'économie en raison des anticipations adaptatives ou rationnelles des agents économiques et elle doit être utilisée exclusivement pour lutter contre l'inflation.

Monopole : domination d'un marché par un seul offreur.

Néo-libéralisme : renouveau du libéralisme, tant au niveau de la pensée que de la pratique de la politique économique, qui s'est affirmé depuis la fin des années 1970. Les « nouveaux classiques » développent une critique radicale du keynésianisme et, de façon plus large, de l'intervention de l'État (Hayek, Friedman). Deux types de politiques sont ainsi : le monétarisme et l'économie de l'offre. Cela se traduit concrètement par des privatisations, le recul de la protection sociale, une flexibilisation accrue de l'emploi, la réduction des prélèvements obligatoires et des dépenses publiques...

Non-alignement : refus de choisir un des deux blocs.

Nouveaux pays industrialisés d'Asie (NPIA) : États asiatiques ayant effectué leur décollage dans les années 1970, il s'agit de la Corée du Sud, Taïwan, Singapour, Hong Kong (sous tutelle britannique jusqu'en 1997).

NTIC : nouvelles technologies de l'information et de la communication. Terme utilisé à la fin du XXe siècle pour qualifier l'ensemble des innovations électroniques et techniques liées à l'informatique, à l'Internet et aux modes de communication rapides et mobiles.

Nouvel ordre économique international : concept forgé par l'ONU en 1974 pour promouvoir la nécessité d'une révision des rapports économiques entre le Nord et le Sud tenant mieux compte des revendications du Tiers-Monde.

Nouvelle division internationale du travail : DIT reprenant la différence entre, d'un côté, pays développés producteurs de biens et services de haute valeur ajoutée, et de l'autre, pays pauvres fournisseurs de produits primaires ou de faible valeur ajoutée.

Objectifs du Millénaire pour le développement (OMD) : signés en septembre 2000 à New York par 189 pays, sous l'égide des Nations unies ils ont pour objectifs la réduction de l'extrême pauvreté et de la faim, l'accès à l'éducation primaire pour tous et l'égalité des sexes, la réduction de la mortalité infantile, la lutte contre les maladies et le SIDA, a préservation de l'environnement.

Occident : espace géo-historique d'abord circonscrit à l'Ouest de l'Europe, ensuite au bloc Ouest durant la guerre froide, aujourd'hui quand on parle d'Occident on fait référence à l'ensemble, voire à la civilisation que constitueraient l'Amérique du Nord et l'Europe occidentale.

Œkoumène : espace habité et mis en valeur de manière dense et permanente.

Offre publique d'achat (OPA) : opération boursière pour prendre, de façon amicale ou hostile, le contrôle d'une société par achat des actions à un taux intéressant.

Oligopole : domination d'un marché par un petit nombre d'offreurs.

ONG : organisation non gouvernementale.

Panslavisme Mouvement nationaliste russe issu des conceptions politiques de Pierre le grand qui visait à unifier tous les peuples slaves en une même entité politique sous la protection naturelle de la Russie Il traduit dans la question d'orient les visées de la Russie sur les Balkans.

Panturquisme par opposition au panslavisme, vise à fédérer les peuples turcs azéris tatars et n'est qu'un prolongement du pantouranisme qui vise à unifier les populations turcophones des empires ottoman et perse sur la vaste terre immortelle Touran.

Paradis fiscaux : nom donné aux États, souvent des micro-États, dont les conditions de domiciliation fiscale et le niveau d'impôt sur le capital ou les revenus d'une société sont très faibles, et qui garantissent aux propriétaires de comptes bancaires domiciliés une certaine discrétion face à la justice d'autres États.

Pays atelier : nom donné à un stade de développement de pays d'Asie de l'Est et du Sud-Est, dont une partie de l'économie résidait dans l'exploitation d'une main-d'œuvre peu qualifiée et peu chère, dans le but de produire tout ou partie de produits nécessitant un faible niveau d'investissement.

Pays émergents : pays connaissant un *take off* économique, une très forte croissance, voire un développement et menant à bien une politique de puissance.

Pays les moins avancés (PMA) : catégorie de pays créée en 1971 par l'organisation des Nations unies (ONU), regroupant les pays les moins développés de la planète dont la liste est établie par la CNUCED. Ils sont 47 en 2015 dont 33 en Afrique et 9 en Asie.

Pétrole conventionnel : pétrole pouvant être exploité dans les conditions économiques et techniques actuelles, à la différence du pétrole non conventionnel, plus coûteux à extraire.

Pic pétrolier : c'est le moment où la production de pétrole plafonne avant de commencer à diminuer du fait de l'épuisement des réserves exploitables. Le géologue Marion King Hubbert avait, dans les années 1950, annoncé ce pic pour les années 1970 aux États-Unis.

Piliers : entre les traités de Maastricht et de Lisbonne, l'Union européenne a été représentée sous la forme d'un temple grec dont la toiture (les institutions) reposait sur trois piliers : le premier regroupait les articles révisés des traités antérieurs, le second concernait la politique étrangère et de sécurité commune, le troisième concernait la justice et les affaires intérieures.

PME : petites et moyennes entreprises. Moins de 500 salariés pour les moyennes et de 50 pour les petites entreprises. La notion de TPE (très petite entreprise) désigne les entreprises de moins de 20 salariés.

Pôles de compétitivité : les pôles de compétitivité sont le principal volet de la politique industrielle du gouvernement de N. Sarkozy en 2004. Inscrits à des échelles différentes, sept d'entre eux sont pôles de compétitivité mondiale, répartis entre l'Île-de-France, le Sud-Est et le Sud-Ouest. Ils reflètent une réorientation de la politique d'aménagement du territoire, également passée par le changement de nom de la DATAR, fondée sur le renforcement des espaces aux potentiels les plus prometteurs, préféré l'objectif d'équité territoriale. Se fondant sur des acteurs et équipement préexistants, les pôles de compétitivité misent sur les « synergies » sectorielles (ex : Lyonbiopôle (pharmaceutique, infectiologie) en Rhône-Alpes ou

Finance Innovation en région parisienne. Pour développer l'innovation, la croissance économique, l'emploi et la formation, outils de la compétitivité industrielle.

Policy mix : terme utilisé pour la première fois par Robert Mundell en 1962 et relatif au dosage des politiques budgétaire et monétaire afin de parvenir à une croissance optimale avec le minimum d'inflation. Aujourd'hui, alors que la politique budgétaire est le plus souvent contrainte par l'endettement, la politique monétaire dans la plupart des pays développés relève d'une banque centrale indépendante.

Protocole de Kyoto : adoptée en 1997, ratifiée par 50 pays, cette convention-cadre sur les changements climatiques fie des engagements chiffrés en vue de réduire les émissions de gaz à effet de serre pour la période 2008-2012.

Puissance : selon Gérard Dorel, sept éléments sont indispensables dans la construction de la puissance : territoire-environnement, population, économie, finance, diplomatie, armée et rayonnement culturel. Cette notion peut s'appliquer pour un État mais aussi de plus en plus pour désigner des aires de puissance transnationales. L'accumulation ou l'alchimie de facteurs de puissance peut mener à la construction d'une hyperpuissance, terme utilisé par Hubert Védrine pour désigner les États-Unis après l'éclatement de l'URSS.

Quatre libertés : selon l'article 3 du traité de Rome, il s'agit de la libre circulation des biens, de la libre circulation des personnes, de la libre fourniture des services, de la libre circulation des capitaux.

Recherche et Développement (R&D) : secteur de l'activité économique d'une entreprise en charge de l'innovation (nouveaux produits, nouveaux services). Ce secteur est indispensable aux pays les plus avancés pour conserver leur place dans la hiérarchie de l'économie mondiale, et les investissements des pays émergents dans ce secteur sont pour eux une garantie de progrès économique.

Réforme Liberman : réforme initiée, en 1965, par le pouvoir politique soviétique selon les principes évoqués dès 1962 dans la *Pravda,* par l'économiste Liberman. Destinée à améliorer les performances de l'économie de l'URSS, cette réforme met en place des mesures qui visent à dynamiser les productions en motivant, plus qu'ils ne le sont dans le système étatisé et planifié, les entreprises et les actifs, en permettant aux premières de disposer d'une partie des profits réalisés et aux seconds de recevoir des primes.

Région : au sens large, fraction d'une étendue ; au sens plus étroit, territoire de taille moyenne, entre le niveau national et le niveau local, possédant certaines caractéristiques physiques (région naturelle), ethniques, historiques ou économiques, ou encore correspondant à l'aire d'attraction ou de service d'une ville (région polarisée) ; une région désigne aussi une division administrative de l'État-nation, dotée de certaines compétences.

Remembrement : ensemble d'opérations dirigées par l'État à partir des années 1960 qui vise à diminuer le morcellement des terres agricoles en les regroupant par des échanges entre les agriculteurs, pour former des parcelles plus fonctionnelles.

Reproduction sociale : tendance du système social à se perpétuer dans le temps et à reproduire des inégalités ; concept central dans le courant sociologique animé par P. Bourdieu dans les années 1960.

Réserves prouvées : c'est le volume de produit (pétrole par ex) récupérable compte tenu des contraintes économiques et des techniques actuelles.

Révolution verte : Expression qui renvoie à l'ensemble des techniques agricoles mises en œuvre dans de nombreux pays du Tiers-Monde à partir de la fin des années 1940 afin de dynamiser les rendements agricoles. S'appuyant sur l'utilisation de nouvelles semences, de nouveaux engrais et de nouvelles pratiques d'irrigation tout en développant la mécanisation, cette « Révolution » permit l'essor de nombreuses régions du Sud (en Inde par exemple).

Rideau de fer : frontières hermétiques entre Europe de l'Ouest et Europe de l'Est.

RMI (revenu minimum d'insertion) : créé en 1988, est une allocation différentielle qui offre des garanties de ressources pour les plus de 25 ans, assortie d'un contrat d'insertion. La prestation est financée par les collectivités territoriales (conseil général) et versée par la Sécurité Sociale (CAF) ou la Mutualité Sociale agricole.

***Roll and Back* :** doctrine américaine pour refouler le communisme et plus seulement le contenir.

SDN et ONU : organismes internationaux (1919 et 1945) destinés à prévenir les conflits.

SMIG/SMIC : salaire minimum interprofessionnel garanti (1950) devenu Salaire minimum interprofessionnel de croissance (1970). Salaire en dessous duquel un travailleur ne peut être légalement employé. Le SMIC évolue en fonction de la hausse des prix et de la croissance.

Schengen : l'accord de Schengen (Allemagne, France, Benelux) a été signé en 1985, la Convention de Schengen en 1990 avant d'entrer en application en 1995 et d'être institutionnalisée par le traité d'Amsterdam en 1997.

SNLE (Sous-marin nucléaire lanceur d'engins) : à propulsion nucléaire et indétectable (ce qui fonde l'efficacité de la dissuasion), un SNLE est équipé de missiles balistiques stratégiques. Entre 1971 et 1985, entrent en service les six SNLE de la classe *Le Redoutable*. Construits à Cherbourg, ils sont basés à l'Île longue (péninsule de la rade de Brest).

Socialisme : à la fois doctrine, héritée plus ou moins directement du marxisme, et pratique politique, qui place le bien commun au-dessus de l'intérêt individuel. Le socialisme s'est défini, historiquement, à la fois comme :

- La phase inférieure du communisme, dans la théorie marxiste-léniniste, qui fait suite à la révolution prolétarienne renversant l'ordre capitaliste bourgeois. Durant cette phase, les forces productives sont socialisées, le travail cessant d'être une marchandise et l'économie monétaire disparaît. Le dépérissement des classes sociales et de l'État doivent se réaliser progressivement.
- Un système politique et socio-économique qui caractérise la Russie à partir de 1917 ainsi que certains pays qui entrent en révolution après 1945 (pays d'Europe de l'Est, Cuba, Chine…).
- Un projet politique qui cherche à construire la société communiste nouvelle, où les hommes vivraient réconciliés dans l'égalité des droits et des conditions de vie, par la priorité donnée à la propriété collective des moyens de production sur la propriété privée, par la priorité donnée au plan sur le marché, au progrès social sur le profit.

Société civile : entité composée des multiples ramifications du mouvement associatif, à différentes échelles, se distinguant à la fois de l'État et de l'entreprise.

Spéculation : achat risqué ou vente risquée de biens avec l'intention de revente ou d'achat dans le seul but de réaliser un gain, qui s'est particulièrement développée avec la globalisation financière.

Subsidiarité (principe de) : apparu en matière d'environnement dans l'Acte unique, il a été ensuite étendu à l'ensemble des domaines politiques. Il est défini clairement par le traité de Maastricht : « la Communauté… n'intervient que si et dans la mesure où les objectifs de l'action envisagée ne peuvent être réalisés de manière suffisante par les États ».

Supranationalité : dépassement, par conviction idéologique ou géopolitique, du cadre de l'État-nation comme lieu d'exercice du pouvoir politique. L'Europe supranationale, vilipendé par de Gaulle et les gaullistes, est virtuellement présente dans les traités de Rome. La marche vers l'Union européenne des années 1980 ne se réclame explicitement ni la supranationalité, ni du fédéralisme, qui en est la traduction juridique habituelle.

Système monétaire européen (SME) : il reposait pour l'essentiel sur l'obligation d'intervention des banques centrales après le déclenchement d'un système d'alerte (+ ou - 2, 25 %, puis + ou -15 % en 1993) par rapport à une valeur fixée en ECU (panier de monnaie et monnaie de compte) ainsi que sur la possibilité de bénéficier de prêts du fonds européen de coopération monétaire.

Taux d'ouverture : le taux d'ouverture d'une économie mesure la place que tient le reste du monde dans l'économie d'un pays et donc sa contrainte extérieure. Il se calcule en additionnant les exportations et les importations. Le produit divisé par deux est divisé ensuite par la valeur du PIB et multiplié par cent.

Taxe Tobin : faible impôt sur les mouvements de capitaux (1 % de toutes les opérations au comptant générant la conversion d'une monnaie en une autre) proposé par l'économiste américain James Tobin en 1978 afin de diminuer la volatilité excessive sur les marchés des changes. Certains altermondialistes ont proposé d'en affecter le produit à la lutte contre la pauvreté (ATTAC).

Technopole : une technopole (ou un technopôle) est une réunion en un même lieu d'activités de haute technologie (électronique, chimie, biologie, etc.), de centres de recherche, d'établissements universitaires et de services de haut niveau destinés aux entreprises ou facilitant les contacts entre ces milieux. Sophia Antipolis est la première à avoir été créée en France, en 1969. Ces créations se multiplient dans les années 1980. Paris-Sud (plateau de Saclay, vallée de Chevreuse), Sophia Antipolis, la ZIRST de Meylan près de Grenoble, Toulouse-Labège, Nancy-Brabois et Rennes-Atalante figurent parmi les plus importantes technopoles de France.

Terres rares : groupe de 17 métaux disposant de propriétés importantes et stratégiques. Ils entrent dans la fabrication des téléphones portables et tablettes, des missiles et systèmes de guidage, des éoliennes, des batteries de voitures électriques, de panneaux solaires, des ordinateurs portables et des écrans plats. Contrairement à ce que leur nom indique, ils sont relativement répandus sur la Terre mais leur exploitation a été ralentie dans certains pays à cause des pollutions importantes qu'elle occasionne. De sorte qu'aujourd'hui, la Chine représente 95 % de la production mondiale de terres rares.

Territoire : portion d'espace de taille variable dont la mise en valeur, la structuration et l'appropriation peut se faire par différents acteurs issus de ce territoire ou non.

Terrorisme : forme de guerre très violente, très brutale, très spectaculaire et donc très médiatisée de l'action politique. Typique d'un rapport de force éminemment asymétrique, elle est frappée d'illégitimité, elle est le plus grand dénominateur commun de la communauté internationale.

Théorème de l'OS (énoncé au début des années 1990) : Selon Michel Albert (1930-2015), toute entreprise du secteur manufacturier des pays développés qui emploie une proportion importante de main-d'œuvre peu qualifiée est vouée à la faillite ou la délocalisation.

Théorie de Heckscher-Ohlin-Samuelson : théorème économique selon lequel, parce que la liberté des échanges incite à la convergence du prix des facteurs de production, les États sont incités à choisir parmi leurs productions celles qui les rend compétitifs à l'échelle mondiale. La division internationale du travail en est en partie le résultat.

Thérapie de choc : politique économique inspirée par l'école néolibérale et qui consiste à procéder à une libéralisation rapide des économies en transition. Préconisée par Jeffrey Sachs, elle a été mise en application dans les pays de l'ex-URSS après 1991.

Tiers-Monde : expression qui désigne, à partir de 1952, les pays nés de la décolonisation, puis dans les années 1980 les pays souffrant d'un mal développement endémique.

Totalitarismes : régimes politiques fondés sur le recours à la violence, une propagande massive, l'encadrement et la mobilisation permanente des sociétés et l'expansionnisme.

Tourisme : le tourisme implique au moins une nuitée passée en dehors de la résidence principale (et un séjour de moins d'un an), quel que soit le motif du voyage et quel que soit le type d'hébergement (résidence secondaire, famille, camping, hôtel...). On parle ainsi de tourisme d'affaires, médical, comme de tourisme pour motif personnel, notamment les vacances.

Transition énergétique : passage d'un système énergétique basé sur des énergies non renouvelables à un mix énergétique fondé majoritairement sur des énergies renouvelables.

Transnationalisation : processus économique par lequel les interactions s'intensifient au sein d'entreprises appartenant à un même groupe mais installées dans différents États. Le libre-échange et la déréglementation en sont parmi les principales causes. Certaines firmes, devenues multinationales, peuvent peser sur le commerce mondial comme sur les États eux-mêmes.

Trente Glorieuses : par analogie aux Trois Glorieuses (journées révolutionnaires) de juillet 1830 à Paris, cette expression fut utilisée par Jean Fourastié en 1979 pour désigner la période de croissance exceptionnelle que la France et les autres Pays développés à Économie de Marché venaient de traverser entre la fin de la Seconde Guerre mondiale et le début des années 1970.

Triade : terme de Kenichi Ohmae désignant, en 1985, les trois pôles développés de l'Europe occidentale, du Japon et Corée du Sud, et des États-Unis et du Canada.

Turcité : programme de renaissance de la nation turque lancé par Mustafa Kemal.

TVA : nouvel impôt indirect créé en 1954 et généralisé en 1968 : taxe à la valeur ajoutée sur l'ensemble des biens produits par les entreprises et facturée aux consommateurs. Élément essentiel de la fiscalité française qui procure les rentrées d'impôts les plus important

UNCTAD : United Nations Conference on Trade and Development.

Union de l'Europe occidentale : organisation de défense collective créée en 1948 et institutionnalisée en 1954.

Union douanière : accord politique, commercial et fiscal passé entre deux ou plusieurs États, qui garantit la libre circulation des biens et des marchandises entre les frontières des signataires.

Unilatéralisme : mode d'action diplomatique des États-Unis durant la présidence de G.W. Bush qui consiste comme en Irak à faire fi de l'avis de ses partenaires ou de la communauté internationale.

Ville-monde (ou ville globale) : agglomération urbaine pleinement intégrée à la mondialisation pour les structures et les capacités de commandement qu'elle possède. Aux trois villes identifiées par S. Sassen en 1991 (Londres, New York, Tokyo) s'ajoutent désormais une gradation de villes n'atteignant pas un tel niveau mais disposant de fonctions affirmées, parfois de manière sectorielle ou de manière plus générale.

Violence de masse : « ensemble des violences qui affectent directement ou indirectement les populations civiles » (J. Sémelin).

***Waterfront* :** front de mer aménagé aux dépens des fonctions traditionnelles portuaires, pour en faire un lieu de loisirs ; ces lieux deviennent une figure de la mondialisation, tant pour les pratiques d'une société des loisirs que pour les choix des acteurs locaux d'en faire des vitrines appelant les investissements étrangers.

***Welfare state* :** conception popularisée par William Beveridge (en France, le terme d'État providence est apparu sous le Second Empire) lors de la Seconde Guerre mondiale et connoté à la période des « Trente Glorieuses » selon laquelle l'état doit se préoccuper du bien-être économique et social de ses ressortissants.

Workfare : principe apparu aux États-Unis dans les années 1970 selon lequel les bénéficiaires de l'aide sociale doivent travailler pour toucher leur allocation. Le recours au travail des allocataires du *workfare* aurait largement participé aux entreprises de flexibilisation et de dégradation des conditions de travail du salariat américain.

Zone Économique Exclusive (ZEE) : définie en 1982 lors de la Convention internationale du droit de la mer de Montego Bay, elle correspond à un territoire maritime de 200 milles marins (environ 370 km) à partir de la ligne de base (côte). Son exploitation est réservée à l'État bordier qui a choisi de délimiter sa ZEE. Il peut aussi y mettre en œuvre une politique environnementale ou de préservation des ressources. La délimitation repose sur la définition du plateau continental, ce qui a relancé les revendications de certains pays, dont la France.

Zone franche : Une zone franche est un périmètre clairement délimité à vocation principalement industrielle et à visée exportatrice dans lequel les entreprises sont plus ou moins soustraites au régime commun en vigueur dans le pays d'accueil. Il y en a aujourd'hui près de 1 800 réparties dans plus de 130 pays.

Table des matières

Sommaire **3**

Les auteurs **5**

Avant-propos **7**

1. La « déseuropéanisation » du monde ? 7
2. La grande illusion du siècle ? 7
3. L'accélération et l'irréversibilité de la mondialisation 8
4. La redistribution permanente des rapports de force ? 9
5. Finalement le XXe siècle est plus que tout celui des contradictions ? 9

Conseils pour aborder le programme et organiser son travail en prépa .. **11**

MODULE 1

Les grandes mutations du monde au XXe siècle de 1913 au début des années 1990

Chapitre 1 **Tableau géopolitique du monde en 1913** **15**

Introduction 17

I. Une économie mondialisée ? 18
   A. L'Internationalisation* des économies, l'interdépendance accrue renvoient à une première « compression du temps et de l'espace » 18
   B. L'organisation d'un marché global au travers de la première mondialisation 20
   C. Une internationalisation plus qu'une mondialisation proprement dite ? 22

II. Une européanisation du monde en 1913 ? 24
   A. L'exception européenne 24
   B. De la supériorité à l'arrogance ? 29
   C. Une vision simplificatrice mais qui s'explique 31

III. 1913 : un monde belligène 37
   A. Les guerres coloniales incubateurs des guerres de demain 37
   B. Les crises de 1912-1913, le vide créé par l'effacement du vieil homme malade, accélérateurs de l'histoire 40
   C. La marche à pas forcés vers la guerre 42

Les échanges mondiaux à la fin du XIXe siècle 48
Europe et mondialisation 1914-2014, d'un siècle à l'autre 50
La guerre de 1914-1918, une « catastrophe abominable du XXe » (G. Kennan) ou la matrice de ce siècle ? 55

Chapitre 2 Tableau géopolitique du monde en 1939 .... **57**

Introduction 59
I. Les États de 1939 sont fragilisés par les effets de la Grande Guerre : comment l'idéal wilsonien d'une société internationale est-il appliqué ? 60
A. Des États fragilisés par la Grande Guerre. 60
B. Les conséquences territoriales des traités de paix en Europe et au Moyen-Orient 61
C. Société des Nations et *Roaring twenties* : quelle paix entre les nations ? 62
II. Les conséquences de la crise de 1929 : des économies fragilisées, l'essor des régimes totalitaires 63
A. De la crise financière américaine à la crise économique mondiale 63
B. La guerre des monnaies (1933-1936) 64
C. La montée des totalitarismes*, fruit de la crise ? 64
III. Entre 1935 et 1939, la « marche à la guerre » est-elle inéluctable ? 66
B. Au Moyen-Orient et en Asie : les illusions de la puissance occidentale 67
C. Les États-Unis et le monde en guerre, entre isolationnisme et interventionnisme indirect : les hésitations du leadership 68
Conclusion 69
Proche et Moyen-Orient en 1939, un espace sous influence 73
La coopération internationale, inégal instrument de paix entre les deux guerres mondiales 75
En 1941 Henry Luce évoquait un XXe siècle américain. Les années 1914-1939 vous paraissent elles contribuer à la mise en place de cette domination américaine ? 79

Chapitre 3 Tableau géopolitique du monde en 1945 .... **83**

Introduction 85
I. 1945, année zéro 86
A. Bilan de la Seconde Guerre mondiale 86
B. Une guerre contre les civils : bombardements de villes et génocide* des Juifs d'Europe 87
C. L'arme nucléaire, arme ultime 88

II. Les fondements du nouveau monde : justice, libre-échange* et développement ... 89
A. Naissance d'une justice internationale ... 89
B. Le système de Bretton Woods ... 90
C. L'ONU, une SDN avec des moyens militaires ... 92
III. Coopérer malgré les tensions entre Alliés ... 93
A. Les conférences interalliées, prélude de nouvelles relations entre les États ? ... 93
B. La gestion difficile des effets de traîne dans la guerre en Orient et en Asie ... 95
C. La reconstruction d'États viables et stables par des transferts sociaux ... 96
Conclusion ... 96
Comparaison de deux cartes : l'Europe en 1923 et l'Europe en 1945 ... 101
L'Europe en 1945, une puissance en déclin ? ... 103
« Nous ne ferons pas les erreurs de nos parents. Nous ferons nos propres erreurs » (H. Kissinger) ... 107

Chapitre 4 Géopolitique de la guerre froide et de la décolonisation ... 109

Introduction ... 111
I. 1945-1956 : le face à face de deux mondes ... 112
A. De nouvelles règles du jeu ... 112
B. Un monde bipolaire ... 114
C. L'impossible stabilité ? ... 117
II. 1956-1975 : la détente, jusqu'où ? ... 119
A. Illusions et désillusions ... 119
B. Le troisième monde, un nouvel acteur ... 124
III. 1976-1991 : Fin de partie ? ... 126
A. « Guerre fraîche » et fin d'un monde ... 126
B. La fin de « la grande illusion » ? ... 127
C. Monde multipolaire et périphéries oubliées ... 129
Conclusion ... 130
Le monde de la guerre froide ... 133
Guerre froide et décolonisation ... 135
Le système soviétique était-il réformable ? ... 140

Chapitre 5 La construction européenne et ses enjeux................................ 143

Introduction 145
I. Les aléas de la construction européenne de la fin de la Seconde Guerre mondiale à la fin des années 1970 145
A. Dans un climat devenu favorable, la construction européenne résultat d'une impulsion américaine relayée par une initiative française : 1945-1952...145
B. Une naissance difficile (1957-1972)...146
II. Une construction particulièrement baroque à l'arrivée 147
A. L'architecture institutionnelle de la CEE, un équilibre initial incertain mais pérenne...147
B. Un chantier de fait ininterrompu...149
C. L'Acte unique, prolongement du traité de Rome..150
III. Un contexte géopolitique nouveau, un projet d'Union européenne recadré au début des années 1990 151
A. Un contexte géopolitique nouveau 151
B. Une nouvelle architecture des institutions européennes 152
C. Le long chemin vers l'euro 152
Conclusion... 153
L'Europe et ses murs.. *157*
Maastricht : fin de la CEE ou début d'un nouveau monde ?................................ *159*
Le rôle des États-nations dans la construction européenne............................... *162*
Les Etats-Unis parrains de la construction européenne..................................... *164*

Chapitre 6 Croissance et types de croissance de 1945 au début des années 1970.. 165

Introduction 168
I. Croissance, prospérité et bouleversements sociaux dans les PDEM 168
A. Une croissance importante dont les fondements sont solides et multiples.......169
B. Une croissance qui génère d'importantes transformations sociales mais qui soulève de nombreuses questions 174
II. Spécificités et limites de la croissance des économies communistes d'Europe de l'Est 179
A. Le tournant de la fin des années 1940, l'émergence d'un nouveau grand et le basculement des pays d'Europe centrale et orientale......................180
B. Réformes, avancées et limites 184
III. Croissance et développement du Tiers-Monde* : réalité et limites 190
A. Sous-développement et émergence du Tiers-Monde..................................190
B. La diversité des modèles de développement et leurs effets sur la croissance 194

Conclusion 202
Les flux pétroliers dans le monde en 1973, un reflet des inégalités de développement ? *207*
Les « Trente Glorieuses » dans les pays développés à économie de marché : la victoire de l'American Way of Life ? *210*
Tiers-monde et « bombe démographique » (1950-1975) *216*

Chapitre 7 Crises et ruptures des années 1970 au début des années 1990 .... **219**

Introduction 221
I. La crise du début des années 1970 a en réalité de multiples causalités 221
A. Les faits : de la fin du système de Bretton Woods aux chocs pétroliers 221
B. La fin de la régulation monopolistique et de la croissance de type tayloro-fordiste 222
II. Une transformation du capitalisme qui devient libéral, financier et de moins en moins régulé 223
A. Un changement de paradigme 223
B. Le libéralisme installé dans les pays anglo-saxons avant de gagner l'ensemble des PDEM 223
C. Un capitalisme financier débridé à l'aval de la révolution libérale 224
III. Le système socialiste, incapable de se réformer, s'effondre 225
A. Les carences du modèle soviétique hérité du stalinisme 225
B. Le « moment Gorbatchev » (F. Thom) : la démonstration que le système était sans doute irréformable 225
C. L'implosion du système en URSS et dans les démocraties populaires 226
IV. Le Tiers-Monde dans l'impasse ? (P. Bairoch) 227
A. Des modèles socialistes qui s'essoufflent 227
B. Le recours contraint aux institutions internationales 227
C. La seule alternative : s'insérer dans l'économie mondialisée 228
Conclusion 229
Le Tiers-Monde, un monde en transition ? *233*
1973-1979 : ruptures ou continuités ? *235*
Le libéralisme est-il mort ? 1970-1990 .... *239*

Chapitre 8 De l'internationalisation à la mondialisation des productions et des échanges 241

Introduction 244
I. Le nouveau système économique international qui se met en place dès 1945 est un système régulé favorable à l'internationalisation de la production et des échanges 244
A. Le nouveau système repose sur de nouvelles institutions : FMI, BIRD et GATT… 244
B. Le système repose aussi sur l'organisation d'un capitalisme à la fois régulé et de plus en plus oligopolistique 246
II. Il se traduisit par une progression spectaculaire des échanges de toutes natures avant que sa remise en cause n'ait des effets ambivalents sur ces derniers 246
A. Une progression spectaculaire des échanges de toutes natures 246
B. Un système déréglé et de plus en plus asymétrique 248
C. Un cadre de plus en plus concurrentiel, à l'origine des difficultés de la fin de la période 249
III. Une mondialisation loin de résoudre tous les problèmes posés dans les années 1990 249
A. La montée en puissance des flux financiers 249
B. Une logique de libéralisation des échanges 250
C. La diffusion d'un capitalisme planétaire 251
Conclusion 252
Bibliographie sélective 254
L'intégration régionale au début des années 1990, un processus irrésistible ? 256
Les FMN, actrices de la mondialisation depuis 1945 259
Du GATT à l'OMC, la difficile régulation du commerce international 263

Chapitre 9 Les dynamiques économiques et sociales en France 265

Introduction 267
I. Un dialogue entre les dynamiques économiques et sociales qui varie en fonction de la conjoncture 268
A. Reconstruire la France tout en ressoudant la société (1945-1950) 268
B. Les « Trente Glorieuses »* en France : entre modernisation économique et épanouissement de la société de consommation (jusqu'au début des années 1970) 270
C. Le temps des « ajustements » : années 1970-années 1990 273

II. Des dynamiques parfois propres à la France mais souvent en lien avec le reste du monde 275
A. La démographie française cesse en apparence d'être une exception au sein des PDEM (pays développés à économie de marché) 275
B. Un « modèle économique et social français » ? Le social colbertisme gaulois* 277
C. Une ouverture à l'international à double tranchant 278
III. Des jeux d'acteurs complexes et évolutifs au cœur des dynamiques 279
A. L'État français : un acteur majeur des dynamiques économiques et sociales françaises.. 279
B. Un interventionnisme* ouvert à des partenaires de plus en plus divers 280
C. Le changement social et économique français à travers quelques conflits 281
Bibliographie 284
L'espace industriel français depuis 1945 ..... *285*
Les mutations de la France rurale de 1945 au début des années 1990 ..... *288*
Être jeune en France des Trente Glorieuses aux années 1990 ..... *292*

Chapitre 10 Les transformations des territoires en France 293

Introduction 295
I. Les mutations de l'économie française transforment les territoires productifs 295
A. L'évolution des territoires productifs pendant les « Trente Glorieuses » 295
B. La crise remet en cause l'organisation de l'espace productif 296
C. Un territoire organisé par des réseaux et intégré à l'Europe et au monde 297
II. Ces transformations influencent les dynamiques de peuplement et l'organisation des territoires 299
A. Exode rural, urbanisation et étalement urbain 299
B. Des dynamiques spatiales guidées par l'accroissement des mobilités et les différences d'attractivité des territoires 300
C. Vers une métropolisation du territoire français ? 301
III. Les pouvoirs publics cherchent à corriger les disparités spatiales, à aménager les territoires et à protéger l'environnement 303
A. L'État et l'aménagement du territoire pendant les « Trente Glorieuses » 304
B. Une gestion des territoires progressivement décentralisée 305
C. Aménager, mais aussi ménager *les* territoires 306
Conclusion 307
Les grands traits de l'organisation de l'espace français au début des années 1970 ..... *310*
Les espaces littoraux français et leur intégration dans les dynamiques territoriales *312*
Paris et l'Europe *316*

Chapitre 11 **La France dans le monde** 319

Introduction 321
I. Du destin impérial à l'aventure européenne 321
A. Une continuité apparente : vocation impériale et « pacte colonial » 321
B. Construction européenne, atlantisme et ouverture commerciale 322
II. Le paradigme gaullien : Grandeur, indépendance et véhémence 325
A. Ambitions et outils d'une politique : la Bombe, les nations et le verbe 325
B. De VGE à Mitterrand : continuité, décrispation, et approfondissement de la construction européenne 327
C. Du nationalisme économique à la mondialisation 328
III. Une diplomatie s'exprimant à l'échelle mondiale 331
A. Mythe et réalité de la « Françafrique » 331
B. La « politique arabe » : mythes et réalités 333
C. Vers des horizons plus lointains 334
Présence et coopération dans le domaine de la défense 338
La France, « puissance moyenne » dans le jeu des grandes puissances 341
La « Politique arabe » de la France 346

MODULE 2

La mondialisation contemporaine : rapports de force et enjeux

Chapitre 12 **Les acteurs : hommes, entreprises, États, organisations régionales, organisations internationales, organisations non gouvernementales** 349

Introduction 352
I. Des entreprises à la conquête du monde 353
A. Des firmes, des entreprises 353
B. L'essor des IDE mondiaux 356
C. Firmes transnationales et territoires 362
II. Un monde d'États et d'ententes 366
A. Le pavage du monde 366
B. Les institutions internationales 369
C. Les grandes associations 370
III. Les hommes 373
A. Les migrations 373
B. Les groupes humains 378
C. Les acteurs-réseaux 379

Conclusion ... 383
Les projets de fusions-acquisitions dans le monde à leur plus haut niveau depuis six ans ... *387*
La mondialisation efface-t-elle l'État ? ... *390*
Frontières européennes : ouverture ou fermeture ? ... *395*

Chapitre 13 Les systèmes productifs et les flux ... 397

Introduction ... 399
I. Des mutations parfois radicales des systèmes économiques entamées ou accélérées depuis le début des années 1990 ... 400
A. Les PDEM mettent en place des politiques économiques de même inspiration mais sur un rythme qui a pu différer ... 400
B. Les pays à système socialiste poursuivent et accélèrent leur transition ... 402
C. Le Tiers-Monde découvre l'émergence ... 403
II. Des mutations économiques, sociales, géographiques de grande ampleur dans l'espace mondial ... 403
A. Des pays développés à l'épreuve d'une désindustrialisation qui, à la marge, affecte les émergents aussi ... 403
B. Des mutations sociales et des dynamiques spatiales considérables ... 405
III. Une modification des flux et leur rééquilibrage ... 406
A. Sur fond d'une nouvelle révolution des transports et de l'information ... 406
B. Les échanges mondiaux continuent leur croissance sur un rythme élevé ... 407
C. Une géographie des échanges entre permanences et changements ... 409
Conclusion ... 410
La chaîne d'approvisionnement d'un iPhone® vendu à Paris ... *413*
Les mutations du système productif japonais depuis le début des années 1990 ... *416*
La mondialisation contemporaine : le libre-échange a-t-il triomphé ? ... *419*

Chapitre 14 Territoires, espaces maritimes, terrestres, immatériels et frontières dans la mondialisation ... 421

Introduction ... 424
I. Territoires du commandement de la mondialisation : une affirmation affaire de pôles locaux comme plus régionaux ... 424
A. Au cœur de la mondialisation actuelle, capitaliste et libérale : des pôles de décision économiques et financiers ... 424
B. L'affirmation de lieux comme de thèmes locaux plus secondaires ... 428
C. Le passage à la « région »* voire au monde ... 430

II. Territoires et espaces de la participation guidée à la mondialisation 432
A. Une participation affaire de productions de biens comme de services 432
B. Une participation affaire de ressources naturelles 435
C. Une participation affaire de logistique : le rôle des frontières maritimes et des océans 438
III. Des espaces et des territoires encore en marge de la mondialisation ? 439
A. Une notion de marge relative voire valorisée : des marqueurs sibyllins de mondialisation 439
B. Des marges pour un rejet de la mondialisation ? 441
C. Des simples supports pour des équipements fondamentaux 442
Conclusion 443
La piraterie (2006-2010) *446*
Les espaces maritimes aujourd'hui : nouvel Eldorado ? Nouveau Far West ? *448*
Métropolisation et mondialisation en Asie de l'Est et du Sud-Est *451*

Chapitre 15 De la *Pax americana* à un monde multipolaire 453

Introduction 455
I. Le temps de l'hyperpuissance* 455
A. La liquidation incomplète de l'héritage de la guerre froide 455
B. Les États-Unis assument tant bien que mal leur *leadership* mondial 456
II. Unilatéralisme*, mondialisation 459
A. Le terrorisme, voilà l'ennemi 459
B. La mondialisation entre uniformisation, différenciations et tensions 460
III. La fin d'un cycle historique 464
A. La faillite du capitalisme du trader 464
B. Le « basculement du monde » 467
Conclusion 471
20 ans d'évolution du PNB mondial *476*
Tableau géopolitique et géoéconomique du monde en 1991 .... *478*
Heurs et malheurs de la troisième mondialisation *484*

Chapitre 16 Tableau géopolitique du monde actuel 487

Introduction 490
I. Une géopolitique actuelle en recomposition 491
A. Le temps long en géopolitique 491
B. La *Golden Decade* des utopies 491
C. La fin des illusions 492

II. Des Nord fragilisés et en évolution ... 492
A. Une puissance américaine « brouillée » à la veille des élections de 2016 ... 492
B. Union européenne et Japon en quête d'affirmation ... 494
C. Une nouvelle marqueterie géopolitique ... 495
III. Les Sud entre intégration et marginalisation ... 496
A. Une Asie multipolaire ... 496
B. Une Amérique latine toujours sous influence ? ... 497
C. Russie et Moyen-Orient de plus en plus imbriqués dans les mêmes logiques géopolitiques ... 497
D. Une Afrique en déshérence ? ... 499
Conclusion ... 499
La frontière américano-mexicaine : territoire de production autant que d'exclusion ? ... 505
Afrique-Asie : pourquoi des développements si divergents ? Pourquoi un basculement asiatique face à un retard africain ? ... 507
1914-2014 : d'un monde à l'autre… ... 512

Chapitre 17 La France à l'heure de la mondialisation ... 517

Introduction ... 520
I. La présence française dans le monde : des territoires et des populations ... 520
A. Territoires ... 520
B. La France au cœur des mobilités européennes et mondiales ... 521
II. La polyvalence française : des fonctions économique, géopolitique et culturelle ... 523
A. Une forte ouverture commerciale et économique ... 523
B. Une influence géopolitique réévaluée ... 524
C. Le modèle culturel français en question : le *Soft power* à la française ... 525
III. Faiblesses et atouts de la France dans la mondialisation ... 526
A. Des défis à relever / des faiblesses à surmonter ... 526
D. Des atouts exploités ou à valoriser ... 528
Conclusion ... 529
La fréquentation des touristes étrangers en France (2009) ... 533
La France « puissance moyenne » à « capacité mondiale » (R. Debray) ... 535
Paris, ville mondiale ... 542

Chapitre 18 Les défis du développement durable : démographie, inégalités, santé, alimentation, eau 545

Introduction 547
I. Le défi démographique et social 547
A. Un monde moins pauvre mais plus inégalitaire 547
B. 10 milliards d'hommes en 2050 : quels défis ? 549
C. Une planète nomade 550
D. La fracture sanitaire Nord-Sud 552
II. Le défi alimentaire 553
A. Le maintien de l'insécurité alimentaire dans un monde autosuffisant 553
B. Un marché alimentaire contrôlé par les pays riches 554
C. La nécessité d'augmenter la production agricole de 70 % pour nourrir 10 milliards d'hommes en 2050 556
III. La raréfaction de l'eau, source de tensions 558
A. L'aggravation des inégalités de dotation 558
B. La multiplication des tensions 560
C. La nécessité d'une révolution bleue pour une gestion durable 564
Conclusion 565
Bassin du Nil, bassin du Tigre et bassin de l'Euphrate : étude comparée 569
Mondialisation et risques 572
Les guerres de l'eau 576

Chapitre 19 L'énergie et les matières premières : entre abondance et rareté 579

Introduction 581
I. Inégale répartition et raréfaction des matières premières dans le monde 582
A. Production et réserves mondiales : des inégalités importantes 582
B. Une consommation croissante révélatrice de gradients de développement 583
C. Un épuisement annoncé 585
II. Des échanges croissants et complexifiés 586
A. Croissance et organisation des échanges 586
B. La volatilité des prix des matières premières 588
C. La question du développement 589
III. Les problèmes liés aux matières premières et aux sources d'énergie 591
A. Des conséquences désastreuses en matière de développement durable 591
B. Conflits et risques de conflits 593

C. La nécessité de la transition énergétique* et d'une gestion mondiale des ressources....595
Conclusion....596
L'Afrique et les matières premières....602
Pétrole et enjeux mondiaux depuis la fin du XIXe siècle....604
La terre, une nouvelle ressource stratégique....607

Chapitre 20 La mondialisation en débats....611

Introduction....614
I. Les protagonistes du débat : pro-mondialistes, antimondialistes* et altermondialistes....614
A. Les pro-mondialistes, partisans de la « terre plate »....614
B. Les antimondialistes ou « l'éloge des frontières » (R. Debray, 2011)....616
C. Les altermondialistes : « une autre mondialisation est-elle possible ? »....616
II. Le creuset altermondialiste....617
A. Des racines idéologiques diverses....617
B. Les actions politiques et militantes....618
C. Les tentatives de structuration du mouvement....620
III. Quel avenir pour l'altermondialisme ?....620
A. Un essoufflement relatif....620
B. De profondes mutations en cours : altermondialisme et « post-altermondialisme »....621
C. Des altermondialistes aux Indignés....622
Conclusion....624
Gouvernance mondiale et altermondialisme....628
Le « consensus » de Porto Alegre peut-il se substituer à celui de Washington ?....630
Les paysans au cœur des luttes altermondialistes....633

Lexique....635

Imprimé en Italie par «La Tipografica Varese Srl» Varese